Rainer Hamm
Die Revision in Strafsachen

de Gruyter Handbuch

Hamm

Die Revision in Strafsachen

begründet von

Kurt Gage

fortgeführt von

Werner Sarstedt

7., neubearbeitete und erweiterte Auflage

von

Rainer Hamm

De Gruyter

Dr. iur. *Rainer Hamm*, Rechtsanwalt, Fachanwalt für Strafrecht, Frankfurt am Main, Honorarprofessor an der Johann Wolfgang Goethe-Universität Frankfurt am Main

Begründet 1952 von *Kurt Gage*, seit der 2. Auflage fortgeführt und wesentlich erweitert von *Werner Sarstedt*, in der 5. Auflage mit und ab der 6. Auflage allein fortgeführt von Rainer Hamm.

Die 1. bis 4. Auflage erschienen im Verlag Ellinghaus, Essen.

ISBN 978-3-89949-021-3
e-ISBN 978-3-89949-670-3

Bibliografische Information der Deutschen Nationalbibliothek

Die Deutsche Nationalbibliothek verzeichnet diese Publikation in der Deutschen Nationalbibliografie; detaillierte bibliografische Daten sind im Internet über http://dnb.d-nb.de abrufbar.

Datenkonvertierung/Satz: jürgen ullrich typosatz, Nördlingen
Druck und Bindung: Hubert & Co., Göttingen
♾ Gedruckt auf säurefreiem Papier

Printed in Germany

www.degruyter.com

Vorwort

Seit dem Erscheinen der 6. Auflage dieses Buches im Jahre 1998 hat sich am gesetzlich geregelten Revisionsrecht (§§ 333–358 StPO) kaum etwas, aber an den Normen, deren Einhaltung das Rechtsmittel dienen soll, einiges und an ihrer Auslegung durch die Rechtsprechung vieles geändert. Dies lässt sich am besten verdeutlichen durch zwei Zitate, die einen Meinungsstreit innerhalb des 2. Senats des Bundesverfassungsgerichts über die Bewertung einer unverkennbaren Tendenz der Revisionsgerichte zur Entformalisierung des Verfahrens dokumentieren. Anlass war die Frage nach der verfassungsrechtlichen Tragfähigkeit der vom Großen Senat des BGH in BGHSt 51, 298 vollzogenen Kehrtwende in der Rechtsprechung zur revisionsrechtlichen Beachtlichkeit der „rügeverkümmernden" Protokollberichtigung (s.u. Rn. 295ff.). Sowohl die Senatsmehrheit, die den BGH-Schwenk billigte, als auch drei der vier dissentierenden Richter nahmen die Fallkonstellation zum Anlass für allgemeine Ausführungen über den Wert oder Unwert der Formenstrenge im Strafprozess.

Die Mehrheit der vier Verfassungsrichter konstatierte *„Abmilderungen des strengen Formalismus ... sowohl auf der Ebene der Gesetzgebung als auch in der Rechtsprechung in vielen Rechtsgebieten"* (NJW 2009, 1469ff., Tz. 54). Aber dies müsse im Rahmen einer Gesamtschau bewertet werden, bei der auch *„die Erfordernisse einer funktionstüchtigen Strafrechtspflege in den Blick zu nehmen* (seien) ... (weil) *der Rechtsstaat sich nur verwirklichen* (könne), *wenn ausreichende Vorkehrungen dafür getroffen sind, dass Straftäter im Rahmen der geltenden Gesetze verfolgt, abgeurteilt und einer gerechten Bestrafung zugeführt werden ..."* (Tz. 72). Und etwas weiter unten heißt es: *„Im Übrigen ergibt eine Gesamtbetrachtung der strafrechtlichen Revision, dass deren Koordinatensystem sich in den letzten Jahren und Jahrzehnten keineswegs einseitig zu Lasten des Beschuldigten verschoben hat. Zwar ist eine gewisse Tendenz in der Rechtsprechung der Revisionsgerichte erkennbar, den Einfluss von Verfahrensrügen zu begrenzen. Im Gegenzug hat die Rechtsprechung indes insbesondere durch die Ausweitung der so genannten Darstellungsprüfung das revisionsrechtliche Prüfungsprogramm – im Wesentlichen zu Gunsten des Beschuldigten – erheblich ausgedehnt"* (Tz. 82).

In ihrer abweichenden Meinung halten dem die Richter *Voßkuhle, Osterloh* und *Di Fabio* entgegen: *„Die vom Senat angeführten ‚Abmilderungen des strengen Formalismus' in den letzten Jahrzehnten, ... vermögen eine Abkehr vom gesetzgeberischen Regelungsmodell ... nicht zu rechtfertigen. ... Der Gesetzgeber hat sich vor dem Hintergrund bestehender alternativer Regelungsmodelle anderer Rechtsordnungen mit § 274 StPO für eine bestimmte Konzeption entschieden. Deren zentrales Kennzeichen ist, dass eine nachträgliche Rekonstruktion der Hauptverhandlung im Revisionsverfahren unter dem Gesichtspunkt der Einhaltung wesentlicher Förmlichkeiten – gegen den protokollierten Sachverhalt – aus der Erinnerung von Verfahrensbeteiligten ausgeschlossen werden soll. ... Der Gesetzgeber hat in verfassungsrechtlich nicht zu beanstandender Weise der Eigenrationalität, die der Formenstrenge innewohnt ..., erkennbares Gewicht zugemessen, ohne sich hiervon in der Rechtsentwicklung zu distanzieren. Rechtfertigungsbedürftig ist insoweit eine Rechtsprechungs-*

entwicklung, die über diese Grundentscheidung hinweg geht und an ihre Stelle die unvermittelte Orientierung an allgemeine Wertentscheidungen materieller Gerechtigkeit setzt. Aufgabe der richterlichen Rechtsfortbildung ist es, ursprüngliche Zielsetzungen des Gesetzgebers bei einem Wandel der Rechtsentwicklung fortdauernd zur Durchsetzung zu verhelfen, … nicht dagegen, sie … durch eigene rechtspolitische Vorstellungen zu ersetzen." (NJW 2009, 1480 f. Tz. 142)

Bei diesen gegensätzlichen Befunden über den Wert der revisionsgerichtlichen Kontrolle der strengen Justizförmigkeit des zum tatrichterlichen Urteil führenden Verfahrens könnte es angezeigt sein, die Gewichtung der Themen in einem Buch über die Revision in Strafsachen grundlegend anders zu gestalten als in dem halben Jahrhundert, in dem die Vorauflagen erschienen sind. Denn es ist schon wahr, dass insbesondere mit der Ausweitung der Darstellungsrüge, die *Hans Dahs* treffender neuerdings die „Plausibilitätsrüge" nennt, etwa so viel Prüfungsstoff hinzugefügt wurde, wie die Gesetzgebung und Rechtsprechung bei der klassischen Verfahrenrüge weggenommen haben.

Das hätte mich verlocken können, auch an dem Umfang der Darstellung des revisiblen Verfahrensrechts Abstriche zu machen, um den so gewonnenen Raum zu einer Art Typologie der Sachrügen zu nutzen. Dies hätte aber wegen der doch nach wie vor weitgehend kasuistischen Rechtsprechung zu den Aufhebungsgründen auf den Gebieten der „erweiterten Revision" nur begrenzten praktischen Nutzen für meine Leserinnen und Leser bringen können, weil es – von Ausnahmekonstellationen wie z.B. „Aussage gegen Aussage" abgesehen – sowohl bei den Fehlern der Beweiswürdigung als auch bei Fehlern der Strafzumessung an verallgemeinerungsfähigen Rechtssätzen fehlt, deren Geltung Voraussetzung für eine Übertragbarkeit der im Fall A vom Revisionsgericht „vermissten" Erwägungen des tatgerichtlichen Urteils auf den Fall B wäre.

Außerdem hätten in einem Buch über die Revision in Strafsachen eine Reduktion des Raums, der dem Verfahrensrecht gewidmet ist, als eine vielleicht resignative Billigung der Entformalisierungstendenzen von Legislative und Judikative verstanden werden können. Das wäre auch vor dem Hintergrund meiner schon in der Vorauflage vorgezeichneten neuen Grenzziehung zwischen Sach- und Verfahrensrüge nicht zu rechtfertigen gewesen. Dass das dem Tatrichter abverlangte Niederschreiben von Urteils*gründen*, die diesen Namen verdienen, ein verfahrensrechtlicher Vorgang ist, der nur deshalb bei aus sich selbst heraus erkennbarer Mangelhaftigkeit des Urteils „auf die Sachrüge hin" zu dessen Aufhebung führen muss, weil es dazu keiner zusätzlichen Mitteilung von Verfahrenstatsachen i.S.d. § 344 Abs. 2 S. 2 StPO bedarf (s.u. Rn. 15 ff.), sollte nicht zu dem Missverständnis verleiten, dem auch die Mehrheit des 2. Senats des BVerfG erlegen ist (s.o.), mit dem dadurch erreichten Zugewinn an revisibler Prüfungsmasse sei bereits ein gerechter Ausgleich für den Verlust an Formenstrenge im Übrigen geschaffen. Bereits die Bezeichnung dessen, was der Nachprüfung durch die Revisionsgerichte in den letzten Jahren entzogen wurde, als „Formalismus" ist doch wohl eher polemisch pejorativ zu verstehen als rechtsstaatskonform im Sinne der Anerkennung schützender Formen.

So habe ich es gehalten wie die Verfasser der inzwischen neu aufgelegten (*Dahs/Dahs*, Die Revision im Strafprozess, 7. Aufl. 2008) und neu erschienenen (*Schlothauer/Weider*,

Verteidigung im Revisionsverfahren, 2008) Werke zur gleichen Thematik, die ebenfalls an der breiten Darstellung des (noch?) revisiblen Verfahrensrechts festhalten und so die Revisionsbearbeiter auf allen Seiten ermuntern, weiterhin auf der durch das Rechtsmittel kontrollierten Einhaltung der Form zu beharren. Ich sehe mich in diesem Bemühen auch unterstützt durch die Kommentatoren *Meyer-Goßner,* dessen 52. Auflage, 2009, ich verwenden konnte, *Hannich* (KK-StPO 6. Aufl. München 2008), *Wolter* (SK Stand Okt. 2009), *Hanack* (Löwe-Rosenberg, 25. Aufl. 1998) und *Franke,* der mir freundlicherweise sein Manuskript für die demnächst erscheinende Neukommentierung der §§ 333–358 StPO in der 26. Auflage des Löwe-Rosenberg kurz vor Abschluss meines Manuskripts zur Verfügung gestellt hat, so dass ich noch Hinweise auf Abweichungen von der Hanack'schen Kommentierung anbringen konnte.

Zu besonderem Dank verpflichtet bin ich meinen Sozien *Regina Michalke, Wolfgang Köberer, Jürgen Pauly* und *Stefan Kirsch* für zahlreiche Anregungen und Hilfestellungen, sowie für die Herausgabe der zu meinem 65. Geburtstag 2008 im selben Verlag erschienenen Festschrift mit zahlreichen auch für dieses Buch wertvollen Beiträgen kompetenter Autoren. Dieser Dank gilt auch der Lektorin bei Walter de Gruyter, Frau *Ute von der Aa,* die nicht nur die Festschrift, sondern auch jetzt mit viel Geduld und fachkundiger Begleitung das Erscheinen dieses Buches möglich gemacht hat. Unser Kollege *Daniel Wegerich* hat sich sehr verdient gemacht um die Erstdurchsicht auf Aktualisierungsbedarf, die Erstellung von Textentwürfen und die laufende Aktualisierung und Vervollständigung des Zitatenapparates. Unserer in der Verarbeitung von Rechtsprechung und Fachliteratur geübten Mitarbeiterin, Frau *Melanie Kilinc,* danke ich für die wertvolle Hilfe bei der technischen Herstellung des Manuskripts und den begleitenden Abgleich der verwendeten BGH-Judikatur mit ihrer laufenden Arbeit bei der Pflege unseres aktuellen Rechtsprechungsdienstes unter http://www.hammpartner.de/de/rechtsprechung.

Dass das Buch in der Titelei jetzt auf Vorschlag des Verlages nicht mehr als „Sarstedt/Hamm“, sondern nur noch unter meinem Namen erscheint, bedeutet nicht, dass das Gedankengut des früheren Allein- und dann Mitautors *Werner Sarstedt,* der im Jahre 1985 verstarb, aus dem Geist des Buches völlig verschwunden wäre. Nicht nur, dass ich als Alleinbearbeiter seit der 6. Auflage nach wie vor von dem „zehre“, was ich an Revisionsrecht und Strafprozessrecht von *Sarstedt,* dem ich familiär, freundschaftlich und kollegial nahestand, gelernt habe – ich habe auch überall dort, wo mir seine Sprache und die Anschaulichkeit seiner Darstellung unersetzbar erschienen, gar nicht erst den Versuch unternommen, die von ihm stammenden, nach wie vor gültigen Passagen durch „neudeutsche“ Formulierungen oder auch nur meine eigene Sprache zu ersetzen. Wer dennoch geradezu zum geflügelten Wort gewordene sprachliche Spitzen *Sarstedts* aus früheren Auflagen vermisst, mag versichert sein oder (besser noch) sich anhand der dargelegten Weiterentwicklung des Revisionsrechts selbst ein Bild davon machen, dass die Zeiten über die damals treffenden Bilder hinweggegangen sind. So konnte ich bereits im Vorwort der 6. Auflage die Beobachtung unterbringen, dass die viel zitierten *„Mittelchen aus dem Giftschrank des Revisionsrichters“* (Nichterörterung gleich naheliegender Sachverhaltsalternativen als „Denkfehler“, 4. Auflage S. 219) inzwischen (1998) schon wie Aspirin angewendet werden. Seitdem steht der Schrank so weit offen, dass die Revisionsgerichte schon längst wieder nach Gegenmitteln gegen allzu viele, eigentlich fällige Urteilsaufhebungen suchen. Und mit der eingangs skizzierten Tendenz zur Entschärfung von Verfahrensrügen sowie dem Errichten immer höherer Rügebarrieren (u. Rn. 243 ff.) unter gleichzeitiger Verschärfung der Beruhensanforderungen (Rn. 517 ff.) sind die Gegengifte längst gefunden.

Für Kritik, Anregungen und Verbesserungsvorschläge bin ich dankbar.

Frankfurt, Mai 2010 Rainer Hamm

Inhalt

Abkürzungsverzeichnis

a. A.	anderer Ansicht
aaO.	am angegebenen Ort
abl.	Ablehnend
Abs.	Absatz
a. E.	am Ende
a. F.	alte Fassung
AfP	Archiv für Presserecht
AG	Amtsgericht
AK	Alternativkommentar zur StPO
a. M.	anderer Meinung
Anm.	Anmerkung
AnwBl.	Anwaltsblatt
AO	Abgabenordnung
Art.	Artikel
Aufl.	Auflage
BAK	Blutalkoholkonzentration
BAnz.	Bundesanzeiger
BayJMBl.	Bayerisches Justizministerialblatt
BayObLG	Bayerisches Oberstes Landesgericht
BayObLGSt	Entscheidungen des Bayerischen Obersten Landesgerichts in Strafsachen
BayVerfGH	Bayerischer Verfassungsgerichtshof
BB	Der Betriebs-Berater
BBG	Bundesbeamtengesetz
Bd.	Band
Beschl.	Beschluss
betr.	betreffend
Betrieb	Der Betrieb
BFH	Bundefinanzhof
BGB	Bürgerliches Gesetzbuch
BGBl.	Bundesgesetzblatt
BGH	Bundesgerichtshof
BGHR	BGH-Rechtsprechung Strafsachen
BGHSt	Entscheidungen des Bundesgerichtshofs in Strafsachen
BGHZ	Entscheidungen des Bundesgerichtshofs in Zivilsachen
BKA	Bundeskriminalamt
BMI	Bundesministerium des Innern
BMJ	Bundesministerium der Justiz
bspw.	beispielsweise
BRAO	Bundesrechtsanwaltsordnung
BT-Drucks.	Drucksachen des Deutschen Bundestages
BVerfG	Bundesverfassungsgericht
BVerfGE	Entscheidung des Bundesverfassungsgerichts
BVerfGG	Bundesverfassungsgerichtsgesetz
BVerwGE	Entscheidungen des Bundesverwaltungsgerichts Bundeszentralregistergesetz

Abkürzungsverzeichnis

DAR	Deutsches Autorecht
Diss.	Dissertation
DJ	Deutsche Justiz
DJT	Deutscher Juristentag
DJZ	Deutsche Juristenzeitung
DR	Deutsches Recht
DRZ	Deutsche Rechts-Zeitschrift
DRiZ	Deutsche Richterzeitung
DStR	Deutsches Strafrecht
EGGVG	Einführungsgesetz zum Gerichtsverfassungsgesetz
EGMR	Europäischer Gerichtshof für Menschenrechte
EGOWiG	Einführungsgesetz zum Gesetz über Ordnungswidrigkeiten
EGStGB	Einführungsgesetz zum Strafgesetzbuch
EGStPO	Einführungsgesetz zur Strafprozessordnung
Einl.	Einleitung
EMRK	Konvention zum Schutze der Menschenrechte und Grundfreiheiten
Erg.	Ergebnis
EuGRZ	Europäische Grundrechte-Zeitschrift
ff.	und folgende
FG	Festgabe
FGG	Gesetz über die Angelegenheiten der Freiwilligen Gerichtsbarkeit
FGO	Finanzgerichtsordnung
Fn.	Fußnote
FS	Festschrift
G	Gesetz
GA	Goltdammers Archiv für Strafrecht
GG	Grundgesetz für die Bundesrepublik Deutschland
GKG	Gerichtskostengesetz
GmS	Gemeinsamer Senat
GnO	Gnadenordnung
grds.	grundsätzlich
GrS	Großer Senat
GS	Der Gerichtssaal
GSSt	Großer Senat für Strafsachen
GVBl.	Gesetz-und Verordnungsblatt
GVG	Gerichtsverfassungsgesetz
HessJMBl.	Justiz-Ministerialblatt für Hessen
HESt.	Höchstrichterliche Entscheidungen in Strafsachen
hM	herrschende Meinung
HRR	Höchstrichterliche Rechtsprechung
i.d.F.	in der Fassung
i.d.M.	in der Mitte
i.e.S.	im engeren Sinne
insbes.	insbesondere
IPBürgR	Internationaler Pakt über bürgerliche und politische Rechte
i.S.	im Sinne
i.V.m.	in Verbindung mit

JA	Juristische Arbeitsblätter
JGG	Jugendgerichtsgesetz
JMBl.	Justizministerialblatt
JMBlNRW	Justizministerialblatt für das Land Nordrhein-Westfalen
JR	Juristische Rundschau
Jura	Juristische Ausbildung
JurBüro	Das juristische Büro
JuS	Juristische Schulung
Justiz	Die Justiz, Zeitschrift für Demokratie in Staat und Recht
JVBl.	Justizverwaltungsblatt
JW	Juristische Wochenschrift
JZ	Juristenzeitung
KG	Kammergericht
KK	Karlsruher Kommentar zur StPO
KMR	Kleinknecht-Müller-Reitberger, Kommentar zur StPO
KRG	Kontrollratsgesetz
KritV	Kritische Vierteljahresschrift für Gesetzgebung und Rechtswissenschaft
KJ	Kritische Justiz
Ls.	Leitsatz
LG	Landgericht
LK	Leipziger Kommentar zum StGB
LKA	Landeskriminalamt
LM	Lindenmaier-Möhring, Nachschlagewerk des Bundesgerichtshofes
LR	Löwe-Rosenberg, Kommentar zur StPO
l.Sp.	linke Spalte
LZ	Leipziger Zeitschrift für Deutsches Recht
MDR	Monatsschrift für Deutsches Recht
m.E.	meines Erachtens
MiStra.	Anordnung über Mitteilungen in Strafsachen
MschrKrim.	Monatsschrift für Kriminologie und Strafrechtsreform
m.w.N.	mit weiteren Nachweisen
NdsRpfl.	Niedersächsische Rechtspflege
n.F.	neue Fassung
NJ	Neue Justiz
NJW	Neue Juristische Wochenschrift
NRW	Nordrhein-Westfalen
NStZ	Neue Zeitschrift für Strafrecht
öJZ	Österreichische Juristen-Zeitung
OGHBZ	Oberster Gerichtshof für die Britische Zone
OGBSt	Entscheidungen des Obersten Gerichtshofes in Strafsachen
OLG	Oberlandesgericht
OLGSt	Entscheidungen der Oberlandesgerichte zum Straf-und Strafverfahrensrecht
OWiG	Gesetz über Ordnungswidrigkeiten
RAK	Rechtsanwaltskammer
Rdn.	Randnummer
RG	Reichsgericht
RGBl.	Reichsgesetzblatt

RGSt	Entscheidungen des Reichsgerichts in Strafsachen
RiStBV	Richtlinien für das Straf-und Bußgeldverfahren
RJ	Rechtshistorisches Journal
Rspr.	Rechtsprechung
Rpfleger	Der Deutsche Rechtspfleger
RpflEntlG	Rechtspflegeentlastungsgesetz
r.Sp.	rechte Spalte
RuN	Rechtsanwalt und Notar
S.	Satz oder Seite
SchlHA	Schleswig-Holsteinische Anzeigen
SchweizZStR	Schweizerische Zeitschrift für Strafrecht
SJZ	Süddeutsche Juristenzeitung
SK	Systematischer Kommentar
s.o.	siehe oben
Sp.	Spalte
StA	Staatsanwalt(schaft)
StÄG	Strafrechtsänderungsgesetz
StGB	Strafgesetzbuch
StPÄG	Gesetz zur Änderung der Strafprozessordnung und des Gerichtsverfassungsgesetzes
StPO	Strafprozessordnung
str.	strittig
StraFo	Strafverteidiger-Forum
StR	Aktenzeichen der Strafsenate des Bundesgerichtshofs
StV	Strafverteidiger
StVÄG	Strafverfahrensänderungsgesetz
StVG	Straßenverkehrsgesetz
StrEG	Gesetz über die Entschädigung für Strafverfolgungsmaßnahmen
StrRG	Strafrechtsreformgesetz
StrVollstrO	Strafvollstreckungsordnung
st. Rspr.	ständige Rechtsprechung
StUG	Gesetz über die Unterlagen des Staatssicherheitsdienstes der ehemaligen Deutschen Demokratischen Republik
StVG	Straßenverkehrsgesetz
StVO	Straßenverkehrs-Ordnung
StVollzG	Strafvollzugsgesetz
StVZO	Straßenverkehrs-Zulassungs-Ordnung
s.u.	siehe unten
U-Haft	Untersuchungshaft
UHaftVollzO	Untersuchungshaftvollzugsordnung
unstr.	unstreitig
Urt.	Urteil
VersR	Versicherungsrecht
vgl.	vergleiche
VO	Verordnung
VRS	Verkehrsrechtssammlung
VwGO	Verwaltungsgerichtsordnung
wistra	Zeitschrift für Wirtschafts-und Steuerstrafrecht
WiStG	Wirtschaftsstrafgesetz

ZAkDR	Zeitschrift der Akademie für Deutsches Recht
z.B.	zum Beispiel
ZfJ	Zeitschrift für Jugendrecht
ZfZ	Zeitschrift für Zölle und Verbrauchssteuern
ZPO	Zivilprozessordnung
ZRP	Zeitschrift für Rechtspolitik
ZStW	Zeitschrift für die gesamte Strafrechtswissenschaft
ZuSEG	Gesetz über die Entschädigung von Zeugen und Sachverständigen
zust.	zustimmend

Literaturverzeichnis

Achenbach, Hans, Staatsanwalt und gesetzlicher Richter – ein vergessenes Problem?, in: *Christian Broda u. a. (Hrsg.)*, Festschrift für Rudolf Wassermann zum 60. Geburtstag, 1985, S. 849

Achenbach/Dästner/Wassermann (Hrsg.), Kommentar zur Strafprozeßordnung (Reihe Alternativkommentare), Bd. 1, Neuwied 1990

Adolf, Franz-Peter, Kriminaltechnische Textilkunde, NStZ 1990, S. 65

Adolf/Brüschweiler, Sicherung und Auswertung von Textilfaserspuren, Kriminalistik 1987, S. 393

Alber, Peter-Paul, Die Geschichte der Öffentlichkeit im deutschen Strafverfahren, Berlin 1974

Albrecht, Peter-Alexis, Das Strafrecht im Zugriff populistischer Politik, StV 1994, S. 265

Albrecht, Peter-Alexis, Jugendstrafrecht, 3. Aufl., München 2000

Alsberg, Max, Das Plädoyer, AnwBl 1978, S. 1

Alsberg, Max, Justizirrtum und Wiederaufnahme, 1913; erneut abgedruckt in: *Jürgen Taschke (Hrsg.)*, Max Alsberg – Ausgewählte Schriften, 1992, S. 58

Alsberg, Max, Leitung und Sachleitung im Zivil- und Strafprozeß, LZ 1914, S. 1169

Alsberg, Max, Mit welchen Hauptzielen wird die Reform des Strafverfahrens in Aussicht zu nehmen sein? – Gutachten auf dem 35. DJT in Salzburg 1928, in: *Jürgen Taschke (Hrsg.)*, Max Alsberg – Ausgewählte Schriften, 1992, S. 181

Alsberg/Nüse/Meyer, Der Beweisantrag im Strafprozeß, 5. Aufl., Köln u. a. 1983

Altpeter, Frank, Vom Wesen des Richters als solchen, DRiZ 1993, S. 172

Altvater, Gerhard, Die Erweiterung der Sachentscheidungsbefugnis der Revisionsgerichte zum Rechtsfolgenausspruch durch das Erste Gesetz zur Modernisierung der Justiz (§ 354 Abs. 1 a, b StPO neu) – Was bleibt nach dem Beschluss des BVerfG vom 14. Juni 2007 – 2 BvR 136, 1447/05?, in: *Schöch/Satzger/Schäfer/Ignor/Knauer (Hrsg.)*, Festschrift für Gunter Widmaier zum 70. Geburtstag, 2008, S. 35

Alwart, Heiner, Personale Öffentlichkeit (§ 169 GVG), JZ 1990, S. 883

Amelung, Knut, Der Grundrechtsschutz der Gewissenserforschung und die strafprozessuale Behandlung von Tagebüchern, NJW 1988, S. 1002

Amelung, Knut, Grundfragen der Verwertungsverbote bei beweissichernden Haussuchungen im Strafverfahren, NJW 1991, S. 2533

Arloth, Frank, Verfahrenshindernis und Revisionsrecht, NJW 1985, S. 417

Arzt, Gunther, Der befangene Strafrichter – zugleich eine Kritik an der Beschränkung der Befangenheit auf Parteilichkeit, Tübingen 1969

Arzt, Gunther, Die Neufassung der Diebstahlsbestimmungen. Gleichzeitig ein Beitrag zur Technik der Regelbeispiele, JuS 1972, S. 385/S. 515/S. 576

Arzt, Gunther, Salomonische Wahrheit – heute, in: *Hassemer/Kempf/Moccia (Hrsg.)*, In dubio pro libertate: Festschrift für Klaus Volk zum 65. Geburtstag, 2009, S. 19

Arzt, Gunther, Zum Verhältnis von Strengbeweis und freier Beweiswürdigung, in: *Baumann/Tiedemann (Hrsg.)*, Festschrift für Karl Peters zum 70. Geburtstag, 1974, S. 223

Asmus, Wolfgang, „Entlastungsgesetz" und Wahlausschuß, DRiZ 1993, S. 368

Baldus, Paulheinz, Versäumte Gelegenheiten; Zur Auslegung des § 338 Nr. 8 und § 267 Abs. 1 S. 2 StPO, in: *Roderich Glanzmann (Hrsg.)*, Ehrengabe für Bruno Heusinger, 1968, S. 373

Bandisch, Günter, Niederschreiben der Urteilsformel vor den Schlußvorträgen, NJW 1960, S. 135

Barton, Stephan, Mindeststandards der Strafverteidigung, Baden Baden 1994

Basdorf, Clemens, Änderungen des Beweisantragsrechts und Revision, StV 1995, S. 310

Basdorf, Clemens, Eingeschränkte Anwendung des § 357 StPO, in: *Eser/Goydke/Maatz (Hrsg.)* Strafverfahrensrecht in Theorie und Praxis – Festschrift für Lutz Meyer-Goßner zum 65. Geburtstag, 2001, S. 665

Basdorf, Clemens, Elemente des Beweisantrags – Konnexität und anderes, in: *Schöch/Satzger/Schäfer/Ignor/Knauer (Hrsg.),* Festschrift für Gunter Widmaier zum 70. Geburtstag, 2008, S. 51
Basdorf, Clemens, Formelle und informelle Präklusion im Strafverfahren, StV 1997, S. 488
Bauer, Wolfram, Die „natürliche Stufung der Verfahrensvorschriften" (BGHSt 11, 213, 214) und die zivilrechtliche Schutzzwecklehre, wistra 1991, S. 95
Baumann/Brenner, Die strafprozessualen Beweisverwertungsverbote, Stuttgart 1991
Beaumont, Werner, Gesetz und Recht – in Vers und Reim, NJW 1989, S. 372
Beaumont, Werner, Vom Amtsschimmel zum Pegasus – die Sprache des Rechts in Vers und Reim, NJW 1990, S. 1969
Becker, Reinhold, Die absoluten Revisionsgründe im deutschen Strafprozess, Diss. Bonn 1950
Beckmann, Heinrich, Zur Neuregelung der vorsätzlichen Tötungsdelikte, GA 1981, S. 337
Beling, Ernst, Die Beweisverbote als Grenzen der Wahrheitserforschung im Strafprozeß, 1903
Beling, Ernst, Revision wegen „Verletzung einer Rechtsnorm über das Verfahren" im Strafprozeß, in: Festschrift für Karl Binding zum 4. Juni 1911, Bd. 2, 1911, S. 87
Bender/Nack, Unzulässige Beschränkung der Verteidigung durch Vorenthaltung der Spurenakten?, ZRP 1983, S. 1
Bender/Nack/Treuer, Tatsachenfeststellung vor Gericht, 3. Aufl., München 2007
Benz, Heribert, Einschränkung der Besetzungsrüge durch Einführung einer Rügepräklusion, ZRP 1977, S. 250
Berkemann, Jörg, Fairneß als Rechtsprinzip, JR 1989, S. 221
Bertram, Günter, Empfehlen sich Änderungen des Strafverfahrensrechts mit dem Ziel, ohne Preisgabe rechtsstaatlicher Grundsätze den Strafprozeß, insbesondere die Hauptverhandlung, zu beschleunigen?, NJW 1994, S. 2186
Berz, Ulrich, § 338 Nr. 8 StPO im Gefüge der absoluten Revisionsgründe, in: *Eser/Goydke/Maatz* (Hrsg.) Strafverfahrensrecht in Theorie und Praxis – Festschrift für Lutz Meyer-Goßner zum 65. Geburtstag, 2001, S. 611
Beulke, Werner, Äußerungen des Strafverteidigers in der Hauptverhandlung als Einlassung des Angeklagten?, in: *Beulke/Müller (Hrsg.),* Festschrift zu Ehren des Strafrechtsausschusses der Bundesrechtsanwaltskammer, 2006, S. 87
Beulke, Werner, Das Einsichtsrecht des Strafverteidigers in die polizeilichen Spurenakten, in: *Ernst-Walter Hanack u. a. (Hrsg.),* Festschrift für Hanns Dünnebier zum 75. Geburtstag, 1982, S. 285
Beulke, Werner, Der Verteidiger im Strafverfahren, Funktionen und Rechtsstellung, Frankfurt a. M. 1980
Beulke, Werner, Empirische und normative Probleme der Verwendung neuer Medien in der Hauptverhandlung, ZStW 2001, S. 709
Beulke, Werner, Hypothetische Kausalverläufe im Strafverfahren bei rechtswidrigem Vorgehen von Ermittlungsorganen, ZStW 103 (1991), S. 657
Beulke, Werner, Konfrontation und Strafprozessreform – Art. 6 Abs. 3 lit. d EMRK und ein „partizipatorisches" Vorverfahren anstelle einer Hauptverhandlung in ihrer bisherigen kontradiktorischen Struktur, in: *Hanack/Hilger/Mehle/Widmaier* (Hrsg.) Festschrift für Peter Rieß zum 70. Geburtstag, 2002, S. 3
Beulke, Werner, Muss die Polizei dem Beschuldigten vor der Vernehmung „Erste Hilfe" bei der Verteidigerkonsultation leisten?, NStZ 1996, S. 257
Beulke, Werner, Rechtsmissbrauch im Strafprozess – eine Erwiderung auf Pfister, in: *Jahn/Nack (Hrsg.),* Rechtsprechung, Gesetzgebung, Lehre: Wer regelt das Strafrecht? Tagungsband 2. Karlsruher Strafrechtsdialog, Köln 2010, S. 85
Beulke, Werner, Strafprozeßrecht, 10. Aufl., 2008
Beyer, Walter, Zur vorschriftsmäßigen Besetzung der landgerichtlichen Kammern, DRiZ 1952, S. 73
Bick, Udo, Die Anfechtung von Verwerfungsurteilen nach § 329 I StPO und § 74 II OWiG, StV 1987, S. 273
Binding, Karl, Strafrechtliche und strafprozessuale Abhandlungen, Zweiter Band, Strafprozeß, 1915, S. 139
Bittmann/Dreier, Bekämpfung der Wirtschaftskriminalität nach dem Ende der fortgesetzten Handlung, NStZ 1995, S. 105

Blau, Günter, Beweisverbote als rechtsstaatliche Begrenzung der Aufklärungspflicht im Strafprozeß, Jura 1993, S. 513
Blaese/Wielop, Förmlichkeiten der Revision in Strafsachen, 3. Aufl., München 1991
Blomeyer, Jürgen, Die Revisibilität von Verfahrensfehlern im Strafprozess (Kausalität und Finalität im Revisionsrecht), JR 1971, S. 142
Bloy, René, Die Ausgestaltung der Rechtsmittel im deutschen Strafprozeßrecht, JuS 1986, S. 585
Bockelmann, Paul, Die Unverfolgbarkeit der Abgeordneten nach deutschem Immunitätsrecht, Göttingen 1951
Bode, Karl-Werner, Ist ein Verteidiger berechtigt, nach Eröffnung des Hauptverfahrens dem Angeklagten einen Aktenauszug zu überlassen?, MDR 1981, S. 287
Böhm, Alexander, Aus der neueren Rechtsprechung zum Jugendstrafrecht, NStZ 1984, S. 445
Bohlander, Michael, Der Einsatz von Videotechnologie bei der Vernehmung kindlicher Zeugen im Strafverfahren, ZStW 1995, S. 82
Bohnert, Joachim, Beschränkungen der strafprozessualen Revision durch Zwischenverfahren, Frankfurt a.M. 1983
Bohnert, Joachim, Die Abschlußentscheidung des Staatsanwalts, Berlin 1992
Bohnert, Joachim, Ordnungsvorschriften im Strafverfahren, NStZ 1982, S. 5
Bohnert, Joachim, Untersuchungshaft, Akteneinsicht und Verfassungsrecht, GA 1995, S. 468
Born, Birgit, Wahrunterstellung zwischen Aufklärungspflicht und Beweisablehnung wegen Unerheblichkeit, 1984
Böttcher/Dahs/Widmaier, Verständigung im Strafverfahren – eine Zwischenbilanz, NStZ 1993, S. 375
Bottke, Wilfried, Rechtsbehelfe der Verteidigung im Ermittlungsverfahren – eine Systematisierung, StV 1986, S. 120
Bottke, Wilfried, Strafrechtswissenschaftliche Methodik und Systematik bei der Lehre von strafbefreienden und strafmildernden Täterverhalten, Ebelsbach 1979
Brauns, Uwe, Die Besetzungsrüge und ihre Präklusion im Strafprozeß, Köln 1983
Brause, Hans Peter, Die Zuständigkeit der allgemeinen und besonderen Strafkammer nach dem Strafverfahrensänderungsgesetz, NJW 1979, S. 802
Brause, Hans Peter, Faires Verfahren und Effektivität im Strafprozeß, NJW 1992, S. 2865
Brause, Hans Peter, Zum Zeugenbeweis in der Rechtsprechung des BGH, NStZ 2007, S. 505
Bringewat, Peter, Grundfragen der Wahrunterstellung im Strafprozeß, MDR 1986, S. 353
Brüssow, Rainer, Beweisverwertungsverbot in Verkehrsstrafsachen, StraFo 1998, S. 294
Brunner/Dölling, Jugendgerichtsgesetz, 11. Aufl., Berlin 2002
Bruns, Hans-Jürgen, „Stellenwerttheorie" oder „doppelspurige Strafhöhenbemessung"?, in: *Jescheck/Lüttger (Hrsg.),* Festschrift für Eduard Dreher zum 70. Geburtstag, 1977, S. 251
Bruns, Hans-Jürgen, „Widerspruchsvolles" Verhalten des Staates als neuartiges Strafverfolgungsverbot und Verfahrenshindernis, insbesondere beim tatprovozierenden Einsatz polizeilicher Lockspitzel, NStZ 1983, S. 49
Bruns, Hans-Jürgen, Alte Grundfragen und neue Entwicklungstendenzen im modernen Strafzumessungsrecht, in: *Günter Stratenwerth u. a. (Hrsg.),* Festschrift für Hans Welzel zum 70. Geburtstag, 1974, S. 739
Bruns, Hans-Jürgen, Der „Bestimmtheitsgrad" der Punktstrafe im Strafzumessungsrecht, NJW 1979, S. 289
Bruns, Hans-Jürgen, Der Beschluß des Großen Senates zum strafprozessualen V-Mann-Problem – Anfang oder Ende einer notwendigen Neuorientierung der Rechtsprechung?, MDR 1984, S. 177
Bruns, Hans-Jürgen, Leitfaden des Strafzumessungsrechts, Köln u. a. 1980
Bruns, Hans-Jürgen, Strafzumessungsrecht, 2. Aufl., Köln u. a. 1974
Bruns, Hans-Jürgen, Zum gegenwärtigen Stand der Strafzumessungslehre, NJW 1956, S. 241
Bruns, Hans-Jürgen, Zum Revisionsgrund der – ohne sonstige Rechtsfehler – „ungerecht" bemessenen Strafe. Bedarf es zur vollen revisionsgerichtlichen Strafzumessungskontrolle der Einführung der „Urteilsrüge"?, in: *Paul Bockelmann u.a. (Hrsg.),* Festschrift für Karl Engisch zum 70. Geburtstag, 1969, S. 708
Bruns, Hans-Jürgen, Zum Verbot der Doppelverwertung von Tatbestandsmerkmalen oder strafrahmenbildenden Umständen (Strafzumessungsgründen), in: *Geerds/Naucke (Hrsg.),* Festschrift für Hellmuth Mayer zum 70. Geburtstag, 1966, S. 353

Brüschweiler, W., Die kriminaltechnische Bearbeitung von Textilfaserspuren, Kriminalistik 1981, S. 468
Bülow, Oskar, Die Lehre von den Proceßeinreden und den Proceßvoraussetzungen, Giessen 1868
Bürgle/Cramer, Die strafprozessualen Beweisverwertungsverbote, 2. Aufl., Stuttgart u. a. 2004
Burgmüller, Burkhard, Das Beruhen des Urteils auf der Gesetzesverletzung als Regulativ im Revisionsrecht, Diss. Berlin 1990

Cabanis, Detlef, Glaubwürdigkeitsuntersuchungen, NJW 1978, S. 2329
Cramer, Peter, Zur Berechtigung absoluter Revisionsgründe. Zugleich ein Beitrag zur Reform des Strafprozeßrechts, in: *Baumann/Tiedemann (Hrsg.)*, Festschrift für Karl Peters zum 70. Geburtstag, 1974, S. 239
Cüppers, Josef, Ein Nachwort, NJW 1951, S. 259
Cüppers, Josef, Gesetzlicher Zwang zur Lüge?, NJW 1950, S. 930

Dahs, Hans, Das rechtliche Gehör im Strafprozeß, München 1965
Dahs, Hans, Die „Plausibilitätsrüge“, in: *Michalke/Köberer/Pauly/Kirsch(Hrsg.)*, Festschrift für Rainer Hamm zum 65. Geburtstag, 2008, S. 41
Dahs, Hans, Die Ausweitung des Widerspruchserfordernisses, StraFo 1998, S. 253
Dahs, Hans, Die Beschlagnahme von Verteidigungsmaterial und die Ausforschung der Verteidigung, in: *Geppert/Dehnicke (Hrsg.)*, Gedächtnisschrift für Karlheinz Meyer, 1990, S. 61
Dahs, Hans, Die gespaltene Hauptverhandlung, NJW 1996, S. 178
Dahs, Hans, Die Relativierung absoluter Revisionsgründe, GA 1976, S. 353
Dahs, Hans, Disziplinierung des Tatrichters durch Beschlüsse nach § 349 Abs. II StPO?, NStZ 1981, S. 205
Dahs, Hans, Handbuch des Strafverteidigers, 7. Aufl., Köln 2005
Dahs, Hans, Neue Aspekte zu § 344 Abs. 2 StPO. „Heilung“ von Vortragsmängeln durch das Revisionsgericht – Verpflichtung zum Vortrag von „Negativtatsachen“, in: *Albin Eser u. a. (Hrsg.)*, Festschrift für Hannskarl Salger, 1995, S. 217
Dahs, Hans, Überspannung der Anforderungen an den Sachvortrag aus der Sicht des Revisionsführers, in: Grundprobleme des Revisionsverfahrens (Schriftenreihe der Arbeitsgemeinschaften des DAV – AG Strafrecht, Bd. 7), Bonn 1991, S. 85
Dahs, Hans, Zur Rechtswirksamkeit des nach der Urteilsverkündung „herausgefragten“ Rechtsmittelverzichts, in: *Hamm/Matzke (Hrsg.)*, Festschrift für Erich Schmidt-Leichner zum 65. Geburtstag, 1977, S. 17
Dahs, sen., Hans, Das Plädoyer des Staatsanwalts, DRiZ 1960, S. 106
Dahs, sen., Hans, Das Plädoyer des Strafverteidigers, AnwBl 1959, S. 1
Dahs, sen., Hans, Die unwahre Verfahrensrüge, AnwBl 1950/51, S. 90
Dahs/Dahs, Die Revision im Strafprozeß, 7. Aufl., München 2008.
Dallinger, Wilhelm, Gesetzlicher Zwang zur Lüge?, NJW 1951, S. 256
Dallinger/Lackner, Jugendgerichtsgesetz, 2. Aufl., München 1965
Dästner, Christian, Schlußvortrag und letztes Wort im Strafverfahren, Recht und Politik 1982, S. 180
Deckers, Rüdiger, Aussage gegen Aussage – zur Entwicklung der revisionsrechtlichen Rechtsprechung und der Aussagepsychologie, in: *Michalke/Köberer/Pauly/Kirsch(Hrsg.)*, Festschrift für Rainer Hamm zum 65. Geburtstag am 24. Februar 2008, 2008, S. 53
Dellingshausen, Ulrike von, Zum Anwesenheitsrecht eines Mitbeschuldigten bei der richterlichen Vernehmung des anderen Mitbeschuldigten im Ermittlungsverfahren, in: *Küper/Welp (Hrsg.)*, Festschrift für Walter Stree und Johannes Wessels, 1993, S. 685
Delventhal, Holger, Die strafprozessualen Vereidigungsverbote unter besonderer Berücksichtigung des offensichtlich falsch aussagenden Zeugen, München 1990
Dencker, Friedrich, Die Form der Vernehmung des Angeklagten zur Sache, in: *Wesslau/Wohlers (Hrsg.)*, Festschrift für Gerhard Fezer zum 70. Geburtstag, 2008, S. 115
Dencker, Friedrich, Für eine Verlängerung der Revisionsbegründungsfrist, ZRP 1978, S. 5
Dencker, Friedrich, Über Heimlichkeit, Offenheit und Täuschung bei der Beweisgewinnung im Strafverfahren, StV 1994, S. 667

Dencker, Friedrich, Verwertungsverbote im Strafprozeß, Köln u. a. 1977

Dencker/Hamm, Der Vergleich im Strafprozeß, Frankfurt am Main 1988

Detter, Klaus Zum Strafzumessungs- und Maßregelrecht, NStZ 2005, 143 und 498; NStZ 2006, 146 und 560; NStZ 2007, S. 206

Diemer, Herbert, Die Bedeutung der Videoaufzeichnung im Revisionsverfahren, NStZ 2002, S. 16

Diemer/Schoreit/Sonnen, Jugendgerichtsgesetz, 5. Aufl., Heidelberg 2008

Dietrich/Mann, Die Anwendbarkeit des Grundsatzes „in dubio pro reo" auf Prozeßvoraussetzungen, ZStW 1964, 264

Dingeldey, Thomas, Der Schutz der strafprozessualen Aussagefreiheit durch Verwertungsverbote bei außerstrafrechtlichen Aussage- und Mitwirkungspflichten, NStZ 1984, S. 529

Diwell, Lutz, E-Justice – digitale Justiz auch im Strafverfahren?, in: *Arbeitsgemeinschaft Strafrecht des Deutschen Anwaltvereins (DAV) (Hrsg.),* Strafverteidigung im Rechtsstaat, 25 Jahre Arbeitsgemeinschaft des Deutschen Anwaltsvereins, 2009, S. 450

Dohna, Alexander Graf zu, Das Problem der vorweggenommenen Beweiswürdigung im Strafverfahren, Probleme der Strafrechtserneuerung, in: *Weigend/Hirsch/Küpper (Hrsg.)* Festschrift für Eduard Kohlrausch zum 70. Geburtstag, Berlin 1944, S. 319

Dölling, Dieter, Verlesbarkeit schriftlicher Erklärungen und Auskunftsverweigerung nach § 55 StPO, NStZ 1988, S. 6

Dreher, Eduard, Das schlechte Gewissen des Strafrichters, in: *Arthur Kaufmann u. a. (Hrsg.),* Festschrift für Paul Bockelmann zum 70. Geburtstag, 1979, S. 45

Dreher, Eduard, Gedanken zur Strafzumessung, JZ 1968, S. 209

Dreher, Eduard, Über die gerechte Strafe, Heidelberg 1947

Dreher, Eduard, Über Strafrahmen, in: *Frisch/Schmid (Hrsg.),* Festschrift für Hans-Jürgen Bruns zum 70. Geburtstag, 1978, S. 141

Dreher, Eduard, Zur Spielraumtheorie als der Grundlage der Strafzumessungslehre des Bundesgerichtshofes, JZ 1967, S. 41

Drost, Heinrich, Das Ermessen des Strafrichters, Berlin 1930

Dubs, Hans, Analytische Bewertung als Grundlage richterlicher Strafzumessung, in: Festgabe zum Schweizerischen Juristentag 1963, 1963, S. 9

Dünnebier, Hanns, Nicht mit der Revision anfechtbare Entscheidungen im Strafprozeß, in: *Jescheck/Lüttger (Hrsg.),* Festschrift für Eduard Dreher zum 70. Geburtstag, 1977, S. 669

Ebert, Andreas, Zum Beanstandungsrecht nach Anordnungen des Strafrichters gemäß § 238 Abs. 2 StPO, StV 1997, S. 269

Ebert, Udo (Hrsg.), Aktuelle Probleme der Strafrechtspflege, Berlin 1990

Eisenberg, Ulrich, Beweisrecht der StPO, 6. Aufl., München 2008

Eisenberg, Ulrich, Jugendgerichtsgesetz, 12. Aufl., München 2007

Eisenberg, Ulrich, Zur „besonderen Qualität" richterlicher Vernehmungen im Ermittlungsverfahren, NStZ 1988, S. 488

Eisenberg/Pincus, Sachäußerungen des schweigenden Angeklagten in der Hauptverhandlung, JZ 2003, S. 397

Engels, Dieter, Beweisantizipationsverbot und Beweiserhebungsumfang im Strafprozeß, GA 1981, S. 21

Engisch, Karl, Karl Peters und der Ermessensbegriff, in: *Baumann/Tiedemann (Hrsg.),* Festschrift für Karl Peters zum 70. Geburtstag, 1974, S. 15

Engisch, Karl, Logische Studien zur Gesetzesanwendung, 3. Aufl., Heidelberg 1963

Erb/Esser/Franke/Graalmann-Scheerer/Hilger/Ignor (Hrsg.), Löwe-Rosenberg, Strafprozeßordnung, 26. Aufl., Berlin

Eschelbach, Ralf, Feststellungen, in: *Schöch/Satzger/Schäfer/Ignor/Knauer (Hrsg.),* Festschrift für Gunter Widmaier zum 70. Geburtstag, 2008, S. 127

Eser, Albin, Das Verwertungsverbot des § 252 StPO und die Vernehmung des vernehmenden Richters, NJW 1963, S. 234

Eulenburg, in: *Schäfer, Herbert (Hrsg.),* Brandkriminalistik (Grundlagen der Kriminalistik Bd. 8/1), Hamburg 1972, S. 77

Fabry, Josef, Der besonders schwere Fall der versuchten Tat, NJW 1986, S. 15
Fahl, Christian, Beweisverbote im Strafprozeß – Policeman Donavan und die Früchte des vergifteten Baumes, JuS 1996, S. 1013
Fetzer, Helmut, Einsichtsrecht des Strafverteidigers in gerichtliche Dateien, StV 1991, S. 142
Feuerbach, P.J.A., Betrachtungen über die Öffentlichkeit und Mündlichkeit der Gerechtigkeitspflege, Band I, Gießen 1821
Fezer, Gerhard, Die Herabstufung eines Beweisantrags in der Revisionsinstanz – Zugleich eine Kritik am sog. Konnexitätsprinzip, in: *Eser/Goydke/Maatz* (Hrsg.) Strafverfahrensrecht in Theorie und Praxis – Festschrift für Lutz Meyer-Goßner zum 65. Geburtstag, 2001, S. 629
Fezer, Gerhard, Die Rüge, daß das Tatgericht – (wesentlichen) Beweisstoff nicht aus dem Inbegriff der Verhandlung geschöpft, – (wesentlichen) Beweisstoff übersehen oder übergangen habe, in: Rechtssicherheit versus Einzelfallgerechtigkeit: Kolloquium anläßlich des 65. Geburtstages von Herrn VRiBGH Gerhard Herdegen (Schriftenreihe der Arbeitsgemeinschaften des DAV – AG Strafrecht, Bd. 9), Essen 1992, S. 58
Fezer, Gerhard, Einsichtsrecht des Strafverteidigers in gerichtliche Dateien, StV 1991, S. 142
Fezer, Gerhard, Grenzen der Beweisaufnahme durch das Revisionsgericht, in: *Udo Ebert (Hrsg.)*, Aktuelle Probleme der Strafrechtspflege, Berlin 1990, S. 89
Fezer, Gerhard, Grundfälle zum Verlesungs- und Verwertungsverbot im Strafprozeß, JuS 1977, S. 234/ S. 382/S. 520/S. 669/S. 813; JuS 1978, S. 104/S 325/S. 472/S. 612/S. 765; JuS 1979, S. 35/S. 186
Fezer, Gerhard, Grundfragen der Beweisverwertungsverbote, Heidelberg 1995
Fezer, Gerhard, Möglichkeiten einer Reform der Revision in Strafsachen, Tübingen 1975
Fezer, Gerhard, Revisionsurteil oder Revisionsbeschluß – Strafverfahrensnorm und Strafverfahrenspraxis in dauerhaftem Widerstreit?, StV 2007, S. 40
Fezer, Gerhard, Strafprozeßrecht, 2. Aufl., München 1995
Fezer, Gerhard, Tatrichterlicher Erkenntnisprozeß – „Freiheit der Beweiswürdigung" –, StV 1995, S. 95
Fezer, Gerhard, Überlegungen zur Behandlung des Sachbeweises im Strafverfahren, NStZ 1989, S. 166
Fezer, Gerhard, Wohin entwickeln sich die absoluten Revisionsgründe?, in: *Ebert, Udo (Hrsg.)*, Aktuelle Probleme der Strafrechtspflege, Berlin 1991, S. 106
Fischer, Thomas, Der Gefährdungsschaden bei § 266 in der Rechtsprechung, StraFo 2008, S. 269
Fischer, Thomas, Die Fortwirkung von Zeugnisverweigerungsrechten nach Verfahrenstrennung, JZ 1992, S. 570
Fischer, Thomas, Glaubwürdigkeitsbeurteilung und Beweiswürdigung, NStZ 1994, S. 1
Fischer, Thomas, Strafgesetzbuch und Nebengesetze, 57. Aufl., München 2010
Fögen, Marie Theres, Der Kampf um die Gerichtsöffentlichkeit, Berlin 1974
Foth, Eberhard, „Der falsche Weg zum richtigen Ziel?", JR 1996, S. 99
Foth, Eberhard, Bemerkungen zum Zweifelssatz (in dubio pro reo), NStZ 1996, S. 423
Foth, Eberhard, Die „besondere Schwere der Schuld" i. S. von § 57 a StGB, NStZ 1993, S. 368
Foth, Eberhard, Kann die Anstiftung durch eine V-Person ein Verfahrenshindernis begründen?, NJW 1984, S. 221
Foth, Eberhard, Revisionsinstanz und Mehrfachverteidigung, NStZ 1987, S. 441
Foth, Eberhard, Tatgericht, Revisionsgericht – wer würdigt die Beweise?, DRiZ 1997, S. 201
Foth/Karcher, Überlegungen zur Behandlung des Sachbeweises im Strafverfahren, NStZ 1989, S. 166
Fränkel, Wolfgang, Über Aufgaben und Arbeitsweise der Bundesanwaltschaft, DRiZ 1960, S. 353
Frank, Reiner, Revisible und irrevisible Strafverfahrensnormen, Göttingen 1972
Franke, Dietmar, Die Bildberichterstattung über den Angeklagten und der Öffentlichkeitsgrundsatz im Strafverfahren, 1978
Franke, Ulrich, Die Zukunft der Revision: Bemerkungen zu den Beschlüssen des BVerfG vom 14.6. und 14.8.2007 zur Verfassungsmäßigkeit des § 354 Abs. la StPO, in: *Schöch/Satzger/Schäfer/Ignor/Knauer (Hrsg.)*, Festschrift für Gunter Widmaier zum 70. Geburtstag, 2008, S. 239
Franzheim, Horst, Beweisverbote bei Erkenntnissen der Eigenüberwachung, NJW 1990, S. 2049
Franzheim, Horst, Die prozessualen Folgen des Selbstmordversuches des Angeklagten während der Unterbrechung der Hauptverhandlung, GA 1961, S. 108

Freisler, Roland, Die Vereinfachungsverordnung als Mittel der Schlagkraftsteigerung der Strafrechtspflege und ihr Stand in der Strafverfahrenserneuerung, DJ 1939, S. 1537

Freund, Georg, Die Tatfrage als Rechtsfrage: Persönliche Gewißheit, objektive Schuldwahrscheinlichkeit und rechtsgenügender Beweis, in: *Eser/Goydke/Maatz* (Hrsg.) Strafverfahrensrecht in Theorie und Praxis – Festschrift für Lutz Meyer-Goßner zum 65. Geburtstag, 2001, S. 409

Freund, Georg, Verurteilung und Freispruch bei Verletzung der Schweigepflicht eines Zeugen, GA 1993, S. 49

Friedrich, Eberhard, Der Rechtsanwalt als Rechtswahrer, JW 1938, S. 1300

Frisch, Wolfgang, Inhalt und Hintergrund des „Beruhens" im Revisionsrecht, in: *Rogall/Puppe/Stein/Wolter (Hrsg.)* Festschrift für Hans-Joachim Rudolphi zum 70. Geburtstag, 2004, S. 609

Frisch, Wolfgang, Revisionsrechtliche Probleme der Strafzumessung, Köln, Berlin, Bonn 1971

Frisch, Wolfgang, Rezension zu: Klaus Tolksdorf, Mitwirkungsverbot für den befangenen Staatsanwalt, 1989, StV 1992, S. 613

Frisch, Wolfgang, Wandel der Revision als Ausdruck geistigen und gesellschaftlichen Wandels, in: *Wesslau/Wohlers* (Hrsg.), Festschrift für Gerhard Fezer zum 70. Geburtstag, 2008, S. 353

Frisch, Wolfgang, Zum Wesen des Grundsatzes „in dubio pro reo", in: *Claus Roxin u. a. (Hrsg.),* Festschrift für Heinrich Henkel zum 70. Geburtstag, 1974, S. 273

Frister, Helmut, Beschleunigung der Hauptverhandlung durch Einschränkung von Verteidigungsrechten?, StV 1994, S. 445

Frister, Helmut, Der Lügendetektor – Zulässiger Sachbeweis oder unzulässige Vernehmungsmethode, ZStW 106 (1994), S. 303

Fuchs, Erwin, Der Schlaf der Gerechten, AnwBl 1987, S. 569

Fuhrmann, Hans, Das Beanstandungsrecht des § 238 Abs. 2 StPO, GA 1963, S. 65

Fuhrmann, Hans, Gehört zur Revisibilität eines Verfahrenverstoßes ein Gerichtsbeschluß?, JR 1962, S. 321

Fuhrmann, Hans, Verwirkung des Rügerechts bei nicht beanstandeten Verfahrensverletzungen des Vorsitzenden (§ 238 Abs. 2 StPO), NJW 1963, S. 1230

Fürstenau, Werner, Offensichtlich unbegründet? Der Missbrauch des § 349 Abs. 2 StPO, StraFo 2004, 38

Furthner, Georg, Der „schwere", „besonders schwere" und „minder schwere Fall" im Strafrecht, JR 1969, S. 11

Gaede, Karsten, Schranken des fairen Verfahrens gemäß Art. 6 EMRK bei der Sperrung verteidigungsrelevanter Informationen und Zeugen, StV 2006, S. 599

Gallandi, Volker, Gleichzeitige Verletzung der §§ 55 und 136 a StPO, NStZ 1991, S. 119

Gatzweiler, Norbert, Die Auswahl des Pflichtverteidigers durch den Gerichtsvorsitzenden, AnwBl 1981, S. 147

Gauthier, Jean, Die Beweisverbote, ZStW 103 (1991), S. 796

Geerds, Friedrich, Revision bei Verstoß gegen Denkgesetze oder Erfahrungssätze. Ein Beitrag zum Umfang und zur Art richterlicher Kontrolle, in: *Baumann/Tiedemann (Hrsg.),* Festschrift für Karl Peters zum 70. Geburtstag, 1974, S. 267

Geppert, Klaus, Der Zeugenbeweis, Jura 1991, S. 80 und S. 132

Geppert, Klaus, Zur straf- und strafverfahrensrechtlichen Bewältigung von Serienstraftaten nach Wegfall der Rechtsfigur der „fortgesetzten Handlung", NStZ 1996, S. 57 und S. 118

Gerauer, Alfred, Das Weiterbeteiligungsrecht des Angehörigen beim Tod des Nebenklägers, NJW 1986, S. 3126

Gerhardt, Rudolf, Zur Frage der Verfassungsmäßigkeit des Verbots von Rundfunk- und Fernsehaufnahmen im Gerichtssaal (§ 169 S. 2 GVG), Diss. Frankfurt am Main 1968

Gillmeister, Ferdinand, Die Hinweispflicht des Tatrichters, StraFo 1997, S. 8

Gillmeister, Ferdinand, Strafzumessung aus verjährten u. eingestellten Straftaten, NStZ 2000, S. 344

Göhler, Erich, Ordnungswidrigkeitengesetz, 15. Aufl., München 2009

Goldschmidt, James, Der Prozeß als Rechtslage, Berlin 1925

Gollwitzer, Karl Ernst, Einschränkung des Beweisantragsrechts durch Umdeutung von Beweisanträgen in Beweisanregungen, StV 1990, S. 420 = Grundprobleme des Revisionsverfahrens (Schriftenreihe der Arbeitsgemeinschaften des DAV – AG Strafrecht, Bd. 7), Bonn 1991, S. 123

Gollwitzer, Walter, Das Fragerecht des Angeklagten, in: *Geppert/Dehnicke (Hrsg.),* Gedächtnisschrift für Karlheinz Meyer, 1990, S. 147
Gollwitzer, Walter, Die Verfahrensstellung des in der Hauptverhandlung nicht anwesenden Angeklagten, in: *Jescheck/Vogler (Hrsg.),* Festschrift für Herbert Tröndle zum 70. Geburtstag, 1989, S. 455
Gössel, Karl Heinz, Behörden und Behördenangehörige als Sachverständige vor Gericht, DRiZ 1980, S. 363
Gössel, Karl Heinz, Die Beweisverbote im Strafverfahrensrecht der Bundesrepublik Deutschland, GA 1991, S. 483
Gössel, Karl Heinz, Strafverfahrensrecht, Stuttgart u. a. 1977
Gössel, Karl Heinz, Über die revisionsrichterliche Nachprüfbarkeit von Beschlüssen, mit denen die Öffentlichkeit gem. §§ 172, 173 GVG im Strafverfahren ausgeschlossen wird, NStZ 1982, S. 141
Gössel, Karl Heinz, Verfassungsrechtliche Verwertungsverbote im Strafverfahren, JZ 1984, S. 361
Gossrau, Eberhard, Unterlassen der Zeugenbelehrung als Revisionsgrund, MDR 1958, S. 468
Goydke, Jürgen, Strafmaßrevision, Strafberufung und Strafrüge, in: *Eser/Goydke/Maatz (Hrsg.)* Strafverfahrensrecht in Theorie und Praxis – Festschrift für Lutz Meyer-Goßner zum 65. Geburtstag, 2001, S. 541
Graalmann-Scheerer, Kirsten, Molekulargenetische Untersuchung und Revision, in: *Hanack/Hilger/Mehle/Widmaier (Hrsg.),* Festschrift für Peter Rieß zum 70. Geburtstag, 2002, S. 153
Grabenwarter, Christoph, Die Revisionsbegründungsfrist nach § 345 I StPO und Recht auf angemessene Vorbereitung (Art. 6 III lit. b EMRK), NJW 2002, S. 109.
Gribbohm, Günter, Aufhebung angemessener Strafen in der Revisionsinstanz?, NJW 1980, S. 1440
Gribbohm, Günter, Das Scheitern der Revision nach § 344 StPO, NStZ 1983, S. 97
Gröger, Annika, Das Akteneinsichtsrecht im Strafverfahren unter besonderer Berücksichtigung der Europäischen Menschenrechtskonvention, Hamburg 2009
Groh, Martin, Zum Recht des Strafverteidigers auf Einsichtnahme in staatsanwaltliche Ermittlungsakten, DRiZ 1985, S. 52
Grüner, Gerhard, Über den Missbrauch von Mitwirkungsrechten und die Mitwirkungspflichten des Verteidigers im Strafprozess, Berlin 2000
Grüner, Gerhard, Zur Rechtskreistheorie des BGH im Revisionsverfahren – BGHSt 38, 302, JuS 1994, S. 193
Grünwald, Gerald, Beweisverbote und Verwertungsverbote im Strafverfahren, JZ 1966, S. 489
Grünwald, Gerald, Das Beweisrecht der Strafprozeßordnung, Baden-Baden 1993
Grünwald, Gerald, Die Teilrechtskraft im Strafverfahren, Göttingen 1964
Gubitz/Bock, Die Verlesung von Vernehmungsniederschriften in der strafrechtlichen Hauptverhandlung, NJW 2008, 958
Günter, Hans-Helmut, Unschlüssig, DRiZ 1993, S. 223
Güntge, Georg-Friedrich, Die Pflicht des Revisionsführers zur Darlegung rügegefährdender Tatsachen und Thematisierung von Ausnahmetatbeständen bei Erhebung der Verfahrensrüge (§ 344 Abs. 2 Satz 2 StPO), JR 2005, S. 496
Günther, Karl-Adolf, Strafverteidigung, 2. Auflage 1990

Haag, Karl, Rationale Strafzumessung, Köln 1970
Haegert, Wilhelm, Das „schlechte Gewissen" der Strafrichter, JR 1965, S. 129
Haffke, Bernhard, Schweigepflicht, Verfahrensrevision und Beweisverbot, GA 1973, S. 65
Haffke, Bernhard, Zwangsverteidigung – notwendige Verteidigung – Pflichtverteidigung – Ersatzverteidigung, StV 1981, S. 471
Häger, Joachim, Zu den Folgen staatsanwaltlicher in der Hauptverhandlung begangener Verfahrensfehler, in: *Geppert/Dehnicke (Hrsg.),* Gedächtnisschrift für Karlheinz Meyer, 1990, S. 171
Hagmann, Otto, Auswahl und Bestellung des Pflichtverteidigers, in: Pflichtverteidigung und Rechtsstaat (Schriftenreihe der Arbeitsgemeinschaften des DAV, AG Strafrecht, Band 2), Essen o.J., S. 17
Hahn, Carl, Die gesammten Materialien zu den Reichs-Justizgesetzen, Die gesammten Materialien zur Civilprozeßordnung und dem Einführungsgesetz zu derselben vom 30. Januar 1877, 2. Aufl., Berlin Bd. 2: 1881; Bd. 3: Berlin 1885

Hahn, Manfred, Die notwendige Verteidigung im Strafprozeß, Berlin 1975
Hamm/Hassemer/Pauly, Beweisantragsrecht, 2. Aufl., Heidelberg 2007
Hamm, Rainer, Aus der Beschlußverwerfungspraxis (§ 349 Abs. 2 StPO) der Revisionsgerichte, StV 1981, 315
Hamm, Rainer, Beweis als Rechtsbegriff und seine revisionsrechtliche Kontrolle, in: *Wesslau/Wohlers (Hrsg.),* Festschrift für Gerhard Fezer zum 70. Geburtstag, 2008, S. 393
Hamm, Rainer, Beweis innerer Tatsachen im Strafprozess und die Richtigkeitskontrolle im Rechtsmittelverfahren, in: *Beulke/Lüderssen/Popp/Wittig (Hrsg.),* Das Dilemma des rechtsstaatlichen Strafrechts, Symposium für Bernhard Haffke zum 65. Geburtstag, 2009, S. 137
Hamm, Rainer, Das Ende der fortgesetzten Handlung, NJW 1994, S. 1636
Hamm, Rainer, Das Plädoyer des Strafverteidigers, in: *Rouven Soudry* (Hrsg.), Rhetorik – Eine interdisziplinäre Einführung in die rhetorische Praxis, 2. Aufl., Heidelberg 2006, S. 65
Hamm, Rainer, Der gesetzliche Richter und die Ablehnung wegen Besorgnis der Befangenheit, Diss. Berlin 1973
Hamm, Rainer, Der prozessuale Beweis der Kausalität und seine revisionsrechtliche Überprüfung, StV 1997, S. 159
Hamm, Rainer, Der Standort des Verteidigers im heutigen Strafprozeß, NJW 1993, S. 289
Hamm, Rainer, Die alltäglichen Gesetzesumgehungen durch die Strafjustiz, in: *Institut für Kriminalwissenschaften Frankfurt a.M. (Hrsg.),* Vom unmöglichen Zustand des Strafrechts, Frankfurt a.M. u.a. 1995, S. 367
Hamm, Rainer, Die Besetzungsrüge nach dem Strafverfahrensänderungsgesetz 1979, NJW 1979, S. 135
Hamm, Rainer, Die Entdeckung des „fair trial" im deutschen Strafprozeß – ein Fortschritt mit ambivalenten Ursachen, in: *Albin Eser u. a. (Hrsg.),* Festschrift für Hannskarl Salger, 1995, S. 273
Hamm, Rainer, Die revisionsgerichtliche Kontrolle der Beweiswürdigung des Tatgerichts, in: Rechtssicherheit versus Einzelfallgerechtigkeit: Kolloquium anläßlich des 65. Geburtstages von Herrn VRiBGH Gerhard Herdegen (Schriftenreihe der Arbeitsgemeinschaften des DAV – AG Strafrecht, Bd. 9), Bonn 1992, S. 20
Hamm, Rainer, Eingriffe in die Domäne(n) des Tatrichters, StV 2008, S. 205
Hamm, Rainer, Einleitung, in: *Herdegen, Gerhard,* Beweisantragsrecht, Beweiswürdigung und strafprozessuale Revision, Baden-Baden 1995, S. 9
Hamm, Rainer, Fristenregelung für Beweisanträge?, in: *Herzog/Neumann (Hrsg.),* Festschrift für Winfried Hassemer zum 70. Geburtstag, 2010, S. 1017
Hamm, Rainer, Hilfsstrafkammern als Dauereinrichtung, StV 1981, S. 38
Hamm, Rainer, Ist die Entformalisierung des Strafrechts und des Strafprozessrechts unaufhaltsam? in: *Institut für Kriminalwissenschaften und Rechtsphilosophie Frankfurt a. M. (Hrsg.),* Jenseits des rechtsstaatlichen Strafrechts (Frankfurter kriminalwissenschaftliche Studien 100), Frankfurt/M. 2007, S. 521
Hamm, Rainer, Können Ablehnungsgründe bei rechtzeitigem und zulässigem Ablehnungsgesuch verspätet sein?, NJW 1973, S. 201
Hamm, Rainer, Monokeltest und Menschenwürde, NJW 1999, S. 922
Hamm, Rainer, Notwendige Verteidigung bei behinderten Beschuldigten, NJW 1988, S. 1820
Hamm, Rainer, Öffentliche Urteilsberatung, NJW 1992, S. 3147
Hamm, Rainer, Pyrrhussiege und Danaergeschenke im strafprozessualen Rechtsmittelsystem. Zu Problemen mit den §§ 331 Abs. 2, 358 Abs. 2 Satz 2 und 357 StPO, in: *Ebert/Roxin/Rieß/Wahle,* Festschrift für Ernst-Walter Hanack zum 70. Geburtstag, 1999, S. 369
Hamm, Rainer, Rechtsbehelfe im Ermittlungsverfahren, AnwBl. 1986, S. 66
Hamm, Rainer, Staatliche Hilfe bei der Suche nach Verteidigern – Verteidigerhilfe zur Begründung von Verwertungsverboten, NJW 1996, 2185
Hamm, Rainer, Tendenzen der revisionsgerichtlichen Rechtsprechung aus anwaltlicher Sicht, StV 1987, S. 262
Hamm, Rainer, Vorschläge zur Entlastung der Strafjustiz, StV 1991, S. 350
Hamm, Rainer, Was wird aus der Hauptverhandlung nach Inkrafttreten des Verbrechensbekämpfungsgesetzes?, StV 1994, S. 456

Hamm, Rainer, Wert und Möglichkeiten der „Früherkennung“ richterlicher Beweiswürdigung durch den Strafverteidiger, in: *Wasserburg/Haddenhorst (Hrsg.),* Festgabe für Karl Peters aus Anlaß seines 80. Geburtstages, 1984, S. 169

Hamm, Rainer, Zur Revisibilität in Fällen von „Aussage gegen Aussage“, StraFo 2000, S. 253

Hamm/Leipold (Hrsg.), Beck'sches Formularbuch für den Strafverteidiger, 5. Aufl., München 2010

Hammerstein, Gerhard, Die Grenzen des Erklärungsrechts nach § 257 StPO, in: *Heinz Eyrich u.a. (Hrsg.),* Festschrift für Kurt Rebmann zum 65. Geburtstag, 1989, S. 231

Hammerstein, Gerhard, Kann die Reihenfolge der Beweiserhebung das Urteil beeinflussen?, in: *Klaus Geppert u. a. (Hrsg.),* Festschrift für Rudolf Schmitt, 1992, S. 323

Hammerstein, Gerhard, Verteidigung mit dem letzten Wort, in: *Jescheck/Vogler (Hrsg.),* Festschrift für Herbert Tröndle zum 70. Geburtstag, 1989, S. 485

Hammerstein, Gerhard, Verteidigung ohne Verteidiger, JR 1985, S. 140

Hanack, Ernst-Walter, Der Ausgleich divergierender Entscheidungen in der oberen Gerichtsbarkeit: eine prozessrechtliche Studie insbesondere zur Vorlegungspflicht und der Rechtsmittelzulässigkeit wegen Abweichung. Hamburg [u. a.], 1962

Hanack, Ernst-Walter, Die Rechtsprechung des Bundesgerichtshof zum Strafverfahrensrecht, JZ 1972, 313

Hanack, Ernst-Walter, Die Verteidigung vor dem Revisionsgericht, in: *Ernst-Walter Hanack u.a. (Hrsg.),* Festschrift für Hanns Dünnebier zum 75. Geburtstag, 1982, S. 301

Hanack, Ernst-Walter, Maßstäbe und Grenzen richterlicher Überzeugungsbildung im Strafprozeß – OLG Celle, NJW 1976, 2030, JuS 1977, S. 727

Hanack, Ernst-Walter, Protokollverlesung und -vorhalte als Vernehmungsbehelf, in: *Hamm/Matzke (Hrsg.),* Festschrift für Erich Schmidt-Leichner zum 65. Geburtstag, 1977, S. 83

Hanack, Ernst-Walter, Prozeßhindernis des überlangen Strafverfahrens?, JZ 1971, S. 705

Hanack, Ernst-Walter, Zur Austauschbarkeit von Beweismitteln im Strafprozeß, JZ 1970, S. 561

Hänlein/Moos, Zu Reichweite und revisionsrechtlicher Problematik der Hinweispflicht nach § 265 I StPO, NStZ 1990, S. 481

Hannich, Rolf (Hrsg.), Karlsruher Kommentar zur Strafprozeßordnung, 6. Aufl., München 2008

Harris, Kenneth, Verwertungsverbot für mittelbar erlangte Beweismittel: Die Fernwirkungsdoktrin in der Rechtsprechung im deutschen und amerikanischen Recht, StV 1991, S. 313

Hassemer, Winfried, Die rechtstheoretische Bedeutung des gesetzlichen Strafrahmens. Bemerkungen zu Radbruchs Lehre von den Ordnungsbegriffen, in: *Arthur Kaufmann (Hrsg.),* Gedächtnisschrift für Gustav Radbruch, 1968, S. 281

Hassemer, Winfried, Gefährliche Nähe: Die Entfernung des Angeklagten aus der Hauptverhandlung (§ 247 StPO) – BGH NJW 1985, 1478, JuS 1986, S. 25

Hassemer, Winfried, Produktverantwortung im modernen Strafrecht, 2. Aufl., Heidelberg 1996

Hassemer, Winfried, Strafrecht, Prävention, Vergeltung. Eine Beipflichtung, in: *Hoyer/Müller/Pawlik (Hrsg.),* Festschrift für Friedrich-Christian Schroeder zum 70. Geburtstag, 2006, S. 51

Hassemer, Winfried, Aktuelle Perspektiven der Kriminalpolitk, StV 1994, S. 333

Hassemer, Winfried, Vorverurteilung durch die Medien?, NJW 1985, S. 1921

Hauf, Claus-Jürgen, Ist die „Rechtskreistheorie“ noch zu halten? Eine neue Konzeption zu Fragen von Verfahrensfehlern und Beweisverwertungsverboten, NStZ 1993, S. 457

Hauser, Robert, Der Zeugenbeweis im Strafprozeß mit Berücksichtigung des Zivilprozesses, Zürich 1974

Hebenstreit, Ulrich, Gedanken zur Alternativrüge, in: *Schöch/Satzger/Schäfer/Ignor/Knauer (Hrsg.),* Festschrift für Gunter Widmaier zum 70. Geburtstag, 2008, S. 267

Heinitz, Ernst, Strafzumessung und Persönlichkeit, ZStW 63 (1951), S. 57

Henkel, Heinrich, Die „richtige“ Strafe, Tübingen 1969

Henkel, Heinrich, Strafverfahrensrecht, 2. Aufl., Stuttgart u. a. 1968

Herdegen, Gerhard, Aufklärungspflicht – Beweisantragsrecht – Beweisantrag – Beweisermittlungsantrag, in: *Geppert/Dehnicke (Hrsg.),* Gedächtnisschrift für Karlheinz Meyer, 1990, S. 187 = *Herdegen, Gerhard,* Beweisantragsrecht, Beweiswürdigung, strafprozessuale Revision, Baden-Baden 1995, S. 21

Herdegen, Gerhard, Bemerkungen zum Beweisantragsrecht, NStZ 1984, S. 97, S. 200 und S. 337

Herdegen, Gerhard, Bemerkungen zur Beweiswürdigung, NStZ 1987, S. 193 = *Herdegen, Gerhard*, Beweisantragsrecht, Beweiswürdigung und strafprozessuale Revision, Baden-Baden 1995, S. 108

Herdegen, Gerhard, Bemerkungen zur Lehre von den Beweisverboten, in: Wahrheitsfindung und ihre Schranken (Schriftenreihe der Arbeitsgemeinschaften des DAV – AG Strafrecht, Bd. 6), Essen 1989, S. 103 = *Herdegen, Gerhard*, Beweisantragsrecht, Beweiswürdigung, strafprozessuale Revision, Baden-Baden 1995, S. 78

Herdegen, Gerhard, Beweisantragsrecht, Beweiswürdigung, strafprozessuale Revision, Baden-Baden 1995

Herdegen, Gerhard, Das Beweisantragsrecht – Zum Rechtsmissbrauch – Teil III – NStZ 2000, S. 1

Herdegen, Gerhard, Die Beruhensfrage im strafprozessualen Revisionsrecht, NStZ 1990, S. 513 = Grundprobleme des Revisionsverfahrens (Schriftenreihe der Arbeitsgemeinschaften des DAV – AG Strafrecht, Bd. 7), Bonn 1991, S. 7 = *Herdegen, Gerhard*, Beweisantragsrecht, Beweiswürdigung, strafprozessuale Revision, Baden-Baden 1995, S. 181

Herdegen, Gerhard, Die Revisibilität der Beweiswürdigung, in: Strafverteidigung im Rechtsstaat: 25 Jahre Arbeitsgemeinschaft Strafrecht des Deutschen Anwaltvereins, Baden-Baden 2009, S. 553.

Herdegen, Gerhard, Die revisionsgerichtliche Kontrolle der Beweiswürdigung, in: Rechtssicherheit versus Einzelfallgerechtigkeit: Kolloquium anläßlich des 65. Geburtstages von Herrn VRiBGH Gerhard Herdegen (Schriftenreihe der Arbeitsgemeinschaften des DAV – AG Strafrecht, Bd. 9), Bonn 1992, S. 30 = *Herdegen, Gerhard*, Beweisantragsrecht, Beweiswürdigung und strafprozessuale Revision, Baden-Baden 1995, S. 126

Herdegen, Gerhard, Die Rüge der Nichtausschöpfung eines Beweismittels, in: *Albin Eser u. a. (Hrsg.)*, Festschrift für Hannskarl Salger, 1995, S. 301

Herdegen, Gerhard, Die Überprüfung der tatsächlichen Feststellungen durch das Revisionsgericht auf Grund einer Verfahrensrüge, StV 1992, S. 590

Herdegen, Gerhard, Die Überprüfung der tatsächlichen Feststellungen durch das Revisionsgericht auf Grund der Sachrüge, StV 1992, 527 = *Herdegen, Gerhard*, Beweisantragsrecht, Beweiswürdigung und strafprozessuale Revision, Baden-Baden 1995, S. 140

Herdegen, Gerhard, Statement: Verteidigung und Wahrheitspflicht – 24. Herbstkolloquium 2007 der Arbeitsgemeinschaft Strafrecht des DAV, StraFo 2008, S. 137.

Herdegen, Gerhard, Strafrichterliche Aufklärungspflicht und Beweiswürdigung, NJW 2003, S. 3513

Herdegen, Gerhard, Tatgericht und Revisionsgericht – insbesondere die Kontrolle verfahrensrechtlicher „Ermessensentscheidungen", in: *Gössel/Kauffmann (Hrsg.)*, Festschrift für Theodor Kleinknecht zum 75. Geburtstag, 1985, S. 173 = *Herdegen, Gerhard*, Beweisantragsrecht, Beweiswürdigung und strafprozessuale Revision, Baden-Baden 1995, S. 60

Herdegen, Gerhard, Zum Begriff der Beweisbehauptung, StV 1990, S. 518 = *Herdegen, Gerhard*, Beweisantragsrecht, Beweiswürdigung, strafprozessuale Revision, Baden-Baden 1995, S. 41

Herrmann, Joachim, Das Recht des Beschuldigten, vor der polizeilichen Vernehmung einen Verteidiger zu befragen, NStZ 1997, S. 209

Hertz, Thomas, Das Verhalten des Täters nach der Tat, Berlin, New York 1973

Herzog, Felix, Infiltrativ-provokatorische Ermittlungsoperationen als Verfahrenshindernis, StV 2003, S. 410

Hettinger, Michael, Die Strafrahmen des StGB nach dem Sechsten Strafrechtsreformgesetz, in: Michael *Hettinger (Hrsg.)*, Festschrift für Wilfried Küper zum 70. Geburtstag, 2007, S. 95

Hettinger, Michael, Zum Geltungsbereich des Doppelverwertungsverbots und zum Begriff des „normalen Erscheinungsbildes", GA 1993, S. 1

Heubel, Horst, Der „fair trial" – ein Grundsatz des Strafverfahrens?, Berlin 1981

Heubel, Horst, Die Verschiebung der Hauptverhandlung wegen Verspätung des Verteidigers, NJW 1981, S. 2678

Hilgendorf, Eric, Verfahrensfragen bei der Ablehnung eines befangenen Staatsanwalts, StV 1996, S. 50

Hilger, Hans, Absolute Revisionsgründe, NStZ 1983, S. 337

Hilger, Hans, Neues Strafverfahrensrecht durch das OrgKG, NStZ 1992, S. 457/S. 523

Hilger, Hans, Über die neuere Rechtsprechung des BGH zu den absoluten Revisionsgründen der StPO, in: *Schöch/Satzger/Schäfer/Ignor/Knauer (Hrsg.)*, Festschrift für Gunter Widmaier zum 70. Geburtstag, 2008, S. 277

Hilger, Hans, Wiedereinsetzung in den vorigen Stand bei „mangelhafter" Verfahrensrüge durch den Verteidiger?, NStZ 1983, S. 152

Hilger, Hans, Zur Akteneinsicht Dritter in von Strafverfolgungsbehörden sichergestellte Unterlagen (Nr. 185 Abs. IV RiStBV), NStZ 1984, S. 541

Hillenkamp, Thomas, Verfahrenshindernisse von Verfassungs wegen, NJW 1989, S. 2841

HK-Heidelberger Kommentar zur Strafprozessordnung, *Julius/Gercke/Kurth/Lemke/Rautenberg (Hrsg.)*, 4. Aufl., Heidelberg 2009

Hofmann, Manfred, Videoaufzeichnungen und revisionsgerichtliche Kontrolle, NStZ 2002, S. 569

Horn, Eckhard, Wider die „doppelspurige" Strafhöhenzumessung, in: *Gerald Grünwald u. a. (Hrsg.)*, Festschrift für Friedrich Schaffstein zum 70. Geburtstag, 1975, S. 241

Horn, Eckhard, Zum Stellenwert der „Stellenwerttheorie", *Frisch/Schmid (Hrsg.)*, Festschrift für Hans-Jürgen Bruns zum 70. Geburtstag, 1978, S. 165

Hussels, Martin, Videoübertragungen von jugendlichen Zeugen in Mißbrauchsprozessen – eine Bestandsaufnahme und Überlegungen de lege ferenda, ZRP 1995, S. 242

Ignor/Bertheau, Die so genannte Vollstreckungslösung des Großen Senats für Strafsachen – wirklich eine „Lösung"?, NJW 2008, S. 2209

Jagusch, Heinrich, Über offensichtlich unbegründete Revisionen (§ 349 Abs. 2 StPO), NJW 1960, S. 73

Jähnke, Burghard, Über die Befugnis des Revisionsgerichts zur Nachprüfung der tatrichterlichen Beweiswürdigung, in: *Ebert/Rieß/Roxin (Hrsg.)*, Festschrift für Ernst-Walter Hanack zum 70. Geburtstag, 1999, S. 355

Jähnke, Burghard, Verwertungsverbote und Richtervorbehalt beim Einsatz Verdeckter Ermittler, in: *Böttcher, Hueck, Jähnke (Hrsg.)*, Festschrift für Walter Odersky zum 65. Geburtstag, 1996, S. 427

Jähnke, Burghard, Zur Abgrenzung von Verfahrens- und Sachrüge, in: *Eser/Goydke/Maatz (Hrsg).*, Strafverfahrensrecht in Theorie und Praxis – Festschrift für Lutz Meyer-Goßner zum 65. Geburtstag, 2001, S. 559;

Jahn, Matthias, Die Konsensmaxime in der Hauptverhandlung, ZStW 118 (2006), S. 427

Jahn, Matthias, Konnexitätsdoktrin und „Fristenlösungsmodell" – Die verfassungsrechtlichen Grenzen der Fremdkontrolle im Beweisantragsrecht der Verteidigung durch den Bundesgerichtshof, StV 2009, S. 663

Jahn/Müller, Das Gesetz zur Regelung der Verständigung im Strafverfahren – Legitimation und Reglementierung der Absprachenpraxis, NJW 2009, S. 2625

Jakobs, Günther, Schuld und Prävention, Tübingen 1976

Jansen, Gabriele, Vernehmung kindlicher Zeugen mittels Videotechnologie, StV 1996, S. 123

Jerouschek, Günter, Wie frei ist die freie Beweiswürdigung?, GA 1992, S. 493

Jescheck, Hans-Heinrich, Die Verwirkung von Verfahrensrügen im Strafprozeß, JZ 1952, S. 400

Joachim, Norbert, Anonyme Zeugen im Strafverfahren – Neue Tendenzen in der Rechtsprechung, StV 1992, S. 245

Julius, Karl-Peter, Beweis-, Beweisermittlungs- und Verschleppungsantrag im Strafprozeß, MDR 1989, S. 116

Julius, Karl-Peter, Zum Verhältnis von Aufklärungspflicht und Beweisantragsrecht im Strafprozeß, NStZ 1986, S. 61

Jungfer, Gerhard, Auswahl und Bestellung des Pflichtverteidigers – Idee und Wirklichkeit, in: Pflichtverteidigung und Rechtsstaat (Schriftenreihe der Arbeitsgemeinschaften des DAV – AG Strafrecht, Band 2), Essen o.J., S. 24

Jungfer, Gerhard, Grundfragen der vergleichenden Strafzumessung, Anwalt und Revision, in: Die revisionsgerichtliche Rechtsprechung der Strafsenate des Bundesgerichtshofs (Schriftenreihe der Arbeitsgemeinschaften des DAV – AG Strafrecht, Bd. 3), Essen o.J., S. 155

Kaiser, Eberhard, Zur Wartepflicht des Gerichts bei Unpünktlichkeit von Beteiligten in Straf- und Bußgeldsachen, NJW 1977, S. 1955

Kaiser, Gerd, Die Beschwer als Voraussetzung strafprozessualer Rechtsmittel, Heidelberg 1993

Kalf, Wolfgang, Der Umfang revisionsrechtlicher Prüfung bei minder schweren und besonders schweren Fällen, NJW 1996, S. 1447

Karl, Wolfram, (Hrsg.), Internationaler Kommentar zur Europäischen Menschenrechtskonvention, 12. Lieferung, Köln 2009

Karnowsky, Wolfgang, Revisionszulässigkeit und Verfahrenshindernisse im Strafverfahren, Diss. Münster 1974

Katholnigg, Oskar, Zur Geschäftsverteilung bei obersten Gerichtshöfen des Bundes und innerhalb ihrer Senate, NJW 1992, S. 2256

Kaufmann, Arthur, Zur Rechtsmittelbeschränkung in Jugendstrafsachen, JZ 1958, S. 9

Kempf, Eberhard, Missbrauch im Strafprozess, Peccatur intra et extra muros, in: *Herzog/Neumann (Hrsg.)*, Festschrift für Winfried Hassemer zum 70. Geburtstag, 2010, S. 1041

Kempf, Eberhard, Opferschutzgesetz und Strafverfahrensänderungsgesetz 1987, Gegenreform durch Teilgesetze, StV 1987, S. 215

Kiehl, Walter H., Neues Verwertungsverbot bei unverstandener Beschuldigtenbelehrung – und neue Tücken für die Verteidigung, NJW 1994, S. 1267

Kimmich/Spyra/Steinke, Das DNA-Profiling in der Kriminaltechnik und der juristischen Diskussion, NStZ 1990, S. 318

Kissel, Otto Rudolf, Das Frankfurter „Schöffenroulette" ist vorbei – Gedanken zur Entscheidung des BGH vom 19.6.1985, NStZ 1985, S. 490

Kissel, Otto Rudolf, Gerichtsverfassung unter dem Gesetz zur Entlastung der Rechtspflege, NJW 1993, S. 489

Kissel/Mayer, Gerichtsverfassungsgesetz, 5. Aufl., München 2008

Kleinknecht, Theodor, Strafprozessordnung, 35. Aufl., München 1981

Kleinknecht/Meyer, Strafprozessordnung, 38. Aufl., München 1987

Klimke, Olaf, Der Polygraphentest im Strafverfahren, NStZ 1981, S. 433

Klingemann, in: *Schäfer, Herbert (Hrsg.)*, Brandkriminalistik (Kriminalistische Studien, Band 2), Bremen 1986, S. 104

Kloepfer, Michael, Verfahrensdauer und Verfassungsrecht, JZ 1979, S. 209

Klug, Ulrich, Die Verletzung von Denkgesetzen als Revisionsgrund, in: *Hefermehl/Nipperdey (Hrsg.)*, Festschrift für Philipp Möhring zum 65. Geburtstag, 1965, S. 363

Klug, Ulrich, Juristische Logik, 4. Aufl., Berlin/Heidelberg 1982

Klussmann, Günther, Das Akteneinsichtsrecht des Verteidigers in eigener Sache, NJW 1973, S. 1965

KMR – Kommentar zur Strafprozeßordnung, begründet von *Kleinknecht/Müller/Reitberger*, ab der 14. Lieferung herausgegeben von *von Heintschel-Heinegg/Stöckel*, (Stand: Januar 2010)

Knauer, Christoph, Zur Wahrheitspflicht des (Revisions-)Verteidigers, in: *Schöch/Satzger/Schäfer/Ignor/Knauer (Hrsg.)*, Festschrift für Gunter Widmaier zum 70. Geburtstag, 2008, S. 291

Knauer/Wolf, Zivilprozessuale und strafprozessuale Änderungen durch das Erste Justizmodernisierungsgesetz – Teil 2: Änderungen der StPO, NJW 2004, S. 2932

Knierim/Rettenmaier, Das Selbstleseverfahren gemäß § 249 Abs. 2 StPO in Wirtschaftsstrafsachen – Verfahrensbeschleunigung oder unzulässiger Verstoß gegen das Recht auf ein faires Verfahren?, StV 2006, S. 155

Köberer, Wolfgang, Iudex non calculat. Über die Unmöglichkeit, Strafzumessung sozialwissenschaftlich-mathematisch zu rationalisieren, Frankfurt am Main/Berlin/Bern/New York/Paris/Wien 1996

Köberer, Wolfgang, Zur Rechtsfolgenfestsetzungskompetenz des Revisionsgerichts, in: *Michalke/Köberer/Pauly/Kirsch (Hrsg.)*, Festschrift für Rainer Hamm zum 65. Geburtstag, 2008, S. 303

Köhnken, Günter, Video im Gericht – Modelle und Erfahrungen aus Großbritannien, StV 1995, S. 376

Koch, Claudia, Zum Akteneinsichtsrecht Privater nach § 475 StPO, in: *Michalke/Köberer/Pauly/Kirsch (Hrsg.)*, Festschrift für Rainer Hamm zum 65. Geburtstag, 2008, S. 289

Koffka, Else, Welche Strafzumessungsregeln ergeben sich aus dem geltenden StGB?, JR 1955, S. 322

Köhler, Michael, Das präsente Beweismittel nach dem Strafverfahrensänderungsgesetz 1979, NJW 1979, S. 348

Kohlhaas, Max, Das Ärgernis des § 275 StPO, GA 1974, S. 142

Koriath, Heinz, Über Beweisverbote im Strafprozeß, Frankfurt a. M. u. a. 1994

Körner, Harald Hans, Betäubungsmittelgesetz – Arzneimittelgesetz, 6. Aufl., München 2007

Körner, Harald Hans, Der Besitz von Betäubungsmitteln – Rechtsprechungsübersicht zum BtMG, StV 1982, S. 91
Krack, Ralf, Verfahrenshindernisse im Strafprozess. Versuch einer Begriffsbestimmung, GA 2003, S. 536
Krack, Ralf, Die Rehabilitierung des Beschuldigten im Strafverfahren, Tübingen 2002
Krause, Dietmar, Anwesenheitsrecht des Beschuldigten bei der Vernehmung des Mitbeschuldigten, NJW 1975, S. 2283
Krause, Dietmar, Einzelfragen zum Anwesenheitsrecht des Verteidigers im Strafverfahren, StV 1984, S. 169
Krause, Dietmar, Einzelfragen zur Revisionsbegründung nach § 344 Abs. 2 StPO, StV 1984, S. 483
Krause/Thon, Mängel der Tatschilderung im Anklagesatz und ihre rechtliche Bedeutung, StV 1985, S. 252
Krauß, Detlef, Richter und Sachverständiger im Strafverfahren, ZStW 85 (1973), S. 320
Krehl, Christoph, Die Begründung des Revisionsverwerfungsbeschlusses nach § 349 Abs. 2 StPO, GA 1987, S. 162
Krehl, Christoph, Die Revisionsbegründung zu Protokoll der Geschäftsstelle und effektiver Rechtsschutz, in: *Michalke/Köberer/Pauly/Kirsch (Hrsg.)*, Festschrift für Rainer Hamm zum 65. Geburtstag, 2008, S. 383.
Krekeler, Wilhelm, Das Zwischenverfahren in Wirtschaftsstrafsachen aus der Sicht der Verteidigung, wistra 1985, S. 54
Krekeler, Wilhelm, Der befangene Richter, NJW 1981, S. 1633
Krekeler, Wilhelm, Einschränkungen des Beweisantragsrechtes durch Umdeutung von Beweisanträgen in Beweisanregungen, in: Grundprobleme des Revisionsverfahrens (Schriftenreihe der Arbeitsgemeinschaften des DAV – AG Strafrecht, Bd. 7), Bonn 1991, S. 137
Krekeler, Wilhelm, Probleme der Verteidigung in Wirtschaftsstrafsachen, wistra 1983, S. 43
Krekeler, Wilhelm, Strafverfahrensrecht und Terrorismus, AnwBl 1979, S. 212
Krey, Volker, Das Bundesverfassungsgericht in Karlsruhe – ein Gericht läuft aus dem Ruder, JR 1995, S. 221
Krille, Die Kontrolle der Ermessensfreiheit des Richters, in: *Mezger/Jeschek/Lange (Hrsg.)*, Deutsche Beiträge zum 7. Internationalen Strafrechtskongreß in Athen, Berlin 1957
Kröger, Der gesetzliche Richter und die besondere Bedeutung des Falles i. S. d. § 24 I Nr. 2, 3 GVG, Disss. Münster 1962.
Kruse, Klaus-Dieter, Die „offensichtlich unbegründete" Revision in Strafsachen, Göttingen 1980
Kudlich, Hans, Wie absolut sind die absoluten Revisionsgründe?, in: *Wesslau/Wohlers (Hrsg.)*, Festschrift für Gerhard Fezer zum 70. Geburtstag, 2008, S. 435
Kühne, Hans-Heiner, Strafprozessrecht, 7. Aufl., Heidelberg 2007
Künzel, Manfred, Erfahrungen eines Zwangsverteidigers, StV 1981, S. 464
Küper, Wilfried, Historische Bemerkungen zur „freien Beweiswürdigung" im Strafprozeß, in: *Wasserburg/Haddenhorst (Hrsg.)*, Festgabe für Karl Peters aus Anlaß seines 80. Geburtstages, 1984, S. 23
Küpper, Georg, Die Hinweispflicht nach § 265 StPO bei verschiedenen Begehungsformen desselben Strafgesetzes, NStZ 1986, S. 249
Küpper, Georg, Tagebücher, Tonbänder, Telefonate, JZ 1990, S. 416

Lachnit, Günter, Voraussetzungen und Umfang der Pflicht zum Hinweis auf die Veränderung des rechtlichen Gesichtspunktes nach § 265 StPO, Diss. München 1965
Lackner/Kühl, Strafgesetzbuch mit Erläuterungen, 26. Aufl., München 2007
Lagodny, Otto, Verdeckte Ermittler und V-Leute im Spiegel von § 136 a StPO als „angewandtem Verfassungsrecht", StV 1996, S. 167
Lampe, Joachim, Auslagenerstattung beim Tod des Angeklagten, NJW 1974, S. 1856
Lampe, Joachim, Richterliche Überzeugung, in: *von Gamm/Raisch/Tiedemann (Hrsg.)*, Strafrecht, Unternehmensrecht, Anwaltsrecht, Festschrift für Gerd Pfeiffer, 1988, S. 353
Landau, Herbert, Rechtsmissbrauch im Strafprozess – Eines der meistdiskutierten Themen der Strafprozessrechtswissenschaft, in: *Jahn/Nack (Hrsg.)*, Rechtsprechung, Gesetzgebung, Lehre: Wer regelt das Strafrecht? Tagungsband 2. Karlsruher Strafrechtsdialog, Köln 2010, S. 71

Langelüddeke/Bresser, Gerichtliche Psychiatrie, 4. Aufl., Berlin 1976
Lehmann, Burghard, Die Behandlung des zweifelhaften Verfahrensverstoßes im Strafprozeß, Diss. Bielefeld/Frankfurt 1983
Leipold, Klaus, Die gesetzliche Regelung der Verständigung im Strafverfahren, NJW-Spezial 2009, S. 520
Leipold, Klaus, Form und Umfang des Erklärungsrechts nach § 257 StPO und seine Auswirkungen auf die Widerspruchslösung des Bundesgerichtshofes, StraFo 2001, S. 300
Leisner, Walter, Urteilsverfassungsbeschwerde wegen Nichtvorlage bei Abweichung, NJW 1989, S. 2446
Leitner, Werner, Das Protokoll im Strafverfahren – Eine wechselvolle Geschichte, in: *Michalke/Köberer/Pauly/Kirsch (Hrsg.)*, Festschrift für Rainer Hamm zum 65. Geburtstag 2008, S. 405
Lesch, Heiko, Funktionale Rekonstruktion der Lehre von den Beweisverboten, in: *Hassemer/Kempf/Moccia (Hrsg.)*, dubio pro libertate: Festschrift für Klaus Volk zum 65. Geburtstag, 2009, 2009 S. 311
Less, Günter, Revisionsurteil oder Revisionsbeschluß, SJZ 1950, S. 68
Letzgus, Klaus, Beschwerde gegen Nichtzulassung der Nebenklage bei fahrlässiger Körperverletzung, NStZ 1989, S. 352
Letzgus, Klaus, Unterbrechung, Ruhen und Verlängerung strafrechtlicher Verjährungsfristen für im Beitrittsgebiet begangene Straftaten, NStZ 1994, S. 57
Liemersdorf, Thilo, Beweisantragsrecht und Sachverhaltsaufklärung, StV 1987, S. 175
Lilie, Hans, Obiter dictum und Divergenzausgleich in Strafsachen, Köln, Berlin, Bonn, München, 1993
Linstow, Bernhard von, Berechenbares Strafmaß, Berlin 1974
Lisken, Hans, Pressefreiheit und Strafprozeß, ZRP 1988, S. 193
Löffler, Michael, Die Berechnung der Urteilsabsetzungsfrist nach § 275 StPO, NStZ 1987, S. 318
Lorenz, Frank Lucien, Absoluter Schutz versus absolute Relativität, GA 1992, S. 254
Löwenstein, Siegfried, Die Revision in Strafsachen, 3. Aufl., Berlin 1933
Lüderssen, Klaus, Die Pflichtverteidigung, NJW 1986, S. 2742
Lüderssen, Klaus, Die V-Leute Problematik, Jura 1985, S. 113
Lüderssen, Klaus, Grenzen der „Sachkunde" des Gerichts (§ 244 Abs. 4 Satz 1 StPO) für die Beurteilung der inneren Tatseite bei jugendlichen Tätern, speziell mit Blick auf den bedingten Vorsatz, in: *Amelung/Beulke/Lilie/Rosenau/Rüping/Wolfslast*, Strafrecht, Biorecht, Rechtsphilosophie: Festschrift für Hans-Ludwig Schreiber zum 70. Geburtstag, 2003, S. 289
Lüderssen, Klaus, Rollenkonflikte im Verfahren: Zeuge oder Beschuldigter, wistra 1983, S. 231
Lüderssen, Klaus, Staatliche Deliktsbeteiligung durch V-Leute – die Politik gibt jetzt die richtige Antwort, StV 2002, S. 169
Lüderssen, Klaus, V-Leute, Die Falle im Rechtsstaat, Frankfurt a. M., 1985
Lüderssen, Klaus, Verständigung im Strafverfahren – Das Modell und seine Implikationen, in: *Michalke/Köberer/Pauly/Kirsch (Hrsg.)*, Festschrift für Rainer Hamm zum 65. Geburtstag, 2008, S. 432
Lüderssen, Klaus, Zur „Unerreichbarkeit" des V-Mannes, in: *Günter Kohlmann (Hrsg.)*, Festschrift für Ulrich Klug zum 70. Geburtstag, 1983, S. 527
Luther, Horst, Freie Beweiswürdigung und ihre revisionsgerichtliche Überprüfung im Strafverfahren, NJ 1994, S. 294/S. 346
Lüttger, Hans, Das Recht des Verteidigers auf Akteneinsicht, NJW 1951, S. 744
Lüttig, Gedanken eines alten Richters zur neuen Rechtsprechung über die vorschriftsmäßige Besetzung des Gerichts, DRiZ 1958, S. 50

Maatz, Kurt Rüdiger, Mitwirkungspflicht des Verteidigers in der Hauptverhandlung und Rügeverlust, NStZ 1992, S. 513
Maeffert, Uwe, Freie Beweiswürdigung, in: *Kempf/Jansen/Müller (Hrsg.)* Festschrift für Christian Richter II: Verstehen und Widerstehen, 2006, S. 379
Maiwald, Manfred, Moderne Entwicklung der Auffassung vom Zweck der Strafe, in: *Ulrich Immenga (Hrsg.)*, Rechtswissenschaft und Rechtsentwicklung, Göttingen 1980, S. 291
Mann/Mann, Die Anwendbarkeit des Grundsatzes „in dubio pro reo" auf Prozeßvoraussetzungen, ZStW 76 (1964), S. 264
Mannheim, Hermann, Beiträge zur Lehre von der Revision wegen materiellrechtlicher Verstöße in Strafsachen, Berlin 1925

Marcic, René, Die Öffentlichkeit als Prinzip der Demokratie, in: *Horst Ehmke u.a. (Hrsg.),* Festschrift für Adolf Arndt, 1969, S. 267
Marx, Michael, Die Verwertung präsenter Beweismittel nach neuem Recht, NJW 1981, S. 1415
Marxen, Klaus, Medienfreiheit und Unschuldsvermutung, GA 1980, S. 365
Mattik, Dierk, Streitwerterhöhung = Justizentlastung – Ein Nullsummenspiel?, DRiZ 1993, S. 34
Maul, Heinrich, Aussage gegen Aussage, StraFo 2000, S. 257
Maul, Heinrich, Der notwendige Umfang des Tatsachenvortrags aus der Sicht des Revisionsrichters, in: Grundprobleme des Revisionsverfahrens (Schriftenreihe der Arbeitsgemeinschaften des DAV – AG Strafrecht, Bd. 7), Bonn 1991, S. 71
Maul, Heinrich, Die gerichtliche Aufklärungspflicht in der Sicht der Rechtsprechung des Bundesgerichtshofes, in: *Wasserburg/Haddenhorst (Hrsg.),* Festschrift für Karl Peters aus Anlaß seines 80. Geburtstages, 1984, S. 47
Maul, Heinrich, Die Überprüfung der tatsächlichen Feststellungen durch das Revisionsgericht in der neueren Rechtsprechung des Bundesgerichtshofs, in: *von Gamm/Raisch/Tiedemann,* Strafrecht, Unternehmensrecht, Anwaltsrecht – Festschrift für Gerd Pfeiffer zum Abschied aus dem Amt als Präsident des Bundesgerichtshofs, 1988, S. 409
Maul/Eschelbach, Zur „Widerspruchslösung" von Beweisverbotsproblemen in der Rechtsprechung, StraFo 1996, S. 66
Mehl, Bastian, Zeitpunkt und Umfang der Pflichtverteidigerbestellung, NJW 2007, 969
Mehle, Volkmar, Das Erfordernis des Beruhens im Revisionsrecht – die ungewisse Hürde für den Revisionsführer, in: Grundprobleme des Revisionsverfahrens (Schriftenreihe der Arbeitsgemeinschaften des DAV – AG Strafrecht, Bd. 7), Bonn 1991, S. 47
Mehle, Volkmar, Die Relativierung der absoluten Revisionsgründe – vom Niedergang der Formstrenge, in: *Widmaier, Lesch, Müssig (Hrsg.),* Festschrift für Hans Dahs, 2005, S. 381
Mehle, Volkmar, Einige Anmerkungen zum gegenwärtigen Stand der Diskussion über die Fernwirkung des Verwertungsverbots nach § 136a Abs. 3 Satz 2 StPO, in: Wahrheitsfindung und ihre Schranken (Schriftenreihe der Arbeitsgemeinschaften des DAV – AG Strafrecht, Bd. 6), Essen 1989, S. 172
Mehle, Volkmar, Einschränkende Tendenzen im Bereich der absoluten Revisionsgründe (§ 338 StPO), Diss. Bonn 1981
Meixner, Franz, Der Indizienbeweis, Heidelberg 1962
Mellinghoff, Georg, Fragestellung, Abstimmungsverfahren und Abstimmungsgeheimnis im Strafverfahren, Berlin 1988
Mende, Werner, Die affektiven Störungen, in: *Venzlaff, Ulrich (Hrsg.),* Psychiatrische Begutachtung: ein praktisches Handbuch für Ärzte und Juristen, Stuttgart 1986, S. 317
Meurer, Dieter, Beweiserhebung und Beweiswürdigung, in: *Hans Joachim Hirsch u.a. (Hrsg.),* Gedächtnisschrift für Hilde Kaufmann, 1986, S. 947
Meurer, Dieter, Denkgesetze und Erfahrungsregeln, in: *Dietrich Bickel u.a. (Hrsg.),* Festschrift für Ernst Wolf zum 70. Geburtstag, 1985, S. 483
Meurer, Dieter, Strafaussetzung durch Strafzumessung bei lebenslanger Freiheitsstrafe, JR 1992, S. 441
Meurer, Dieter, Zeugenschutzgesetz und Unmittelbarkeitsgrundsatz, JuS 1999, S. 937
Meyer, Fritz, Stellungnahme zur Kritik an der Praxis der Revisionsverwerfung nach § 349 Abs. 2 StPO, StV 1984, S. 222
Meyer, Karlheinz, Entsprechende Anwendung des § 265 Abs. 1 StPO bei veränderter Sachlage?, GA 1965, S. 257
Meyer-Goßner, Lutz, Abschaffung des § 357 StPO, in: *Schünemann/Achenbach/Bottke/Haffke/Rudolphi (Hrsg.),* Festschrift für Claus Roxin zum 70. Geburtstag, 2001, S. 1345
Meyer-Goßner, Lutz, Annahmefreie Revision in Bagatellstrafsachen?, NJW 2003, S. 1369
Meyer-Goßner, Lutz, Der Aufbau der Anklageschrift, Jura 1989, S. 482
Meyer-Goßner, Lutz, Die Behandlung kriminalpolizeilicher Spurenakten im Strafverfahren, NStZ 1982, S. 353
Meyer-Goßner, Lutz, Die Verbindung verschiedener gegen denselben Angeklagten bei demselben Landgericht anhängiger Strafverfahren, NStZ 1989, S. 297

Meyer-Goßner, Lutz, Fehlerhaft beschiedene Beweisanträge, Erfolgschancen von Aufklärungsrügen – Aufklärungspflicht des Gerichts, Aufklärungsbereitschaft der Verteidigung –, in: Die revisionsgerichtliche Rechtsprechung der Strafsenate des Bundesgerichtshofes (Schriftenreihe der Arbeitsgemeinschaften des DAV – AG Strafrecht, Bd. 3), Essen o.J., S. 122

Meyer-Goßner, Lutz, Hinweise zur Abfassung des Strafurteils aus revisionsrechtlicher Sicht, NStZ 1988, S. 529

Meyer-Goßner, Lutz, Nachholung fehlender Erstentscheidungen durch das Rechtsmittelgericht?, JR 1985, S. 452

Meyer-Goßner, Lutz, Prozesshindernis und Einstellung des Verfahrens, in: *Arnold/Eser (Hrsg.),* Menschengerechtes Strafrecht: Festschrift für Albin Eser zum 70. Geburtstag, 2005, S. 373

Meyer-Goßner, Lutz, Wiedereinsetzung in den vorigen Stand und Rechtsmittel, in: *Michalke/Köberer/Pauly/Kirsch (Hrsg.),* Festschrift für Rainer Hamm zum 65. Geburtstag, 2008, 443

Meyer-Goßner, Lutz, Zweifelssatz und Verschlechterungsverbot bei Verfahrenshindernissen, in: *Müller-Dietz/Müller/Kunz/Radtke/Britz/Momsen/Koriath (Hrsg.),* Festschrift für Heike Jung, 2007, S. 543

Meyer-Goßner, Strafprozessordnung, 52. Aufl., München 2009

Meyer-Mews, Hans, Die „in dubio contra reo" – Rechtsprechungspraxis bei Aussage-gegen-Aussage-Delikten, NJW 2000, S. 916

Meyer-Mews, Hans, Wieder auf dem Prüfstand: Die Revision in Strafsachen, NJW 2005, S. 2820

Michael, Andreas, Der Grundsatz in dubio pro reo im Strafverfahrensrecht, Frankfurt a. M., Bern 1981

Michalke, Regina, Die Verwertbarkeit von Erkenntnissen der Eigenüberwachung zu Beweiszwecken im Straf- und Ordnungswidrigkeitenverfahren, NJW 1990, S. 417

Michalke, Regina, Noch einmal: „Hilsbeweisantrag – Eventualbeweisantrag – Bedingter Beweisantrag", StV 1990, S. 184

Michel, Norbert, Beratung, Abstimmung und Beratungsgeheimnis, DRiZ 1992, S. 263

Michel, Norbert, Die richterliche Hinweispflicht, JuS 1991, S. 850

Middendorff, Wolf, Internationales Kolloquium über Strafzumessung, ZStW 80 (1968), S. 1030

Miebach, Klaus, Entziehung des Fragerechtes im Strafprozeß?, DRiZ 1977, S. 140

Mildenberger, Elke, Schutz kindlicher Zeugen im Strafverfahren durch audiovisuelle Medien, Passau 1995

Milhan, Ilsabel, Das letzte Wort des Angeklagten, Diss. 1971

Mitsch, Wolfgang, Protokollverlesung nach berechtigter Auskunftsverweigerung (§ 55 StPO) in der Hauptverhandlung, JZ 1992, S. 174

Möhring, Philipp, Der Bundesgerichtshof, NJW 1950, S. 47

Mohr, Christian, Zur Problematik der Verbindung von Jugend- und Erwachsenenstrafverfahren – zugleich Anm. zu BGH, Beschl. v. 9.5.2006 – 1 StR 57/06, JR 2006, S. 500

Molketin, Rüdiger, Abwesenheit des „notwendigen Verteidigers" bei Verlesung der Urteilsformel – ein „absoluter Revisionsgrund" im Sinne von § 338 Nr. 5 StPO?, AnwBl 1981, S. 217

Molketin, Rüdiger, Die Auswahl des Pflichtverteidigers durch den Gerichtsvorsitzenden, AnwBl 1981, S. 8

Momsen, Carsten, Verfahrensfehler und Rügeberechtigung im Strafprozeß, Frankfurt/M., Berlin, Bern, New York, Paris, Wien 1997

Mosbacher, Andreas, Aktuelles Strafprozessrecht, JuS 2007, S. 724, und 2009, S. 124

Mosbacher, Andreas, Rügepräklusion mangels Rechtsschutzbedürfnis, in: *Schöch/Satzger/Schäfer/Ignor/Knauer (Hrsg.),* Festschrift für Gunter Widmaier zum 70. Geburtstag, 2008, S. 339

Müller, Heinz-Rudolf, Zur Aufklärungspflicht bei Wahrunterstellung, in: *Geppert/Dehnicke (Hrsg.),* Gedächtnisschrift für Karlheinz Meyer, 1990, S. 285

Müller, Ingo, Rechtsstaat und Strafverfahren, Frankfurt a. M. 1980

Müller, Paul, Gesetzgeberische Maßnahmen auf dem Gebiete des § 338 Nr. 1 StPO, JR 1978, S. 361

Müller-Dietz, Heinz, Strafe und Staat, Frankfurt a. M. 1973

Müller-Dietz, Heinz, Strafzumessung und Behandlungsziel, MDR 1974, S. 1

Müller-Dietz, Heinz, Strafzwecke und Vollzugsziel: ein Beitrag zum Verhältnis von Strafrecht und Strafvollzugsrecht (Recht und Staat in Geschichte und Gegenwart; H. 415/416), Tübingen 1973

Müller-Gabriel, Wolfgang, Neue Rechtsprechung des BGH zum Ausschluß des „Zeugen-Staatsanwalts", StV 1991, S. 235

Nack, Armin, Aufhebungspraxis der Strafsenate des BGH, NStZ 1997, S. 153
Nack, Armin, Bedingter Vorsatz beim Gefährdungsschaden – ein „doppelter Konjunktiv"?, StraFo 2008, S. 277
Nack, Armin, Der Indizienbeweis, MDR 1986, S. 366
Nack, Armin, Die Revisibilität der Beweiswürdigung, StV 2002, S. 510, und S. 558
Nack, Armin, Gewährleistung der Rechtskultur durch das Revisionsrecht, in: *Hanack/Hilger/Mehle/Widmaier* (Hrsg.) Festschrift für Peter Rieß zum 70. Geburtstag, 2002, S. 361
Naucke, Wolfgang, Die Einstellung gem. § 153 Abs. 2 StPO in der Revision, in: *Heribert Ostendorf (Hrsg.),* Strafverfolgung und Strafverzicht, Festschrift zum 125jährigen Bestehen der Staatsanwaltschaft Schleswig Holstein, Köln u. a. 1992, S. 459
Naucke, Wolfgang, NS-Strafrecht: Perversionen oder Anwendungsfall moderner Kriminalpolitik, RJ 1992, S. 284
Naucke, Wolfgang, Über die Zerbrechlichkeit des rechtsstaatlichen Strafrechts, KritV 1990, S. 244
Neuhaus, Ralf, Die Änderungen der StPO durch das Erste Justizmodernisierungsgesetz vom 24.8.2004, StV 2005, S. 47
Neuhaus, Ralf, Zur Revisibilität strafprozessualer Soll-Vorschriften, in: *Putzke/Hartdung/Hörnle/Merkel/Scheinfeld/Schlehofer/Seier (Hrsg.),* Strafrecht zwischen System und Telos. Festschrift für Rolf Dietrich Herzberg zum siebzigsten Geburtstag, 2008, S. 871
Neumann, Ulfrid, Das Problem der Identität der Rechtsfrage beim Ausgleich divergierender obergerichtlicher Entscheidungen (§§ 121 II, 132 II GVG), in: *Eser/Goydke/Maatz* (Hrsg.) Strafverfahrensrecht in Theorie und Praxis – Festschrift für Lutz Meyer-Goßner zum 65. Geburtstag, 2001, S. 683
Neumann, Ulfrid, Die Katze im Bier oder: die Abgrenzung von Tatfrage und Rechtsfrage im strafprozessualen Revisionsrecht, in: *Michalke/Köberer/Pauly/Kirsch (Hrsg.),* Festschrift für Rainer Hamm zum 65. Geburtstag, 2008, S. 525
Neumann, Ulfrid, „Tatfrage" und „Rechtsfrage" im strafprozessualen Revisionsrecht, in: *Karras/Courakis/Mylonopoulos/Kotsalis/Giannidis (Hrsg.),* Festschrift Nikolaos Androulakis Athen 2003, S. 1091
Niebler, Engelbert, Beratungsgeheimnis und abweichende Meinung, in: *Jescheck/Vogler (Hrsg.),* Festschrift für Herbert Tröndle zum 70. Geburtstag, 1989, S. 585
Niemöller, Martin, Bedingte Beweisanträge im Strafverfahren, JZ 1992, S. 884
Niemöller, Martin, Besetzungsrüge und Willkürformel, in: Die revisionsgerichtliche Rechtsprechung der Strafsenate des Bundesgerichtshofes (Schriftenreihe der Arbeitsgemeinschaften des DAV – AG Strafrecht, Bd. 3), Essen o.J., S. 78
Niemöller, Martin, Besetzungsrüge und „Willkürformel", StV 1987, S. 311
Niemöller, Martin, Der Kontinuitätsgrundsatz – ein unentdecktes Prinzip des Beweisantragsrechts, in: *Michalke/Köberer/Pauly/Kirsch (Hrsg.),* Festschrift für Rainer Hamm zum 65. Geburtstag, 2008, S. 537
Niemöller, Martin, Die Hinweispflicht des Strafrichters bei Abweichungen vom Tatbild der Anklage, Frankfurt a. M. 1988
Niemöller, Martin, Die strafrichterliche Beweiswürdigung in der neueren Rechtsprechung des Bundesgerichtshofs, StV 1984, S. 431
Niemöller, Martin, Rechtsmißbrauch im Strafprozeß, StraFo 1996, S. 104
Niemöller/Schlothauer/Weider, Gesetz zur Verständigung im Strafverfahren, Kommentar, München 2010
Niese, Werner, Die Rechtsprechung des Bundesgerichtshofs in Strafsachen, JZ 1953, S. 219
Nothacker, Gerhard, Zur besonderen Beschränkung der Rechtsmittel im Jugendverfahren, GA 1982, S. 451

Ochott, Gerhard, Identifizierung durch Daktyloskopie, in: *Kube/Störzer/Timm (Hrsg.),* Kriminalistik, Handbuch für Praxis und Wissenschaft, Bd. 1, 1992, S. 763
Odenthal, Hans-Jörg, Ermittlungen der Staatsanwaltschaft nach Eröffnung des Hauptverfahrens, StV 1991, S. 441
Odersky, Walter, Die Öffentlichkeit der Hauptverhandlung nach dem Opferschutzgesetz, in: *von Gamm u. a. (Hrsg.),* Festschrift für Gerd Pfeiffer, 1988, S. 325
Oehler, Dietrich, Der gesetzliche Richter und die Zuständigkeit in Strafsachen, ZStW 64 (1952), S. 292
Oellerich, Rainer, Voraussetzungen einer notwendigen Verteidigung und Zeitpunkt der Pflichtverteidigerbestellung, StV 1981, S. 434

Organisationsbüro der Strafverteidigervereinigungen (Hrsg.), 50 Jahre Grundgesetz – kritische Würdigung, europäische Bezüge in der Strafgerichtsbarkeit, Köln 2000
Ostendorf, Heribert, Jugendstrafrecht, 4. Aufl., Baden-Baden 2007
Ostendorf, Heribert, Reform des Ordnungswidrigkeitenrechts, ZRP 1994, S. 335
Otto, Harro, Die strafprozessuale Verwertbarkeit von Beweismitteln, die durch Eingriff in Rechte anderer von Privaten erlangt wurden, in: *Gössel/Kauffmann (Hrsg.)*, Festschrift für Theodor Kleinknecht zum 75. Geburtstag, 1985, S. 319
Otto, Harro, Grenzen und Tragweite der Beweisverbote im Strafverfahren, GA 1970, S. 289

Paeffgen, Hans-Ullrich, „Vernachrichtendienstlichung" von Strafprozeß- (und Polizei-)recht im Jahr 2001, StV 2002, S. 336
Park, Tido, Die Erwiderung der Verteidigung auf einen Revisionsverwerfungsantrag gem. § 349 Abs. 2 StPO, StV 1997, S. 550
Park, Tido, Die prozessuale Verwertbarkeit verschiedener Formen der Beschuldigteneinlassung im Strafverfahren, StV 2001, S. 589
Pauly, Jürgen, Beweisanträge auf Vernehmung von Richtern, in: *Arbeitsgemeinschaft Strafrecht des Deutschen Anwaltvereins (DAV) (Hrsg.)*, Strafverteidigung im Rechtsstaat, 25 Jahre Arbeitsgemeinschaft des Deutschen Anwaltsvereins, 2009, S. 731
Pauly, Jürgen, Mündlichkeit der Hauptverhandlung und Revisionsrecht – Zu den Grenzen des Rekonstruktionsverbots, in: *Michalke/Köberer/Pauly/Kirsch (Hrsg.)*, Festschrift für Rainer Hamm zum 65. Geburtstag, 2008, S. 557
Peglau/Wilk Änderungen im strafprozessualen Vereidigungsrecht durch das Justizmodernisierungsgesetz, NStZ 2005, S. 186
Penner, Wilfried, Reichweite und Grenzen des § 349 Abs. 2 StPO (Lex Lobe), Diss. Köln 1961
Peters, Karl, Verhandlungen des 52. DJT, 1978 in Wiesbaden, Band I, München 1978, Gutachten, C 25 ff
Peters, Karl, Der Wandel im Revisionsrecht, in: *Helwig Hassenpflug (Hrsg.)*, Festschrift für Karl Schäfer zum 80. Geburtstag, 1980, S. 137
Peters, Karl, Fehlerquellen im Strafprozeß, 3 Bände, Karlsruhe 1970-74
Peters, Karl, Justizgewährungspflicht und Abblocken von Verteidigungsvorbringen, in: *Ernst-Walter Hanack u. a. (Hrsg.)*, Festschrift für Hanns Dünnebier zum 75. Geburtstag, 1982, S. 53
Peters, Karl, Stichwort „Strafzumessung", in: *Sieverts/Schneider (Hrsg.)*, Handwörterbuch der Kriminologie, Bd. 4 – Ergänzungsband, Berlin 1979, S. 132
Peters, Karl, Strafprozeß: ein Lehrbuch, 4. Aufl., Heidelberg 1985
Pfeiffer, Gerd (Hrsg.), Karlsruher Kommentar zur Strafprozeßordnung, 5. Aufl., München 2003
Pfeiffer, Gerd, Zulässiges und unzulässiges Verteidigerhandeln, DRiZ 1984, S. 341
Pfeiffer, Gerd, Zur Ausschließung und Ablehnung des Staatsanwaltes im geltenden Recht, in: *Heinz Eyrich u. a. (Hrsg.)*, Festschrift für Kurt Rebmann zum 65. Geburtstag, 1989, S. 359
Pfeiffer, Strafprozessordnung: Kommentar, 5.Aufl., München 2005
Pfister, Wolfgang, Rechtsmissbrauch im Strafprozess, in: *Jahn/Nack (Hrsg.)*, Rechtsprechung, Gesetzgebung, Lehre: Wer regelt das Strafrecht? Tagungsband 2. Karlsruher Strafrechtsdialog, Köln 2010, S. 74
Philipps, Lothar, Wann beruht ein Strafurteil auf einem Verfahrensmangel? Drei Möglichkeiten des Argumentierens, in: *Arthur Kaufmann u. a. (Hrsg.)*, Festschrift für Paul Bockelmann zum 70. Geburtstag, 1979, S. 831
Pitsch, Christoph, Strafprozessuale Beweisverbote, Hamburg 2009
Poppe, Werner, Urteilsverkündung in Abwesenheit notwendiger Prozeßbeteiligter im Strafprozeß, NJW 1954, S. 1914
Poppe, Werner, Urteilsverkündung unter Ausschluß der Öffentlichkeit im Strafprozeß, NJW 1955, S. 6
Potrykus, Gerhard, Neue Zweifelsfragen nach dem Jugendgerichtsgesetz, NJW 1954, S. 1349
Prante, Helmut, Die Personenerkennung. Daktyloskopie, Wiesbaden 1982
Prittwitz, Cornelius, Der Mitbeschuldigte im Strafprozeß, Frankfurt a. M. 1984
Prittwitz, Cornelius, Scheinbegünstigung und Scheinfürsorge, Zur Erstreckung begünstigender Revisionsentscheidungen auf frühere nach JGG verurteilte Mitangeklagte, §§ 357 StPO, 55 Abs. 2 JGG, StV 2007, S. 52

Prüfer, Hans, Der Zeugenbericht (§ 69 Abs. 1 S. 1 StPO), DRiZ 1975, S. 334
Puppe, Ingeborg, Die Individualisierung der Tat in Anklageschrift und Bußgeldbescheid und ihre nachträgliche Korrigierbarkeit, NStZ 1982, S. 230
Puppe, Ingeborg, Die Logik der Hemmschwellentheorie des BGH, NStZ 1992, S. 576
Putzke/Scheinfeld/Klein/Undeutsch, Polygraphische Untersuchungen im Strafprozess, ZStW 121, S. 607

Quedenfeld, Hans Dietrich, Beweisantrag und Verteidigung in den Abschnitten des Strafverfahrens bis zum erstinstanzlichen Urteil, in: *Wasserburg/Haddenhorst (Hrsg.)*, Festgabe für Karl Peters aus Anlaß seines 80. Geburtstages, 1984, S. 215

Ranft, Otfried, Bemerkungen zu den Beweisverboten im Strafprozeß, in: *Manfred Seebode (Hrsg.)*, Festschrift für Günter Spendel, 1992, S. 719
Ranft, Otfried, Die Präklusion der Besetzungsrüge gemäß der Strafprozeßnovelle 1979 und das Recht auf den gesetzlichen Richter, NJW 1981, S. 1473
Ransiek, Andreas, Belehrung über Aussagefreiheit und Recht der Verteidigerkonsultation, Folgerungen für die Beschuldigtenvernehmung, StV 1994, S. 343
Rasch, Wilfried, Forensische Psychiatrie, Stuttgart 1986
Rebmann, Kurt, Strafprozessuale Bewältigung von Großverfahren, NStZ 1984, S. 241
Rengier, Rudolf, Der Grundsatz der Öffentlichkeit im Bußgeldverfahren, NJW 1985, S. 2553
Rengier, Rudolf, Die Zeugnisverweigerungsrechte im geltenden und künftigen Strafverfahrensrecht, 1979
Renk, Heidemarie, „Entlastungsgesetz" verfehlt sein Ziel, DRiZ 1993, S. 491
Renzikowski, Joachim, Die förmliche Vernehmung des Beschuldigten und ihre Umgehung, JZ 1997, S. 710
Renzikowski, Joachim, Fair trial und anonymer Zeuge, JZ 1999, S. 605
Reuß, Hermann, Das Plädoyer des Anwalts, JR 1965, S. 162
Richter II, Christian, Praktische Theorie. Immer noch einmal: Der Mitbeschuldigte als Zeuge – Zur Revisionsbegründungsfrist – Die Zeugenvernehmung durch den Verteidiger, in: *Wasserburg/Haddenhorst (Hrsg.)*, Festgabe für Karl Peters aus Anlaß seines 80. Geburtstages, 1984, S. 235
Riedel, Joachim, Zur geplanten Einführung der vorgezogenen Besetzungsrüge im Strafverfahren, JZ 1978, S. 374
Rieß, Peter (Hrsg.), Löwe-Rosenberg, Strafprozeßordnung, 25. Aufl., Berlin
Rieß, Peter, Amtlich verwahrte Beweisstücke (§ 147 StPO), in: *Wasserburg/Haddenhorst (Hrsg.)*, Festgabe für Karl Peters aus Anlaß seines 80. Geburtstages, 1984, S. 113
Rieß, Peter, Ausschluß der Besetzungsrüge (§ 338 Nr. 1 StPO) bei irriger, aber vertretbarer Rechtsanwendung, GA 1976, S. 133
Rieß, Peter, Bemerkungen zum „Erfolg" der Revision in Strafsachen, in: *Müller/Sander/Válková*, Festschrift für Ulrich Eisenberg zum 70. Geburtstag, 2009, S. 569
Rieß, Peter, Das Strafverfahrensänderungsgesetz 1979, NJW 1978, S. 2265
Rieß, Peter, Der Bundesgerichtshof und die Prozeßvoraussetzungen, in: *Canaris/Heldrich/Hopt/Roxin/Schmidt/Widmaier (Hrsg.)*, 50 Jahre Bundesgerichtshof, München 2000, S. 809
Rieß, Peter, Der Hauptinhalt des ersten Gesetzes zur Reform des Strafverfahrensrechts (1. StVRG), NJW 1975, S. 81
Rieß, Peter, Der Niedergang des Kollegialprinzips in der Strafgerichtsbarkeit, in: *Jung/Luxenburger/Wahle (Hrsg.)*, Festschrift für Egon Müller, 2008, S. 599
Rieß, Peter, Die Besetzungsrüge in Strafsachen in der neueren Rechtsprechung des Bundesgerichtshofs, DRiZ 1977, S. 289
Rieß, Peter, Die Besetzungsrügepräklusion (§§ 222 a, 222 b StPO) auf dem Prüfstand der Rechtsprechung, JR 1981, S. 89
Rieß, Peter, Die Bestimmung und Prüfung der sachlichen Zuständigkeit und verwandter Erscheinungen im Strafverfahren, GA 1976, S. 1
Rieß, Peter, Die Durchführung der Hauptverhandlung ohne Angeklagten, JZ 1975, S. 265
Rieß, Peter, Die Urteilsabsetzungsfrist (§ 275 Abs. 1 StPO), NStZ 1982, S. 441
Rieß, Peter, Pflichtverteidigung – Zwangsverteidigung – Ersatzverteidigung. Reform der notwendigen Verteidigung, StV 1981, S. 460

Rieß, Peter, Statistische Beiträge zur Wirklichkeit des Strafverfahrens, in: *Rainer Hamm (Hrsg.)*, Festschrift für Werner Sarstedt zum 70. Geburtstag, 1981, S. 253
Rieß, Peter, Statistische Erhebungen zur Revisionsrechtsprechung des Bundesgerichtshofs, StV 1987, S. 269
Rieß, Peter, Verfahrenshindernisse von Verfassungs wegen?, JR 1985, S. 45
Rieß, Peter, Was bleibt von der Reform der Rechtsmittel in Strafsachen, ZRP 1979, S. 193
Rieß, Peter, Zeugenschutz bei Vernehmungen im Strafverfahren, NJW 1998, S. 3240
Rieß, Peter, Zum Verhältnis von Tatrichter und Revisionsrichter, in: *Weßlau/Wohlers (Hrsg.)*, Festschrift für Gerhard Fezer zum 70. Geburtstag, 2008, S. 455
Rieß, Peter, Zur aktuellen Entwicklung des Strafverfahrensrechts, StraFo 2006, S. 4
Rieß, Peter, Zur Auslegung des § 303 StPO, JR 1986, S. 441
Rieß, Peter, Zur Berechnung der verlängerten Urteilsabsetzungsfrist nach § 275 I 2 Halbs. 2 StPO, NStZ 1987, S. 318
Rieß, Peter, Zur Zuständigkeit der allgemeinen und besonderen Strafkammern, NJW 1979, S. 1536
Rieß/Hilger, Das neue Strafverfahrensrecht, NStZ 1987, S. 145
Rissing-van Saan, Ruth, Divergenzausgleich und Fragen von grundsätzlicher Bedeutung, in: *Schöch/Satzger/Schäfer/Ignor/Knauer (Hrsg.)*, Festschrift für Gunter Widmaier zum 70. Geburtstag, 2008, S. 505
Ritter, Ralf, Die Begründungsanforderungen bei der Erhebung der Verfahrensrüge gemäß § 344 Abs. 2 Satz 2 StPO, Berlin 2007
Rogall, Klaus, Das Beweisverbot des § 252 StPO, in: *Dannecker, Gerhard (Hrsg.)*, Festschrift für Harro Otto, 2007, S. 973
Rogall, Klaus, Gegenwärtiger Stand und Entwicklungstendenzen der Lehre von den strafprozessualen Beweisverboten, ZStW 91 (1979), S. 1
Rogall, Klaus, Hypothetische Ermittlungsverläufe im Strafprozeß, NStZ 1988, S. 385
Römer, Wilhelm, Die Beschlußverwerfung wegen offensichtlicher Unbegründetheit der Revision (§ 349 Abs. 2 StPO), MDR 1984, S. 353
Römer, Wilhelm, Pflichtverteidiger neben Wahlverteidiger, ZRP 1977, S. 92
Rosenau, Henning, Die Revision – Qualitätskontrolle und Qualitätssicherung im Strafverfahren, in: *Schöch/Satzger/Schäfer/Ignor/Knauer (Hrsg.)*, Festschrift für Gunter Widmaier zum 70. Geburtstag, 2008, S. 521
Roxin, Claus, Aktuelle Probleme der Öffentlichkeit im Strafverfahren, in: *Baumann/Tiedemann (Hrsg.)*, Festschrift für Karl Peters zum 70. Geburtstag, 1974, S. 393
Roxin, Claus, Das Recht des Beschuldigten zur Verteidigerkonsultation in der neuesten Rechtsprechung, JZ 1997, S. 343
Roxin, Claus, Die Rechtsprechung des Bundesgerichtshofes zum Strafverfahrensrecht. Ein Rückblick auf 40 Jahre, in: 40 Jahre Bundesgerichtshof: Festveranstaltung am 1. Oktober 1990 mit Ansprache des Präsidenten des Bundesgerichtshofes, Heidelberg 1991, S. 66
Roxin, Claus, Gegenwart und Zukunft der Verteidigung im rechtsstaatlichen Strafverfahren, in: *Ebert/Rieß/Roxin/Wahle (Hrsg.)* Festschrift für Ernst-Walter Hanack zum 70. Geburtstag, 1999, S. 21
Roxin, Claus, Nemo tenetur: die Rechtsprechung am Scheideweg, NStZ 1995, S. 465
Roxin, Claus, Prävention und Strafzumessung, in: *Frisch/Schmid (Hrsg.)*, Festschrift für Hans-Jürgen Bruns zum 70. Geburtstag, 1978, S. 183
Roxin, Claus, Sinn und Grenzen staatlicher Strafe, JuS 1966, S. 377
Roxin, Claus, Strafverfahrensrecht, 25. Aufl., München 1998
Roxin, Claus, Strafzumessung im Lichte der Strafzwecke, in: *Walder/Trechsel (Hrsg.)*, Festgabe zum 65. Geburtstag von Hans Schultz, 1977, S. 463
Roxin, Claus, Zum Hörfallen-Beschluß des Großen Senats für Strafsachen, NStZ 1997, S. 18
Roxin, Claus, Zur jüngsten Diskussion über Schuld, Prävention und Verantwortlichkeit im Strafrecht, in: *Arthur Kaufmann u. a. (Hrsg.)*, Festschrift für Paul Bockelmann zum 70. Geburtstag, 1979, S. 279
Roxin/Schäfer/Widmaier, Die Mühlenteichtheorie – Überlegungen zur Ambivalenz von Verwertungsverboten, in: *Beulke/Müller (Hrsg.)*, Festschrift zu Ehren des Strafrechtsausschusses der Bundesrechtsanwaltskammer, 2006, S. 435 = StV 2006, S. 655
Rudolph, Martin, Wahlverteidiger – Pflichtverteidiger, DRiZ 1975, S. 210

Rudolphi, Hans-Joachim, Die Revisibilität von Verfahrensmängeln im Strafprozeß, MDR 1970, S. 93
Rudolphi/Wolter, Systematischer Kommentar zur Strafprozeßordnung und zum Gerichtsverfassungsgesetz, 64. Lieferung (Oktober 2009)
Rüping, Hinrich, Die völkerrechtliche Immunität im Strafverfahren, in: *Gössel/Kauffmann (Hrsg.),* Festschrift für Theodor Kleinknecht zum 75. Geburtstag, 1985, S. 397
Rüping/Dornseifer, Dysfunktionales Verhalten im Prozeß, JZ 1977, S. 417
Ruppert, Urban Ehrenfried, Der Tag danach: Praktische Auswirkungen des Beschlusses zur fortgesetzten Handlung, MDR 1994, S. 973

Safferling, Christoph, Verdeckte Ermittler im Strafverfahren – deutsche und europäische Rechtsprechung im Konflikt?, NStZ 2006, S. 75
Salditt, Franz, 25 Jahre Miranda, GA 1992, S. 51
Sander, Günther, Die Zulässigkeit von Verfahrensrügen in der Rechtsprechung des BGH, NStZ-RR 2002, S. 1
Sander, Günther, Die Zulässigkeit von Verfahrensrügen in der Rechtsprechung des BGH, NStZ-RR 2007, S. 97
Sarstedt, Werner, Auswahl und Leitung des Sachverständigen im Strafprozeß (§§ 73, 78 StPO), NJW 1968, S. 177
Sarstedt, Werner, Beweisregeln im Strafprozeß, in: *Hirsch, Ernst E.,* Berliner Festschrift für Ernst E. Hirsch: Dargebracht von Mitgliedern der Juristischen Fakultät zum 65. Geburtstag, 1968, S. 171
Sarstedt, Werner, Der Beweisantrag im Strafprozeß, DAR 1964, S. 307
Sarstedt, Werner, Der Vorsitzende des Kollegialgerichts, Juristen-Jahrbuch, Bd. 8, 1967/68, S. 104
Sarstedt, Werner, Max Alsberg, Ein deutscher Strafverteidiger, AnwBl 1978, S. 7
Sarstedt, Werner, Referat (Beweisverbote im Strafprozeß), in: *Ständige Deputation des Deutschen Juristentages (Hrsg.),* Verhandlungen des 46. DJT Essen 1966, Band II (Sitzungsberichte), Teil F, 1967, F 8
Sarstedt, Werner, Über offensichtlich unbegründete Revisionen, JR 1960, S. 1
Sarstedt, Werner, Urteilsschelte liegt im Interesse der Rechtsprechung, in: *Gisela Sarstedt u.a. (Hrsg.),* Rechtsstaat als Aufgabe, Berlin 1987, S. 255
Schäfer, Ernst, Die Stellung der Revision im künftigen Strafverfahren, in: *Bumke/Hedemann/Wilke (Hrsg.),* Beiträge zum Recht des neuen Deutschland. Festschrift für Schlegelberger, 1936, S. 139
Schäfer, Gerhard, Die Abgrenzung der Verfahrensrüge von der Sachrüge, in: *Hanack/Hilger/Mehle/Widmaier (Hrsg.),* Festschrift für Peter Rieß zum 70. Geburtstag, 2002, S.477
Schäfer, Gerhard, Die Einlassung zur Sache durch den Verteidiger, in: *Widmaier/Lesch/Müssig (Hrsg.),* Festschrift für Hans Dahs, 2005, S. 448
Schäfer, Gerhard, Die Rüge, daß das Tatgericht (wesentlichen) Beweisstoff nicht aus dem Inbegriff der Hauptverhandlung geschöpft, (wesentlichen) Beweisstoff übersehen oder übergangen habe, in: Rechtssicherheit versus Einzelfallgerechtigkeit: Kolloquium anläßlich des 65. Geburtstages von Herrn VRiBGH Gerhard Herdegen (Schriftenreihe der Arbeitsgemeinschaften des DAV – AG Strafrecht, Bd. 9), Bonn 1992, S. 44
Schäfer, Gerhard, Freie Beweiswürdigung und revisionsrechtliche Kontrolle, StV 1995, S. 147
Schäfer, Helmut, Die Grenzen des Rechts auf Akteneinsicht durch den Verteidiger, NStZ 1984, S. 203
Schäfer, Herbert, Willkürliche oder objektiv willkürliche Entziehung des gesetzlichen Richters bei Verkennung der sachlichen Zuständigkeit in Strafsachen?, DRiZ 1997, S. 168
Schäfer/Sander/van Gemmeren, Praxis der Strafzumessung, 4. Aufl., München 2008
Schaffstein/Beulke, Jugendstrafrecht, eine systematische Darstellung, 14. Aufl., Stuttgart 2002
Schalscha, Erich, Die Aushöhlung der Vorlegungspflicht nach §§ 121, 136 GVG, MDR 1959, S. 90
Scheffler, Uwe, Beweisanträge kurz vor oder während der Verkündung des Strafurteils, MDR 1993, S. 3
Scheffler, Uwe, Der Hilfsbeweisantrag und seine Bescheidung in der Hauptverhandlung, NStZ 1989, S. 158
Scheffler, Uwe, Kurzer Prozeß mit rechtsstaatlichen Grundsätzen?, NJW 1994, S. 2191
Scheffler, Uwe, Rückkehr zur bisherigen Rechtsauffassung nach einem rechtlichen Hinweis gem. § 265 Abs.1 StPO ohne erneuten Hinweis?, JR 1989, S. 232
Scheffler, Uwe, Strafprozeßrecht, quo vadis?, GA 1995, S. 449

Scherer, Joachim, Gerichtsöffentlichkeit als Medienöffentlichkeit, Königstein 1979
Scheuerle, Wilhelm, Vierzehn Tugenden für Vorsitzende Richter, Berlin 1983
Schimansky, Herbert, Die Rüge unzulässiger Verwertung ausgeschiedenen Verfahrensstoffs, MDR 1986, S. 283
Schlösser, Jan, Die Einlassung des Angeklagten durch seinen Verteidiger, NStZ 2008, S. 310
Schlothauer, Reinhold, Abwesenheitsverhandlung wegen Beurlaubung oder vorübergehender Verfahrensabtrennung und Revision, in: *Rainer Brüssow (Hrsg.)*, Festgabe für Ludwig Koch, 1989, S. 241
Schlothauer, Reinhold, Eintritt des Ergänzungsrichters in die Hauptverhandlung oder Hemmung der Unterbrechungsfrist, in: *Jung/Luxenburger/Wahle (Hrsg.)*, Festschrift für Egon Müller, 2008, S. 641
Schlothauer, Reinhold, Der Pflichtverteidiger: Vertrauensanwalt des Gerichts oder des Angeklagten?, Demokratie und Recht 1979, S. 322
Schlothauer, Reinhold, Die Auswahl des Pflichtverteidigers, StV 1981, S. 443
Schlothauer, Reinhold, Gerichtliche Hinweispflichten in der Hauptverhandlung, StV 1986, S. 213
Schlothauer, Reinhold, Hilfsbeweisantrag – Eventualbeweisantrag – bedingter Beweisantrag, StV 1988, S. 542
Schlothauer, Reinhold, Unvollständige und unzutreffende tatrichterliche Urteilsfeststellungen – Verteidigungsmöglichkeiten in der Revisions- und Tatsacheninstanz, StV 1992, S. 134
Schlothauer, Reinhold, Verfahrens- und Besetzungsfragen bei Hauptverhandlungen vor der reduzierten Strafkammer nach dem Rechtspflegeentlastungsgesetz, StV 1993, S. 147
Schlothauer, Reinhold, Wiedereröffnung der Hauptverhandlung und letztes Wort, StV 1984, S. 134
Schlothauer, Reinhold, Zur Immunisierung tatrichterlicher Urteile gegen verfahrensrechtlich begründete Revisionen, in: *Michalke/Köberer/Pauly/Kirsch(Hrsg.)*, Festschrift für Rainer Hamm zum 65. Geburtstag, 2008, S. 655
Schlothauer/Weider, Das „Gesetz zur Regelung der Verständigung im Strafverfahren" vom 3. August 2009, StV 2009, S. 600
Schlothauer/Weider, Verteidigung im Revisionsverfahren, Heidelberg 2008
Schlüchter, Ellen, Beschleunigung des Strafprozesses und inbesondere der Hauptverhandlung ohne Rechtsstaatsverlust, GA 1994, S. 397
Schlüchter, Ellen, Das Strafverfahren, 2. Aufl., Köln 1983
Schlüchter, Ellen, Zu Anklageschrift und Eröffnungsbeschluß bei fortgesetzter Handlung, JR 1990, S. 10
Schlüchter, Ellen, Zum normativen Zusammenhang zwischen Rechtsfehler und Urteil, in: *Schlüchter/Laubenthal (Hrsg.)*, Festschrift für Friedrich-Wilhelm Krause zum 70. Geburtstag, 1990, S. 485
Schmid, Werner, Der Revisionsrichter als Tatrichter, ZStW 85 (1973), S. 360
Schmid, Werner, Die „Verwirkung" von Verfahrensrügen im Strafprozeß, Frankfurt a. M. 1967
Schmid, Werner, Über den Aktenverlust im Strafprozeß, in: *Günter Warda u. a. (Hrsg.)*, Festschrift für Richard Lange, 1976, S. 781
Schmid, Werner, Zur Anrufung des Gerichts gegen den Vorsitzenden (§ 238 StPO), in: *Geerds/Naucke (Hrsg.)*, Festschrift für Hellmuth Mayer zum 70. Geburtstag, Berlin 1966, S. 543
Schmid, Werner, Zur Heilung gerichtlicher Verfahrensfehler durch den Instanzrichter, JZ 1969, S. 757
Schmidt, Eberhard, Die Sache der Justiz, Göttingen 1961
Schmidt, Eberhard, Die Verletzung der Belehrungspflicht gem. § 55 Abs. 2 StPO als Revisionsgrund, JZ 1958, S. 596
Schmidt, Eberhard, Einführung in die Geschichte der deutschen Strafrechtspflege, 3. Aufl., Göttingen 1965
Schmidt, Eberhard, Justiz und Publizistik (Recht und Staat in Geschichte und Gegenwart, Heft 353/354), Tübingen 1968
Schmidt, Eberhard, Lehrkommentar zur Strafprozeßordnung und zum Gerichtsverfassungsgesetz, Teil II, Göttingen 1957 (Nachtragsband I, Göttingen 1967; Nachtragsband II, Göttingen 1970)
Schmidt, Eberhard, Zur Auslegung des § 136 GVG, MDR 1958, S. 815
Schmidt, Hartmut, Die Pflichtverteidigung, München 1967
Schmidt, L., Die Strafzumessung in rechtsvergleichender Darstellung, Berlin 1961
Schmidthals, Herbert, Wert und Grenzen der Verfahrensöffentlichkeit im Strafprozeß, Frankfurt a.M. 1977

Schmidt-Hieber, Werner, Der Beweisantrag im Strafprozeß, JuS 1985, S. 291/S. 458
Schmidt-Hieber, Werner, Hinweis auf die strafmildernden Wirkungen eines Geständnisses?, in: *Christian Broda u. a. (Hrsg.),* Festschrift für Rudolf Wassermann zum 60. Geburtstag, 1985, S. 995
Schmidt-Hieber, Werner, Verständigung im Strafverfahren, München 1986
Schmidt-Leichner, Erich, Strafverfahrensrecht 1975 – Fortschritt oder Rückschritt?, NJW 1975, S. 417
Schmitt, Bertram, Die richterliche Beweiswürdigung im Strafprozeß: eine Studie zu Wesen und Funktion des strafprozessualen Grundsatzes der freien Beweiswürdigung sowie zu den Möglichkeiten und Grenzen einer Revision in Strafsachen; zugleich ein Beitrag zum Verhältnis von Kriminalistik und staatlicher Strafrechtspflege, Lübeck 1992
Schmitt, Rudolf, Können die Beschlüsse aus §§ 346, 349 StPO zurückgenommen werden?, JZ 1961, S. 15
Schmitz, Roland, Das Recht auf Akteneinsicht bei Anordnung von Untersuchungshaft, wistra 1993, S. 319
Schnarr, Karl Heinz, Das Schicksal der Vollmacht nach Beiordnung des gewählten Verteidigers, NStZ 1986, S. 488
Schneider, Bernd, Notwendige Verteidigung und Stellung des Pflichtverteidigers im Strafverfahren, Diss., Bonn 1979
Schneidewin, Karl, Der Urkundenbeweis in der Hauptverhandlung, JR 1951, S. 481
Schneidewin, Karl, Die Rechtsprechung in Strafsachen, in: *Adolf Lobe (Hrsg.),* Fünfzig Jahre Reichsgericht am 1. Oktober 1929, Berlin 1929, S. 316
Schneidewin, Karl, Die Wirkungen der Strafrechtsreform auf den Strafprozeß, in: *v. Cammerer/Friesenhahn/Lange (Hrsg.),* Hundert Jahre Deutsches Rechtsleben. Festschrift zum hundertjährigen Bestehen des Deutschen Juristentags 1860–1960, Bd I, Karlsruhe 1960, S. 439
Schneidewin, Karl, Fehlerhafte Revisionsbegründungen in Strafsachen, JW 1923, S. 345
Schneidewin, Karl, Verfahrensrüge und Sitzungsprotokoll, MDR 1951, S. 193
Schöch, Heinz, Grundlage und Wirkung der Strafe, in: *Gerald Grünwald u. a. (Hrsg.),* Festschrift für Friedrich Schaffstein zum 70. Geburtstag, 1975, S. 255
Schöch, Heinz, Kriminologische und sanktionsrechtliche Aspekte der Alkoholdelinquenz im Verkehr, NStZ 1991, S. 11
Schönke/Schröder, Strafgesetzbuch, 27. Aufl., München 2006
Schomburg/Lagodny/Gleß/Hackner, Internationale Rechtshilfe in Strafsachen, 4. Aufl., München 2006
Schöneborn, Christian, Die Behandlung der Verfahrenshindernisse im strafprozessualen Verfahrensgang, MDR 1975, S. 6
Schöneborn, Christian, Die regulative Funktion des Schuldprinzips bei der Strafzumessung, GA 1975, S. 272
Schöneborn, Christian, Zeugnisverweigerungsrecht bei mehreren Mitbeschuldigten und Rechtskreistheorie, NJW 1974, S. 535
Schoreit, Armin, Die Beschlußverwerfung der Revision gemäß § 349 Abs. 2 StPO und die Staatsanwaltschaft, in: *v. Gamm u. a. (Hrsg.),* Festschrift für Gerd Pfeiffer, 1988, S. 397
Schoreit, Armin, Einsatz von Polygraphen und Glaubhaftigkeits-Gutachten psychologischer Sachverständiger im Strafprozeß, StV 2004, S. 284
Schorn, Die Ablehnung eines Richters im Strafprozeß in Rechtsprechung und Schrifttum, GA 1963, S. 161
Schrader, Henning, Der Hilfsbeweisantrag – ein Dilemma, NStZ 1991, S. 224
Schreiber, Hans-Ludwig, Strafzumessungsrecht, NStZ 1981, S. 338
Schröder, Horst, Die Ablehnung von Beweisanträgen aufgrund Wahrunterstellung und Unerheblichkeit, NJW 1972, S. 2105
Schröder, Svenja, Beweisverwertungsverbote und die Hypothese rechtmäßiger Beweiserlangung im Strafprozeß, Berlin 1992
Schroeder, Friedrich-Christian, Kritische Bemerkungen zum Strafverfahrensänderungsgesetz 1979, NJW 1979, S. 1527
Schroth, Ulrich, Die Rechtsprechung des BGH zum Tötungsvorsatz in der Form des „dolus eventualis", NStZ 1990, S. 324
Schulz, Die geschichtliche Entwicklung des Akteneinsichtsrechts im Strafprozeß, Diss. Marburg 1971

Schulz, Joachim, Die Austauschbarkeit von Beweismitteln oder die Folgen apokrypher Beweismittel, StV 1983, S. 341
Schumacher, Ulrich, Staatsanwaltschaft und Gericht im Dritten Reich, Köln 1985
Schünemann, Bernd, Der polizeiliche Lockspitzel – Kontroverse ohne Ende?, StV 1985, S. 424
Schünemann, Bernd, Grundfragen der Revision im Strafprozeß, JA 1982, S. 71/S. 123
Schünemann, Bernd, Wetterzeichen einer untergehenden Strafprozeßkultur? Wider die falsche Prophetie des Absprachenelysiums, StV 1993, S. 657
Schuster, Frank Peter, Das neue Vereidigungsrecht nach dem Justizmodernisierungsgesetz aus revisionsrechtlicher Sicht, StV 2005, S. 628
Schwabe, Jürgen, Rechtsprobleme des „Lügendetektors", NJW 1979, S. 576
Schwaben, Sylvia, Die Rechtsprechung des BGH zwischen Aufklärungsrüge und Verwertungsverbot, NStZ 2002, S. 288
Schweckendieck, Helmut, Die Ablehnung eines Beweisantrages wegen Verschleppungsabsicht – eine zu wenig genutzte Möglichkeit ?, NStZ 1991, S. 109
Schwenn, Johann, Was wird aus dem Beweisantrag?, StV 1981, S. 631
Seebald, Rudolf, Ausgeglichene Strafzumessung durch tatrichterliche Selbstkontrolle, GA 1974, S. 193
Seebald, Rudolf, Strafmaßempfehlungen gem. der typologischen Häufigkeit, DRiZ 1975, S. 4
Seebald, Rudolf, Zur Harmonisierung des Strafmaßes, DRiZ 1974, S. 287
Seibert, Claus, Beanstandung von Fragen des Vorsitzenden durch den Verteidiger, JR 1952, S. 470
Seibert, Claus, Das letzte Wort, MDR 1964, S. 471
Seibert, Claus, Fehler bei der Strafzumessung, MDR 1952, S. 457; MDR 1959, S. 258; MDR 1966, S. 805
Seibert, Claus, Konfliktlagen für Anwalt und Verteidiger, JR 1951, S. 678
Seibert, Claus, Urteilsaufhebung durch Beschluß (§ 349 Abs. 4 StPO), NJW 1966, S. 1064
Seitz, Helmut, Das Zeugenschutzgesetz – ZSchG, JR 1998, S. 309
Sellke, Siegfried, Die Revisibilität der Denkgesetze, Diss. Marburg 1961
Semmler, Werner, Prozessverhalten des Richters unter dem Aspekt des § 24 II StPO, insbesondere Verfahrensverstöße als Ablehnungsgrund, Frankfurt a. M. 1994
Sieg, Hans-O., Anwesenheit des Beschuldigten bei richterlichen Vernehmungen des Mitbeschuldigten?, MDR 1986, S. 285
Siegert, Karl, Nachprüfung der Besetzung von Kollegialgerichten in der Revisionsinstanz, DRiZ, 1958, S. 191
Siegismund/Wickern, Das Gesetz zur Entlastung der Rechtspflege – ein Überblick über die Änderungen der Strafprozeßordnung, des Gerichtsverfassungsgesetzes, des Jugendgerichtsgesetzes und des Strafgesetzbuches, wistra 1993, S. 81/S. 136
Solbach, Günter, Anklageschrift, Einstellungsverfügung, Dezernat und Plädoyer, 9. Aufl., München 1993
Sommer, Ulrich, Das Fragerecht der Verteidigung, seine Verletzung und die Konsequenzen, NJW 2005, S. 1240
Spendel, Günter, § 51 Abs. 2 StGB und das Problem der Strafzumessung, NJW 1956, S. 775
Spendel, Günter, Die Begründung des richterlichen Strafmaßes, NJW 1964, S. 1758
Spendel, Günter, Zur Entwicklung der Strafzumessungslehre, ZStW 83 (1971), S. 203
Spendel, Günter, Zur Lehre vom Strafmaß, Frankfurt a. M. 1954
Sprenger, Wolfgang, Der Ausschluß der Öffentlichkeit des Strafverfahrens zum Schutze der Privatsphäre des Angeklagten, Diss. Würzburg 1975
Stackelberg, Curt Freiherr von, Über offensichtlich unbegründete Revisionen (§ 349 Abs. 2 StPO), NJW 1960, S. 505
Stackelberg, Curt Freiherr von, Zur Beschlußverwerfung der Revision in Strafsachen als „offensichtlich unbegründet", in: *Ernst-Walter Hanack u. a. (Hrsg.)*, Festschrift für Hanns Dünnebier zum 75. Geburtstag, 1982, S. 365
Stackelberg, Curt Freiherr von, Zur Wahrunterstellung in der strafrechtlichen Revision, in: *Rainer Hamm (Hrsg.)*, Festschrift für Werner Sarstedt zum 70. Geburtstag, 1981, S. 373
Steffen, Kraus, Die Beruhensfrage im strafprozessualen Revisionsrecht, Aachen 2004
Stein, Ulrich, Die Anwesenheitspflicht des Angeklagten in der Hauptverhandlung, ZStW 97 (1985), S. 303

Stein/Jonas, Kommentar zur Zivilprozeßordnung, 21. Aufl., Tübingen 1993
Steinke, Wolfgang, Der Beweiswert forensischer Gutachten, NStZ 1994, S. 16
Störmer, Rainer, Dogmatische Grundlagen der Verwertungsverbote, Marburg 1992
Strate, Gerhard, Die bewegliche Zuständigkeit des gesetzlichen Richters, in: *Schöch/Satzger/Schäfer/Ignor/Knauer (Hrsg.),* Festschrift für Gunter Widmaier zum 70. Geburtstag, Köln 2008, S. 567
Strate, Gerhard, Freie Beweiswürdigung und gebundene Beweiserhebung, in: *Hanack/Hilger/Mehle/Widmaier (Hrsg.),* Festschrift für Peter Rieß zum 70. Geburtstag, 2002, S. 611
Strate, Gerhard, Rechtshistorische Fragen der Beweisverbote, JZ 1989, S. 176
Strate, Gerhard, Richterliche Befangenheit und rechtliches Gehör, in: *Rainer Brüssow (Hrsg.),* Festgabe für Ludwig Koch, 1989, S. 261
Strate, Gerhard, Verfassungsrechtliche Aspekte des Beweisantragsrechts, in: Rechtssicherheit versus Einzelfallgerechtigkeit: Kolloquium anläßlich des 65. Geburtstages von Herrn VRiBGH Gerhard Herdegen (Schriftenreihe der Arbeitsgemeinschaften des DAV – AG Strafrecht, Bd. 9), Bonn 1992, S. 80
Strate, Gerhard, Zum Härdle-Beschluß des BGH, StV 1981, S. 261
Stratenwerth, Günter, Tatschuld und Strafzumessung, Tübingen 1972
Stree, Walter, Deliktsfolgen und Grundgesetz, Tübingen 1960
Stree, Walter, Neue Probleme der Aussetzung einer lebenslangen Freiheitsstrafe, NStZ 1992, S. 464
Stuckenberg, Carl-Friedrich, Strafschärfende Verwertung früherer Einstellungen und Freisprüche – doch ein Verstoß gegen die Unschuldsvermutung?, StV 2007, S. 655
Stürner, Rolf, Strafrechtliche Selbstbelastung und verfahrensförmige Wahrheitsermittlung, NJW 1981, S. 1757

Taschke, Jürgen (Hrsg.), Max Alsberg – Ausgewählte Schriften, Baden-Baden 1992
Taschke, Jürgen, Akteneinsicht und Geheimnisschutz im Strafverfahren, Computer und Recht 1989, S. 299/S. 410
Taschke, Jürgen, Die behördliche Zurückhaltung von Beweismitteln im Strafprozeß, Frankfurt a.M. 1989
Taschke, Jürgen, Zum Beschlagnahmeschutz der Handakten des Unternehmensanwalts, in: *Michalke/Köberer/Pauly/Kirsch (Hrsg.),* Festschrift für Rainer Hamm zum 65. Geburtstag, 2008, S. 751
Tenckhoff, Jörg, Die Wahrunterstellung im Strafprozeß, Berlin 1980
Tenter, Dieter, Der Beschluß des Großen Senats für Strafsachen des BGH zur fortgesetzten Handlung und seine praktischen Auswirkungen auf laufende Verfahren, DRiZ 1995, S. 306
Teplitzky, Otto, Probleme der Richterablehnung wegen Befangenheit, NJW 1962, S. 2044
Tepperwien, Ingeborg, Die unwahre Verfahrensrüge – unzeitgemäßer Sieg der Form? in: *Eser/Goydke/Maatz (Hrsg.)* Strafverfahrensrecht in Theorie und Praxis – Festschrift für Lutz Meyer-Goßner zum 65. Geburtstag, 2001, S. 595
Tepperwien, Ingeborg, »Schöpferische Rechtsfindung« in der neueren Rechtsprechung des Bundesgerichtshofs zum Strafverfahrensrecht, in: *Schöch/Satzger/Schäfer/Ignor/Knauer (Hrsg.),* Festschrift für Gunter Widmaier zum 70. Geburtstag, Köln 2008, S. 583
ter Veen, Heino, Das unerreichbare Beweismittel und seine prozessualen Folgen – eine Übersicht zur Rechtsprechung des BGH und anderer Obergerichte, StV 1985, S. 295
ter Veen, Heino, Die Beschneidung des Fragerechts und die Beschränkung der Verteidigung als absoluter Revisionsgrund, StV 1983, S. 167
Teske, Tilo, Die Revision wegen verfahrensrechtlicher Verstöße, Diss. Marburg, 1962
Theune, Werner, Grundfragen der vergleichenden Strafzumessung – Revisibilität von Strafzumessungserwägungen, in: Die revisionsgerichtliche Rechtsprechung der Strafsenate des Bundesgerichtshofes (Schriftenreihe der Arbeitsgemeinschaften des DAV – AG Strafrecht, Bd. 3), Essen o.J., S. 145
Theune, Werner, Grundsätze und Einzelfragen der Strafzumessung; Aus der Rechtsprechung des Bundesgerichtshofs, StV 1985, S. 162/S. 205
Thole, Ulrich, Der Scheinbeweisantrag im Strafprozeß, Berlin 1992
Thym, Jörg, Augenschein und Öffentlichkeit, NStZ 1981, S. 293

Többens, Hans-Werner, Der Freibeweis und die Prozeßvoraussetzungen im Strafprozeß, Diss. Freiburg 1979

Többens, Hans-Werner, Der Freibeweis und die Prozeßvoraussetzungen im Strafprozeß, NStZ 1982, S. 184

Tolksdorf, Klaus, Mitwirkungsverbot für den befangenen Staatsanwalt, Berlin 1989

Tolksdorf, Klaus, Zur Annahmeberufung nach § 313 StPO, in: *Eser/Kullmann u.a. (Hrsg.),* Festschrift für Hannskarl Salger, 1995, S. 393

Tondorf, Günter, Begeht der Strafverteidiger eine Strafvereitelung und verletzt er seine Standespflichten, wenn er den Mandanten benachrichtigt, nachdem er von einem geplanten Haft- oder Durchsuchungsbefehl erfahren hat?, StV 1983, S. 257

Tröndle, Herbert, Über den Umgang des Richters mit den anderen Verfahrensbeteiligten, DRiZ 1970, S. 213

Vargha, Julius, Die Verteidigung in Strafsachen: historisch und dogmatisch dargestellt, Wien 1879 (Reprint Aalen 1994)

Velders, M. J. M., Träume werden Wirklichkeit, Kriminalistik 1991, S. 163

Venator, Arwed, Besteht eine Abhängigkeit der strafrechtlichen Revision von der Schwere des Verfahrensverstoßes?, Diss. Köln 1965

Ventzke, Klaus Ulrich, § 344 Abs. 2 Satz 2 StPO – Einfallstor revisionsgerichtlichen Gutdünkens?, StV 1992, S. 338

Ventzke, Klaus Ulrich, Ausschluß des absoluten Revisionsgrundes des § 338 Nr. 3 StPO im Fall ordnungsgemäßer Urteilsabsprache? Zugleich Anmerkung zu BGH 1 StR 323/08 vom 22.09.2008 = HRRS 2009 Nr. 1, S. 28

Ventzke, Klaus Ulrich, Die Widerspruchslösung des Bundesgerichtshofs – viel Getu um nichts?, StV 1997, S. 543

Ventzke, Klaus Ulrich, Warum stellen Sie denn keinen Beweisantrag?, StV 2009, S. 655

Vogel, Hans-Jochen, Strafverfahrensrecht und Terrorismus – eine Bilanz, NJW 1978, S. 1217

Vogtherr, Thomas H., Rechtswirklichkeit und Effizienz der Strafverteidigung, Frankfurt/M., Bern, New York, Paris, 1991

Volk, Klaus (Hrsg.), Münchener Anwalts-Handbuch für Wirtschafts- und Steuerstrafsachen, München 2006

Volk, Klaus, Diverse Wahrheiten, in: *Albin, Eser u. a. (Hrsg.),* Festschrift für Hannskarl Salger, 1995, S. 411

Volk, Klaus, Kausalität im Strafrecht, NStZ 1996, S. 105

Volk, Klaus, Prozeßvoraussetzungen im Strafrecht, Diss. 1978

Volk, Klaus, Verfahrensfehler und Verfahrenshindernisse, StV 1986, S. 34.

Vollhardt, Jürgen, Die Einschränkung der Revision bei Verfahrensfehlern im Zusammenhang mit den Begriffen „Ordnungsvorschrift", „Verwertungsverbot" und „Rechtskreisberührung", Diss. Erlangen 1970

Wachinger, Rezension zu: Max Alsberg, Der Beweisantrag im Strafprozeß, JW 1931, S. 923

Wächtler, Hartmut, Ersatzverteidigung – eine Alternative zur Zwangsverteidigung?, StV 1981, S. 466

Wamser, Klaus, Die Revisibilität unbestimmter Begriffe, Diss. Marburg 1961

Warda, Günter, Dogmatische Grundlagen des richterlichen Ermessens im Strafrecht, Köln 1962

Warda, Günter, Hauptverhandlung mit dem verhandlungsunfähigen, aber verhandlungswilligen Angeklagten?, in: *Frisch/Schmid (Hrsg.),* Festschrift für Hans-Jürgen Bruns zum 70. Geburtstag, 1978, S. 415

Wasserburg, Klaus, Das Einsichtsrecht des Anwalts in die kriminalpolizeilichen Spurenakten, NJW 1980, S. 2440

Wasserburg, Klaus, Einsichtsrecht des Verteidigers in kriminalpolizeiliche Spurenakten, NStZ 1981, S. 211

Weber, Hellmuth von, Die richterliche Strafzumessung, Karlsruhe 1956

Weber, Ulrich, Der Mißbrauch prozessualer Rechte im Strafverfahren, GA 1975, S. 289

Weider, Hans-Joachim, Lücken in der revisionsgerichtlichen Beweiswürdigungskontrolle, in: *Schöch/Satzger/Schäfer/Ignor/Knauer (Hrsg.),* Festschrift für Gunter Widmaier zum 70. Geburtstag, 2008, S. 599

Weider, Hans-Joachim, Pflichtverteidigerbestellung im Ermittlungsverfahren und Opferschutzgesetz, StV 1987, S. 317

Weigend, Thomas, Unmittelbare Beweisaufnahme – ein Konzept für das Strafverfahren des 21. Jahrhunderts?, in: *Müller/Sander/Válková,* Festschrift für Ulrich Eisenberg zum 70. Geburtstag, 2009, S. 657

Weigend/Walther/Grunewald, Strafverteidigung vor neuen Herausforderungen, Berlin 2008

Weiland, Bernd, Von Recht und Pflicht zur Anklageerhebung, NStZ 1991, S. 574

Weiler, Edgar, Die Beeinträchtigung der Verteidigung durch Gerichtsbeschluß in einem wesentlichen Punkt als absoluter Revisionsgrund?, NStZ 1999, S. 109

Weiler, Edgar, Strafprozessuale Verwertbarkeit von privatrechtlich entnommenen Blutproben, die in einem Krankenhaus beschlagnahmt werden, MDR 1994, S. 1163

Weinberg, Andreas, Einführung in die Probleme der Sitzungsvertretung, JuS 1980, S. 355

Weißmann, Ulrich, Die Stellung des Vorsitzenden in der Hauptverhandlung, Göttingen 1982

Welp, Jürgen, Der Verteidiger als Anwalt des Vertrauens, ZStW 90 (1978), S. 101

Welp, Jürgen, Probleme des Akteneinsichtsrechts, in: *Wasserburg/Haddenhorst (Hrsg.),* Festgabe für Karl Peters zum 80. Geburtstages, 1984, S. 309

Welp, Jürgen, Rechtsschutz gegen verweigerte Akteneinsicht, StV 1986, S. 446

Wente, Jürgen K., Persönlichkeitsschutz und Informationsrecht der Öffentlichkeit im Strafverfahren, StV 1988, S. 216

Weßlau, Edda, Beweislastumkehr: eine Lösung bei der Prüfung von Beweisverwertungsverboten?, in: *Böse/Sternberg-Lieben (Hrsg.),* Festschrift für Knut Amelung zum 70. Geburtstag, 2009, S. 687

Weßlau, Edda, Vorfeldermittlungen: Probleme der Legalisierung „vorbeugender Verbrechensbekämpfung“ aus strafprozeßrechtlicher Sicht, 1989

Widmaier, Gunter, Der Hilfsbeweisantrag mit „Bescheidungsklausel“, in: *Albin Eser u. a. (Hrsg.),* Festschrift für Hannskarl Salger, 1995, S. 421

Widmaier, Gunter, Die Rüge, daß das Tatgericht (wesentlichen) Beweisstoff übersehen oder übergangen habe, in: Rechtssicherheit versus Einzelfallgerechtigkeit: Kolloquium anläßlich des 65. Geburtstages von Herrn VRiBGH Gerhard Herdegen (Schriftenreihe der Arbeitsgemeinschaften des DAV – AG Strafrecht, Bd. 9), Essen 1992, S. 66

Widmaier, Gunter, Kritische Gedanken zur diskutierten Reform des Beweisantrags- und Revisionsrechts, NStZ 1994, S. 414

Widmaier, Gunter, Mitwirkungspflicht des Verteidigers in der Hauptverhandlung und Rügeverlust, NStZ 1992, S. 519

Widmaier, Gunter, Wahrheitsfindung zwischen Aufklärungspflicht und Beweisverboten, in: Wahrheitsfindung und ihre Schranken (Schriftenreihe der Arbeitsgemeinschaften des DAV – AG Strafrecht, Bd. 6), Essen 1989, S. 29

Widmaier, Gunter, Wohin entwickeln sich die absoluten Revisonsgründe?, in: *Udo Ebert (Hrsg.),* Aktuelle Probleme der Strafrechtspflege, Berlin 1990, S. 77

Widmaier, Gunter, Zum Befragungsrecht nach Art. 6 Abs. 3 Buchst. d EMRK, in: *Griesbaum/Hannich/Schnarr* (Hrsg.), Festschrift für Kay Nehm zum 65. Geburtstag, 2006, S. 357

Widmaier, Gunter, Zum Zeugnisverweigerungsrecht der Berufsgeheimnisträger – Grenzen und Grenzüberschreitungen, in: *Widmaier/Lesch/Müssig/Wallau (Hrsg.),* Festschrift für Hans Dahs, 2005, S. 543

Wieczorek, Eberhard, Kriminalpolizeiliche Spurenakten, Kriminalistik 1984, S. 598

Wielop, Fritz, Die Förmlichkeiten der Revision in Strafsachen, 3. Aufl., München 1991

Willms, Günther, Zur Problematik der Wahrunterstellung, in: *Helwig Hassenpflug (Hrsg.),* Festschrift für Karl Schäfer zum 80. Geburtstag, 1980, S. 275

Wimmer, August, Verwerfung der Revision durch Urteil oder Beschluß?, NJW 1950, S. 201

Wohlers, Wolfgang, Die Hypothese rechtmäßiger Beweiserlangung – ein Instrument zur Relativierung unselbständiger Verwertungsverbote?, in: *Weßlau/Wohlers (Hrsg.),* Festschrift für Gerhard Fezer zum 70. Geburtstag, 2008, S. 311

Wohlers, Wolfgang, Rechtsfolgen prozeßordnungswidriger Untätigkeit von Strafverfolgungsorganen, JR 1994, S. 138

Wohlers, Wolfgang, Rechtsstaatswidrige Verzögerungen des Verfahrens als revisionsrechtliches Problem – Bemerkungen zu dem durch den Beschluss des 5. Strafsenats vom 11.11.2004 abgeschlossenen Anfrageverfahren, JR 2005, S. 187.

Wohlers/Gaede, Die Revisionserstreckung auf Mitangeklagte – Plädoyer für eine konventionskonforme Auslegung des § 357 StPO, NStZ 2004, S. 9

Wolf, Gerhard, Die Gesetzwidrigkeit von Fernsehübertragungen aus Gerichtsverhandlungen, NJW 1994, S. 681

Wolter, Jürgen, Menschenwürde und Freiheit im Strafprozeß, in: *Geppert/Dehnicke (Hrsg.),* Gedächtnisschrift für Karlheinz Meyer, 1990, S. 493

Wolter, Jürgen, Repressive und präventive Verwertung tagebuchartiger Aufzeichnungen, StV 1990, 175

Wolter, Jürgen, Verfassungsrecht im Strafprozeß – und Strafrechtssystem, NStZ 1993, S. 1

Wömpner, Hans-Bernd, Ergänzender Urkundenbeweis neben §§ 253, 254 StPO?, NStZ 1983, S. 293

Würtenberger, Thomas, Zur Phänomenologie der richterlichen Erfahrung bei der Strafzumessung, in: *Thomas Würtenberger (Hrsg.),* Festschrift für Gerhart Husserl zum 75. Geburtstag, 1969, S. 177

Zieger, Matthias, Akteneinsichtsrecht des Verteidigers bei Untersuchungshaft, StV 1993, S. 320

Zipf, Heinz, Die „Verteidigung der Rechtsordnung", in: *Frisch/Schmid (Hrsg.),* Festschrift für Hans-Jürgen Bruns zum 70. Geburtstag, 1978, S. 205

Zipf, Heinz, Die Strafmaßrevision, 1969

Zipf, Heinz, Die Strafzumessung, 1977

Zipf, Heinz, Empfiehlt es sich, die Vorschriften über die Öffentlichkeit des Strafverfahrens neu zu gestalten, insbesondere zur Verbesserung der Rechtsstellung des Beschuldigten weitere nicht-öffentliche Verfahrensgänge zu entwickeln?, in: Verhandlungen des 54. Deutschen Juristentages Nürnberg 1982, Band I, Gutachten C, S. C 9 – C 98.

Zschockelt, Alfons, Bemerkungen zu Bittmann/Dreier, NStZ 1995, S. 109

Zschockelt, Alfons, Die praktische Handhabung nach dem Beschluß des Großen Senats für Strafsachen zur fortgesetzten Handlung, NStZ 1994, S. 361

Einleitung

1 „Die Revision ist kein volkstümliches Rechtsmittel.“ Mit diesem Satz begann das vorliegende Buch seit der 2. Auflage (1953),[1] als die damaligen Autoren noch von der Unterscheidbarkeit zwischen Tat- und Rechtsfragen ausgingen, aber die Fähigkeit dazu allenfalls den Juristen zutrauten, während es dem Laien nicht verständlich zu machen sei, warum er gegenüber dem höchsten Gericht nicht soll geltend machen dürfen, dass „er es nicht gewesen ist“. Ob diese Unterscheidung wirklich dogmatisch sauber vollzogen werden kann, war jedoch von jeher umstritten. Sie lässt sich noch schwerer beantworten, seit die Revisionsgerichte erkannt haben, dass die Tatrichter bei der Würdigung der Beweise Rechtsfehler machen können. Auch § 261 StPO gehört zu den Verfahrensregeln, deren Verletzung als Rechtsverstoß i.S.d. § 337 StPO gelten muss. Der mit „Gründe“ überschriebene Textteil des tatrichterlichen schriftlichen Urteils verdient diese Bezeichnung („Gründe“) nicht, wenn der mitgeteilte Sachverhalt lückenhaft, rational nicht nachvollziehbar, in sich unlogisch oder lebensfremd ist. Umstritten ist aber bis heute die Frage, ob das Niederschreiben der vom Revisionsgericht zu überprüfenden Urteilsgründe nur der Nachweis des Tatrichters sein soll, dass er das sachliche Recht richtig angewendet (subsumiert) hat, oder ob es sich dabei um einen prozessualen Vorgang handelt, so dass alle dabei dem Tatrichter unterlaufenden Fehler als Verfahrensmängel (Verstoß gegen § 267 StPO) aufzufassen wären.

2 Angesichts solcher Fragen, die bereits zeigen, wie eng miteinander verwoben verfahrensrechtliche und materiellrechtliche, aber auch überhaupt rechtliche und tatsächliche Aspekte sind, nimmt es nicht wunder, dass die Praxis des Revisionsrechts sich im Laufe der Zeit von den ursprünglichen gesetzlich intendierten Kriterien für die Unterscheidung von Tat- und Rechtsfragen, aber auch für die Unterscheidung zwischen sachlichem Recht und Verfahrensrecht entfernt hat.

3 Auf diese Weise hat die Revision seit Inkrafttreten der StPO ihr Wesen stark geändert.[2]

4 Das betrifft auch die Art der Entscheidung der Revisionsgerichte. Nachdem durch Gesetz vom 8. 7. 1922 (die „lex Lobe“) das Reichsgericht ermächtigt wurde, „offensichtlich unbegründete“ Revisionen ohne Verhandlung durch Beschluss zu verwerfen – eine Möglichkeit, die 1931 auf die Oberlandesgerichte ausgedehnt wurde[3] – pendelte sich der Anteil dieser Beschlüsse an allen Revisionsentscheidungen etwa bei 50% ein. Im Jahre 1964 führte die heute geltende Fassung des § 349 Abs. 3 StPO die Pflicht der

---

1 Unter Berufung auf *Schneidewin* JW 1923, 345 ff. (347), der dies später in der Festschrift zum 100-jährigen Bestehen des DJT (1960) Bd. I, 477 kommentierte mit dem Satz: „Diese Eigenschaft teilt sie mit noch anderen höchst nützlichen Stücken unseres Rechtslebens.“ Dazu m.w.N. demnächst LR-*Franke* 26. Aufl. 2010, Vorbem. zu §§ 331 ff. Rn. 15.

2 *Peters* Der Wandel im Revisionsrecht, FS Karl Schäfer, 137; LR-*Franke* aaO. Rn. 1 ff.

3 Verordnung des Reichspräsidenten v. 6. 10. 1931 (RGBl I, 537).

Revisionsstaatsanwaltschaft (beim BGH die Bundesanwaltschaft) ein, den Antrag auf Beschlussverwerfung mit Gründen zu versehen und den Revisionsführern rechtliches Gehör zu gewähren. Auf diese Weise sollte die Beschlussverwerfung erschwert werden, sie wurde jedoch praktisch erleichtert. Das dürfte psychologisch damit zusammenhängen, dass die faktisch bewirkte Teilung der Verantwortung die des Entscheiders verringert. Zu einem Teil beruht es aber auch darauf, dass viele Verteidiger von der Möglichkeit, innerhalb der Zwei-Wochen-Frist nach Zustellung des Antrags der Revisionsstaatsanwaltschaft noch einmal schriftlich Stellung zu nehmen, keinen Gebrauch machen. In diesen Fällen dürften daraus die Revisionsgerichte häufig den Schluss ziehen, schon die Antragsschrift habe den Revisionsführer überzeugt, oder ihm sei jedenfalls nichts mehr gegen die Argumente der Revisionsstaatsanwaltschaft eingefallen.

5 Überhaupt tragen den Hauptteil der Veränderungen, die sich am Wesen der Revision vollzogen haben, nicht gesetzgeberische, sondern richterliche Entschlüsse. Auch dies hatte bereits in der Zeit des Reichsgerichts begonnen, das unter der Geltung einer gesetzlichen Generalklausel ein vorbildliches und ausdifferenziertes Beweisantragsrecht entwickelte, ohne dabei die Aufklärungsrüge zu schwächen. Nach der Gründung des Bundesgerichtshofs setzte nach der Orientierungsphase der ersten Jahre eine Entwicklung ein, die zu einem völlig neuen Verständnis des Wortlautes, des Sinn und Zwecks sowie der Grenzen des grundlegenden § 337 StPO führte. Zwar war diese Vorschrift gewiss bei ihrer Entstehung so gemeint gewesen, dass sie dem Revisionsrichter die Entscheidung über „Tatfragen“ entziehen und ihm nur die rechtliche Nachprüfung vorbehalten wollte. Aber glücklicherweise, so darf man jetzt wohl sagen, hatte der Gesetzgeber von 1877 diesen Gedanken so undeutlich und allgemein ausgedrückt, dass der Wortlaut eine Entwicklung zur erweiterten Revisibilität nicht hinderte. Die gesetzliche Voraussetzung, dass „eine Rechtsnorm nicht oder nicht richtig angewendet“ worden sein musste, konnte schließlich, ohne den Worten besonderen Zwang anzutun, auch dann bejaht werden, wenn für den Revisionsrichter erkennbar war, dass der Sachverhalt, den der Tatrichter seiner Subsumtion zugrunde gelegt hatte, tatsächlich nicht zutreffen konnte. Hierfür war letzlich die erstaunlicherweise sehr langsam gewonnene Erkenntnis maßgeblich, dass die Vokabel „Beweis“ nicht irgend einen tatsächlichen Vorgang kennzeichnet, sondern ein Rechtsbegriff ist, dessen Anwendung – ebenso wie die Anwendung anderer Rechtsbegriffe – durch eine für die Rechtskontrolle zuständige Instanz überprüfbar sein muss.

6 Hilfreich für eine solche neue Entwicklung war auch, dass der Text des Gesetzes keine Vorschrift enthielt, die es dem Revisionsrichter ausdrücklich verbot, sich mit der Beweisverarbeitung des Tatrichters zu befassen. Man hatte das Tabu der Überzeugungsbildung immer nur gleichsam „der Natur der Sache“ entnommen. Dagegen ließ sich so lange nichts einwenden, als über Schuld und Freispruch eines Angeklagten eine nur aus Laienrichtern zusammengesetzte Jury entschied, die ihre Denk- und Beratungsinhalte nirgends aufschrieb, so dass schon deshalb das Ergebnis einer Rechtskontrolle unzugänglich war. Lediglich die Einhaltung der Regeln über das Verfahren bis zum Eintritt in die Urteilsberatung konnte überprüft werden. So lange es das Jury-Prinzip gab, erhoffte man sich ein Höchstmaß an Richtigkeit durch die Zahl dieser Laienrichter (zwölf), durch das vorgeschriebene Stimmenverhältnis (mehr als sieben

Stimmen für jede dem Angeklagten nachteilige Entscheidung, insbesondere für einen die Schuldfrage bejahenden „Wahrspruch") sowie durch die Vorschrift, wonach die Jury ihre Entscheidung an einem streng nach logischen und rechtsstaatlichen Grundsätzen aufgebauten Fragenkatalog entlang zu treffen hatte. Dieser Fragenkatalog musste nach Schluss der Beweisaufnahme, aber noch vor den Plädoyers und dem letzten Wort des Angeklagten verlesen und für Anträge auf Änderung und Ergänzung freigegeben werden.

§ 296 der StPO in seiner ursprünglichen Fassung bestimmte: *„Wird die Vorlegung von Hülfs- oder Nebenfragen beantragt, so kann sie nur aus Rechtsgründen abgelehnt werden."* Die Unterscheidung zwischen Hilfs- und Nebenfragen sowie der „Hauptfrage" (§ 293: „Die Hauptfrage beginnt mit den Worten: ‚Ist der Angeklagte schuldig?' ...") und die öffentliche Erörterung dieses „Beweiswürdigungsprogramms" dienten dazu und waren geeignet, das Denk- und Erkenntnisschema der Geschworenen einer gewissen verfahrensrechtlichen Kontrolle zu unterziehen. Letztlich blieb aber die Beweiswürdigung im Ergebnis irrational und unüberprüfbar.[4] **7**

Seit über die Schuld- und Straffrage ein aus Berufs- und Laienrichtern bestehendes Kollegialgericht oder sogar ein Berufsrichter allein entscheidet und von den professionellen Juristen ein Urteil zu schreiben ist, das auch die wesentlichen Beweiswürdigungsvorgänge zu beurkunden hat (§ 267 Abs. 1 und 5 StPO), ist der Grund für die revisionsgerichtliche Abstinenz entfallen. Geblieben sind aber der unbestreitbare Wille des Gesetzgebers, das Revisionsgericht nicht zu einer zweiten Tatsacheninstanz werden zu lassen, und die begrenzte Leistungsfähigkeit der Zentralgerichte, die im Interesse der Güte ihrer Arbeit nicht durch Personalaufstockung beliebig vergrößert werden können. Letzteres ist ein pragmatisches, ersteres ein normatives Argument dafür, dass die Revisibilität nicht so weit reichen kann, wie die Pflicht des Tatrichters, sich um ein wahres und gerechtes Urteil zu bemühen. Sonst wäre die Revision eine Berufung. Bei allen Fortschritten in der Ausweitung der revisionsgerichtlichen Kontrolle wird immer der Satz gültig bleiben: Ein tatrichterliches Urteil ist nicht schon deshalb ein wahres und gerechtes Urteil, weil es durch eine Entscheidung des Revisionsgerichts rechtskräftig geworden ist. Anders und hart ausgedrückt: Ein Tatrichter kann auch Fehlurteile „revisionsfest" begründen. Aber dazu gehört eben mehr als in den ersten fünf Jahrzehnten der StPO-Geltung, da eine rein subjektivistische, ohne tatsächliches und argumentativ-rationales Fundament „behauptete Überzeugung" von den Revisionsgerichten heute nicht mehr hingenommen wird.[5] **8**

Weil die Aussage, dass die revisionsgerichtliche Bestätigung eines Urteils noch nichts über seinen Wahrheitsgehalt besagt, den Laien irritiert und in jedem Strafjuristen das Bedürfnis wachhält, die Differenz zwischen den Richtigkeitsanforderungen an die Ergebnisse der tatrichterlichen Arbeit und den Eingriffsmöglichkeiten der Revisionsgerichte zu minimieren, hat der BGH eine Praxis eingeführt, die das Bemühen um Einzelfallgerechtigkeit erkennen lässt, auf eine abstrakt-dogmatische Grenzziehung **9**

---

4 Vgl. dazu *Hamm* Einleitung zu *Herdegen* Beweisantragsrecht, Beweiswürdigung und strafprozessuale Revision, 15 und *ders.* FS Fezer, 393 ff.

5 Dazu näher unter Rn. 919 ff.

zunächst verzichtet und sich an den nur negativ definierten eigenen Leistungsgrenzen orientiert.

10 Revisionsgerichtliche Kritik an den „festgestellten“ Tatsachen ist danach nur, aber auch überall dort möglich, wo der Revisionsrichter, ohne die „Domäne“ des Tatrichters (insbesondere die Beweis*erhebung*) an sich zu ziehen, allein durch Lektüre des angefochtenen Urteils und der Revisionsbegründungsschrift Mängel erkennen kann. Auf diese Weise wurde mehr und mehr die Trennung „Rechtsfrage/Tatfrage“ durch eine pragmatische Verantwortungsteilung, die gerne als „Leistungsmethode“ bezeichnet wird,[6] ersetzt.

11 Was ein Revisionsgericht zweifellos nicht leisten kann, ist eine Wiederholung der tatrichterlichen Hauptverhandlung mit völlig neuer Beweisaufnahme. Insofern ist nach wie vor die Frage, „wie es gewesen ist“, nicht Sache des Revisionsrichters. Wollte man sie zu seiner Sache machen, würde die Revision zur Berufung. Sie ist aber nun einmal keine Instanz zur *Erhebung* der Tatsachen, und die Revisionsrichter sind auch nicht berufen, die Überzeugung des Vorderrichters durch die eigene zu ersetzen. Würde ein Revisionsgericht sich so weit von seinem gesetzlichen Auftrag entfernen, wäre sogar der Grundsatz des Art. 101 Abs. 1 Satz 2 GG verletzt.[7] Die Einfügung eigener tatsächlicher Einzelerkenntnisse des Revisionsrichters in das Ergebnis einer umfassenden Beweisaufnahme und Würdigung, die ein anderer Richter vorgenommen hat, verstieße darüber hinaus gegen § 261 StPO, der mit dem Inbegriff „der“ Verhandlung eine einheitliche, geschlossene Beweisaufnahme vor ein und demselben Gericht meint.

12 Die andere Seite der Leistungsmethode besteht, hier in aller Kürze gesagt, in folgendem: Alles, was das Revisionsgericht an Darstellungs- und Argumentationsmängeln des angefochtenen Urteils erkennen kann, während es seiner durch die Sachrüge ausgelösten Pflicht nachkommt, das gesamte tatrichterliche Urteil auf Rechtsfehler hin zu überprüfen, muss es auch dazu berechtigen, eine neue tatrichterliche Hauptverhandlung anzuordnen. Das gilt für die tatrichterlichen Feststellungen selbst, für die Erwägungen zur Beweiswürdigung und schließlich für die dem Revisionsrichter früher ebenfalls entzogenen Ausführungen zum Rechtsfolgenausspruch. Ich werde über das bisher übliche Verständnis hinaus zu zeigen versuchen, dass dies sogar für „reine“ Verfahrensfehler gilt, die als solche nicht gerügt, aber ohne Weiteres auf die Sachrüge hin aus den Urteilsgründen erkennbar sind.[8]

13 Die zahlreichen Prüfungs- und Eingriffsmöglichkeiten, die sich die Revisionsgerichte während der letzten Jahrzehnte geschaffen haben, sind von tiefgreifender Wirkung auf

---

6 Vgl. dazu LR-*Hanack* vor § 333, Rn. 5; näheres unter Rn. 277 ff.

7 Vgl. BVerfG (2. Kammer des 2. Senats), NStZ 1991, 499; dazu Anm. *Foth* in NStZ 1992, 444 mit weitgehend unberechtigter Kritik an der Rechtsprechung des BGH zur Revisibilität der Beweiswürdigung. Auch für die andere „Domäne des Tatrichters“, die Strafzumessung, hat jetzt das BVerfG anerkannt, dass trotz der Gesetzesänderung durch Einführung des § 354 Abs. 1 Nr. 1 a und b StPO der Anspruch auf den gesetzlichen Richter verletzt sein kann, wenn von dieser neuen Entscheidungskompetenz das Revisionsgericht über die ausdrückliche Regelung hinaus Gebrauch macht: BVerfG 2 BvR 1147/05 und 136/05 v. 14. 6. 2007 = StV 2007, 393 und 2 BvR 760/07 v. 14. 8. 2007 = StV 2007, 561, Anmerkung zu beiden Entscheidungen *Hamm* StV 2008, 205; Besprechungsaufsatz *Paster/Sättele* NStZ 2007, 609 ff.

8 Vgl. dazu u. Rn. 1268 ff.

die Natur des Rechtsmittels insgesamt gewesen. Dadurch ist die Revision im Dienste der Einzelfallgerechtigkeit praktisch brauchbarer geworden. Diese Praxis hat sicherlich mehr erreicht, als man sich von dem früher diskutierten Plan zu versprechen gehabt hätte, dem Revisionsgericht durch eine Gesetzesänderung, bei „schwerwiegenden Bedenken“ gegen die Richtigkeit der tatrichterlichen Feststellungen eigene ergänzende Beweiserhebungen zu gestatten.[9] Andererseits hat die hier nur angedeutete, im Einzelnen in ihren Ergebnissen noch näher darzustellende Rechtsentwicklung, solange sie sich nur kasuistisch entwickelte, zunächst einige Zeit dazu beigetragen, die Rechtsprechung der Revisionsgerichte weniger durchschaubar und weniger voraussehbar zu machen.

Die Prognose, ob eine Revision Erfolg haben werde oder nicht, war zu der Zeit, als **14** *Schneidewin* seinen damals grundlegenden Aufsatz schrieb[10] und auch noch bei Erscheinen der von *Sarstedt* bearbeiteten früheren Auflagen dieses Buches, wesentlich leichter als in den ersten Jahren der richterrechtlicheen Fortentwicklung. Inzwischen hat sich der BGH für bestimmte Beweissituationen, z.B. für den Zeugenbeweis bei „Aussage gegen Aussage“ von der rein kasuistischen Betrachtung gelöst und hat durchaus verallgemeinerungsfähige Grundsätze formuliert, die bis zu neuen Beweisregeln reichen.[11]

A. Neuordnung der Rügetypen

Die dessen ungeachtet für die Abgrenzung zwischen Tat- und Rechtsfragen aber auch **15** für die Unterscheidung zwischen der Sachrüge und den Verfahrensrügen nach wie vor angewendete pragmatische Leistungsmethode kann niemanden befriedigen, der auf dogmatische Sauberkeit gerade angesichts der Garantenstellung der Revisionsgerichte für die Wahrung strenger Formen bei den untergeordneten Instanzen bedacht ist.

Ich meine deshalb, dass es an der Zeit ist, die bisher im Schrifttum und teilweise auch **16** in der Rechtsprechung vorhandenen Anstöße zu einer Begradigung der **Grenzen zwischen dem revisiblen und dem nicht revisiblen Teil** der tatrichterlichen Entscheidungen aufzunehmen und den Versuch zu unternehmen, sie einer Systematisierung zuzuführen. In einem Buch wie dem vorliegenden, das insbesondere die Aufgabe hat, praktisch tätige Strafjuristen mit den Besonderheiten, Gesetzmäßigkeiten, aber auch den Förmlichkeiten des Revisionsverfahrens vertraut zu machen, kann dieser Beitrag zur Suche nach einem rechtsdogmatischen System nicht in gleicher Weise wie in einer monographischen Untersuchung, die sich nur eines im Titel formulierten Problemkreises annimmt, geleistet werden. Andererseits wäre aber eine Gesamtdarstellung

---

9 Zu den Mitte der 70er Jahre des vorigen Jahrhunderts diskutierten Vorschlägen umfassend *Fezer*, Möglichkeiten einer Reform der Revision in Strafsachen, passim; vgl. auch Verhandlungen des 52. Deutschen Juristentages, Wiesbaden 1978, Band II, Sitzungsbericht L, Beschlüsse, L 223, unter Nummer 13 (eigene Beweiserhebung zur Schuldfrage) und Nummer 14 (eigene Beweiserhebung zur Straffrage). Beide Vorschläge wurden abgelehnt. Zur Thematik insgesamt jetzt *Hamm* FS Fezer, 393 ff.

10 *Schneidewin* JW 1923, 345.

11 Dazu unten Rn. 941 ff.

des Revisionsrechts unvollkommen, wenn systematische Inkonsequenzen und Brüche in der Verfahrenspraxis lediglich konstatiert und gegenüber allen möglichen anderen Fehlbildungen des Rechts als das „kleinere Übel" hingenommen würden.

17 Es soll deshalb – auch unter gelegentlicher Abkehr von Bewertungen der eingefahrenen Revisionspraxis durch die Vorauflagen – gleichsam „bei Gelegenheit" der Behandlung einzelner Revisionsgründe eine **Neuordnung der verschiedenen Rügegruppen** vorgeschlagen werden. Dies klingt zunächst drastischer, als es gemeint ist und als es im Folgenden eingelöst werden kann. Deshalb sei schon an dieser Stelle angedeutet, worin ich die wichtigste Ursache für die schlechte Vorhersehbarkeit und pragmatisch überbrückte dogmatische Inkonsistenz der revisionsgerichtlichen Entscheidungspraxis sehe: Es ist weniger die Schwierigkeit der Unterscheidung zwischen Tat- und Rechtsfragen als der durchgängig missverständliche Sprachgebrauch bei der Unterscheidung zwischen Verfahrensmängeln und sachlich-rechtlichen Fehlern.

18 Die Revisionsgerichte haben sich angewöhnt, diese Unterscheidung nicht anhand der voneinander zu trennenden Gegenstände, sondern unter Heranziehung der verschiedenen zu ihnen hinführenden Wege zu treffen. Und neuerdings kommt es sogar zu Entscheidungen, bei denen der BGH die Urteilsaufhebung wegen eines „sachlichrechtlichen" Darstellungsmangels der Beweiswürdigung davon abhängig macht, dass die hierfür notwendigen Verfahrenstatsachen im Rahmen einer Verfahrensrüge (die als solche gar nicht begründet zu sein braucht), mitgeteilt werden.[12] Da dies aber die gesetzliche Unterscheidung zwischen Sachbeschwerde und Verfahrensrügen (mit den in § 344 Abs. 2 StPO geregelten unterschiedlichen Zulässigkeitsvoraussetzungen) völlig durcheinander bringt, ist es notwendig, über eine neue klare Grenzziehung zu diskutieren.

19 Der BGH verfährt stattdessen bislang noch umgekehrt: Die Senate gehen von der gesetzlichen Unterscheidung zwischen den Anforderungen an eine zulässige Verfahrensrüge und der Sachrüge aus, um stets dann auf die Sachrüge hin ein Urteil aufzuheben, wenn sie gemäß § 344 Abs. 2 Satz 1 StPO als solche kenntlich gemacht wurde, und die Schwächen der Urteilsgründe erkennbar sind, ohne dass das Revisionsgericht hierzu nähere Ausführungen durch den Beschwerdeführer „braucht". Dagegen ist eine Verfahrensrüge erst dann zulässig erhoben, wenn der Revisionsführer auch im Einzelnen die Verfahrenstatsachen angibt, in denen er den Mangel zu erkennen glaubt (§ 344 Abs. 2 Satz 2 StPO). Dabei sind die Angaben – wenn die Sachrüge erhoben ist – über solche Tatsachen entbehrlich,[13] die im Urteil ausdrücklich erwähnt sind, zu dessen Lektüre das Revisionsgericht zur Überprüfung der Sachrüge ohnehin verpflichtet ist.[14]

20 Daran knüpft nun mein Vorschlag für eine neue Grenzziehung an. Ergeben sich *alle* Tatsachen, die einen Verfahrensfehler begründen, schon aus dem Urteil, so kann ein Verfahrensfehler auf die Sachrüge hin zum Erfolg der Revision führen.

---

12 BGH 1 StR 370/07 v. 6. 11. 2007 = BGHSt 52, 78 = StV 2008, 60 = NStZ 2008, 173 = NJW 2008, 1749.

13 Dass er solche im Urteil erwähnten Verfahrenstatsachen verschweigen *darf*, heißt nicht, dass er es auch sollte.

14 BGHSt 36, 384 f. = NJW 1990, 1859.

Das Extrembeispiel hierfür ist das Fehlen jeglicher Urteilsgründe, das in § 338 Nr. 7 StPO als absoluter Revisionsgrund, und zwar eindeutig als Verfahrensfehler geregelt ist. Kein Revisionsgericht würde aber ein Urteil, das keine Gründe enthält und das nur mit dem Satz „Gerügt wird die Verletzung des materiellen Rechts" angegriffen wird, rechtskräftig werden lassen. Dasselbe gilt für Urteile, deren Gründe nicht den in der *Verfahrens*vorschrift des § 267 StPO geregelten Mindestinhalt haben. Auch ein Urteil, das aus sich selbst heraus zu erkennen gibt, dass es auf der Verwertung eines Umstandes beruht, der die Verfahrensstellung des Angeklagten betrifft (z.B. die späte Einlassung,[15] das unterschiedliche Aussageverhalten[16] oder die Benennung eines Entlastungszeugen erst in der Hauptverhandlung[17]), beruht auf einer falschen Anwendung von *Prozess*recht. Dennoch heben die Revisionsgerichte in diesen Fällen das Urteil „auf die Sachrüge hin" auf. Das ist nur in dem Sinne richtig, als es (allein) die Sachrüge war, die dem Revisionsgericht das Erkennen des Verfahrensmangels ermöglichte, weil sie mit dem Hinweis auf das Urteil auch schon die Anforderungen an eine zulässige Verfahrensrüge erfüllte. Der regelmäßige ausdrückliche Hinweis in den entsprechenden Revisionsentscheidungen auf die Sachrüge bedeutet aber nicht, dass der aufgedeckte Fehler seinen Charakter als Verfahrensfehler damit verloren hätte und zum Verstoß gegen das materielle Recht geworden wäre. **21**

Ich werde im jeweiligen Zusammenhang darlegen, dass dieser semantische Unterschied mehr ist als eine rabulistische Wortklauberei, dass er vielmehr die Voraussetzung schafft zu einer systematischen Ordnung der in § 337 StPO gemeinten Verletzungstatbestände. Würde sich die Rechtsprechung die von mir vorgeschlagene Terminologie zu eigen machen, würde sich vermutlich die Prüfungsmasse an revisiblen Regelverstößen insgesamt gegenüber der bisherigen Praxis kaum ändern. Aber die in den letzten Jahren erreichten Fortschritte bei der Revisibilität z.B. der Beweiswürdigung könnten dadurch dogmatisch harmonisiert werden, weil auch die Trennschärfe zwischen den materiellrechtlichen, den verfahrensrechtlich-relativen und den absoluten Revisionsgründen erhöht und damit ein Beitrag zur Objektivierung und Voraussehbarkeit der Revisionsentscheidungen geleistet würde. **22**

---

15 Beispiele aus der BGH-Rechtsprechung: BGHSt 20, 281 = JR 1966, 269 (m. Anm. *Kleinknecht*); BGHSt 25, 365 (368); 32, 140 (144); 34, 324 (325); 38, 302 (305); BGH StV 1983, 321; 1984, 143; 1988, 328; 1989, 383; BGH NStZ 1986, 208 (*Pfeiffer/Miebach*); 1986, 325; BGHR StPO § 261 – Aussageverhalten 4, 7, 9, 11; vgl. auch 2 ZStR 585/05 v. 22. 3. 2006 = StV 2008, 236 (Verfahrensrüge nach § 261 StPO); 2 ZStR 225/08 v. 18. 6. 2008 (Aufhebung auf Sachrüge).

16 Siehe BGH NStZ 1986, 208 (mehrere Vernehmungen betreffend); BGH StV 1984, 143; 1988, 239; OLG Stuttgart NStZ 1986, 182 (mehrere Verfahrensabschnitte betreffend); *Meyer-Goßner* § 261, Rn. 18; KK-*Schoreit* § 261, Rn. 39.

17 BGHSt 34, 324 (327) = StV 1987, 281 = NStZ 1987, 373 = NJW 1987, 2027 = MDR 1987, 689 = JR 1987, 477 (m. Anm. *Hammerstein*); BGH StV 1987, 51 f. = NStZ 1987, 182; BGH NJW 1980, 794; BayObLG NJW 1969, 200; OLG Karlsruhe DAR 1983, 93.

B. Neue Themen für die Revisionsgerichte durch die Praxis der Urteilsabsprachen

23 Durch die rechtsdogmatisch und inzwischen auch rechtspolitisch viel diskutierte Praxis der Tatgerichte, Strafurteile nach einem verkürzten und eher summarischen Verfahren „konsensual zu erledigen“, hat sich nicht nur der Charakter der Hauptverhandlung in der ersten Instanz grundlegend verändert. Da sich diese Praxis praeter legem entwickelt und ausgebreitet hat,[18] musste dies früher oder später auch Auswirkungen auf den Prüfungsstoff der Revisionsgerichte haben. Dazu war es erst einmal notwendig, dass sich einzelne Beschwerdeführer dazu entschlossen, die übliche Sperre für den Zugang zum Revisionsgericht zu ignorieren: den vereinbarten Rechtsmittelverzicht. Sodann musste der BGH den Rechtscharakter einer so zustande gekommenen Prozesserklärung zutreffend einordnen. Er entschied sich für die Unzulässigkeit und damit die Unwirksamkeit einer vor dem Urteil getroffenen, auf künftigen Rechtsmittelverzicht gerichteten Vereinbarung.[19] Damit war aber noch lange nicht gesagt, was dies für das Schicksal des Rechtsmittelverzichts selbst bedeutet, wenn er *nach,* aber nicht unbedingt *infolge* der unzulässigen Vereinbarung erklärt wurde. Mit den alten Lehren von der Prozesshandlung und der Bedingungsfeindlichkeit von Prozesserklärungen war diese Frage nicht mehr zu beantworten, nachdem sich die Rechtsprechung einmal auf das von der Justizförmigkeit ohnehin entfernte Terrain der richterrechtlich formulierten Regeln für ein informelles Verfahren begeben hatte.[20]

24 Nachdem die Senate des BGH eine Zeit lang darüber gestritten hatten, ob ein Rechtsmittelverzicht stets dann unwirksam ist, wenn ihm eine entsprechende Absprache vorausging[21] oder ob es auch in diesen Fällen darauf ankomme, dass im konkreten Fall beim Erklärenden eine Einschränkung der Willensfreiheit vorgelegen hat,[22] entschied sich schließlich der Große Senat für eine vollständige Loslösung von den gesetzlichen Vorgaben, indem er die „qualifizierte Belehrung“ erfand, ohne die der Rechtsmitelverzicht unwirksam sei. Diese Belehrung sollte den ausdrücklichen Hinweis an den Angeklagten enthalten, dass er das Urteil, auf das man sich gerade verständigt hatte, anfechten darf.[23] Ohne diesen Hinweis sei ein Rechtsmittelverzicht unwirksam.

---

18 *Meyer-Goßner* Einleitung, Rn. 119 a.

19 BGHSt 43, 15. Anmerkungen: *Weigend* NStZ 1999, 57; Rönnau, wistra 1998, 49; *Kintzi* JR 1998, 249; *Satzger* JA 1998, 98; *Lemke* NJ 1998, 42; vgl. auch *Hamm* Festschrift Meyer-Goßner, 33 ff.

20 Die in BGHSt 43, 195 ff. aufgestellte Mindestbedingungen für die rechtliche Zulässigkeit von Absprachen (neben unterbliebener Verpflichtung zum Rechtsmittelverzicht, Beteiligung aller drei „Seiten“, keine Zusage einer punktgenauen Strafe, grundsätzliche Bindung des Gerichts an Zusage einer Strafobergrenze, Überprüfung des Geständnisses auf Richtigkeit, Transparenz gegenüber der Öffentlichkeit und gegenüber dem Revisionsgericht durch Protokollierung der Absprache) haben durch das Gesetz zur Regelung der Verständigung im Strafverfahren vom 29. 7. 2009 (BGBl. I 2353) ihre Bedeutung verloren. Dazu *Meyer-Goßner* StPO, 52 Aufl. Ergänzungsheft.

21 So der 3. Senat in seinem Anfragebeschluss NJW 2003, 3426 = NStZ 2003, 677 = StV 2003, 544. Anmerkungen: *Mosbacher* NStZ 2004, 52; *Grunst* NStZ 2004, 54 und *Meyer-Goßner* NStZ 2004, 216; *Meyer* StV 2004, 41.

22 So z. B. der 2. Senat zuletzt in NJW 2004, 1396 = StV 2004, 196.

23 BGHSt 50, 40 = NJW 2005, 1440. Anmerkungen: *Seher* JZ 2005, 628; *Widmaier* NJW 2005, 1985; *Wegner* PStR 2005, 151; *Duttge* StV 2005, 421; *Schoop* StV 2005, 421; *Dahs* NStZ 2005, 580; *Rieß* JR

Der durch den Großen Senat einstweilen entschiedene und jenseits der damals geltenden gesetzlichen Vorgaben geführte Streit über die Frage des Rechtsmittelverzichts kann als paradigmatisch für den Wandel des Revisionsrechts angesichts der zunehmenden Distanz zwischen der Strafprozesspraxis und dem geschriebenen Recht angesehen werden. Da es zum Wesen der Urteilsabsprachen gehört, dass Prozesse unter mehr oder weniger weit gehendem Verzicht auf die gesetzlich vorgeschriebenen Formen und Verfahrensmaximen im Wege der Vereinbarung mit Staatsanwaltschaft und Verteidigung abgeschlossen werden, sind die Revisionsgerichte immer häufiger mit neuen Rügetypen befasst. So müssen sie sich mit gescheiterten oder auch mit nicht eingehaltenen Absprachen auseinandersetzen. Es versteht sich von selbst, dass die dazu ergehenden Entscheidungen die Begriffe „Gesetz" und „Rechtsnorm" in § 337 Abs. 2 StPO weiter auslegen müssen als in den Zeiten, in denen damit noch legislativ zustande gekommene geschriebene Normen gemeint waren. Ob aber Richterrecht, das von denselben Richtern geschaffen wurde, die seine Einhaltung überwachen sollen, der Idee der Gewaltenteilung entsprechen kann, ist ebenso zweifelhaft wie die Rechtfertigungsversuche des Großen Senats, der einerseits in der Absprachepraxis den Ausweg aus einem durch die Ressourcenknappheit bei der Strafjustiz geschaffenen Notstand sieht,[24] andererseits an den Gesetzgeber appelliert, eine überfällige Klärung dazu herbeizuführen, wie die bestehende Tendenz zum Entstehen immer neuer, nicht kodifizierter Instrumentarien ohne Bruch mit dem bestehenden Rechtssystem gestoppt werden kann.[25] **25**

Nun hat der Gesetzgeber die vom Großen Senat des BGH an ihn gerichtete Frage, „ob und bejahendenfalls, (welches) die wesentlichen rechtlichen Voraussetzungen und Begrenzungen von Urteilsabsprachen (sind)" durch Einführung des § 257c StPO und durch den Zusatz in § 302 StPO, wonach der Rechtsmittelverzicht nach einer Verständigung ausgeschlossen ist, entschieden.[26] Es wird zu beobachten sein, ob sich dadurch an der bisherigen Praxis wirklich etwas ändert. Ich bezweifele das. **26**

2005, 435; *Altenhain* GA 2005, 281; *Theile* StraFo 2005, 409; *Fahl* ZStW 117, 605; *Landau* ZRP 2005, 268; *Saliger* JuS 2006, 8; *Lien* GA 2006, 129; *Meyer-Goßner* StV 2006, 485.

24 BGHSt 50, 40, 54f.

25 BGHSt 50, 40, 64.

26 Zu dem Gesetz zur Regelung der Verständigung im Strafverfahren vom 29. 7. 2009 (BGBl. I 2353) gibt es eine erste Kommentierung im Ergänzungsheft zu *Meyer-Goßner* StPO 52. Auflage, 2009; vgl. auch *Schlothauer/Weider* StV 2009, 600ff.; *Leipold* NJW-Spezial 2009, 590.

Teil 1: Voraussetzungen der Revision

A. Gegenstand der Revision

Die Revision kann nur gegen **Urteile** gerichtet werden (§§ 333, 335 StPO). Urteile sind verkündete Entscheidungen, die aufgrund einer Hauptverhandlung ergehen und auf Freisprechung, Verurteilung, Anordnung einer Maßregel der Besserung und Sicherung, Verwarnung mit Strafvorbehalt, Verfall, Absehen von Strafe oder Einstellung des Verfahrens lauten (§ 260 Abs. 2 bis 4 StPO); ferner sind es Entscheidungen der Strafkammern über Berufungen. Es kommt nicht auf Form oder Bezeichnung, sondern auf den Inhalt der Entscheidung und ihre Einordnung in der Verfahrenslage an.[27] Eine Entscheidung, die das Verfahren beenden will und einstellt, „für unzulässig erklärt", weil eine Verfahrensvoraussetzung fehle oder ein Verfahrenshindernis gegeben sei, ist, wenn sie in der Hauptverhandlung ergeht, ein Urteil, auch wenn das Landgericht sie in Unkenntnis des § 260 Abs. 3 StPO als Beschluss bezeichnet hat;[28] sie kann also mit der Revision angefochten werden.[29] Dasselbe gilt für „Beschlüsse" die entgegen § 275 a Abs. 2 StPO ohne mündliche Hauptverhandlung und ohne Beteiligung von Schöffen gefasst wurden, wobei auch dann die Revision das gebotene Rechtsmittel ist, wenn darin gerade dieser Fehler beanstandet werden soll.[30] Ebenso kann auch eine Berufungsentscheidung, die das angefochtene Urteil aufhebt und die Sache an ein anderes Gericht erster Instanz verweist, nur mit der Revision angefochten werden.[31] Da eine solche Entscheidung auch noch unter den seit 1987[32] sehr engen Voraussetzungen (§ 328 Abs. 2 StPO) Inhalt eines Urteils sein kann, muss auch eine solche Entscheidung, wenn sie fälschlicherweise als „Beschluss" bezeichnet wird, als Urteil behandelt werden. Ein „Beschluss", der eine Berufung verwirft, ist als Urteil zu behandeln.[33] Umgekehrt wäre – was sicherlich kaum noch vorkommt – eine vorläufige Einstellung des Verfahrens außerhalb der Hauptverhandlung, wenn sie die Überschrift „Urteil" und die Formel „Im Namen des Volkes" trüge, doch nur ein Beschluss 27

---

27 BGHSt 18, 381 = JZ 1963, 714 (m. Anm. *Eb. Schmidt*); BGH StV 1982, 61; *Meyer-Goßner* Einl, Rn. 167; BGH 2 StR 9/05 v. 1. 7. 2005 = BGHSt 50, 180 = NJW 2005, 3078. Anmerkungen: *Zschieschack* JR 2006, 8; *Renzikowski* NStZ 2006, 280.

28 *Meyer-Goßner* § 296, Rn. 13.

29 Zu einem kuriosen Fall, in dem das Tatgericht zwei Urteile verkündet hatte, vgl. OLG Zweibrücken MDR 1997, 87.

30 BGHSt 50, 180 Leitsatz: „Die Revision ist auch dann das statthafte Rechtsmittel gegen eine Entscheidung über die nachträgliche Anordnung der Sicherungsverwahrung, wenn das Landgericht unter Verstoß gegen § 275 a StPO nicht durch Urteil, sondern ohne Hauptverhandlung durch Beschluss entschieden hat."

31 RGSt 65, 397 = JW 1932, 1754 Nr. 42 (m. Anm. *Bohne*).

32 Das StrVÄG v. 27. 1. 1987 (BGBl. I, 475) beseitigte die Möglichkeit der Zurückverweisung durch das Berufungsgericht wegen eines Verfahrensfehlers mit Ausnahme der unberechtigten Annahme der sachlichen oder örtlichen Zuständigkeit des Erstgerichts.

33 KG JW 1929, 1894 (m. Anm. *Graf von Pestalozza*); SK-*Frisch* vor § 296, Rn. 96.

und könnte nur mit der Beschwerde angefochten werden.[34] Entscheidungen des erkennenden Gerichts, die mit der Beschwerde anfechtbar sind, können nicht mit der Revision angefochten werden. Die Anordnung über die Dauer der Bewährungszeit gehört in einen besonderen Beschluss (§ 268a StPO). Nimmt das Gericht sie aber in das Urteil auf, so ist statt der Beschwerde die Revision das gegebene Rechtsmittel, jedoch kann das Urteil auch auf Revision nur in dem Umfang nachgeprüft werden, den § 305a Abs. 1 Satz 2 StPO vorsieht.[35] Hat der Beschwerdeführer sich fälschlicherweise nach der äußeren Form der Entscheidung gerichtet, so wird sein Rechtsmittel gemäß § 300 StPO in das zulässige umgedeutet. Hat er durch Wahl des falschen Rechtsmittels die Frist für das richtige versäumt, so kann ihm unter den Voraussetzungen der §§ 44, 45 StPO auf seinen Antrag Wiedereinsetzung in den vorigen Stand gewährt werden.

28 Die Revision ist gegeben gegen folgende Arten von Urteilen:

- gegen erstinstanzliche Urteile der Oberlandesgerichte gemäß § 120 GVG,
- gegen alle Urteile der Strafkammern, sowohl die des ersten Rechtszugs als auch die Berufungsurteile (ausgenommen im Jugendstrafverfahren, wenn gegen das erstinstanzliche Urteil eine zulässige Berufung eingelegt war, § 55 Abs. 2 Satz 1 JGG),
- gegen alle Urteile des Einzelrichters und der (auch gemäß § 29 Abs. 2 GVG erweiterten) Schöffengerichte, die mit der Berufung angefochten werden können (§ 335 StPO).

Bei den Letztgenannten steht dem Beschwerdeführer die Wahl zwischen beiden Rechtsmitteln zu („Wahlrevision", **wahlweise Sprungrevision**). Er braucht innerhalb der Wochenfrist (§§ 314, 341 StPO) nur zu erklären, dass er das Urteil „anfechte". Er ist aber auch nicht daran gebunden, wenn er bei der Einlegung das Rechtsmittel ausdrücklich als „Berufung" oder „Revision" bezeichnet hat; er kann die Bestimmung noch bis zum Ablauf der Revisionsbegründungsfrist ändern,[36] dann allerdings nicht mehr.[37] Entscheidet er sich nicht eindeutig, so ist das Rechtsmittel als Berufung zu behandeln.[38]

29 Streitig ist, ob nach Ablauf der Revisionsbegründungsfrist noch eine Wiedereinsetzung (nur) zu dem Zwecke gewährt werden kann, die Wahl des Rechtsmittels nachzuholen oder zu ändern. Die herrschende Meinung verneint diese Frage ganz allgemein,[39] das Oberlandesgericht Zweibrücken[40] bejaht die Möglichkeit einer Wiedereinsetzung allein zu dem Zwecke der Änderung der Wahl des Rechtsmittels unabhängig davon, ob die ursprüngliche Wahl schon mit der Einlegung des Rechtsmittels verbunden war

---

34 BGHSt 25, 242 = NJW 1974, 154 = JR 1974, 522 (m. Anm. *Kohlhaas*).

35 A. A. (Beschwerde als das gegebene Rechtsmittel gegen diesen Teil des Urteils) *Meyer-Goßner* § 333, Rn. 3.

36 *Meyer-Goßner* § 335, Rn. 9 ff.

37 Gibt der Beschwerdeführer bereits bei Einlegung des Rechtsmittels zweifelsfrei zu erkennen, dass er unter Verzicht auf die Berufung die Revision wählt, ist ihm der spätere Übergang zur Berufung versagt, OLG Köln StV 1996, 369; *Meyer-Goßner* § 335, Rn. 12.

38 KK-*Kuckein* § 335, Rn. 6.

39 *Meyer-Goßner* § 335, Rn. 13; KK-*Kuckein* § 335, Rn. 6 a.E.; BayObLGSt 2003, 10; zweifelnd LR-*Hanack* § 335, Rn. 14 („... vielleicht etwas formalistische Auffassung").

40 OLG Zweibrücken GA 1985, 279.

oder erst nachträglich konkretisiert wurde. Dieser Auffassung ist jedenfalls in solchen Fällen der Vorzug zu geben, in denen die Wahl getroffen worden ist, bevor der Revisionsführer das angefochtene Urteil mit Gründen erhalten hat, was aber beim Bestehen der Wahlmöglichkeit ohnehin keine Vorteile bringt, also vermieden werden sollte. Das OLG Zweibrücken weist mit Recht darauf hin, dass dies dem Gebot des fairen Verfahrens am ehesten entspricht, das gegenüber den Belangen der Rechtssicherheit dann Vorrang hat, wenn der Rechtsmittelführer durch Unkenntnis und unverschuldet eine Instanz verlieren würde. Die Wiedereinsetzung zur Umwandlung einer Revision in die Berufung ist also zuzulassen. Seit der Beseitigung der Möglichkeit des Berufungsgerichts (§ 328 Abs. 2 a.F. StPO), bei krassen Verfahrensfehlern auch in der Berufungsinstanz das Urteil aufzuheben und an die erste Instanz zurückzuverweisen, besteht auch ein rechtliches Bedürfnis danach, ein durch ausdrückliche Erklärung oder durch Fristablauf zur Berufung gewordenes Rechtsmittel im Wege der Wiedereinsetzung in eine Revision umwandeln zu dürfen.

Uneingeschränkt zulässig muss die Wiedereinsetzung dann sein, wenn die später bereute Wahl des Rechtsmittels durch eine **falsche Belehrung** des Gerichts verursacht wurde. Das muss entgegen einer verbreiteten Meinung[41] unabhängig davon gelten, ob die Belehrung deshalb falsch war, weil dabei die Revision als das angeblich allein gegebene Rechtsmittel bezeichnet wurde, oder ob nur die Berufung erwähnt wurde.[42] Dass die Berufung das weitergehende Rechtsmittel ist und die Möglichkeit der späteren Revision immer noch offenlässt,[43] trifft zwar zu. Aber das Gesetz stellt nun einmal mit guten Gründen die Wahlmöglichkeit zur Verfügung, und wer die durchaus manchmal gegebenen Vorzüge der Sprungrevision für sich nutzen möchte, sollte nicht infolge einer unvollständigen und damit falschen Belehrung durch die Justiz selbst daran gehindert werden. Zu den Vorzügen der Sprungrevision gehört sowohl die Möglichkeit, eine Tatsacheninstanz einzusparen, wo allein Rechtsfragen noch „streitig“ sind, als auch die Chance, durch Zurückverweisung auf die Ebene des Amtsgerichts eine Tatsacheninstanz hinzuzugewinnen, wenn die angefochtene Entscheidung auf einem Verfahrensfehler beruht, der ja seit der Änderung des § 328 Abs. 2 StPO nicht mehr zur Zurückverweisung führen kann. 30

Hat ein Beteiligter (Staatsanwalt, Mitangeklagter, Privatkläger, Nebenkläger usw.) Berufung eingelegt, so wird die von einem anderen Beteiligten eingelegte Revision ebenfalls **als Berufung behandelt** (§ 335 Abs. 3 StPO). Das gilt auch dann, wenn die Berufung sich auf einen Tatvorwurf bezieht, der sich nur gegen einen Mitangeklagten richtet.[44] Dies soll nicht nur widersprechende Entscheidungen vermeiden, sondern es soll auch verhindern, dass ein und dasselbe Verfahren gleichzeitig in mehreren Instanzen anhängig ist.[45] In den Fällen freilich, in denen durch Trennung der Verfahren gegen mehrere Beschuldigte von vornherein die Gefahr widersprechender Urteile in Kauf genommen wurde, ohne dass diese durch die unterschiedlichen Rechtsmittel 31

---

41 KMR-*Mutzbauer* § 335, Rn. 18; KG JR 1977, 81 (82).
42 LR-*Hanack* § 335, Rn. 19.
43 LR-*Hanack* § 335, Rn. 19.
44 LR-*Hanack* § 335, Rn. 21 (Entscheidend ist allein, dass sich die verschiedenen Rechtsmittel gegen dasselbe Urteil richten.).
45 OLG Zweibrücken MDR 1986, 778.

noch nennenswert vergrößert worden wäre, gilt § 335 Abs. 3 StPO nicht.[46] Ist das Verfahren jedoch bis zu einem gemeinsamen Urteil verbunden gewesen, so darf nicht etwa mit dem Ziel, die Rechtswirkungen des § 335 Abs. 3 StPO zu umgehen, die Trennung beschlossen werden. Geschieht dies dennoch, verbleibt es dabei, dass beide Rechtsmittel als Berufungen durchzuführen sind.[47]

32 Der **Vorrang der Berufung** bei divergierenden Rechtsmitteln gilt nur, wenn und solange die Berufung nicht zurückgenommen oder als unzulässig verworfen ist. Die Revision des anderen Beteiligten wird also zwar als Berufung „behandelt", bleibt aber auch als Revision aufschiebend bedingt bestehen.[48] Nach der Rücknahme oder der Verwerfung der Berufung als unzulässig setzt freilich das Wiederaufleben der Revision voraus, dass sie den revisionsrechtlichen Vorschriften genügt, insbesondere form- und fristgerecht begründet worden ist. Fehlt es daran, so wird (auch) die Revision als unzulässig verworfen.[49] Es empfiehlt sich also im Falle konkurrierender Rechtsmittel, vor Ablauf der Revisionsbegründungsfrist zu entscheiden, ob man wirklich bei der Revision bleiben möchte, oder ob die Berufung nicht doch das sicherere Rechtsmittel ist. Im ersteren Falle sollte vorsorglich eine Revisionsbegründung abgegeben werden;[50] im letzteren Falle sollte rechtzeitig die Umwandlung der Revision in eine Berufung erklärt werden. Wer beides unterlässt, begibt sich in die Hand des anderen Rechtsmittelführers, der durch Rücknahme auch den Risiken der Urteilsaufhebung bzw. -änderung zu seinen Lasten entgeht.

B. „Annahmefreie" Sprungrevision?

33 In den Fällen, in denen die Berufung der Annahme durch das Rechtsmittelgericht bedarf (§ 313 Abs. 1 StPO), soll nach einer verbreiteten Meinung vor der Sprungrevision zunächst die Berufung eingelegt und begründet werden müssen. Denn das Wahlrechtsmittel der Sprungrevision nach § 335 StPO setze voraus, dass auch die Berufung zulässig ist.[51] So könne der Beschwerdeführer erst nach Annahme der Berufung und nur innerhalb der Revisionsbegründungsfrist den Übergang zur Revision erklären.[52] *Meyer-Goßner* hat zutreffend darauf hingewiesen, dass sich das Problem nur deshalb stellt, weil im Gesetzgebungsverfahren schlicht vergessen wurde, die Frage zu regeln, und er hat zu Recht auf die Konsquenzen der h.M. in den Fällen hingewiesen, in denen zunächst gegenläufige Rechtsmittel verschiedener Verfahrensbeteiligter eingelegt werden, und später die Berufung, die nach § 335 Abs. 3 StPO die Revision ebenfalls zur Berufung macht, zurückgenommen oder als unzulässig verworfen wird.

---

46 So auch LR-*Hanack* § 335, Rn. 21 jedenfalls für den Fall, dass die Trennung vor dem amtsgerichtlichen Urteil erfolgt.
47 LR-*Hanack* § 335, Rn. 21; OLG Zweibrücken MDR 1986, 778.
48 LR-*Hanack* § 335, Rn. 23.
49 OLG München NStZ-RR 2007, 56; LR-*Hanack* § 335, Rn. 23; *Meyer-Goßner* § 335, Rn. 17.
50 LR-*Hanack* § 335, Rn. 21.
51 *Meyer-Goßner* § 335, Rn. 21; *Ostendorf* ZRP 1994, 338; ausführlich begründet wird diese Auffassung gegen die gegensätzliche Judikatur mit gewichtigen Argumenten von *Meyer-Goßner* NJW 2003, 1369 ff.
52 *Meyer-Goßner* aaO.

Macht sich nach eingehender Abwägung und Überprüfung der Rechtsprechung des zuständigen Oberlandesgerichtes der Verteidiger die Gegenansicht zu eigen, die Revision sei auch in Fällen der Annahmeberufung stets zulässig,[53] so sollte er zur Sicherheit diese auch dann wie eine allein durchzuführende Revision begründen, wenn die Staatsanwaltschaft oder die Nebenklage eine Berufung eingelegt haben. Neben dem Gang des Gesetzgebungsverfahrens[54] spricht gegen die Auffassung *Meyer-Goßners*, dass die Zulässigkeitsklausel des § 335 StPO – wie im bisherigen Recht auch – nicht die Erfüllung spezieller Zulässigkeitsvoraussetzungen, sondern nur eine „Statthaftigkeit“ im Sinne allgemeiner Anfechtbarkeit bedeutet. Die Revisionseinlegung unter dem Vorbehalt, dass die Berufung nicht angenommen werde, wird man aber aufgrund der Bedingungsfeindlichkeit der Rechtsmitteleinlegung[55] wohl als unzulässig betrachten müssen.[56] 34

Urteile des Bundesgerichtshofs sind zwar mit der Verfassungsbeschwerde, jedoch niemals mit der Revision anfechtbar.

Im **Jugendgerichtsverfahren** gelten mehrere Sonderregelungen im Bereich der Rechtsmittel.[57] Die Sonderregelungen im Jugendstrafverfahren betreffen zum einen sachliche (§ 55 Abs. 1 JGG), zum anderen instanzielle (§ 55 Abs. 2 JGG) Beschränkungen der Rechtsmittel.[58] Zweck dieser Rechtsmittelbeschränkungen im Jugendstrafverfahren soll das besondere Bedürfnis sein, schnell zu einer Entscheidung zu gelangen, weil die angeordnete Maßnahme unter dem im Jugendrecht vorherrschenden Erziehungsgedanken nur wirkungsvoll sei, wenn sie der Tat „sobald wie möglich folge“.[59] Darüber hinaus werde der erstinstanzliche Richter den Erziehungsbedürfnissen am besten gerecht, während weitere Instanzen insofern die Gefahr kontraproduktiver Wirkungen mit sich bringen könnten.[60] 35

So sind nach § 55 Abs. 1 JGG gewisse Ermessensentscheidungen jeder Anfechtung entzogen. Eine Entscheidung, die nur Erziehungsmaßregeln (außer der Hilfe zur Erziehung i.S.d. § 12 Nr. 2 JGG) oder Zuchtmittel anordnet oder dem Vormundschaftsrichter überlässt, kann zwar mit dem Ziel auf Freispruch oder Bestrafung angefochten werden, nicht aber mit dem Ziel der Änderung.[61] Dasselbe gilt, wenn Erziehungmaßregeln angeordnet wurden, der Beschwerdeführer aber der Ansicht ist, es müsse ganz

---

53 So BayObLG StV 1993, 572; OLG Karlsruhe StV 1994, 292; OLG Zweibrücken StV 1994, 119; OLG Stuttgart NJW 2002, 3487: *Siegismund/Wickern* wistra 1993, 89; *Tolksdorf* FS Salger, 402.

54 Hierzu OLG Karlsruhe StV 1994, 292.

55 Hierzu *Meyer-Goßner* vor § 296, Rn. 5, m.w.N.

56 So auch OLG Zweibrücken StV 1994, 119 (121).

57 Hierzu eingehend *Albrecht* Jugendstrafrecht, 383 ff.

58 *Albrecht* Jugendstrafrecht, 384.

59 In diesem Sinne die Amtliche Begründung, BT-Drs. I/3264, 46; ähnlich auch BayObLG NJW 1956, 1488; NJW 1964, 1084; BVerfG ZfJ 1987, 636; siehe auch *Eisenberg* § 55 JGG, Rn. 35, der die Begründung angesichts des langen Zeitraums zwischen Tatbegehung und Verurteilung jedoch für nicht überzeugend hält; kritisch auch *Albrecht* Jugendstrafrecht, 385 f., der Rechtsmittelbeschränkungen für rechtsstaatliche Beschränkungen und zudem unter spezialpräventiven Aspekten für kontraproduktiv hält.

60 BGH NJW 1952, 436 f.; ähnlich auch *Schaffstein/Beulke* Jugendstrafrecht, 261 f.; *Kaufmann* JZ 1958, 11; *Dallinger/Lackner* § 55, Rn. 6.

61 Hierzu BGH NStZ 1984, 447; OLG Zweibrücken MDR 1983, 1046; *Dallinger/Lackner* § 55, Rn. 11; *Eisenberg* § 55 JGG, Rn. 50.

von Strafe abgesehen werden, denn auch in diesem Fall würde nur der „Umfang" der Maßnahme angefochten.[62]

§ 55 Abs. 1 S. 1 JGG ist jedoch nicht anwendbar, wenn mit den in § 55 Abs. 1 JGG aufgeführten Sanktionen härtere Sanktionen (§ 8 JGG) oder Maßregeln der Besserung und Sicherung, Nebenstrafen oder Nebenfolgen verknüpft wurden. In diesem Fall ist die gesamte Rechtsfolgenentscheidung anfechtbar.[63]

36 Die Regelung des § 55 Abs. 1 JGG geht gemäß § 2 JGG den allgemeinen Grundsätzen über die Beschränkung der Revision vor.[64] Eine Revision, die sich auf die Rüge beschränkt, es hätten andere Erziehungsmaßregeln und Zuchtmittel angeordnet werden sollen, oder die Auswahl und Anordnung der Erziehungsmaßregeln hätte nicht dem Vormundschaftsrichter überlassen werden dürfen, müsste also als unzulässig verworfen werden.[65] Auch das Ziel, eine Überlassung der Auswahl von Erziehungsmaßregeln an den Vormundschaftsrichter zu erreichen, muss an der Anfechtbarkeitsschranke des § 55 Abs. 1 JGG scheitern, da anderenfalls eine Art Qualifikationsprüfung der Richter zum Revisionsgrund hochstilisiert würde.[66]

Ist die Anfechtung (nach Maßgabe von Abs. 1) zulässig, so kann das Rechtsmittelgericht, wenn es dies nach seiner Beurteilung der Sache auf Grund der Ergebnisse der Hauptverhandlung für erforderlich hält, die angegriffene Entscheidung selbst bei Aufrechterhaltung des Schuldspruchs – unbeschadet des Verbots der Schlechterstellung – auch bezüglich einer Maßnahme abändern, die (wegen Abs. 1) allein nicht zulässig hätte angefochten werden können. Denn eine Bindung des Rechtsmittelgerichts lässt sich aus Abs. 1 nicht entnehmen.[67] So kann ein Angeklagter, dem es nur um eine Milderung geht, den Schuldspruch angreifen, um sich über die Rechtsmittelbeschränkung des Gesetzes hinwegzusetzen.[68]

37 Revision kann nicht einlegen, wer schon Berufung eingelegt hatte (§ 55 Abs. 2 JGG). Die Ausübung des einen Rechtsmittels macht das andere unzulässig; es gibt nur zwei Instanzen.[69] Selbst wenn sich die Berufung nur gegen eine Nebenstrafe (Einziehung, Verfall) gerichtet hat, soll gegen das Berufungsurteil die Revision nicht mehr zulässig

---

62 LG Mainz NStZ 1984, 121 (m. abl. Anm. *Eisenberg*); zustimmend *Brunner/Dölling* § 55, Rn. 10 und *Böhm* NStZ 1984, 447.

63 Ausführlich hierzu *Eisenberg* § 55 JGG, Rn. 42 f. und 50. Anfechtbar soll in diesen Fällen auch sein, dass die Auswahl oder Anordnung von Erziehungsmaßregeln dem Vormundschaftsrichter überlassen worden sind; in diesem Sinne KG DAR 1954, 189; *Dallinger/Lackner* § 55, Rn. 11; *Brunner/Dölling* § 55, Rn. 9; *Ostendorf* Rn. 153; anders *Potrykus* NJW 1954, 1349 und 1955, 929.

64 *Dallinger/Lackner* § 55, Rn. 1 ff.; *Eisenberg* § 55 JGG, Rn. 4; *Albrecht* Jugendstrafrecht, 383.

65 So *Dallinger/Lackner* § 55, Rn. 19 ff.; *Eisenberg* § 55 JGG, Rn. 44.

66 So *Dallinger/Lackner* § 55, Rn. 22; *Eisenberg* § 55 JGG, Rn. 45; a. A. *Nothacker* GA 1982, 451 (459).

67 BGH 10, 198 mit weiterer Begründung; BGH Dallinger MDR 57, 397, 398; Bay Zbl 91, 557; *Eisenberg*, § 55 JGG, Rn. 53; *Brunner/Dölling* § 55, Rn. 12; *Dallinger/Lackner* § 55, Rn. 26; *Ostendorf* Jugendstrafrecht, Rn. 153 mit dem Argument, dass aus rechtsstaatlichen Gründen ein Rechtsmittelgericht, das zulässigerweise angerufen wurde, nicht gezwungen werden dürfe, eine falsche Sanktionsentscheidung zu bestätigen; a. A. *Schaffstein/Beulke* § 38 I 2.

68 *Albrecht* Jugendstrafrecht, 389, *Ostendorf* Jugendstrafrecht, Rn. 153.

69 Näher hierzu *Eisenberg* § 55 JGG, Rn. 57 ff.; *Albrecht* Jugendstrafrecht, 389 ff.; vgl. auch OLG Düsseldorf JMBl NRW 1991, 183, wonach die Revision selbst dann nicht zulässig ist, wenn dadurch ein Urteil rechtskräftig wird, das sonst aufgrund eines absoluten Revisionsgrundes aufgehoben werden müsste.

sein.[70] Hat die Staatsanwaltschaft zuungunsten des Angeklagten Berufung eingelegt, und entscheidet das Berufungsgericht daraufhin zuungunsten des Angeklagten, soll dieser dennoch gegen die neue Rechtsfolge keine Revisionsmöglichkeit mehr haben.[71]

Eine *Ausnahme* gilt gemäß § 55 Abs. 2 S. 1 JGG für die Fälle, in denen die Berufung als unzulässig zurückgewiesen wurde. Dasselbe muss gelten, wenn eine zulässige Berufung fehlerhaft als unzulässig verworfen wurde, da der Jugendliche hier nicht schlechter gestellt sein darf als bei der Regelung des § 55 Abs. 2 S. 1 JGG.[72] In Bezug auf das Wahlrecht zwischen Berufung und „Sprungrevision" gelten die Vorschriften der StPO (§§ 335, 345 StPO) entsprechend.[73] **38**

Angeklagte, Erziehungsberechtigte und gesetzliche Vertreter gelten in Bezug auf die Rechtsmittelwahl zusammen als eine „Partei". Hatte einer von ihnen Berufung eingelegt, so kann auch der andere nicht Revision einlegen (§ 55 Abs. 2 S. 2 JGG).[74]

Durch den neu eingefügten Abs. 4 gilt § 356a StPO entsprechend, soweit ein Beteiligter nach Abs. 1 S. 1 an der Anfechtung einer Entscheidung gehindert ist oder nach Abs. 2 kein Rechtsmittel gegen die Berufungsentscheidung einlegen kann. Damit geht den Einschränkungen des § 55 JGG die entscheidungserhebliche Verletzung des Anspruchs eines Beteiligten auf rechtliches Gehör vor.[75] **39**

C. Subjekt der Revision

Eine Revision kann nur wirksam von solchen Personen eingelegt werden, denen das Gesetz die Befugnis dazu ausdrücklich gibt. Das sind die Staatsanwaltschaft (§ 296 StPO), der Nebenkläger (beschränkt durch § 400 StPO), der Privatkläger (nach Maßgabe des § 390 StPO), der Beschuldigte (§ 296 Abs. 1 StPO), für ihn sein Verteidiger (§ 297 StPO) und in Jugendsachen der Erziehungsberechtigte (§ 55 JGG). Nicht revisionsberechtigt ist der nach § 149 Abs. 1 StPO als Beistand zugelassene Ehegatte und der gem. § 69 Abs. 1 JGG bestellte Beistand in dieser Eigenschaft; die Beistände haben Rechte nur in der Hauptverhandlung (§ 149 Abs. 1 StPO, § 69 Abs. 3 S. 2 JGG) und allenfalls vorher (§ 149 Abs. 3 StPO; § 69 Abs. 3 S. 1 JGG). **40**

---

70 BayObLG NJW 1964, 1084 f.; *Nothacker* GA 1982, 463 m.w.N.; auch eine Kammer des BVerfG sah keine Verletzung der Rechtsschutzgarantie. BVerfG, Beschl. v. 6. 7. 2007 – 2 BvR 1824/06 – = NStZ RR 2007, 385.

71 Vgl. OLG Hamm NJW 1955, 1609; BayObLG NJW 1964, 1085; OLG Düsseldorf NStE Nr. 5 zu § 55 JGG; OLG Düsseldorf NStZ 1990, 530 *(Böhm); Albrecht* Jugendstrafrecht, 390 mit Hinweis auf die wenigen Ausnahmefälle.

72 Hierzu *Eisenberg* § 55 JGG, Rn. 62.

73 *Eisenberg* § 55 JGG, Rn. 57 f. Die zunächst unbestimmte Einlegung des Rechtsmittels muss jedoch innerhalb der Frist für die Revisionsbegründung (§ 345 I StPO) spezifiziert werden; nach Fristablauf wird das eingelegte Rechtsmittel als Berufung behandelt; siehe hierzu OLG Hamm NJW 1956, 1168; BayObLG JZ 1963, 70. Nach anderer Auffassung soll im Jugendstrafverfahren die Wiedereinsetzung zulässig sein, die dem Anfechtenden ein erneutes Wahlrecht einräumt (so *Eisenberg* § 55 JGG, Rn. 61 a; *Dallinger/Lackner* § 55, Rn. 38). Vgl. auch *Brunner/Dölling* § 55, Rn. 17 und oben Rn. 21.

74 Ausführlich *Eisenberg* § 55 JGG, Rn. 66 ff.

75 *Eisenberg* § 55 JGG, Rn. 25.

I. Der Angeklagte

41 Der Beschuldigte, namentlich in der Rolle des Angeklagten, ist die Hauptperson des Strafprozesses. Um ihn geht es. Alle Entscheidungen der Strafverfolgungsbehörden und der Strafgerichte befassen sich unmittelbar oder mittelbar mit ihm und greifen in seine Grundrechte ein. Deshalb ist auch das Rechtsmittelrecht in erster Linie auf die Person des Beschuldigten bezogen.

42 Auch der aus dem Rechtsstaatsprinzip abgeleitete Satz „in dubio pro reo“ ist von der Forderung getragen, dass die naturnotwendige Unzulänglichkeit menschlichen Richtens sich allenfalls zugunsten, niemals jedoch zu Lasten des Beschuldigten auswirken darf. Deshalb wäre es verfassungsrechtlich unbedenklich, wenn richterliche Entscheidungen wie in den angloamerikanischen Ländern zuungunsten des Beschuldigten überhaupt nicht anfechtbar wären.[76]

43 Dagegen muss dem Angeklagten mindestens eine Rechtsmittelinstanz gegen die Gefahr eines ihn belastenden Fehlurteils zur Verfügung stehen. Dass es gerade in den gravierenden Fällen, in denen die härtesten Strafen verhängt werden, nur ein Rechtsmittel gibt, nämlich das der Revision, und das Urteil in tatsächlicher Hinsicht nicht mehr bzw. nur noch auf dem Umweg über die Überprüfung der Rechtsanwendung kontrolliert wird, ist vielfach kritisiert worden.[77] Andererseits wird dies jedoch gerne als die einzige Möglichkeit verteidigt, den im Sinne größtmöglicher Rechtsklarheit, Rechtsdurchsetzung und zur Vermeidung neuer Fehlerquellen wünschenswerten Beschleunigungseffekt zu erreichen.[78] Um so wichtiger ist es, dass dem Angeklagten das Revisionsrecht personell uneingeschränkt, also grundsätzlich unabhängig vom Willen der Entscheidung seiner gesetzlichen oder bevollmächtigten Vertreter und auch unabhängig von seinem Verteidiger als Ausdruck seiner von der Strafprozessordnung zu respektierenden Subjektstellung zusteht. Deshalb behält das Gesetz dem Beschuldigten die letzte Entscheidung, ob ein Rechtsmittel eingelegt und durchgeführt wird, selbst vor.[79] Das bedeutet, dass jedenfalls insoweit die Prozesshandlungen des Verteidigers sich nur aus dem Vertretungsverhältnis legitimieren mit der Folge, dass bei divergierenden Erklärungen die des Mandanten den Ausschlag gibt.

II. Verteidiger

44 Zur Einlegung der Revision ist auch der Verteidiger, der zuvor gewählt und bevollmächtigt bzw. bestellt wurde, befugt. Soweit angenommen wird, er habe diese

---

76 Vgl. dazu *Hamm* StV 1991, 350.

77 *Max Alsberg* beklagte bereits 1913 das „Fehlen einer Instanz, welche Strafkammer- und Schwurgerichtsurteile unbeschränkt nachprüft.“ (So ein Untertitel seines heute noch lesenswerten Werkes „Justizirrtum und Wiederaufnahme“, 1913; erneut abgedruckt in: *Taschke* (Hrsg.): *Max Alsberg* – Ausgewählte Schriften, 1992, 58ff., 89ff.); *Alsberg* warnte übrigens später in seinem Gutachten für den 35. DJT 1928 vor einer Überschätzung der Berufung (bei *Taschke* aaO, 211).

78 Vgl. LR-*Hanack* vor § 296, Rn. 8.

79 Im Innenverhältnis zwischen Verteidiger und Mandant und den gerade insoweit bestehenden Besonderheiten sind stets die §§ 297, 302 Abs. 2 StPO zu beachten; siehe dazu auch *Hamm* NJW 1993, 289.

Befugnis „aus eigenem Recht“,[80] bedeutet dies nur, dass er die Revision des Angeklagten, solange dieser nicht widerspricht (§ 297 StPO), selbständig einlegen kann. Der Verteidiger ist also insoweit Vertreter des Mandanten, und zwar „Vertreter im Willen“,[81] nicht nur Vertreter in der Erklärung. Dadurch wird das Rechtsmittel aber nicht zur Revision des Verteidigers. Daraus folgt, dass in Fällen, in denen widersprüchlich bezeichnete Rechtsmittel vom Angeklagten (Berufung) selbst und vom Verteidiger (Revision) eingelegt werden, das Rechtsmittel des Mandanten maßgeblich ist.[82] Über die Durchführung der Revision nach der wirksamen Einlegung darf der Verteidiger nur verfügen, wenn er zur Rücknahme vom Mandanten besonders ermächtigt worden ist (§ 302 Abs. 2 StPO). Diese Ermächtigung liegt nicht schon in der Strafprozessvollmacht des Wahlverteidigers.[83] Aber sie ist in den gebräuchlichen Vordrucken regelmäßig enthalten. Das genügt.[84] Die Vollmacht des Wahlverteidigers hängt in ihrer Wirksamkeit auch nicht davon ab, ob sie in schriftlicher Form zu den Akten gereicht wurde. Die entgegengesetzte in der Praxis der Staatsanwaltschaften und Gerichte lange Zeit verbreitete Auffassung ist durch Klarstellung des BGH[85] überholt.

Die **Bestellung des Pflichtverteidigers** in der Tatsacheninstanz endet vor der Haupt- 45
verhandlung beim Revisionsgericht (§ 350 Abs. 3 StPO);[86] sie wirkt also zunächst für die Revisionsinstanz fort,[87] so dass es auch seine Aufgabe ist, für den Mandanten die Revision einzulegen und zu begründen, wenn das Urteil nicht dem Verteidigungsziel entspricht und die Revision nicht aussichtslos erscheint. Der gerichtlich bestellte Verteidiger darf sich bei der Einlegung oder der Begründung der Revision nicht durch einen anderen Rechtsanwalt (auch nicht durch seinen Sozius[88]) vertreten lassen, und zwar auch dann nicht, wenn er vor der Bestellung ein Wahlmandat hatte, und er dabei über eine Vollmacht verfügte, die ihn zur Erteilung von Untervollmachten berechtigte. Diese Vollmacht ist nämlich durch die Bestellung zum Pflichtverteidiger erloschen.[89] Eine vom „Vertreter“ des Pflichtverteidigers eingelegte Revision ist also unwirksam und wird als unzulässig verworfen.[90]

In einem solchen Falle sollte aber das Gericht darauf hinweisen, dass u. U. die Voraussetzungen für eine Wiedereinsetzung in den vorigen Stand bestehen, wenn nämlich

---

80 *Meyer-Goßner* § 297, Rn. 3, m. w. N.
81 RGSt 66, 211 (266); BGHSt 12, 367 (369); GA 1973, 47.
82 OLG Düsseldorf NStZ-RR 2000, 145.
83 Offengelassen in BGHR StPO § 302 Abs. 2 – Rücknahme 3.
84 Eine bestimmte Form für die Ermächtigung ist nicht vorgeschrieben, BGHR StPO § 302 Abs. 1 S. 1 – Rechtsmittelverzicht 6. Der Nachweis der Ermächtigung kann auch nach Abgabe der Verzichts- oder Rücknahmeerklärung des Verteidigers geführt werden, BGHSt 36, 259 = NJW 1990, 586 = StV 1990, 51 = NStZ 1990, 44; BGHR StPO § 302 Abs. 2 – Rücknahme 6.
85 BGHSt 36, 259.
86 H.M. und durchgehende Praxis, BGH (Verfg. des Vors.) StraFo 2006, 455; BGHSt 19, 258 = NJW 1964, 1035 (m. Anm. *Seydel*); BGH NJW 1984, 2480 (2481); OLG Oldenburg StV 1993, 558; *Meyer-Goßner* § 350, Rn. 7; a. A. nur LR-*Lüderssen/Jahn* § 141, Rn. 30; kritisch zur Regelung des § 350 StPO LR-*Franke* § 350, Rn. 1 und 2.
87 BGH wistra 1988, 233; *Meyer-Goßner* § 140, Rn. 7.
88 *Dahs/Dahs* Revision, Rn. 18.
89 BGH NStZ 1991, 94.
90 BGHR StPO § 141 – Bestellung 1.

der Angeklagte selbst keine Kenntnis von der Rechtslage und dem Rechtsirrtum des Pflichtverteidigers hatte.

III. Gesetzliche Vertreter und Erziehungsberechtigte

46 Der gesetzliche Vertreter des Beschuldigten (wer das ist, bestimmt sich nach dem bürgerlichen Recht) hat nach § 298 StPO ein eigenständiges, also grundsätzlich vom Willen des Angeklagten unabhängiges Rechtsmittelrecht. Er darf davon aber nur zu dessen Gunsten Gebrauch machen und muss die für den Angeklagten geltenden Fristen einhalten. Andererseits bedeutet das eigene Rechtsmittelrecht des gesetzlichen Vertreters, dass er die Revision, solange die Frist läuft, auch dann noch einlegen und durchführen kann, wenn zuvor bereits der Angeklagte und der Staatsanwalt wirksame Verzichtserklärungen abgegeben haben.[91] Der gesetzliche Vertreter darf sogar das Rechtsmittel gegen den ausdrücklichen Willen des Angeklagten führen.[92] Diese Unabhängigkeit findet freilich dort ihre Grenze, wo sich der gesetzliche Vertreter in seiner Aufgabe, die Sache des Beschuldigten zu vertreten, widersprüchlich verhält. Hat er die Wirksamkeit des Rechtsmittelverzichts des Angeklagten durch Zustimmung selbst hergestellt, so erlischt damit auch sein eigenes Rechtsmittelrecht.

47 Legt der gesetzliche Vertreter das Rechtsmittel kraft eigenen Rechts ein, so bringt er dadurch den Angeklagten in eine ganz eigentümliche Situation. Dieser kann das Rechtsmittel ebensowenig zurücknehmen wie er seine Einlegung verhindern konnte. Hat er sich aber inzwischen mit dem Gedanken angefreundet, dass sein Urteil durch das Revisionsgericht wieder aufgehoben wird, schadet ihm sein zuvor entgegenstehender Wille nicht, denn auch der gesetzliche Vertreter kann nun nicht mehr ohne Zustimmung des Angeklagten das Rechtsmittel zurücknehmen.[93] Dies folgt aus der entsprechenden Anwendung des § 302 Abs. 1 S. 3 und Abs. 2 StPO und ist für das Jugendgerichtsverfahren ausdrücklich geregelt in § 55 Abs. 3 JGG.[94]

48 Im Jugendgerichtsverfahren hat im Rahmen der dort gegebenen Anfechtungsmöglichkeiten der Erziehungsberechtigte, auch wenn er nicht der gesetzliche Vertreter ist, ein eigenes Anfechtungsrecht. Macht er davon Gebrauch, so verliert allerdings auch er die alleinige Verfügungsmacht über das Rechtsmittel, weil § 55 Abs. 3 JGG die Rücknahme von der Zustimmung des Angeklagten abhängig macht.

Sowohl der gesetzliche Vertreter[95] als auch der Erziehungsberechtigte (gemäß § 67 Abs. 3 JGG) können sich ihrerseits anwaltlich vertreten lassen.

---

91 OLG Schleswig SchlHA 1985, 134.
92 KK-*Paul* § 298, Rn. 1; *Meyer-Goßner* § 298, Rn. 2; LR-*Hanack* § 298, Rn. 2.
93 LR-*Hanack* § 298, Rn. 8 m. w. N.
94 *Meyer-Goßner* § 298, Rn. 3.
95 KK-*Paul* § 298, Rn. 4.

IV. Staatsanwaltschaft

Die Staatsanwaltschaft bei dem Gericht, das die angefochtene Entscheidung erlassen hat, kann stets Revision einlegen (§ 296 StPO). Wegen ihrer Stellung als zur Objektivität verpflichtete „Hüterin des Rechts" ist die Revisionsbefugnis bei ihr unabhängig davon gegeben, welche Ziele sie in der zurückliegenden Instanz verfolgt und erreicht hat. Deshalb steht ihr die Revision auch dann zu, wenn das Urteil dem Antrag des Sitzungsvertreters entsprochen hat. Die Staatsanwaltschaft kann in jedem Falle auch Revision zugunsten des Angeklagten einlegen (§ 296 Abs. 2 StPO), ebenso zugunsten[96] oder zuungunsten des Nebenklägers oder anderer Beteiligter. Im Privatklageverfahren kann sie auch dann Revision einlegen, wenn sie bis dahin am Verfahren nicht mitgewirkt hat. 49

Die Revision der Staatsanwaltschaft kann immer dazu führen, dass die angefochtene Entscheidung **zugunsten des Angeklagten** aufgehoben oder abgeändert wird (§ 301 StPO). Dagegen kann eine ausdrücklich zu diesem Zweck eingelegte Revision nicht dazu führen, dass das Urteil zuungunsten des Angeklagten abgeändert wird. In diesen Fällen soll der Angeklagte nicht schlechter stehen, als wenn nur er die Revision geführt hätte (§ 358 Abs. 2 StPO). Das führt konsequenterweise auch dazu, dass eine zugunsten des Angeklagten eingelegte Revision der Staatsanwaltchaft nur mit dessen Zustimmung wieder zurückgenommen werden darf (§ 302 Abs. 1 S. 3 StPO). Ob die Revision in diesem Sinne (nur) zugunsten des Angeklagten eingelegt werden soll, ist eine Frage der Auslegung der Revisionseinlegungserklärung der Staatsanwaltschaft, die gemäß Nr. 147 Abs. 3 S. 2 RiStBV angehalten ist, deutlich zum Ausdruck zu bringen, in welcher Richtung die Revisionsangriffe gemeint sind. Im Zweifel wird angenommen, dass das Rechtsmittel zuungunsten des Beschuldigten eingelegt ist.[97] Eine in der Anfangszeit vom Bundesgerichtshof vertretene Auffassung,[98] die sich nach wie vor in den Kommentaren findet,[99] wollte diese Auslegung nur aus dem Inhalt der Rechtsmittelerklärungen selbst (Revisionsschrift und Revisionsbegründung) ableiten. Ergebe sich aus diesen Erklärungen nicht „mit Sicherheit", dass es sich um eine Revision zugunsten des Angeklagten handele, so könne sie frei zurückgenommen werden. An dieser Entscheidung ist berechtigte Kritik geübt worden.[100] Andere prozessuale Erklärungen, unter Umständen sogar Urteile, werden unter Berücksichtigung von Umständen ausgelegt, die außerhalb der Erklärung liegen. Selbst bei Gesetzen berücksichtigt man die Entstehungsgeschichte. Es besteht kein hinreichender Grund, zum Nachteil des Angeklagten gerade mit Revisionserklärungen der Staatsanwaltschaft strenger zu sein. Legt beispielsweise die Staatsanwaltschaft, nachdem sie in der Hauptverhandlung den Antrag gestellt hatte, wegen eines minder schweren Falles auf eine zur Bewährung auszusetzende Freiheitsstrafe zu erkennen, eine mit der allgemeinen Sachrüge begründete Revision gegen das auf drei Jahre Freiheitsstrafe lautende Urteil ein, so darf auch dann, wenn die Einzelausführungen zur Begründung der 50

---

96 Ebenso KK-*Paul* § 296, Rn. 7; a. A. *Meyer-Goßner* § 296, Rn. 15.
97 RGSt 65, 231 (235); OLG Koblenz MDR 1974, 331; KK-*Paul* § 296, Rn. 5; *Meyer-Goßner* § 296, Rn. 14.
98 BGHSt 2, 41.
99 *Meyer-Goßner* § 296, Rn. 14.
100 *Cüppers* NJW 1952, 435.

Sachrüge dies nicht eindeutig erkennen lassen, angenommen werden, dass das Ziel des Rechtsmittels darin besteht, eine Korrektur des Strafmaßes zugunsten des Angeklagten zu erwirken. Der Angeklagte, der sich im Vertrauen auf die Folgerichtigkeit staatlichen Handelns darauf verlässt, dass die Anklagebehörde mit der Revision nicht den ihrem Antrag während der Hauptverhandlung entgegengesetzten Zweck verfolgt, muss dagegen geschützt werden, dass ein solches Rechtsmittel ohne seine Zustimmung zurückgenommen wird. Dass die Revision unbegründet gewesen wäre, wie der letzte Satz der Entscheidung in BGHSt 2, 41 andeutet, lässt zwar die Entscheidung in diesem Einzelfall, nicht aber den allgemeinen Grundsatz weniger unbillig erscheinen. Indessen wird der Verteidiger gut daran tun, sich auf diesen Grundsatz einzustellen und nicht im Vertrauen auf eine Revision der Staatsanwaltschaft die eigene Revision zu unterlassen oder zurückzunehmen. Ganz besonders gilt das bei Revisionen, die zwar zugunsten des Angeklagten eingelegt, aber zu seinen Ungunsten wiederum beschränkt sind, z.B. auf das Strafmaß oder auf die Strafaussetzung zur Bewährung oder auf einzelne von mehreren Schuldsprüchen. Oft lässt das Revisionsgericht eine solche Beschränkung jedoch nicht gelten und hebt dann im Strafmaß auch zugunsten des Angeklagten auf. Auch darauf sollte man sich nicht verlassen, sondern das Urteil selbst anfechten.

51 Die Revision der Staatsanwaltschaft kann nicht zum Nachteil des Angeklagten die Verletzung solcher Rechtsnormen rügen, die nur zu seinen Gunsten gegeben sind (§ 339 StPO). Und auch über den Wortlaut dieser Regelung hinaus gilt der allgemeine Grundsatz, dass ein Rechtsmittel zuungunsten des Prozessgegners nicht auf die Verletzung von Verfahrensvorschriften gestützt werden kann, wenn deren rechtsfehlerfreie Anwendung ihm nur Vorteile hätte schaffen können. Hierbei handelt es sich um eine gesetzliche Konkretisierung der sog. Rechtskreistheorie.[101] Damit ist jedoch noch nichts für die Richtigkeit oder Unrichtigkeit der Rechtskreistheorie außerhalb dieser gesetzlichen Regelung gesagt.[102] Denn in aller Regel wird ein Urteil ohnehin nicht zugunsten des Angeklagten auf einer solchen Verletzung beruhen.

52 Im Einzelfall kann streitig sein, welche Rechtsnormen wirklich nur zugunsten des Angeklagten eine Regelung treffen wollen.

Allgemein anerkannt ist, dass nicht nur zugunsten des Angeklagten solche Vorschriften wirken, auf deren Einhaltung er nicht verzichten kann, weil sie zugleich dem öffentlichen Interesse, insbesondere der Wahrheitsfindung dienen. Hierzu werden gerechnet die §§ 22, 23 StPO,[103] § 136a StPO,[104] die §§ 230 Abs. 1 StPO,[105] 231 Abs. 1 StPO,[106] § 264 StPO,[107] § 275 StPO,[108] § 169 GVG[109] und die Vorschriften über die Ge-

---

101 KK-*Kuckein* § 339, Rn. 1 ff.; vgl. hierzu auch *Momsen* 128 ff.
102 Hierzu Rn. 253 f.
103 RGSt 59, 267; *Meyer-Goßner* § 339, Rn. 5.
104 *Meyer-Goßner* § 339, Rn. 5.
105 *Meyer-Goßner* § 339, Rn. 5.
106 BGHSt 37, 249 = NJW 1991, 1364.
107 *Meyer-Goßner* § 339, Rn. 5.
108 BGH NStZ 1985, 184; BGH 2 StR 513/02 v. 9. 4. 2003 = NStZ 2003, 564 = wistra 2003, 311; *Meyer-Goßner* § 339, Rn. 5.
109 OLG Köln OLGSt § 169 GVG, 15; *Meyer-Goßner* § 339, Rn. 5.

richtsbesetzung.[110] Im Übrigen wird man alle absoluten Revisionsgründe mit Ausnahme des § 338 Nr. 8 StPO zu den über die Interessen des Angeklagten hinauswirkenden Verfahrensgrundsätzen rechnen müssen.[111]

Dagegen sind alle unmittelbar an die Subjektstellung des Beschuldigten anknüpfenden Verfahrensregeln lediglich zu seinen Gunsten gegeben, so dass die Staatsanwaltschaft deren Verletzung nicht innerhalb einer Revision geltend machen kann, die sie mit dem Ziel einer Aufhebung oder Abänderung des Urteils zu Lasten des Beschuldigten führt. Hierunter zählen die §§ 140 StPO ff.,[112] die in § 217 StPO bestimmte Ladungsfrist,[113] § 244 Abs. 3 S. 2 StPO – zumindest hinsichtlich des Verbots der Wahrunterstellung zuungunsten des Angeklagten[114] –, die Hinweispflicht gemäß § 265 StPO[115] sowie die weiteren Vorschriften, die Hinweise und Belehrungen, die dem Beschuldigten gegeben werden müssen, betreffen, z.B. §§ 136 Abs. 1 S. 2, 228 Abs. 3, 243 Abs. 5 S. 1 StPO.[116] Auch die Zeugnisverweigerungsrechte der Verwandten des Angeklagten (§ 52 StPO) dienen nur dazu, eine Zwangslage dieser Zeugen zu vermeiden, die sie sonst verpflichten könnte, ihn zu belasten. 53

Deshalb darf weder die Staatsanwaltschaft noch die Nebenklage die Revision darauf stützen, dass entgegen dem gesetzlichen Gebot eine Belehrung über das Schweigerecht unterblieben ist. Das gilt auch dann, wenn der betreffende Zeuge – wie häufig in Verfahren um Sexualdelikte – gleichzeitig mit dem Nebenkläger verwandt ist.[117]

V. Nebenkläger und Privatkläger

Der durch die Straftat Verletzte – das „Tatopfer" – hat (mit Ausnahme der Rechtsbehelfe im Klageerzwingungsverfahren nach § 172 StPO) als solcher keine Rechtsmittelbefugnis. Er kann also auch nicht Beschwerdeführer im Revisionsrechtszug sein. Daran hat sich auch durch die Stärkung der Rechte des Verletzten im Strafverfahren, insbesondere durch die aufgrund des Opferschutzgesetzes[118] bewirkte Stärkung seiner Rechte (§§ 406 d ff. StPO), nichts geändert. Der Verletzte kann ein Urteil nur anfechten, wenn die Voraussetzungen für die Privat- oder Nebenklage vorgelegen haben und wenn er diese Rolle förmlich übernommen hat. 54

110 *Meyer-Goßner* § 339, Rn. 5.
111 KK-*Kuckein* § 339, Rn. 3.
112 KK-*Kuckein* § 339, Rn. 2; *Meyer-Goßner* § 339, Rn. 4.
113 *Meyer-Goßner* § 339, Rn. 4.
114 RG HRR 39, 817; OLG Stuttgart NJW 1967, 1627 = JR 1968, 151 (m. Anm. *Koffka*); dagegen will BGH NStZ 1984, 564 und ihm folgend KK-*Kuckein* § 339, Rn. 3, die Rüge, dass die Wahrunterstellung den Sinngehalt der Beweisbehauptung nicht erschöpft hat, als zulässig behandeln. Ich halte das für bedenklich.
115 *Meyer-Goßner* § 339, Rn. 4; KK-*Engelhardt* § 265, Rn. 32.
116 *Meyer-Goßner* § 339, Rn. 4.
117 BGH 1 StR 362/05 v. 24. 1. 2006 = NStZ 2006, 349.
118 BGBl. 1986 I, 2496 und Opferrechtsreformgesetz 24. 6. 2004 BGBl. I, 1354.

1. Nebenkläger

55 Der Anschluss zur *Nebenklage* ist, wenn die Voraussetzungen des § 395 Abs. 1 bis 3 StPO gegeben sind,[119] auch noch nach ergangenem Urteil gerade zum Zwecke der Einlegung und Durchführung der Revision zulässig (§ 395 Abs. 4 StPO). Diese Befugnis besteht jedoch nur so lange, als das Urteil nicht rechtskräftig geworden ist.[120] Dabei macht es keinen Unterschied, ob die Rechtskraft durch Fristablauf (§ 399 Abs. 2 StPO) oder durch einen Rechtsmittelverzicht der Staatsanwaltschaft eingetreten ist.[121] Legt der bisher nicht beteiligte Nebenkläger Rechtsmittel ein, so liegt darin, wenn die Form des § 396 Abs. 1 StPO gewahrt ist, eine ausreichende Anschlusserklärung; den Zulassungsbeschluss erlässt in diesem Falle das Rechtsmittelgericht.[122] Wenn die Einlegung rechtzeitig erfolgt,[123] ist die Rechtsmittelfrist auch dann gewahrt, wenn der Zulassungsbeschluss des Gerichts gemäß § 396 StPO erst nach Fristablauf ergeht.[124] Nach eingetretener Rechtskraft kann der Nebenklageberechtigte den Anschluss auch nicht mehr im Wege der Wiedereinsetzung erreichen, weil dies einen Fristablauf voraussetzen würde. Wer aber noch kein Nebenkläger ist, für den läuft auch keine Rechtsmittelfrist ab.[125]

56 Im Gegensatz zur Staatsanwaltschaft darf der Nebenkläger kein Rechtsmittel zugunsten des Angeklagten führen,[126] weil die Parteistellung des Nebenklägers ebenso wie die des Privatklägers es rechtfertigt, dass eine Beschwer verlangt wird. Andererseits kann die Nebenklage für das von ihr verfolgte Interesse kein „Schlechterstellungsverbot“ beanspruchen. Sie ist also nicht dagegen gefeit, dass auf ihre Revision hin das Urteil zugunsten des Angeklagten korrigiert wird.

57 Größte Schwierigkeiten haben viele Nebenklägervertreter mit der Vorschrift des **§ 400 Abs. 1 StPO.** Sie besagt, dass Nebenkläger auch von Rechtsmitteln nur den Gebrauch machen dürfen, der den Zwecken der Nebenklage entspricht. Daraus leitet der BGH in ständiger Rechtsprechung die Verpflichtung des Nebenklägers her, spätestens in der Revisionsbegründung anzugeben, dass es ihm um die Verletzung einer Rechts-

---

119 Die Nebenklage ist nach der Aufgabe der bisherigen Rechtsprechung jetzt auch im Sicherungsverfahren zulässig: BGHSt 47, 202 = JR 2002, 435 mit zustimmender Anmerkung *Gössel*. Für das Verfahren gegen Jugendliche *Meyer-Goßner* vor § 395, Rn. 5.

120 BGH StraFO 2005, 513; LR-*Hilger* § 395, Rn. 35; KK-*Senge* § 395, Rn. 16; *Meyer-Goßner* § 395, Rn. 12.

121 BGH 2 StR 24/88 v. 17. 2. 1988.

122 RGSt 48, 236; BayObLG GA 1971, 22; KG VRS 35, 353 (354); *Letzgus* Beschwerde gegen Nichtzulassung der Nebenklage bei fahrlässiger Körperverletzung NStZ 1989, 352 (353).

123 Entgegen RGSt 76, 178 ist die Anschlusserklärung nicht mehr rechtzeitig, wenn die Revisionseinlegungsfrist der StA abgelaufen ist. BGHR StPO § 399 – Fristablauf 1 weist zutreffend darauf hin, dass dagegen keine Bedenken unter dem Aspekt des rechtlichen Gehörs bestehen, weil der Nebenklagebefugte seit der Erhebung der öffentlichen Klage Gelegenheit gehabt hätte, sich ihr anzuschließen. Besonderheiten könnten freilich in den seltenen Fällen bestehen, in denen der Nebenklageberechtigte vom bisherigen Lauf des Verfahrens keine Kenntnis erlangt hatte. Siehe auch BGH NStZ 1984, 18 *(Miebach)*; 1988, 214 *(Miebach)*; KMR-*Stöckel* § 399, Rn. 3.

124 RGSt 66, 393.

125 KK-*Senge* § 395, Rn. 17; KMR-*Stöckel* § 399, Rn. 6.

126 BGHSt 37, 136 = NJW 1990, 90. Damit ist die entgegengesetzte Rechtsprechung des Reichsgerichts in RGSt 22, 400; 62, 213 überholt.

norm gehe, die zum Anschluss als Nebenkläger berechtigt.[127] Ist der Angeklagte wegen eines nebenklagefähigen Delikts verurteilt worden und beschränkt sich die Revision der Nebenklage auf die allgemeine Sachrüge, so ist das ganze Rechtsmittel unzulässig.[128] Erstrebt der Nebenkläger im Falle eines Freispruchs wegen Schuldunfähigkeit mit der Revision lediglich eine Unterbringung nach § 63 StGB, bleibt das Verfahren ein Strafverfahren und wird nicht zu einem Sicherungsverfahren gem. § 413 StPO. Auch § 400 Abs. 1 StPO steht der Zulässigkeit der Revision nicht entgegen, da das mit dem Rechtsmittel verfolgte Ziel (Anordnung der Maßregel der Unterbringung) nicht auf eine „andere Rechtsfolge der Tat“ gerichtet ist.[129] Dazu reicht es auch bei einer Verurteilung wegen Mordes nicht aus, dass das Rechtsmittel der Nebenklage auf einen anderen Schuldumfang durch Annahme weiterer Mordmerkmale gerichtet ist. Das gilt auch, soweit sie die Feststellung besonderer Schwere der Schuld im Sinne des § 57a Abs. 1 Satz 1 Nr. 2 StGB erstrebt.[130]

2. Privatkläger

Für die Prozessfähigkeit des *Privatklägers* und für die Wirkung seines Rechtsmittels **58**
gilt dasselbe wie beim Nebenkläger. Die Rechte aus § 390 StPO stehen auch dem Privatklageberechtigten zu, der gemäß § 375 StPO einem anderen Privatkläger beigetreten ist oder mit Einlegen des Rechtsmittels beitritt. Gegen einen Jugendlichen ist die Privatklage nicht zulässig, wohl aber gegen einen Heranwachsenden.[131] Widerklage ist gegen einen jugendlichen Privatkläger zulässig (§ 80 Abs. 2 S. 1 JGG), für den freilich sein gesetzlicher Vertreter handeln muss. Dieser wiederum kann nicht in eigenem Namen ein Rechtsmittel einlegen. Der gesetzliche Vertreter des Beschuldigten im Privatklageverfahren hat dagegen die Rechte aus § 298 StPO.

Stirbt der Privatkläger, so wird das Verfahren von Amts wegen eingestellt (§ 393 Abs. 1 **59**
StPO), auch wenn die Revision schon eingelegt und begründet worden ist.[132]

Die in § 393 Abs. 2 und 3 StPO vorgesehene Möglichkeit der Fortführung des Privatklageverfahrens nach dem Tod des Klägers ist eine Ausnahmeregelung, die sich nicht

---

127 BGHR StPO § 400 Abs. 1 – Zulässigkeit 1, 2, 5; eine zulässige Revision des Nebenklägers erstreckt sich deshalb auch dann nur auf die richtige Anwendung der Vorschriften über das Nebenklagedelikt, wenn dieses mit einem nicht zur Nebenklage berechtigenden Delikt in Tateinheit steht oder – bei Nichtverurteilung wegen des Nebenklagedelikts – stehen würde (BGH, Urt. v. 12. 3. 1997 – 3 StR 627/96 = NJW 1997, 2123 = NStZ 1997, 402). Die Beschränkung des § 400 Abs. 1 StPO, wonach der Nebenkläger sein Rechtsmittelziel nennen muss, gilt – trotz § 317 StPO – auch für eine Berufung, wobei es sich im Falle eines zunächst unbestimmt eingelegten Rechtsmittels dringend empfiehlt, dies noch vor Ablauf der Revisionsbegründungsfrist zu tun. Vgl. OLG Düsseldorf StV 1994, 473.

128 BGHR StPO § 400 Abs. 1 – Zulässigkeit 4 und zahlreiche unveröffentlichte Entscheidungen.

129 BGH NStZ 1995, 609.

130 So zuletzt BGH 2 StR 540/06 v. 21. 2. 2007 = StraFo 2007, 245 unter Hinweis auf BGHR StPO § 400 Abs. 1 Zulässigkeit 12; Siehe auch *Meyer-Goßner* § 400, Rn. 3 m. w. N.

131 Im verbundenen Verfahren gegen Jugendliche und Erwachsene ist die Nebenklage nur gegen den Erwachsenen zulässig, BGHSt 41, 288. Generell zu den Änderungen der Nebenklagebefugnis im Verfahren gegen Jugendliche durch das 2. JuMoG *Meyer-Goßner* vor § 395, Rn. 5 m. w. N.

132 Über die Kostenentscheidung in diesem Falle vgl. OLG Celle MDR 1953, 570 und OLG Karlsruhe MDR 1984, 250 gegen OLG Braunschweig NJW 1949, 835; zum Tode eines von mehreren Privatklägern BayObLG NJW 1960, 2065.

auf andere Verfahrenssituationen übertragen lässt.[133] Sie ist auch nicht etwa in Ausdehnung des § 402 StPO beim Tod des Nebenklägers entsprechend anwendbar.[134]

VI. Einziehungs- und Verfallsbeteiligte

60 Auch wer nur von der Einziehung eines Gegenstandes oder dem Verfall nach den §§ 73 bis 76a StGB beschwert ist, kann gegen das Urteil insoweit Revision einlegen, jedoch nur, wenn er die Stellung als Nebenbeteiligter, die gemäß § 433 Abs. 1 S. 1 StPO die Anfechtungsberechtigung mit umfasst, durch eine förmliche Anordnung nach § 431 StPO bzw. § 442 Abs. 2 StPO erlangt hat.[135] Dasselbe gilt für die juristische Person, gegen die nach § 30 OWiG im Strafverfahren gemäß § 444 StPO eine Geldbuße verhängt werden soll oder wurde.

D. Beschwer

61 Voraussetzung für die Zulässigkeit der Revision ist (soweit nicht die Staatsanwaltschaft Beschwerdeführerin ist[136]), dass der Revisionsführer durch die angefochtene Entscheidung beschwert ist. Dies ist als allgemeine Zulässigkeitsvoraussetzung[137] zunächst keine Besonderheit des Revisionsrechts, sondern gilt – wie übrigens auch in anderen Verfahrensordnungen – für alle Rechtsmittel und Rechtsbehelfe.[138] Statt des in die heutige Prozesssprache übernommenen altertümlichen Wortes „beschwert“ ließe sich auch sagen: „in den rechtlich geschützten Interessen beeinträchtigt“.

62 Teilweise wurde die Auffassung vertreten, die Beschwer sei nicht ein Element der Zulässigkeit des Rechtsmittels, sondern der Begründetheit.[139] Im Anschluss an *James Goldschmidt*[140] war *Eberhard Schmidt*[141] der Meinung, nicht die Beschwer selbst, sondern lediglich die Behauptung einer Beschwer sei Voraussetzung für die Zulässigkeit. Wenn sich bei der sachlichen Prüfung der Begründetheit des Rechtsmittels herausstellen sollte, dass die Beschwer tatsächlich nicht gegeben ist, sei das Rechtsmittel als unbegründet zu verwerfen.

Sarstedt hat dem in früheren Auflagen entgegengehalten, die Unterscheidung sei für die praktischen Bedürfnisse nicht geboten. Die „Behauptung einer Beschwer“ sei als

---

133 BGH NJW 1983, 463 hat es deshalb abgelehnt, daraus ein Argument für die Kostentragungslast nach dem Tod des Angeklagten herzuleiten.
134 OLG Düsseldorf GA 1985, 570 = MDR 1986, 76; a. A. *Gerauer* NJW 1986, 3126.
135 BGH NStZ 1995, 248; LR-*Gössel* § 437, Rn. 1; KK-*Schmidt* § 437, Rn. 1; *Meyer-Goßner* § 431, Rn. 21, 23.
136 Die Rechtsmittelbefugnisse der StA können schon im Hinblick auf ihre Aufgabe als „Wächterin des Gesetzes“ nicht generell von einer „Beschwer“ abhängig sein; siehe dazu unten Rn. 78.
137 Zum in der Rechtsprechung uneinheitlich behandelten Rechtscharakter der Beschwer vgl. insbes. BGHSt 37, 5 = NJW 1990, 2143 und die dort zitierten Entscheidungen.
138 KK-*Paul* vor § 296, Rn. 5.
139 *Eb. Schmidt* Lehrkommentar vor § 296, Rn. 14ff.
140 *Goldschmidt* Prozeß als Rechtslage, 409.
141 *Eb. Schmidt* Lehrkommentar, aaO.

wohlfeile Formel leicht aufzustellen, auch wo sie ohne jede Substanz ist. Auch wäre es, sofern eine Beschwer unzweifelhaft vorhanden ist, unbillig, vom Revisionsführer deren ausdrückliche Behauptung zu verlangen.[142] Daran halte ich fest. Aber die (von uns als „überfein“ bezeichnete) Unterscheidung zwischen der Beschwer als Zulässigkeitsvoraussetzung und der Beschwer als Begründetheitsvoraussetzung hat dennoch unter einem anderen Aspekt gerade bei der Revision durchaus ihre Berechtigung: Auch die Revisionsgerichte verwenden nämlich das Wort „Beschwer“ in einem zweifachen Sinne.

Zum einen wird das gesamte Rechtsmittel als *unzulässig* verworfen, wenn der Tenor **63**
der angefochtenen Entscheidung keine nachteilige Beeinträchtigung der rechtlich geschützten Interessen des Beschwerdeführers enthält. Unabhängig davon taucht der Begriff „Beschwer“ (oder „beschwert“) in zahlreichen Entscheidungen über zweifellos zulässige Revisionen im Zusammenhang mit der Prüfung der *Begründetheit* einzelner Rügen auf. Diese zweite Bedeutung hat im Schrifttum bisher so gut wie keine Beachtung gefunden.[143] Das dürfte damit zusammenhängen, dass sich der Begriff der Beschwer in diesem Sinne regelmäßig nur in jenen Teilen der Entscheidungen findet, die sich wegen ihrer floskelhaften Fassung nicht zur Veröffentlichung eignen. Das gilt insbesondere für die geradezu als Textbaustein verwendete Formel: „Die Nachprüfung des Urteils aufgrund der Sachrüge hat keinen den Angeklagten *beschwerenden* Rechtsfehler ergeben“.[144] Oder gleichbedeutend in zahllosen Beschlüssen gemäß § 349 Abs. 2 StPO: „Die Revision … wird als unbegründet verworfen, da die Nachprüfung des Urteils auf Grund der Revisionsrechtfertigung keinen Rechtsfehler *zum Nachteil* des Angeklagten ergeben hat.“ Diese Beschlussformel geht also durchaus von der Zulässigkeit des Rechtsmittels aus, lässt auf die Sachrüge und oft auch auf eine Reihe von Verfahrensrügen hin die Frage, ob das Urteil auf einem Rechtsfehler beruht, offen und beschränkt sich auf die Aussage, dass dieser jedenfalls sich nicht zum Nachteil des Beschwerdeführers ausgewirkt hat.[145]

Es spielen also in der Praxis der Revisionsgerichte **zwei verschiedene Begriffe der** **64**
Beschwer eine Rolle:

Die eine Bedeutung (**Beschwer durch das Urteil**) bezieht sich auf die angefochtene Entscheidung (tatrichterliches Urteil) und ist dann gegeben, wenn dessen *Tenor* dem Rechtsmittelführer einen Rechtsnachteil bringt. Das Vorliegen der Beschwer in diesem Sinne ist Voraussetzung der Zulässigkeit des gesamten Rechtsmittels. Der Angeklagte darf sich mit dem Rechtsmittel der Revision zum Beispiel nicht gegen ein freisprechendes Urteil wenden. Der Nebenkläger darf sich im Wege der Revision nicht

---

142 So noch die Vorauflage Rn. 58.

143 Auch die Dissertation von *Gerd Kaiser* Die Beschwer als Voraussetzung strafprozessualer Rechtsmittel, Heidelberg 1993, befasst sich nur mit der allgemeinen Beschwer als Bedingung der Zulässigkeit der Revision. Nur *Ralf Krack* Die Rehabilitierung des Beschuldigten im Strafverfahren, 2002, geht ausführlich auf die Unterscheidung zwischen der Beschwer als Rechtsmittelvoraussetzung und der von ihm so genannten „Rügekompetenz“ (8) ein und arbeitet auch den Zusammenhang heraus (17 ff.).

144 Beliebiges Beispiel unter vielen: BGH 1 StR 523/05 v. 8. 2. 2006 = NStZ 2006, 501.

145 Beispiel: BGH 1 StR 590/94 v. 8. 11. 1994 (insoweit in NStZ 1995, 226 nicht abgedruckt).

darüber beklagen, dass der Angeklagte, mit dem er sich inzwischen versöhnt hat, nicht freigesprochen worden ist.[146]

65 Die zweite Bedeutung (**Beschwer durch den gerügten Rechtsfehler**) knüpft an den in der einzelnen Revisionsrüge geltend gemachten Rechtsfehler, mithin an die *Begründung* des angefochtenen Urteils oder (im Falle von Verfahrensrügen) an den der tatrichterlichen Entscheidung vorausgegangenen Prozessverlauf an. Diese Bedeutung, die ich zur Unterscheidung von der allgemeinen *Revisionsbeschwer* hier als ***Rügebeschwer***[147] bezeichnen möchte, ist Voraussetzung für die Begründetheit des betreffenden Angriffs gegen das angefochtene Urteil. Ein Angeklagter, der nach seiner Verurteilung zu einer Freiheitsstrafe durch die Große Strafkammer fristgerecht Revision gegen das Urteil einlegt und diese auch fristgerecht – und sei es auch nur mit der allgemeinen Sachrüge – begründet, führt zweifellos ein zulässiges Rechtsmittel. Kann er aber durch Verfahrensrügen und durch die Sachrüge nur solche Rechtsfehler geltend machen, die zwar tatsächlich vorliegen, ihn jedoch nicht benachteiligten, muss er sich gefallen lassen, dass seine Revision als unbegründet zurückgewiesen wird.

66 Bei der **Beschwer durch den gerügten Rechtsfehler** muss noch weiter unterschieden werden: Erschöpft sich die Kritik am angefochtenen Urteil innerhalb einer ausgeführten[148] Sachrüge in der Rüge der Nichtanwendung einer Vorschrift, deren Anwendung dem beschwerdeführenden Angeklagten allenfalls eine Verschärfung des Rechtsfolgenausspruchs einbringen könnte, ist die Sachrüge unbegründet, weil ihm die „erstrebte" Schlechterstellung ohnehin nicht „gewährt" werden dürfte. Eröffnet der Angeklagte jedoch mit seiner unbeschränkt erhobenen Sachrüge für das Revisionsgericht eine umfassende Prüfungspflicht, gilt die mit dem Ziel des Freispruchs betriebene Revision auch dann als „begründet", wenn das Revisionsgericht oder das Tatgericht, an welches die Sache zurückverwiesen wird, zu dem Ergebnis kommt, dass ein sehr viel gravierenderer Schuldspruch der Rechtslage entspricht. So kann aus einer allein durch den Angeklagten mit der Revision angefochtenen Verurteilung wegen fahrlässiger Tötung am Ende ein Schuldspruch wegen Totschlags (oder gar wegen Mordes) werden. Dass es dann aber bei der Geld- oder relativ kurzen Freiheitsstrafe sein Bewenden haben muss (§ 358 Abs. 2 StPO), bleibt ein Trost.

Bezogen auf Verfahrensfehler stellt sich die Frage nach der Beschwer durch den gerügten Rechtsfehler anders. Sie ist hier ein vom Gesetz unausgesprochener Teil der Beruhensfrage:[149] Durch einen Verfahrensfehler ist der Angeklagte dann beschwert, wenn nicht auszuschließen ist, dass das Urteil (im Schuld- oder Rechtsfolgenausspruch) anders (soweit das Beruhen), und zwar günstiger (soweit die Beschwer) ausgefallen wäre. Die Frage nach der hypothetischen Kausalität wird also nicht neutral, sondern mit Blick auf die gedachte Wirkungsrichtung gestellt.

---

146 Die Revision des Nebenklägers ist sogar schon dann unzulässig, wenn sie ihr Ziel nicht eindeutig zu erkennen gibt; s. o. Rn. 57.

147 Der von *Krack* aaO verwendete Begriff der „Rügekompetenz" deutet mir zu sehr auf das Missverständnis hin, es handele sich um eine Qualität des Beschwerdeführers.

148 Vgl. dazu u. Rn. 1265.

149 Siehe dazu u. Rn. 517ff.

Die wichtigsten Beispiele für die fehlende „Rügebeschwer" folgen aus der vom BGH angewendeten **„Rechtskreistheorie"**,[150] die ebenfalls auf der Annahme aufbaut, dass Verfahrensregeln eine Interessenausrichtung haben mit der Folge, dass die mögliche Kausalität zwischen Rechtsfehler und nachteiligem Urteil dann außer Betracht zu bleiben habe, wenn schon die verletzte Norm gar nicht dazu bestimmt sei, den Revisionsführer vor solcher („nur" faktischer) Beschwer zu bewahren. **67**

Das hinter dieser Annahme stehende Grundverständnis strafrechtlicher und strafprozessualer Normen wurzelt in der Methode der teleologischen Gesetzesauslegung, die auch bei Verfahrensvorschriften danach fragt, in wessen Interesse und zu wessen Schutz sie im Einzelnen aufgestellt worden sind.

Dieser Grundansatz für die Auslegung von Verfahrensrecht versteht sich keineswegs von selbst und ist unter der Geltung des Rechtsstaatsprinzips auch nicht unproblematisch. Ein Verfassungsverständnis, das in den „schützenden Formen" der strafprozessualen Regeln einen Eigenwert erkennt,[151] der ihnen auch einen Selbstzweck verleiht, kann zu der Auffassung führen, dass jedwede Verletzung von Verfahrensrecht jedenfalls den Beschuldigten beschwert, und zwar unabhängig davon, ob die einzelne Vorschrift auch und sogar in erster Linie den Interessen anderer Personen dient.

Die Rechtsprechung ist jedoch einen anderen Weg gegangen und hat insbesondere durch die Erfindung der „Rechtskreistheorie"[152] die strafprozessualen Regeln eingeteilt in solche, die den Interessen des Angeklagten und solche, die den Interessen der anderen Verfahrensbeteiligten oder der Allgemeinheit dienen. Dies hat zur Folge, dass eindeutige Rechtsfehler, auf denen das angefochtene Urteil beruht, entgegen dem an sich unmissverständlichen Wortlaut des § 337 StPO je danach, wer sie geltend macht, wegen der von den Revisionsgerichten insoweit als fehlend angenommenen Beschwer zur Unbegründetheit der Rüge führen. Wer beispielsweise als Angeklagter einen Rechtsanspruch darauf geltend machen will, dass die Zeugen, von denen eine möglicherweise für den Schuldspruch ausschlaggebende belastende Aussage erwartet wird, ordnungsgemäß nach § 55 StPO belehrt werden, wird damit in der Revisionsinstanz nicht gehört, auch wenn festgestellt werden kann, dass die unterbliebene oder eindeutig falsche Belehrung ursächlich für die Aussagebereitschaft und damit für den Schuldspruch war.[153] **68**

---

150 Siehe dazu Rn. 51 und 253 f.

151 Auf den Zusammenhang zwischen dem Grundverständnis, das wir von der Funktion des Strafrechts und des Strafverfahrensrechts haben, und der Legitimität der „Beschwer als Voraussetzung strafprozessualer Rechtsmittel", geht ausführlich auch *Kaiser* aaO (o. Fn. 123), 50 ff. ein.

152 Vgl. dazu *Grüner* JuS 1994, 193 und unten Rn. 253 f.

153 Grundlegend BGHSt (GS) 11, 213; *Roxin* Strafverfahrensrecht, § 24 D III 2, problematisiert die Rechtskreistheorie im Zusammenhang mit den Beweisverwertungsverboten. Im Revisionsrechtszug geht es aber nicht nur darum, ob die Aussage des falsch nach § 55 StPO belehrten Zeugen hätte verwertet werden dürfen, sondern schon darum, ob die falsche Belehrung, die möglicherweise ursächlich für eine Aussage des Zeugen war, den Angeklagten beschweren kann. Kritisch zur Rechtskreistheorie auch LR-*Hanack* § 337, Rn. 95 ff.; *Eb. Schmidt* JZ 1958, 596; *Sarstedt* Verhandlungen des 46. DJT, 1966, F 18; *Rudolphi* MDR 1970, 93 (96 ff.); *Philipps* FS Bockelmann, 831; *Rengier* Die Zeugnisverweigerungsrechte im geltenden und künftigen Strafverfahrensrecht, 291 ff., 314 ff.; *Bohnert* NStZ 1982, 5; *Rogall* ZStW 91 (1979), 25 ff. und NStZ 1988, 385 ff.

69 Wie bereits ausgeführt, ist die Beschwer in diesem Sinne zu unterscheiden von der allgemeinen Beschwer als Zulässigkeitsvoraussetzung für das Rechtsmittel selbst. Die Terminologie ist weder in der Rechtsprechung noch im Schrifttum einheitlich.[154] Einerseits wird gesagt: „Die Beschwer stellt lediglich eine formelle Voraussetzung für den Zugang zur Rechtsmittelinstanz dar und bildet damit eine Barriere an der Zulässigkeitsschwelle".[155] Andererseits muss dieselbe Entscheidung einräumen: „Freilich hat der BGH häufig Rechtsfehler mit dem Hinweis, sie bedeuteten für den Angeklagten keine Beschwer, nicht zum Anlass einer Aufhebung des Urteils oder einer Änderung des Schuldspruchs genommen, und zwar auch in Fällen, in denen das Verschlechterungsverbot nicht entgegenstand".[156]

70 **Die Beschwer als Zulässigkeitsvoraussetzung für das gesamte Rechtsmittel** liegt dann vor, wenn der entscheidende Teil des Urteils (der Tenor), dem Revisionsführer unmittelbar Nachteil zugefügt hat. Dieser Beschwerbegriff hat also nichts zu tun mit der Frage, ob das Urteil rechtmäßig oder unter Verletzung geltenden Rechts zustande gekommen ist. Das freisprechende Urteil beschwert den Nebenkläger, das eine Strafe aussprechende Urteil den Angeklagten, und zwar jeweils auch dann, wenn es „goldrichtig" und das (zulässige) Rechtsmittel völlig aussichtslos ist. Umgekehrt bedeutet das freisprechende Urteil für den Angeklagten auch dann keine Beschwer, wenn es unter Bruch sämtlicher Verfahrensvorschriften zustandegekommen oder mit einer verheerenden Begründung versehen worden ist. Auch kränkende, überflüssig den Angeklagten kritisierende Ausführungen oder auch durch nichts belegte strafrechtlich relevante Feststellungen in den Entscheidungsgründen eines freisprechenden Urteils können die allgemeine Rechtsmittelbeschwer niemals begründen, auch wenn sie im Einzelfall dem konkreten Angeklagten durchaus weh tun. Wollte man die Anfechtung wegen beschwerender Ausführungen in den Urteilsgründen zulassen, so würde das zu einer uferlosen Ausweitung des Revisionsverfahrens führen.

71 Die Beschränkung der allgemeinen Beschwerfrage auf den Urteilstenor bedeutet auch, dass derjenige, der wegen Schuldunfähigkeit infolge einer vom Tatgericht angenommenen Geisteskrankheit freigesprochen wird, die Revision nicht mit dem Ziel führen darf, wegen fehlender Täterschaft oder wegen Notwehr freigesprochen zu werden, auch wenn die Feststellung der Geisteskrankheit ihn praktisch härter treffen kann, als eine Verurteilung ihn treffen würde.[157]

Ein Großteil der Fälle, in denen sich durch belastende und teilweise sogar kränkende Ausführungen in den Urteilsgründen das Bedürfnis verständlich machen lässt, diese isoliert anfechten zu können, entsteht durch die Neigung der Gerichte, überflüssige Passagen in die Urteilsgründe aufzunehmen. *Karl Peters*[158] sagt zu Recht: „Die heutige unerfreuliche Situation beruht darauf, dass die Gerichte sich häufig nicht auf ihre eigentliche Aufgabe bei der Urteilsabfassung beschränken. Es ist nicht ihre Aufgabe, ihr

---

154 Zu den verschiedenen „Beschwerkategorien" vgl. *Kaiser* aaO, 9 und *Krack* aaO.
155 BGHSt 37, 5 = NJW 1990, 2143.
156 BGHSt 37, 5 (9) = NJW 1990, 2143.
157 BGHSt 16, 374; h.M., *Meyer-Goßner* vor § 296, Rn. 13; LR-*Hanack* vor § 296, Rn. 75 ; a.A. mit beachtlichen Gründen *Bloy* JuS 1986, 587; SK-*Frisch* vor § 296, Rn. 160; *Peters* Strafprozess, 614.
158 *Peters* Strafprozess, 583.

Bedauern darüber auszusprechen, dass der Angeklagte freigesprochen werden musste. Noch weniger ist es ihre Aufgabe, der Staatsanwaltschaft zu bescheinigen, dass die Anklage gar nicht so zu Unrecht erhoben worden ist. Erst recht ist es nicht Aufgabe der Strafgerichte, zu moralisieren."

Es ist in der Tat immer wieder festzustellen, dass Strafkammervorsitzende auch bei der mündlichen Urteilsbegründung nicht davon absehen können, den soeben freigesprochenen Angeklagten noch zu beschimpfen und etwa mit dem Hinweis, dies sei „kein Freispruch erster Klasse" das Fortbestehen eines hochgradigen Verdachts hervorzuheben. Der Verteidiger mag sich und den Mandanten in derartigen Fällen manchmal damit trösten, dass ein Richter, der solche Bemerkungen zu seiner inneren Befriedigung braucht, immer noch besser ist als ein Richter, der aus ähnlicher Motivation heraus sich nicht zu einem Freispruch überwinden konnte. Aber in all diesen Fällen liegt ein Fehlverständnis von der Aufgabe des Strafgerichts vor, die eben nicht darin besteht, primär den „Schuldigen" der Strafe zuzuführen und damit jeden Freispruch als eine das eigene Berufsbild störende Niederlage empfinden zu müssen. **72**

Es gibt aber auch notwendige, den Angeklagten empfindlich treffende Ausführungen in den Urteilsgründen. Das ist immer dann der Fall, wenn die Verurteilung im systematisch-dogmatischen Aufbau der Strafbarkeitsvoraussetzungen erst an einer nachrangigen Bedingung scheitert. Wer nur wegen fehlenden Vorsatzes freigesprochen wird, dem kann kaum erspart werden, dass ihm im Urteil tatbestandsmäßiges und nicht gerechtfertigtes Verhalten bescheinigt wird. Oder ein noch eindrücklicheres Beispiel aus der Praxis: Beim Landgericht Mannheim wurde vor einigen Jahren der Anstaltsarzt einer JVA vom Vorwurf der fahrlässigen Tötung freigesprochen. Das Urteil stellte fest, dass der Arzt tatbestandsmäßig, rechtswidrig und fahrlässig gegen die Regeln der ärztlichen Kunst verstoßen habe, indem er die Suizidgefahr eines neu aufgenommenen heroinabhängigen Häftlings bei einer viel zu oberflächlichen Eingangsuntersuchung nicht erkannt hatte. Dadurch habe er auch (mit-)ursächlich dazu beigetragen, dass sich der junge Mann in der ersten Nacht in seiner Einzelzelle aufgrund von Entzugserscheinungen erhängt hatte. Der Freispruch wurde (zutreffend) unter Hinweis auf die gefestigte Rechtsprechung begründet, dass die Teilnahme an einer Selbsttötung dann nicht strafbar ist, wenn nicht auszuschließen sei, dass der Suizident in freier Willensentschließung gehandelt habe. Auch der so Freigesprochene kann nicht das Urteil mit dem Ziel anfechten, nach Aufhebung und Zurückverweisung feststellen zu lassen, dass die Suizidgefahr nicht erkennbar oder dass tatsächlich vorgenommene Versuche, den Gefangenen auf eine Gemeinschaftszelle zu verlegen oder ihn besser überwachen zu lassen, am Widerstand der Anstaltsleitung gescheitert sind. **73**

Der Angeklagte ist nicht nur dann beschwert, wenn er zu Strafe verurteilt oder wenn gegen ihn auf eine Maßregel der Besserung und Sicherung erkannt worden ist, sondern auch dann, wenn er in den Fällen des § 199 StGB für straffrei erklärt worden ist[159] oder wenn in den Fällen der §§ 60, 139 Abs. 1, 157, 158, 174 Abs. 4 StGB von Strafe abgesehen worden ist. Hier liegt die **Beschwer im Schuldspruch.** Wird bei **74**

---

159 *Meyer-Goßner* vor § 296, Rn. 12.

Freispruch auf Unbrauchbarmachung (§ 74d StGB) oder auf Einziehung erkannt, so begründet auch das eine Beschwer, die zur Anfechtung berechtigt. Die Einziehung beschwert neben dem Angeklagten[160] den Eigentümer und auch den unmittelbaren Besitzer. Wer dagegen lediglich ein Pfandrecht an dem eingezogenen Gegenstand geltend machen möchte, ist durch die Einziehung nicht beschwert, weil seine sachlichrechtliche Stellung unabhängig davon gegeben ist, wem das Eigentum an sich zusteht.[161]

75 Ob die Einstellung des Verfahrens den Angeklagten beschwert, hängt von ihrem Sinn, teilweise auch vom positiven Recht ab. Im Allgemeinen enthält die vorläufige Einstellung (etwa weil ein Strafantrag fehlt, der noch nachgeholt werden kann) eine Beschwer. Bei der endgültigen Einstellung ist zu unterscheiden: Keine Beschwer liegt in der Einstellung wegen eines Verfahrenshindernisses,[162] wenn nicht ein Anspruch auf den fälligen Freispruch bestand.[163] Stand nach Auffassung des Tatrichters bereits fest, dass in der Sache ein Freispruch erfolgen muss, so ist dieser einer daneben bestehenden Einstellungsmöglichkeit vorzuziehen.[164] Erfolgt dennoch gem. § 260 Abs. 3 StPO die Einstellung, so ist dieses Urteil mit der Revision anfechtbar.[165] Etwas anderes gilt, wenn die Einstellung die Beweisaufnahme zur Sache selbst erspart, für einen Freispruch die Sache also noch nicht entscheidungsreif war.[166]

76 Wird das Verfahren aufgrund eines Straffreiheitsgesetzes eingestellt, so liegt darin deshalb grundsätzlich keine Beschwer.[167] Sieht das betreffende Straffreiheitsgesetz jedoch eine Durchführung des Verfahrens auf Antrag des Angeklagten vor, so kann er durch die Einstellung beschwert sein. Der Antrag kann auch noch in der Revisionsinstanz gestellt werden.[168] Aber auch hier gilt, dass bei Freispruchsreife das Gericht dieser Entscheidung nicht durch eine Einstellung des Verfahrens ausweichen darf.[169] (Die Möglichkeit von Straffreiheitsgesetzen scheint freilich dem Gesetzgeber aus dem Blick geraten zu sein, seit „immer mehr Strafrecht" wieder populär und die Überlastung der Justiz zum beliebten Grund für die Beschneidung von prozessualen Rechten geworden ist.)

77 Wenn die Beschwer lediglich in einem Nebenpunkt liegt, wie in einer Einziehung, dem Verfall gem. § 73 StGB oder in der Anordnung der Unbrauchbarmachung gem. § 74d StGB u.a.m., kann sich die Revision nur gegen diese Nebenentscheidung

160 OLG Celle NJW 1960, 1873.
161 BGHR StGB § 74 Abs. 2 Nr. 2 – Beteiligter 1.
162 *Meyer-Goßner* vor § 296, Rn. 14.
163 *Meyer-Goßner* vor § 296, Rn. 14.
164 BGHSt 20, 333, 335; OLG Oldenburg NdsRpfl. 1985, 147 = NJW 1985, 1177; OLG Hamburg JZ 1967, 546f.
165 OLG Oldenburg aaO; OLG Hamburg aaO; *Meyer-Goßner* vor § 296, Rn. 14.
166 *Dahs/Dahs* Revision, Rn. 96 unter Berufung auf *Volk* Prozeßvoraussetzungen, Rn. 1; vgl. jetzt aber BGH NStZ-RR 1996, 299 = BGHR StPO § 333 – Beschwer 2: Revision gegen Einstellungsurteil mit dem Ziel des Freispruchs wegen fehlender Beschwer unzulässig, wenn Einstellung wegen unbehebbaren Verfahrenshindernisses (Verjährung) erfolgte, Kostenentscheidung der eines Freispruchs entsprach und „da die Beurteilung der Schuldfrage eingehender Erörterung in der Hauptverhandlung vor dem Revisionsgericht bedürfte".
167 RGSt 69, 124; 157, 160; a. A. BGHSt 13, 268, 272.
168 BGHSt 2, 216.
169 BGHSt 13, 268, 272.

richten. Die Beschwer kann auch darin bestehen, dass neben einer Verurteilung, gegen die sich keine oder nur unbegründete Angriffe richten ließen, der Freispruch wegen weiterer Taten unterblieben ist, die nach dem Eröffnungsbeschluss in Tatmehrheit zu den ausgeurteilten Taten stehen sollten. Die Kosten- und Auslagenentscheidung kann dagegen nur mit sofortiger Beschwerde angefochten werden (§ 464 Abs. 3 StPO).

Bei einer **Revision der Staatsanwaltschaft** bedarf es grundsätzlich keiner Be- **78**
schwer.[170] Der Revision steht auch nicht entgegen, dass das angefochtene Urteil dem Antrag des Sitzungsvertreters entspricht.[171] Der Gesichtspunkt der Beschwer ist von der Staatsanwaltschaft jedoch zu beachten, wenn sie (was durchaus gelegentlich geschieht) von dem aus § 296 Abs. 2 StPO folgenden Recht Gebrauch macht, zugunsten des Angeklagten die Revision einzulegen. In diesen Fällen ist auch die Staatsanwaltschaft an die Voraussetzung gebunden, dass das Urteil den Angeklagten beschweren muss.

Das Bundesverfassungsgericht hat den Revisionsgerichten einige Probleme damit be- **79**
schert, dass es ohne Rücksicht auf das geltende Strafprozessrecht in seiner Entscheidung über die verfassungskonforme Auslegung des **§ 57a StGB** die Tatgerichte verpflichtete, neben dem Schuld- und dem Strafausspruch bei der lebenslangen Freiheitsstrafe auch noch eine verbindliche (und revisible![172]) Aussage darüber zu treffen, ob die Schuld des Angeklagten so schwer wiegt, dass er nicht schon nach 15 Jahren Anspruch auf Prüfung einer bedingten Entlassung haben soll.[173] Dabei sah es zunächst so aus, dass diese Aussage im Anschluss an die Strafzumessungserwägungen nur in den Gründen des tatrichterlichen Urteils zu treffen wäre, was dazu geführt hätte, dass die Forderung des Bundesverfassungsgerichts, diese Erkenntnis einer revisionsrechtlichen Kontrolle zu unterziehen, nur in Abkehr von den geltenden Verfahrensregeln durch erstmalige Zulassung eines Rechtsmittels gegen einen Teil der Urteilsgründe zu erfüllen gewesen wäre. Der Bundesgerichtshof half diesem Systembruch insoweit ab, als er entschied, dass die *Bejahung* der besonderen Schuldschwere in den Tenor des Urteils aufzunehmen ist,[174] woraus ohne Weiteres folge, dass die Nichterwähnung im Tenor mit der Verneinung gleichzusetzen sei.[175] Damit wäre hinsicht-

---

170 KK-*Paul* vor § 296, Rn. 6 bezeichnet die Frage, ob eine Beschwer auch Voraussetzung für die Revision der StA ist, als „bestritten“, ohne Gegenstimmen zu nennen.

171 KK-*Paul* vor § 296, Rn. 6; die Staatsanwaltschaft soll jedoch den Eindruck vermeiden, als wolle sie mit ihrem Rechtsmittel nichts weiter erreichen, als die Aufhebung des Schlechterstellungsverbotes für die Revision des Angeklagten. Hierin liegt meist ein Verstoß gegen Nummer 147 Abs. 1 letzter Satz der RiStBV, wonach die Tatsache allein, dass ein anderer Beteiligter ein Rechtsmittel eingelegt hat, für den Staatsanwalt kein hinreichender Grund sein darf, das Urteil ebenfalls anzufechten.

172 BGHSt 41, 57 (58).

173 BVerfGE 86, 288 = NJW 1992, 2947; kritisch hierzu *Krey* JR 1995, 223.

174 BGHSt 39, 121 = StV 1993, 130 = NStZ 1993, 235 = NJW 1993, 1084 = MDR 1993, 364 = JR 1993, 250 (m. Anm. *Meurer*).

175 Der Auffassung des 4. Strafsenats (BGHSt 39, 121), wonach die Verneinung in den Urteilsgründen genüge, hat sich auch der 3. Strafsenat angeschlossen: BGH 3 StR 131/93 v. 6. 5. 1993 = StV 1993, 344 = NStZ 1993, 448 = NJW 1993, 2001 = MDR 1993, 782; vgl. auch *Meurer* JR 1992, 441; *Stree* NStZ 1992, 465; *Fischer* § 57a, Rn. 27; siehe nunmehr auch die Entscheidung des Großen Senats BGHSt 40, 360 = NJW 1995, 407 = StV 1995, 20 = NStZ 1995, 122 (m. Anm. *Hille* 227; *Krümpelmann* 337; *Streng* JZ 1995, 556 und *Kintzi* JR 1995, 249).

lich der Beschwerfrage die vom Bundesverfassungsgericht so gründlich durcheinandergebrachte revisionsrechtliche Welt an sich wieder in Ordnung: Will sich der Angeklagte nur gegen die ihn belastende Bejahung der besonderen Schuldschwere wenden, richtet sich sein Revisionsangriff gegen einen Teil der Urteilsformel. Deshalb ist auch die Beschränkung der Revision auf die Frage der besonderen Schwere der Schuld im Sinne von § 57a Abs. 1 Satz 1 Nr. 2 StGB zulässig, wenn der Angeklagte wegen Mordes zu lebenslanger Freiheitsstrafe verurteilt worden ist und auf Grund der getroffenen Feststellungen die Bejahung eines weiteren Mordmerkmals in Betracht kommt.[176]

80 Der Nebenkläger, dessen Revision auch nur beim Vorliegen einer Beschwer zulässig ist, darf sich wegen des im Sinne des § 400 StPO zu den Rechtsfolgen gehörenden Entscheids nach § 57a StGB ohnehin nicht „beschweren", so dass sich bei ihm die Frage nach der Beschwer durch einen nicht im Tenor erscheinenden Entscheidungsinhalt gar nicht erst stellt. Und bei der Staatsanwaltschaft kommt es – wenn es sich nicht um eine Revision zugunsten des Angeklagten handelt – ohnehin nicht auf die Beschwer an, weil ihre Rechtsmittel sich nach § 301 StPO in jedem Falle zum Vorteil des Angeklagten auswirken können. Offen war nun nur noch die Frage, ob die Staatsanwaltschaft ihre Revision auf den Angriff gegen die Nichtbejahung der besonderen Schuldschwere beschränken[177] kann. In der dafür grundlegenden Entscheidung, in welcher der 4. Strafsenat die isolierte Anfechtbarkeit bejahte,[178] finden sich aber die überraschenden Sätze: „Die Staatsanwaltschaft ist dadurch, dass das Schwurgericht die besondere Schwere der Schuld im Sinne des § 57a StGB in den Urteilsgründen verneint hat, beschwert. Die Beschwer ist nicht dadurch ausgeschlossen, dass dies aus prozessualen Gründen in den Urteilsgründen geschehen ist."

81 Das darf nicht so verstanden werden, als habe der Bundesgerichtshof die Verfahrensstellung der Staatsanwaltschaft neu definiert und verlange künftig auch bei ihren Rechtsmitteln eine Beschwer. Offenbar ist der missverständliche Passus nur im Zusammenhang mit dem aus der Entscheidung an mehreren Stellen sprechenden Unmut des Senats darüber zu erklären, dass „das Bundesverfassungsgericht ... auf Einzelheiten der dem herkömmlichen Verfahrensverständnis zuwiderlaufenden Umsetzung" seiner Entscheidung „in das geltende Prozessrecht nicht näher eingegangen" ist.[179] An anderer Stelle wird der 4. Strafsenat noch deutlicher, indem er bekennt, die revisionsrichterliche Aufgabe, die ihm das Bundesverfassungsgericht zumutet, nur noch in „entsprechender" Anwendung des Revisionsrechts erfüllen zu können. Denn bei der den Fachgerichten obliegenden „Umsetzung der verfassungsrechtlichen Rechtsgestaltung"(!) müssten diese sich „bei weitestmöglicher Schonung des geltenden Rechts im Übrigen tunlichst im Rahmen der vom Gesetzgeber gewählten Grundstruktur des Verfahrens ... halten".[180]

---

176 BGH, Urt. v. 2. 3. 1995 – 1 StR 595/94 = BGHSt 41, 57 ff. = NJW 1995, 2356; *Dahs/Dahs* Revision, Rn. 78.

177 Zur Beschränkung der Revision auf einzelne Teile des Urteils vgl. u. Rn. 139 ff.

178 BGHSt 39, 208 = StV 1993, 344 = NStZ 1993, 448 = NJW 1993, 1999 = JR 1994, 166 mit Anm. *Stree*.

179 BGH aaO.

180 BGH aaO.

Hieraus wird deutlich, dass sich durch die Rechtsprechung des Bundesgerichtshofs zu § 57a StGB nach dem in der Tat bedenklich strafprozessfernen Beschluss des Bundesverfassungsgerichts letztlich doch nichts an den Beschwergrundsätzen geändert hat. *Lüderssen* hat die Entscheidung so gedeutet, dass es nunmehr zwei Deliktstypen des Mordes gebe: den „einfachen" und den mit besonders schwerer Schuld begangenen „neuen Mordtatbestand",[181] woraus eine Pflicht des Tatgerichts folge, vor dem Ausspruch der besonderen Schuldschwere dem Angeklagten einen rechtlichen Hinweis nach § 265 Abs. 1 oder zumindest Abs.2 StPO zu geben, was der BGH in der von *Lüderssen* besprochenen Entscheidung verneint hatte. In der Praxis dürfte diese Frage sich weitgehend dadurch erledigen, dass es für den verteidigten Angeklagten stets „in der Luft liegt", ob das Gericht in einem auf Lebenslang lautenden Urteil und nach einer Mordanklage das Bemühen der Verteidigung vielfach darauf konzentriert ist, die Chance einer Entlassung nach 15 Jahren nicht zu verbauen. Dann dürfte auch das Thema ohne Weiteres Gegenstand der Plädoyers und Rechtsgespräche mit dem Gericht und der Staatsanwaltschaft sein. **82**

181 *Lüderssen* StV 2006, 61, Anmerkung zu BGH 2 StR 468/04 v. 2. 2. 2005 = StV 2006, 60.

Teil 2: Revisionsgerichte

A. Zuständiges Gericht für die Entscheidung über die Revision

Die Revision wird von Amts wegen an das zuständige Revisionsgericht geleitet, nachdem sowohl die Einlegungs- als auch die Begründungsschrift bei dem Gericht, welches das angefochtene Urteil erlassen hat, eingereicht worden sind.[182] Das erkennende Gericht ist also auch Adressat der Schriftsätze, so dass ihr Verfasser das Revisionsgericht überhaupt nicht zu erwähnen braucht. Soweit in der Revisionsbegründung freilich auf Rechtsprechung des auch in der betreffenden Sache zuständigen Gerichts Bezug genommen wird, sollte dies nur hervorgehoben werden, wenn man ganz sicher ist. Sonst wirkt es peinlich. **83**

Über die Revision gegen erstinstanzliche Urteile der Strafsenate des **Oberlandesgerichts** und gegen erstinstanzliche Urteile der Strafkammern des Landgerichts entscheidet regelmäßig der Bundesgerichtshof (§ 135 GVG). Die Oberlandesgerichte sind für solche Revisionen nur dann zuständig, wenn sie ausschließlich auf die **Verletzung von Landesrecht** gestützt sind (§ 121 Abs. 1 Nr. 1c GVG); die Vorschrift spielt jedoch kaum noch eine Rolle. Dennoch kann sie nicht gestrichen werden, weil es immerhin denkbar ist, dass aus einer umfangreichen Anklage mit Vorwürfen aus dem Bundesstrafrecht und aus landesstrafrechtlichen Bestimmungen nur die letzteren schließlich die Verurteilung tragen, und dann die Revision dagegen nur noch die Auslegung des Landesrechts betrifft. Da die Wahrung der Rechtseinheit innerhalb eines Bundeslandes jedoch Aufgabe der Oberlandesgerichte und nicht die des Bundesgerichtshofs ist, erscheint es nach wie vor sachgerecht, ihn von der isolierten Anwendung des Landesrechts fernzuhalten.[183] **84**

So lange aber neben der landesrechtlichen Problematik noch irgendeine bundesrechtliche Bestimmung in Streit steht, bleibt der Bundesgerichtshof zuständig. Das ist stets dann der Fall, wenn Verfahrensrügen erhoben werden, weil das Strafprozessrecht insgesamt Bundesrecht ist. Ist dagegen die Verurteilung nur auf einen landesrechtlichen Tatbestand gestützt, so führt auch die nicht näher ausgeführte allgemeine Sachrüge des Angeklagten zur Zuständigkeit des Oberlandesgerichts. Dasselbe gilt bei einer Verurteilung wegen einer bundesrechtlichen und einer landesrechtlichen Bestimmung in Tatmehrheit, wenn in der Revisionsbegründung deutlich gemacht wird, dass sich die Angriffe nur gegen die Verurteilung wegen der landesrechtlichen Bestimmungen richten. Stehen beide zueinander im Verhältnis der Tateinheit, so ist in jedem Falle der Bundesgerichtshof zuständig. Auch Blanketttatbestände, z.B. aus dem verwaltungsakzessorischen Umweltstrafrecht (§§ 324ff. StGB), sind Bundesrecht, **85**

---

182 Vgl. dazu unten Rn. 1364.
183 *Kissel/Mayer* § 121 GVG, Rn. 5.

und zwar selbst dann, wenn nur die Auslegung der landesrechtlichen Ausfüllungsnorm oder der Verwaltrungsakt einer Landesbehörde streitig ist.

86 Über Revisionen gegen andere Urteile als die der Strafsenate und der Großen Strafkammern entscheidet das Oberlandesgericht.[184] Dazu gehören die Urteile des Einzelrichters, des Schöffengerichts und des erweiterten Schöffengerichts in den Fällen der Sprungrevision sowie alle Berufungsurteile der Kleinen Strafkammern[185] des Landgerichts. Die Zuständigkeit der Oberlandesgerichte in Revisionssachen ist in § 121 Abs. 1 Nr. 1 GVG abschließend beschrieben.

87 Überschreitet die Strafkammer als Berufungsgericht die amtsgerichtliche Strafgewalt, so ist zu unterscheiden:

Hat die Strafkammer ein Urteil des Schöffengerichts aufgehoben, weil dieses gem. § 24 GVG nicht zuständig gewesen sei, und hat sie demgemäß nunmehr als „erste" Instanz entscheiden wollen, so geht die Revision an den Bundesgerichtshof.[186] Das beschränkt sich nicht auf Fälle, in denen das Schöffengericht auf mehr als vier Jahre Freiheitsstrafe, auf Unterbringung in einem psychiatrischen Krankenhaus oder auf Sicherungsverwahrung erkannt hat; es gilt vielmehr auch, wenn sich das Schöffengericht nur deshalb nach Ansicht der Strafkammer hätte für unzuständig erklären sollen, weil die Strafkammer eine höhere Strafe oder Unterbringung für angebracht hält. Entscheidend ist, ob die Strafkammer ihre eigentlich gegebene erstinstanzliche Zuständigkeit erkannt und in der Verhandlung auch kenntlich gemacht hat. Nicht entscheidend kann die Frage sein, ob die als Berufungsgericht berufene Strafkammer die nur für die Berufungsinstanz anwendbaren Verfahrensvorschriften angewendet hat oder nicht, z.B. die Bestimmung über die vereinfachte Beweisaufnahme nach § 325 StPO.[187] Hat das Berufungsgericht in der Verhandlung ausdrücklich erklärt, wegen Überschreitung der Strafgewalt des Amtsgerichts als erstinstanzliches Gericht tätig werden zu wollen, und hat es dennoch von § 325 StPO Gebrauch gemacht, so liegt darin ein Verfahrensfehler, der auf eine entsprechende Rüge hin zur Aufhebung und Zurückverweisung führen muss. Die Berechtigung dieser Rüge kann jedoch nicht darüber entscheiden, welches Revisionsgericht zu ihrer Überprüfung zuständig ist.

Hatte das Schöffengericht seine Strafgewalt nicht überschritten, geschieht dies aber im Urteil des Berufungsgerichts unter Verstoß gegen das Verbot der reformatio in peius, so handelt es sich um ein Berufungsurteil, das in der Revisionsinstanz durch das Oberlandesgericht zu überprüfen (und aufzuheben) ist.[188]

88 Schwer zu beantworten war eine Zeit lang die Frage, welches Revisionsgericht zuständig ist, wenn bei der Großen Strafkammer eine dort anhängige erstinstanzliche

---

184 Das gilt jetzt auch in Bayern, nachdem das Bayerische Oberste Landesgericht zum 30. Juni 2006 aufgelöst wurde.

185 Die Zuständigkeit der Großen Strafkammer für Berufungen gegen Urteile des Schöffengerichts ist durch das RpflEntlG (BGBl. 1993 I, 50) beseitigt worden. Zuständig ist auch hierfür nun die kleine Strafkammer. Lediglich in Jugendgerichtssachen gibt es noch Berufungsurteile der großen Strafkammern (vgl. § 33 b Abs. 1 JGG).

186 BGHSt 21, 229 = NJW 1967, 1239; BGHSt 23, 283 = NJW 1970, 1614.

187 So aber BGHSt 23, 283 = NJW 1970, 1614.

188 BGHSt 31, 63 = NJW 1982, 2674.

Sache mit einer Berufungssache verbunden worden war und gegen das dann einheitlich ergangene Urteil Revision eingelegt wurde. Hier hat insbesondere der 4. Strafsenat im Anschluss an die systematische Darstellung *Meyer-Goßners*[189] Klarheit geschaffen. Danach ist zu prüfen, ob es sich um eine Verbindung im Sinne des § 4 StPO handelt, die zu einer endgültigen „Verschmelzung" der Verfahren führt.

Eine solche endgültige Verbindung ist unzulässig, so lange nicht schon beide Verfahren beim Landgericht anhängig sind.[190] Ist aber bei einer Kleinen Strafkammer eines Landgerichts eine Berufungssache anhängig, bei einer Großen Strafkammer desselben Landgerichts eine erstinstanzliche Sache, so können die beiden Verfahren bei der Großen Strafkammer miteinander verbunden werden.[191] Dies hat zur Folge, dass von diesem Augenblick an die Berufung nicht mehr zurückgenommen werden kann.[192] Nach einer solchen Verschmelzung des Verfahrens ist für die Entscheidung über die Revision gegen das Urteil der Strafkammer stets der Bundesgerichtshof zuständig.

Anders ist dies in den Fällen, in denen eine Berufungssache mit einer erstinstanzlichen Sache lediglich zur gemeinsamen Hauptverhandlung nach § 237 StPO verbunden wird. Bei einer solchen Verbindung bleiben die beiden Verfahren prozessual selbständig, so dass der BGH für den das Berufungsverfahren betreffenden Teil nicht zuständig ist.[193] Es ergehen in diesem Falle sogar zwei Urteile am Ende ein und derselben Hauptverhandlung.[194]

B. Divergenz- und Rechtsfortbildungsvorlagen

Zu den Zielen und Zwecken der Revision zählt neben der Einzelfallgerechtigkeit auch die **Herstellung von Rechtseinheit.** Dies setzt Verfahrensregeln voraus, die bestimmen, wie divergierende Rechtsmeinungen zwischen gleichrangigen Revisionsgerichten auszugleichen und für die Zukunft zu vermeiden sind.[195] Der Gesetzgeber des GVG hat sich hier für ein Vorlagesystem entschieden, das wie folgt ausgestaltet ist: Auch wo die Oberlandesgerichte als Revisionsgerichte zuständig sind, haben sie die Sache dem Bundesgerichtshof vorzulegen, wenn sie von einer nach dem 1. April 1950 (in Strafvollstreckungssachen 1. Januar 1977) ergangenen Entscheidung eines ande- **89**

189 *Meyer-Goßner* NStZ 1989, 297.

190 BGHSt 37, 15 = NJW 1991, 239 = StV 1990, 385 = BGHR StPO § 4 – Verbindung 2.

191 Vgl. auch BGHSt 36, 348 = NJW 1990, 1490 = NStZ 1990, 242 = BGHR StPO § 4 – Verbindung 1; BGH NStZ 98, 628; a. A. *Meyer-Goßner* § 4, Rn. 8 d und auch LR-*Erb* § 4, Rn. 19 ff.

192 BGHSt 38, 300 = NJW 1992, 2644 = NStZ 1992, 501 = StV 1992, 500 = BGHR StPO § 4 – Verbindung 7.

193 Nach BGHSt 37, 42 = NJW 1990, 2697 = NStZ 1990, 448 = StV 1990, 386 ist in Abkehr von der früheren Rechtsprechung in einem solchen Falle nicht einmal die Bildung einer Gesamtstrafe zulässig.

194 BGHSt 37, 42, wo getrennte Verfahren in der Revisionsinstanz aber auch dann für gegeben angesehen werden, wenn die Entscheidung über die Berufung und die erstinstanzliche Entscheidung in einem einheitlichen Urteil – jedoch im Tenor getrennt – ergehen.

195 Dazu allgemein und grundlegend: *Hanack* Der Ausgleich divergierender Entscheidungen in der oberen Gerichtsbarkeit: eine prozessrechtliche Studie insbesondere zur Vorlegungspflicht und der Rechtsmittelzulässigkeit wegen Abweichung, 1962; *Rissing-van Saan* Divergenzausgleich und Fragen von grundsätzlicher Bedeutung, FS Widmaier, 2008, 505 ff.

ren Oberlandesgerichts oder des Bundesgerichtshofs in einer Rechtsfrage abweichen wollen (§ 121 Abs. 2 GVG).[196] Will ein BGH-Senat von der Rechtsprechung eines anderen Senats abweichen, muss er nach dem in § 132 GVG geregelten Verfahren, d.h. nach der förmlichen Anfrage bei dem betroffenen anderen Senat, ob er an seiner Rechtsauffassung festhält, die Sache dem Großen Strafsenat vorlegen (§ 132 Abs. 2 und 3 GVG). Aber auch ohne vorausgegangene Festlegung eines Senats kann der mit einer Rechtsfrage befasste Senat schon dann den Großen Senat für Strafsachen anrufen, wenn er es für erforderlich hält, um in Zukunft eine einheitliche Rechtsprechung zu sichern oder auch um eine aus dem Gesetz selbst nicht zu entscheidende Frage durch richterrechtliche „Fortbildung des Rechts" entscheiden zu lassen (§ 132 Abs. 4 GVG).

90 Gemeinsam ist diesen Prozeduren das Wesensmerkmal des Revisionsrechts selbst: Die Annahme einer Trennbarkeit von **Tat- und Rechtsfragen**. Die Frage, ob diese Prämisse richtig ist, wird uns in diesem Buch noch an verschiedenen Stellen beschäftigen, weil die einfache Regel, dass alles, was zu dem vom Tatgericht für erwiesen angesehenen Sachverhalt gehört, Tatfrage, und alles, was mit der Anwendung und Auslegung von Gesetzen zu tun hat, Rechtsfrage ist, als Unterscheidungswegweiser in die Irre führen muss, wenn man sich auf dem breiten Grenzgebiet des Beweisrechts bewegt. Was der Tatrichter als bewiesen angesehen hat, betrifft die für das Revisionsgericht bindenden Feststellungen. Ob er aber etwas als bewiesen ansehen *durfte*, ist eine Rechtsfrage, die das Revisionsgericht dann verneinen kann, z.B. wenn erkennbar Umstände verwertet wurden, die nicht zum Inbegriff der Hauptverhandlung i.S. des § 261 StPO gehörten, wenn (umgekehrt) wichtige Inhalte der Hauptverhandlung im Urteil unerörtert blieben, oder wenn das Tatgericht gegen ein Beweisverwertungsverbot verstoßen hat.

Die **Unterscheidung zwischen Tat- und Rechtsfragen**[197] wird in dem Maße schwieriger, als die Revisibilität der Beweiswürdigung von den Revisionsgerichten erkannt wurde. Soweit die Ausführungen tatrichterlicher Urteile über die Beweiswürdigung von Revisionsgerichten mit generalisierbaren Hinweisen auf bestehende oder nicht bestehende allgemeine Erfahrungssätze oder auf den Stand naturwissenschaftlicher Erkenntnisse beanstandet worden sind, ist schon dadurch, dass eine Rechtsnorm i.S.d. § 337 StPO betroffen ist, der Rechtscharakter zu bejahen. Wird ein Urteil aufgehoben, weil seine Begründung eine einzelfallbezogene Sachverhaltsvariante, die für den Angeklagten günstiger gewesen wäre, nicht erörtert habe, so beantwortet das Revisionsgericht damit die Rechtsfrage nach den Anforderungen an die tatrichterliche Überzeugungsbildung. Eine ganz andere Frage ist die, ob Fälle denkbar sind, in denen ein anderes Revisionsgericht von dieser konkret gegebenen Antwort abweichen kann.

91 Will ein **Oberlandesgericht** von einer allgemeinen Aussage eines anderen Oberlandesgerichts oder des Bundesgerichtshofs zur Beweiskraft bestimmter kriminalistischer

---

196 Es kommt sogar vor, dass ein Oberlandesgericht eine Sache dem Bundesgerichtshof vorlegt, weil es sich gegen die Rechtsansicht mehrerer Senate des BGH wendet und dass sich dann noch die Frage anschließt, ob der zuständige BGH-Senat den Großen Senat anruft, weil er sich von der Richtigkeit der Auffassung des OLG überzeugt.

197 Dazu Näheres unter Rn. 1272ff.

Untersuchungsmethoden abweichen, so betrifft dies stets eine Rechtsfrage. Das wäre zum Beispiel anzunehmen, wenn die Richtigkeit der grundlegenden Entscheidung des Bundesgerichtshofs zum Beweiswert der DNA-Analyse[198] von einem Oberlandesgericht in der einen oder anderen Richtung angezweifelt würde. Problematischer wäre die Abgrenzung zwischen Tat- und Rechtsfrage, wenn ein Oberlandesgericht von der „Faserspurenentscheidung" des Bundesgerichtshofs[199] abweichen wollte. Dieses Urteil enthält zwar grundlegende Ausführungen zum Beweiswert von Textilfaserspuren, zieht diese im Wege der Sachverständigenanhörung durch den BGH selbst gewonnenen Erkenntnisse jedoch nur heran, um das Beruhen des angefochtenen Urteils auf einem bejahten Verfahrensfehler zu verneinen. Indem hier der Bundesgerichtshof bedenklich weitgehend im Rahmen der Beruhensfrage gleichsam eine eigene Beweiswürdigung vorgenommen hat, ließe sich die Auffassung vertreten, dass damit die diese Entscheidung insoweit tragenden Ausführungen eine Tatfrage und keine Rechtsfrage betreffen, so dass die Oberlandesgerichte (und die anderen Senate des Bundesgerichtshofs, § 132 Abs. 2 GVG) frei sind, ohne Anrufung des BGH (bzw. des Großen Senats) davon abzuweichen.

Als Tatfrage hat der BGH auch die Feststellung der Zuverlässigkeit der Ergebnisse des „Traffipax"-Abstandsmessgerätes angesehen.[200]

Die Vorlagepflicht des § 121 Abs. 2 GVG[201] ist im Interesse der Rechtseinheit gut ge- **92**
meint, enthält aber eine seltsame Lücke: Nur von den Entscheidungen eines *anderen* Oberlandesgerichts darf nicht abgewichen werden; diese Regelung verhindert also nicht, dass mehrere Senate ein und desselben Oberlandesgerichts ständig verschieden entscheiden (sog. Innendivergenz).[202] Außerdem kann die Rechtseinheit auch empfindlich darunter leiden, dass ein und derselbe Senat des Bundesgerichtshofs oder eines Oberlandesgerichts seine eigene Rechtsprechung ständig wechselt.[203] Eine Schwäche des so geregelten Divergenzausgleichs liegt auch darin, dass der Verstoß gegen die Vorlagepflicht folgenlos bleibt.

Sarstedt hatte in früheren Auflagen dieses Buches insbesondere angesichts dieser **93**
Schwächen die Vorlagepflicht insgesamt noch sehr kritisch bewertet und unter Hin-

---

198 BGHSt 38, 328 = NJW 1992, 2976 = StV 1992, 455; vgl. dazu u. Rn. 936. Neuerdings gelockert für „Seltenheitswert im Millionenbereich" (im konkreten Fall 1:256 Billiarden Wahrscheinlichkeit der Übereinstimmung) BGH, Beschl. v. 21. 1. 2009 – 1 StR 722/08 = NJW 2009, 1159; und zum Beweiswert einer sog. „mitochondrialen DNA-Analyse" in Kombination mit dem Ergebnis der Analyse von Kern-DNA mit Hinweis auf die Bindung des Tatrichters an gesicherte wissenschaftliche Erfahrungssätze jetzt noch: BGH, Urt. v. 26. Mai 2009 – 1 StR 597/08 (für BGHSt bestimmt).

199 StV 1993, 340 = NStZ 1993, 395; vgl. dazu u. Rn. 526.

200 BGHSt 31, 86 = NJW 1982, 2455 = JR 1983, 129 (m. Anm. *Katholnigg*); weitere Beispiele zur Abgrenzung zwischen Tat- und Rechtsfrage vgl. KK-*Hannich* § 121 GVG, Rn. 35, 36.

201 Zur Entstehungsgeschichte *Möhring* NJW 1950, 47.

202 Siehe hierzu LR-Franke § 121 GVG, Rn. 30. Eine gesetzliche Regelung zur Vermeidung der Innendivergenz besteht nur in § 132 Abs. 2 GVG für den BGH und bestand nach § 10 Abs. 1 EGGVG für das BayObLG (*Meyer-Goßner* § 121 GVG, Rn. 9).

203 Übereinstimmend LR-*Franke* § 121 GVG, Rn. 43 a ff., der darauf hinweist, dass bereits ein Gesetzentwurf zur Einführung eines § 122 d GVG bestand, der die §§ 136, 138 GVG in Fragen des Landesstrafrechts, Landesstrafprozessrechts oder Landesgerichtsverfassungsrechts für entsprechend anwendbar erklären sollte (LR-*Franke* § 121 GVG, Rn. 43 c).

weis darauf, dass in den Jahrzehnten vor ihrer Einführung durch das Rechtsvereinheitlichungsgesetzes von 1950[204] Missstände in der Einheit der Rechtsordnung nicht zu beobachten waren, als übertriebenen Perfektionismus bezeichnet, der einen „gedankenlosen Leitsatzkult" begünstige.[205] Ich halte diese harte Kritik nicht mehr aufrecht, zumal zwischenzeitlich die Gefahr eines „Leitsatzkultes" durch die immer brauchbarer werdenden elektronischen Rechtsprechungsdokumentationen gebannt wird.

94 Die Sanktionslosigkeit des Verstoßes gegen die Vorlagepflicht kann bei den Oberlandesgerichten zu einer unvollständigen Sichtung der vorhandenen Rechtsprechung insbesondere anderer Oberlandesgerichte führen. Deshalb sollte es ein Verteidiger zu seinen wichtigsten Aufgaben zählen, sich bei den anstehenden Rechtsfragen über die dazu bisher vorliegenden Judikate möglichst erschöpfend kundig zu machen, um zu verhindern, dass das Oberlandesgericht eine für den Mandanten nachteilige Entscheidung trifft, wenn mit einer Vorlage an den Bundesgerichtshof die Chance auf eine Vereinheitlichung der Rechtsprechung im Sinne der ihm günstigeren Rechtsmeinung eröffnet werden könnte. Das kostet zwar mitunter viel Mühe, verspricht aber weit mehr Erfolg, als manche Ausführungen, wie sie nicht selten in Revisionsbegründungen zu lesen sind und die nur die fehlende Vertrautheit des Autors mit dem Revisionsrecht belegen. Von einer „Vorentscheidung", die der Verteidiger unter Hinweis auf die Bindung des § 121 Abs. 2 GVG dem Oberlandesgericht vorlegt, wird dieses nur selten abweichen können. Das gilt vor allem für „Vorentscheidungen" des Bundesgerichtshofs, und hier auch für diesen selbst.

95 Das **Oberlandesgericht muss** bei Abweichungen vom Bundesgerichtshof immer **vorlegen**, auch dann, wenn es glaubt, eine ältere Entscheidung des BGH auf seiner Seite zu haben.[206] Will das Oberlandesgericht A von der Entscheidung des Oberlandesgerichts B abweichen, weil sich B nach Meinung von A zu Unrecht auf eine vorangegangene BGH-Entscheidung stützt, muss es vorlegen, da Probleme bei der Auslegung von BGH-Entscheidungen auch nur vom BGH selbst gelöst werden können.[207] Auch wenn der Senat des BGH, von dessen Entscheidung das OLG abweichen will, nicht mehr besteht,[208] oder es sich dabei um einen früheren Feriensenat handelte,[209] besteht eine Vorlagepflicht für das OLG.

96 Der Gesetzgeber hat es bisher nicht für erforderlich gehalten, die Frage zu regeln, ob ein Oberlandesgericht auch dann vorlegen muss, wenn ihm bekannt ist, dass das an-

---

204 Gesetz v. 12. 3. 1950 (BGBl. I, 455, 515).

205 5. Auflage, 42, Rn. 47.

206 BGHSt 5, 136 = NJW 1954, 202; BGHSt 10, 94; zustimmend *Eb. Schmidt* Lehrkommentar § 121 GVG, Rn. 26. Ähnlich LR-*Franke* § 121 GVG, Rn. 41; eine Ausnahme soll nach seiner Ansicht nur gelten, wenn zwar ein Senat von der Rechtsprechung eines anderen abgewichen ist, aber alle später ergangenen Entscheidungen der anderen Senate die Rechtsansicht der zuerst ergangenen Entscheidung teilen. In diesem Fall soll das OLG davon ausgehen dürfen, dass der abweichende Senat seine Rechtsansicht aufgegeben hat. In diesem Sinne auch OLG Frankfurt NJW 1976, 985 (m. Anm. *Geisler* 1186); BGHR StPO § 338 Nr. 5 – Angeklagter 11.

207 Vgl. BGHSt 34, 90 (92); 34, 94 (97); LR-*Franke* § 121 GVG, Rn. 48.

208 Denn die Tatsache, dass der Senat nicht mehr besteht, bedeutet nicht, dass auch seine Rechtsansichten bedeutungslos geworden sind: BGHSt 13, 46 (48); 17, 360; 24, 209; 25, 124; LR-*Franke* § 121 GVG, Rn. 39; a. A. OLG Neustadt MDR 1958, 538.

209 KK-*Hannich* § 121 GVG, Rn. 18.

dere Oberlandesgericht, das eine von seiner beabsichtigten Entscheidung abweichende Rechtsmeinung vertreten hat, an dieser nicht mehr festhält. Dass die Vorlagepflicht dann entfällt, ist nicht einmal in den Fällen selbstverständlich, in denen es eine neuere Entscheidung des anderen Oberlandesgerichts gibt, in welcher die früher vertretene Meinung aufgegeben worden ist.[210] Da dies – wie bereits ausgeführt – innerhalb eines Oberlandesgerichts jederzeit möglich ist, kann der Fall durchaus eintreten. Der Sinn und Zweck der Vorlagepflicht, nämlich die Sicherung von Rechtseinheit, spricht jedenfalls in den Fällen nicht zwingend gegen eine Vorlage, in denen die beiden divergierenden Entscheidungen des anderen Oberlandesgerichts von verschiedenen Senaten erlassen worden sind. Da zur Vermeidung solcher Innendivergenzen innerhalb eines Oberlandesgerichts keinerlei verfahrensrechtliche Vorkehrungen bestehen, könnte die Vorlage durch ein anderes Oberlandesgericht durchaus ein geeignetes Mittel sein, auch insoweit noch zur Rechtsvereinheitlichung beizutragen.[211]

Liegen die Vorlagevoraussetzungen vor, so kann das in § 121 Abs. 2 GVG vorgeschriebene Verfahren nicht dadurch umgangen werden, dass ein Oberlandesgericht beim anderen anfragt, ob es an seiner Ansicht festhalte.[212] Die in früheren Auflagen dieses Buches noch sehr zurückhaltend formulierte Gegenansicht *Sarstedts*[213] ist nach der Formalisierung des Anfrageverfahrens innerhalb des BGH durch das Rechtspflegevereinfachungsgesetz vom 17. 12. 1990[214] nicht mehr aufrecht zu erhalten. Spätestens bei dieser Neufassung des § 132 GVG hätte der Gesetzgeber ein entsprechendes Verfahren regeln müssen, wenn er das Voranfrageverfahren auch zwischen Oberlandesgerichten für rechtlich zulässig und praktikabel gehalten hätte. So lange aber nicht einmal aus dem GVG die Frage zu beantworten ist, welches Gremium in dem befragten Oberlandesgericht darüber zu entscheiden hätte, ob an der früheren Rechtsprechung eines oder mehrerer seiner Senate festgehalten werden soll, ist es nur sachgerecht, das gemeinsame übergeordnete Gericht, nämlich den Bundesgerichtshof, solche Streitfragen entscheiden zu lassen.[215] **97**

In den immer häufiger vorkommenden Fällen, in denen die Oberlandesgerichte auch europäisches Recht anzuwenden haben, will der BGH § 121 Abs. 2 GVG nicht gelten lassen.[216] Für die Richtigkeit dieser Auslegung spricht in der Tat, dass die verbindliche Auslegung des Rechts der Europäischen Gemeinschaften allein dem Europäischen Gerichtshof zusteht, zu dem eine Reihe von Vorlagepflichten den Zugang eröffnen.[217] **98**

Soweit der Bundesgerichtshof als Revisionsgericht zuständig ist, haben auch seine fünf Strafsenate auf eine einheitliche Rechtsprechung zu achten. Jede drohende Di- **99**

---

210 So aber BGHSt 26, 40 (42); 37, 79 (81); LR-*Franke* § 121 GVG, Rn. 45.
211 Zu den Reformvorschlägen in der Literatur siehe LR-*Schäfer/Harms* 24. Aufl. § 121 GVG, Rn. 88, in der 25. Auflage *Franke* jetzt gegen eine Erweiterung der Vorlagepflicht.
212 A. A. LR-*Franke* § 121 GVG, Rn. 45 unter Hinweis auf BGHSt 14, 319; 17, 399 (401); 18, 269.
213 5. Auflage, 46 f., Rn. 52.
214 BGBl. I, 2847, 2854.
215 So auch *Kissel/Mayer* § 121 GVG, Rn. 16, wo freilich die Gegenansicht als h. M. bezeichnet wird.
216 BGHSt 36, 92 = NJW 1989, 1437 = BGHR GVG § 121 Abs. 2 – Europarecht 1.
217 So auch *Kissel/Meyer* § 121 GVG, Rn. 11; *Meyer-Goßner* § 121 GVG, Rn. 5.

vergenz zu einer Entscheidung der anderen Senate muss durch **Vorlage an den Großen Senat (§ 132 Abs. 2 GVG)** beseitigt werden, wenn nicht das in § 132 Abs. 3 GVG geregelte Vorschaltverfahren bereits zu einer Harmonisierung führt. Die Festschreibung dieser Grundsätze im Gesetz legalisierte eine langjährige Praxis, die bis dahin mehr oder weniger informell und mit durchaus unterschiedlicher Beachtung des Anspruchs der Verfahrensbeteiligten auf rechtliches Gehör eingespielt war.[218]

100 Der Große Senat kann keine Sachen an sich ziehen. Er darf nur tätig werden, wenn das in § 132 Abs. 2 und 3 GVG geregelte Verfahren stattgefunden hat. Nach allgemeiner Auffassung und wohl auch nach durchgehend praktizierter Übung beim Bundesgerichtshof erfolgt die Vorlage nach vorausgegangener Hauptverhandlung durch den vorlegenden Senat.[219] Dies ist jedoch nicht zwingend, zumal durch das Gesetz vom 17. 12. 1990[220] nun auch die Möglichkeit einer mündlichen Verhandlung vor dem Großen Senat besteht. So sind Fälle denkbar, in denen eine solche Hauptverhandlung sinnvoll, dagegen eine vorausgegangene Hauptverhandlung vor dem vorlegenden Senat völlig sinnlos wäre. Ist beispielsweise der vorlegende Senat einstimmig der Auffassung, dass durch Beschluss nach § 349 Abs. 4 StPO entschieden werden könnte, wenn nicht die Rechtsauffassung eines anderen Senats entgegenstünde, so wäre die Durchführung einer Hauptverhandlung eigens zu dem Zweck, das Anfrageverfahren und erforderlichenfalls die Anrufung des Großen Senats in Gang zu setzen, ein sinnloses und zeitraubendes Ritual. Außerdem kann § 138 Abs. 3 GVG schon deshalb nicht so gemeint sein, als werde dort zwingend eine vorausgegangene Hauptverhandlung vor dem vorlegenden Senat vorausgesetzt, weil das Vorlageverfahren auch zulässig sein muss in Verfahren, in denen überhaupt keine Hauptverhandlung vorgesehen ist. Das ist zum Beispiel dann der Fall, wenn der vorlegende Senat seinerseits über eine Vorlage durch ein Oberlandesgericht gemäß § 121 Abs. 2 GVG zu befinden hat und sich an dem Beschluss, der dem Ergebnis seiner Beratungen entspricht, durch eine entgegenstehende Rechtsmeinung eines anderen Strafsenats des Bundesgerichtshofs gehindert sieht. Da weder für diesen Fall noch für die Fälle, in denen grundsätzlich eine Hauptverhandlung möglich ist, eine solche im Gesetz zwingend vorgeschrieben ist, vermag ich auch prinzipielle Bedenken gegen die Anrufung des Großen Senats ohne eine vorausgegangene Hauptverhandlung nicht zu erkennen, solange sichergestellt wird, dass in jedem Falle vor der beabsichtigten Anrufung des Großen Senats die Verfahrensbeteiligten Gelegenheit hatten, sich wenigstens schriftlich zu äußern.[221] Denn dies ist ebenso wie die Anhörung der Beteiligten im Verfahren vor dem Großen Senat (mit oder ohne mündliche Verhandlung dort) ein Gebot des rechtlichen Gehörs.[222]

---

218 Vgl. *Hamm* NStZ 1986, 69 f. („informeller Großer Senat").

219 LR-*Franke* § 132 GVG, Rn. 29, weist unter Berufung auf BT-Drucks. 11/3621, 54, auf die besondere Regelung in den Senaten für Steuerberater und Wirtschaftsprüfer in § 132 Abs. 3 S. 3 Hs. 2 GVG hin. Die Vorschrift betrifft jedoch nur die Besetzung des Senates, bei dem angefragt wird, und der ohnehin zum Zwecke der Antwort keine Hauptverhandlung benötigt.

220 BGBl. I, 2847.

221 So auch LR-*Franke* § 132 GVG, Rn. 30.

222 KK-*Hannich* § 132 GVG, Rn. 14; abgeschwächt *Kissel/Mayer* § 132 GVG, Rn. 26, 27, die es genügen lassen, dass unabhängig von der möglicherweise erforderlich werdenden Anrufung des Großen Senats Gelegenheit zur Stellungnahme zu der Rechtsfrage selbst bestand, und dass die Anfrage den Verfahrensbeteiligten bekannt gegeben wird.

Was eine zur Anrufung des Großen Senats zwingende „Abweichung in einer Rechtsfrage" (§ 132 Abs. 2 GVG) ist, haben die einzelnen Senate des Reichsgerichts und des Bundesgerichtshofs stets zurückhaltend beurteilt. Vor allem haben sie gefordert, dass die Rechtsansicht, von der abgewichen werden soll, im strengen Sinne die Grundlage – eine logische conditio sine qua non – der früheren Entscheidung war, und dass die abweichende Rechtsansicht in dem gleichen strengen Sinne die Grundlage der jetzt beabsichtigten Entscheidung sein würde.[223] Sie haben die Vorlage davon abhängig gemacht, dass die abweichende Ansicht auch zu einer abweichenden Entscheidung führen würde. Bloße **obiter dicta** in den Urteilsgründen begründen daher **keine Vorlagepflicht** i.S.v. § 132 Abs. 2 GVG.[224] Das gilt freilich nicht für einen von mehreren tragenden Gründen, die alle auch an der Bindungswirkung des § 358 Abs. 1 StPO teilhaben.[225] Sodann hat man unter der „Entscheidung eines anderen Senats" nur eine Entscheidung verstanden, an der ein noch bestehender Senat auch weiter festhielt. Über Entscheidungen nicht mehr bestehender Senate (wozu auch alle Feriensenate gerechnet wurden) ist man ohne Weiteres hinweggegangen.[226] Aus § 132 Abs. 3 S. 2 GVG folgt mittelbar, dass heute eine Anfrage auch dann durchzuführen ist, wenn der Senat nicht mehr besteht. Nach *Franke*[227] tritt in diesen Fällen derjenige Senat an die Stelle des nicht mehr bestehenden, der aktuell nach dem Geschäftsverteilungsplan für die Rechtsfrage zuständig wäre. In Zweifelsfällen habe das Präsidium zu bestimmen, welcher Senat zuständig sei.[228] Dies hat zur Folge, dass auch die bisherige Rechtsprechung zu den Feriensenaten hinfällig ist; diese sind nunmehr wie nicht bestehende zu behandeln.[229] **101**

Die Anrufung des Großen Senats wird für entbehrlich gehalten, wenn die entgegenstehende Entscheidung als „überholt" gelten kann. Dies ist zum Beispiel der Fall, wenn durch Gesetzesänderung die rechtliche Grundlage der früheren Entscheidung entfallen ist,[230] oder der andere Senat seine abweichende Ansicht unterdessen erkennbar aufgegeben hat.[231] **102**

Auch den Begriff der „Rechtsfrage" hat man sehr eng aufgefasst. Man hat sich nur an die entscheidende Rechtsfrage im engsten Sinne, keinesfalls aber immer an ihre logischen Folgen gebunden gesehen. Daran hat sich bis heute wenig geändert. Viele Entscheidungen, in denen sogar Abweichungen zu anderen Senaten ausdrücklich behandelt werden, lesen sich wie Muster für spitzfindige Überdifferenzierungen zum Zwecke der Vermeidung der Vorlage an den Großen Senat.[232] Dabei fällt auf, dass die-

---

223 Aus der Vielzahl von Entscheidungen siehe BGHSt 3, 357 (367); 7, 314 (315); BGH wistra 1988, 354 = BGHR GVG § 121 Abs. 2 – Abweichung 1; eine Übersicht der umfangreichen Rechtsprechung hierzu liefert LR-*Franke* § 132 GVG, Rn. 6, Fn. 19–21.

224 LR-*Franke* § 132 GVG, Rn. 9 und § 121 GVG, Rn. 66.

225 Darauf hat zutreffend z.B. BGHSt 37, 350 (352) abgestellt.

226 Vgl. für Feriensenate BGHSt 17, 280, 285 = NJW 1962, 1628; BGHSt 24, 342, 344 = NJW 1972, 1207; kritisch dazu *Kissel/Mayer* § 132 GVG, Rn. 23.

227 LR-*Franke* § 132 GVG, Rn. 17.

228 LR-*Franke* § 132 GVG, Rn. 17 unter Berufung auf BT-Drucks. 11/3621, 54.

229 KK-*Hannich* § 132 GVG, Rn. 7.

230 Vgl. BGH wistra 1989, 301; Beispiele bei KK-*Hannich* § 132 GVG, Rn. 8.

231 Vgl. BGHSt 20, 77 (79).

232 Beispiele: BGH NJW 1988, 1739 (1742); BGH NJW 1988, 1333 (1335); BGH NJW 1990, 2697 (2698); BGH NJW 1992, 584 (585).

selbe Engherzigkeit beim BGH nicht zu beobachten ist, wenn es um die Frage der Zulässigkeit einer Vorlage durch ein Oberlandesgericht an den Bundesgerichtshof geht.

103 Auch wenn in den letzten Jahren wieder ein zahlenmäßiger Anstieg der Fälle, in denen der Große Senat angerufen wurde, zu beobachten ist,[233] kann eine grundsätzliche Zurückhaltung der Senate gegenüber der Anrufung des Großen Senats festgestellt werden. Dies zeigt sich beispielsweise in einer Entscheidung des 1. Strafsenats, die einen grundlegenden Wandel in der Rechtsprechung zum Vermögensschaden und zum Vorsatz bei der Untreue vollzog, ohne dass der Senat den Großen Senat anrief.[234] Der 1. Senat distanziert sich in dieser Entscheidung ausdrücklich von der Rechtsprechung des 2. Strafsenats[235] zur Frage, unter welchen Voraussetzungen bei einem bloßen „Gefährdungsschaden" nur bedingter und wann direkter Vorsatz anzunehmen ist. Als Begründung hat der Senat darauf verwiesen, die Aussage des 2. Strafsenats im Fall Kanther[236] sei nur auf die Fallgruppe der **„schwarzen Kassen"** gemünzt und auf Fälle der riskanten Kreditvergabe nicht anwendbar.

Diese Begründung überzeugt nicht, weil jede Rechtsfrage sich letztlich an Einzelfällen stellt und es gerade Aufgabe der Revisionsgerichte ist, abstrakte Sätze zu formulieren, die auch für andere Einzelfälle anwendbar sind. Nur die Details des Einzelfalles selbst sind niemals übertragbar auf andere Fälle. Sie festzustellen, ist in der Tat Aufgabe des Tatrichters und nicht des Revisionsrichters. Soweit es aber um die rechtlichen Anforderungen an die Konkretisierung der Überzeugungsbildung geht, und soweit bei der Formulierung dieser rechtlichen Anforderungen überhaupt ein Meinungsunterschied zwischen den verschiedenen Senaten aufkommen kann, muss dieser auch dem Divergenzausgleich durch den Großen Senat zugänglich sein.

104 Die auffällig restriktive Praxis ist im Schrifttum unter der Bezeichnung **„horror pleni"** teilweise recht kritisch bewertet worden.[237] Dahinter steht die Sorge, es sei vor allen Dingen die Scheu vor den Unbequemlichkeiten und der Mehrarbeit, die durch eine Plenarentscheidung verursacht werden, für die Zurückhaltung verantwortlich. „Horror pleni" hat aber auch noch eine gruppenpsychologische Bedeutung: Die Abneigung (der „Horror") geistig arbeitender Menschen vor der Unberechenbarkeit der kollektiven Entscheidungsdynamik in zu großen Gremien. Diese gerade auch bei Juristen verbreitete Abneigung hat einen durchaus realistischen Grund.

---

233 Für die Zeit bis 1997 vgl. die Zahlen bei KK-*Hannich* § 132 GVG, Rn. 2, 4. Auflage. In den Jahren 1993 und 1994 entschied der Große Senat für Strafsachen über fünf Anrufungen, von denen zwei wegen des Sachzusammenhangs zur Entscheidung verbunden wurden, die das Ende der Rechtsfigur der fortgesetzten Handlung bedeutete: BGHSt 40, 138 = StV 1994, 306 = NStZ 1994, 383 = MDR 1994, 700 = NJW 1994, 1663 (Anm. *Hamm* NJW 1994, 1636). Im Jahr 1995 entschied der Große Senat zweimal, von 1996 bis 2000 einmal (BGHSt 42, 139), 2001 bis 2003 dreimal (BGHSt 46, 321; 48, 189; 48, 197), danach bis 2006 dreimal (BGHSt 50, 40; 50, 93; 50, 252) und 2007 bis zum ersten Halbjahr 2008 zweimal (BGHSt 51, 298; BGH NJW 2008, 860).

234 BGH 1 StR 488/07 – Beschl. v. 20. 3. 2008 = StraFo 2008, 303 = NJW 2008, 2451= NStZ 2008, 457 = StV 2008, 414. vgl. dazu die Vorträge von *Fischer* (2. Strafsenat) und *Nack* auf dem Frühjahrssymposium des DAV 2008, StraFo 2008, 269 und 277.

235 BGHSt 51, 100 = NStZ 2007, 583 („Schwarze Parteikassen").

236 BGHSt 51, 100.

237 *Eb. Schmidt* MDR 1958, 815 ff. und *Schalscha* MDR 1959, 90 f.; vgl. auch *Leisner* NJW 1989, 2446 (2448); *Lilie* Obiter dictum und Divergenzausgleich in Strafsachen, 257.

105 Der Einzelsenat hat (bei der Entscheidung) fünf Mitglieder, der Große Senat mindestens elf[238] Mitglieder einschließlich des Vorsitzenden. Zweifellos sehen sechs Augen gemeinhin mehr als zwei; darauf beruht die Besetzung aller Rechtsmittelgerichte. Dass aber die Güte der von einem Kollegium geleisteten Arbeit mit der Zahl seiner Mitglieder immer weiter zunimmt, darf doch bezweifelt werden. Die Einrichtung der Parlamentsausschüsse beruht auf der Erkenntnis, dass ein kleineres Kollegium unter Umständen weit Besseres leistet als ein sehr großes. Das gilt insbesondere dann, wenn es darum geht, Texte zu formulieren, deren vollständiger Inhalt vom Gesamtkollegium mindestens mehrheitlich gebilligt werden muss. In einem Fünfer-Senat kann jedes Mitglied ohne Weiteres das Wort ergreifen; man kann einander unterbrechen und sich Unterbrechungen gefallen lassen, ohne dass gleich ein Chaos eintritt. In einem aus **elf Personen bestehenden Senat** geht das keineswegs; hier muss der Vorsitzende die Beratung viel straffer leiten, man muss sich zu Wort melden, und es kann einem geschehen, dass, wenn man das Wort schließlich hat, die Erörterung längst an dem vorbeigegangen ist, was man sagen wollte oder jedenfalls zwischenzeitlich anderes sehr viel wichtiger geworden ist. Ein Streitgespräch zu zweit – meist die intensivste Form der Auseinandersetzung – ist in einem Fünfer-Senat möglich, in einem Elfer-Senat so gut wie unmöglich. Bilden sich mehr als zwei Meinungen, so hängt bisweilen alles von der Reihenfolge der Fragestellung ab. Damit vervielfachen sich die Anforderungen an den Vorsitzenden. Denn wenn man auch noch die Reihenfolge der Fragestellungen zum Gegenstand von Erörterungen machen wollte, käme man überhaupt nicht mehr voran. Wenn etwa drei Meinungen auftreten, muss die zunächst überstimmte Gruppe zwischen den beiden anderen Gruppen den Ausschlag geben. Das Ergebnis ist dann unter Umständen eine Entscheidung, mit der eigentlich so recht keiner der Teilnehmer einverstanden ist. Die Wahrscheinlichkeit für dergleichen ist in einem Senat, der aus elf Mitgliedern besteht, weit höher als in einem Fünfer-Senat.

106 Man stelle sich vor, für eine Entscheidung ließen sich drei Gründe denken, die – in der Reihenfolge ihrer Stärke – als A, B und C bezeichnet werden sollen. Nun nehme man an, es wirkten 25 Richter mit, von denen 12 keinen dieser Gründe überzeugend finden und deshalb für die gegenteilige Entscheidung stimmen. Sie werden durch die übrigen 13 Richter überstimmt. Von diesen 13 halten sieben die Gründe A und C, sechs halten die Gründe B und C für zutreffend. Man kann sich leicht denken, dass keiner von allen Mitwirkenden auch nur auf den Gedanken kommen würde, die Entscheidung allein mit dem schwächsten Grund C zu begründen. Und doch ist eben das die Begründung, die sich bei solchen Mehrheitsverhältnissen als die einzig Mögliche ergibt. Die einzige Entscheidung, die überhaupt eine Mehrheit, nämlich eine solche von 13 Richtern erhält, ist also darauf angewiesen, dass sich eben diese Mehrheit auf die Begründung C verständigt.

107 Die Wahrscheinlichkeit solcher Konstellationen steigt mit der Zahl der Mitwirkenden. Da der für die tatrichterliche Beratung noch heute geltende Grundsatz, dass nur über die Ergebnisse und nicht auch über die einzelnen Gründe abgestimmt werden muss,[239] in einer Rechtsinstanz und insbesondere in einem Senat, der nur die Aufgabe

---

238 § 132 Abs. 5 S. 1 GVG.

239 Vgl. *Roxin* Strafverfahrensrecht, § 46 C III 2; *Peters* Strafprozess, 465.

hat, eine isolierte Rechtsfrage zu klären, nicht gelten kann, ist es durchaus verständlich, dass die Anrufung des Großen Senats auf die Fälle beschränkt wird, in denen dies unumgänglich ist. Genauere Erkenntnisse über die Entscheidungsabläufe im Großen Senat sind wegen des Beratungsgeheimnisses einem Außenstehenden verschlossen. Aber die veröffentlichten Ergebnisse und der Vergleich der Gründe der Einzelsenatsentscheidungen mit denen des Großen Senats in Strafsachen, führt jedenfalls nicht zu einer frappierenden Überlegenheit in der Überzeugungskraft der letzteren.

Teil 3: Einlegung der Revision

A. Frist

Die Einlegungsfrist beträgt nur eine Woche (§ 341 Abs. 1 StPO) und kann nicht verlängert werden.[240] Sie beginnt regelmäßig mit der Verkündung des Urteils und endet mit dem Ablauf des Wochentages, der durch seine Benennung dem Tag der Urteilsverkündung entspricht. Ist dieser Tag ein Sonntag, ein allgemeiner Feiertag oder ein Sonnabend, so endet die Frist mit dem Ablauf des nächsten Werktages (§ 43 Abs. 2 StPO). Unter einem „allgemeinen Feiertag“ sind die durch abschließende bundes- und landesrechtliche Vorschriften bestimmten, mithin die „gesetzlichen Feiertage“ zu verstehen. Vorsicht ist geboten, wenn der Verteidiger in einem Bundesland wohnt und seine Praxis hat, in dem der eigentliche Tag des Fristablaufs ein Feiertag ist, während dies am Sitz des zuständigen Gerichts nicht der Fall ist. Maßgeblich ist dann das für das Gericht gültige Landesrecht.[241] **108**

Für den Angeklagten beginnt die **Frist** ausnahmsweise nicht mit der Verkündung sondern erst mit der Zustellung des Urteils, wenn es in seiner Abwesenheit verkündet worden ist (§ 341 Abs. 2 StPO). Seit der Änderung des § 232 Abs. 4 StPO durch das StVÄG 1987 ist auch der Streit darüber entschieden, ob die Zustellung bei Abwesenheitsverhandlungen an den dazu bevollmächtigten Verteidiger erfolgen kann, und ob diese Zustellung die Frist in Gang setzt. Mit dem neu eingefügten letzten Halbsatz in § 232 Abs. 4 StPO ist nunmehr klargestellt, dass es bei der Zustellung an den Verteidiger nicht der Übergabe bedarf und dass sie gleichzeitig als fristauslösende Zustellung gilt.[242]

Ist eine Berufung des Angeklagten wegen **unentschuldigten Ausbleibens** gemäß § 329 Abs. 1 StPO verworfen worden, so stehen zwei Rechtsbehelfe zur Wahl: einmal der binnen einer Woche nach Zustellung des Urteils zu stellende Antrag auf Wiedereinsetzung in den vorigen Stand (§ 329 Abs. 3 StPO); zum anderen ebenfalls binnen einer Woche nach Zustellung des Urteils die Revision.[243] Stellt der Angeklagte den Antrag auf **Wiedereinsetzung**, so muss er, um für den Fall einer Verwerfung dieses Antrages die Möglichkeit der Revision zu wahren, diese ebenfalls rechtzeitig einlegen und begründen (§ 342 Abs. 2 StPO). **109**

---

240 Die Wochenfrist gilt auch in den Fällen, in denen dem Urteil und dem zunächst erklärten Rechtsmittelverzicht eine Absprache zugrunde liegt, und es an der seit BGHSt 50, 40 erforderlichen qualifizierten Belehrung fehlt, BGH 4 StR 246/08, Beschl. v. 25. 6. 2008 = NStZ 2008, 647.

241 BGH 4 StR 119/92 v. 9. 4. 1992 („Allerheiligen“ in Sachsen-Anhalt kein Feiertag).

242 KK-*Gmel* § 232, Rn. 18.

243 Vgl. zu diesen beiden Anfechtungsmöglichkeiten *Bick* StV 1987, 273 ff.

110 Der Fall, dass die **Staatsanwaltschaft** Revision einlegen will, ohne bei der Urteilsverkündung anwesend gewesen zu sein, ist im Gesetz nicht geregelt. Hier wird teilweise eine entsprechende Anwendung des § 341 Abs. 2 StPO für die Fälle gefordert, in denen die Staatsanwaltschaft unzulässigerweise bei der Urteilsverkündung abwesend war.[244] Der Fall dürfte in der Praxis des Strafverfahrens[245] kaum vorkommen. Ein rechtliches Bedürfnis, die institutionell und organisatorisch mit dem Gericht eng verbundene Staatsanwaltschaft für ihr Versäumnis zu „belohnen“, ist dennoch nicht erkennbar.

111 Für den **Nebenkläger und Privatkläger**, die in der Hauptverhandlung „überhaupt nicht anwesend oder vertreten“ waren, beginnt die Frist ebenfalls mit der Zustellung des Urteils (§ 401 Abs. 2 S. 2 StPO). Mit dem Wort „überhaupt“ ist jedoch klargestellt, dass dies nicht schon dann gilt, wenn sich der Neben- oder Privatkläger während der Hauptverhandlung entfernt und bei der Urteilsverkündung nicht zugegen ist.[246]

112 Äußerst kontrovers wird die Frage diskutiert, wie sich nicht behebbare **Zweifel an der Rechtzeitigkeit** des Eingangs einer Revisionsschrift auswirken.[247] Mit *Hanack*[248] ist der Auffassung beizutreten, die zwischen der Revision des Angeklagten sowie der zu seinen Gunsten eingelegten Revision der Staatsanwaltschaft einerseits und der zu seinen Ungunsten eingelegten Revision der Staatsanwaltschaft, des Privatklägers und des Nebenklägers andererseits unterscheidet. Da der Angeklagte keinen Nachteil dadurch erleiden darf, dass Fehler der Strafjustiz die Feststellung unmöglich machen, ob ein zu seinen Gunsten eingelegtes Rechtsmittel fristgerecht angebracht worden ist, und es andererseits unvertretbar wäre, das Verfahren trotz der bereits möglicherweise eingetretenen Rechtskraft gegen ihn fortzusetzen, ist im ersteren Falle zugunsten des Rechtsmittelführers, bei der gegen den Angeklagten geführten Revision im Zweifel zugunsten der Rechtskraft zu entscheiden.

113 Ist die Revisionseinlegungsfrist versäumt, so gelten die allgemeinen Vorschriften über die **Wiedereinsetzung in den vorigen Stand**, deren Voraussetzungen in den §§ 44 und 45 StPO beschrieben sind. Solche Wiedereinsetzungsgesuche kommen auffallend häufig vor und scheitern nicht selten schon an der Nichtbeachtung der Anforderungen an ein solches Gesuch.[249]

Die Möglichkeit einer Wiedereinsetzung setzt zunächst voraus, dass jemand ohne Verschulden verhindert war, eine Frist einzuhalten. Das Verschulden des Verteidigers ist dem Angeklagten nicht zuzurechnen.[250] Andererseits muss sich aber der Angeklagte eine ordnungsgemäße rechtliche Beratung durch seinen Verteidiger zurechnen las-

---

244 LR-*Hanack* § 341, Rn. 22; ablehnend KK-*Kuckein* § 341, Rn. 20.

245 Für das Ordnungswidrigkeitenverfahren siehe *Göhler* § 75, Rn. 7.

246 So auch KK-*Kuckein* § 341, Rn. 20.

247 Ausführlich zum Meinungsstand LR-*Hanack* § 341, Rn. 24.

248 LR-*Hanack* § 341, Rn. 24.

249 Meist unveröffentlichte Entscheidungen. Beispiele: 4 StR 337/89 v. 18. 7. 1989; 1 StR 184/91 v. 18. 4. 1991; 5 StR 565/91 v. 3. 12. 1991; 2 StR 20/94 v. 23. 2. 1994.

250 Ständige Rechtsprechung und im Schrifttum unbestritten, vgl. BGH StV 1988, 44; KK-*Maul* § 44, Rn. 30 f.; vgl. auch BGHR StPO § 44 Satz 1 – Verhinderung 6.

sen.[251] Die Darstellungen des Angeklagten decken sich bezüglich des Verteidigerverschuldens und der internen Absprachen manchmal nicht mit denen des Verteidigers, der vom Revisionsgericht im Rahmen des Freibeweisverfahrens zu einer Stellungnahme aufgefordert worden ist. Dass der Verteidiger diese Stellungnahme unter Hinweis auf die Schweigepflicht ablehnen kann, hilft dem Mandanten nichts, weil dieser die Last der Glaubhaftmachung trägt. Widersprechen sich die Angaben des Angeklagten und des Verteidigers, pflegt der Bundesgerichtshof regelmäßig dem Verteidiger Glauben zu schenken.[252]

Der Antrag auf Wiedereinsetzung selbst erfordert nicht nur Angaben zur versäumten Frist und zum Hinderungsgrund, sondern auch zum Zeitpunkt des Wegfalls des Hindernisses. Die entsprechenden Angaben sind glaubhaft zu machen, und darüber hinaus ist die versäumte Handlung innerhalb einer Woche nach Wegfall des Hindernisses in der gesetzlich vorgeschriebenen Form nachzuholen (§ 45 Abs. 2 StPO). **114**

B. Form

Nach § 341 Abs. 1 StPO muss die Revision zu Protokoll der Geschäftsstelle oder schriftlich eingelegt werden.[253] Es genügt auch die Einlegung durch Telegramm oder durch Telex. Insbesondere aber kann die nach dem heutigen Stand der Technik gebräuchlichste Form der Sofortübermittlung, durchTelefax[254] verwendet werden. Eine neue **115**

---

251 Vgl. zum Beispiel BGH 1 StR 544/89 v. 10. 10. 1989 = BGHR StPO § 44 Abs. 1 – Verhinderung 8; BGH 1 StR 759/88 v. 10. 1. 1989; 2 StR 317/93 v. 14. 7. 1993; 2 StR 25/94 v. 9. 2. 1994; 2 StR 20/94 v. 23. 2. 1994; 4 StR 168/94 v. 8. 4. 1994.

252 Beispiele: BGH 3 StR 267/90 v. 10. 9. 1990; BGHR StPO § 45 Abs. 2 – Glaubhaftmachung 2; 5 StR 766/93 v 15. 2. 1994.

253 Die Schriftlichkeit kann auch dann gewahrt sein, wenn der Schriftsatz von dem ansonsten eindeutig als Autor erkennbaren Rechtsanwalt nicht handschriftlich unterzeichnet wurde, BGH 2 StR 63/02 Beschl. v. 17. 4. 2002 = StraFo 2002, 262 = NStZ 2002, 558.

254 BGH wistra 1989, 313 = StV 1989, 469 (Ls.); BGHR StPO § 341 – Schriftform 1; allgemeine Meinung auch in der Kommentarliteratur, statt aller: KK-*Kuckein* § 341, Rn. 12, § 345, Rn. 17. Instruktiv in diesem Zusammenhang auch BGH BB 1991, 2325, der bei Fristversäumung wegen Störung des Fax-Gerätes bei Gericht Wiedereinsetzung gewährte, weil dieses technische Empfangsproblem nicht auf den Betroffenen abgewälzt werden dürfe; vgl. auch BGH NJW 1994, 1881; BGH StV 1995, 454; OLG Rostock NJW 1996, 1831; LG Dortmund NJW 1996, 1832; OVG Bautzen NJW 1996, 2251. Die Belegung des Faxgerätes durch andere eingehende Sendungen ist kein einer technischen Störung gleich zu achtender Umstand, sondern ein gewöhnliches Ereignis, auf das sich ein Rechtssuchender einstellen muss (vgl. BVerfG NJW 07, 2838). Für die Übermittlung fristwahrender Schriftsätze per Telefax erfordert eine wirksame Ausgangskontrolle, dafür Sorge zu tragen, dass Fristen aus dem Fristenkalender erst gelöscht werden, wenn durch Überprüfung des Sendeprotokolls feststeht, dass der Schriftsatz vollständig gesendet worden ist (BVerfG NJW 07, 2839). Zur Frage, ob die Übermittlung durch sog. Computerfax gültig und fristwahrend sein kann (vgl. OLG Karlsruhe NJW 1998, 1650 vs. BVerwG NJW 1995, 2121) muss auf Anrufung des X. Zivilsenats des BGH jetzt der Gemeinsame Senat der oberen Bundesgerichte entscheiden (BGH XI ZR 367/97 –). In Prozessen mit Vertretungszwang können bestimmende Schriftsätze formwirksam durch elektronische Übertragung einer Textdatei mit eingescannter Unterschrift auf ein Faxgerät des Gerichts übermittelt werden (GmS-OGB, Beschl. v. 5. 4. 2000 = NJW 2000, 2340 = JR 2001, 371 m. Anm. *Schmittmann*). Für die Zulässigkeit dieses Verfahrens auch nach Einführung des § 41 a StPO während der Übergangszeit bis zur flächendeckenden Bereitstellung der Verfahrenslogistik zur Verwendung zertifiziert signierter E-Mails auf der Grund-

Rechtslage ergibt sich hier durch § 41a StPO. Solange allerdings die Landesregierungen noch nicht die nach § 41a StPO notwendigen Rechtsverordnungen erlassen und die Verwaltung die Technologie und IT-Logistik zur Verfügung gestellt hat, ist die durch § 341 StPO gesetzlich vorgeschriebene Form durch einfache E-Mail nicht gewahrt.[255]

116 Zur Wahrung aller vorgesehenen Formen gehört, dass die **Anfechtung eindeutig und unbedingt** erklärt wird. Dies folgt aus den allgemeinen Regeln über die Bestimmtheit verfahrensgestaltender Prozesserklärungen.[256] Keine unzulässige Bedingung liegt jedoch in dem (in jedem Falle überflüssigen) Zusatz, die Revision werde „vorsorglich" eingelegt. Da im Strafverfahren zum Zeitpunkt der Revisionseinlegung regelmäßig ihre Erfolgsaussichten noch nicht abzuschätzen sind, weil die schriftlichen Urteilsgründe noch nicht vorliegen, erfolgt eigentlich jede Revisionseinlegung nur „vorsorglich", das heißt unter dem Vorbehalt der Rücknahme im Falle der späteren Einsicht in die Akzeptabilität des Urteils. Da zudem der Zusatz „vorsorglich" aus der Feder eines Rechtsanwalts wie eine vornehme Distanzierung von dem Wunsch des Mandanten, das Rechtsmittel durchzuführen, verstanden werden könnte, sollte darauf generell verzichtet werden.

117 Wichtig ist, dass der **Erklärungsinhalt** deutlich zum Ausdruck bringt, dass der Autor nicht nur seinen Unmut über das Urteil oder sein Nachdenken über eine mögliche Revision zum Ausdruck bringen möchte, sondern dass die Anfechtung unmittelbar mit der Erklärung bewirkt sein soll. Auf den Ausdruck „Revision" kommt es dagegen nicht an. Selbst eine **falsche Bezeichnung** des Rechtsmittels ist nach § 300 StPO unschädlich. Es braucht auch nicht erkennbar zu sein, dass dem Beschwerdeführer der Unterschied zwischen Revision und Berufung bekannt ist, und dass er die erstere beabsichtigt; sind beide Rechtsmittel wahlweise gegeben, so braucht er sich ohnehin zum Zeitpunkt der Einlegung noch nicht für das eine oder das andere zu entscheiden.[257] Ist zu erkennen, dass eine Abänderung der angefochtenen Entscheidung angestrebt wird, so ist die Eingabe nach Möglichkeit so aufzufassen, dass sie dem Betroffenen am ehesten zu dem gewünschten Erfolg verhilft.[258] Stets ist der Wille des Erklärenden zu erforschen. Ein Irrtum im Beweggrund ist dagegen unbeachtlich; eine Anfechtung der Erklärung wegen Irrtums oder arglistiger Täuschung ist ausgeschlossen. Wollte der Erklärende das bezeichnete Rechtsmittel einlegen, weil er irrtümlich ein anderes für unzulässig hielt, so kann er seine Erklärung also nicht mit dem Ziel anfechten, nun doch das andere Rechtsmittel zu wählen. Hier wird aber meist die Möglichkeit der Umdeutung gemäß § 300 StPO helfen.

118 Die vorstehenden Ausführungen sollten von Rechtsanwälten keinesfalls als Handlungsanleitung verstanden werden. Wer zum ersten Mal eine Revision einlegt, mag

---

lage von Rechtsverordnungen zutreffend *Meyer-Großner* 52. Aufl. aaO und Einl. Rn. 139a im Anschluss an GmS-OBG NJW 2000, 2340.

255 OLG Oldenburg NJW 2009, 536; *Meyer-Goßner* 52. Aufl. § 41a Rn. 9. Zum Stand des jeweiligen Verfahrenstechnikaufbaus im Anschluss an § 41a StPO Hinweise auf www.egvp.de. Siehe hierzu auch *Michalke* Formularbuch, VIII. B. 1. Anm. 1.

256 Vgl. KK-*Kuckein* § 341, Rn. 3.

257 Vgl. dazu oben, Rn. 28.

258 H. M. LR-*Hanack* § 300, Rn. 6.

sich vielmehr an den in Praktikerhandbüchern abgedruckten Mustern orientieren.[259] Abzuraten ist von Zusätzen in der Revisionseinlegungsschrift, die bereits Elemente einer Revisionsbegründung enthalten. Das gilt insbesondere für die immer noch verbreitete Formel: „Gerügt wird die Verletzung formellen und materiellen Rechts".[260]

Was die **„Verletzung formellen Rechts"** (des Verfahrensrechts) angeht, ist der Satz schon deshalb nichts wert, weil er ohne eine nähere Ausführung in der späteren Revisionsbegründungsschrift als den Anforderungen des § 344 Abs. 2 S. 2 StPO nicht genügende Verfahrensrüge unzulässig wäre.

Die Erhebung der **Sachrüge** bereits in der Revisionseinlegungsschrift birgt die Gefahr, dass später bei einer unverschuldeten Versäumnis der Revisionsbegründungsfrist die Wiedereinsetzung versagt wird, weil die Revisionsbegründung schon in der Revisionseinlegungsschrift enthalten und damit fristwahrend abgegeben worden ist. Die zur Nachholung und Ergänzung von Verfahrensrügen begehrte Wiedereinsetzung in den vorigen Stand ist grundsätzlich unzulässig, wenn die Revision bereits mit der allgemeinen Sachrüge form- und fristgerecht begründet worden ist.[261] Hiervon werden zwar gelegentlich Ausnahmen zugelassen, die jedoch an ein (Mit-)Verschulden der Justizbehörden selbst geknüpft werden, insbesondere wenn während der Revisionsbegründungsfrist dem Verteidiger trotz mehrmaliger Erinnerung die Akteneinsicht verwehrt worden ist.[262] Aber diese Voraussetzungen liegen gewöhnlich gerade dann nicht vor, wenn der Verteidiger schon im Hinblick auf seine Selbsteinschätzung, er könne die rechtzeitige Abgabe einer Revisionsbegründungsschrift überhaupt versäumen, die Sachrüge in der Revisionseinlegungsschrift erhebt. **119**

Die förmlichen Anforderungen an die schriftliche Revisionseinlegung sind im Laufe der Zeit immer geringer geworden. Unabdingbare Voraussetzung ist im Wesentlichen nur, dass die **Person des Erklärenden** aus dem Schriftstück unzweifelhaft hervorgeht. Das ist nicht nur bei eigenhändiger Unterschrift (selbst bei unleserlicher Unterschrift eines Rechtsanwalts, wenn sich die Identität aus dem beigefügten Stempel oder aus dem Briefkopf ergibt[263]) der Fall, sondern auch bei fehlender Unterschrift dann, wenn die besonderen Umstände einwandfrei erkennen lassen, dass die schriftliche Erklärung vom Berechtigten dem Gericht gegenüber abgegeben wurde.[264] So sind als ausreichend angesehen worden: die Unterschrift mittels Schreibmaschine oder Faksimile-Stempel[265] und eine behördlich beglaubigte Abschrift.[266] **120**

---

259 Zum Beispiel: *Hamm* Formularbuch, VIII.C.1.
260 Nach wie vor empfohlen von *Günther* Strafverteidigung, 157; vgl. dagegen *Hamm* Formularbuch, VIII.C.1.
261 BGHSt 1, 44, 46f.; BGHR StPO § 44 S. 1 – Verhinderung 1; BGHR StPO § 44 – Verfahrensrüge 4; BGHR StPO § 345 I – Fristdauer 1.
262 Vgl. BGH NStZ 1985, 492 (*Pfeiffer/Miebach*); BGHR StPO § 44 – Verfahrensrüge 4, 5 und 7.
263 Zögernd in diesem Sinne bei Hervorhebung des Grundsatzes, dass eine ordnungsgemäße Unterschrift erforderlich sei KK-*Kuckein* § 341, Rn. 11; vgl. auch KG JR 1954, 391 (m. Anm. *Sarstedt*).
264 KK-*Kuckein* § 341, Rn. 11.
265 RGSt 62, 54 (für den Strafantrag); LR-*Gössel* § 314, Rn. 19 (für die Berufungseinlegungsschrift); LR-*Hanack* § 341, Rn. 14 (Hinweis auf LR-*Gössel* § 314, Rn. 19).
266 RGSt 72, 389; BGHSt 2, 77.

121 Bei Einlegung der Revision ist die **Vertretung** in der Erklärung und im Willen zulässig, und zwar auch dann, wenn der Vertreter nicht der Verteidiger ist.[267] Dabei braucht eine schriftliche Vollmacht nicht vorgelegt zu werden; der Vertreter kann die Bevollmächtigung später nachweisen. Dies gilt erst recht für die Verteidigervollmacht, weil der gewählte Verteidiger seine Rechtsstellung bereits mit dem Abschluss des Verteidigervertrages erlangt.[268] Vertreter – aber nicht Verteidiger[269] – kann auch eine juristische Person sein;[270] die Erklärung muss dann von ihrem gesetzlichen Vertreter (Organ) für den vertretenen Rechtsmittelführer abgegeben werden.

122 Die Einlegung zu **Protokoll der Geschäftsstelle** ist nur dann wirksam, wenn das Protokoll von der Geschäftsstelle des zuständigen Gerichts aufgenommen wird. Nur wenn der beschuldigte Beschwerdeführer nicht auf freiem Fuß ist, kann er die Revision auch auf der Geschäftsstelle des Amtsgerichts seines „Verwahrungsortes" zu Protokoll geben (§ 299 Abs. 1 StPO). Das gilt nicht für andere Revisionsführer (z.B. Nebenkläger), die sich in Haft befinden.[271]

Eine bei einem unzuständigen Gericht protokollierte Revisionseinlegung wird erst wirksam, sobald sie beim **zuständigen Gericht** eingeht und ist deshalb nur rechtzeitig, wenn dies noch innerhalb der Frist geschieht.

123 Dass der Revisionsführer das Protokoll unterzeichnet, ist nicht unerläßlich, aber dringend zu empfehlen, damit die Niederschrift notfalls als schriftliche Revision gelten kann. Auch die Erklärung zum Hauptverhandlungsprotokoll ist wirksam.[272] Eine fernmündliche Erklärung zu Protokoll der Geschäftsstelle ist dagegen nicht möglich. Geschieht sie dennoch, so ist sie als solche unwirksam und kann mangels Feststellung der Identität des Anrufers auch nicht in eine schriftliche Revisionseinlegung umgedeutet werden.[273]

C. Adressat der Revisionseinlegungsschrift

124 Die Revision ist (anders als im Zivilprozess) bei dem Gericht einzulegen, dessen Urteil angefochten wird, also nicht bei dem Revisionsgericht und nicht bei der Staatsanwaltschaft. Gegen das Urteil einer auswärtigen Strafkammer (§ 78 GVG) kann die Revision entweder bei der Geschäftsstelle dieser Strafkammer oder bei der des Landgerichts

---

267 LR-*Hanack* § 341, Rn. 6.

268 BGHSt 36, 259 = NJW 1990, 586 = StV 1990, 51 = NStZ 1990, 44 = BGHR StPO § 218 – Ladung 1; *Schnarr* NStZ 1986, 490; *Dahs* Handbuch, Rn. 122; LR-*Lüderssen/Jahn* § 138, Rn. 12ff.

269 Daran hat sich wegen der notwendig individuellen Bevollmächtigung einzelner Verteidiger auch infolge der neueren Entwicklung nach dem Inkrafttreten des Partnerschaftsgesellschaftsgesetzes (BGBl. I S. 1744), in der Fassung des Artikel 22 des Gesetzes v. 23. Oktober 2008 (BGBl. I S. 2026) nichts geändert. Siehe dort § 7 Abs. 4 S. 3 PartGG.

270 LR-*Hanack* § 341, Rn. 6 m.w.N.

271 LR-*Hanack* § 299, Rn. 6; *Meyer-Goßner* § 299, Rn. 2.

272 BGHSt 31, 109 = JR 1983, 383 (m. Anm. *Fezer*); LR-*Hanack* § 341, Rn. 12; KK-*Kuckein* § 341, Rn. 9, der die Revisionserklärung im Sitzungsprotokoll zwar nicht für „angebracht" hält, diese aber für wirksam erachtet, wenn sie auf diesem Wege bereits erfolgt ist.

273 Vgl. für die identischen Voraussetzungen bei der Berufungseinlegung nach § 314 StPO BGHSt 30, 64 = NJW 1981, 1627.

eingelegt werden. Wird die Revision bei einer unzuständigen Behörde – etwa beim Revisionsgericht oder bei der Staatsanwaltschaft eingelegt – so kommt es darauf an, ob sie an das zuständige Gericht weitergeleitet wird und dort noch innerhalb der Frist eingeht. Fehler dieser Art sind allerdings seltener geworden, seit das 3. StRÄndG § 35a StPO eingeführt hat, der die Belehrung des Betroffenen über die für die Anfechtung vorgeschriebenen Fristen und Formen vorschreibt, und seit § 44 S. 2 StPO bei unterbliebener oder falscher Belehrung die Wiedereinsetzung in den vorigen Stand sichert.

Der Begriff des **„Eingangs"** bedarf der Erläuterung für den Fall der gemeinsamen **125**
Briefannahme, eines gemeinsamen Telefaxgerätes der Justizbehörden oder der Einrichtung eines Nachtbriefkastens. Die Justizverwaltung kann für mehrere Gerichte oder für Gericht und Staatsanwaltschaft eine **gemeinsame Briefannahme** einrichten, die zuständig ist, Schriftstücke namens einer jeden der ihr angeschlossenen Behörden entgegenzunehmen. Die Beamten einer solchen Briefannahme werden zweckmäßig gleichzeitig zu Urkundsbeamten jeder der ihr angeschlossenen Behörden bestellt. Der rechtzeitige Eingang bei einer solchen Briefannahme wahrt die Frist. Das kann nicht zweifelhaft sein, wenn das Schriftstück an das zuständige Gericht adressiert ist. Es muss dem Verteidiger dringend empfohlen werden, auf die richtige Anschrift zu achten. Denn es herrscht Streit darüber, ob die Frist auch dann gewahrt ist, wenn das Schriftstück mit einer unrichtigen Anschrift bei der Briefannahme eingeht.

Nach richtiger Ansicht kommt es auf die Anschrift nicht an.[274] Angenommen, eine Revisionsschrift sei an die Staatsanwaltschaft gerichtet, diese leite sie an das zuständige Landgericht weiter, und sie gehe dort noch vor Fristablauf ein, so schadet die **falsche Anschrift** nichts. Nicht anders verhält es sich, wenn das Schriftstück trotz der falschen Anschrift gleich an den zuständigen Beamten des zuständigen Gerichts kommt; und das ist auch der Beamte der gemeinsamen Briefannahme. Der Bundesgerichtshof hat zunächst den Eingang in einem Falle für rechtzeitig erklärt, in dem der zuständige Beamte der Briefannahme sich noch innerhalb der Frist entschlossen hatte, das Schriftstück an das zuständige Gericht weiterzuleiten.[275] Aber auf diesen Entschluss kommt es nicht an; es ist auch sonst für die Frage der Fristwahrung gleichgültig, was der zuständige Beamte mit dem Schriftstück tut, nachdem er es entgegengenommen hat. Wegen der beachtlichen Zahl von Gegenstimmen, insbesondere auch in der Rechtsprechung,[276] sei aber dringend empfohlen, dafür Sorge zu tragen, dass der kurze Revisionseinlegungsschriftsatz an das Gericht adressiert wird, welches das angefochtene Urteil verkündet hat. Ein Verteidiger, der seine fehlende Vertrautheit mit dem Revisionsrecht schon im Adressenfeld der Revisionsschrift zeigt, tut damit seinem Mandanten auch im weiteren Verfahren keinen großen Gefallen.

---

274 *Meyer-Goßner* vor § 42, Rn. 17 m.w.N.; KK-*Maul* § 43, Rn. 16; siehe hierzu auch *Küper* JR 1976, 28 (30), der zumindest in Bezug auf den Einwurf in einen gemeinsamen Nachtbriefkasten mehrerer Gerichte meint, dass das Schriftstück in diesem Fall allen an der Einlaufstelle beteiligten Justizbehörden gleichzeitig zugehe und somit „auch der Behörde, die es angehe". Andere Ansicht jedoch verschiedene Oberlandesgerichte, z.B. OLG Frankfurt NJW 1988, 2812; OLG Stuttgart NStZ 1987, 185 (186) (mit ablehnender Anmerkung *Maul*) und BayObLG NJW 1988, 714.

275 BGH JR 1953, 430.

276 Vgl. oben Fn. 274.

126 Was über die gemeinsame Briefannahmestelle gesagt ist, muss grundsätzlich auch für die Übermittlung durch Telefax an eine gemeinsame Fernschreibstelle der Justizbehörden gelten.[277] Diese **gemeinsamen Annahmestellen** beruhen ebenso wie die bei zahlreichen Gerichten eingerichteten Nachtbriefkästen, in die bis Mitternacht noch Schriftstücke mit fristwahrender Wirkung eingeworfen werden können, darauf, dass es Gegenstand von Verwaltungsanordnungen sein kann, unter welchen Voraussetzungen ein Schriftstück bei einer Behörde als „eingegangen“ anzusehen ist. Schon dadurch, dass im Schriftverkehr der Behörden mit dem rechtssuchenden Publikum und der Anwaltschaft eine Telefaxnummer als gemeinsame Anlaufstelle für mehrere Behörden bezeichnet wird, und dass an dem Nacht- oder „Fristenbriefkasten“ verschiedene Behördenbezeichnungen angebracht sind, wird kenntlich gemacht, dass auch nach Geschäftsschluss bis 24.00 Uhr eingehende Schriftstücke dem Einflussbereich einer jeden dieser Behörden zuzurechnen sind.[278] Gelangen die Eingänge aus dem Briefkasten bzw. dem gemeinsamen Telefaxgerät zu einer Stelle mit Beamten, die zu Urkundsbeamten jeder der angeschlossenen Behörden bestellt sind, so gilt auch hier für falsch adressierte Schriftstücke dasselbe wie oben. Ob anders zu entscheiden ist, wenn der Inhalt des Briefkastens nicht zu einer solchen Briefannahme gelangt, sondern zu den jeweiligen Adressaten gebracht und erst dort mit einem Eingangsstempel versehen wird,[279] muss bezweifelt werden, weil diese internen Abläufe dem Rechtsmittelführer nicht zum Nachteil gereichen dürfen.

---

277 BGH wistra 1989, 313 = BGHR StPO § 341 – Schriftform 1.
278 *Blaese/Wielop* Förmlichkeiten der Revision, Rn. 152; hierzu auch *Küper* JR 1976, 28 (30).
279 So noch die 5. Aufl., 63, Rn. 76.

Teil 4: Verzicht, Rücknahme, Beschränkung

A. Verzicht

Jeder, dem die Revision zusteht, kann auf sie ganz oder teilweise verzichten. Die gewöhnliche Form des Verzichts ist die stillschweigende, durch schlichtes Verstreichenlassen der Revisionseinlegungsfrist. Diese dem Alltagsgebrauch entsprechende Bedeutung der Ausdrucksweise „auf etwas verzichten" ist aus der strafprozessualen Fachsprache weithin verschwunden, obwohl sie § 302 Abs. 1 StPO auch hier noch als gültig voraussetzt, indem die Vorschrift bestimmt, dass „auch" vor Ablauf der Frist zur Rechtsmitteleinlegung der Verzicht wirksam erfolgen könne. **127**

Die beiden Bedeutungen des Wortes „Verzicht" lösten lange Zeit sogar unterschiedliche Rechtsfolgen aus, die über die unmittelbaren Auswirkungen der Zeitdifferenz zwischen dem Ablauf der Revisionseinlegungsfrist und dem Wirksamwerden der davor positiv abgegebenen Verzichtserklärung hinausgingen: Bis zu seiner Änderung durch das Strafverfahrensänderungsgesetz 1979[280] erlaubte nämlich § 267 Abs. 4 StPO dem Tatgericht die Abfassung eines „abgekürzten Urteils" nur unter der Voraussetzung, dass alle Rechtsmittelberechtigten auf das Rechtsmittel ausdrücklich verzichtet hatten. **128**

Die jetzt gültige Fassung des § 267 Abs. 4 StPO behandelt den aktiven und den passiven Verzicht wieder gleich. Das ist auch sinnvoll, weil – vom Zeitpunkt abgesehen – beide Formen dieselbe Rechtswirkung erzeugen, nämlich die volle formelle und materielle Rechtskraft.

Der frühestmögliche Zeitpunkt für den **„aktiven" Rechtsmittelverzicht** ist die Beendigung der Verkündung des Urteils. Die Rechtsmittelbelehrung braucht noch nicht erteilt zu sein.[281] Bei dem in Abwesenheit verurteilten Angeklagten beginnt die Rechtsmittelfrist erst mit der Zustellung des Urteils. Der BGH[282] und ihm folgend ein Teil der Kommentarliteratur[283] wollen den Verzicht durch den in Abwesenheit Verurteilten schon zulassen, bevor er den Inhalt der Entscheidung kennt. Es soll danach ausreichen, dass er „zuverlässig Kenntnis erlangen konnte". **129**

Diese Auffassung begegnet aber Bedenken. Nach § 341 Abs. 2 StPO beginnt für den während der Urteilsverkündung **nicht anwesenden Angeklagten** die Frist zur Einlegung der Revision erst mit der Zustellung des Urteils. Damit kann eine vorher erfolgte Revisionseinlegung erstmals von diesem Zeitpunkt an wirksam werden und deshalb

---

280 StVÄG 1979 v. 5. 10. 1978 (BGBl. I, 1645).

281 Vgl. BGH NStZ 1984, 329; BGH NStZ 1986, 208 *(Pfeiffer/Miebach)*.

282 BGHSt 25, 234 = NJW 1974, 66 = JR 1974, 250 (mit ablehnender Anmerkung *Peters*); BGH NStZ 1986, 208 *(Pfeiffer/Miebach)*.

283 KK-*Paul* § 302, Rn. 6; LR-*Hanack* § 302, Rn. 9; *Meyer-Goßner* § 302, Rn. 14.

auch erstmals von diesem Zeitpunkt an zurückgenommen werden. Nur auf diese Weise wird er insoweit dem Angeklagten, der bei der Urteilsverkündung zugegen war, gleichgestellt, als diesem durch Bekanntgabe der mündlichen Gründe eine ungefähre Abschätzung seiner Revisionschancen ermöglicht wird.

Karl Peters weist mit Recht darauf hin, dass auch der Angeklagte, dessen Urteil in seiner Abwesenheit verkündet wurde, die Möglichkeit haben muss, nicht nur die mündlichen Urteilsgründe mittelbar zu erfahren, sondern in Kenntnis der einzigen für ihn bestimmten amtlichen Bekanntgabe des Urteilsinhalts seine Entscheidung über die Durchführung des Rechtsmittels zu treffen.[284]

130 Der Verzicht setzt **Verhandlungsfähigkeit** voraus.[285] Der Erklärende muss sich in einem Zustand geistiger Klarheit und Freiheit befinden, so dass er sich auch in einer Hauptverhandlung verteidigen könnte. Er muss insbesondere in der Lage sein, die Bedeutung der abgegebenen Prozesserklärung zu erkennen.[286] Dagegen sind Geschäftsfähigkeit im bürgerlich-rechtlichen Sinne oder die Zustimmung des gesetzlichen Vertreters weder erforderlich noch genügend.[287]

131 Der **Verteidiger** bedarf zum Verzicht einer ausdrücklichen Ermächtigung. § 302 Abs. 2 StPO, der sich nach seinem Wortlaut nur auf die Zurücknahme eines bereits eingelegten Rechsmittels bezieht, muss erst Recht auf den vor Ablauf der Einlegungsfrist bezogenen Vezicht gelten.[288] Diese Ermächtigung kann auch schon vor dem Urteil (etwa in der Strafprozessvollmacht, was üblich ist) erteilt werden. Eine bestimmte Form ist für die Ermächtigung im Gesetz jedoch nicht vorgeschrieben; sie kann also auch mündlich oder fernmündlich erteilt werden.[289] Ebenso formlos kann die Ermächtigung auch widerrufen werden.[290] Über das Bestehen der Ermächtigung zum Zeitpunkt der Erklärung des Verteidigers muss erforderlichenfalls durch Freibeweis eine Klärung herbeigeführt werden. Ein non liquet wirkt sich hier allerdings zugunsten der Rechtskraft aus.[291]

132 Der Verzicht kann nur schriftlich oder zu Protokoll der Geschäftsstelle oder im Anschluss an die Verkündung des Urteils in der Hauptverhandlung[292] erklärt werden, wo freilich zur Voraussetzung gemacht wird, dass nach § 273 Abs. 3 StPO verfahren wird. Der Verzicht muss ausdrücklich, bestimmt, bedingungslos und ohne Vorbehalt erklärt werden. Der Verzichtswille muss zweifelsfrei feststehen; das braucht nicht einmal immer der Fall zu sein, wenn der Angeklagte die Frage des Vorsitzenden bejaht, ob er „das Urteil annehme“. Durch die oben beschriebene Änderung des § 267

---

284 *Peters* JR 1974, 249.
285 KK-*Paul* § 302, Rn. 2.
286 KK-*Paul* § 302, Rn. 2; BGH NStZ 1983, 280; 1984, 329; 1994, 181; vgl. aber jetzt BGHSt 41, 16 = NJW 1995, 1973 = NStZ 1995, 390 = StV 1995, 421 (mit Anmerkung *Rieß* JR 1995, 473) (Fall Mielke).
287 KK-*Paul* § 302, Rn. 2.
288 *Meyer-Goßner* § 302, Rn. 30.
289 Vgl. BVerfG (2. Kammer des 2. Senats) NJW 1993, 456; BGH NStZ 2000, 665; NStZ-RR 2003, 241 und BGH 4 StR 454/03 v. 18. 11. 2003 (*Becker* NStZ-RR 2005, 67).
290 RGSt 32, 278; BGHSt 10, 245 = NJW 1957, 1040 = JR 1957, 349 (m. Anm. *Dünnebier*).
291 KK-*Paul* § 302, Rn. 23.
292 KK-*Paul* § 302, Rn. 9; BGHSt 18, 257 = NJW 1963, 963.

Abs. 4 StPO durch das StVÄG 1979 hat sich das Problem des „herausgefragten Rechtsmittelverzichts“[293] erheblich entschärft. Da ein abgekürztes Urteil auch dann geschrieben werden darf, wenn die Rechtsmittelfrist ungenutzt verstreicht oder das Rechtsmittel alsbald zurückgenommen wird, ist auf den Richterbänken sehr viel mehr Verständnis für das Bedürfnis der Angeklagten erkennbar, die ihm vom Gesetz eingeräumte Frist durch reifliche Überlegung auszuschöpfen. Dennoch kommt es immer noch relativ häufig vor, dass der Bundesgerichtshof sich mit der (regelmäßig verneinten) Frage nach der Zulässigkeit von Revisionen zu befassen hat, nachdem die Beschwerdeführer den unmittelbar nach der Urteilsverkündung zu Protokoll erklärten[294] Verzicht nicht mehr gelten lassen wollen.[295]

Die Möglichkeit eines nur **teilweisen Verzichts** ist streng zu unterscheiden von der noch im Einzelnen zu behandelnden beschränkten Einlegung eines Rechtsmittels.[296] Dieser zunächst etwas rabulistisch klingende Unterschied hat aber durchaus eine weitgehende praktische Bedeutung. Sieht man nämlich zutreffend in der beschränkten Einlegung eines Rechtsmittels noch nicht ohne Weiteres (das heißt ohne ausdrückliche entsprechende Erklärung) einen Verzicht im Übrigen, so ist damit auch noch keine Teilrechtskraft eingetreten. Dies hat zur Folge, dass die beschränkt eingelegte Revision bis zum Ende der Revisionseinlegungsfrist noch erweitert werden kann.[297] Eine weitere praktische Folge des Unterschiedes liegt darin, dass für die beschränkte Einlegung des Rechtsmittels der Verteidiger nicht über eine besondere Ermächtigung verfügen muss.[298] Eine Teilrücknahme oder einen Teilverzicht will der BGH nicht einmal darin sehen, dass eine zunächst ohne jede weitere Erklärung, d.h. unbegrenzt eingelegte Revision, später vom Verteidiger dahingehend „konkretisiert“ wird, dass das Urteil nur in beschränktem Umfang angefochten werden solle.[299] Auf die Bedenken hiergegen wird noch einzugehen sein.[300] **133**

Besondere Brisanz hatte der Rechtsmittelverzicht im Zusammenhang mit der Diskussion um die Zulässigkeit und Grenzen der **Urteilsabsprache** („Verständigung“, „Deal“) erlangt. Nachdem der 4. Strafsenat des BGH in seiner Grundsatzentscheidung BGHSt 43, 194 eine richterrechtliche Verfahrensordnung für solche praeter legem entstandene Vergleichsverfahren entworfen hat[301] und dabei auch ein Verbot der Vorabverein- **134**

293 Eindrucksvoll dazu *Dahs* FS Schmidt-Leichner, 17ff.

294 „Erklärt“ heißt, dass eine ausdrückliche und unmissverständliche verbale Aussage, dass man auf Rechtsmittel verzichtet, stattfinden und protokolliert werden muss. Ein bloßes Kopfnicken sollte dazu nicht ausreichen; vgl. OLG Hamm wistra 2003, 440.

295 Im Fall BGHR § 302 Abs. 1 S. 1 – Rechtsmittelverzicht 9 berief sich der Angeklagte auf Unwissenheit und mangelnde Beratung durch seinen Verteidiger. Im Fall 1 StR 804/94 v. 17. 1. 1995 machte der Angeklagte geltend, er sei „paralysiert“ gewesen. Mangels Anhaltspunkten für eine fehlende Verhandlungsfähigkeit (dazu BGH NStZ 1983, 280) und unter Hinweis auf die Unanfechtbarkeit und Unwiderruflichkeit des Rechtsmittelverzichts (BGHR StPO § 302 Abs. 1 S. 1 – Rechtsmittelverzicht 4, 5, 8) verwarf der BGH auch diese Revision als unzulässig.

296 Siehe Rn. 139ff.

297 BGHSt 38, 366 = NJW 1993, 476 = StV 1993, 396 (Anm. *Stree* JZ 1993, 476).

298 BGHSt, aaO.

299 BGHSt 38, 4 = NJW 1991, 3162 = StV 1992, 7.

300 Siehe Rn. 139.

301 BGH, Urt. v. 28. 8. 1997 – 4 StR 240/97 – BGHSt 43, 195 = NJW 1998, 86 = NStZ 1998, 31 = StV 1997, 583 Besprechungen: *Rönnau* wistra 1998, 49; *Kintzi* JR 1998, 249; *Satzger* JA 1998, 98; *Lemke* NJ 1998, 42; *Weigend* NStZ 1999, 57.

barung von Rechtsmittelverzichten begründet, ergeben sich daraus immer wieder Probleme, weil in der Praxis die Zusage eines Rechtsmittelverzichts als Vertrauenstest für den Vergleich überhaupt verstanden wird. Die Revisionsgerichte werden mit solchen Vorgängen nur befasst, wenn die ansonsten bereits weitgehend perfekte Absprache doch noch scheitert, weil der Angeklagte (im Einklang mit den vom 4. Strafsenat aufgestellten Regeln!) zu einem Rechtsmittelverzicht nicht bereit ist,[302] oder wenn ein Rechtsmittelverzicht als unwirksam behandelt bzw. angefochten werden soll, weil er zuvor vereinbart war. Zu der letzten Fallvariante ist ein noch nicht entschiedener Streit zwischen dem 1. und 2. Senat einerseits und dem 4. Senat andererseits entstanden. Dabei geht es darum, was daraus folgt, wenn – fast möchte man sagen: wie üblich – gegen das vom 4. Strafsenat in BGHSt 43, 195 geschaffene Verbot der Vorabvereinbarung eines Rechtsmittelverzichts verstoßen wird. Soll dann ohne Weiteres der im Anschluss an das Urteil („vertragsgemäß") erklärte Rechtsmittelverzicht unwirksam, das ausgedealte Urteil also noch anfechtbar sein – so der 4. Strafsenat[303] – oder soll es (wie sonst bei jedem anderen Rechtsmittelverzicht) darauf ankommen, ob ein konkreter Willensmangel vorlag – so im Anschluss an eine Entscheidung des 2 Senats[304] der 1. Strafsenat.[305] Nach der Entscheidung des Großen Senats,[306] die auf Vorlage des 3. Strafsenats[307] die merkwürdige Rechtsfigur der „qualifizierten Belehrung" erfand, hat jetzt der Gesetzgeber durch die Neufassung des § 302 Abs. 1 Satz 2 StPO für alle Fälle der „Verständigung" i.S.d. § 257c StPO den Rechtsmittelverzicht ausgeschlossen.[308]

Dies wäre sicherlich eine der Rechtsklarheit dienliche Lösung, wenn da nicht auch die gleichzeitig eingeführte originelle Neuerung bei den Protokollvorschriften wäre, wonach die Tatsache, dass eine **Verständigung** i.S. des § 257c StPO stattgefunden hat, ebenso zu protokollieren ist wie gegebenenfalls die Tatsache, dass das Urteil ohne vorherige Absprache ergangen ist. Was wird dann aber aus der absoluten Beweiskraft des Protokolls, wenn es zur Frage, *ob* „gedealt" wurde, völlig schweigt und zu dem nach Urteilsverkündung erklärten und protokollierten Rechtsmittelverzicht hinterher streitig wird, ob er im Rahmen einer „Verständigung" vereinbart worden war?

135 Unabhängig davon gilt nach wie vor: Der wirksam erklärte Verzicht kann weder angefochten noch zurückgenommen werden.[309] Er wirkt damit „stärker" als der Fristab-

---

302 Vgl. z.B. BGH 1 StR 147/01 v. 26. 9. 2001 = NStZ 2002, 219 mit Bespr. *Weider* NStZ 2002, 174.

303 BGHSt 45, 227 = NJW 2000, 526 = NStZ 2000, 96 = StV 2000, 4 = BGHR StPO § 44 1 Verhinderung 16; Anmerkung *Rieß* NStZ 2000, 98; *Weigend* StV 2000, 63.

304 BGH NJW 1997, 2691.

305 BGH StV 2000, 237; vgl. auch BGH 1 StR 110/00 v. 24. 5. 2000 = StV 2000, 542.

306 GSSt 1/04 Beschl. v. 3. 3. 2005 = BGHSt 50, 40 (Anmerkungen s.o. Fn. 23).

307 3 StR 368/02 und 515/02, Besch. v. 15. 6. 2004. Vorausgegangen waren der Anfragebeschluss des 3. Strafsenats v. 24. 7. 2003 – 3 StR 368 und 415/02 – und die Antworten durch die Beschlüsse des 5. Senats v. 29. 10. 2003 – 5 StR 61/03 und des 4 Senats 4 ARs 32/03 v. 25. 11. 2003.

308 Vgl. § 302 Abs. 1 Satz 2 StPO i.d.F. des Diskussionsentwurfs für eine Reform des Strafverfahrens StV 2004, 228; *Niemöller/Schlothauer/Weider* Gesetz zur Verständigung im Strafverfahren, Kommentar, 2010.

309 BGH NStZ 1984, 181; BGH StV 1988, 372 (m. Anm. *Sieg*); BGH NStZ 1986, 278 m.w.N.; 1987, 18; 1987, 221; BGHR StPO § 302 Abs. 1 Satz 1 – Rechtsmittelverzicht 1–13; zur Unwirksamkeit eines Rechtsmittelverzichts bei „Zusage" hinsichtlich der Haftbedingungen vgl. BGHR StPO § 302

lauf, denn er macht eine Wiedereinsetzung unmöglich.[310] Geht jedoch die nach dem Verzicht abgesandte Rechtsmittelerklärung vor dem Verzicht bei Gericht ein, so ist der Verzicht unbeachtlich.[311]

B. Rücknahme

Die gleiche Wirkung wie dem Verzicht kommt der **Rücknahme** einer Revision zu. Der Sache nach handelt es sich auch bei der Rücknahme um einen Verzicht, allerdings nach vorheriger Einlegung des Rechtsmittels. Eine zurückgenommene Revision kann deshalb innerhalb der Einlegungsfrist nicht von neuem eingelegt werden. Die Rücknahme ist an dieselben Formvoraussetzungen gebunden wie die Einlegung der Revision. Eine telefonische Rücknahmeerklärung wird deshalb zu Recht als unbeachtlich angesehen, auch wenn der Geschäftsstellenbeamte darüber eine Aktennotiz anfertigt.[312] **136**

Zurücknehmen kann die Revision grundsätzlich nur, wer sie eingelegt hat. Hat die Staatsanwaltschaft Revision zugunsten des Angeklagten eingelegt, was freilich nur äußerst selten vorkommt,[313] so bedarf sie zur Zurücknahme aber seiner **Zustimmung** (§ 302 Abs. 1 S. 2 StPO). Der Angeklagte kann die vom Verteidiger, auch wenn dieser dazu gemäß § 302 Abs. 2 StPO ausdrücklich ermächtigt ist, oder auch die von ihm (dem Angeklagten selbst) eingelegte Revision zurücknehmen. Auch der Vorgesetzte des Staatsanwalts kann die von diesem eingelegte Revision zurücknehmen. Der Generalbundesanwalt ist jedoch den Staatsanwaltschaften der Länder nicht vorgesetzt (§ 147 GVG) und daher zur Zurücknahme von deren Rechtsmitteln nicht befugt. Dessen ungeachtet ist er allerdings in der Frage, ob er die Revision gegenüber dem Revisionsgericht „vertritt" (d.h. sich die Ziele der Revision zu eigen macht), völlig frei.[314] Diese Unabhängigkeit entspricht auch der Praxis, die sich darin ausdrückt, dass nicht ganz selten die Bundesanwaltschaft die Verwerfung der staatsanwaltschaftlichen Revision beantragt.[315] **137**

Wie der Verzicht, so muss auch die Rücknahme **ausdrücklich erklärt** werden, um wirksam zu sein. Eine Rücknahme liegt nicht schon darin, dass ein abtrennbarer Teil der Revision nicht begründet wird. Vielmehr ist die Revision dann zu diesem Teil mangels Begründung unzulässig, wenn sich nicht einmal die Sachrüge darauf be- **138**

Abs. 1 Satz 1 – Rechtsmittelverzicht 14 = StV 1995, 395 = NStZ 1995, 556 = NJW 1995, 2568. In Abgrenzung hierzu BGH NJW 1997, 2691.

310 KK-*Maul* § 44, Rn. 15; BGH 4 StR 183/94 v. 12. 4. 1994; OLG Düsseldorf MDR 1994, 71.

311 KK-*Paul* § 302, Rn. 16; BGH GA 1973, 46.

312 OLG Stuttgart NJW 1982, 1472; HansOLG Hamburg MDR 1981, 424, das eine fernmündliche Revisionsrücknahme bei der Geschäftsstelle unter bestimmten Bedingungen für zulässig halten würde; OLG Karlsruhe Justiz 1986, 307; siehe auch BGHSt 30, 64 (67 ff.) = NJW 1981, 1627 im Falle einer telefonischen Berufungseinlegung durch die StA, m.w.N. zum Meinungsstand.

313 Vgl. *Rieß* FS Sarstedt, 253 (287).

314 LR-*Hanack* § 302, Rn. 59.

315 Vgl. über die Arbeitsweise der Bundesanwaltschaft *Fränkel* DRiZ 1960, 353 ff. BVerGE 113, 112 ff., 194.

zieht. Der Antrag, das Rechtsmittel als gegenstandslos zu betrachten, ist ebenfalls nicht ohne Weiteres als Rücknahme aufzufassen, weil an die Eindeutigkeit der Erklärung zum Schutze des Erklärenden wegen der Unwiderruflichkeit strenge Anforderungen zu stellen sind, und der Wille, eben diese Endgültigkeit herbeizuführen, unmissverständlich zum Ausdruck gebracht worden sein muss.[316] Sind die Akten bereits an das Revisionsgericht abgegeben, so ist die Rücknahme diesem gegenüber zu erklären.[317] Geht sie hier erst nach der Entscheidung ein, so bleibt es bei der Entscheidung.[318] Nach Beginn der Hauptverhandlung vor dem Revisionsgericht kann die Revision nur noch mit **Zustimmung des Gegners** zurückgenommen werden (§ 303 StPO). Maßgebend ist dabei – falls mehrere stattfinden – die erste Hauptverhandlung.[319] Auch zu dieser Zustimmung bedarf der Verteidiger der ausdrücklichen Ermächtigung nach § 302 Abs. 2 StPO.[320] Es sollte aber in jedem Falle sichergestellt werden, dass der Angeklagte selbst mit der konkreten Entscheidung über die Rücknahme des Rechtsmittels der Staatsanwaltschaft, das ja auch zu seinen Gunsten wirken kann (§ 301 StPO), einverstanden ist. Dazu sollte es bei einem abwesenden Angeklagten auch der Mühe wert sein, ihn erforderlichenfalls selbst zu fragen.

Auch eine unzulässige Revision kann wirksam zurückgenommen werden.[321]

C. Beschränkung der Revision

139 Eine Beschränkung der Revision kann nach der Rechtsprechung des Bundesgerichtshofs[322] in vierfacher Weise vorgenommen werden: erstens durch Teilverzicht vor Ablauf der Revisionseinlegungsfrist bei gleichzeitiger oder jedenfalls rechtzeitiger Anfechtung im Übrigen, zweitens durch unbeschränkte Einlegung des Rechtsmittels und spätere ausdrückliche Teilrücknahme, drittens durch unbeschränkte Einlegung und spätere einengende Konkretisierung und viertens durch beschränkte Einlegung ohne Teilverzicht, aber auch ohne ausweitende Erklärung vor Ablauf der Revisionseinlegungsfrist.

Diese Unterscheidung wirkt überdifferenziert; sie entspricht jedoch gerade dort, wo sie in der Praxis am meisten Ärger verursachen kann, der Gesetzeslage. Dass eine zunächst unbegrenzt eingelegte Revision im Zuge ihrer Begründung auf **abtrennbare Teile** des Urteils reduziert wird (dritte Fallgruppe) und dies nicht als Teilrücknahme

---

316 LR-*Hanack* § 302, Rn. 23; bei fremdsprachlicher Einlegung eines Rechtsmittels, ist diese Erklärung erst wirksam, wenn die Übersetzung zu den Akten gebracht wurde: siehe BGH 1 StR 433/86 v. 21. 10. 1986; BGHSt 30, 182; HansOLG Hamburg NStZ 1988, 566 (in Bezug auf eine Rechtsmittelrücknahme).

317 BGH NStZ 1992, 225 (*Kusch*); KK-*Paul* § 302, Rn. 14.

318 BGH LM Nr. 2 zu § 302 StPO (Ls.) = JZ 1951, 791 (Ls.); HansOLG MDR 1983, 154; OLG Karlsruhe Justiz 1981, 447; OLG Köln JR 1976, 514 ff. (m. Anm. *Meyer*).

319 Vgl. *Rieß* JR 1986, 441; KK-*Paul* § 303, Rn. 2.

320 Anderer Ansicht offenbar KK-*Paul* § 303, Rn. 3 (danach soll die Vollmacht ausreichen, wenn der Angeklagte nicht in der Hauptverhandlung anwesend ist); so auch LR-*Hanack* § 303, Rn. 7.

321 BGH 2 StR 461/94 v. 16. 12. 1994 = NStZ 1995, 356 (m. Anm. *Ehrlicher*).

322 BGHSt 38, 4; BGHSt 38, 366; BGH NJW 1992, 989 = StV 1992, 10 = NStZ 1992, 126.

bewertet wird,[323] hat die für den Angeklagten unter Umständen unangenehme Folge, dass sein Verteidiger dazu nicht die nach § 302 Abs. 2 StPO notwendige besondere Ermächtigung benötigt.

Die Richtigkeit dieser Auffassung des BGH folgt aber aus dem Verhältnis der §§ 302 und 341 zu § 344 Abs. 1 StPO. In der zuletzt genannten Bestimmung, die sich mit der Revisionsbegründung befasst, wird überhaupt erstmals von der Möglichkeit einer Teilanfechtung durch die Revision gesprochen. Das ist deshalb sinnvoll, weil dies das Stadium ist, in dem der Revisionsführer die Gründe des angefochtenen Urteils kennt. Für das Stadium der Revisionseinlegung kennt das Gesetz dagegen nur Erklärungen über das „Ob", nicht aber auch Erklärungen über das „Inwieweit". Daraus könnte man die Folgerung ziehen, dass es bis zum Lauf der Revisionsbegründungsfrist auch noch keinen Teilverzicht und auch keine Teilrücknahme des Rechtsmittels geben darf. Andererseits enthält die StPO – wie oben bereits ausgeführt – kein Verbot, eine Revisionsbegründung auch schon vor Zustellung des Urteils abzugeben, wenn dies im Einzelfall jemand für sinnvoll hält. Wer beispielsweise zu einer ihm vorgeworfenen Tat ein Geständnis abgelegt hat und insoweit auch zu dem von ihm selbst „erbetenen" Strafmaß verurteilt wurde, kann sich auch in Unkenntnis der vielleicht später noch so anfechtbaren Gründe durchaus schon alsbald nach der Urteilsverkündung entschließen, diesen Teil der tatrichterlichen Entscheidung zu akzeptieren, auch wenn er die Verurteilung wegen einer weiteren eigenständigen Tat, deren Begehung er in der Hauptverhandlung bestritten hatte, mit der Revision anfechten will. Deshalb spricht nichts dagegen, in solchen Fällen einen Teilverzicht schon während des Laufs der Revisionseinlegungsfrist und auch bis zum Lauf der Revisionsbegründungsfrist zuzulassen (Erste Fallgruppe). Allerdings wäre es mit dem Sinn und Zweck des § 302 Abs. 2 StPO unvereinbar, wollte man dem Verteidiger in diesem Stadium des Verfahrens einen ausdrücklichen Teilverzicht oder eine Teilrücknahme ohne die besondere Ermächtigung durch den Mandanten gestatten. Doch darf auch nicht übersehen werden, dass der Verteidiger keine besondere Ermächtigung benötigt, um auf das ganze Rechtsmittel „passiv" (also durch schlichtes Verstreichenlassen der Revisionseinlegungsfrist) zu verzichten. 140

Hieraus folgt im Übrigen auch die Richtigkeit der Auffassung des BGH, dass in eine **Teilanfechtung noch kein Verzicht** auf die Revision im Übrigen hineininterpretiert werden darf. So lange also die Revisionseinlegungsfrist noch nicht abgelaufen ist, kann eine solche Teilanfechtung noch zu einer vollständigen Anfechtung erweitert werden.[324] 141

Der Verteidiger, der eine Revisionsbegründung bearbeitet und dabei erkennt, dass das Rechtsmittel nur bezogen auf bestimmte Beschwerdepunkte aussichtsreich erscheint, ist somit auch ohne besondere Ermächtigung des Mandanten befugt, eine Konkretisierung des Anfechtungszwecks vorzunehmen. Diese hohe Verantwortung steht im Einklang mit der besonderen Stellung des Verteidigers im Zusammenhang mit der Aufgabe der Revisionsbegründung. Die Revisionsbegründungsschrift ist – abgesehen von 142

323 BGHSt 38, 4 = NJW 1991, 3162 = StV 1992, 7.
324 BGHSt 38, 4 = NJW 1991, 3162 = StV 1992, 7.

dem praktisch kaum noch vorkommenden Fall der Protokollierung durch die Geschäftsstelle – überhaupt nur wirksam, wenn eine „von dem Verteidiger oder einem Rechtsanwalt unterzeichnete Schrift" (§ 345 Abs. 2 StPO) abgegeben wird. Damit soll gewährleistet werden, dass die dem Revisionsgericht obliegende rechtliche Überprüfung durch eine **rechtliche „Vorprüfung"** eines Volljuristen, der auch für den gesamten Inhalt der Schrift die Verantwortung übernehmen muss,[325] vorbereitet wird. Während also in der Frage des **„Ob"** eines Rechtsmittels dem Angeklagten die letzte Entscheidung auch gegen den Willen seines Verteidigers eingeräumt wird (§§ 297, 302 Abs. 2 StPO), soll in der Frage des **„Wie"** im Falle der Revision der Verteidiger gegenüber seinem Mandanten dominieren. Da die Frage des **„Inwieweit"** nach § 344 Abs. 1 StPO ein Teil des „Wie", also ein Teil der Arbeit an der Revisionsbegründung ist, muss im Verhältnis zwischen Verteidiger und Angeklagtem ersterer im Rahmen der von ihm zu übernehmenden Begründungsverantwortung auch die Freiheit haben, die Teile des angefochtenen Urteils zu benennen, gegen die sich die rechtlichen Angriffe richten.

143 Dies folgt auch daraus, dass der Verteidiger nicht verpflichtet sein kann, von ihm selbst für unvertretbar gehaltene Rügen zu formulieren und zu unterschreiben. Muss man ihm aber gestatten, abtrennbare Teile des Urteils, die zunächst mitangefochten sind, gegen die ihm aber sowohl die Sachrüge als auch eine Verfahrensrüge aussichtslos erscheinen, in der Revisionsbegründung **nicht zu erwähnen**, was zur Folge hat, dass insoweit die Revision als unzulässig zu verwerfen ist, so muss ihm auch erlaubt sein, im Rahmen der Revisionsbegründung das Rechtsmittel auf den zulässigen Teil zu beschränken.

144 Aus verfahrens- und sachlich-rechtlichen Gründen kann die Revision allerdings nicht auf beliebige Teile des angefochtenen Urteils **beschränkt** werden. Die Beschränkung ist nur möglich, soweit sie sich auf einen **abtrennbaren Teil** des Urteils bezieht.[326] Abtrennbar ist ein Teil des Urteils, sofern er ohne Nachprüfung des Restes sinnvollerweise selbständig, für sich alleine rechtlich beurteilt werden kann. Hängt der logische Bestand des nicht angegriffenen Teils von der Richtigkeit oder Unrichtigkeit des angegriffenen Teils ab, so ist die Beschränkung nicht wirksam.[327] So leuchtet es ohne Weiteres ein, dass man zum Beispiel nicht den Schuldspruch angreifen und den Strafausspruch bestehen lassen kann.[328]

145 Da das Revisionsgericht stets von Amts wegen und auch ohne entsprechende Verfahrensrüge zu prüfen hat, ob alle **Verfahrensvoraussetzungen** gegeben sind und ob keine Verfahrenshindernisse vorliegen, kann die Revision nicht in der Weise beschränkt werden, dass diese Nachprüfung (hinsichtlich eines überhaupt angegriffenen Teils) ausgeschlossen würde.[329] Denn hier handelt es sich in der Regel nicht nur

---

325 Allgemeine Meinung vgl. nur LR-*Hanack* § 345, Rn. 20; KK-*Kuckein* § 345, Rn. 15; BGH 3 StR 385/99 Beschl. v. 17. 11. 1999 = NStZ 2000, 211.

326 Im so formulierten Grundsatz einhellige Auffassung in der Rechtsprechung BGHSt 10, 100 = NJW 1956, 680; BGHSt 27, 70 = NJW 1977, 442; BGHSt 39, 390 = NJW 1994, 1015 = StV 1994, 284 = NStZ 1994, 141.

327 Dazu eingehend *Beling* GA Band 63 (1916/17) 172; zum Ganzen: LR-*Hanack* § 344, Rn. 14 ff.

328 KK-*Kuckein* § 344, Rn. 9.

329 *Eb. Schmidt* Lehrkommentar § 318, Rn. 51; KK-*Kuckein* § 344, Rn. 23; in BGH 1 StR 428/01 v. 4. 12. 2001 = NStZ 2002, 198 hat der Senat den verjährten Teil der 96 selbständigen Taten des sexuellen

um die Frage, ob der Vorderrichter einen Verstoß begangen hat, sondern zunächst einmal darum, ob das Revisionsgericht selbst in der Sache vorgehen darf. Bezieht der Schuldspruch sich auf ein **Antragsdelikt** und wird die Revision auf das Strafmaß beschränkt, so hat das Revisionsgericht beim Fehlen eines ordnungsgemäßen Strafantrages das Verfahren einzustellen.[330] Ist dagegen der Schuldspruch wegen eines **Offizialdelikts** dadurch rechtskräftig geworden, dass die Revision auf das Strafmaß beschränkt wurde, so hat das Revisionsgericht nicht nachzuprüfen, ob der Schuldspruch nach richtiger Ansicht nur wegen eines anderen, nämlich eines Antragsdelikts hätte ergehen dürfen.

Ob die Revision umgekehrt auf die **Nachprüfung einer Verfahrensvoraussetzung** **146** beschränkt werden kann, lässt sich nicht allgemein, sondern nur von Fall zu Fall entscheiden. Bei der Anwendbarkeit eines Straffreiheitsgesetzes und bei der Frage nach der Strafverfolgungsverjährung[331] ist das in der Regel zu verneinen.[332] Eine Ausnahme kann dann gelten, wenn im Einzelfall ein Rückgriff auf die Schuldfrage nicht notwendig ist.[333] Dagegen kann die Revision auf die Frage beschränkt werden, ob Strafklageverbrauch eingetreten ist,[334] ob ein Strafantrag vorliegt[335] und ob die Auslieferungsbedingungen eingehalten worden sind.[336]

Die Revision kann auf eine oder einige von **mehreren Taten** beschränkt werden, die **147** im Verhältnis der Tatmehrheit zueinander stehen.[337] Das gilt aber nur, wenn die Frage, ob Tateinheit oder Tatmehrheit vorliegt, im angefochtenen Urteil richtig entschieden ist,[338] denn sonst würde die Beschränkung das Revisionsgericht hindern, die zu seiner Entscheidung gebrachte Teilfrage richtig zu behandeln. Nimmt das angefochtene Urteil zu Unrecht Tateinheit an, während in Wirklichkeit Tatmehrheit vorliegt, so lässt sich dieser Schuldspruch erst im Revisionsurteil, dagegen noch nicht mit der Einlegung der Revision „zerlegen".[339] Liegt es umgekehrt, nimmt also das angefochtene Urteil zu Unrecht Tatmehrheit an, während in Wirklichkeit Tateinheit gegeben ist, so muss das Revisionsgericht, um über die „eine" Tat richtig entscheiden zu können, ebenfalls den ganzen Schuldspruch beurteilen.[340] Das gilt schon dann, wenn Tateinheit nach den bisherigen Feststellungen auch nur möglich ist.[341] Innerhalb des Schuldspruchs für eine Tat gibt es keine Trennung, weder im Falle der Tateinheit[342]

Missbrauchs von Kindern „Ungeachtet der auf den Rechtsfolgenausspruch beschränkten Revision" eingestellt; LR-*Hanack* § 344, Rn. 17; BGHSt 34, 1 = NJW 1986, 2895 = StV 1986, 473 (m. Anm. *Herzog*) = NStZ 1986, 320 im Falle eines Verfahrenshindernisses, das trotz der Rechtsmittelbeschränkung von Amts wegen zu beachten war.

330 BGH 3 StR 468/93 v. 1. 9. 1993.
331 BGH NJW 1984, 988 (insoweit in BGHSt 32, 209 nicht abgedruckt).
332 LR-*Hanack* § 344, Rn. 18.
333 Vgl. OLG Frankfurt am Main NStZ 1982, 35; LR-*Hanack* § 344, Rn. 18.
334 RGSt 40, 274; 51, 241; 54, 83; LR-*Hanack* § 344, Rn. 18.
335 Vgl. die Nachweise bei LR-*Hanack* § 344, Rn. 18.
336 LR-*Hanack* § 344, Rn. 18.
337 KK-*Kuckein* § 344, Rn. 7.
338 Vgl. KK-*Kuckein* § 344, Rn. 8; BGHSt 24, 185, 187 = NJW 1971, 1948.
339 LR-*Hanack* § 344, Rn. 24.
340 LR-*Hanack* § 344, Rn. 24.
341 RGSt 73, 243.
342 BGH 4 StR 15/94 v. 8. 2. 1994 unter Hinweis auf BGHSt 24, 185 (189).

noch in den Fällen einer natürlichen Handlungseinheit.[343] Ist jemand wegen Betruges in Tateinheit mit Urkundenfälschung verurteilt worden, so kann er die Revision nicht auf die Annahme des Betruges beschränken.[344] Andererseits könnte auch die Staatsanwaltschaft ihre Revision nicht darauf beschränken, dass nicht auch noch Untreue in Tateinheit mit dem übrigen angenommen worden ist. Auch kann die Revision nicht auf die Frage der Tateinheit oder Tatmehrheit oder überhaupt auf die Frage der Konkurrenzen beschränkt werden, ebensowenig auf einzelne Tatbestands- oder Strafzumessungsmerkmale, wie bspw. etwa die Frage der Gewerbsmäßigkeit.

148 Dass der **Rechtsfolgenausspruch isoliert angefochten** werden kann, ist heute einhellige Auffassung und Praxis. Die früheren Kritiker der „horizontalen Teilrechtskraft"[345] haben sich nicht durchgesetzt, obwohl sie bei einer an dogmatischer Sauberkeit orientierten Betrachtungsweise die besseren Gründe auf ihrer Seite hatten. Diese bestehen insbesondere in der Unmöglichkeit einer klaren Trennung der für den Schuldspruch maßgeblichen tatrichterlichen Feststellungen von den den Rechtsfolgenausspruch tragenden Umständen. Es ist andererseits bei einer pragmatischen Betrachtungsweise aber nicht zu verkennen, dass die revisionsgerichtliche Rechtsprechung insgesamt sicherlich nicht besser, sondern eher schlechter würde, wollte man die Möglichkeit der horizontalen Teilanfechtung wieder beseitigen und die Revisionsgerichte dazu verpflichten, aus Anlass eines jeden Fehlers in den Strafzumessungsgründen des angefochtenen Urteils dieses vollständig aufzuheben und eine vollständige Neuverhandlung anzuordnen.

149 Es ist auch nicht zu verkennen, dass die Rechtsprechung in konsequenter Fortführung ihres pragmatischen Lösungsansatzes dessen Nachteile weitgehend dadurch ausgleicht, dass sie die Trennbarkeit der Feststellungen zum Schuld- und Strafausspruch jeweils noch einmal im Rahmen des Einzelfalls konkret prüft, um bei einer bestehenden Interdependenz der Rechtsmittelbeschränkung die Wirkung abzusprechen.[346] So wird die Trennbarkeit zwischen Schuldspruch und Rechtsfolgenausspruch zum Beispiel dann verneint, wenn sich bei der Überprüfung des Rechtsfolgenausspruchs herausstellt, dass schon die Feststellungen zum Schuldspruch Lücken aufweisen, die auch für den Schuldumfang maßgeblich sind.[347]

150 Auch bei der Frage, inwieweit **innerhalb des Rechtsfolgenausspruchs** noch weitere Trennungen möglich sind, ist es angebracht, die jeweils generelle Antwort unter den Vorbehalt anderslautender Entscheidungen angesichts der Besonderheiten des Einzelfalles zu stellen. So kann die Revision auf das Berufsverbot (§ 70 StGB) beschränkt werden, wenn nicht im Einzelfall dessen Anordnung mit den Feststellungen unmittelbar zusammenhängt, die sich auch auf den übrigen Strafausspruch ausgewirkt ha-

---

343 Zum Fortbestand dieser Rechtsfigur nach dem Fortfall der fortgesetzten Handlung (BGHSt 40, 38) vgl. NJW 1995, 739 = StV 1995, 256 = NStZ 1995, 193 (Mehrere Btm-Taten betreffen ein und dieselbe Btm-Menge).

344 Vgl. allgemein zur Unteilbarkeit des Schuldspruchs LR-*Gössel* § 318, Rn. 62 ff.

345 Insbesondere *Grünwald* Die Teilrechtskraft im Strafverfahren; *Eb. Schmidt* Lehrkommentar § 318, Rn. 5 ff. und § 344, Rn. 5; *Peters* Strafprozess, 474; vgl. auch *Henkel* Strafverfahrensrecht, 393.

346 Vgl. BGHSt 33, 59 = NJW 1985, 1089.

347 BGH NStZ 1994, 130 = BGHR StGB § 306 Nr. 2 – Wohnung 9.

ben; kehrt man dieses Regel-Ausnahme-Verhältnis um, führt das in der Praxis zu keinen anderen Folgen.[348]

Auch die **Entziehung der Fahrerlaubnis** (§ 69 StGB) ist nur unter bestimmten Voraussetzungen isoliert anfechtbar. Da die Anordnung sowohl im Zusammenhang mit einem Freispruch wegen erwiesener oder nicht auszuschließender Schuldunfähigkeit (§ 20 StGB) als auch nach einer Verurteilung zur Strafe zulässig ist, muss unterschieden werden. Als eine Maßregel, die zusätzlich zu einer Strafe ausgesprochen wird, lässt sie sich in den meisten Fällen von deren Begründung abtrennen.[349] Legt die Staatsanwaltschaft Revision ein, weil neben der Freisprechung nicht die Fahrerlaubnis entzogen worden ist, so kann wegen des engen sachlichen Zusammenhangs zwischen den Voraussetzungen des Freispruchs (§ 20 StGB) und den Gründen der von der Staatsanwaltschaft erstrebten Maßregel die Revision nur als unbeschränkte behandelt werden.[350] **151**

Auf die Einziehung[351] nach § 74 StGB und den **Verfall**[352] nach § 73 StGB kann eine Revision beschränkt werden. Auch der Ausspruch über die **besondere Schuldschwere** im Sinne des § 57a StGB[353] ist losgelöst vom übrigen Inhalt des Urteils und auch vom übrigen Strafausspruch anfechtbar.[354] Der Angeklagte kann seine Revision auch auf die neben der Strafe angeordnete **Unterbringung** (§ 64 StGB) beschränken, wenn nicht „im Einzelfall eine untrennbare Wechselwirkung zum Strafausspruch besteht".[355] So lässt sich der Strafausspruch nicht unter Ausklammerung der Entscheidung über die Nichtanwendung des § 64 StGB anfechten, wenn „die Entscheidung über eine Strafrahmenmilderung wegen alkoholbedingter Enthemmung des Angeklagten gemäß § 21 StGB und die Versagung der Unterbringung nach § 64 StGB auf denselben Gesichtspunkten beruhen".[356] Im Gegensatz zur Staatsanwaltschaft soll der Angeklagte auch nicht allein zu dem Zweck Revision einlegen können, dass seine unterbliebene Unterbringung nachgeholt werde (§§ 63, 64 StGB), weil es insoweit an einer Beschwer seinerseits fehle.[357] Andererseits muss der Angeklagte die Nichtanordnung einer Unterbringung von der Revision gegen den Strafausspruch ausnehmen können,[358] da sonst die Gefahr besteht, „dass sich Angeklagte, die – möglicherweise zu Recht – meinen, zu einer zu hohen Strafe verurteilt worden zu sein, von der Einlegung der Revision abhalten lassen, weil sie die Anordnung einer Maßregel auf ihr Rechtsmittel hin befürchten müssen."[359] **152**

---

348 Vgl. etwa LR-*Hanack* § 344, Rn. 62; *Dahs/Dahs* Revision, Rn. 78.

349 LR-*Hanack* § 344, Rn. 59 m. w. N.

350 LR-*Hanack* § 344, Rn. 58.

351 LR-*Hanack* § 344, Rn. 64, differenziert zwischen der Einziehung als Sicherungsmaßnahme (dann isolierte Anfechtung zulässig) und Einziehung als Nebenstrafe (dann im Regelfall Untrennbarkeit mit dem übrigen Strafausspruch).

352 LR-*Hanack* § 344, Rn. 63 m. w. N.

353 Siehe dazu oben, Rn. 79 ff.

354 BGHSt 39, 208 = NJW 1993, 1999 = StV 1993, 344 = NStZ 1993, 448.

355 BGH NJW 1963, 1414 (1415); 1969, 1578; BGH NStZ 1993, 97; LK-*Hanack* § 63, Rn. 133–135; LR-*Gössel* § 318, Rn. 105.

356 BGHR StPO § 344 Abs. 1 – Beschränkung 6.

357 Siehe BGHSt 28, 327 (330); BGHR StGB § 64 – Ablehnung 4; BGH NStZ 1993, 97 = BGHR StPO § 344 Abs. 1 – Beschränkung 3.

358 BGH NStZ 1992, 539; NStZ 1993, 97; *Dahs/Dahs* Revision, Rn. 78.

359 BGH NStZ 1992, 539 = StV 1992, 572.

153 **Innerhalb des Strafausspruchs** kann die Revision weiter beschränkt werden, zum Beispiel auf die Gesamtstrafe oder auf die Überschreitung der gesetzlichen Höchststrafe.[360] Zum Strafmaß gehören die Fragen der minder schweren oder besonders schweren Fälle, der verminderten Schuldfähigkeit gemäß § 21 StGB sowie die Anrechnung oder Nichtanrechnung der Untersuchungshaft.[361] Wird das Urteil daher nur hinsichtlich einer von diesen Fragen angefochten, so ergreift die Revision den Schuldspruch nicht. Wird dagegen die Nichtanwendung des § 20 StGB gerügt, so liegt darin eine Anfechtung des (ganzen) Schuldspruchs.[362] Auf die Frage der **Strafaussetzung zur Bewährung** kann die Revision nicht beschränkt werden, weil die Gesamtwürdigung von Tat und Täter, auf die es bei der Entscheidung ankommt, in untrennbarem Zusammenhang mit der Strafzumessung steht.[363] Bei einer Verurteilung zu einer **Geldstrafe** lässt sich dagegen die Bemessung der Höhe des Tagessatzes regelmäßig losgelöst vom übrigen Urteilsinhalt überprüfen.[364]

153a Mit Spannung konnte man der ersten BGH-Entscheidung entgegensehen, bei der es um die isolierte Anfechtung der Kompensation der MRK-widrigen Verfahrensverzögerung im Rahmen der vom Großen Senat begründeten **Vollstreckungslösung**[365] gehen würde. Jüngst hat der 3. Strafsenat eine Revision der Staatsanwaltschaft zum Anlass genommen, die Beschränkung der Revision auf das Maß der Kompensation für zulässig und wirksam zu erklären.[366] Es werden sicher aber auch noch Fälle beim BGH ankommen, bei denen dies anders gesehen werden kann. So könnte daran gedacht werden, einen aus den Urteilsgründen heraus erkennbaren inneren Zusammenhang (bzw. eine wechselseitige Beeinflussung) zwischen dem nach wie vor im Rahmen des § 46 StGB zu beachtenden[367] Strafmilderungsgrund des langen Abstandes zwischen Tat und Verurteilung einerseits und dem Maß des für vollstreckt erklärten Teils der Freiheitsstrafe als ausschlaggebend für die Untrennbarkeit zu erachten. Auch könnte es vorkommen, dass ein die Revision führender Angeklagter bei extrem langem von den Justizbehörden zu vertretenden „Stillstand der Rechtspflege" am Ende geltend machen will, dass die angemessene Kompensation nur in einer Einstellung des Verfahrens zu finden sei. Stünde dann die Teilrechtskraft des Strafausspruchs einer solchen Entscheidung entgegen, obwohl der Große Senat dies durchaus für Extremfälle auch unter der Geltung des Vollstreckungsmodells noch offengelassen hat?[368] Hier wird die weitere Entwicklung abzuwarten sein.

---

360 OLG Düsseldorf VRS 68, 365; OLG Köln NStZ 1989, 339.

361 BGHSt 7, 214 = JZ 1955, 383 (m. Anm. *Würtenberger*); BGHR StPO § 302 Abs. 1 – Prüfungsumfang 2 (in Bezug auf einen minder schweren Fall).

362 BGH NJW 1951, 450; *Henrichs* MDR 1956, 196; OLG Frankfurt NJW 1968, 1638; OLG Köln NStZ 1984, 379; BayObLG DAR 1986, 248; 1987, 315.

363 LR-*Hanack* 25. Aufl. § 344, Rn. 40; a. A. jetzt LR-*Franke* § 344, Rn. 40.

364 BGHSt 27, 70; BGH NStZ 1989, 178 = wistra 1989, 141.

365 BGH, Beschl. v. 17. 1. 2008 – GSSt 1/07 = BGHSt 52, 124 ff. = NJW 2008, 860 mit Anm. *Bußmann* NStZ 2008, 236; *Gaede* JZ 2008, 422; *Volkmer* NStZ 2008, 608; *Streng* JZ 2008, 979; *Keiser* GA 2008, 686; *Reichenbach* NStZ 2009, 120; *Kraatz* JR 2008, 189; *Ignor* NJW 2008, 2209; *Ziegert* StraFo 2008, 321; *Scheffler* ZIS 2008, 269.

366 BGH 3 StR 89/09 – Urt. v. 18. 6. 2009 – Tz. 25 ff.

367 So ausdrücklich die Entscheidung GSSt 1/07 in Tz. 49 (BGHSt 52, 144).

368 GSSt 1/07 in Tz. 52 (BGHSt 52, 145).

Soweit die Beschränkung überhaupt möglich ist, steht es ihr nicht entgegen, dass die erhobenen Rügen auch die nicht angegriffenen Teile des Urteils zu Fall bringen könnten. Liegt einer der zwingenden **Aufhebungsgründe des § 338 Nr. 1 bis 8 StPO** vor, war etwa das Gericht nicht ordnungsgemäß besetzt, so würde das zu unbeschränkter Revisionsaufhebung des ganzen Urteils führen. Trotzdem kann aber eine solche Rüge auch zur Begründung einer Revision vorgetragen werden, die zum Beispiel auf den Strafausspruch beschränkt ist. Dann muss das Revisionsgericht den Schuldspruch bestehen lassen, weil insoweit Teilrechtskraft eingetreten ist.[369] Auch ein unvorschriftsmäßig besetztes Gericht kann ein ganz oder teilweise richtiges Urteil finden; und auch ein zwingender Revisionsgrund wirkt nur in den Grenzen, in denen er geltend gemacht wird. Anders ist es nur bei Verfahrenshindernissen und fehlenden Verfahrensvoraussetzungen.[370] **154**

Auch wenn die Revision auf das Strafmaß beschränkt ist, prüft das Revisionsgericht nach, ob die Verurteilung überhaupt auf einem **gültigen Strafgesetz** beruht.[371]

Ob es sich für den Angeklagten und seinen Verteidiger wirklich empfiehlt, die Revision zu beschränken, sollte im Einzelfall mit größter **Vorsicht** geprüft werden. Der mögliche Kostenvorteil spielt im Strafverfahren eine untergeordnete Rolle. Eine Beschränkung kann für den Angeklagten den Vorteil haben, dass sie den nicht angegriffenen Teil des Urteils für den Revisionsrichter nicht mehr in den Brennpunkt der Betrachtung rückt. Das müsste sich aber auch durch eine wohl durchdachte, prägnante Revisionsbegründung erreichen lassen. Die Beschränkung vermeidet unter Umständen zwar den Eindruck mangelnder Reue und unbelehrbarer Rechthaberei. Der Angeklagte mag bisweilen nicht zu Unrecht glauben, sich mit der Rechtsmittelbeschränkung das Wohlwollen des Tatrichters nach Zurückverweisung zu erhalten. Trotzdem sollte ein gewissenhafter Verteidiger sich darauf nur einlassen, wenn er völlig sicher ist, dem Angeklagten damit nicht zu schaden. Schon manche Revision ist an einer (zulässigen) Beschränkung gescheitert; schon manche hat aber nur deshalb Erfolg gehabt, weil die Beschränkung nicht zulässig war, oder weil (in der Hauptverhandlung vor dem Bundesgerichtshof) die Bundesanwaltschaft ihre Zustimmung zu einer Teilrücknahme verweigerte. *Sarstedt* hat hier in früheren Auflagen hinzugefügt: „Es gehört zu den schwersten Belastungen, denen ein Revisionsrichter ausgesetzt sein kann, wenn er eine Revision vor sich hat, die auf das Strafmaß beschränkt ist, und wenn er dann – ohne helfen zu können – erkennen muss, dass der Schuldspruch falsch ist".[372] **155**

Eine Beschränkung auf den Rechtsfolgenausspruch ist dringend zu empfehlen, wenn der Verteidiger die Gefahr erkennt, dass der „Erfolg" der Revision (unter Umständen sogar nur) in einer **Änderung des Schuldspruchs zum Nachteil** des Mandanten bestehen wird.[373] Auch gibt es Einzelfälle, in denen die Beschränkung auf den Rechts- **156**

---

369 KK-*Kuckein* § 338, Rn. 6.

370 S. u. Rn. 1236 ff.

371 BayObLGSt 1954, 159 = JR 1955, 151 (m. Anm. *Sarstedt*); Anm. *Kleinknecht* zu BGH MDR 1955, 433 (434); BGH MDR 1978, 282 (*Holtz*); BayObLG NJW 1961, 688; 1962, 13.

372 5. Auflage, 84, Rn. 98 unter Hinweis auf OLG Hamm NJW 1954, 613.

373 Dass das Schlechterstellungsverbot des § 358 Abs. 2 StPO einen solchen Pyrrhussieg nicht verhindert, folgt schon aus dem Wortlaut der Vorschrift und ist unstreitig, vgl. KK-*Kuckein* § 358,

folgenausspruch durchaus als taktische Variante dazu dienen kann, in der neuen Hauptverhandlung eine bessere Ausgangsposition zu haben als vor dem Erlass des angefochtenen Urteils. Ein Beispiel aus meiner Praxis: Der Angeklagte war in erster Instanz wegen Totschlags zu einer Freiheitsstrafe von neun Jahren verurteilt worden. Das Tatgericht hatte die Anwendung des § 213 StGB (minder schwerer Fall) mit der Begründung abgelehnt, zwar könne dem Angeklagten geglaubt werden, dass das Opfer ihn durch eine schwere (auf seine fehlende sexuelle Potenz anspielende) Beleidigung zur Tat provozierte. Dies sei aber nicht das einzige Motiv für die Tötungshandlung gewesen und deshalb komme § 213 StGB nicht in Betracht. Der Bundesgerichtshof hob das Urteil lediglich im Strafausspruch auf mit der Begründung, § 213 StGB setze nicht voraus, dass die schwere Beleidigung das einzige zur Tat hinführende Motiv gewesen sei.[374] In der neuen Verhandlung vor dem Schwurgericht, in der nur noch über die Höhe der Strafe zu entscheiden war, war wegen der bindenden Wirkung der doppelt relevanten Feststellungen[375] die kränkende Äußerung des Opfers ebenso wie ihre unmittelbare (wenn auch nicht alleinige) motivierende Wirkung für die Tat eine feststehende Größe. Das Gericht hätte seine (übrigens erkennbar vorhandenen) Zweifel an der Richtigkeit der Einlassung des Angeklagten in diesem Punkt unter keinen Umständen zum Anlass nehmen dürfen, davon abweichende Feststellungen zu treffen. Auch die nicht fernliegende Möglichkeit, dass das früher tätig gewesene Schwurgericht dem Angeklagten diese Einlassung nur deshalb „geglaubt" hat, weil es rechtsirrig davon ausging, dies führe ohnehin nicht zur Annahme eines minder schweren Falls, konnte weder das Revisionsgericht (wegen der Beschränkung der Revision auf den Strafausspruch) noch das neu mit der Tatsache befasste Gericht in seine Überlegungen einbeziehen. Damit stand aber zu Beginn der neuen Verhandlung von vornherein der Strafrahmen fest, der bis zum 6. StrRG vom 26. 1. 1998 bei § 213 StGB dort endete, wo er bei § 212 StGB erst anfängt: bei fünf Jahren. Ob das dann tatsächlich verhängte Strafmaß von drei Jahren und sechs Monaten auch dann hätte erreicht werden können, wenn die Revision unbeschränkt eingelegt worden wäre, mag bezweifelt werden.

157 Zu warnen ist vor einer voreiligen Beschränkung insbesondere vor dem (nach den obigen Ausführungen zulässigen) aktiven Teilverzicht **vor der Bearbeitung der Revisionsbegründung.** Es kann dann nämlich passieren, dass der Angeklagte sich darauf festgelegt hat, nur noch das Strafmaß angreifen zu wollen, dann aber beim besten Willen keine den Strafausspruch betreffenden Rechtsfehler, wohl aber ein Verfahrensfehler, der sich nur auf den Schuldspruch ausgewirkt haben kann, erkennbar ist. Ein besonders eindrückliches Beispiel wäre der Fall eines Angeklagten, der bis zur Urteilsverkündung die Tat bestreitet und dann einen Beweisantrag gestellt hat, der den Tatverdacht auf einen anderen (Allein-)Täter lenken sollte. Auf der fehlerhaften Zurückweisung dieses Beweisantrages kann der Rechtsfolgenausspruch nicht beruhen. Der Angeklagte, der inzwischen bereit wäre, sich mit einem Schuldspruch abzufin-

---

Rn. 18 jetzt auch zum Wechsel von der „Strafabschlagslösung" zur „Vollstreckungslösung" mit Rspr.; BGH NStZ 1986, 209 *(Pfeiffer/Miebach)*.

374 Ständige Rechtsprechung vgl. zum Beispiel BGH NJW 1977, 2086 = JR 1978, 341 (m. Anm. *Geilen*); vgl. auch *Lackner/Kühl* § 213, Rn. 6.

375 Vgl. dazu *Roxin* Strafverfahrensrecht, § 51 B III 2b; KK-*Kuckein* § 344, Rn. 15; BGHSt 29, 359 = NJW 1981, 589.

den, wenn nur die in seinen Augen drakonische Strafe herabgesetzt würde, hat in diesem Falle keine Chance, dieses Ziel zu erreichen. Er hätte die Chance, wenn er unter Darlegung des Verfahrensfehlers das gesamte Urteil zu Fall brächte, um dann in der neuen Verhandlung mit einem reumütigen, wenn auch späten Geständnis und durch Strafmilderungsgründe, an deren Geltendmachung er in Konsequenz seines bisherigen Bestreitens gehindert war, eine mildere Strafe erbäte.

Teil 5: Revisionsbegründung

Während die Berufung nicht begründet zu werden braucht, schreibt das Gesetz für die Revision eine „Rechtfertigung“ vor; geht diese nicht fristgerecht ein, so wird die Revision als unzulässig verworfen (§ 346 Abs. 1 StPO). Es ist eine von allen Revisionsrichtern bestätigte und zumindest von einem Teil der als „offensichtlich unbegründet“ verworfenen Revisionen erhärtete Tatsache, dass vielen Revisionsführern das Wesen des gewiss eigenartigen Revisionsverfahrens nicht völlig klar ist. Immer wieder kommt es vor, dass die Revisionen mit Ausführungen begründet werden, die in dieser Instanz keinerlei Aussicht auf Erfolg oder auch nur auf ernstliche Erwägungen haben können. Sehr eingehend und mit ersichtlich großem Fleiß begründete Revisionen werden häufig – zur Enttäuschung des Beschwerdeführers – nur durch Beschluss einstimmig als offensichtlich unbegründet verworfen (§ 349 Abs. 2 StPO). **158**

Der Verteidiger sollte sich deshalb nicht erst dann anhand von Akten, Schrifttum und Rechtsprechung Gedanken über die für den einzelnen Fall in Betracht kommenden Möglichkeiten machen, wenn er mit der Einlegung einer Revision beauftragt wird. Vielmehr muss er das Wesentlichste schon vorher zu seinem geistigen Eigentum gemacht haben. Ist ihm das wegen Überlastung oder aus anderen Gründen nicht möglich gewesen, so sollte er sich an Revisionen lieber nicht herantrauen. Denn hier bekommt er es mit Juristen zu tun, die jahraus, jahrein nichts anderes tun, als sich mit strafprozessualen Revisionen zu beschäftigen. Der Verteidiger sollte sich mit dem Revisionsrecht befassen, **bevor** er in die Hauptverhandlung **in der Tatsacheninstanz** geht. Dem Leser, der dieses Buch erworben und jetzt erstmalig an dieser Stelle aufgeschlagen hat, um Angriffspunkte gegen das ihm soeben zugestellte Urteil zu suchen, steht eine Enttäuschung bevor. Er ist mit einem Autofahrer zu vergleichen, der die Straßenverkehrsordnung erst zu studieren beginnt, wenn der Motor schon läuft. Man vertraue nicht darauf, dass man schon irgendetwas Passendes finden werde, wenn man „den ganzen Gesetzeskodex und alle Register liest“.[376] **159**

Selbst wenn das Verfahren oder das Urteil des Tatrichters an Fehlern leidet, die eine Aufhebung in der Revisionsinstanz mit Sicherheit erwarten lassen, sollte der gewissenhafte Verteidiger überlegen, ob die Revision durchgeführt werden soll. Die Revision ist eine Waffe, mit der manchmal auch **Pyrrhussiege** erfochten werden. Selbst wenn das Urteil wegen zweifelloser Verfahrensverstöße, insbesondere wegen der zwingenden Aufhebungsgründe des § 338 StPO angefochten werden könnte und dann ohne Weiteres aufgehoben werden müsste, spricht in zahlreichen Fällen alles dafür, dass die erneute, nunmehr fehlerfreie Verhandlung wieder zu demselben Ergebnis oder sogar zu einem schwerer wiegenden Schuldspruch führen wird. Hat auch die Staatsanwaltschaft Revision eingelegt, kann die gleichzeitige Zurücknahme der Rechtsmit- **160**

---

376 *Da Ponte* im Libretto für Figaros Hochzeit, 1. Akt, 3. Szene, Rache-Arie des Bartolo.

tel auch die Gefahr bannen, dass im weiteren Verlauf eine härtere Strafe verhängt wird.

161 Zahlreiche Revisionen werden eingelegt, nicht weil der Angeklagte das Urteil für ungerecht oder der Verteidiger seine Rügen für aussichtsreich hielte, sondern nur um des damit verbundenen **Zeitgewinns** willen. Dies mag im Einzelfall verständlich sein, wenn für den Angeklagten damit ein Vollstreckungsaufschub oder auch die geringe Chance einer Einstellung des Verfahrens[377] verbunden ist.

Wer sich als Anwalt aber auch in den Fällen, in denen nicht einmal diese Erwartungen realistisch sind, auf ein routinemäßiges Spiel mit der Revisionsinstanz einlässt, ohne dass dies für den Mandanten auch nur den geringsten Gewinn bringen kann, muss sich darüber im klaren sein, dass er damit zu jener Überlastung der Revisionsgerichte seinen Teil beiträgt, die auf Kosten der Gründlichkeit der revisionsgerichtlichen Überprüfung gehen muss. Es war bereits damals die zahlenmäßige Flut an Revisionen, die uns 1922[378] die Beschlussverwerfung[379] beschert hat. Sie war es auch, die 1931 dazu führte, den Oberlandesgerichten das Recht der Beschlussverwerfung zu geben.[380]

162 Dass der Bundesgerichtshof nach dem Beitritt der fünf neuen Bundesländer 1990 keinen zusätzlichen Strafsenat eingerichtet hat, so dass im Jahre 1996 insgesamt 3820 (1995 waren es 4029) Revisionen und Vorlegungssachen von derselben Anzahl von Spruchkörpern bearbeitet wurden, die im Jahre 1989 nur über 3276 solcher Sachen entschieden haben, kann nicht allein in der freiwilligen Übernahme zusätzlicher Arbeitszeit seine Erklärung finden. Es muss mit einer geänderten „Erledigungstechnik“ zusammenhängen, und man tritt den in den Strafsenaten tätigen Richtern am Bundesgerichtshof sicherlich nicht zu nahe, wenn man vermutet, dass hier auch eine großzügigere Handhabung der Beschlussverwerfungsmöglichkeit und eine mehr kursorische Beurteilung der Revisionen, bei denen die Bundesanwaltschaft einen entsprechenden Antrag stellt, eine Rolle spielt. Nach dem Geschäftsbericht des BGH für das Jahr 2008 sind „die Gesamteingänge bei den Strafsenaten gegenüber 2007 (3.578) leicht gestiegen (2008: 3.594). Insgesamt erledigt wurden im Jahr 2008 **3.656** Verfahren (2007: 3.435; + 6,4%)“.[381]

163 Aber die Entlastung der Revisionsgerichte scheint in Deutschland so unmöglich zu sein wie die Quadratur des Kreises oder die Erfindung des Perpetuum mobile. Man kann ohne Schaden für die Rechtsentwicklung weder die Zuständigkeit beliebig beschneiden noch die Zahl der Richter beliebig erhöhen. Die ständige Zunahme der Belastungen beruht letztlich auf immer weiter ausgedehnten Straftatbeständen.

---

377 Zur Einstellung wegen überlanger Verfahrensdauer vgl. die Nachweise bei *Meyer-Goßner* Art. 6 MRK, Rn. 9 a. E.; BGH NStZ 1997, 543.

378 Gesetz v. 8. 7. 1922 (Reichsgesetzblatt I, 569).

379 Ausführlich dazu unten Rn. 1366ff.

380 Verordnung v. 6. 10. 1931 (RGBl. I, 563).

381 Eine faktische Entlastung haben die Revisionsgerichte in den letzten beiden Jahrzehnten durch die zunehmende Praxis der Urteilsabsprachen erfahren, weil nach wie vor trotz des richterrechtlich entwickelten und nun auch durch den Gesetzgeber bestätigten (§ 302 S. 2 StPO) Verbots der Rechtsmittelverzicht zu ihren wichtigsten Bestandteilen gehört.

Mit meinem Appell an die Verteidigerkollegen, von völlig aussichtslosen Revisionen abzusehen, will ich freilich nicht dazu anstiften, die uns anvertrauten Interessen des Mandanten auch nur partiell aus dem Auge zu verlieren. Eine Bestimmung, wie sie in den Richtlinien für das Straf- und Bußgeldverfahren für die Revision der Staatsanwaltschaft enthalten ist (Nr. 147, 148 RiStBV), und die entsprechend der Rolle der Staatsanwaltschaft auch dazu beiträgt, dass deren Revisionen zahlenmäßig gering gehalten werden, gilt weder ausdrücklich noch sinngemäß für verurteilte Angeklagte und ihre Verteidiger. **164**

Der Satz, eine der Sachlage entsprechende Entscheidung könne in der Regel auch dann unangefochten bleiben, wenn eine Rechtsnorm nicht oder nicht richtig angewendet worden ist,[382] wird von den Staatsanwaltschaften nicht immer, aber doch meist mit großem Verständnis beachtet, wenn auch bezogen auf die Revisionen zugunsten des Angeklagten noch stärker als bezogen auf die Revisionen zu seinen Ungunsten. Dieser letztgenannte Unterschied dürfte seine Erklärung darin finden, dass den Staatsanwälten die Verpflichtung der Verteidiger bekannt ist, wo immer auch nur die entfernteste Chance besteht, im Wege der Revision eine Korrektur des für falsch oder zu hart empfundenen Urteils zugunsten des Mandanten zu erreichen, das Rechtsmittel auch durchzuführen. **165**

A. Formelle Anforderungen

I. Frist

Die Frist zur Revisionsrechtfertigung beträgt **einen Monat** (§ 345 Abs. 1 StPO). Sie kann nicht verlängert werden.[383] Eine zwecklose Schreibübung ist es auch, wenn der Beschwerdeführer sich „weitere Ausführungen vorbehält“. Zu der fristgerecht erhobenen Sachrüge kann er auch ohne solchen Vorbehalt noch später Ausführungen machen, zu den Verfahrensrügen auch, soweit es sich um reine Rechtsausführungen handelt. Fehlt dagegen etwas an den mitunter durch die Rechtsprechung sehr streng ausgelegten Rügeanforderungen im Sinne des § 344 Abs. 2 Satz 2 StPO,[384] so hilft nach Ablauf der Revisionsbegründungsfrist der „Vorbehalt“ überhaupt nichts. **166**

Die **Frist beginnt** in aller Regel mit der **Zustellung des Urteils** (§ 345 Abs. 1 Satz 2 StPO). Nur wenn das Urteil schon vor Ablauf der Einlegungsfrist zugestellt ist – was praktisch, abgesehen von den Fällen, in denen auch die Einlegungsfrist nicht mit der Verkündung, sondern erst mit der Zustellung beginnt (§ 341 Abs. 2 StPO), kaum vorkommt – beginnt die Revisionsrechtfertigungsfrist mit dem Ende der Einlegungsfrist (§ 345 Abs. 1 Satz 1 StPO).[385] Ist der letzte Tag der Frist ein Sonnabend, Sonntag oder **167**

---

382 Nr. 147 RiStBV.
383 BGH 4 StR 11/94 v. 25. 1. 1994, m. w. N.
384 Dazu unten Rn. 222 ff.
385 Im OWi-Recht gilt dies auch dann, wenn das zugestellte Urteil nach § 77 b Abs. 1 OWiG keine Gründe enthält; BGH 2 StR 523/03 v. 6. 8. 2004 = BGHSt 49, 230 = NJW 2004, 3643 = StraFo 2005, 34 = NStZ 2005, 171.

allgemeiner Feiertag, so endet die Frist mit dem Ablauf des nachfolgenden Werktages (§ 43 Abs. 2 StPO).

168 Zugestellt wird das Urteil an den Angeklagten selbst. Für den Verteidiger statuiert § 145a StPO eine „gesetzliche" Zustellungsvollmacht, sofern dieser ein wirksames Verteidigungsverhältnis zum Beschuldigten unterhält. Der bevollmächtigte Verteidiger ist somit auch ohne besondere Zustellungsvollmacht berechtigter Empfänger jedweder Zustellungen im Strafverfahren.[386] Um zu verhindern, dass das Urteil nur dem Angeklagten zugestellt und dem Verteidiger infolgedessen nicht rechtzeitig bekannt wird, sei allen Verteidigern empfohlen, sich schon bei der Auftragserteilung eine schriftliche Vollmacht geben zu lassen, die sie zur Entgegennahme von Zustellungen ermächtigt. Doch auch wenn das geschehen ist, und der Angeklagte ausdrücklich die Zustellung an den Verteidiger beantragt hat, setzt eine Urteilszustellung an den Angeklagten die Frist in Lauf. Wird freilich an den Angeklagten selbst und an den Verteidiger (oder auch an mehrere Verteidiger desselben Beschwerdeführers) zugestellt, so setzt erst die **letzte Zustellung** die Frist in Lauf (§ 37 Abs. 2 StPO), wenn nicht zu diesem Zeitpunkt die Frist – gerechnet ab der ersten Zustellung – bereits abgelaufen war.[387] Hier eröffnet sich eine Möglichkeit der faktischen „Verlängerung" der Revisionsbegründungsfrist, auf die sich jedoch kein Verteidiger verlassen sollte, weil sie vom Verständnis und Wohlwollen des jeweiligen Vorsitzenden abhängt: Der erstmals für die Revisionsinstanz beauftragte Verteidiger bittet um eine erneute Zustellung an sich selbst, um die volle Frist ausschöpfen zu können. Darauf besteht kein Anspruch, und es wird auch oft abgelehnt. Aber es sind nicht die souveränsten Richterpersönlichkeiten, die sich darauf auch in Großverfahren, in denen die Urteilsabsetzungsfrist nach § 275 StPO ein halbes Jahr oder mehr gedauert hat und ausgeschöpft wurde, nicht einlassen.

In diesen Fällen hilft oft nur noch, dass der Verteidiger das zugestellte Exemplar der umfangreichen Urteilsausfertigung gleich nach dem Erhalt präzise daraufhin prüft, ob es mit der von den Berufsrichtern unterzeichneten Urteilsurkunde inhaltlich identisch ist. Da können mitunter schon wertvolle Entdeckungen gemacht werden. So hatte z.B. in einem Verfahren beim Landgericht Münster nach einer 3½-jährigen Hauptverhandlung (165 Verhandlungstage) das zugestellte Urteil einen Umfang von 986 Seiten. 10 Tage nach Zustellung musste wegen Erkrankung des speziell für die Revision beauftragten Verteidigers ein Wechsel stattfinden, so dass für die neu eintretenden Anwälte nur noch drei Wochen verblieben wären, um das Urteil sowie das 670 Seiten und 1669 Seiten Anlagen umfassende Protokoll auf Verfahrensfehler hin durchzuarbeiten. Der Vorsitzende lehnte auch in diesem Härtefall die erneute Zustellung ab. Dann entdeckte einer der neuen Verteidiger, dass in der zugestellten Urteilsausfertigung die Seite 691 fehlte. Auf der Geschäftsstelle des Gerichts konnte festgestellt werden, dass dies bei allen ausgefertigten Exemplaren so war, so dass der Vorsitzende nicht umhin kam, doch die neue Zustellung zu verfügen.[388] Es konnte

---

386 *Meyer-Goßner* § 145a, Rn. 1 ff.

387 BGHSt 22, 221 = NJW 1968, 2019; OLG Hamm MDR 1976, 775.

388 Während die erneute Zustellung an einen anderen Empfangsberechtigten die bereits in Lauf gesetzte Frist nur dann „verlängert", wenn sie noch vor Ablauf des Monats ab der ersten Zustellung erfolgt (BGHSt 22, 221; KK-*Kuckein* § 345, Rn. 4), bewirkt die „erneute" (besser: die erstmalige)

dann innerhalb der Frist eine umfangreiche Revisionsbegründung eingereicht werden, die zur Aufhebung des Urteils durch den BGH in einem auffällig kurz gehaltenen Beschluss wegen eines Verfahrensfehlers führte, der dem Tatgericht bereits zu Beginn der $3^1/_2$-jährigen Hauptverhandlung unterlaufen war.[389]

Im Falle der Bestellung eines **Pflichtverteidigers** muss die Zustellung des Urteils an diesen angeordnet werden und kann nur wirksam an ihn oder seinen allgemeinen Vertreter im Sinne des § 53 BRAO erfolgen. Die Zustellung an einen Sozius des Pflichtverteidigers setzt dagegen die Revisionsbegründungsfrist nicht in Lauf.[390] 169

Es kommt – wenn auch sehr selten – vor, dass ein **Urteil keine Gründe** hat und sie auch nicht mehr bekommen kann, sei es, dass alle beteiligten Richter verstorben sind, sei es, dass nur der Berichterstatter ausgefallen ist, und die übrigen Richter erklären, sich an die Beratung nicht mehr zu erinnern (was für sich genommen schon außerordentlich bedenklich ist), sei es, dass Urteilsgründe und Akten verloren gegangen sind. So etwas ist ein absoluter Revisionsgrund nach § 338 Nr. 7 StPO. Aber um diesen geltend machen zu können, muss das Revisionsverfahren weitergehen und darf nicht an der Unzustellbarkeit scheitern. Deshalb muss in diesen Fällen schon die Zustellung der Urteilsformel die Begründungsfrist in Lauf setzen.[391] 170

Gemäß § 273 Abs. 4 StPO „darf das Urteil nicht zugestellt werden, bevor das **Protokoll fertiggestellt** ist". Das ist eine gut gemeinte, gleichwohl aber völlig misslungene Vorschrift. Sie sollte dem unerträglichen Missstand abhelfen, dass dem Revisionsführer das Protokoll nicht während der ganzen Revisionsbegründungsfrist zur Verfügung stand. 171

In früheren Zeiten verstand es sich einmal von selbst, dass das Datum des Protokolls auch das Datum seiner Fertigstellung war, und dass der Revisionsführer das Protokoll spätestens am Tage nach der Urteilsverkündung einsehen konnte.[392] Abweichungen von diesem selbstverständlichen Brauch hätten sofort die Dienstaufsicht auf den Plan gerufen, und sie wäre dafür auch noch heute die richtige Instanz. Es hat mit der Unabhängigkeit des Richters oder der Protokollführer nicht das mindeste zu tun, dass er angehalten wird, eine derartige Arbeit laufend zu erledigen, bei längerdauernden Hauptverhandlungen jeweils von Tag zu Tag.

Statt dessen ist es eingerissen – und § 273 Abs. 4 StPO setzt dies als etwas geradezu Unabänderliches voraus –, dass das Protokoll **später fertiggestellt** wird als die Urteilsgründe. Dementsprechend ist es in den meisten Fällen ein ganz aussichtsloses Unterfangen, schon vor Fertigstellung der Urteilsgründe um eine Protokollabschrift zu bitten. Ich empfehle es trotzdem.[393] Gelegentlich wird dem Revisionsführer auf ei-

---

Zustellung des vollständigen Urteils erst den rechtsgültigen Fristenlauf, so dass das nur scheinbare Fristende einen Monat nach der verunglückten Erstzustellung keine Bedeutung hat.

389 BGH, Beschl. v. 22. 1. 2008 – 4 StR 507/07 = StV 2008, 283 (Mitwirkung eines nach § 22 Nr. 5 StPO ausgeschlossenen (und von der Verteidigung deshalb abgelehnten!) Richters.

390 BGHR StPO § 345 Abs. 1 – Fristbeginn 5, m. w. N.

391 LG Zweibrücken MDR 1991, 894; *Meyer-Goßner* § 345, Rn. 5; LR-*Hanack* § 345, Rn. 6.

392 So *Sarstedt* aus eigener Erfahrung in der 5. Auflage dieses Buches, 94, Rn. 114.

393 Vgl. das Muster für eine Revisionseinlegung bei *Hamm* in Hamm/Leipold, Formularbuch, VIII.C.1. und die dortigen Anmerkungen.

nen solchen Antrag erwidert, Protokoll und Urteilsgründe müssten erst „aufeinander abgestimmt“ werden. Beschwerden dagegen bis zu Ministerien haben, soweit mir bekannt ist, noch niemals zum Erfolg geführt. Dabei ist diese Begründung völlig abwegig. Das Protokoll soll unmittelbar aus der Hauptverhandlung hervorgehen, die Urteilsgründe sollen auf der Hauptverhandlung und der Beratung beruhen. Die Beratung darf dagegen nicht auf dem Protokoll beruhen, und schon gar nicht auf einem noch nicht fertiggestellten und erst noch „mit dem Urteil abzustimmenden“ Protokoll. Das alles ergibt sich (wenn es sich nicht ohnehin von selbst verstünde) daraus, dass schon verschiedene Personen für die Urteilsgründe einerseits und das Protokoll andererseits verantwortlich sind: Für die Urteilsgründe das Gericht (wobei der Vorsitzende in der „Minderheit“ gewesen sein kann und die Abstimmung durch das Beratungsgeheimnis gedeckt wird), und für das Protokoll Vorsitzender und Urkundsbeamter, für die es keine Abstimmung gibt, sondern Meinungsverschiedenheiten gekennzeichnet werden müssen.[394]

Da die Justizverwaltung und die Dienstaufsicht diese einfachen Wahrheiten nicht zur Selbstverständlichkeit haben werden lassen, sah sich der Gesetzgeber zum Eingreifen genötigt, indem er den § 273 Abs. 4 StPO einfügte – und das mit ungeschickter Hand.

172 Es kommt vor, dass **Urteile vor Fertigstellung des Protokolls** zugestellt werden. Damit erhebt sich die erste Frage, was es heißt, dass sein „kann“, was nicht sein „darf“. Wenn die Vorschrift des § 273 Abs. 4 StPO überhaupt eine praktische Wirkung haben soll, muss es heißen, dass eine solche Zustellung die Revisionsbegründungsfrist nicht in Lauf setzt.[395] Dann entsteht die Frage, ob sie denn nun durch die spätere Fertigstellung in Lauf gesetzt wird. Das ist zu verneinen, weil es sich dabei um einen innerdienstlichen Vorgang handelt, von dem der Beschwerdeführer keine unmittelbare Kenntnis erhält. Also ist die verfrühte Urteilszustellung unwirksam.[396] Das gilt auch, wenn das Protokoll zwar im Zeitpunkt der Zustellung vom Urkundsbeamten und vom Vorsitzenden unterschrieben worden ist, der Urkundsbeamte sich aber zu den vom Vorsitzenden eingefügten sachlichen Ergänzungen noch nicht erklärt hat.[397] Das Urteil muss also nach der Fertigstellung des Protokolls nochmals zugestellt werden.

Manchmal kann man bei einer solchen nochmaligen Zustellung feststellen, dass als Datum der Fertigstellung des endgültigen Protokolls ein Tag vor der ersten Urteilszustellung erscheint. Das ist dann eigentlich eine Rückdatierung und somit falsch; denn da der Tag der Fertigstellung des Protokolls gemäß § 271 Abs. 1 S. 2 StPO „darin anzugeben“ ist, war das Protokoll ohne diese Angaben eben nicht „fertiggestellt“. Aber so seltsam es klingen mag: Das schadet nichts. Denn das bedeutet nur, dass das Protokoll in diesem Punkt inhaltlich falsch geworden ist. Dass Protokolle inhaltlich falsch sind, ist aber etwas für sich genommen revisionsrechtlich Irrelevantes.

---

394 *Meyer-Goßner* § 271, Rn. 4.
395 BGHSt 27, 80; 37, 287; *Dahs/Dahs* Revision, Rn. 52.
396 BGHSt 27, 80 = NJW 1977, 541; LR-*Hanack* § 345, Rn. 7; KK-*Kuckein* § 345, Rn. 7.
397 BGHSt 37, 287 = NJW 1991, 1902.

Was der Gesetzgeber erreicht hat, ist also Folgendes: Das Revisionsgericht muss von Amts wegen in jedem Falle prüfen, ob das **Datum der Fertigstellung im Protokoll** angegeben ist. Wenn nicht, kann es noch nicht zur Sache entscheiden, weil die Revisionsbegründungsfrist noch nicht in Lauf gesetzt, geschweige denn abgelaufen ist. Es muss also die Akten an den Tatrichter zurückschicken, damit dieser das (hoffentlich richtige) Fertigstellungsdatum in das Protokoll einfügt und das Urteil nochmals zustellen lässt. Erfahrungsgemäß kann so etwas bis zu einem halben Jahr dauern, in dem – ebenfalls erfahrungsgemäß – zur Förderung der Sache nichts geschieht, obwohl ja der Revisionsführer nun einen erheblichen Zeitraum zur weiteren Begründung der Revision gewinnt. Leider kommt es erstaunlich oft vor, dass die zugestellte Ausfertigung des Urteils **nicht mit der Urschrift übereinstimmt**. Wird dieser Fehler bemerkt, was oft erst beim Revisionsgericht geschieht, so versteht es sich von selbst, dass nunmehr eine richtige Ausfertigung zugestellt werden muss; und wenn die Abweichungen von irgendeiner verfahrensrechtlichen oder sachlich-rechtlichen Bedeutung sein können, wird die Begründungsfrist erst durch diese Zustellung in Lauf gesetzt. Dies muss stets schon dann angenommen werden, wenn bei der Herstellung der Urteilsausfertigung beim Kopiervorgang eine Auslassung, die den Sinn der gesamten Urteilsgründe verkürzt, wegen einer technischen Panne passiert. Das Fehlen der ersten oder der letzten Zeile auf einer Seite der Urteilsgründe reicht dafür aus. Hier bieten sich einem Verteidiger, der die Urteilsgründe aufmerksam zu lesen pflegt, nicht selten Möglichkeiten, die Revisionsbegründungsfrist praktisch zu verlängern.[398] **173**

Für den **gesetzlichen Vertreter des Beschuldigten** beginnt die Revisionsbegründungsfrist erst mit der Zustellung des Urteils an ihn. **174**

Für den **Nebenkläger** beginnt nach § 401 StPO die Revisionsbegründungsfrist mit Ablauf der für die Staatsanwaltschaft laufenden Frist zur Einlegung des Rechtsmittels oder, wenn das Urteil dem Nebenkläger zu diesem Zeitpunkt noch nicht zugestellt war, mit der Zustellung des Urteils an ihn, und zwar auch dann, wenn eine Entscheidung über die Berechtigung zum Anschluss noch nicht ergangen ist.

Die Monatsfrist des § 345 StPO ist reichlich bemessen, wenn es sich um ein Urteil handelt, das nach ein-, zwei- oder dreitägiger Hauptverhandlung ergangen ist, und die Akten überschaubar sind. Die Frist ist jedoch viel zu kurz in sogenannten **Großverfahren**, in denen häufig die Akten aus hunderten von Ordnern bestehen, und schon das Protokoll einer monate- oder sogar jahrelangen Hauptverhandlung sich über mehrere Bände erstreckt. In diesen Fällen mutet der Gesetzgeber auch dem Richter nicht zu, das schriftliche Urteil innerhalb eines Monats zu den Akten zu bringen.[399] Für diese Arbeit hat § 275 Abs. 1 StPO vielmehr ein System großzügig gestaffelter Fristen („die nach oben offene Richterskala") geschaffen.[400] Für die Anfertigung einer Revisionsbegründung in einer umfangreichen Strafsache benötigt man jedoch nicht weniger Zeit sondern häufig mehr als für die Abfassung eines Urteils. Dennoch hat der Gesetzgeber sich bisher nicht dazu verstanden, die beiden Fristen einander anzupassen. Für den erst in der Revisionsinstanz tätig werdenden Verteidiger bedeu- **175**

---

398 Siehe dazu den oben (Rn. 168) geschilderten Ausgangsfall von BGH StV 2008, 283.
399 Kritisch dazu unter dem Aspekt des Art. 6 III lit. b MRK *Grabenwarter* NJW 2002, 109.
400 Vgl. dazu unten zum absoluten Revisionsgrund nach § 338 Nr. 7 StPO Rn. 473 ff.

tet meist die Bearbeitung einer Revisionsbegründung mehr Arbeit, als sie später vom Revisionsgericht zu leisten ist. Während dieses sich auf die Prüfung der erhobenen Rügen beschränken kann, muss jener das gesamte Urteil, das gesamte Hauptverhandlungsprotokoll und letztlich auch die gesamten Akten im Hinblick auf zahlreiche mögliche Rechtsfehler hin überprüfen. Insbesondere die Frage, ob Aufklärungsrügen erhoben werden können,[401] hält sehr auf, weil die Anhaltspunkte dafür sich häufig gerade an den Stellen der Akten finden lassen, die nicht sofort ins Auge springen. Diese Arbeit wiederum kann sinnvollerweise erst beginnen, wenn die schriftlichen Urteilsgründe vorliegen, die man Wort für Wort gelesen haben muss, um zu wissen, worauf es dem Gericht ankam, auf welche Beweismittel es seine Überzeugungsbildung und auf welche Tatsachen es seine rechtliche Bewertung und die Strafzumessung gestützt hat.[402] Um die **Frist optimal zu nutzen**, mache sich der Verteidiger den Umstand zunutze, dass die allgemeine Sachrüge, wenn sie innerhalb der Rechtfertigungsfrist erhoben ist, auch nach deren Ablauf noch ergänzt werden kann. Man kann sich also auf die allgemeine Sachrüge beschränken („ich rüge die Verletzung des sachlichen Rechts“) und die Frist im Übrigen ausschließlich zur Bearbeitung der Verfahrensrügen nutzen. Wenn es gelingt, eine Abschrift des Hauptverhandlungsprotokolls vor der Urteilszustellung zu erhalten, können diejenigen Verfahrensfehler, die daraus ersichtlich sind, schon vor Beginn des Fristenlaufs bearbeitet und auch ausformuliert werden.[403]

176 Oft steht eine **Verfahrensrüge mehreren Mitangeklagten** offen. Es empfiehlt sich daher (wenn die konkrete Interessenlage dies zulässt), dass die Verteidiger sich darüber verständigen. Es kommt immer wieder vor, dass mehrere Revisionen gegen ein und dasselbe Urteil zu ganz unterschiedlichen Ergebnissen führen, nur weil einer der Verteidiger einen Verfahrensfehler entweder übersehen oder eine entsprechende Rüge für aussichtslos gehalten hat, so dass seine Revision verworfen werden muss, während das Urteil hinsichtlich der Mitangeklagten, für die der Verfahrensfehler ordnungsgemäß gerügt worden ist, aufgehoben wird. Eine Erstreckung der Urteilsaufhebung auf den Nichtrevidenden (wie bei der Sachrüge) nach § 357 StPO oder auf denjenigen, der nur unbegründete Rügen, aber die zum Erfolg führende Verfahrensrüge nicht erhoben hat, sieht das Gesetz nicht vor.

177 Das gleiche schwer erträgliche Ergebnis tritt ein, wenn ein Verteidiger geglaubt hat, es genüge, dass der Verteidiger eines anderen Angeklagten eine Verfahrensrüge ausführlich erhoben hat, und er sich dieser **durch Bezugnahme** „anschließt“. Denn Verweisungen auf andere Schriftstücke anstelle des ausdrücklichen verfahrenstatsächlichen Vorbringens, das zur ordnungsgemäßen Erhebung einer Rüge notwendig ist (§ 344 Abs. 2 S. 2 StPO), werden so behandelt, als seien sie **nicht** geschrieben. Sie genügen nämlich nicht der in der genannten Bestimmung und in § 345 Abs. 2 StPO vorgeschriebenen Form.[404] Bezugnahmen sind nur zulässig, soweit sie sich auf bloße Rechtsausführungen beschränken. Im Übrigen darf allein auf die Gründe des angefochtenen

401 Vgl. dazu unten Rn. 547ff.

402 Vgl. die Checkliste zur Prüfung von Verfahrensfehlern bei *Hamm* Formularbuch, VIII.C.2.

403 Ein Prüfungsraster im Einzelnen findet sich wiederum in der „Checkliste“ im Formularbuch, aaO.

404 Vgl. LR-*Hanack* § 345, Rn. 21, der diese Rechtsprechung bedenklich formalistisch nennt.

Urteils verwiesen werden, allerdings auch nur, wenn die Sachrüge erhoben ist; denn diese zwingt das Revisionsgericht ohnehin, von den Gründen des Urteils Kenntnis zu nehmen, so dass sie als bekannt vorausgesetzt werden dürfen.

Wie zu verfahren ist, wenn der Verteidiger es selbst unter größtmöglichem und rationellstem Einsatz seiner Arbeitskraft nicht schaffen kann, die Revisionsbegründung vollständig zu erstellen und rechtzeitig einzureichen, ist immer noch ungeklärt. Wir haben in den Vorauflagen für solche **extremen Situationen** dem Verteidiger empfohlen, statt die Frist durch eine unvollkommene Revisionsbegründung zu „wahren“, sie lieber verstreichen zu lassen, um dann Wiedereinsetzung zu beantragen. Die Spruchpraxis der BGH-Senate ist dem lange Zeit gefolgt, bis der fünfte Senat die Möglichkeit einer Änderung angedeutet hat.[405] Zum Anlass für seine Ankündigung, über einen Fortbestand der bisherigen Spruchpraxis nachzudenken, nahm der fünfte Strafsenat einen Fall, in dem der Verteidiger durch anwaltliche Versicherung glaubhaft gemacht hatte, dass er die Revisionsbegründungsfrist habe bewusst verstreichen lassen, und zwar aufgrund des nicht erwarteten Umfangs der für eine bestimmte Verfahrensrüge erforderlichen Recherchen in Literatur und Rechtsprechung. Den Angeklagten hatte er hiervon nicht unterrichtet. Diesem war vielmehr – ungeachtet der Beauftragung des Verteidigers zehn Tage vor Ablauf der Frist – über einen weiteren Verteidiger, der in der Hauptverhandlung tätig gewesen war, die Fristeinhaltung zugesagt worden. Der fünfte Senat gewährte noch einmal mit Rücksicht auf das Vertrauen des Anwalts auf die Empfehlung der 5. Auflage dieses Buches die Wiedereinsetzung, fügte in seiner Entscheidung jedoch die etwas rätselhafte Warnung hinzu: **178**

„In künftigen gleichgelagerten Fällen wird der Senat indes der Frage nachgehen, ob die Rechtsprechung zur Wiedereinsetzung in den vorigen Stand wegen Versäumung der Revisionsbegründungsfrist infolge Verteidigerverschuldens zu korrigieren sein wird. Dabei kommt in Betracht, dem Angeklagten lediglich Wiedereinsetzung in den vorigen Stand zu gewähren, soweit er es versäumt hat, fristgerecht die Rüge der Verletzung materiellen Rechts zu erheben, grundsätzlich hingegen nicht, soweit er auch die Erhebung von Verfahrensrügen versäumt hat. Eine solche Korrektur der Rechtsprechung könnte der Aushöhlung von Frist- und Formvorschriften im Revisionsverfahren entgegenwirken (vgl. *Peters,* JR 1973, 471) und der Gleichbehandlung dienen, und zwar im Hinblick auf den Grundsatz, dass Wiedereinsetzung in den vorigen Stand zur Nachholung von Verfahrensrügen regelmäßig nicht zu gewähren ist, insbesondere dann nicht, wenn es ein Verteidiger verabsäumt hat, eine Verfahrensrüge fristgerecht in der von § 344 Abs. 2 S. 2 StPO geforderten Form zu erheben.“[406] **179**

Es ist zu hoffen, dass der BGH die Frage, der nachzugehen er hier ankündigt, im Ergebnis verneinen wird.[407] Was zunächst den Hinweis auf die Entscheidungsanmerkung von *Peters*[408] angeht, so ist diese wirklich nur geeignet, die berechtigte Warnung vor einer „Aushöhlung von Frist- und Formvorschriften im Revisionsverfahren“ zu **180**

405 BGH NJW 1993, 742 = StV 1993, 169.

406 BGH aaO.

407 Bis zur Fertigstellung des Manuskripts ist keiner der 5 Strafsenate darauf wieder zurückgekommen.

408 *Peters* JR 1973, 471.

belegen. Was aber die Frage angeht, ob ein vom Verteidiger bewusst geplantes Fristversäumnis ein für § 44 StPO maßgeblicher Umstand sein kann, steht die gesamte Anmerkung *Peters* unter dem Vorzeichen des damals geltenden Rechts, das die Zulässigkeit der Wiedereinsetzung noch an das Vorliegen von „Naturereignissen oder andere unabwendbare Zufälle" knüpfte. Die Gedanken, die sich *Peters* damals zu der Frage machte, ob unter diese Merkmale vielleicht doch nur versehentliche und nicht auch vorsätzliche Fristversäumnisse des Verteidigers zu subsumieren sind, sind obsolet, seit der Gesetzgeber in § 44 StPO klargestellt hat, dass es für die Wiedereinsetzung auf das Verschulden des Mandanten ankommt, woran *Peters*[409] noch ausdrücklich zweifelte. Seiner bis heute gültig gebliebenen Forderung nach Rechtsklarheit beim Umgang mit strafprozessualen Fristen leistet der BGH aber mit dem denkbar unklaren Hinweis auf die Möglichkeit einer Unterscheidung zwischen der Sachrüge und den Verfahrensrügen in Fällen, in denen der Verteidiger vorsätzlich die ihm nicht ausreichende Frist versäumt, einen Bärendienst. Warum ausgerechnet (nur) dann und nur insoweit Wiedereinsetzung gewährt werden soll, wenn die Rüge der Verletzung materiellen Rechts nicht erhoben ist, für deren vollständige Ausführung man nur eine Minute braucht, während die Wiedereinsetzung „grundsätzlich hingegen nicht (gewährt werden soll), soweit der Verteidiger auch die Erhebung von Verfahrensrügen versäumt hat", für deren zeitraubende Bearbeitung ja gerade die Zeit gefehlt hat, bleibt unerfindlich.

181 Vielleicht ist gemeint (ohne dass dies gesagt wäre), der Verteidiger soll in solchen Fällen innerhalb der Frist seine Revisionsbegründungsschrift so weit bearbeiten, wie er es schafft und sie auch insoweit bereits einreichen, um den noch nicht erledigten Teil im Rahmen eines Wiedereinsetzungsgesuchs bezüglich einzelner Rügen noch zu ergänzen. Damit würde er allerdings nach dem Stand der derzeitigen Rechtsprechung zur „Wiedereinsetzung in den vorigen Stand zur Nachholung von Verfahrensrügen" nur unter ganz engen Voraussetzungen Aussicht auf Erfolg haben.[410] „Gleichbehandlung" mit den Fällen, in denen eine Verfahrensrüge zwar erhoben ist, jedoch nicht in der dem § 344 Abs. 2 S. 2 StPO entsprechenden Form, und die Wiedereinsetzung der „Nachbesserung" dienen soll, würde aber bedeuten, dass die Einreichung einer **unvollkommenen Revisionsbegründungsschrift** gerade mit dem hohen Risiko behaftet wäre, sie später nicht ergänzen zu dürfen.

182 Ich vermag also den Hinweis in der Entscheidung des 5. Senats nicht zum Anlass zu nehmen, die Empfehlung, lieber die Revisionsbegründungsfrist vollständig verstreichen zu lassen, um auf diese Weise die Fristversäumnis als die klarste aller Voraussetzungen des § 44 StPO sicherzustellen, zu modifizieren, weil eine ratenweise Revisionsbegründung, die sich über den Zeitablauf vor und nach Fristablauf erstreckt, mit noch größeren Unsicherheitsfaktoren belastet wäre, als sie der BGH jetzt für die Befolgung unseres Rates neu ins Spiel gebracht hat.

Bei alldem muss aber noch einmal betont werden, dass die vorsätzliche Fristversäumnis durch den Verteidiger nur für Extremfälle eine Notlösung sein kann, wobei die

---

409 *Peters* aaO.
410 Vgl. dazu unten Rn. 185.

Not letztlich nur durch den Gesetzgeber im Wege der Angleichung der Frist des § 275 Abs. 1 StPO und der des § 345 StPO beseitigt werden kann.[411]

Der hier erörterte Ausweg ist auch gangbar, wenn sich der Bearbeitung andere Hindernisse entgegenstellen, so zum Beispiel, wenn dem Verteidiger das **Hauptverhandlungsprotokoll** nicht oder zu spät zugänglich gemacht worden ist. Solche schweren Beeinträchtigungen, die ihre Ursache in der Sphäre der Justiz haben und den verfassungsrechtlichen Anspruch auf rechtliches Gehör tangieren, sind es auch, die den Bundesgerichtshof in Einzelfällen von dem Grundsatz abweichen lassen, dass nach Einhaltung der Revisionsbegründungsfrist eine Wiedereinsetzung zum Zwecke der Nachholung einzelner Verfahrensrügen nicht gewährt werden kann.[412] **183**

Dass das **Verteidigerverschulden** dem Angeklagten grundsätzlich nicht zugerechnet wird, ist eine Besonderheit des Strafverfahrensrechts und auch hier nicht auf sonstige private Verfahrensbeteiligte übertragbar. So wird insbesondere das Verschulden des **Privat- und Nebenklägervertreters** dessen Mandanten zugerechnet.[413] Darin liegt keine unangemessene Benachteiligung. Für den Angeklagten geht es fast immer um sein Schicksal, während Privat- und Nebenkläger insoweit eher einer Partei im Zivilprozess vergleichbar sind, der ebenfalls das Verschulden ihrer Prozessbevollmächtigten zugerechnet wird. Freilich sind hier auch die Grundsätze aus dem Zivilprozessrecht, wonach nur das Verschulden des Prozessbevollmächtigten selbst, nicht jedoch auch das seines sorgfältig ausgewählten und überwachten Personals dem Mandanten zugerechnet wird, anwendbar.[414] Versäumt die Staatsanwaltschaft die Revisionsbegründungsfrist, so kann ihr keine Wiedereinsetzung wegen des Verschuldens nachgeordneter Beamter gewährt werden.[415] **184**

Dass die Fristversäumnis für den Angeklagten unverschuldet war, muss **glaubhaft gemacht** werden. Soweit sich die Gründe aus dem Mandatsverhältnis ergeben, genügt die anwaltliche Versicherung des Verteidigers.

Innerhalb der Antragsfrist muss die versäumte Revisionsbegründung nachgeholt werden (§ 45 Abs. 2 S. 2 StPO). Ein **Wiedereinsetzungsantrag** nach Versäumung der Frist zur Begründung der Revision ist daher nur dann zulässig, wenn die nachgeholte Revisionsbegründung den Formerfordernissen der §§ 344 Abs. 1, Abs. 2 Satz 1 und § 345 Abs. 2 StPO genügt. Ob die ausgeführte Revisionsbegründung auch den Anforderungen des § 344 Abs. 2 Satz 2 StPO entspricht, ist hingegen nur im Revisions- und nicht im Wiedereinsetzungsverfahren zu prüfen.[416] Nur ausnahmsweise aber kann eine Wie- **185**

---

411 Vgl. auch *Dahs* Handbuch, Rn. 902 und Rn. 907; *Dencker* ZRP 1978, 5; *Richter II* FS Karl Peters, 239 ff., 243 sowie den Beschluss des 52. Deutschen Juristentages, Verhandlungen DJT 1978, Band II, L 223; LR-*Hanack* § 345, Rn. 1.

412 Zum Grundsatz BGHSt 1, 44; 11, 330; 31, 161; BGH 2 StR 71/91 v. 3. 4. 1991; BGHR StPO § 44 Satz 1 – Verhinderung 1; BGH 4 StR 50/93 v. 16. 3. 1993; BGH 5 StR 430/93 v. 10. 8. 1993; BGH 3 StR 397/94 v. 16. 2. 1994. Zu den Ausnahmen vgl. BGHR StPO § 44 – Verfahrensrüge 4, 5, 6 und 7 sowie BGHR StPO § 345 Abs. 1 – Fristdauer 1 = StV 1997, 226 (Anm. *Ventzke*) und BGH 4 StR 152/97 v. 6. 5. 1997.

413 Ständige Rechtsprechung seit BGHSt 30, 309 = NJW 1982, 1544.

414 *Meyer-Goßner* § 44, Rn. 20.

415 BayObLG Rechtspfleger 1985, 161 = JR 1985, 254 (m. Anm. *Wendisch*).

416 BGH, Beschl. v. 13. 1. 1997 – 4 StR 612/96 = NJW 1997, 1516 = StV 1997, 225 = wistra 1997, 189.

dereinsetzung in den vorigen Stand zur Nachholung *einzelner* Verfahrensrügen erfolgen,[417] wenn etwa dem Verteidiger trotz angemessener Bemühungen vor Ablauf der Revisionsbegründungsfrist keine Akteneinsicht gewährt wurde. Der Beschwerdeführer muss in einem solchen Fall aber für jede seiner Verfahrensrügen darlegen, dass diese ohne Aktenkenntnis nicht begründet werden konnte.[418]

186 Der Angeklagte kann die Wiedereinsetzung regelmäßig also nicht privatschriftlich beantragen, weil sie mit der formgebundenen Revisionsbegründungsschrift, die von einem Verteidiger oder Rechtsanwalt zu unterzeichnen ist, verbunden sein muss. Aber auch Wiedereinsetzungsgesuche von Rechtsanwälten scheitern bisweilen daran, dass die **Nachholung der Revisionsbegründung** vergessen wird. Die Nachholung ist allerdings entbehrlich, wenn bereits vor dem Wiedereinsetzungsgesuch eine (zunächst verspätete) Revisionsbegründung eingegangen ist.[419]

187 Hatte der Beschwerdeführer die Einlegungsfrist versäumt und ist er dagegen wieder in den vorigen Stand eingesetzt worden, nachdem ihm inzwischen das Urteil zugestellt worden war, so wurde nach früherer Ansicht die Begründungsfrist erst durch die abermalige Urteilszustellung in Lauf gesetzt.[420] Später hat das Reichsgericht entschieden, dass die Frist in solchem Falle schon mit der **Zustellung des Wiedereinsetzungsbeschlusses** zu laufen beginne.[421] Ist ein Revisionsführer zunächst gehindert, seine Revision fristgerecht zu begründen, so führt die Wochenfrist des § 45 Abs. 1 StPO in Verbindung mit § 45 Abs. 2 Satz 2 StPO grundsätzlich dazu, dass sich die Revisionsbegründungsfrist des § 345 Abs. 1 StPO auf eine Woche ab Wegfall des Hindernisses verkürzt.[422] Diese Ansicht hat sich zwischenzeitlich allgemein durchgesetzt.[423] Für das Revisionsgericht, das einen Wiedereinsetzungsbeschluss erlässt, empfiehlt es sich dennoch, darin ausdrücklich darauf hinzuweisen, dass durch die Zustellung dieses Beschlusses die Revisionsbegründungsfrist in Lauf gesetzt wird.[424]

Nach der Rechtsprechung vor Einführung des § 145a StPO konnte sich die Wochenfrist sogar zur Monatsfrist des § 345 Abs. 1 StPO ausweiten, wenn die Wiedereinsetzung dadurch notwendig geworden ist, dass der **Verteidiger nach § 146 StPO zurückgewiesen** wurde.[425] Dies gilt jetzt wegen der Fortwirkung von Handlungen eines zurückgewiesenen Verteidigers (§ 146a Abs. 2 StPO) nur noch für die Fälle, in denen dieser wegen der Zurückweisung die Revisionsbegründung nicht mehr abgibt. Hat er noch einen Schriftsatz eingereicht, so kann der ungewöhnliche Fall eintreten, dass

---

417 BGHSt 26, 335 (338); BGH 4 StR 152/97 v. 6. 5. 1997 = StV 1997, 562 (Ls.).
418 BGHR StPO § 345 Abs. 1 – Fristdauer 1 = BGH StV 1997, 228 (m. Anm. *Ventzke*).
419 KK-*Maul* § 45, Rn. 9.
420 RGSt 52, 76.
421 RGSt 76, 280.
422 BGHR StPO § 345 Abs. 1 – Fristdauer 1 = BGH StV 1997, 226 (m. Anm. *Ventzke*). Nur in Ausnahmefällen kann die Überlagerung beider Fristen auch dazu führen, dass dem Antragsteller für sein Wiedereinsetzungsgesuch die Monatsfrist eingeräumt wird; BGH, Beschl. v. 23. 1. 1997 – 1 StR 543/96. Vgl. BGHSt 26, 335 (338).
423 BGHSt 30, 335 = NJW 1982, 1110; *Meyer-Goßner* § 345, Rn. 6.
424 *Meyer-Goßner* § 345, Rn. 6.
425 BGHSt 26, 335 (339) = NJW 1976, 1414.

sich das Revisionsgericht mit den Revisionsbegründungen von mehr als drei Verteidigern zu befassen hat.[426]

Hat ein Angeklagter, dessen **Berufung wegen unentschuldigten Ausbleibens** nach § 329 StPO verworfen worden ist, Wiedereinsetzung in den vorigen Stand beantragt und gleichzeitig Revision eingelegt, so muss er sie fristgerecht begründen. Das kann nicht allein mit der Sachrüge geschehen, weil das gemäß § 329 StPO ergangene Urteil gar keinen sachlich-rechtlichen Inhalt hat.[427] Die Revision gegen ein Berufungsurteil nach StPO § 329 Abs. 1 ist zulässig, auch wenn sie nur eine Sachrüge enthält, mit der behauptet wird, das Amtsgericht habe ein Verfahrenshindernis nicht beachtet, das bereits bei der Verkündung des erstinstanzlichen Urteils vorgelegen habe.[428] **188**

Eine ganz andere und in Rechtsprechung und Schrifttum umstrittene Frage betrifft das Verhältnis zwischen § 329 Abs. 3 StPO (Wiedereinsetztung unter den Voraussetzungen der §§ 44, 45 StPO) gegen das Verwerfungsurteil nach § 329 Abs. 1 StPO, wenn nicht nur das Ausbleiben des Angeklagten entschuldigt ist, sondern von einer Säumnis gar keine Rede sein kann, weil ihn bereits die Ladung wegen einer **durch das Berufungsgericht zu vertretenden Panne** nicht erreicht hatte.[429] Der Streit beruht auf einer Unklarheit des Gesetzes in § 329 Abs. 3 StPO, die – darin folge ich *Meyer-Goßner*[430] – durch eine entsprechende Ergänzung beseitigt werden sollte. Bis dahin hat *Meyer-Goßner*[431] den richtigen Weg der Rechtsanwendung gewiesen: Zur Vermeidung einer Rechtsunklarheit durch ein Wahlrecht zwischen dem Wiedereinsetzungsantrag und der Revision soll in entsprechender Anwendung des § 329 Abs. 3 StPO nur die Wiedereinsetzung zugelassen werden. **189**

II. Form

Die Form der Revisionsrechtfertigung ist durch §§ 344, 345 Abs. 2 StPO geregelt. Die Anforderungen an ihren Inhalt werden in späteren Abschnitten ausführlich zu behandeln sein. An dieser Stelle wird nur ihre äußere Form erörtert. **190**

Der Angeklagte kann die Revision **zu Protokoll der Geschäftsstelle** begründen. Die gleiche Möglichkeit steht seinem gesetzlichen Vertreter und dem Erziehungsberechtigten zu, nicht aber dem Privatkläger und dem Nebenkläger,[432] und zwar selbst dann nicht, wenn diese sich in Haft befinden. Auch hier ist die Vertretung durch einen Bevollmächtigten zulässig, und die Nachreichung einer vorher erteilten Vollmacht aus- **191**

---

426 Kritisch dazu *Foth* NStZ 1987, 441.

427 Vgl. dazu BayObLGSt 1959, 275 = NJW 1960, 208 = JR 1960, 145 (m. Anm. *Sarstedt*); vgl. auch KK-*Paul* § 329, Rn. 22 ff. zur Verfahrensrüge Rn. 14; *Meyer-Goßner* § 329, Rn. 49.

428 BGH 2 StR 56/00 Beschl. v. 13. 12. 2000 = BGHSt 46, 230 = NJW 2001, 1509 = StV 2001, 326 = NStZ 2001, 440.

429 Dazu ausführlich und unter Wiedergabe aller dazu vertretenen Meinungen *Meyer-Goßner* FS Hamm, 443 ff.

430 *Meyer-Goßner* FS Hamm, 443 ff.

431 AaO.

432 BGH NJW 1992, 1398 = NStZ 1992, 347 = BGHR StPO § 401 Abs. 1 – Zulässigkeit 5.

reichend.[433] Zuständig ist nur die Geschäftsstelle desjenigen Gerichts, dessen Urteil angefochten wird; nur der in Haft befindliche Angeklagte kann sich auch an die Geschäftsstelle des für den Haftort zuständigen Amtsgerichts wenden (§ 299 StPO). Wird das Protokoll von einer unzuständigen Geschäftsstelle aufgenommen, so ist die Revisionsrechtfertigung unwirksam.[434] Die Aufnahme von Revisionsbegründungen gehört durchweg zu den Aufgaben des gehobenen Dienstes (des Rechtspflegers gem. § 24 Abs. 1 Nr. 1b RPflG); darin liegt für die Beamten des mittleren Dienstes und für Angestellte eine gesetzliche Zuständigkeitsgrenze, so dass diese Revisionsrechtfertigungen auch nicht einmal vertretungsweise entgegennehmen dürfen.[435] Diese scheinbare Strenge kommt bei richtiger Handhabung dem Angeklagten zugute; sie sichert ein Mindestmaß an strafprozessualer und strafrechtlicher Sachkunde. Die Tatsache, dass es sich im Einzelfall nicht um einen Rechtspfleger gehandelt hat, ist dem Angeklagten nicht anzulasten, weswegen ihm auch auf seinen Antrag oder auch von Amts wegen stets Wiedereinsetzung gewährt werden muss.[436]

192 Den Urkundsbeamten trifft eine **prozessuale Fürsorgepflicht**, die ihm auferlegt, auf sachdienliche Fassung und Begründung der gestellten Anträge hinzuwirken.[437] Der Rechtspfleger hat jedoch nicht die Aufgabe, die vom Angeklagten gewünschten Rügen auf ihre Erfolgsaussichten zu überprüfen (insoweit unterscheidet er sich vom Verteidiger), und hat damit auch nicht das Recht, die Protokollierung insoweit zu verweigern, als er die Revision für aussichtslos hält. Ein in sachlicher Form gehaltenes und nicht völlig neben der Sache liegendes Revisionsvorbringen muss er also stets aufnehmen.[438] Das Protokoll muss selbständig und aus sich selbst heraus verständlich sein; eine **Bezugnahme** auf andere Schriftstücke, etwa auf eine von dem Beschwerdeführer selbst verfasste Begründung, auf die Revisionsbegründung eines Mitangeklagten oder auf andere Aktenteile ist auch hier unzulässig.[439]

193 Zulässig ist es dagegen, die von dem **Angeklagten selbst geschriebene Begründung** zum Bestandteil des Protokolls zu machen, wenn der Urkundsbeamte ersichtlich macht, dass er sie geprüft hat, und dass sich seine Unterschrift darauf bezieht. Distanzierende Bemerkungen sollte der Urkundsbeamte tunlichst unterlassen.[440] Es ist nicht seine Aufgabe, dem Angeklagten eine Rüge, selbst wenn sie ihm sehr töricht erscheinen will, endgültig abzuschneiden. Er ist nicht der Revisionsrichter und ist nicht einmal der Berater des Angeklagten. Es haben schon Rügen zum Erfolg geführt, die auf Revisionsrecht spezialisierte Rechtsanwälte zunächst für wenig aussichtsreich gehalten haben. Ist die Rüge wirklich so abwegig, so wird das Revisionsgericht sie als

---

433 RGSt 66, 209 (211); BayObLG MDR 1976, 69; BGH NStZ 2001, 52; KK-*Kuckein* § 341, Rn. 13.
434 RGSt 59, 419.
435 *Blaese/Wielop* Förmlichkeiten der Revision, Rn. 258.
436 *Blaese/Wielop* aaO.
437 BVerfG 2 BvR 147/01, Kammerbeschluss v. 11. 11. 2000. Vgl. Nr. 150 RiStBV; KK-*Kuckein* § 345, Rn. 18; *Krehl* FS Hamm, 383.
438 *Meyer-Goßner* § 345, Rn. 20; eine weitergehende Filterfunktion scheint KK-*Kuckein* § 345, Rn. 18 dem Rechtspfleger zuzuschreiben, der annimmt, der Urkundsbeamte dürfe nur aufnehmen, wofür er die Verantwortung zu übernehmen bereit sei.
439 *Schneidewin* JW 1923, 346.
440 Sie führen aber nach zutreffender Auffassung nicht zur Unzulässigkeit; LR-*Hanack* § 345, Rn. 38 bis 40.

offensichtlich unbegründet im Sinne des § 349 Abs. 2 StPO behandeln. Der Urkundsbeamte scheue auch nicht die Kritik seines Vorgesetzten, wenn er etwas aufnimmt, wovon der Angeklagte sich nun einmal Erfolg verspricht. Er soll helfen, nicht hindern. In Fällen, die ihm schwierig oder zweifelhaft erscheinen, sollte er sich auch nicht gehindert sehen, statt der Revisionsbegründung einen Antrag auf Beiordnung eines Rechtsanwalts – zum Zwecke der Revisionsbegründung – zu Protokoll zu nehmen. In keinem Falle sollte er es unterlassen, die allgemeine Sachrüge aufzunehmen.[441]

Der Urkundsbeamte muss das Protokoll **unterzeichnen**; davon hängt dessen Wirk- **194** samkeit ab. Die Unterzeichnung durch den Beschwerdeführer ist verfahrensrechtlich zwar nicht notwendig, praktisch aber dringend zu empfehlen, damit zweifelsfrei feststeht, dass der Beschwerdeführer die Unterschrift nicht etwa verweigert hat, denn das würde die Revision wiederum unzulässig machen.[442]

Die **Staatsanwaltschaft** kann die Revision in einfacher Schriftform rechtfertigen. Die **195** Unterschrift kann mit der Maschine geschrieben und muss nur mit einem Beglaubigungsvermerk versehen sein.[443]

Alle anderen Beschwerdeführer, auch der Verteidiger, können die Revision nicht in **196** dieser einfachen Schriftform begründen. Soweit der Angeklagte, sein gesetzlicher Vertreter oder ein Erziehungsberechtigter die Revisionsbegründung nicht zu Protokoll der Geschäftsstelle erklären, haben sie diese durch eine vom Verteidiger oder einem Rechtsanwalt zu unterzeichnende Schrift abzugeben. Dasselbe gilt für die Beschwerdeführer, denen das Recht zur Protokollbegründung nicht zusteht, also den Privatkläger und den Nebenkläger. Der hier bestehende **„Anwaltszwang“**[444] soll den Revisionsgerichten die Prüfung unsachlicher und unverständlicher Anträge ersparen; vor allem aber soll sie auch den Betroffenen eine sachgemäße Revisionsbegründung gewährleisten. Beides bürdet dem Verteidiger oder dem Rechtsanwalt eine erhebliche Verantwortung auf.

Der bereits in der Vorinstanz tätig gewesene Verteidiger braucht seine Vollmacht **197** nicht mehr nachzuweisen. Aber auch die Revisionsbegründung durch einen erst neu gewählten Verteidiger wird nicht deshalb unwirksam, weil die **schriftliche Vollmacht** nicht innerhalb der Begründungsfrist vorgelegt wird;[445] erforderlich ist nur (abgesehen vom Fall der Bestellung), dass die Vollmacht, wenn auch nur mündlich, innerhalb der Frist tatsächlich erteilt worden war. Wählt der Angeklagte zum Zwecke der Revisionsbegründung nicht einen Rechtsanwalt (oder Hochschullehrer, § 138 Abs. 1 StPO), sondern eine „andere Person“ gemäß § 138 Abs. 2 StPO zum Verteidiger, wozu die Genehmigung des Gerichts[446] erforderlich ist, so hängt die Wirksamkeit der

---

441 Vgl. KK-*Kuckein* § 345, Rn. 18.

442 BayObLG 1961, 177; LR-*Hanack* § 345, Rn. 34.

443 Beschluss des gemeinsamen Senats der Obersten Gerichtshöfe des Bundes GmS-OGB 1/78 v. 30. 4. 1979 = NJW 1980, 172.

444 Die gleichwohl eröffnete Möglichkeit, dass es sich bei dem Verteidiger nicht um einen Rechtsanwalt (§§ 138 Abs. 1 2. Alt, 139 StPO) oder gar um einen Nichtjuristen handelt (vgl. § 138 Abs. 2 StPO), besitzt in der Praxis nur geringe Bedeutung.

445 *Meyer-Goßner* § 345, Rn. 11.

446 Zunächst der Unterinstanz, nach Aktenübersendung die des Revisionsgerichts *Meyer-Goßner* § 138, Rn. 16.

Revisionsbegründung nicht davon ab, dass die Genehmigung vorher erteilt worden war; vielmehr wird sie durch nachträgliche Zulassung des Verteidigers rückwirkend wirksam.[447]

198 An die von dem Verteidiger oder einem Rechtsanwalt eingereichte Rechtfertigungsschrift werden schon rein äußerlich nicht unerhebliche Anforderungen gestellt.

Zunächst einmal ist (zum Unterschied von der einfachen Schriftform) erforderlich, dass er die Schrift **unterzeichnet** hat.[448] Ist der Verteidiger gerichtlich bestellt, so ist die Unterschrift seines Sozietätskollegen nur dann ausreichend, wenn davon auszugehen ist, dass der unterzeichnende Verteidiger als allgemeiner Vertreter (§ 53 Abs. 2 Satz 1 BRAO) gehandelt hat.[449]

199 Ist der **Angeklagte selbst Rechtsanwalt**, so genügt seine eigene Unterschrift;[450] nicht aber dann, wenn er nur zu den „anderen Personen" (auch den Hochschullehrern oder Referendaren[451]) gehört, die mit oder ohne gerichtliche Genehmigung zu Verteidigern gewählt oder bestellt werden können. Denn ein Angeklagter kann sich zwar selbst verteidigen, aber er wird dazu nicht sein eigener „Verteidiger".[452] Für die Revisionsbegründung ist aber gerade das Recht auf Akteneinsicht von großem Wert, im Regelfall sogar unentbehrlich; ein Grund, aus dem auch angeklagte Rechtsanwälte durchaus einen (manchmal auch mehrere) Verteidiger mit der Revisionsbegründung betrauen.

200 Der Rechtsanwalt oder Verteidiger braucht die Rechtfertigungsschrift nicht selbst entworfen zu haben; es genügt aber nicht, dass er einen fremden Entwurf, zum Beispiel eine Schrift des Angeklagten, mit einem „Beglaubigungs"- oder „Legalisierungs-"Vermerk versieht. Auch sind durchaus schon Fälle vorgekommen, in denen Verfahrensrügen als unzulässig zu behandeln waren, weil sie erkennbar nicht durch die Unterschrift des Rechtsanwalts gedeckt waren, oder dieser sich einen eindeutig vom Angeklagten stammenden Text nicht zueigen machen wollte.[453] Die Revisionsbegründung darf weder in ihrem Text noch bei der Unterschrift irgendeinen Hinweis darauf enthalten, dass der Unterzeichnende sie nicht in ihrem ganzen **Inhalt verantworten** wolle.[454] *Hanack* weist jedoch mit Recht darauf hin, dass es nicht angemessen wäre, aus Indizien, die auf bloßen Ungeschicklichkeiten oder Rechtsunkenntnis beruhen, schon auf die fehlende Übernahme der Verantwortung zu schließen.[455] Gewiss wird ein mit dem Revisionsrecht vertrauter Rechtsanwalt die überall in den Kommen-

447 *Meyer-Goßner* § 138, Rn. 15.
448 Zum Folgenden ausführlich LR-*Hanack* § 345, Rn. 20 ff.
449 BGH 1 StR 354/01 – Beschl. v. 22. 8. 2001 = NStZ-RR 2002, 12.
450 LR-*Hanack* § 345, Rn. 19 m. w. N.
451 OLG Karlsruhe MDR 1971, 320.
452 Vgl. BVerfG NJW 1980, 1677.
453 Extremfälle BGH 3 StR 36/05 v. 26. 7. 2005 und obiter dictum 3 StR 24/06 – Beschl. v. 13. 1. 2009.
454 *Schneidewin* JW 1923, 345; LR-*Hanack* § 345, Rn. 27; KK-*Kuckein* § 345, Rn. 16.
455 LR-*Hanack* § 345, Rn. 27. Im Beschl. v. 17. 11. 1999 – 3 StR 385/99 = NStZ 2000, 211 – hat der BGH Zweifel an der Zulässigkeit einer Revisionsbegründung insoweit angemeldet, als sie von Seite 23 a an das Schriftbild wechselt und „... in einer laienhaften, zahlreiche Rechtschreib- und Grammatikfehlern enthaltenden Sprache weitere Rügen ausgeführt (wurden), deren Sinn vielfach nur sehr schwer zu verstehen ist". Dieser Teil der Begründung stamme offensichtlich nicht von dem Verteidiger.

taren zu lesende Warnung vor Formulierungen wie: „auf den ausdrücklichen Wunsch des Angeklagten wird vorgetragen ...“[456] beachten. Aber immerhin wird dabei das dann Folgende ja noch vorgetragen, und es ist von einem Rechtsanwalt unterschrieben. Die Revisionsgerichte sollten hier durchaus noch großzügig sein und zwar die Nähe zur Unzulässigkeit erkennen aber die Zulässigkeit noch annehmen. Von der Zulässigkeit kann aber beispielsweise dann nicht mehr ausgegangen werden, wenn der Rechtsanwalt unter eine vom Angeklagten verfasste und von diesem unterschriebene Schrift lediglich auch noch seinen Namen setzt, oder wenn er irgendeinen einschlägigen Zusatz macht, etwa: „als Pflichtverteidiger,“ „wegen Fristablaufs“, „auf Wunsch des Angeklagten“ (was sich hier nur auf die Unterzeichnung und den eigenen Vortrag bezöge). Auch wenn in einem eigenen Schriftsatz des Rechtsanwalts der Text so gefasst ist, dass jede Identifizierung des Unterzeichners mit seinem Inhalt erkennbar fehlt, ist die Revisionsbegründung insoweit unzulässig. Das kann unter Umständen schon dann der Fall sein, wenn eine Rüge eingeleitet wird mit der Formel: „Der Angeklagte fühlt sich durch folgende Verfahrensweise beschwert: ...“.

Die Unterzeichnung auf einem **beigefügten Blatt** oder aufgeklebten Zettel genügt **201** nicht. Lediglich Zweifel an der Zulässigkeit hat der Bundesgerichtshof angemeldet in einem Fall, in dem ein Rechtsanwalt am letzten Tag der Revisionsbegründungsfrist eine aus 2.938 Blättern bestehende und in neun Ordnern abgeheftete Revisionsbegründung mit vom Angeklagten selbst verfassten Verfahrensrügen bei Gericht anbrachte und in einem aus 15 Zeilen bestehenden (als „Kurzfassung“ bezeichneten) Schriftsatz „versicherte“, „alle Revisionsgründe bearbeitet zu haben. Wir haben unsere Unterschrift auf die letzte Seite der neun Leitz-Ordner gesetzt“.[457]

Das Gesetz verlangt die **Unterschrift** mit dem vollen bürgerlichen Namen. Anders als **202** bei der Revisionseinlegung genügt hier die Abkürzung durch Angabe nur des Anfangsbuchstabens also nicht; auch dann nicht, wenn die Person des Unterzeichnenden aus dem Briefkopf oder aus anderen Umständen (wie etwa dem Diktatzeichen) erkennbar ist. Die Unterschrift muss nicht lesbar sein, aber aus Schriftzügen bestehen, die ihre Herkunft von einem bestimmten Urheber ausreichend erkennen lassen.[458] Dass die Unterschrift eigenhändig geleistet sein muss, bedeutet, dass weder ein Faksimile-Stempel ausreicht,[459] noch die Unterzeichnung durch einen Beauftragten oder Bevollmächtigten.[460] Wohl aber genügt die Unterschrift des amtlich bestellten Vertreters, auch wenn er Assessor oder Referendar ist.

Die frühere Streitfrage darüber, ob und ggf. unter welchen Voraussetzungen eine Re- **203** visionsbegründung auch wirksam durch Telegramm übermittelt werden darf,[461] kann beim heutigen Stand der Nachrichtentechnik als obsolet angesehen werden, weil es so

456 Vgl. BGH 3 StR 151/02 Beschl. v. 13. 6. 2002 = NStZ-RR 2002, 309 („Der Angeklagte ist der Auffassung ... Wir fügen die von ihm ... verfasste Stellungnahme bei, deren Inhalt wir zur Begründung der Revision wie folgt zusammenfassen ...“). Trotz der vorangestellten allgemeinen Sachrüge hat der BGH die Revision als unzulässig verworfen.
457 BGH NStZ 1984, 563.
458 KK-*Kuckein* § 345, Rn. 12.
459 *Meyer-Goßner* Einl., Rn. 129; BGH NJW 1976, 966; BGH 1 StR 462/91 v. 15. 10. 1991.
460 RGSt 66, 209, 212; BGHSt 8, 174, 177 = NJW 1955, 1846.
461 Vgl. die 5. Auflage, 112, Rn. 140.

gut wie keine Anwaltskanzlei mehr gibt, die nicht über ein Telefaxgerät verfügt, und dies auch ausnahmslos für die Gerichtsbehörden gilt. Dass die Revisionsbegründungsschrift mit der so übermittelten Unterschrift dem Formerfordernis des § 345 StPO genügt, ist inzwischen in der Rechtsprechung anerkannt.[462]

204 Nach der Einführung des § 41 a StPO wird in naher Zukunft auch die Einlegung von Revisionsbegründungsschriften durch **„elektronische Post"** an Bedeutung gewinnen.[463] Ein flächendeckendes System von elektronischen Behördenbriefkästen mit den erforderlichen Lese- und Prüfprogrammen für die nach dem Signaturgesetz verschlüsselten und authentifizierten Dokumente besteht noch nicht, so dass die Vorteile der neuen Technik jedenfalls so lange nicht genutzt werden können, bis die auch für die Strafjustiz gültigen Rechtsverordnungen in Kraft getreten und umgesetzt sind.[464]

Zu warnen ist freilich davor, bis dahin den Versuch zu unternehmen, eine Revisionsbegründung, selbst wenn sie mit den gängigen Sicherheitsvorkehrungen wie Kennwortschutz oder auch selbst erstellte (und nicht nach dem Signaturgesetz als qualifiziert eingestufte) Signatur versehen ist, als „unterschriebene" PdF-Datei einer **E-Mail** anzuhängen, um dadurch die Frist wahren zu wollen. Eine solche durch schlichte E-Mail übermittelte Revisionsbegründung genügt nicht den gesetzlichen Formerfordernissen.[465]

205 Im Gegensatz zur Unterschrift muss der Inhalt des unterzeichneten Schriftstücks vollständig lesbar sein. Dies wird insbesondere dann problematisch, wenn – was häufig geschieht – wegen der Kürze der zur Verfügung stehenden Zeit die im Rahmen von Verfahrensrügen weitgehend notwendige[466] vollständige Wiedergabe von Anträgen und Beschlüssen, wie sie in der Sitzungsniederschrift bzw. deren Anlagen enthalten sind, nicht durch Abschreiben erfolgt, sondern durch **„Einkopieren"** in die am Ende unterzeichnete Revisionsbegründungsschrift.[467] Sind auf diese Weise die überwiegenden Teile der Revisionsbegründungsschrift unlesbar (selbst wenn dies auf eine unleserliche Handschrift des Protokollführers oder Berichterstatters – etwa bei Gerichtsbeschlüssen – zurückzuführen ist), so kann dadurch die Revision insgesamt unzulässig werden.[468] Beschränkt sich der Lesbarkeitsmangel auf eine abgetrennte Rüge, so bleibt die Revision im Übrigen zulässig und muss zu einer Überprüfung des Urteils anhand der übrigen Rügen führen.

III. Empfänger

206 Empfänger der Revisionsbegründung ist wie bei der Einlegung das **Gericht, dessen Urteil angefochten wird**, nicht das Revisionsgericht. Dagegen sollten ergänzende

---

462 BGH StV 1990, 407; KK-*Kuckein* § 345, Rn. 17.
463 Vgl. hierzu *Diwell* in: Strafverteidigung im Rechtsstaat, 2009, 450 ff.
464 Der aktuelle Stand lässt sich unter http://www.egvp.de/ in Erfahrung bringen, wo auch Hilfen und Software angeboten werden.
465 *Meyer-Goßner* 52. Aufl. § 41 a, Rn. 9.
466 Vgl. hierzu unten Rn. 222 ff.
467 Vgl. BGHSt 33, 44 = StV 1985, 135 (m. Anm. *Hamm*); einschränkend OLG Hamm NZV 2002, 139.
468 *Meyer-Goßner* § 345, Rn. 14.

Schriftsätze, die nach Ablauf der Revisionsbegründungsfrist lediglich noch Rechtsausführungen enthalten dürfen (namentlich die näheren Ausführungen zur zunächst nur allgemein erhobenen Sachrüge), dort eingereicht werden, wo sich zum betreffenden Zeitpunkt die Akten befinden. Das ist nach dem Gericht, dessen Urteil angefochten wird, zunächst der „Gegner des Beschwerdeführers" (§ 347 Abs. 1 StPO), also im Falle der Revision des Angeklagten die Staatsanwaltschaft. Ihr steht es (ebenso wie dem Nebenkläger) frei, „binnen einer Woche eine schriftliche Gegenerklärung einzureichen" (§ 347 Abs. 1 S. 2 StPO). Diese Frist von einer Woche wird für gewöhnlich nicht eingehalten. Ihre Überschreitung hat auch keinerlei Rechtsfolgen. Deshalb empfiehlt es sich in der Regel, telefonisch nachzufragen, wo sich die Akten befinden. Von der Staatsanwaltschaft gehen die Akten zur Revisionsstaatsanwaltschaft. Das ist in den Fällen, in denen der Bundesgerichtshof über die Revision zu entscheiden hat, der Generalbundesanwalt. Dorthin werden die Akten gegebenenfalls durch Vermittlung des Generalstaatsanwalts gebracht, bei dem im Falle einer Revision der Staatsanwaltschaft die Akten länger, im Falle einer Revision des Angeklagten die Akten auch oft erstaunlich lange verweilen. Die **ergänzende Revisionsbegründung** mit den zusätzlichen Rechtsausführungen sollte möglichst so **rechtzeitig** jedenfalls bei der Bundesanwaltschaft eingereicht werden, dass diese die Ausführungen für ihren Antrag beim Revisionsgericht noch berücksichtigen kann.[469]

B. Sachlicher Inhalt der Revisionsrechtfertigung

Die Rechtfertigung der Revision besteht aus zwei Teilen, dem Revisionsantrag und der Revisionsbegründung. Eine den vorgeschriebenen Formen und dem Mindestinhalt entsprechende Rechtfertigungsschrift ist eine unabdingbare Zulässigkeitsvoraussetzung für die Revisionsinstanz. Fehlt die Begründung oder entspricht sie nicht den gesetzlichen Erfordernissen, so wird die Revision durch Beschluss (wenn sich der Mangel erst in der Hauptverhandlung herausstellen sollte, durch Urteil) als unzulässig verworfen. Dies gilt sogar dann, wenn eine allgemeine Verfahrensvoraussetzung fehlt oder ein Prozesshindernis vorliegt.[470] Denn nur ein zulässiges und wirksam angebrachtes Rechtsmittel verleiht dem übergeordneten Gericht die Befugnis, ein angefochtenes Urteil zu überprüfen und erforderlichenfalls in seinen Bestand einzugreifen. **207**

Der **Revisionsantrag** besteht in der Erklärung des Beschwerdeführers, inwieweit er das Urteil anfechte und dessen Aufhebung (oder Änderung) begehre (§ 344 Abs. 1 StPO). Schon die sprachliche Form des Antrages erweckt häufig Bedenken, ob dem Beschwerdeführer dessen verfahrensrechtliche Bedeutung ganz klar ist. Es geht nicht – wie im Zivilprozess – darum, einen erst in einer mündlichen Verhandlung zu stellenden Antrag anzukündigen. Deshalb entspricht die Formulierung: „Ich werde be- **208**

---

469 Näheres zum Gang des Revisionsverfahrens bis zur Entscheidung des Revisionsgerichts weiter unten Rn. 1356 ff.

470 BGHSt 16, 115 = NJW 1961, 1634 gegen BGHSt 15, 203 = NJW 1961, 228 = JZ 1961, 390 (m. Anm. *Stratenwerth*). Der 4. Strafsenat hatte die in der letztgenannten Entscheidung vertretene Ansicht auf Anfrage des 1. Strafsenats aufgegeben.

antragen ...“ nicht der Rechtslage, die mit der fristgerechten Einreichung der Revisionsrechtfertigung bereits die Stellung des Antrages (im Präsens) verlangt.

209 Manche Revisionsgerichte haben früher an den Antrag sehr strenge Anforderungen gestellt und unter allen Umständen einen als solchen erkennbaren und genau formulierten Antrag verlangt. Die Anforderungen der heutigen Praxis sind wesentlich milder. Es wird als ausreichend angesehen, wenn aus dem sonstigen Inhalt der Revisionsschrift zu ersehen ist, **in welchem Umfang** das Urteil angefochten werden soll.[471] Sogar das vollständige Fehlen eines Antrages ist, wenn sich das Begehren eindeutig aus dem übrigen Inhalt der Revisionsbegründungsschrift ergibt, unschädlich.[472]

210 Der Antrag soll klarstellen, welcher Teil der Urteilsformel angegriffen wird; dass ein Angriff lediglich gegen die Gründe unzulässig ist, wurde bereits erörtert.[473] Zumindest aus dem Inhalt der Revisionsbegründungsschrift, besser aber aus einem bestimmten Antrag muss also ersichtlich sein, in welchem Umfang der Beschwerdeführer die Aufhebung oder Änderung der Urteilsformel erstrebt. Der Antrag kann etwa dahin lauten, „das angefochtene Urteil in vollem Umfang“ oder „soweit der Angeklagte wegen Hehlerei verurteilt worden ist“ oder „im Strafausspruch“ oder „hinsichtlich des Berufsverbots“ aufzuheben. Die im Falle der Aufhebung vom Revisionsgericht zu treffende weitere Entscheidung (Zurückverweisung nach § 354 Abs. 2 oder Freispruch nach § 354 Abs. 1 StPO) kann in den Antrag mitaufgenommen werden, ist aber nicht zwingend erforderlich.

211 Eine **Beschränkung der Revision** auf bestimmte Beschwerdepunkte sollte im Antrag auf jeden Fall kenntlich gemacht werden. Fasst der Antrag die Beschränkung enger, als dies zulässig ist, so wird dadurch nicht die Revision, sondern nur die Beschränkung (insoweit) unwirksam. Das Revisionsgericht prüft dann also das Urteil in weiterem Umfang nach als beantragt. Ist etwa der Angeklagte wegen Betrugs in drei Fällen, darunter in einem Falle in Tateinheit mit Urkundenfälschung, verurteilt worden, und wird nur die Verurteilung wegen der tateinheitlichen Urkundenfälschung angegriffen, so prüft das Revisionsgericht auch den tateinheitlichen Betrugsfall, allerdings nicht die beiden anderen Betrugsfälle. Ist der Umfang der Anfechtung undeutlich, so gilt im Zweifel das Urteil als im weiteren Umfang, wenn sich eine Eingrenzung überhaupt nicht eindeutig dem Antrag entnehmen lässt, in vollem Umfang als angefochten. In jedem Falle wird zur Auslegung des Antrages die ihm folgende Revisionsbegründung herangezogen. Das gilt jedenfalls insoweit, als mit dem Antrag keine ausdrücklichen Erklärungen über die Beschränkung der Revision verbunden sind. Beginnt also die Revisionsrechtfertigung mit dem Satz: „Die Revision wird beschränkt auf den Rechtsfolgenausspruch“, und schließt sich sodann der Satz an: „beantragt wird die Aufhebung des Urteils“, so wird der Antrag so gelesen, als stünde korrekterweise darin noch das Wort „insoweit“. Folgen dann in der Revisionsbegründung kluge Ausführungen darüber, weshalb auch der Schuldspruch rechtsfehlerhaft ist, so gehen diese Ausführungen ins Leere. Fehlt dagegen die ausdrückliche Erklärung zur Beschränkung der Revision auf den Strafausspruch, so liegt diese nicht in der ungeschickten Formulie-

---

471 BGHR StPO § 344 Abs. 1 – Antrag 4 = NStZ 1990, 96.
472 LR-*Hanack* § 344, Rn. 3; BGH aaO.
473 S. o., Rn. 70ff.

rung des Antrages, „die Strafe aufzuheben“, wenn die Revisionsbegründung zu erkennen gibt, dass auch der Schuldspruch beanstandet wird.

Umgekehrt kann sich aber auch eine nach dem Antrag scheinbar unbegrenzte Anfechtung als eine auf bestimmte Beschwerdepunkte beschränkte Revision bewerten lassen, wenn dies eindeutig aus der Revisionsbegründung folgt. So hat der Bundesgerichtshof eine von der Staatsanwaltschaft eingelegte Revision mit dem Antrag auf „Aufhebung des Urteils in vollem Umfang“ als auf den Rechtsfolgenausspruch wegen einer von mehreren Straftaten bezogen umgedeutet, weil sich aus der Revisionsbegründung ergab, dass die Staatsanwaltschaft aus sachlich-rechtlichen Gründen das Urteil nur deshalb für rechtsfehlerhaft hielt, weil die Einziehung sichergestellter Videorecorder unterblieben war. Lediglich insoweit hatte sie die Sachrüge ausgeführt. Diese Ausführungen hatten mit den Worten begonnen: „Gerügt wird die Verletzung sachlichen Rechts. Verletzt ist § 74 StGB.“ Der BGH meint, damit habe die Beschwerdeführerin zum Ausdruck gebracht, dass sie die Sachrüge nicht allgemein, sondern nur bezüglich des Rechtsfolgenausspruchs wegen eines Vergehens nach § 108a UrhG erheben wolle.[474] Hierbei hat der Bundesgerichtshof jedoch die „allgemeine Übung der Staatsanwaltschaft“ berücksichtigt, Revisionen in der Regel unter Beachtung der Nr. 156 Abs. 2 RiStBV so zu begründen, dass klar ersichtlich ist, in welchen Ausführungen des angefochtenen Urteils sie eine Rechtsverletzung erblickt, und auf welche Gründe sie ihre Rechtsauffassung stützt.[475] Dies sollten auch Verteidiger berücksichtigen. Sie sollten insbesondere dann, wenn ihnen zur Konkretisierung der allgemein erhobenen Sachrüge nur bestimmte, nicht das ganze Urteil betreffende Einzelausführungen einfallen, diesen den Satz voranstellen: „Die Sachrüge wird unabhängig von den folgenden Ausführungen allgemein erhoben.“ 212

Das im Antrag oder aus der Revisionsbegründung deutlich werdende Begehren des Beschwerdeführers hinsichtlich der weiteren Sachbehandlung bindet das Revisionsgericht nicht. Es kann insbesondere auf Freisprechung erkennen, wenn nur Zurückverweisung beantragt ist, und umgekehrt. 213

Für die **Begründung des Antrages** schreibt das Gesetz (§ 344 Abs. 2 StPO) nur vor, dass aus ihr hervorgehen muss, ob das Urteil wegen Verletzung einer Rechtsnorm über das Verfahren oder wegen Verletzung einer anderen Rechtsnorm angefochten wird, und dass ersterenfalls die den Mangel enthaltenden Tatsachen angegeben werden müssen. Diese so einfach scheinende Vorschrift enthält eine Fülle von Schwie- 214

---

474 BGHR § 344 Abs. 1 – Antrag 3 (insoweit nicht in BGHSt 36, 167 mitabgedruckt); BGH StV 2000, 21 „besondere Schwere der Schuld“; StV 2002, 350.

475 Auch in BGH 3 StR 122/09, Urt. v. 7.5. 2009 hat der BGH bei einer „auf den Rechtsfolgenausspruch“ beschränkten Revision der Staatsanwaltschaft erst den Revisionsgründen entnommen, dass es der Beschwerdeführerin nur um die Höhe der Freiheitsstrafe und nicht um die Beanstandung der vom Landgericht unterlassenen Sicherungsverwahrung ging, „... dass die Revisionsführerin das Urteil nur deshalb für fehlerhaft hält, weil das Landgericht der Bemessung der Einzelstrafe zu Unrecht den Strafrahmen des minder schweren Falles nach § 250 Abs. 3 StGB zugrunde gelegt und sowohl die Einzel- als auch die Gesamtfreiheitsstrafe unangemessen milde bemessen habe. Dass das Landgericht, wie der Generalbundesanwalt meint, es auch rechtsfehlerhaft unterlassen habe, die Voraussetzungen der Unterbringung des Angeklagten in der Sicherungsverwahrung zu prüfen, beanstandet die Beschwerdeführerin in ihrer Revisionsbegründung nicht“.

rigkeiten, die den Beschwerdeführern immer wieder zum Verhängnis werden und deren Nichtbefolgung so manche an sich aussichtsreiche Revision zum Scheitern bringt.

215 Die Begründung der Revision muss **aus sich selbst heraus verständlich** sein, darf also nicht auf frühere Eingaben, auf eine beigefügte Schrift des Angeklagten, auf Beiakten oder beigefügte Urkunden, auf die Revisionsbegründung eines Mitangeklagten oder Gegners, auf das Sitzungsprotokoll oder gar allgemein auf „Aktenkundiges" Bezug nehmen, statt die dort enthaltenen Ausführungen selbst vorzutragen. Es reicht auch nicht aus, dass der vollständige Inhalt zum Beispiel des betreffenden Teils der Sitzungsniederschrift zwar abgeschrieben, aber mit dem Satz eingeleitet wird: „Im Hauptverhandlungsprotokoll ist Folgendes vermerkt: ...". Damit wird nämlich nicht die protokollierte Tatsache als solche gegenüber dem Revisionsgericht behauptet, sondern nur, dass die Verfahrenstatsachen so protokolliert sind. Der Verfahrensfehler liegt aber nicht im Vorgang der Protokollierung sondern im protokollierten Vorgang selbst.

216 Die Rechtsprechung ist in dieser Frage sehr förmlich und sollte meines Erachtens vorsichtig gelockert werden. Entscheidend sollte sein, ob klar und eindeutig zu erkennen ist, was der Beschwerdeführer vortragen will. Andererseits wäre es ein Missbrauch, wenn er sich mit Hilfe von Verweisungen das eigene Nachdenken ersparen wollte. Hier sollte die Grenze gezogen werden. Bei dem gegenwärtigen Stande der Rechtsprechung muss jedoch jedem Beschwerdeführer dringend geraten werden, auf Bezugnahmen und Verweisungen völlig zu verzichten. Kommt es – etwa für eine Aufklärungsrüge – auf den Inhalt umfangreicher Schriftstücke, etwa auch ganzer Akten auch nur möglicherweise an, so scanne man sie ab und füge sie an der Stelle in die Begründungsschrift ein, an der man sie erwähnt – also **nicht als Anlage.** Sie müssen von der Unterschrift des Verteidigers gedeckt sein. Es ist nicht zu bestreiten, dass dadurch manche Revisionsbegründung einen schier ungehörigen Umfang annehmen kann, so dass die Lesbarkeit und Übersichtlichkeit leidet. Aber das könnte nur die Rechtsprechung ändern.

217 Die Revisionsgerichte sollten auch bedenken, ob sie daran festhalten, mehreren Angeklagten, deren **Interessen absolut parallel** gerichtet sind, weil ihnen die gleiche Tat vorgeworfen worden ist, die sie auch nur entweder gemeinsam oder überhaupt nicht begangen haben, wirklich immer noch zuzumuten, dass manchmal mehrere hundert Seiten starke Revisionsbegründungsschriften gleichlautend, mehrfach, das heißt für jeden Mitangeklagten im vollständigen Wortlaut eingereicht werden müssen. In Fällen, in denen Nebenkläger in größerer Zahl am Verfahren beteiligt sind, müssen alle diese im Wortlaut gleichlautenden Revisionsbegründungschriften an alle Nebenkläger zugestellt werden. Damit ist ein völlig unsinniger Schreib-, Kopier- und Versendungsaufwand verbunden. Man denke etwa an die zunehmende Zahl von Verfahren, in denen im Gefolge der Lederspray-Entscheidung des Bundesgerichtshofs[476] mehreren leitenden Mitarbeitern des Herstellungsunternehmens der gleiche Vorwurf gemacht wird. Sie können und werden auch die gleichen Rügen erheben. Im Lederspray-

---

476 BGHSt 37, 106ff.

fall waren es fünf Angeklagte, im Holzschutzmittelfall[477] zwei Angeklagte und 39 Nebenkläger. Die Verteidigung beider Angeklagter im Holzschutzmittelfall hatten jeweils 846 Seiten umfassende Revisionsbegründungsschriften, die sich nur in den Namen der unterzeichnenden Rechtsanwälte unterschieden, eingereicht mit einem zusätzlichen kurzen Schreiben, auf dem die Wortgleichheit versichert wurde, um den Revisionsrichtern zu ersparen, beide Schriftsätze noch daraufhin durchsehen zu müssen, ob nicht in einem davon Ausführungen enthalten sind, die im anderen fehlen.

Es sollte auch bedacht werden, dass die Rechtsprechung, die **Bezugnahmen auf Revisionsbegründungsschriften,** die für Mitangeklagte eingereicht werden, verbietet, in einer Zeit entwickelt worden ist, als die gemeinschaftliche Verteidigung mehrerer Beschuldigter bei gleichgerichteten Interessen durch einen Verteidiger noch zulässig war.[478] Damals lösten sich die hier beschriebenen technischen Probleme dadurch von selbst, dass für mehrere Angeklagte derselbe Verteidiger nur eine Revisionsbegründungsschrift einzureichen brauchte. **218**

Ein Problem besteht aber darin, wie die Rechtsprechung zu einer Überprüfung ihres Standpunktes veranlaßt werden könnte. Dazu bedürfte es einer Revision mehrerer Angeklagter, bei der einer den Mut hätte, die Verwerfung als unzulässig in Konsequenz der bisherigen Rechtsprechung zu riskieren. Dass jemand dieses Risiko sehenden Auges eingeht, ist nicht anzunehmen, und es kann natürlich hier auch nicht empfohlen werden. Helfen könnte also nur ein Fall, in dem aus Rechtsunkenntnis ein Verteidiger den Fehler gemacht hat, sich auf die vom Verteidiger eines anderen Angeklagten ausführlich und ordnungsgemäß dargelegte Verfahrensrüge zu beziehen, die auch zur Aufhebung des Urteils führt, und die dem betreffenden Senat Anlass gäbe, sie als für beide Angeklagte wirksam erhoben anzuerkennen. **219**

Für eine solche Rechtsprechungsentwicklung gibt es bereits Ansätze. So heißt es in einer Entscheidung aus dem Jahre 1997: „Die Rechtsmittel sind auf die Rüge eines Verstoßes gegen § 338 Nr. 7 StPO i. V. m. § 275 StPO und auf die allgemein angebrachte Sachbeschwerde gestützt. Sie haben mit der zulässig erhobenen Verfahrensrüge der verspäteten Urteilsabsetzung, der der Generalbundesanwalt beigetreten ist, Erfolg. Die Darstellung der Verfahrensrüge in einem von beiden Verteidigern unterschriebenen Schriftsatz ist nicht nur rechtlich unbedenklich, sondern durchaus sachgerecht, soweit – wie hier – sich aus dem Schriftsatz zweifelsfrei ergibt, dass jeder Verteidiger für seinen Mandanten den Inhalt verantwortet."[479]

Und in einem neueren Urteil wird diese Methode zu der nicht zulässigen bloßen Bezugnahme auf fremde Schriftsätze wie folgt abgegrenzt: *„Hinsichtlich der für die Angeklagte A.R. erhobenen Verfahrensrügen, die von der Revision nur abstrakt gekennzeichnet sind (z.B. ‚Verletzung der Aufklärungspflicht gemäß § 244 Abs. 2 StPO'; ‚Verletzung des Unmittelbarkeitsgrundsatzes, § 250 StPO'), ist zur Begründung ausschließlich „auf die Revisionsbegründung*

---

477 BGHSt 41, 206 = NJW 1995, 2930 = NStZ 1995, 590. Hierzu *Hamm* StV 1997, 159.
478 Das Verbot der Mehrfachverteidigung in § 146 StPO in der heutigen Fassung wurde erst durch das Gesetz v. 20. 12. 1974 (BGBl. I, 3686) eingeführt.
479 BGH 1 StR 449/97 Urt. v. 12. 8. 1997 = NStZ 1998, 99 m. zust. Anm. *Widmaier.*

des Kollegen St." (Verteidiger der Angeklagten H.R.) verwiesen, dessen Ausführungen ‚zum Inhalt ... eigenen Vortrags' gemacht würden." Der BGH führt weiter aus:

„Der Generalbundesanwalt hat zu Recht darauf hingewiesen, dass die bloße Bezugnahme auf Ausführungen eines anderen Verfahrensbeteiligten den Anforderungen an die ordnungsgemäße Begründung von Verfahrensrügen (§ 344 Abs. 2 Satz 2 StPO) nicht genügt ... Die von der Revision in diesem Zusammenhang angesprochene Gefahr einer Aufblähung der Verfahrensakten ist damit nicht notwendig verbunden. Die Darstellung von Verfahrensrügen in nur einem von mehreren Verteidigern mehrerer Angeklagter gemeinsam eingereichten und gemeinsam unterzeichneten Schriftsatz ist ohne Weiteres möglich."[480]

220 Die Revisionsbegründung muss insgesamt und hinsichtlich der einzelnen Rügen bestimmt und ohne an Bedingungen geknüpft vorgebracht werden. Auch „hilfsweise" erhobene Rügen sind unzulässig. Der Verfasser der Revisionsbegründungsschrift muss auch zu seiner Beanstandung stehen, das heißt, er muss den **Rechtsfehler bestimmt behaupten.** Es reicht nicht aus, wenn lediglich Zweifel an der Rechtmäßigkeit angemeldet oder um Nachprüfung gebeten wird, ob ein Verstoß gegen das geltende Recht vorliegt.[481] Auch ein in sich wiedersprüchlicher Vortrag, der letztlich auf die Zumutung an das Revisionsgericht hinausläuft, erst selbst zu ermitteln, wie eigentlich verfahren worden ist, genügt den Anforderungen des § 344 Abs. 2 S. 2 StPO nicht.[482]

221 Für die **Revisionsbegründungsschrift des Nebenklägers** gilt die Besonderheit, dass aus ihr eindeutig hervorgehen muss, ob der Rechtsfehler ein Delikt betrifft, dessen Verfolgung zur Nebenklage berechtigt. Das führt zum Beispiel dazu, dass die Rechtsprechung, wonach bei der Revision des Angeklagten schon die Erhebung der allgemeinen Sachrüge die Erklärung, dass das Urteil insgesamt angefochten wird, ersetzen kann,[483] auf die Revision des Nebenklägers nicht ohne Weiteres übertragbar ist. Nur wenn sich der Umfang der Anfechtung aus der Begründung der Revision eindeutig ergibt, kann auch in der Revision der Nebenklage dies den Antrag ersetzen. Wurde der Angeklagte wegen eines den Nebenkläger zum Anschluss berechtigenden Delikts verurteilt, und erhebt der Nebenkläger nur die allgemeine Sachrüge ohne konkreten Antrag, so ist seit der Änderung des § 400 StPO durch das Opferschutzgesetz[484] zur Zulässigkeit der Revision der Nebenklage erforderlich, dass die Revisionsbegründungsschrift die Beachtung dieser gesetzlichen Grenzen erkennbar macht.[485]

---

480 BGH 1 StR 527/05, Beschl. v. 10. 1. 2006 = NJW 2006, 1220 = wistra 2006, 235 = JR 2006, 389 = NStZ-RR 2007, 55= StV 2008, 10.

481 KK-*Kuckein* § 344, Rn. 33; BGHSt 12, 33 = NJW 1958, 1692.

482 Anschauliches Beispiel BGH, Beschl. v. 19. 10. 2005 – 1 StR 117/05 = StV 2006, 567 (m. Anm. *Beulke/Barisch* zu anderer Thematik).

483 Vgl. dazu auch *Gribbohm* NStZ 1983, 97.

484 Gesetz v. 18. 12. 1986 (BGBl. I, 2496).

485 BGHR StPO § 344 Abs. 1 – Antrag 1 = JZ 1988, 367.

Teil 6: Verfahrensrügen

Literatur (Auswahl): *Blomeyer* Revisibilität von Verfahrensfehlern im Strafprozess JR 1971, 142; *Bohltert* Ordnungsvorschriften im Strafverfahren, NStZ 1982, 5; *Fezer* Die „Herabstufung“ eines Beweisantrags in der Revisionsinstanz – Zugleich eine Kritik am sog. Konnexitätsprinzip, Festschrift Meyer-Goßner, 2001, S. 629; *Frisch* Wandel der Revision als Ausdruck geistigen und gesellschaftlichen Wandels, Festschrift Fezer, 2008, S. 353; *Hamm/Hassemer/Pauly* Beweisantragsrecht, Praxis der Strafverteidigung, 2. Aufl. 2007; *Hebenstreit* Gedanken zur Alternativrüge, Festschrift Widmaier, 2008, S. 267; *Jähnke* Zur Abgrenzung von Verfahrens- und Sachrüge, Festschrift Meyer-Goßner, 2001, S. 559; *Jescheck* Die Verwirkung von Verfahrensrügen im Strafprozess, JZ 1952, 400; *Leitner* Das Protokoll im Strafverfahren – Eine wechselvolle Geschichte, Festschrift Hamm, 2008, S. 405; *Mehle* Die „Relativierung“ der absoluten Revisionsgründe – vom Niedergang der Formstrenge, Festschrift Dahs, 2005, S. 381; *Meyer-Goßner* Fehlerhaft beschiedene Beweisanträge, Erfolgschancen von Aufklärungsrügen – Aufklärungspflicht des Gerichts, Aufklärungsbereitschaft der Verteidigung, in: Die revisionsgerichtliche Rechtsprechung des BGH, Bd. 3 der Schriftenreihe der Arbeitsgemeinschaft des DAV, 1987, S. 122 ff.; *Niemöller* Die strafrichterliche Beweiswürdigung in der neueren Rechtsprechung des Bundesgerichtshofs, StV 1984, 431; *ders.* Besetzungsrüge und „Willkürformel“, in: Die revisionsgerichtliche Rechtsprechung der Strafsenate des BGH, Bd. 3 der Schriftenreihe der Arbeitsgemeinschaft des DAV, 1987, S. 78, StV 1987, 311; *ders.* Der Kontinuitätsgrundsatz – ein unentdecktes Prinzip des Beweisantragsrechts, Festschrift Hamm, S. 537 ff.; *Ritter* Die Begründungsanforderungen bei der Erhebung der Verfahrensrüge gemäß § 344 Abs. 2 Satz 2 StPO, Berlin 2007; *Rosenau* Die Revision – Qualitätskontrolle und Qualitätssicherung im Strafverfahren, Festschrift Widmaier, 2008, S. 521; *Rudolphi* Die Revisibilität von Verfahrensmängeln im Strafprozess, MDR 1970, 93; *Sander* Die Zulässigkeit von Verfahrensrügen in der Rechtsprechung des BGH NStZ-RR 2007, 97 ff.; *Schlothauer/Weider* Verteidigung im Revisionsverfahren, 2008, S. 45–828; *Schäfer* Die Abgrenzung der Verfahrensrüge von der Sachrüge, Festschrift Riess, 2002, S. 477; *Schlothauer* Zur Immunisierung tatrichterlicher Urteile gegen verfahrensrechtlich begründete Revisionen – Zum Vorlagebeschluss des 1. Strafsenats des Bundesgerichtshofs vom 23. 8. 2006 – 1 StR 466/05 und zum Urteil des 3. Strafsenats vom 11. 8. 2006 – 3 StR 284/05, Festschrift Hamm, 2008, S. 655; *W. Schmid* Die „Verwirkung“ von Verfahrensrügen im Strafprozess, 1967; *Widmaier* Wohin entwickeln sich die absoluten Revisionsgründe? Festschrift Hanack, S. 77 ff.

A. Allgemeines zum notwendigen Rügevorbringen (§ 344 Abs. 2 S. 2 StPO)

Zahlreiche Verfahrensrügen scheitern daran, dass die von der Rechtsprechung sehr streng gehandhabten Anforderungen des § 344 Abs. 2 S. 2 StPO nicht erfüllt sind. Das ist vermeidbar, wenn sich der Bearbeiter der Revisionsbegründung einen Revisionsrichter vorstellt, dem bestenfalls zwei Schriftstücke zugänglich sind: Die soeben entstehende Revisionsrechtfertigungsschrift und – sofern der Beschwerdeführer auch die Sachrüge erhoben hatte – das angefochtene Urteil. Man stelle sich weiterhin vor, jener Revisionsrichter sei verpflichtet, alle in der Revisionsrechtfertigungsschrift geschilderten Verfahrensvorgänge als bereits bewiesen zu behandeln, und er müsste nun darüber entscheiden, ob jene Verfahrensabläufe, die in der Revisionsbegründungsschrift beanstandet werden, gegen geltendes Verfahrensrecht verstoßen haben, und dies möglicherweise das Urteil beeinflusste. 222

223 Die den geltend gemachten Verstoß enthaltenden Verfahrenstatsachen müssen also so genau dargelegt werden, dass das Revisionsgericht die Schlüssigkeit des Verfahrensfehlervorwurfs **ohne Rückgriff auf andere Schriftstücke als das Urteil** überprüfen kann.[486] Dass nach dieser Schlüssigkeitsprüfung das Revisionsgericht, das natürlich nicht verpflichtet ist, die vorgetragenen Verfahrenstatsachen schon als bewiesen anzusehen, zum Zwecke der Beweiserhebung doch noch in die Akten schauen darf und oft auch muss, sollte der Bearbeiter der Revisionsbegründung zunächst außer Betracht lassen. Er sollte insbesondere nicht glauben, dass er irgendeinen Umstand, von dem er annimmt, dass das Revisionsgericht ihn dann ja „ohnehin sieht", in der Revisionsbegründungsschrift verschweigen kann. Das Revisionsgericht wird nämlich von dem betreffenden Verfahrensvorgang gerade keine Kenntnis nehmen, und zwar weil er in der Revisionsbegründungsschrift nicht behauptet worden ist.

224 Bis dahin wäre die Sache aber immer noch einfach und leicht zu handhaben, wenn nicht folgendes Problem hinzukäme: Verfahrensvorschriften, deren Verletzung geltend gemacht werden kann, enthalten wie die meisten gesetzlichen Vorschriften nur selten aus sich allein heraus verständliche Ge- oder Verbote. Meist sind sie Bestandteile eines mehrschichtigen Regel-/Ausnahmesystems. Als Beispiel mögen hier die Vorschriften über den Urkundenbeweis dienen: Nach der Regel des § 249 StPO werden Urkunden in der Hauptverhandlung verlesen. Eine Urkunde darf nach der Ausnahme des § 250 S. 2 StPO allerdings dann nicht verlesen werden, wenn es sich um ein Vernehmungsprotokoll handelt, mit dessen Verlesung nur die persönliche Vernehmung des Vernommenen ersetzt werden soll. Als Ausnahme zu dieser Ausnahme bestimmt § 251 StPO, dass unter bestimmten Umständen auch solche Protokolle verlesen werden dürfen. Als Ausnahme von der Ausnahme von der Ausnahme regelt § 252 StPO wiederum ein Verbot der Verlesung, auch wenn die Voraussetzungen des § 251 StPO vorliegen.

225 Wer nun glaubt, eine Verletzung des Verfahrensrechts schon dadurch schlüssig geltend machen zu können, dass er von einer genau bezeichneten und im Wortlaut in der Revisionsbegründungsschrift wiedergegebenen Urkunde behauptet, sie sei in der Hauptverhandlung nicht verlesen worden, und dadurch sei geltendes Verfahrensrecht verletzt worden, drängt dem Revisionsgericht mehr Fragen als Antworten auf. Auch wenn aus der in der Revisionsbegründungsschrift mitgeteilten Urkunde eindeutig erkennbar ist, dass es sich um ein Vernehmungsprotokoll handelt, lässt sich allein daraus noch nichts über die Zulässigkeit der Verlesung oder Nichtverlesung herleiten. Es müssen also noch **alle zusätzlichen Verfahrenstatsachen** „mitbehauptet" werden, deren Kenntnis notwendig ist, um entscheiden zu können, ob die Urkunde hätte verlesen werden müssen. Erst bei Betrachtung des gesamten Aufbaus des Regel-/Ausnahmesystems lässt sich die Frage beantworten, welche Tatsachen dies sind, zumal dazu auch Negativtatsachen gehören.

Wird die Verlesung einer Niederschrift über eine polizeiliche Vernehmung eines Zeugen beanstandet, so besagt der Vortrag, der diese Tatsachen enthält, noch nichts über

---

486 BGHSt 3, 213 = NJW 1952, 1386; BGHSt 22, 169 (172) = NJW 1968, 1684; BGH NStZ 1992, 29; KK-*Kuckein* § 344, Rn. 38.

die Zulässigkeit der Verlesung. Auch die Erwähnung des Umstandes, dass der Zeuge selbst nicht in der Hauptverhandlung vernommen worden ist, und dass seine Vernehmung durch die Verlesung des früher aufgenommenen Polizeiprotokolls entgegen § 250 StPO ersetzt wurde, lässt noch die Möglichkeit offen, dass diese Ersetzung gerade zulässig war, weil nämlich die Voraussetzungen des § 251 Abs. 1 StPO vorlagen. Deshalb gehört zu einem vollständigen Vortrag auch die Mitteilung der (negativen) Tatsache, dass entweder der Staatsanwalt, der Verteidiger oder der Angeklagte mit dieser Verlesung nicht einverstanden waren, und dass bei dem Zeugen auch keine Hinderungsgründe bestanden, ihn in absehbarer Zeit gerichtlich zu vernehmen. Die weitere „Negativtatsache", dass die Niederschrift oder Urkunde nicht das Vorliegen oder die Höhe eines Vermögensschadens betraf (§ 251 Abs. 1 Nr. 3 StPO), braucht nicht noch einmal eigens hervorgehoben werden, weil sie sich aus dem mitgeteilten vollständigen Inhalt der Urkunde ohne Weiteres ergibt.[487]

Insbesondere wegen der sehr hoch gesteckten Anforderungen an den **Vortrag solcher Negativtatsachen** hat die Rechtsprechung zum Teil berechtigte Kritik erfahren.[488] 226
Das mindeste, was an dieser Kritik berechtigt ist, ist der Hinweis auf das Fehlen einer klaren Abgrenzung und eindeutiger Kriterien für das Verlangen nach dem Vortrag derartiger Negativtatsachen.[489] Die Rechtsprechung geht teilweise bedenklich weit mit dem Verdikt der Unzulässigkeit von Verfahrensrügen, in denen zwar für den vom Gesetz angenommenen „Normalfall" die Tatsachen, die einen Verfahrensverstoß schlüssig ergeben, vollständig dargelegt sind, jedoch das Nichtvorliegen der Voraussetzungen einer Ausnahmeregelung unerwähnt geblieben ist. So soll beispielsweise die Verfahrensrüge, im Urteil inhaltlich verwertete Urkunden seien in der Hauptverhandlung entgegen § 249 Abs. 1 StPO nicht verlesen, sondern nur in Augenschein genommen worden, unzulässig sein, wenn sich die Revisionsbegründungsschrift nicht mit der Möglichkeit „auseinandersetzt", dass anlässlich der Augenscheinseinnahme alle in § 249 Abs. 2 S. 1 StPO genannten Verfahrensbeteiligten von den („inhaltlich leicht überschaubaren") Urkunden Kenntnis genommen haben.[490] Gegen diese Entscheidungen bestehen deshalb Bedenken, weil die Urkundenverlesung nach § 249 Abs. 1 StPO und das so genannte Selbstleseverfahren nach § 249 Abs. 2 S. 1 StPO zwei völlig verschiedene und je für sich formalisierte Methoden der Beweiserhebung über den gedanklichen Inhalt von Urkunden darstellen, von denen keine durch eine Inaugenscheinnahme ersetzt werden kann, die ihrerseits von jeder Form des Urkundenbeweises zu unterscheiden ist.[491] Die Behauptung in der Revisionsrechtfertigungs-

---

487 Vorsicht ist freilich geboten, wenn die betreffende Urkunde neben den Angaben z.B. über die Reparaturkosten eines PKW in einer Verkehrsstrafsache auch weitere Informationen eines Zeugen enthält. Dann kam eine Teilverlesung nach § 251 Abs. 1 Nr. 3 StPO in Betracht (*Meyer-Goßner* § 251, Rn. 12). Soll beanstandet werden, dass auch der die Frage des Vermögensschadens übersteigende Inhalt verlesen wurde, so dass insoweit eine nach § 250 StPO verbotene Ersetzung stattfand, muss dies auch ausdrücklich so kenntlich gemacht werden. Für eine insgesamt restriktive Auslegung des § 251 Abs. 1 Nr.3 StPO SK-*Velten* § 251, Rn. 22; *Knauer/Wolf* NJW 2004, 2936; *Neuhaus* StV 2005, 52)

488 Vgl. *Dahs/Dahs* Revision, Rn. 472; *Dahs* in: DAV-Schriftenreihe Band 7, 85 ff.

489 *Dahs/Dahs* Revision, Rn. 472; *Maul* und *Dahs* in: Grundprobleme des Revisionsverfahrens DAV Schriftenreihe Band 7, 71 ff., 85 ff., jetzt auch *Dahs* FS Salger, 217 ff.

490 BGHR StPO § 344 Abs. 2 Satz 2 – Urkunden 1 = wistra 1990, 197.

491 KK-*Pfeiffer/Hannich* Einleitung, Rn. 116.

schrift, dass bestimmte Urkunden nicht verlesen worden sind, schließt ohne Weiteres das Unterbleiben einer Verlesung im Wege des Selbstleseverfahrens mit ein. Wäre diese Behauptung falsch, was wegen der formellen Beweiskraft des Sitzungsprotokolls gemäß § 274 StPO erst nach der Bejahung der Zulässigkeit der Rüge festzustellen wäre, so würde dies deren Begründetheit, aber nicht die Zulässigkeit betreffen. Auch mag in dem vom BGH entschiedenen Fall das Beruhen des Urteils auf der Nichtverlesung zweifelhaft gewesen sein, aber auch dies berührt nicht die Frage nach der Vollständigkeit des Tatsachenvortrags im Sinne des § 344 Abs. 2 S. 2 StPO. Für den Fall einer Rüge der Verwertung des Inhalts einer in der Hauptverhandlung nicht verlesenen Urkunde (Verstoß gegen § 261 StPO) hat das Bundesverfassungsgericht mit Recht die Anforderungen an das Revisionsvorbringen nach § 344 Abs. 2 S. 2 StPO dann als überspannt beanstandet, wenn das Revisionsgericht auch noch die Angabe solcher Tatsachen verlangt, die „mit dem Vorgang der Beweisgewinnung in keinem unmittelbaren Zusammenhang stehen".[492]

Neuerdings greift der BGH im Anschluss an eine Entscheidung des EGMR[493] zu dem harten Mittel, das Verschweigen von Tatsachen, die der Rüge den Boden entziehen würden, die aber dem Senat durch die Gegenerklärung der Staatsanwaltschaft bekannt geworden sind, als Zeichen von **Rechtsmissbrauch** zu werten, um die Rüge als unzulässig abzulehnen.[494]

227 Die Verwendung des Begriffs **„Negativtatsachen"** ist im Übrigen auch irreführend. Der Gesetzeswortlaut des § 344 Abs. 2 S. 2 StPO verwendet richtigerweise nur den Begriff der „Tatsachen", die „angegeben" werden müssen. Behauptet der Revisionsführer, ihm sei das letzte Wort entgegen § 258 Abs. 3 StPO *nicht* erteilt worden, so ist dies, wenn man so will, nicht die Behauptung einer den Verfahrensmangel begründenden „negativen" Tatsache. Dass der BGH zur Zulässigkeit der Rüge darüber hinaus auch noch die „Schilderung der der Urteilsverkündung unmittelbar vorausgegangenen Verfahrenshandlungen" verlangt,[495] lässt sich mit vielem, nur nicht mit dem Gesetz begründen. Was soll in diesen vermissten „Verfahrenshandlungen" an (positiven oder negativen) Fakten verborgen sein, die der klaren Aussage, das letze Wort sei nicht erteilt worden, entgegenstehen könnten? Der zwingende Gesetzesbefehl, dass der Angeklagte vor Eintritt in die Urteilsberatung „zu *befragen*" ist, ob „er selbst noch etwas zu seiner Verteidigung auszuführen habe", lässt sich an Eindeutigkeit nicht überbieten. Dasselbe gilt für die Behauptung in der Revisionsbegründung, dass dies unterblieben sei. Die theoretische Möglichkeit, dass der Vorsitzende statt die ausdrücklich verbale Frage an den Angeklagten zu richten, ihn körpersprachlich mit Gesten aufgefordert haben könnte, vielleicht auch seinerseits z.B. durch Kopfschütteln kund zu tun, ob er noch etwas sagen will, wäre nur dann erheblich, wenn eine Protokollberichtigung beabsichtigt oder auch beantragt wäre. Solange dies nicht der Fall ist, betrifft die Aussagekraft der Sitzungsniederschrift nach § 274 StPO schon nicht mehr die Vollständigkeit des Rügevortrags, sondern den Beweis der behaupteten Tatsache.

---

492 BVerfG 2 BvR 656/99 v. 25. 1. 2005 = BVerfGE 112, 185 = NJW 2005, 1999 = StraFo 2005, 292 = StV 2005, 369.

493 EGMR NJW 2007, 2097.

494 BGH 1 StR 539/07 v. 21. 11. 2007 = NStZ-RR 2008, 85.

495 BGH StV 1995, 176 mit zutreffend krit. Anm. *Ventzke* 177.

Vollends unverständlich wird die Spruchpraxis des BGH, wo sie die Zulässigkeit einer Verfahrensrüge an dem Vorwurf scheitern lässt, der Beschwerdeführer habe solche Verfahrenstatsachen nicht mit vorgetragen, die seiner Rüge den Boden entziehen würden, von deren Existenz das Revisionsgericht aber auch erst aus Vorgängen Kenntnis erlangt hat, die *nach* Einreichung der Begründungsschrift entstanden sind. Geradezu kurios mutet es an, wenn der 1. Strafsenat in der auch unter anderen Aspekten zu Recht viel kritisierten Entscheidung für eine „Fristenlösung" im Beweisantragsrecht[496] einerseits für *protokollierungspflichtig* erklärt, was im Zusammenhang mit der Fristsetzung das Gericht bekannt gibt, andererseits aber der betreffenden Verfahrensrüge die Zulässigkeit abspricht, weil *außerhalb* des Protokolls angeblich gemachte Äußerungen des Vorsitzenden, von denen dieser nach Eingang der Revisionsbegründung (und natürlich auch nach Ablauf der Frist des § 345 Abs. 1 StPO) erstmals in einer „dienstlichen Stellungnahme" berichtet hatte, in der Revisionsbegründung, die sich auf das Protokoll stütze, nicht mitgeteilt waren. **227a**

Es wäre also wünschenswert, dass die Revisionsgerichte zwischen der Zulässigkeit und der Begründetheit, aber auch zwischen dem notwendigen Vortrag von Verfahrenstatsachen und ihrer Beweisbarkeit unterscheiden.

Die klare Unterscheidung zwischen den Zulässigkeitsvoraussetzungen einer Rüge und der mit der **Beweisbarkeit der vorgetragenen Verfahrenstatsachen** zusammenhängenden Frage nach der Begründetheit ist deshalb notwendig, um zu vermeiden, dass begründete Verfahrensbeanstandungen durch eine zu hohe Zulässigkeitshürde abgeblockt werden können. Die entsprechenden Entscheidungen des BGH erwecken auch gelegentlich durchaus den Eindruck, als sei dem betreffenden Senat die zwingende Folge der Begründetheit einer Rüge im Einzelfall unbillig erschienen, und deshalb habe die Verneinung der Zulässigkeit erst die Verwerfung ermöglicht. Zur Zulässigkeit gehört nun aber einmal nichts weiter als der Vortrag von Verfahrenstatsachen, die, wenn sie sich beweisen lassen, einen Verfahrensfehler enthalten. Mit den Möglichkeiten eines rechtsfehlerfreien Verfahrensablaufs für den Fall, dass andere als die vorgetragenen Tatsachen an deren Stelle oder neben ihnen zutreffend wären, braucht die Revision sich daher nicht „auseinanderzusetzen".[497] Dass ein Verfahrensfehler, z. B. die (jetzt nur noch selten vorkommende) Verletzung des Vereidigungsverbots nach § 60 Nr. 2 StPO nicht im weiteren Verlauf der Hauptverhandlung (durch einen Hinweis auf die Verwertung der beeideten Aussage als uneidliche) geheilt wurde, betrifft nicht die Vollständigkeit des Rügevortrages, sondern den Beweis und die Begründetheit des Verfahrensfehlers. Dass eine solche Heilung nicht stattgefunden habe, steckt als Behauptung ohne Weiteres in der Behauptung, das Urteil beruhe auf einer verbotenen Vereidigung. Sollte diese Behauptung aus welchen tatsächlichen **228**

---

496 BGHSt 52, 355 = NJW 2009, 605 ff.; mit durchweg ablehnenden Anmerkungen von *Fezer* HRRS 2009, 17 ff.; *König* StV 2009, 171; *Gaede* NJW 2009, 605; *Beulke* in: Rechtsprechung, Gesetzgebung, Lehre: Wer regelt das Strafrecht? Tagungsband 2. Karlsruher Strafrechtsdialog, 2010, 85 ff.; *Jahn* StV 2009, 663; s. a. *Hamm* FS Hassemer S. 1017 ff. Zur Bedeutung der „Fristenlösung" und ihre zu weitgehende Anwendung für die Frage der Befangenheit der beteiligten Richter BGH 5 StR 263/08 – Urt. v. 9. 7. 2009 = BGHSt 54, 39 = NJW 2009, 3248.

497 So aber BGH aaO.

Gründen auch immer falsch sein, hat die Rüge keinen Erfolg. Aber unzulässig war sie deshalb noch lange nicht.

229 Unter dem gleichen Aspekt halte ich es deshalb auch für bedenklich, wenn der Bundesgerichtshof in einer anderen Entscheidung die Rüge als unzulässig behandelt, das Tatgericht habe gegen ein Verwertungsverbot verstoßen, das sich daraus ergeben habe, dass entgegen dem Verbot des § 97 Abs. 1 StPO Geschäftsunterlagen bei einem Steuerberater beschlagnahmt worden sind.[498] Der Bundesgerichtshof meint, zur **Zulässigkeit einer solchen Rüge** gehöre auch der Vortrag, dass die Voraussetzungen für einen Fortfall der Beschlagnahmefreiheit wegen Deliktsbezogenheit nach § 97 Abs. 2 S. 3 StPO nicht vorliegen, „wenn diese Möglichkeit ernsthaft in Betracht zu ziehen ist". Dieser Zusatz („wenn ... ernsthaft in Betracht zu ziehen ist") macht deutlich, dass der Bundesgerichtshof eine generelle Anforderung, im Rahmen einer Rüge mit der Geltendmachung eines solchen Verwertungsverbotes müsse stets auch das Nichtvorliegen der Voraussetzungen des § 97 Abs. 2 StPO durch Tatsachen belegt werden, nicht aufstellen wollte. Wann aber ist das Vorliegen der Ausnahmen des § 97 Abs. 2 Satz 3 StPO „ernsthaft in Betracht zu ziehen"?

230 Zu den Ausnahmen gehört einmal die „Deliktsbezogenheit", das heißt, dass es sich um Gegenstände handelt, die durch eine Straftat hervorgebracht oder zur Begehung einer Straftat gebraucht oder bestimmt worden sind oder aus einer Straftat herrühren (dies ist die zweite Alternative), zum anderen aber auch, dass der zur Verweigerung des Zeugnisses Berechtigte einer Teilnahme oder einer Begünstigung, Strafvereitelung oder Hehlerei verdächtig ist. Im Regelfall wird es sich um den gerade gegenüber dem Angeklagten schweigepflichtigen Angehörigen eines beratenden Berufes handeln, und die nicht von vornherein zulässige Durchsuchung dient in der Praxis häufig gerade dazu, herauszufinden, ob sich dort „beschlagnahmefreie" Gegenstände finden lassen. Wo immer man in solchen Fällen dann die Grenze des Verwertungsverbotes zieht,[499] betrifft diese wiederum die Begründetheit und nicht schon die Zulässigkeit der Rüge. Das gilt insbesondere auch für die ex post-Betrachtung, ob die Durchsuchung und Beschlagnahme vielleicht gerade deshalb rechtmäßig war, weil der Beteiligungsverdacht des Aussageverweigerungsberechtigten bzw. die Deliktsbefangenheit des schließlich beschlagnahmten Gegenstandes bereits in der ex ante-Betrachtung „ernstlich in Betracht zu ziehen" war.

231 In der Entscheidung über die Revision des wegen zahlreicher Schwangerschaftsabbrüche verurteilten Memminger Arztes Dr. Th. übertrug der 1. Strafsenat des Bundesgerichtshofs diese Rechtsprechung sogar auch noch auf die Frage, ob bei der Beschlagnahme von Patientinnenkarteien das Zeugnisverweigerungsrecht durch Einverständnis der Patientinnen aufgehoben war.[500] In diesem Falle leitete der Senat die Erörterungsbedürftigkeit der Frage, ob und inwieweit Einwilligungen von Patientinnen vorgelegen haben, aus seiner immerhin dem Revisionsvortrag entnommenen Kenntnis ab, dass Patientinnen „in einigen Fällen zu späteren Zeitpunkten" den Angeklagten von seiner Schweigepflicht entbunden hatten. Statt nun daraus den zwin-

---

498 BGHSt 37, 245 = NJW 1991, 1764 = StV 1991, 146 = NStZ 1991, 196.
499 Vgl. dazu m. w. N. *Meyer-Goßner* § 97, Rn. 46 bis 49.
500 BGHSt 38, 144, 146 = NJW 1992, 763, 765.

genden Schluss zu ziehen, dass dies jedenfalls nicht in allen Fällen so war, leitete der Senat aus dieser Bemerkung als Zulässigkeitsvoraussetzung für die ganze Rüge ab, dass die Revision behauptet, „die betroffenen Patientinnen hätten den Angeklagten nicht von seiner Schweigepflicht entbunden“ und damit auch der Verwertung ihrer Patientendaten nicht zugestimmt.[501]

Eine klare Abgrenzung zwischen dem notwendigen Rügevorbringen zur Erfüllung der Voraussetzungen des § 344 Abs. 2 S. 2 StPO durch Mitteilung positiver und negativer Tatsachen gegenüber den im Rahmen einer Verfahrensrüge nicht erforderlichen Negationen fernliegender hypothetischer Umstände, die dem Erfolg der Rüge entgegenstünden, muss sich unabhängig vom konkreten Einzelfall finden lassen. Da es jeweils um den Vorwurf der Verletzung von Verfahrensrecht geht, muss die Suche nach dieser Antwort ihren Ausgang von der jeweiligen Verfahrensnorm nehmen, gegen die verstoßen worden sein soll. **232**

Alle Verfahrensvorschriften, die schon in sich einen **konditionalen Aufbau** haben (z.B. § 244 Abs. 3 S. 2 StPO: „... darf ein Beweisantrag nur abgelehnt werden, wenn ...“), können als verletzt nur geltend gemacht werden, wenn die Verfahrensrüge sowohl etwas über die Bedingung einer korrekten Verfahrensweise als auch über das tatsächlich durchgeführte Verfahren ausführt. Geht die Rüge zum Beispiel dahin, ein Beweisantrag sei zu Unrecht zurückgewiesen worden, so muss das Revisionsgericht den gesamten Beweisantrag, den gesamten Beschluss der Zurückweisung, aber auch alle Tatsachen erfahren, die ihm (wenn sie sich als richtig herausstellen) den Schluss ermöglichen, dass die vom Gericht angenommenen Zurückweisungsgründe nicht vorgelegen haben. Enthält nun beispielsweise der Beschluss, durch den der Beweisantrag zurückgewiesen wird, gegen den Antragsteller den Vorwurf, der Antrag sei lediglich in Prozessverschleppungsabsicht gestellt worden, und begründet das Tatgericht diese Annahme durch eine Fülle von Fakten, die den Zurückweisungsgrund der Verschleppungsabsicht ihrerseits schlüssig darlegen, so setzt die Überprüfung des Vorwurfs, dieser Beschluss sei dennoch rechtsfehlerhaft, voraus, dass über die Mitteilung seines Inhalts und des Inhalts des Beweisantrags hinaus diejenigen Umstände im Einzelnen dargelegt werden, die dem Revisionsgericht das tatsächliche Prozessverhalten des Antragstellers als ein gerade nicht nur verfahrensverzögerndes sondern auf Sachaufklärung gerichtetes darstellen.[502] **233**

Der Bundesgerichtshof verlangt insoweit mit Recht eine **vollständige Darlegung** dieses Prozessverhaltens, und zwar auch zu den Einzelheiten, die bei isolierter Betrachtung für eine Verschleppungsabsicht sprechen.[503] In der Entscheidung heißt es dazu sogar ausdrücklich: *„Das... Erfordernis einer Wiedergabe dieses Prozessverhaltens... kann nicht mit dem Hinweis darauf verneint werden, von dem Beschwerdeführer könne nicht verlangt werden, er solle selbst das Material für eine ihm nachteilige Entscheidung liefern. Verlangt § 344* **234**

501 Über die Unzulässigkeit der Rüge hinaus stellte der BGH in diesem Falle die Unbegründetheit in den Vordergrund, weil sich § 97 StPO mit dem Träger der in § 53 StPO genannten Berufe nur in deren Eigenschaft als potentielle Zeugen, aber nicht für den Fall, dass sie selbst Beschuldigte sind, befasse. Vgl. hierzu auch LG Koblenz NJW 1983, 2100; LG Bochum NJW 1988, 1533 und LG Köln MDR 1988, 252.

502 BGHR StPO § 344 Abs. 2 S. 2 – § 244 Abs. 3 S. 2 StPO 1 (Urt. v. 11. 6. 1986 – 3 StR 10/86).

503 BGH aaO und BGH NStZ 1994, 47.

Abs. 2 S. 2 StPO den Vortrag, der für die Beurteilung der Revisionsrüge wesentlichen Tatsachen, so lassen sich die dem Beschwerdeführer nachteiligen davon nicht ausschließen." Die Richtigkeit dieser Ansicht ergibt sich aus dem konditionalen Aufbau des § 244 Abs. 3 StPO und dem eine Gesamtbetrachtung des Prozessverhaltens voraussetzenden komplexen Merkmal der „Verschleppungsabsicht".

235 Wird dagegen der Verstoß gegen eine Verfahrensvorschrift gerügt, der nicht schon in sich ein Regel-Ausnahme-Verhältnis enthält, sondern einen **klaren Normbefehl** an positiv formulierte „Tatbestandsmerkmale" anknüpft, so muss für die Zulässigkeit der Rüge ausreichend sein, dass entweder das Nichtvorliegen einer oder mehrerer jener Geltungsvoraussetzungen in tatsächlicher Hinsicht belegt, und die dennoch stattgefundene Befolgung des Normbefehls behauptet, oder das Vorliegen der Geltungsvoraussetzungen behauptet, und die Nichtbefolgung des Normbefehls beanstandet wird. Ist die betreffende Rechtsvorschrift in sich „autark" in dem Sinne, dass Ausnahmeregelungen in anderen Vorschriften mit eigenständigen Voraussetzungen zwar bestehen, jedoch ohne dass der Grundsatz konditional damit verknüpft wäre, braucht sich die auch nur den Grundsatz betreffende Rüge mit den Voraussetzungen der Ausnahme nicht zu befassen. Das sollte auch gelten für Ausnahmetatbestände, die nicht das Gesetz vorsieht, sondern die die Rechtsprechung in Aufweichung ursprünglich gesetzlich geregelter Verfahrenssituationen eingeführt hat. Zu denken ist dabei zum Beispiel an die von Reichsgericht und Bundesgerichtshof vorgenommene Relativierung der absoluten Revisionsgründe des § 338 StPO.[504] Nach dem Normbefehl des § 338 Nr. 5 StPO sollte es ausreichen, dass das Vorliegen dieses absoluten Revisionsgrundes mit der Darlegung der Tatsache begründet wird, dass an einem bestimmten Teil der Hauptverhandlung einer der Verfahrensbeteiligten, deren ununterbrochene Anwesenheit zum Beispiel durch § 226 StPO zwingend vorgeschrieben ist, nicht zugegen war. Dass die Rechtsprechung die damit vom Gesetz gewollte Rechtsklarheit dadurch beseitigt hat, dass sie den absoluten Revisionsgrund nur dann annimmt, wenn er die Abwesenheit während „wesentlicher" Teile der Hauptverhandlung betrifft,[505] führt ein Element der Beruhensfrage in den absoluten Revisionsgrund ein, der davon gerade unabhängig sein sollte. Wer dies unbedenklich findet, muss aber gerade deshalb die Voraussetzungen der von der Rechtsprechung geschaffenen Ausnahme (Abwesenheit bei unwesentlichen Teilen der Hauptverhandlung unschädlich) in der Begründetheit und nicht in der Zulässigkeit der Rüge prüfen. Dies gilt zumindest, so lange darin überhaupt gesagt ist, an welchem Teil der Hauptverhandlung welcher Verfahrensbeteiligte nicht im Gerichtssaal anwesend war.[506] In diesem Fall kann sogar ausnahmsweise die fehlende Angabe des Teils der Hauptverhandlung als unschädlich angesehen werden, sofern sich aus den Urteilsgründen ergibt, dass seine Verkündung in Abwesenheit des Angeklagten stattgefunden hatte, ohne dass die gesetzlichen Voraussetzungen dafür vorgelegen haben.

---

504 Vgl. dazu unten Rn. 315.

505 RGSt 58, 180; BGHSt 15, 263 = NJW 1961, 419; BGHSt 16, 178 = NJW 1961, 1980; BGHSt 26, 84, 91 = NJW 1975, 885, 887; BGH NStZ 1983, 34, st. Rspr.

506 Vgl. BGHR StPO § 344 Abs. 2 S. 2 – Abwesenheit 1.

Die rügespezifischen Anforderungen an den Verfahrenstatsachenvortrag werden noch im Einzelnen bei der Darstellung der möglichen Verfahrensrügen behandelt. 236

Die hier vertretene Auffassung, dass sich der Umfang des notwendigen verfahrenstatsächlichen Vortrags an der verletzten Norm zu orientieren hat, bedeutet freilich nicht, dass zu einer Revisionsrüge auch **Rechtsausführungen** gehören. „Iura novit curia" gilt auch und gerade in einer reinen Rechtsüberprüfungsinstanz. Freilich kommen Fälle vor, in denen es sich empfiehlt, den rechtlichen Gesichtspunkt zu bezeichnen, unter dem der Beschwerdeführer die berichtete Tatsache als Verfahrensverstoß behandelt zu sehen wünscht. Dass etwa jemand aus dem Sitzungssaal gewiesen wird, der nicht hätte hinausgewiesen werden dürfen, kann entweder als Verstoß gegen die Öffentlichkeit der Hauptverhandlung (und damit als zwingender Revisionsgrund gemäß § 338 Nr. 6 StPO) oder auch als Verstoß gegen bestimmte Einzelvorschriften aufgefasst werden, wobei es dann auf die Frage ankäme, ob das Urteil darauf beruht. In solchen Fällen sollte der Beschwerdeführer deutlich sagen, was er meint.

Man muss **die zu rügenden Tatsachen auch ganz genau bezeichnen.** Es ist ein Unterschied, ob man rügen will, dass ein Antrag (zum Beispiel ein Beweisantrag) abgelehnt worden ist, oder dass der Ablehnungsbeschluss keine Gründe enthalten hat, oder dass die Gründe nicht den rechtlichen Voraussetzungen für die Ablehnung entsprechen, oder dass der Antrag überhaupt nicht beschieden worden ist. Das muss die Revisionsrechtfertigung so deutlich zum Ausdruck bringen, dass es gar kein Missverständnis geben kann. Es ist viel zu ungenau zu schreiben, das Gericht sei nicht richtig besetzt gewesen.[507] Auch genügt es nicht, in die Revisionsbegründung zusammenhanglos eingefügte Ablichtungen eines Teils des Hauptverhandlungsprotokolls und weiterer Schriftstücke einzufügen, ohne jeweils im Einzelnen die Verfahrensvorgänge (zum Beispiel gestellte Beweisanträge und die dazu ergangenen (ablehnenden) Entscheidungen des Gerichts) mitzuteilen und deren Gründe hierfür hervorzuheben.[508] 237

Der Beschwerdeführer muss die Tatsachen auch bestimmt (als gewiss so geschehen) behaupten; es genügt nicht, dass er einen Verstoß als möglich oder als wahrscheinlich bezeichnet.[509] 238

Der nach wie vor häufigste Verstoß gegen dieses **„Behauptungsgebot"** liegt darin, dass nicht die Verfahrenstatsache selbst, sondern ihre Erwähnung im Hauptverhandlungsprotokoll behauptet wird. Gewiss spielt das Protokoll bei der Frage, ob der Verfahrensfehler beweisbar ist, in vielen Fällen eine große Rolle, insbesondere dort, wo es sich um wesentliche Förmlichkeiten handelt, so dass die absolute Beweiskraft des § 274 StPO eingreift. Der Bearbeiter von Revisionsbegründungsschriften kann jedoch nicht genügend davor gewarnt werden, vor lauter Begeisterung über einen das rechtswidrige Verfahren dokumentierenden Eintrag in der Sitzungsniederschrift diesen Umstand anstelle der Behauptung, dass es sich so zugetragen hat, wie es im Pro- 239

507 BGH NJW 1968, 1684.
508 BGHR StPO § 344 Abs. 2 Satz 2 – Formerfordernis 1; BGH NStZ 2005, 463; *Meyer-Goßner* § 344, Rn. 21.
509 KK-*Kuckein* § 344, Rn. 33.

tokoll steht, zu erwähnen. Solche **Protokollrügen** sind gänzlich aussichtslos.[510] Nicht Fehler der Sitzungsniederschrift und schon gar nicht zutreffende Protokolleinträge begründen die Revision, sondern Mängel des Verfahrens selbst. Deshalb liegt in der Tatsache, dass etwas (richtig oder falsch) protokolliert worden ist, niemals ein Verfahrensfehler.[511] Wer freilich formuliert, ein bestimmter rechtsfehlerhafter Verfahrensvorgang (z.B. die Nicherteilung des letzten Wortes) habe sich „ausweislich der Sitzungsniederschrift" zugetragen, behauptet duchaus das beanstandete Geschehen und deutet mit seinem (überflüssigen) Hinweis nur auf ein Beweismittel.[512]

240 Das Protokoll mag so lückenhaft sein, wie es will; es mag den Hergang der Hauptverhandlung auf den Kopf stellen; es mag unleserlich, völlig unübersichtlich, inhaltlich widerspruchsvoll sein oder überhaupt gänzlich fehlen:[513] Wenn am Verfahren weiter nichts fehlerhaft war als die Protokollierung, liegt darin allein niemals ein Revisionsgrund. Für das Revisionsverfahren liegt die Bedeutung des Protokolls nicht in den Fehlern, die es enthält, sondern allein in den Vorgängen, die es als geschehen – oder durch sein Schweigen als nicht geschehen – beweist.

241 Ist das Protokoll in der Weise sachlich unrichtig, dass es einen tatsächlich geschehenen Verfahrensverstoß (auf den seine Beweiskraft sich gemäß § 274 StPO bezieht) nicht bezeugt, so kann dieser Verstoß nicht mit Erfolg gerügt werden. Dem Beschwerdeführer bleibt dann nur der Versuch, eine **Berichtigung des Protokolls** zu beantragen.[514] Eine solche Berichtigung kommt nur in Betracht, wenn der Vorsitzende und der Protokollführer sie übereinstimmend kraft eigenen Wissens für geboten halten. Ein Nachweis des Protokollfehlers durch andere Beweismittel ist ausgeschlossen. Enthält also zum Beispiel das Protokoll keinen Vermerk über einen Beweisantrag, den der Verteidiger gestellt zu haben behauptet, vermögen die beiden Urkundsbeamten sich daran aber nicht zu erinnern und lehnen mit dieser Begründung die Berichtigung ab, so kann die Berichtigung mit keinem Rechtsmittel erzwungen werden, und zwar auch dann nicht, wenn glaubhafte Zeugen die Darstellung des Verteidigers bestätigen könnten. Es entscheidet nur die eigene Erinnerung der Urkundspersonen selbst.

242 Wird das Protokoll im Sinne der Verfahrensrüge berichtigt, so geht das Revisionsgericht von der berichtigten Fassung aus. Wird dagegen das Protokoll nach Erhebung einer Verfahrensrüge in einer Weise berichtigt, die der Rüge nachträglich die Grundlage entzieht, während sie nach der ursprünglichen Protokollfassung begründet war, musste nach der bisherigen ständigen Rechtsprechung das Revisionsgericht von der ursprünglichen, dem Revisionsführer günstigeren Fassung ausgehen.[515] Dieser Grund-

---

510 Vgl. BGHSt 7, 162; 19, 273; BGH 5 StR 614/91 v. 7. 1. 1992 (insoweit in BGHR StGB § 46 Abs. 2 – Wertungsfehler 23 nicht abgedruckt).

511 Vgl. KK-*Kuckein* § 344, Rn. 60; LR-*Hanack* § 344, Rn. 86; Beispiele aus zahlreichen gescheiterten Protokollrügen: 5 StR 435/90 v. 15. 1. 1991 (insoweit in wistra 1991, 218 nicht abgedruckt); BGH, Beschl. v. 4. 4. 2006 – 3 StR 23/06.

512 BGH 2 StR 138/04 Urt. v. 12. 1. 2005 = StV 2005, 256 m. Anm. *Park* 257 ff. = NStZ 2005, 281 = StraFo 2005, 205 = wistra 2005, 184.

513 BGHSt 6, 279 = NJW 1954, 1496; BGH NStZ 1991, 502.

514 Vgl. RiStBV Nr. 161.

515 BGHSt 2, 125; 34, 11; BGH wistra 1985, 154; BGH NStZ 1992, 49 = StV 1992, 1 = wistra 1992, 71.

satz ist leider jetzt aufgegeben. Die Einzelheiten zur „Rüge verkümmernden" Protokollberichtigung nach der Entscheidung des Großen Senats in BGHSt 51, 298[516] werden unten [517] gesondert behandelt.

B. Von der Rechtsprechung aufgestellte Rügebarrieren

Bevor auf einzelne Typen von Verfahrensrügen einzugehen sein wird, muss vorab **243** noch einiges über die **Leistungsfähigkeit der Verfahrensrüge** allgemein ausgeführt werden, weil hierüber die Strafprozessordnung eine andere Auskunft zu geben scheint als die Rechtsprechung der Revisionsgerichte. Die erwähnte Rechtskreistheorie[518] ist ein Beispiel dafür, dass die Praxis sich weigert, den § 337 StPO so anzuwenden, wie er seinem Wortlaut nach und wohl auch dem ursprünglichen Sinn nach verstanden werden müsste. Danach wäre nämlich jedes Urteil aufzuheben, das mit einer formal und inhaltlich vollständigen Verfahrensrüge (§ 344 Abs. 2 S. 2 StPO) angegriffen wird, wenn darin ein Verstoß gegen irgendeine Verfahrensnorm beanstandet wird, die behaupteten Verfahrenstatsachen sich beweisen lassen, und das Urteil auf dem Verfahrensfehler beruht (§ 337 Abs. 1 StPO), oder das Beruhen unwiderlegbar vermutet wird (§ 338 StPO).

Auch wenn man als eine unausgesprochene allgemeine Rechtsmittelvoraussetzung **244** die Beschwer hinzunimmt und diese auch noch mit der Rechtsprechung – wie oben dargelegt[519] – für jeden geltend gemachten Rechtsfehler konkret prüft, sind damit noch nicht alle „Rügebarrieren" überwunden. Die Rechtsprechung hält nämlich bei weitem nicht jede verfahrensrechtliche Norm für gleichermaßen revisionsrechtlich schutzbedürftig. Dies überrascht deshalb, weil § 7 EGStPO klarstellt, dass „Gesetz im Sinne der Strafprozessordnung jede Rechtsnorm" ist und weil – wie noch zu zeigen sein wird – im Rahmen der Sachrüge das Reichsgericht und der Bundesgerichtshof den Begriff der Rechtsnorm durchaus nicht nur auf geschriebene Gesetze beschränken. Es kommt hinzu, dass die Unterscheidung zwischen einem eng auszulegenden verfahrensrechtlichen und einem weit auszulegenden materiellrechtlichen Begriff der „Rechtsnorm" in den Materialien zur StPO keine Stütze findet. Es heißt dort sogar, dass „grundsätzlich keine Prozessvorschrift von der Begründung der Revision ausgeschlossen" werden dürfe.[520] Dennoch wird auch im Schrifttum allgemein angenommen, dass die durch Richterrecht eingeführten zusätzlichen **„Revisionsfilter"**[521] unverzichtbar seien, weil es nun einmal Verfahrensfehler gäbe, „denen keinerlei Bedeutung für die Wahrung der Rechte der Prozessbeteiligten oder der Rechtsstaatlichkeit des Verfahrens zukommt".[522] *Herdegen* fügt hinzu, es müsse auch verhindert wer-

516 BGHSt 51, 298 ff. = NJW 2007, 2419 = NStZ 2007, 661 = StV 2007, 403 mit Anm. bzw. Besprechungsaufsätzen von *Schumann* JZ 2007, 927; *Hamm* NJW 2007, 3166; *Wagner* GA 2008, 442; *Fahl* JR 2007, 345; *Kury* StraFo 2008, 185.
517 Rn. 295 ff.
518 Vgl. oben Rn. 67 ff.
519 Vgl. oben Rn. 63 ff.
520 *Hahn* Materialien zur StPO, 251; vgl. *Herdegen* NStZ 1990, 513 ff.
521 So die Bezeichnung bei *Blomeyer* JR 1971, 142 ff., 143.
522 *Rogall* NStZ 1988, 385 (387).

den, dass bei solchen Fehlern die Revision „zu einer nicht normadäquaten … unangemessenen Sanktion führen würde, wenn das Beruhen nicht auszuschließen sei".[523] Auch *Herdegen* befürwortet deshalb im Grundsatz die Beschränkung der Revisibilität über den Wortlaut des Gesetzes hinaus durch Richterrecht im Wege einer teleologischen Reduktion; er reklamiert jedoch eine Überprüfung und Präzisierung ihrer Tragweite.

245 Wenn es sich aber nur um teleologische Reduktion, also um die Anwendung der am Zweck einer Norm orientierten Auslegungsmethode und damit die Zurückführung der Verfahrensvorschrift vom Wortlaut auf ihren häufig engeren Regelungssinn handelte, dann wäre es nicht gerechtfertigt, von richterrechtlich errichteten Barrieren zu sprechen. Eine Verfahrensweise, die lediglich gegen den Wortlaut einer Norm zu verstoßen scheint, aber nicht gegen ihren Sinn, ist nämlich schon gar keine Gesetzesverletzung. Darum geht es aber gerade dort nicht, wo beispielsweise das von *Herdegen* so genannte „Dogma von der natürlichen Stufung der Verfahrensvorschriften" dazu führt, dass eindeutige Verstöße gegen gesetzliche Bestimmungen als nicht revisibel behandelt werden, weil angeblich der betreffende Normbefehl von „minderer Dignität" sei.[524]

I. Sollvorschriften[525]

246 Die Annahme einer eingeschränkten „Dignität" – und damit auch Abstriche an der Revisibilität – leuchtet noch am ehesten ein für so genannte **„Soll-Vorschriften".** Das sind solche Bestimmungen, die schon im Wortlaut kenntlich machen, dass sie zwar Geltung und Befolgung beanspruchen, dass der Gesetzgeber jedoch eine lückenlose Befolgung nicht erwartet. Ein solcher schwacher Normbefehl ist mehr als nur eine gesetzliche Empfehlung, in ihm ist aber meist durch die Verwendung des Wortes „soll" kenntlich gemacht, dass es Gründe für Ausnahmen geben kann. Damit ist freilich noch nicht gesagt, dass der Gesetzgeber es auch völlig sanktionslos lassen will, wenn die Vorschrift so behandelt wird, als stünde sie überhaupt nicht im Gesetz.

247 Zu den Soll-Vorschriften gehört zum Beispiel § 257 Abs. 1 StPO, wonach während der Hauptverhandlung nach der Vernehmung eines jeden Mitangeklagten und nach jeder einzelnen Beweiserhebung der Angeklagte **befragt** werden „soll", ob er „dazu" etwas zu erklären habe. Es gibt nicht wenige Vorsitzende, die so verfahren, als hätten sie von der ganzen Bestimmung nur das Wort „soll" verstanden, und zwar im Sinne einer generellen Erlaubnis, den Rest der Vorschrift nie zu beachten. Es ist aber nicht zu übersehen, dass hier eine Formalisierung des rechtlichen Gehörs vorgenommen worden ist, dessen Nichtbeachtung sogar die verfassungsrechtliche Stellung des Angeklagten berühren kann. Die Vorschrift darf deshalb nicht so gelesen werden, als habe es der Gesetzgeber in das Belieben des Vorsitzenden gestellt, ob dieser von der Möglichkeit, den Angeklagten jeweils zu befragen, Gebrauch machen will oder nicht. Der Gesetz-

---

523 *Herdegen* aaO.
524 Vgl. *Herdegen* aaO.
525 Instruktiv dazu jetzt *Neuhaus* FS Herzberg, 871 ff.

geber hat vielmehr erkannt, dass eine entsprechende „Muss-Vorschrift" zu einer unsinnig formalistischen Anwendung verleiten könnte, indem bei der Vernehmung von z.B. 20 Zeugen der Vorsitzende stereotyp nach jeder Aussage an den verteidigten Angeklagten immer wieder die Frage richtet: „Haben Sie etwas zu erklären?" Dies würde zwar nichts schaden, ist aber auch in vielen Fällen nicht notwendig, um den Sinn der Vorschrift zu erfüllen, insbesondere dann nicht, wenn in einer gelösten Verhandlungsatmosphäre der Vorsitzende nach den ersten drei oder vier Vernehmungen den Angeklagten jeweils belehrt, dass er „jetzt und nach jeder weiteren Aussage Gelegenheit hat, etwas dazu zu erklären", wenn deutlich wird, dass der Angeklagte dies verstanden hat und nach Bedarf davon auch Gebrauch macht, und dass er auch im sichtbaren Einvernehmen mit seinem Verteidiger nach jeder einzelnen Beweiserhebung sich frei entscheidet, ob er eine Erklärung abgeben möchte. Nur für derartige Fälle enthält das „Soll" eine Abschwächung gegenüber dem zwingenden Gebot der lückenlosen Befolgung des Normbefehls. Weist dagegen ein Vorsitzender (dies wäre der entgegengesetzte Extremfall) einen nicht verteidigten Angeklagten überhaupt nicht darauf hin, dass er ein Erklärungsrecht nach den einzelnen Beweiserhebungen hat, so verstößt er gegen die Vorschrift, und es gibt nicht den geringsten Grund, eine solche Verletzung geltenden Verfahrensrechts von der Revisibilität auszunehmen.[526]

Auch die Verletzung von Soll-Vorschriften kann also die Revision begründen, wobei der Umstand allein, dass von der Regel abgewichen wurde, noch nicht ausreicht. Vielmehr muss dargetan sein, dass der vom Gesetzgeber erwartete „Mindestgehorsam" missachtet wurde. **248**

II. Reine Ordnungsvorschriften

Einige Bestimmungen der Strafprozessordnung will die Rechtsprechung als **„reine Ordnungsvorschriften"** aus der revisionsrechtlichen Kontrolle ausnehmen, obwohl ihr Wortlaut keinen Zweifel daran zulässt, dass sie als zwingend einzuhaltende gemeint sind. **249**

Hierzu gehört zum Beispiel die Bestimmung des § 58 Abs. 1 StPO, wonach **Zeugen einzeln und in Abwesenheit** der später zu hörenden Zeugen zu vernehmen sind.[527] Bei der Entstehung der gefestigten Rechtsprechung, wonach es sich dabei nicht um zwingendes und durch die Revision „einklagbares" Recht handelt, mögen die durchaus nicht seltenen Fälle eine Rolle gespielt haben, in denen unbemerkt ein noch zu vernehmender Zeuge während der Aussage anderer Zeugen bereits im Zuschauerraum anwesend war. Auch enthält das Gesetz keine Regelung für den Fall, dass ein bereits vernommener Zeuge zunächst zulässigerweise anwesend bleibt und dann erneut vernommen werden muss. Sicherlich will § 58 Abs. 1 StPO weder in den erstgenannten noch in den zuletzt genannten Fällen die Vernehmung verhindern. Und wohl deshalb

526 So auch LR-*Gollwitzer* § 257, Rn. 25 (revisibel bei „Fehlgebrauch des Ermessens"); *Hammerstein* FS Rebmann, 236; KMR-*Stuckenberg* § 257, Rn. 22; anderer Ansicht jedoch BGH MDR 1967, 175 (*Dallinger*); *Meyer-Goßner* § 257, Rn. 9; KK-*Diemer* § 257, Rn. 5; Zu § 257 StPO vgl. auch unten Rn. 1096 ff.

527 BGH NJW 1962, 260; BGHSt 34, 352 = NJW 1987, 3088 = BGHR § 58 Abs. 1 – Anwesenheit 1.

kann der Verstoß gegen diese Vorschrift auch nicht zu einem Verwertungsverbot führen.

250 Andererseits gibt es aber keinen Grund, die Vorschrift völlig aus der revisionsrechtlichen Kontrolle auszunehmen. Es ist nämlich auch hier möglich, sie auf ihren eigentlichen Sinn und Zweck zurückzuführen und dessen Missachtung als Verletzung einer Rechtsnorm im Sinne des § 337 StPO zu behandeln. Mit der Vorschrift soll verhindert werden, dass sich Zeugen durch das unmittelbare Miterleben dessen, was die zuvor vernommenen Zeugen bekunden, in ihrer eigenen Aussage beeinflussen lassen. Soweit dies nicht zu verhindern ist, behält die Vorschrift ihre Bedeutung in der Pflicht des Gerichts, diese nicht unerhebliche Abweichung von der gesetzlich vorgeschriebenen Vernehmungsreihenfolge im Rahmen der Beweiswürdigung zu bedenken. Die Rechtsprechung sollte also verpflichtet sein, auch in den Fällen, in denen eine solche Abweichung vom vorgeschriebenen Verfahren durch das Gericht „nicht verschuldet“[528] worden ist, die sich daraus ergebenden Bedenken gegen die Richtigkeit der Aussage in den Urteilsgründen zu behandeln, mit der Folge, dass beim Fehlen solcher Erwägungen eine entsprechende Verfahrensrüge Erfolg hätte, während immer dann, wenn der Tatrichter zu erkennen gibt, dass er die Bedenken erwogen hat, das Urteil auf dem Verfahrensfehler nicht beruht.[529]

251 Lange Zeit wurde von der Rechtsprechung auch § 243 Abs. 4 Satz 1 StPO a.F. als „bloße Ordnungsvorschrift“ behandelt. Die **Belehrung des Angeklagten** in der Hauptverhandlung konnte also unterbleiben, ohne dass diese eindeutige Gesetzesverletzung die Revision begründete. In seiner grundlegenden Entscheidung, in welcher der Bundesgerichtshof diese Meinung aufgab,[530] finden sich auch einige prinzipielle Ausführungen zur richterrechtlichen Herabstufung von Verfahrensregeln zu „bloßen Ordnungsvorschriften“, die geeignet gewesen wären, dem Dogma von der „natürlichen Stufung der Verfahrensvorschriften“[531] den Todesstoß zu versetzen. Aber wie alles, was Juristen mit dem Hinweis auf angebliche „Natürlichkeit“ anstelle rationaler Argumente zu begründen versuchen, hält es sich erstaunlich lange am Leben.

252 Die §§ 58 Abs. 1 und 257 Abs. 1 StPO sind also ungeeignete Beispiele für die These, dass die Justizförmigkeit des Strafverfahrens – insbesondere der Hauptverhandlung – weitergehende Ausnahmen von der grundsätzlichen Revisibilität aller Verfahrensvorschriften dulde, als sie das Revisionsrecht selbst bestimmt. Dieses verlangt, dass ein Gesetz in seinem auf die konkrete Sinnhaftigkeit reduzierten Gehalt im Einzelfall verletzt wird, und dass das Urteil darauf beruhen kann. Eine Vorschrift, auf deren Verletzung im Einzelfall das Urteil beruht, deren Nichtbeachtung der Gesetzgeber aber hätte gleichwohl erlauben wollen, gibt es nicht.[532]

---

528 Dass das Verschulden des Gerichts nicht zu den Voraussetzungen für die Revisibilität eines Verfahrensfehlers gehört, ist anerkannt (anders wohl bei § 338 Nr. 6 StPO), vgl. BGHSt 22, 266; *Roxin* Strafverfahrensrecht, § 53 E I 3.

529 Für eine Revisibilität und gegen die Herabstufung des § 58 Abs. 1 StPO zur Ordnungsvorschrift auch *Peters* Strafprozess, 360.

530 BGHSt 25, 325 ff. = NJW 1974, 1570 ff.

531 BGHSt 11, 213.

532 Gegen die Anerkennung nicht revisibler Ordnungsvorschriften auch *Roxin* Strafverfahrensrecht, § 53 E I 2; *Rudolphi* MDR 1970, 93; *Blomeyer* JR 1971, 142 ff., der insbesondere das Argument wi-

III. Rechtskreistheorie

Zur Rechtskreistheorie ist oben schon Einiges ausgeführt.[533] Auch mit ihrer Hilfe wird versucht, eine vom Gesetz nicht vorgesehene zusätzliche Unbekannte in die Gleichung „Gesetzesverstoß + Beruhen = Urteilsaufhebung" einzustellen. Anstelle einer hierarchischen „Dignitätsstufung" wird hier eine an der Interessenlage der jeweiligen Verfahrensbeteiligten orientierte Zweckrichtung der verletzten Norm als vorgegeben unterstellt. Es wird angenommen, dass das Gesetz verfahrensrechtliche Bestimmungen kenne, auf deren Verletzung das Urteil zwar beruhen könne, bei denen es aber nur um die Rechtsstaatlichkeit der Verfahrensverwirklichung im Hinblick auf Außenstehende gehe. Dies habe zur Folge, dass die Nichtbeachtung solcher Bestimmungen die Rechte des Angeklagten nicht berühren und darum von ihm mit der Revision nicht geltend gemacht werden können.[534] Damit wird gleichzeitig dem Angeklagten der allgemeine Anspruch darauf abgesprochen, dass in seinem Verfahren alle formalen Regeln einzuhalten sind, die in ihrer Gesamtheit die Justizförmigkeit und damit die Rechtsstaatlichkeit ausmachen. Der Große Senat für Strafsachen des Bundesgerichtshofs hat sich daher in seiner für die **Rechtskreistheorie** grundlegenden Entscheidung[535] von der Idee verabschiedet, dass der gemeinsame Zweck aller strafprozessualen Bestimmungen darin bestehe, dem Beschuldigten ein justizförmiges Verfahren und die Bindung des „strafenden Staates" an regelgeleitete Methoden der Wahrheitsfindung zu garantieren.[536] Der Bundesgerichtshof glaubte, in § 55 StPO eine Vorschrift entdeckt zu haben, die den Rechtskreis des Angeklagten nicht berühre. Der Angeklagte könne „kein rechtlich zu schützendes Interesse daran haben, dass die Entschlussfreiheit des Zeugen gewahrt bleibt, auch wenn dieser etwa durch eine wahrheitsgemäße Bekundung offenbaren müsste, dass er oder ein anderer Angehöriger von ihm an der Tat beteiligt war".[537] **253**

Aber was ist mit den rechtlich zu schützenden Interessen des Angeklagten in dem Fall, dass der Zeuge aufgrund der ihm unbekannten oder ihm sogar bewusst vorenthaltenen Entschlussfreiheit, sich oder einen nahen Angehörigen mit einer wahrheitswidrigen Belastung des Angeklagten zu retten versucht? Sicher ist es richtig, dass das Auskunftsverweigerungsrecht des § 55 StPO auf der Achtung der Persönlichkeit des Zeugen beruht, und ihm die „Demütigung oder Beschuldigung seiner Angehörigen" ersparen möchte.[538] Aber bei alldem bleibt der Zeuge doch ein Beweismittel in Bezug auf ganz konkrete Vorwürfe gegen den Angeklagten. Der Zwang zur Aussage **254**

---

derlegt, es gebe unabhängig von der Beruhensfrage Vorschriften, deren Verletzung schlechterdings nicht kausal für die tatrichterliche Entscheidung werden können.

533 Siehe oben, Rn. 67ff.

534 So die Formulierung bei LR-*Hanack* § 337, Rn. 95.

535 BGHSt 11, 213ff.

536 So sinngemäß die Einwände gegen die Rechtskreistheorie bei *Eb. Schmidt* Nachtrag I, § 55, Anm. 2 und JZ 1958, 596; auch *Peters* Strafprozess, 330, hält – unter Abkehr von seiner bisherigen Auffassung – die Trennung nach Rechtskreisen in sich nicht mehr für haltbar; *Gossrau* MDR 1958, 468; LR-*Hanack* § 337, Rn. 97 und *Hanack* JZ 1971, 127; 1972, 238; *Schöneborn* NJW 1974, 536; *Dencker* StV 1995, 232.

537 BGHSt 11, 213, 217.

538 So BGH aaO, 216f. unter Hinweis auf *Beling* Die Beweisverbote als Grenzen der Wahrheitserforschung im Strafprozess, 13.

und die Strafdrohung bezüglich einer Falschaussage ebenso wie die prozessualen Folgen einer unberechtigten Aussageverweigerung (§ 70 StPO) berühren auch unmittelbar den konkreten prozessualen Rechtskreis des Angeklagten insofern, als damit die gegen ihn erhobenen Beschuldigungen entweder verifiziert oder falsifiziert werden sollen. Das rechtlich geschützte Interesse des Angeklagten daran, dass der Staat dabei nicht regelwidrig auf eine Aufklärungsmöglichkeit verzichtet, aber ebensowenig regelwidrig eine durch die persönliche Konfliktlage der Beweispersonen in ihrem Wahrheitsgehalt „gefährdete" Aussage erzwingt, bedarf der revisionsgerichtlichen Kontrolle gerade auch unter dem Aspekt des Rechtsschutzes für den Angeklagten. Das gilt zumindest in den Fällen, in denen der Zeuge sich aufgrund einer unrichtigen Belehrung gezwungen gesehen hat auszusagen.[539] Auch die Rechtskreistheorie ist mithin als Rügebarriere abzulehnen.[540]

IV. „Rekonstruktionsverbot"[541]

255 Als weitere von der Rechtsprechung aufgestellte Barriere für Verfahrensrügen erweist sich der in den Entscheidungen des Bundesgerichtshofs verbreitete Satz, eine Verfahrensrüge, deren Überprüfung eine Rekonstruktion der Beweisaufnahme erforderlich mache, sei nicht zulässig, weil dies der „Ordnung des Revisionsverfahrens" widerspreche.[542]

256 Mit der „Ordnung des Revisionsverfahrens" wäre es nun sicherlich nicht vereinbar, wenn ein Revisionsgericht einen Teil der tatrichterlichen Hauptverhandlung wiederholen wollte, um selbst herauszufinden, „wie es gewesen ist". Denn Letzteres ist ja gerade nicht die Aufgabe des Revisionsgerichts, das in allererster Linie zu überprüfen hat, ob das angefochtene Urteil dem Recht entspricht, und erst jenseits dessen eine Entscheidung in der Sache selbst treffen kann.

Vertrackt wird die Situation aber deshalb, weil ein Revisionsgericht seiner Aufgabe der Rechtskontrolle unter Umständen nur nachkommen kann, indem es selbst eine Beweisaufnahme vornimmt, sofern nämlich nur so herausgefunden werden könnte, ob der Tatrichter bei der „Herstellung des Urteils" das Recht verletzt hat.

257 Problematisch wird das von der Rechtsprechung in Anspruch genommene **Rekonstruktionsverbot** also dort, wo das Revisionsgericht eindeutig als Rechtsinstanz, die über die Einhaltung des Verfahrensrechts auch und gerade hinsichtlich der Vorschriften, welche die Hauptverhandlung erster Instanz regeln, wacht, angerufen wird, aber der Beschwerdeführer seinen Vorwurf, das Tatgericht habe eben diese Bestimmungen verletzt, nur auf solche Verfahrenstatsachen stützen kann, die gleichzeitig in ihrer Ei-

---

539 So auch schon die 5. Auflage, 191, Rn. 236, wo aber im Übrigen noch dem die Rechtskreistheorie begründenden Beschluss des Großen Senats (BGHSt 11, 213) zugestimmt wurde.

540 So im Ergebnis auch *Rudolphi* MDR 1970, 93; *Rogall* ZStW 1979, 1 ff.; *Roxin* Strafverfahrensrecht, § 24 D III 2; *Hauf* NStZ 1993, 457.

541 Dazu jetzt grundlegend *Pauly* FS Hamm, 2008, 557 ff.

542 So in zahlreichen Entscheidungen seit BGHSt 17, 351 = NJW 1962, 1832, z.B. BGHR StPO § 261 – Inbegriff der Verhandlung 14; BGHSt 36, 249 = NJW 1990, 654 = StV 1989, 526; BGH 1 StR 56/92 v. 5. 3. 1992.

genschaft als Sachaussagen von Angeklagten, Mitangeklagten, Zeugen oder Sachverständigen der tatrichterlichen Überzeugungsbildung zugrundeliegen. Diese Situation sei an einem einfachen **Beispiel** erläutert:

Man stelle sich eine kurze tatrichterliche Hauptverhandlung vor, in der neben der **258** Einlassung des Angeklagten („Version" A) nur ein einziger Zeuge vernommen wird, der die „Version" B schildert. Man stelle sich weiterhin vor, der Zeuge erkläre im Rahmen seiner Aussage mehr beiläufig, nachdem ihm die vom Angeklagten geschilderte Version A vorgehalten worden ist, er wisse sehr wohl, dass das ganze Geschehen noch von einem weiteren Zeugen Y beobachtet worden sei, und dass Y auch überall herumerzähle, es sei so gewesen, wie der Angeklagte behauptet. Dies treffe aber nicht zu; er selbst habe schließlich aus sehr viel größerer Nähe das Geschehen beobachtet. Eine Sinnestäuschung, ein Irrtum oder ein Erinnerungsfehler scheide aus. Man stelle sich weiterhin vor, das Gericht greife den Hinweis auf einen weiteren Zeugen nicht auf, weil es den vernommenen Zeugen für absolut glaubwürdig hält und verurteilt den Angeklagten auf der Grundlage der Version B.

In diesem konstruierten Fall taucht der Name des Entlastungszeugen Y also nirgend- **259** wo in der Akte auf. Der Angeklagte – mit oder ohne Verteidiger – stellt keinen entsprechenden Beweisantrag, auch die Staatsanwaltschaft und das Gericht kommen nicht auf den Gedanken, Y zu laden und zusätzlich zu vernehmen.

Es dürfte aber dennoch kein Zweifel daran bestehen, dass das Gericht gegen die ihm obliegende **Aufklärungspflicht** (§ 244 Abs. 2 StPO) verstoßen hat, indem es keinerlei Bemühungen entfaltete, den Entlastungszeugen zu vernehmen. Verspricht eine diesbezügliche Verfahrensrüge aber auch Erfolg? Konstruieren wir den Fall deshalb weiter.

Der nach der Urteilsverkündung neu bestellte Verteidiger erhebt – aufgrund der ihm **260** vom Angeklagten übermittelten Informationen bezüglich der tatrichterlichen Hauptverhandlung – in der Revision die Aufklärungsrüge und macht dabei geltend, aufgrund der Aussage des Zeugen hätte es sich dem Gericht aufdrängen müssen, den Entlastungszeugen Y zu laden und zu vernehmen, zumal der Zeuge ja auch ausdrücklich erwähnt habe, dass Y behaupte, die Version A (bei deren Bestätigung der Angeklagte hätte freigesprochen werden müssen) sei zutreffend.

Im Rahmen dieser Verfahrensrüge wird also nicht beanstandet, dass der Tatrichter den Zeugen Z für glaubwürdig hielt oder dass in den Urteilsfeststellungen von einem anderen Inhalt der Bekundungen des Zeugen Z ausgegangen worden ist, als sie tatsächlich in der Hauptverhandlung abgegeben worden sind. Es wird vielmehr ein Teil der Zeugenaussage in ihrer Eigenschaft als verfahrensrechtlicher Vorgang geschildert, und zwar wiederum nur zum Zwecke der Darlegung der konkret aktualisierten Aufklärungspflicht.

Da aber die Inhalte von Zeugenaussagen beim Landgericht nicht protokolliert werden, **261** stellt sich die Frage, ob das Revisionsgericht im Wege des **Freibeweises** die Richtigkeit dieses Revisionsvorbringens und damit die Begründetheit der Aufklärungsrüge überprüfen kann, oder ob die Tatsache, dass die einzige Erkenntnisquelle des Tatgerichts über die weitere Aufklärungsmöglichkeit die Sachaussage des Zeugen während der

Hauptverhandlung war, bedeutet, dass der Freibeweis auf eine Teilrekonstruktion der erstinstanzlichen Hauptverhandlung hinausliefe mit der Folge, dass der Beschwerdeführer mit einer solchen Rüge „nicht gehört" werden könnte, wenn das angegriffene Urteil die Erwähnung des Zeugen Y durch den Zeugen seinerseits unerwähnt ließe.

262 Da der Bundesgerichtshof in ständiger Rechtsprechung das **Rekonstruktionsverbot** so weit reichen lässt, dass er die Erhebung des Freibeweises über nicht protokollierte Vorgänge in der Hauptverhandlung auch für die Zwecke einer „reinen" Verfahrensrüge prinzipiell ablehnt, müsste die Revision (als unbegründet!) verworfen werden. Das wäre aber überhaupt nicht einzusehen, weil die Aufklärungspflicht auch durch sehr viel weniger formale Vorgänge als eine Zeugenvernehmung in der Hauptverhandlung aktualisiert werden kann. Hätte derselbe Zeuge vor der Hauptverhandlung anlässlich eines Telefongesprächs mit dem Vorsitzenden über die genaue Terminsstunde seiner Vernehmung oder über die Zweckmäßigkeit bzw. Notwendigkeit einer Taxifahrt zum Gerichtsgebäude erwähnt, dass es da ja auch noch den Zeugen Y gibt, der die Sache ganz anders gesehen haben will, so könnte ohne Weiteres der Inhalt dieses dem Verteidiger bekannt gewordenen Telefongesprächs im verfahrenstatsächlichen Vortrag eine Verfahrensrüge begründen. Warum dann die Tatsache, dass stattdessen der Zeuge vor den Augen und Ohren des gesamten Gerichts im Rahmen einer förmlichen Vernehmung auf den Zeugen Y hinwies, die entsprechende Aufklärungsrüge nicht begründen soll, ist nicht einsehbar.[543] Es ist deshalb der Auffassung *Fezers* zu folgen, dass in den Fällen, in denen aufgrund einer in der Hauptverhandlung gemachten Aussage eines Angeklagten, eines Zeugen oder Sachverständigen der Vorwurf eines Verfahrensfehlers gemacht werden kann, das Rekonstruktionsverbot nicht entgegensteht. Die Rüge kann demnach z. B. auf Verletzungen der Aufklärungspflicht in verfahrenstatsächlicher Hinsicht überprüft werden.[544]

263 Dasselbe muss gelten für die Rüge, das Gericht habe gegen seine verfahrensrechtliche Pflicht (§ 261 StPO) verstoßen, alle aus der Beweisaufnahme folgenden wesentlichen Umstände, die geeignet sind, die Entscheidung zugunsten oder zuungunsten des Angeklagten zu beeinflussen, in seine Überlegungen einzubeziehen und darüber auch im Urteil (§ 267 Abs. 1 StPO) Rechenschaft abzulegen.[545] Auch hier gibt es Fälle, in denen die Rekonstruktion zum Zwecke der Überprüfung der Beweiswürdigungsergebnisse selbst unzulässig bleibt, jedoch im Rahmen des Vorwurfs, das Tatgericht habe einen wichtigen Aussageinhalt im Urteil völlig unberücksichtigt gelassen, dem Freibeweis zugänglich sein muss.

264 Es ist nicht zu verkennen, dass der Bundesgerichtshof inzwischen von dem strengen Rekonstruktionsverbot durchaus partiell abweicht, wobei das Auswahlkriterium für diese Ausnahmen bisher weniger in rechtsdogmatischen Ober- und Untersätzen als in pragmatischen Gegebenheiten zu suchen ist. Als Grundlinie schält sich jedoch aus der Kasuistik der einschlägigen Entscheidung der Satz heraus, dass ein in den Akten befindliches und in der Hauptverhandlung zu Beweiszwecken verwendetes Dokument

---

543 Zutreffend *Pauly* FS Hamm, 2008, 573.
544 *Fezer* Aktuelle Probleme der Strafrechtspflege, 106 ff.
545 Vgl. BGHSt 29, 18, 20; BGHR StPO § 261 – Inbegriff 7, 15; vgl. *G. Schäfer*, *Fezer* und *Widmaier* in: DAV-Schriftenreihe, Band 9 (*Herdegen*-Symposium), 44 ff., 58 ff., 66 ff.

(Urkunde, Fotographie, Tonband, Videoaufzeichnung) immer dann revisionsrechtliche Relevanz erhalten kann, wenn das Aktenstück einen hohen Beweiswert besitzt und „ohne Rekonstruktion der Hauptverhandlung“ bewiesen werden kann, dass es zum Teil des Inbegriffs der Verhandlung geworden ist, so dass sich eine Auseinandersetzung mit ihm im Urteil aufdrängte und jedenfalls nicht ohne eine solche Erörterung die Urteilsfeststellungen dazu in Widerspruch treten durften.[546]

Auch zeigen sich Ansätze für eine Klärung der Frage nach dem Verhältnis solcher Rü- **265**
gen zu der in der Rechtsprechung großzügig gehandhabten Sachrüge in Form der sog. **„Darstellungsrüge“,**[547] z.B. in der „Schusskanal“-Entscheidung des 2. Senates aus dem Jahr 1991.[548]

Die Strafkammer hatte zum Tathergang festgestellt, dass das Opfer auf der linken Stirnseite im Bereich der behaarten Kopfhaut einen Einschuss aufwies. „Das Projektil durchsetzte die Gegend des linken Schläfen-Scheitellappens, die zentralen Abschnitte des Kleinhirns und endete am hinteren Pol der rechten Kleinhälfte“ (gemeint war: Kleinhirnhälfte), „verlief also von links oben nach rechts unten“.[549] In einem vorläufigen Gutachten, das im Zentrum für Rechtsmedizin der Universität Frankfurt am Main erstattet worden war, heißt es jedoch: „Die Obduktion ... erbrachte an Verletzungsfolgen ... einen Schusskanal, der etwa in horizontaler Ebene von vorne links nach hinten rechts verlief“. Der 2. Senat erklärte, dass das Tatgericht den damit aufgezeigten Widerspruch hätte aufklären müssen.

Es war gerügt worden, dass das Gericht dem Sachverständigen in der Hauptverhand- **266**
lung dessen – dort nicht verlesenes – vorläufiges Gutachten zur Klärung des Widerspruches hätte vorhalten müssen. Da eine Beweisaufnahme darüber, ob in der Hauptverhandlung ein solcher Vorhalt erfolgt ist oder nicht, am Rekonstruktionsverbot scheiterte, und der Senat erkennbar auch am „Alleinvertretungsanspruch“ der Urteilsgründe festhalten wollte, hatte er nur die Möglichkeit, aus dem Schweigen der Urteilsgründe Schlüsse zu ziehen: Hätte sich der Tatrichter des Aufklärungsmittels des Vorhaltes bedient, so wäre der Vorhalt und seine Beantwortung angesichts der Bedeutung des Widerspruchs in den Urteilsgründen nicht übergangen worden.[550]

Hier wird also aus einem Vergleich der schriftlichen Urteilsdarstellung mit einem au- **267**
ßerhalb des Urteils dokumentierten Beweisgeschehen geschlossen, dass die **Urteilsdarstellung lückenhaft** ist. Daraus wird wiederum die Vermutung gefolgert, dass das im Urteil nicht geschilderte Beweisgeschehen sich in der Hauptverhandlung auch nicht ereignet hat. Dieser letzte Schritt erinnert an die Methode der so genannten Darstellungsrüge,[551] die aber bisher streng auf die Binnenprüfung der Urteilsgründe selbst („auf die Sachrüge hin“) beschränkt wurde. Sie hätte im Schusskanalfall aber

546 Vgl. zum Ganzen und namentlich im Hinblick auf die Bedeutung von Videoaufzeichnungen im Revisionsverfahren *Diemer* NStZ 2002, 16 ff.

547 Hierzu LR-*Hanack* § 337, Rn. 120 ff.

548 BGH StV 1991, 500 = NStZ 1991, 448 = MDR 1992, 69 (Urt. v. 29. 5. 1991 – 2 StR 68/91); zu dieser Entscheidung *Fezer* in: DAV-Schriftenreihe, Band 9 (Herdegen-Symposium), 62; *Schäfer* aaO, 48; *Widmaier* aaO, 68.

549 BGH, aaO.

550 *Fezer* in: DAV-Schriftenreihe Band 9 (*Herdegen*-Symposium), 63.

551 Vgl. dazu LR-*Hanack* § 337, Rn. 120 ff.

nicht weitergeholfen, weil ohne Verfahrensrüge das Revisionsgericht das schriftliche vorläufige Gutachten überhaupt nicht hätte zur Kenntnis nehmen können.

268 Indem hier der Bundesgerichtshof zulässt, Lücken in der Urteilsdarstellung und darüber vermutete Lücken in der Beweisaufnahme sozusagen von außen her sichtbar zu machen,[552] wird die Frage immer unausweichlicher, worin der gemeinsame Nenner der beiden Rügetypen liegt, wenn sie beide zu demselben revisionsgerichtlichen Prüfungsschritt führen: ob das Urteil in seiner Darstellung des festgestellten Sachverhalts und den Erwägungen in der Beweiswürdigung, die zu einem anderen Ergebnis hätten führen können, etwas „vermissen lässt".

269 Das bedeutet zunächst, dass der Bundesgerichtshof sich weiterhin weigert, im Rahmen der Prüfung einer Verfahrensrüge selbst im Wege des Freibeweises zu klären, was sich in den Teilen der Hauptverhandlung erster Instanz, die zum Schuld- und Rechtsfolgenausspruch geführt haben, inhaltlich zugetragen hat, dass er jedoch unter bestimmten Voraussetzungen bereit ist, aus dem **Schweigen der Urteilsgründe** abzuleiten, das Tatgericht habe von den ihm zu Gebote stehenden Mitteln zur Beseitigung von Beweisunklarheiten keinen Gebrauch gemacht.

270 Folgerichtig heißt es dann auch in einer neueren Entscheidung, in der wiederum der 2. Senat das Rekonstruktionsverbot für den Fall überwand, dass eine wörtlich nach § 273 Abs. 3 StPO verlesene Zeugenaussage von erheblichem Beweiswert im Urteil überhaupt nicht gewürdigt worden war: „So kann der *Erörterungsmangel* als Verstoß gegen die Vorschrift des § 261 StPO gerügt werden"[553] und nicht etwa: Die Nichtberücksichtigung einer Aussage könne als Verstoß gegen § 261 gerügt werden.[554]

271 Wegen des vorstehend gezeigten Zusammenhangs soll an dieser Stelle (wie schon oben in der Einleitung[555] angekündigt) ein **Lösungsvorschlag für die Harmonisierung** der bisweilen etwas gekünstelt wirkenden „Eingriffe" der Revisionsgerichte in die Domäne des Tatrichters skizziert werden:

272 In allen Fällen, in denen das Urteil zu naheliegenden Bedenken gegen seine Feststellungen schweigt, betrifft dieser revisible Darstellungsmangel die verfahrensrechtlichen Anforderungen an die Beurkundung der „Gründe" des tatrichterlichen Überzeugungsvorgangs. Das Niederschreiben „sauberer" Urteilsgründe ist eine dem Tatrichter vom Prozessrecht und nicht vom materiellen Strafrecht auferlegte Pflicht. Der absolute Revisionsgrund des § 338 Nr. 7 Alt. 1 StPO geht von einem unwiderleglich zu vermutenden Kausalzusammenhang zwischen dem völligen Fehlen von Urteilsgründen und allen möglichen Beweiserhebungs- und Beweiswürdigungsfehlern aus.

---

552 *Fezer* in: DAV-Schriftenreihe, Band 9 (*Herdegen*-Symposium), 63.

553 BGHSt 38, 14 = StV 1991, 548 = NStZ 1991, 500 = BGHR StPO § 261 – Inbegriff der Verhandlung 26 = JZ 1992, 106 (m. Anm. *Fezer*) (Urt. v. 3. 7. 1991 – 2 StR 45/91); ähnlich auch BGH StV 1991, 458 (Beschl. v. 7. 6. 1991 – 2 StR 14/91): „Wird die Verurteilung auf die verlesene frühere richterliche Aussage des Angeklagten gestützt, müssen sich die Urteilsfeststellungen und die Beweiswürdigung mit diesen Bekundungen auseinandersetzen, wenn die verlesene Aussage in Widerspruch zu den Feststellungen steht." Zu beiden Entscheidungen *Schäfer* DAV-Schriftenreihe, Band 9 (*Herdegen*-Symposium), 49.

554 So *Fezer* aaO, 63.

555 Siehe oben Rn. 12.

Fehlt es an den Voraussetzungen des absoluten Revisionsgrundes nur deshalb, weil das Urteil mit einem Text versehen ist, der die Überschrift „Gründe" enthält, so kann dennoch eine **Verletzung der verfahrensrechtlichen Begründungspflicht** vorliegen, wenn jener Text ungeeignet ist, einem Leser nachvollziehbar zu machen, warum das Tatgericht zu der in der Urteilsformel ausgesprochenen Erkenntnis gekommen ist; der Kausalzusammenhang mit Beweiserhebungs- oder Beweiswürdigungsfehlern ist also auch dann als gegeben anzunehmen, wenn die „Gründe" diesen Namen nicht verdienen. Das lassen sie manchmal schon aus sich selbst heraus erkennen, manchmal aber lassen sich Scheingründe als solche nur entlarven, wenn man ihnen Erkenntnisquellen entgegensetzt, die darin nicht erwähnt sind, die aber dem Tatrichter zugänglich waren. Handelt es sich dabei um eine bereits in der Beweisaufnahme erschlossene Quelle, liegt der Verfahrensfehler in dem Verstoß gegen § 261 StPO, der dem Tatrichter die erschöpfende Würdigung der gesamten Beweisaufnahme zur Pflicht macht. Handelt es sich um eine noch zu erschließende Quelle, so liegt ein Aufklärungsmangel vor (§ 244 Abs. 2 StPO). Lässt das Urteil seinen Leser im Unklaren darüber, ob der Tatrichter alle ihm zugänglichen Erkenntnisquellen erschlossen und ausgeschöpft hat, liegt der Verfahrensfehler schon in der Vernachlässigung der verfahrensrechtlichen Pflicht zum Schreiben nachvollziehbarer Gründe. **273**

Nur wenn man diese **Zuordnung zum Verfahrensrecht** unterschiedslos und insbesondere unabhängig davon gelten lässt, ob das Revisionsgericht schon aufgrund der Sachrüge aus dem Urteil selbst dessen Lücken zu erkennen vermag, oder ob es auf den Vortrag von außerhalb des Urteils liegenden Verfahrenstatsachen in einer eigenständigen Verfahrensrüge angewiesen ist, erscheinen weder die „Ausnahmen" vom Rekonstruktionsverbot noch die „Eingriffe" der Revisionsgerichte in die tatrichterliche Beweiswürdigung als systemwidrig. Es ist § 267 Abs. 1 und Abs. 5 StPO und nicht irgendeine materiell-rechtliche Bestimmung oder ein sachlich-rechtlicher Grundsatz, der den Tatgerichten ihre prozessuele Verpflichtung auferlegt, die Grundlagen ihrer Überzeugung überprüfbar zu dokumentieren. Zwar ist ihnen dabei die Angabe von Indiztatsachen nur durch eine „Sollvorschrift" (§ 267 Abs. 1 S. 2 StPO) auferlegt. Die Rechtsprechung legt diese Bestimmung jedoch zu Recht vor dem Hintergrund der von § 261 StPO statuierten Pflicht zur erschöpfenden Würdigung der Ergebnisse der Hauptverhandlung dahin aus, dass die für die Überzeugungsbildung bestimmenden Tatsachen anzugeben und in ihrer Beweisbedeutung lückenlos zu behandeln sind.[556] Der Verfahrensfehler der Vernachlässigung dieser Pflicht muss zur Aufhebung des Urteils führen, wobei die Anforderungen an die Darlegung von über den Urteilsinhalt hinausgehenden Tatsachen (§ 344 Abs. 2 S. 2 StPO) davon abhängen, inwieweit das Revisionsgericht die Kenntnis solcher Vorgänge benötigt, um die Lücke im Urteil als solche zu erkennen. Wo das überhaupt nicht der Fall ist, wo also das Urteil aus sich selbst heraus erkennen lässt, dass die Feststellungen auf ein mangelhaftes Beweisfundament gebaut sind, ist insoweit die Sachrüge als Verfahrensrüge aufzufassen, die durch ihre zulässigerweise stillschweigende Bezugnahme auf die Urteilsgründe den Anforderungen des § 344 Abs. 2 S. 2 StPO genügt. **274**

---

556 LR-*Gollwitzer* § 267, Rn. 47 f. u. 51; LR-*Hanack* § 337, Rn. 144 ff.

275 Ich bin mir bewusst, dass mit diesem Vorschlag für eine Neusortierung der Revisionsgründe in der **Grenzzone zwischen Sach- und Verfahrensrüge**[557] der herkömmliche Sprachgebrauch verlassen wird, wonach alles als sachlich-rechtlicher Fehler aufgefasst wurde, was auf die Sachrüge hin zum Erfolg der Revision führte. Aber es war gerade diese irreführende Terminologie, die einen Konsens darüber verhindert hat, ob und inwieweit eine über die Verletzung der Denk- und Erfahrungssätze hinausgehende Revisibilität der Beweiswürdigung rechtsdogmatisch zu begründen ist. Dass auch die Kritik an den Fortschritten der Rechtsprechung in der Kontrolle der tatrichterlichen Überzeugungsbildung bis heute nicht verstummt ist,[558] dürfte zumindest auch damit zusammenhängen, dass die Anforderungen der Revisionsgerichte an die Teile der Urteilsgründe, die sich nicht mit den unmittelbar subsumierten Tatsachen und der Subsumtion selbst befassen, nur mit sprachlichen Tricks unter das materielle Strafrecht einzuordnen sind. Die beliebteste dieser semantischen Hilfskonstruktionen besteht in dem Hinweis darauf, dass die Anwendung des materiellen Rechts eine im Wege der logisch sauberen Beweiswürdigung zustande gekommene subsumtionsfähige Feststellung voraussetze.[559] Das ist zwar richtig, besagt aber nichts über den Verlauf der Grenze zwischen den sachlich-rechtlichen Fehlern und den Verfahrensfehlern. Das materielle Recht kann auch auf Feststellungen richtig angewendet worden sein, die unter gröblichster Vernachlässigung des Verfahrensrechts zustande gekommen sind. Jeder Jurastudent lernt und übt vom ersten Semester an die richtige Subsumtion frei erfundener Sachverhalte unter das materielle Recht.

276 Dass das Revisionsgericht an die Ergebnisse der Beweiswürdigung des Tatrichters so gebunden ist, wie der Student in der strafrechtlichen Klausur an den ihm vorgegebenen Sachverhalt, ist die Grundlage der sachlich-rechtlichen Überprüfung. Darüber aber zu wachen, dass dieser Sachverhalt nicht frei erfunden, nicht unter Verletzung der Denkgesetze und des wissenschaftlichen oder alltäglichen Erfahrungswissens und überhaupt unter Verkennung des Rechtsbegriffs „Beweis" teilweise fabuliert wurde, ist Gegenstand der verfahrensrechtlichen Überprüfung. Es sind die Regeln des Prozessrechts, die es dem Tatrichter verbieten, allein aus dem Umstand, dass der Angeklagte ein Interesse am Tod des Opfers gehabt haben könnte, aber kein Alibi hat, schon auf seine Täterschaft zu schließen. Ebenso sind es die Regeln des Prozessrechts, die dem Tatrichter gebieten, eine seinen Feststellungen widersprechende Zeugenaussage im Urteil zu behandeln und nachvollziehbar zu begründen, weshalb sie den Ergebnissen der Beweiswürdigung nicht entgegenstand.

V. „Leistungstheorie"

277 Erst diese an der Zugehörigkeit der verletzten Norm zum materiellen Strafrecht oder zum Strafprozessrecht orientierte Einteilung der Revisionsrügen erscheint mir geeig-

---

557 Dass die bisher in der Rechtsprechung gebräuchliche Terminologie zu einer bedenklichen Verwischung zwischen Verfahrens- und Sachrüge führt, beklagt auch LR-*Hanack* § 337, Rn. 127 f.

558 Vgl. etwa *Foth* NStZ 1993, 444 und DRiZ 1997, 201; *Gössel* Gutachten zum 60. DJT 1994 in Münster, C 79.

559 Vgl. LR-*Hanack* § 337, Rn. 121, 126 m. w. N.

net, die mehr aus Ratlosigkeit denn aus dogmatischem Klärungswillen geborene **„Leistungstheorie“** in ihrem gegenwärtigen Verständnis zu überwinden. Sie besagt auf ihre kürzeste Form gebracht, dass die Revisionsgerichte alles, aber auch nur das überprüfen, was sie mit ihren Mitteln, wozu insbesondere die Rekonstruktion der erstinstanzlichen Hauptverhandlung nicht gehört, leisten können.[560] Der Bundesgerichtshof hat sich mit guten Gründen nie ausdrücklich zu dieser an pragmatischen Bedürfnissen orientierten „Theorie“ bekannt, er hat aber auch keine Gelegenheit genutzt, sich davon zu distanzieren.

Auch dies dürfte damit zusammenhängen, dass man den unrichtigen Sprachgebrauch hat einreißen lassen, wonach jeder Rechtsfehler, der auf die Sachrüge hin erkannt wird, schon deshalb als sachlichrechtlicher Mangel bezeichnet wurde, also auch solche Verfahrensfehler, zu deren Darlegung i.S.d. § 344 Abs. 2 S. 2 StPO nichts weiter gehört, als die (in der Sachrüge enthaltene) Bezugnahme auf das Urteil. Hätte man trotz ihrer Erschließung über die Sachrüge diese Verfahrensfehler stets als solche erkannt und beim Namen genannt, wäre dem Bundesgerichtshof viel unberechtigte Kritik wegen angeblicher Inkonsistenz seiner Rechtsprechung zur „erweiterten“ Sachrüge erspart geblieben. Dann wäre man nämlich auch leichter darauf gekommen, dass das Rekonstruktionsverbot, soweit es anzuerkennen ist, statt durch einen nichtssagenden Wertbegriff wie „Ordnung des Revisionsverfahrens“, allein durch das geltende Prozessrecht zu begründen ist: Der Mündlichkeits- und insbesondere der Unmittelbarkeitsgrundsatz der tatrichterlichen Hauptverhandlung sind auch und vor allem vom Revisionsgericht zu beachten und zu respektieren. Das bedeutet, dass die Inhalte von Aussagen der Angeklagten und der Beweispersonen, so wie sie der Tatrichter unmittelbar wahrgenommen hat, gegenüber jeder mittelbaren Rekonstruktion als **prozessual überlegen** zu gelten haben. Die Urteilsgründe haben also in ihrem Beurkundungswert bezogen auf den Inhalt der Beweisaufnahme so etwas wie eine formelle Beweiskraft, die der des Protokolls hinsichtlich der Förmlichkeiten in der Hauptverhandlung (§ 274 StPO) vergleichbar ist. Insoweit muss ein grundsätzlicher „Alleinvertretungsanspruch“ des Urteils gelten, ohne dass dieser mit praktischen Bedürfnissen der vor Überlastung und Überforderung zu schützenden Revisionsgerichte begründet werden müsste. **278**

Andererseits darf das Revisionsgericht sich aber auch nicht einem Verfahrensvortrag verschließen, dem weder das Mündlichkeits- noch das Unmittelbarkeitsprinzip entgegensteht. Reicht ein Verfahrensbeteiligter oder ein Zeuge während der Hauptverhandlung stumm einen Zettel über den Richtertisch, auf dem ein Name und eine Adresse steht mit dem Zusatz: „Der war dabei und hat alles genau gesehen“, dann löst dieser Vorgang die **Aufklärungspflicht** ebenso aus, wie die mündliche Erwähnung eines solchen weiteren Zeugen durch den gerade vernommenen Zeugen. In beiden Fällen ist dieser Verfahrensvorgang losgelöst von den Sachaussagen zu beurteilen und zur Begründung einer entsprechenden Verfahrensrüge geeignet, weil die Entgegennahme von Informationen über mögliche weitere Beweismittel – anders als die Ent- **279**

560 LR-*Hanack* vor § 333, Rn. 5 („Leistungsmethode“); *Peters* Strafprozess, 610; *Eb. Schmidt* Lehrkommentar, Teil II, § 337, Rn. 6ff.; *Schünemann* JA 1982, 74 und 125 m.w.N.; *Fezer* DAV-Schriftenreihe Band 9 (*Herdegen*-Symposium), 106.

gegennahme von Sachaussagen – nicht an die dem Mündlichkeits- und Unmittelbarkeitsprinzip unterliegenden Formen des Strengbeweises und damit auch nicht an den Ausschließlichkeitsanspruch der Urteilsgründe gebunden sein kann.

280 Der „Leistungstheorie“ bedarf es also weder zur Begründung der Reichweite, noch zum Abstecken der Grenzen revisionsgerichtlicher Kompetenz. Der Bundesgerichtshof bräuchte sich auch nicht nachsagen zu lassen, er definiere seine Befugnisse zu Eingriffen in die ureigensten Aufgaben des Tatrichters durch Schaffung von Richterrecht selbst,[561] solange oder sobald er sich an der durch das Mündlichkeits- und das Unmittelbarkeitsprinzip gesteckten verfahrensrechtlichen Grenze orientierte.

281 Auch die Absage der Rechtsprechung an die **„Rüge der Aktenwidrigkeit“** findet auf diese Weise eine verfahrensrechtlich zwingende Begründung. Mündlichkeits- und Unmittelbarkeitsprinzip haben zusammen mit dem Teil des § 261 StPO, der dem Tatrichter verbietet, seine Überzeugungen auf andere Quellen als den Inbegriff der Verhandlung zu stützen, u. a. den Sinn, dass das tatrichterliche Urteil gerade nicht auf den Akten beruhen darf. Deshalb geht der Vorwurf, das Urteil vertrage sich nicht mit einer in der Revisionsbegründungsschrift bezeichneten Stelle aus den Ermittlungsakten, grundsätzlich ins Leere. Dasselbe muss aber auch für die Behauptung gelten, ein in der Hauptverhandlung vernommener Zeuge habe im Ermittlungsverfahren ausweislich des damaligen, in der Revisionsbegründungsschrift im Wortlaut mitgeteilten Protokolls anders ausgesagt, als laut Urteil in der Beweisaufnahme.[562] Mündlichkeits- und Unmittelbarkeitsprinzip sowie die damit zusammenhängende „formelle Beweiskraft des Urteils“ zwingen das Revisionsgericht, solange das Urteil selbst daran keine Zweifel weckt, seinen Inhalt über das in der Hauptverhandlung abgelegte Zeugnis als richtig zu akzeptieren.

282 Die „Schusskanalentscheidung“[563] ist hiermit vereinbar, weil dem schriftlichen Gutachten eine so große Beweisbedeutung zukam, dass das Schweigen der Urteilsgründe dazu auf eine Lücke in der Beweiserhebung und damit auf einen Aufklärungsmangel hindeutete. Der Bundesgerichtshof hat sich also an die gesetzlich vorgeschriebene Unterstellung gehalten, dass in sich nicht widersprüchliche und auch sonst nicht erkennbar mangelhafte Urteilsgründe die wesentlichen Beweisvorgänge zutreffend und vollständig wiedergeben. Gerade dies aber ermöglichte dem Revisionsgericht den Schluss, dass dann der Widerspruch zwischen den Urteilsgründen und dem vorläufigen Gutachten nicht schon in der Beweiserhebung aufgeklärt worden sein konnte.

283 In dem Fall, in dem die wörtlich protokollierte Zeugenaussage im Urteil unerwähnt blieb,[564] kam dem Umstand, dass das Gericht den Wortlaut der mit seinen Feststellungen nicht zu vereinbarenden Aussage hat in die Niederschrift aufnehmen, verlesen

---

561 *Foth* NStZ 1992, 444 (446); instruktiv zum Meinungsstand *Schäfer* StV 1995, 147 ff.

562 BGH StV 1992, 549 = NStZ 1992, 506 = wistra 1992, 308 = NJW 1992, 2840 = MDR 1992, 890 (Urt. v. 2. 6. 1992 – 1 StR 182/92); Abgrenzung zu BGHSt 38, 14 = StV 1991, 548 = BGHR StPO § 261 – Inbegriff der Verhandlung 26 = JZ 1992, 106 (m. Anm. *Fezer*) (Urt. v. 3. 7. 1991 – 2 StR 45/91) und BGH StV 1992, 2 = BGHR StPO § 261 – Inbegriff der Verhandlung 27 (Beschl. v. 6. 9. 1991 – 2 StR 248/91).

563 BGH StV 1991, 500 = NStZ 1991, 449; s. o. Rn. 265 ff.

564 BGHSt 38, 14; siehe dazu Rn. 270.

und genehmigen lassen, eine solche Bedeutung zu, dass die Vorschriften der §§ 261, 267 Abs. 1 S. 2 StPO nicht eingehalten worden sein konnten. Deshalb hat auch hier der Bundesgerichtshof zu Recht einen Verfahrensfehler als revisiblen Revisionsgrund bejaht und hervorgehoben, dass es zur Feststellung der ihn begründenden Verfahrenstatsache gerade nicht einer „Rekonstruktion der Hauptverhandlung" bedürfe. Es war aber auch nicht die „Rüge der Aktenwidrigkeit", die hier Erfolg hatte, weil dem Tatgericht die **Verletzung der Begründungspflicht** und nicht etwa die Unvereinbarkeit seiner Feststellungen und seiner Wiedergabe der Beweiserhebung mit dem Protokoll angelastet wurde. Es heißt in diesem Zusammenhang in der Entscheidung: „Es besteht *entweder* eine erörterungsbedürftige Diskrepanz zwischen den Urteilsgründen und der in ihrem Wortlaut protokollierten Aussage, *oder* die Beweiswürdigung weist eine Lücke auf, die … ihr Ergebnis als fragwürdig erscheinen lässt. Diskrepanz oder Lücke ergeben sich aus dem argumentativen Zusammenhang von Urteilsgründen und dokumentiertem Aussageinhalt. Die Feststellung ihres Vorhandenseins erfordert keine „Rekonstruktion der Hauptverhandlung" durch das Revisionsgericht. Der hohe Beweiswert der nach § 273 Abs. 3 S. 1 StPO angeordneten Beurkundung schließt es aus, die Diskrepanz oder Lücke unter Berufung auf den Grundsatz, dass es allein Sache des Tatrichters sei, die Ergebnisse der Beweisaufnahme festzustellen und zu würdigen, hinzunehmen."[565]

Diese alternative Begründung hat einen anderen Revisionsführer auf den Gedanken **284** gebracht, die Diskrepanz zwischen der im Urteil wiedergegebenen Aussage eines Zeugen und der von ihm mitgeteilten früheren Aussage desselben Zeugen zum Anlass für eine Aufklärungsrüge zu nehmen, mit der er beanstandete, dass der Widerspruch nicht durch eine Befragung des Vernehmungsbeamten aus dem Ermittlungsverfahren in der Hauptverhandlung aufgeklärt wurde. Dem hielt der Bundesgerichtshof zunächst einmal zutreffend entgegen, dass ein solcher Widerspruch seine Aufklärung im Rahmen eines einfachen Vorhalts gefunden haben kann.[566] Dass Vorhalte gemacht worden waren, hatte die Revision sogar selbst vorgetragen. Damit war die Aufklärungsrüge unbegründet.

Um aber eine Verletzung der §§ 267 Abs. 1, 261 StPO geltend machen zu können, hät- **285** te der Revisionsführer behaupten müssen, dass die **Vorhalte** nicht zur Klärung des Widerspruchs geführt haben, dass also z.B. der Zeuge anerkannte, früher die Version A zu Protokoll gegeben zu haben, dass diese nicht vereinbar ist mit der heute ausgesagten Version B, und dass er keine Erklärung für den Widerspruch abgeben konnte. Die Revision hätte darüber hinaus behaupten müssen, auch am Ende der Beweisaufnahme habe der Widerspruch bestanden. Dies wäre eine z.B. vom Vorsitzenden in einer kurzen dienstlichen Erklärung mit „ja" oder „nein" zu beantwortende Verfahrenstatsache, die im ersten Falle („ja") die Revision begründen könnte, weil das Urteil dann an einer Stelle geschwiegen hätte, „wo es hätte reden müssen".[567] Daraus hätte der Bundesgerichtshof den Schluss ziehen können, dass die Urteilsgründe nicht den

565 BGH, aaO (Hervorhebung nur hier). Es folgen in der Entscheidung Hinweise auf RGSt 42, 157 (160); 58, 58 (59); OLG Hamm, VRS 29 (1965), 39 (40); LR-*Hanack* § 337, Rn. 83 m.w.N.; *Fezer* FS Hanack, 89 ff.; a.A. OLG Koblenz VRS 46 (1974), 346; *Sarstedt* JZ 1965, 293.
566 BGH NJW 1992, 2840.
567 So zu dieser Entscheidung *Herdegen* FS Salger, 301 ff., 317 f.

verfahrensrechtlichen Anforderungen entsprechen, so dass es (im Falle des nicht auszuschließenden Beruhens) hätte aufgehoben werden müssen. Wäre das Ergebnis des Freibeweisverfahrens, dass der Widerspruch am Ende der Beweisaufnahme nicht mehr bestand und nur noch marginale Bedeutung hatte (z.B. durch eine Aussage des Vernehmungsbeamten habe sich die protokollierte Erstaussage als Missverständnis herausgestellt), so wäre das Schweigen der Urteilsgründe unschädlich und die Revision hätte verworfen werden müssen.

286 Eine unzulässige Rüge der Aktenwidrigkeit wäre auch dies nicht, weil die Rüge nicht den Widerspruch zwischen Urteil und Polizeiprotokoll als solchen zum Gegenstand hat, sondern den Verstoß gegen die Begründungsanforderungen für die tatrichterliche Beweiswürdigung bei einem behaupteten (wenn auch nicht bewiesenen) prozessualen Anlass für die Erörterung eines Bedenkens gegen die getroffenen Feststellungen.

287 Da aber die Revision in dem vom Bundesgerichtshof entschiedenen Fall den geltend gemachten Erörterungsmangel offenbar gerade nicht auf die Behauptung gestützt hatte, der Widerspruch sei ungeklärt geblieben, verwarf im Ergebnis der 1. Strafsenat die Revision zu Recht. Aber er nahm den Fall zum Anlass für weitgehende und im Leitsatz noch zusätzlich **verallgemeinerte Aussagen** zur angeblichen generellen Unzulässigkeit derartiger Rügen:

288 Der erste Satz des Leitsatzes („Widersprüche zwischen dem Inhalt des Urteils und den Akten sind, wenn sie sich nicht aus den Urteilsgründen selbst ergeben, für sich allein revisionsrechtlich unerheblich.“) enthält eine revisionsrechtliche Selbstverständlichkeit, wenn man nur die Worte „für sich allein“ nicht überliest. Wie oben schon ausgeführt, kann mit der Revision nicht beanstandet werden, dass der Tatrichter seiner Pflicht nachgekommen ist, die Ergebnisse der Hauptverhandlung unabhängig vom Akteninhalt zu würdigen. Der zweite Satz des Leitsatzes („Die Revision kann nicht alternativ darauf gestützt werden, entweder habe der Tatrichter den Widerspruch unter Verletzung seiner Aufklärungspflicht nicht in die Hauptverhandlung eingeführt, oder aber er habe es unterlassen, ihn in den Urteilsgründen zu erörtern.“) ist nur richtig, wenn man ihn allein auf die im ersten Satz genannte Ausgangssituation bezieht. Dann bedeuten beide Aussagen des Leitsatzes aber auch nichts weiter, als dass ein tatrichterliches Urteil nicht mit der Behauptung angegriffen werden kann, vielleicht habe der eine oder andere Verfahrensfehler dazu beigetragen, dass das Urteil aktenwidrig ausgefallen ist.

289 Die Entscheidung darf jedoch nicht dahin verstanden werden, als seien Rügen, die einen dem Freibeweis zugänglichen Verfahrenssachverhalt behaupten und geltend machen, dass einer von zwei sich gegenseitig ausschließenden Rechtsfehlern vorliegen müsse **(Alternativrüge),** gänzlich unzulässig. Sobald mit dem verfahrenstatsächlichen Vortrag einschließlich der in der Sachrüge enthaltenen Bezugnahme auf die Urteilsgründe dargetan ist, dass ein rechtsfehlerfreies Vorgehen des Tatgerichts ausscheidet oder so fern liegt, dass es einer Erörterung im Urteil bedurft hätte, darf der Beschwerdeführer keinen Nachteil daraus haben, dass noch nicht einmal feststellbar ist, welche von mehreren Verfahrensregeln verletzt wurde.

Deshalb muss es beispielsweise erlaubt sein, ein Urteil, das einen nach den Ermittlungen wichtigen Entlastungszeugen, dessen Vernehmung das Protokoll ausweist, überhaupt nicht erwähnt, mit der alternativen Begründung anzufechten, entweder habe der Zeuge seine gegen den Anklagevorwurf sprechende wichtige Aussage in der Hauptverhandlung im Wesentlichen wiederholt, dann habe es das Gericht unterlassen, dessen Bedeutung in den Gründen zu erörtern, oder der Zeuge, über den es im Protokoll nur heißt, er habe „zur Sache ausgesagt", habe nur noch Bedeutungsloses von sich gegeben, dann sei das Beweismittel nicht ausgeschöpft[568] worden. Auch die Zulässigkeit derartiger Alternativrügen darf nicht deshalb verneint werden, weil Fehler der Justiz mitunter eine „Qualität" erreichen, die es dem Bürger schwer macht, sie zu benennen. **290**

C. Bedeutung des Hauptverhandlungsprotokolls für die Revision

I. Allgemeines zur Funktion und zur Aussagekraft der Sitzungsniederschrift (§§ 271–274 StPO)

Die Dokumentation der Geschehnisse in der Hauptverhandlung in der Tatsacheninstanz ist seit langer Zeit nicht mehr zeitgemäß. Bei den heute gegebenen technischen Möglichkeiten der unkomplizierten audio-visuellen Aufzeichnung sollte es sich eigentlich von selbst verstehen, dass ein in der Rekonstruierbarkeit so fehleranfälliger Vorgang wie die Beweiserhebung und der formalisierte Austausch von Anträgen, Verfügungen, Beschlüssen und Erklärungen, wie er in der tatrichterlichen Hauptverhandlung stattfindet, auch so festgehalten wird, dass bei jedem Streit über das vor aller Augen und Ohren Stattgefundene darauf zurückgegriffen werden könnte. Stattdessen leisten wir uns gerade in den Verfahren, in denen am Ende mehrjährige bis lebenslange Freiheitsstrafen verhängt werden (also bei den Strafkammern der Landgerichte und den erstinstanzlichen Verfahren bei den Oberlandesgerichten) noch ein Verfahren, das in krassem Gegensatz zu dem steht, was die Strafjustiz selbst als Standard in der Privatwirtschaft voraussetzt, wenn sie z.B. in Wirtschafts- oder Umweltstrafverfahren verwaltungsrechtliche Dokumentationspflichten, die strafbewehrt sind, zur Grundlage von Verurteilungen nimmt. **291**

Die Tatsache, dass da meist an der Stirnseite des Richtertisches ein Beamter in Robe sitzt, der auf die Berufsbezeichnung **„Protokollführer"** hört und sich an einem Schreibblock oder inzwischen meist einem Laptop zu schaffen macht, wird von den meisten Angeklagten und Zeugen so verstanden, dass wenigstens der Inhalt dessen, was ausgesagt wird, amtlich festgehalten wird. Als Verteidiger erntet man oft ungläubiges Staunen, wenn man dem Mandanten, der im Urteil liest, was er in der Hauptverhandlung ausgesagt haben soll und darum bittet, im Protokoll nachzusehen, was er tatsächlich gesagt hat, erklären muss, dass und warum von all dem in der Sitzungs-

---

568 Zur besonderen Problematik der Nichtausschöpfung eines Beweismittels vgl. *Herdegen* FS Salger, 301 ff. u. Rn. 777 ff.

niederschrift nur der Satz übrig geblieben ist: „Der Angeklagte sagte zur Sache aus.“ Dass diese rudimentäre Dokumentation beim Landgericht und Oberlandesgericht rechtens ist, folgt aus § 273 Abs. 2 S. 1 StPO, wo nur für die Verhandlungen vor dem Amtsgericht (Strafrichter und Schöffengericht) das Festhalten der „wesentlichen Ergebnisse der Vernehmungen“ im Protokoll vorgeschrieben ist.[569] Der systematische Sinn dieser Differenzierung liegt darin, dass es in Fällen, in denen eine Berufung möglich ist, etwas nach § 325 StPO „Verlesbares“ geben muss, während Urteile, die nur (noch) durch die Revision anfechtbar sind, in dieser Instanz als grundsätzlich bindend sowohl hinsichtlich der tatsächlichen Feststellungen zum Schuld- und Strafausspruch als auch hinsichtlich der die Beweiswürdigung tragenden Aussagen über die Inhalte der tatrichterlichen Hauptverhandlung sein sollen.[570]

291a Das gilt freilich nicht für die formellen Vorgänge, deren **ausdrückliche Aufnahme im Protokoll** § 273 Abs. 1 S. 1 StPO zwingend vorschreibt, und von denen es in § 274 StPO heißt, dass die „Beobachtung der für die Hauptverhandlung vorgeschriebenen Förmlichkeiten ... nur durch das Protokoll bewiesen werden“ kann, und dass außer dem Nachweis der Fälschung dem kein anderes Beweismittel entgegengehalten werden darf. Daraus sollte man folgern dürfen, dass auch die schriftlich niedergelegte spätere Erinnerung des Vorsitzenden und des Urkundsbeamten, wonach ein bestimmter Eintrag nach deren später widererweckten Erinnerung aus Versehen unrichtig dokumentiert wurde, die „absolute“ formelle Beweiskraft des Protokolls nicht aufhebt. Man wird jedoch mit der insoweit einhelligen Aufassung in Literatur und Rechtsprechung das grundsätzliche Recht der Protokollführer zur nachträglichen Berichtigung eines als inhaltlich falsch erkannten Eintrags nicht bestreiten können. Das gilt schon deshalb, weil bis zur Fertigstellung i.S.d. § 271 Abs. 1 S. 2 StPO niemand der sonstigen Beteiligten einen Einfluss auf oder auch nur einen Einblick in diesen Herstellungsprozess hat. Wer als Staatsanwalt, Nebenklägervertreter oder Verteidiger nach der Zustellung des Urteils erstmals Gelegenheit hat, auch in das Protokoll zu schauen und dann seinen Augen nicht traut, weil ein mit Sicherheit gestellter Antrag, ein verkündeter Beschluss, ein Widerspruch gegen die Verwertung einer Aussage oder gegen eine Frage oder Anordnung des Vorsitzenden keine Erwähnung findet, muss einen Anspruch auf **Protokollberichtigung** haben, wenn seine Erinnerung und seine Aufzeichnungen mit denen des Vorsitzenden und des Urkundsbeamten der Geschäftsstelle übereinstimmen.[571] Dies muss auch völlig unabhängig davon gelten, ob die Berichtigung dazu führt, dass damit einer Verfahrensrüge der Boden bereitet oder der Boden entzogen wird, weil niemand einen Anspruch auf Fortbestand eines falschen Protokolls haben kann, um schmerzlich mit ansehen zu müssen, dass dann der jeweilige Gegner daraus revisionstaktisch Kapital schlägt. Umgekehrt muss jeder Revisionsführer, der sicher ist, dass ein Zeuge entgegen dem Verbot des § 60 Nr. 2 StPO vereidigt wurde, einen Anspruch darauf haben, dass der fehlende Protokolleintrag

---

569 Die Kann-Vorschrift des § 273 Abs. 2 S. 2 StPO, wonach es dem Ermessen des Vorsitzenden obliegt, neben dem (meist knappen und durch den jeweils Aussagenden nicht zu kontrollierenden) Inhaltsprotokoll auch eine Tonaufzeichnung anzuordnen, bezieht sich seltsamerweise auch nur auf die Verhandlungen beim Amtsgericht, *Meyer-Goßner* 52. Aufl., § 273, Rn. 14a.

570 Dazu unten Rn. 1272ff.

571 Unstreitig, vgl. dazu *Meyer-Goßner* 52. Aufl., § 271, Rn. 22ff. m.w.N.

über dieses tatsächliche Prozessgeschehen nachgeholt wird, um darauf die entsprechende Verfahrensrüge stützen zu können.

Eine die Rüge ermöglichende Protokollberichtigung ist also ebenso zulässig und nach Erkennen des Fehlers auch geboten wie eine Rüge verhindernde, bevor sie erhoben ist.

Diese an sich klare Rechtslage darf aber nicht verwechselt werden mit der unten ge- **291b**
sondert zu behandelnden Frage, ob eine im Vertrauen auf die Richtigkeit und Beweiskraft des Protokolls bereits erhobene Rüge durch eine danach erfolgte Protokollberichtigung in ihrer Erfolgsaussicht wieder **„verkümmert"** werden darf. Dabei wird nämlich zu beachten sein, dass in der begrenzten Zeit, die für die Erfüllung der hohen Anforderungen an den Tatsachenvortrag nach § 344 Abs. 2 S. 2 StPO zur Verfügung steht, der Revisionsverteidiger mit Blick auf § 274 StPO einen Verfahrensmangel beanstanden kann, den er für so hochgradig erfolgsträchtig hält, dass er andere – u.U. ebenfalls aussichtsreiche – Rügen unterlässt. Der durch § 274 StPO begründete Vertrauenstatbestand würde aber zerstört, wenn die Rechtsprechung es – wie neuerdings nach langer Zeit wieder[572] – zulässt, dass den bereits erhobenen Verfahrensrügen nachträglich der Boden entzogen wird.

II. Verfahrensrügen „wider besseres Wissen"?[573]

Lange Zeit war es streitig, ob ein Verteidiger, der aus eigener Kenntnis weiß, dass pro- **292**
zessordnungsgemäß verfahren worden ist, während aber das Protokoll einen (tatsächlich nicht vorgekommenen) Verfahrensverstoß bezeugt, den nicht vorgekommenen Verstoß rügen darf.[574] In den Zeiten früherer Auflagen dieses Buches konnte noch die Auffassung als „herrschend und zutreffend" bezeichnet werden, wonach ein Verteidiger eine Revision getrost auf diesen Verfahrensverstoß stützen darf. Man könne hier nicht, wie in der Erörterung teilweise geschehen, davon ausgehen, dass das Nichtvorliegen des Verstoßes „unstreitig" sei, und die Rüge „wider besseres Wissen des Vertei-

---

572 S. u. Rn. 295 ff. zu BGHSt 51, 298 (GS).

573 Vgl. dazu auch *Weider/Schlothauer* Verteidigung im Revisionsverfahren Rn. 40 ff.; *Hassemer* Formularbuch, I B 4; Schlothauer FS Hamm, 655 ff.; *Tepperwien* Die unwahre Verfahrensrüge – unzeitgemäßer Sieg der Form? FS Meyer-Goßner, 595 ff.; *Knauer* Zur Wahrheitspflicht des (Revisions-) Verteidigers, FS Widmaier, 291 ff.

574 Zur „Rüge wider besseres Wissen" befürwortend auch schon RGSt 43, 1 (6 f.); BGHSt 26, 281 (282 f.); BGHSt 36, 354 (357 ff.), wo aber diese Konsequenz des § 274 StPO für bedenklich bezeichnet wird; offengelassen aber unter Hinweis auf die „Wahrheitspflicht des Verteidigers (BGH NStZ 1999, 188)" auch in BGH 3 StR 70/99, Beschl. v. 14. 4. 1999 = NStZ 1999, 424 = StV 1999, 582; die Zulässigkeit bejahend auch *Cüppers* NJW 1950, 930 ff.; *ders.* NJW 1951, 259 (in einem kritischen Nachwort zu *Dallinger* NJW 1951, 256 ff., welcher die Zulässigkeit verneint); *Dahs/Dahs* Revision, Rn. 490; *Dahs* Handbuch, Rn. 917 ff.; *Dahs sen.*, AnwBl 1951, 90; tendenziell befürwortend auch *Schneidewin* MDR 1951, 193 ff. und *Seibert* JR 1951, 678 f.; für die Zulässigkeit ferner *Peters* Strafprozess, 621, der die Frage, ob sich der Beschwerdeführer wider besseres Wissen auf das Protokoll berufen kann, in dessen Ermessen stellen will; *Beulke* Der Verteidiger im Strafverfahren, 156 f. Für das „ausnahmsweise" Zurücktreten der Wahrheitspflicht in diesen Fällen *Pfeiffer* DRiZ 1984, 341 (347). Bedenken äußernd *Eb. Schmidt* Lehrkommentar Vor § 137, Rn. 26, der die Folgen des § 274 StPO für „außergewöhnlich" hält.

digers" erhoben werde. Den Begriff der „Unstreitigkeit" kennt das Strafverfahren überhaupt nicht und das „bessere Wissen" des Verteidigers kann ein Irrtum sein. Ich halte an dieser Auffassung auch nach den zitierten Polemiken des Großen Senats gegen das abgeblich „geänderte anwaltliche Ethos"[575] fest, möchte aber die Aufmerksamkeit meiner Leser noch auf folgende wichtige, aber vom BGH nicht mitvollzogene Unterscheidung lenken: Der Unmut der verschiedenen BGH-Senate gegenüber den angeblich gehäuft vorkommenden (nennen wie sie ruhig einmal so) „Lüge-Rügen" hat sich meist entfacht anhand von Verfahrensbeanstandungen, die überhaupt nicht die formelle Beweiskraft des Protokolls, sondern Fälle des Freibeweises betrafen. Und bei genauerem Hinsehen stellt sich heraus, dass es sich dabei vielfach um Fälle handelt, in denen es um die ganz und gar informelle Ebene des Prozessgeschehens handelt: Die Urteilsabsprachen und die ihnen vorausgehenden und eben auch manchmal **scheiternden „Dealgespräche"**. So war es z.B. im Falle, in dem der 1. Strafsenat des BGH unbedingt geglaubt hat, im Anschluss an eine begründungslose Verwerfung der Revision nach § 349 Abs. 2 StPO noch einige geradezu emotionale Bemerkungen („muss der Senat nun auch noch mit Befremden zur Kenntnis nehmen, dass er mit unwahrem Vorbringen konfrontiert wurde") anfügen zu sollen, nachdem über die Frage, ob in Gesprächen außerhalb der Hauptverhandlung von Seiten der Richter „eine Strafobergrenze in Aussicht gestellt" worden war,[576] unterschiedliche Darstellungen existierten.

292a Die Häufung solcher Streitsituationen ist erst dadurch möglich geworden, dass die Verfahrensstrategien aller Beteiligten zunehmend **auf die informelle Ebene verlagert** wurden. Wer Missverständnisse oder auch bewusste Missdeutungen einzelner Äußerungen in den auf ein bestimmtes ausgehandeltes Strafurteil gerichteten „Verhandlungen" im Richterzimmer wieder zurückdrängen will, sollte über die Legitimität von Urteilsabsprachen neu nachdenken, statt den Gesetzgeber aufzufordern, hierfür auch noch neue Regeln zu schaffen, bei denen abzusehen ist, dass sie an der gängig geworden Praxis nichts ändern werden.[577] Das gilt auch nach dem Inkrafttreten der neuen Vorschriften über die Verständigung im Strafverfahren. Denn dort hat sich der Gesetzgeber noch ein besonderes Kuriosum einfallen lassen: Die Pflicht zur Protokollierung, *ob* das Urtleil auf einer vorausgegangenen Absprache nach dem § 257c StPO beruhen wird. Gibt es also eine „Verständigung" mit der vom Gesetz vorgesehenen Verbindlichkeit, ist dies zu protokollieren. Hat dagegen *keine* Verständigung stattgefunden, ist auch darüber ein Negativattest im Protokoll aufzunehmen. Man kann sich leicht ausmalen, was dann aus der absoluten Beweiskraft des Protokolls nach § 274 StPO wird, wenn das Protokoll zum Thema Urteilsabsprache schweigt: Es wird Freibeweis erhoben und/oder über eine Protokollberichtigung gestritten. In all diesen Fällen wird wieder Aussage gegen Aussage stehen, und den dienstlichen Äußerungen der Amtspersonen wird der Vorrang eingeräumt.

---

575 BGHSt 51, 298 ff.; siehe auch unten Rn. 295 ff.

576 BGH 1 StR 104/08 v. 15. 4. 1008 = StraFo 2009, 158; ähnlich auch nach erfolgreicher Verfassungsbeschwerde die daraufhin erfolgende Entscheidung des 3. Strafsenats BGHR MRK Art. 6 I 1 Verfahrensverzögerung 29.

577 Zum Diskussionsstand bei Manuskripterstellung *Meyer-Goßner* Einleitung Rn. 119a ff., 119i.

Wenn ein Verteidiger wider besseres Wissen einen Verfahrensvorgang behauptet, mag man ihn verachten oder bei der Anwaltskammer anzeigen. Dass die Justiz darauf angewiesen sein soll, die Zulässigkeit der Rüge oder überhaupt die Revisionsentscheidung davon abhängig zu machen, ist nicht einzusehen. Und wer das für unbefriedigend hält, mag sich damit trösten, dass sich wirklich unwahrer Vortrag von Verfahrenstatsachen i.S.d. § 344 Abs. 2 S. 2 StPO schon nicht wird beweisen lassen. Dies gilt jedenfalls für Rügen, die sich nicht auf Verfahrensfehler beim Umgang mit den wesentlichen Förmlichkeiten beziehen.

Soweit es dagegen um die gesetzliche Wahrheitsfiktion der absoluten Beweiskraft des Protokolls geht, sollte der Verteidiger trotz der moralisierenden Mahnungen in manchen BGH-Entscheidungen eine Chance des (seiner Meinung nach zu Unrecht) Verurteilten nicht deshalb verschenken, weil er glaubt, es besser zu wissen als die Protokollanten. Für das, was der Verteidiger glaubt, gibt im Verfahren dem Angeklagten auch sonst niemand etwas. Seine persönliche Erinnerung spielt nicht die geringste Rolle. Der Verteidiger handelt gegenüber dem Angeklagten nur pflichtgemäß, wenn er angesichts des für seine Revision günstigen Protokollinhaltes seine eigene, dem Angeklagten ungünstige Erinnerung mit der größten Skepsis betrachtet. Sonst wäre das Beste, was er seinem Mandanten raten könnte, einen anderen Verteidiger zu wählen, der nur das Protokoll sieht und von der Erinnerung des bisherigen Verteidigers nichts weiß. Da Irren menschlich ist, sollte der Verteidiger gerade hier – was überhaupt zu seinen eigentlichen und vornehmsten Aufgaben gehört – dem Angeklagten die Möglichkeit des Irrtums zugute halten. **293**

Es ist schon schmerzlich genug, wie oft man als Verteidiger sich und auch den Mandanten mit der Möglichkeit des eigenen Irrtums darüber hinwegtrösten muss, dass nach der sicheren Erinnerung ein Verfahrensfehler geschehen ist, der sich dann im Protokoll nicht mehr wiederfindet. Beharrt in einem solchen Falle nach dem Antrag auf Protokollberichtigung der Vorsitzende oder der Protokollführer darauf, dass so verfahren worden sei, wie niedergeschrieben, und dass deshalb die Erinnerung des Verteidigers falsch sein müsse, so hilft es dem Mandanten auch überhaupt nichts, wenn der Verteidiger glaubt, seine Erinnerung sei absolut sicher. Das liegt gerade im Wesen des Formbeweises. Es ist „nicht geraten, dieses vom Gesetz selbst so klar und abschließend geregelte Rechtsgebiet mit moralischen Bedenklichkeiten zu belasten".[578] Das ist kein Grund, die Revision ein „Unrechtsmittel" zu nennen.[579] **294**

III. „Rügeverkümmerung"

Wird das Protokoll im Sinne der Verfahrensrüge berichtigt, so geht das Revisionsgericht von der berichtigten Fassung aus. Wird dagegen das Protokoll nach Erhebung einer Verfahrensrüge in einer Weise verändert („berichtigt"?), die der Rüge nachträglich die Grundlage entzieht, während sie nach der ursprünglichen Protokollfassung begründet war, musste nach der bisherigen ständigen Rechtsprechung das Revisionsge- **295**

578 *Schneidewin* MDR 1951, 194.
579 So aber *Brinkmann* RuN, 1954, Heft 27, 2.

richt von der ursprünglichen, dem Revisionsführer günstigeren Fassung ausgehen.[580] Dieser Grundsatz ist leider jetzt aufgegeben. Die Einzelheiten zur „Rüge verkümmernden“ Protokollberichtigung nach der Entscheidung des Großen Senats in BGHSt 51, 298[581] werden unten[582] gesondert behandelt. Ärgerlich ist die Erwägung des Großen Senats, die Änderung sei angesichts des gewandelten Ethos der Strafverteidiger geboten, die teilweise sogar unter Berufung auf entsprechende Empfehlungen in der Literatur nicht mehr davor zurückschreckten, auch bewusst Wahrheitswidriges vorzutragen.

296 Das ist starker Tobak. Man hätte sich – um hier nur einen der dagegen sich aufdrängenden Einwände herauszustellen – angesichts der Sorge um die Wahrheitsliebe und das angeblich geänderte Ethos der Verteidiger auch die eine oder andere Überlegung dazu gewünscht, was von Strafrichtern zu halten ist, die Anspruch auf Respektierung ihrer auf Freiheitsentzug gerichteten Urteile erheben, während sie die (doch wohl zweifellos leichtere) Übung der wahrheitsgemäßen Protokollierung bloßer Förmlichkeiten des Hauptverhandlungsablaufs nicht beherrschen.

297 Und was ist von dem markigen Satz zu halten, auch die Revisionsgerichte seien „der Wahrheit verpflichtet“?[583] Wo bleibt diese Wahrheitspflicht bei all den vielen (zutreffenden) Beteuerungen, das Revisionsgericht sei an die Feststellungen des tatrichterlichen Urteils gebunden? Beim Rekonstruktionsverbot hinsichtlich der Revisionsbehauptung, das Urteil habe Zeugenaussagen verfälschend wiedergegeben? Oder bei den absoluten Revisionsgründen, bei denen das Beruhen des Urteils auf dem Verfahrensfehler schlicht fingiert wird?[584] Beim Freibeweisverfahren, wenn eine richterliche dienstliche Äußerung der anwaltlichen Versicherung entgegensteht? Soll da künftig der regelmäßig praktizierte Vorzug der Ersteren vor der Letzteren auch mit dem durch den Großen Senat abgesegneten generell gesunkenen Ethos der Anwaltschaft gerechtfertigt werden?

298 Solche geradezu unappetitlichen Fragestellungen wenigstens für den Bereich der Formalien der Hauptverhandlung den Beteiligten zu ersparen, war der **eigentliche Sinn des Formalbeweises** durch § 274 StPO und der ständigen Rechtsprechung des RG bis 1936 und des BGH bis 2007, wonach die „rügeverkümmernde“ Protokollberichtigung zwar zulässig aber für die Prüfung der Begründetheit der Revision unbeachtlich war. Statt dessen wird man sich wieder auf das unwürdige Spiel eines Streits darüber einzulassen haben, ob der Vorsitzende und der Urkundsbeamte der Geschäftsstelle (wenn sie sich denn darüber einig werden, dass sie bis dahin mit ihrer Eintragung in die amtlichen Urkunde Protokoll falsch lagen) oder der in der Instanz tätig gewesene Verteidiger, der sich nun auf einmal erinnern muss, wie es wirklich gewesen ist, die „Wahrheit sagen“.

---

580 BGHSt 2, 125; 34, 11; BGH wistra 1985, 154; BGH NStZ 1992, 49 = StV 1992, 1 = wistra 1992, 71.

581 BGHSt 51, 298 ff. = NJW 2007, 2419 = NStZ 2007, 661 = StV 2007, 403 mit Anm. bzw. Besprechungsaufsätzen von *Schumann* JZ 2007, 927; *Hamm* NJW 2007, 3166; *Wagner* GA 2008, 442; *Fahl* JR 2007, 345; *Kury* StraFo 2008, 185.

582 Rn. 295 ff.

583 BGHSt 51, 298 ff. Tz. 43.

584 Dazu mehr unter Rn. 313.

Diese missliche Situation wird nicht dadurch abgemildert, dass vier Richter des Bundesverfassungsgerichts der Meinung waren, dass aus dem Rechtsprechungswandel die „Funktionstüchtigkeit der Strafrechtspflege" gestärkt hervorginge.[585] Denn auch das vom Großen Senat des BGH kreierte neuartige Berichtigungsverfahren ist eher geeignet, Rechtsunsicherheit als Rechtssicherheit zu bewirken: **299**

„Die Absicht der Berichtigung ist dem Beschwerdeführer – im Fall einer Angeklagtenrevision zumindest dem Revisionsverteidiger – zusammen mit dienstlichen Erklärungen der Urkundspersonen mitzuteilen. Diese Erklärungen haben die für die Berichtigung tragenden Erwägungen zu enthalten, etwa indem sie auf markante Besonderheiten des Falls eingehen, wie hier etwa darauf, dass die Verlesung der rechtlichen Würdigung des Tatgeschehens zu Unmutsäußerungen der Zuhörer führte. Daneben sollten gegebenenfalls während der Hauptverhandlung getätigte Aufzeichnungen, welche den Protokollfehler belegen, in Abschrift übermittelt werden. Dem Beschwerdeführer ist innerhalb angemessener Frist rechtliches Gehör zu gewähren. Widerspricht der Beschwerdeführer daraufhin der beabsichtigten Protokollberichtigung substantiiert, indem er im Einzelnen darlegt, aus welchen Gründen er im Gegensatz zu den Urkundspersonen sicher ist, dass das zunächst gefertigte Protokoll richtig ist, so sind erforderlichenfalls weitere dienstliche Erklärungen und Stellungnahmen der übrigen Verfahrensbeteiligten einzuholen. Auch hierzu ist dem Beschwerdeführer eine angemessene Frist zur Stellungnahme zu gewähren. Halten die Urkundspersonen die Niederschrift weiterhin für inhaltlich unrichtig, so haben sie diese gleichwohl zu berichtigen. In diesem Fall ist ihre Entscheidung über die Protokollberichtigung – dies ergibt sich bereits aus allgemeinen Rechtsgedanken (vgl. § 34 StPO) – mit Gründen zu versehen. Darin sind die Tatsachen anzugeben, welche die Erinnerung der Urkundspersonen belegen. Ferner ist auf das Vorbringen des Beschwerdeführers und gegebenenfalls abweichende Erklärungen der übrigen Verfahrensbeteiligten einzugehen."[586]

Das ist nichts anderes als ein leicht formalisiertes Freibeweisverfahren auf einem Gebiet, in dem der Gesetzgeber Derartiges durch den strengen Formalbeweis bewusst verhindern wollte. Aber es hilft nichts: Die Revisionsverteidiger werden sich auf die neue Situation einzustellen haben, um jeweils sorgfältig zu prüfen, was von der angekündigten Protokollberichtigung zu halten ist, ob und ggf. wie ihr **„substantiiert" widersprochen** werden kann. **300**

Aber hier ist zu befürchten, dass den Bemühungen um eine Aufhebung des vom Mandanten als unwahr oder ungerecht empfundenen Urteils auf dem Umweg über die Geltendmachung eines durch das Protokoll ausgewiesenen Verfahrensfehlers noch eine andere neue Rechtsprechungstendenz in die Quere kommt: Wer erstmals für die Revisionsinstanz mit der Verteidigung beauftragt wird und somit aus der Hauptverhandlung der Tatsacheninstanz keine eigenen Wahrnehmungen über den „Wahrheitsgehalt" der Sitzungsniederschrift beitragen kann, soll nach neueren Entscheidungen des BGH eine **„Erkundigungspflicht" bei den Kollegen der ersten Instanz** haben.[587] Das soll offenbar unabhängig davon gelten, ob es sich um einen protokollierungspflichtigen oder einen eher informellen Inhalt des Hauptverhandlungsgeschehens handelt. **301**

---

585 BVerfG, Beschl. vom 15. 1. 09 – 2 BvR 2044/07, Tz 72 ff.
586 BGHSt 51, 298 ff. Tz. 62 ff.
587 NStZ 2005, 283, 284; BGHSt 52, 355 ff. Tz. 7.

302 Nun stelle man sich die Situation vor, dass der erstinstanzliche Verteidiger, der vielleicht auch gerne das Mandat für die Revision behalten hätte, ein halbes bis ganzes Jahr nach dem Ende einer längeren Hauptverhandlung von seinem Kollegen, der auf die Einträge im Protokoll nicht mehr vertrauen darf, gefragt wird, ob am 27. Verhandlungstag, nachdem der für die Dauer einer Zeugenvernehmung aus dem Gerichtssaal „entfernte“ Angeklagte (§ 247 StPO) wieder zugelassen wurde, der Vorsitzende seiner Pflicht gemäß § 247 Satz 4 StPO nachgekommen war und den Angeklagten über den wesentlichen Inhalt dessen unterrichtet hat, was in seiner Abwesenheit ausgesagt wurde und sonst geschehen ist. Wenn das Protokoll zu einer solchen Unterrichtung schweigt, und der Revisionsanwalt daraus den Schluss zieht, dass die Unterrichtung unterblieben sei,[588] kann es passieren, dass dieser Verfahrensfehler „wegverkümmert“ wird, weil der Revisionsverteidiger vom Instanzverteidiger keine „substantiierten“ Auskünfte bekommt.

303 Man möchte wünschen, dass sich, wenn die rügeverkümmernden Protokollberichtigungen um sich greifen, bald auch die Unerträglichkeit der durch die neue Rechtsprechung geschaffenen Situation herausstellen wird, so dass der BGH (wie schon einmal nach 1945) zur alten ständigen Rechtsprechung zurückkehren wird.

IV. Widersprüche zwischen Protokoll und Urteil

304 Schwierige Fragen ergeben sich bisweilen bei Widersprüchen zwischen Protokoll und Urteil.[589] Hierbei muss jeweils gefragt werden, ob es sich um Förmlichkeiten der Hauptverhandlung handelt, die durch das Protokoll, oder um Erwägungen, die durch das Urteil unwiderleglich bewiesen werden. Mit dieser Fragestellung lassen sich alle Widersprüche zwischen Protokoll und Urteil entweder zugunsten des einen oder zugunsten des anderen entscheiden.

305 Die Urteilsformel wird durch die Verkündung wirksam, die zu den Förmlichkeiten der Hauptverhandlung gehört. Hier tritt also die Urteilsurkunde gegenüber dem Protokoll zurück.[590] Ob ein Zeuge vernommen (oder vereidigt) worden ist, gehört ebenfalls zu den Förmlichkeiten der Hauptverhandlung. Erwähnt das Protokoll dies nicht, so steht **unwiderlegbar** fest, dass er nicht vernommen (oder nicht vereidigt) worden ist. Sprechen die Urteilsgründe trotzdem von einer Vernehmung (oder von seiner „eidlichen Aussage“), so steht damit, ebenfalls unwiderleglich fest, dass etwas zur Urteilsgrundlage gemacht worden ist, was nicht zum „Inbegriff der Hauptverhandlung“ gehörte. Es liegt also ein Verstoß gegen § 261 StPO vor. Dasselbe gilt für Anträge, die im Protokoll nicht, aber im Urteil als angeblich gestellt, erwähnt sind.[591]

306 Einigkeit besteht darüber, dass die absolute Beweiskraft des Protokolls sich nicht auf die Inhalte und die Niederschrift der wesentlichen Ergebnisse der Vernehmungen,

---

588 Nach BGH, Beschl. v. 20. 4. 2004 – 4 StR 67/04 und BGH NStZ-RR 2005, 259 ist der Vorgang der Unterrichtung eine protokollierungspflichtige Förmlichkeit; *Meyer-Goßner* 52. Aufl. § 247, Rn. 17.
589 Vgl. LR-*Gollwitzer* § 273, Rn. 60, 61; § 274, Rn. 21.
590 BGHSt 34, 11 (12); *Meyer-Goßner* § 268, Rn. 18.
591 LR-*Gollwitzer* § 274, Rn. 21.

wie sie bei der Hauptverhandlung vor dem Strafrichter und dem Schöffengericht nach § 273 Abs. 2 StPO vorgesehen sind, erstreckt. Dagegen ist streitig, wie zu entscheiden ist, wenn nach § 273 Abs. 3 StPO eine **wörtliche Protokollierung** stattgefunden hat. Hat unter Beachtung des § 273 Abs. 3 Satz 3 StPO eine solche Protokollierung in der Weise stattgefunden, dass der Wortlaut niedergeschrieben, noch einmal verlesen und genehmigt worden ist, so ist dieser Teil der Aussage in einer Weise formalisiert öffentlich beurkundet worden, dass die Zulassung eines Gegenbeweises anders als durch den Nachweis der Fälschung des Protokolls schlechterdings unverständlich wäre.[592]

V. In dubio pro reo bei Verfahrensfehlern?

Dass der Zweifelsatz für Verfahrensverstöße jedenfalls im Regelfall nicht gelten kann, leuchtet ein. Es wäre ein Widerspruch, wollte man ausgerechnet der Justiz nicht wenigstens den Vertrauensvorschuss einer widerleglichen Vermutung für die grundsätzliche Einhaltung der für sie geltenden Gesetze zubilligen. **307**

Soweit die **Beweiskraft des § 274 StPO** gilt, ist diese Vermutung sogar unwiderleglich, aber – wie bereits ausgeführt – auf die Frage der Richtigkeit des Protokolls vorverlagert, so dass die Justiz bei einem protokollierten Verfahrensfehler die Unwiderleglichkeit auch gegen sich gelten lassen muss. **308**

Wo jedoch der **Freibeweis** gilt, also bei allen geltend gemachten Verfahrensrügen, die sich nicht auf die Förmlichkeiten im Sinne der §§ 272 bis 274 StPO beziehen, muss der Revisionsführer sich gefallen lassen, dass er mit seinen Angriffen gegen das Verfahren scheitert, wenn das Revisionsgericht sich nicht von den Tatsachen überzeugen kann, in denen der Verstoß liegen soll. Das bedeutet nicht, dass ihn eine „Beweislast" trifft. Er braucht also die Beweismittel nicht selbst beizubringen oder auch nur die Fundstellen zu benennen. Soweit es um Urkunden geht, wird er freilich deren gesamten Inhalt bereits im Rahmen des Tatsachenvortrags mitgeteilt haben. Auch wenn das Gericht verpflichtet ist, sich um die Aufklärung des behaupteten Verfahrensfehlers zu bemühen,[593] wird der Beschwerdeführer gut daran tun, wenn er alles in seinen Kräften Stehende versucht, um das Revisionsgericht von den Tatsachen zu überzeugen, in denen er einen Verstoß erblickt. **309**

Nach herrschender Meinung und ständiger Praxis in der Rechtsprechung soll die formelle Beweiskraft des § 274 StPO nicht gelten, wenn die **Sitzungsniederschrift gravierende Mängel** enthält. So soll die formelle Beweiskraft nicht nur entfallen, soweit zwischen den Urkundspersonen Meinungsverschiedenheiten über den richtigen Inhalt bestehen. Darüber hinaus wird die Beweiskraft auch verneint, wenn das Protokoll überhaupt abhanden gekommen ist[594] oder erkennbare Fehler, wie offensichtli- **310**

592 So KK-*Engelhardt* § 274, Rn. 5; *Eb. Schmidt* Lehrkommentar, § 273 Nachtr., Rn. 13 und jetzt auch *Meyer-Goßner* § 274, Rn. 10; a. A. jedoch LR-*Gollwitzer* § 274, Rn. 11.

593 *Dahs/Dahs* Revision, Rn. 486; BGHSt 16, 164, 166 = NJW 1961, 1979; für die Rüge der Verletzung des § 136a StPO, vgl. auch BGHSt 38, 214 = NJW 1992, 1493 mit umfangreichen Ausführungen zur Beweiserhebung über die tatsächlichen Voraussetzungen des Verwertungsverbots nach unterlassener Belehrung des Beschuldigten während der polizeilichen Vernehmung.

594 BGH NStZ 1991, 502 = BGHR StPO § 274 – Beweiskraft 9.

che Lücken, Unklarheiten und Widersprüche aufweist.[595] Daran ist sicherlich richtig, dass es Extremfälle geben kann, in denen das Protokoll widersprüchliche Auskünfte über die Frage gibt, wie hinsichtlich einer Förmlichkeit der Hauptverhandlung verfahren worden ist. Dann bleibt in der Tat nichts anderes übrig, als die Beweiserhebung in anderer Weise zuzulassen. Es sollten jedoch dann die Konsequenzen daraus gezogen werden, dass die Ursache für eine etwa immer noch verbleibende Unaufklärbarkeit vom Justizpersonal gesetzt worden ist, das damit den Vertrauensvorschuss verspielt und die Vermutung für das gesetzmäßige Verhalten bereits dadurch widerlegt hat, dass mit der Pflicht zur wahrheitsgetreuen und vollständigen Protokollierung schlampig umgegangen wurde. In diesen Fällen sollte also der verbleibende Zweifel zugunsten des Revisionsführers ausschlagen.[596]

311 Sind die verfahrenstatsächlichen Behauptungen der formellen Rüge bewiesen, so muss sie Erfolg haben unter der weiteren Voraussetzung, dass das Urteil darauf **beruht**. Diese Ursächlichkeit eines Verfahrensfehlers wird bei den absoluten Revisionsgründen des § 338 StPO unwiderleglich vermutet. Bei den relativen Revisionsgründen des § 337 StPO genügt es, wenn nicht mit Sicherheit auszuschließen ist, dass das Urteil ohne den Verfahrensfehler anders ausgefallen wäre. Die Einzelheiten werden bei den einzelnen Rügen behandelt.

D. Verfahrensfehler

I. Absolute Revisionsgründe

Literatur: *Becker* Die absoluten Revisionsgründe im deutschen Strafprozess, Diss. Bonn 1950; *Berz* § 338 Nr. 8 StPO im Gefüge der absoluten Revisionsgründe, Festschrift Meyer-Goßner, 2001, S. 611 ff.; *Cramer* Zur Berechtigung absoluter Revisionsgründe, Festschrift Karl Peters, 1988, S. 239 ff.; *Dahs* Die Relativierung absoluter Revisionsgründe, GA 1976, 353; *Hilger* Absolute Revisionsgründe, NStZ 1983, 337 ff.; *ders.* Über die neuere Rechtsprechung des BGH zu den absoluten Revisionsgründen der StPO, Festschrift Widmaier, 2008, 277 ff.; *Kudlich* Wie absolut sind die absoluten Revisionsgründe? Festschrift Fezer, 2008, 435 ff.; *Mehle* Einschränkende Tendenzen im Bereich der absoluten Revisionsgründe, (§ 338 StPO), Diss. Bonn 1981; *Widmaier* Wohin entwickeln sich die absoluten Revisionsgründe? Hanack-Symposion 1989 in Mainz, Aktuelle Probleme der Strafrechtspflege, S. 77 ff.

---

595 BGHSt 17, 220, 222; BGHR StPO § 274 – Beweiskraft 12; *Meyer-Goßner* § 274, Rn. 17.

596 In diesem Sinne auch *Pfeiffer* DRiZ 1984, 347, der aufzeigt, dass die „Zielsetzung unseres Strafverfahrens" u.a. dahin geht, „... nicht nur materiell richtige, sondern auch prozessordnungsgemäße, justizförmige Entscheidungen zu erreichen. Zur Justizförmigkeit gehört aber auch die Fehlerfreiheit des Protokolls. Deshalb tritt die Wahrheitspflicht zurück, wenn es darum geht, den Protokollfehler für den Angeklagten nutzbar zu machen." Denn nur auf justizförmigem Wege dürfe das Gericht sich die Überzeugung von der Schuld und Täterschaft eines Angeklagten verschaffen und nur so auch verurteilen (343). Ähnlich auch *Dahs* Handbuch, Rn. 918: „Ein dem prozessualen Recht nicht entsprechendes Urteil ist ebenso „Unrecht" wie ein materiell unrichtiges Urteil. Ebenso wie es deshalb dem Verteidiger nicht verwehrt ist, in *jedem* Falle begründete Prozessrügen geltend zu machen, muss ihm auch die prozessgerechte Auswertung des Protokolls, unabhängig von seiner – vielleicht falschen – Meinung über die Schuld seines Mandanten, möglich sein.".

1. Das „Wesen“ der absoluten Revisionsgründe

Die absoluten Revisionsgründe sind von der gesetzlichen Regelung her zunächst einmal nichts weiter als ein **Katalog von acht Verfahrensfehlertypen**, bei denen das Beruhen des Urteils unwiderleglich vermutet wird. Warum der Gesetzgeber gerade diese Revisionsgründe so hervorgehoben hat, wird im Schrifttum unterschiedlich beantwortet. Die meisten Autoren und gelegentlich auch die Rechtsprechung gehen davon aus, dass es sich hier um eine Aufzählung besonders gravierender Verfahrensfehler handele,[597] die als „Verletzungen zwingender Grundnormen, deren Beachtung jedenfalls für die Zukunft sichergestellt werden soll“,[598] einer besonderen revisionsgerichtlichen Kontrolle bedürften. Hierbei hat es sich jedoch lange um eine jener Rechtsmeinungen gehandelt, die sich in Form von apodiktischen, fast überall wiederkehrenden, von Auflage zu Auflage durch die Kommentare und Lehrbücher „verschleppten“ und schon lange nicht mehr mit Gründen versehenen Formeln unentwegt am Leben halten, und deren Richtigkeit schon lange niemand mehr in Frage gestellt hat. Träfe es nämlich zu, dass der abschließende Katalog der unbedingten Revisionsgründe des § 338 StPO die wichtigsten Verfahrensgrundsätze absichern wollte, so wäre nicht zu erklären, weshalb z.B. die Verletzung der Wahrheitserforschungspflicht nicht, dafür aber die Überschreitung der Urteilsabsetzungsfrist des § 275 Abs. 1 S. 2 StPO in § 338 (Nr. 7) StPO enthalten ist. Auch ließe sich fragen, weshalb der Gesetzgeber, wenn es ihm darum gegangen wäre, die gravierendsten Verfahrensfehler einer besonders strengen Sanktion zu unterziehen, diese dann immer noch von einer entsprechenden Verfahrensrüge abhängig gemacht hat.[599] **312**

Mir scheint auch hier der richtigere Zugang zum Wesen der absoluten Revisionsgründe der zu sein, den Gesetzgeber beim Wort zu nehmen. Die einzige Besonderheit aller absoluten Revisionsgründe besteht darin, dass eine **Prüfung der Beruhensfrage unterbleiben** soll, weil ihre Bejahung gesetzlich bestimmt wird.[600] Dies spricht dafür, dass der Gesetzgeber auch eine die Beruhensproblematik betreffende Gemeinsamkeit der in § 338 StPO aufgelisteten Verfahrensfehler gesehen hat und als Unterscheidungskriterium gegenüber den relativen Revisionsgründen verstanden wissen wollte. **313**

In der Tat führt das gedankliche Experiment, sich die übrige StPO einmal ohne § 338 StPO vorzustellen,[601] zu einer unerträglichen Rechtslage: Bei den jetzt in Ziff. 1 bis 4 aufgeführten Revisionsgründen müsste über die Beruhensprüfung das Revisionsgericht in jedem Einzelfall die Frage aufwerfen, ob ausgeschlossen werden kann, dass das Urteil anders ausgefallen wäre, wenn die Sache vor anderen Richtern verhandelt

---

597 KK-*Kuckein* und LR-*Hanack* jeweils § 338, Rn. 1; *Roxin* Strafverfahrensrecht, § 53 E II 1; BGHSt 38, 119 = NJW 1989, 1741 (Fall Monika Weimar, siehe dazu unten zu § 338 Nr. 6, Rn. 451).

598 KK-*Kuckein* § 338, Rn. 2; ähnlich zur Frage, ob der Angeklagte einen durch § 338 Nr. 6 StPO durchsetzbaren Rechtsanspruch auf Ausschluss der Öffentlichkeit haben kann BGHSt 23, 82 = NJW 1969, 2107 (2108).

599 Vereinzelte Versuche, beim Vorliegen eines absoluten Revisionsgrundes eine Aufhebung des Urteils von Amts wegen zu ermöglichen (de lege lata bei *Siegert* DRiZ 1958; de lege ferenda bei *Becker* Die absoluten Revisionsgründe im deutschen Strafprozess, 124), haben sich nicht durchgesetzt; LR-*Hanack* § 338, Rn. 1.

600 LR-*Hanack* § 338, Rn. 1; *Meyer-Goßner* § 338, Rn. 1.

601 Die Streichung wurde tatsächlich schon vorgeschlagen. Vgl. Vorschläge zur Rechtspflegeentlastung des Justizministers des Landes Baden-Württemberg v. 21. 3. 1994, Az.: 4100-III/193, 5 f.

worden wäre. Schon das Prinzip des gesetzlichen Richters geht davon aus, dass dies nie ausgeschlossen, aber eben auch so gut wie niemals konkret nachgewiesen werden kann;[602] andererseits lebt unsere Rechtsordnung auch ein wenig von der Fiktion, dass jeder Richter immer nur „das richtige" Urteil finden könne. So gesehen wäre schon das Aufwerfen der konkreten Beruhensfrage eine Zumutung gleichermaßen für die Justiz wie für den Revisionsführer. Auch wenn die Pflicht der Verfahrensbeteiligten zur ununterbrochenen Anwesenheit während der Hauptverhandlung (§ 338 Nr. 5 StPO) und die Vorschriften über die Öffentlichkeit (§ 338 Nr. 6 StPO) missachtet worden sind, wäre regelmäßig die Beantwortung der Frage, ob, wie und ggf. in welcher Weise dies kausal für das Urteil geworden sein mag, nur über komplizierte gedankliche Umwege zu beantworten, ohne dass sich die dafür maßgeblichen Kriterien auch nur einigermaßen standardisieren ließen. Am „Schlimmsten" sähe es bei Ziff. 7 aus. Darauf, dass nach der Urteilsverkündung keine oder verspätet schriftliche Gründe geschrieben wurden, kann das Urteil überhaupt nicht beruhen. Deshalb handelt es sich hier eigentlich um eine „gesetzliche Lüge", um eine bloße Fiktion,[603] die gerade deshalb notwendig ist, weil sonst auch die gröbsten Missachtungen der Urteilsabsetzungsfrist nicht revisibel wären.[604]

314 Die absoluten Revisionsgründe der Ziff. 1 bis 7 haben also gemeinsam, dass die zugehörigen Verfahrensfehler sich weitgehend einer konkreten Prüfung der Beruhensfrage verschließen. Geht man davon aus, so fügt sich auch § 338 Nr. 8 StPO sehr viel besser in den Katalog ein als vom Verständnis der h.L. aus, wonach die **Wertigkeit der jeweils geschützten Verfahrensprinzipien** ausschlaggebend für die gesetzgeberische Hervorhebung in § 338 StPO gewesen sei. Deshalb verwundert es auch nicht, dass sich die h.L. mit § 338 Nr. 8 StPO besonders schwertut und sich aus diesem Dilemma nur dadurch befreien zu können glaubt, dass sie ihm entgegen der gesetzlichen Einordnung kurzerhand die Qualität eines unbedingten Revisionsgrundes abspricht.[605] Die hier vertretene Auffassung, wonach die Notwendigkeit einer Befreiung von der Darlegungslast hinsichtlich des konkreten Beruhens der hinter der Auswahl der absoluten Revisionsgründe stehende Sinn ist, führt dagegen zu dem Ergebnis, dass sehr wohl auch § 338 Nr. 8 StPO mehr als nur ein relativer Revisionsgrund ist.[606]

315 Eine weitere Folge der alleinigen Ableitung des Wesens der absoluten Revisionsgründe aus Beruhenskriterien[607] äußert sich in der von einem Teil der Literatur und in vereinzelten Entscheidungen des BGH vertretenen Auffassung, wonach einer Revision beim Vorliegen eines der absoluten Revisionsgründe der Erfolg doch wieder abgesprochen werden soll, wenn ein Einfluss des Verfahrensfehlers auf das Urteil „denkgesetzlich ausgeschlossen" werden kann.[608] Dies wäre freilich die Wiederein-

---

602 Vgl. dazu BGH 1 StR 376/96 Urt. v. 5. 12. 1996 = NJW 1997, 1452 = StV 1997, 418.
603 KK-*Kuckein* § 338, Rn. 2.
604 Das vollständige Fehlen der Urteilsgründe würde nach heutigem Verständnis über die Sachrüge zur Aufhebung führen; vgl. dazu u. Rn. 474.
605 Vgl. dazu u. Rn. 493.
606 Vgl. dazu u. Rn. 494ff.
607 So jetzt auch *Kudlich* FS Fezer, 435; *Meyer-Goßner* § 338, Rn. 1.
608 LR-*Hanack* § 338, Rn. 4 m.N. aus der Rspr.; *Meyer-Goßner* aaO; BGH StraFo 2003, 134; NStZ 2006, 713; 2007, 352 (wo freilich diese Ausnahme zwar erwähnt, aber als nicht gegeben angesehen wird);

führung der Beruhensfrage genau dort, wo das Gesetz gerade verboten hat, sie zu stellen. Die verspätete Urteilsabsetzung (§ 338 Nr. 7 StPO) würde unter das Verdikt des sich selbst aufhebenden Gesetzesbefehls fallen, weil nun einmal darauf das Urteil in der Tat schon denkgesetzlich nicht beruhen kann. Liegt also ein absoluter Revisionsgrund vor, so sollte man tunlichst die Frage nach der (theoretisch oder mehr oder weniger praktisch) möglichen Kausalität zwischen dem Verfahrensfehler und dem Urteil gar nicht erst zulassen.

Eine ganz andere Frage ist die, inwieweit das Rechtsmittel auch dann noch Erfolg haben kann, wenn der betreffende Verfahrensfehler einen „abtrennbaren" Teil des Urteils schon vom Verfahrensgang her überhaupt nicht betrifft. Die Reichweite des Revisionsgrundes kann insoweit durchaus **sachlich oder personell begrenzt** sein. Richtet sich das Verfahren gegen mehrere Angeklagte und ist z.B. ein Richterablehnungsgesuch wegen der Besorgnis der Befangenheit gegenüber einem der Angeklagten zu Unrecht zurückgewiesen worden und hatte nur dieser das Gesuch gestellt, so können die anderen Angeklagten darauf die Revision nicht stützen.[609] Sie hätten es nämlich auch dann nicht gekonnt, wenn sie in einem abgetrennten Verfahren verurteilt worden wären, was ohne Weiteres möglich gewesen wäre. Ist in einem Verfahren gegen nur einen Angeklagten dieser wegen Totschlags und wegen Steuerhinterziehung verurteilt, so kann seine vorübergehende Abwesenheit an einem Verhandlungstag, an dem nur der Totschlagsvorwurf behandelt wurde, bedeuten, dass dieser Revisionsgrund den Schuldspruch wegen der Steuerhinterziehung nicht gefährdet.[610] Ebensowenig greift § 338 Nr. 6 StPO ein, wenn zwar die Öffentlichkeit zu Unrecht während eines Hinweises gem. § 265 StPO ausgeschlosen war, sich der Hinweis aber allein auf einen Teil des Tatgeschehens bezog, der im weiteren Verlauf der Hauptverhandlung gem. § 154a StPO von der Strafverfolgung ausgenommen wurde.[611] Insoweit bestehen also keine Unterschiede zu den relativen Revisionsgründen. **316**

Ebenfalls wie für die relativen Revisionsgründe gilt auch für die absoluten, dass ein Verfahrensfehler, wenn er rechtzeitig (d.h. im Regelfall vor der Verkündung des angefochtenen Urteils) noch bemerkt wird, dadurch geheilt werden kann, dass der betreffende Verfahrensteil in gesetzmäßiger Weise wiederholt wird.[612] **317**

2. § 338 Nr. 1 StPO (Besetzungsrügen)

Literatur (Auswahl): *Achenbach* Staatsanwalt und gesetzlicher Richter – ein vergessenes Problem? Festschrift Wassermann, 1985, S. 849ff.; *Brauns* Die Besetzungsrüge und ihre Präklusion im Strafprozess, Köln 1983; *Eisenberg* Anm. zu OLG Düsseldorf Urteil v. 5. 3. 90, 2 Ss 335/89 – 64/88 III (= NStZ 1990, 292f.) NStZ 1990, 551ff.; *Fuchs* Der Schlaf der Gerechten, AnwBl 1987, 569; *Hamm* Die Besetzungsrüge nach dem Strafrechtsänderungsgesetz 1979, NJW 1979, 135; *ders.* Hilfsstrafkammer als Dauereinrichtung, StV 1981, 315; *Katholnigg* Zur Geschäftsverteilung bei obersten Gerichtshöfen des Bundes und innerhalb ihrer Senate, NJW 1992, 2256ff.; *Kellermann* Probleme des gesetzlichen Richters 1973; *Kissel*

---

a.A. zutreffend *Mehle* Einschränkende Tendenzen im Bereich der absoluten Revisionsgründe (§ 338), 146; *Weiler* NStZ 1999, 109.

609 LR-*Hanack* § 338, Rn. 5.

610 Vgl. LR-*Hanack* § 338, Rn. 4 m.w.N.

611 BGH NJW 1996, 138 = StV 1996, 133.

612 LR-*Hanack* § 338, Rn. 3 m.w.N.

Gerichtsverfassung unter dem Gesetz zur Entlastung der Rechtspflege, NJW 1993, 489; *Niemöller* Besetzungsrüge und „Willkürformel“, StV 1987, 311; *Ranft* Die Präklusion der Besetzungsrüge gemäß der Strafprozessnovelle 1979 und das Recht auf den gesetzlichen Richter, NJW 1981, 1473; *Rieß* Ausschluss der Besetzungsrüge, (§ 338 Nr. 1 StPO) bei irriger, aber vertretbarer Rechtsprechung, GA 1976, 133; *ders.* Die Besetzungsrügepräklusion (§§ 222 a, 222 b StPO) auf dem Prüfstand der Rechtsprechung, JR 1981, 89; *Schlothauer* Verfahrens- und Besetzungsfragen bei Hauptverhandlungen vor der reduzierten Strafkammer nach dem Rechtspflegeentlastungsgesetz, StV 1993, 147; *Strate* Die bewegliche Zuständigkeit des gesetzlichen Richters Festschrift Widmaier, 2008, 567 ff.

a) Der Verfassungsanspruch auf den gesetzlichen Richter

318 Der Aufhebungsgrund des § 338 Nr. 1 StPO hat seine grundsätzliche Bedeutung vor allem im Zusammenhang mit der Vorschrift des Verfassungsrechts (Art. 101 Abs. 1 S. 2 GG) und des Gerichtsverfassungsrechts (§ 16 S. 2 GVG), dass niemand seinem gesetzlichen Richter entzogen werden darf. Der **Grundsatz des gesetzlichen Richters** bedeutet, dass nur der Richter tätig werden und entscheiden darf, der in allgemeinen Normen im Voraus nach abstrakten Kriterien dafür vorgesehen ist.[613] Hierfür ist notwendig, dass die Sache aufgrund allgemeiner Merkmale – gleichsam „blindlings“ – an den bereits vor „Ankunft“ des konkreten Rechtsfalles feststehenden Richter oder Spruchkörper gelangt, ohne dass irgendjemand (Richter, Staatsanwälte, Justizverwaltung) auf die Besetzung ad hoc hat Einfluss nehmen können.[614] § 338 Nr. 1 StPO ist die verfahrensrechtliche Handhabe, um dieses Grundrecht praktisch durchzusetzen. Das Verbot der Richterentziehung soll Manipulationen und Willkür bei der Besetzung der Gerichte verhindern.[615]

319 Daraus wird gerne geschlossen, dass der Revisionsgrund nur dann gegeben sei, wenn ein Verstoß gegen die einfachrechtlichen Regeln auf Willkür beruht.[616] Gegen eine solche Einengung des § 338 Nr. 1 StPO spricht aber schon die unterschiedliche Wortwahl gegenüber Art. 101 Abs. 1 S. 2 GG. Während dort die Verfassungswidrigkeit einer gesetzwidrigen Richter-Rechtsfall-Zuordnung an ein finales Merkmal geknüpft wird (jemand wird seinem gesetzlichen Richter „entzogen“), lässt es das Revisionsrecht genügen, dass das Gericht „vorschriftswidrig“ besetzt war. Mag Ersteres dazu führen, dass etwa der Erfolg einer Verfassungsbeschwerde vom Vorliegen einer willkürlichen Missachtung bestehender Zuständigkeitsregeln abhängt, so ist eine solche

---

613 BVerfGE 21, 139 (145). Mit dem Grundsatz des Art. 101 Abs. 1 S. 2 GG eng verknüpft ist die bereits in Art. 97 Abs. 1 GG statuierte Weisungsfreiheit des Richters und des Weiteren dessen in Art. 97 Abs. 2 GG garantierte persönliche Unabhängigkeit – vgl. BVerfGE 3, 377 (381); 4, 331 (346); 21, 139 (144).

614 BGHSt 7, 23 (24); 28, 290 (292); BVerfGE 17, 294 (300); BVerfG NJW 2003, 345; KK-*Kuckein* § 338, Rn. 18.

615 Sog. Willkürverbot i. S. v. Art. 3 Abs. 1 GG; siehe BVerfGE 29, 45 (48), wonach ein „error in procedendo“ nicht für willkürlich erachtet wurde; BGH NStZ 1984, 181 f., wonach „Zufall“ nicht dem Willkürverbot unterfällt. Auch eine rechtsirrtümliche Fehlbesetzung führt noch nicht zur Revisibilität, vgl. BGHSt 11, 110; LR-*Hanack* § 338, Rn. 10; BVerfGE 64, 1 (21) – das BVerfG stellte fest, dass auch eine Missachtung der Vorlagepflicht (Art. 100 Abs. 2 GG) grundsätzlich als Verstoß gegen Art. 101 Abs. 1 S. 2 GG anzusehen sein könne, ließ die Frage aber in seiner Entscheidung offen; BGHSt 50, 132 = StV 2005, 536 = NJW 2005, 3135, wonach eine Entscheidung zwar fehlerhaft, jedoch nicht willkürlich erscheinen kann; vgl. auch BGH StV 2005, 654 = NStZ-RR 2006, 214; zu dieser Problematik siehe auch KK-*Kuckein* § 338, Rn. 19.

616 Vgl. dazu *Niemöller* StV 1987, 311.

Einengung weder dem Wortlaut des § 338 Nr. 1 StPO zu entnehmen noch mit der Systematik und dem oben erörterten Wesen der absoluten Revisionsgründe zu vereinbaren. Da sich die absoluten von den relativen Revisionsgründen nur in der gesetzlichen Vorgabe bei der Beantwortung der Beruhensfrage unterscheiden, lässt sich aus der Einordnung der Besetzungsfehler in den Katalog des § 338 StPO nichts darüber herleiten, unter welchen Voraussetzungen das Gericht „nicht vorschriftsmäßig besetzt war". Auch der Zweckzusammenhang zwischen dem Revisionsgrund und dem verfassungsrechtlichen Prinzip des gesetzlichen Richters spricht nicht dafür, den Fehler bei der Anwendung einfachen Gesetzesrechts auch auf der Ebene der Fachgerichte solange hinzunehmen, als er nicht in einen Verfassungsverstoß einmündet. Auch die Nummern 2 bis 4 des § 338 StPO dienen dem Recht eines Angeklagten auf seinen gesetzlichen Richter. § 338 Nr. 5 StPO will das Grundrecht auf rechtliches Gehör durchsetzen helfen. Mit Recht wird aber der absolute Revisionsgrund der vorschriftswidrigen Abwesenheit eines Verfahrensbeteiligten nicht davon abhängig gemacht, dass im konkreten Fall auch eine Verletzung des Art. 103 Abs. 1 GG vorliegt. Ebensowenig scheitert die Rüge, das gesamte Gericht habe z.B. seine örtliche Zuständigkeit zu Unrecht angenommen (§ 338 Nr. 4 StPO), daran, dass Willkür nicht zu erkennen ist.

Die von der h.M. und insbesondere von der Rechtsprechung verwendete Willkürformel **320**
bei der Besetzungsrüge ist somit prinzipiell abzulehnen. Das bedeutet freilich nicht, dass in allen Fällen, in denen auch eine andere Gerichtsbesetzung aus dem Gesetz begründbar gewesen wäre, der absolute Revisionsgrund vorliegt. Auch der Grundsatz des gesetzlichen Richters kann nämlich nicht den Gesetzgeber zwingen, Unmögliches zu leisten. Unmöglich wäre ein System lückenloser und jeden denkbaren Fall antizipierender zwingender und präziser Besetzungsregeln, das keinerlei Beurteilungsspielräume mehr offenließe. Dies ist deshalb unmöglich, weil das gerichtsverfassungsrechtliche System der vorwurfsabhängigen Besetzung stets auch ein prognostisches Element enthält: Dass z.B. für vorsätzliche Tötungsdelikte das Schwurgericht, für fahrlässige Tötungsdelikte beim Landgericht eine allgemeine Strafkammer, beim Amtsgericht das Schöffengericht oder auch der Strafrichter berufen sein können, hängt damit zusammen, dass der gesetzliche Richter bereits zu einem Zeitpunkt feststehen muss, in dem noch niemand wissen kann (und sich auch nicht endgültig festlegen darf), welcher Vorwurf mit welcher Schuldform und welchem Schuldgehalt sich am Ende als berechtigt herausstellen wird.

In diesem Zusammenhang muss allerdings immer wieder die Frage aufgeworfen wer- **321**
den, ob auch die Wahlmöglichkeit der Staatsanwaltschaft im Rahmen der **„beweglichen Zuständigkeit"** nach § 24 Abs. 1 Nr. 3 GVG unvermeidbar ist.[617] Diese „bewegliche Zuständigkeit" wurde durch Verordnung vom 21. 2. 1940[618] eingeführt, wobei die Zuständigkeit sowohl zwischen dem Strafrichter und dem Schöffengericht (§ 25 Nr. 3 a.F. GVG) als auch zwischen dem Landgericht (Strafkammer) und dem Amtsgericht (§ 24 Abs. 1 Nr. 3 GVG) von der Fallbewertung durch die Anklagebehörden abhängig

617 Kritisch hierzu: *Achenbach* FS Wassermann, 849 ff.
618 RGBl I, 405.

gemacht wurde.[619] Danach wurden die beiden beweglichen Zuständigkeiten der §§ 24, 25 GVG zunächst beibehalten, bis das Rechtspflegeentlastungsgesetz von 1993[620] diese zwischen dem Strafrichter und dem Schöffengericht beseitigte.[621] Dass bei dieser Gelegenheit nicht auch die Wahlmöglichkeit zwischen Schöffengericht und Strafkammer (§ 24 Abs. 1 Nr. 3 GVG) aufgehoben wurde, dürfte mit der auch sonst dem Rechtspflegeentlastungsgesetz eigenen Konzeptionslosigkeit zusammenhängen.[622]

322 Das Bundesverfassungsgericht hat entschieden, dass die bewegliche Zuständigkeit unter der Voraussetzung verfassungsgemäß ist, dass der **Staatsanwaltschaft kein Ermessen** eingeräumt wird. Sie habe vielmehr den „unbestimmten Rechtsbegriff" („Bedeutung der Sache") auszulegen und den konkreten Fall darunter zu subsumieren. Diese Entschließung der Staatsanwaltschaft könne dann auch noch einmal der Überprüfung durch das eröffnende Gericht unterzogen werden.[623]

323 Dabei diente die Klausel von der **„besonderen Bedeutung des Falles"** dazu, Fälle zum Landgericht zu bringen, die zwar möglicherweise im Ergebnis noch mit der Strafgewalt des Amtsgerichts zu erfassen waren, bei denen aber das Ausmaß der Rechtsverletzung und/oder ihre erheblichen Folgen dem Verfahren ein Gewicht gaben, das eine Hauptverhandlung auf der Ebene des Amtsgerichts unangemessen erscheinen ließ. Seit aber nun die Strafgewalt des Amtsgerichts bis zu vier Jahren Freiheitsstrafe reicht und auf diesem Wege ein nicht unerheblicher Teil der sog. „Schwerkriminalität" vor den Schöffengerichten verhandelt wird, ist abzusehen, dass den Staatsanwaltschaften die Argumente ausgehen, wenn sie begründen sollen, weshalb dann noch die besondere Bedeutung des Falles eine Anklage zum Landgericht nahelegt.[624] Der Gesetzgeber hat den Bundesgerichtshof um den Preis einer Belastung der Amts-, Land- und Oberlandesgerichte entlasten wollen. Viele Angeklagte haben auf diese Weise eine Instanz hinzugewonnen. Derjenige, dem die Chance auf eine zweite Tatsacheninstanz wieder genommen wird, ohne dass die Voraussetzungen des § 24 Abs. 1 Nr. 1 und 2 GVG vorliegen, wird nach der Erhöhung der Strafgewalt des Amtsgerichts mit noch größerem Recht fragen, was er dafür kann, dass die Justiz seinen Fall als „besonders bedeutsam" einschätzt. Die tatbezogenen Merkmale sind praktisch entfallen.[625] Geblieben sind die bisher schon bedenklichen Kriterien aus der

619 *Eisenberg* NStZ 1990, 551 (552), Anm. zu OLG Düsseldorf NStZ 1990, 292 f. – unter Berufung auf *Schumacher* Staatsanwaltschaft und Gericht im Dritten Reich, 303.

620 BGBl. I, 50.

621 Dagegen wird jedoch auch die Ansicht vertreten, dass die sachliche Zuständigkeit des Schöffengerichts auch bei einer Straferwartung von nicht mehr als zwei Jahren Freiheitsstrafe begründet sein könne, weil die Vorschrift des § 25 Nr. 2 GVG um das Merkmal der „minderen Bedeutung der Sache" zu ergänzen sei; so AG Höxter MDR 1994, 1139; *Siegismund/Wickern* wistra 1993, 136 (137) und *Herbert Schäfer* DRiZ 1997, 168. Zum Streitstand vgl. die Nachweise in BGH StV 1996, 585 (586).

622 Selten wurde eine Gesetzesnovelle so einmütig als misslungen bewertet wie das RPflEntlG v. 11. 1. 1993 (BGBl. I, 50). In der Richterschaft wurde es wegen seiner faktischen Wirkung als Rechtspflegebelastungsgesetz gekennzeichnet; vgl. *Mattik* DRiZ 1993, 34; DRiZ 1993, 40, 81 u. 83; *Altpeter* DRiZ 1993, 172 f.; *Günter* DRiZ 1993, 223 ff.; DRiZ 1993, 368 (*Asmus*); DRiZ 1993, 491 (*Renk*).

623 BVerfGE 9, 223 (229); 22, 254 (261); so unter Abweichung von den früheren Auflagen jetzt auch KK-*Hannich* § 24 GVG, Rn. 5.

624 *Kissel* NJW 1993, 491.

625 *Kissel* NJW 1993, 491.

Person des Angeklagten (etwa seine Prominenz[626]) oder aus dem Umfang oder den Schwierigkeiten der Hauptverhandlung.[627] Vielleicht findet sich bald ein geeigneter Fall, der dem BGH oder dem Bundesverfassungsgericht Gelegenheit gibt, hier ein klärendes Wort zu sprechen.

Nach § 76 Abs. 2 GVG entscheidet das Gericht (Große Strafkammer) bei der Eröff- **324**
nung, ob die Hauptverhandlung in großer (drei Berufsrichter) oder kleiner (zwei Berufsrichter) Besetzung stattfindet. Die einmal getroffene Entscheidung kann nicht mehr – und schon gar nicht deshalb, weil der Geschäftsverteilungsplan geändert wurde – geändert werden.[628] Dass seit dem RPflEntlG von 1993[629] diese ursprünglich nur für eine Übergangszeit vorgesehene Reduzierung der Großen Strafkammer von 3 auf 2 Berufsrichter bei gleichzeitiger Zuständigkeit eines zahlenmäßig gleich besetzten Berufungsgerichts zur Überprüfung von Urteilen des Schöffengerichts ein Systembruch ist, wird allgemein anerkannt.[630] Immerhin zeigen manche Entscheidungen des BGH, dass auch dort in gewisser Weise Unzufriedenheit über den fortdauernden Rechtszustand besteht. 2003 hat der 3. Strafsenat daran erinnert, dass die Dreierbesetzung bereits dann zu beschließen ist, wenn Zweifel daran bestehen, ob der Umfang und die Schwierigkeit der Verhandlung dies nahelegen.[631]

b) Rügepräklusion

Obschon § 338 Nr. 1 StPO dem Grundrecht auf den gesetzlichen Richter in der Praxis **325**
zur Durchsetzung verhelfen soll, hat das StVÄG 1979[632] getan, was es konnte, um der Verteidigung diesen Revisionsgrund aus der Hand zu schlagen.[633] Für Verhandlungen, die im ersten Rechtszug vor dem Landgericht oder dem Oberlandesgericht stattfinden, ist die Rüge seitdem ausgeschlossen, wenn sie nicht bis zum Beginn der Vernehmung des ersten Angeklagten zur Sache geltend gemacht worden ist (sog.

---

626 *Meyer-Goßner* § 24 GVG, Rn. 8 m. w. N.

627 Dieses Merkmal wurde in der Theorie stets negiert (*Meyer-Goßner* § 24 GVG, Rn. 8 m. w. N.), spielt aber in der Praxis die wohl entscheidende Rolle. Eine besondere Bedeutung eines Falles i. S. von § 24 Abs. 1 Nr. 3 GVG liegt nach Ansicht des BGH auch vor, wenn die rasche Klärung einer grundsätzlichen, für eine Vielzahl gleichgelagerter Fälle bedeutsamen Rechtsfrage durch den BGH ermöglicht werden soll; BGH NJW 1997, 2689.

628 BGH 1 StR 350/05 v. 23. 8. 2005 = StraFo 2005, 514 = StV 2005, 654 = wistra 2006, 32 = NStZ-RR 2006, 214.

629 Gesetz zur Entlastung der Rechtspflege v. 11. 1. 1993 (BGBl I 50), zuletzt verlängert bis 31. 12. 2011 durch Gesetz v. 7. 12. 2008 BGBl. I 2348. Kritisch *Meyer-Goßner* § 76 Rn. 2; *Haller/Janssen* NStZ 2004, 469.

630 *Meyer-Goßner* § 76 GVG, Rn. 1; zur Gesamtproblematik des immer mehr schwindenden Kollegialgerichtsprinzips *Rieß* FS Egon Müller, 599 ff.

631 BGH, Beschl. v. 14. 8. 2003 – 3 StR 199/03 = NJW 2003, 3644. Anmerkungen dazu: *Husherr* StV 2003, 658; *Weber* JR 2004, 171; *Haller* NStZ 2004, 469; *Janßen* NStZ 2004, 469; in BGH, Beschl. v. 13. 6. 2008 – 2 StR 142/08 = NStZ 2009, 52 beharrt der BGH darauf, dass die Nachholung eines Eröffnungsbeschlusses in der Hauptverhandlung in der auf 2 Berufsrichter reduzierten Besetzung zu einem Verfahrenshindernis führt, weil es an einem nur mit 3 Berufsrichtern zu beschließenden Eröffnungsbeschluss fehlt. Vgl. ferner BGH 3 StR 89/09 v. 18. 6. 2009 = StraFo 2009, 338 m. w. N.

632 BGBl. 1978 I, 1645.

633 Vgl. *Benz* ZRP 1977, 250; *Müller* JR 1978, 361; *Hamm* NJW 1979, 135; *Meyer* Anm. zu BGH JR 1978, 210 f.; *Riedel* JZ 1978, 374; *Schroeder* NJW 1979, 1527 (1529); *Krekeler* AnwBI. 1979, 216; *Rieß* NJW 1978, 2265 (2269); *Rieß* JR 1981, 89 ff.

Rügepräklusion gemäß § 222b Abs. 1 Satz 1 i.V.m. § 338 Nr. 1 2. Hs. StPO).[634] Der vom Verteidiger in der Hauptverhandlung unterlassene Besetzungseinwand kann damit in der Revision nicht mehr nachgeholt werden.[635] Entsprechende Säumnisse des Verteidigers wirken sich also nachteilig auf den Angeklagten aus. Die §§ 222a, 222b StPO sehen aber **Mitteilungspflichten von Seiten des Gerichts** vor, was dazu führt, dass die Besetzungsrüge zulässig bleibt, wenn das Gericht die rechtzeitige Bekanntgabe der Besetzung unterlässt.

326 Meinen Zweifeln daran, ob diese Vorschrift die verfassungsmäßigen Rechte des Beschuldigten wahrt,[636] haben sich die Kommentare und die Rechtsprechung nicht angeschlossen.[637] Gleichwohl ist es eine Aufgabe des Staates, den gesetzlichen Richter zu bestimmen, zu ermitteln und bereitzustellen. Zu deren Erfüllung darf er daher nicht auf die Hilfe eines Verteidigers angewiesen sein. Das etwaige Verschulden des Verteidigers darf, wie auch sonst, dem Angeklagten nicht zugerechnet werden.[638] Der offen ausgesprochene[639] Zweck der Rügepräklusion, der darin liegt, die Zahl der Besetzungsrügen einzuschränken, führt aber dazu, dass der Angeklagte in einer Reihe von Fällen seinem gesetzlichen Richter entzogen wird. Alsbald nach Inkrafttreten der Vorschriften gab es Veröffentlichungen, in denen Genugtuung darüber ausgedrückt wurde, dass das schon in gewissem Umfange gelungen sei.[640] Dabei handelte es sich regelmäßig nicht etwa um den Ausdruck der Dankbarkeit gegenüber den Verteidigern, die die Justiz vor Fehlern bewahrt haben, sondern ersichtlich um Beifall dafür, dass der Gesetzgeber ihnen in manchen Fällen die Lust an Besetzungsrügen verdorben hat.

327 **Ausnahmen von der Rügepräklusion finden sich in § 338 Nr. 1a–d StPO:** Mängel, die sich erst zeigen, nachdem keine Beanstandung mehr möglich ist, werden nicht präkludiert. Dies gilt z.B. für einen verhandlungsunfähig gewordenen Richter. Auch bei Mängeln in der Person des Richters – Blindheit – besteht weiterhin ein Rügerecht.[641] Ebenso bei Übergehen oder Zurückweisung des rechtzeitigen Besetzungseinwands (§ 338 Nr. 1b),[642] bei Ablehnung der beantragten Unterbrechung der Hauptverhandlung (§ 338 Nr. 1c)[643] oder bei Entscheidung in unrichtiger Besetzung (§ 338 Nr. 1d).[644]

---

634 Die gesetzliche Verlagerung der Besetzungsrüge in die erste Instanz wurde v. Bundesverfassungsgericht für verfassungsgemäß erkannt: BVerfG NStZ 1984, 370; KK-*Kuckein* § 338, Rn. 8.

635 Dies gilt auch, wenn die fehlerhafte Besetzung des Gerichts auf einer groblichen Verkennung des Begriffs der „Verhinderung" beruht, BGH StV 1996, 3 = NStZ 1996, 48.

636 *Hamm* NJW 1979, 135 ff.

637 KK-*Gmel* § 222a, Rn. 2; KMR-*Eschelbach* § 222a, Rn. 14; *Meyer-Goßner* § 222a, Rn. 1; BVerfG NStZ 1984, 370; BGHSt 33, 126 (129).

638 BVerfG NJW 1991, 351; *Meyer-Goßner* § 44, Rn. 18 m.w.N.

639 Vgl. *Rieß* JR 1981, 89; *Ranft* NJW 1981, 1473; Begr. z. Regierungsentwurf d. StVÄG v. 4. 10. 77, BT-Drucks. 8/976, 25 ff.

640 In diesem Sinn *Rieß* NJW 1978, 2265 (2269); derselbe in JR 1981, 89 f.; *Rebmann* NStZ 1984, 241 (245); KK-*Kuckein* § 338, Rn. 8.

641 Vgl. BGHSt 34, 236; 35, 164; BGH, Urt. v. 17. 12. 87 – 4 StR 580/87 = BGHR § 338 Nr. 1 – Richter, blinder 3; BGH NJW 1987, 1210; BGH wistra 1989, 152; *Ranft* NJW 1981, 1473 (1476); LR-*Hanack* § 338, Rn. 38 ff.

642 BGH NStZ 1985, 495.

643 BGH StV 1987, 3.

644 *Meyer-Goßner* § 338, Rn. 20.

Das Gericht soll gemäß § 222a Abs. 1 S. 1 StPO die Besetzung bis spätestens zu Beginn der Hauptverhandlung mitteilen. Nur wenn diese Mitteilung später als eine Woche vor Eröffnung der Hauptverhandlung erfolgt ist, können der Angeklagte oder dessen Verteidiger gemäß § 222a Abs. 2 StPO einen **Antrag auf Unterbrechung der Hauptverhandlung** stellen, um die Besetzung zu prüfen. Die Frist, die für die Prüfung der Besetzung zur Verfügung stehen soll, beträgt demnach eine Woche. Das Gesetz drückt sich indes nicht deutlich darüber aus, wie lange die Erkundigungsfrist dauern soll, wenn die Besetzung des Gerichts nicht eine Woche vor Sitzungsbeginn mitgeteilt worden ist.[645] Auch in diesem Fall muss der Verteidiger aber das Recht auf Unterbrechung von einer Woche haben.[646] Welchen anderen Sinn sollte sonst die Wochenfrist in § 222a Abs. 2 StPO haben? Wenn das Gericht mehr Zeit braucht, um die Besetzung (festzustellen und) mitzuteilen, so braucht der Verteidiger nicht aus diesem Grunde weniger Zeit, um sie nachzuprüfen. Freilich kann es Fälle geben, in denen man Besetzungsfehler schneller feststellen kann; es mag sogar vorkommen, dass man sich schneller von der Fehlerfreiheit überzeugen kann. Aber wissen kann man das immer erst hinterher. Es muss dem Verteidiger also dringend empfohlen werden, auf der Wochenfrist zu bestehen. Manche Vorsitzende versuchen mit Bemerkungen wie: „Trauen Sie sich denn nicht zu …" oder „ein Verteidiger von Ihrer Erfahrung wird doch …" zu erreichen, dass der Verteidiger sich mit kürzerer Zeit (Tagen, Stunden, ja Minuten) begnügt. Man lasse sich darauf nicht ein. Es kommt nicht darauf an, was der Verteidiger sich zutraut, sondern darauf, was das Gesetz ihm zubilligt. *Frisch*[647] hat sich der hier vertretenen Auffassung (nur) für die Fälle angeschlossenen, dass der Verteidiger nicht nur hinsichtlich einzelner Richter oder Schöffen, sondern bezogen auf die ganze Richterbank die Ordnungsgemäßheit der Besetzung prüfen will und – mangels vorheriger Mitteilung – hierzu bis zum Beginn der Hauptverhandlung noch keine Gelegenheit hatte. In der Tat mag es bei einem von vorneherein nur begrenzten Prüfungsprogramm genügen, dafür einen kürzeren Zeitraum als eine Woche einzuräumen. 328

Bei der Unterbrechung um eine Woche entsteht die Frage, ob dann diejenigen **Schöffen** gesetzliche Richter bleiben, die für den ursprünglichen Sitzungstag ausgelost waren, oder ob jetzt die für den Tag eine Woche später ausgelosten berufen sind. Der Gebrauch des Wortes „Unterbrechung" spricht dafür, dass danach die Verhandlung in der ursprünglichen Besetzung fortgesetzt werden soll.[648] Führt dagegen ein während 329

---

645 Nach BGHSt 29, 283 (285) habe man sich auch hier an der Wochenfrist des § 222a Abs. 2 StPO zu orientieren, dem zu entnehmen sei, dass eine Wochenfrist „*in jedem Fall*" ausreichend sei. Kürzere Fristen kämen nur in Betracht, wenn – nach ordnungsgemäßer Einzelfallabwägung – feststeht, dass die Prüfung der Besetzung „*in jeder Hinsicht*" erfolgen könne. Ähnlich auch BGH NStZ 1988, 36 (37), der die einem Verteidiger eingeräumte Frist von lediglich ½ Stunde nicht für ausreichend hielt, da unter diesen Umständen eine Besetzungsprüfung „in jeder Hinsicht" gerade nicht möglich sei.

646 BGHSt 29, 283 (285); Anm. zu dem Leitsatz dieser Entsch. von *Katholnigg* NStZ 1981, 31 f.; *Ehrig* StV 1981, 6, Anm. *Heldenberg* LM Nr. 9 zu § 338 Nr. 1 (1975) StPO; ähnlich auch BGH NStZ 1988, 36 (37); noch weitergehend *Ranft* der ein Ermessen der Gerichte in Bezug auf die Wochenfrist in Abrede stellt und die Voraussetzungen der Rügepräklusion nur erfüllt sieht, wenn die Wochenfrist vollständig zur Verfügung steht, in: NJW 1981, 1473 (1477); vgl. auch *Hamm* NJW 1979, 135 ff.

647 SK-*Frisch* § 338, Rn. 64.

648 In diesem Sinne *Meyer-Goßner* § 222a, Rn. 19; *Schroeder* NJW 1979, 1527 (1529). Wird vor der Hauptverhandlung ein Verlegungsantrag gestellt, und wird die Hauptverhandlung dann auf ei-

oder nach der Unterbrechung erhobener Einwand zu einer Besetzungsänderung, so kann danach nur die Hauptverhandlung von vorne beginnen mit den dafür ausgelosten Schöffen.

329a Der Besetzungseinwand in der tatrichterlichen Hauptverhandlung sollte **so vollständig sein wie eine spätere Verfahrensrüge.** Diese darf auch nicht inhaltlich dem rechtzeitig erhobenen Einwand widersprechen. So hat der BGH mit Recht (übrigens gegen den Antrag des GBA) eine Revisionsrüge als „nicht statthaft" behandelt, in der die dem Einwand stattgebende Entscheidung über die „willkürliche" Befreiung eines Schöffen mit der Begründung beanstandet wurde, die ursprüngliche (und auf den Einwand hin rückgängig gemachte) Entbindung sei doch „nicht willkürlich" gewesen.[649]

c) Geschäftsverteilungsplan

330 Bei der Rüge, das Gericht sei in den Personen der Berufsrichter nicht vorschriftsmäßig besetzt gewesen, spielt der Geschäftsverteilungsplan eine große Rolle. Er wird vom Präsidium nach § 21e Abs. 1 S. 1 GVG jährlich im Voraus (meist im Dezember für das Folgejahr) erstellt und regelt die Besetzung der Spruchkörper, die Vertretungen und die Verteilung der „Geschäfte". Das Revisionsgericht prüft – auf entsprechende, erforderlichenfalls gemäß §§ 222a, b StPO vorbereitete Rüge – nach, ob der Geschäftsverteilungsplan in dem vorgeschriebenen Verfahren, insbesondere auch, ob er von dem dafür zuständigen Gremium (dem Präsidium) beschlossen worden ist und ob er dem Gesetz entspricht.[650]

331 Dazu gehört auch, dass er **praktisch durchführbar** ist und für den Regelfall ausreicht. Ist schon bei seiner Aufstellung vorauszusehen, dass er im Wesentlichen nicht wird eingehalten werden können, und dass die Kammern nur dann arbeitsfähig sein werden, wenn mit Entscheidungen gemäß §§ 21e, 21i Abs. 2 GVG geholfen wird, so kann das den ganzen Geschäftsverteilungsplan ungültig machen.[651] Der Geschäftsverteilungsplan kann die dem Präsidium obliegenden Geschäfte – mit Ausnahme der Eilentscheidung nach § 21i Abs. 2 GVG – nicht auf den Präsidenten oder den Kammervorsitzenden übertragen.[652] Andererseits darf der Geschäftsverteilungsplan auch nicht in die Verteilung der Geschäfte innerhalb der Kammer eingreifen, die nach § 21g Abs. 1 GVG in der seit 1999 geltenden Fassung[653] nicht mehr allein durch den Vorsitzenden

---

nen späteren Termin verlegt, kann sich die Besetzung ändern. Um dies zu vermeiden und nicht eine erneute Mitteilungspflicht in Gang zu setzen, ist die Verlegung des Hauptverhandlungstermins als vorgezogene Unterbrechung zu behandeln, über die das Gericht in Beschlussbesetzung entscheidet: so *Meyer-Goßner* § 222a, Rn. 19; KMR-*Eschelbach* § 222a, Rn. 52; *Schroeder* NJW 1979, 1527 (1529); a.A. *Rieß* NJW 1978, 2269, der den Vorsitzenden – wie sonst bei Vertagungsanträgen – allein entscheiden lassen will.

649 BGH 5 StR 357/07 v. 1. 4. 2008 = wistra 2008, 273 = NStZ 2008, 475.

650 BGHSt 3, 353 = LM Nr. 8 zu § 338 Nr. 1 (m. Anm. *Geier*); BGHSt 11, 106 (109); BGHSt 25, 66 (72); BGH, Urt. vom 9. 4. 2009 – 3 StR 376/08; LR-*Hanack* § 338, Rn. 18.

651 BGHSt 7, 205 = NJW 1955, 680 = LM Nr. 15 zu § 338 Nr. 1 (m. Anm. *Sarstedt*). Fehler bei der Wahl des Präsidiums sind jedoch unanfechtbar (§ 21b Abs. 6 S. 3 GVG); vgl. *Kissel/Mayer* § 21e GVG, Rn. 120.

652 BGHSt 3, 353; BGH 5 StR 99/54 v. 27. 4. 1954.

653 Gesetz v. 22. 12. 1999, BGBl. I 2598.

sondern durch förmlichen Beschluss aller dem betreffenden Spruchkörper angehörenden Richter zu verteilen sind.[654]

Der **interne Geschäftsverteilungsplan** der einzelnen Spruchkörper unterliegt aber in gleichem Maße wie der allgemeine revisionsrechtlicher Kontrolle,[655] da bei Willkür, missbräuchlicher Nichteinhaltung desselben, oder wenn dieser nicht nach allgemeinen, sachkundigen und eindeutigen Kriterien aufgestellt worden ist, ein Verstoß gegen § 21g Abs. 2 GVG vorläge. Auch der interne Geschäftsverteilungsplan muss möglichst eindeutig und im Vorhinein bestimmt sein, so dass ein Ermessen bei seiner Auslegung im Einzelfall weitestgehend entfällt.[656] Auch das Fehlen der jetzt vorgeschriebenen Beschlussfassung durch die gesamte Kammerbesetzung nach dem Jährlichkeitsprinzip sowie der Schriftform begründen die Revision, wenn der Einwand nach den §§ 222b StPO erhoben worden war.[657] **332**

Das Reichsgericht[658] hat einmal ausgesprochen, auf die **irrige Auslegung** des Geschäftsverteilungsplans könne die Revision nicht *ohne Weiteres* gestützt werden, weil er keine Rechtsnorm sei. Dieser Satz war irreführend und fatal. Bis heute berufen sich Kommentare auf die damalige Formulierung des Reichsgerichts, um so zu begründen, dass der „einfache Irrtum“,[659] der zur bloßen „Abweichung vom Geschäftsverteilungsplan“ führt, nicht revisibel sei.[660] Vielmehr müsse es sich entweder um eine missbräuchliche, zumindest eine grob fehlerhafte Abweichung („Willkür“) handeln, oder der Geschäftsverteilungsplan müsse seinerseits gegen Gesetzesrecht verstoßen. Nur in diesen Fällen werde beim Gebrauch des Geschäftsverteilungsplanes der Angeklagte seinem gesetzlichen Richter „entzogen“.[661] **333**

In dieser Argumentation werden verschiedene Fragen miteinander verquickt, die man besser getrennt beantworten sollte. Am wenigsten hat die Frage, ob der Geschäftsverteilungsplan eine Rechtsnorm i.S. des § 337 Abs. 2 StPO ist, mit der Problematik zu tun, ob nur bei einem Verstoß gegen das Verfassungsgebot auch der Revisionsgrund zu bejahen ist.[662] Natürlich ist ein Präsidialbeschluss eines einzelnen Landgerichts keine Rechtsnorm. Aber die Vorschriften, die seine Aufstellung regeln und seine Befolgung verlangen, nämlich die §§ 21a ff. GVG, sind unbezweifelbar Rechtsnormen. Auf sie verweist § 338 Nr. 1 StPO, indem er es zum zwingenden Revisionsgrund erhebt, wenn das Gericht nicht vorschriftsmäßig besetzt war. Deshalb sind die Normen des Gerichtsverfassungsrechts auch dann verletzt, und der Fall des § 338 Nr. 1 StPO ist gege- **334**

---

654 vgl. dazu jetzt BGH 2 StR 382/03 – Beschl. v. 5. 5. 2004.
655 KK-*Kuckein* § 338, Rn. 22; zu den einzelnen Voraussetzungen eines kammerinternen Geschäftsverteilungsplans siehe zum früheren Recht BGHSt 29, 162ff.; 21, 250ff. und jetzt BVerfG NJW 1997, 1497; zur neuen Rechtslage BGH 2 StR 382/03 – Beschl. v. 5. 5. 2004; BGH II ZR 259/07 Urt. v. 25. 5. 2009 m. w. N.; BGH XII ZR 75/06 Urt. v. 25. 3. 2009.
656 Vgl. den Vorlagebeschluss des 1. Zivilsenats des BGH an die Vereinigten Großen Senate NJW 1993, 1595ff. und deren Entscheidung in NJW 1994, 1735.
657 BGH 2 StR 382/03 – Beschl. v. 5. 5. 2004; BGH II ZR 259/07 v. 25. 5. 2009 m. w. N. und XII ZR 75/06, Urt. v. 25. 3. 2009.
658 RGSt 36, 321; ähnlich BGHSt 11, 106ff.
659 KK-*Kuckein* § 338, Rn. 22.
660 A. A. LR-*Hanack* § 338, Rn. 23; („versehentlich“ = „einfacher Irrtum“).
661 KK-*Kuckein* § 338, Rn. 22; in diesem Sinne auch BGHSt 11, 110; 25, 66 (72).
662 Vgl. dazu o. Rn. 319.

ben, wenn die durch das Präsidium beschlossene Verteilung zwar in Ordnung ist, aber nicht befolgt wird.

335 Eine weitere Frage ist die, ob bereits die **abstrakte Missbrauchsmöglichkeit** des Geschäftsverteilungsplans durch die Staatsanwaltschaft oder durch Geschäftsstellen gegen den Grundgedanken des gesetzlichen Richters verstößt. Eine Regelung z.B., bei der die Zuständigkeit einiger Wirtschaftsstrafkammern von bestimmten Eingangsziffern abhängen soll (sog. „rollierendes" System), wird vom BGH für zulässig gehalten.[663] Die abstrakte Missbrauchsgefahr kann sich jedoch zu einer konkreten verdichten, wenn z.B. bei mehreren Angeklagten die Geschäftsverteilung von dem Namen des Erstgenannten abhängig gemacht wird.[664] Zwar lassen sich nur schwerlich allgemeine Merkmale für die Geschäftsverteilung finden, die jeder willkürlichen Entscheidung schlechthin einen Riegel vorschieben. Der Geschäftsverteilungsplan darf aber nicht Bedingungen setzen, die der Möglichkeit einer bewussten Zuteilung nach Zweckmäßigkeit oder Gutdünken geradezu Vorschub leisten.[665] Denn die Möglichkeit, die Zuständigkeit von Spruchkörpern durch die Änderung der Namensreihenfolge zu bestimmen, käme der Erlaubnis gleich, Richter „auszuwählen".[666]

336 Der Geschäftsverteilungsplan darf nicht die gesetzliche Regelung der sachlichen Zuständigkeit beseitigen. Gefahren können sich diesbezüglich z.B. bei **Abtrennung des Verfahrens** gegen mehrere Mitangeklagte ergeben. Wenn der Geschäftsverteilungsplan die Zuständigkeit der jeweiligen Strafkammer nach den Anfangsbuchstaben des ältesten Angeklagten richtet, ist stets zu beachten, ob auch nach Abtrennung des Verfahrens tatsächlich noch die ursprünglich vorgesehene Strafkammer zuständig ist, insbesondere wenn für den zunächst „führenden" Angeklagten die nach der Abtrennung erkennende Strafkammer von vornherein gar nicht zuständig gewesen wäre.[667]

---

663 BGH NStZ 1990, 138; ähnlich auch BGH NStZ 1984, 181: In diesem Fall bestimmte der Geschäftsverteilungsplan die Zuständigkeit der Gerichte nach dem Alter des Angeklagten. Ein Irrtum über das Alter eines Angeklagten brachte die Sache zu dem falschen Spruchkörper, was der Senat für unerheblich hielt, weil Anlass hierfür nur ein Irrtum und nicht sachfremde Motivation oder Willkür war. Unzulässig ist aber die Verteilung der Geschäfte unter den Kammern nach zeitlichem Eingang bei der Geschäftsstelle: BGHSt 15, 116–118, weil diese Regelung sich nicht nach allgemeinen Merkmalen richtet, sondern der Geschäftsstelle die Auswahl der Spruchkörper überlässt.

664 Anders BGH 4 StR 174/58; Leitsatz in NJW 1958, 1503: Die Besetzungsrüge wurde hier für unbegründet gehalten, weil sich die StA bei der Auswahl des Angeklagten in der Anklageschrift nicht von sachfremden Motiven habe leiten lassen (S. 3 der Urteilsausfertigung). Bedenklich ist aber gerade – und dies hat der BGH damals verkannt –, dass der StA durch den Geschäftsverteilungsplan überhaupt ein derartiges Auswahlermessen eingeräumt wird.

665 So auch BGHSt 15, 116 (117).

666 Dies entspricht spätestens seit BGHSt 15, 116 ff. der h.M. In diese Richtung gehend wohl auch KK-*Hannich* § 16 GVG, Rn. 11; *Schäfer* Die Praxis des Strafverfahrens, Rn. 501, der – anders als die Entscheidung BGH NJW 1958, 1503 – der Auffassung ist, dass es auf den Anfangsbuchstaben des zuerst in der Anklageschrift Genannten nicht ankommen dürfe, da dies einem Wahlrecht der StA gleichkäme. Vgl. ferner *Kissel/Mayer* § 21 e GVG, Rn. 150; *Meyer-Goßner* 52. Aufl., § 16 GVG, Rn. 5; a.A. noch BGH NJW 1958, 1503.

667 Siehe hierzu BGHSt 38, 377 ff. In diesem Fall wurde eine Entscheidung des LG Essen wegen Verstoßes gegen § 338 Nr. 1 StPO aufgehoben, weil die Kammer zur Verhandlung gegen den – nach Abtrennung – ausgeschiedenen Angeklagten von Anfang an sachlich unzuständig war. Instruktiv hierzu auch die Anm. von *Rieß* NStZ 1993, 248.

Abänderungen der Geschäftsverteilung im Laufe des Geschäftsjahrs sind nur unter den Voraussetzungen des § 21e Abs. 3 GVG zulässig. Bei größeren Landgerichten pflegen freilich die Mitglieder sehr oft zu wechseln. Durch die Zuweisung eines einzigen Hilfsrichters setzt die Justizverwaltung das Präsidium jedesmal in die Lage, die ganze Geschäftsverteilung umzugestalten. Nicht jeder denkbare Missbrauch dieser Möglichkeit lässt sich mit dem Besetzungseinwand und der Revision verhindern. Je größer das Landgericht ist, desto näher liegt die Gefahr eines solchen Missbrauchs. Praktisch kann das Präsidium nicht bei jedem Eintritt oder Ausscheiden eines Richters zu einer Beratung zusammentreten (beim Bundesgerichtshof geschieht das freilich). Bei sehr großen Gerichten müsste es sonst in Permanenz tagen. Im allgemeinen ergeht also der Änderungsbeschluss im Wege des Umlaufs, d.h. entsprechend dem Vorschlag des Landgerichtspräsidenten oder seines Sachbearbeiters und ohne wirkliche Nachprüfung durch alle Mitglieder des Präsidiums. Die rechtsstaatliche Absicht des § 21e Abs. 3 GVG, der die Entscheidung gerade nicht dem Präsidenten überlassen will, wird damit nur unvollkommen verwirklicht. Daran hat sich auch durch die Verkleinerung des Präsidiums nicht viel geändert; denn da man mindestens die beteiligten Kammervorsitzenden anhören muss, wird das Verfahren dadurch eher noch verwickelter. Die Person des gesetzlichen Richters steht nicht so unverrückbar fest und ist gegen unsachliche Eingriffe der Justizverwaltung nicht so gesichert, wie es zu wünschen wäre und im Sinne des Gesetzes läge. Bisweilen lässt sich aber doch im Wege der Revision helfen. **337**

Ob die Voraussetzungen für die Änderung des Geschäftsverteilungsplans vorgelegen haben, ob also eine Kammer überlastet war, ob einzelne Mitglieder dauernd verhindert waren usw., prüft das Revisionsgericht in tatsächlicher Hinsicht nicht nach;[668] ebensowenig, ob die beschlossene Änderung ihrem Umfange nach „erforderlich" war, ob also etwa das Ausscheiden eines beförderten Richters und das Eintreten einer Ersatzkraft alle beschlossenen Änderungen nötig gemacht haben. Wohl aber wird nachgeprüft, ob das Präsidium überhaupt einen Sachverhalt angenommen hat, der einen gesetzlichen Änderungsgrund abgibt.[669] **338**

Bei **besonderem Geschäftsanfall** – z.B. wenn eine Strafkammer durch ein Großverfahren überlastet ist – kann das Präsidium Hilfsstrafkammern bilden (§ 21e Abs. 3 GVG).[670] Diese dürfen aber gemäß § 21e Abs. 3 GVG nur bei vorübergehender Überlastung eingerichtet werden. Ist absehbar, dass die ordentlichen Strafkammern auf Dauer überlastet sind, darf das Präsidium keine Hilfskammern einrichten, denn diese hätten dann die Funktion von dauerhaften Strafkammern. Eine solche Regelung wäre **339**

---

668 BGHSt 22, 237 (239) im Falle der Zuteilung eines Assessors zu einer Strafkammer; BGHSt 27, 397 (398); LR-*Hanack* § 338, Rn. 22; BGH NStZ 1990, 29 (*Miebach*); *Niemöller* StV 1987, 311 (317); unklar BGH NStZ 1988, 325.

669 BGH LM Nr. 1 zu § 338 Nr. 1 (Nr. 1) = BGH Urt. v. 6. 4. 51 – 2 StR 53/51; LR-*Hanack* § 338, Rn. 22; siehe auch BGH MDR 1981, 455 (*Holtz*), wonach die Feststellung der Überbelastung einer Kammer nicht der Nachprüfung durch das Revisionsgericht unterliegt; zur Begründungspflicht des Präsidiums bei Entscheidungen nach § 21e III GVG vgl. BGHSt 53, 268.

670 BGHSt 15, 217ff.; 21, 260ff.; 31, 389, sofern es sich nicht um Dauereinrichtungen handelt. Siehe aber auch: BGH NStZ 1984, 84 (m. Anm. *Frisch*). Hier war gerügt worden, dass die Hilfsstrafkammer mehr als 3 Jahre bestanden hatte. Dies ist jedoch vom 4. Senat mit der Begründung für zulässig gehalten worden, dass das Ende eines Großverfahrens absehbar gewesen sei.

von § 21e Abs. 3 GVG nicht mehr gedeckt.[671] In solchen Fällen müssen dann ordentliche Strafkammern gebildet werden.[672] Das Präsidium muss die Geschäfte von vornherein fest zwischen der ständigen und der Hilfskammer verteilen. Dabei darf es nicht bestimmte einzelne Sachen aussuchen[673] und für sie den gesetzlichen Richter ändern. Gibt eine bestimmte Sache (etwa wegen ihres Umfangs) oder geben mehrere bestimmte Sachen den Anlass zur Errichtung einer Hilfskammer oder zur Neuverteilung der Geschäfte unter den Kammern, so dürfen also nicht gerade diese Sachen der bisher zuständigen Kammer fortgenommen werden.[674]

340 Der BGH hat in jüngster Zeit klargestellt, dass wegen der engen Voraussetzungen, unter denen eine **Hilfsstrafkammer** eingerichtet werden darf, und mit Blick auf den gesetzlichen Richter (Art. 101 Abs. 1 S. 2 GG) der betreffende Beschlusss des Präsidiums mit Gründen zu versehen ist, wobei allerdings das Nachholen der Begründung bis zur Entscheidung über einen darauf gerichteten Besetzungseinwand aufgeschoben werden dürfe.[675] Gegen Letzteres bestehen Bedenken, weil die vollständige Dokumentation der Gründe für das Gebrauchmachen von der Ausnahmeregelung des § 21e Abs. 3 GVG durchaus auch schon Teil der Bestimmung des gesetzlichen Richters sein sollten. Andererseits enthält die Entscheidung aber auch die erfreuliche Klarstellung, dass die im Wege des Freibeweises erst nach Erhebung der Besetzungsrüge in der Revisionsinstanz versuchte Nachbesserung der Begründung unbeachtlich ist und dass angesichts des pauschalen Charakters der bis zum Zeitpunkt der Revisionsbegründung dokumentierten Gründe für die Einrichtung der Hilfsstrafkammer die Rügeanforderungen sich auch nicht auf die Gegenstände der nachträglich abgegebenen dienstlichen Äußerungen beziehen dürfen.

341 Bei verstärktem Anfall von **Wirtschaftsstrafsachen**, kann das Präsidium auch mehrere Wirtschaftsstrafkammern bilden (§ 74c Abs. 1 GVG sieht grundsätzlich nur die Einrichtung *einer* Wirtschaftsstrafkammer vor). Diese brauchen nicht vollständig mit Wirtschaftssachen ausgelastet sein. Ihnen dürfen auch allgemeine Strafsachen zugeteilt werden. Voraussetzung ist aber, dass sie zumindest zu $^3/_4$ mit Wirtschaftsstrafsachen beschäftigt sind.[676]

d) Verhinderung eines Richters

342 Der ordentliche Vorsitzende einer Kleinen oder Großen Strafkammer muss ein Vorsitzender Richter oder der Landgerichtspräsident sein (§ 21f GVG).[677] Das Vorsitzenden-

---

671 Zu dieser Problematik siehe *Hamm* StV 1981, 38f.; verzögert sich die Belastung der Strafkammer unvorhergesehen, bleibt die Einrichtung der Hilfsstrafkammer zulässig: BGHSt 31, 389 (391).

672 BGHSt 33, 303f. (mit Anm. *Katholnigg* JR 1986, 260 (261)).

673 Bedenklich RGSt 19, 230; RG JW 1932, 2888f. Nr. 36 (m. Anm. von *Heilberg*); auch dieser Regelung sind allgemeine Merkmale zugrunde zu legen: BGHSt 7, 23 (25); 33, 234 (237); *Meyer-Goßner* § 21e GVG, Rn. 16. Zu der Frage, inwieweit auch bereits anhängige Sachen von einer „Umverteilung" erfasst werden dürfen vgl. *Kissel/Mayer* § 21e GVG, Rn. 99 und BGHSt 30, 371ff.

674 BGHSt 7, 23 (25).

675 BGH 3 StR 376/08, Urt. v. 9. 4. 2009 (für BGHSt bestimmt)

676 BGHSt 34, 379 (380).

677 Eine Kammer darf nur einen ordentlichen Vorsitzenden haben. Vgl. darüber *Sarstedt* Juristen-Jahrbuch, 104ff. Zu der Gefahr einer Umgehung des § 21f GVG durch Bildung von Hilfsstrafkammern vgl. *Hamm* StV 1981, 38.

Prinzip gilt auch für die auswärtigen Strafkammern.[678] Nur in den Hilfsstrafkammern darf auch ein „einfacher“ Richter am Landgericht den Vorsitz führen.[679] Der Vorsitzende Richter wird vom Präsidium im Geschäftsverteilungsplan festgelegt, wobei er auch für verschiedene Strafkammern bestellt werden kann.[680] Auch die Besetzung einer Strafkammer mit einem Vorsitzenden durch Ausweisung von „NN“ im Geschäftsverteilungsplan soll zulässig sein, wenn die vorübergehende Verhinderung darin zu erblicken ist, dass eine neu bewilligte Planstelle zu besetzen ist.[681]

Über die Einhaltung des Vorsitzenden-Prinzips wacht der Bundesgerichtshof mit derselben Strenge wie das Reichsgericht[682] und darüber, dass die vom Gesetz vorgesehene Ausnahme (§ 21 f Abs. 2 GVG) auch eine Ausnahme bleibt.[683] Hat ein Landgericht weniger Vorsitzende Richter, als zur ständigen Leitung aller Strafkammern erforderlich sind, so kann die wachsame Arbeit der Verteidiger[684] die Justizverwaltung zu schleuniger Abhilfe (Besetzung von freien Stellen; unter Umständen Schaffung von neuen) nötigen. In Kollegialgerichten muss der Vorsitzende ein Richter auf Lebenszeit sein (§ 28 Abs. 2 Satz 2 DRiG). Dies gilt auch für seinen Vertreter.[685] Der hinter dieser Regelung stehende Gedanke ist, dass Vorsitzende Richter aufgrund ihrer besonderen Sachkunde und Erfahrung ausgewählt werden und daher die notwendigen Voraussetzungen für die Führung einer Kammer mitbringen.[686] Nach § 29 DRiG darf bei einer gerichtlichen Entscheidung nicht mehr als ein Richter auf Probe, kraft Auftrags oder als abgeordneter Richter mitwirken. Er muss als solcher in dem Geschäftsverteilungsplan kenntlich gemacht werden. **343**

Aus § 21 f Abs. 2 S. 1 GVG folgt, dass der Geschäftsverteilungsplan eine ordnungsgemäße **Vertreterregelung** für den Fall einer vorübergehenden[687] Verhinderung von Richtern enthalten muss. Hierfür muss er generell und möglichst eindeutig festlegen, welche Richter zur Entscheidung des jeweiligen Falles berufen sind und einen bestimmten, ständigen Vertreter ausweisen, der im Verhinderungsfall an die Stelle des **344**

---

678 BGHSt 18, 176 (177); LR-*Breidling* § 21 f GVG, Rn. 1; *Kissel/Mayer* § 21 f GVG, Rn. 2.
679 BGHSt 31, 389 (392); *Meyer-Goßner* § 21 f GVG, Rn. 12 m. w. N.
680 BGHSt 2, 71 (73); 25, 54 (59) m. krit. Anm. von *Kleinknecht* JZ 1974, 586.
681 So BGHSt 34, 379 (381). Anders BGHSt 28, 290 ff.: Hier wurde die Geschäftsverteilung, die einen Vorsitzenden mit „NN“ bestimmt hatte, für unzulässig gehalten, da für ihn keine Planstelle ausgewiesen war.
682 BGHSt 18, 176 (177 f.) ; vgl. aber auch BGHSt 21, 131(133); BGHSt 25, 54 ff.; BGH NJW 1974, 1572 (m. Anm. *Müller* 2242 ff.); *Lüttig* DRiZ 1958, 50 f. verkennt bei seiner heftigen Kritik, dass der Bundesgerichtshof gerade in diesem Punkte nur eine alte und ganz feste Tradition des Reichsgerichts fortsetzt: RGSt 1, 238; 18, 9; 36, 379; 38, 416; 54, 252; 55, 236; 56, 157; 66, 435; vgl. auch *Kissel/Mayer* § 21 f GVG, Rn. 2 ff.; sowie BGHSt 53, 99 (102) = NJW 2009, 381 (382).
683 So schon BGHSt 2, 71; dazu *Beyer* DRiZ 1952, 73; *Niese* JZ 1953, 220.
684 Hier können auch einmal unbequeme Rügen den Richtern sehr willkommen sein. In dem von mir in StV 1981, 38 berichteten Fall erntete ich große Zustimmung von der Richterbank mit der rhetorischen Zusammenfassung des Besetzungseinwandes: „Ich rüge, dass Sie, Herr Vorsitzender, noch nicht befördert worden sind.“.
685 LR-*Breidling* § 21 f GVG, Rn. 17.
686 LR-*Breidling* § 21 f GVG, Rn. 2.
687 Eine voraussehbar dauerhafte Verhinderung – wie etwa bei Hochschullehrern – muss der Geschäftsverteilungsplan berücksichtigen, z. B. indem dieser nur zu einem Bruchteil seiner Arbeitskraft einer Kammer zugewiesen wird: BGHSt 25, 239 (241).

verhinderten Richters tritt (sog. Vertreterkette).[688] Das bedeutet, dass es gem. § 21e GVG nicht ausreichen kann, wenn ein Vertreter einzeln – nur für eine bestimmte Hauptverhandlung – bestellt wird.[689] Fehlt eine solche Vertreterbestellung, ist der Geschäftsverteilungsplan unvollständig und eine hierauf basierende Entscheidung mit der Besetzungsrüge anfechtbar.

344a Die **Verhinderung eines Richters** liegt vor, wenn sich diese nur über einen gewissen übersehbaren Zeitraum erstreckt.[690] Auch für den Vorsitzenden Richter muss eine Vertreterregelung im Geschäftsverteilungsplan ausgewiesen sein (§ 21f Abs. 2 S. 1 GVG). Zuständig für die Feststellung seiner Verhinderung ist der Vorsitzende Richter selbst (§ 21g GVG). Für die Entscheidung, ob der Vorsitzende überlastet ist, ist dagegen der Präsident des Landgerichts zuständig.[691]

345 Um die **Besetzung der Strafkammer** mit den Berufsrichtern nachzuprüfen, braucht der Verteidiger den Geschäftsverteilungsplan mit allen Beschlüssen, die gemäß § 21e Abs. 3 GVG ergangen sind; je später im Geschäftsjahr die Hauptverhandlung beginnt, um so größer ist die Zahl der Nachträge und um so verwirrender die Aufgabe, sich darin zurechtzufinden. Es lohnt dennoch manchmal, die Vertretungsverhältnisse und die Gründe, aus denen der Geschäftsverteilungsplan im Laufe des Jahres geändert worden ist, etwas genauer unter die Lupe zu nehmen.

346 Seit 11. 3. 1993 ist das Rechtspflegeentlastungsgesetz in Kraft.[692] Mit der in § 76 GVG neu geschaffenen Möglichkeit der Reduzierung der Strafkammerbesetzung hat die Kammer nunmehr bei der Eröffnung des Hauptverfahrens von Amts wegen darüber zu beschließen, ob die Hauptverhandlung in herkömmlicher (3 Berufsrichter, 2 Schöffen) oder in reduzierter (2 Berufsrichter, 2 Schöffen) Besetzung stattfinden soll.[693] Diese Besetzungsreduzierung soll jedoch nur möglich sein, wenn nicht der Umfang oder die Schwierigkeit der Sache die Beteiligung eines dritten Richters notwendig macht (§ 76 Abs. 2 GVG).[694]

347 Beschließt die Kammer, die Hauptverhandlung in kleiner Besetzung zu beginnen, muss sie bezüglich der Auswahl des Beisitzers den Grundsatz des gesetzlichen Richters wahren. Wie dies zu gewährleisten ist, schreibt das Entlastungsgesetz nicht vor. Insofern kann als Maßstab nur § 21g Abs. 2 GVG – für die **kammerinterne Ge-**

---

688 BGHSt 12, 159 (160); BGHSt 27, 209 (210). Die Vertreterkette muss jedoch ausreichend sein: BGH NJW 1988, 1921. Als ausreichend wurde z.B. das Prinzip der „Ringvertretung" erachtet: BGH NStZ 1991, 195 (196); BGH StV 1993, 398 (Anm. *Kissel*).

689 BGH NStZ 1988, 36 (37).

690 Siehe BGHSt 21, 131 (133) für den Fall eines Vorsitzenden Richters. Beispiele bei LR-*Breidling* § 21f GVG, Rn. 25ff.

691 LR-*Breidling* § 21f GVG, Rn. 20.

692 BGBl. 1993 I, 50ff. Die Geltungsdauer der durch das RPflEntlG getroffenen Neuregelung der §§ 76 GVG und 33b JGG wurde zuletzt durch Gesetz v. 7. 12. 2008 (BGBl. I, 2348) bis zum 31. 12. 2011 verlängert. In dieser Zeit sollen rechtstatsächliche Erkenntnisse erhoben und die bisherige Anwendungspraxis umfassend evaluiert werden, um gestützt auf diese Erkenntnisse eine endgültige Entscheidung treffen zu können.

693 Sofern nicht das Schwurgericht zuständig ist (§ 76 Abs. 2 GVG). Dies gilt gem. § 33b Abs. 2 JGG auch für Verfahren vor der Jugendkammer.

694 Über die Probleme der Begriffsauslegung siehe *Schlothauer* StV 1993, 147f.; *Kissel* NJW 1993, 489 (491). BGH StV 2004, 250; BGH NJW 2003, 3644 = StV 2003, 657.

schäftsverteilung – herangezogen werden. Der Vorsitzende muss also für die Dauer des Geschäftsjahres eine Regelung treffen, aus der hervorgeht, welches Mitglied wann an einer Hauptverhandlung in reduzierter Besetzung mitwirkt. Hierbei entscheidet er nach seinem Ermessen. Dieses muss sich aber an allgemeinen, nachprüfbaren Grundsätzen orientieren, um Willkür zu verhindern, z.B. dass der Vorsitzende die Kammern – sachwidrig – nach persönlichem Belieben besetzt.[695] Eine Überbesetzung der Kollegialgerichte mit mehr als zwei Beisitzern ist seit Inkrafttreten des Entlastungsgesetzes nicht mehr zulässig.[696] Bislang war eine Überbesetzung mit 4 Beisitzern[697] noch als zulässig erachtet worden, weil es diese Zahl nicht zuließ, dass sie in zwei personell voneinander verschiedenen Sitzgruppen verhandeln konnten.[698] Würde man jetzt eine Strafkammer mit 3 Beisitzern – neben dem Vorsitzenden – besetzen, könnten (bei Anwendung von § 76 Abs. 2 GVG) zwei personell getrennte Sitzgruppen (Vorsitzender, ein Beisitzer sowie Vertreter des Vorsitzenden und der weitere Beisitzer) verhandeln.[699] Eine solche Regelung würde also einen Verstoß gegen das Gebot des gesetzlichen Richters bedeuten.[700] Der BGH ist dem aber nicht gefolgt und hat dabei entscheidend darauf abgestellt, dass nach der Entscheidung des BVerfG gerade auch mit Blick auf die Manipulationsgefahr bei überbesetzten Spruchkörpern § 21g GVG eingeführt wurde, so dass die damaligen verfassungsrechtlichen Bedenken auf die heutige Rechtslage nicht mehr übertragbar seien.[701]

Ist **keine kammerinterne Geschäftsverteilung** erfolgt, weicht diese von dem Ge- **348**
schäftsverteilungsplan ab, oder beruht der Beschluss über die Art der Besetzung bei der Verhandlung auf Erwägungen, die § 76 Abs. 2 GVG widersprechen, kann die fehlerhafte Besetzung gemäß § 222b StPO gerügt werden. Sofern dies nicht erfolgreich ist, eröffnet sich die Verfahrensrüge gemäß § 338 Nr. 1 StPO.[702]

Die Bestimmung des Vorsitzenden einer Großen Strafkammer ist auch nach der Neufassung des § 21g GVG Teil der vorschriftsmäßigen Besetzung i.S.d. § 338 Nr. 1 StPO. Dabei ist die Ersetzung des ausgeschiedenen Strafkammervorsitzenden durch den zum Ergänzungsrichter bestellten neuen Vorsitzenden in einer laufenden Hauptverhandlung nur ausnahmsweise zulässig, z.B. wenn der Eintritt des bisherigen Vorsitzenden in den Ruhestand schon zu Beginn des Geschäftsjahres absehbar war und das Präsidium über den Einzelfall hinaus eine generelle Regelung getroffen hat, die gegenüber der Vertretungsregelung Vorrang hat.[703]

---

695 *Schlothauer* StV 1993, 147 (148f.), der der Auffassung ist, dass sich die interne Geschäftsverteilung an den Kriterien der gerichtlichen zu orientieren habe. So jetzt auch BVerfG NJW 1997, 1497.
696 *Schlothauer* StV 1993, 149; *Meyer-Goßner* § 21e GVG, Rn. 5; a.A. *Dahs/Dahs* Revision, Rn. 140.
697 BVerfGE 18, 344 (349); *Meyer-Goßner* § 21e GVG, Rn. 5.
698 BVerfGE 18, 344 (350); 22, 282; BGHSt 18, 386ff.; 33, 234ff.
699 So ausführlich *Schlothauer* StV 1993, 149.
700 A.A. *Katholnigg* NJW 1992, 2256 (2260); *Dahs/Dahs* Revision, Rn. 140.
701 BGH 5 StR 359/03 v. 11.11.2003 = NJW 2004, 1118 = wistra 2004, 150 = StraFo 2004, 100 = JR 2004, 305 = NStZ 2004, 510 = StV 2005, 2.
702 *Schlothauer* StV 1993, 150; *Dahs/Dahs* Revision, Rn. 140; BGH 3 StR 343/98 v. 23.12.1998 = BGHSt 44, 328 = NJW 1999, 1644 = NStZ 1999, 367 (mit Anm. *Rieß*); BGH 4 StR 657/98 v. 11.2.1999 = BGHSt 44, 361 = NStZ 1999, 365.
703 BGH 5 StR 537/08, Beschl. v. 8.1.2009 = NJW 2009, 931f.

Bedenklich ist freilich, dass der BGH in einer jüngeren Entscheidung keinen Anstoß daran nahm, wenn vorübergehend (durch Beförderung und Rückabordnung bis zum Ende eines laufenden Großverfahrens) eine Vorsitzende praktisch zwei Gerichten angehört, von denen das eine (OLG) für Rechtsmittel gegen das andere zuständig sein kann.[704]

e) Unrichtige Schöffenbesetzung

349 Die Frage, ob die an einer Verhandlung mitwirkenden Schöffen als gesetzliche Richter berufen sind, wird durch die §§ 29 bis 58 GVG für das Schöffengericht beim Amtsgericht und durch deren modifiziert entsprechende Anwendung über § 77 GVG für die Strafkammern des Landgerichts beantwortet. Verstöße gegen diese Vorschriften führen bei Beachtung der Rügevoraussetzungen zur Aufhebung des Urteils, soweit der Fehler den Verantwortungsbereich der Justiz betrifft. Fehler, die ohne Einflussmöglichkeit des Gerichts zustande kommen – z.B. bei Erstellung der Vorschlagslisten durch die Gemeinden[705] oder auch bei komplett fehlenden Vorschlagslisten[706] – sind nicht revisibel. Überhaupt sind Mängel des Schöffenwahlverfahrens, wie auch eine falsche Besetzung des Schöffenwahlausschusses,[707] in der Regel nicht mit der Revision anfechtbar.

350 Der BGH begründet diese aus dem Gesetz und aus der Verfassung nur schwer ableitbare Beschränkung wie folgt: „Die Verantwortung für das Schöffenauswahlverfahren ist zwischen Justiz und Verwaltung in der Weise aufgeteilt, dass die Aufstellung der Vorschlagslisten allein den Gemeinden zugewiesen ist und das Verfahren erst mit der Übersendung der Vorschlagslisten an den Amtsrichter in den Zuständigkeits- und Prüfungsbereich der Justiz gelangt. ... Fehler bei bloßen Vorbereitungsarbeiten zur Aufstellung der Vorschlagslisten ...“ lägen „... außerhalb des engeren Bereichs unmittelbarer Einwirkungsmöglichkeit und Verantwortung der Justiz“ und könnten daher „... eine vorschriftswidrige Besetzung des Gerichts grundsätzlich nicht begründen“.[708]

351 Die Verantwortungsteilung vermag aber nichts daran zu ändern, dass der Verfassungsgrundsatz des gesetzlichen Richters es der Justiz jedenfalls verbietet, ihrerseits von Schöffenlisten Gebrauch zu machen, von denen z.B. der nach § 39 GVG mit der Vorbereitung der Schöffenwahl beauftragte Richter weiß, dass sie gesetzwidrig zustande gekommen sind. In diesen Fällen wird wegen der gleichzeitig gegebenen

---

704 BGH Beschl. v. 10. 12. 2008 – 1 StR 322/08 – NJW 2009, 381.

705 BGHSt 22, 122 (123); 30, 255 (257): keine Revisibilität bei Verstößen gegen § 36 Abs. 2 GVG, da dies nur eine „Sollvorschrift“ ist; 33, 261 (269); BGHR GVG § 36 Abs. 1 – Vorschlagsliste 1; instruktiv – wenn auch die Revisibilität noch ablehnend – in Bezug auf die Fehlerhaftigkeit von Vorschlagslisten nach dem Zufallsprinzip: BGHSt 38, 47 (51) = BGH NStZ 1992, 92 (93) mit abl. Anm. von *Katholnigg* NStZ 1992, 73–75; *Dahs/Dahs* Revision, Rn. 149, zitiert diese Entscheidung allerdings bereits als Beweis für die mögliche Durchsetzbarkeit einer Besetzungsrüge in einem derartigen Fall.

706 BGHSt 33, 290 (293 f.); BGHR GVG § 42 I – Vorschlagsliste 1.

707 BGHSt 26, 206 (207); 29, 284 (287); BGH StV 1987, 285; BGH NStZ 1991, 196 f.; verschiedene Beispiele hierzu bei *Niemöller* StV 1987, 311 (313).

708 BGH 4 StR 49/90 v. 26. 4. 1990 = BGHR GVG § 36 Abs. 3 Bekanntmachung 1; vgl. auch BGHSt 22, 122, 123; BGH, Urt. v. 19. 3. 1985 – 5 StR 210/84; LR-*Siolek* § 36 GVG, Rn. 14; KK-*Hannich* § 36 GVG, Rn. 8; *Rieß* DRiZ 1977, 289 (292).

„Vorwerfbarkeit" besonders deutlich, dass sich die Justizverwaltung den Fehler der Gemeindeverwaltung zu eigen macht und ihn damit eben doch auch verantwortet. So weist denn auch der BGH in einer Entscheidung, in der er trotz eines groben Fehlers der Gemeinde die Revision verwirft (von seinem Ausgangspunkt wenig konsequent) darauf hin, dass gleichsam im Wiederholungsfalle wegen der dann zu bejahenden **Willkür** möglicherweise im Ergebnis anders zu entscheiden wäre – und er fügt hinzu: „Dies liegt aber nunmehr angesichts des verfassungskräftigen Grundsatzes, dass niemand seinem gesetzlichen Richter entzogen werden darf (Art. 101 Abs. 1 Satz 2 GG), nahe".[709]

Wie oben bereits ausgeführt wurde,[710] wäre näherliegend gewesen, es angesichts des unterschiedlichen Sprachgebrauchs in Art. 101 Abs. 1 S. 1 GG und in § 338 Nr. 1 StPO für den absoluten Revisionsgrund ausreichen zu lassen, dass die Schöffenbesetzung objektiv „nicht vorschriftsmäßig" zustande gekommen ist.

Nach Eingang der Vorschlagslisten der Gemeinden alle fünf Jahre müssen die Schöf- **352**
fen von einem jeweils dann tagenden Schöffenwahlausschuss (§ 40 GVG) **gewählt** werden (§ 42 GVG). Diese Wahl darf nicht mit Rücksicht darauf, dass es um so viele unbekannte Personen geht oder zur Vereinfachung des Verfahrens durch eine Auslosung ersetzt werden. Geschieht das doch, begründet dies den Besetzungseinwand und die entsprechende Rüge in der Revision.[711] Wird der Fehler erkannt, kann die Wahl nachträglich noch „geheilt" werden.[712]

Die so unter Beachtung der §§ 42, 43 GVG für fünf Jahre gewählten Haupt- und Hilfs- **353**
schöffen werden in Schöffenlisten eingetragen (§ 44 GVG), von denen jährlich zum Zwecke der Auslosung der Reihenfolge ihrer Heranziehung Gebrauch gemacht wird (§§ 45, 77 Abs. 3 GVG). Dabei entstehen sog. **Hauptschöffenlisten**, in denen diejenigen enthalten sind, bei denen bereits nach der Auslosung feststeht, an welchen Tagen sie bei welchem Spruchkörper teilnehmen, und **Hilfsschöffenlisten**, von denen nach Bedarf gemäß § 49 GVG Gebrauch gemacht wird.

Haben andere Schöffen als die ursprünglich ausgelosten (Hauptschöffen) mitgewirkt, **354**
so muss der Verteidiger anhand der Akten der Schöffengeschäftsstelle den vollständigen Weg nachvollziehen, der von der Anzeige der Verhinderung des jeweiligen Hauptschöffen bis zu dem herangezogenen Hilfsschöffen über die Hilfsschöffenliste (§ 49 GVG) zurückgelegt wurde. Da diese Aufgabe oft einem Puzzlespiel gleicht, hat es sich bewährt, zunächst einmal mit einem Taschendiktiergerät einen später auszuwertenden Aktenvermerk aufzunehmen, in dem noch völlig wertfrei (also ohne Unterscheidung nach rechtlich zweifelhaften und richtigen Verfahrensweisen) jeder einzelne Schritt beschrieben wird. Das liest sich dann z.B. so:

---

709 BGHSt 38, 47 = StV 1991, 452 = NJW 1991, 3043 = NStZ 1992, 92 = MDR 1992, 66 = BGHR StPO § 338 Nr. 1 Schöffe 4 = BGHR GVG § 36 Abs. 1 – Vorschlagsliste 1.

710 Rn. 319.

711 Zum „Frankfurter Roulette": BGH 33, 41 (42); *Kissel* NStZ 1985, 490ff.; zum Problem des Nachholens einer unwirksamen Schöffenwahl siehe BGH NStZ 1985, 512ff.; für den Fall einer noch als wirksam erachteten Hilfsschöffenwahl siehe BGHSt 33, 261 = NStZ 1986, 83 (84).

712 BGHSt 33, 261 = NStZ 1986, 83 (84); BGH NStZ-RR 1999, 49; zur gesamten Problematik vgl. *Kissel/Mayer* § 42 GVG, Rn. 18ff.

355 *„Am 14. 3. 2009 Hauptschöffe Heinz Müller teilt Verhinderung durch bereits gebuchte Urlaubsreise mit. Befreiung durch Vors. am 14. 3. 2009. Eingang bei SchöGSt 15. 3. 2009, 8.50 Uhr. An nächster Stelle in HiSchöL. seit 10. 3. 2009, 15.20 Uhr Hilfsschöffe Nr. 59 Fritz Meier. Fritz Meier wird herangezogen und geladen. Hauptschöffe Heinz Müller teilt mit, sein Urlaub fände doch nicht statt, er sei also nicht verhindert. Vors. läßt Hauptschöffen Heinz Müller erneut laden und Hilfsschöffen Fritz Meier wieder abbestellen."*

356 Beim nur flüchtigen Durchsehen dieser Vorgänge in den Akten der Schöffengeschäftsstelle kann eine solche Verfahrensweise ganz besonders korrekt erscheinen. Erst beim Auswerten des Aktenvermerks unter Heranziehung der Rechtsprechung des Bundesgerichtshofs wird mancher Verteidiger auf die Entscheidung[713] stoßen, wonach zwar die Entbindung eines Schöffen gem. § 54 Abs. 3 GVG unanfechtbar ist, nicht jedoch deren Widerruf. Da der Eingang der Entbindungsanordnung bei der Geschäftsstelle maßgebend für die Reihenfolge ist, in der die Hilfsschöffen zu den einzelnen Sitzungstagen heranzuziehen sind, darf die Befreiung eines Schöffen von der Dienstleistung an einem bestimmten Sitzungstag auch nach deren Eingang bei der Schöffengeschäftsstelle nicht mehr widerrufen werden.[714] Dasselbe gilt auch für die Streichungen von der Schöffenliste.[715]

357 Gemäß der seit 1979 geltenden Fassung des § 49 GVG wird sowohl bei der Heranziehung zu einzelnen Sitzungen (§ 49 Abs. 1 GVG) als auch in Fällen, in denen der Hilfsschöffe an die Stelle eines endgültig gestrichenen Hauptschöffen tritt (§ 49 Abs. 2 GVG), einheitlich von der Hilfsschöffenliste Gebrauch gemacht, d.h. es wird in der Reihenfolge des Eingangs der Anordnung oder Feststellung bei der Schöffengeschäftsstelle der jeweils an nächster Stelle stehende **Hilfsschöffe „verbraucht"**. Dasselbe gilt für Ergänzungsschöffen (§ 192 Abs. 3 GVG). Sofern bei Verhandlungen längerer Dauer ein Ergänzungsschöffe hinzugezogen werden soll, tritt dieser – nicht ein Hilfsschöffe – an die Stelle des ausgefallenen Hauptschöffen (§§ 48 Abs. 2, 192 Abs. 2, 3 GVG). Dies gilt für die Verhinderung des Hauptschöffen sowohl während als auch schon vor der Hauptverhandlung. Ist indes vor der Hauptverhandlung noch nicht die Hinzuziehung eines Ergänzungsschöffen angeordnet worden, so muss für den ausgefallenen Hauptschöffen ein Hilfsschöffe hinzugezogen werden.

358 Vor seiner ersten Dienstleistung ist der Schöffe in öffentlicher Sitzung durch den Vorsitzenden zu vereidigen (§ 45 Abs. 2 DRiG). Unterbleibt die **Vereidigung** oder geschieht diese nicht vorschriftsmäßig (§ 45 Abs. 2–5 GVG)[716] und wirkt der Schöffe dennoch an der Hauptverhandlung mit, so kann dies mit der Besetzungsrüge angefochten werden.[717]

---

713 BGHSt 30, 149 (150).

714 BGHSt 30, 149 (151) m. Anm. *Rieß* JR 1982, 255 und *Katholnigg* NStZ 1981, 399; BGHSt 31, 3 ff.; KK-*Kuckein* § 338, Rn. 44.

715 BGHSt 30, 149 (151).

716 *Dahs/Dahs* Revision, Rn. 147 weist in diesem Zusammenhang darauf hin, dass die Vereidigung für die gesamte fünfjährige Wahlperiode gilt, was sich aus § 42 I GVG herleiten lässt.

717 Vgl. die bei *Dallinger* MDR 1954, 151 (zu § 338 Nr. 1) mitgeteilten Entscheidungen des Bundesgerichtshofs. Soll der Verteidiger, der diesen Fehler rügen will, ihn auch gemäß § 338 Nr. 1 StPO vorher beanstanden müssen? Er wird nichts davon haben, denn dann wird der Schöffe natürlich vereidigt.

Die Zahl der in der Vergangenheit veröffentlichten Entscheidungen zu Besetzungsrügen zeigt, dass mit der 1979 angestrebten Vereinfachung des GVG nicht etwa eine Verbesserung verbunden war. Es zeichnet sich im Gegenteil eine Neigung der Justizverwaltungen ab, es mit der einfacheren Bestimmung nicht mehr so genau zu nehmen, weil man auf die heilende Wirkung der Präklusion vertraut. **359**

Einen besonders tiefen Eingriff in die revisionsrichterliche Nachprüfung der Gerichtsbesetzung hat das StrVÄndG (StÄG) 1979 durch die Neufassung der §§ 54 Abs. 3 Satz 1, 77 Abs. 3 Satz 3 GVG bewirkt. Danach ist die Entscheidung des Richters, bei der Strafkammer des Vorsitzenden, über die Verhinderung eines Schöffen oder die Unzumutbarkeit der Teilnahme an einer Sitzung unanfechtbar geworden, also auch für das Revisionsgericht **nicht mehr nachprüfbar**. Dabei ist gerade dies ein Punkt, bei dem die Versuchung zum Missbrauch, zur Manipulation der Besetzung, besonders groß ist. Der Vorsitzende lernt die Schöffen im Laufe ihrer vierjährigen Amtszeit recht genau kennen. Es gibt unter ihnen, was nur menschlich ist, „bequeme" und „unbequeme" Mitarbeiter – vom Standpunkt des Vorsitzenden aus – strenge und milde, selbständige und unselbständige. Nicht ohne Grund werden sie durch das Los auf die einzelnen Sitzungen verteilt. Wenn es aber in der Hand des Vorsitzenden liegt, sie von der Teilnahme jeweils zu entschuldigen oder nicht zu entschuldigen, ist es sehr schwer sich vorzustellen, dass er das immer ohne Blick auf die Person zustande bringt; und es ist eine Einbuße an Rechtsstaatlichkeit, dass er diese Entscheidung ohne jede Kontrolle zu treffen hat. Die frühere Rechtsprechung der Revisionsgerichte zu diesem Punkt hatte doch Korrekturen zu Tage gefördert, die man ungern vermisst. Es gibt da Menschlichkeiten, bei denen Vertrauen gut, Kontrolle aber besser ist. Wir haben von Strafkammervorsitzenden gehört: „Schöffen haben bei mir nichts zu melden"; wir haben Schöffengerichtsurteile gesehen, bei deren Begründung der Richter zunächst geschrieben hatte: „Das Gericht konnte sich nicht mit der erforderlichen Mehrheit ..."; dann hatte er das Wort „Mehrheit" durchgestrichen und darübergeschrieben „Sicherheit" – und so blieb das Urteil bei den Akten. **360**

Unsicherheiten über die richtige Schöffenbesetzung bestehen auch immer wieder nach einer **Vor- oder Zurückverschiebung von Hauptverhandlungsterminen**. Hier gilt der Grundsatz, dass die für den ursprünglich vorgesehenen Sitzungsbeginn ausgelosten Schöffen auf den Ausweichtermin „mitgenommen" werden dürfen, wenn dieser nicht seinerseits ein ordentlicher Sitzungstag ist, für den andere Schöffen ausgelost sind, und wenn der ursprünglich vorgesehene Termin für den Beginn der Hauptverhandlung freigehalten oder als Folgetag in die Hauptverhandlung einbezogen wird.[718] Das gilt auch für Hilfsstrafkammern.[719] Hat aber einmal eine Hauptverhandlung mit den dafür ausgelosten Schöffen begonnen und muss sie gleich wieder (z.B. infolge eines Besetzungseinwandes) ausgesetzt werden, so dürfen für den Neubeginn nicht die ursprünglichen Schöffen herangezogen werden, sondern die für den neuen ersten Verhandlungstag ausgelosten. Das gilt auch dann, wenn dieser Tag in die ursprüngliche Hauptverhandlung als Folgetag mit eingeplant war und weniger **361**

---

718 Vgl. BGHSt 11, 54; 37, 324; 41, 175 = NJW 1996, 267 und neuerdings BGH 2 StR 370/06 v. 7. 2. 2007 = StraFo 2007, 245 = NStZ 2007, 537 = StV 2008, 62.

719 BGHSt 41, 175 = NJW 1996, 267.

als 3 Wochen nach der Aussetzung liegt. Schöffen werden nämlich nicht für ein bestimmtes Verfahren, sondern für einen bestimmten Sitzungstag ausgewählt.[720]

361a In einer neuen Entscheidung[721] hatte sich der BGH mit der Frage zu befassen, ob die für den ersten Sitzungstag vorgesehenen Schöffen auch dann gesetzliche Richter bleiben, wenn sich nach Aufruf der Sache herausstellt, dass der Angeklagte wegen Krankheit nicht erscheinen konnte und der Vorsitzende sodann die Hauptverhandlung auf einen neuen Termin innerhalb der 3-Wochenfrist des § 229 StPO „verlegt". Der BGH verneint die Frage für den Fall, dass es sich nicht um eine Unterbrechung, sondern eine Aussetzung der (trotz Abwesenheit des Angeklagten „begonnenen") Hauptverhandlung handelt. Solange noch keine auf eine Fortsetzung der Hauptverhandlung fortwirkende „Erträge" vorliegen, stehe es dem Gericht frei, ob es die Verhandlung nur unterbricht oder aussetzt.

f) Mängel in der Person der Berufsrichter oder Schöffen

362 Nicht ganz selten ist die Rüge, ein Mitglied des Gerichts habe **geschlafen.** Ich halte das nicht für einen Besetzungsfehler (§ 338 Nr. 1 StPO), weil es nicht die Frage betrifft, welches Gericht zur Verhandlung und Entscheidung eines Falles zusammentritt, sondern die Frage, ob der gesetzliche Richter während der gesamten Verhandlung anwesend ist, wozu auch die geistige Anwesenheit zählt. Es handelt sich deshalb um einen Fall des § 338 Nr. 5 StPO.[722]

363 Wirkt ein **blinder Richter** in einer Hauptverhandlung als Tatrichter mit, ist dies ein Besetzungsfehler, der einen absoluten Revisionsgrund gemäß § 338 Nr. 1 StPO darstellt.[723] Ein Richter muss seine Überzeugung aus dem Inbegriff der Verhandlung schöpfen (§ 261 StPO). Hierfür muss er z.B. in der Lage sein, Gegenstände in Augenschein zu nehmen, was nur möglich ist, wenn er sehen kann.[724] Auch der Angeklagte hat ein Recht darauf, dass der Richter seine Mimik und Gestik visuell wahrnehmen kann, erst recht, wenn dieser nur über eine eingeschränkte Artikulationsfähigkeit verfügt.[725] Die Hauptverhandlung stellt sich eigentlich als fortgesetzte Augenscheinseinnahme dar; Optisches kann folglich in jedem Moment indizielle Bedeutung erhalten.[726] Die Sehfähigkeit des Richters kann folglich für den Angeklagten eine wichtige,

---

720 BGH 2 StR 60/02 v. 26. 6. 2002 = NJW 2002, 2963 = wistra 2002, 388 = StV 2003, 10.

721 BGH 3 StR 96/07 v. 9. 8. 2007 = BGHSt 52, 24 = NJW 2007, 3364 = StraFo 2007, 507 = wistra 2008, 28 = NStZ 2008, 113.

722 Vgl. dazu u. Rn. 402 ff.; a.A. die Rspr., Übersicht bei *Dallinger* MDR 1956, 398; BGH MDR 1971, 364. (*Dallinger*); BGH StV 1982, 9; LR-*Hanack* § 338, Rn. 38 (die entgegenstehende „fast allgemeine Ansicht" nur referierend).

723 Anders noch die 5. Auflage, 170, Rn. 211.

724 Auch ein Augenscheinsgehilfe ist lediglich ein Vermittler und kann insofern bereits von vornherein die unabhängige Entscheidung des Richters beeinträchtigen; hierzu BGH NJW 1988, 1333 (1335); BGHSt 34, 236 (238). Erwähnenswert in diesem Zusammenhang auch die berechtigten Bedenken gegenüber der Zeugeneigenschaft von V-Leuten, die nur hinter einer spanischen Wand oder akustisch verzerrt aussagen: BGHSt 32, 115 (124).

725 BGH NJW 1988, 1333 (1334). Siehe hierzu auch *Hamm* NJW 1988, 1820 (1822) im Zusammenhang mit der Diskussion der notwendigen Verteidigung.

726 So schon die Anm. von *Wimmer* in JZ 1953, 671 (672) und unter Berufung darauf BGH NJW 1988, 1333; übereinstimmend auch BGHSt 34, 236 (238); Anm. *Fezer* NStZ 1987, 335 (336); *Hamm* NJW 1988, 1820 (1822); in diesem Sinne ferner *Meyer-Goßner* § 338, Rn. 11; anders LR-*Hanack* § 338,

unter Umständen lebensentscheidende, Bedeutung haben.[727] Für den Vorsitzenden Richter gilt dies um so mehr, als dieser im Rahmen der Verhandlungsleitung auch die Funktion hat, für eine ordnungsgemäß handelnde Richterbank Sorge zu tragen.[728] Hierfür muss er z. B. auch sehen können, ob Schöffen oder Beisitzer schlafen oder abgelenkt sind.

Stumme[729] und taube[730] Richter dürfen ebenfalls nicht an der Hauptverhandlung mitwirken. Auch Krankheiten, die die Verhandlungs- und Aufnahmefähigkeit betreffen,[731] hindern die Zulassung zur Verhandlung. **364**

Da die §§ 222a, 222b StPO nicht die Mängel erfassen, die sich aus der Person des Richters selbst ergeben, gilt hier auch nicht die Rügepräklusion; die fehlerhafte Besetzung kann also auch noch in der Revisionsinstanz gerügt werden.[732] **365**

g) Notwendiges Revisionsvorbringen

Dass der Besetzungseinwand rechtzeitig erhoben wurde, ist in der Revisionsbegründung anzugeben.[733] Auch der Zurückweisungsbeschluss des Gerichts ist in der Revisionsbegründung mitzuteilen.[734] Des Weiteren sind die Tatsachen, aus denen sich der Besetzungsmangel ergibt, genau zu bezeichnen.[735] Fehlen dürfen also nicht der Name des nicht mitwirkungsberechtigten Richters, ferner nicht die Gründe, die der Mitwirkung entgegenstehen und auch nicht die Namen der Richter, die zur Entscheidung berufen waren. Sofern darauf Bezug genommen wird, dass die Rügepräklusion nicht anwendbar sein soll, müssen auch die Tatsachen angeführt werden, die den Ausnahmegrund bezeichnen.[736] Wann immer es möglich ist, den Richter zu bestimmen, der an Stelle des nicht gesetzlichen hätte teilnehmen müssen, muss er in der Revisionsbegründungsschrift unter Angabe der Gründe **namentlich benannt** werden. Unterlässt es der Beschwerdeführer, die bei den Akten befindliche Stellungnahme des Vorsit- **366**

Rn. 39, der mit BGHSt 4, 191 (194) meint, ein Blinder ersetze das Fehlen visueller Eindrücke durch verschärften Gehörsinn und dies sogar als Vorteil ansehen will, weswegen prinzipiell blinde Richter zuzulassen seien; OLG Zweibrücken NJW 1992, 2437, wonach es keinen Erfahrungssatz gäbe, der Sehende im Vergleich zu Blinden als objektiver urteilend konstatiere.

727 Für den Fall, dass es auf das „Erscheinungsbild" des Angeklagten oder Zeugen ankommt, wird völlig unstrittig die Sehfähigkeit des Richters gefordert: BVerwGE 65, 240 (241–244); BVerfG NJW 1992, 2075 (2076).

728 BGH NJW 1988, 1333 (1335); BGH StV 1989, 143; NStE Nr. 2 zu § 338 Nr. 1 StPO; BGH wistra 1989, 152; das Bundesverfassungsgericht hält es hingegen für zulässig, dass ein blinder Richter den Vorsitz in einer Berufungshauptverhandlung führt, BVerfG NJW 1992, 2075 = NStZ 1992, 246.

729 Hierdurch würde der Mündlichkeitsgrundsatz verletzt werden. LR-*Franke* § 338, Rn. 40 m. w. N.

730 Dies stünde der Abwesenheit des Richters gleich; *Katholnigg* § 16 GVG, Rn. 7; LR-*Franke* § 338, Rn. 41; anders BGHSt 4, 191 (193); *Kissel/Mayer* § 16 GVG, Rn. 45, die in diesem Fall für einen Gehörlosendolmetscher plädieren.

731 LR-*Hanack* § 338, Rn. 42 nennt als Beispiel hierfür hohes Fieber, Nervenzusammenbrüche.

732 BGHSt 34, 236; BGH NJW 1988, 1333.

733 BGH StV 1986, 516; *Rieß* JR 1981, 89 (90).

734 BGH NJW 1990, 3219, (3220); *Rieß* JR 1981, 91.

735 BGHSt 22, 169 (170); KK-*Kuckein* § 338, Rn. 52; *Rieß* JR 1981, 91.

736 Im Einzelnen hierzu LR-*Franke* § 338, Rn. 134 f.

zenden des Präsidiums zu den Gründen der beanstandeten Änderung des Geschäftsverteilungsplans mitzuteilen, so ist die Rüge unzulässig erhoben.[737]

3. § 338 Nr. 2 StPO (Mitwirkung eines ausgeschlossenen Richters)

367 Der gesetzliche Richter besimmt sich nicht nur nach den Vorschriften über die institutionellen und personellen Zuständigkeiten. Der „an sich" für eine Rechtssache berufene Richter muss auch dann seinem im Vorhinein allgemein bestimmten Vertreter weichen, wenn im Einzelfall Gründe vorliegen, die Zweifel an seiner Neutralität und Unbefangenheit wecken können. Soweit solche Gründe wiederum aufgrund von im Justizbetrieb voraussehbaren Konstellationen typisierbar sind, bestimmen die §§ 22, 23 StPO zwingende Ausschlussgründe. Liegt ein solcher vor und wirkt der Richter dennoch am Urteil[738] mit, so führt eine entsprechende Rüge zu dessen Aufhebung. Übrigens ist hier zu Recht noch niemand auf den Gedanken gekommen, die bei der Besetzungsrüge nach § 338 Nr. 1 StPO bei den Revisionsgerichten so beliebte „Willkürschranke"[739] anzuwenden, obwohl es sich bei der Mitwirkung eines ausgeschlossenen Richters der Sache nach um einen Besetzungsfehler handelt.[740] Neben § 338 Nr. 1 StPO hat die Nr. 2 eigentlich erst durch die Einführung der Präklusion Bedeutung für die Besetzungsrüge erlangt, weil dadurch jetzt klargestellt ist, dass auch die noch so verständliche und „unverschuldete" Mitwirkung eines Richters, der z. B. übersieht, dass er früher in den Diensten der Staatsanwaltschaft vertretungsweise einmal eine Verfügung in derselben Sache getroffen hat (§ 22 Nr. 4 StPO), in der Revision mit Erfolg geltend gemacht werden darf, ohne dass zuvor ein entsprechender Einwand nötig wäre.

368 Die nicht gerade häufige Rüge gemäß § 338 Nr. 2 StPO macht die Beruhensprüfung entbehrlich, jedoch nur, solange es um Richter (einschließlich der Schöffen) geht, obwohl § 31 StPO die Ausschließungsvorschriften auch auf den **Protokollführer** ausdehnt. Liegt bei ihm einer der in den §§ 22, 23 StPO aufgeführten Gründe vor, hängt angesichts des klaren Wortlautes in § 338 Nr. 2 StPO der Erfolg der Rüge (eines relativen Revisionsgrundes gemäß § 337 Abs. 1 StPO) davon ab, ob der Fehler das Urteil beeinflusst haben kann, was wohl im Allgemeinen so fernliegt, dass es sich empfiehlt, dazu in der Revisionsbegründung konkrete Angaben zu machen.[741]

369 Gelegentlich kommt es vor, dass in das Urteil **persönliches Wissen eines Richters** einfließt, über das er als Zeuge hätte vernommen werden können oder müssen mit der Folge, dass er dann gemäß § 22 Nr. 5 StPO ausgeschlossen gewesen wäre. Handelt es sich dabei tatsächlich um außerdienstlich durch Wahrnehmungen erlangte Kenntnisse, die der Richter (zur Vermeidung seiner Zeugenvernehmung) in der Hauptver-

---

737 BGHSt 40, 218 (240).

738 Die Mitwirkung eines ausgeschlossenen Richters lediglich am Eröffnungsbeschluss macht diesen weder nichtig (BGHSt 29, 351 = NJW 1991, 133) noch begründet dies schon den absoluten Revisionsgrund; KK-*Kuckein* § 338, Rn. 56.

739 Vgl. dazu o. Rn. 319.

740 BVerfGE 4, 417.

741 In BGH 1 StR 686/92 – Beschl. v. 22. 6. 1993 – wird das Beruhen verneint, aber wegen des Fehlers dem Protokoll die Beweiskraft abgesprochen.

handlung „erklärt“ hat, darf die Tatsache, dass es nicht zu einer förmlichen Zeugenaussage gekommen ist, den Erfolg der Rüge nicht hindern. Dabei gehört aber der Umstand, dass der Inhalt der Erklärung nicht nur aus dienstlich erlangtem Wissen bestand, zum notwendigen Rügevortrag nach § 344 Abs. 2 S. 2 StPO.[742]

Die **dienstliche Vorbefassung** mit der jeweiligen Strafsache außerhalb der in §§ 22, 23 StPO geregelten Konstellationen begründet die Ausschließung nicht, weil der Katalog als abschließend gilt. Die Rechtsprechung schließt daraus sogar, dass eine Ablehnung im Einzelfall mit der Begründung zurückgewiesen werden darf, der Gesetzgeber habe den Richtern außerhalb der ausdrücklich geregelten Ausschließungsgründe generell die Fähigkeit zugetraut, frühere Entscheidungen zu revidieren. Praktisch bedeutsam wird diese Rechtsprechung nicht selten in den Fällen, in denen eine Sache nach Zurückverweisung durch das Revisionsgericht von einer Kammer zu bearbeiten ist, in der durch zwischenzeitlich erfolgte Änderungen des Geschäftsverteilungsplans ein oder mehrere Richter beteiligt sind, die an der aufgehobenen Entscheidung mitgewirkt haben.[743] Damit wird aber der Zweck des § 354 Abs. 2 StPO unterlaufen. Die Begründung, wonach diese Vorschrift lediglich erreichen will, dass die Sache vor eine andere Kammer und nicht auch, dass sie vor eine anders besetzte Kammer kommt,[744] erscheint allzu gekünstelt. Die Auffassung des BGH, die erst beim Hinzutreten besonderer Umstände eine Ablehnbarkeit (keine Ausschließung) bejaht, hat im Schrifttum deshalb zutreffende Kritik erfahren.[745] **370**

Von diesen Fällen einer doch sehr starken Festlegung in einem mit Anspruch auf Rechtskraftfähigkeit ergangenen Urteil abgesehen,[746] lässt sich die strukturelle Bedeutung der Ausschließungsvorschriften für das Maß an **gesetzlich hingenommener Befangenheitsgefahr** nicht bestreiten. So mag man noch so sehr daran zweifeln, ob ein Richter, der durch Bejahung des „dringenden Tatverdachts“ über längere Zeit die Verhaftung des Angeklagten zu verantworten hatte, noch in demselben Maße unbefangen über dessen Schuld oder die Nichterweislichkeit des Anklagevorwurfs urteilen kann wie ein Richter, der sich durch einen Freispruch nicht selbst korrigieren muss – die Nichterwähnung dieses Falles in den §§ 22, 23 StPO zeigt durchaus, dass der Gesetzgeber insoweit grundsätzlich keine Bedenken hat. Auch § 33 a StPO zeigt, dass das deutsche Strafverfahrensrecht von der Auffassung beherrscht wird, dass der Richter auch dann unvoreingenommen an die Beurteilung einer Sache herantreten wird, wenn er sich schon früher über denselben Sachverhalt ein Urteil gebildet hat.[747] **371**

---

742 BGH 3 StR 89/93 v. 23. 6. 1993 = StV 1993, 507 = NJW 1993, 2758 = MDR 1993, 999.

743 BGHSt 21, 142 ff.; einschränkend: BGHSt 24, 336 ff.

744 *Meyer-Goßner* § 354, Rn. 39.

745 *Dahs/Dahs* Revision, Rn. 168 m. w. N.; *Hanack* NJW 1967, 580; JZ 1973, 779; w. N. auch bei *Meyer-Goßner* § 354, Rn. 39.

746 *Dahs/Dahs* Revision, Rn. 168 spricht insoweit zutreffend von einer bloßen „gesetzestechnischen Inkonsequenz“.

747 BVerfGE 30, 149, (153); in BGH 3 StR 628/93 – Beschl. v. 18. 5. 1994 = NStZ 1994, 447 wird in Anwendung dieses Grundsatzes ein Ablehnungsgesuch („Der Antrag enthält beachtliche Argumente“) gegen die 5 Mitglieder des 3. Strafsenats des BGH zurückgewiesen. Sie hatten übersehen, dass § 349 Abs. 4 StPO nicht für die Revision des Nebenklägers anwendbar ist und hatten das Urteil aufgehoben. Auf den Rechtsirrtum aufmerksam geworden, hatte der Senat den Beschluss aufgehoben und Termin zur Hauptverhandlung bestimmt. Der Angeklagte sah wegen der Fest-

372 Praktisch bedeutsam wurde der Ausschließungsgrund des § 22 Nr. 5 StPO in einem Verfahren, in dem nach 3½-jähriger Hauptverhandlung die Verfahrensrüge Erfolg hatte, die darauf gestützt war, dass einer der beteiligten Richter in einem gesonderten Ermittlungsverfahren gegen einen medizinischen Sachverständigen, der im Verdacht stand, ein Gefälligkeitsgutachten zugunsten des Revisionsführers zur Frage seiner Verhandlungsfähigkeit erstattet zu haben (§ 278 StGB), als Zeuge vernommen wurde.[748] Der Bundesgerichtshof hat mehrfach entschieden, dass Sachgleichheit i.S.d. § 22 Nr. 5 StPO *nicht Verfahrensidentität* bedeuten muss und auch schon dann gegeben ist, wenn ein Richter in einem anderen Verfahren als Zeuge zu demselben Tatgeschehen vernommen worden ist, das er jetzt abzuurteilen hat.[749]

373 Nicht selten entsteht auch die Frage, ob in Verfahren wegen Delikten, die sich gegen eine große Zahl von Opfern oder auch gegen Korporationen mit zahlreichen Mitgliedern gerichtet haben sollen, der Richter im weitesten Sinne als Verletzter zu gelten hat. Dies hat der BGH kürzlich bezogen auf einen Richter, der als Mieter eines großen Berliner Wohnungswirtschaftsunternehmens, zu dessen Nachteil ein Vermögensdelikt begangen worden sein soll, verneint.[750]

4. § 338 Nr. 3 StPO (Mitwirkung eines abgelehnten Richters)

Literatur: *Arzt* Der befangene Strafrichter – zugleich eine Kritik an der Beschränkung der Befangenheit auf Parteilichkeit, Tübingen 1969; *Frisch* Buchbesprechung zu Tolksdorf, Mitwirkungsverbot für den befangenen Staatsanwalt, StV 1992, 613 ff.; *Hamm* Der gesetzliche Richter und die Ablehnung wegen Besorgnis der Befangenheit, Frankfurt am Main 1973; *ders.*, können Ablehnungsgründe bei rechtzeitigem und zulässigem Ablehnungsgesuch verspätet sein? NJW 1973, 178 ff.; *ders.* Aus der Beschlussverwerfungspraxis (§ 349 Abs. 2 StPO) der Revisionsgerichte, StV 1981, 315 ff.; *Krekeler* Der befangene Richter, NJW 1981, 1633 ff.; *Müller-Gabriel* Neue Rechtsprechung des BGH zum Ausschluss des „Zeugen-Staatsanwalts", StV 1991, 235 ff.; *Peters* Anm. zum Urteil vom 16. 12. 1969, BGH 5 StR 468/69 (BGHSt 23, 200), JR 1970, 269 ff.; *ders.* Strafprozess, 4. Aufl., S. 151 ff.; *Pfeiffer* Zur Ausschließung und Ablehnung des Staatsanwaltes nach geltendem Recht, Festschrift Rebmann, 1989, S. 359 ff.; *Sarstedt* Anm. zu BVerfG 2 BvE 2/64 vom 3. 3. 1966 (JZ 1966, 312), JZ 1966, 314 ; *Schorn* Die Ablehnung eines Richters im Strafprozess in Rechtsprechung und Schrifttum, GA 1963, S. 161–186; *Semmler* Prozessverhalten des Richters unter dem Aspekt des § 24 II StPO, insbesondere Verfahrensverstöße als Ablehnungsgrund, 1994; *Strate* Richterliche Befangenheit und rechtliches Gehör, FG Koch, S. 261; *Teplitzky* Probleme der Richterablehnung wegen Befangenheit, NJW 1962, 2044; *Tolksdorf* Mitwirkungsverbot für den befangenen Staatsanwalt, Berlin 1989.

374 Nach § 338 Nr. 3 StPO kann mit der Revision gerügt werden, dass bei dem angefochtenen Urteil ein Richter mitgewirkt hat, der wegen Besorgnis der Befangenheit abge-

---

legung in einem einstimmigen Beschluss zugunsten der Rechtsposition der Nebenklage seine Chance für diese Hauptverhandlung geschwunden.

748 BGH, Beschl. v. 22. 1. 2008 – 4 StR 507/07 = StV 2008, 283.

749 BGHSt 31, 358, 359; BGH NStZ 2006, 113, 114; BGH, Beschl. v. 22. 5. 2007 – 5 StR 530/06 = NStZ 2007, 711 = StV 2007, 617; s. auch *Meyer-Goßner* StPO 52. Aufl. § 22, Rn. 19.

750 BGH 5 StR 394/08 v. 24. 3. 2009; ähnlich auch der 2. Strafsenat bezogen auf die Parteimitgliedschaft eines Richters im Verfahren um die Untreue z.N. der hessischen CDU BGH, Urt. v. 18. 10. 2006 – 2 StR 499/05 in BGHSt 51, 100 = NJW 2007, 583 und im selben Verfahren zuvor auch bezogen auf zwei Senatsmitglieder, die derselben Partei angehören in NJW 2007, 1760 = NStZ 2006, 646 mit Anm. *Ransiek* NJW 2007, 1727.

lehnt worden war.[751] Voraussetzung dieser Rüge ist das in erster Instanz rechtzeitig (§ 25 StPO) vorgebrachte Ablehnungsgesuch. Unproblematisch ist die Überprüfung der Rechtzeitigkeit durch das Revisionsgericht in den klar umgrenzten Fällen des § 25 Abs. 1 StPO. Schwieriger wird die Beurteilung dieser Frage jedoch, wenn die Ablehnungsgründe erst später (also nach der Vernehmung des ersten Angeklagten über seine persönlichen Verhältnisse) eingetreten sind, denn in diesen Fällen verlangt § 25 Abs. 2 Nr. 2 StPO, dass die Ablehnung **unverzüglich** geltend gemacht wird.[752] Ob das Ablehnungsgesuch unverzüglich – d.h. ohne schuldhaftes Zögern[753] – vorgebracht wurde, richtet sich nach den Umständen des Einzelfalls, wobei aber eine gewisse Zeit zum Überlegen, zur Besprechung mit dem Verteidiger und zur Abfassung des Gesuchs zur Verfügung stehen muss.[754] Grundsätzlich stellt der Bundesgerichtshof[755] jedoch an die Unverzüglichkeit der Ablehnung sehr strenge Anforderungen.[756] Dies wird damit begründet, dass ein „strenger Maßstab" im Interesse einer raschen Durchführung des Verfahrens liege.[757] Allerdings ist die Ausschlussklausel des § 25 Abs. 2 Satz 2 StPO, wonach die Ablehnung nach dem letzten Wort des Angeklagten überhaupt nicht mehr zulässig ist, dann ohne Bedeutung, wenn nach der erstmaligen Erteilung des letzten Wortes erneut in die Beweisaufnahme eingetreten wird; „denn dadurch ... haben die früheren Schlussvorträge und das frühere letzte Wort ihre bisherige Bedeutung verloren".[758]

---

751 Hinsichtlich der Umstände, die einen Befangenheitsantrag rechtfertigen, muss hier auf die Kommentarliteratur und die dort nachgewiesene umfangreiche Rechtsprechung verwiesen werden. Zur Befangenheit eines Schöffen vgl. auch BGH NJW 1997, 1792 (3 StR 421/96 v. 26. 3. 1997) und 1 StR 793/96 v. 13. 3. 1997.

752 Die durch § 25 Abs. 2 StPO grundsätzlich geschaffene Möglichkeit, einen Richter bis zum letzten Wort des Angeklagten abzulehnen, wurde von *Peters* als Gefahr für die Tatrichter, unter den Druck der Verteidiger zu geraten, gekennzeichnet – JR 1970, 268 (270); in diese Richtung gehend auch noch später: *Peters* Strafprozess, 151. Auf den Stil der Verhandlungsführung dürfte die Regelung des § 25 Abs. 2 StPO hingegen gerade positive Auswirkungen haben, denn der Richter wird sich vor Missgriffen hüten müssen, wenn er nicht der Gefahr begegnen will, abgelehnt zu werden: vgl. hierzu *Hamm* Der gesetzliche Richter, 201 f.; ders. NJW 1973, 178 (180).

753 BGHSt 21, 334 (339); BGH NStZ 1993, 141; BGHSt 45, 315 = NJW 2000, 965; BGH NStZ 2006, 644; KK-*Fischer* § 25, Rn. 8.

754 BGHSt 21, 334 (339); BGH NStZ 1993, 141; BGH, Beschl. v. 10. 6. 2008 – 5 StR 24/08 = StV 2008, 562; s.a. BVerfG NStZ-RR 2007, 379; *Meyer-Goßner* § 25, Rn. 8 m.w.N.

755 Ein Ablehnungsgesuch eine Woche nach Kenntnis des Ablehnungsgrundes gilt in der Regel – auch bei Verhandlungsunterbrechung – als verspätet: BGH NStZ 1983, 208; BGH NStZ 1986, 245; BGH NStZ 1993, 141; siehe auch BGH NStZ 1982, 291 (292), wonach das Gesuch bereits 2 Tage nach Kenntnis nicht mehr rechtzeitig sei; ferner BayObLG NJW 1992, 2242 (2243), wonach bei einfacher Sachlage nicht einmal zwei Verhandlungspausen abgewartet werden dürfen; hingegen könne auch nicht verlangt werden, dass zum Absetzen eines Ablehnungsgesuchs der anwaltliche Bürobetrieb an einem Wochenende fortgeführt werde (§ 43 Abs. 2 StPO): OLG Düsseldorf NJW 1992, 2243 (Ls.); 1 Tag nach Kenntnis – bei 3-tägiger Unterbrechung – soll indes die Ablehnung noch rechtzeitig sein: BGH bei *Hamm* StV 1981, 315 für einen Fall, in dem das Gesuch 1 Tag später außerhalb der Hauptverhandlung schriftlich eingereicht wurde; ebenfalls für den Fall einer Unterbrechung der Hauptverhandlung BGH StV 1996, 1, wonach das Ablehnungsgesuch so anzubringen ist, dass es noch am Vormittag des folgenden Tages von der Strafkammer zur Kenntnis genommen werden kann.

756 Jüngstes Beispiel: BGH 5 StR 24/08 v. 10. 6. 2008 = NStZ 2008, 578 = StV 2008, 562.

757 BGH VRS 34, 200, 201; BGH NStZ 1993, 141; *Meyer-Goßner* § 25, Rn. 8.

758 BGH, Beschl. v. 25. 4. 2006 – 3 StR 429/05 = StV 2007, 118 = NStZ 2006, 644.

375 Stattgebende Beschlüsse sind gemäß § 28 Abs. 1 StPO nicht anfechtbar. Voraussetzung für die Anfechtbarkeit ist also, dass ein Ablehnungsgesuch als unzulässig verworfen oder als unbegründet zurückgewiesen worden ist.

Richtet sich das Ablehnungsgesuch gegen einen erkennenden Richter – also gegen denjenigen, der nach der Eröffnung des Hauptverfahrens tätig wird[759] –, so kann die Zurückweisung des Ablehnungsantrags nur **zusammen mit dem Urteil** angefochten werden (§ 28 Abs. 2 S. 2 StPO). Bei Ablehnung eines „nicht erkennenden" Richters hingegen, ist sofortige Beschwerde einzulegen (§ 28 Abs. 2 S. 1 StPO). Wenn aber bei Ablehnung erkennender Richter die Beschwerdemöglichkeit durch § 28 Abs. 2 StPO verstellt wird, muss die Revision in diesem Fall ausreichenden Ersatz für die fehlende Beschwerdemöglichkeit bieten, da anderenfalls das Beschwerderecht in rechtsstaatswidriger Weise „qualitativ" beschränkt werden würde.[760] Das Revisionsgericht prüft aus diesem Grunde die Ermessensentscheidung des Tatrichters nicht nur in Bezug auf ihre Rechtmäßigkeit nach; es befindet vielmehr (anders als sonst in dieser reinen „Rechtsinstanz", aber aus guten Gründen) nach seinem eigenen Ermessen[761] darüber, ob die in erster Instanz vorgetragenen und glaubhaft gemachten Gründe die Besorgnis der Befangenheit rechtfertigen.[762]

376 Das Revisionsgericht entscheidet hier also ganz so, als befände es sich in jeder Hinsicht in der Lage des Tatgerichts zu der Zeit, als dieses (nach Entgegennahme aller tatsächlichen Erklärungen, dienstlichen Äußerungen usw.) über das Ablehnungsgesuch zu urteilen hatte. Die Entscheidungsfindung des Revisionsgerichts ist mithin der eines Beschwerdegerichts ähnlicher als der sonstigen revisionsrichterlichen Überprüfung. Dennoch können aber mit der Revision weder neue Ablehnungsgründe vorgetragen, noch neue Tatsachen vorgebracht werden, um die früheren Ablehnungsgründe glaubhaft oder schlüssig zu machen (vgl. § 26 Abs. 2 StPO), wie es bei der Beschwerde möglich ist.[763]

377 Dies wird zutreffend damit begründet, dass ein Nachbringen von Mitteln der Glaubhaftmachung im Revisionsrechtszug die zeitliche Grenze des § 25 StPO überschreite,

---

759 RGSt 43, 179 (181); BGHSt 31, 15; KK-*Fischer* § 28, Rn. 3 und 6; *Meyer-Goßner* § 28, Rn. 6. OLG Hamm NStZ-RR 2002, 238f. stellt jetzt noch einmal klar, dass der Eröffnungszeitpunkt und nicht der Zeitpunkt der Terminierung entscheidend ist.

760 So schon RGSt 30, 273 (277); LR-*Siolek* § 28, Rn. 27.

761 Ein lehrreiches Beispiel enthält BGH 3 StR 388/54 v. 20. 1. 1955 (in NJW 1955, 839 ist der hier interessierende Teil des Urteils nicht mit abgedruckt): Der Vorsitzende hatte einem Zeugen geschrieben, er müsse (trotz Verhinderung) unbedingt kommen, der Verteidiger und der Angeklagte hätten darauf bestanden, „vielleicht nicht zuletzt, um hierdurch eine Verhandlung zu erschweren oder gar zu vereiteln". Die Strafkammer hatte das Ablehnungsgesuch gegen den Vorsitzenden für unbegründet gehalten, der Bundesgerichtshof hielt es für begründet. Vgl. auch schon BGHSt 1, 34 (36); 18, 200 (203) (m. Anm. *Schaper* NJW 1963, 1883ff.); 23, 265 (266) (m. Anm. *Peters* JR 1970, 269f.); 27, 96 (98); BGH StV 1991, 49.

762 Es würde den Rahmen dieser Abhandlung sprengen, die vielfältigen Möglichkeiten für einen Ablehnungsgrund zu erörtern. Siehe hierzu die ausführliche Zusammenstellung bei *Semmler* Prozessverhalten des Richters unter dem Aspekt des § 24 II StPO, sowie die Beispiele bei KK-*Fischer* § 24, Rn. 5ff.; LR-*Siolek* § 24, Rn. 12ff.

763 BGHSt 21, 85 (88); wenn keine Hauptverhandlung stattgefunden hat, ist für den Zeitpunkt der Erlass der Abschlussentscheidung maßgebend: BGH NStZ 1993, 600; KK-*Fischer* § 25, Rn. 5; *Meyer-Goßner* vor § 304, Rn. 3.

die im Falle des Abs. 2 nicht nur für das Anbringen des Ablehnungsgesuchs und die Geltendmachung aller bis dahin bekannten Ablehnungsgründe, d.h. derjenigen Tatsachen, aus denen sich die Zweifel an der Unbefangenheit ergeben sollen, gilt, sondern auch für das Beibringen von Mitteln der Glaubhaftmachung (§ 26 Abs. 2 S. 1 StPO).

Eine andere Frage ist aber die, ob nicht aus dem Umstand, dass das Revisionsgericht **378** über die Berechtigung eines Ablehnungsgesuchs nach Beschwerdegrundsätzen entscheidet, die Notwendigkeit erwächst, dabei auch noch solche Ablehnungsgründe und Mittel der Glaubhaftmachung ergänzend heranzuziehen, von denen wiederum glaubhaft gemacht wird, dass sie dem Revisionsführer auch erst **nach dem Zeitpunkt des § 25 Abs. 2 StPO** (letztes Wort des Angeklagten) bekannt geworden sind. Wenn es schon aus rechtsstaatlichen Gründen bei Ablehnungsverfahren opportun ist, die ursprünglich strenge Regelung des Revisionsverfahrens zu durchbrechen und wie ein Tatrichter in tatsächlicher Hinsicht zu entscheiden,[764] erscheint es nicht erträglich, dass das Revisionsgericht Tatsachen ausblendet, deren rechtzeitige Kenntnis zum Ausscheiden eines befangenen Richters geführt hätte.

Sinn und Zweck der Regelung ist es, dem Angeklagten Schutz vor einem befangenen **379** Richter zu gewähren. Dabei kann es für ein Gericht, dem wesentliche Tatsachen für eine Überprüfung im Rahmen seiner Sachkompetenz zugänglich gemacht werden, keine Rolle spielen, ob das Tatgericht aus seiner damaligen Sicht eine vertretbare oder auch richtige Entscheidung getroffen hat.[765] Auch der Einwand, der Angeklagte könne ein solches Recht durch Verzögerungsstrategien missbrauchen,[766] erscheint angesichts der Tatsache, dass § 25 Abs. 2 StPO Ablehnungsgesuche bis zum letzten Wort des Angeklagten zulässt und die Gefahr hinnimmt, dass er bei der Glaubhaftmachung mit falschen Karten spielt, wenig überzeugend.[767]

Auch eine Fehlanwendung der Verfahrensvorschriften des Ablehnungsrechts, z.B. die **380** Anwendung des § 26a StPO, ohne dass seine Voraussetzungen vorliegen (mit der Folge, dass der abgelehnte Richter in eigener Sache entscheidet), kann den absoluten Revisionsgrund des § 338 Nr. 3 StPO erfüllen.[768] Daraus sollte – worauf *Meyer-Goßner* zutreffend hinweist – geschlossen werden, dass auch bei einer Verkennung anderer Zulässigkeitsvoraussetzungen, die dazu geführt hat, dass nicht der gesetzliche Richter, sondern der **abgelehnte Richter in eigener Sache** mit über die Begründetheit entschieden hat, das Revisionsgericht nicht schon dann die Rüge verwerfen kann, wenn es im Ergebnis die Ablehnung nach seinem eigenen Ermessen für unbegründet hält.[769]

---

764 Die Natur des Rechtsmittels soll nicht „alteriert“ werden, sondern Beschwerde bleiben: RGSt 22, 135 (136).

765 Treffend hierzu *Hanack* JR 1967, 229 (230) in einer Anm. zu BGH JR 1967, 227 ff.

766 So wird z.B. das Zurückhalten von Ablehnungsgründen befürchtet: BGHSt 21, 85 (87); KK-*Fischer* § 25, Rn. 5; § 28, Rn. 9 und 11 („würden die zeitlichen Grenzen unterlaufen“).

767 In diesem Sinne *Hanack* JR 1967, 230.

768 BGH 5 StR 180/05 v. 10. 8. 2005 = BGHSt 50, 216 = NJW 2005, 3436 = StV 2005, 588 = wistra 2005, 466 = NStZ 2006, 50 unter Aufgabe der früheren Rechtsprechung im Anschluss an BVerfG NJW 2005, 3410.

769 *Meyer-Großner* 52. Aufl. § 338, Rn. 28 m.w.N.

381 Die Befugnis des Revisionsgerichts, nach Beschwerdegrundsätzen selbst über die Begründetheit des Ablehnungsgesuchs zu entscheiden, bedeutet auch, dass Verfahrensfehler, die dem Tatrichter bis zu seiner Entscheidung über das Gesuch anzulasten sind, nicht schon als solche unter den absoluten Revisionsgrund fallen. Das gilt auch für die Verletzung der Wartepflicht nach § 29 Abs. 1 StPO, wenn das Revisionsgericht zu dem Ergebnis kommt, dass die Ablehnung jedenfalls unbegründet war.[770]

382 Voraussetzung für die Revisionsrüge ist weiterhin, dass der Gerichtsbeschluss über das Ablehnungsgesuch überhaupt **rechtsmittelfähig** ist. Dies ist nicht der Fall, wenn das Oberlandesgericht als erkennendes Gericht in erster Instanz entschieden hat (§ 28 Abs. 2 S. 2 StPO), denn gemäß § 304 Abs. 4 StPO sind Beschlüsse des OLG in diesen Fällen nicht beschwerdefähig und damit gemäß § 336 S. 2 StPO auch nicht revisibel.[771] Dies gilt gleichermaßen, wenn das OLG in einer beim LG anhängigen Sache nach § 27 Abs. 4 StPO an dessen Stelle entschieden hat.[772]

Eine derartige Einschränkung der Beschwerdemöglichkeiten hat jedoch keine Berechtigung. Denn warum sollten Ausnahmeregelungen im Recht der Beschwerde (gegen Beschlüsse außerhalb der Hauptverhandlung) die Revisibilität von Urteilen teilweise außer Kraft setzen können? Die entgegenstehende Auffassung des 3. Strafsenats des Bundesgerichtshofs[773] ist nur aus dem (zu Unrecht dem Gesetzgeber unterstellten) „Bestreben“ erklärbar, „den Bundesgerichtshof nicht mit Fragen zu belasten, deren abschließende Beurteilung ... dem ranghohen Gericht (OLG) überlassen werden kann“.[774] Damit wird die Rechtsmittelsystematik der StPO aber auf den Kopf gestellt. Nur weil die Unbefangenheit der erkennenden Richter noch im Revisionsrechtszug überprüft werden kann, ist die Unanfechtbarkeit der Entscheidungen über Befangenheitsgesuche gegen Richter, die lediglich an vorbereitenden Beschlüssen mitwirken, hinnehmbar.

383 Kein absoluter, sondern nur ein relativer Revisionsgrund (§ 337 Abs. 1 StPO) liegt darin, dass ein **Sachverständiger** tätig geworden ist, dessen Ablehnung gemäß § 74 StPO zu Unrecht zurückgewiesen wurde. Solche Verstöße wurden in der früheren Rechtsprechung nach gewöhnlichen Revisionsregeln behandelt.[775] Eine Rechtsverletzung wurde freilich bisweilen darin gesehen, dass der Tatrichter den Rechtsbegriff „Besorgnis der Befangenheit“ verkannt habe.[776] Eine Änderung trat dann ein mit BGHSt 8, 227 (233).[777] Diese Entscheidung geht zwar auch von der Anwendbarkeit der Revisions-, nicht der Beschwerdegrundsätze aus. Sie leitet daraus aber nur die Bindung

770 BGH 4 StR 506/02 – Beschl. v. 3. 4. 2003 = BGHSt 48, 264 = NJW 2003, 2396 = wistra 2003, 391 = NStZ 2003, 668.
771 BGHSt 27, 96 (97); BVerfGE 45, 363 (374–376) = BVerfG NJW 1977, 1815 ff. (mit ablehnender Anm. *Schmidt-Leichner* NJW 1977, 1804, der zutreffend feststellt, dass es keine Rolle spielt, ob ein Landgericht oder ein Oberlandesgericht in erster Instanz entscheidet; sobald es als erkennendes Gericht entscheidet, kann eine Anfechtung wie sich aus §§ 305, 28 Abs. 2 StPO ergibt, nur zusammen mit dem Urteil erfolgen, also mit der Revisionsrüge des § 338 Nr. 3 StPO).
772 LR-*Hanack* § 338, Rn. 63; *Meyer-Goßner* § 338, Rn. 26; anders aber RG 33, 314 (316); 37, 112 (114).
773 BGHSt 27, 96 (97).
774 BGHSt 27, 96 (97).
775 OLG Karlsruhe JW 1932, 965 Nr. 21 (m. Anm. *Heilberg*).
776 RGSt 58, 262.
777 Vgl. hierzu LR-*Krause* § 74, Rn. 44 m. w. N.

des Revisionsgerichts an die festgestellten Tatsachen ab, nimmt dagegen für den Regelfall keine Ermessensentscheidung des Tatrichters an, die der Nachprüfung entzogen wäre, sondern sieht hier[778] nur noch eine rechtliche Subsumtion, die in vollem Umfang nachprüfbar ist.[779]

Anders als die Richterablehnung (§ 25 Abs. 2 StPO) ist die Ablehnung eines Sachver- **384**
ständigen in der Hauptverhandlung nicht zeitgebunden. Der Ablehnungsberechtigte darf den Sachverständigen auch noch nach Erstattung des Gutachtens bis zum Schluss der Hauptverhandlung ablehnen.[780] Andererseits muss ein Ablehnungsgesuch, das vor der Hauptverhandlung gestellt und negativ beschieden worden war, in der Hauptverhandlung wiederholt werden, um die Revisionsrüge zu eröffnen.[781]

Bislang sind die §§ 22ff. StPO nur an die Befangenheit von Richtern gekoppelt.[782] Ge- **385**
gen einen **befangenen Staatsanwalt** ist folglich keine Ablehnung möglich, was zugleich den Zugang zur Revision verwehrt.

Die Kompetenzen und Entscheidungsbefugnisse der Staatsanwaltschaft sind – nicht zuletzt durch Gesetze, wie das OrgKG und das Rechtspflegeentlastungsgesetz – im Laufe der letzten Jahre stetig erweitert worden.[783] Es steht außer Frage, dass ein Staatsanwalt durch unzulässige Ermittlungsarbeit in rechtsstaatswidriger Weise auf das Hauptverfahren Einfluss nehmen kann. Mit der Zunahme der Eingriffsmöglichkeiten steigt jedoch zwangsläufig auch die Gefahr von Missbräuchen.

Bereits in der Vergangenheit ist unzulässige Ermittlungsarbeit durch befangene **386**
Staatsanwälte – z.B. durch voreingenommenes Bedrängen oder Befragen der Zeugen oder des Beschuldigten – keine Seltenheit gewesen. Durch Befangenheit gefärbte Vernehmungsprotokolle und Vermerke können so in die Hauptverhandlung miteinfließen und dadurch eine faire Beweisaufnahme beeinträchtigen. Zwar ist das Gericht als eigentliche Entscheidungsinstanz der Staatsanwaltschaft „nachgeschaltet"; dennoch ist – wie auch bei der Frage, ob Beweisverwertungsverbote die unbewusste Verwertung gesichteten Materials auszuschließen vermögen – unbezweifelbar, dass man sich von einmal zugänglich gewordenen Ermittlungsergebnissen nicht mehr ohne Weiteres frei machen und objektiv urteilen kann.[784] Denkbar ist ferner eine Einschüchte-

---

778 Unter Berufung auf BGH 3 StR 1060/51 v. 17. 4. 1952.

779 Ein Ablehnungsgrund ist z.B. gegeben, wenn der Sachverständige bereits im Interesse des Geschädigten tätig war: BGHSt 20, 245 (246); siehe ferner BGHSt 18, 214 (216f.); BGHR StPO § 74 I 1 – Befangenheit 3 und BGHSt 41, 206 (209). Grundsätzliches zur Richterablehnung bei *Hamm* Der gesetzliche Richter und die Ablehnung wegen Besorgnis der Befangenheit; Kasuistik bei LR-*Siolek* Rn. 12ff. zu § 24 und LR-*Krause* § 74, Rn. 11ff.

780 Dies kann aus § 83 Abs. 2 StPO abgeleitet werden; LR-*Krause* § 74, Rn. 22; *Dahs/Dahs* Revision, Rn. 283.

781 BGH 1 StR 470/01 v. 20. 11. 2001 = NStZ-RR 2002, 110 = StV 2002, 350.

782 Siehe hierzu auch BGH NStZ 1991, 595; LR-*Siolek* Vor § 22, Rn. 8, m.w.N.

783 Hierzu das Referat von Ursula *Nelles* auf dem 16. Strafverteidigertag 1992 in Hamburg, Schriftenreihe der Strafverteidigervereinigungen, 147–171; siehe auch die Stellungnahme des Strafrechtsausschusses des Deutschen Anwaltsvereins, in der warnend auf die zunehmend präventive Stoßrichtung des Strafprozessrechts hingewiesen wird: StV 1992, 29–37.

784 „We may try to see things as objectively as we please. None the less, we can never see them with any eyes except our own" – *Cardozo* zitiert von *Herdegen* in NStZ 1984, 97.

rung von Zeugen durch einen befangenen Staatsanwalt im Vorverfahren,[785] die dazu führt, dass diese in der Hauptverhandlung nicht mehr so frei agieren, wie sie es ohne den entsprechend handelnden Ermittler vielleicht getan hätten. Die gleiche Gefahr besteht bei Sitzungsvertretern, die eine enge Beziehung zum Beschuldigten haben (Liebesverhältnis, Verlöbnis o. ä.)[786] bzw. bei großer Abneigung gegen den Beschuldigten oder erheblichen Spannungen[787] mit demselben.

387 Wird Derartiges bekannt, müsste es möglich sein, nicht erst im Nachhinein den Staatsanwalt aus der Ermittlungsarbeit zu entfernen, etwa durch Auswechslung des Staatsanwaltes auf Weisung des Vorgesetzten (§ 145 Abs. 1 GVG)[788] oder durch Dienstaufsichtsbeschwerde.[789] Der Staatsanwalt müsste vielmehr – wie ein Richter – bei Bekanntwerden seiner Befangenheit aus dem laufenden Verfahren ausgeschlossen werden können, um dem Angeklagten ein rechtsstaatliches Verfahren zu sichern. Ein weiterer, bislang erstmalig durch das LG Bad Kreuznach[790] beschrittener Weg ist das Verbot, die durch einen befangenen Staatsanwalt gewonnenen Beweise zu verwerten.[791] Für beide Wege ist es jedoch notwendig, dass ein unabhängiges Gremium und nicht der Dienstvorgesetzte über das vorgebrachte Ablehnungsgesuch entscheidet.[792]

---

785 Daran anknüpfend der Beschluss des LG Bad Kreuznach StV 1993, 629 (634), das aufgrund rechtswidrig angedrohter Beugehaft gegenüber Zeugen durch einen befangenen Staatsanwalt zu einem Beweisverbot nach den §§ 69 Abs. 3, 136 a StPO gelangte.

786 Im Hinblick auf Ablehnung und Revisibilität herrscht weitgehend Einigkeit, sofern es um den „ausgeschlossenen" Staatsanwalt geht; vgl. *Meyer-Goßner* Vor § 22, Rn. 3; *Tolksdorf* Mitwirkungsverbot für den befangenen Staatsanwalt, 37 und 102; eine Zusammenfassung zu diesem Thema bietet die Buchbesprechung hierzu von *Frisch* StV 1992, 613 ff.

787 *Tolksdorf* aaO, 102; LG Bad Kreuznach StV 1993, 629 (632), wonach ein Staatsanwalt über einen Beschuldigten geäußert haben soll: „Ich hatte den S. (den späteren Angeklagten) auf dem Kieker"; in diesem Verfahren „gedieh" die Ermittlungsarbeit laut Beschluss des LG Kreuznach StV 1993, 636 sogar so weit, dass der damalige Staatsanwalt – gegen ärztlichen Protest – die Verhaftung eines schwer kranken Beschuldigten veranlasste, der sich zu diesem Zeitpunkt auf der Intensivstation eines Krankenhauses befand, und dies, obschon die Ärzte dessen Haftunfähigkeit bestätigt hatten.

788 Zu bedenken ist jedoch, dass hierauf kein Anspruch besteht; es gibt nur die Möglichkeit, auf eine solche Maßnahme hinzuwirken. Vgl. hierzu *Kissel/Mayer* § 145 GVG, Rn. 9 speziell im Hinblick auf die Ablösung nach § 145 GVG und Rn. 6 ff. m. w. N. allgemein.

789 Die Dienstaufsichtsbeschwerde wendet sich an die Dienstaufsicht des leitenden Vorgesetzten (bei der StA der Generalstaatsanwalt) oder direkt an den Justizminister gem. § 147 Nr. 1 GVG. Sie untersteht keiner Frist oder Formvorschrift.

790 LG Bad Kreuznach StV 1993, 629 ff.

791 Das LG Bad Kreuznach zieht – insbesondere in Bezug auf Durchsuchungsanordnungen, die durch befangene Staatsanwälte in besagtem Verfahren bewirkt worden sind – interessante Parallelen zu anderen Rechtsordnungen: So wird z. B. der Lordrichter *Crampten* mit einem Satz aus dem Jahre 1775 zitiert, der auch in einem modernen, demokratischen Rechtsstaat durchaus noch seine Bedeutung hat: „The poorest man may in his cottage bid defiance to all forces of the crown. It may frail; its roots may shake; the wind may blow through it; the storm may enter; the rain may enter; but the king with all his forces dare not cross the threshold of the ruined tenement" (LG Bad Kreuznach StV 1993, 635).

792 Bislang wird es als relativer Revisionsgrund anerkannt, wenn der Anklagevertreter zugleich als Zeuge vernommen wird, da in diesem Fall gegen das aus dem Gedanken des „fair-trial"-Grundsatzes folgende Gebot der Waffengleichheit verstoßen wird: *Kissel/Mayer* § 145 GVG, Rn. 6; § 141 GVG, Rn. 6; BGHSt 14, 265 (267 f.); BGH NStZ 1983, 135; BGH StV 1983, 497 im Falle eines Staatsanwaltes, der im Plädoyer seine eigenen Zeugenaussagen gewürdigt hat, wobei hier die Revisibilität nach § 338 Nr. 5 StPO untersucht wurde; bemerkenswert *Frisch* StV 1992, 615 f., der beim „ausgeschlossenen" Staatsanwalt eine Analogie zu den §§ 21, 22 StPO für zulässig hält, solange der Gesetzgeber keine andere Regelung geschaffen hat. Er plädiert allerdings für die Schaf-

Zwei Probleme werden dabei aufgeworfen, zum einen die Frage der Unwirksamkeit von Amtshandlungen und zum anderen die Revisibiltät eines Urteils, das unter Mitwirkung eines befangenen Staatsanwaltes ergangen ist.[793] Vom Gesetzgeber ist dies bislang nicht aufgegriffen worden. Zwar wird in der Literatur über die Ablehnung des befangenen Staatsanwaltes mit zum Teil interessanten Durchsetzungsmodellen gestritten.[794] Begründet wird die Ablehnbarkeit eines befangenen Staatsanwaltes z.B. mit einer Ableitung aus dem Prinzip des „fair trial", ferner mit § 160 Abs. 2 StPO,[795] einer entsprechenden Anwendung der §§ 20, 21 VwVfG und einer Analogie zu den §§ 22ff. StPO.[796] Indes hat sich keines dieser Modelle in der Rechtsprechung durchgesetzt.[797] Aus diesem Grund ist der Gesetzgeber aufgefordert, eine Regelung für die Ablehnung ausgeschlossener und befangener Staatsanwälte einschließlich einer revisionsrechtlichen Regelung zu schaffen.[798] 388

Einen eigenwilligen und mit der Gesetzeslage nicht vereinbaren Versuch der **Beschränkung des Ablehnungsrechts** hat sich kürzlich der 1. Strafsenat des BGH einfallen lassen:[799] Der Senat hielt eine auf § 338 Nr. 3 StPO gestützte Rüge bereits für unzulässig, weil der Angeklagte nach sachlicher Bescheidung des Befangenheitsantrags mit den zuvor als befangen abgelehnten Richtern eine Urteilsabsprache getroffen hatte. Umstände, dic trotz dieser Absprache ein Fortbestehen der von dem Angeklagten mit seinem Befangenheitsantrag geltend gemachten Besorgnis der Befangenheit rechtfertigen könnten, seien nicht vorgetragen und auch sonst nicht ersichtlich. Bei dieser Sachlage beruhe die Erhebung der Befangenheitsrüge auf einem widersprüchlichen Verhalten des Beschwerdeführers; für sie bestehe daher kein Rechtsschutzbedürfnis.[800] 389

Dieser Argumentation liegt (ebenso wie mancher Entscheidung über die Urteilsabsprachen selbst) ein grundlegendes Fehlverständnis über die Dynamik und die Machtverteilung bei „Dealverhandlungen" zugrunde. Wer jemals in der Situation war, einen Mandanten in der Frage beraten zu müssen, ob man den Verlockungen des Gerichts mit einer vielleicht noch erträglichen „Strafobergrenze" nachgibt oder über ei- 390

fung eines absoluten Revisionsgrundes und weist auf die Probleme der Beruhensfrage bei § 337 StPO in diesen Fällen hin.

793 Vgl. *Frisch* StV 1992, 613.

794 Zum Meinungsstand vgl. *Frisch* StV 1992, 613 ff. und *Hilgendorf* StV 1996, 50.

795 Jene Begründungsmodelle werden von *Tolksdorf* Mitwirkungsverbot für den befangenen Staatsanwalt, 51 ff. abgelehnt.

796 Die Gesetzeslücke in diesem Bereich lässt sich jedoch nach Meinung *Tolksdorfs* nicht mit einer Analogie zu den §§ 22, 23 StPO schließen, da keines der darin aufgezählten Merkmale in seiner Gesamtheit auf den Staatsanwalt passe (S. 75 ff.); *Frisch* StV 1992, 614.

797 BGH NJW 1980, 845 f.; NStZ 1984, 419; LG Köln NStZ 1985, 230 (231) (m. Anm. *Wendisch*), LG Mönchengladbach StV 1987, 333 (334), das auf den Grundsatz des fair trial und § 160 Abs. 2 StPO abstellt, aber nur eine Anregung des Angeklagten i.S.v. § 145 GVG akzeptieren will; *Pfeiffer* FS Rebmann, 359 (373).

798 LR-*Siolek* vor § 22, Rn. 13 (Analogie zu den für den Richter geltenden Regeln) und *Frisch* StV 1992, 617, der zu Recht darauf aufmerksam macht, dass es für alle wichtigen Rollenträger derartige Regelungen gibt und es insofern überfällig ist, auch für den Staatsanwalt eine solche zu schaffen.

799 BGH 1 StR 323/08 Beschl. v. 22. 9. 2008 = NJW 2009, 690 = NStZ 2009, 159 = StV 2009, 169 kritisch dazu *Ventzke* HRRS 2009, 28 ff.

800 In die gleiche Richtung bereits eine nicht tragende Andeutung bei BGH, Beschl. v. 14. 12. 2006 – 5 StR 472/06 = StV 2008, 226.

nen noch monatelangen Kampf um den Freispruch das Risiko eingeht, die geballte Strafmaßsanktion für „Uneinsichtigkeit" und (in den Augen der Richter so gesehene) Verfahrensverschleppung zu spüren zu bekommen, wird ermessen können, wie irreal die Vorstellung ist, mit einer Urteilsabsprache sei im Regelfall eine Art Vertrauensbekundung des Angeklagten gegenüber den beteiligten Richtern verbunden. Wer zuvor seine Richter abgelehnt hat, weil er glaubt Anlass zu haben, ihre Voreingenommenheit zu besorgen, wird doch diese Befürchtung nicht deshalb abgelegt haben, weil er sich danach in Verhandlungen mit oder ohne „Sanktionsschere" einem Urteil unterwirft, das er vielleicht nur deshalb akzeptiert, weil es ihm von allen Verfahrensoptionen als das geringste Übel erscheint. Darin eine Art „Liebeserklärung" gegenüber dem zuvor noch abgelehnten Richter zu vermuten, zu der man sich nicht mehr durch den Rückgriff auf das Ablehnungsgesuch in der Revisionsinstanz in Widerspruch setzen dürfe, erscheint lebensfremd.

391 Insofern ist es gut, dass durch die neue Gesetzeslage in den §§ 257c, 302 Abs. 1 S. 2 StPO klargestellt ist, dass durch die nunmehr formalisierte „Verständigung" eine Einschränkung der Rechtsmittelbefugnisse nicht bewirkt werden soll. Dies gilt nach dem Wortlaut des § 302 Abs. 1 S. 2 StPO für den vollständigen (und damit auch für den partiellen) Rechtsmittelverzicht. Es muss dann aber erst Recht für einzelne Rügebefugnisse gelten.[801]

5. § 338 Nr. 4 StPO (Unzuständigkeit)

Literatur: *Rieß* Die Bestimmung und Prüfung der sachlichen Zuständigkeit und verwandter Erscheinungen im Strafverfahren, GA 1976, S. 1 ff.; *Oehler* Der gesetzliche Richter und die Zuständigkeit in Strafsachen, ZStW 1952 (Bd. 64), S. 292 ff.; *Kröger* Der gesetzliche Richter und die besondere Bedeutung des Falles i. S. des § 24 I Nr. 2, 3 GVG, 1962.

392 Fehler bei der Bestimmung der örtlichen, sachlichen oder besonderen funktionalen Zuständigkeit der Gerichte führen zur Verhandlung und Entscheidung durch den „nicht-gesetzlichen" Richter. Für diese Fälle gilt der absolute Revisionsgrund des § 338 Nr. 4 StPO, der sich nicht wie Nr. 1 mit der „Zuständigkeit" der einzelnen Richterpersönlichkeiten innerhalb eines Gremiums, sondern mit der Frage befasst, ob der ganze Spruchkörper zur Entscheidung des Falles berufen ist.

393 Im Falle der **örtlichen Zuständigkeit** beantwortet sich diese Frage nach den Regeln über den Gerichtsstand. Die §§ 7 ff. StPO lassen dabei der Staatsanwaltschaft praktisch ein Wahlrecht, wenn Tatort, Wohnsitz oder Ergreifungsort des Beschuldigten nicht im Bezirk desselben Gerichts liegen.[802] Die fehlende örtliche Zuständigkeit muss – sofern sie nicht von Amts wegen festgestellt wurde – gem. § 16 StPO von dem Angeklagten in der Hauptverhandlung gerügt werden. Dieser Einwand ist nur bis zum Beginn seiner Vernehmung zur Sache möglich. Danach ist auch die Unzuständigkeitsrüge für

---

801 In diese Richtung auch *Pfister* Vortrag auf dem 2. Karlsruher Strafrechtsdialog, 74.

802 Bedenken gegen dieses freie Auswahlermessen teilt die Rechtsprechung nur, wenn konkrete Anhaltspunkte dafür bestehen, dass unsachliche, von den gesetzlichen Maßstäben völlig entfernte Erwägungen die Wahl des Gerichtsortes bestimmt haben, BVerfGE 20, 336, 346 = NJW 1967, 99; vgl. auch BGH NStZ 1990, 138.

das Revisionsverfahren präkludiert[803] (§ 16 S. 2, 3 StPO). Bleibt der rechtzeitige und berechtigte Einwand des Angeklagten in der Hauptverhandlung unberücksichtigt, steht ihm die Möglichkeit der Urteilsanfechtung nach § 338 Nr. 4 StPO zu. Das Revisionsgericht überprüft daraufhin, ob die Rüge rechtzeitig vorgebracht und ob der Einwand vom Tatgericht zu Unrecht verworfen worden ist.[804]

Probleme entstehen manchmal, wenn während des Verfahrens der Beschuldigte seinen Wohnsitz wechselt. Maßgeblich ist der Ort, an dem er sich zum Zeitpunkt der Anklageerhebung[805] nicht nur vorübergehend niedergelassen hat.[806] In Jugendsachen erlaubt § 42 Abs. 3 JGG, dass das Gericht eine bereits anhängige Sache an das Gericht des neuen Wohnsitzes abgibt, wenn der Beschuldigte nach Anklageerhebung umzieht.[807] **394**

Die durch das Gerichtsverfassungsrecht bestimmte **sachliche Zuständigkeit** der Gerichte betrifft die Verteilung der Rechtssachen auf die verschiedenen Spruchkörper des ersten Rechtszuges (Strafrichter, Schöffengericht, Große Strafkammer, Strafsenat des OLG) nach ihrer Art und Schwere. Von ihr ist auch der Instanzenzug abhängig. Entsprechende Regelungen finden sich in § 25 GVG (Strafrichter des Amtsgerichts), §§ 24, 28 GVG (Schöffengericht), § 74 Abs. 1 GVG (Große Strafkammer) und § 120 GVG (Strafsenat). Auch das JGG kennt eine solche Zuständigkeitsverteilung (§§ 39–41 JGG). Die sachliche Zuständigkeit ist in jeder Lage des Verfahrens von Amts wegen zu prüfen (§ 6 StPO). Dies gilt auch für die sachliche Zuständigkeit der Jugendgerichte im Verhältnis zu anderen Jugendgerichten oder im Verhältnis zu den Erwachsenengerichten gleicher Ordnung. Dennoch soll Letzteres im Revisionsrechtszug nur auf eine zulässig erhobene Verfahrensrüge hin zu überprüfen sein.[808] **395**

Zu beachten ist allerdings die Regelung des § 269 StPO, aus der sich ergibt, dass es als unschädlich anzusehen ist, sofern sich ein Gericht höherer Ordnung für zuständig erklärt. Nach der Rechtsprechung tritt diese Regelung allerdings bei „Willkür“ wieder hinter § 6 StPO zurück.[809]

Besondere Zuständigkeiten ergeben sich – bei Gleichrangigkeit[810] der Spruchkörper – aus § 74 Abs. 2 GVG (für das Schwurgericht), § 74a GVG (für die Staatsschutzkammer) und § 74c GVG (für die Wirtschaftsstrafkammer). Den Vorrang bei Zuständigkeitsüberschreitungen regelt § 74e GVG. **396**

Hat der Tatrichter zum Zeitpunkt der Entscheidung seine Zuständigkeit zu Unrecht angenommen, kann die Revision auch in diesen Fällen zur Urteilsaufhebung führen.

---

803 *Meyer-Goßner* § 16, Rn. 7, § 338, Rn. 31.
804 *Meyer-Goßner* § 338, Rn. 31; LR-*Hanack* § 338, Rn. 67 f.
805 *Meyer-Goßner* § 8, Rn. 2.
806 So das LG Frankfurt StV 1988, 381 im Falle eines Asylbewerbers für die Wohnsitzfrage nach § 132 StPO.
807 Hat der Wechsel bereits vor der Anklageerhebung stattgefunden, darf von der Vorschrift kein Gebrauch gemacht werden (BGHSt 13, 209, 118; BGH 2 ARs 2/94 v. 19. 1. 1994).
808 *Meyer-Goßner* § 6, Rn. 6; s. u. Rn. 399 ff.
809 BGHSt 39, 172; BGHSt 38, 212; BGH StV 1995, 620; BGH NJW 1997, 2689.
810 *Rieß* GA 1976, 1 (2), kritisiert zu Recht, dass das GVG den Begriff der sachlichen Zuständigkeit nicht definiert. Dem Gesetz sei lediglich zu entnehmen, dass Gerichte mit unterschiedlicher Zuständigkeit in einem Rangverhältnis stehen, wobei die StPO von „höherer“ und „niederer“ Ordnung spreche.

Hier ist jedoch für die **Rüge der Unzuständigkeit** (§ 338 Nr. 4 StPO) erforderlich, dass der Angeklagte die Unzuständigkeit bereits in der Hauptverhandlung einwendet (§ 6a S. 2 StPO). Der Bundesgerichtshof lässt den Einwand, das Schwurgericht sei anstelle der allgemeinen Kammer zuständig gewesen, auch dann nicht mehr gelten, wenn der Grund hierfür erst nach Beginn der Vernehmung des Angeklagten zur Sache entstanden ist:[811] Das Opfer einer als schwere Körperverletzung angeklagten Tat war nach dem ersten Verhandlungstag an den Tatfolgen gestorben; danach beantragte die Verteidigerin die Verweisung an das Schwurgericht. Die Strafkammer lehnte dies ab, und so kam es zu dem seltenen Fall, dass eine Verurteilung wegen Körperverletzung mit Todesfolge nicht durch das Schwurgericht, sondern durch eine allgemeine Strafkammer erfolgte.

Hat der Angeklagte bis zum **Beginn seiner Vernehmung** zur Sache in der Hauptverhandlung den Einwand der funktionellen Unzuständigkeit des Gerichts nicht erhoben, ist die an sich unzuständige Strafkammer damit von Rechts wegen (funktionell) zuständig geworden und eine Verweisung gemäß § 270 Abs. 1 Satz 2 StPO ausgeschlossen.[812]

397 Nach der h.M., die den letzten Rügezeitpunkt nach § 6a StPO für verstrichen hält, sobald der Angeklagte in der ersten Hauptverhandlung Gelegenheit hatte, sich zur Sache zu äußern,[813] gilt dies auch, wenn danach die Verhandlung auf einen Antrag gem. § 265 Abs. 4 StPO nach § 228 Abs. 1 S. 1 StPO ausgesetzt wurde.

Auch wenn schon bei Anklageerhebung erkennbar ist, dass die Zuständigkeit des Tatgerichts „überschritten" werden könnte, aber dennoch vor dem niederen Gericht eröffnet und von diesem entschieden wird, soll gleichfalls keine Revision mehr möglich sein.[814] Dies wird damit begründet, dass nach dem Sinn und Zweck des Gesetzes die Prüfung von normativen Zuständigkeitsmerkmalen auf das Eröffnungsverfahren beschränkt sei.[815] Nach dem Eröffnungsbeschluss setzt folglich eine Zuständigkeitsperpetuierung ein.[816] Dies alles gilt freilich nur, sofern keine Willkürentscheidung vorliegt, wenn es also fernliegt, dass sachfremde Erwägungen bei der Zuständigkeitsbestimmung mitentscheidend waren.[817]

398 § 338 Nr. 4 StPO ist auch im **Verhältnis zwischen Jugendgerichten und Erwachsenengerichten** anwendbar. In Bezug auf das Verhältnis von Erwachsenengerichten zu

---

811 BGHSt 30, 187ff. = NStZ 1981, 447. – Vgl. zum Verhältnis der allgemeinen zu der besonderen Strafkammer auch *Brause* NJW 1979, 802 und *Rieß* NJW 1979, 1536; OLG Düsseldorf JR 1982, 514 (mit Anm. *Rieß*); SK-*Frisch* § 338, Rn. 95.

812 BGH 4 StR 376/08 Urt. v. 11. 12. 2008 = StraFo 2009, 155 unter Hinw. auf LR-*Erb* § 6, Rn. 4; KK-*Fischer* § 6a, Rn. 3.

813 KK-*Fischer* § 6a, Rn. 6.

814 BayObLG NStZ 1985, 470f. (m. abl. Anm. von *Achenbach*); zust. *Rieß* GA 1976, 1 (11), der aber auch einräumt, dass diese Auffassung im Gesetz keine Stütze findet.

815 BayObLG NStZ 1985, 470f.; *Rieß* GA 1976, 1 (11).

816 So auch die Entscheidung des BGH NStZ 1985, 464 (466), in der die Anwendbarkeit von § 338 Nr. 4 StPO mit der Begründung abgelehnt wurde, dass die Frage, ob „besondere Kenntnisse des Wirtschaftslebens" für die Beurteilung des Falles erforderlich waren (§ 74c Abs. 1 Nr. 6 GVG), nur bis zur Entscheidung über die Eröffnung hätte geprüft werden können.

817 Zur Willkürschranke bei der Gewährleistung des gesetzlichen Richters allgemein vgl. o. Rn. 319ff.

Jugendgerichten hatte der Bundesgerichtshof[818] zunächst keine ausdrückliche Rüge verlangt, sondern diese Art der Zuständigkeit als eine von Amts wegen zu prüfende Verfahrensvoraussetzung behandelt. Der Große Senat für Strafsachen entschied indes, dass sich die Zuständigkeit von Jugendgerichten und Erwachsenengerichten nicht wirklich „sachlich" unterscheide.[819] Die Jugendgerichte stehen nach Ansicht des Großen Senates im Gefüge der ordentlichen Gerichte und stellen insofern nur einen besonderen Geschäftsbereich – bei im Übrigen gleicher sachlicher Zuständigkeit – dar.[820] Eine Prüfung von Amts wegen sei daher nicht geboten; ohne ausdrückliche Rüge ist folglich die Unzuständigkeit in diesen Fällen nicht mehr gemäß § 338 Nr. 4 StPO revisibel.[821]

Noch nicht vollständig geklärt ist die Frage, ob die Bestimmung der **sachlichen Zuständigkeit zwischen Schöffengericht und Strafkammer** (§ 24 GVG) vom Revisionsgericht von Amts wegen zu überprüfen ist, wenn das höhere Gericht seine Zuständigkeit zu Unrecht angenommen hat.[822] Der 1. Strafsenat[823] hat Bedenken gegen die Rechtsprechung des 4. Strafsenats[824] vorgebracht, wonach Fehler bei der Bestimmung der sachlichen Zuständigkeit des Landgerichts „als Prozesshindernis von Amts wegen" zu beachten seien. Aus der Sonderregelung des § 269 StPO ergebe sich, dass es grundsätzlich als unschädlich anzusehen sei, wenn ein höheres Gericht statt eines Gerichts niederer Ordnung entschieden habe. Zwar liege ein Revisionsgrund vor, wenn das höhere Gericht willkürlich seine Zuständigkeit angenommen habe. Die Umstände, die diesen Vorwurf begründen, müssten jedoch dargelegt werden, um eine revisionsgerichtliche Nachprüfung zu ermöglichen. Von Willkür könne in diesem Zusammenhang nur die Rede sein, wenn sich die gerichtliche Entscheidung bei Auslegung und Anwendung einer Zuständigkeitsnorm so weit von dem Grundsatz des gesetzlichen Richters entfernt habe, dass sie nicht mehr zu rechtfertigen sei. Ein Verstoß gegen Art. 101 Abs. 1 S. 2 GG liege nicht schon dann vor, wenn ein Gericht infolge eines Irrtums Zuständigkeitsnormen falsch anwende.[825] Bei dieser Rechtsunsicherheit schließe ich mich der Empfehlung *Kuckeins*[826] an, in jedem Falle eine ordnungsgemä- **399**

---

818 BGHSt 7, 27f. = NJW 1955, 273 Nr. 19 = JZ 1955, 219 = MDR 1955, 180 = JR 1955, 104 = LM Nr. 2 zu § 338 Nr. 4 (m. zust. Anm. *Sarstedt* der diese Entscheidung als ein bewussteres und entschiedeneres Streben nach Rechtsstaatlichkeit interpretiert und auf das besondere öffentliche Interesse an der Zuständigkeit der Jugendgerichte hinweist); in diesem Sinne auch BGHSt 10, 74 = NJW 1957, 511 = LM Nr. 2 zu § 6 (m. Anm. *Busch*); BGHSt 13, 157 (161) = NJW 1959, 1694f. = MDR 1959, 940 = LM Nr. 5 zu § 103 JGG (m. Anm. E. *Krumme*); BGH NJW 1981, 1384f.; siehe hierzu auch *Rieß* GA 1976, 1 (3f.); *Hilger* NStZ 1983, 337 (340).

819 BGHSt 18, 79 (82); vgl. hierzu auch BGH NStZ 1991, 503 (m. Anm. *Eisenberg* NStZ 1992, 295ff.).

820 BGHSt 18, 79 (83).

821 BGHSt 18, 79 (83).

822 Dazu KK-*Kuckein* § 338, Rn. 66 m.w.N.

823 NJW 93, 1607 = NStZ 93, 197 = wistra 93, 149 = MDR 93, 264 = BGHR GVG § 74 – Bedeutung 3 = BGHR StPO § 269 – Unzuständigkeit 2; BGH NJW 1997, 2689.

824 BGHSt 38, 376 = StV 1993, 61 = NJW 1993, 672 = MDR 1993, 260 = JZ 1993, 477 = NStZ 1993, 248 = wistra 1993, 71 = BGHR StPO § 338 Nr. 1 – Geschäftsverteilungsplan 3; BGH NStZ 1992, 397.

825 Als Beleg zitiert der 1. Senat u.a. BVerfGE 9, 223 (230); 22, 254 (262); 29, 45 (49); 29, 198 (207); BGHSt 29, 216 (219).

826 KK-*Kuckein* aaO.

ße Verfahrensrüge zu erheben. Wenn dann der Senat der Auffassung ist, sie sei gar nicht notwendig gewesen, schadet das auch nichts.

400 Der vom 4. Strafsenat entschiedene Fall bot aber – worauf *Rieß*[827] in seiner Anmerkung zu Recht hinweist – durchaus Anlass zu der Annahme, dass schon die vorübergehende Verbindung der LG-Sache mit der – bei isolierter Betrachtung eindeutig vor das Schöffengericht gehörenden – Sache nur deshalb erfolgt war, um über den Anfangsbuchstaben des nunmehr Mitangeklagten die Zuständigkeit einer der Staatsanwaltschaft genehmeren Strafkammer herzustellen. *Rieß*[828] fügt hinzu: „Es ist beim Umgang mit dem gesetzlichen Richter ähnlich wie mit der Befangenheit. Nicht entscheidend ist, ob tatsächlich eine Manipulation gegeben ist und auf welchen Motiven sie beruht; es genügt schon, dass der ‚verständige Durchschnittsbeobachter' Anlass zu Argwohn haben kann." Gerade dies spricht auch bei der Zuständigkeitsrüge gegen die Anwendung der Willkürformel.[829]

Die Verfahrenstrennung nach Eröffnung des Hauptverfahrens lässt die einmal begründete Zuständigkeit des höherrangigen Gerichts nicht entfallen; einer Abgabe der Sache an ein Gericht niederer Ordnung steht § 269 StPO entgegen.[830]

401 In Fällen, in denen die Oberlandesgerichte die Revisionsinstanz bilden, entfaltet nach Ansicht des 5. Strafsenats die im Berufungsverfahren zu beachtende Norm des § 328 Abs. 2 StPO eine „Sperrwirkung" hinsichtlich der Rüge der Unzuständigkeit der ersten Tatsacheninstanz.[831] Demgemäß könne die fehlende Zuständigkeit etwa des Schöffengerichts nur auf eine entsprechende Verfahrensrüge, das Berufungsgericht habe die Vorschrift des § 328 Abs. 2 StPO verletzt, geltend gemacht werden.

6. § 338 Nr. 5 StPO (Abwesenheit)

Literatur: *Gollwitzer* Die Verfahrensstellung des in der Hauptverhandlung nicht anwesenden Angeklagten, Festschrift Tröndle, 1989, S. 455 ff.; *Hassemer* Gefährliche Nähe: Die Entfernung des Angeklagten aus der Hauptverhandlung, JuS 1986, 25 ff.; *Molketin* Abwesenheit des „notwendigen Verteidigers" bei Verlesung der Urteilsformel – ein absoluter Revisionsgrund im Sinne von § 338 Nr. 5 StPO, AnwBl 1981, 217 ff.; *Poppe* Urteilsverkündung in Abwesenheit notwendiger Prozessbeteiligter im Strafprozess, NJW 1954, 1914; *Rieß* Die Durchführung der Hauptverhandlung ohne den Angeklagten, JZ 1975, 265 ff.; *Schlothauer* Abwesenheitsverhandlung wegen Beurlaubung oder vorübergehender Verfahrensabtrennung und Revision, FG für Koch, 241 ff.; *Stein* Anwesenheitspflicht des Angeklagten in der Hauptverhandlung, ZStW 97 (1985), 303 ff.; *Warda* Hauptverhandlung mit dem verhandlungsunfähigen, aber verhandlungswillgen Angeklagten? Festschrift Bruns, 1978, S. 415 ff.

402 Mündlichkeits- und Unmittelbarkeitsprinzip sind nur dann sinnvoll zu wahren, wenn alle Verfahrensbeteiligten, die an der Entscheidungsfindung mitzuwirken haben, am Ende der Hauptverhandlung in der Lage sind, deren vollständigen Inhalt

827 *Rieß* NStZ 1993, 248.
828 *Rieß* ebenda.
829 Zu einem krassen Fall willkürlicher Annahme der Zuständigkeit der Strafkammer anstelle des Schöffengerichts (einmalige sexuelle Belästigung eines 12-jährigen Jungen in der Umkleidekabine eines Schwimmbades), BGH 4 StR 416/95 v. 3. 8. 1995 = StV 1995, 620.
830 BGH, Beschl. v. 26. 9. 2001 – 2 StR 340/01 = BGHSt 47, 116 = NJW 2002, 526.
831 BGHSt 42, 205 = StV 1996, 585.

(den „Inbegriff" i.S. des § 261 StPO) zu verstehen und sowohl in tatsächlicher, als auch in rechtlicher Hinsicht zu würdigen. Deshalb schreibt § 226 StPO vor, dass die zur Urteilsfindung berufenen Personen, also die Mitglieder des Gerichts, mindestens ein Vertreter der Staatsanwaltschaft und ein Urkundsbeamter der Geschäftsstelle ununterbrochen an der Hauptverhandlung teilzunehmen haben. Der Verteidiger ist hier nur deshalb nicht erwähnt, weil in Fällen der nicht notwendigen Verteidigung, in denen der Angeklagte das Recht hat, sich selbst zu verteidigen, auch die Möglichkeit bestehen muss, dass nur in Teilen der Hauptverhandlung ein Verteidiger anwesend ist. Wo jedoch § 140 StPO die Mitwirkung eines Verteidigers vorschreibt, gilt auch für diesen die Pflicht zur ununterbrochenen Anwesenheit (§ 145 StPO). Für den Angeklagten folgt aus dem Grundsatz des § 230 StPO, dass eine Hauptverhandlung gegen einen Abwesenden nicht durchgeführt werden darf.[832] Dies hängt nicht nur mit dem hohen Wert zusammen, den die Verfassung dem Grundrecht auf rechtliches Gehör (Art. 103 Abs. 1 GG) beimisst, sondern auch mit der zentralen Stellung des Beschuldigten als Prozesssubjekt, als „Hauptperson" des Strafverfahrens.[833]

Um die Einhaltung der Anwesenheitspflichten möglichst lückenlos und unabhängig **403**
von der Beruhensfrage zu gewährleisten, ist ein zugehöriger absoluter Revisionsgrund unentbehrlich. Nach § 338 Nr. 5 StPO ist auf eine entsprechende Rüge hin das Urteil stets aufzuheben, wobei die Beweiskraft des (nach BGHSt 51, 298 muss man hinzufügen: endgültigen[834]) Protokolls gemäß § 274 StPO nach wie vor allein maßgeblich ist.[835]

Revisibel i.S.v. § 338 Nr. 5 StPO soll ein Verstoß gegen die gesetzliche Anwesen- **404**
heitspflicht nach herrschender Meinung jedoch nur dann sein, wenn hiervon **wesentliche Teile der Hauptverhandlung** betroffen waren.[836] Dies wird von der Rechtsprechung für die Verlesung des Anklagesatzes[837] und (in Berufungssachen) des Urteils

---

832 Im Gegensatz zu den Verfahrensordnungen anderer Länder, in denen unter im Einzelnen geregelten Voraussetzungen Abwesenheitsverhandlungen möglich sind, z.B.: BGHSt 20, 198ff. (*Belgien*); OLG Köln Ausl. 180/89 v. 19. 10. 1990 in *Eser/Lagodny/Wilkitzki* Band S. 15, U 190 (*Griechenland*); OLG Düsseldorf StV 1987, 499f. (*Italien*); OLG Düsseldorf NStZ 1987, 466f. (*Niederlande*); OLG Düsseldorf 4 Ausl. (A) 10/85 – 3 und 4/85 III v. 21. 1. 1985 in *Eser/Lagodny/Wilkitzki* Band S 15, U 102 (*Österreich*); BVerfG NStZ 1991, 294f. (*Schweiz*); OLG Braunschweig Ausl. 3/85 v. 28. 8. 1987 in *Eser/Lagodny/Wilkitzki* Band S 15, U 149 (*Türkei*).

833 Umstritten, aber im vorliegenden Zusammenhang mehr von theoretischem Interesse ist die Frage, ob die Pflicht des Angeklagten zur ununterbrochenen Anwesenheit auch der Wahrheitsermittlung im Wege der nur so möglichen Beobachtung seines Prozessverhaltens und des von ihm ausgehenden „persönlichen Eindrucks" dient. Bejahend *Meyer-Goßner* § 230, Rn. 3 m.w.N. jetzt auch BVerfG NJW 07, 2977, (2979); mit überzeugenden Gründen verneinend *Stein* ZStW 97, 303 (313).

834 Siehe dazu o. 295ff.

835 Anschaulicher Fall in BGH 3 StR 202/04 v. 11. 8. 2004 = StV 2004, 638 = wistra 2004, 474 = NStZ 2005, 46. Der Fall, in dem lediglich dienstliche Äußerungen dem Protokoll entgegen gesetzt werden muss, auch nach der Entscheidung zur Rügeverkümmerung (BGHSt 51, 298) so zu entscheiden sein, solange keine Protokollberichtigung stattgefunden hat.

836 BGHSt 16, 178 (180); 26, 84 (91); BGH GA 1963, 19f.; BGH NStZ 1983, 36; BGH wistra 84, 113; *Meyer-Goßner* § 338, Rn. 36f.; kritisch hierzu: LR-*Hanack* § 338, Rn. 84; Anm. von *Maiwald* zu BGH 2 StR 791/80 v. 1. 4. 1981= BGHSt 30, 74 = NJW 1981, 1568 = JR 1982, 33.

837 BGHSt 9, 243 (244).

in erster Instanz nebst Gründen[838] sowie grundsätzlich für die gesamte Beweisaufnahme[839] angenommen. Auch die Vernehmung des Angeklagten zur Person und die Vernehmung zur Sache sind als wesentliche Verfahrensteile anzusehen.[840] Dasselbe gilt für die Aussagen der Mitangeklagten,[841] die Vernehmung von Zeugen zur Person[842] und zur Sache,[843] ihre Vereidigung,[844] einschließlich der Erörterung der Frage, ob eine solche stattfinden soll,[845] ferner eine Ortsbesichtigung durch das erkennende Gericht.[846] Keinen wesentlichen Teil der Hauptverhandlung stellt nach der Rechtsprechung hingegen das Ablehnungsverfahren (§§ 24ff. StPO) dar.[847] Dies ergibt sich daraus, dass das Ablehnungsverfahren ein selbständiges, eigenen Regeln unterliegendes Verfahren ist, das der Sache nach zum Gerichtsverfassungsrecht gehört. Es begründet daher nicht den absoluten Revisionsgrund des § 338 Nr. 5 StPO, wenn ein Ablehnungsgesuch in Abwesenheit des nach § 247 StPO von der Hauptverhandlung ausgeschlossenen Angeklagten gestellt und darüber durch Abgabe und Entgegennahme von Stellungnahmen anderer Verfahrensbeteiligter verhandelt wird.[848]

405 Zwischen wesentlichen und unwesentlichen Verhandlungsteilen zu unterscheiden, ist – wenn auch gängige Rechtsprechung – nicht unbedenklich, weil so gut wie niemals auszuschließen ist, dass gerade infolge der Anwesenheit des fehlenden Beteiligten aus dem „unwesentlichen“ ein wesentlicher Verhandlungsteil geworden wäre. Allein schon diese Gegenprobe zeigt, dass es letztlich doch wieder um die Frage nach dem **Beruhen des Urteils** auf dem Verfahrensfehler geht.[849] Es ist aber gerade der Sinn der absoluten Revisionsgründe, den Gerichten den Weg zu verbauen, einen Gesetzesverstoß unter Hinweis darauf folgenlos zu lassen, dass er für die Urteilsfindung nicht ursächlich geworden sein kann, dass er also einen nicht wesentlichen Teil des Strafprozesses betrifft. Der Auffassung, wonach die absoluten Revisionsgründe stets dann nicht gelten sollen, wenn das Beruhen des Urteils auf dem Verfahrensfehler

838 OLG Zweibrücken VRS 47, 352 (353); anders aber BGH NStZ 1987, 135f. Eingehend dazu *Poppe* NJW 1954, 1914ff.

839 BGHSt 9, 243 (244); 21, 332 (334) in einem Fall, in dem § 338 Nr. 5 StPO anzuwenden war, weil in Abwesenheit des Angeklagten eine Urkunde verlesen wurde; ähnlich BGH 5 StR 110/92 v. 17. 3. 1992 = StV 1992, 455 (Ls.); ferner BGH NStZ 1985, 375 (Vernehmung von Zeugen); 1986, 564 (Inaugenscheinnahme).

840 *Meyer-Goßner* § 338, Rn. 37; BGH NStZ 1983, 375.

841 BGH StV 1986, 288.

842 OLG Hamm NJW 1992, 3252.

843 Auch der Verzicht auf eine vom Gericht zunächst für notwendig erachtete Zeugenvernehmung ist ein wesentlicher Teil der Hauptverhandlung, BGH StV 1995, 623 (624) = NStZ 1996, 351.

844 BGHSt 22, 289 (297); BGH JR 1976, 340ff. (m. zustimm. Anm. *Gollwitzer*); BGH NStZ 1981, 449; BGH NStZ 1986, 133; 1987, 335; für die Wesentlichkeit der Anwesenheit bei Vereidigung eines Zeugen siehe auch BGH StV 1993, 585 = NStZ 1993, 585 = MDR 1993, 1095; BGH 5 StR 110/92 v. 17. 3. 1993; BGH StV 1993, 285 = NStZ 1993, 198 im Falle der Vereidigung eines Sachverständigen in Abwesenheit des Angeklagten; BGH 1 StR 163/93 v. 20. 4. 1993.

845 BGH StV 1988, 370.

846 BGHSt 3, 187ff. = NJW 1952, 1306 = LM Nr. I zu § 338 Nr. 5 (m. Anm. *Kohlhaas*); 25, 317 (318); BGH StV 1983, 4.

847 BGH NJW 1996, 2382 = NStZ 1996, 398.

848 BGH, aaO.

849 So ausdrücklich *Meyer-Goßner* § 338, Rn. 2, 36; anders der BGH, der in StV 1986, 465 (466) ausdrücklich hervorhebt, dass in den Fällen, in denen der Verfahrensverstoß einen wesentlichen Teil der Hauptverhandlung betrifft, die Prüfung der Beruhensfrage nicht mehr durchgeführt werden darf.

„denkgesetzlich auszuschließen" ist,[850] fehlt spätestens seit der Einführung des § 338 Nr. 7 StPO (nicht fristgerechte Absetzung der schriftlichen Urteilsgründe) jede Überzeugungskraft, weil es bei diesem Revisionsgrund regelmäßig so ist, dass der Tenor des Urteils auf der Fristüberschreitung beim Niederschreiben der Gründe gar nicht beruhen kann.[851]

Dem Sinn und Zweck der gesetzlich vorgeschriebenen Anwesenheitspflichten folgend **406** sollte man – statt mit Hilfe des Merkmals „wesentlicher Teil der Hauptverhandlung" den Anwendungsbereich der stets zur Aufhebung führenden Abwesenheitsrüge von vorneherein einzuschränken – nur solche Vorgänge abgrenzen, die nicht zwingend innerhalb der Hauptverhandlung stattfinden müssen. Dazu gehören alle Beweiserhebungen über bloße Verfahrensfragen, also die Erhebungen im Freibeweis, z.B. die „Vernehmung" eines Sachverständigen zur Frage der Verhandlungsfähigkeit eines Verfahrensbeteiligten. Der „Aufruf der Sache" (§ 243 Abs. 1 S. 1 StPO), der auch durch den Wachtmeister außerhalb des Gerichtssaals erfolgen kann und der Aufruf von Zeugen und Sachverständigen,[852] gehören nicht zu den notwendigen Inhalten der Hauptverhandlung. Ebenso muss die bloße Feststellung der Identität des Angeklagten nicht innerhalb der Hauptverhandlung stattfinden, wenn sie aufgrund seiner „Vorstellung" zweifelsfrei feststeht.

Anders ist dies bei der als Förmlichkeit vorgeschriebenen **Vernehmung des Angeklagten** zu seinen persönlichen Verhältnissen (§ 243 Abs. 2 S. 2 StPO). Sie sollte unter **407** dem Schutz des absoluten Revisionsgrundes unbedingt in Anwesenheit aller notwendigen Verfahrensbeteiligten vorgenommen werden, und zwar unabhängig davon, wieviel der Befragte dabei aussagt, und ob dies über die Mitteilung der lediglich zur Identitätsfeststellung notwendigen Angaben zur Person hinausgeht.[853] Darauf abzustellen, ob dabei auch Dinge zur Sprache kommen, die für den Schuld- oder Strafausspruch wesentlich sein können (Vorstrafen, Vorleben, wirtschaftliche Verhältnisse usw.),[854] erscheint deshalb nicht gerechtfertigt, weil dies wiederum gerade seinen Grund in der Abwesenheit eines Frageberechtigten haben kann.

Wendet man das hier vorgeschlagene Kriterium für die Reichweite der Abwesenheits- **408** rüge an, so kann allenfalls noch zweifelhaft sein, ob die **vollständige mündliche Urteilsbegründung** zu den notwendigen Bestandteilen der Hauptverhandlung gehört. Der Wortlaut des § 268 Abs. 2 S. 2 StPO und die Rechtsprechung, wonach in diesem Verfahrensstadium sogar noch wirksam Beweisanträge gestellt werden können,[855] sprechen dafür. Andererseits lässt die Vorschrift dem Vorsitzenden einen sehr

850 SK-*Frisch* § 338, Rn. 104; *Meyer-Goßner* § 338, Rn. 2; *Dahs/Dahs* Revision, Rn. 118; BGH NJW 1977, 443.
851 Vgl. zu der gesetzlichen Fiktion des § 338 Nr. 7 StPO unten Rn. 473 ff.
852 BGHSt 15, 263; *Meyer-Goßner* § 338, Rn. 38.
853 Weniger differenziert noch die 5. Auflage und LR-*Hanack* § 338, Rn. 85, jeweils im Anschluss an BGH NJW 1953, 1800 f.; diese Entscheidung befasste sich jedoch nur mit einer Besetzungsrüge, weil ein Schöffe während der Feststellung der Identität des Angeklagten noch nicht vereidigt war. Für die Frage der revisionsrechtlichen Unschädlichkeit einer vorübergehenden Abwesenheit besagt die Entscheidung nichts.
854 BGH NJW 1972, 2006 in Bezug auf die Feststellung der Vorstrafen.
855 BGH StV 1985, 398; BGH NStZ 1986, 182.

weiten Spielraum, wie ausführlich er die mündliche Begründung fasst, und worin er – insbesondere auch mit Blick auf die häufig vorkommenden Überschneidungen mit einem der kurz zuvor gehaltenen Schlussvorträge von Staatsanwaltschaft oder Verteidigung – noch den „wesentlichen“ Inhalt der Urteilsgründe sieht. Deshalb wird allgemein angenommen, dass das Urteil auch dann wirksam ist, wenn es aus irgendeinem Grund zum Vortrag der mündlichen Gründe nicht mehr kommt.[856] Das bedeutet aber auch, dass zwar noch die Verlesung der Urteilsformel, nicht aber auch die mündliche Begründung zu den notwendigen Bestandteilen einer vollständigen Hauptverhandlung gehört, so dass trotz der Aufgabe des Merkmals „wesentlicher Teil der Hauptverhandlung“ an der in den Vorauflagen vertretenen Auffassung festgehalten werden kann, dass die Abwesenheit eines Beteiligten während der mündlichen Urteilsbegründung nicht von § 338 Nr. 5 StPO erfasst wird.[857]

409 Nach vorherrschender Auffassung gilt für die Rüge der **Abwesenheit von Richtern und Schöffen** nicht § 338 Nr. 5 StPO, sondern § 338 Nr. 1 StPO als Spezialvorschrift.[858] Das Verhältnis der beiden Revisionsgründe zueinander war damit nie ganz zutreffend erfasst – ohne dass dies praktische Folgen hatte, solange beide Wege zum selben Ziel führten. Das Verhältnis der beiden Regelungen sollte jedoch im Hinblick auf die eingeführte Präklusion hinsichtlich der Besetzungsrüge neu überdacht werden.

410 Die Präklusion setzt – wie oben ausgeführt[859] – voraus, dass die Umstände, die den Rechtsfehler begründen, zum letzten Zeitpunkt, in dem sie noch geltend gemacht werden dürfen, bekannt sind. Demgemäß sollte man als (präklusionsfähige) Besetzung nur das Quorum ansehen, das bis zum Beginn der Hauptverhandlung (genauer: bis zum Beginn der Vernehmung des ersten Angeklagten zur Sache, § 222b Abs. 1 S. 1 StPO) „angetreten ist“, den Fall am Ende der Hauptverhandlung zu entscheiden. Die zugehörigen Regeln, nach denen sich entscheidet, ob die am Richtertisch versammelten Personen auch „die richtigen“ sind, stehen u. a. im GVG und befassen sich nicht mit der Frage, ob die Strafprozessordnung es ge- oder verbietet, dass sich z. B. ein Schöffe während der Erörterung der Personalien eines Zeugen vorübergehend aus dem Gerichtssaal entfernen darf. Wollte man auch den Verstoß gegen die Pflicht der Richter, an der einmal begonnenen Hauptverhandlung ununterbrochen teilzunehmen, als einen Besetzungsfehler verstehen, so würde daraus folgen, dass die Abwesenheit eines Gerichtsmitgliedes während der Verlesung des Anklagesatzes nur dann noch in der Revision gerügt werden dürfte, wenn nach dem Wiedererscheinen des Richters oder Schöffen kurz vor der Vernehmung des Angeklagten zur Sache (§ 243 Abs. 5 S. 2 StPO) ein Besetzungseinwand erhoben worden wäre.

---

856 BGHSt 8, 41: Erkrankung oder Tod des Vorsitzenden nach Verlesung der Urteilsformel; *Meyer-Goßner* § 268, Rn. 6.

857 *Maiwald* JR 1982, 35 (Fn 3) mit Hinweis auf RG JW 1938, 1644 (m. Anm. *Rilk*), welches diesen Verhandlungsteil für *wesentlich* erachtet; so auch *Poppe* NJW 1954, 1914, während BGHSt 15, 263 ff.; 16, 178 (180); BGH 1 StR 23/96 v. 22. 2. 1996 = NStZ-RR 1996, 337 hier *Unwesentlichkeit* annimmt; wie der BGH auch LR-*Hanack* § 338, Rn. 85; KK-*Kuckein* § 338, Rn. 74; SK-*Frisch* § 338, Rn. 106 ist a. A.

858 So auch noch die 5. Auflage, 168, Rn. 209; LR-*Hanack* § 338, Rn. 38 u. 80; *Dahs/Dahs* Revision, Rn. 174; KK-*Kuckein* § 338, Rn. 71.

859 S. o. Rn. 327.

Bleibt ein Schöffe nach einer Verhandlungspause während der Beweisaufnahme in der Gerichtskantine zurück, weil ihn die danach vorgesehene Urkundenverlesung nicht interessiert, und fällt sein Fehlen im Gerichtssaal nicht gleich auf (was bei Anwesenheit von Ergänzungsschöffen vorkommen kann), so ist zwar in der Viertelstunde bis zu seinem Wiedererscheinen das Gericht in einem weiteren Sinne auch „nicht vorschriftsmäßig besetzt". Das aber liegt dann nicht daran, dass die durch § 338 Nr. 1 StPO nur noch unvollkommen abgesicherten Vorschriften über die Zusammensetzung des Spruchkörpers nicht beachtet wurden, sondern daran, dass das Gebot des § 226 StPO vernachlässigt wurde. Die hierzu passende Revisionsrüge ist die des § 338 Nr. 5 StPO, die unabhängig davon, ob der Fehler vor oder nach dem Beginn der Vernehmung des ersten Angeklagten zur Sache passiert, ohne Präklusion erhoben werden kann. Der Umstand, dass für die Dauer der Abwesenheit eines nur vorübergehend nicht im Gerichtssaal präsenten Richters das Gericht auch „nicht vorschriftsmäßig besetzt ist", ändert daran nichts. Insbesondere überzeugt die gängige Begründung für den von der h. M. angenommenen Vorrang der Besetzungsrüge vor der Abwesenheitsrüge, wonach die Ziff. 1 gegenüber der Ziff. 5 in § 338 StPO so etwas wie eine lex specialis („Sondervorschrift"[860]) sei, nicht. Wenn ein ganzes Gericht von vornherein nicht ordnungsgemäß besetzt ist, dann ist das kein Unterfall der verbotswidrigen vorübergehenden Abwesenheit einer zur Urteilsfindung berufenen Person, sondern es ist sogar eher umgekehrt: § 226 StPO regelt mit der vorübergehenden Abwesenheit eines Richters während der Hauptverhandlung einen speziellen Fall der unzulänglichen Gerichtsbesetzung. Deshalb geht hier die **Abwesenheitsrüge** der Besetzungsrüge vor. **411**

Das gilt auch in den Fällen, in denen die vorübergehende „Abwesenheit" nicht im physischen Sinne zu verstehen ist. Für die in § 226 StPO vorgeschriebene Anwesenheit reicht es nämlich nicht aus, dass der Verfahrensbeteiligte nur körperlich an der Verhandlung teilnimmt. Er muss vielmehr auch durchgehend in der Lage sein, der Verhandlung zu folgen, darf also weder geistig abwesend noch vorübergehend verhandlungsunfähig sein.[861] Auch das gilt für alle Verfahrensbeteiligten, deren ununterbrochene Präsenz in der Hauptverhandlung das Gesetz vorschreibt, also auch für die Richter, soweit nicht die geistige Abwesenheit auf einen dauernden persönlichen Defekt zurückzuführen ist, der nach den Regeln des DRiG oder des GVG von vornherein der Mitwirkung des betreffenden Richters entgegengestanden hätte. Wirkt an der Verhandlung ein Schöffe mit, der i. S. des § 33 Nr. 4 GVG „aus gesundheitlichen Gründen zu dem Amt nicht geeignet ist", und dies in einem Ausmaß, dass er als dauernd verhandlungsunfähig gelten kann, so ist zwar die Verletzung des § 33 GVG als solche noch nicht revisibel,[862] weil es sich nur um eine Sollvorschrift handelt. Aber die Unfähigkeit, der Verhandlung geistig zu folgen, kann die Besetzungsrüge und die Abwesenheitsrüge gleichzeitig begründen, mit der Folge, dass eine Präklusion insbesondere dann nicht eintritt, wenn der persönliche Mangel erst nach Beginn der Ver- **412**

---

860 BGH 4 StR 252/91 v. 7. 11. 1991 (in NStZ 1992, 140 und wistra 1992, 69 insoweit nicht abgedr.); LR-*Hanack* § 338, Rn. 38, weist zutreffend darauf hin, dass die Fälle nur physischer Anwesenheit eines Richters „an sich unter § 338 Nr. 5" fallen müssten, er schließt sich dann aber doch der entgegenstehenden h. M. an, ohne dies näher zu begründen.
861 LR-*Hanack* § 338, Rn. 83.
862 BGHSt 30, 255 (257) = NJW 1982, 293; BGHSt 33, 261 (269) = NJW 1985, 2840.

nehmung des ersten Angeklagten zur Sache während der Hauptverhandlung erkennbar wird.

413 Nicht ganz selten ist die Rüge, ein Mitglied des **Gerichts** habe **geschlafen.** Auch hier handelt es sich weniger um einen Besetzungsfehler (§ 338 Nr. 1 StPO) als um den Fall des § 338 Nr. 5 StPO.[863] Die Rüge verspricht allerdings nur selten Erfolg.[864] So ist die Revisionsrechtsprechung sehr nachsichtig mit den Richterkollegen, die „vorübergehend in ihrer Aufmerksamkeit durch Ermüdungserscheinungen beeinträchtigt" sind, „nicht sehr lange" schlafen, „einen Moment einnicken", „gelegentlich Schnarchtöne" von sich geben,[865] den Kopf absacken lassen;[866] sie verlangt vielmehr, dass der Richter „während eines nicht unerheblichen Zeitraums fest geschlafen hat, so dass er den wesentlichen Vorgängen, die sich in der Hauptverhandlung während dieser Zeitspanne ereignet haben, nicht mehr hat folgen können".[867]

414 Dieser einschränkenden Auslegung kann jedoch nicht gefolgt werden. Denn wenn ein Richter in der Sitzung „einnickt", kann er schon eine Weile vorher nicht so bei der Sache gewesen sein, wie es von einem Richter, gar einem Strafrichter, verlangt werden muss. *Fuchs*[868] kontrastiert die Großzügigkeit der Rechtsprechung gegenüber dem übermüdeten oder sogar schlafenden Richter zu Recht mit der Strenge, mit der dieselbe Rechtsprechung die Fälle der Übermüdung eines Kraftfahrers im Straßenverkehr behandelt, wo niemand auf den Gedanken käme, bei Konzentrationsschwächen die daraus resultierenden Gefahren in Zweifel zu ziehen, um mit den strafrechlichen Sanktionen zuzuwarten, „... bis der Kopf absackt oder Schnarchlaute ertönen". So überzeugt auch die Auffassung von *Fuchs,* der in Anlehnung an eine Entscheidung des Bundessozialgerichts[869] und Eb. *Schmidt*[870] fordert, dass ein Urteil bedingungslos aufzuheben ist, wenn der Richter in der Hauptverhandlung auch nur den Anschein erweckt hat zu schlafen.[871] Wie will man auch mit einiger Sicherheit beurteilen, was in diesem Zusammenhang ein „nicht unerheblicher" Zeitraum ist? Entscheidend ist doch, ob sich während dieser Zeit etwas ereignet hat, was auf das Urteil des Schlafenden, wäre er wach gewesen, Einfluss gehabt haben könnte. Solche „Zeitspannen", ob lang oder kurz, sollte es in einer gut geleiteten Hauptverhandlung überhaupt nicht geben. Ein Angeklagter hat ein Recht darauf, einem konzentrierten, aufmerksamen

---

863 A.A. auch hier die 5. Auflage (168, Rn. 209), die Rspr. und die h.L.; Übersicht bei *Dallinger* MDR 1956, 398; BGH MDR 1971, 364 (*Dallinger*); BGH StV 1982, 9; LR-*Hanack* § 338, Rn. 43.

864 Vgl. BGHSt 2, 14ff. und auch schon RGSt 60, 64; RG JW 1936, 3473. In einem Fall, in dem der Schöffe „nur" während der Erstattung eines Gutachtens eines Sachverständigen zur Frage der Schuldfähigkeit des Angeklagten geschlafen hatte, hob der BGH das Urteil zwar auf, hielt jedoch die Feststellungen zum äußeren Tatgeschehen aufrecht: BGH 4 StR 338/82 – Urt. v. 29. 7. 1982.

865 RGSt 60, 63 (64).

866 BVerwG NJW 1986, 2721 (2722).

867 BGH NStZ 1982, 431.

868 *Fuchs* AnwBl 1987, 569 (572).

869 BVBl 1966, 119 – zitiert in *Fuchs* AnwBl 1987, 571, Fn. 18.

870 *Eb. Schmidt* Anm. zu BGH 4 StR 229/62 v. 7. 9. 1962 in JR 1963, 228f.; *Fuchs* AnwBl 1987, 571, Fn. 20.

871 *Fuchs* beschreibt anschaulich, dass in der Geschichte – vom alten Rom bis hin zur Soester Gerichtsordnung im 15. Jahrhundert – ohne Spitzfindigkeiten nach dem Grundsatz gehandelt wurde: „Entweder schläft jemand oder er schläft nicht". Schläft er, wofür auch der Anschein genügt, durfte er nicht urteilen; AnwBl 1987, 571 f.; 573.

Richter gegenübergestellt zu werden, denn nur in diesem Fall kann der Grundsatz des „fair trial“ gewahrt werden.[872]

Darüber hinaus zögern die Revisionsgerichte im Einzelfall, sich von dem tatsächlichen Vorliegen dieses Aufhebungsgrundes zu überzeugen.[873] Das hängt damit zusammen, dass es nur in den Fällen zu einem entsprechenden Rügevortrag kommt, in denen die übrigen Richter und der Sitzungsvertreter der Staatsanwaltschaft das schläfrige „Weggetretensein“ übersehen oder großzügig „darüber hinweggesehen“ haben. Steht dann die Beobachtung des Angeklagten und die anwaltliche Versicherung des Verteidigers gegen die dienstliche Äußerung des betreffenden Richters oder Schöffen sowie der an einer Aufhebung des Urteils wenig interessierten Gerichtsmitglieder, so wird der Freibeweis nicht gelingen. Versucht dagegen der Verteidiger bereits im Zeitpunkt seiner Beobachtung den Vorgang im Protokoll festhalten zu lassen, geht der Revisionsgrund dadurch verloren, dass u. U. der zuletzt abgelaufene Teil der Hauptverhandlung im „Wachzustand“ aller Beteiligten wiederholt wird, und dass die geistige Präsenz des betroffenen Richters für den Rest der Verhandlung sichergestellt wird.[874] **415**

Bei Berufsrichtern und auch bei Schöffen ist gelegentlich zu beobachten, dass sie zwar nicht schlafen, dass sie jedoch aus anderen Gründen geistig abwesend oder abgelenkt sind. Auch dies wird zu Unrecht im Allgemeinen nicht unter dem Gesichtspunkt des § 338 Nr. 5 StPO[875] sondern als Besetzungsrüge behandelt.[876] Aber auch hier lässt es die Rechtsprechung nicht genügen, wenn der Richter nur den Eindruck geistiger Abwesenheit erweckte.[877] **416**

In der Praxis kommt die Abwesenheitsrüge am häufigsten im Zusammenhang mit den gesetzlichen Ausnahmeregelungen zu dem Grundsatz des § 230 StPO vor, wonach gegen **abwesende Angeklagte** nicht verhandelt werden darf. Die in seiner Gegenwart begonnene Hauptverhandlung darf ausnahmsweise auch ohne den Angeklagten weitergeführt werden, wenn er sich „eigenmächtig“ entfernt hat (§ 231 Abs. 2 StPO).[878] Ob eine solche Eigenmacht gegeben war, prüft das Revisionsgericht selbständig im Wege des Freibeweises nach.[879] **417**

Dabei kommt es nach einer Entscheidung des 2. Senates des BGH im Jahre 1990[880] nicht darauf an, ob der Angeklagte fernblieb, um den Gang der Rechtspflege zu stö- **418**

---

872 So auch *Sarstedt* Anm. zu OLG Nürnberg Ws 366/68 u. 367/68 v. 27. 8. 1968 in JZ 1969, 150 (153); *Fuchs* aaO, 571.

873 Beispiel: BGH NJW 1992, 3248 (in BGHSt 38, 339 insoweit nicht abgedruckt).

874 Zu dieser Thematik jetzt auch eingehend SK-*Frisch* § 338, Rn. 53.

875 KK-*Kuckein* § 338, Rn. 71.

876 KK-*Kuckein* § 338, Rn. 51.

877 BGHSt 11, 74 = NJW 1958, 31. Einen Sonderfall fehlgeleiteter Aufmerksamkeit hatte das Kammergericht DJZ 1931, 504 zu behandeln: Ein Schöffe hatte (wahrscheinlich äußerst wachsam) an der Verhandlung teilgenommen in der Vorstellung, er sei der Angeklagte; auch dies ist ein Besetzungsfehler. Er dürfte jedoch heute kaum noch vorkommen.

878 BGHSt 37, 249; ausführlich hierzu KK-*Gmel* § 231, Rn. 3; vgl. auch *Meyer-Goßner* § 231, Rn. 10.

879 BGH 3 StR 507/98, Beschl. v. 17. 3. 1999 = wistra 1999, 260 = NStZ 1999, 418 = StV 2003, 148; Jüngste Beispiele: BGH, Beschl. v. 7. 11. 2007 – 1 StR 275/07 = NStZ-RR 2008, 285 = wistra 2008, 110; BGH 3 StR 172/08 – Beschl. v. 8. 7. 2008 = StraFo 2008, 430.

880 BGHSt 37, 249 ff. = BGH StV 1991, 97 ff.

ren.[881] Es genügt vielmehr, dass er wissentlich und ohne Rechtfertigungs- oder Entschuldigungsgründe der Ladung nicht folgte. Der 2. Senat stellte auch klar, dass § 231 Abs. 2 StPO eine „Boykottabsicht" nicht voraussetzt,[882] da die Vorschrift sonst nur auf die Fälle anwendbar wäre, in denen der Angeklagte irrig davon ausgeht, mit seiner Abwesenheit das Boykottziel erreichen zu können. Ist dem Angeklagten aber bewusst, dass die Verhandlung auch ohne ihn fortgesetzt wird, könnte ihm demnach nie Eigenmacht angelastet werden. Nach bisheriger Rechtsprechung würde mithin § 231 Abs. 2 StPO nur in seltenen Fällen Anwendung finden. Diese enge Auslegung entspricht nicht § 231 Abs. 2 StPO, wie auch ein Vergleich zu § 231a StPO deutlich macht. Gemäß § 231a StPO reicht die „Wissentlichkeit" des Angeklagten für die Verhinderung der ordnungsgemäßen Durchführung der Hauptverhandlung aus. Da § 231a StPO über § 231 Abs. 2 StPO insoweit hinausgeht, als er die Möglichkeit, in Abwesenheit des Angeklagten zu verhandeln, sogar auf den Zeitpunkt ausdehnt, in dem dieser noch nicht zur Anklage vernommen wurde, kann auch für die subjektiven Voraussetzungen des § 231 Abs. 2 StPO nichts anderes gelten als für § 231a StPO. Folglich kommt es bei der Beurteilung der Frage, ob **Eigenmacht** vorliegt, auch nicht auf eine besondere Stör- oder Boykottabsicht des Angeklagten, sondern allein auf dessen Wissen an, seiner Anwesenheitspflicht ohne Rechtfertigungs- oder Entschuldigungsgründe nicht nachzukommen.[883]

419 Im Einzelnen wird Eigenmacht z.B. angenommen, wenn der Angeklagte seine Verhandlungsunfähigkeit vorsätzlich und schuldhaft herbeiführt, indem er sich z.B. bewusst in einen krankhaften Erregungszustand hineinsteigert[884] oder sich in den Zustand der Trunkenheit begibt.[885] Ferner, wenn der Angeklagte der Hauptverhandlung für gewisse Zeit ohne nachvollziehbare Entschuldigung fernbleibt.[886] Auch der 5-tägige stationäre Aufenthalt einer Angeklagten in einem psychiatrischen Krankenhaus, wegen ängstlich-depressiver Verstimmungen, wurde als eigenmächtiges Fehlen i.S.v. § 231 Abs. 2 StPO beurteilt, weil sie sich willentlich in diesen Zustand begeben hatte, um sich der Auseinandersetzung mit der Vergangenheit zu entziehen (sog. Selbsterfüllungsprophetie).[887] Bei einem ernstgemeinten **Selbstmordversuch** hingegen kann keine Eigenmacht vorliegen, da der Täter dadurch das Verfahren nicht verzögern, sondern aus dem Leben scheiden wollte.[888] Hat der Verteidiger dem Angeklagten erklärt, er brauche zur Urteilsfindung nicht zu kommen, weil auch das Gericht zu erkennen gegeben hat, dass es ihm „freistehe", darf von § 231 Abs. 2 StPO nicht Ge-

---

881 BGHSt 10, 317 (318): Hier wurde Eigenmacht des Angeklagten, der sich geweigert hatte, gefesselt an einer Ortsbesichtigung teilzunehmen, abgelehnt, da dieser – bei richtigem Eingreifen des Gerichts – nicht die „Macht" gehabt hätte, die Ortsbesichtigung zu vereiteln; BGHSt 16, 178 (183); 25, 317 (319); BGH NJW 1987, 2592f.

882 BGHSt 37, 249 (253).

883 BGHSt 37, 249 (255).

884 BGHSt 2, 300.

885 BGH NStZ 1986, 372.

886 BGHSt 37, 249 = BGH StV 1991, 97ff.: wegen Verwandtenbesuch bzw. Beschwernissen der Reise zum auswärtigen Verhandlungstermin.

887 BGH NJW 1991, 2917f.

888 In diesem Sinne zu Recht *Roxin* Strafverfahrensrecht, § 42 F II 3a) m.w.N.; *Franzheim* GA 1961, 108ff.; KK-*Gmel* § 231, Rn. 5; anders aber: BGHSt 16, 178 (183).

brauch gemacht werden.[889] Unanwendbar ist § 231 Abs. 2 StPO auch dann, wenn der nicht auf freiem Fuß befindliche Angeklagte während der Erstattung eines Sachverständigengutachtens über die Ergebnisse einer Obduktion auf seine Initiative bzw. mit seinem Einverständnis aus der Hauptverhandlung entfernt wurde.[890]

Mit der Einführung des § 231 a StPO hat der Gesetzgeber dem Rechtsstaatsprinzip einen bedenklichen Hieb versetzt. In der NS-Zeit war es möglich, gegen flüchtige – abwesende – Angeklagte ein Verfahren durchzuführen.[891] Die heutige Rechtsordnung zieht es vor, nicht um jeden Preis zu verurteilen und das Risiko von fatalen Fehlurteilen auf diese Weise minimal zu halten.[892] Das aus Art. 103 Abs. 1 GG und § 230 StPO abgeleitete Anwesenheits*recht* gewährt dem Angeklagten die Möglichkeit, seine Verteidigungsinteressen (Frage- und Erklärungsrechte) zu verwirklichen. Dass die Rechtsordnung sogar eine **Anwesenheits*pflicht*** vorsieht und die Anwesenheit des Angeklagten erzwingbar macht (§ 231 Abs. 1 S. 2 StPO), zeigt, dass es nicht nur im Interesse des Angeklagten, sondern auch im Interesse der Allgemeinheit liegt, niemand zu Unrecht zu verurteilen oder zum Objekt des Verfahrens zu machen.[893] *Grünwald* warnte bereits 1976 davor, die traditionellen rechtsstaatlichen Grundsätze des Strafverfahrens in ihrer Geltung zu relativieren, indem man sie der einfachen Abwägung gegenüber Strafverfolgungsinteressen aussetzt.[894] Wenn man diese Abwägung in das Ermessen der Gerichte stellt, „... gibt es keine bestimmbare Grenze mehr, an der der Strafverfolgung Einhalt geboten werden könnte".[895] Das Rechtsstaatsprinzip – zur *Abwehr* gegen zu weitgehende Grundrechtseingriffe im Dienst der Strafverfolgung konzipiert – wird durch die Vermehrung von Ausnahmeregelungen und die ausdehnende Auslegung der §§ 231 Abs. 2, 231 a StPO ausgehöhlt. Angesichts der Bedeutung des Rechtsstaatsprinzips gegenüber dem staatlichen Strafverfolgungsinteresse kann auch die Entscheidung des Bundesverfassungsgerichts,[896] das sich der Entscheidung des 3. Senates angeschlossen und § 231 a StPO für verfassungsgemäß erklärt hat, nicht befriedigen. **420**

---

889 BGH StV 1989, 187; OLG Bremen StV 1992, 558; vgl. aber auch BGHSt 37, 252.

890 BGH StV 1993, 285 = NStZ 1993, 198.

891 Gesetz v. 28. 6. 1935 (RGBl I, 844). Auch nach 1945 hatte diese Regelung noch Bestand. Selbst nach dem Vereinheitlichungsgesetz v. 12. 9. 1950 wurden Abwesenheitsverhandlungen noch zugelassen (§ 276 I StPO in der damaligen Fassung), allerdings nicht mehr gegen Flüchtige; auch konnte die Staatsanwaltschaft nicht mehr allein über die Frage, wer abwesend ist, entscheiden (so aber noch § 278 StPO von 1935). Erst mit Inkrafttreten des EGStGB am 1. 1. 1975 (Art. 21 Nr. 76 EStGB) wurde die Abwesenheitsverhandlung abgeschafft; §§ 276 ff. StPO beziehen sich seitdem nur noch auf Beweissicherungsfragen; hierzu: SK-*Schlüchter/Frister* § 276, Rn. 1 m. w. N.; *Henkel* Strafverfahrensrecht, 379 f., 466 f.. Die DDR praktizierte mit den §§ 236 ff. StPO der DDR v. 15. 10. 1952 (GBl Nr. 142) ebenfalls ein Verfahren gegen Abwesende, allerdings entsprechend den Vorschriften von 1935! Instruktiv hierzu *Eb. Schmidt* Lehrkommentar, vor § 276; *Henkel* Strafverfahrensrecht, 62 f.

892 So auch *Grünwald* Anm. zu BVerfGE 41, 246–250 = JZ 1976, 766 f. und BGHSt 26, 228 ff. = JZ 1976, 763–766, in JZ 1976, 767 (771).

893 *Grünwald* JZ 1976, 771.

894 *Grünwald* JZ 1976, 773.

895 *Grünwald* JZ 1976, 773.

896 BVerfGE 41, 246 (249 f.) = JZ 1976, 766 m. Anm. *Grünwald* JZ 1976, 770 ff., der § 231 a StPO wegen Verstoßes gegen Art. 103 Abs. 1 GG für verfassungswidrig hält.

421 Die Vorschrift erlangte eine besondere Bedeutung im Zusammenhang mit dem Verfahren gegen die „Baader-Meinhof"-Gruppe 1975.[897] Die Angeklagten waren aus Protest gegen ihre Haftbedingungen in den Hungerstreik getreten und dadurch nicht mehr permanent verhandlungsfähig. Der 3. Strafsenat entschied, dass mit dem Wortlaut des § 231a StPO „Verhandlungsfähigkeit ausschließenden Zustand" nicht gemeint sei, der Angeklagte müsse „absolut verhandlungsunfähig" sein.[898] Eine „vernünftige Planung der Hauptverhandlung"[899] sei nur möglich, wenn auch beschränkte Verhandlungsfähigkeit von § 231a StPO erfasst werde.[900] Der Senat vollzog mit seiner Entscheidung zwei noch über das ohnehin fragwürdige Gesetz hinausgehende Wertungen: Zum einen wurde die vom Gesetz vorgesehene Verhandlungs*unfähigkeit* auf eine *beschränkte* Verhandlungsfähigkeit ausgedehnt, ohne dass dies noch vom Gesetzeswortlaut gedeckt wäre. Zum anderen wurde der „Vorsatz" der Angeklagten durch eine Zurechnung ersetzt:[901] Die beschränkte Verhandlungsfähigkeit der Angeklagten war nach Sachverständigengutachten zum einen auf die Haftsituation zum anderen auf den Hungerstreik zurückzuführen,[902] was der Senat für selbst verantwortet hielt, weil diese einer gefährlichen kriminellen Vereinigung angehörten und daher die verschärften Haftbedingungen auf sich nehmen müssten.[903] Inwiefern die Gefährlichkeit einer Gruppe – die zudem erst noch nachzuweisen war – bzw. die psychisch problematische Haftsituation, gegen die sich die Angeklagten mit dem Hungerstreik wenden wollten, dem Vorsatz gleichgestellt werden kann, der Verhandlung fernzubleiben oder das Verfahren zu verschleppen, bleibt unklar.

422 Ohne den Angeklagten kann ferner im Falle seiner ***Entfernung*** verhandelt werden, wenn zu befürchten ist, dass ein Zeuge oder Mitangeklagter in seiner Gegenwart nicht aussagen oder nicht die Wahrheit sagen wird (§ 247 S. 1 StPO). Die Möglichkeit, den Angeklagten gemäß § 247 S. 1 StPO zu entfernen, hat sich in bedenklicher Weise insbesondere bei Verhandlungen mit „getarnten oder gefährdeten Zeugen" zum vermeintlichen „Königsweg"[904] entwickelt. Verweigert die oberste Dienstbehörde gemäß §§ 54, 96 StPO i.V.m. § 68 Abs. 2 BBG wegen der „Enttarnungsgefahr" die Genehmigung zur Vernehmung eines V-Mannes oder verdeckten Ermittlers (§§ 110a ff. StPO) in Gegenwart des Angeklagten, so lässt die Rechtsprechung die Entfernung des Angeklagten während der Zeugenaussage zu,[905] und zwar hier sogar anders als sonst[906] einschließlich der Vereidigung.[907]

423 Der Angeklagte kann nur unter den Voraussetzungen des § 247 StPO aus der Hauptverhandlung *entfernt* werden. Auch wenn der Angeklagte darüber hinaus nur für kur-

---

897 BGHSt 26, 228 ff.
898 BGHSt 26, 228 (231).
899 BGHSt 26, 228 (233).
900 BGHSt 26, 228 (232).
901 *Grünwald* JZ 1976, 768.
902 BGHSt 26, 236.
903 BGHSt 26, 237–239.
904 *Hassemer* JuS 1986, 25 (26).
905 BGHSt 32, 32 = JZ 1984, 45 (Anm. *Geerds*); BGHSt 32, 115, 125 (GrS).
906 Vgl. dazu u. Rn. 426.
907 KK-*Diemer* § 247, Rn. 5.

ze Zeit der Verhandlung über einen wesentlichen Teil ferngeblieben oder unberechtigt beurlaubt worden ist, begründet dies die Rüge nach § 338 Nr. 5 StPO.[908]

Auf die Anwesenheit des Angeklagten kann **nicht wirksam verzichtet** werden. Deshalb dürfen die Voraussetzungen des § 247 StPO nicht schon dann als gegeben angesehen werden, wenn alle Verfahrensbeteiligten mit der Abwesenheit des Angeklagten einverstanden sind.[909] Wenn diese Voraussetzungen von dem Gericht zu Unrecht angenommen werden, kann dies gemäß § 338 Nr. 5 StPO beanstandet werden.[910] Ein absoluter Revisionsgrund liegt auch vor, wenn kein förmlicher Gerichtsbeschluss über die Entfernung des Angeklagten ergangen ist, z.B. wenn nur der Vorsitzende den Angeklagten aus dem Sitzungssaal entfernen lässt.[911] Ist kein Gerichtsbeschluss ergangen oder enthält er keine zureichende Begründung, so liegt der absolute Revisionsgrund vor.[912] Die Rechtsprechung macht hiervon eine Ausnahme, wenn für alle Beteiligten erkennbar ist, dass das Gericht bei der Beschlussfassung von zutreffenden Erwägungen ausgegangen ist.[913] Sobald aber der gesamte protokollierte Vorgang und insbesondere die Beschlussbegründung Zweifel darüber belässt, ob die sachlichen Voraussetzungen des § 247 StPO vorliegen, schlägt diese Unklarheit zugunsten des Grundsatzes aus, dass gegen einen abwesenden Angeklagten nur beim Vorliegen eines eindeutigen gesetzlichen Erlaubnistatbestandes verhandelt werden darf.[914] **424**

Allerdings ist auf diesem Gebiet in letzter Zeit einiges in Bewegung geraten. Der 5. Strafsenat hat bei den anderen Senaten angefragt, ob sie sich in folgender Frage seiner Meinung anschließen:

„Erfolgt nach Entfernung des Angeklagten während einer Zeugenvernehmung gemäß § 247 StPO in seiner andauernden Abwesenheit eine förmliche Augenscheinseinnahme, die mit der Vernehmung in engem Sachzusammenhang steht, so ist dem Angeklagten bei seiner Unterrichtung nach § 247 Satz 4 StPO das in seiner Abwesenheit in Augenschein genommene Objekt vorzuzeigen; das ist im Zusammenhang mit der Unterrichtung zu protokollieren. Bei einer so gestalteten Unterrichtung ist der absolute Revisionsgrund des § 338 Nr. 5 StPO nicht erfüllt.“[915]

Und am selben Tag hat derselbe Senat eine andere Sache zum Anlass genommen, auch noch anzukündigen, falls die anderen Senate mitziehen oder erforderlichenfalls der Große Senat dies billigt, folgenden Rechtssatz zu begründen:

---

908 BGH NStZ 1981, 449 (7-minütige Abwesenheit); für eine unberechtigte Beurlaubung des Angeklagten siehe Beispiele bei LR-*Hanack* § 338, Fn. 232.

909 BGHSt 25, 317 (318); BGH NJW 1973, 522; BGH NStZ 1991, 296.

910 BGHSt 15, 194 (196); 22, 18 (20); BGH NStZ 1987, 84 (85); LR-*Gollwitzer* § 247, Rn. 52.

911 So die h.M.: RGSt 20, 273; BGHSt 1, 346 (350); 4, 364; 15, 194 (196); BGH NJW 1976, 1108 (1109); BGH NStZ 1987, 84 (85).

912 KK-*Diemer* § 247, Rn. 13, 16 m.w.N.

913 BGHSt 15, 194 (196), daran anknüpfend BGHSt 22, 18 (20); BGH NStZ 1987, 84 (85); BGH StV 1987, 6 = NStZ 1987, 84 = BGHR StPO § 338 Nr. 5 – Angeklagter 5; BGH 5 StR 568/92 v. 20. 4. 1993 (insoweit in BGHR StPO § 33 Abs. 1 – Gerichtsbeschluss 1 nicht abgedruckt).

914 BGHSt 32, 32 (36) = JZ 1984, 45 ff. (Anm. *Geerds*); BGH NStZ 1983, 36; 1987, 84 f.; auch wenn der Angeklagte freiwillig den Gerichtssaal verlässt, muss das Gericht einen förmlichen Beschluss erlassen, aus dem hervorgeht, dass ein Fall des § 247 StPO vorliegt, und dass nicht nur der Vorsitzende allein einen Entfernungsgrund für gegeben hält: BGH NStZ 1991, 296.

915 BGH, Beschl. v. 10. 3. 2009 – 5 StR 530/08 mit Anm. *Schlothauer* StV 2009, 228; vgl. auch das Urteil in diesem Verfahren vom 11. 11. 2009 = StV 2010, 59.

„Die fortdauernde Abwesenheit des nach § 247 StPO während einer Zeugenvernehmung entfernten Angeklagten bei der Verhandlung über die Entlassung des Zeugen begründet nicht den absoluten Revisionsgrund des § 338 Nr. 5 StPO.“[916]

Es ist zu befürchten, dass sich die Senate auch hier auf weitere Schritte zur Entformalisierung der Hauptverhandlung verständigen werden.

425 Nicht selten ergibt sich im Zusammenhang mit der Anwendung des § 247 StPO der absolute Revisionsgrund daraus, dass während der an sich durch die Vorschrift gedeckten Abwesenheit des Angeklagten auch Vorgänge stattfinden, die durch den Beschluss nicht erfasst sind und auch nicht erfasst werden dürften. Das gilt z.B., wenn im Rahmen der Zeugenvernehmung auch eine Urkunde verlesen wird[917] oder wenn im Rahmen der Vernehmung eines V-Manns zur Frage seiner Identität auch der ihn begleitende Kriminalbeamte vernommen wird.[918] Auch die Verhandlung über die Entfernung muss noch in Anwesenheit des Angeklagten stattfinden.[919]

426 Ein häufiger Verfahrensfehler, der stets zur Anwendbarkeit des § 338 Nr. 5 StPO führt, besteht darin, die Anwesenheit des Angeklagten vor der Erörterung der Frage, ob der Zeuge zu vereidigen ist, nicht wieder zuzulassen.[920] Auch die Verhandlung über die Frage, ob der Zeuge entlassen werden kann und die Entlassung selbst dürfen erst vorgenommen werden, sobald der Angeklagte wieder anwesend ist.[921]

Der Angeklagte ist in allen Fällen seiner Entfernung nach § 247 StPO, sobald er wieder zugelassen worden ist, unverzüglich von dem wesentlichen Inhalt des in seiner Abwesenheit Geschehenen zu unterrichten (§ 247 S. 4 StPO).[922] Darüber, ob dies geschehen ist, gibt allein das Protokoll Auskunft, denn die Unterrichtung ist eine Verfahrensförmlichkeit i.S.v. § 274 StPO.[923] Die **Unterrichtungspflicht** besteht auch, wenn ein

---

916 BGH, Beschl. v. 10. 3. 2009 – 5 StR 460/08 = StV 2009, 342 mit Anm. *Eisenberg* (344); vgl. auch den Vorlagebeschluss vom 11. 11. 2009 = StV 2010, 60.

917 BGH StV 1992, 550.

918 BGH StV 1993, 343 = NStZ 1993, 350 hält es zutreffend für entscheidend, ob die Aussage des Kriminalbeamten für den Schuld- und Strafausspruch relevant war, was bei der Identität eines bei der Tat objektiv beteiligten V-Manns regelmäßig zu bejahen ist, oder nur eine auch dem Freibeweis zugängliche Verfahrensfrage beantwortet wurde. Im letzteren Fall ist die Abwesenheit des Angeklagten unschädlich. Im ersteren Falle hält es der BGH nicht für generell ausgeschlossen, dass auch während der Vernehmung des ungefährdeten Polizeizeugen der Angeklagte entfernt wird. Aber dann muss sich auch hierauf der mit überprüfbaren Gründen versehene Beschluss erstrecken.

919 BGH StV 1987, 377.

920 Nach der Neufassung der Vereidigungsvorschriften soll dies für die Anwendung des Regelfalls der Nichtvereidigung nach § 59 StPO nicht mehr gelten: BGH, Beschl. v. 11. 7. 2006 – 3 StR 216/06 = BGHSt 51, 81= StV 2007, 21. Das wird man aber anders sehen müssen, wenn ein Antrag auf Vereidigung oder auch auf Nichtvereidigung nach § 61 Nr. 2 StPO gestellt wird und der Angeklagte für die Dauer der Verhandlung darüber nicht wieder anwesend ist.

921 Vgl. BGH, Urt. v. 8. 2. 2000 – 5 StR 543/99 = StV 2000, 240; BGH, Urt. v. 8. 4. 1998 – 3 StR 643/97 = NJW 1998, 2541; BGH NStZ 1985, 133; BGH 1 StR 163/93 v. 20. 4. 1993; BGH NStZ 1995, 557 unter Hinw. auf die ständige Rspr.; nach BGH 5 StR 272/95 v. 10. 8. 1995 liegt kein wesentlicher Teil der Hauptverhandlung vor, wenn der Angeklagte nach Unterrichtung durch den Vorsitzenden über den Inhalt der Zeugenaussage auf eine weitere Befragung und Vereidigung verzichtet und in seiner Abwesenheit eine weitere Erörterung tatsächlicher oder rechtlicher Fragen nicht erfolgt.

922 BGH 2 StR 60/96 v. 13. 3. 1996; BGH NStZ 1995, 557.

923 BGH StV 1992, 359 = NStZ 1992, 346.

wesentlicher Verhandlungsteil nur unterbrochen wird – z.B. die Vernehmung eines Zeugen[924] – und ferner, wenn die Unterrichtung bereits durch den Verteidiger erfolgt ist.[925] Dem Angeklagten muss alles mitgeteilt werden, was für seine Verteidigung notwendig ist.[926] Zuständig ist der Vorsitzende im Rahmen seiner Sachleitungsbefugnis nach § 238 StPO. Über den Inhalt und die Vollständigkeit der Unterrichtung entscheidet er zunächst nach pflichtgemäßem Ermessen. Ist der Verteidiger der Auffassung, dass die Unterrichtung unvollständig war, kann er im Rahmen eines Antrages auf Gerichtsbeschluss (§ 238 Abs. 2 StPO) Ausführungen über die von ihm gewünschten Ergänzungen machen. Diese Befugnis folgt unmittelbar aus dem Beanstandungsrecht nach § 238 Abs. 2 StPO, das auch die Möglichkeit der Begründung einschließt. Der dann ergehende Gerichtsbeschluss muss erkennen lassen, ob die gewünschte Ergänzung auch nach Auffassung des Gerichts den Inhalt der in Abwesenheit des Angeklagten geschehenen Vorgänge zutreffend wiedergibt.

Die unterlassene oder **verspätete Unterrichtung** kann nur nach § 337 StPO gerügt **427** werden.[927] Es wird aber in der Regel das Urteil auf diesem Verfahrensfehler beruhen, so dass man mit der Rüge nach § 337 StPO in diesen Fällen durchdringen wird.[928] Hat der Verteidiger den Angeklagten unterrichtet, tendiert die Rechtsprechung allerdings dazu, das Beruhen zu verneinen.[929] Dies ist nur in den Fällen unbedenklich, in denen der Verteidiger im Rahmen der Hauptverhandlung in Gegenwart aller Verfahrensbeteiligten gleichsam anstelle des Vorsitzenden und erkennbar mit dessen Einverständnis die Unterrichtung vornimmt. Erklärt der Verteidiger dagegen nur, er habe in einer Verhandlungspause seinen Mandanten vollständig unterrichtet, so vermag das nicht nur den gesetzlich vorgeschriebenen förmlichen Akt nicht zu ersetzen, sondern es begründet auch das Beruhen des Urteils auf diesem Verfahrensfehler. Der Wortlaut der mandatsinternen „Unterrichtung" bleibt nämlich im Dunkeln. Es ist deshalb nicht auszuschließen, dass der Angeklagte bei einer anderslautenden Mitteilung durch den Vorsitzenden noch Erklärungen abgegeben hätte, die sich auf die Entscheidungsfindung hätten auswirken können.

Eine weitere Ausnahme von dem Anwesenheitsgebot des § 230 StPO stellt die **Entbindung des Angeklagten vom Erscheinen** in der Hauptverhandlung gemäß § 233 **428** StPO dar. Danach kann der Angeklagte von dem Erscheinen in der Hauptverhandlung auf seinen Antrag hin entbunden werden, wenn ihm nur leichte Straftaten mit geringer Straferwartung zur Last gelegt sind (§ 233 Abs. 1 S. 1 StPO). Allerdings ist in diesem Fall eine richterliche Vernehmung des Angeklagten gemäß § 233 Abs. 2 StPO zwingend vorgeschrieben. Über den Antrag entscheidet das Gericht nach eigenem Ermessen durch Beschluss, welcher nicht begründet werden muss.[930] Solange über den Entbindungsantrag keine Entscheidung getroffen wurde, kann dieser widerrufen

---

924 BGHSt 38, 260 = JZ 1993, 270 (m. Anm. *Peters*); für die Unterrichtungspflicht bevor der nächste Zeuge befragt wird, siehe BGH NJW 1988, 429.
925 BGH NJW 1957, 1326.
926 Siehe hierzu *Meyer-Goßner* § 247, Rn. 16 mit zahlreichen Beispielen.
927 BGH StV 1984, 103; 1991, 451; 1992, 359; BGH 3 StR 187/01 v. 15. 8. 2001 = NStZ 2002, 46; KK-*Diemer* § 247, Rn. 16c.
928 KK-*Diemer* § 247, Rn. 16c; BGH JZ 1990, 270 (Anm. *Paulus*).
929 BGH NJW 1957, 1326.
930 Vgl. *Meyer-Goßner* § 233, Rn. 9f.

werden.[931] War die Verhandlung in Abwesenheit des Angeklagten unzulässig oder wurde kein wirksamer Entbindungsantrag gestellt, kann dies nach § 338 Nr. 5 StPO gerügt werden.[932]

429 Findet die Hauptverhandlung gegen mehrere Mitangeklagte statt und besteht ein prozessualer Zusammenhang i. S. d. § 3 StPO oder auch nur im Sinne des § 237 StPO[933] in der Weise, dass die Angeklagten einzelne ihnen vorgeworfene Taten in wechselnder „Besetzung" begangen haben sollen, so kommt es vor, dass über Verhandlungstage hinweg nur Dinge zur Sprache kommen, die einen der Angeklagten nicht betreffen. In diesen Fällen sieht § 231 c StPO die Möglichkeit seiner **Beurlaubung** für genau zu bezeichnende Teile der Verhandlung vor. Auch hierbei werden nicht selten Fehler gemacht, die den absoluten Revisionsgrund des § 338 Nr. 5 StPO begründen. Das gilt insbesondere, wenn während der Beurlaubung Vorgänge zur Sprache kommen, die den abwesenden Angeklagten auch nur mittelbar betreffen[934] oder die Verhandlung auf einen Verfahrensteil erstreckt wurde, den der nach § 231 c StPO ergangene Beschluss nicht bezeichnet hat.[935]

430 Bevor mit dem Strafverfahrensänderungsgesetz 1979 der damals neu eingefügte § 231 c StPO die Möglichkeit der Beurlaubung eröffnete, haben sich die Tatgerichte damit geholfen, dass sie jeweils das Verfahren gegen den vorübergehend nicht betroffenen Angeklagten während der Hauptverhandlung abtrennten, um es unter Beachtung der Fristen des § 229 StPO wieder zu verbinden, sobald der alle Angeklagten betreffende Stoff zu behandeln war. Auch dabei bestand bereits die Gefahr, dass sich erst nach der Abtrennung die Relevanz des in dieser Phase Behandelten für die Vorwürfe gegen den zeitweise nicht anwesenden Angeklagten herausstellte. Deshalb hält zu Recht der BGH den absoluten Revisionsgrund für gegeben, wenn die an sich für zulässig gehaltene[936] vorübergehende Abtrennung letztlich zur Umgehung des Anwesenheitsgebotes angewendet wird.[937]

431 Zum Verhältnis zwischen der Möglichkeit der **vorübergehenden Abtrennung** und der Beurlaubung nach § 231 c StPO bestand seit 1979 zunächst einige Unsicherheit. Es lag nahe, den Zweck der Neuregelung gerade darin zu sehen, die stets etwas gekünstelt wirkende Konstruktion der Verfahrenstrennung für die Fälle, in denen das dabei verfolgte Anliegen legitim ist, unter engen und gesetzlich vorgegebenen Vorausset-

---

931 LR-*Gollwitzer* § 233, Rn. 9 f. (Der Angeklagte kann nachträglich auf die ihm gewährte Befreiung von der Erscheinungspflicht wieder verzichten. Nach Eingang der Verzichtserklärung bei Gericht kann die Hauptverhandlung nicht mehr ohne den Angeklagten nach § 233 StPO begonnen werden).

932 Instruktiv hierzu OLG Hamm JZ 1978, 120 f. (m. krit. Anm. *Meyer-Goßner*), das die Strafrahmenüberschreitung entgegen § 233 Abs. 1, 2 StPO für ein Verfahrenshindernis hielt. Vgl. auch BGH 3 StR 187/01 v. 15. 8. 2001 = NStZ 2002, 46.

933 Zu dem Unterschied vgl. BGHSt 36, 348 = NJW 1990, 1490 und oben Rn. 88.

934 BGH StV 1984, 102; 1988, 370; BGHR § 338 Nr. 5 – Angeklagter 17; StV 1987, 53 (LS) = 2 StR 488/86 v. 8. 10. 1986; BGH wistra 1991, 272.

935 BGH NStZ 1985, 375; BGH StV 1988, 370.

936 BGHSt 24, 257 = NJW 1972, 545.

937 BGHSt 30, 74 = NJW 1981, 1568; nach BGH StV 1991, 97 kann der Verfahrensfehler nur dadurch geheilt werden, dass der gesamte Vorgang nach der Wiederverbindung wiederholt wird. Dass die Mitangeklagten, die während der Abwesenheit eine geschlossene Aussage zur Sache gemacht haben, „weiter zur Sache aussagen", reicht nicht.

zungen durch die Befreiung von der Anwesenheitspflicht zu ersetzen.[938] Das würde bedeuten, dass die Verfahrensabtrennung während der Hauptverhandlung nur noch unter der Voraussetzung zulässig wäre, dass beide Verfahren dann auch getrennt zum Abschluss gebracht werden, weil § 231 c StPO als lex specialis gegenüber den §§ 4, 237 StPO anzusehen wäre.[939] Die Rechtsprechung[940] und die Literatur[941] haben sich allerdings dafür entschieden, die vorübergehende Abtrennung neben der Beurlaubung weiterhin zuzulassen, solange keine konkreten Anhaltspunkte dafür bestehen, dass der „Umweg der Abtrennung“[942] nur eine Umgehung des § 230 Abs. 2 StPO war.[943] Dabei beruft man sich auf den angeblichen Willen des Gesetzgebers, der in den Entwurfsbegründungen nicht ausdrücklich die frühere Verfahrensweise als unzulässig bezeichnet habe. Den Gesetzgebungsmaterialien sei nichts zu entnehmen, was „diese dem Wortlaut des § 231 c StPO nicht widersprechende Auslegung“ in Frage stellen könnte. Die Begründung des Gesetzentwurfes der Bundesregierung, auf den die Einfügung des § 231 c StPO zurückgeht,[944] bezeichne die Möglichkeit vorübergehender Abtrennung in Fällen, in denen auf Verhinderungen einzelner Angeklagter oder Verteidiger Rücksicht zu nehmen ist, als Notbehelf, der dem eigentlichen Sinn der Trennungs- und Verbindungsvorschriften kaum gerecht werde. Mit der neuen Regelung könne der verfahrenstechnische Umweg einer Trennung und Wiederverbindung vermieden werden.[945] § 231 c StPO habe „in erster Linie den Interessen des Angeklagten und des Verteidigers“ dienen sollen. Daraus sei zu folgern, dass eine abschließende Regelung nicht gewollt war, mit der alle Verfahrenssituationen erfasst werden sollten, die bisher Anlass zu einer vorübergehenden Abtrennung gaben. Deshalb bleibe es bei dieser Möglichkeit nach § 4 StPO bei Verfahrenslagen, denen nicht durch Urlaubsgewährung Rechnung getragen werden kann.

Diese Begründung überzeugt nicht. Für den Gesetzgeber, der ein bestimmtes Verfahren regelt, ist es völlig gleichgültig, ob die bis dahin praktizierte Übung auf der Grundlage der zu ändernden Gesetzeslage zulässig oder unzulässig war. Die Verfasser von Begründungen für Gesetzesnovellen schreiben keine Kommentare, sondern diagnostizieren häufig nur bisher aufgetretene Rechtsunklarheiten und schlagen vor, wie sie durch eine Neuregelung beseitigt werden sollen. Entsteht dann eine Vorschrift, die so klar wie der § 231 c StPO seinen Anwendungsbereich und seine Rechtsfolgen bestimmt, so werden die Ziele des Gesetzgebers unterlaufen, wenn die Rechtsprechung daneben noch die Rechtsunklarheit, deren Überwindung beabsichtigt war, **432**

---

938 In BGHR StPO § 338 Nr. 5 – Angeklagter 13; BGHR StPO § 231 c – Betroffensein 1 wiederholte der BGH seine schon mehrfach ausgesprochene Empfehlung, von einer vorübergehenden Abtrennung des Verfahrens gegen einzelne Angeklagte oder deren Beurlaubung „nur mit großer Vorsicht Gebrauch zu machen, weil diese Verfahrensmaßnahmen leicht einen Revisionsgrund schaffen können“.

939 Diese Auslegung erörtert, ohne sich festzulegen, LR-*Gollwitzer* § 231 c, Rn. 3; auch v. BGH in NStZ 1983, 34 noch offengelassen, vgl. aber BGHSt 30, 74 (75) = NJW 1981, 1569; BGHSt 32, 100 = NJW 1984, 89; BGH NStZ 1981, 111; BGH MDR 1979, 807 (*Holtz*).

940 BGHSt 32, 270 = NJW 1994, 1245; BGHSt 33, 119 ff. = NJW 1985, 1175.

941 KK-*Gmel* § 231 c, Rn. 2; *Meyer-Goßner* § 231 c, Rn. 3.

942 *Meyer-Goßner* § 231c, Rn. 3.

943 Vgl. BGHSt 24, 257 (258); 30, 74 (75) (Anm. *Maiwald* in JR 1982, 34 ff.); 33, 119 (120).

944 BT-Drs. 8/976, 49, 50.

945 So auch *Rieß* NJW 1978, 2269.

„fortgelten" lässt – und dies auch noch mit der Begründung, der Gesetzgeber habe ja doch die alte Rechtslage nicht abschließend bewertet.

433 Auch das weitere Argument, die Möglichkeit der vorübergehenden Abtrennung neben der Beurlaubung werde noch benötigt, um bei einem **„böswilligen Angeklagten"** nicht auf dessen (in § 231c StPO vorausgesetzten) Antrag angewiesen zu sein,[946] spricht eher gegen als für die Zulässigkeit der Wiederverbindung zweier, während der Hauptverhandlung getrennter Verfahren vor dem Urteil. Geht man nämlich mit der h.M. und der st. Rspr. davon aus, dass beide Wege sachlich dasselbe voraussetzen (dass während der Abwesenheit des einen Angeklagten nichts erörtert wird, was die gegen ihn erhobenen Vorwürfe auch nur mittelbar betrifft), so muss in dem Antragserfordernis die Entscheidung des Gesetzgebers gesehen werden, die zeitweise Eliminierung eines Angeklagten aus einer Verhandlung, an deren Ende sein Urteil ergehen wird, nicht gegen seinen Willen zuzulassen. Dies wird auch noch dadurch verstärkt, dass § 231c StPO nur erlaubt, dem Angeklagten und seinem Verteidiger die Entfernung aus der Verhandlung zu gestatten, was nicht auch die Möglichkeit einschließt, ihn an der aktiven Mitwirkung an dem Verfahren während der Geltung des betreffenden Beschlusses zu hindern. Wer aber glaubt, dafür die vorübergehende Abtrennung zu benötigen, erhebt die §§ 4 und 237 StPO insoweit in den Rang von Disziplinar- oder sitzungspolizeilichen Sanktionsvorschriften und verkürzt auf diese Weise den Anspruch auf rechtliches Gehör.

434 Wird gegen einen **nicht (oder nicht mehr) verhandlungsfähigen Angeklagten** verhandelt, so ist dies gemäß § 338 Nr. 5 StPO anfechtbar.[947] Das kommt nicht nur in Krankheitsfällen vor. Manche Gerichte neigen zu so ausgedehnten Verhandlungstagen, dass schließlich der Angeklagte (und wohl auch die anderen Prozessbeteiligten) nicht mehr folgen können.[948] Das ist ein Missbrauch.

Während eine dauernde Verhandlungsunfähigkeit ein Verfahrenshindernis darstellt und von Amts wegen zu prüfen ist, muss indes bei nur vorübergehender Verhandlungsunfähigkeit – z.B. infolge von Übermüdung – die Revisionsrüge dadurch vorbereitet werden, dass in der Hauptverhandlung selbst eine Unterbrechung beantragt wird. Der Antrag ist beim Gericht, nicht nur beim Vorsitzenden zu stellen. In Fällen der notwendigen Verteidigung wird der Verteidiger sich äußerstenfalls entfernen, so dass ohne Verstoß gegen § 338 Nr. 5 StPO nicht weiterverhandelt werden kann.[949]

---

946 KK-*Gmel* § 231c, Rn. 2. Jetzt mit Hinweis auf den BGH (BGHSt 32, 270 (272)), der die Abtrennung von Amts wegen jedenfalls unter der Voraussetzung für statthaft hält, dass sie nicht der Umgehung des Antragserfordernisses nach § 231c StPO dient.

947 BGH NStZ 1984, 520; BGH StV 1988, 511; LR-*Hanack* § 337, Rn. 39, § 338, Rn. 88; dass der verhandlungsunfähige Angeklagte zu behandeln ist wie ein abwesender, hat der BGH in Übereinstimmung mit OLG Frankfurt NJW 1968, 217f. auch bezogen auf § 329 Abs. 1 StPO angenommen: BGHSt 23, 331 (334) = NJW 1970, 2253ff.

948 BGH 5 StR 591/52 v. 2.7. 1953 behandelt einen Fall, in dem die erstinstanzliche Hauptverhandlung von 10 Uhr vormittags mit zwei je halbstündigen Pausen bis 1.45 Uhr nachts gedauert hatte!

949 Übereinstimmend *Dahs* Handbuch, Rn. 932 und 796; nur die *schuldhafte* Verkennung der Rechtslage soll dabei zu Lasten des Verteidigers – ggf. mit der Kostenlast des § 145 Abs. 4 StPO – gehen; ausführlich hierzu auch LR-*Lüderssen/Jahn* § 145, Rn. 35 (schuldhaftes Verhalten) u. Rn. 36 (nicht schuldhaftes Verhalten); BGH 5 StR 591/52 v. 2. 7. 1953, mitgeteilt bei *Dallinger* MDR 1953, 598.

Ist der Angeklagte während eines wesentlichen Teils der Hauptverhandlung[950] **ohne Verteidiger** gewesen, obwohl die Voraussetzungen des § 140 Abs. 2 StPO vorgelegen haben und vom Vorsitzenden zu Unrecht verneint worden sind, so kann darauf die Rüge des § 338 Nr. 5 StPO gestützt werden.[951] Als unwesentlich wird diesbezüglich angesehen, wenn der Verteidiger für den Verhandlungsteil abwesend war, der ausschließlich einen Tatvorwurf gegen Mitangeklagte betraf;[952] desgleichen, wenn zu Vorwürfen verhandelt wird, bezüglich derer der Mandant bereits freigesprochen wurde.[953] **435**

Die Abwesenheit von Wahlverteidigern im Falle nicht notwendiger Verteidigung ist unschädlich und kann nicht mit der Rüge nach § 338 Nr. 5 StPO angefochten werden. War der Verteidiger anwesend, kann auch nicht gerügt werden, dass dieser nicht in der Lage gewesen sei, ordnungsgemäß zu verteidigen.[954] Es ist in erster Linie Sache des Verteidigers selbst und nicht des Gerichts zu beurteilen, ob er zu der Verteidigung imstande ist.[955] Darauf muss sich in der Regel ein Gericht verlassen dürfen.[956] Anders kann der Fall zu beurteilen sein, wenn der Verteidiger offensichtlich verhandlungsunfähig war, da er z.B. unter Alkohol oder Drogen stand.[957] Ein Verteidiger muss im Sinne des § 338 Nr. 5 StPO auch dann als „abwesend" angesehen werden, wenn er erkennbar gegen den Willen seines Mandanten schlicht untätig ist.[958] **436**

Die Regelung des § 139 StPO gestattet nur dem gewählten, nicht aber dem Pflichtverteidiger die Übertragung der Verteidigung an einen **Referendar.** Eines Assessors hingegen darf er sich gemäß § 139 StPO nicht bedienen.[959] **437**

Hat der Angeklagte **mehrere Verteidiger,** so ist – solange einer von ihnen anwesend war – nach ständiger Rechtsprechung die Rüge auch dann unbegründet, wenn – etwa in Großverfahren – eine Arbeitsteilung zwischen den Verteidigern bestand.[960] Dabei **438**

Im Fall OLG Frankfurt, StV 1981, 289 war der „Auszug" allerdings nicht notwendig. Vgl. auch OLG Frankfurt NJW 1977, 913 f. und BGH StV 1981, 133 (134).

950 So die h.M., siehe KK-*Kuckein* § 338, Rn. 79; *Meyer-Goßner* § 338, Rn. 41; LR-*Hanack* § 338, Rn. 84 u. 95; für den Fall der Abwesenheit eines notwendigen Verteidigers während der Beweisaufnahme siehe OLG Hamm NJW 1992, 3252.

951 Liegt ein Fall notwendiger Verteidigung vor, muss der Verteidiger die gesamte Hauptverhandlung über anwesend sein: BVerfG NJW 1984, 113 f.; in diesem Sinne auch BGHSt 15, 306 ff. = NJW 1961, 740 f.; BGH NStZ 1983, 36; BGH StV 1986, 287; BGH StV 1991, 197; OLG Hamm NJW 1992, 3252; KK-*Kuckein* § 338, Rn. 79. Zur „Vertretung" des bestellten Verteidigers durch einen Sozius im Einvernehmen mit dem Mandanten vgl. BGH 5 StR 307/97 v. 7. 7. 1997 = NStZ-RR 1998, 18.

952 BGHSt 21, 180 (182 f.), 32, 100 (101 ff.) = NJW 1984, 501 f. = NStZ 1984, 89; BGH StV 1986, 287 f.; auch hier bedarf es keines Rückgriffes auf die Frage, ob der betreffende Hauptverhandlungsteil „wesentlich" war, weil es an der Beschwer fehlt.

953 BGHSt 15, 306 (308).

954 SK-*Frisch* § 338, Rn. 116; BGH NJW 1964, 1485; BGH JR 1962, 428; LR-*Hanack* § 338, Rn. 96; für Pflichtverteidiger vgl. aber BGH MDR 1979, 108 (*Holtz*); BGHR StPO § 338 Nr. 5 – Verteidiger 1.

955 BGH JR 1962, 428.

956 Ähnlich LR-*Hanack* § 338, Rn. 96.

957 Vgl. LR-*Hanack* § 338, Rn. 83; *Dahs/Dahs* Revision, Rn. 179.

958 Vgl. BGH NJW 1993, 340 = StV 1992, 358 = NStZ 1992, 503, wo die Frage, ob der absolute Revisionsgrund (entsprechend) anwendbar ist, offengelassen wurde, weil das Urteil auf dem Verstoß gegen § 145 StPO beruhte.

959 So auch BayObLG NJW 1991, 2434 im Anschluss an BGHSt 26, 319 = NJW 1976, 1221.

960 BGH 3 StR 269/80 v. 18. 2. 1981 bei *Holtz* MDR 1981, 457 (zu § 338 Nr. 5); kritisch dazu *Strate* StV 1981, 261 (262); KK-*Kuckein* § 338, Rn. 79.

wird regelmäßig § 227 StPO übersehen, der ausdrücklich gestattet, dass mehrere Verteidiger „ihre Verrichtungen" unter sich aufteilen. Wenn es sich um einen komplexen Prozessstoff handelt, ist die Aufgabenteilung oft sachlich geboten und unverzichtbar. Wenn sie gegenüber dem Gericht kenntlich gemacht war, die Abwesenheit auf einer glaubhaft gemachten Verhinderung beruht und an dem betreffenden Verhandlungstag Stoff behandelt wird, auf den der anwesende Mitverteidiger nicht vorbereitet ist, darf dies der Vorsitzende nicht ignorieren.[961] Das Fehlen des Verteidigers eines Mitangeklagten kann hingegen nicht mit § 338 Nr. 5 StPO angefochten werden, weil dadurch nur dieser beschwert ist.[962]

439 Soweit das Rügerecht sich aus der **Abwesenheit des notwendigen Verteidigers** ergibt, kann es nicht durch Stillschweigen oder selbst ausdrücklichen Verzicht verloren gehen; es handelt sich um ein unverzichtbares Recht des Angeklagten.[963] Der Verstoß kann aber dadurch geheilt werden, dass der betreffende Verhandlungsteil in Anwesenheit des betreffenden Prozessbeteiligten wiederholt wird.[964]

440 Der **Staatsanwalt** und der **Urkundsbeamte** müssen ununterbrochen anwesend sein (§ 226 StPO), wobei die Personen aber wechseln können (§ 227 StPO). Der abgelöste Urkundsbeamte hat in diesem Fall den von ihm gefertigten Teil des Protokolls zu unterzeichnen, da sonst die strenge Beweiskraft des Protokolls (§ 274 StPO) entfallen würde. Eine Rüge wegen Abwesenheit des Staatsanwaltes kann sich nur auf die sachliche Unzuständigkeit, nicht die örtliche,[965] beziehen (§§ 142, 142a GVG). In der Regel wird jedoch in Bezug auf die Abwesenheit des Staatsanwalts nur der relative Revisionsgrund des § 337 StPO als Rüge gegeben sein. War der Staatsanwalt ausgeschlossen oder befangen, z.B. weil er in der Hauptverhandlung als Zeuge aufgetreten oder Richter in erster Instanz war,[966] so gilt er zwar als „abwesend". Gerügt werden kann dies jedoch nach h.M. allenfalls gemäß § 337 StPO, nicht gemäß § 338 Nr. 5 StPO.[967] Dasselbe gilt auch für die Weigerung des Staatsanwaltes, sein Plädoyer zu halten.[968] Auch wenn in einem Verfahren vor dem Jugendgericht statt des eigentlich gemäß § 36 JGG zuständigen Jugendstaatsanwaltes ein anderer Sitzungsvertreter auftritt, soll dies allenfalls eine Rüge nach § 337 StPO begründen.[969]

---

961 Vgl. *Strate* StV 1981, 262.

962 KK-*Kuckein* § 338, Rn. 82.

963 Für die Unmöglichkeit, auf die Anwesenheit zu verzichten, siehe auch BGH 3 StR 549/92 v. 27. 11. 1992, in einem Fall, in dem der Angeklagte die Ergebnisse eines Sachverständigengutachtens scheute und ihm durch seine Ausschließung entgegengekommen werden sollte; instruktiv hierzu auch *Hassemer* JuS 1986, 25 ff.

964 So für die Urteilsverkündung in Abwesenheit des Urkundsbeamten OLG Oldenburg NdsRpfl 1954, 34; dazu *Poppe* NJW 1954, 1914 (1916); LR-*Hanack* § 338, Rn. 3. Die Wiederholung eines z.B. in Abwesenheit des Angeklagten stattgefundenen Teils kann nicht durch die bloße Unterrichtung ersetzt werden BGHSt 30, 74 (75 ff.) = NJW 1981, 1568 f. = StV 1981, 270 = JuS 1981, 775 f. = JR 1982, 33 ff. (m. Anm. *Maiwald*).

965 RGSt 73, 86.

966 Vgl. OLG Stuttgart NJW 1974, 1394 ff. (m. Anm. *Fuchs*).

967 BGHSt 14, 265 ff.

968 OLG Frankfurt NJW 1956, 1250; OLG Düsseldorf NJW 1963, 1167.

969 So BGH 5 StR 263/60 v. 29. 11. 1960 bei *Herlan* GA 1961, 358; ebenso *Brunner/Dölling* § 36 JGG, Rn. 1. *Eisenberg* hält hingegen die Anwesenheit eines Jugendstaatsanwaltes, der mit den regionalen Besonderheiten strafrechtlichen Verhaltens Jugendlicher und Heranwachsender vertraut ist, für unverzichtbar und sieht es als eine erhebliche Gefahr für die Entwicklung von Jugendlichen

Bei Abwesenheit eines **Dolmetschers** gilt § 338 Nr. 5 StPO,[970] wenn die Voraussetzungen des § 185 GVG vorliegen. Verhandelt das Gericht zeitweilig ohne Dolmetscher, so kann nach Auffassung des BGH ein relativer Revisionsgrund gegeben sein, wenn der Angeklagte nur teilweise des Deutschen mächtig ist. Die Revision muss dann aber darlegen, wieweit die sprachlichen Fertigkeiten des Angeklagten reichten, und was Gegenstand des in Rede stehenden Verhandlungsteils war.[971] Ist ein Dolmetscher nicht allgemein vereidigt oder beruft er sich nicht ausreichend auf den geleisteten Eid,[972] kann dies als relativer Revisionsgrund (§ 337 StPO) gerügt werden.[973] **441**

Zur Anwesenheit verpflichtet sind hingegen nicht die Vertreter der Jugendgerichtshilfe; ebensowenig die Sachverständigen, da diese grundsätzlich selbst ein Ermessen darüber haben sollen, ob ihre permanente Anwesenheit erforderlich ist oder nicht.[974] **442**

Der **Nebenkläger** gehört ebenfalls nicht zu den Personen, deren Anwesenheit das Gesetz im Sinne von § 338 Nr. 5 StPO vorschreibt.[975] Ein anderer Beteiligter kann daher die Revision auch nicht darauf stützen, dass der Nebenkläger nicht anwesend war.[976] Der Nebenkläger kann aber die vorschriftswidrige Abwesenheit des Angeklagten rügen, ohne dass er gegen § 339 StPO verstoßen würde,[977] denn die §§ 230, 231 Abs. 1 StPO begründen neben einem Anwesenheitsrecht auch eine Anwesenheitspflicht des Angeklagten und sind insofern nicht nur zu seinen Gunsten geschaffen.[978]

Wird die vorschriftswidrige Abwesenheit des Angeklagten gemäß § 338 Nr. 5 StPO angefochten, ist im Rügevortrag genau anzugeben, welcher Verhandlungsabschnitt hiervon betroffen ist.[979] Auch wenn der abwesende Angeklagte an sich über die Tatsachen keine Angaben machen kann, die in seiner Abwesenheit verhandelt worden sind, kann es im Einzelfall notwendig sein, sich in der Revisionsbegründung auf die Teile zu stützen, die in Abwesenheit zur Sprache kamen und hernach im Urteil verwertet **443**

---

an, wenn aus Mangel an Erfahrung gegen diese fehlerhaft ermittelt und unpädagogisch vorgegangen wird: § 36 JGG, Rn. 2.

970 BGHSt 3, 285 f.; BVerfGE 64, 135 (149); *Meyer-Goßner* § 338, Rn. 44.

971 BGH StV 1992, 54.

972 Ob das eine oder das andere geschehen ist, unterliegt der absoluten Beweiskraft des Protokolls, das bei widersprüchlichen Einträgen (vorgedruckt beide Alternativen!) den gerügten Verfahrensfehler aber gerade nicht beweisen soll. BGH, Beschl. v. 20. 7. 1999 – 1 StR 287/99 = NStZ 2000, 49.

973 Für die Nichtvornahme des Eides siehe BGH NStZ 1981, 190; 1982, 517; BGH StV 1982, 358; BGH NStZ 1988, 30 (*Pfeiffer/Miebach*); *Kissel/Mayer* § 189 GVG, Rn. 7. Für die nicht ordnungsgemäße Berufung auf den allgemeinen Eid siehe: BGH StV 1987, 238; OLG Koblenz VRS 71, 438 ff.; *Liemersdorf* mit Anm. zu BGH 3 StR 401/79 v. 17. 10. 1979 in NStZ 1981, 69 f.; in diesem Sinne auch *Kissel/Mayer* § 189 GVG, Rn. 7; BGH, Beschl. vom 22. 11. 2001 – 1 StR 471/01 = NStZ 2002, 257 = StV 2002, 296 (Dolmetscher muss die Heimatsprache des Angeklagten sprechen).

974 Siehe BGH NStZ 1983, 341 (*Hilger*). Dies kann bei Sachverständigen im Falle des § 246 a StPO anders zu beurteilen sein.

975 OLG Karlsruhe Justiz 1974, 345; KK-*Kuckein* § 338, Rn. 81; *Meyer-Goßner* § 398, Rn. 2; § 338, Rn. 42; LR-*Hanack* § 338, Rn. 99.

976 Der Nebenkläger darf nicht gemäß § 247 StPO entfernt werden; darauf kann aber nur er, nicht der Angeklagte, die Revision stützen: RG JW 1931, 2505 ff., Nr. 33 (mit abl. Anm. *von Beling*).

977 Der Nebenkläger hat insoweit das gleiche Recht wie auch die Staatsanwaltschaft. Siehe hierzu BGH MDR 1968, 18 (zu § 265); BGHSt 37, 249 (250).

978 In diesem Sinne RGSt 29, 44 (48); 60, 179 f.; BGHSt 37, 249 (250).

979 In diesem Sinne BGHSt 30, 74 (75); BGH MDR 1983, 450; KK-*Kuckein* § 338, Rn. 82.

worden sind.[980] Das Urteil wird in der Regel nicht vollständig aufgehoben werden können, sondern nur insoweit, als die Abwesenheit das Urteil beeinflusst hat.[981] Ist der hiervon betroffene Urteilsteil abtrennbar, so wird nur dieser aufgehoben.[982] Im Falle einer Beurlaubung gem. § 231c StPO kann die Beschlussfassung über eine Verlängerung der Beurlaubung auch stillschweigend erfolgen. Daher ist bei der Rüge der unzulässigen Abwesenheitsverhandlung anzugeben, ob eine Benachrichtigung von der Verlängerung der Beurlaubung außerhalb der Hauptverhandlung erfolgt ist.[983]

7. § 338 Nr. 6 StPO (Öffentlichkeit)

Literatur: *Alber* Die Geschichte der Öffentlichkeit im deutschen Strafverfahren, 1979; *Alwart* Personale Öffentlichkeit (§ 169 GVG), JZ 1990, 883 ff.; *Feuerbach* Betrachtungen über die Öffentlichkeit und Mündlichkeit der Gerechtigkeitspflege, Bd. I, 1821; *Fögen* Der Kampf um die Gerichtsöffentlichkeit, 1974; *Franke* Die Bildberichterstattung über den Angeklagten und der Öffentlichkeitsgrundsatz im Strafverfahren, 1978; *Gerhardt* Zur Frage der Verfassungsmäßigkeit des Verbots von Rundfunk- und Fernsehaufnahmen im Gerichtssaal (§ 169 S. 2 GVG), Diss., Frankfurt am Main 1968; *Hassemer* Vorverurteilung durch die Medien, NJW 1985, 1921 ff.; *Lisken* Pressefreiheit und Strafprozess, ZRP 1988, 193; *Marcic* Die Öffentlichkeit als Prinzip der Demokratie, Festschrift Arndt, 1969, S. 267 ff.; *ders.* Die Bildberichterstattung und der Öffentlichkeitsgrundsatz im Strafverfahren, 1978; *Odersky* Die Öffentlichkeit der Hauptverhandlung nach dem Opferschutzgesetz, in: Festschrift Pfeiffer, 1988, S. 325 ff.; *Rengier* Der Grundsatz der Öffentlichkeit im Bußgeldverfahren, NJW 1985, 2553 ff.; *Scherer* Gerichtsöffentlichkeit als Medienöffentlichkeit, 1979; *Eb. Schmidt* Justiz und Publizistik, in: Recht und Staat in Geschichte und Gegenwart, Heft 353/354, Tübingen 1968; *Schmidthals* Wert und Grenzen der Verfahrensöffentlichkeit im Strafprozess, 1977; *Wente* Persönlichkeitsschutz und Informationsrecht der Öffentlichkeit im Strafverfahren, StV 1988, 216 ff.; *Schubarth* Medienfreiheit und Unschuldsvermutung, GA 1980, 365 ff.; *Sprenger* Der Ausschluss der Öffentlichkeit des Strafverfahrens zum Schutze der Privatsphäre des Angeklagten, Würzburg 1975; *Zipf* Empfiehlt es sich, die Vorschriften über die Öffentlichkeit des Strafverfahrens neu zu gestalten, insbesondere zur Verbesserung der Rechtsstellung des Beschuldigten weitere nicht-öffentliche Verfahrensgänge zu entwickeln? Verhandlungen des 54. Deutschen Juristentages Nürnberg 1982, Band I, Gutachten C, S. C 9–C 98.

444 Eine der großen Errungenschaften der Aufklärung im 19. Jahrhundert war die Ablösung des geheimen Inquisitionsprozesses durch die Einführung des Öffentlichkeitsgrundsatzes.[984] Die Öffnung der Gerichtsverhandlungen für das Volk durch Mitsprache bei den Entscheidungen (Laienrichter) und durch das Öffentlichkeitsprinzip, das jedermann die Möglichkeit einräumt, eine Hauptverhandlung beobachtend mitzuerleben, sollte die unheilvolle absolutistische Kabinettsjustiz, in der allein der Landesherr die richterliche Strafgewalt innehatte, überwinden.[985] Bereits im 18. Jahr-

980 BGHSt 30, 75.
981 BGH NStZ 1983, 375 f.
982 So BGH NStZ 1983, 375, der in einem Fall der Abwesenheit notwendiger Verteidiger während die Beteiligten Fragen zur Person des Angeklagten stellten, nur den Strafausspruch aufhob und den Schuldspruch unberührt ließ.
983 BGH StV 1995, 175 (176) = NStZ 1995, 27.
984 Die Einführung der Staatsanwaltschaft, die Beteiligung der Laien an der Rechtsprechung, die Öffentlichkeit des Verfahrens und die Pressefreiheit waren die vier wichtigen rechtsstaatlichen Erfolge des Revolutionsjahrs 1848.
985 *Henkel* Strafverfahrensrecht, 53 hat hierzu treffend bemerkt: „Bei einer Strafrechtspflege, in deren Tätigkeit man überall Ungerechtigkeit und Willkür vermuten zu müssen glaubt, erscheint schließlich die Heimlichkeit des Verfahrens geradezu als der Ausdruck des schlechten Gewissens

hundert hatte *Beccaria* gefordert: „Öffentlich soll die Gerichtsverhandlung und öffentlich die Beweiserhebung sein, damit die öffentliche Meinung, die das vielleicht einzige Bindemittel der Gesellschaft ist, der Gewalt und der Leidenschaft Zügel anlege".[986] Die Befürworter des Öffentlichkeitsprinzips bezweckten eine Kontrolle der Justiz durch das Volk. Im Kampf um die öffentliche Gerichtsverhandlung folgte *Beccaria* in Deutschland in erster Linie *Feuerbach*.[987] Am 1. 10. 1879 wurde das Öffentlichkeitsprinzip mit Inkrafttreten der §§ 170–176 GVG positives Recht[988] und gilt seitdem bis heute mit Änderungen, die alle dazu dienten, die Verfahrensbeteiligten vor den inzwischen erkannten Nachteilen einer zu aufdringlichen Öffentlichkeit zu schützen.

Dass die Öffentlichkeit tatsächlich für die „Transparenz" der Urteilsfindung sorgen **445**
kann, wurde bereits durch *Feuerbach*[989] angezweifelt, denn der einzelne Zuschauer wird in der Regel nicht beurteilen können, ob das Verfahren ordnungsgemäß durchgeführt wird, und ob das Urteil richtig ist.[990] Für die Kontrollfunktion der Öffentlichkeit ist nach heutigem Verständnis weniger die unmittelbare Öffentlichkeit als vielmehr die mittelbare **Medienöffentlichkeit** entscheidend, die aber auch Gefahren mit sich bringt, weil sich die Zeichen mehren, dass *Beccarias* Hoffnung, dadurch könne auch „den Leidenschaften Zügel angelegt werden", trügerisch war. Der Einfluss der Massenmedien auf die Entscheidungsfindung der Richter wird vielfach beklagt und hat zu allerlei rechtspolitischen Vorschlägen geführt, von einer Strafnorm für „contempt of court", die Missachtung des Gerichts nach angloamerikanischem Vorbild[991] bis zu dem hilflosen und missglückten Versuch des Gesetzgebers, einen Teil des Problems dadurch zu lösen, dass die wörtliche Veröffentlichung von Teilen der Anklageschrift bei Strafe verboten (§ 353d Nr. 3 StGB) wurde. Die Misshelligkeiten einer die sachliche Verhandlung im Gerichtssaal übertönende öffentliche Resonanz spektakulärer Prozesse und die Bedrohung des nach dem heutigen Verständnis des Datenschutzes auch dem beschuldigten Bürger zukommenden Rechtes auf informationelle Selbstbestimmung konnten damit nicht beseitigt oder auch nur eingedämmt werden. *Dahs* beschreibt anschaulich, dass aus Angst vor dem „Striptease"[992] in der Öffentlichkeit, Angeklagte lieber auf entlastende Beweise verzichten, um nicht der Masse intime Informationen preisgeben zu müssen, bzw. es vorziehen zu schweigen, anstatt sich

---

der Strafgerichtsbarkeit und die Schriftlichkeit als eine Plage, die zur langen Dauer des Verfahrens führt und damit schwere Leiden desjenigen schafft, der als Opfer in ein noch schleppendes Verfahren hineingezogen wird". Siehe hierzu auch LR-*Gollwitzer* Art. 6 MRK, Rn. 86.

986 *Beccaria* Über Verbrechen und Strafe (Dei delitti e delle penne, 1764) in der Übersetzung von *W. Alff* 1988, 89.

987 *Feuerbach* Betrachtungen über die Öffentlichkeit und Mündlichkeit der Gerechtigkeitspflege, 1821. Auch *Kant* hielt Gerechtigkeit nur als öffentliche Gerechtigkeit für denkbar: Zum ewigen Frieden (1795) Anhang II.

988 RGBl. 1877, 41 (72). Hierzu ausführlich *Zipf* Gutachten C für den 54. Deutschen Juristentag, C 13 f.; vgl. auch *Alwart* JZ 1990, 883 ff.; zur Geschichte des Strafverfahrensrechts allgemein siehe *Henkel* Strafverfahrensrecht, 23–64 und *Roxin* Strafverfahrensrecht, § 45.

989 *Feuerbach* Betrachtungen über die Öffentlichkeit und Mündlichkeit der Gerechtigkeitspflege, Band 1, 147 ff.

990 Siehe hierzu *Zipf* Gutachten C für den 54. D. Juristentag, C 40 f.

991 § 452 StGB-E 1962; vgl. hierzu *Sarstedt* Urteilsschelte, 260.

992 *Dahs* Verhandlungen des 54. DJT, Nürnberg 1982, Band II, Teil K, Referat, K 13.

durch Erklärungen zu verteidigen.[993] Er hat deshalb vorgeschlagen, die öffentliche Durchführung der Hauptverhandlung von einem entsprechenden Antrag des Angeklagten abhängig zu machen.[994] Der Vorschlag wurde vom Deutschen Juristentag abgelehnt.[995]

446 Trotz der nicht zu verkennenden Nachteile der heute teilweise praktizierten Formen der „Medienarbeit" im Zusammenhang mit sog. Sensationsprozessen besteht kein Zweifel daran, dass die Kontrolle der Strafjustiz durch seriöse Berichterstattung ein unverzichtbarer Bestandteil eines rechtsstaatlichen Verfahrens ist. Auch das BVerfG hat wiederholt im Hinblick auf die Anwesenheit von Pressejournalisten bei einem Strafverfahren festgestellt, dass der freie Zugang zur Information auch bezogen auf Strafverfahren vom Schutzbereich der Pressefreiheit umfasst wird,[996] und es ist auch verständlich, dass die Journalisten ebenso wie die Strafverteidiger sich dagegen wehren, dass gelegentliche Missbräuche ihrer Möglichkeiten zum Anlass genommen werden, ihre Rechte insgesamt zu beschneiden.

447 Die Gerichtsöffentlichkeit stellt sich also „janusköpfig" dar: sie wirkt sich einerseits segensreich aus, kann aber andererseits zum „Quell unerwünschter Einflüsse" werden und „wie ein blinder Kausalfaktor auf die Richterseele drücken":[997] Diese Janusmaske „lächelt freundlich, wenn sie Kabinettsjustiz verhindert. Sie grinst frech, wenn sie Massenjustiz zulässt".[998]

448 Als **Zwischenbefund** dieser (noch nicht abgeschlossenen) Diskussion steht damit die Erkenntnis, dass die Strafjustiz heute weniger von der Gefahr einer Geheimjustiz als von einer sich verselbständigenden Mediendominanz[999] bedroht ist.[1000]

449 Umso mehr verwundert es, dass das von der Rechtsprechung praktizierte Revisionsrecht bei der Auslegung des § 338 Nr. 6 StPO noch immer den Sinn dieser Vorschrift allein darin sieht, ein „zu wenig" an Öffentlichkeit zu verhindern, während dort, wo es inzwischen zwingende Vorschriften zur Begrenzung der Medienmitwirkung gibt,

---

993 *Dahs* aaO, K 10f.; selbst *Feuerbach* Betrachtungen über die Öffentlichkeit und Mündlichkeit der Gerechtigkeitspflege, 178, war der Ansicht, dass der Öffentlichkeitsgrundsatz nicht dem Zweck diene, die Hauptverhandlung „... Allen ohne Unterschied, wie man sie in Theatern oder Gauklerbuden beisammen findet ..." zu öffnen.

994 *Dahs* aaO.

995 Verhandlungen des 54. DJT, Nürnberg 1982, Band II, Teil K, Beschlüsse 162f.

996 Vgl. BVerfGE 50, 234 (240) = NJW 1979, 1400; BVerfG NJW 1992, 3288 – Fall Honecker/ZDF (einstweilige Anordnung); BVerfG NStZ 1995, 40; und aus jüngster Zeit BVerfG 1 BvR 620/07 – Beschl. v. 19. Dezember 2007 Krit. Anmerkung *G. Schäfer* JR 2008, 119; s. auch BVerfG JR 2007, 391 (Anm. *Ernst*) = StraFo 2007, 284 (Anm. *Eisenberg*)

997 *Alwart* JZ 1990, 883 (884).

998 *Alwart* JZ 1990, 883 (884).

999 *Alwart* JZ 1990, 883 (884); *Hassemer* spricht in seiner Anm. zu BGH 3 StR 566/87 v. 11. 5. 88 = NJW 1989, 465 = NStZ 1988, 467 in JuS 1989, 497 (498, 1. Spalte) sogar von einer Gerichtsöffentlichkeit, die sich zur Medienöffentlichkeit verdichtet habe, was aber – wie *Alwart* zu Recht bemängelt – das problematische Verhältnis, in dem unmittelbare und mittelbare Öffentlichkeit zueinander stehen, nicht ausreichend kennzeichnet: *Alwart* JZ 1990, 883 (886, Fn. 20).

1000 *Zipf* spricht angesichts des traditionellen Verständnisses des Öffentlichkeitsprinzips von „historischem Ballast", der zugunsten des verfassungsrechtlich gebotenen Persönlichkeitsschutzes abzuwerfen ist: Gutachten C für den 54. Deutschen Juristentag, C 58.

deren Verletzung nicht von dem absoluten Revisionsgrund erfasst sein soll.[1001] Nach § 338 Nr. 6 StPO haben die Revisionsgerichte ohne Rücksicht auf die Beruhensfrage darüber zu wachen, dass die Vorschriften über die Öffentlichkeit des Verfahrens eingehalten werden.

Durch § 169 GVG sind **Ton-, Fernseh- und Rundfunkaufnahmen** in Gerichtsver- **450**
handlungen verboten (§ 169 S. 2 GVG).[1002] Trotz dieses eindeutigen Gesetzesbefehls wendet die Rechtsprechung § 338 Nr. 6 StPO bislang jedoch nur an, wenn die unmittelbare Öffentlichkeit in einer Gerichtsverhandlung unzulässig beschränkt worden ist; die gesetzwidrige Zulassung von Öffentlichkeit durch Duldung von Verstößen gegen § 169 S. 2 GVG wird dagegen nicht als absoluter Revisionsgrund angesehen.[1003]

Dies hatte fatale Folgen bei der umstrittenen Entscheidung des 2. Senats des BGH im **451**
Fall **„Monika Weimar“:**[1004] Das Landgericht Fulda hatte während einer Inaugenscheinsnahme verschiedener Örtlichkeiten Rundfunk- und Fernsehaufnahmen geduldet, die in den Nachrichtensendungen einer Fernsehanstalt auch verbreitet wurden. Dies wurde von der Revisionsführerin unter Hinweis auf § 338 Nr. 6 StPO als Verstoß gegen § 169 S. 2 GVG gerügt. Der BGH hielt jedoch den absoluten Revisionsgrund des § 338 Nr. 6 StPO nicht für gegeben und ließ die Rüge am fehlenden Beruhen des Urteils auf dem zweifellos vorliegenden Verfahrensfehler scheitern. § 338 Nr. 6 StPO sei nicht anwendbar, weil dieser nur die Fälle gesetzwidriger *Beschränkung* von Öffentlichkeit erfasse.[1005] An dieser Auffassung habe auch die Schaffung von § 169 S. 2 GVG nichts geändert. Weder sei eine Tendenz des Gesetzgebers erkennbar, § 169 S. 2 GVG die gleiche Bedeutung zukommen zu lassen wie dem Öffentlichkeitsgebot des § 169 S. 1 GVG, noch habe der Gesetzgeber zu erkennen gegeben, dass von der bisherigen Rechtsprechung zum Öffentlichkeitsbegriff abgewichen werden müsse. § 169 S. 1 GVG solle verhindern, dass „die Tätigkeit des Gerichts hinter verschlossenen Türen in ein Dunkel gehüllt und dadurch Missdeutungen und Argwohn ausgesetzt ist“.[1006] Die Vorschrift sei mithin geschaffen worden, um das Öffentlichkeitsprinzip als grundlegende Einrichtung des Rechtsstaates zu garantieren, während § 169 S. 2 GVG nur zwei bestimmte Formen der Berichterstattung für die „mittelbare“ Öffentlichkeit untersage, die gegebenenfalls die Wahrheitsfindung und das Verteidigungsinteresse betreffen können und daher keine mit § 169 S. 1 GVG vergleichbare Tragweite aufwiesen.[1007] Der Gesetzgeber habe sich vielmehr in seiner Begründung zu

---

1001 Vgl. hierzu auch *Hamm* Die alltäglichen Gesetzesumgehungen durch die Strafjustiz, 373.

1002 Gesetz v. 19. 12. 1964 (BGBl. I, 1067). Vgl. zur abweichenden Rechtslage vor dem BVerfG jetzt § 17a BVerfGG.

1003 Bemerkenswert ist immerhin, dass der BGH der Meinung Eb. *Schmidts* (Justiz und Publizistik, 42ff.), auch die unzulässige Erweiterung der Öffentlichkeit stelle einen absoluten Revisionsgrund dar, „gute Gründe“ zugesteht: BGHSt 22, 83; für die h.M. siehe RGSt 3, 295; 77, 186; BGHSt 10, 202 (206); 23, 82 (85); 23, 176 (178); 36, 119 (120).

1004 BGHSt 36, 119ff. = NJW 1989, 1741ff. = StV 1989, 289ff. (m. Anm. *Fezer*) = NStZ 1989, 375ff. (m. Anm. *Roxin*) = JR 1990, 385ff. (m. Anm. *Meurer*).

1005 BGHSt 36, 119 (120).

1006 BGHSt 36, 119 (122) unter Bezugnahme auf RGSt 70, 109 (112), obwohl es zur Zeit dieser Entscheidung noch keine zwingende Vorschrift zur Begrenzung der Öffentlichkeit gab.

1007 BGHSt 36, 119 (122) unter Berufung auf BGHSt 23, 176 (178).

§ 169 S. 2 GVG ausdrücklich auf Entscheidungen berufen, die dem herkömmlichen Öffentlichkeitsbegriff entsprachen.[1008]

452 Dieser Auffassung ist jedoch entgegenzuhalten, dass der Wortlaut von § 338 Nr. 6 StPO allein darauf Bezug nimmt, ob das Urteil aufgrund einer mündlichen Verhandlung ergangen ist, bei der „die Vorschriften über die Öffentlichkeit des Verfahrens" verletzt sind. Dass darin anfänglich nur die Revisibiltät der *Beschränkung* der Öffentlichkeit gesehen werden konnte, ist damit zu erklären, dass § 338 Nr. 6 StPO in Kraft war, lange bevor mit § 48 JGG und § 169 S. 2 GVG erstmals zwingende Vorschriften über die Beschränkung der Öffentlichkeit des Verfahrens eingeführt wurden.[1009] Es galt folglich bis zu diesem Zeitpunkt auch nur, Satz 1 der Vorschrift unter den Schutz eines unbedingten Revisionsgrundes zu stellen. Die Schaffung der §§ 48 JGG (1953) und 169 S. 2 GVG (1964) verdeutlicht jedoch, dass durch im Gerichtssaal anwesende *unmittelbare* Öffentlichkeit, insbesondere aber auch durch die von den Massenmedien informierte sog. *mittelbare* Öffentlichkeit Persönlichkeitsrechte der Betroffenen massiv beeinträchtigt werden können und dieser Gefahr entgegengetreten werden musste.[1010]

453 Gemäß § 48 Abs. 1 JGG ist z.B. die Öffentlichkeit in Bezug auf Gerichtsverhandlungen gegen **Jugendliche,** denen aufgrund entwicklungspsychologischer und jugendpädagogischer Erwägungen jegliche Bloßstellungen, Stigmatisierungen und damit einhergehende Entsozialisierungen erspart werden sollen, zwingend ausgeschlossen.[1011] Es ist auch aus den oben dargelegten Gründen nicht einsichtig, dass der Grundrechtsschutz, der bei der Einführung neuer Ausschließungsgründe und *zwingender* Vorschriften über den Ausschluss und die Begrenzung der Öffentlichkeit im Strafprozess[1012] leitend gewesen sein muss, beim heutigen Verfassungsverständnis weniger Bedeutung haben soll als die Vorbeugung gegen das Wiederaufleben einer Kabinetts- und Geheimjustiz. Mit der Entscheidung des Gesetzgebers, im Interesse des Persönlichkeitsrechtsschutzes und der ungestörten Sachverhaltsaufklärung die Öffentlichkeit zu begrenzen, sind Normen entstanden, deren Einhaltung in viel beachteten Verfahren sogar noch wichtiger ist, als z.B. der ungehinderte Zugang des Publikums zu den Hauptverhandlungen beim Fehlen einer Ausschlussmöglichkeit. *Eb. Schmidt* weist deshalb mit Recht darauf hin, dass die Fälle des § 169 S. 1 GVG weniger einschneidend sind als die des Satzes 2, weil jene nur ein abstraktes Prinzip, die-

---

1008 BGHSt 36, 119 (121); so jetzt auch *Fezer* unter Aufgabe der bisher in seinem Lehrbuch (Strafprozessrecht II, 1986, Fall 14, Rn. 131) geäußerten gegenteiligen Meinung, Anm. zu BGH 2 StR 402/88 v. 17. 2. 1989 in StV 1989, 289 (291).

1009 So auch *Eb. Schmidt* Justiz und Publizistik, 41 f. mit Hinweis auf BGHSt 10, 202 (206), der in einem Fall, in dem der Vorsitzende Tonbandaufnahmen während der Verhandlung erlaubt hatte, § 338 Nr. 6 StPO für nicht anwendbar hielt, weil es sich dabei „höchstens" um eine Erweiterung der Öffentlichkeit gehandelt habe. Die Erweiterung wurde vom BGH darin gesehen, dass die unmittelbare Öffentlichkeit durch die keine räumlichen Grenzen findende „mittelbare" Öffentlichkeit ersetzt worden sei.

1010 Übereinstimmend *Eb. Schmidt* Justiz und Publizistik, 43.

1011 *Eisenberg* § 48 JGG, Rn. 8. Der Ausschluss der Öffentlichkeit im Jugendverfahren war bereits im Reichsjugendgesetz von 1923 aufgenommen und 1953 vom Gesetzgeber in § 48 JGG rezipiert worden.

1012 Gemeint sind also nicht Ermessenvorschriften wie etwa die §§ 171 a, 172 GVG, sondern nur die § 48 JGG und § 169 S. 2 GVG.

se aber zumeist schwerwiegende Missachtungen des Persönlichkeitsrechts betreffen.[1013] Der absolute Revisionsgrund des § 338 Nr. 6 StPO hat daher mit der Einführung des § 48 JGG und des § 169 Abs. 2 GVG seinen „hypothetischen Charakter" verloren.[1014]

Roxin etwa gibt zu bedenken, dass auch ein Blick auf die Motive zur gleichzeitig entstandenen und fast gleichlautenden Parallelvorschrift in der ZPO (§ 547 Nr. 5 ZPO) nahelegen würde, dass nicht nur die Beschränkung sondern auch eine Erweiterung der Öffentlichkeit von § 338 Nr. 6 StPO erfasst werde. In der Begründung hierzu heißt es, dass die unberechtigte Zulassung der Öffentlichkeit z.B. in Ehesachen eine deutliche Beschränkung der Parteien in der Verhandlung involvieren könne.[1015] Da im Zivilrecht auch der fehlende Ausschluss der Öffentlichkeit ein absoluter Revisionsgrund sei, stelle sich die Frage, warum für die StPO etwas anderes gelten soll.[1016] *Roxin* weist ferner darauf hin, dass der Gesetzgeber zum Ausdruck gebracht habe, die Verletzung der Vorschriften über die Öffentlichkeit des Verfahrens müssten „in allen Fällen" die Aufhebung des Urteils begründen.[1017] Die Formulierung „alle Fälle" kann nur bedeuten, dass der Gesetzgeber hiermit eine Regelung nach „allen" Seiten habe schaffen wollen und insofern auch § 338 Nr. 6 StPO auf alle Fälle anwendbar sein müsse.[1018] Auch *Zipf* stellt auf die heutige *Ambivalenz* des Öffentlichkeitsbegriffs ab, der sich mit der Einführung der §§ 48 JGG und 169 S. 2 GVG herausgebildet habe und hält insofern – wie auch *Eb. Schmidt* und *Roxin* – den Verstoß gegen diese Vorschriften für unbedingt revisibel.[1019] **454**

Die Auffassung des BGH wäre also bereits dann überzeugend widerlegt, wenn ihm noch darin zu folgen wäre, dass § 338 Nr. 6 StPO die Befolgung der Vorschriften über die Öffentlichkeit nur in den Rang eines absoluten Revisionsgrundes erhoben habe, um die „Wertigkeit und Bedeutung" des Verfahrensprinzips der Öffentlichkeit wirksam zur Geltung zu bringen. **455**

Sieht man richtigerweise den legislatorischen Sinn des absoluten Revisionsgrundes darin, dem Revisionsführer den Erfolg seines Rechtsmittels trotz der im Regelfall zu verneinenden konkreten Beruhensfrage zu erhalten, ist die Differenzierung zwischen den unzulässigen Beschränkungen und den unzulässigen Ausweitungen der Öffentlichkeit noch weniger einzusehen. Folgt man nämlich der Rechtsprechung, wonach im letzteren Falle nur ein relativer Revisionsgrund zur Verfügung steht, kann § 169 S. 2 GVG nicht wirksam durchgesetzt werden. Dies zeigt besonders deutlich die revi- **456**

1013 *Eb. Schmidt* aaO, 44.

1014 So *Roxin* JZ 1968, 805; *ders.*, FS Karl Peters, 393 (402), in diesem Sinne auch *Eb. Schmidt* Justiz und Publizistik, 44; *Kissel/Mayer* § 169, Rn. 59 f.

1015 *Hahn* Materialien zur Zivilprozeßordnung, Abt. I, Motive, § 489, 369 f. Auf die Parallele zum Zivilprozeßrecht wird sowohl von *Roxin* JZ 1968, 803 (805) und in NStZ 1989, 375 (377) als auch von *Eb. Schmidt* Justiz und Publizistik, 43, Fn. 79 hingewiesen.

1016 *Roxin* weist in diesem Zusammenhang auch auf die „Verklammerung" von § 338 Nr. 6 StPO und § 547 Nr. 5 ZPO mit dem GVG hin, JZ 1968, 805; siehe hierzu auch die ständige zivilrechtliche Rechtsprechung: Stein/Jonas-*Grunsky* § 551, Anm. 6, Rn. 22.

1017 *Hahn* Materialien zur Strafprozessordnung, Abt. I, Motive, 252 zu § 301 Nr. 6 (heute § 338 Nr. 6 StPO).

1018 So *Roxins* Interpretation in JZ 1968, 805; *ders.* in NStZ 1989, 375 (377).

1019 *Zipf* Gutachten C für den 54. Dt. Juristentag, C 63; so im Erg. auch *Alwart*, JZ 1990, 883 ff.

sionsgerichtliche Entscheidung im Fall „Weimar".[1020] Trotz eindeutigen Verstoßes gegen § 169 S. 2 GVG durch das Tatgericht blieb der Verfahrensrüge der Erfolg versagt, da die Entscheidung auf dem Verfahrensfehler nicht beruhen könne. Der 2. Senat sah Ton- und Filmaufnahmen während eines Ortstermins revisionsrechtlich als unschädlich an, weil die Angeklagte nicht darlegen konnte, dass das Urteil ohne die genannten Aufnahmen für sie günstiger ausgegangen wäre.[1021] Dies trifft natürlich in gleicher Weise auch auf die Beschränkung der Öffentlichkeit zu, denn auch im Falle von „zu wenig Öffentlichkeit" wird sich selten vorbringen lassen, dass eine ausreichende Öffentlichkeit zu einem anderen Urteil geführt hätte.[1022] Die in beiden Fällen gleichermaßen vorhandene Problematik, das **Beruhen** zu konkretisieren, verlangt also eine „symmetrische" revisionsgerichtliche Kontrolle aller gesetzlichen Regeln zur Öffentlichkeit der Hauptverhandlung, die nicht nur bloße Ermessensvorschriften sind. Sonst bleiben die §§ 169 S. 2 GVG, 48 JGG niemals durchsetzbare Rechte und werden damit zu leeren Floskeln.[1023]

457 Bei **Verletzung von Ermessensvorschriften** wie den §§ 171 a, 171 b, 172 GVG ist die „Einstufung" als relative Revisionsgründe ausreichend, weil es sich bei ihnen im Unterschied zu den §§ 48 JGG, 169 S. 2 GVG, die jeweils zwingende Ausschlussgründe enthalten, nur um *Kannvorschriften* handelt.[1024] Betrachtet man die differenzierten Abwägungen, die bei der Prüfung der §§ 171 a ff. GVG anzustellen sind, leuchtet ohne Weiteres ein, dass die Frage, ob im Einzelfall eine Rechtsverletzung vorliegt, einer starren Rechtsmittelkontrolle nicht zugänglich sein kann. Auch an die Kausalitätserwägungen dürfen in diesen Fällen aber keine übertriebenen Anforderungen gestellt werden.[1025]

Aber auch bei der **Anwendung der Ermessensvorschriften,** nach denen die Öffentlichkeit ausgeschlossen werden kann, kommt der absolute Revisionsgrund des § 338 Nr. 6 StPO in der Praxis nicht selten zum Tragen. Dies ist z. B. der Fall, wenn der Beschluss durch den die Öffentlichkeit ausgeschlossen wird, nicht ausreichend kenntlich macht, auf welcher GVG-Vorschrift der Ausschluss beruht.[1026]

458 Das Urteil muss gemäß § 173 Abs. 1 GVG in jedem Fall öffentlich verkündet werden. Ein Verstoß gegen diesen (auch in Art. 6 Abs. 1 S. 2 EMRK enthaltenen[1027]) Grundsatz

---

1020 BGHSt 36, 119 ff. = BGH NJW 1989, 1741 ff.

1021 BGHSt 36, 119 (123) = BGH NJW 1989, 1741 (1743).

1022 Der BGH räumte in BGHSt 22, 83 f. immerhin selbst ein, dass „... Fälle, in denen sich einwandfrei sagen lässt, dass das Urteil auf der Zulassung des Rundfunks oder des Fernsehens beruhen könne, ... sich kaum vorstellen" lassen. Daran anknüpfend auch *Roxin* FS Peters, 402 (Fn. 21), der meint, dass sich der BGH dadurch indirekt für einen absoluten Revisionsgrund entschieden habe und jetzt auch konsequent zur unmittelbaren Anwendung schreiten sollte.

1023 Anders *Fezer* StV 1989, 289 (291), der einen *relativen* Revisionsgrund für völlig ausreichend hält und keine Bedenken hat, dass bei einzelnen Beweiserhebungen – wie auch im „Fall Weimar" – die Beruhensfrage verneint wird.

1024 *Zipf* aaO, Gutachten, C 64 unter Berufung auf *Kühne* Strafprozesslehre, 212.

1025 *Zipf* aaO, Gutachten, C 65 warnt vor „anklingenden Extrempositionen" und benennt hierfür zwei Entscheidungen des BGH: BGHSt 15, 263 (Annäherung an absoluten Revisionsgrund) und BGHSt 22, 83 (für übertriebene Anforderungen an die Beruhensfrage).

1026 BGHR StPO 338 Nr. 6 – Begründungsmangel 1 und 2.

1027 Vgl. dazu IntKommEMRK-*Kühne* Art. 6 Rn. 355, LR-*Gollwitzer* Art. 6 MRK, Rn. 93 ff.

ist ein zwingender Revisionsgrund.[1028] Die Kritik von *Poppe*[1029] hieran überzeugt nicht. Er meint im Anschluss an eine nur vorübergehend vom Reichsgericht vertretene Auffassung,[1030] ein Urteil könne niemals darauf beruhen, dass es am Ende einer ansonsten rechtsfehlerfreien Verhandlung unter versehentlichem Verstoß gegen § 173 Abs. 1 GVG verkündet werde. Bewusste Verstöße lägen hier in einem Rechtsstaat so fern, dass man sie nicht in Erwägung zu ziehen brauche. Die absoluten Revisionsgründe stünden gleichsam unter dem unausgesprochenen Vorbehalt, dass ein Ursachenzusammenhang zwischen Verstoß und Urteil überhaupt denkbar sei. Aber ob und in welchem Maße wir überhaupt einen Rechtsstaat haben, hängt nicht zuletzt davon ab, welche Formen wir zum Schutze des Staatsbürgers und seiner Freiheit besitzen und wie ernst wir sie nehmen. Formen sind ihrem Begriff nach etwas Äußerliches; dem widerspricht es, die Rechtsfolgen ihrer Verletzung davon abhängig zu machen, ob und was der Verletzende sich dabei gedacht hat. „Versehentliche" (mit und ohne Anführungszeichen) Verstöße dulden, heißt bewusste herauszufordern.

Auch *Poppes* Vorschlag,[1031] äußerstenfalls nur den Urteilsspruch und nicht die Feststellungen aufzuheben, ist als theoretisch und praktisch gleichermaßen verfehlt anzusehen. Ist der Verstoß bewusst begangen, so können natürlich auch die Feststellungen auf ihm beruhen: das Urteil „stellt" etwas „fest", was das Gericht unter der Kontrolle öffentlicher Verkündung nicht gewagt haben würde festzustellen. Ob aber der Verstoß bewusst begangen ist, wäre eine probatio diabolica. Und wozu soll eine Aufhebung des Urteilsspruchs beim Bestehenbleiben der Feststellungen gut sein? Die Aufhebung muss das Verfahren in den Stand zurückversetzen, in dem es sich befand, als der Verstoß begangen (begonnen) wurde, d.h. auf den Beginn der Urteilsverkündung. In diesem Zeitpunkt (sogar noch bis zum Schluss der Verkündung) können noch Beweisanträge gestellt werden. Also müssen sie auch nach Aufhebung noch gestellt werden können, mit anderen Worten: die Feststellungen müssen aufgehoben werden, damit das Gericht sich noch von einem anderen Sachverhalt überzeugen kann.[1032] **459**

Öffentlichkeit i.S.v. § 169 S. 1 GVG bedeutet, dass jedermann freien Zugang zur Gerichtsverhandlung haben muss.[1033] Das heißt indes nicht, dass alle Zuhörer stets an der Gerichtsverhandlung teilnehmen können. Die Kapazität des Sitzungssaals bzw. das Hausrecht des Eigentümers[1034] in Privatwohnungen bei Ortsterminen zum Zwecke der Augenscheinseinnahme[1035] etc. bilden hier eine **rechtlich anerkannte Einlassgrenze.**[1036] Die Vorschriften über die Öffentlichkeit können aber dadurch verletzt **460**

1028 BGHSt 4, 279 = NJW 1953, 1442 = JZ 1953, 674 = LM Nr. 6 zu § 338 (m. Anm. *Martin*); LR-*Hanack* § 338, Rn. 112.
1029 *Poppe* NJW 1955, 6 (7).
1030 Zuletzt 1926 in RGSt 60, 279.
1031 *Poppe* NJW 1955, 8.
1032 Zustimmend auch LR-*Hanack* § 353, Rn. 20.
1033 *Kissel/Mayer* § 169, Rn. 1, 21. Zur Öffentlichkeit zählen – entgegen BGH NJW 1977, 311 – auch auf den nächsten Sitzungstermin wartende Rechtsanwälte oder Staatsanwälte, die sich im Sitzungssaal aufhalten, selbst wenn diese „hemdsärmelig" dort verweilen.
1034 BGHSt 40, 191 = NJW 1994, 2773 = StV 1994, 470.
1035 BGH NStZ 1981, 311; *Thym* NStZ 1981, 293 (294).
1036 Dazu und auch zum notwendigen Revisionsvorbringen jetzt grundlegend BGH 1 StR 527/05 v. 10. 1. 2006 = NJW 2006, 1220 = NStZ-RR 2007, 55 = StV 2008, 10 Anmerkung *Humberg* JR 2006, 391.

werden, dass ein Teil der Hauptverhandlung ohne Not in einem Raum stattfindet, der so klein ist, dass er keinen Platz für Unbeteiligte bietet,[1037] zumal wenn dies in der Absicht geschieht, größere Mengen interessierter Zuschauer fernzuhalten.[1038] Eine Verhandlung im Richter- oder in einem Beratungszimmer darf z.B. nicht stattfinden, wenn nur ein einziger Zuhörer dort Platz finden kann,[1039] wobei es nicht darauf ankommt, ob tatsächlich noch weitere Personen teilgenommen hätten.[1040] „Freier Zugang" bedeutet auch, dass unabhängig davon, ob die Verhandlung *im* Gerichtsgebäude oder *außerhalb* – etwa anlässlich eines Ortstermins – stattfindet, der Verhandlungsort angekündigt worden ist (durch einen Aushang o.ä.), bzw. der Weg dahin nicht durch verschlossene Türen u.ä. versperrt wurde.[1041] Die Zuhörer sind in der Reihenfolge ihres Erscheinens zur Sitzung zuzulassen; Platzreservierungen, die das Reihenfolgeprinzip durchbrechen, sind unzulässig.[1042]

461 **Kontrollmaßnahmen** zur Wahrung der Sicherheit und Ordnung einer Gerichtsverhandlung sind zulässig, solange kein psychischer Druck auf potentielle Zuschauer ausgeübt wird, der diese dazu zwingt, aus Angst vor angedrohten Nachteilen oder Repressionen, auf die Teilnahme an der Verhandlung zu verzichten.[1043] Hat das Gericht durch Anordnung der vorherigen Durchsuchung von Zuhörern selbst bewirkt, dass sich deren Zutritt zum Sitzungssaal verzögert, so darf es mit der Verhandlung erst beginnen, wenn den rechtzeitig erschienenen Personen der Zutritt gewährt worden ist. Beginnt das Gericht vorher mit der Verhandlung, so ist § 338 Nr. 6 StPO verletzt.[1044]

462 Einzelne **Zuhörer** darf der Vorsitzende unter bestimmten Voraussetzungen hinausweisen, z.B. wenn eine Person als Zeuge in Betracht kommt oder aus den in den §§ 171a ff., insbesondere 175–177 GVG enthaltenen Gründen.[1045] Die Verweisung einzelner oder einer Gruppe von Zuhörern aus dem Saal mit der Begründung, sie kämen als Zeugen „in Betracht", verletzt dann aber den Öffentlichkeitsgrundsatz mit der Folge des absoluten Revisionsgrundes, wenn es an erkennbaren tatsächlichen An-

---

1037 BGHSt 5, 76 (83 f.) = NJW 1954, 281 (283).

1038 KK-*Diemer* § 169 GVG, Rn. 8.

1039 OLG Köln NStZ 1984, 282 f.; *Meyer-Goßner* § 169 GVG, Rn. 4. Eine Gerichtsverhandlung darf aber auch nicht zum Schauprozess ausarten. Dies würde die Menschenwürde, die Persönlichkeitsrechte der Beteiligten verletzen und dem Sinn von § 169 S. 2 GVG entgegenstehen. Aus diesem Grund darf auch bei starkem Zuschauerandrang die Verhandlung nicht in eine Stadthalle, ein Freilichttheater o.ä. verlegt werden; hierzu *Roxin* FS Karl Peters, 393 (400). Auch Lautsprecherübertragungen oder eine Ausdehnung der Verhandlung auf den Sitzungsflur sind unzulässig; *Kissel/Mayer* § 169, Rn. 27.

1040 BayObLG NJW 1982, 395.

1041 Dies gilt auch für die Verhandlung in einer Justizvollzugsanstalt, wobei hier der besonderen Sicherheitsvoraussetzungen wegen, Platzkarten und Kontrollen gestattet werden müssen; hierzu BGH NJW 1979, 770 (Ls.) = JR 1979, 261 f. (m. Anm. *Foth*); *Kissel/Mayer* § 169 GVG, Rn. 21 f. mit zahlreichen Einzelfallbeispielen; vgl. auch BGH 2 StR 675/86 v. 6. 3. 1987 = BGHR StPO § 338 Nr. 6 – Ortstermin 1.

1042 BGH 4 StR 7/75 v. 20. 3. 1975 zitiert in: *Meyer-Goßner* § 169 GVG, Rn. 4.

1043 BGH NJW 1980, 249 f., wobei jedoch zu betonen ist, dass nicht jede psychologische Hemmschwelle einen Verstoß gegen § 169 S. 1 GVG darstellt.

1044 BGH NJW 1995, 3196 = StV 1995, 116 (117).

1045 BGHSt 3, 386 ff.; BGH NJW 1989, 465; *Kissel/Mayer* § 169 GVG, Rn. 23. Geht die Gefahr des § 172 Nr. 1 GVG nur von einem abgrenzbaren Teil der Zuhörerschaft aus, so kann der Ausschluss auf diesen Teil der Öffentlichkeit beschränkt werden, BGH 1 StR 622/79 v. 20. 11. 1979.

haltspunkten dafür fehlte, dass sie im Rahmen einer Zeugenvernehmung etwas zur Sachaufklärung beitragen könnten.[1046]

Voraussetzung für den Ausschluss der Öffentlichkeit ist, dass ein in öffentlicher Verhandlung verkündeter Beschluss über die Ausschließung der Öffentlichkeit mit ausreichender Begründung vorhanden ist,[1047] und dass der Angeklagte Gelegenheit zu Einwendungen gehabt hat.[1048] **463**

Nach der BGH-Rechtsprechung umfasst der Ausschluss der Öffentlichkeit für die Dauer der Vernehmung von **Kindern als Zeugen**[1049] nach § 172 Nr. 4 GVG alle Verfahrensvorgänge, die mit der Vernehmung „in enger Verbindung" stehen. Dies bezieht der BGH ausdrücklich auch auf die Beschlussfassung nach § 247 StPO.[1050] Eine Wiederholung des Beschlusses über den Ausschluss der Öffentlichkeit nach § 171b GVG, soll gleichfalls nicht bei jeder Unterbrechung einer Zeugenvernehmung nötig sein, selbst wenn während dieser Unterbrechung andere Beweiserhebungen in öffentlicher Verhandlung stattgefunden haben.[1051] **464**

Auch die **Nichtanhörung des Angeklagten** ist kein unbedingter Revisionsgrund, weil § 33 StPO und Art. 103 GG nicht zu den Vorschriften über die Öffentlichkeit gehören.[1052] *Dahs* wendet hier jedoch mit durchaus überzeugenden Gründen ein, dass der hohe Rang, den das Öffentlichkeitsprinzip einnimmt, auch nur durch ein ordnungsgemäßes Beschlussverfahren – wie es die entsprechenden Gesetze vorschreiben – gewährleistet werden könne. Ein Verstoß gegen die Anhörungspflicht vor Erlass des Beschlusses muss daher nach seiner Ansicht auch gemäß § 338 Nr. 6 StPO anfechtbar sein. Die Herabstufung von nicht gesetzmäßig zustandegekommenen Beschlüssen, die die Beschränkung der Öffentlichkeit zur Folge hätten, zu einem relativen Revisionsgrund, sei unter dem Aspekt, dass das Beschlussverfahren die entscheidende Sicherheitsgarantie für die Öffentlichkeitsmaxime bedeute, nicht hinnehmbar, zumal das „Beruhen" in der Regel nicht nachgewiesen werden könne.[1053] **465**

Die **Begründung der Ausschließung** muss zumindest den Ausschließungsgrund genau bezeichnen, von dem Gebrauch gemacht wurde. Eine Bezugnahme auf die eindeutige Vorschrift des § 172 Nr. 4 GVG reicht aus,[1054] dagegen enthält § 172 Nr. 2 GVG **466**

1046 BGH 4 StR 173/03 v. 9. 9. 2003 = NStZ 2004, 453 = StV 2003, 659.

1047 Siehe BGHSt 1, 334ff.; BGHSt 30, 298ff.; BGH NJW 1979, 276; BGH NStZ 1983, 324; BGH NStZ 1989, 442 (zu den Anforderungen an die Angabe des Ausschließungsgrundes); BGHSt 17, 220 (222); BGH NJW 1985, 1848 (keine Anordnung des Vorsitzenden an Stelle eines Gerichtsbeschlusses); BGH NJW 1980, 2088 (für die öffentliche Verkündung des Beschlusses); BGH StV 1996, 135 (zur öffentlichen Begründung des Beschlusses); Überblick hierzu bei KK-*Kuckein* § 338, Rn. 90.

1048 OGHSt 3, 81; BGH LM Nr. 2 zu § 33 StPO und BGH NJW 1979, 276 = JR 1979, 434f. (m. Anm. *Gollwitzer*).

1049 Der BGH spricht von „kindlichen" Zeugen; vgl. BGH NStZ 1994, 297; NStZ 1994, 354.

1050 BGH NStZ 1994, 354.

1051 BGH StV 1990, 10f. (m. Anm. *Frommel*); BGH NStZ 1992, 447; BGH 5 StR 206/92 v. 3. 6. 1992.

1052 BGH JR 1979, 434f. m. Anm. *Gollwitzer* 435ff.

1053 *Dahs/Dahs* Revision, Rn. 200; siehe hierzu auch BGH JR 1979, 434f. m. Anm. *Gollwitzer* 435ff., der wohl mit *Dahs* übereinstimmt, aber mehr auf die Bedeutung einer engen Auslegung des § 247 StPO abstellt.

1054 BGHSt 27, 117ff. = NJW 1977, 964; ebenso genügt Bezugnahme auf § 172 Nr. 1a GVG, BGHSt 41, 195 = NJW 1995, 3195 = StV 1996, 135.

mehrere Alternativen, so dass der Beschluss kenntlich machen muss, welche davon angenommen wurde.[1055] Angegeben werden muss auch, in welchem Umfang die Öffentlichkeit ausgeschlossen wird, wobei diese Feststellungen in der Regel der Auslegung zugänglich sind.[1056] Liegen bestimmte Ausschließungsgründe vor, ist das Revisionsgericht an die von dem Tatgericht diesbezüglich getroffenen Feststellungen gebunden.[1057]

467 Droht Zeugen oder anderen Personen **Gefahr**, so darf die Öffentlichkeit gemäß § 172 Nr. 1 a GVG ausgeschlossen werden.[1058] Diese Vorschrift ist durch das OrgKG vom 15. 7. 1992 (BGBl. I, 1302) in Kraft getreten und beruht auf dem Gedanken, dass kriminelle Organisationen nur durch Zeugen überführt werden können, die vor Gefahren, die Ihnen aufgrund einer Aussage entstehen könnten, zu schützen sind.[1059] Im Unterschied zu § 172 Nr. 1 GVG a. F. ist neben die Gefahr für Leib und Leben nunmehr auch die Gefährdung der *Freiheit* als Ausschließungsgrund getreten.

Zu den „anderen Personen" im Sinne des § 172 Nr. 1a GVG zählen z.B. Angehörige, Informanten von Zeugen sowie Personen, die in einem unter Gewalt- und Willkürherrschaft stehenden Gebiet wohnen und durch eine Aussage der Gefahr von Pressionen ausgesetzt sein können.[1060]

468 Großzügig ist der BGH mit dem Ausschließungsgrund des § 171b GVG: „Umstände aus dem persönlichen Lebensbereich" eines Zeugen können danach auch „Tatsachen aus dem Familienbereich" sein, also die Erörterung von Scheidungsabsichten oder familieninterne Auseinandersetzungen, wobei es nur auf eine ex-tunc-Betrachtung ankommen soll.[1061]

469 Der Grundsatz der Öffentlichkeit ist der **Disposition der Prozessbeteiligten entzogen.**[1062] So dürfen Prozessgrundsätze, die wie § 169 S. 1 GVG als „Essential rechtsstaatlichen Prozessierens" gelten, durch Vereinbarungen der am Verfahren beteiligten Personen nicht einfach außer Kraft gesetzt werden.[1063] Daher kann, selbst wenn der Angeklagte oder dessen Verteidiger den Ausschluss beantragt haben bzw. nach ausdrücklicher Erklärung, denselben nicht anfechten wollten, der unzulässige Ausschluss gemäß § 338 Nr. 6 StPO vom Angeklagten dennoch gerügt werden. Wird der

---

1055 BGH NStZ 1983, 324; BGH StV 1996, 134.

1056 BGH StV 1990, 252; BGH StV 1991, 199.

1057 KK-*Kuckein* § 338, Rn. 90 zeigt auf, dass dies gem. § 336 StPO nunmehr insbesondere für die ausdrücklich unanfechtbaren Entscheidungen nach § 171 b GVG gilt.

1058 Vgl. BGHSt 3, 334 (345); 16, 11 (113); 30, 193 (194). Auch die Gefahr, dass durch Missfallenskundgebungen der Zuhörer ein Zeuge zum (erneuten) Selbstmordversuch getrieben wird, ist ein Grund, der die öffentliche Ordnung gefährdet, BGH 5 StR 254/77 v. 7. 6. 1977. Dagegen reicht es nicht aus, dass ein gemäß § 52 StPO zur Aussageverweigerung berechtigter Zeuge erklärt, er werde nur unter Ausschluss der Öffentlichkeit aussagen: BGHSt 30, 193 (195) = StV 1981, 594 = NStZ 1982, 169; hierzu *Gössel* NStZ 1982, 141 ff.

1059 BT-Drucksache 12/2720, S. 2, zitiert in *Kissel/Mayer* § 172 GVG, Rn. 34.

1060 LR-*Wickern* § 172 GVG, Rn. 12.

1061 BGHSt 30, 212 = NJW 1982, 59 = StV 1981, 595 f. = NStZ 1982, 169 (m. Besprechung *Gössel* NStZ 1982, 141 ff.); LR-*Wickern* § 171 b GVG, Rn. 5 m. w. N.

1062 Siehe OLG Frankfurt JR 1987, 81 ff. (m. Anm. *Schlüchter*).

1063 So *Schlüchter* Anm. zu OLG Frankfurt 1 Ss 7/86 v. 14. 2. 1986 in JR 1987, 81; BGH NStZ 1993, 450 = StV 1993, 460.

Mangel durch Wiederholung des betroffenen Verhandlungsteils geheilt, ist jedoch keine Revision mehr möglich. Hat das Tatgericht sich durch Beschluss für die Ausschließung der Öffentlichkeit während der Vernehmung des durch ein Sexualdelikt geschädigten Zeugen gemäß § 172 Nr. 1 GVG entschieden, obwohl die Annahme von § 171b GVG näher gelegen hätte, kann dies nicht gemäß § 338 Nr. 6 StPO gerügt werden, weil die §§ 172 Nr. 1, 171b GVG nicht in einem Konkurrenzverhältnis, sondern mit „unterschiedlicher Schutzfunktion selbständig nebeneinander" stehen.[1064]

Die meisten Verstöße im Bereich des § 338 Nr. 6 StPO beruhen darauf, dass das Gericht die zu Recht ausgeschlossene Öffentlichkeit nicht rechtzeitig wieder herstellt. Dies erscheint bemerkenswert, da es sich bei diesen Vorgängen immerhin um wesentliche Förmlichkeiten der Hauptverhandlung im Sinne des § 274 StPO handelt, die nur durch das Protokoll bewiesen werden können. Dennoch kommt es immer wieder vor, dass für die Dauer der Vernehmung eines Zeugen die Öffentlichkeit ausgeschlossen wird und nun während dieser Vernehmung eine Urkundenverlesung zu Beweiszwecken stattfindet, ohne dass dafür ein besonderer Ausschließungsbeschluss vorliegt. Oder es wird bei Aufruf des nächsten Zeugen einfach vergessen, die Öffentlichkeit wieder herzustellen.[1065] Nicht selten ist es aber so, dass nur das Protokoll die Verfahrensvorgänge nicht richtig wiedergibt. Das mag ebenso unbefriedigend sein wie der umgekehrte Fall, dass der Fehler wirklich vorgekommen, aber aus dem Protokoll nicht ersichtlich ist, weil der Urkundsbeamte ganz routinemäßig die in Wirklichkeit nicht geschehene Wiederherstellung der Öffentlichkeit vermerkt hat.[1066] **470**

Verstöße gegen den Grundsatz der Öffentlichkeit schaden nur, wenn der Vorsitzende oder ein anderes Gerichtsmitglied diese bemerken konnten; eigenmächtige, versehentliche Handlungen oder Unterlassungen des Gerichtswachtmeisters dagegen begründen die Revision nicht.[1067] **471**

Die Rüge, der absolute Revisionsgrund des § 338 Nr. 6 StGB sei gegeben, erfordert den genauen Vortrag aller Tatsachen, aus denen folgt, in welchem Teil der Verhandlung die Öffentlichkeit nicht hergestellt war und dass dies auf einer Entscheidung des Gerichts oder wenigstens mit Wissen des Vorsitzenden bzw. des gesamten Spruchkörpers so war. Anträge und Beschlüsse, die sich auf die betreffenden Vorgänge beziehen, müssen **wörtlich** mitgeteilt werden. Auch hier genügt die Bezugnahme auf das Sitzungsprotokoll nicht.[1068] Wer lediglich die räumliche Unzugänglichkeit des Verhandlungsortes geltend macht (etwa wegen einer ins Schloss gefallenen von außen nicht zu öffnenden Tür), muss auch die Umstände nennen, aus denen sich ein Verschulden des **472**

1064 BGHSt 38, 248 = NJW 1992, 2436 = NStZ 1992, 373 = StV 1992, 456.

1065 Zur Zulässigkeit einer solchen Rüge gehört der widerspruchsfreie Vortrag, wann tatsächlich die Öffentlichkeit wieder hergestellt wurde, BGH 3 StR 420/94, Urt. v. 9. 11. 1994. Wird nach Ausschluss der Öffentlichkeit ein Ablehnungsgesuch (§§ 24 ff. StPO) behandelt, wird dadurch § 338 Nr. 6 StPO nicht verletzt (BGH NJW 1996, 2382).

1066 *Hilger* NStZ 1983, 342, Fn. 110 mit Hinweis auf einige hierzu ergangene BGH-Entscheidungen.

1067 RGSt 43, 188 f.; BGHSt 21, 72 (74) = NJW 1966, 1570 f. (m. Anm. *Beck* in NJW 1966, 1976 f.); BGHSt 22, 297; BGH 2 StR 220/80 v. 1. 10. 1980 zitiert in *Hilger* NStZ 1983, 337 (341), Fn. 98 in einem Fall, in dem wegen allgemeinen Dienstschlusses das Gerichtsgebäude komplett abgeschlossen wurde, obwohl noch eine Verhandlung andauerte; LR-*Hanack* § 338, Rn. 113.

1068 BGH NJW 1982, 1655 m. w. N.

Gerichts ergeben soll.[1069] Im Hinblick auf die h.M., wonach die Ablehnung eines Antrages auf Ausschließung der Öffentlichkeit mit einer unzureichenden Begründung oder in ermessensfehlerhafter Weise, nur als relativer Revisionsgrund zu werten ist, sollte man auch darlegen, welche zusätzlichen Aussagen noch gemacht oder welche Anträge noch gestellt worden wären, wenn kein Publikum anwesend gewesen wäre.[1070]

8. § 338 Nr. 7 StPO (Fehlen der Entscheidungsgründe; verspätete Urteilsabsetzung)

Literatur: *Beaumont* Vom Amtsschimmel zum Pegasus – die Sprache des Rechts in Vers und Reim, NJW 1990, 1969ff.; *ders.* Gesetz und Recht – in Vers und Reim, NJW 1989, 372f.; *Cramer* Zur Berechtigung absoluter Revisionsgründe, Festschrift Karl Peters, 1984, S. 239ff.; *Löffler* Die Berechnung der Urteilsabsetzungsfrist nach § 275 StPO, NStZ 1987, 318; *Rieß* Zur Berechnung der verlängerten Urteilsabsetzungsfrist nach § 275 I 2 Halbs. 2 StPO, NStZ 1987, 318f.; *ders.* Die Urteilsabsetzungsfrist (§ 275 I StPO), NStZ 1982, 441ff.

473 Das vollständige Urteil muss gemäß §§ 267, 275 StPO fristgerecht zu den Akten zu bringende schriftliche Urteilsgründe enthalten. Fehlen die Urteilsgründe oder werden sie verspätet fertiggestellt, liegt der absolute Revisionsgrund des § 338 Nr. 7 StPO vor. Dennoch ist zu beachten, dass die beiden Alternativen des § 338 Nr. 7 StPO ganz unterschiedliche Normzwecke haben.

474 Auch wenn die historische Entwicklung eine andere war, könnte man heute den Zwang zur Aufhebung des Urteils nach der zutreffenden Rüge, es enthalte **keine Gründe,** gleichsam als Extremfall der „erweiterten Sachrüge" verstehen: wenn schon ein Urteil, das in der Darstellung des festgestellten Sachverhalts Lücken aufweist, auch ohne Verfahrensrüge aufzuheben ist, weil insoweit dem Revisionsgericht die Möglichkeit der Nachprüfung vorenthalten wird,[1071] muss dies erst recht für ein Urteil gelten, dessen „Gründe" gleichsam nur aus einer einzigen Lücke bestehen, weil sie niemals aufgeschrieben worden sind.[1072] Dieser absolute Revisionsgrund beträfe also eine an sich überflüssige Verfahrensrüge,[1073] weil Urteile ohne Entscheidungsgründe auch schon auf die Sachrüge hin aufgehoben werden.[1074] Man könnte aber auch sagen, dass insoweit die allgemeine Sachrüge nur den vollständigen Vortrag für die entsprechende Verfahrensrüge gemäß § 344 Abs. 2 S. 2 StPO enthält, und zwar selbst dann noch, wenn in der Revisionsbegründungsschrift der Satz „Das Urteil hat keine Gründe" fehlt. Die Sachrüge enthält die konkludente Behauptung, die Urteilsgründe seien mangelhaft. Dies ist beim vollständigen Fehlen von Entscheidungsgründen in nicht mehr überbietbarer Weise der Fall.

1069 Vgl. BGH StV 1996, 138; BGH NStZ 1995, 143 (144).

1070 LR-*Hanack* § 338, Rn. 139.

1071 Vgl. dazu LR-*Hanack* § 337, Rn. 135.

1072 Übereinstimmend *Cramer* FS Karl Peters, 241; LR-*Hanack* § 338, Rn. 115; *Rieß* NStZ 1982, 441 (445); SK-*Frisch* § 338, Rn. 142.

1073 In diesem Sinne *Cramer* FS Karl Peters, 241; KMR-*Paulus* § 338, Rn. 84; LR-*Hanack* § 338, Rn. 115; *Rieß* NStZ 1982, 441 (445).

1074 BGH 3 StR 170/92 v. 26. 6. 1992 = BGHR StPO § 338 Nr. 7 – Entscheidungsgründe 2.

Diese „Rügekongruenz“ hat die praktische Folge, dass bei mehreren Angeklagten, von denen nur einer die Verfahrensrüge erhoben hat, ein anderer nur die Sachrüge erhoben und ein dritter das Urteil überhaupt nicht oder mit einer (mangels Begründung) unzulässigen Revision angefochten hat, die Aufhebung zugunsten aller erfolgt, weil sich nach § 357 StPO der Erfolg des Rechtsmittels auf alle erstreckt.[1075] **475**

Das Fehlen der Entscheidungsgründe i.S.v. § 338 Nr. 7 StPO ist wörtlich zu nehmen.[1076] Gründe, die im Umfang oder Inhalt so dürftig sind, dass sie diese Bezeichnung nicht verdienen, können über die Sachrüge beanstandet werden. Ein **Urteil in Versform** begründet in der Regel nicht die Revision (auch nicht die Sachrüge), sofern sich die Entscheidung im Übrigen sachlich mit den der Urteilsfindung zugrundeliegenden Tatsachen und Erwägungen auseinandersetzt,[1077] und das Zusammenspiel aus Form und Inhalt nicht besorgen lässt, dass der Tatrichter sich den Ernst einer strafrechtlichen Verurteilung nicht bewusst gemacht hat. **476**

Bei einem **völligen Fehlen der Gründe** kommt es nicht mehr darauf an, wie dies zu erklären ist. Der absolute Revisionsgrund liegt z.B. auch vor, wenn der Richter vor der Urteilsabsetzung erkrankt, verstorben[1078] oder aus dem Justizdienst ausgeschieden[1079] ist, wenn sich die Richter nicht über das Ergebnis ihrer Beratungen einigen konnten,[1080] oder wenn das angefochtene Urteil abhandengekommen ist[1081] und nicht wiederhergestellt werden kann.[1082] Eine vom Urtext abweichende Rekonstruktion des Urteils ist nicht ausreichend.[1083] Ist aber eine beglaubigte Abschrift des ursprüngli- **477**

1075 So lag der Fall bei BGHR StPO § 338 Nr. 7 – Entscheidungsgründe 2. Die Erstreckung gemäß § 357 StPO auf den Mitangeklagten war hier geboten, weil er zwar Revision eingelegt, diese aber nicht begründet hatte. Damit war sie unzulässig. Ihm dies aber in einem Falle entgegenzuhalten, in dem auch das Urteil keine Gründe enthält, wäre grob unbillig gewesen. Anders liegen die Dinge, wenn ein Angeklagter keine Revision eingelegt oder ausdrücklich auf Rechtsmittel verzichtet hat. Da dann das Fehlen der Urteilsgründe ihm die unerwünschte Last auferlegen würde, sich in einer neuen Tatsacheninstanz erneut verantworten zu müssen, sollte in diesen Fällen die Erstreckung der Urteilsaufhebung auf den Nichtrevidenden unterbleiben. Dogmatisch sauber begründen lässt sich dies freilich nur, wenn man der hier vertretenen Theorie folgt, wonach Mängel der Urteilsgründe (im Extremfall deren völliges Fehlen) stets als Verfahrensfehler aufzufassen sind (vgl. dazu u. Rn. 1261 ff.). Denn die Erstreckung nach § 357 StPO setzt voraus, dass die Aufhebung des Urteils „wegen Gesetzesverletzung bei Anwendung des Strafgesetzes“ (§ 357 S. 1 StPO) erfolgt.

1076 Siehe RGSt 40, 184; RGSt 43, 297 f. in Bezug auf eine von mehreren Taten; LR-*Hanack* § 338, Rn. 116; *Dahs/Dahs* Revision, Rn. 209.

1077 OLG Karlsruhe 2 Ss 27/56 v. 26. 4. 1956 (Urteil mit Knittelversen), das erst in NJW 1990, 2009 f. abgedruckt wurde; siehe auch *Beaumont* NJW 1989, 372 f. im Hinblick auf ein Urteil des AG Oldenburg v. 16. 3. 1987; *ders.* in NJW 1990, 1969; BGH NJW 1982, 650 (Mahnung in Versform); AG Schoeneberg NJW 1990, 1972 f. (Urteil in Altdeutsch).

1078 OLG Celle NJW 1959, 1647 (1648) (Vorsitzender war an Absetzung der Urteilsgründe durch schwere Erkrankung gehindert).

1079 BayObLG NJW 1967, 1578; BGHR StPO § 338 Nr. 7 – Entscheidungsgründe 2; a.A. *Kohlhaas* GA 74, 142 (147).

1080 BGH 2 StR 658/53 v. 26. 3. 1954 = BGH MDR 1954, 337 (*Dallinger*), in einem Fall, in dem der Berichterstatter und der Vorsitzende je einen Entwurf gefertigt hatten, und jeder sich weigerte, den des anderen zu unterschreiben.

1081 KK-*Kuckein* § 338, Rn. 93.

1082 H.M. seit RGSt 54, 101 f. (Vernichtung der Akten, die das Urteil enthielten, bei einem Volksaufruhr); BGH MDR 1980, 274 (*Holtz*) (nachträgliche Abänderung des Urteils); KK-*Kuckein* § 338, Rn. 93.

1083 *Meyer-Goßner* § 338, Rn. 53; BGH MDR 1983, 450 (*Holtz*).

chen Urteils vorhanden, liegt kein Revisionsgrund vor.[1084] Werden mehrere Taten (Tatmehrheit) abgeurteilt und enthält das Urteil für eine von ihnen keine Gründe, greift insoweit ebenfalls § 338 Nr. 7 StPO durch.[1085]

478 Im Bußgeldverfahren ist hier die Besonderheit zu berücksichtigen, dass Gründe auch noch „nachgereicht" werden können. Hat der Richter dort den Antrag der Staatsanwaltschaft auf schriftliche Begründung des Urteils (§ 77b Abs. 1 S. 2 2. Hs OWiG) übersehen, und wurde das Urteil ohne Begründung aus dem inneren Dienstbereich des Gerichts herausgegeben, so dürfen auf eine von der Staatsanwaltschaft eingelegte Rechtsbeschwerde die Urteilsgründe innerhalb der Frist aus § 275 Abs. 1 Satz 2 StPO zu den Akten gebracht werden.[1086]

479 Gemäß § 338 Nr. 7 Alt. 2 StPO bildet auch die **Überschreitung der gestaffelten Höchstfristen** für die Absetzung des schriftlichen Urteils einen zwingenden Revisionsgrund.[1087] Diese Höchstfristen sind äußerst freigiebig bemessen; der Gesetzgeber scheint keine hohe Meinung von der Arbeitskraft der Richter zu haben. Hat die Hauptverhandlung nur eine Stunde gedauert, so beträgt die Frist fünf Wochen. Hat sie vier Tage gedauert, sieben Wochen; hat sie 75 Tage gedauert,[1088] so beträgt die Frist 21 Wochen, knapp fünf Monate. Das steht in einem recht auffallenden Gegensatz zu der Monatsfrist, die unabhängig von der Verhandlungsdauer dem Verteidiger und dem Staatsanwalt für die Revisionbegründung gegeben ist (§ 345 Abs. 1 StPO). Die Fristen für die Urteilsabsetzung sind zudem so beschaffen, dass sie einen Anreiz zu einem möglichst verzögerlichen Verfahren bilden, zumal der Gesetzesbefehl, sie nur als Maximalzeiten zu verstehen und erst einmal das Urteil „unverzüglich" (§ 275 Abs. 1 S. 1 StPO) zu den Akten zu bringen, praktisch leerläuft und nach wie vor nicht der Revisionskontrolle unterliegt.

1084 *Meyer-Goßner* § 338, Rn. 53; OLG Stuttgart JR 1977, 126 ff. (m. Anm. *Lintz*).

1085 RGSt 43, 297 (298); 44, 28 (32 f.); LR-*Hanack* § 338, Rn. 116; KK-*Kuckein* § 338, Rn. 94.

1086 BGH NJW 1997, 1862 = NStZ 1997, 396 (4 StR 455/96 v. 13. 3. 1997).

1087 Bis zur Einführung dieses absoluten Revisionsgrundes durch das 1. StrafverfahrensreformG v. 9. 12. 1974 (BGBl. I, 3393, 3533) galt eine starre Frist von einer Woche, deren (damals alltägliche) Überschreitung als Verstoß gegen eine Ordnungsvorschrift nicht als revisibel angesehen wurde. Für die anderen Gerichtsbarkeiten hat der Gemeinsame Senat der obersten Gerichtshöfe des Bundes am 27. 4. 1993 (NJW 1993, 2603 ff.) in Anlehnung an § 552 ZPO eine Höchstfrist von 5 Monaten für das Absetzen eines Urteils nach Verkündung festgesetzt und dabei § 117 IV VwGO (Zwei-Wochen-Frist mit Ausnahmevorbehalt und dem Gebot, danach „alsbald" die Gründe fertig zu stellen) als zwingend und der Revisionskontrolle unterliegend eingestuft.

1088 Beispiel von *Rieß* NJW 1975, 81 (88 – Fn. 97). *Löffler* NStZ 1987, 318 ist der Ansicht, dass bei der Berechnung der Urteilsabsetzungsfrist auch die erste Dekade (bis zu 3 Tagen Verhandlung) zusätzlich mitzurechnen ist. Bei einer 11-tägigen Hauptverhandlung kommt er daher zu einer Absetzungsfrist von 11 (und nicht wie die h. M. zu 9) Wochen. So entschied auch das LG Hamburg, dessen Urteil aber durch den 5. Senat des BGH aufgehoben wurde (BGH NJW 1988, 3215 f.). *Rieß* NStZ 1987, 318 f., beruft sich auf den schriftlichen Bericht des Rechtsausschusses (BT-Drs. 7/2600, 7) und hält *Löffler* zu Recht entgegen, dass bei einer bis zu 3 Tage dauernden Verhandlung eine Frist von 5 Wochen für das Urteil vorgesehen ist, bei einer Verhandlung von mehr als 3 bis 10 Tagen, eine solche von 7 Wochen, so dass nicht einleuchten kann, warum bei einer Verhandlung von 11–20 Tagen nunmehr der 2-Wochen-Rhythmus durchbrochen und eine erheblich längere Frist von zusätzlich 4 Wochen vorliegen soll. Vgl. auch BGH 2 StR 447/92 v. 23. 9. 1992 und BGH NStZ 1995, 204.

Seit der Geltung dieses neuen absoluten Revisionsgrundes hat es zahlreiche erfolgreiche Revisionen gegeben, die sich auf die Verletzung der in § 275 StPO geregelten Fristen stützten. Die dabei zu Tage geförderten Verfahrensfehler lassen sich in folgende Fallgruppen unterteilen: **480**

– **Schlichte Fristüberschreitung,** unabhängig davon, ob sie mehrere Wochen[1089] oder auch nur einen Tag beträgt.[1090] **481**

– **Falsche Fristberechnung:** In den ersten Jahren der Geltung des § 275 n.F. StPO bestand Unsicherheit darüber, wie es zu verstehen sei, dass bei einer Hauptverhandlung von mehr als 3 Tagen die 5-Wochen-Frist sich zunächst um 2 Wochen und bei mehr als 10 Verhandlungstagen „für jeden begonnenen Abschnitt von 10 Hauptverhandlungstagen sich um weitere zwei Wochen verlängere". Einige Autoren glaubten, dies dahin interpretieren zu können, dass die ersten zehn Verhandlungstage, wenn erst einmal drei überschritten waren, zweimal eine Fristverlängerung um jeweils 2 Wochen auslösten.[1091] Der BGH ist dem im Anschluss an *Rieß*[1092] und unter zutreffendem Hinweis auf die Gesetzesmaterialien und den Regelungszweck nicht gefolgt.[1093] Danach ergeben sich folgende Fristen: **482**

483

Verhandlungstage:	Urteilsabsetzungsfrist:
1– 3	5 Wochen
4– 10	7 Wochen
11– 20	9 Wochen
21– 30	11 Wochen[1094]
31– 40	13 Wochen
41– 50	15 Wochen
51– 60	17 Wochen
61– 70	19 Wochen[1095]
71– 80	21 Wochen
81– 90	23 Wochen
91–100	25 Wochen
101–110	27 Wochen = mehr als 6 Monate!

Liegt eine Fristüberschreitung vor, so kommt es nicht darauf an, ob diese verschuldet, vorsätzlich oder versehentlich[1096] entstanden ist. Ein Irrtum in der Fristberechnung ist kein „Rechtfertigungsgrund", wenn er zu einer Überschreitung geführt hat.[1097] Auch das Vertrauen der Richter auf die zitierte Literaturmeinung zur Fristberechnung kann nicht dazu führen, eine Überschreitung der zutreffend berechneten Frist **484**

1089 BGH 2 StR 572/88 v. 2. 11. 1988 (Fristüberschreitung um 2 Wochen).
1090 BGH 1 StR 387/89 v. 25. 7. 1989; BGH 2 StR 96/93 v. 3. 3. 1993.
1091 *Löffler* NStZ 1987, 318; *Kleinknecht/Meyer* 38. Aufl., § 275, Rn. 8.
1092 *Rieß* NStZ 1987, 318.
1093 BGHSt 35, 259 = NJW 1988, 3215 = StV 1988, 240 = NStZ 1988, 512.
1094 BGH 5 StR 15/89 v. 31. 1. 1989 = GA 1989, 515; BGH 1 StR 460/89 v. 29. 8. 1989 unter Hinweis auf BGHSt 35, 259.
1095 BGH 3 StR 344/89 v. 26. 7. 1989.
1096 BGH StV 1992, 98 = NStZ 1992, 398.
1097 BGH NStZ-RR 1997, 204 und BGH 1 StR 395/03 v. 4. 11. 2003 bei *Becker* NStZ-RR 2005, 67.

als ungeschehen zu behandeln.[1098] Das versehentliche Notieren eines falschen Tages der Urteilsverkündung als Ausgangspunkt für die Fristberechnung mag, wenn z.B. die Kammer mehrere Hauptverhandlungen parallel geführt hat, entschuldbar sein – eine dadurch bedingte Fristüberschreitung ist damit aber nicht gerechtfertigt.[1099]

485 **Fehlerhafte Annahme der Fristwahrung:** Erforderlich zur Fristwahrung ist, dass das Urteil in seinem endgültigen Wortlaut in Schriftform und mit den Unterschriften der Berufsrichter „zu den Akten gebracht wird". Die Rechtsprechung versteht dies nicht im wörtlichen Sinne einer physischen Zusammenfügung der bis dahin entstandenen Sachakte und der Urteilsurkunde,[1100] sondern lässt es ausreichen, dass zum Zeitpunkt des Fristablaufs das mit allen erforderlichen Unterschriften versehene Urteil mit seinem danach nicht mehr veränderten Inhalt „auf den Weg zur Geschäftsstelle gebracht" wird.[1101] Dabei soll der Vermerk der Geschäftsstelle über den Eingang des Urteils auch noch nach Ablauf der Frist zulässig sein, wenn er nur einen Zeitpunkt bezeichnet, der innerhalb der Frist lag.[1102]

486 Sowohl Wortlaut als auch Sinn und Zweck des § 275 StPO mit den durch den absoluten Revisionsgrund abgesicherten recht großzügigen Fristen sprechen aber dafür, dass der Gesetzgeber im Interesse der Rechtssicherheit die Richter, die für die Fristwahrung verantwortlich sind, auch dazu anhalten wollte sicherzustellen, dass der Vorgang der rechtzeitigen und endgültigen Niederlegung der Urteilsgründe *sofort* urkundlich dokumentiert wird, und dass deshalb eine Rückdatierung des Eingangsdatums ebensowenig möglich ist wie etwa beim Eingangsstempel auf einer Rechtsmittelschrift. Es wäre deshalb angebracht, die Justiz würde die ihr gesetzten Fristen genauso ernst und streng nehmen wie die ihr gegenüber einzuhaltenden. Auch bei der Revisionsbegründung genügt es ja nicht, wenn sie rechtzeitig „auf den Weg" gebracht wird.[1103] **Wann ein Urteil zu den Akten gelangt** ist, wird von dem Revisionsgericht im Freibeweisverfahren festgestellt; durch dienstliche Erklärung des Richters kann dies sogar entgegen dem Eingangsvermerk der Geschäftsstelle festgestellt werden.[1104] Auch hier sollte besser auf die gesetzlich vorgeschriebene Beurkundung der Geschäftsstelle (§ 275 Abs. 1 S. 5 StPO) abgestellt werden, ohne dass es deshalb notwendig wäre, dis Formulierung „zu den Akten" allzu wörtlich zu nehmen.[1105]

Das fertige Urteil darf nicht mehr den Charakter eines Entwurfs haben, braucht andererseits aber noch nicht die als endgültiger Ausdruck gefertigte Reinschrift zu sein.[1106]

1098 BGH 3 StR 151/89 v. 9. 8. 1989; 3 StR 144/89 v. 26. 7. 1989.

1099 BGH 1 StR 368/07 – Beschl. v. 26. 7. 2007 = wistra 2007, 426 = NStZ 2008, 55.

1100 BGH 3 StR 155/89 v. 4. 10. 1989 = BGHR § 275 Abs. 1 S. 1 – Akten 1.

1101 BGHSt 29, 43 = NJW 1980, 298.

1102 KK-*Engelhardt* § 275, Rn. 42; BGH 2 StR 78/93 v. 28. 7. 1993 (Urteil war zwischendurch „nicht auffindbar").

1103 BGHSt 29, 43 (45) = NJW 1980, 298 f.

1104 BGHSt 29, 43 (47) (Bereitlegen des Urteils zum Abtragen im Dienstzimmer); LR-*Hanack* § 338, Rn. 121; *Meyer-Goßner* § 338, Rn. 55.

1105 Gemeint ist nicht, dass das Urteil auch bereits an der richtigen Stelle in die Akte eingeheftet ist, BGH 1 StR 388/06 v. 9. 11. 2006 = NStZ-RR 2007, 53.

1106 *Dahs/Dahs* Revision, Rn. 210; BGH 3 StR 155/89 v. 4. 10. 1989; BGHR StPO § 275 Abs. 1 S. 1 – Akten 1; OLG Rostock StV 1996, 253.

Eine fehlende oder eine falsche **Unterschrift** unter dem Urteil führen stets zur Aufhebung. Es fällt auf, wie häufig der BGH schon Gelegenheit erhielt, sich dazu zu äußern. Dass eine Unterschrift versehentlich nicht geleistet wird, mag nachvollziehbar sein, steht dem Erfolg der Rüge aber nicht entgegen.[1107] Hat ein Richter die Unterzeichnung des Urteils innerhalb der Urteilsabsetzungsfrist versäumt, vermag ein nachträglicher Vermerk, dass er die Urteilsgründe billige, den Verfahrensverstoß nicht zu heilen.[1108] Es ist sogar schon vorgekommen, dass ein Richter ein Urteil unterzeichnet hat, an dem er überhaupt nicht mitgewirkt hatte,[1109] was hoffentlich nicht als Zeichen dafür zu werten ist, dass das „blinde" Unterschreiben in der Justizpraxis die Regel ist. Auch wenn von der Möglichkeit Gebrauch gemacht werden muss, die Unterschrift eines Richters, der zwar an der Entscheidung mitgewirkt hat, aber beim Fristablauf an der Unterschrift gehindert ist, durch die Unterschrift des Vorsitzenden oder (bei dessen Verhinderung) des ältesten beisitzenden Richters zu ersetzen, kommen Fehler vor. Die Unterschrift des Verhinderten darf z. B. auch nicht durch die eines Kammermitgliedes ersetzt werden, das an der Entscheidung nicht mitgewirkt hat.[1110] Ebensowenig darf natürlich bei der Bezeichnung des Verhinderten ein unrichtiger Name eingesetzt werden.[1111] Bei der Frage, ob ein Schriftzug überhaupt als Unterschrift (und nicht nur als – nicht ausreichendes – Namenskürzel) zu werten ist, billigt die Rechtsprechung dem Richter einen „großzügigen Maßstab" zu.[1112] **487**

Gelegentlich kommt es vor, dass die Fristwahrung streitig wird, weil der Vorsitzende nachträgliche Änderungen angebracht hat, die der Urteilsverfasser nicht ausdrücklich (und nachträglich!) gebilligt hat.[1113] Dann ist die ursprüngliche Fassung nicht vom Vorsitzenden und die spätere Fassung nicht vom Berichterstatter unterschrieben, so dass „Entscheidungsgründe", an die der Revisionsrichter sich halten könnte, tatsächlich „fehlen". Unschädlich sind nur solche Änderungen, die den Sinn nicht betreffen, die also nicht nötig gewesen wären. Darauf aber sollte der Vorsitzende verzichten, der Berichterstatter sollte sie sich verbitten. **488**

– Fehlerhafte Annahme eines Rechts zur Fristüberschreitung („unabwendbarer Umstand"): Nach § 275 Abs. 1 S. 4 StPO dürfen die Fristen im Einzelfall überschritten werden (wiederum im Unterschied zu den Fristen, die dem Revisionsführer gesetzt sind), wenn und solange das Gericht durch einen im Einzelfall nicht voraussehbaren *unabwendbaren Umstand* an ihrer Einhaltung gehindert worden ist. Je länger eine Frist bemessen ist, desto weniger ist natürlich vorauszusehen, welche Umstände während ihres Laufes eintreten können. Selbst wenn der Berichterstatter längere Zeit während **489**

1107 BGH 1 StR 741/91 v. 7. 1. 1992; BGHR StPO § 275 Abs. 2 Satz 1 – Unterschrift 1.
1108 BGH StV 1995, 454.
1109 BGH 2 StR 171/90 v. 6. 6. 1990.
1110 BGH StV 1993, 459 = NStZ 1993, 448.
1111 BGH wistra 1989, 33 = BGHR StPO § 275 Abs. 2 S. 1 – Unterschrift 2.
1112 BayObLGSt 2003, 73.
1113 *Eb. Schmidt* Lehrkommentar, § 275, Rn. 7, 11, 13. Vgl. auch BGHSt 26, 92 (93) = NJW 1975, 1177 f. = VRS 48. 362 ff. = LM Nr. 1 zu §§ 275, 338 Nr. 7 StPO (m. Anm. *Pelchen*); BGH MDR 1983, 450 (*Holtz*); siehe auch BGH StV 1993, 117 = NStZ 1993, 200 in Bezug auf Änderungen des Urteils, nachdem dieses bereits unterschrieben zur Geschäftsstelle gelangt war. Der BGH hob das Urteil nach § 338 Nr. 7 StPO auf, weil bei Fristablauf noch keine endgültige Urteilsabfassung vorlag, sondern lediglich ein unterschriebener „Entwurf".

des Fristenlaufs dienstunfähig wird, ist dies kein ausreichender Grund, das Urteil verspätet fertigzustellen, weil notfalls auch der Vorsitzende und der zweite Beisitzer in der Lage sein müssen, das Urteil abzufassen.[1114] „Engpässe im Kanzleibetrieb“[1115] sind weder unvorhersehbar, noch unabwendbar, noch sind sie überhaupt Hindernisse. Auch der Umstand, dass ein Richter vor Fristablauf nicht erreicht werden kann, z.B. weil er sich eigenmächtig vom Dienstort entfernt aufhält, ist kein unabwendbarer Umstand i.S.v. § 275 Abs. 1 S. 4 StPO.[1116] Auch beim Vorliegen der Vorausssetzungen des § 275 Abs. 1 S. 4 StPO kann der absolute Revisionsgrund gegeben sein, wenn das extreme Ausmaß der Fristüberschreitung dadurch nicht mehr gerechtfertigt werden kann.[1117] § 275 Abs. 1 S. 4 StPO erlaubt nur für die Dauer des unabwendbaren Hinderungsgrundes (z.B. Krankheit des Richters) die Fristüberschreitung. Das bedeutet nicht etwa, dass während dieser Zeit die Frist gehemmt wäre, so dass die bei Eintritt des Hinderungsgrundes „noch offene“ Frist erst danach „weiterlaufen“ würde.[1118]

490 Die im Vertrauen auf eine von der Rechtsprechung nicht geteilte Literaturmeinung zur Fristberechnung[1119] beanspruchte Fristüberschreitung ist ebensowenig ein unabwendbarer Umstand wie die irrige Annahme, das Urteil sei bereits rechtskräftig.[1120] Die Fristen des § 275 StPO gelten eben auch für rechtskräftige Urteile, und dass sie wegen der fehlenden Gefahr der Aufhebung durch das Revisionsgericht selten eingehalten werden, begründet keinen Vertrauensschutz. Die Tatsache, dass die Akten an den Verteidiger eines Mitbeschuldigten verschickt wurden, von wo sie erst eine Woche nach Fristablauf zurückgekommen sind, rechtfertigt es nicht, das Urteil erst danach fertigzustellen.[1121]

491 Das Urteil hat ein Ganzes zu sein und kann *nicht in Raten* abgeliefert werden.[1122] Deshalb hat sich auch die Meinung nicht durchgesetzt, es sei zulässig, das Urteil nur mit der Begründung des Schuldspruchs fristgerecht zu den Akten zu bringen, wenn wegen unvorhersehbarer unabwendbarer Umstände nur das innerhalb der Frist möglich sei, und die Begründung des Rechtsfolgenausspruchs nachzuliefern, „um das Risiko der späteren Nichtanerkennung der Fristüberschreitung durch das Revisionsgericht zu beschränken“.[1123]

1114 BGH StV 1988, 465 = NStZ 1988, 513 = wistra 1989, 33; vgl. auch BGH StV 1982, 558 = NStZ 1982, 519 = wistra 1983, 34; BGH StV 1982, 105 = NStZ 1982, 80; BGH 5 StR 8/89 v. 17. 1. 1989 in NStE Nr. 9 zu § 275 = NStZ 1989, 285; anders BGH StV 1995, 514, wonach die Erkrankung des Berichterstatters eine Fristüberschreitung gem. § 275 Abs. 1 S. 4 StPO grds. rechtfertigen kann.

1115 *Rieß* NJW 1975, 81 (88); *ders.* in NStZ 1982, 441 (444); BayObLG StV 1986, 145 f.; siehe aber OLG Hamm NJW 1988, 1991 (wonach der Verlust eines Urteils auf der Geschäftsstelle vor der letzten richterlichen Unterschrift ein unabwendbares Ereignis darstelle).

1116 So entschieden vom KG StV 1986, 144 f.; ähnlich BGHSt 28, 194 (195) = NJW 1979, 663 f. (m. Anm. *Foth* in NJW 1979, 1310 f.) = MDR 1979, 330; siehe aber auch BGH MDR 1983, 421 f. (Verhinderung an Urteilsabsetzung durch Betriebsausflug!); BGH StV 1991, 247 = NStZ 1991, 297.

1117 OLG Zweibrücken NJW 2004, 2108 (1 Jahr Fristüberschreitung!).

1118 OLG Düsseldorf wistra 2008, 77 = StV 2008, 131 = NStZ-RR 2008, 117.

1119 S.o. Rn. 482.

1120 BGH 5 StR 1/88 v. 26. 1. 1988 = BGHR StPO § 275 Abs. 1 S. 4 – Umstand 1.

1121 BGH 3 StR 76/89 v. 21. 4. 1989 = StV 1989, 469 (Ls).

1122 Zutreffend LR-*Hanack* § 338, Rn. 123.

1123 *Kleinknecht* 35. Aufl., 1981, § 275, Rn. 10.

Der Revisionsführer muss für die Rüge des § 338 Nr. 7 StPO alle, das Fehlen der Urteilsgründe oder die Fristüberschreitung enthaltenden Tatsachen angeben (§ 344 Abs. 2 S. 2 StPO). Der Bundesgerichtshof verlangt zwar nicht die Angabe, dass die Verhandlung nur einen Tag gedauert hat;[1124] denn das sei der Regelfall. Zu bedenken ist jedoch, dass die Rechtsprechung zu diesem Punkt nicht völlig eindeutig ist. *Rieß* führt als Beispiel hierfür ein Urteil des 1. Senates des BGH an, in dem gerade bemängelt worden sei, dass der Revisionsführer die Zahl der Hauptverhandlungstage nicht angegeben habe.[1125] Um sicher zu gehen, sollte man die **Anzahl der Verhandlungstage** angeben. Unschädlich, aber nicht unbedingt notwendig, ist die Angabe der Daten der verschiedenen Sitzungstage. Unentbehrlich ist dagegen die Nennung des Datums, an dem das Urteil verkündet wurde, und wann es zu den Akten gelangt ist. Das Fehlen von Umständen, die es ausnahmsweise nach § 275 Abs. 1 S. 4 StPO rechtfertigen, die Frist zu überschreiten, braucht nicht dargelegt zu werden, wenn der schlüssige und zutreffende Vortrag zur Fristüberschreitung selbst dazu keinen Anhaltspunkt bietet. Ist dies aber der Fall, so sollte man klarstellen, wie die Einhaltung der Frist trotz des Umstandes, der dazu geführt hat, möglich gewesen wäre.[1126] **492**

9. § 338 Nr. 8 StPO (Beschränkung der Verteidigung)

Literatur: *Baldus* Versäumte Gelegenheiten; Zur Auslegung des § 338 Nr. 8 und § 267 Abs. 1 S. 2 StPO, Festschrift Heusinger, 1968, S. 373 ff., München 1968; *ter Veen* Die Beschneidung des Fragerechts und die Beschränkung der Verteidigung als absoluter Revisionsgrund, StV 1983, 107 ff.; *Fuhrmann* Gehört zur Revisibilität eines Verfahrenverstoßes ein Gerichtsbeschluss? JR 1962, 321 ff.

Einen in seinen Voraussetzungen und in seiner Reichweite umstrittenen Revisionsgrund enthält § 338 Nr. 8 StPO. Seinem Wortlaut nach setzt er voraus, dass die Verteidigung „in einem für die Entscheidung wesentlichen Punkt unzulässig beschränkt" worden ist. Die h.M. versteht die Vorschrift so, dass es sich deswegen letztlich doch nur um einen **relativen Revisionsgrund** handele, der eigentlich im Katalog der absoluten Revisionsgründe nichts zu suchen habe.[1127] So heißt es denn auch allenthalben: „Die Vorschrift enthält keinen unbedingten Revisionsgrund".[1128] Begründet wird dies **493**

1124 BGHSt 29, 203 f. = NJW 1980, 1292 = JR 1980, 520 f. (m. Anm. *Peters*).

1125 *Rieß* NStZ 1982, 441 (446 – FN 121) unter Berufung auf BGH NStZ 1981, 443.

1126 Vgl. LR-*Hanack* § 338, Rn. 140; KK-*Kuckein* § 338, Rn. 98, der sich für die Annahme, es gehöre zur Zulässigkeit der Rüge „gegebenenfalls auch die Darlegung der besonderen Umstände, die eine Fristüberschreitung … rechtfertigen", zu Unrecht auf BGHSt 26, 247 (= NJW 1976, 431) beruft.

1127 *Alsberg/Nüse/Meyer* Beweisantrag, 867 f., ebenda Fn. 5, halten § 338 Nr. 8 StPO für „überflüssig und sinnlos". Ähnlich bereits *Beling* JW 1926, 1225, der die Vorschrift als ein bloßes Versehen des Gesetzgebers ansah; auch die früheren Auflagen dieses Buches haben noch einen Unterschied zu den relativen Revisionsgründen verneint, 5. Aufl., Rn. 227.

1128 LR-*Franke* § 338, Rn. 125 in Abweichung von *Hanack* in der Voraufl.; *Meyer-Goßner* § 338, Rn. 58; *ders.* NStZ 1982, 353 (362); KK-*Kuckein* § 338, Rn. 101 jetzt wohl eher zu einem eigenen Anwendungsbereich tendierend; *Dahs/Dahs* Revision, Rn. 213; Beispiele für eine ähnliche Tendenz ohne nähere Begründung in der Rechtsprechung: RGSt 44, 338 (345); BGHSt 30, 131 (135); BGH NStZ 1981, 361 = StV 1981, 500 (501); BGH NStZ 1982, 158 (159); BGH NStZ 1982, 170; BGH StV 1988, 193 (194); *Roxin* Strafverfahrensrecht, § 53 E II 2 d), hält die Vorschrift für überflüssig

damit, dass die Frage nach der Unzulässigkeit einer Verteidigungsbeschränkung nur mit Blick auf das übrige Strafprozessrecht außerhalb dieser Bestimmung zu beantworten sei, und der aus dem Eingangshalbsatz des § 338 StPO folgende Verzicht auf die Beruhensprüfung durch das Merkmal „für die Entscheidung wesentlicher Punkt“ wieder aufgehoben werde.[1129]

494 Das kann aber der Gesetzgeber nicht gewollt haben. Abgesehen davon, dass es schon allgemeinen Auslegungsregeln widerspräche, in einem gesetzlichen Katalog eine von acht Bestimmungen als überflüssig, deplaziert oder „nicht so gemeint“ verstehen zu wollen, muss bedacht werden, dass die Vorschrift aus einer Zeit stammt, in der bei der Abfassung von Gesetzen noch mehr Wert auf systematische Sauberkeit gelegt wurde als heute. In der „Übersetzung“ des Merkmals „für die Entscheidung wesentlich“ durch die h.M. würde die Ziff. 8 folgende Regelung enthalten: *„Ein Urteil ist stets als auf einer Verletzung des Gesetzes beruhend anzusehen, wenn die Verteidigung unzulässig beschränkt wurde und darauf das Urteil beruht“.* Ein solcher Unsinn wäre den StPO-Gesetzgebern nicht unterlaufen.

495 Es kann durchaus die Verteidigung in einem für die Entscheidung wesentlichen Punkt durch einen Beschluss des Gerichts unzulässig beschränkt worden sein, ohne dass die bei den relativen Revisionsgründen *konkret* zu stellende Beruhensfrage bejaht werden kann. Die Rüge nach § 338 Nr. 8 StPO muss sich auf einen Verfahrenszusammenhang („Punkt“) beziehen, der *abstrakt* entscheidungswichtig sein kann. *Ellen Schlüchter*[1130] bezeichnet dies als eine „auf die Beschlussfassung bezogene ex-ante Erwägung“, also die Prüfung der abstrakten Eignung des Beschlusses für eine Beeinflussung der richterlichen Entscheidung, was etwas völlig anderes ist, als die auf den Urteilszeitpunkt abstellende „ex-post Betrachtung“ des § 337 StPO.[1131]

496 Hierzu ein **Beispiel** aus der Rechtsprechung des BGH:[1132]

Die Staatsanwaltschaft hatte dem Angeklagten zur Last gelegt, mit „Samynova-Tabletten“, in einem Fall als Mitglied einer Bande, Handel getrieben zu haben. „Samynova-Tabletten“ enthalten nach den Feststellungen der Strafkammer einen Wirkstoff, der durch eine kurz vor der Tat in Kraft getretene Verordnung in den Katalog der verbotenen Betäubungsmittel aufgenommen worden war.

Das Landgericht hat nun nicht feststellen können, dass der Angeklagte als Mitglied einer Bande gehandelt hat, die sich zur fortgesetzten Begehung von Taten gegen das Betäubungsmittelgesetz verbunden hat. Es ist aber seiner Einlassung, er habe nicht

---

und verweist auf § 337 StPO als einschlägige Norm, wobei er aber darauf hinweist, dass die Frage, wie die Wendung in § 338 Nr. 8 StPO zu interpretieren sei, noch „weiterer Klärung“ harre.

1129 So jetzt unter eingehender Auseinandersetzung mit der (auch hier vertretenden Gegenmeinung) SK-*Frisch* § 338, Rn. 158ff.

1130 *Schlüchter* Das Strafverfahren, Rn. 743.

1131 Ähnlich *ter Veen* StV 1983, 170f., der aber an der ex-post-Betrachtung festhalten will und mit Hilfe einer abstrakten Wesentlichkeitsprüfung des Verfahrensfehlers den absoluten Charakter der Nummer 8 erreichen will. Für die Frage, wie die Abgrenzungskriterien zwischen wesentlichem und geringfügigem Verstoß aussehen könnten, wird auf *ter Veens* ausführliche Ausarbeitung und Vorschläge hierzu verwiesen (171).

1132 BGH StV 1988, 193 = BGHR StPO § 338 Nr. 8 – Akteneinsicht 1.

gewusst, dass „Samynova-Tabletten" zu den Betäubungsmitteln gehören, nicht gefolgt und hat ausgeführt, er habe „mindestens" damit gerechnet und dies billigend in Kauf genommen. Deshalb hat die Strafkammer den Angeklagten wegen Handeltreibens mit Betäubungsmitteln in zwei Fällen verurteilt. Dieses Urteil hob der BGH wegen des absoluten Revisionsgrundes gemäß § 338 Nr. 8 StPO auf, wobei der Senat die unzulässige Beschänkung der Verteidigung in folgendem Vorgang sah:

Der Verteidiger des Angeklagten hatte in der Hauptverhandlung vom 25. 6. 1987 den **497** Antrag gestellt, „... die gesamten Ermittlungsakten zum Verfahren „Samynova" beizuziehen und mir zur Einsichtnahme zu überlassen und das Verfahren auszusetzen (oder zu unterbrechen), damit ich Gelegenheit habe, diese Akten durchzuarbeiten und ggf. mit dem Angeklagten zu besprechen, um ggf. Beweisanträge stellen zu können, die indiziell beweisen werden, dass der Angeklagte nicht gewusst hat, in einer Bande mit Betäubungsmitteln zu handeln". Diesen Antrag hatte das Landgericht mit der Begründung abgelehnt, für die Beiziehung der sonstigen Ermittlungsakten in dem Samynova-Komplex bestehe „nach der Einlassung des Angeklagten und der bisherigen Beweisaufnahme kein Anlass, weil insbesondere aufgrund der Einlassung des Angeklagten insoweit hinsichtlich des gegen ihn erhobenen Vorwurfs bandenmäßigen Handelns keine weitere Aufklärung zu erwarten" sei.

In diesem Beschluss sah die Revision und ihr folgend der BGH zu Recht eine Verteidigungsbeschränkung in einem „für die Entscheidung wesentlichen Punkt". Die drei Aktenbände jenes nicht unmittelbar verfahrensgegenständlichen anderen Ermittlungsverfahrens hatten den Richtern der Strafkammer seit dem zweiten Tage der Hauptverhandlung vorgelegen. Sie gehörten spätestens von diesem Zeitpunkt an zu den Akten des laufenden Verfahrens. Auf diese erstreckt sich das Einsichtsrecht des Verteidigers (§ 147 Abs. 1 StPO).[1133] Der Antrag, ihm die Möglichkeit der Einsicht in jene Akten zu gewähren, hätte deshalb nicht abgelehnt werden dürfen. Durch die insofern unzulässige Verweigerung der Akteneinsicht ist die Verteidigung folglich unzulässig beschränkt worden.

Zur Beantwortung der Frage, ob diese Beschränkung einen „für die Entscheidung we- **498** sentlichen Punkt" betraf, griff der Senat nach einer Formulierung, die durchaus dem Prüfungskriterium für die Beruhensfrage bei Verfahrensfehlern, die nur als relative Revisionsgründe gemäß § 337 StPO gerügt werden können, ähnelt: *„Es ist nicht von vornherein auszuschließen, dass der Angeklagte seine Verteidigung, er habe nicht gewußt, dass der Wirkstoff dieser Tabletten als Betäubungsmittel eingestuft worden war, aus diesen Vorgängen hätte abstützen können."* Sieht man genauer hin, so besteht aber doch ein Unterschied zur Beruhensfrage: „Nicht von *vornherein* ausgeschlossen" ist etwas anderes, als die für das Beruhen entscheidende Aussage, es bestehe möglicherweise eine konkrete Kausalität zwischen dem Verfahrensfehler und dem Urteilstenor. Während die Ursächlichkeit zwischen irgend einem (nicht im Katalog des § 338 StPO aufgeführten) Verfahrensfehler und der tatrichterlichen Überzeugung sich unter Berücksichtigung der im Urteil mitgeteilten Beweislage im Einzelfall entscheidet, findet die Prüfung der „Wesent-

1133 Das gilt sogar dann, wenn die beigezogenen Akten für sich genommen noch dem beschränkten Einsichtsrecht gemäß § 147 Abs. 2 StPO unterliegen, KK-*Laufhütte* § 147, Rn. 4; OLG Schleswig StV 1989, 95; BGHSt 49, 317. Siehe auch u. Rn. 515.

lichkeit" abstrakt statt. Man braucht dazu die Einzelheiten des Falles gar nicht zu kennen. Auf die Möglichkeit, in alle dem Gericht für die Hauptverhandlung vorliegenden Akten Einblick zu nehmen, hat der Verteidiger gerade darum einen Rechtsanspruch, weil die Durchsicht dieser Akten „durch die Brille des Verteidigers" ein von der Strafprozessordnung gewolltes „wesentliches" Element einer rechtsstaatlichen Urteilsfindung ist. Die Zurückweisung eines *„solchen"* Antrages der Verteidigung betrifft also stets einen für die Entscheidung wesentlichen Punkt, während es bei den relativen Revisionsgründen, die sich mit zurückgewiesenen Anträgen befassen, darum geht, ob die Stattgabe oder mit zutreffender Begründung erfolgte Zurückweisung *„dieses"* Antrages zu einem anderen Urteil hätte geführt haben können.

499 Das heißt freilich nicht, dass der absolute Revisionsgrund des § 338 Nr. 8 StPO und ihm verwandte relative Revisionsgründe im Verhältnis eines „entweder – oder" stünden. Wenn die Unzulässigkeit der Beschränkung aus einem Verstoß gegen geschriebenes Verfahrensrecht folgt (z.B. als Verletzung des § 147 StPO), deckt sich der absolute Revisionsgrund des § 338 Nr. 8 StPO weitgehend, aber nicht unbedingt und vollständig mit einem entsprechenden relativen Revisionsgrund. Jede Verletzung geltenden Verfahrensrechts, die den Angeklagten in seiner Verteidigung beschränkt *und* auf der das Urteil beruhen kann, ist gleichzeitig ein Fall des § 338 Nr. 8 StPO. Insoweit wäre er also überflüssig. Aber er wird benötigt für die Fälle, in denen es schwerfällt, eine konkrete Kausalität im Einzelnen hypothetisch nachzuvollziehen und doch der Typus des Verfahrensfehlers so essentiell im Hinblick auf eine rechtsstaatliche Entscheidungsfindung ist, dass sich schon deshalb eine konkrete Betrachtungsweise verbietet.[1134] Der BGH hat also in der zitierten Entscheidung zu Recht die Aufhebung nicht auf § 337 StPO i.V.m. § 147 StPO, sondern auf § 338 Nr. 8 StPO gestützt. Denn diese Entscheidung wäre selbst dann noch richtig, wenn in den der Verteidigung vorenthaltenen Akten überhaupt nichts Brauchbares gestanden hätte.[1135]

500 Die Unentbehrlichkeit der Verteidigungsbeschränkung als von der konkreten Beruhensfrage losgelöster **absoluter Revisionsgrund** zeigt sich besonders deutlich bei solchen Verfahrensfehlern, die sich als Verletzungen ungeschriebener Normen erweisen. Das gilt insbesondere für den aus dem Rechtsstaatsprinzip herzuleitenden Anspruch auf ein faires Verfahren. Es ist kein Zufall, dass über dessen Bedeutung im Schrifttum derselbe Streit herrscht wie über das Verhältnis zwischen § 338 Nr. 8 StPO und den Einzelvorschriften zur Rechtsstellung des Angeklagten und seines Verteidigers. So wie die meisten Autoren aus dem Wort „unzulässig" in § 338 Nr. 8 StPO herauslesen, dass es sich um eine verfahrensrechtliche Blankettvorschrift handele, deren Anwendung voraussetze, dass eine andere Prozessregel verletzt ist,[1136] wird dem Prinzip des fair trial jede eigenständige Normqualität abgesprochen.[1137]

1134 Vgl. *Schlüchter* Das Strafverfahren, Rn. 743 f.; ähnlich auch *Dünnebier* FS Dreher, aaO; LR-*Hanack* § 338, Rn. 125; *Peters* Strafprozess, 650.

1135 Zur Beschränkung der Verteidigung durch Verweigerung der Akteneinsicht vgl. auch BGH NStZ 1985, 87 (Revision erfolgreich) und BGH StV 1990, 532 (Revision erfolglos).

1136 Vgl. die zahlreichen Nachweise bei LR-*Hanack* § 338, Rn. 126 Fn. 351, 352.

1137 So etwa *Heubel* Der „fair trial" – ein Grundsatz des Strafverfahrens? 30 ff., 108 ff.; KK-*Pfeiffer/Hannich* Einl., Rn. 28; *Meyer-Goßner* Einl., Rn. 19; *Herdegen* NStZ 1984, 343; *K. Meyer* JR 1984, 174.

Richtig daran ist nur, dass die Strafprozessordnung ursprünglich einmal die Rechte des Angeklagten und seiner Verteidigung erschöpfend regeln wollte. Dies sollte aber niemals in der Weise geschehen, dass diese Rechtspositionen im Einzelnen positiv aufgeführt werden (so dass beim Fehlen einer Regelung kein Recht bestünde), sondern die Eingriffsrechte der Strafverfolgungsbehörden sollten an so enge und klar definierte Voraussetzungen geknüpft und an gesetzlich vorgegebene Formen gebunden werden, dass ungeregelte Eingriffe stets im Sinne der bürgerlichen Freiheitsrechte (heute: der Grundrechte) unzulässig sein sollten. Dieses Verständnis entsprach dem „Magna-Charta-Charakter" der StPO.[1138] **501**

Heute liegen die Dinge anders. Im Ermittlungsverfahren werden kriminalistische Methoden angewendet, bei denen der Gesetzgeber kaum noch nachkommt mit dem Bemühen, sie unter gerade eben noch (oder auch nicht mehr) rechtsstaatsverträglichen Kautelen nach und nach zu legalisieren. Mit der Telefonüberwachung (§ 100a StPO) haben **heimliche Nachforschungen** auch bei unverdächtigen Personen ihre Unschuld verloren, mit dem verdeckten Ermittler (§§ 110aff. StPO) wurde ein täuschendes Agieren von Strafverfolgungsorganen gegen Bürger, deren Unschuldsvermutung dadurch immer weniger Wert ist, legalisiert. Die Anwendung nachrichtendienstlicher Ausforschungstechniken und die informationellen Verbindungen zwischen den Polizeidienststellen und den Geheimdiensten stellen sich weiterhin als regelungsbedürftige Grauzone dar.[1139] **502**

Der damit verbundene grundlegende Funktionswandel der StPO[1140] konnte die Hauptverhandlung vor dem Tatrichter und die Verteidigungslage des Angeklagten nicht aussparen. Ob z.B. Tonbänder mit 60 Stunden dauernden Aufzeichnungen aus monatelangen Telefonüberwachungen in der Hauptverhandlung abgespielt oder ob ihre Abschriften im Wege des Urkundenbeweises verlesen werden, ist weder in § 244 Abs. 2 StPO noch in den Vorschriften über den Urkunden- oder über den Augenscheinsbeweis eindeutig geregelt. **503**

Eine gewisse Beschränkung der Verteidigung liegt aber in der einen wie in der anderen Beweiserhebungsmethode. Bei der tagelangen „Augenscheinseinnahme" entgeht der Verteidigung faktisch die Vorbereitungsmöglichkeit, weil man nicht auch noch 60 Stunden oder länger in der Geschäftsstelle am Tonbandgerät verbringen kann. Beim Urkundenbeweis gehen u.U. entlastende Nuancen im Tonfall oder in der Sprechweise verloren, die beim unmittelbaren Anhören durchaus aufschlussreich sein können. Wie immer die richtige Entscheidung ist (der BGH hat in einem solchen Fall in der Erhebung des Augenscheinsbeweises mit Simultanübersetzung den Revisionsgrund **504**

1138 Siehe hierzu auch *Albrecht* StV 1994, 265 (266), der darauf hinweist, dass die früheren Standards des Strafrechts heute erscheinen, als ob sie einem „rechtsstaatlichen Märchenbuch" entliehen wären; *Naucke* KritV 1990, 244ff.; *ders.*, NS-Strafrecht: Perversionen oder Anwendungsfall moderner Kriminalpolitik, Rechtshistorisches Journal 1992, 284 (286); *Hamm* FS Salger, 273f.; *Berkemann* JR 1989, 221 (insbes. 226ff.).

1139 Vgl. *Hassemer* StV 1994, 333ff.; *Frister* StV 1994, 445ff.; *Hamm* StV 1994, 456ff.; *Paeffgen* StV 2002, 336ff. „Vernachrichtendienstlichung von Strafprozeßrecht".

1140 Vgl. *Albrecht* StV 1994, 265ff.; *Hamm* FS Salger, 273 (275).

des § 338 Nr. 8 StPO verneint[1141]), der historische Gesetzgeber konnte derartige Situationen nicht voraussehen, so dass es schon deshalb verfehlt ist, auch heute noch von der StPO eine abschließende Regelung aller Verteidigungsrechte zu erwarten und deshalb auf die unmittelbare Anwendung des § 338 Nr. 8 StPO und des fair-trial-Grundsatzes zu verzichten.

505 Im Übrigen zeigt die **historische Betrachtung** auch, dass der ursprüngliche und heute nicht mehr gegebene Hauptanwendungsfall des absoluten Revisionsgrundes der Verteidigungsbeschränkung bereits eine damals vom Gesetz nicht geregelte Prozesslage betraf. *Baldus* hat überzeugend nachgewiesen, dass schon das Reichsgericht dem § 338 Nr. 8 StPO dabei einen eigenständigen materiellen Gehalt zuerkannt hat, und dass es überhaupt nur auf diesem Wege das Beweisantragsrecht entwickeln konnte.[1142] Solange das Beweisantragsrecht sich im Gesetz noch in den heutigen Absätzen 2 und 6 des § 244 StPO erschöpfte, war die „Beschränkung der Verteidigung“ die einzige Möglichkeit, den ein Beweisbegehren des Angeklagten zurückweisenden Gerichtsbeschluss als Verfahrensverstoß mit der Revison anzufechten und inhaltlich zu überprüfen. Nachdem wir heute ein im Gesetz ausformuliertes Beweisantragsrecht haben und zurückgewiesene Beweisanträge die Beruhensfrage immer recht konkret nahelegen, hat *insoweit* § 338 Nr. 8 StPO seine selbständige Bedeutung verloren. Darüber darf aber nicht in Vergessenheit geraten, wie sehr gerade durch diese historische Bedeutung der absolute Revisionsgrund gezeigt hat, welche normative Kraft er aufzubringen imstande ist, wo es an Einzelregelungen fehlt.

506 Auch hierin ergänzen sich § 338 Nr. 8 StPO und der „fair-trial“-Grundsatz. Während dieser gerade dadurch zunehmend an Bedeutung gewonnen hat, dass sich die Hauptverhandlungen in der Praxis immer mehr von den formellen Vorschriften und sonstigen Prinzipien der StPO entfernen[1143] (z.B. im Bereich der „Absprachen“), zielt jener immer häufiger auch in der Rechtsprechung des BGH auf Verfahrenssituationen, auf die ausdrückliche Regelungen nicht unmittelbar anwendbar sind. Das gilt z.B. für die Behandlung von **Aussetzungsanträgen nach rechtlichen Hinweisen** gemäß § 265 Abs. 1 StPO. Absatz 3 dieser Vorschrift gewährt einen Anspruch auf Verfahrensaussetzung nur nach einer in der Hauptverhandlung eingetretenen Veränderung der Sachlage, namentlich nach dem „Hervortreten neuer (in der gerichtlich zugelassenen Anklage nicht angeführter) Umstände“, die der Angeklagte bestreitet, auf die er aber nicht genügend vorbereitet ist. Nicht von § 265 Abs. 3 StPO erfasst ist der Fall, dass ohne Veränderung der Tatsachengrundlagen nach Beginn der Hauptverhandlung erstmals bemerkt und durch einen förmlichen Hinweis angekündigt wird, dass der Angeklagte auch nach einer in der Anklage nicht genannten Vorschrift bestraft werden kann. Einen solchen Fall nahm der 5. Strafsenat des BGH zum Anlass für eine Urteilsaufhebung in Anwendung der §§ 265 Abs. 4, 338 Nr. 8 StPO, nachdem das Landgericht einen wegen Totschlags Angeklagten nach einem entsprechenden rechtlichen

---

1141 BGH 1 StR 666/90 v. 9. 7. 1991 (in BGHSt 38, 26, NStZ 1991, 535 und MDR 1991, 1185 insoweit nicht abgedruckt).

1142 So *Baldus* Ehrengabe für Heusinger, 381.

1143 Vgl. dazu *Hamm* FS Salger, 273 (283); BGHSt 36, 210 = NJW 1989, 2270 = StV 1989, 336 = NStZ 1989, 438.

Hinweis noch am selben Verhandlungstag nach Zurückweisung eines Aussetzungsantrages wegen Mordes verurteilt hatte.[1144]

Sowohl auf den „fair-trial"-Grundsatz als auch auf § 338 Nr. 8 StPO stützt der BGH Urteilsaufhebungen dann, wenn der Anspruch des Beschuldigten auf den Verteidiger des Vertrauens verletzt wird. So hat der vierte Strafsenat in einer Entscheidung vom 6. 11. 1991[1145] eine unzulässige Beschränkung der Verteidigung im Sinne des § 338 Nr. 8 StPO darin gesehen, dass das Landgericht dem Angeklagten, dessen Wahlverteidigerin zur Pflichtverteidigerin bestellt worden war, nachträglich einen zusätzlichen Verteidiger bestellt hatte, weil die Pflichtverteidigerin an dem kurzfristig anberaumten Fortsetzungstermin durch einen anderweitigen Termin verhindert war. Mit der Pflichtverteidigerin, die an der Hauptverhandlung nicht von Beginn an teilgenommen hatte, war die Verhandlung dann fortgesetzt worden. Die Weigerung des Gerichts, auf die rechtzeitig angezeigte Verhinderung der „Wahlpflichtverteidigerin", die das besondere Vertrauen des Angeklagten genoß, durch Verlegung eines Fortsetzungstermins Rücksicht zu nehmen, verletzte nach Ansicht des Senats den Revisionsführer in seinem **Recht auf wirksame Verteidigung,** das ihm durch Art. 6 Abs. 3 lit. c EMRK garantiert wird, und verstieß gegen den Grundsatz des fairen Verfahrens. **507**

Es heißt in der Entscheidung dann wörtlich: *„Der verfassungsmäßig verbürgte Anspruch auf ein rechtsstaatlich faires Verfahren als Ausfluss des Rechtsstaatsprinzips (vgl. BVerfGE 26, 66 (71) = NJW 1969, 1423) umfasst das Recht des Beschuldigten, sich im Strafverfahren von einem Rechtsanwalt seines Vertrauens verteidigen zu lassen (Kleinknecht-Meyer, StPO, 40. Aufl., § 137 Rn. 2 m. zahlr. Nachw. aus der Rspr. des BVerfG*[1146]*). In Fällen der Pflichtverteidigung erfährt dieses Recht nur insoweit eine Einschränkung, als der Beschuldigte keinen unbedingten Anspruch auf Bestellung des von ihm gewünschten Rechtsanwalts zum Pflichtverteidiger hat. Im Übrigen bleibt jedoch der Anspruch des Beschuldigten auf Verteidigung durch einen Verteidiger seines Vertrauens unberührt (vgl. Kleinknecht-Meyer, § 142 Rn. 9 und Art. 6 MRK Rn. 20)".*[1147]

Eine wesentliche Voraussetzung für den Erfolg der Rüge ist, dass die Verteidigungsbeschränkung durch einen *in* der Hauptverhandlung ergangenen **Beschluss des Gerichts** zum Ausdruck kommt. Da Gerichtsbeschlüsse in der Regel Antworten auf Anträge sind, stellt sich als Reflex dieser Rügevoraussetzung eine Art Obliegenheit zur Antragstellung ein. Dies hat dazu geführt, dass der Zusammenhang: „kein Antrag – kein Beschluss – kein Revisionsgrund" als verdeckte Form einer Präklusion aufgefasst und mit der allgemeinen Problematik in Verbindung gebracht wurde, ob eine an sich gegebene Verfahrensrüge dadurch verwirkt werden kann, dass der Revisionsführer es versäumt hat, auf ein ordnungsgemäßes Verfahren durch Anträge hinzuwirken. *Hanack*[1148] allerdings weist im Anschluss an *Fuhrmann*[1149] mit Recht darauf hin, dass das eine mit dem anderen nichts zu tun hat. Dass das Gesetz den absoluten Revisionsgrund vom Vorliegen eines Beschlusses abhängig macht, ist ebenso eindeutig wie un- **508**

1144 BGH StV 1993, 288 = NStZ 1993, 400. Siehe dazu auch unten, Rn. 1174.
1145 BGH NJW 1992, 849 = StV 1992, 53 = NStZ 1992, 247.
1146 BGH NJW 1992, 849 = StV 1992, 53 = NStZ 1992, 247 und immer noch *Meyer-Goßner* § 137, Rn. 2.
1147 BGH, aaO und immer noch *Meyer-Goßner* § 142, Rn. 9.
1148 LR-*Hanack* § 338, Rn. 129.
1149 *Fuhrmann* JR 1962, 321 ff.

bedenklich und nichtssagend für die (zu verneinende[1150]) Frage, ob auch bei den relativen Revisionsgründen ein Beschluss als Rügevoraussetzung notwendig ist.

509 Bei § 338 Nr. 8 StPO werden die aus dem Beschlusserfordernis folgenden Probleme zumindest dadurch entschärft, dass nach zutreffender Auffassung die **unterlassene Bescheidung eines Antrags** durch das Gericht einem ausdrücklichen Beschluss in seiner Wirkung gleichsteht.[1151] Aber auch das kann der Revision nur dann zum Erfolg verhelfen, wenn die beanstandete Maßnahme des Vorsitzenden unzulässig war.[1152] Nur ausnahmsweise kann es Situationen geben, in denen es schon gegen den „fair-trial"-Grundsatz verstößt, dass das Gericht nicht im Rahmen seiner Fürsorgepflicht einen unverteidigten Angeklagten auf die Möglichkeit hinweist, einen Beschluss zu beantragen.[1153]

510 Unter einem Gerichtsbeschluss ist nur ein solcher zu verstehen, der **in der Hauptverhandlung**, also weder davor[1154] noch danach, verkündet wurde. Der Haftbefehl, Bescheide des Vorsitzenden auf Eingaben und Anträge[1155] oder Anordnungen gemäß §§ 81 ff. StPO kommen hier nicht in Betracht; ebensowenig Fehler oder Änderungen des Protokolls, Versagung oder Verzögerung der Akteneinsicht zur Revisionsbegründung (nur Wiedereinsetzungsgrund)[1156] usw. Die Revision kann sich im Hinblick auf Verfahrensfehler außerhalb der Hauptverhandlung allenfalls auf § 336 S. 1 StPO bzw. § 337 StPO stützen, sofern die Mängel bis zur Urteilsfindung fortwirken.[1157]

1150 Vgl. dazu unten Rn. 1196 ff.; *Widmaier* NStZ 1992, 519 ff. und *Maatz* NStZ 1992, 513 ff.

1151 Siehe RGSt 57, 261 (263); BGH VRS 35, 132; BGH StV 1983, 269 (in einem Fall, in dem die Nichtbefassung des Gerichts mit einem Antrag der Verteidigung als ablehnender Gerichtsbeschluss gewertet wurde); BGHSt 29, 149 (151 f.) (in einem Fall, in dem das Tatgericht ohne Gründe einen Verteidigerantrag zu Unrecht als rechtsmissbräuchlich zurückgewiesen hatte); LR-*Hanack* § 338, Rn. 130 m. w. N.; *Meyer-Goßner* § 338, Rn. 60; *Dahs/Dahs* Revision, Rn. 213.

1152 So BGH 2 StR 38/55 v. 29. 4. 1955 = MDR 1955, 397 (*Dallinger* zu § 238).

1153 LR-*Hanack* § 337, Rn. 280; *Dahs/Dahs* Revision, Rn. 213; OLG Celle MDR 1969, 1981; OLG Stuttgart NStZ 1988, 240 = NStE Nr. 1 zu § 338 Nr. 8: hier hatte der Vorsitzende einer Jugendkammer den Antrag der Angeklagten auf Vertagung abgelehnt und die Verhandlung ohne die Teilnahme ihrer Verteidigerin durchgeführt. Da das Gericht es aber trotz seiner Fürsorgepflicht aus Art. 20 Abs. 3 GG unterlassen hatte, den Angeklagten auf sein Beanstandungsrecht hinzuweisen, gab das OLG der Rüge nach § 338 Nr. 8 StPO statt.

1154 BGHSt 21, 334 (359) = NJW 1968, 710 (713), die Frage der Zulässigkeit einer Rüge nach Nr. 8 in Bezug auf eine Beschwerdeentscheidung des OLG *außerhalb* der Hauptverhandlung (Zwischenverfahren) offen lassend.

1155 Beweisanträge vor der Hauptverhandlung können bei Verletzung der Fürsorgepflicht des Vorsitzenden aber „nach" § 244 Abs. 2 StPO angefochten werden: vgl. hierzu die Kommentare zu § 219 StPO; im Hinblick auf die Nichteinhaltung einer zugesagten Wahrunterstellung siehe BGHSt 1, 51 (54) = LM Nr. 1 zu § 219 (m. Anm. *Geier*); entgegen der früheren BGH-Rechtsprechung BGHSt 32, 44 (47 ff.), der darin nicht mehr einen Verstoß gegen die gerichtliche Sachaufklärungspflicht sehen will, sondern einen Verstoß gegen den fair-trial-Grundsatz (= StV 1983, 357 = NStZ 1983, 567 = JR 1984, 171(173)); a. A. *K. Meyer* der in seiner Anmerkung zu BGH 2 StR 222/83 v. 6. 7. 1983 in JR 1984, 173 f. eine „Flucht in die verfassungsrechtlichen Generalklauseln" befürchtet und allein auf einen Verstoß gegen § 244 Abs. 3 Satz 2 StPO abstellen will.

1156 OLG Stuttgart StV 1988, 145 f.; LR-*Hanack* § 338, Rn. 129 (Anordnung des Vorsitzenden); für die Fälle nicht gewährter Akteneinsicht zur Revisionsbegründung siehe: BGH 5 StR 585/53 v. 26. 1. 1954; ähnlich auch BGHR StPO § 45 Abs. 2 – Tatsachenvortrag 2 (der Wiedereinsetzungsantrag scheiterte hier jedoch an einer mangelnden Begründung); nicht unbedenklich BGHR StPO § 44 – Verfahrensrüge 5.

1157 Vgl. LR-*Gollwitzer* § 238, Rn. 40 u. 43 f.

Ferner folgt aus dem Beschlusserfordernis, dass der Verstoß vom Gericht, nicht nur vom Vorsitzenden begangen worden sein muss.[1158] Weist der Vorsitzende eine Frage zurück, lehnt er eine Vertagung oder die Ladung eines Zeugen ab, so ist der Fall des § 338 Nr. 8 StPO nicht gegeben. Hält der Verteidiger eine Anordnung des Vorsitzenden, die sich auf die Sachleitung bezieht,[1159] für unzulässig, so muss er, um die Rüge gemäß § 338 Nr. 8 StPO vorzubereiten, in der Hauptverhandlung nach § 238 Abs. 2 StPO **einen Gerichtsbeschluss beantragen.**[1160] Im Übrigen braucht der Beschluss aber nicht immer auf einen Antrag des Verteidigers oder des Angeklagten ergangen zu sein. Auch ein Beschluss, durch den das Gericht es ausdrücklich ablehnt, Anträge des Angeklagten oder des Verteidigers entgegenzunehmen, begründet den absoluten Revisionsgrund des § 338 Nr. 8 StPO.[1161] **511**

Zu den wichtigsten Fallgruppen der auf § 338 Nr. 8 StPO zu stützenden Revisionen gehören Defizite bei der Gewährung von Akteneinsicht,[1162] mangelnde Rücksichtnahme auf die Verhinderung des Verteidigers,[1163] fehlerhafte Behandlung von Aussetzungsanträgen nach § 265 StPO[1164] sowie Verkürzungen des Fragerechts nach § 240 Abs. 2 S. 1 StPO.[1165] **512**

Eine ganze Reihe von erheblichen Beschränkungen der Verteidigung sind allerdings gestattet und damit auch nicht revisibel. So kann sich eine einschneidende Beschränkung der Verteidigung daraus ergeben, dass das Gericht zwei **Verfahren verbindet** oder nicht verbindet, verbundene trennt oder nicht trennt. Dadurch werden unter Umständen Entlastungszeugen zu Mitangeklagten und Mitangeklagte zu Belastungszeugen;[1166] das kann für den Angeklagten sehr lästig sein, und die Möglichkeit, dass die Entscheidung schließlich darauf beruht, wird sich vielfach nicht ausschließen lassen. Gleichwohl begründet die Verbindung oder Trennung für sich allein niemals eine Rüge gemäß § 338 Nr. 8 StPO, weil sie (innerhalb der Grenzen der §§ 4, 237 StPO) in das Ermessen des Tatrichters gestellt ist.[1167] Entsprechendes gilt auch von zahlreichen **513**

1158 A. A. *Eb. Schmidt* Lehrkommentar, § 238, Rn. 29, der darauf hinweist, dass der unverteidigte Angeklagte möglicherweise von § 238 StPO nicht den richtigen Gebrauch machen konnte. Das trifft zweifellos zu; der Verteidiger muss es aber können. Deshalb sollte der unverteidigte Angeklagte unter Umständen eine Verletzung des § 140 StPO rügen.

1159 Dazu zählt z. B. auch die Erklärung des Vorsitzenden nach Schluss der Beweisaufnahme, er werde Beweisanträge nun nicht mehr zulassen; BGH StV 1992, 311 = NStZ 1992, 346 = NJW 1992, 3182(Ls). Siehe dazu auch unten, Rn. 703.

1160 Zu Anordnungen des Einzelrichters vgl. u. Rn. 1199.

1161 OLG Köln VRS Bd. 70 (1986), 370; bedenklich auch unter diesem Aspekt BGHSt 38, 111 (s. u. Rn. 622 und einschränkend BayObLGSt 2004, 25).

1162 Das soll jedoch nicht auch für die Frage der Art und Weise der Gewährung von Akteneinsicht gelten BGH 1 StR 337/07 v. 12. 9. 2007 = NStZ-RR 2008, 48 (Ls.).

1163 BGH StV 1995, 57.

1164 BGH StV 1986, 516 = NStZ 1987, 34 = BGHR § 265 Abs. 4 – Verteidigung, angemessene 1; zu den Anforderungen an eine auf §§ 338 Nr. 8 i. V. m. 228 Abs. 1 S. 1 StPO gestützten Rüge s. BGH NStZ 1996, 454; vgl. BGH NStZ 2004, 637 (Unterbrechung der HV).

1165 BGH StV 1990, 337 = NStZ 1990, 400 = BGHR StPO § 241 Abs. 2 – Zurückweisung 4; vgl. auch BGH StV 1996, 248; BGH StV 2006, 171 (unzulässige Beschränkung des Fragerechts).

1166 RG JW 1932, 404 Nr. 9 m. Anm. *Oetker*.

1167 BGHR § 338 Nr. 8 StPO – Beschränkung 1; vgl. auch *Dahs/Dahs* Revision, Rn. 214.

anderen Ermessensentscheidungen,[1168] zu denen auch z.B. die Ablehnung der nach § 246 Abs. 2 StPO beantragten Aussetzung der Hauptverhandlung gehört, wenn ein zu vernehmender Zeuge oder Sachverständiger zu spät namhaft gemacht worden ist (§ 246 Abs. 4 StPO). Die Revisionsgerichte überprüfen aber, ob ein Fall des Ermessensmissbrauchs vorliegt.[1169]

514 Bei der Revisionsbegründung sind diejenigen Tatsachen vorzubringen, aus denen sich die Verletzung der Rechte des Angeklagten sowie die Beschränkung der Verteidigung ersehen lassen (§ 344 Abs. 2 S. 2 StPO).[1170] Hierzu gehört in erster Linie **der Wortlaut des Gerichtsbeschlusses**, der die Verteidigung unzulässig beschränkt.[1171]

Ausgehend von der unzutreffenden Auffassung, bei § 338 Nr. 8 StPO handele es sich in Wahrheit um einen relativen Revisionsgrund i.S. des § 337 StPO, wird darüber hinaus verlangt, dass die Revisionsbegründungsschrift auch solche Tatsachen vorträgt, auf Grund welcher die Möglichkeit des **Beruhens** geprüft werden könne.[1172] Dies ist jedoch ebenso unzutreffend wie jene gedankliche Herausnahme der Vorschrift aus dem Katalog der absoluten Revisionsgründe.[1173] Die vorzutragenden Verfahrenstatsachen müssen lediglich in Verbindung mit den Urteilsgründen erweisen, dass die Einschränkung der Verteidigungsmöglichkeiten nicht nur marginal die Urteilsfindung betraf. Dies muss sich aus den vorgetragenen Verfahrenstatsachen ohne Weiteres herleiten lassen, ohne dass insoweit der Revisionsführer eine Argumentationslast trüge. Auch braucht er keine phantasievollen Ausführungen darüber zu machen, welche Gründe es für die Annahme geben könnte, es handele sich bei der Verteidigungsbeschränkung um einen für die Entscheidung nur unwesentlichen Punkt und wieso dies nicht zutreffe.

515 Probleme mit dem von den Revisionsgerichten verlangten Rügevorbringen bestehen auch immer wieder, wenn es um die Beanstandung einer Beschränkung der Verteidigung durch unterlassene **Beiziehung von verfahrensrelevanten Akten** geht. So hatte die Verteidigung in einem bekannten Verfahren beim LG Augsburg die Beiziehung von Akten eines weiteren gegen die Angeklagten bei einer anderen Staatsanwaltschaft geführten Ermittlungsverfahrens beantragt, die auch bereits vom Gericht beschlossen war, aber dann an der Weigerung der jenes Verfahren führenden Staatsanwaltschaft „wegen Gefährdung des Untersuchungszwecks" scheiterte. Diese „Gefährdung des Untersuchungszwecks" wäre gerade erst infolge der Akteneinsicht der Verteidigung befürchtet worden, was die erkennende Strafkammer des Landgerichts akzeptierte, indem sie unausgesprochen ihre Anordnung auf Beiziehung korrigierte und damit auch auf eine Einsichtnahme erst einmal durch das Gericht selbst („in camera") ver-

---

1168 Vgl. allgemein zur Revisibilität von Ermessensentscheidungen im Verfahrensrecht LR-*Hanack* § 337, Rn. 87 ff.

1169 BGH NJW 1990, 1124 = NStZ 1990, 245 = StV 1990, 196 = JZ 1990, 200 = MDR 1990, 353 = VRS 78, 289 = BGHR StPO § 246 Abs. 2 – Aussetzung 1.

1170 LR-*Hanack* § 338, Rn. 141; KK-*Kuckein* § 338, Rn. 104.

1171 BGHSt 21, 334; BGH 2 StR 21/92 v. 6. 5. 1992 (Die Revision hatte nicht einmal eine ordnungsgemäße Sachrüge erhoben; umso weniger war die Verfahrensrüge zulässig).

1172 BGHSt 49, 317, 328; BGHSt 30, 131 = NJW 1981, 2267 = StV 1981, 500 = NStZ 1981, 361 (betr. Spurenakten); OLG Köln VRS Bd. 70 (1986), 370, 371.

1173 So auch zutreffend *LR-Hanack* § 338, Rn. 141.

zichtete. Die auf einer Verletzung des § 338 Nr. 8 i.V.m. § 147 StPO gestützte Verfahrensrüge verwarf der BGH mit der Begründung, es sei bereits zweifelhaft, ob sie in zulässiger Form erhoben sei. Hierzu führt der Senat aus:

„Für die Annahme, die Verteidigung sei in einem für die Entscheidung wesentlichen Punkt beschränkt worden, genügt nicht, dass die Beschränkung nur generell (abstrakt) geeignet ist, die gerichtliche Entscheidung zu beeinflussen. Vielmehr ist § 338 Nr. 8 StPO nur dann gegeben, wenn die Möglichkeit eines kausalen Zusammenhangs zwischen dem Verfahrensverstoß und dem Urteil konkret besteht (BGHR StPO § 338 Nr. 8 Beschränkung 6 m.w.N.). Dies hat auch Auswirkungen auf die Vortragspflicht, weil die Revision dartun muß, welcher konkrete Zusammenhang zwischen dem geltend gemachten Verfahrensfehler und einem für die Entscheidung bedeutsamen Punkt besteht. Damit korrespondiert das Erfordernis möglichst konkreten Vortrages bei einer Rüge wegen unterlassener Beiziehung von Akten unter dem Aspekt der Verletzung der Aufklärungspflicht (vgl. BGHSt 30, 131, 136ff.; BVerfGE 63, 45, 69ff.).

Bedenken bestehen hier schon insoweit, als die Revisionen eine hinreichende Dokumentation vermissen lassen, inwieweit ihnen im Laufe des Verfahrens Einsicht in die begehrten Akten zuteil geworden ist ... und welche konkreten Hinweise sich aus den vorhandenen Akten oder dem Ablauf der Beweisaufnahme auf für die Verteidigung wesentliches vorenthaltenes Aktenmaterial geboten haben (vgl. BGH wistra 2004, 63). Im Übrigen wird das Erfordernis der konkreten Bezeichnung wesentlichen vorenthaltenen Aktenmaterials dem Verteidiger nicht ohne Weiteres möglich sein, wenn ihm die Akten, in die er Einsicht nehmen will, verschlossen geblieben sind. Er muß jedoch zumindest dann, sobald er Akteneinsicht erlangt hat, ein entsprechendes konkretes Ergebnis für den Fall vorheriger vollständiger Akteneinsicht vortragen (vgl. auch BGH NStZ-RR 2004, 50). Dies bedeutet, dass er sich grundsätzlich – jedenfalls bis zum Ablauf der Frist zur Erhebung der Verfahrensrüge – weiter um die bislang versagte Akteneinsicht bemühen und die entsprechenden Anstrengungen gegenüber dem Revisionsgericht auch dartun muß (vgl. auch BVerfGE 63, 45, 66f., 70ff.).“[1174]

Das bedeutet aber letzlich, dass das Rügevorbringen sich nach den (hier: vielleicht er- **516**
weitert gegebenen) Informationsmöglichkeiten der Verteidigung zum Zeitpunkt der Revisionsbegründung und nicht nach dem Informationsstand zum Zeitpunkt des beanstandeten Verfahrensfehlers zu richten hat. Das ist nicht einzusehen, weil der Rechtsfehler des Gerichts unabhängig davon berechtigt oder nicht berechtigt gewesen sein muss, was sich an verfahrensrelevanten Erkenntnissen aus den Akten, auf deren Verwertbarkeit das Gericht schließlich „blind verzichtete“, hätte ergeben können. Die Verpflichtung des Gerichts, zumindest erst einmal das von der auswärtigen Staatsanwaltschaft angebotene „In-Camera“-Verfahren anzuwenden, darf nicht davon abhängen, ob es der Verteidigung in der Zeitspanne bis zur Fertigung der Revisionsbegründung gelingen würde, vollständige Akteneinsicht zu erhalten.

II. Relative Revisionsgründe

Literatur: *Beling* Revision wegen „Verletzung einer Rechtsnorm über das Verfahren“ im Strafprozess, in: Festschrift Binding, 1911, S. 87ff.; *Blomeyer* Die Revisibilität von Verfahrensfehlern im Strafprozess, in: JR 1971, 141ff.; *Bohnert* Beschränkungen der strafprozessualen Revision durch Zwischenverfahren,

1174 BGH, Beschl. v. 11. 11. 2004 – 5 StR 299/03 = BGHSt 49, 317ff., 328.

Frankfurt M. 1983; *Frank* Revisible und irrevisible Strafverfahrensnormen, Diss., Göttingen 1972; *Frisch* Zum Wesen des Grundsatzes „in dubio pro reo", Festschrift Henkel, 1974, S. 274 ff.; *Hanack* JZ 1973, 729; *Herdegen* StV 1992, 596; *Lehmann* Die Behandlung des zweifelhaften Verfahrensverstoßes im Strafprozess, 1983, S. 56 ff.; *Michael* Der Grundsatz in dubio pro reo im Strafverfahrensrecht, 1981, S. 149, 154; *Peters* Justizgewährungspflicht und Abblocken von Verteidigungsvorbringen, in: Festschrift Dünnebier, 1982, S. 53 (63 ff.); *Rudolphi* Die Revisibilität von Verfahrensmängeln im Strafprozess, MDR 1970, 93; *Roxin* NStZ 1989, 378; *ders.* JR 1962, 109; *W. Schmid* Über den Aktenverlust im Strafprozess, in: Festschrift Lange, 1976, S. 781 ff.; *Teske* Die Revision wegen verfahrensrechtlicher Verstöße, Diss., Marburg 1962; *Venator* Besteht eine Abhängigkeit der strafrechtlichen Revision von der Schwere des Verfahrensverstoßes? Diss., Köln 1965; *Ventzke* § 344 II 2 – Einfallstor revisionsgerichtlichen Gutdünkens, StV 1992, 338; *Vollhardt* Die Einschränkung der Revision bei Verfahrensfehlern im Zusammenhang mit den Begriffen „Ordnungsvorschrift", „Verwertungsverbot", „Rechtskreisberührung", Diss., Erlangen 1970; *Wamser* Die Revisibilität unbestimmter Rechtsbegriffe, Diss., Marburg 1961.

1. Die Beruhensprüfung

Literatur: *Blomeyer* Die Revisibilität von Verfahrensfehlern im Strafprozess (Kausalität und Finalität im Revisionsrecht), JR 1971, 142 ff.; *Bloy* JuS 1986, 596; *Burgmüller* Das Beruhen des Urteils auf der Gesetzesverletzung als Regulativ im Revisionsrecht, 1990; *Frisch* Inhalt und Hintergrund des „Beruhens" im Revisionsrecht, in Festschrift Rudolphi, 2004, S. 609 ff.; *Gribbohm* Aufhebung angemessener Strafen in der Revisionsinstanz? NJW 1980, 1440; *Herdegen* Die Beruhensfrage im strafprozessualen Revisionsrecht, Schriftenreihe des DAV, Band 7 (1990), S. 7 ff. = NStZ 1990, 513 ff. = *Herdegen* Beweisantragsrecht, Beweiswürdigung, strafprozessuale Revision, 1995, S. 181 ff.; *Steffen Kraus* Die Beruhensfrage im strafprozessualen Revisionsrecht. (Diss. Kiel) Aachen 2004; *Mehle* Das Erfordernis des Beruhens im Revisionsrecht – die ungewisse Hürde für den Revisionsführer, Schriftenreihe des DAV, Band 7 (1990), S. 47 ff.; *Philipps* Wann beruht ein Strafurteil auf einem Verfahrensmangel? Drei Möglichkeiten des Argumentierens, in: Festschrift Bockelmann, 1979, S. 831 ff.; *Schlüchter* Zum normativen Zusammenhang zwischen Rechtsfehler und Urteil, in: Festschrift Krause, 1990, S. 485; *W. Schmidt* Zur Heilung gerichtlicher Verfahrensfehler durch den Instanzrichter, JZ 69, 757.

517 Anders als bei den absoluten Revisionsgründen, bei denen das **Beruhen** gesetzlich unwiderleglich vermutet wird, ist bei den relativen Revisionsgründen das Beruhen konkret zu prüfen (§ 337 Abs. 1 StPO). Das ist zwar keine Besonderheit der Verfahrensrügen, wir behandeln es gleichwohl an dieser Stelle, weil die materiellrechtliche Beruhensprüfung sich häufig nur schwer trennen lässt von der Frage nach dem Rechtsfehler. Ob sich eine falsche Subsumtion des festgestellten Sachverhalts auf den Tenor ausgewirkt hat oder nicht, ergibt sich meist aus der Natur des Fehlers selbst. Dagegen lässt sich die Frage der (möglichen) Kausalität zwischen einem Verfahrensfehler und dem Schuld- und/oder Rechtsfolgenausspruch nur beantworten, indem das Revisionsgericht eine eigene hypothetische Überlegung anstellt.

Damit sind schon die wesentlichen Merkmale des Beruhens angesprochen: Entgegen dem Wortlaut des § 337 StPO („Die Revision kann nur darauf gestützt werden, dass das Urteil auf einer Verletzung des Gesetzes beruhe"[1175]) wird die Vorschrift in ständiger Rechtsprechung unter Beifall des gesamten Schrifttums so ausgelegt, dass bereits die **Möglichkeit einer Kausalität** ausreicht.[1176] Dabei wäre es verfehlt, den hier ver-

1175 Der Konjunktiv („beruhe") folgt hier gleichsam nur aus der indirekten Rede. Eigentlich müsste es heißen: „beruhen könne".

1176 KK-*Kuckein* § 337, Rn. 33; *Meyer-Goßner* § 337, Rn. 37; *Dahs/Dahs* Revision, Rn. 458.

langten Zusammenhang zwischen dem Verfahrensfehler und dem Urteilstenor mit der Ursächlichkeit des materiellen Strafrechts zu vergleichen.[1177] Es kommt auch nicht darauf an, ob ohne den Verfahrensmangel gerade das vorliegende Urteil ergangen wäre, sondern darauf, ob ein unter Einhaltung der Verfahrensvorschriften ordnungsgemäß durchgeführtes Verfahren möglicherweise zu einem anderen Ergebnis geführt haben würde.[1178]

Nicht leicht zu beantworten ist indes die Frage, wie *unwahrscheinlich* der Zusammen- **518**
hang zwischen dem Rechtsfehler und dem Urteil sein muss, um das Beruhen verneinen zu können. *Herdegen*[1179] weist hier mit Recht darauf hin, dass es bei der Beantwortung dieser Frage weder darum gehen kann, jede auch nur entfernt denkbare Kausalität ausreichen zu lassen, noch darum, eine Darlegungs- oder gar eine Beweislast des Revisionsführers zu verlangen, sondern dass es vielmehr Aufgabe des Revisionsgerichts ist, mit Argumenten zu begründen, weshalb es ein Beruhen für ausgeschlossen hält. Das Revisionsgericht darf den ursächlichen Zusammenhang also nur ablehnen, wenn begründbar ist, dass die Annahme, der Verfahrensverstoß könne das Urteil beeinflusst haben, völlig irreal[1180] oder rein theoretischer Natur ist.[1181]

Damit ist aber noch nicht gesagt, welche Beurteilungskriterien für die Feststellung die- **519**
ser hypothetischen Kausalität zugrunde gelegt werden sollen.[1182] Allgemeingültige Regeln, die für den Einzelfall festlegen, wann das Beruhen mit Sicherheit auszuschließen ist, sind weder im Gesetz noch von der Rechtsprechung formuliert. Vermutlich ist darin auch die Ursache für das nicht immer einheitliche Bild in der Rechtsprechung zu sehen.[1183] Auch ließe sich fragen, wie das Beruhen eigentlich jemals ausgeschlossen

---

1177 Diesen Unterschied stellt treffend *Frisch* in FS Rudolphi, 613f. heraus. vgl. auch KK-*Kuckein* § 337, Rn. 33; *Meyer-Goßner* § 337, Rn. 37 m.w.N.; im Einzelnen zum Verhältnis von Kausalität und hypothetischer Kausalität *Kraus* Die Beruhensfrage im strafprozessualen Revisionsrecht, 27ff.

1178 RGSt 2, 120; 52, 306; 61, 353 (die drei Entscheidungen betreffen Verfahrensvoraussetzungen); BGH NJW 1951, 206; LR-*Hanack* § 337, Rn. 254.

1179 *Herdegen* Beweisantragsrecht, Beweiswürdigung, strafprozessuale Revision, 190 = NStZ 1990, 513ff.

1180 BGHSt 36, 44 (50); BGH NStZ 1982, 430 (431); BGH NStZ 1985, 182; LR-*Hanack* § 337, Rn. 255. Bereits in den Protokollen des Reichstages zu § 300 StPO (das Pendant des heutigen § 337 StPO), Erste Lesung, 72. Sitzung am 15. 9. 1875 in *Hahn* Materialien, StPO, Abt. 1, Band 3, 1024f., findet sich dieser Ansatz der heutigen Rechtsprechung: Der Abgeordnete *von Schwarze* hatte beantragt, in § 300 StPO den Zusatz aufzunehmen: „Wegen Verletzung von Rechtsnormen für das Verfahren ist das Urteil als auf einer Verletzung beruhend anzusehen, wenn die Annahme nicht ausgeschlossen ist, dass die Beobachtung der Rechtsnorm zu einer anderen Entscheidung geführt haben würde", und begründete dies damit, dass das Revisionsrecht „ziemlich wertlos" werden würde, wollte man vom Revisionsführer den „positiven Beweis für das Vorhandensein des Kausalnexus zwischen Verletzung und Urteil" fordern. Der Antrag *von Schwarzes* wurde damals abgelehnt, u.a. weil man die Richter nicht am „Gängelband" führen wollte (so die Stellungnahme *von Amsbergs* gegen den Antrag *von Schwarzes*).

1181 BGHSt 36, 119 (123); BGH NStZ 1985, 134; BGH NJW 1988, 1223 (1224); LR-*Hanack* § 337, Rn. 255. Siehe hierzu auch *Herdegen* Deutscher Anwaltverein, Band 7, 7 (25).

1182 Diese Problematik wirft *Herdegen* aaO anhand einer Gegenüberstellung der in der Rechtsprechung vorhandenen Formulierungen von „so gut wie sicher" bis zu „ganz und gar unwahrscheinlich" zu Recht auf; in diesem Sinne kritisch auch *Mehle* Deutscher Anwaltverein, Band 7, 47 (51).

1183 So LR-*Hanack* § 337, Rn. 258, der die Rechtsprechung nicht nur für uneinheitlich, sondern im Einzelfall wohl auch für zu großzügig in Bezug auf den Ausschluss des Beruhens hält und die

werden soll, wenn keine Regeln vorhanden sind, die ex post eine sichere Kausalitätsaussage ermöglichen, zumal der Wirkungszusammenhang, der hier den Kausalnexus ausmacht, weitgehend aus psychischen und gedanklichen Vorgängen und Unterlassungen besteht.[1184]

520 Die Rechtsprechung steht bei der Suche nach einem für alle zu entscheidenden Fälle einheitlichen, das Beruhen noch einschließenden **Wahrscheinlichkeitsmaßstab** vor folgenden, die Grundlagen des Revisionsrechts berührenden Problemen:

521 Die Revisionsgerichte dürfen die Beweiswürdigung des Tatrichters nicht durch eine eigene ersetzen, wenn es um die Frage nach der Rechtsfehlerfreiheit des angefochtenen Urteils geht. Deshalb dürfen die Revisionsgerichte sich auch (und erst recht) nicht „den Kopf des Tatrichters zerbrechen", wenn es darum geht, zu entscheiden, wie dieser geurteilt haben würde, wenn ihm ein bestimmter Verfahrensfehler nicht unterlaufen wäre. Noch weniger ist es Sache des Revisionsgerichts, über das mutmaßliche Verteidigungsverhalten zu entscheiden, zu dem der Angeklagte sich entschlossen hätte, wenn rechtmäßig verfahren worden wäre.

522 Diese aus der **Aufgabenteilung zwischen Tat- und Revisionsgericht** und aus der Subjektstellung des Beschuldigten herzuleitenden Grundsätze zwangen die Rechtsprechung von Anfang an, die Kausalitätsfrage nicht so zu stellen, wie sie aus dem Gesetzeswortlaut hervorzutreten scheint („Beruht das Urteil auf dem Verfahrensverstoß?"), sondern umgekehrt: Gibt es bei voller Anerkennung der alleinigen Kompetenz des Tatrichters zur Würdigung der Beweise und der Freiheit des Beschuldigten, sich im Rahmen der Gesetze nach seinem Belieben zu verteidigen, Gründe für die Annahme, dass das Urteil auch bei rechtsfehlerfreiem Verlauf des Verfahrens genauso ausgefallen wäre? Nur wenn diese Frage bejaht werden kann, darf das Beruhen verneint werden. Dies ist kein Geschenk der Revisionsgerichte an die Revisionsführer, sondern eine logische Folge der gesetzlich vorgeschriebenen Arbeitsteilung zwischen Tat- und Revisionsrichter. Dass sich das Revisionsgericht die Beruhensfrage stellen muss, darf nicht dazu führen, dass es sich auch den Kopf des Tatrichters zu zerbrechen hätte. Der Revisionsrichter hat anstelle einer eigenen (hypothetischen) Beweiswürdigung sich auf die Prüfung eines normativen Zusammenhangs zu beschränken[1185] und die Frage zu beantworten, ob generell die Beachtung der verletzten Verfahrensregel geeignet ist, das Urteil zu beeinflussen.

523 Daraus folgt, dass sich die Beruhensprüfung auf einer über den Einzelfall hinausgehobenen **Abstraktionsebene** entscheiden muss. Das ist nicht die generelle Geltungsebene der verletzten Rechtsnorm (dort wird die Beruhensfrage allein bei den absoluten Revisionsgründen entschieden), das ist aber auch nicht die Ebene der konkreten, im angefochtenen Urteil mitgeteilten Beweislage, weil dort der Revisionsrichter dem

---

dadurch entstandene Unberechenbarkeit des Rechtsmittels für den Revisionsführer zu bedenken gibt. *Mehle* aaO, 66 sieht als Indiz für die Schwierigkeiten im Zusammenhang mit der Beruhensfrage auch die häufige Ablehnung des Ursachenzusammenhangs mit zumeist begründungsloser und gewissermaßen „apodiktischer Feststellung".

1184 So übereinstimmend *Rogall* NStZ 1988, 385 (392); *Herdegen* aaO, 27 und 31; *Mehle* aaO, 60.

1185 So zutreffend und überzeugend *Frisch* FS Rudolphi, 625; ähnlich SK-*Schlüchter* vor § 213, Rn. 63 ff.

Tatrichter nicht „vorschreiben" darf, zu welchen Ergebnissen er in der tatsächlichen oder der hypothetischen Beweiswürdigung hätte kommen sollen.

Es gibt Verfahrensfehler, bei denen das Revisionsgericht im Regelfall gezwungen ist, **524** das Beruhen zu unterstellen, weil es den tatrichterlichen Entscheidungsprozess auch nicht hypothetisch rekonstruieren kann. Das bedeutet jedoch keinesfalls, dass es sich dabei um weitere (in § 338 StPO nicht genannte) absolute Revisionsgründe handelt, denn die „Vermutung" des Beruhens ist hier nicht unwiderleglich. So ist beispielsweise die Nichterteilung des letzten Wortes als Verstoß gegen § 258 Abs. 2 und 3 StPO ein Verfahrensfehler, bei dem im Regelfall das Revisionsgericht nicht wissen kann, was der Angeklagte bei gesetzmäßigem Ablauf gesagt und wie sich das auf die Entscheidung des Tatgerichts ausgewirkt haben würde.[1186] Andererseits gibt es Fälle, in denen das Revisionsgericht erkennt, dass der Angeklagte nach ausgiebigem Gebrauchmachen von der Möglichkeit des **letzten Wortes** und nach Wiedereintritt in die Beweisaufnahme zwar rechtsfehlerhaft nicht erneut gefragt wurde, ob er noch etwas sagen wolle, aber während des Wiedereintritts in die Beweisaufnahme so wenig geschehen ist, dass die Möglichkeit fernliegt, der Angeklagte könnte dies zum Anlass genommen haben, die Gelegenheit zu weiteren Ausführungen noch für entscheidungserhebliche Ergänzungen zu nutzen.[1187] Verständnis kann auch der Auffassung des BGH entgegengebracht werden, dass das Urteil nur im Rechtsfolgenausspruch aufgehoben wird, wenn das letzte Wort einem zuvor umfassend geständigen Angeklagten nicht gewährt wurde.[1188] Hat dagegen der Angeklagte in der Hauptverhandlung geschwiegen, so ist nach der Nichterteilung des letzten Worten stets von der Möglichkeit auszugehen, dass er bei korrekter Verfahrensweise von seinem Rederecht Gebrauch gemacht hätte, und dass dies auch zu einem abweichenden Urteil hätte führen können.[1189]

Ein bedenklicher Eingriff in die alleinige Kompetenz des Tatgerichts zur abschlie- **525** ßenden Würdigung der erhobenen Beweise liegt dann vor, wenn das Revisionsgericht einen Verfahrensfehler, der sich unmittelbar auf den Umfang der Beweisaufnahme bezieht, mit Beruhenserwägungen übergeht.

Handelt es sich beispielsweise um die **fehlerhafte Zurückweisung eines Beweisantrages**, so darf das Beruhen nur dann verneint werden, wenn die Beweisbehauptung in keinerlei erkennbarem Zusammenhang zu den die Verurteilung tragenden Feststellungen steht. Ist ein solcher Zusammenhang jedoch erkennbar – oder jedenfalls nicht auszuschließen –, so ist es nicht Sache des Revisionsgerichts zu entscheiden, welche Bedeutung der Tatrichter dem durch die fehlerhafte Behandlung des Antrags verhinderten Beweisergebnis für den Schuld- oder Strafausspruch hätte beimessen müssen.

Die hier gezeigte Grenze wird jedoch in den letzten Jahren zunehmend von den Revi- **526** sionsgerichten überschritten. Als ein besonders weitgehendes Beispiel kann die Entscheidung des 2. Strafsenats des Bundesgerichtshofs zum **Beweiswert von Faser-**

1186 KK-*Schoreit* § 258, Rn. 37; BGH, Beschl. v. 23. 8. 2004 – 1 StR 199/04 = NStZ 2005, 114 = StV 2004, 581.
1187 Vgl. BGHR StPO § 258 Abs. 3 – Wiedereintritt 7.
1188 BGH, Beschl. v. 20. 2. 2001 – 4 StR 542/00.
1189 BGH, Beschl. v. 30. 5. 2001 – 1 StR 99/01.

spuren[1190] dienen. Hier hatte das Schwurgericht den die Tat bestreitenden Angeklagten eines Mordes an einem 13-jährigen Mädchen aus sexuellen Motiven für überführt gehalten, weil ein halbes Jahr nach der Tat an der im Wald vergrabenen Leiche des Opfers Mikrofaserspuren und Tierhaare gefunden worden waren, die eine Reihe von Übereinstimmungen mit den im PKW des Angeklagten (auch erst nach so langer Zeit) gesicherten Spuren aufwiesen. Die Verteidigung hatte durch Beweisantrag auf Einholung eines genomanalytischen Gutachtens unter Beweis gestellt, dass die an der Kleidung des Opfers gefundenen Tierhaare nicht von den Hunden des Angeklagten stammen konnten. Diesen Beweisantrag hatte das Schwurgericht auch nach Auffassung des BGH zu Unrecht mit der Begründung zurückgewiesen, das Beweismittel sei völlig ungeeignet. Dennoch verwarf der Bundesgerichtshof die Revision, nachdem er durch Anhörung zweier Sachverständiger zu der Überzeugung gelangt war, dass bereits die Textilfasern ohne Berücksichtigung der Tierhaarspuren den Beweis für einen stattgefundenen Kontakt zwischen der Kleidung des Tatopfers und dem Innenraum des PKW erbracht hätten. Das Urteil beruhe nicht auf dem verfahrensfehlerhaften Beweisverzicht, weil der Tatrichter den weiteren Fehler begangen habe, irrig anzunehmen, er benötige die Tierhaarspuren als belastendes Indiz neben den Textilfasern. In Wahrheit habe er schon wegen deren hohem Beweiswert praktisch keine Entscheidungsfreiheit mehr gehabt und hätte deshalb auch ohne Berücksichtigung der Haarspuren zum Schuldspruch kommen müssen, und zwar auch dann, wenn dem Angeklagten der beantragte Beweis gelungen wäre, dass von den zahlreichen in seinem PKW vorhandenen Haaren seiner Hunde keines an der Kleidung des Opfers gefunden wurde.

527 Diese Argumentation ist nichts anderes als die Ersetzung der Beweiswürdigung des Tatrichters durch die des Revisionsgerichts.

Zwar ist zuzugeben, dass es beim naturwissenschaftlich-kriminalistischen Sachbeweis Konstellationen gibt, in denen der Tatrichter sich nicht über einen eindeutigen Beweiswert hinwegsetzen darf. So zwingt z.B. die Übereinstimmung einer bestimmten Mindestzahl von Merkmalen bei einer **daktyloskopischen Spur** mit dem Fingerabdruck eines Angeklagten den Tatrichter zu der Feststellung, dass der Angeklagte der Spurenleger ist.[1191] Hat der Tatrichter in einem solchen Zusammenhang einen Fehler gemacht, so ist das Revisionsgericht berechtigt, dies als rechtsfehlerhaft zu beanstanden.[1192] Hat aber der Tatrichter den Beweiswert der Übereinstimmungen verkannt und unter fehlerhafter Berücksichtigung eines weiteren Indizes auf die Täterschaft des Angeklagten geschlossen, so kann nur eine neue Tatsacheninstanz diesen Fehler durch eine umfassende neue Beweiswürdigung korrigieren. Das Revisionsgericht darf nicht – wie im Faserspurenfall geschehen[1193] – eine Beruhensprüfung in der Weise anstellen, dass es sich in die Lage des Tatrichters versetzt, um dessen Gesamtwürdigung über die Täterschaft durch eine eigene Bewertung einer isolier-

---

1190 BGH StV 1993, 340 = NStZ 1993, 395.

1191 Vgl. dazu *Ochott* Identifizierung durch Daktyloskopie, in: *Kube/Störzer/Timm* Kriminalistik 1992, Bd. 1, 763 ff, 790 f.

1192 Ähnlich zwingend kann die Beweiskraft eines Vaterschaftsgutachtens sein, vgl. BGHSt 5, 34; 6, 70.

1193 BGH StV 1993, 340 = NStZ 1993, 395.

ten Beweisfrage (Aussagekraft der Übereinstimmungen bei den Faserspuren) zu ersetzen.

Die Berechtigung des Revisionsgerichts zur eigenen Beweiswürdigung im konkreten Einzelfall lässt sich auch nicht etwa als Konsequenz einer erweiterten Revisibilität der Beweiswürdigung verstehen. Ein Zusammenhang zwischen der zunehmenden Bereitschaft der Revisionsgerichte zur Überprüfung der tatrichterlichen Beweiswürdigung[1194] und der schwindenden Scheu davor, das Beruhen mit Erwägungen zu verneinen, die auf einer eigenen Beweiswürdigung des Revisionsgerichts aufbauen, ist rechtlich nicht zu begründen. Sollte aber doch ein solcher Zusammenhang angenommen werden,[1195] so beruhte diese Annahme ihrerseits auf einer gründlichen Verkennung des Unterschieds zwischen der Frage nach dem Beruhen und der Frage nach dem Rechtsfehler. **528**

Zu diesem Missverständnis könnte der übliche aber falsche[1196] **Sprachgebrauch** beigetragen haben, der den Anschein erweckt, als seien die „auf die Sachrüge hin" erkannten Darstellungsmängel des angefochtenen Urteils und damit auch die Fehler der Beweiswürdigung materiellrechtliche Revisionsgründe. Wären sie das wirklich, so hätte das Revisionsgericht eine Aufgabe, die man vielleicht am treffendsten mit „Plausibilitätsberufung"[1197] bezeichnen könnte: eine Art „ganzheitlicher Richtigkeitskontrolle" mit „Rekonstruktionsverbot"[1198] im Unterschied zur „Vollberufung". Das Revisionsgericht würde für sich die Logik in Anspruch nehmen dürfen: Wenn wir (in die Beweiswürdigung) „hineinschauen", darf sich niemand wundern, wenn wir uns auch „umschauen", d.h. anlässlich der Prüfung von Verfahrensfehlern eine hypothetische Beweiswürdigung selbst vornehmen. In letzter Konsequenz wären damit aber zahlreiche Verfahrensfehler so lange unschädlich, als noch das Revisionsgericht vom Wahrheits- und Gerechtigkeitsgehalt des angefochtenen Urteils überzeugt ist.[1199] Die Beachtung des Prozessrechts durch den Tatrichter dürfte dann insgesamt hinter dem Ziel, „revisionsfeste" Urteilsgründe zu schreiben, zurücktreten. **529**

Erkennt man dagegen in den Mängeln des angefochtenen Urteils, soweit diese nicht in einer fehlerhaften Anwendung der die Rechtsfolgen der Tat bestimmenden Vorschriften des materiellen Strafrechts bestehen, Verstöße gegen die verfahrensrechtlichen Begründungsanforderungen,[1200] so stehen diese gleichberechtigt neben anderen Verfahrensfehlern und eröffnen dem Revisionsgericht nach wie vor keinen Einblick in den Beweiswürdigungsvorgang des Tatrichters. Erst recht taugt dann die Revisibilität der mangelhaften Beweiswürdigung nicht als Argument für eine Erweiterung **530**

1194 Vgl. dazu unten, Rn. 917ff.

1195 Vgl. dazu *Hamm* StV 1987, 262 (266).

1196 Vgl. dazu oben, Rn. 271ff.

1197 Die Bezeichnung der Darstellungsrüge als „Plausibilitätsrüge" durch *Dahs* FS Hamm 41ff. meint auch nicht, dass sich das Revisionsgericht insgesamt auf die Plausibilität des tatrichterlichen Verfahrens beschränken dürfe.

1198 Vgl. dazu oben, Rn. 255ff.; *Pauly* in FS Hamm, 557ff.

1199 Eine derartige „Ergebnisorientierung" ist allein der Staatsanwaltschaft in Nr. 147 Abs. 1 Satz 2 RiStBV „verordnet": „Entspricht eine Entscheidung der Sachlage, so kann sie in der Regel auch dann unangefochten bleiben, wenn eine Rechtsnorm nicht oder nicht richtig angewendet worden ist".

1200 Siehe dazu oben, Rn. 271f.

der Beweiswürdigungskompetenz des Revisionsgerichts im Rahmen der Beruhensfrage.

531 Dasselbe gilt für das Verhältnis der **Beruhensfrage zur Revisibilität der Strafzumessung**. Auch hier haben in den letzten Jahrzehnten die Revisionsgerichte – allen voran der Bundesgerichtshof – die tatrichterliche Ermessensausübung einer immer weitergehenden Kontrolle unterzogen.[1201] Dies könnte ebenfalls zu dem Missverständnis verleiten, dadurch sei dem Revisionsgericht die Kompetenz zugewachsen, bei Verfahrensfehlern, die sich (nur) auf die Strafzumessung ausgewirkt haben können, durch eine eigene Beweiswürdigung in der Sache zu entscheiden, ob dies im Einzelfall so war. Es mag Extremfälle geben, in denen die erkannte Strafe bei nicht zu beanstandenden Feststellungen zum Schuldspruch und zum Schuldumfang bei objektiver Betrachtung am untersten Rand des Ermessensspielraums liegt, so dass ein Einfluss des Verfahrensfehlers auf die erkannten Rechtsfolgen auszuschließen ist. Solange aber nicht ausgeschlossen werden kann, dass bei ordnungsgemäßer Verfahrensweise eine dem Angeklagten günstigere Rechtsfolge ausgesprochen worden wäre, muss das Beruhen des Urteils auf dem Verfahrensfehler bejaht werden.

532 Ebenso wie das Beruhen nicht deshalb verneint werden darf, weil der Revisionsrichter glaubt wissen zu können, wie der Tatrichter entschieden haben würde, wenn rechtsfehlerfrei verfahren worden wäre, darf die Verletzung von Vorschriften, die **Informations- und Mitwirkungsrechte** von Verfahrensbeteiligten sichern sollen, nicht mit der Erwägung übergangen werden, dem Revisionsgericht sei im konkreten Fall nicht vorstellbar, wie von diesen Rechten hätte Gebrauch gemacht werden können. Auch insoweit gilt, dass in der Beruhensfrage das „Rekonstruktionsverbot" seine Berechtigung hat. Die Informations- und Mitwirkungsbefugnisse des Angeklagten und seines Verteidigers, der Staatsanwaltschaft und des Nebenklägers bestehen, weil sie abstrakt geeignet sind, das Urteil zu beeinflussen. Deshalb ist in der Regel auch ihre Verletzung dazu geeignet. Die Ausnahmen, die auch diese Verfahrensfehler von den absoluten Revisionsgründen unterscheiden, dürfen sich nicht erst aus der Verfahrenskonstellation des Einzelfalles ergeben, sondern müssen wiederum eine benennbare Typizität gleichartiger Fallgruppen betreffen, weil sich der Einzelfall in seinen (zumal hypothetischen) Verhandlungsinhalten dem Blick des Revisionsrichters entzieht.

533 Auch dies ist kein Widerspruch zu den obigen Ausführungen, dass die von der Rechtsprechung entwickelte Rügebarriere **„Rekonstruktionsverbot"** einer Korrektur bedarf.[1202] Auch dort wurde nämlich die alleinige Kompetenz des Tatrichters – und damit ein „Rekonstruktionsverbot" für das Revisionsgericht – insoweit anerkannt, als diese im Unmittelbarkeits- und Mündlichkeitsgrundsatz eine gesetzliche Grundlage hat. Dagegen wurde ein Rekonstruktionsverbot allein im Hinblick auf die verfahrenstatsächliche Frage nach der *Beweisbarkeit* von solchen in der Revisionsbegründung behaupteten Tatsachen als gegen § 337 StPO verstoßend abgelehnt, die geeignet sind, einen Verfahrensfehler aus den in der Hauptverhandlung gewonnenen Erkenntnissen heraus zu begründen.

1201 Siehe dazu unten, Rn. 1316ff.
1202 Vgl. dazu oben, Rn. 274.

Bei der Beruhensfrage geht es aber gerade nicht mehr um das Vorliegen eines Verfahrensfehlers und damit auch nicht mehr darum, ob die von der Revision behaupteten Verfahrenstatsachen beweisbar sind, sondern allein darum, welchen Einfluss ein tatsächlich stattgefundener oder ein nach dem Gesetz gebotener Vorgang unter Beachtung des Mündlichkeits- und Unmittelbarkeitsprinzips bei der Urteilsfindung gehabt hat bzw. hätte haben können. Dies betrifft also den Kernbereich der allein dem Tatrichter vorbehaltenen „Ertragskompetenz", so dass sich die vom Revisionsgericht zu beantwortende Frage, ob eine gesetzmäßige Vorgehensweise zu weiteren Anträgen, Fragen an Zeugen und Sachverständige oder zu Prozesserklärungen oder Einlassungen hätte Anlass geben, und ob dies das Urteil hätte beeinflussen können, losgelöst vom Einzelfall stellen muss. 534

Bei der Beantwortung dieser Frage spielen auch solche widerleglichen Vermutungen eine Rolle, die im jeweiligen Gesetzeszweck angelegt sind. Als Beispiel mögen hier auch nach den Änderungen der §§ 59ff. StPO die **Vereidigungsvorschriften** dienen. Ihnen liegt, solange der Eid nicht völlig abgeschafft ist, die Vorstellung des Gesetzgebers zugrunde, ein Zeuge, der latent bereit ist, die Unwahrheit auszusagen, werde durch den bevorstehenden Eid veranlasst, sich stattdessen für die Wahrheit zu entscheiden oder sogar eine bereits gemachte Falschaussage unmittelbar vor der Eidesleistung noch einmal zu korrigieren.[1203] Auf der Grundlage dieser Vorstellung liegt es nicht fern anzunehmen, einer beschworenen Aussage komme somit ein höherer Beweiswert zu als einer uneidlichen. Auf der anderen Seite folgt aber aus § 261 StPO, dass diese Annahme den Tatrichter keinesfalls etwa im Sinne einer Beweisregel binden kann. Das bedeutet, dass der Tatrichter zwar die vom Gesetz vorgegebene Wertung über die Bedeutung des Eides bedenken muss, sich darüber im Einzelfall aber hinwegsetzen darf, wenn er z.B. die Überzeugung gewinnt, dass eine beschworene Aussage dennoch falsch oder eine uneidliche Aussage richtig war. 535

Werden die **Vereidigungsvorschriften falsch angewendet,**[1204] so ergeben sich aus dem notwendigen Respekt des Revisionsgerichts vor der Freiheit der tatrichterlichen Beweiswürdigung und aus den dargestellten gesetzlichen „Vorwertungen" folgende Konstellationen und Lösungen für die Beruhensprüfung: 536

Wurde der Zeuge zu Unrecht *nicht vereidigt* (was jetzt freilich nur noch denkbar ist, wenn etwa gemäß § 59 StPO ein Beschluss erginge, wonach der Zeuge wegen der ausschlaggebenden Bedeutung zu vereidigen sei, dies aber dann doch unterblieb, oder wenn dem Gericht ein grober Ermessensfehlgebrauch vorgeworfen werden kann[1205]) und hat das Gericht ihm *nicht geglaubt*, so beruht das Urteil auf dem Fehler, weil weder auszuschließen ist, dass das Gericht ihm bei ordnungsgemäßer Abnahme des Eides geglaubt haben würde, noch, dass der Zeuge vor der Eidesleistung seine Aussage noch einmal geändert hätte. Darauf, dass der Angeklagte aus der Nichtvereidigung mögli-

1203 Ob diese Vorstellung den heutigen Erkenntnissen der Aussagepsychologie entspricht, mag hier jedenfalls solange dahinstehen, als das Gesetz sowohl in den §§ 59ff. StPO als auch in den §§ 153ff. StGB hiervon ausgeht.

1204 Vgl. dazu im Zusammenhang unten, Rn. 838ff.

1205 Vgl. BGH, Beschl. v. 11. 12. 2008 – 3 StR 429/08 = StV 2009, 225 = wistra 2009, 279.

cherweise Schlüsse gezogen hat, die sein weiteres Verteidigungsverhalten bestimmt haben, kommt es in diesen Fällen nicht mehr an.

537 Wurde der Zeuge zu Unrecht (trotz Nichterreichen des 16. Lebensjahres [§ 60 Nr. 1 StPO] oder trotz bestehenden Teilnahmeverdachts [§ 60 Nr. 2]) *vereidigt* und hat das Gericht ihm *geglaubt*, so beruht das Urteil stets deshalb auf dem Fehler, weil die richterliche Überzeugung durch die Annahme eines erhöhten Beweiswertes beeinflusst worden sein kann, und weil der Angeklagte aus der Vereidigung den Schluss ziehen durfte, das Gericht gehe in seiner bisherigen Würdigung nicht vom Bestehen eines Vereidigungsverbotes aus.[1206]

538 Wurde der Zeuge *vereidigt*, so erweckt dies stets den Anschein, dass das Gericht ein Vereidigungsverbot nicht für gegeben hält, so dass die Verfahrensbeteiligten ihr weiteres Prozessverhalten auf den damit begründeten Vertrauenstatbestand aufbauen konnten. Was immer sie getan oder unterlassen haben, dem Revisionsgericht steht es nicht zu, sich über die Sinnhaftigkeit des weiteren Prozessverhaltens Gedanken zu machen und danach die Beruhensfrage zu beantworten.

Hat das Tatgericht dem Zeugen mit einer Begründung im Urteil *nicht geglaubt*, die den Verstoß gegen ein Vereidigungsverbot offenbart, so darf das Beruhen nicht verneint werden. An diese aus dem richtig verstandenen Rekonstruktionsverbot folgende Regel[1207] hält sich freilich der BGH nicht, wenn er das Beruhen unter Hinweis auf „die Gesamtumstände des Falles" verneint und zur Begründung Einzelumstände aufzählt, die seiner eigenen Würdigung nach den Angeklagten von der Vorstellung abhalten mussten, die Vereidigung könne das Gericht dazu gebracht haben, dem Zeugen zu glauben.[1208]

539 In den Fällen, in denen das Tatgericht nach der Vereidigung erkennt, dass ein **Vereidigungsverbot** bestand und daraufhin die Aussage als unvereidigte würdigt, dies aber erst in den Urteilsgründen den Verfahrensbeteiligten mitteilt, beruht das Urteil auf dem Fehler, weil die unterlassene Mitteilung über die geänderte Wertung für den Angeklagten hätte Anlass sein können, noch weitere Anträge zu stellen.[1209] Der durch das Gericht erzeugte Rechtsschein hätte durch einen rechtzeitigen Hinweis beseitigt werden müssen. Eine Pflicht dazu bestand zumindest nach dem fair-trial-Grundsatz.[1210] Die Überlegung des BGH,[1211] ein solcher Hinweis sei lediglich als Heilung eines bereits stattgefundenen Verfahrensfehlers zu bewerten und die Frage nach dessen verfahrensrechtlicher Notwendigkeit sei abzutrennen von der Frage nach dem Beruhen, verkennt, dass jede noch mögliche Heilung eines Verfahrensfehlers im Wege der nachträglichen ordnungsgemäßen Wiederholung nur dazu angetan ist, das Beruhen auf dem (ja damit nicht ungeschehen gemachten) Rechtsverstoß auszuschließen. Au-

---

1206 Vgl. *Hamm* FS Karl Peters, 169 (171).

1207 So zutreffend noch BGH StV 1981, 329.

1208 Siehe z. B. BGHR StPO § 60 Nr. 2 – Strafvereitelung, versuchte 3.

1209 KK-*Senge* § 60, Rn. 42 mit Hinweis auf OLG Frankfurt StraFo 2003, 237; bedenklich deshalb BGH NStZ 1986, 130 = MDR 1986, 158 = NJW 1986, 267 = StV 1986, 89 (m. zutr. abl. Anm. *Schlothauer*); BGH StV 1988, 325 = JZ 1988, 624 = BGHR StPO § 60 Nr. 2 – Verteidigung 1; kritisch dazu auch zu Recht *Mehle* Deutscher Anwaltsverein, Band 7, 66 f.

1210 So zutreffend *Schlothauer* aaO 92.

1211 BGH StV 1986, 89 (90).

ßerdem braucht gerade im Zeitpunkt der Vereidigung eines Zeugen dies noch gar kein Verfahrensfehler zu sein, weil die Umstände, die den Verdacht i.S. des § 60 Nr. 2 StPO begründen, dem Gericht erst im Laufe der weiteren Hauptverhandlung bekannt werden können. Dann stellt der Hinweis, das Gericht werde in der Urteilsberatung die Aussage als unvereidigte würdigen, auch keine Heilung, sondern sein Unterbleiben erst den Verfahrensfehlers dar, auf dem das Urteil schon deshalb beruht, weil das Revisionsgericht gerade nicht wissen kann, wie der Angeklagte seine Verteidigung darauf eingerichtet hätte.

In der Praxis sind nach der Gesetzesänderung Fehler bei der **Verlesung von Urkunden** allerdings häufiger als Verteidigungsfehler. So kommt es etwa vor, dass das Gesicht beschließt, ganze Urkundenkonglomerate im Selbstleseverfahren nach § 249 Abs. 2 StPO in die Hauptverhandlung einzuführen, dann aber die zwingend vorgeschriebene Feststellung unterlässt, dass die Richter und Schöffen vom Inhalt Kenntnis genommen haben. Werden dann einzelne Urkunden aus den „Selbstleseordnern" im Urteil ausdrücklich erwähnt, beruht das Urteil auf dem Verstoß gegen § 261 StPO, ohne dass das Revisionsgericht dem entgegenhalten könnte, dass das Tatgericht auch ohne die Berücksichtigung der Selbstleseurkunden zum selben Ergebnis gekommen wäre.[1212] **540**

Ausführungen zur Beruhensfrage muss der Beschwerdeführer im Rahmen der Revisionsbegründung nicht machen, denn § 344 StPO schreibt dies nicht vor. Die Möglichkeit eines kausalen Zusammenhangs zwischen dem Verfahrensfehler und dem angefochtenen Urteil ist vielmehr von Amts wegen zu prüfen und sollte auch alleine aus (der Urteilsurkunde und) den in der Revisionsbegründung behaupteten Verfahrenstatsachen ablesbar sein. Der Beschwerdeführer hat also keine Darlegungs- oder gar eine „Beweislast"[1213] für das Beruhen. Dennoch ist es gerade angesichts der uneinheitlichen Rechtsprechung und der in den letzten Jahren zunehmenden Neigung der Revisionsgerichte, die Beruhensfrage anhand von Merkmalen des konkreten Einzelfalles entweder mit einer formelhaften Wendung oder mit einer Überdehnung der Rügevoraussetzungen des § 344 Abs. 2 S. 2 StPO[1214] zu verneinen, häufig empfehlenswert, die Tatsachen oder Argumente darzulegen, aus denen sich ergibt, weshalb das Urteil im Falle rechtmäßigen Verfahrens möglicherweise anders ausgefallen wäre.[1215] Das ist insbesondere dann hilfreich, wenn zu befürchten ist, dass das Revisionsgericht das Beruhen mit der Erwägung verneinen könnte, „nach der Sachlage hätte sich der Angeklagte nicht anders verteidigen können". **541**

1212 Auf einer solchen hypothetischen eigenen Beweiswürdigung „beruht" aber auch die Verwerfung der Revision im Fall BGH 2 StR 54/09 – Beschl. v. 8. Juli 2009 = NJW 2009, 2836, in dem der Senat die ausdrücklich im Urteil erwähnten, aber nicht ordnungsgemäß in die Hauptverhandlung eingeführten Urkunden als „nur ergänzend" berücksichtigt aus der tatrichterlichen Überzeugungsbildung hinwegdachte.

1213 LR-*Hanack* § 344, Rn. 87; *Meyer-Goßner* § 337, Rn. 37; *Herdegen* NStZ 1990, 516.

1214 Beispiele bei *Herdegen* Beweisantragsrecht, Beweiswürdigung, strafprozessuale Revision, 194, der dies einen „methodologischen Kunst- und Fehlgriff" und eine „Gesetzesumgehung" nennt.

1215 BGHSt 36, 119 (123); BGH NJW 1988, 1224; LR-*Hanack* § 337, Rn. 258; *Dahs/Dahs* Revision, Rn. 460.

542 Wie die Frage nach den Rügeanforderungen, so ist auch die Frage nach dem revisionsrechtlichen Prüfungsgegenstand von der Beruhensfrage zu unterscheiden. Deshalb ist der gelegentlich zu lesende Satz, zu den Verfahrensmängeln, auf denen das Urteil in aller Regel nicht beruhen könne, gehörten grundsätzlich die **Mängel des Vorverfahrens,**[1216] zwar nicht falsch, aber erst dann ganz richtig, wenn man hinzufügt, dass die Rechtmäßigkeit des Ermittlungsverfahrens als solche überhaupt nicht zum Gegenstand revisionsrechtlicher Überprüfung gehört.[1217]

543 Es gehört zu den Eigenheiten unseres Strafverfahrensrechts, dass die Handlungsweisen der Staatsanwaltschaft in den häufig immer länger dauernden Ermittlungsverfahren – von den mit dem Richtervorbehalt verbundenen Eingriffsbefugnissen abgesehen – praktisch keiner richterlichen Kontrolle unterliegen.[1218] Dies hängt mit der traditionellen Vorstellung zusammen, dass die erste staatsanwaltschaftliche Handlung mit Außenwirkung die Erhebung der öffentlichen Anklage sei, die dann einer gerichtlichen Überprüfung im Eröffnungsverfahren unterzogen werde. Alle zur Anklageerhebung führenden Ermittlungsvorgänge gelten demgemäß als „vorbereitendes",[1219] gleichsam behördeninternes „Stoffsammeln" im Hinblick auf die Abschlussverfügung. Bei diesem Verständnis ist es auch geblieben, als in den letzten Jahrzehnten die Staatsanwaltschaft immer mehr Befugnisse erhielt und sich mehr und mehr die Erkenntnis durchsetzte, dass im Ermittlungsverfahren weitgehend die Weichen für das Hauptverfahren und das Urteil gestellt werden.[1220] Dieser Strukturveränderung in der Strafverfahrenspraxis kann aber nur der Gesetzgeber im Rahmen einer Gesamtreform gerecht werden.[1221] Unter dem geltenden Recht kann dem Bedürfnis nach einer richterlichen Kontrolle der einzelnen Ermittlungshandlungen jedenfalls nicht im Revisionsrechtszug entsprochen werden, weil hier der Prüfungsstoff nun einmal auf das Urteil und das ihm unmittelbar vorausgegangene Hauptverfahren begrenzt ist. Wäre das nicht so, dann ließe sich auch der Rechtsfehlerzusammenhang zwischen den Fehlern des Ermittlungsverfahrens und dem angefochtenen Urteil nur selten leugnen.

544 Wenn aber Mängel aus dem Vorverfahren in die Hauptverhandlung hineinwirken und dadurch deren so mitbestimmter Verlauf das Urteil beeinflusst, ist die Revisibilität gegeben.[1222] Dies ist z.B. der Fall, wenn schon im Ermittlungsverfahren die Bestellung eines Pflichtverteidigers unzulässigerweise abgelehnt worden ist, und deshalb der Angeklagte auch in der Hauptverhandlung auf sich alleine

---

1216 BGHSt 6, 326 (328) = NJW 1954, 1855; KK-*Kuckein* § 337, Rn. 34 (führt zutreffend aus, „das Urteil beruht auf der Hauptverhandlung, nicht auf dem Vorverfahren").

1217 So betrifft die Regelung des § 336 StPO nur gerichtliche „Entscheidungen" und nicht auch Verfahrenshandlungen der Staatsanwaltschaft vgl. *Meyer-Goßner* § 336, Rn. 2.

1218 Vgl. *Hamm* AnwBl. 1986, 66 ff.

1219 Deshalb lautet die Überschrift des 2. Abschnitts im 2. Buch der StPO (vor §§ 158 ff.): „Vorbereitung der öffentlichen Klage".

1220 Vgl. dazu *Roxin* Strafverfahrensrecht, § 37 D; *Egon Müller* in Verhandlungen des 60. DJT Münster 1994, Bd. II/1, M 61.

1221 Ansätze hierzu wurden erarbeitet auf dem DAV Forum „Reform des Ermittlungsverfahrens", vgl. AnwBl. 1986, 55.

1222 LR-*Hanack* § 337, Rn. 260, § 336, Rn. 3 ff.; *Meyer-Goßner* § 336, Rn. 3; KK-*Kuckein* § 336, Rn. 5; *Dahs/Dahs* Revision, Rn. 219.

gestellt war[1223] oder wenn bei der Nebenklägerzulassung ein Fehler unterlaufen ist.[1224]

Das Beruhen ist auch ausgeschlossen, wenn der Verfahrensfehler vom Tatgericht rechtzeitig **geheilt** wurde.[1225] Wurde z.B. eine notwendige Prozesshandlung unterlassen, kann dieser Verfahrensfehler durch Wiederholung des betreffenden Verfahrensteils[1226] unter Nachholung[1227] der unterlassenen Handlung geheilt werden; eine gesetzwidrige Entscheidung kann zurückgenommen werden.[1228] **545**

Betrifft der Verfahrensmangel einen Verhandlungsvorgang, der sich insgesamt später als überflüssig herausgestellt hat, so ist ein Kausalzusammenhang nicht anzunehmen.[1229] **546**

2. Typische Verfahrensrügen nach § 337 StPO

a) Die Aufklärungsrüge

Literatur: *Arzt* Zum Verhältnis von Strengbeweis und freier Beweiswürdigung, Festschrift Karl Peters, 1974, S. 223 ff.; *Blau* Anm. zu BGH, Beschl. v. 25. 9. 1990 – 5 StR 401/90 (Abgedruckt in StV 1991, S. 404), StV 1991, S. 406 ff.; *Fezer* Grenzen der Beweisaufnahme durch das Revisionsgericht; *ders.* Anm. zu BGH, Urteil v. 3. 7. 1991 – 2 StR 45/91 (Abgedruckt in JZ 1992, S.106), JZ 1992, S. 107; *Foth* Anmerkung zu BVerfG (2. Kammer des 2. Senats), Beschl. v. 8. 5. 1991 – 2 BvR 1380/90, NStZ 1991, 499, NStZ 1992, S. 444 ff.; *Hamm* Tendenzen der revisionsrechtlichen Rechtsprechung aus anwaltlicher Sicht, StV 1987, S. 262 ff.; *ders.* Die revisionsgerichtliche Kontrolle der Beweiswürdigung des Tatgerichts, Rechtssicherheit versus Einzelfallgerechtigkeit, AG Strafrecht des DAV, Band 9, 1992, S. 20 ff.; *Herdegen* Bemerkungen zum Beweisantragsrecht, NStZ 1984, S. 97 ff., S. 200 ff. und S. 337 ff.; *ders.* Die Überprüfung der tatsächlichen Feststellungen durch das Revisionsgericht auf Grund der Sachrüge, StV 1992, S. 527 ff.; *ders.* Die Überprüfung der tatsächlichen Feststellungen durch das Revisionsgericht auf Grund einer Verfahrensrüge, StV 1992, S. 590 ff.; *ders.* Beweisantragsrecht, Beweiswürdigung, strafprozessuale Revision, 1995; *Julius* Zum Verhältnis von Aufklärungspflicht und Beweisantrag im Strafprozess, NStZ 1986, S. 61 ff.; *Klimke* Der Polygraphentest im Strafverfahren, NStZ 1981, S. 433 ff.; *Maul* Die gerichtliche Aufklärungspflicht in der Sicht der Rechtsprechung des Bundesgerichtshofes, Festschrift Karl Peters, 1984, S. 47 ff.; *ders.* Die Überprüfung der tatsächlichen Feststellungen durch das Revisionsgericht in der neueren Rechtsprechung des Bundesgerichtshofs, Festschrift Gerd Pfeiffer, 1988, S. 409 ff.; *Meurer* Beweiserhebung und Beweiswürdigung, GS für Hilde Kaufmann, 1986, S. 947 ff.; *Niemöller* Die strafrichterliche Beweiswürdigung in der neueren Rechtsprechung des Bundesgerichtshofs, StV 1984,

---

1223 *Dahs/Dahs* Revision, Rn. 219; BGHSt 46, 93 (103) = NJW 2000, 3505 = NStZ 2001, 212 = StV 2000, 593 mit Anm. *Kunert* NStZ 2001, 217; *Fezer* JZ 2001, 359; *Eisele* JA 2001, 100; *Neuhaus* JuS 2002, 18; *Gleß* NJW 2001, 3606; *Franke* GA 2002, 573; *Klemke* StV 2003, 413; *Sowada* NStZ 2005, 1.

1224 *Meyer-Goßner* § 336, Rn. 3.

1225 LR-*Hanack* § 337, Rn. 261, *Meyer-Goßner* § 337, Rn. 39. Rechtzeitig ist die Heilung allerdings nur dann, wenn die Verfahrensbeteiligten noch die Möglichkeit hatten, auf die veränderte Verfahrenssituation zu reagieren. Diese Möglichkeit besteht nur bis zum Ende der Urteilsverkündung.

1226 BGHSt 30, 74 (76).

1227 Zum Erlass eines Eröffnungsbeschlusses siehe BGHSt 29, 224 ff.; OLG Düsseldorf MDR 1970, 783; OLG Köln JR 1981, 213 ff. (m. Anm. *Meyer-Goßner*); zur Nachholung der unterbliebenen Vereidigung eines Zeugen vgl. BGH MDR 1991, 484 (*Holtz*); BGH NStZ 1993, 341.

1228 BayObLG NJW 1953, 433; VRS 6, 53; BGH MDR 1955, 56.

1229 BGHSt 33, 99 (100) = BGH NJW 1985, 1848 der das Beruhen in einem Fall ablehnte, in dem alle Beteiligten die Aussage eines Zeugen wegen deren Bedeutungslosigkeit für überflüssig erachtet hatten; BGH 4 StR 252/91 (insoweit in BGHSt 38, 111 nicht abgedruckt).

S. 431; *Schlothauer* Anm. zu BGH, Beschl. v. 18. 8. 1987 – 1 StR 366/87 – StV 1988, S. 139; *ders.* Unvollständige und unzutreffende tatrichterliche Urteilsfeststellungen, – Verteidigungsmöglichkeiten in der Revisions- und Tatsacheninstanz –, StV 1992, S. 134 ff.; *Schmidt-Hieber* Hinweis auf die strafmildernden Wirkungen eines Geständnisses? Festschrift Rudolf Wassermann, 1985, S. 995 ff.; *ders.* Verständigung im Strafverfahren, 1986; *Bertram Schmitt* Die richterliche Beweiswürdigung im Strafprozess, Lübeck 1992; *Schwabe* Rechtsprobleme des „Lügendetektors", NJW 1979, S. 576 ff.; *Ventzke* § 344 Abs. 2 Satz 2 StPO – Einfallstor revisionsgerichtlichen Gutdünkens? StV 1992, S. 338 ff.; *ders.*, „Warum stellen Sie denn keinen Beweisantrag?" ... StV 2009, 655 ff.; *Widmaier* Die Rüge, dass das Tatgericht (wesentlichen) Beweisstoff übersehen oder übergangen habe, Rechtssicherheit versus Einzelfallgerechtigkeit, AG Strafrecht des DAV, Band 9, 1992, S. 66 ff.

547 Zu den häufigsten Verfahrensrügen gehört die **Aufklärungsrüge.** Sie besteht aus der Behauptung, der Tatrichter habe seine gesetzliche Verpflichtung zur vollständigen Wahrheitserforschung (§ 244 Abs. 2 StPO) rechtsirrig oder aus Mangel an Sorgfalt verkannt oder ihr sogar wissentlich zuwidergehandelt, obwohl die Umstände zum Gebrauch weiterer Beweismittel drängten.[1230] In dieser Beanstandung erblicken viele Beschwerdeführer eine Möglichkeit, die Tatsachenfeststellungen der tatrichterlichen Entscheidung als unrichtig anzugreifen; mitunter aber auch eine Möglichkeit, Versäumnisse der Verteidigung oder der Staatsanwaltschaft bei der Vorbereitung auf die tatrichterliche Hauptverhandlung auszugleichen. Denn vielfach ist die Aufklärungsrüge Ausdruck einer falschen Einschätzung der Entscheidungstendenzen des Tatgerichts während der Hauptverhandlung.[1231] Die Aufklärungsrüge führt manchmal zum Erfolg,[1232] scheitert aber auch häufig daran, dass der Beschwerdeführer sie nicht in zulässiger Form erhebt.[1233]

548 Um bei der Handhabung der Aufklärungsrüge grundlegenden Missverständnissen vorzubeugen, muss zunächst deren Ausgangspunkt – die richterliche Aufklärungspflicht – einer näheren Betrachtung unterzogen werden. Erst das Verständnis dieses Prinzips macht eine erfolgreiche Handhabung des revisionsrechtlichen Mittels der Aufklärungsrüge möglich.

aa) Die Amtsaufklärungspflicht (§ 244 Abs. 2 StPO)

549 Die dem Gericht in § 244 Abs. 2 StPO auferlegte Pflicht zu umfassender Aufklärung der Entscheidungsgrundlage in tatsächlicher Hinsicht ist Ausdruck und Konsequenz einer Stoffsammlungsmaxime, die man als Untersuchungsgrundsatz bezeichnet und dem Verhandlungsgrundsatz gegenüberstellt. Jede Stoffsammlungsmaxime steht im Dienste der Wahrheit, weil sie die Rekonstruktion eines Lebenssachverhaltes, die Ge-

---

1230 Vgl. *Meyer-Goßner* § 244, Rn. 80 (wenn das Gericht Ermittlungen unterlassen hat, zu denen es sich auf Grund seiner Sachaufklärungspflicht nach Abs. 2 gedrängt sehen musste); KK-*Herdegen*, 5. Aufl. § 244, Rn. 37. KK-*Fischer* § 244, Rn. 216, die Aufklärungsrüge ist in der Regel darauf gestützt, dass von einem zulässigen Beweismittel, das dem Tatgericht erkennbar und erreichbar war, kein Gebrauch gemacht wurde, obwohl die Beweiserhebung geboten war, weil sie möglicherweise zum Nachweis einer relevanten Tatsache geführt hätte.

1231 Zu den Möglichkeiten der „Früherkennung" der tatrichterlichen Beweiswürdigung durch den Verteidiger vgl. *Hamm* FS Karl Peters, 169 ff.

1232 Was angesichts einer Erfolgsquote für alle Verfahrensrügen, die unter 1% liegen soll (*Rosenau* FS Widmaier, 523) noch wenig besagt.

1233 So auch die Einschätzung bei KK-*Fischer* § 244, Rn. 215.

winnung eines der vergangenen Wirklichkeit adäquaten Vorstellungsinhalts ermöglichen will. Die Ermittlung des wahren Sachverhalts ist eines der zentralen Anliegen des Strafprozesses.[1234]

Die Frage, wie die **forensische Wahrheit**, die Grundlage für die Sachentscheidung des Strafgerichts ist, ermittelt wird, beantwortet die StPO in § 261 dahingehend, dass der Richter über das Ergebnis der Beweisaufnahme nach seiner freien, allein aus dem Inbegriff der Verhandlung geschöpften Überzeugung, zu entscheiden habe. Auch die erfreulichen Fortschritte in der Verdrängung des Irrationalen im Zuge der erweiterten revisionsrechtlichen Überprüfung des Beweiswürdigungsvorgangs[1235] können aber niemals dazu führen, dass auch der letzte Rest an Subjektivismen bei der tatrichterlichen Überzeugung durch absolut transparente Rationalität ersetzt wird. Deshalb ist das Ziel der Aufklärungspflicht des § 244 Abs. 2 StPO, dieser Würdigung eine möglichst vollständige Palette von Anknüpfungstatsachen vorzugeben.[1236] Nur wer das „Wechselspiel der Beweisprinzipien"[1237] verstanden hat, wird auch erkennen, dass das Ergänzungsverhältnis zwischen der notwendigerweise unzulänglichen Beweiserhebung, der ebenso notwendigerweise unzulänglichen Beweiswürdigung und der Existenz eines autonomen Beweisantragsrechts[1238] als „asymptotische" Annäherung an die Wahrheitsfindung einer möglichst weitgehenden Kontrolle unterzogen werden muss. **550**

Der Richter rekonstruiert den Tatvorgang in Gestalt von Vorstellungsinhalten, die er im Urteil darlegt, und er würdigt, was er selbst rekonstruiert hat. „Die Qualität seiner Wertung hängt von der Qualität des Objekts der Wertung ab. Wer die Freiheit des Richters schon bei der Rekonstruktion fordert, verzichtet auf eine entscheidende Sicherung der Qualität der Wertung."[1239] Freie Überzeugung auf der Grundlage freier Selektion des Tatsachenmaterials wäre unerträglich.[1240] **551**

Es liegt damit aber auch auf der Hand, dass zwischen der Verpflichtung zur Wahrheitserforschung einerseits und der Befugnis, aufgrund vorhandener Beweisanzeichen mögliche Schlüsse zu ziehen, ein Spannungsverhältnis entstehen kann.[1241] Beweiserhebung und anschließende Beweiswürdigung sind miteinander verwobene Stationen auf dem Weg zum Strafurteil.[1242] Die strikte Trennung von gebundener Beweiserhebung und freier Beweiswürdigung aber ist – trotz Anerkennung vielfältiger Wechselwirkung – eine unverzichtbare Errungenschaft des modernen Strafprozesses.[1243] **552**

1234 BVerfGE 57, 250 (275) = NJW 1981, 1719 (1722) [Beschl. v. 26. 5. 1981 – 2 BvR 215/81]: „Als zentrales Anliegen des Strafprozesses erweist sich daher die Ermittlung des wahren Sachverhalts, ohne den das materielle Schuldprinzip nicht verwirklicht werden kann."; BVerfGE 63, 45 (61) = NJW 83, 1043 [Beschl. v. 12. 1. 1983 – 2 BvR 864/81]; BVerfG MDR 1984, 284 [Beschl. v. 8. 11. 1983 – 2 BvR 1138/83]; *Maul* Aufklärungspflicht, 47.

1235 Vgl. dazu unten Rn. 919ff.

1236 Vgl. hierzu auch KK-*Fischer* § 244, Rn. 28 m.w.N. (optimale Stoffsammlung, möglichst zuverlässige Beweisgrundlage).

1237 *Herdegen* NStZ 1984, 97; KK-*Herdegen*, 5. Aufl. § 244, Rn. 18.

1238 Vgl. dazu unten, Rn. 614ff.

1239 *Herdegen* NStZ 1984, 97.

1240 *Herdegen* NStZ 1984, 97.

1241 So auch *Maul* Aufklärungspflicht, 49; vgl. auch KK-*Fischer* § 244, Rn. 29.

1242 Hierzu auch *Meurer* Beweiserhebung, 947.

1243 Vgl. *Meurer* Beweiserhebung, 960.

553 Die früher vertretene Auffassung, dass der Tatrichter, der bereits aufgrund der erhobenen Beweise eine feste Überzeugung vom Vorliegen oder Nichtvorliegen einer Beweistatsache gewonnen hat, ohne Verletzung seiner Aufklärungspflicht von jeder weiteren Beweiserhebung absehen dürfe, beruhte auf der jetzt zutreffend aufgegebenen Meinung, dass die Aufklärungspflicht nur soweit reiche, als dies zur Gewinnung einer richterlichen Überzeugung notwendig sei. Der Tatrichter ist demgegenüber so lange zum „methodischen Zweifel"[1244] verpflichtet, als objektiv die Möglichkeit gegeben ist, dass seine laufend vollzogene vorläufige Überzeugungsbildung durch neue, ihm zugängliche Tatsachen eine Korrektur erfahren kann. Das Gericht muss daher alle Beweismöglichkeiten erschöpfen, wenn auch nur die entfernte Möglichkeit einer Änderung der bisher begründeten Vorstellung von dem zu beurteilenden Sachverhalt besteht.[1245]

554 Die richterliche Überzeugung muss also **objektiv hinreichend fundiert** sein. Die Aufklärungspflicht wird daher weder durch das „Es-reicht-Gefühl" des Richters noch dadurch eingeschränkt, dass die Prozessbeteiligten einschließlich der Staatsanwaltschaft die Beweisaufnahme als erschöpft ansehen wollen[1246] oder der Angeklagte sogar einem Entlastungsbeweis widerspricht.[1247] Die Aufklärungspflicht verbietet mithin auch die Mitwirkung an Verständigungen über eine Beschränkung der Sachverhaltserforschung.[1248]

Solange das Gericht nicht alle Mittel der Aufklärung erschöpft hat, darf es auch nicht nach dem Grundsatz „im Zweifel für den Angeklagten" entscheiden. Auch Wahlfeststellungen dürfen nicht getroffen werden, solange eine weitere Sachaufklärung möglich ist.[1249]

bb) Die Reichweite der Amtsaufklärungspflicht[1250]

555 Die Amtsaufklärungspflicht (§ 244 Abs. 2 StPO), die sich in ihrer „Spannweite" mit der Pflicht des Gerichts zur erschöpfenden Untersuchung der angeklagten Tat deckt (§ 264 StPO),[1251] nötigt das Gericht, ohne Beweisanträge der Beteiligten von Amts wegen die Beweisaufnahme auf alle zur Erforschung der Wahrheit bedeutsamen Tatsachen und Beweismittel zu erstrecken,[1252] soweit nicht Schätzklauseln eingreifen.[1253]

1244 Vgl. *Hamm* in: *Herdegen* Beweisantragsrecht, Beweiswürdigung, strafprozessuale Revision, 16f.

1245 BGH BGHR StPO § 244 Abs. 2 – Sachverständiger 11.

1246 Vgl. etwa BGH MDR 1981, 455 (*Holtz*) (Urt. v. 12. 2. 1981 – 4 StR 714/80) oder BGH BGHR StPO § 244 Abs. 2 – Aufdrängen 5 (Urt. v. 11. 3. 1993 – 4 StR 70/93).

1247 BGH NStZ 1991, 399; KK-*Fischer* § 244, Rn. 32 m. w. N.

1248 *Schmidt-Hieber* Verständigung im Strafverfahren, Rn. 150; KK-*Fischer* § 244, Rn. 30 und erfreulicherweise jetzt auch § 257c Abs. 2 StPO.

1249 LR-*Gollwitzer* § 244, Rn. 40, m. w. N.

1250 Überblick bei KK-*Herdegen* 5. Aufl. § 244, Rn. 19ff. und jetzt KK-*Fischer* § 244, Rn. 28ff.

1251 LR-*Gollwitzer* § 244, Rn. 39ff.

1252 BGHSt 1, 94 (96); BGHSt 23, 176 (187); BGHSt 32, 115 (122); *Fezer* Grenzen der Beweisaufnahme durch das Revisionsgericht, 95; KK-*Herdegen*, 5. Aufl. § 244, Rn. 19; KK-*Fischer* § 244, Rn. 28; *Meyer-Goßner* § 244, Rn. 12, m. w. N.

1253 Vgl. §§ 40 Abs. 3 StGB; 73b StGB, 74 c Abs. 3 StGB; näher hierzu *Meyer-Goßner* § 244, Rn. 14ff.; KK-*Fischer* § 244, Rn. 60ff.; LR-*Gollwitzer* § 244, Rn. 22; jeweils m. w. N.

Die Aufklärungspflicht reicht so weit, wie die dem Gericht oder wenigstens dem Vorsitzenden aus den Akten,[1254] durch Anträge oder Anregungen[1255] oder sonst durch den Verfahrensablauf[1256] bekanntgewordenen Tatsachen zum Gebrauch von Beweismitteln **drängen oder ihn nahelegen.**[1257] Dabei ist zu beachten, dass sich die Aufklärung auch auf alle Umstände erstrecken muss, die für die Strafzumessung von Bedeutung sind.[1258] **556**

Der Grundsatz des § 244 Abs. 2 StPO schließt ein, dass das Gericht sich um den bestmöglichen Beweis bemühen muss,[1259] verbietet aber nicht, „mittelbare" Beweise zu erheben.[1260] Gibt es mehrere Möglichkeiten der Beweiserhebung, darf sich das Gericht allerdings nicht mit derjenigen begnügen, die mutmaßlich weniger umfassend oder weniger zuverlässig ist. Dem sachnäheren Beweismittel und der höherwertigeren Beweisstufe ist der Vorzug zu geben, wenn und solange die angemessenen Bemühungen, in die „erkenntnismäßig bestmögliche Nähe zu den Tatsachen zu treten", nicht ausgeschöpft sind.[1261] **557**

Die Aufklärungspflicht und die aus ihr abzuleitende Forderung nach größtmöglicher Unmittelbarkeit verbieten also nicht irgendeine Art der Beweisaufnahme. Sie kann nur gebieten, dass ein verfügbares unmittelbares Beweismittel benutzt und einem mittelbaren vorgezogen wird.[1262]

Im Übrigen ist der Sprachgebrauch, der zwischen „mittelbaren" und „unmittelbaren" Beweismitteln unterscheidet, nicht selten irreführend: Jedes Beweismittel ist in dem Sinne mittelbar, als es nur ein **Indiz für subsumierbare Tatsachen** zu liefern imstande ist. **558**

Ein Zeuge, der aussagt, er habe gesehen, wie der Angeklagte etwas in den Tee getan hat, den das alsbald darauf verstorbene Opfer trank, schafft mit dieser Aussage ein Faktum, aus dem das Tatgericht erst noch den Schluss ziehen kann (aber nicht muss), dass der Angeklagte das Tatopfer durch Giftbeibringung getötet hat. Unmittelbar ist diese Aussage bezogen auf die Wahrnehmung des Zeugen. Auch wenn sie richtig war, so kann das „etwas" Zyankali oder Zucker gewesen sein. Erst eine Reihe von Zusatzinformationen ermöglichen dem Tatgericht die (also höchst mittelbare) Schlussfolgerung, die eine Subsumtion unter ein Tötungsdelikt erlaubt.

1254 Vgl etwa BGH BGHR StPO § 244 Abs. 2 – Aufdrängen 1.

1255 KK-*Fischer* § 244, Rn. 35, m. w. N.

1256 BGHSt 30, 131 (140).

1257 BGHSt 3, 169 (175); BGHSt 17, 245 (247) = NJW 1962, 1259; BGHSt 23, 176 (187); *Meyer-Goßner* § 244, Rn. 13; KK-*Fischer* § 244, Rn. 35; jeweils m. w. N.

1258 Vgl etwa BGH BGHR StPO § 244 Abs. 2 – Aufdrängen 5; BGH 4 StR 563/95 v. 24. 10. 1995. Der Versuch von *Jahn* ZStW 118 (2006), 427 ff., aus dem Relativsatz („die ... von Bedeutung sind") die Existenz eines im Strafprozess geltenden Konsensmaxime abzuleiten, ist mit Recht im Schrifttum auf wenig Verständnis gestoßen (kritisch *Weigend* Strafverteidigung vor neuen Herausforderungen 2008, 357 ff., ablehnend auch *Lüderssen* in FS Hamm, 432; zur Auswirkung der Urteilsabsprachen auf die Amtsaufklärungspflicht bis zum Inkrafttreten des § 257c Abs. 1 S. 2 StPO KK-*Fischer* § 244, Rn. 30; *Jahn/M. Müller* NJW 2009, 2625 ff.

1259 Hierzu KK-*Fischer* § 244, Rn. 36, m. w. N.

1260 BVerfGE 57, 250 (277) = NJW 1981, 1719 (1722); *Meyer-Goßner* § 244, Rn. 12; KK-*Fischer* § 244, Rn. 39, m. w. N.

1261 KK-*Fischer* § 244, Rn. 36, m. w. N.; vgl. etwa BGH BGHR StPO § 244 Abs. 2 – Behördengutachten 1.

1262 Vgl. etwa BGH GA 1955, 178 (Urt. v. 14. 10. 1954 – 3 StR 161/54).

Ein Zeuge, der aussagt, der Nachbar des Angeklagten habe ihm erzählt, der Angeklagte habe ihm gestanden, das Opfer vergiftet zu haben, ist in demselben Sinne allein ein unmittelbarer Zeuge für seine Wahrnehmung in dem Gespräch mit dem Nachbarn des Angeklagten. Auch dieses kann eine richtige oder falsche Wahrnehmung (und eine richtige oder falsche Wiedergabe des Wahrgenommenen) sein. Auch hier braucht der Tatrichter noch Zusatzinformationen für die Schlussfolgerung, der Angeklagte habe das Tatopfer vergiftet.

559 Ein **Vernehmungsprotokoll** ist das unmittelbarste aller denkbaren Beweismittel für die Klärung der Frage, was im Rahmen einer Vernehmung *aufgeschrieben* wurde. Aber selbst dafür ist es nur ein (wenn auch starkes) Indiz und noch nicht der Beweis selbst, weil jede Urkunde auch gefälscht sein kann. Für die Frage, was der Vernommene bei jener Vernehmung ausgesagt hat, ist das Protokoll ein höchst mittelbares Beweismedium, weil das Aufgeschriebene das Gesagte nur sehr unzulänglich wiedergeben kann. Diese „Mittelbarkeit" besagt wiederum nichts zu der Frage, ob die Vernehmung des damals Vernommenen und des damals Vernehmenden in der Hauptverhandlung gegenüber der Verlesung der Niederschrift die zuverlässigere Auskunft über den Verlauf und Inhalt der protokollierten Aussage zu geben geeignet ist. Auch die „unmittelbaren" Wahrnehmungen des Vernehmungsbeamten über den Aussageinhalt können unzuverlässig, seine Erinnerung kann verblaßt und seine Wiedergabe des Erinnerten kann falsch sein. Die Aufklärungspflicht verbietet also nicht deshalb, sich auf die Verlesung des Vernehmungsprotokolls zu beschränken, weil es ein ihm vorzuziehendes „unmittelbares" Beweismittel gäbe, sondern deshalb, weil die Vernehmung derjenigen, die dabeigewesen sind, den Informationsfundus komplettieren kann, auf dem die Beweiswürdigung erst aufbauen darf.

560 Der Tatrichter hat freilich die Wahrheit nicht um jeden Preis zu ermitteln,[1263] sondern nur soweit, als es in einem anständigen Verfahren („fair trial"[1264]) möglich ist.[1265] Unabhängig von ihrer Geeignetheit, die Wahrheit aufzuklären, sind bestimmte Beweismethoden verboten.[1266] Das gilt nicht nur für die in § 136a StPO aufgezählten Vernehmungsmethoden, sondern z.B. auch für die in § 252 StPO untersagte Ersetzung einer durch Geltendmachung des Zeugnisverweigerungsrechts ausfallenden Zeugenvernehmung. An den **Beweisverboten** findet auch die Aufklärungsrüge ihre Schranke.[1267] Der Angeklagte kann beispielsweise auch nicht mit Erfolg rügen, dass die Strafkammer trotz seines Einverständnisses die Wahrhaftigkeit seiner Darstellung nicht mit Hilfe des Lügendetektors geprüft habe.[1268]

1263 Zu den Grenzen der Aufklärungspflicht, vgl. auch *Maul* Aufklärungspflicht, 51, m.w.N.

1264 Vgl. zu diesem Grundsatz *Hamm* FS Salger, 273 ff.

1265 Hierzu KK-*Fischer* § 244, Rn. 28, m.w.N.

1266 Überblick bei KK-*Pfeiffer/Hannich* Einl., Rn. 117 ff.

1267 LR-*Gollwitzer* § 244, Rn. 43, m.w.N.

1268 BGHSt 5, 332; BVerfG NStZ 1981, 446; LG Wuppertal, NStZ-RR 1997, 75; kritisch *Schwabe* NJW 1979, 576; *Klimke* NStZ 1981, 433; *Frister* ZStW 104 (1994), 303 das gilt auch nach der Grundsatzentscheidung BGHSt 44, 308 = NJW 1999, 657, in der die Methode der Verwendung von Polygrafen nicht mehr unter dem Aspekt der Menschenwürde, sondern unter dem der Eignung zur Wahrheitsermittlung verworfen wird. Dazu *Hamm* NJW 1999, 922; *Amelung* JR 1999, 382; *Artkämper* NJ 1999, 153; *Meyer-Mews* NJW 2000, 916; *Kargl* JuS 2000, 537; *Schoreit* StV 2004, 284; *Putzke/Scheinfeld/Klein/Undeutsch* ZStW 121 (2009), 607.

Zu Ausführungen im Urteil, weshalb er keine weiteren Beweise erhoben hat, ist der **561**
Tatrichter nicht verpflichtet. Für das Revisionsgericht sind solche Ausführungen ohne Bedeutung, denn es prüft die Notwendigkeit weiterer Aufklärung aus seiner Sicht der Dinge.[1269]

cc) Aufklärungspflicht und Beweisantragsrecht

Immer wieder Anlass für Verwirrung und Streit bietet die Frage nach dem *Verhältnis* **562**
zwischen der Aufklärungspflicht und dem Beweisantragsrecht. Ohne bereits an dieser Stelle auf die Einzelfragen der revisiblen Rechtsfehler im Zusammenhang mit dem Recht der Beteiligten zur Stellung von Beweisanträgen[1270] einzugehen, bedarf es hierzu einiger Ausführungen, weil sonst die Reichweite und Grenzen der Aufklärungspflicht nur unzulänglich beschrieben wären.

Dass Beweisanträge auch die Aufklärungspflicht aktualisieren können, ist eine Selbstverständlichkeit. Dasselbe gilt für die aus der Geschichte, Systematik und dem Wortlaut des § 244 StPO zwingend folgende Rechtslage, dass die Amtsaufklärungspflicht unabhängig davon besteht, ob ein entsprechender Beweisantrag gestellt worden ist.[1271]

Ein praktisch allerdings wenig bedeutsamer Streit besteht aber nun darüber, ob es Fall- **563**
gruppen gibt, bei denen die Amtsaufklärungspflicht auch dann zu einer Beweiserhebung zwingen kann, wenn ohne Gesetzesverletzung ein entsprechender Beweisantrag zurückgewiesen werden könnte. Der Bundesgerichtshof hat dies in zwei vereinzelt gebliebenen Entscheidungen angenommen, in denen es jeweils um die Heranziehung eines weiteren Sachverständigen ging.[1272] In beiden Fällen wäre aber wahrscheinlich die systemgerechtere Lösung gewesen, schon die Zurückweisung des Beweisantrages als rechtsfehlerhaft zu behandeln.[1273]

Eine besondere Brisanz auch für die Praxis hat das Verhältnis der Aufklärungspflicht **564**
zum Beweisantragsrecht mit der Einfügung des § 244 Abs. 5 Satz 2 StPO durch das Verbrechensbekämpfungsgesetz[1274] erhalten. Danach kann ein Beweisantrag auf Vernehmung eines **„Auslandszeugen"** unabhängig von den sonstigen (für „andere" Beweismittel abschließend geregelten) Zurückweisungsgründen auch dann abgelehnt werden, wenn die beantragte Beweiserhebung „nach dem pflichtgemäßen Ermessen des Gerichts zur Erforschung der Wahrheit nicht erforderlich ist". Dies ist als Umschreibung der allgemeinen Aufklärungspflicht gemeint, so dass vom Beweisantragsrecht, wenn es um solche Zeugen geht, nur noch die Pflicht des Gerichts übrigbleibt, im

1269 BGH NStZ 1985, 324 (325); KK-*Herdegen,* 5. Aufl. § 244, Rn. 21; KK-*Fischer* § 244, Rn. 220.

1270 S. u., Rn. 614 ff.

1271 *Hamm/Hassemer/Pauly* Beweisantragsrecht, Rn. 35 ff.

1272 BGHSt 23, 176 = NJW 1970, 523 (Fall „Bartsch"); BGHSt 10, 116 = NJW 1957, 598; dazu *Meyer-Goßner* § 244, Rn. 77; *KK-Fischer* § 244, Rn. 34.

1273 In BGHSt 10, 116 standen die Bedenken dagegen, dass die überlegenen Forschungsmittel i. S. des § 244 Abs. 4 StPO verneint worden waren, im Vordergrund; in BGHSt 23, 176 diente der Rückgriff auf die Aufklärungspflicht und die Berufung auf die extreme Ausnahmesituation des Falles erkennbar dazu, eine Aussage darüber zu vermeiden, dass einem auf Sexualwissenschaften spezialisierten Sachverständigen gegenüber den allgemeinpsychiatrischen Gutachtern überlegene Forschungsmittel zur Verfügung stehen.

1274 Gesetz v. 11. 1. 1993 (BGBl. I, 50).

Falle der Ablehnung dem Antragsteller in einem mit Gründen versehenen Beschluss mitzuteilen, weshalb das „pflichtgemäße Ermessen" dieses Ergebnis gezeitigt hat, ohne an das Verbot der Beweisantizipation gebunden zu sein.[1275] Die Kriterien, die das Gericht bei der durch den Beweisantrag konkretisierten Aufklärungspflicht vorzunehmenden Prüfung anzuwenden hat, beschreibt der BGH so: *„Durch die Einführung des § 244 Abs. 5 Satz 2 StPO wurde die Möglichkeit der Ablehnung eines Beweisantrags auf Vernehmung eines Auslandszeugen nur um den schmalen Bereich erweitert, in dem die Ablehnungsgründe des bis dahin allein anwendbaren § 244 Abs. 3 Satz 2 StPO es nicht zuließen, einen derartigen Beweisantrag zurückzuweisen, obwohl die Beweiserhebung von der Aufklärungspflicht nicht geboten war (vgl. BGH NJW 2002, 2403, 2404). Bei der Prüfung, ob die Aufklärungspflicht die Ladung eines benannten Auslandszeugen gebietet, sind grundsätzlich das Gewicht der Strafsache, die Bedeutung und der Beweiswert des weiteren Beweismittels vor dem Hintergrund des bisherigen Beweisergebnisses, der zeitliche und organisatorische Aufwand der etwaigen Beweisaufnahme und die damit verbundenen Nachteile durch die Verzögerung des Verfahrens unter Beachtung des Grundsatzes der Verhältnismäßigkeit gegeneinander abzuwägen (BGH NJW 2001, 695, 696; 2002, 2403, 2404). In diesem Rahmen ist der Tatrichter von dem sonst geltenden Verbot der Beweisantizipation befreit."*[1276]

565 Das **Verbot der Beweisantizipation** kann nämlich im Rahmen der allgemeinen Aufklärungspflicht nicht uneingeschränkt gelten,[1277] weil die Frage, ob sich dem Gericht noch eine weitere Aufklärungsmöglichkeit aufdrängt, nur unter Würdigung des bis dahin erreichten Aufklärungsstandes beantwortet werden kann.[1278] Daraus folgt aber auch, dass außerhalb der Geltung der Ausnahmeregelung des § 244 Abs. 5 StPO die Pflicht des Richters, beantragte Beweise zu erheben, grundsätzlich weiter geht als seine Pflicht, Beweise von Amts wegen zu erheben.[1279]

Gerade die Tatsache, dass im Bereich der Amtsaufklärung Beweisantizipationen gestattet sind, für welche die im Beweisantragsrecht geltenden Beschränkungen keine Bedeutung haben,[1280] spricht nun aber gegen die Meinung, durch einen Beweisantrag werde lediglich die ohnehin bestehende Amtsaufklärungspflicht konkretisiert und aktualisiert.[1281]

1275 BGHSt 40, 60 = NJW 1994, 1484 = StV 1994, 229 = NStZ 1994, 351 (mit Anm. *Kintzi* NStZ 1994, 448); vgl. auch BGH StV 1994, 283; NJW 1995, 602 = NStZ 1995, 79; NStZ 1994, 554 = StV 1994, 633; BGH, Urt. v. 9. 6. 2005 – 3 StR 269/04 = NJW 2005, 2322.

1276 BGH, Urt. v. 9. 6. 2005 – 3 StR 269/04 = NJW 2005, 2322.

1277 BGHSt 36, 159 (164) = NJW 1989, 3291 (3293); *Meyer-Goßner* § 244, Rn. 12; KK-*Fischer* § 244, Rn. 33 spricht von einer Prognose; *Herdegen* NStZ 1984, 99; *Julius* NStZ 1986, 63; *Widmaier* NStZ 1994, 416 und *Foth* JR 1996, 99.

1278 Vgl. *Hamm* in: *Herdegen* Beweisantragsrecht, Beweiswürdigung, strafprozessuale Revision, 17 und BGH NJW 1997, 2762 (2763).

1279 *Meyer-Goßner* § 244, Rn. 12; *Herdegen* NStZ 1984, 99.

1280 Wobei sich die zulässige Beweisantizipation aber gleichwohl am Maßstab eines hypothetischen Beweisantrages im konkreten Fall rechtfertigen lassen muss: Ist aus den Akten, dem bisher gewonnenen Beweisstoff oder aus dem Vorbringen der Verfahrensbeteiligten zu ersehen, dass ohne weiteres die Stellung eines Beweisantrages möglich wäre, dem stattgegeben werden müsste und könnte ein Gelingen des Beweises das bisherige Beweisergebnis in Frage stellen, kommt eine Abstandnahme von der Beweiserhebung mit antizipierenden Erwägungen nicht in Betracht. So KK-*Herdegen* § 244, 3. Aufl., Rn. 22, m. w. N.; vgl. auch *Roxin* Strafverfahrensrecht, § 43 A 4 vgl. auch *Hamm/Hassemer/Pauly* Beweisantragsrecht, Rn. 428 f.

1281 So auch *Herdegen* NStZ 1984, 99; KK-*Herdegen* 5. Aufl., § 244, Rn. 23; KK-*Fischer* § 244, Rn. 34; vgl. hierzu auch *Julius* NStZ 1986, 63; *Schmidt-Hieber* JuS 1985, 291, 458.

Durch das Beweisantragsrecht wird die Pflicht des Tatrichters zur Erforschung der Wahrheit also über § 244 Abs. 2 StPO hinaus erweitert, nicht aber etwa eingeschränkt.[1282] Das bedeutet aber zugleich, dass sich die Amtsaufklärung und das Beweisantragsrecht teilweise *überlagern*. Eine Aufklärungsrüge kann demgemäß in diesem „Überlagerungsbereich" nicht daran scheitern, dass derjenige, der sie erhebt, in der Hauptverhandlung die Aufklärung, deren Unterlassen er beanstandet, nicht verlangt hat, wenn es dieses Verlangens als einer Informationsquelle nicht bedurfte.[1283] **566**

In höchstrichterlichen Entscheidungen finden sich allerdings Wendungen, die das Gegenteil zu besagen scheinen.[1284] Unbedenklich sind solche Deutungen aber nur dann, wenn sie allein das Folgende besagen: Die Sach- und Beweislage kann so beschaffen sein, dass das Gericht auch aus dem Verhalten desjenigen, der einen Beweisantrag stellen könnte, Anhaltspunkte für die Frage gewinnen kann, ob eine weitere Beweiserhebung geboten ist.[1285] Der Verteidiger, der für sich in Anspruch nimmt, nach gründlichem Aktenstudium in die Hauptverhandlung zu gehen, und der im Gegensatz zum Gericht sein Augenmerk nur auf die Entlastungsinteressen seines Mandanten zu richten hat, muss sich – wenn er beim Tatgericht „dabei" war und rügen will, dieses habe eine sich aufdrängende Möglichkeit zur Erhebung eines Entlastungsbeweises nicht genutzt – durchaus fragen lassen, warum es sich dann nicht auch ihm aufgedrängt hat, einen entsprechenden Antrag zu stellen. Darauf gibt es nicht selten eine plausible Antwort, beispielsweise dass die eigene Beweiswürdigung des Verteidigers und dessen Deutung des richterlichen Verhaltens ein bestimmtes Urteil nicht habe erwarten lassen. Aber jeder Verteidiger tut gut daran, sich schon während der tatrichterlichen Verhandlung, aber auch danach kritisch zu prüfen, ob er wirklich das **Optimum an Antragsmöglichkeiten ausgeschöpft** hat, und wenn er dabei zu einem positiven Ergebnis kommt, sich die weitere Frage zu stellen, ob und aus welchen Gründen das Gericht dennoch hätte noch weitere Beweise erheben müssen. **567**

Es kommt hinzu, dass die Aufklärungsrüge in aller Regel implizit die Behauptung enthält, der Richter habe seine Pflicht verletzt. In den Fällen, in denen das gleichzeitig bedeutet, dass der Verteidiger *seine* Pflichten auch vernachlässigt hat, sollte das in der Revisionsbegründung offen ausgesprochen werden. Das fällt natürlich leichter, wenn die Revision nicht von demselben Verteidiger bearbeitet wird. **568**

Die teilweise Überlagerung von Amtsaufklärungspflicht und Beweisantragsrecht führt schließlich auch dazu, dass sich die Aufklärungsrüge und die Rüge der Verletzung des Beweisantragsrechts bei der revisionsrechtlichen Prüfung überschneiden.[1286] Beweisanträge aktualisieren die Aufklärungspflicht, wenn ihnen entsprochen werden muss, ohne Bindung an die für die Aufklärung von Amts wegen geltenden Kriterien. Infolgedessen liegt in der fehlerhaften Ablehnung oder im Übergehen eines Beweis- **569**

1282 So auch LR-*Gollwitzer* § 244, Rn. 340; KK-*Fischer* § 244, Rn. 35; BGH NJW 1997, 2762.

1283 KK-*Fischer* § 244, Rn. 32, m. w. N.; vgl. bspw. BGH BGHR StPO § 244 Abs. 2 – Aufdrängen 1.

1284 Vgl. BGH NStZ 1982, 450 (451); BayVerfGH NStE Nr. 42 zu § 244; vgl. auch BGHSt 16, 389.

1285 KK-*Herdegen* 5. Aufl., § 244, Rn. 20; KK-*Fischer* § 244, Rn. 32 (Beschwerdeführer als Informationsquelle); vgl. auch SK-*Frister* § 244, Rn. 249.

1286 KK-*Fischer* § 244, Rn. 35, m. w. N.

antrages nicht stets, aber doch in den (häufigen) Fällen der „Konkordanz" eine Verletzung des Aufklärungsgebots.[1287]

570 Das **„originäre" Gebiet der Aufklärungsrüge** beginnt erst da, wo das förmliche Beweisantrags- und Fragerecht endet.[1288] Dies gilt zunächst für die Vernehmung von Sachverständigen, die der Richter nach § 244 Abs. 4 StPO leichter ablehnen kann als die Vernehmung von Zeugen. Ferner gilt das für den Augenscheinsbeweis und für die Vernehmung von „Auslandszeugen", die nach „pflichtgemäßem Ermessen" (§ 244 Abs. 5 S. 1 und S. 2 StPO) abgelehnt werden kann. Hierher gehören schließlich auch „Anregungen" zu Experimenten, Gegenüberstellungen, Vorhalten auch etwa der Auftrag an einen Zeugen, sich etwas anzusehen, praktische Demonstrationen, Heranziehung von Akten und manches andere. Das Gericht braucht solche **Anregungen** nicht durch Beschluss gemäß § 244 Abs. 6 StPO zu bescheiden; trotzdem muss es ihnen unter Umständen nachgehen, will es sich nicht einer begründeten Aufklärungsrüge aussetzen.

dd) Die geschichtliche Entwicklung der Aufklärungsrüge[1289]

571 Die Revisionsrüge, das Tatgericht habe die Pflicht zur vollständigen Sachverhaltsaufklärung verletzt, war bis etwa 1928 als Rechtsbehelf des Angeklagten so gut wie völlig unbekannt.[1290] In den ersten sechzig Bänden der amtlichen Entscheidungssammlung des Reichsgerichts wird man vergeblich eine einzige Entscheidung suchen, die auf Revision des Angeklagten ein tatrichterliches Urteil wegen Verletzung der Aufklärungspflicht aufgehoben hätte.[1291] Auch außerhalb der amtlichen Sammlung gab es solche Entscheidungen damals noch nicht.[1292] Dagegen gibt es zahlreiche Entscheidungen aus jener Zeit, die eine solche Rüge grundsätzlich ablehnen.[1293] Diese ablehnende Haltung wurde vor allem von *Schneidewin*[1294] gebilligt und näher begründet.

Die grundlegende Erwägung war, dass der Tatrichter in der Regel nur dann Anlass zu weiterer Aufklärung habe, wenn ihm selbst der Sachverhalt nicht geklärt erscheine,

---

1287 So m. w. N. KK-*Fischer* § 244, Rn. 35.

1288 Das förmliche Beweisantragsrecht ist systematisch und historisch aus der Aufklärungspflicht entwickelt worden. Deshalb ist die Aufklärungspflicht der übergeordnete Gesichtspunkt. Ein ablehnender Beschluss kann förmlich in Ordnung sein, insbesondere dem § 244 Abs. 3 StPO entsprechen, und trotzdem gegen § 244 Abs. 2 StPO verstoßen. Vgl. etwa BGHSt 23, 176 = NJW 1970, 523. Hierzu auch BGH GA 1954, 374.

1289 Dazu näher *Hamm/Hassemer/Pauly* Beweisantragsrecht, Rn. 4 ff.

1290 Vgl. auch LR-*Gollwitzer* § 244, vor Rn. 1 (Entstehungsgeschichte), m. w. N.

1291 RGSt 58, 80 betrifft die Ablehnung eines Antrages. Allerdings beurteilt das Reichsgericht sie unter dem Gesichtspunkt der Aufklärungspflicht. Aber unter „Aufklärungsrüge" versteht man heute nicht die Rüge, dass ein Antrag falsch behandelt worden sei, sondern die, dass das Gericht nicht von sich aus alles Erforderliche getan habe.

1292 RG GA Bd. 39, 349 v. 21. 12. 1891 kann kaum als Ausnahme gelten. Denn dort hatte die Rüge nur deshalb Erfolg, weil die Urteilsfeststellungen auf einer vom Tatrichter selbst als zweifelhaft bezeichneten Grundlage beruhten, also auf einer Verletzung des Satzes „in dubio pro reo". Das Urteil hätte deshalb nach den Maßstäben der Rechtsprechung schon auf die Sachrüge hin aufgehoben werden müssen.

1293 Z. B. RG JW 1902, 579 Nr. 22; 1916, 1026 Nr. 1; RG LZ 1918, 1002; BayObLG JW 1929, 2751 Nr. 6; auch noch KG DJZ 1932, 616.

1294 *Schneidewin* in: Fünfzig Jahre Reichsgericht (1929), 331; gegen ihn vor allem *Alsberg* Beweisantrag (1. Aufl. 1930), 10 ff., 42 ff., 293, 296; *Alsberg/Nüse* Beweisantrag, 2. Aufl., 14 ff.

d.h. wenn er den Schuldbeweis für noch nicht erbracht halte; sei das Gericht aber von der Schuld des Angeklagten überzeugt, so fehle ein verfahrensrechtlicher Grund zu weiteren Ermittlungen.[1295] Demgemäß gab es von jeher allerdings erfolgreiche Aufklärungsrügen der Staatsanwaltschaft oder des Nebenklägers,[1296] nicht aber des Angeklagten.

Diese verfahrensrechtliche Handhabung erschien damals als die Kehrseite des Satzes **572**
„in dubio pro reo". Denn wenn die Verurteilung voraussetzt, dass der Richter von allen äußeren und inneren Merkmalen des gesetzlichen Tatbestandes voll überzeugt ist, wenn mithin das Urteil schon auf die Sachrüge hin immer dann aufgehoben werden muss, wenn es in irgendeiner Hinsicht an der einwandfreien Feststellung dieser Überzeugung fehlt, dann kann – so nahm man an – jeder Mangel der Aufklärung dem Angeklagten nur zugutekommen.

Ausnahmen kommen – und kamen schon damals – allerdings da in Betracht, wo der Satz „in dubio pro reo" sachlichrechtliche Ausnahmen hat. Wer etwa wegen übler Nachrede verurteilt worden ist, weil die von ihm behaupteten ehrenrührigen Tatsachen mangels hinreichender Aufklärung als nicht erweislich wahr angesehen worden sind, der konnte die Revision auch nach dieser strengen Auffassung der früheren reichsgerichtlichen Rechtsprechung mit der Aufklärungsrüge begründen.[1297] Denn bei der Frage, ob die ehrenrührige Tatsache wahr ist, gilt gemäß § 186 StGB ausnahmsweise der Grundsatz „in dubio contra reum".

Die erste bekannte Entscheidung des Reichsgerichts, in der eine reine **Aufklärungs-** **573**
rüge[1298] **des Angeklagten Erfolg** hatte,[1299] ist nicht in der amtlichen Sammlung abgedruckt. Daraus wird man schließen dürfen, dass das Reichsgericht diese Entscheidung nicht als so grundsätzlich und „umstürzend" ansah, wie *Alsberg*[1300] sie auffasste. *Alsberg* ist auch in der Folgezeit nicht müde geworden, für die Aufklärungsrüge des Angeklagten einzutreten.[1301] In der Besprechung von *Alsbergs* „Der Beweisantrag im Strafprozess" berichtet Reichsgerichtsrat *Wachinger*,[1302] der 1. Strafsenat wende die Aufklärungsrüge „in neuerer Zeit in steigendem Maße an".[1303] Durch das Gesetz vom

1295 So noch (oder wieder) OGHSt 2, 102; sicherlich ist es kein Zufall, dass gerade der OGH BZ so entschied, bei dem *Schneidewin* Generalstaatsanwalt war.

1296 RGSt 13, 159; 47, 423; vgl. auch KG JR 1957, 308 (mit Anm. *Sarstedt*).

1297 Vgl. *Dallinger* MDR 1955, 269 (zu § 186 StGB am Ende).

1298 RG JW 1922, 1394 Nr. 6 (mit Anm. *Alsberg*) behandelte ziemlich gewaltsam eine Sachrüge als Aufklärungsrüge. In Wahrheit lag ein Verstoß gegen § 261 StPO (§ 260 StPO der damaligen Fassung) vor, der aber nicht gerügt worden war.

1299 RG JW 1928, 1506 Nr. 22 (mit Anm. *Alsberg*) = GS Bd. 98 (1929), 240; ähnlich RG JW 1928, 2988 Nr. 22 (mit Anm. v. *Beling*).

1300 In seiner Anmerkung aaO; vgl. ferner *Alsberg/Nüse/Meyer* Beweisantrag, 19 ff.

1301 Anm. zu RG JW 1929, 859 Nr. 18 (hier handelte es sich jedoch um eine Revision der Staatsanwaltschaft), zu RG JW 1931, 2030 Nr. 19 (Revision des Nebenklägers) und zu RG JW 1933, 451 Nr. 42 (hier wurde jedoch die Ablehnung eines Antrages beanstandet); ferner *Oetker* JW 1930, 1106.

1302 *Wachinger* JW 1931, 923.

1303 Das Nachschlagewerk des Reichsgerichts bestätigt das freilich nicht; sollte es sich wirklich um Aufklärungsrügen von Angeklagten gehandelt haben, so sind diese Entscheidungen also verborgen gehalten worden. Wahrscheinlich dachte *Wachinger* an die fünf Entscheidungen, die er selbst in GS Bd. 98 (1929), 235 ff. veröffentlicht hatte. Bei den vier ersten dieser Urteile handelt es sich jedoch um die Behandlung von Anträgen (Erläuterung eines unklaren Beweisantrages

28. 6. 1935[1304] erhielt § 244 Abs. 2 StPO dann die Fassung,[1305] die zum Vorläufer der heutigen, präziseren Form wurde. Das Reichsgericht versicherte indessen, das habe nichts auf sich: *„Durch den Satz über die Aufklärungspflicht in dem § 244 Abs. 2 StPO n.F. sind, wie auch die amtliche Begründung dazu hervorhebt, die Rechte des Revisionsgerichts nicht über das geltende Recht hinaus erweitert worden."*[1306]

574 Inzwischen hatte sich jedoch die entscheidende Wendung schon vollzogen. Unversehens hatte der Gesetzgeber selbst begonnen, den Grund zu legen, auf dem die Revisionsgerichte die Aufklärungsrüge ausbauten. Freilich lag dieser Grund nicht in dem neugeschaffenen § 244 Abs. 2 StPO, der im Munde des damaligen Gesetzgebers eine bloße Deklamation war. Der Grund lag vielmehr darin, dass der Gesetzgeber jener schlimmen Jahre das strenge Beweisantragsrecht mehr und mehr abbaute (eine Parallele zu den heutigen Bestrebungen, die erschreckend wenig beachtet wird!).

Ursprünglich bestimmte nur in Übertretungs- und Privatklagesachen „das Gericht den Umfang der Beweisaufnahme, ohne hierbei durch Anträge, Verzichte oder frühere Beschlüsse gebunden zu sein" (§ 244 Abs. 2 StPO in der ältesten Fassung). Art. 3 § 1 der Notverordnung vom 14. 6. 1932[1307] beseitigte das Beweisantragsrecht in allen Verfahren vor dem Amtsrichter, dem Schöffengericht und dem Landgericht in der Berufungsinstanz.[1308] Das Gesetz vom 28. 6. 1935[1309] übernahm das in den Gesetzestext (§ 245 Abs. 1 StPO) selbst und drückte es noch großzügiger aus: *„... wenn es nach seinem freien Ermessen die Erhebung des Beweises zur Erforschung der Wahrheit nicht für erforderlich hält".*[1310] Abgeschlossen wurde diese unerfreuliche Entwicklung[1311] durch § 24 der Verordnung vom 1. 9. 1939:[1312] *„Das Gericht kann einen Beweisantrag ablehnen, wenn es nach seinem freien Ermessen die Erhebung des Beweises zur Erforschung der Wahrheit nicht für erforderlich hält".*[1313]

575 Parallel mit diesem gesetzlichen Abbau des Beweisantragsrechts lief der **richterliche Ausbau der Aufklärungsrüge.** Was der Gesetzgeber dem Angeklagten Stück für

---

oder Beweisermittlungsantrages; Antrag auf Beiziehung von Akten; Augenscheinsantrag; Ermittlung der Anschrift eines im Antrag benannten Zeugen); das fünfte Urteil ist dasjenige in JW 1928, 1506 Nr. 22.

1304 RGBl. I, 844.

1305 „Das Gericht hat von Amts wegen alles zu tun, was zur Erforschung der Wahrheit notwendig ist.".

1306 RG JW 1939, 477 (478).

1307 RGBl. I, 285.

1308 *Mannheim* Anm. zu RG JW 1932, 3356 Nr. 27 (am Ende), machte sogleich darauf aufmerksam, dass hier jetzt die Aufklärungspflicht in die Bresche treten müsse.

1309 RGBl. I, 844.

1310 Vgl. darüber und über den Zusammenhang mit der Aufklärungspflicht *Siegert* JW 1936, 3008 (Anm. zu Nr. 59); *Lautz* JW 1938, 174 Anm. zu Nr. 42.

1311 Die nationalsozialistischen Machthaber und Juristen jener Zeit glaubten der faktischen Abschaffung des Beweisantragsrechts sogar mit der Behauptung, es werde als „Sondermittel jüdischer Verteidigungskunst missbraucht", besonderen Nachdruck verleihen zu müssen (*Friedrich* JW 1938, 1300; *Freisler* DJ 1939, 1537). Auch *Graf zu Dohna* hielt sie für „gesund und die Beseitigung bindender Parteianträge für einen bedeutsamen Fortschritt" (Kohlrausch-Festgabe: Probleme der Strafrechtserneuerung 1944, 319).

1312 RGBl. I, 1658.

1313 Vgl. dazu *Eb. Schmidt* Einführung in die Geschichte der Strafrechtspflege, 444; *Ingo Müller* Rechtsstaat und Strafverfahren, 146.

Stück an prozessualen Rechten nahm, suchten die Revisionsgerichte ihm, so gut es ging, auf dem Wege über die Aufklärungspflicht wiederzugeben.[1314] Wo die Tatrichter der Versuchung zum Missbrauch erliegen, die von der gesetzlichen Lockerung auszugehen droht, da greift das Reichsgericht mit deutlich wachsender Unbefangenheit ein. Als am 1. 9. 1939 das Beweisantragsrecht völlig fiel, stand zu seinem Ersatz die Aufklärungsrüge als Schöpfung der Revisionsgerichte so gut wie fertig da. Von da an erging eine Fülle von Entscheidungen darüber.[1315]

Diese Entwicklung ließ sich nach 1945 nicht mehr rückgängig machen. Zwar trachteten die zunächst zahlreichen Gesetzgeber, jeder auf etwas andere Weise, das formstrenge Beweisantragsrecht wieder einzuführen. Aber mit bloßen Vorschriften war es nicht getan. Den Verteidigern war die früher von ihnen gepflegte Kunst des Beweisantrags verloren gegangen.[1316] Die Verhältnisse, unter denen die Tatrichter nach dem Ende der Naziherrschaft arbeiten mussten, führten häufiger als die Arbeit unter gewöhnlichen Umständen zu unrichtigen Feststellungen. Irgendwie musste geholfen werden. Die reichsgerichtliche Überlieferung war abgebrochen. Nicht jeder, der damals das Amt eines Revisionsrichters übernahm, war sich sofort der Grenzen bewusst, die hier zu ziehen waren.[1317] Alle diese Umstände zusammengenommen führten zu einer noch stärkeren Ausdehnung der Aufklärungsrüge neben dem Wiederaufbau des Beweisantragsrechts und seiner revisionsrechtlichen Kontrolle. **576**

Ihre Vertreterrolle hat die Aufklärungsrüge aber ausgespielt. Der Vertretene, nämlich der Beweisantrag, ist seit dem Vereinheitlichungsgesetz vom 12. 9. 1950 „wieder im Amt". Eine rückläufige Bewegung in den Erfolgen der Aufklärungsrüge war unverkennbar, und es war nur folgerichtig, dass schon die ersten Leitsatzentscheidungen des Bundesgerichtshofs die Zügel anzogen.[1318] Aber die Aufklärungsrüge steht auch heute bereit, um all diejenigen durch ihr Wiedererstarken zu enttäuschen, die glauben, durch einen erneuten Abbau des Beweisantragsrechts den „Aburteilungsprozess" beschleunigen zu können. **577**

ee) Das Anwendungsgebiet der Aufklärungsrüge

Die für den mit der Revision betrauten Strafverteidiger entscheidende Frage ist, ob und wann ein Revisionsangriff gegen ein Urteil mit der Begründung geführt werden kann, der Tatrichter habe die Aufklärungspflicht verletzt. **578**

1314 So weisen KG JW 1930, 3255 und BayObLG JW 1931, 3563 bezeichnenderweise gerade in Übertretungssachen auf die Aufklärungspflicht hin. Sehr deutlich kommt sodann der Zusammenhang zwischen Art. 3 § 1 NotVO v. 14. 6. 1932 und der sich steigernden Aufklärungspflicht in RGSt 67, 97 = JW 1933, 954 Nr. 8 (mit Anm. *Mannheim*) zum Ausdruck; vgl. auch BayObLG HRR 1934 Nr. 922 (998) und 1085 (unter b).

1315 RG HRR 1940 Nr. 278 (v. 1. 12. 1939); Nr. 406 (v. 22. 9. 1939); Nr. 839 (v. 4. 1. 1940); RGSt 74, 147 (v. 17. 11. 1939); 153 (v. 1. 4. 1940); RG HRR 1942, Nr. 509 (v. 17. 7. 1941) und Nr. 512 (v. 2. 3. 1942).

1316 *Alsbergs* Meisterwerk war kaum irgendwo zu finden. Über Alsberg selbst vgl. *Sarstedt* AnwBl 1978, 7 ff. Dieser Festvortrag vor der 1. Deutschen Strafverteidiger-Tagung („Alsberg"-Tagung) am 13. 10. 1977 ist neben weiteren biographischen Skizzen auch abgedruckt in *Taschke* (Hrsg.), Max Alsberg – Ausgewählte Schriften, 1992.

1317 *Sarstedt* bekannte dies auch von sich selbst (5. Auflage, Rn. 250, Fn. 469).

1318 BGH NJW 1951, 283; LM Nr. 1 zu § 244 Abs. 2 (L); etwas ausführlicher bei *Dallinger* MDR 1951, 275; BGH JR 1951, 509; vgl. auch schon OGHSt 3, 59.

Eine allgemeingültige Formel, wann das Revisionsgericht dem Tatrichter eine Verletzung der Aufklärungspflicht vorwerfen kann, gibt es nicht. Soweit davon die Rede ist, es handele sich um einen Fall der Nachprüfung von Ermessensentscheidungen, führt dies in die Irre. Man müsste dann nämlich die Rechtsprechung und das Schrifttum des Verwaltungsrechts heranziehen können; denn dort spielt die Nachprüfung des Ermessens eine besonders wichtige Rolle. Doch ist das „Ermessen“ des Strafrichters bei der Entscheidung der Frage, ob er von ihm bekannten Aufklärungsmöglichkeiten Gebrauch macht, nicht vergleichbar mit der Situation des Verwaltungsbeamten, dem die Gesetze ausdrücklich einen Entscheidungsspielraum zur Verfügung stellen. Einen solchen hat der Tatrichter nur bei der Strafzumessung.

579 Mit der Aufklärungsrüge behauptet der Revisionsführer gerade nicht, der Tatrichter habe die ihm zur Wahl gestellte Möglichkeit einer weiteren Sachaufklärung nicht wahrgenommen, sondern vielmehr, dieser habe von einem zulässigen Beweismittel, das dem Tatgericht bekannt oder für das Tatgericht erkennbar und erreichbar war, keinen Gebrauch gemacht, obwohl sich die Beweiserhebung aufdrängte oder doch wenigstens nahelag, weil sie möglicherweise zum Nachweis einer relevanten Tatsache geführt hätte.[1319]

Soweit die Beanstandung sich auf ein Beweismittel bezieht, das in der Hauptverhandlung verwendet wurde, kann mit der Rüge mitunter auch die unterlassene erneute Heranziehung oder die „Nichtausschöpfung“ zum Gegenstand der revisionsrechtlichen Überprüfung gemacht werden. Insoweit hängt aber ihre Zulässigkeit und Reichweite von der Höhe der durch die Rechtsprechung gesetzten Hürde des „Rekonstruktionsverbots“ ab.[1320]

580 Beanstandet der Beschwerdeführer, dass der Tatrichter einem vernommenen Zeugen, Sachverständigen oder dem Angeklagten bestimmte Fragen nicht vorgelegt oder Vorhalte gemacht habe,[1321] dass er also diese Erkenntnisquellen nicht völlig ausgeschöpft habe, so muss er – und hierin liegt die besondere Schwierigkeit dieser Rüge[1322] – den zur Ausschöpfung Anlass gebenden Sachverhalt[1323] auf „parate Fakten“ stützen können, um mit seiner Rüge das Stadium der Begründetheitsprüfung im Freibeweisverfahren erreichen zu können.[1324]

581 Ist das aber der Fall, dann darf die Prüfung der Begründetheit der Revisionsrüge nicht daran scheitern, dass es um einen Vorgang geht, über den das Protokoll keine Auskunft gibt.[1325] Soweit es nur um die Rekonstruktion eines Vorgangs in der Hauptverhandlung geht, der nicht durch das Unmittelbarkeitsprinzip dem Blick des Revisionsrichters verschlossen ist, steht der Zulässigkeit der Rüge auch nicht das Schweigen der

---

1319 KK-*Fischer* § 244, Rn. 216.
1320 Vgl. dazu oben, Rn. 255.
1321 BGHSt 4, 125 (126); vgl. LR-*Becker*, 26. Aufl., § 244, Rn. 363 f. mit vielen Nachw. Aus der Rspr.
1322 Hierzu etwa SK-*Frister* § 244, Rn. 251 und ausführlich SK-*Frisch* § 337, Rn. 77 ff.
1323 Z.B. die relevante Diskrepanz in Aussagen eines Zeugen oder in gutachtlichen Äußerungen eines Sachverständigen.
1324 KK-*Fischer* § 244, Rn. 221.
1325 KK-*Herdegen*, 5. Aufl., § 244, Rn. 40; vgl. auch LR-*Becker*, 26. Aufl., § 244, Rn. 364 speziell zu der Problematik um Bild-Ton Aufzeichnungen. A. A. – auf das Protokoll abstellend – *Meyer-Goßner* § 244, Rn. 82; SK-*Frister* § 244, Rn. 251; KK-*Fischer* § 244, Rn. 221 f.

Urteilsgründe entgegen.[1326] Sie ist vielmehr dann zulässig, wenn die Ausschöpfung des Beweismittels die Sachverhaltsannahmen des Tatgerichts oder die von ihm herangezogenen Indiztatsachen und damit den Urteilsspruch in Frage stellen können, ohne dass die Behauptung der die Rüge stützenden Verfahrenstatsache selbst in Widerspruch zu den Ergebnissen der tatrichterlichen Beweiswürdigung stünde.[1327]

Demgegenüber ist die Rechtsprechung der Ansicht, der entsprechende Mangel – die **582** **Nichtausschöpfung eines benutzten Beweismittels** – müsse sich aus dem angefochtenen Urteil selbst ergeben.[1328] Wie oben dargelegt,[1329] wird das wie folgt begründet: Fragen und Vorhalte würden im Protokoll nicht beurkundet, sodass dieses zur Entscheidung über den Beweis der Rüge nicht herangezogen werden könne. Wenn sich die Richtigkeit des Vorbringens aber auch nicht aus dem angefochtenen Urteil ersehen lasse, so würde das Rügevorbringen, eine gebotene Frage sei nicht gestellt oder ein gebotener Vorhalt sei nicht gemacht worden, das Revisionsgericht zur Beweiserhebung über Einzelheiten der tatrichterlichen Beweisaufnahme zwingen. Dies widerspräche der „Ordnung des Revisionsverfahrens".[1330]

Dem ist auch an dieser Stelle entgegenzuhalten, dass das Revisionsverfahren insge- **583** samt seiner Aufgabe nicht gerecht würde, wenn es ausgerechnet bei der verfahrensrechtlichen Überprüfung stattgefundener Beweisvorgänge versagen müsste. Hat ein Angeklagter sich dahingehend eingelassen, er sei bei der Tat für jedermann erkennbar betrunken gewesen, wisse aber noch, dass nicht er, sondern der andere zuerst geschlagen habe, so kann die Behauptung der Revision, mit dem Opfer als einzigem Zeugen in der Hauptverhandlung sei nur die Frage erörtert worden, wer zuerst geschlagen hat, nicht aber die Frage, ob der Angeklagte Anzeichen von Alkoholisierung aufwies, nicht mit dem Hinweis darauf abgeblockt werden, davon stehe weder etwas im Protokoll noch im Urteil. Wenn das nämlich so war, dann darf es nicht von dem „Glück" abhängen, dass auch noch das Urteil unzulänglich niedergeschrieben wurde, so dass dieser (weitere Verfahrens-) Fehler auf die Sachrüge hin zu seiner Aufhebung führt.

Die erfreulich weit vorangetriebene Rechtsprechung zu den Begründungsanforde- **584** rungen bei **„Aussage gegen Aussage"**[1331] ist nämlich dann ungeeignet, einen solchen schweren Mangel zu korrigieren, wenn das Urteil unter sich gegenseitig scheinbar aufhebenden Fehlern leidet: Enthält es nämlich in dem Beispielsfall eine detaillierte Wiedergabe der übrigen Aussagen des Angeklagten und des Zeugen, verschweigt es aber die Einlassung zur Alkoholisierung und fehlen auch sonstige Anhaltspunkte für diesen Hinweis auf die mögliche Anwendbarkeit des § 21 oder gar § 20 StGB in den Gründen, so verrät das Urteil aus sich selbst heraus den Mangel nicht, so dass die in

---

1326 Vgl. LR-*Becker,* 26. Aufl., § 244, Rn. 364.
1327 KK-*Herdegen,* 5. Aufl., § 244, Rn. 40.
1328 BGHSt 4, 125; BGHSt 17, 351 = NJW 1962, 1832; BGH StV 1992, 550 = NJW 1992, 2838 (2840); hierzu *Herdegen* StV 1992, 596; BGH StV 1992, 549 = NStZ 1992, 506 = NJW 1992, 2840; hierzu *Herdegen* StV 1992, 596; a. A. BGHSt 22, 26 (28) = NJW 1968, 997 für den Fall, dass das Unterlassen eines Vorhalts zum Verstoß gegen den Grundsatz des rechtlichen Gehörs geführt hat; vgl. auch KK-*Fischer* § 244, Rn. 221 mit Verweis auf BGHSt 43, 212, 215; BGH NStZ 2006, 55 f.
1329 Vgl. Rn. 255.
1330 Vgl. dazu die oben in Rn. 255 zitierte Rechtsprechung.
1331 Siehe dazu unten Rn. 946.

der Sachrüge enthaltene Darstellungsrüge versagt. Soll aber nun gerade deshalb auch noch die Aufklärungsrüge versagen?

585 Es läge sogar etwas Zynisches darin, wenn die Strafjustiz ihre eigenen Mängel dem Rechtssuchenden als Hindernis in den Weg werfen dürfte: Das Fehlen eines Inhaltsprotokolls in Strafkammersachen (§ 273 StPO) und verdeckt unzulängliche Urteilsgründe dürfen dem Revisionsgericht nicht den Blick auf eine behauptete und durch Freibeweis feststellbare pflichtwidrige Unterlassung bei der Aufklärung des Sachverhalts versperren. Der Tatrichter kann sich in einer dienstlichen Erklärung zu der klar umgrenzbaren Verfahrensfrage äußern, ob in der Hauptverhandlung der Angeklagte über den im Urteil mitgeteilten Aussageinhalt hinaus auch behauptet hat, er sei sturzbetrunken gewesen und habe sich für jedermann erkennbar kaum noch auf den Beinen halten können, und ob diese Frage auch mit dem Zeugen erörtert wurde. Durch eine solche dienstliche Äußerung im Freibeweisverfahren braucht sich der Richter auch nicht zu seinen unter Beachtung des Unmittelbarkeitsprinzips getroffenen Feststellungen in Widerspruch zu setzen, denn der verfahrensrechtliche Vorwurf geht ja gerade dahin, dass er zu der im Urteil unerörtert gebliebenen „Tatfrage" *keine* Feststellungen getroffen hat und sie auch nicht treffen konnte, *weil* die entsprechende Aufklärung unterblieben ist.

ff) Begründungsanforderungen

586 Der Vorschrift des § 344 Abs. 2 Satz 2 StPO wurde bezogen auf die Aufklärungsrüge nachgesagt, sie werde zum „Einfallstor revisionsgerichtlichen Gutdünkens".[1332] Hart ist auch das Urteil *Herdegens*, die Rechtsprechung zu den Begründungsanforderungen der Aufklärungsrüge schwanke zwischen „an Rechtsverweigerung grenzender Strenge und – ... rügefreundlicher Nachsicht".[1333] Diese Kritik beruht auf der Tatsache, dass es eine Reihe von Entscheidungen gibt, in denen es schwerfällt zu erkennen, ob der Bundesgerichtshof mit der nötigen Trennschärfe die Frage nach den formellen Rügeanforderungen von den einzelnen Elementen der Begründetheit unterschieden hat.[1334]

587 Dies darf allerdings nicht darüber hinwegtäuschen, dass die Fertigung einer entsprechenden Revisionsbegründung mitunter nicht ganz einfach ist; denn jede sachliche Voraussetzung für den Vorwurf, der Tatrichter habe seine Aufklärungspflicht verletzt, muss auch in der Revisionsbegründungsschrift konkret **als gegeben behauptet** werden. Und dies wird im Falle der Aufklärungsrüge dadurch erschwert, dass sie auch auf sog. Negativtatsachen gestützt werden muss: Erstens muss also gesagt werden, dass von einem bestimmten Beweismittel kein Gebrauch gemacht wurde, dass zweitens die dadurch dem Beweis zugängliche Tatsache auch nicht auf anderem Wege erschöpfend Gegenstand der Beweisaufnahme gewesen sei, drittens müssen die Um-

1332 So im Titel der Abhandlung von *Ventzke* StV 1992, 338.

1333 KK-*Herdegen,* 5. Aufl., § 244, Rn. 36 mit Beispielen und Nachweisen für beide Extreme; KK-*Fischer*, 6. Aufl., § 244, Rn. 215 spricht von „eher streng oder eher rügefreundlich".

1334 Vgl. neben den von KK-*Fischer* genannten Beispiele für bedenklich strenge Anforderungen: BGHR StPO § 344 Abs. 2, S. 2 – Aufklärungsrüge 6 (Darlegungen zum Aufdrängen) und 7 (Beiziehung von Vorstrafenakten als nicht ausreichend konkretisierte Bezeichnung der darin befindlichen Urkunden als Beweismittel).

stände genannt werden, die dem Gericht die vermisste Beweiserhebung als aussichtsreich hätte erscheinen lassen müssen und viertens muss vorgetragen werden, was der Beschwerdeführer sich an Beweisertrag versprochen hätte. Auch die Vereinbarkeit der Rüge mit dem Umstand, dass ein entsprechender Beweisantrag nicht gestellt wurde, sollte in Fällen, in denen dieser Einwand naheliegt,[1335] erklärt werden.

Zu allen diesen Erfordernissen einer Aufklärungsrüge ließen sich Beispiele aus der Rechtsprechung anführen, in denen stillschweigend oder ausdrücklich auch einmal das Fehlen entsprechender Revisionsbehauptungen dem Erfolg der Rüge nicht geschadet hat. Aber es lassen sich auch Beispiele finden, in denen die Rüge scheiterte, weil der Bundesgerichtshof noch etwas in der Revisionsbegründung vermisste, das auch der erfahrenste Revisionsverteidiger nicht für erforderlich gehalten hätte. Statt hier nun den aussichtslosen Versuch zu unternehmen, die Kasuistik der BGH-Rechtsprechung in ein System einzupassen oder als nicht durchgehend systematisch zu kritisieren, mag an dieser Stelle der praktische Rat an den Revisionsführer genügen, man trage lieber zu viel als zu wenig vor. **588**

Hat der Verteidiger präzise und klar herausgearbeitet, dass die rügebegründenden Tatsachen überhaupt unter den Begriff des Aufklärungsmangels subsumiert werden können und nicht andere – möglicherweise speziellere – Rügen in Betracht kommen,[1336] so sollte er in der Revisionsbegründung mindestens die folgenden drei[1337] Fragen beantworten: **589**

(1) Welche Tatsachen hätte das Gericht aufklären sollen?

Die Aufklärungsrüge muss die Beweisthematik so umschreiben, dass zu ersehen ist, welche bestimmte oder in der Beweiserhebung sich näher konkretisierende Tatsache zum Gegenstand der Beweiserhebung hätte gemacht werden müssen.[1338] Man fasse das recht genau und schreibe nicht, das Gericht hätte „die Unschuld des Angeklagten" oder „den näheren Hergang" aufklären müssen, oder: wäre ein Gutachten zur Blutalkoholbestimmung eingeholt worden, hätten die Feststellungen des Gerichts „anders ausgesehen".[1339] **590**

Es genügt in der Regel auch nicht vorzutragen, die vermisste weitere Beweiserhebung hätte weitere Aufklärung darüber erbracht, *„ob"* die Beweistatsache sich als richtig erwiesen haben könnte.[1340] Zu beachten ist auch, dass nicht rechtliche Bewertungen („... die Anwendbarkeit der §§ 20, 21 StGB"), sondern Tatsachen („die Blutuntersuchung auf Alkohol hätte einen BAK-Wert von mindestens 2‰ ergeben") als Ergebnis **591**

1335 Vgl. oben, Rn. 567.
1336 Vgl. hierzu zusammenfassend *Dahs/Dahs* Revision, Rn. 477.
1337 KK-*Fischer* § 244, Rn. 216 unterteilt die notwendigen Bestandteile einer Aufklärungsrüge in sechs Punkte, von denen jedoch erklärtermaßen nicht alle in jeder Aufklärungsrüge enthalten sein müssen (z.B. die auch im Beweisantragsrecht umstrittene „Konnexität"); andere (z.B. die Relevanz des Beweisergebnisses) mögen als Zusatzargumente hilfreich sein, sollten sich aber aus der bestimmt benannten Beweisthematik und den Urteilsgründen eigentlich im Regelfall von selbst verstehen.
1338 KK-*Fischer* § 244, Rn. 216, m.w.N.
1339 BGHR StPO § 344 Abs. 2 Satz 2 – Aufklärungsrüge 4.
1340 Vgl. BGHR StPO § 344 Abs. 2 Satz 2 – Aufklärungsrüge 1.

der unterlassenen Beweiserhebung „hypothetisch unter Beweis gestellt“ werden müssen. Auch wenn das so behauptete Beweisergebnis nicht so bestimmt vorgetragen werden muss, als wolle man einen Beweisantrag stellen,[1341] muss dennoch empfohlen werden, sich daran zu orientieren.

592 Es muss, sofern sich das nicht aus den Umständen ergibt, auch ausgeführt werden, inwiefern die unterlassene Beweiserhebung zu einem dem Beschwerdeführer günstigen Ergebnis geführt hätte, also in welcher Hinsicht er durch den Aufklärungsmangel beschwert[1342] ist. Ohne diesen Zusammenhang könnte von einer Verletzung der Aufklärungspflicht keine Rede sein. Dieses Erfordernis darf jedoch nicht verwechselt werden mit der Frage des Beruhens, denn *jene* ist im Wege der Kausalitätsprüfung zunächst einmal „interessenneutral“ zu beantworten und muss sich schon bejahen lassen (ohne dass es dazu irgendwelcher Ausführungen bedarf),[1343] bevor die zusätzliche Frage gestellt wird, in welche „Richtung“ die unterlassene Aufklärung sich ausgewirkt haben kann.[1344] Die Antwort auf *diese* Frage muss jedoch ausdrücklich in der Revisionsbegründungsschrift gegeben werden. Im Fall der Revision des Angeklagten führt diese allein dann zum Erfolg, wenn so präzise als möglich angegeben wird, weshalb die vermisste Beweiserhebung das Urteil zu seinen Gunsten beeinflusst haben würde.

(2) Mit welchen Mitteln, auf welchem Weg hätte das Gericht aufklären sollen?

593 Die Grundlage jeder gegen die Sachverhaltsannahmen oder die Beweisgründe des Tatgerichts geführten Aufklärungsrüge muss entweder in den Verfahrensakten des Gerichts oder im Erklärungs-, Antrags- oder Beweisstoff der Hauptverhandlung zu finden sein.[1345] Wenn man die Vernehmung von Zeugen oder bestimmte Fragen und Vorhalte an vernommene Zeugen vermisst, so erörtere man an dieser Stelle vor allem, warum die Zeugen nicht mittels eines Beweisantrages benannt wurden oder warum die Verteidigung die Fragen nicht selbst gestellt und Vorhalte nicht selbst gemacht hat.

(3) Welche Umstände, die dem Gericht in der Hauptverhandlung erkennbar waren, hätten zu weiterer Aufklärung drängen müssen?[1346]

594 Bei dieser Darlegung ist der Beschwerdeführer im Vorteil, wenn er auf entsprechende Anregungen in der Hauptverhandlung oder etwa auch auf Hilfsbeweisanträge ver-

---

1341 Es ist zu begrüßen, dass die verbreitete Auffassung, zur Zulässigkeit der Aufklärungsrüge gehöre eine Bestimmtheit der Beweisbehauptung wie beim Beweisantrag (so noch KK-*Herdegen* in der 2. Aufl. § 244 Rn. 38), aufgegeben wurde; KK-*Herdegen* ab der 3. Aufl. § 244 Rn. 38; KK-*Fischer* § 244, Rn. 218.

1342 Zur Unterscheidung zwischen der Beschwer als Zulässigkeitsvoraussetzung für die Revision insgesamt und der hier gemeinten „Rügebeschwer“ vgl. oben Rn. 63 ff.; KK-*Herdegen* 5. Aufl., § 244, Rn. 38, m. w. N. (der von relevanten Beweisstoff und nicht von einer Beschwer sprach); KK-*Fischer* § 244, Rn. 33, 219 nennt es „sachlogischen Zusammenhang“; *Dahs/Dahs* Revision, Rn. 480.

1343 Vgl. oben, Rn. 541.

1344 KK-*Herdegen* 5. Aufl. § 244, Rn. 38. jetzt abweichend KK-*Fischer* § 244, Rn. 219 („Konnexität“).

1345 KK-*Fischer* § 244, Rn. 217, m. w. N.

1346 Vgl. hierzu KK-*Fischer* § 244, Rn. 216 f.; *Dahs/Dahs* Revision, Rn. 481 jeweils m. w. N.

weisen kann. Die Pflicht des Richters, Anregungen nachzugehen, wird immerhin etwas weiter reichen müssen als seine Pflicht, von sich aus auf einen Weg der Aufklärung zu kommen, und Hilfsbeweisanträge[1347] zeigen die Notwendigkeit der Beweiserhebung unter Nennung der Voraussetzungen, unter denen der Antragsteller die Beweiserhebung für erforderlich hält. Dies folgt schon daraus, dass die Beweisanregung von Seiten des Angeklagten auch für sich genommen ein Faktum darstellt, das dem Gericht die Beweisbedürftigkeit nahelegen kann. Aber auch wenn es einleuchtet, dass der Revisionsführer aus seiner Sicht der Dinge in der Hauptverhandlung keinen Anlass hatte, auf die Beweiserhebung hinzuwirken, die sich aus der durch die Urteilsgründe bekannt gewordenen Sicht des Tatgerichts als notwendig herausstellte, muss dies begründet werden. Der Beschwerdeführer muss sich also bei der Abfassung der Begründungsschrift in die Lage des Gerichts versetzen und muss sagen, weshalb aus dessen Kenntnisstand heraus das im Urteil dokumentierte Ergebnis nicht hätte gefunden werden dürfen, bevor nicht noch der bestimmte Zeuge oder Sachverständige gehört war oder die genau bezeichnete Urkunde verlesen oder der ihm zugängliche Gegenstand in Augenschein genommen wurde.

Gerade im Zusammenhang mit diesem letzten Punkt wird mitunter darauf hingewiesen, die Aufklärungsrüge eröffne dem Revisionsgericht den „Blick in die Akten".[1348] **595**
Dieser häufig zu lesende Satz verleitet allerdings zu Missverständnissen. Richtig ist er allein in dem Sinne, dass das Revisionsgericht berechtigt und verpflichtet ist, auf eine zulässige Aufklärungsrüge hin in den Akten nachzuprüfen, ob die aufgestellten Behauptungen über die Beweismöglichkeit und -bedürftigkeit zutreffen. Aber das wäre noch keine Besonderheit, soweit es nur um den *Beweis* der „den Mangel enthaltenden Tatsachen" geht, die nach § 344 Abs. 2 Satz 2 StPO in der Revisionsbegründungsschrift bereits mitgeteilt sind. Zum Zwecke des Freibeweises ist das Revisionsgericht auch bei allen anderen Verfahrensrügen berechtigt, in die Akten zu schauen. Dass es dazu nicht verpflichtet sei, mag als Hilfsüberlegung für die Selbstprüfung des Verfassers von Revisionsbegründungen wertvoll sein, um die Vollständigkeit seines Sachvortrages zu testen, ist aber auch nur für das dabei maßgebliche Stadium der Schlüssigkeitsprüfung richtig.

Auch bei der Aufklärungsrüge darf aber das Wissen darum, dass das Revisionsgericht **596**
in die Akten schauen kann, nicht zu dem Irrtum verleiten, dann dürfe es auch anstelle eines vollständigen Vortrags der Verfahrenstatsachen auf die Möglichkeit verwiesen werden, sich aus den Akten die zur Schlüssigkeit der Rüge erforderlichen Informationen selbst herauszusuchen.[1349] Ebensowenig wie bei anderen Verfahrensrügen sind nämlich hier schlichte Bezugnahmen erlaubt.

Dennoch spielen die Akten bei der Aufklärungsrüge eine weitergehende Rolle als bei **597**
anderen Verfahrensrügen: Weil hier nämlich der Vorwurf dahin geht, es sei eine Be-

---

1347 Siehe dazu unten, Rn. 644 ff.

1348 „Die aufgrund der (Aufklärungs-)Rüge zulässige und gebotene Überprüfung der Akten ...", BGH wistra 1987, 211 = BGHR StPO § 244 Abs. 2 – Strafzumessung 1; BGHR StPO § 244 Abs. 2 – Aufdrängen 5; BGH, Beschl. v. 17. 3. 2006 – 1 StR 577/05 = NStZ 2006, 587 = StV 2006, 522; *Alsberg/Nüse/Meyer* Beweisantrag, 856.

1349 Vgl. BGHR StPO § 344 Abs. 2 Satz 2 – Aufklärungsrüge 6.

weiserhebung unterlassen worden, die sich nach der *gesamten* Sachlage aufgedrängt hätte, lässt sich der Prüfungsgegenstand nicht in der gleichen Weise wie bei anderen Verfahrensbeanstandungen auf den vom Revisionsführer vorgetragenen Sektor des möglichen „Freibeweisstoffs“ beschränken. Vielmehr muss das Revisionsgericht bei der Prüfung einer Aufklärungsrüge über die Schlüssigkeit und Beweisbarkeit des Vortrags hinaus den Verfahrensstoff aller Ermittlungsergebnisse daraufhin überprüfen können, ob unter Berücksichtigung der für und gegen die vermisste Beweiserhebung sprechenden Umstände der gegen den Tatrichter erhobene Vorwurf objektiv berechtigt ist. Deshalb steht zur Prüfung einer Aufklärungrüge dem Revisionsgericht der gesamte Akteninhalt offen.[1350]

598 Besondere Fallkonstellationen, die hier auch nicht annähernd vollständig abgehandelt werden können, werfen immer neue Fragen nach den Anforderungen an den notwendigen Begründungsaufwand auf. Nur anhand einiger Beispiele sei im Folgenden die Vielfalt der Varianten dieses Rügetyps gezeigt:

599 Die Aufklärungspflicht verbietet es, einen Zeugen von der Pflicht zum persönlichen Erscheinen zu entbinden, wenn dieser zwar schriftlich angekündigt hat, er werde von dem ihm zustehenden **Aussageverweigerungsrecht** Gebrauch machen, diese Erklärung aber zu erkennen gibt, dass sie von der irrigen Vorstellung getragen ist, damit seien die im Ermittlungsverfahren gemachten Aussagen ohne Weiteres verwertbar, oder auch von der falschen Rechtsmeinung, damit sei das vor dem Ermittlungsrichter abgelegte Zeugnis hinfällig.[1351] Bei einer solchen Rüge muss das Schreiben des Zeugen im Wortlaut mitgeteilt werden und die Revision sollte sich auch nicht auf den Hinweis beschränken, sein Inhalt deute darauf hin, dass der Zeuge bestimmte Fehlvorstellungen gehabt habe. Vielmehr sollte die bestimmte Behauptung aufgestellt werden: „Bei seinem Entschluss, das Gericht zu bitten, ihn von der Erscheinungspflicht zu befreien, stand der Zeuge unter dem Eindruck des Irrtums, seine frühere Aussage …“. Auch den Wortlaut des Vernehmungsprotokolls aus dem Ermittlungsverfahren sollte die Revision in die Begründungsschrift einkopieren, um dem Revisionsgericht die Schlüssigkeit des Vorwurfs zu vermitteln, dem Tatgericht hätte sich angesichts der Bedeutung des Zeugenwissens aufdrängen müssen, eine Entscheidung über die Aussagebereitschaft des Zeugen in Kenntnis der Rechtslage und der Rolle seiner früheren Aussage im weiteren Verfahren zu ermöglichen.

600 Das Gericht darf von einer Vorführung und Vernehmung eines Zeugen nicht mit der Begründung absehen, der Zeuge hätte aller Voraussicht nach von einem Auskunftsverweigerungsrecht nach § 55 StPO Gebrauch gemacht. Die Auskunftsverweigerung muss vielmehr ausdrücklich erklärt werden.[1352] Wird ein Verstoß hiergegen gerügt, so muss die Revision behaupten: „Der Zeuge hätte von seinem Recht nach § 55 StPO keinen Gebrauch gemacht.“ Je nach Fallkonstellation kann es sogar angebracht sein, diese Behauptung noch zu ergänzen durch die Benennung von Fragen, die von dem Zeugen selbst dann hätten beantwortet werden müssen, wenn dieser sich im Übrigen auf sein Auskunftsverweigerungsrecht berufen hätte.

1350 *Alsberg/Nüse/Meyer* Beweisantrag, 856.
1351 BGHSt 21, 12 ff. = NJW 1966, 742.
1352 Vgl. BGH BGHR StPO § 244 Abs. 2 – Zeugenvernehmung 5.

Das Tatgericht verletzt das Aufklärungsgebot auch, wenn es sich mit der **kommissarischen Vernehmung eines Zeugen** anstelle seiner Vernehmung in der Hauptverhandlung zufrieden gibt.[1353] Hier sollte es genügen, wenn in der Revisionsbegründung behauptet wird, dass das Protokoll über die kommissarische Vernehmung in der Hauptverhandlung verlesen wurde, und ferner angegeben wird, aus welchen tatsächlichen Umständen die Möglichkeit folgte, den Zeugen in der Hauptverhandlung zu vernehmen. Ergibt sich die Bedeutung der Zeugenaussage ohne Weiteres aus dem Urteil, so ist die Mitteilung des Wortlautes der Niederschrift über die kommissarische Vernehmung entbehrlich, weil die Begründetheit der Rüge davon nicht abhängen kann, und der Vorwurf ja gerade darauf gerichtet ist, dass eine Aussage in der Hauptverhandlung *nicht* stattgefunden hat und naturgemäß deren Wortlaut auch nicht wiedergegeben werden kann. **601**

Die Aufklärungspflicht ist verletzt, wenn das Tatgericht sich nur unzulänglich darum bemüht hat, die Vernehmung von „Gewährsleuten", V-Personen, verdeckten Ermittlern und Informanten, denen die Polizei ad hoc Vertraulichkeit zugesagt hat, zu erreichen.[1354] **602**

Bekundet ein **Polizeibeamter als Zeuge vom Hörensagen**, eine nach seiner Ansicht glaubwürdige Person habe ihm eine von ihr wahrgenommene Tatsache mitgeteilt, und hält der Tatrichter die Tatsache daraufhin für erwiesen, kann es als ein Verstoß gegen die Aufklärungspflicht anzusehen sein, wenn sich das Gericht nicht genügend darum bemüht hat, den unmittelbaren Zeugen selbst zu vernehmen.[1355] Das Gericht darf sich weder auf den allgemeinen Hinweis beschränken, dass die Polizeidienststellen „erfahrungsgemäß" ihre V-Leute nicht preisgeben, noch darf es die bloße Tatsache der Beschränkung der Aussagegenehmigung ohne Weiteres hinnehmen.[1356] Der Tatrichter muss sich vielmehr an die oberste Dienstbehörde wenden[1357] und Auskunft über Namen und Anschrift des V-Mannes verlangen. Erst wenn die Behörde in entsprechender Anwendung des § 96 StPO erklärt, dass das Bekanntwerden dem Staatswohle Nachteile bereiten würde, darf der V-Mann als unerreichbares Beweismittel angesehen werden.[1358] **603**

Hat das Gericht einen ihm möglichen Versuch unterlassen, an das **tatnähere Beweismittel** heranzukommen, „wenn auch nur die entfernte Möglichkeit bestand, dass es den Sachverhalt bei jener weiteren Aufklärung anders beurteilen könnte",[1359] muss dies in der Weise gerügt werden, dass der gesamte stattgefundene Vorgang in der Revisionsbegründungsschrift geschildert wird, einschließlich der aktenkundig gemach-

---

1353 KK-*Herdegen* 5. Aufl., § 244, Rn. 25 mit Nachw. aus der Rspr.

1354 Hierzu KK-*Fischer* § 244, Rn. 40, m.w.N.; vgl. auch *Meyer-Goßner* § 250, Rn. 5, m.w.N.; BGH BGHR StPO § 244 Abs. 2 – Informant 1 (Beschl. v. 28. 10. 1987 – 2 StR 545/87).

1355 BGHSt 29, 390 = StV 1981, 58 (m. Anm. *Weider*) = JR 1981, 150 (m. Anm. *Meyer*) = JuS 1981, 541 (m. Anm. *Hassemer*); BGH NJW 1981, 770 = StV 1981, 109 = JR 1981, 346 (m. Anm. *Franzheim*) = JuS 1981, 541 (m. Anm. *Hassemer*); BGH NStZ 1981, 70.

1356 BGHSt 29, 390; BGHSt 30, 34 = StV 1981, 111 (Beschl. v. 17. 2. 1981 – 5 StR 21/81).

1357 Hierzu BGH BGHR StPO § 244 Abs. 2 Informant 2; zur Zuständigkeit des Innenministeriums vgl. jetzt BGH StV 1995, 225.

1358 BGHSt 30, 34.

1359 BGH NStZ 1983, 376 f.; BGHR StPO § 244 Abs. 2 – Zeugenvernehmung 8.

ten Kontakte des Gerichts zu den Behörden. Auch sollte die schriftliche beschränkte Aussagegenehmigung des vernommenen Polizeibeamten im Wortlaut wiedergegeben werden. Hat es mit dem Zeugen eine Diskussion darüber gegeben, wie weit seine Aussagegenehmigung reicht – was nicht selten vorkommt – kann es notwendig sein, auch die von ihm dazu abgegebene Erklärung in die Begründung aufzunehmen, weil sich gerade daraus auch ein eigenständiger Anlass für das Gericht ergeben haben kann, sich noch einmal an die oberste Dienstbehörde zu wenden.

604 Die Aufklärungspflicht kann auch dann verletzt sein, wenn das **Verfahren nicht ausgesetzt** wird, um dem Antragsteller Gelegenheit zu geben, ein Gericht gegen eine Beschränkung der Aussagegenehmigung oder einen Akten-Sperrvermerk anzurufen, obgleich die für eine Aussetzung sprechenden Gesichtspunkte von Gewicht sind.[1360] In diesen Fällen müssen jeweils im Wortlaut der entsprechende Aussetzungsantrag und der ablehnende Gerichtsbeschluss (wenn ein solcher unterblieben ist, stattdessen die Angabe dieses Umstandes) in die Begründung aufgenommen werden.

605 Nach der Einführung des § 247 a StPO durch das Zeugenschutzgesetz[1361] besteht als weitere Aufklärungsmöglichkeit die der **audiovisuellen Fernvernehmung** eines Zeugen während der Hauptverhandlung, wenn der Zeuge im Sinne dieser Bestimmung besonders schutzbedürftig ist oder wenn die Voraussetzungen des § 251 Abs. 2 StPO vorliegt. Hier dürfte in der Praxis der Fall des § 251 Abs. 2 Nr. 3 StPO (allseitiges Einverständnis) am häufigsten vorkommen, so dass sich im Falle der Anwendung der Vorschrift kaum Ansätze für die Aufklärungsrüge ergeben werden, die auf die unterlassene unmittelbare Vernehmung des Zeugen im Gerichtssaal abzielen würde. Dies gilt umso mehr, als die Ermessensentscheidung des Gerichts, ob es von § 247 a StPO Gebrauch macht, nach dessen Satz 2 unanfechtbar ist, was nach § 336 S. 2 StPO auch die Unangreifbarkeit in der Revision nach sich zieht. Andererseits bleibt in den Fällen, in denen eine Ermessensentscheidung des Gerichts gar nicht stattgefunden hat, etwa indem es allein schon wegen der Unzumutbarkeit des persönlichen Erscheinens angesichts der großen Entfernung zwischen dem Wohnort des Zeugen und dem Gerichtsort von der Ladung abgesehen hat, ohne die Möglichkeit der Televernehmung auch nur in Erwägung zu ziehen, die Aufklärungsrüge erhalten.[1362] Sie muss neben den sonstigen für eine Aufklärungsrüge notwendigen Verfahrenstatsachen nach § 344 Abs. 2 S. 2 StPO auch das Unterlassen einer Beschlussfassung zur Möglichkeit des § 247 a StPO enthalten.

Ein revisibler Verfahrensfehler liegt aber auch dann vor, wenn eine audiovisuelle Vernehmung stattfand, ohne dass ein entsprechender Beschluss gefasst war.[1363] Hier gehört zur Vollständigkeit der Rügebegründung nur das Fehlen eines Beschlusses, weil dies schon ausschließt, dass überhaupt eine Ermessensentscheidung stattgefunden hat.[1364]

1360 KK-*Fischer* § 244, Rn. 41, m. w. N.
1361 Gesetz v. 30. 4. 1998 BGBl. I, 820
1362 KK-*Fischer* § 247 a Rn. 23.
1363 BGH, Beschl. v. 6. 2. 2008 – 5 StR 597/07 = NStZ 2008, 421 = StV 2008, 231.
1364 Dass der Senat in BGH, Beschl. v. 6. 2. 2008 – 5 StR 597/07 auch noch erwogen hat, ob vielleicht doch die Zustimmung aller in § 251 Abs. 2 Nr. 3 StPO Genannten vorgelegen haben könnte, war angesichts des fehlenden Beschlusses eigentlich überflüssig.

Sinnvoll sind nicht selten Aufklärungsrügen, mit denen beanstandet wird, dass das Gericht **keinen Sachverständigen** gehört hat. Die damit verbundenen Vorwürfe gegen das Tatgericht münden letztlich alle ein in die Aussage, dieses habe sich zu Unrecht eine eigene Sachkunde zugetraut, wo es sie entweder aus professioneller Inkompetenz allgemein oder ausweislich seiner Entscheidungsgründe in den konkret zu beurteilenden Fachfragen in Wahrheit nicht hatte. Je mehr nämlich eine tatrichterlich zu beurteilende Frage aus einer naturwissenschaftlichen, informationstechnologischen, medizinischen oder psychologischen Disziplin den „Allgemeinbildungshorizont" eines Juristen übersteigt, desto überzeugender muss das Gericht die Berechtigung seiner Annahme, es sei selbst sachkundig, in den Urteilsgründen plausibel machen.[1365] Die Revisionsbegründung darf sich aber nicht darauf beschränken, pauschal auf die Urteilsgründe zu verweisen und nur zu sagen, diese zeigten, dass das Gericht es dringend nötig gehabt hätte, sich sachverständig beraten zu lassen. Es sollte vielmehr im Einzelnen dargelegt werden, welche Schwächen die Beweisführung des Gerichts aufweist, weshalb diese gerade durch die Vermittlung von weiterer Sachkunde hätten vermieden werden können und wie sich dies zugunsten des Angeklagten ausgewirkt hätte. **606**

Vermisst der Revisionsführer die Hinzuziehung solcher Sachverständiger, die neben der Vermittlung von wissenschaftlichen Erfahrungssätzen auch **eigene Befundtatsachen**[1366] erheben, so müssen in der Revisionsbegründung alle tatsächlichen Voraussetzungen für die Gutachtenerstattung als gegeben behauptet werden. Demgemäß hat der Bundesgerichtshof eine Rüge als nicht ordnungsgemäß ausgeführt angesehen, in der beanstandet worden war, dass nicht zusätzlich zu einem serologischen Gutachten noch ein DNA-Gutachten eingeholt worden war, von dem sich der Angeklagte nach seinem Revisionsvorbringen den Ausschluss seiner Urheberschaft für Spermaspuren in der Scheide des Tatopfers versprach.[1367] Der BGH vermisste in der Revisionsbegründung Angaben darüber, ob die für eine DNA-Analyse erforderliche Quantität und Qualität an Untersuchungsmaterial aus dem Scheidenabstrich noch vorhanden gewesen sei. Da niemand annehmen kann, dass der Angeklagte oder sein Verteidiger diese Frage wiederum aus eigener Sachkunde beurteilen können, erscheint mir diese Anforderung übertrieben hart. Hätte der Revisionsführer „ins Blaue hinein" behauptet, das asservierte Material sei sowohl von der Menge als auch von der Reinheit hervorragend für eine genomanalytische Untersuchung geeignet, wäre die Rüge zulässig gewesen. **607**

Nach dieser BGH-Entscheidung bleibt den Verteidigern daher nichts anderes übrig, als eine solche Behauptung aus der bloßen Hoffnung heraus, dass sie zutreffend sein möge, aufzustellen. Dann steht aber das Revisionsgericht vor demselben Problem wie zuvor der Verteidiger: Ohne eine Untersuchung des Materials durch einen Sachver- **608**

1365 BGHSt 2, 163 (166) = NJW 1952, 554; BGHSt 12, 18 (20) = NJW 1958, 1596; BGH StV 1991, 405 (m. Anm. *Blau*) = NStZ 1991, 47; KK-*Herdegen* 5. Aufl., § 244, Rn. 28, m.w.N.

1366 Das Gutachten lediglich vorbereitende Anknüpfungstatsachen, zu deren Ermittlung keine besondere Sachkunde erforderlich ist („Zusatztatsachen") sind dagegen nicht Gegenstand des Sachverständigenbeweises. Über sie muss der Sachverständige gegebenenfalls als Zeuge aussagen.

1367 BGHR StPO § 344 Abs. 2 Satz 2 – Aufklärungsrüge 5.

ständigen ist letztlich auch die Begründetheit der Aufklärungsrüge nicht zu entscheiden, wenn man überhaupt den hypothetischen Erfolg der Begutachtung zu einem Kriterium einer solchen Aufklärungsrüge macht. Richtiger wäre es wohl daher gewesen, den Aufklärungsmangel schon darin zu sehen, dass der *Versuch* unterblieben war, durch eine DNA-Analyse diese für den Täterschaftsnachweis so wichtige Untersuchungsmethode für die Urteilsfindung nutzbar zu machen. Dazu genügte es, dass überhaupt Spurenmaterial vorhanden war, wovon auch der Senat ausgeht.[1368]

609 Die Beurteilung der **Glaubwürdigkeit eines Zeugen** gehört von jeher zum Proprium richterlicher Entscheidungsfindung.[1369] Auch wenn ein Sachverständiger zugezogen wurde, hat der Tatrichter das „letzte Wort" in der Frage der Glaubhaftigkeit einer Aussage.[1370] Anlass zur Zuziehung eines Sachverständigen besteht aber immer dann, wenn die Eigenart und die besondere Gestaltung des Falles eine Sachkunde erfordern, die ein Richter normalerweise selbst dann nicht hat, wenn er über spezifische forensische Erfahrungen – etwa in Jugendsachen – verfügt.[1371]

610 Der Grundsatz, dass nur besondere Umstände[1372] die Zuziehung eines Sachverständigen erforderlich machen, gilt auch dann, wenn die **Aussagen von Kindern und Jugendlichen** zu würdigen sind.[1373] Allerdings sind bei kindlichen und jugendlichen Zeugen spezifische Fallbesonderheiten zu bedenken, die es nicht selten angezeigt erscheinen lassen, einen (Jugend-)Psychiater oder (Jugend-)Psychologen beizuziehen.[1374]

Die Möglichkeit eines Sachverständigengutachtens wird nicht dadurch ausgeschlossen, dass Zeugen eine Untersuchung zum Zweck der Beurteilung ihrer Glaubwürdigkeit verweigern können.[1375] Daraus folgt auch, dass eine derartige Aufklärungsrüge nicht deshalb unzulässig ist, weil darin die Behauptung fehlt, der Zeuge sei bereit gewesen, sich einer aussagepsychologischen Untersuchung zu unterziehen.

1368 Die Entscheidung fiel in einer Zeit (19. 10. 1990), in der die Anerkennung des „genetischen Fingerabdrucks" durch den BGH noch sehr neu war. Vgl. BGH NJW 1989, 2338; NJW 1990, 74; StV 1991, 338 = NStZ 1991, 399. Möglicherweise sollten die sehr rigiden Anforderungen an den Rügevortrag dazu dienen, einer damals befürchteten Flut entsprechender Aufklärungsrügen vorzubeugen.

1369 KK-*Fischer* § 244, Rn. 49, m. w. N.; BGHSt 3, 52 (53) = NJW 1952, 1064; BGHSt 8, 130 (131) = NJW 1955, 1644; BGH NStZ 1985, 420; BGH StV 1994, 173.

1370 KK-*Herdegen* aaO; BGHSt 21, 62 (63) = NJW 1966, 1833; BGHSt 23, 8 (12) = NJW 1969, 2293. Hat freilich der Sachverständige mit einer ausführlichen und nachvollziehbaren Begründung die Möglichkeit einer fehlerhaften Belastung durch den Zeugen dargelegt, so verlangt der BGH im Urteil einen sehr hohen Begründungsaufwand, wenn dem das Tatgericht nicht gefolgt ist. BGH, Beschl. v. 17. 9. 2008 – 5 StR 276/08 – NStZ 2009, 106.

1371 KK- *Fischer* § 244, Rn. 51, m. w. N.; BGH BGHR StPO § 244 Abs. 2 – Sachverständiger 10; BGH, StV 1994, 634 (Auswirkungen eines noch nicht lange zurückliegenden, schwerwiegenden Schädelhirntraumas auf die Zeugentüchtigkeit).

1372 Beispiel einer erfolgreichen Aufklärungsrüge wegen Nichtheranziehung eines Sachverständigen zur Beurteilung der Glaubwürdigkeit eines Epileptikers: BGH StV 1991, 245 = BGHR StPO § 244 Abs. 2 – Sachverständiger 10.

1373 KK-*Fischer* § 244, Rn. 51, m. w. N.; BGHSt 3, 52 (53) = NJW 1952, 1064.

1374 KK-*Fischer* § 244, Rn. 51, m. w. N.; vgl. etwa BGH BGHR StPO § 244 Abs. 2 – Sachverständiger 12 (Beschl. v. 14. 5. 1991 – 4 StR 212/91). *Deckers* FS Hamm, 53, der für eine vermehrte Hinzuziehung von aussagepsychologischen Sachverständigen gerade bei erwachsenen Zeugen ist.

1375 BGHSt 23, 1; BGH StV 1991, 405 (mit krit. Anm. *Blau*); vgl. auch KK-*Fischer* § 244, Rn. 56.

611 Auch an die **Auswahl eines Sachverständigen** stellt die Aufklärungspflicht gewisse Anforderungen.[1376] Allerdings will auch hier die bislang h.M. eine Aufklärungsrüge nur zulassen, wenn sich die Ungeeignetheit aus dem Urteil ergibt.[1377] Ich halte das zumindest in den Fällen nicht für ausreichend, in denen die oft verfahrensentscheidende Auswahl getroffen wurde, ohne dass der Angeklagte oder sein Verteidiger auch nur ein Mitspracherecht hatten. Gerade weil die Anhörung eines bestimmten Sachverständigen durch die Verfahrensbeteiligten nicht erzwungen werden kann,[1378] und zwar auch nicht durch einen die Person benennenden Beweisantrag,[1379] ist es von größter Bedeutung, dass vor der dem Gericht zustehenden Auswahl (§ 73 StPO) rechtliches Gehör gewährt wird.[1380] Unterbleibt dies, etwa indem der Vorsitzende kurzerhand den schon im Ermittlungsverfahren von der Staatsanwaltschaft herangezogenen Sachverständigen zur Hauptverhandlung lädt, so liegt darin ein Verfahrensfehler, der in einen Aufklärungsmangel einmünden kann.

612 Das ist insbesondere dann der Fall, wenn die Verteidigung einen **anderen Sachverständigen** hätte benennen können, dessen Fachkompetenz (Sachkunde) der des vom Gericht beauftragten überlegen ist. Dafür brauchen auch nicht die Voraussetzungen erfüllt zu sein, unter denen nach § 244 Abs. 4, S. 2, 2. Hs. StPO durch einen entsprechenden Beweisantrag die Anhörung eines weiteren Sachverständigen erzwungen werden kann. Die Sachkunde des vom Gericht ohne Gewährung des rechtlichen Gehörs ausgewählten Gutachters braucht also nicht „zweifelhaft" zu sein, noch müssen seine apparativen Forschungsmittel denen des von der Verteidigung als geeigneter angesehenen Sachverständigen unterlegen sein. Es müssen nur gute Gründe für die Annahme vorhanden und benennbar sein, dass die Gutachtenerstattung durch den in der Revision genannten Sachverständigen das Gericht besser als geschehen in die Lage versetzt hätte, den neuesten Forschungsstand der betreffenden Wissenschaft kennenzulernen. Diese Gründe müssen aber überzeugend in der Revisionsbegründung dargelegt werden. Außerdem muss behauptet werden, dass jener im fachlichen Spezialisierungsgrad hochkompetente Gutachter im Falle einer Anfrage durch das Gericht auch zur Verfügung gestanden hätte.[1381]

613 Die Pflicht zur Erforschung der Wahrheit kann das Gericht auch zur Anhörung eines **weiteren Sachverständigen** von Amts wegen zwingen, wenn ein dahingehender Beweisantrag nicht gestellt wurde. Das gilt z.B. oft schon dann, wenn das Gericht einem bereits gehörten Sachverständigen nicht folgen will.[1382] Das Gericht hört einen Sachverständigen aber gewöhnlich nur, wenn und weil es sich selbst die erforderliche Sachkunde nicht zutraut. Weicht es dann trotzdem von dem Gutachten ab, so ist das immer auffällig.[1383] In der Regel bedarf das einer besonders eingehenden Begründung.

1376 Vgl. KMR-*Neubeck* § 73, Rn. 6; LR-*Krause* § 73, Rn. 24.
1377 KK-*Senge* § 73, Rn. 9; LR-*Krause* § 73, Rn. 37; *Meyer-Goßner* § 73, Rn. 19.
1378 KK-*Senge* § 73, Rn. 3.
1379 Vgl. dazu unten, Rn. 780.
1380 *Sarstedt* NJW 1968, 177 ff.
1381 Vgl. OLG Celle, StV 1981, 609 (m. Anm. *Barton*): Schriftvergleichung allein mit Hilfe von fotokopiertem Material.
1382 KK-*Fischer* § 244, Rn. 57.
1383 Näher hierzu KK-*Fischer* § 244, Rn. 57, m.w.N. Jüngstes Beispiel: BGH, Beschl. v. 17. 9. 2008 – 5 StR 276/08 – NStZ 2009, 106.

Das Urteil wird hier sagen müssen, wie der Sachverständige sein Gutachten begründet hat, und welche Gründe das Gericht dem im Einzelnen entgegensetzt.[1384] Fehlt eine solche Darlegung, so liegt für den Revisionsrichter die Besorgnis nahe, der Tatrichter habe eine Frage, zu deren Beantwortung er selbst fremder Sachkunde zu bedürfen glaubte, ohne Sachkunde entschieden. Diese Besorgnis muss aber der Revisionsführer in der Begründung der Aufklärungsrüge durch Herausstellen der Mängel im Einzelnen vermitteln.

b) Die Verletzung des Beweisantragsrechts

Literatur: *Alsberg/Nüse/Meyer* Der Beweisantrag im Strafprozess, 5. Aufl. 1983; *Brause* Faires Verfahren und Effektivität im Strafprozess, NJW 1992, S. 2865; *Gollwitzer* Einschränkung des Beweisantragsrechts durch Umdeutung von Beweisanträgen in Beweisanregungen, StV 1990, S. 420 ff.; *Gribbohm* Das Scheitern der Revision nach § 344 StPO, NStZ 1983, S. 97 ff.; *Hamm* in: Festgabe für Peters, 1984; *ders.* Tendenzen der revisionsgerichtlichen Rechtsprechung aus anwaltlicher Sicht, in: StV 1987, S. 262 ff.; *ders.* in: Hamm/Leipold (Hrsg.), Beck'sches Formularbuch für den Strafverteidiger, 5. Aufl. 2010, VIII C 4; *Hanack* Zur Austauschbarkeit von Beweismitteln im Strafprozess, in: JZ 1970, S. 561 ff.; *Hamm/Hassemer/Pauly* Beweisantragsrecht, 2. Aufl. 2007; *Herdegen* Bemerkungen zum Beweisantragsrecht, in: NStZ 1984, S. 97 ff.; 200 ff.; 337 ff.; *ders.* Aufklärungspflicht – Beweisantragsrecht – Beweisantrag – Beweisermittlungsantrag, in: GS für Karlheinz Meyer, 1990, S. 187 ff.; *ders.* Zum Begriff der Beweisbehauptung, in: StV 1990, S. 518 ff.; *ders.* Diskussionsbeitrag zum Begriff der Beweisbehauptung, in: Grundprobleme des Revisionsverfahrens, Schriftenreihe der Arbeitsgemeinschaften des DAV – AG Strafrecht, Band 7, 1991, S. 39 ff.; *Julius* Zum Verhältnis von Aufklärungspflicht und Beweisantragsrecht im Strafprozess, in: NStZ 1986, S. 61 ff.; *Julius* Beweis-, Beweisermittlungs- und Verschleppungsantrag im Strafprozess, in: MDR 1989, S. 116 ff.; *Krause* Einzelfragen zur Revisionsbegründung nach § 344 II StPO, StV 84, S. 483 ff.; *Krekeler* Einschränkungen des Beweisantragsrechts durch Umdeutung von Beweisanträgen in Beweisanregungen, in: Grundprobleme des Revisionsverfahrens, Schriftenreihe der Arbeitsgemeinschaften des DAV – AG Strafrecht, Band 7, 1991, S. 137 ff.; *Liemersdorf* Beweisantragsrecht und Sachverhaltsaufklärung, in: StV 1987, S. 175 ff.; *Lüderssen* Zur „Unerreichbarkeit" des V-Mannes, Festschrift Ulrich Klug, 1983, S. 527 ff.; *Meyer-Goßner* Fehlerhaft beschiedene Beweisanträge, Erfolgschancen von Aufklärungsrügen – Aufklärungspflicht des Gerichts, Aufklärungsbereitschaft der Verteidigung –, in: Die revisionsgerichtliche Rechtsprechung der Strafsenate des Bundesgerichtshofes, Schriftenreihe der Arbeitsgemeinschaften des DAV – AG Strafrecht, Band 3, 1986, S. 122 ff.; *Michalke* Noch einmal: „Hilfsbeweisantrag – Eventualbeweisantrag – Bedingter Beweisantrag", zugleich Anm. zu BGH, Urt. v. 6. 12. 1989 – 2 StR 309/89 (StV 90, 149), in: StV 1990, S. 184 ff.; *dies.* in: Hamm/Leipold (Hrsg.) Beck'sches Formularbuch für den Strafverteidiger, 5. Aufl. 2010, VII D.; *Niemöller* Bedingte Beweisanträge im Strafverfahren, in: JZ 1992, S. 884; *ders.* Der Kontinuitätsgrundsatz – ein unentdecktes Prinzip des Beweisantragsrechts, Festschrift Hamm, 2009, S. 557; *Quedenfeld* Beweisantrag und Verteidigung in den Abschnitten des Strafverfahrens bis zum erstinstanzlichen Urteil, in: Festgabe für Karl Peters, 1984, S. 215 ff.; *Rüping/Dornseifer* Dysfunktionales Verhalten im Prozess, in: JZ 1977, S. 417 ff.; *Sarstedt* Der Beweisantrag im Strafprozess, in: DAR 64, S. 307 ff.; *Scheffler* Der Hilfsbeweisantrag und seine Bescheidung in der Hauptverhandlung, NStZ 1989, S. 158 ff.; *Schlothauer* Gerichtliche Hinweispflichten in der Hauptverhandlung, in: StV 1986, S. 213 ff.; *ders.* Hilfsbeweisantrag – Eventualbeweisantrag – bedingter Beweisantrag, in: StV 1988, S. 542; *Schlothauer/Weider* Verteidigung im Revisionsverfahren, 2008, S. 487 ff.; *Schrader* Der Hilfsbeweisantrag – ein Dilemma, NStZ 91, 224; *Schulz* Die Austauschbarkeit von Beweismitteln oder die Folgen apokrypher Beweismittel, StV 1983, S. 341 ff.; *Schweckendieck* Die Ablehnung eines Beweisantrages wegen Verschleppungsabsicht – eine zu wenig genutzte Möglichkeit? in: NStZ 1991, S. 109 ff.; *Schwenn* Was wird aus dem Beweisantrag? in: StV 1981, S. 631 ff.; *Strate* Verfassungsrechtliche Aspekte des Beweisantragsrechts, in: Schriftenreihe der Arbeitsgemeinschaften des DAV – AG Strafrecht, Band 9, 1992, S. 80 ff.; *Vogel* Strafverfahrensrecht und Terrorismus – eine Bilanz,

1384 BGH StV 1993, 234.

NJW 1978, S. 1217 ff.; *Weber* Der Missbrauch prozessualer Rechte im Strafverfahren, in: GA 1975, S. 289 ff.; *Widmaier* Mitwirkungspflicht des Verteidigers in der Hauptverhandlung und Rügeverlust, NStZ 1992, S. 519 ff.; *ders.* Hilfsbeweisantrag mit „Bescheidungsklausel", Festschrift Salger, 1995, S. 421.

aa) Allgemeines zum Beweisantragsrecht

Beweisanträge im eigentlichen Sinne gibt es nur in der Tatsacheninstanz, weil sie darauf gerichtet sind, die für das Revisionsgericht grundsätzlich bindenden tatrichterlichen Feststellungen zu beeinflussen. Für das Revisionsverfahren haben die beim Tatgericht gestellten Beweisanträge unter zwei Aspekten große Bedeutung: Zum einen enthalten Beweisanträge die unausgesprochene „Behauptung", der Antragsteller werde keine Revision benötigen, wenn der Beweis mit Erfolg erhoben wird und das Gericht daraus dieselben Folgerungen zieht wie der Antragsteller. Zum anderen steckt in Beweisanträgen die unausgesprochene „Ankündigung", dass im Falle ihrer Ablehnung die Vereinbarkeit des damit einhergehenden Beweisverzichts mit dem Urteil und seinen Gründen einer revisionsgerichtlichen Überprüfung unterzogen werden wird. Diese beiden „Botschaften" sind die wichtigsten Bestandteile des **formalisierten Dialogs,**[1385] der von dem Wert der bis dahin durchgeführten Beweisaufnahme und von den Möglichkeiten einer besseren Aufklärung handelt. **614**

Ein Beweisantrag teilt dem Gericht mit, in welcher Hinsicht der Antragsteller der Meinung ist, dass die bisherigen Beweismittel noch kein abschließendes Urteil erlauben und mit welcher weiteren Zeugen- oder Sachverständigenvernehmung, welcher Augenscheinseinnahme oder Urkundenverlesung sich noch welche für die Entscheidung wesentlichen Tatsachen erschließen lassen. Der Antrag enthält gleichzeitig die „Frage" an das Tatgericht, ob es unter Beachtung der gesetzlichen Vorgaben des § 244 Abs. 3 bis 5 StPO die über die Aufklärungspflicht hinausgehende Bereitschaft, die bisherige Beweiswürdigung infrage stellen zu lassen, aufbringt. Durch seine Entscheidung über den Antrag, die nach § 244 Abs. 6 StPO durch Beschluss gegeben werden muss, teilt das Gericht mit, ob es sich einen der im Gesetz abschließend aufgezählten Gründe zu eigen macht, mit denen der Antrag zurückgewiesen werden darf. Wenn das nicht der Fall ist, besteht die Antwort in der Herbeischaffung des Beweismittels durch den Vorsitzenden oder – wenn das Beweismittel bereits präsent ist – in der Erhebung des Beweises. Die Antwort des Gerichts kann aber auch in einem Hinweis liegen, wie es bisher den Beweisantrag mit der Folge seiner Ablehnbarkeit auslegt, und unter welchen Voraussetzungen es bei einem anders zu verstehenden Antrag zu einer stattgebenden Entscheidung kommen müsste. Ein solcher in einen förmlichen Beschluss oder in eine formlose Bitte um Klarstellung gekleideter Hinweis enthält wiederum eine entsprechende Frage an den Antragsteller, die dieser beantworten sollte, um nicht das Risiko einzugehen, im weiteren Verlauf des Verfahrens auf die Auslegung festgelegt zu werden, die das Tatgericht ihm als die seinige mitgeteilt hat.[1386] **615**

1385 Dazu Beispiele bei *Hamm/Hassemer/Pauly* Beweisantragsrecht, Rn. 196 ff.

1386 Allerdings nimmt der BGH selten daran Anstoß, dass das Tatgericht einem Beweisantrag eine bestimmte Auslegung zugrunde legt und ihn zurückweist, ohne zuvor sich um Klärung der vom Antragsteller gemeinten Bedeutung bemüht zu haben. Wenn dann im Beschluss nach

616 Dieser Dialog wird im Revisionsverfahren fortgesetzt und dort durch den Spruch des Revisionsgerichts beendet. Dessen Entscheidung muss die Antwort auf die Frage enthalten, ob das Tatgericht den Normbefehl des § 244 Abs. 3 bis 6 StPO befolgt hat, wonach einem Beweisantrag stets nachzugehen ist, wenn nicht einer der gesetzlichen Gründe für die Zurückweisung vorliegt. Der Grundsatz der **Beweiserhebungspflicht außerhalb des geschlossenen Katalogs der Zurückweisungsgründe** ist eines der tragenden Prinzipien des Beweisantragsrechts, das unverzichtbar ist, solange die Suche nach materieller Wahrheit als Ziel des Strafverfahrens beibehalten wird.[1387] Weil nämlich die Amtsaufklärungspflicht – wie oben gezeigt[1388] – einen revisionsrechtlich unüberprüfbaren subjektiven Rest an erlaubter Beweisantizipation dem Tatrichter zugestehen muss, und weil der in den Urteilsgründen enthaltenen argumentativen Vermittlung des Beweiswürdigungsvorgangs sprachliche Grenzen gesetzt sind, muss insbesondere der Angeklagte die Möglichkeit haben, seine Kenntnis vom „wirklich wahren" Sachverhalt auch dann zur Geltung zu bringen, wenn der Tatrichter seine Zweifel an der Richtigkeit des Anklagevorwurfs bereits im Einklang mit der Amtsaufklärungspflicht überwunden hat.

617 Der formalisierte Dialog versagt freilich, wenn das Gericht jeglichem Risiko und jeglicher Information über seine Bewertung der Beweisanträge aus dem Wege geht, indem es aus Bequemlichkeit **allen Anträgen stattgibt**. Diese Entscheidung braucht nämlich nicht begründet zu werden, sodass sie nach Auffassung des BGH auch keinerlei Vertrauenstatbestand schafft.[1389] Bisher hat leider noch niemand in der Rechtswissenschaft den naheliegenden Gedanken aufgegriffen, ob in Zeiten, in denen so viel von Rechtsmissbrauch durch Verwendung des Beweisantragsrechts und von unnötiger Verfahrensverzögerung die Rede ist,[1390] nicht auch ein solches Verhalten eines Strafgerichts einmal unter dem Aspekt des fair trial untersucht werden sollte.

618 Mit einem Beweisantrag wird nämlich nicht nur das verlangt, was nach dem Grundsatz der materiellen Wahrheitserforschung ohnehin die Amtspflicht des Gerichtes ist. Während die Erfüllung der Amtsaufklärungspflicht eine ständige Überprüfung des bereits Aufgeklärten unter „Vorausberechnung" des Ergebnisses einer weiteren Beweiserhebung voraussetzt, zwingt das **Verbot der Beweisantizipation** im Beweisantragsrecht den Tatrichter auch dann dazu, seine bisherige Beurteilung noch einmal neuen Erkenntnissen zu öffnen, wenn er subjektiv schon vom Gegenteil überzeugt ist.[1391] Diesem Unterschied entspricht auch eine Differenz in der Angriffsrichtung und Reichweite der Rüge einer Verletzung des Beweisantragsrechts im Vergleich zur

---

§ 244 Abs. 6 StPO die Fehldeutung deutlich wird, sollte der Antragsteller durch „Nachbesserung" reagieren. Das gilt auch in den Fällen, in denen das Gericht einen Antrag wegen fehlender „Konnexität" zu einem bloßen Beweisermittlungsantrag herabstuft. Vgl. den Fall BGH, Urt. v. 14. 8. 2008 – 3 StR 181/08 = StV 2009, 62, siehe zur „Konnexität" unten, Rn. 623 m.w.N.

1387 Zur Unverzichtbarkeit eines streng formalisierten Beweisantragsrechts *Hamm/Hassemer/Pauly* Beweisantragsrecht, Rn. 18 ff.

1388 Rn. 565.

1389 BGH, Urt. v. 9. 12. 2008 – 5 StR 412/08 = StraFo 2009, 75.

1390 Vgl. z. B. die Beiträge von *Pfister, Beulke* und *Landau* im 2. Karlsruher Strafrechtsdialog, 2010.

1391 So *Strate* Schriftenreihe des DAV, Bd. 9, 84; vgl. auch *Herdegen* NStZ 84, 99; *Hamm* in *Herdegen* Beweisantragsrecht, Beweiswürdigung und strafprozessuale Revision, 18 und BGH NJW 1997, 2762; BGH 2 StR 248/07 v. 19. 9. 2007 = StraFo 2008, 29.

Aufklärungsrüge: Während diese stets den gesamten Beweisstoff zum Gegenstand hat, beschränkt sich jene auf das durch den Beweisantrag umgrenzte Thema der Beweisbehauptung und die Beweiskraft des schon in der Instanz benannten Beweismittels.

Die rechtsfehlerhafte Behandlung und Bescheidung eines Beweisantrages kann darin liegen, dass[1392] **619**

- der Antrag nicht oder nicht rechtzeitig beschieden worden ist;
- der Antrag in dem Ablehnungsbeschluss oder, soweit dies zulässig ist, in den Urteilsgründen ohne oder nur mit ungenügender oder rechtsfehlerhafter Begründung abgelehnt worden ist;
- der Urteilsinhalt im Widerspruch zu den Gründen steht, mit denen der Beweisantrag durch Beschluss in der Hauptverhandlung abgelehnt worden ist;
- das Gericht die Entscheidung, durch die einem Beweisantrag stattgegeben worden ist, nicht ausgeführt hat;
- das Gericht zu Unrecht den Antrag als bloßen Beweisermittlungsantrag gewertet hat;[1393]
- das Gericht seine Pflicht, auf die Stellung eines einwandfreien Antrags hinzuwirken, verletzt hat.[1394]

In all diesen Fällen braucht keine Aufklärungsrüge erhoben zu werden, sondern kann sich die Revision unmittelbar auf die Verletzung von § 244 Abs. 3 bis 6 StPO stützen.[1395] Die Rüge des Verstoßes gegen § 338 Nr. 8 StPO war zwar ursprünglich, als das Gesetz die Zurückweisungsgründe für den Beweisantrag noch nicht regelte, „passend", bringt aber nach dem heute geltenden Recht keine Vorteile mehr, wenn gleichzeitig die Verletzung des Beweisantragsrechts beanstandet werden kann.[1396] Dies gilt freilich nicht, wenn der Tatrichter sich **weigert, Beweisanträge überhaupt entgegenzunehmen.** Das verletzt keine bestimmte Verfahrensvorschrift, sondern kann nur nach § 338 Nr. 8 StPO gerügt werden, wenn es der Revisionsführer nicht seinerseits versäumt hat, das unakzeptable Verhalten des Vorsitzenden nach § 238 Abs. 2 StPO zu beanstanden.[1397] **620**

Zur Anfechtung der tatrichterlichen Entscheidung über einen Beweisantrag ist in erster Hinsicht der Prozessbeteiligte berechtigt, der den Antrag gestellt, oder der sich dem Antrag eines anderen Prozessbeteiligten ausdrücklich oder stillschweigend ange- **621**

1392 *Hamm/Hassemer/Pauly* Beweisantragsrecht, Rn. 493 ff.

1393 Beispiele: BGH 5 StR 499/04 v. 1. 3. 2005 = StV 2005, 254 = NStZ-RR 2005, 177; BGH 4 StR 100/07 v. 13. 6. 2007 = StV 2007, 563 = NStZ 2008, 52; andererseits hat der BGH dem Antrag auf Verlesung einer schriftlich an das Gericht adressierten Einlassung des (in der mündlichen Hauptverhandlung schweigenden) Angeklagten die Qualität als Beweisantrag abgesprochen (BGH 3 StR 6/08 v. 27. 3. 2008 = BGHSt 52, 175 = NJW 2008, 2356).

1394 Vgl. *Meyer-Goßner* § 244, Rn. 83; KK-*Fischer* § 244, Rn. 223; *Alsberg/Nüse/Meyer* Beweisantrag, 875 und 877; *Meyer-Goßner* Fehlerhaft beschiedene Beweisanträge, Schriftenreihe DAV, Bd. 3, 122.

1395 *Meyer-Goßner* § 244, Rn. 80.

1396 *Meyer-Goßner* § 244, Rn. 83; *Alsberg/Nüse/Meyer* Beweisantrag, 867, m. w. N.; *Hamm/Hassemer/Pauly* Beweisantragsrecht, Rn. 496.

1397 BGH JR 80, 218 (mit Anm. *Meyer*); BGHSt 29, 149 (151); *Alsberg/Nüse/Meyer* Beweisantrag, 868.

schlossen hat.[1398] Außer dem Antragsteller ist zur Anfechtung aber auch jeder weitere Verfahrensbeteiligte berechtigt, der durch die Gerichtsentscheidung über den Beweisantrag oder durch ihr Unterlassen **beschwert** ist. Das sind diejenigen Prozessbeteiligten, deren Interessen mit denen des Antragstellers so erkennbar übereinstimmen, dass das Gericht auch ihnen gegenüber zur rechtlich einwandfreien Behandlung des Antrags verpflichtet war.[1399] Jedoch kann die Entscheidung über einen Beweisantrag der Staatsanwaltschaft zum Nachweis einer den Angeklagten belastenden Tatsache von ihm in der Regel nicht als Verletzung des § 244 Abs. 3 StPO beanstandet werden.[1400]

622 In jüngster Zeit mehren sich allerdings die Anzeichen dafür, dass die „starke" Stellung des Beweisantragstellers in der Revision von der Rechtsprechung aufgeweicht werden soll. Das fing damit an, dass der 4. Strafsenat des Bundesgerichtshofs es zugelassen hat, dass über den geschlossenen Katalog der Zurückweisungsgründe hinaus schon die Entgegennahme von Beweisanträgen des Angeklagten unter dem Aspekt des Rechtsmissbrauchs abgelehnt werden kann, wenn ein *„exzessiver Gebrauch zum Zwecke der Verhinderung des ordnungsgemäßen Abschlusses der Hauptverhandlung"* anzunehmen sei.[1401] Darüber hinaus hat der 4. Senat auch schon darüber „nachgedacht", die Erhebung einer Rüge, mit der die Ablehnung von Beweisanträgen beanstandet wird, als **rechtsmissbräuchlich** zu kennzeichnen.[1402] Anlass hierfür war eine Verfahrenslage, in der der Nebenklägervertreter bei zwei von ihm angebotenen Zeugen als Anschriften im Ausland liegende Orte angab, obwohl er wusste, dass beide während der Sitzung anwesend waren. Das Landgericht hatte daraufhin beide als in absehbarer Zeit unerreichbar angesehen und die entsprechenden Beweisanträge abgelehnt. Die Revision war aus anderen Gründen ohnehin unzulässig. Aber der Senat wollte es sich offenbar nicht nehmen lassen, wenigstens in einem obiter dictum zum Ausdruck zu bringen, was er von einer solchen vermeintlich trickreichen Verhaltensweise in der Hauptverhandlung hält. Der nächste Schritt zur Einschränkung des Beweisantragsrechts besteht in der erleichterten Anwendung des Zurückweisungsgrundes der **Verschleppungsabsicht**.[1403]

623 Und schließlich errichtet die Erfindung der sog. **„Konnexität"** zwischen dem Beweisthema und dem benannten Beweismittel eine weitere vom Gesetz nicht vorgegebene Hürde: Beim Zeugenbeweis will der BGH einen Beweisantrag als solchen nicht mehr anerkennen, wenn darin nicht auch etwas über die „Wahrnehmungssituation" des Zeugen ausgeführt wird.[1404]

1398 Vgl. *Alsberg/Nüse/Meyer* Beweisantrag, 384.

1399 BGHSt 32, 10 (12) = BGH NStZ 1984, 372 (m. Anm. *Schlüchter*); BGH StV 1987, 189; BGH Beschl. v. 27. 11. 1991 – 5 StR 513/91; *Meyer-Goßner* § 244, Rn. 84; *Alsberg/Nüse/Meyer* Beweisantrag, 870 ff. m. w. N.

1400 BGHR StPO § 244 Abs. 3 – Rügerecht 1 bzw. auch § 244 Abs. 3 Satz 2 – Hinweispflicht 1; *Alsberg/Nüse/Meyer* Beweisantrag, 873 f. m. w. N.

1401 BGHSt 38, 111 = NStZ 1992, 140; einschränkend auf ganz extreme Ausnahmefälle BayObLGSt 2004, 25 ff.

1402 So BGH, Beschl. v. 12. 12. 1991 – 4 StR 575/91.

1403 BGH 1 StR 32/07 v. 9. 5. 2007 = BGHSt 51, 333 = NJW 2007, 2501= StV 2007, 454 (mit kritischer Anmerkung *Michalke* StV 2008, 228 ff.).

1404 BGH, Urt. v. 10. 6. 2008 – 5 StR 38/08 = BGHSt 52, 284 = JR 2008, 515 (mit krit. Anmerkung *Eidam* JR 2008, 520 ff.) in Fortführung von BGHSt 39, 251 mit krit. Anmerkung *Hamm* StV 1993, 455; dagegen zustimmend *Widmaier* NStZ 1993, 602; erfreulich dagegen der Verzicht auf diese

Auch an dieser Stelle kann daher nicht genug davor gewarnt werden, gerade das Beweisantragsrecht als ein Mittel benutzen zu wollen, einen offenen oder einen einseitig erkannten verdeckten Dissens zwischen dem Antragsteller und dem Gericht als „Sprengsatz“ für das anzufechtende Urteil in der Revisionsinstanz einzusetzen. So berechtigt die Kritik daran ist, dass der Bundesgerichtshof das autonome Beweisantragsrecht zunehmend in seiner Unentbehrlichkeit in Frage stellt,[1405] und so sehr man mit Recht die neuerlichen Einschränkungen des Beweisantragsrechts durch immer neue richterrechtliche Erfindungen wie Konnexität[1406] und Fristsetzung[1407] beklagen muss, so richtig und konsequent vom Ausgangspunkt des oben skizzierten Verständnisses vom formalisierten Dialog sind doch die folgenden Sätze des BGH: *„Namentlich im Bereich des Beweisantragsrechts wird es von den Revisionsgerichten nicht hingenommen, wenn der Verteidiger ein durch den Ablauf der Hauptverhandlung, insbesondere aus der Begründung von Beschlüssen erkanntes Mißverständnis des Gerichts über einen Antrag nicht in der Hauptverhandlung zu beseitigen sucht, sondern es zunächst unbeanstandet läßt, um es dann zur Grundlage einer revisionsrechtlichen Verfahrensrüge zu nehmen (...). Eine solche Rechtsprechung zwingt ..., darauf zu achten, dass auch Gerichte im Rahmen ihrer Verpflichtung zu fairer Verfahrensgestaltung gehalten sind, erkannte Mißverständnisse der Verteidigung ... durch entsprechende Hinweise auszuräumen (...).“*[1408] Der Dialog zwischen dem Beweisantragsteller und dem Tatgericht ist nur so lange etwas wert und unentbehrlich, als beide Seiten im Rahmen ihrer Verfahrensrolle mit offenen und nicht mit gezinkten Karten spielen. 624

Dabei müssen freilich die Gerichte und Staatsanwaltschaften akzeptieren, dass die Verteidigerrolle und erst recht die Stellung des Angeklagten als autonomes Prozesssubjekt ihnen ein geringeres Maß an „Transparenz“ ihres Prozessverhaltens zugestehen, als dies für die Strafjustiz geboten ist. Dem Verteidiger setzt seine berufliche Schweigepflicht Grenzen bei der Offenbarung seines Hintergrundwissens. Deshalb braucht er nicht seine Informationsquellen und nicht die Fakten zu nennen, die dem Gericht den Grad der bei ihm vorhandenen Gewissheit über die unter Beweis gestellten Tatsachen verraten. Er darf vielmehr wie der Angeklagte auch solche Tatsachen im Rahmen eines Beweisantrages bestimmt behaupten (und muss es sogar), deren Richtigkeit er nicht positiv kennt und deren Erweislichkeit er nur er- 625

Hürde in BGH 3 StR 179/08 – Beschl. v. 24. 6. 2008 = StV 2008, 449 = NStZ 2008, 707; zum Erfordernis der Konnexität auch *Hamm/Hassemer/Pauly* Beweisantragsrecht, Rn. 125 ff.

1405 *Herdegen* StV 1990, 518; vgl. dazu auch *Hamm* NJW 1993, 289 ff.; *ders.* StV 1993, 455 ff.; *ders.* Einl. zu *Herdegen* Beweisantragsrecht, Beweiswürdigung, strafprozessuale Revision, 1995, 54 ff.

1406 Zuletzt in BGHSt 52, 284 ff.

1407 BGH, Beschl. v. 23. 9. 2008 – 1 StR 484/08 – BGHSt 52, 355 = NJW 2009, 605; NStZ 2009, 169; StV 2009, 64; krit. Anm. *Fezer* HRRS 2009, 17 ff.; *König* StV 2009, 171; *Gaede* NJW 2009, 605; *Beulke* in: Rechtsprechung, Gesetzgebung, Lehre: Wer regelt das Strafrecht? Tagungsband 2. Karlsruher Strafrechtsdialog 2010, 85; kritisch auch *Meyer-Goßner*, 52. Aufl. § 244 Rn. 69 b. Zur Notwendigkeit restriktiver Anwendung der „Fristenlösung“ und zu den Folgen eines Verstoßes dagegen für die Frage der Befangenheit der beteiligten Richter jetzt BGH 5 StR 263/08 – Urt. v. 8. 7. 2009 = BGHSt 54, 39 = StV 2009, 581 = NJW 2009, 3248 mit Anm. *Mehle*.

1408 BGH StV 1994, 411 = NStZ 1994, 483 (Urt. v. 31. 5. 1994 – 5 StR 154/94) unter Hinweis auf BGHR StPO § 244 Abs. 6 – Beweisantrag 3; BGH bei *Pfeiffer/Miebach* NStZ 1983, 212; BGH, Urteile v. 22. 9. 1993 – 2 StR 170/93 (= NStZ 1994, 47) und v. 12. 10. 1993 – 1 StR 500/93 (= NStZ 1994, 183); *Maatz* NStZ 1992, 513, 516 f.

hofft.[1409] Deshalb sind Fragen und Hinweise des Gerichts, die darauf abzielen, hinter dem objektiven Erklärungswert eines Antragswortlautes aus dem Kenntnisstand des Angeklagten etwas herzuleiten, unbeachtlich. Aber jede „Gegenfrage" des Gerichts in Gestalt eines förmlichen Zurückweisungs- oder Hinweisbeschlusses oder einer Bitte um Klarstellung, die den „gemeinten" objektiven Sinn des Antrages betreffen, darf nicht ohne Risiko, am Ende die Interpretationslast zu tragen, unbeantwortet bleiben. Der Sinn des § 244 Abs. 6 StPO, wonach ein Beweisantrag, falls ihm nicht stattgegeben wird, durch Beschluss zu bescheiden ist, liegt nämlich auch darin, dem Antragsteller Gelegenheit zu geben, etwaige bloße Formulierungsmängel[1410] nachzubessern oder Missverständnisse über die Reichweite des Beweisthemas zu beseitigen.

626 Das gilt auch für die Abgrenzung zwischen der unmittelbar unter Beweis gestellten Tatsache und dem **Beweisziel.** Hierunter versteht man den Ertrag der Beweiserhebung für das Urteil, der nur dann mit der Bestätigung der Beweistatsache durch das benannte Beweismittel identisch ist, wenn diese zu einem bestimmten Schluss (z.B. der „Nichttäterschaft" des Angeklagten) zwingt. In den meisten Fällen muss aber das Tatgericht erst noch eine mehrstufige Würdigung vornehmen: Es muss nach der Bewertung der Aussagekraft des erhobenen Beweises die bewiesene Indiztatsache vergleichen mit allen anderen für oder gegen das vom Antragsteller erstrebte Ergebnis sprechenden Indizien, muss eine Gesamtwürdigung vornehmen und sich dann entweder eine Überzeugung bilden oder nach dem Zweifelssatz die für den Angeklagten günstigste Annahme seiner Entscheidung zugrunde legen. Dem Beweisziel „der Angeklagte ist nicht der Täter" kann sich der Verteidiger durch die Beweisbehauptung „an der Tatwaffe finden sich auch Fingerabdrücke einer noch unbekannten dritten Person" zwar annähern, aber er hat es damit noch nicht erreicht. Das bedeutet freilich nicht, dass das Beweisziel für das Gericht unerheblich wäre. Wenn es erkennbar ist, dient es der Interpretation des Beweisantrages und muss zu diesem Zwecke herangezogen werden. Das gilt insbesondere für die Bewertung der unter Beweis gestellten Tatsachen im Hinblick auf ihre Erheblichkeit für die Urteilsfindung. Eine immer wieder von den Revisionsgerichten beanstandete Ausweichstrategie der Tatgerichte besteht darin, die Beweisbehauptung rabulistisch auf ihre durch den Wortlaut umgrenzte Aussage zu reduzieren, statt sie unter Heranziehung auf das erkennbare Beweisziel in ihrem vollen Sinn auszuschöpfen.[1411] Lässt der Antrag mehrere Auslegungen zu, so ist das Gericht verpflichtet zu fragen, welche Bedeutung gemeint ist, bevor es seiner Entscheidung eine möglicherweise vom Antragsteller gar nicht intendierte Interpretation zugrunde legt.[1412]

627 Zu unterscheiden von der vorstehend behandelten Problematik ist die Frage, welchen **Tatsachenvortrag** die Beweisbehauptung enthalten muss, um den Anforderungen an die Bestimmtheit eines Beweisantrags gerecht zu werden. Erschöpft sich nämlich die

---

1409 BGH NJW 1987, 2384; StV 1989, 237; *Meyer-Goßner* § 244, Rn. 20; *Alsberg/Nüse/Meyer* Beweisantrag, 43; KK-*Fischer* § 244, Rn. 73; *Herdegen* Beweisantragsrecht, Beweiswürdigung, strafprozessuale Revision, 1995, 54ff.

1410 *Meyer-Goßner* § 244, Rn. 35.

1411 BGH NStZ 1986, 207 (*Pfeiffer/Miebach*); BGH GA 1984, 21; *Alsberg/Nüse/Meyer* Beweisantrag, 750; *Hamm/Hassemer/Pauly* Beweisantragsrecht, Rn. 194.

1412 *Alsberg/Nüse/Meyer* Beweisantrag, 750.

„Behauptung" in der bloßen Wiedergabe von gesetzlichen Merkmalen, deren Vorliegen erst als Ergebnis von richterlichen Wertungen und prognostischen Einschätzungen festgestellt werden kann, kann es sich um einen bloßen **Beweisermittlungsantrag** handeln. Dies hat mit zutreffenden Gründen das BayObLG für die Behauptung, *„der Angeklagte habe sich schon die erstinstanzliche Verurteilung zur Warnung dienen lassen und werde künftig auch ohne Einwirkung des Strafvollzugs keine Straftaten mehr begehen"* klargestellt.[1413] Dabei hat es aber auch darauf hingewiesen, dass der Beweisantrag nicht schon deshalb „unzulässig" sei, weil er eine Prognosebehauptung enthielt.[1414] Was dem auf die Feststellung einer günstigen Sozialprognose i.S. des § 56 Abs. 1 StGB gerichteten Antrag auf Vernehmung (eines psychologischen Sachverständigen!) fehlte, waren konkrete Tatsachen aus dem inneren oder äußeren Lebensbereich der Angeklagten, die für den behaupteten positiven Zusammenhang zwischen dem Erlebnis der erstinstanzlichen Verurteilung und der künftigen Rechtstreue hätten sprechen können. Zu denken wäre hier ggf. z.B. an positive Verhaltensweisen nach der Hauptverhandlung vor dem Amtsgericht, wie die Meidung von Aufenthalten in einschlägigen Örtlichkeiten oder das Abbrechen des Kontakts mit bestimmten „schlechten Freunden". Ob hierzu freilich die Fachkunde eines Psychoanalytikers erforderlich oder auch nur hilfreich hätte sein können, hat der Senat mit Recht als zweifelhaft offengelassen.[1415]

Es ist auch rechtsfehlerhaft, wenn das Gericht einem Antrag die Qualität als Beweisantrag gerade deshalb abspricht, weil der Antragsteller es *unterlassen* habe, sein Beweisziel anzugeben.[1416] **628**

Die Pflicht zur wechselseitigen Information über den möglichen Aufklärungsertrag **629**
der beantragten Beweiserhebung muss auch deshalb anerkannt werden, weil die Unterscheidung zwischen Beweisbehauptung und Beweisziel häufig von Missverständnissen erschwert wird. Das gilt insbesondere in Fällen, in denen sogenannte **Negativtatsachen** unter Beweis gestellt werden: Ein Zeuge werde bekunden, dass bestimmte (den Angeklagten belastende) Vorgänge *nicht* stattgefunden haben. So wird neuerdings diskutiert, ob eine „Negativtatsache" dem Zeugenbeweis überhaupt zugänglich ist, weil ein Zeuge nur über das berichten kann, was er („positiv") wahrgenommen hat, während ein „Nichtgeschehen" immer nur im Wege der Schlussfolgerung aus dem Wahrgenommenen hergeleitet werden könne. Wer bei einer Einladung mit vier Ehepaaren dabei war, kann später bekunden, wer die zusammengekommenen acht Personen waren. Dass eine bestimmte neunte Person „nicht" mit am Tisch saß, kann der Zeuge nicht „gesehen" haben. Er kann somit allein bezeugen, dass er „diese" Person nicht wahrgenommen hat. Ob dies nun auch bedeutet, dass sie nicht anwesend war, mag der persönlichen Überzeugung des Zeugen entsprechen, aber er hat dieses Wissen erst aus seinen Wahrnehmungen über die Identitäten der mit ihm am Tisch sitzenden Personen geschlossen. Dasselbe gilt etwa auch für die Beweisfrage, worüber während des Abendessens gesprochen und worüber nicht gesprochen wurde. Dass die

---

1413 BayObLG NStZ 2003, 105 = JR 2003, 294.
1414 So aber *Alsberg-Nüse-Meyer*, Beweisantrag, 430; anders auch schon OLG Celle JR 1985, 32 f.
1415 BayObLG NStZ 2003, 105 (106).
1416 Vgl. BGH 5 StR 499/04 v. 1. 3. 2005 = StV 2005, 254 = NStZ-RR 2005, 177.

Planung einer bestimmten Straftat während des gesamten Abends von den Anwesenden „mit keinem Wort erwähnt wurde“, kann nur bekunden, wer ununterbrochen anwesend war, jedes Gespräch mitgehört hat und alle Gesprächsinhalte verstanden und anderen Themen zugeordnet hat, um aus all diesen Wahrnehmungsinhalten den Schluss zu ziehen, dass von der Straftat jedenfalls keine Rede war.

630 Nun würde es bei solch einfachen Sachverhalten schon sprachlich höchst ungewöhnlich und gekünstelt wirken, wenn man das aus Einzelwahrnehmungen und Schlussfolgerungen zusammengesetzte fertige Wissen eines Zeugen („bei der Gesellschaft war der Angeklagte nicht zugegen und es wurde auch nicht über Drogenhandel gesprochen“) nicht als solches unter Beweis stellen dürfte, sondern darauf angewiesen wäre, die anwesenden Personen namentlich zu benennen und den vollständigen Inhalt der Tischgespräche (Wetter, Politik, Sport, Scheidung gemeinsamer Bekannter) positiv wiederzugeben. Aber der Bundesgerichtshof tendiert gleichwohl dazu, Beweisanträge den strengen Prüfungsmaßstäben des § 244 Abs. 3 StPO zu entziehen, wenn die unter Beweis gestellte „Negativtatsache“ auch **Schlussfolgerungen des Zeugen** voraussetzt, ohne dass vom Antragsteller gesagt wird, an welche positiven Wahrnehmungen diese anknüpfen. Im entsprechenden „leading-case“[1417] hatte das Landgericht einen Beweisantrag mit der Begründung abgelehnt, die benannten Zeugen seien völlig ungeeignete Beweismittel, einen weiteren mit der Begründung, es handele sich um einen Beweisermittlungsantrag. Der 5. Strafsenat des BGH ließ sich gar nicht erst auf die Prüfung der gesetzlichen Zurückweisungsgründe ein, sondern meinte, die Anträge seien mangels konkreter dem Zeugenbeweis zugänglicher Behauptungen nur nach den Maßstäben der Aufklärungspflicht zu behandeln.

631 Diese Bewertung ermöglichte sich der Senat durch die rigide Feststellung, dass Gegenstand eines Beweisantrages auf Vernehmung eines Zeugen nur solche Umstände oder Geschehnisse sein könnten, die mit dem benannten Beweismittel unmittelbar bewiesen werden sollen. Soll aber, so die Annahme des Senates weiter, aus den Wahrnehmungen des Zeugen auf ein bestimmtes weiteres Geschehen geschlossen werden, ist nicht dieses weitere Geschehen, sondern nur die Wahrnehmung des Zeugen tauglicher Gegenstand des Zeugenbeweises.

632 Die bedrohlichen Konsequenzen dieser Entscheidung für das Beweisantragsrecht insgesamt habe ich an anderer Stelle[1418] zu zeigen versucht. *Widmaier* hat dem widersprochen und gemeint, es sei nicht zu viel verlangt, wenn der Beweisantragsteller den **„Konnex“** zwischen Beweistatsache und Beweismittel kenntlich machen müsse, damit das Gericht die Zurückweisungsgründe z.B. der Unerheblichkeit prüfen könne.[1419] Dem ist entgegenzuhalten, dass es nicht zu den Obliegenheiten des Antragstellers gehört, der Zurückweisung des eigenen Antrags den Boden zu bereiten. Im Übrigen hat er nach dem Verständnis des Gesetzes schon dadurch die prozessuale Verknüpfung zwischen der Beweistatsache und dem Beweismittel gezeigt, dass er durch die Benen-

---

1417 BGHSt 39, 252 = NJW 1993, 2881 = StV 1993, 454 (mit ablehnender Anm. *Hamm*) = NStZ 1993, 550 (mit zust. Anm. *Widmaier* NStZ 1993, 602) = BGHR StPO § 244 Abs. 6 – Beweisantrag 26.

1418 StV 1993, 458.

1419 *Widmaier* NStZ 1993, 603.

nung des Zeugen für ein sachbezogenes Wissen mit der Formulierung „zum Beweis der Tatsache, dass ...“ oder „durch die Vernehmung wird bewiesen werden, dass ...“ den Zusammenhang kenntlich gemacht hat. Ist die in dem Beweisantrag enthaltene Prognose, dass nach der Vernehmung des Zeugen die „in sein Wissen gestellte“ Tatsache bewiesen sein werde, schon deshalb nicht nachvollziehbar, weil es sich um eine Behauptung handelt, die sich generell dem Zeugenbeweis entzieht, liegt der Zurückweisungsgrund „Beweismittel ungeeignet“ vor.[1420] Das gilt auch für alle Beweistatsachen, die ein Zeuge überhaupt nicht aufgrund eigener Wahrnehmung „wissen“ kann. Wer also beispielsweise versuchen wollte, mit einem Zeugen unter Beweis zu stellen, dass auf der mit 80.000 Menschen besetzten Zuschauertribüne eines Fußballstadions niemand ein böses Wort über den Schiedsrichter verloren hat, würde an der zutreffenden Antwort des Gerichtsbeschlusses scheitern, dafür sei der Zeugenbeweis ungeeignet (wenn nicht sogar das Gegenteil der unter Beweis gestellten Tatsache offenkundig ist).

Weder mit der generellen Geeignetheit des Zeugenbeweises noch mit der Frage des **633**
Konnexes zwischen Beweismittel und Beweistatsache hat aber die Frage etwas zu tun, ob ein Beweisantrag, der ein gegenwärtiges Wissen eines Zeugen behauptet, mit der Begründung zurückgewiesen werden darf, es sei nicht angegeben, auf welchen konkreten Wahrnehmungen und welchen (vielleicht zwingenden) Schlussfolgerungen das Zeugenwissen beruht. Ein solcher im Gesetz nicht vorgesehener Zurückweisungsgrund sollte sich schon deshalb verbieten, weil es keine Zeugenaussagen gibt, die ohne Verarbeitung von Nervenreizen auf der Netzhaut des Auges oder in den Sensoren anderer Sinnesorgane durch allerlei Schlussfolgerungen „unmittelbar“ Wahrnehmungen in die Beweiswürdigung transportieren. Es ist vielmehr Aufgabe der Beweiserhebung und der Ausübung des Fragerechts aller Prozessbeteiligten, die Wissensquellen des Zeugen in Erfahrung zu bringen und seine Wahrnehmungs-, Verarbeitungs-, Merk- und Reproduktionsarbeit auf ihre wahrheitsfördernde Kraft hin zu untersuchen.[1421] Zutreffend hat der 3. Strafsenat in jüngster Zeit beanstandet, dass das Tatgericht die Benennung eines Zeugen zu seinen Wahrnehmungen „zu Vorgängen, die sich im Innern eines anderen Menschen abgespielt haben“ mit der Begründung, das Beweismittel sei völlig ungeeignet, zurückgewiesen hatte.[1422] Dagegen kann ein Zeuge durchaus Wahrnehmungen gemacht haben, die ihn als geeignetes Beweismittel ausweisen, um auszusagen, ob ein Gesprächspartner bestimmte Äußerungen „aus freien Stücken“ gemacht hat. Der 5. Strafsenat des BGH sieht dies anders und nahm eine solche Fallkonstellation zum Anlass, seine Konnexitätsrechtsprechung im Anschluss an wissenschaftliche Beiträge seines Vorsitzenden *Basdorf*[1423] voranzutreiben, indem nun auch noch als angeblich notwendiger Bestandteil eines Beweisantrages die **Schilderung der Wahrnehmungssituation** des Zeugen im Lichte des bis-

---

1420 Vgl. hierzu auch BGH NJW 1997, 2762 (2763): „Die Validität des Beweismittels – hier des Zeugen – ist ... im Rahmen eines Beweisantrages grundsätzlich kein Element der zu bezeichnenden Beweistatsache“.

1421 Vgl. *Hamm* StV 1993, 458.

1422 BGH 3 StR 179/08 – Beschl. v. 24. 6. 2008 = StV 2008, 449 = NStZ 2008, 707.

1423 *Basdorf* Änderungen des Beweisantragsrechts und Revision StV 1995, 310; *ders.* Elemente des Beweisantrags- Konnexität und anderes, FS Widmaier, 51 ff.

herigen Beweisergebnisses verlangt wird.[1424] Damit wird aber nun endgültig die Philosophie des Beweisantragsrechts auf den Kopf gestellt: Wenn der Antragsteller *seine* Beurteilung der „bisherigen Beweissituation" unterbreitet, wird es nicht selten vorkommen, dass die vorläufige Würdigung der bis dahin erhobenen Beweise des Gerichts damit nicht übereinstimmt. Ob der Zeuge Wahrnehmungen objektiver Fakten, etwa körpersprachliche „Äußerungen" jenes anderen Menschen, die einen Schluss auf dessen innere Einstellung zulassen, gemacht hat, kann erst bei der Vernehmung überprüft werden, und darf nicht antizipiert werden, indem das Gericht schon die Beweisantragsqualität verneint und konsequenterweise auch keinen Beschluss mehr verkündet. Damit würde aber gerade an der wichtigsten Stelle des formalisierten Dialogs das Gericht seine „Antwort" auf die im Beweisantrag steckenden Fragen schuldig bleiben. Die allgemeine „Geschäftsgrundlage" des Beweisantragsrechts wäre aufgekündigt, dass allein der Rückgriff auf einen der gesetzlich zugelassenen Zurückweisungsgründe eine spezifische Mitteilung über die aktuelle Beurteilungslage des Gerichts enthält. *Fischer* spricht deshalb anschaulich davon, dass aus dem Begriff der Konnexität nicht die Legitimation erwächst, einen gesetzlich nicht vorgesehenen Meta-Ablehnungsgrund einzuführen.[1425]

634 Dass der ablehnende Beschluss verständlich und verläßlich sein muss und dass in dem Maße, in dem er diese Anforderungen erfüllt, auch der Beweisantragsteller im weiteren Verfahren daran festgehalten wird, dass er in Kenntnis der Bewertung des Gerichts nicht reagiert hat, muss als Konsequenz aus dem **Dialogcharakter** des Antrag-Beschluss-Prozesses anerkannt werden. Es hieße aber andererseits diesen Informations- und Beurteilungsaustausch gründlich missverstehen, wenn man damit eine Verpflichtung zu konsensualen Verständigungsstrategien begründen wollte. Jeder Beweisantrag enthält Konfliktpotential. Schon der Zwang, auf die im Rahmen der Amtsaufklärungspflicht erlaubte Beweisantizipation zu verzichten und somit gleichsam gegen die eigene Überzeugung von deren Unergiebigkeit noch weitere Beweise zu erheben, bedeutet für das Gericht eine Zumutung, die im günstigsten Falle als ärgerlich, im ungünstigsten Falle als Zeichen dafür empfunden wird, dass es dem Antragsteller um andere Ziele als um Aufklärung zu tun ist. Hierin dürfte auch der Grund für die verbreitete Unzufriedenheit der Tatrichter mit dem geltenden Beweisantragsrecht liegen. Die dazu vielfach geltend gemachte Erfahrung mit angeblichen Missbräuchen beruht sicherlich auf subjektiv „realen" Erlebnissen.

635 Aber diese sind schon strukturell im System angelegt und sind vom Gesetzgeber gewollt. Die StPO selbst und nicht erst der einzelne Beweisantragsteller mutet dem Richter zu, seine Freiheit in der Würdigung der bereits erhobenen Beweise im Verhältnis zu den noch möglichen in der Weise einengen zu lassen, dass – wie *Herdegen* es treffend ausgedrückt hat[1426] – „Chancengleichheit zwischen den erhobenen und den beantragten Beweisen" besteht. Gerade weil das Tatgericht mit seiner die Aufklä-

---

1424 BGH, Urt. v. 10. 6. 2008 – 5 StR 38/08 – BGHSt 52, 284 = NJW 2008, 3446 mit Anm. *Eisenberg* ZIS 2008, 469; *Beulke* StV 2009, 58; *Witzigmann* StV 2009, 58.

1425 KK-*Fischer* § 244, Rn. 84, wo er andererseits die Rechtsprechung wiederum in Schutz nimmt gegen den in der Vorauflage des KK von *Herdegen* § 244, Rn. 48 a erhobenen Vorwurf, der BGH wende die Konnexitätsformel an, um das Beweisantragsrecht „nach Gutdünken" gelten zu lassen.

1426 *Herdegen* Beweisantragsrecht, Beweiswürdigung, strafprozessuale Revision, 52.

rungspflicht begrenzenden Selbstprüfungsaufgabe dazu neigen kann, eine Tatfrage verfrüht als „geklärt" anzusehen und es dann auch jedes weitergehende Beweisbegehren voreilig als entbehrlich und als sinnlos einstufen wird, wäre ein Beweisantragsrecht nichts wert, das die Kriterien für den Beweiserhebungsanspruch an die Grenzen der Amtsaufklärungspflicht ankoppeln würde. Das wäre aber schon dann der Fall, wenn man neben den im Gesetz aufgelisteten Zurückweisungsgründen einen ungenannten allgemeinen Zurückweisungsgrund anerkennen wollte, von dem stets dann Gebrauch gemacht werden dürfte, wenn das Gericht auf der Grundlage seiner bisherigen Würdigung kein Verständnis für das Beweisbegehren aufbringt und deshalb hinter dem Antrag sachfremde Motive vermutet.

Das Beweisantragsrecht verbietet es dem Gericht somit, seine allgemeine Empfindung oder auch Überzeugung, der Antragsteller missbrauche seine Befugnis zur Mitwirkung am Sammeln des Beweisstoffs, als Rechtfertigung für das Abblocken der benannten Beweismittel heranzuziehen. Die einzige Ausnahme besteht für den Fall, dass der Missbrauch zum Zwecke der **Verfahrensverschleppung** feststeht.[1427] Deren ausdrückliche Regelung im Gesetz wäre aber völlig überflüssig, wenn ein allgemeiner Zurückweisungsgrund des Rechtsmissbrauchs mit der Konzeption des Beweisantragsrechts in seiner Eingebundenheit in das strafprozessuale Beweisrecht vereinbar wäre. **636**

Mit der „Missbrauchsrechtsprechung" verwandt, ist die Methode der **Herabstufung von Beweisanträgen in Beweisermittlungsanträge**, wenn die Gerichte dem Antragsteller schlicht nicht abnehmen, dass er seinerseits an die eigene Beweisbehauptung glaubt.[1428] Der Gang der Rechtsprechung des Bundesgerichtshofs hierzu wurde von *Herdegen* detailliert nachgezeichnet.[1429] Es geht hierbei um Entscheidungen,[1430] in denen dem Antragsteller der „Vorwurf" gemacht wird, er habe eine aus der Luft gegriffene, aufs Geratewohl gemachte und damit letztlich nur zum Schein in die Form einer Tatsachenbehauptung gekleidete Behauptung aufgestellt.[1431] **637**

Auch dieser Weg zur Einschränkung des Beweiserhebungsanspruchs erweist sich als bedenklich. Er widerspricht dem Grundsatz, dass es dem Antragsteller nicht verwehrt sein kann, mit dem Mittel des Beweisantrags auch solche Tatsachen unter Beweis zu **638**

1427 Vgl. dazu unten, Rn. 694 ff.

1428 Hierzu grundlegend *Gollwitzer* StV 1990, 420; *Herdegen* Diskussionsbeitrag zum Begriff der Beweisbehauptung, in: Grundprobleme des Revisionsverfahrens, Schriftenreihe der Arbeitsgemeinschaften des DAV, 39 ff.; *Julius* MDR 1989, 116; *Krekeler* Einschränkungen des Beweisantragsrechts durch Umdeutung von Beweisanträgen in Beweisanregungen, in: Grundprobleme des Revisionsverfahrens, Schriftenreihe der Arbeitsgemeinschaften des DAV, 137 ff.; *Schwenn* StV 1981, 631 ff.; vgl. aus der Rechtsprechung etwa BGHR StPO § 244 Abs. 6 – Beweisantrag 8 m. w. N.; zum Grundsatz, wonach der Antragsteller nicht vorab prüfen muss, ob ein Zeuge die in sein Wissen gestellte Tatsache, auch tatsächlich wahrgenommen hat und zum Konnexitätserfordernis als überflüssige Blockade vor der Prüfung der Geeignetheit des Beweismittels und der Bedeutungslosigkeit der Beweisbehauptung KK-*Fischer* § 244, Rn. 83.

1429 *Herdegen* GS Meyer, 187 ff., 199 ff.

1430 Vgl. etwa BGHR StPO § 244 Abs. 6 – Beweisantrag 2; BGHR StPO § 244 Abs. 6 – Beweisantrag 7; BGHR StPO § 244 Abs. 6 – Beweisantrag 8 m. w. N.; BGHR StPO § 244 Abs. 6 – Beweisantrag 10; BGH NStZ 1992, 397 (398) = BGHR StPO § 244 Abs. 6 – Beweisantrag 21 (mit Anm. *Peters* NStZ 1993, 293); BGH NStZ 1993, 143 = BGHR StPO § 244 Abs. 6 – Beweisantrag 24; BGH NStZ 1993, 247 = BGHR StPO § 244 Abs. 6 – Beweisantrag 25.

1431 Vgl. auch BGHR StPO § 244 Abs. 3 Satz 2 – Prozessverschleppung 2, m. w. N.

stellen, die er nur **für möglich hält,**[1432] und dass der Antragsteller seine eigenen Informationsquellen nicht zu nennen braucht. Folgt aus den Gesamtumständen, dem Wortlaut und dem prozessualen Kontext des Beweisantrags und aus dem bisherigen Verhalten des Antragstellers zwingend, dass er das von ihm behauptete Beweisergebnis nicht einmal für möglich hält, so dass der Verzögerungseffekt des Antrages sein einziger Zweck sein muss, so sieht das Gesetz den Zurückweisungsgrund der Verschleppungsabsicht vor. Auch hier gilt, dass die Rechtsprechung nicht befugt ist, die damit vorgegebene gesetzliche Einengung auf diesen Fall des Rechtsmissbrauchs zu missachten, indem sie ungeschriebene weitere Fälle von „Scheinanträgen" mit der Sanktion der Außerkraftsetzung des Beweisantragsrechts belegt.

639 Die Kennzeichnung der Abfolge von Beweisantrag und Beschluss als formeller Dialog kann auch die umstrittene Frage lösen helfen, ob die Entscheidung über den Beweisantrag **sofort** nach der Antragstellung ergehen muss, oder ob das Gericht sie nach Belieben bis zum Ende der Beweisaufnahme **zurückstellen** darf. Nach der h.M. ist das Gericht nicht verpflichtet, über die beantragte Beweiserhebung sofort zu entscheiden, sondern darf die Entscheidung auf einen späteren Zeitpunkt verschieben.[1433] Dieser Auffassung ist nur eingeschränkt zuzustimmen. Es gibt Fälle, in denen die sofortige Entscheidung schon deshalb unsinnig wäre, weil der Beweisantrag „zu früh" gestellt wurde: Erleichtert der Antragsteller dem Vorsitzenden die Planung der Beweisaufnahme, indem er schon auf die Verlesung der Anklage oder nach der Einlassung des Angeklagten alle Anträge stellt, die er (mit oder ohne vorherige schriftliche Ankündigung) für möglicherweise notwendig zur Erreichung des Prozessziels hält, so ist nichts dagegen einzuwenden, wenn das Gericht sich erst einmal mit den von Amts wegen geladenen und herbeigeschafften Beweismitteln ein Bild davon verschaffen will, ob es der beantragten weiteren Beweiserhebungen bedarf.

640 Einige der Zurückweisungsgründe setzen des Weiteren die vorherige Durchführung eines Teils der Beweisaufnahme voraus („schon erwiesen", aus tatsächlichen Gründen „ohne Bedeutung"), so dass schon deshalb ein Anspruch auf sofortige Bescheidung vor Beginn der Beweisaufnahme nicht in Betracht kommen kann.

641 Andererseits gibt es aber auch Fälle, in denen sich die Beweisaufnahme thematisch in einzelne Abschnitte einteilen lässt und ein Beweisantrag sich mit einer Tatsachenfrage befasst, deren Klärung erfolgen sollte, bevor der nächste Themenkomplex behandelt wird. Das gilt z.B. für die Verfahren, in denen das Gericht sinnvollerweise die Beweismittel zu den **Strafzumessungstatsachen** für einen zweiten Abschnitt der Beweisaufnahme vorsieht, um die Beweisaufnahme zur Täterschaft und Schuld vorher vorläufig abzuschließen. Dann kann es eine Behinderung und Brüskierung des Antragstellers sein, wenn ein Beweisantrag zur Täterfrage „in der Luft hängen bleibt", bis auch die Beweisaufnahme zu den Strafzumessungstatsachen abgeschlossen ist. Ein die beantragte Beweiserhebung ablehnender Beschluss muss jedenfalls so rechtzeitig verkündet werden, dass die Verteidigung ihr weiteres Prozessverhalten darauf

---

1432 Vgl. *Dahs/Dahs* Revision, Rn. 320 m.w.N.

1433 *Alsberg/Nüse/Meyer* Beweisantrag, 765 m.w.N.; *Meyer-Goßner* § 244, Rn. 44; *Sarstedt* DAR 1964, 310; *Schulz* StV 1983, 342; differenzierend *Hamm/Hassemer/Pauly* Beweisantragsrecht, Rn. 199.

einrichten kann, die Ablehnungsgründe gegebenenfalls widerlegen oder neue Anträge noch in der Hauptverhandlung stellen kann.[1434]

642 Ist das nicht der Fall und handelt es sich um einen Beweisantrag der Verteidigung, sollte das „Zurückstellen" der Entscheidung durch einen eigens zu beantragenden Gerichtsbeschluss manifestiert werden, um die Rüge auf § 338 Nr. 8 StPO stützen zu können. § 244 StPO ist durch einen noch so ungehörigen Aufschub der Entscheidung nicht verletzt, solange nur überhaupt vor der endgültigen Urteilsberatung ein Beschluss (§ 244 Abs. 6 StPO) verkündet wird.[1435]

643 Auf die Beachtung der zwingenden Vorschrift des § 244 Abs. 6 StPO können die Verfahrensbeteiligten nicht **verzichten.**[1436] Sie können aber erklären, dass sie den Beweisantrag nicht aufrechterhalten.[1437] Eine solche Erklärung kann auch in dem Verhalten des Angeklagten und seines Verteidigers gesehen werden, die auf einen Hinweis der Strafkammer, dass ein Austausch des Beweismittels[1438] stattgefunden habe, schweigen.[1439] Eine schlüssige **Rücknahme**[1440] **eines Hilfsbeweisantrages** liegt aber dann nicht vor, wenn der Verteidiger im Rahmen des Schlussvortrages diesen Hilfsbeweisantrag nicht wiederholt, auch wenn nach der ersten Stellung des betreffenden Hilfsbeweisantrages auf Antrag der Verteidigung eine weitere Beweisaufnahme zu anderen Beweisthemen stattgefunden hat. Dies gilt auch dann, wenn der Verteidiger im Rahmen seines Schlussvortrages noch ausdrücklich einen weiteren Hilfsbeweisantrag zu anderen Beweisthemen gestellt hat.[1441] Unter Umständen haben aber der Angeklagte oder sein Verteidiger die Pflicht, nach Kenntnisnahme von der Begründung eines Ablehnungsbeschlusses ausdrücklich klarzustellen, dass ihr Beweisbegehren trotz vom Gericht entfalteter Aufklärungsbemühungen nicht erledigt sei.[1442]

bb) Bedingte und Hilfsbeweisanträge

644 Wird die Beweiserhebung nur für den Fall des Eintritts einer *Bedingung* beantragt, dann muss das Gericht über den Beweisantrag grundsätzlich erst entscheiden, wenn die **Bedingung** eintritt. Eine Entscheidung vor diesem Zeitpunkt, bei der das Gericht auf die Bedingung nicht eingeht oder ihren Eintritt unterstellt, bleibt ihm allerdings unbenommen. Verpflichtet ist es dazu indessen nicht.[1443] Beachtet werden muss allerdings die Entscheidung des BGH,[1444] wonach das Gericht die Ablehnung immer

---

1434 Ebenso LR-*Gollwitzer* § 244, Rn. 144.
1435 Vgl. auch *Alsberg/Nüse/Meyer* Beweisantrag, 765; *Hanack* JZ 1970, 561.
1436 BGH StV 1983, 319 = NStZ 1983, 422.
1437 BGH StV 1992, 454 = NStZ 1993, 28 (*Kusch*) = BGHR StPO § 244 Abs. 6 – Entscheidung 2; BGH NStZ 1994, 47.
1438 Zum Austausch des Beweismittels, siehe KK-*Fischer* § 244, Rn. 116.
1439 BGH StV 1992, 454 = NStZ 1993, 28 (*Kusch*) = BGHR StPO § 244 Abs. 6 – Entscheidung 2; BGH NStZ 1994, 47.
1440 Zur schlüssigen Zurücknahme eines Beweisantrages vgl. auch BGH NStZ 1994, 183.
1441 BGH StV 1993, 59.
1442 BGH BGHR StPO § 244 Abs. 3 – Rügerecht 2.
1443 BGH StV 1990, 149 (mit Anm. *Michalke* StV 1990, 184) = BGHR StPO § 244 Abs. 6 – Hilfsbeweisantrag 2.
1444 BGH StV 1990, 149 (mit Anm. *Michalke* StV 1990, 184).

dann erst in den Urteilsgründen bekanntgeben kann, wenn über den Eintritt der Bedingung „nur im Zusammenhang mit der Urteilsberatung“ entschieden werden kann.[1445]

645 Unzulässig sind bedingte Beweisanträge, bei denen sich das in der Bedingung zum Ausdruck gebrachte Prozessziel des Antragstellers und das Beweisbegehren widersprechen. Das ist stets dann der Fall, wenn eine gegen den Schuldspruch gerichtete Beweisbehauptung an eine Bedingung geknüpft wird, welche die Täterschaft und Schuld des Angeklagten voraussetzt. Wer also nur für den Fall, dass die vom Gericht beabsichtigte Strafe ein bestimmtes Maß übersteigt, beweisen will, dass dieser die Tat überhaupt nicht begangen haben kann, lenkt den prozessualen Dialog von den rechtlich geschützten Interessen ab in ein Feld sachfremder Kräftemesserei: er zielt auf einen Deal, bei dem entweder von allen Beteiligten ein Fehlurteil billigend in Kauf genommen wird oder die Beweisbehauptung durch ihre eigene Bedingung schon widerlegt ist. Es ist deshalb zu begrüßen, dass der Bundesgerichtshof dieser dem sachlichen Dialog und den Zielen des Strafprozesses Hohn sprechenden Methode einen Riegel vorgeschoben hat[1446] und dass nun auch § 257c StPO darauf abzielt, unsachliche Verknüpfungen bei den „Verständigungen“ zu verhindern.

646 **Hilfsbeweisanträge**[1447] brauchen nach der überwiegenden Meinung in Literatur[1448] und Rechtsprechung[1449] grundsätzlich erst in den Urteilsgründen beschieden zu werden und zwar auch dann, wenn das Gericht dem Antrag nachgegangen war und vergeblich versucht hatte, den hilfsweise beantragten Beweis zu erheben.[1450] Auch bei Hilfsbeweisanträgen stellt es aber einen Verfahrensfehler dar, wenn der Tatrichter sie in den Urteilsgründen übergeht und ihre Bescheidung unterlässt.[1451]

647 Zu dem Grundsatz, dass eine Ablehnung von Hilfsbeweisanträgen den Urteilsgründen vorbehalten werden kann, gelten aber zwei wichtige Ausnahmen. So ist auch ein Hilfsbeweisantrag vor der Verkündung des Urteils zu bescheiden, sofern der Antrag wegen **Verschleppungsabsicht** abgelehnt werden soll.[1452] Dies ist nämlich ein Vor-

---

1445 Vgl. KK-*Fischer* § 244, Rn. 92.

1446 BGHSt 40, 287 = NJW 1995, 603 (2 StR 328/94 – Urt. v. 21. 10. 1994); in BGH NStZ 1995, 246 (3 StR 595/94 – Urt. v. 8. 2. 1995) knüpft der 3. Strafsenat an die Entscheidung des 2. Senats an und hebt auf die Revision der StA einen Strafausspruch auf, weil die Gründe für die Zurückweisung eines Hilfsbeweisantrages besorgen ließen, dass das Gericht dem „Druck“ nachgegeben hat und eine Bewährungsstrafe nur deshalb verhängte, weil es dem Beweisantrag zur Schuldfrage entgehen wollte. Zur unzulässigen Verknüpfung zwischen Beweisantrag zur Schuldfrage und Bedingung zur Strafzumessung vgl. auch BGH, Beschl. v. 13. 11. 1997 – 1 StR 627/97 = NStZ 1998, 209 = StV 1998, 174

1447 Auch der Hilfsbeweisantrag ist ein *bedingter Beweisantrag*. Er verknüpft – im Unterschied zum prozessual bedingten Beweisantrag und zum Eventualbeweisantrag – das Beweisbegehren mit einem sich auf den Urteilstenor beziehenden Hauptantrag.

1448 *Alsberg/Nüse/Meyer* Beweisantrag, 769; KK-*Fischer* § 244, Rn. 121, 92; *Meyer-Goßner* § 244, Rn. 44a; *Schlothauer* StV 1988, 543; *Niemöller* JZ 1992, 894.

1449 BGHSt 22, 124 = NJW 1968, 1339.

1450 BGHSt 32, 10 (13) = NStZ 1984, 372 (m. Anm. *Schlüchter*).

1451 BGH NStZ 1982, 477; BGH StV 1990, 533; *Alsberg/Nüse/Meyer* Beweisantrag, 770 m. w. N.

1452 *Alsberg/Nüse/Meyer* Beweisantrag, 771 m. w. N.; *Meyer-Goßner* § 244, Rn. 44a m. w. N.; *Michalke* in Hamm/Leipold Beck'sches Formularbuch, VII.D.16; *Schlothauer* StV 1988, 543; BGHSt 22, 124 =

wurf, der nicht erst erhoben werden darf, wenn es zu spät ist, ihn zu entkräften. Diese unangefochtene ständige Rechtsprechung war logisch und aus § 244 Abs. 6 StPO heraus zwingend. Während nämlich bei jedem anderen Zurückweisungsgrund davon ausgegangen werden kann, dass nach dem Grundsatz „volenti non fiat iniuria" der Antragsteller schon durch die Wahl des nur hilfsweise vorgebrachten Beweisbegehrens sein stillschweigendes Einverständnis gegeben hatte, erst nach der abschließenden Entscheidung über seinen Hauptantrag (Freispruch) zu erfahren, weshalb das Gericht geglaubt hat, dass sich an dem entgegenstehenden Urteil nichts ändern würde, wenn dem Beweisbegehren nachgegangen worden wäre, wäre es völlig unrealistisch, eine solche konkludente Einwilligung auch bezogen auf die Möglichkeit anzunehmen, das Gericht könnte dem Antragsteller zutrauen, mit dem Antrag nichts weiter zu verfolgen als das Ziel der Verfahrensverschleppung. Dies gilt umso mehr, als ein unbedingt gestellter Beweisantrag ein viel geeigneteres Mittel wäre, das Verfahren in die Länge zu ziehen, als ein erst im Plädoyer vorgebrachter Hilfsbeweisantrag, der – solange das Gericht nicht auch noch den Hauptantrag und seine Begründung für den in erster Linie begehrten Freispruch als ein reines Scheinmanöver ansehen will – zumindest von der Sachlogik eher geeignet ist, das Verfahren zu beschleunigen. So war jedenfalls die Rechtslage nach der ständigen Rechtsprechung des BGH, bis sich der erste Strafsenat die „Fristenlösung"[1453] hat einfallen lassen, die den Tatgerichten erlauben will, gleich mit zwei zwingenden gesetzlichen Regelungen zu brechen: Mit § 246 Abs. 1 StPO und mit § 244 Abs. 6 StPO. Wenn das Gericht nach Erschöpfung des „eigenen Beweisprogramms" nach mindesten 10 Verhandlungstagen eine „Frist" zur Stellung von Beweisanträgen setzt und hinzufügt, dass, wenn bei danach gestellten Anträgen keine plausible Erklärung abgegeben werde, warum sie nicht früher angebracht werden konnten, dies als Indiz für eine Verschleppungsabsicht gewertet werde, stehe weder § 246 Abs. 1 StPO der Zurückweisung aus diesem Grunde noch § 244 Abs. 6 StPO der Entscheidung darüber erst in den Urteilsgründen auch bei einem Hilfsbeweisantrag entgegen.[1454]

Eine weitere Ausnahme von der Regel, dass über Hilfsbeweisanträge erst im Urteil entschieden zu werden braucht, wird kontrovers beurteilt. Sie geht dahin, dass auch die Ablehnung eines Hilfsbeweisantrages eines eigenständigen Gerichtsbeschlusses bedarf, wenn der Antragsteller unmissverständlich zum Ausdruck bringt, auf die Bekanntgabe der **Entscheidung vor dem Urteil** nicht verzichten zu wollen.[1455] Eine sol- **648**

NJW 1968, 1339; BGH StV 1985, 311; BGH NStZ 1986, 372 = BGH NStE § 244 Nr. 3; BGH StV 1986, 418 (419); BGH StV 1990, 394 = BGHR StPO § 244 Abs. 3 Satz 2 – Prozessverschleppung 4; kritisch: KK-*Fischer* § 244, Rn. 93.

1453 Nach Ankündigung in mehreren – teils sogar zum Leitsatz für die amtlichen Sammlung hochstilisierten obiter dicta in BGH, Beschl. v. 14. 6. 2005 – 5 StR 129/05 = NJW 2005, 2466 = NStZ 2005, 648 = StV 2006, 113 mit Anm. *Duttge* JZ 2005, 1012 = *Dahs* StV 2006, 116 = *Gössel* JR 2006, 128 und dann zum Verzicht auf die *wesentliche* Verzögerung bei der Veschleppungsabsicht BGH, Beschl. v. 9. 5. 2007 – 1 StR 32/07 = BGHSt 51, 333 = NJW 2007, 2501 mit Anm. *Niemöller* NStZ 2008, 181; *Beulke* und *Ruhmannseder* NStZ 2008, 300; *Michalke* StV 2008, 228.

1454 BGH, Beschl. v. 23. 9. 2008 – 1 StR 484/08 – BGHSt 52, 355; NJW 2009, 605; NStZ 2009, 169; StV 2009, 64; krit. Anm. *Fezer* HRRS 2009, 17 ff.; *König* StV 2009, 171; *Gaede* NJW 2009, 605; *Beulke* in: Rechtsprechung, Gesetzgebung, Lehre: Wer regelt das Strafrecht? Tagungsband 2. Karlsruher Strafrechtsdialog, 85; kritisch auch *Meyer-Goßner*, 52. Aufl., § 244, Rn. 69 b.

1455 Übersichtliche Darstellung der unterschiedlichen Ansichten bei LR-*Becker* § 244, Rn. 160 f.

che „Bescheidungsklausel"[1456] muss beachtet werden, weil durch sie die gesetzliche Regel des § 244 Abs. 6 StPO wieder zur Geltung gebracht wird, die nur unter der Voraussetzung eines ausdrücklichen oder stillschweigenden Verzichts außer Betracht gelassen werden darf.

649 In der älteren Judikatur[1457] und Literatur[1458] wurde es allgemein für zulässig gehalten, dass einem „Hilfsbeweisantrag" – mit der Folge einer entsprechenden Verpflichtung für das erkennende Gericht – der Zusatz beigefügt wird, die Ablehnung des hilfsweise angebrachten Beweisersuchens solle vor der Urteilsverkündung durch entsprechenden Beschluss bekanntgegeben werden.

650 Der BGH vertritt jedoch seit einiger Zeit die Auffassung, dies gelte nicht für die mit dem Schlussvortrag verbundenen Hilfsbeweisanträge im engeren Sinn, weil das Ziel, den Grund für eine Ablehnung des Beweisverlangens vor dem Urteil zu erfahren, für den Beweisführer in diesem Stadium der Hauptverhandlung nur noch dadurch erreichbar sei, dass ein unbedingter Hauptbeweisantrag gestellt werde.[1459] Mache es doch gerade die Eigenart solcher Hilfsbeweisanträge aus, dass sie grundsätzlich erst in den Urteilsgründen beschieden werden müssten. Die frühere Rechtsprechung, die in diesem Zusammenhang häufig zitiert werde,[1460] sei nicht geeignet, die verbreitete Meinung zu stützen, auf ausdrückliches Verlangen müsse auch über einen Hilfsbeweisantrag durch Beschluss entschieden werden.[1461]

651 Weder das Argument, es sei gerade die Eigenart von Hilfsbeweisanträgen, dass sie erst im Urteil beschieden werden müssen, noch der Hinweis darauf, dass der Antragsteller beim Hilfsbeweisantrag sein Aufklärungsbegehren an eine Bedingung knüpft, deren Eintritt erst nach der endgültigen Urteilsberatung feststehe, vermag aber zu überzeugen. Die „Eigenart", dass für Hilfsbeweisanträge § 244 Abs. 6 StPO nicht gelte, ergibt sich nicht aus dem Gesetz, sondern wurde von der Rechtsprechung mit der für den Regelfall vertretbaren, aber keineswegs zwingenden Überlegung geschaffen, wer eine Beweiserhebung nur für den Fall beantragt, dass das Gericht nicht seinem Sachantrag (z.B. Freispruch) folgt, sei im Zweifel damit einverstanden, dass er die Gründe dafür, weshalb das Gericht dennoch die Beweiserhebung für entbehrlich hält, erst in den Urteilsgründen erfährt. Diese Begründung geht also gerade davon aus, dass die Geltung der gesetzlichen Regel, wonach Beweisanträge nur durch Beschluss abgelehnt werden

---

1456 Vgl. dazu *Widmaier* FS Salger, 421.

1457 OLG Celle MDR 1966, 605; KG StV 1988, 518; BGH StV 1989, 141 = NStZ 1989, 191 = BGHR StPO § 244 Abs. 6 – Hilfsbeweisantrag 1.

1458 *Alsberg/Nüse/Meyer* Beweisantrag, 769; *Michalke* StV 1990, 184; *Hamm* FS Peters, 174; *Scheffler* NStZ 1989, 159 m.w.N.; a.A.: *Meyer-Goßner* § 244, Rn. 44a; SK-*Schlüchter* § 244, Rn. 161, (wohl) unter Aufgabe der in NStZ 1984, 373 vertretenen Auffassung.

1459 BGH NStZ 1991, 47 (mit abl. Anm. *Scheffler* in NStZ 1991, 348) = StV 1991, 349 (mit abl. Anm. *Schlothauer*) = BGHR StPO § 244 Abs. 6 – Hilfsbeweisantrag 3; BGH NStZ 1995, 98 = BGHR StPO § 244 Abs. 6 Hilfsbeweisantrag 7 (1 StR 374/94 v. 4. 10. 1994); vgl. auch *Niemöller* JZ 1992, 894; *Schrader* NStZ 1991, 226; differenzierend *Dahs/Dahs* Revision, Rn. 322 und KK-*Fischer* § 244, Rn. 124.

1460 Vgl. BGH MDR 1951, 275 bei Dallinger; BGH NStZ 1989, 191 = BGH StV 1989, 141 = BGHR StPO § 244 Abs. 6 – Hilfsbeweisantrag 1; vgl. auch BGH StV 1996, 529.

1461 A.A. *Scheffler* NStZ 1991, 348; *Schlothauer* StV 1991, 350 und mit überzeugenden Argumenten jetzt LR-*Becker* § 244, Rn. 160f.

dürfen, der Disposition des Antragstellers unterliegt. Dann kann aber die aus dem Verzicht folgende Rechtslage nicht gleichzeitig als Begründung für die Unwirksamkeit des Verzichts herangezogen werden.

Aber auch die Annahme, mit dem Hilfsbeweisantrag werde eine Bedingung gesetzt, **652**
über die sich das Gericht erst mit der endgültigen Urteilsberatung eine Meinung bilden dürfe, trifft nicht zu. Hierbei wird nämlich wiederum das Ergänzungsverhältnis zwischen dem Recht der Beweiswürdigung (§ 261 StPO), der richterlichen Amtsaufklärungspflicht (§ 244 Abs. 2 StPO) und dem Beweisantragsrecht verkannt. § 261 StPO gebietet dem Tatrichter, bei seiner endgültigen Überzeugungsbildung den **„Inbegriff der Verhandlung"** zu würdigen. Dazu gehören nicht nur die Inhalte der Beweiserhebungen, sondern auch die Ausführungen der Verfahrensbeteiligten über ihre Bewertung der erhobenen Beweise und der noch bestehenden weiteren Aufklärungsmöglichkeiten. Der Antrag auf Vernehmung eines bisher nicht gehörten Zeugen „für den Fall, dass der Angeklagte nicht ohnehin freigesprochen wird", zwingt also das Gericht dazu, seine Urteilsberatung in der Weise durchzuführen, dass es die unter Beweis gestellte Tatsache in seine Gesamtwürdigung einbezieht. Dabei kann es zu dem Ergebnis kommen, dass der Beweis noch erhoben werden muss – dann ist die Urteilsberatung schon deshalb nicht endgültig. Es kann aber auch zu dem Ergebnis kommen, dass die beantragte Beweiserhebung überflüssig ist – dann ist die Urteilsberatung deshalb nicht endgültig, weil die Gewährung des rechtlichen Gehörs zu den Gründen hierfür noch aussteht. Auch die Reaktion des Antragstellers auf die Gründe für die Zurückweisung des Hilfsbeweisantrages gehört zum Inbegriff der Verhandlung, so dass ihm das rechtliche Gehör nicht mit dem Argument versagt werden darf, das Gericht habe bereits auf der Grundlage der bisherigen Beweisaufnahme die Beweiswürdigung endgültig abgeschlossen. Ein „Rien-ne-va-plus" darf erst ausgesprochen werden, wenn legitimerweise das Urteil gefällt ist. Das Urteil darf aber erst gefällt werden, wenn bedacht worden ist, ob der Antragsteller einen Beweiserhebungsanspruch, der über die Amtsaufklärungspflicht hinausgeht, durchsetzen kann. Wer aber ausdrücklich erklärt, dass er von seinem Verfassungsanspruch auf rechtliches Gehör Gebrauch machen will und deshalb auch auf seinen gesetzlichen Anspruch auf Vorabentscheidung durch Beschluss (§ 244 Abs. 6 StPO) Wert legt, erfährt eine nicht zu rechtfertigende Verkürzung des formellen Dialogs, so dass die Revisionsgerichte berufen wären, einem solchen Verfahrensfehler abzuhelfen.

Dem kann auch nicht entgegengehalten werden, dem Beweisantragsteller sei es ja **653**
unbenommen, einen unbedingten Hauptbeweisantrag zu stellen, wenn es ihm auf einen Beschluss ankommt.[1462] Dem Antragsteller darf es in erster Linie darauf ankommen, auf dem schnellsten Wege das von ihm angestrebte Urteil zu erreichen. Gerade wenn es sich um einen Antrag des Angeklagten oder seines Verteidigers handelt, kann er sich auf den Beschleunigungsgrundsatz und den Zweifelssatz als wichtige Rechtsprinzipien berufen, wenn er dem Gericht in Antragsform seine Beurteilung „mitteilt", dass schon die durchgeführte Beweisaufnahme eine Verurteilung nicht

---

1462 So aber BGH NStZ 1991, 47 = StV 1991, 349 = BGHR StPO § 244 Abs. 6 – Hilfsbeweisantrag 3.

trägt und sich daran auch im Wege der weiteren Beweiserhebung nichts mehr ändern kann, wohingegen an der etwa entgegenstehenden Bewertung der bisherigen Beweislage durch das Gericht die beantragte Beweiserhebung durchaus noch etwas ändern könne.

654 Der Hilfsbeweisantrag wird im Rahmen eines Plädoyers vor dem Hauptbeweisantrag nicht deshalb bevorzugt, *weil* der Antragsteller keinen Beschluss haben möchte, und mit dem klarstellenden Hinweis, dass der Antragsteller auf Beschlussbescheid („Bescheidungsklausel") nicht verzichte, stellt er den vom Gesetz geregelten Normalfall wieder her, dass die Diskussion über die Chancen einer weiteren Beweiserhebung nicht mit der Antragstellung, sondern erst mit dem letzten unwidersprochen bleibenden Beschluss nach § 244 Abs. 6 StPO beendet ist.

cc) Der Beschluss nach § 244 Abs. 6 StPO

655 Die **Verkündung** eines Beschlusses ist formalisiert. Deshalb ist die auch im Hauptverhandlungsprotokoll niedergelegte Bemerkung des Vorsitzenden, die Strafkammer halte einen Zeugen für unerreichbar, zu Recht vom Bundesgerichtshof nicht als die Verkündung eines Gerichtsbeschlusses bewertet worden.[1463]

Der Ablehnungsbeschluss muss deutlich erkennen lassen, welchen der gesetzlich in § 244 Abs. 3 StPO erschöpfend aufgezählten **Ablehnungsgründe** das Gericht für gegeben erachtet hat.[1464]

656 Ob zur Begründung der ablehnenden Entscheidung die bloße Wiedergabe des Gesetzestextes genügt, lässt sich nicht einheitlich beantworten. Bei der Wahrunterstellung wird dies im Allgemeinen bejaht. Man wird dies vielleicht auch verallgemeinern können auf all die Ablehnungsgründe, die sich auf die Beweistatsache selbst beziehen („offenkundig", „schon erwiesen" und „Wahrunterstellung"), während die Ablehnungsgründe, die an den Zweck des Beweisantrages („Prozessverschleppung"), an die Beweiserhebung selbst („unzulässig") und an das Beweismittel („unerreichbar", „ungeeignet") anknüpfen, näherer Ausführungen im Beschluss bedürfen.[1465]

657 Die Ablehnung kann auf mehrere Gründe gestützt sein. Diese dürfen sich aber nicht widersprechen.[1466] Im Einzelnen müssen in dem Ablehnungsbeschluss die rechtlichen und tatsächlichen Erwägungen dargelegt werden, aus denen der Beweisantrag abgelehnt wird.[1467]

658 Weil sie noch vor dem Abschluss der Beweisaufnahme dem Antragsteller Gelegenheit geben sollen, sich mit dem Standpunkt des Gerichts auseinanderzusetzen und sich auf die durch den Ablehnungsbeschluss entstandene Prozesslage frei von Irrtum einzurichten, müssen die Gründe **endgültig** sein.[1468] Der Antragsteller muss die Gelegen-

---

1463 BGH StV 1983, 441 = NStZ 1983, 568.
1464 BGH StV 1993, 622.
1465 Vgl. hierzu auch *Dahs/Dahs* Revision, Rn. 327.
1466 LR-*Gollwitzer* § 244, Rn. 147 m. w. N.
1467 *Meyer-Goßner* § 244, Rn. 43.
1468 Vgl. KK-*Fischer* § 244, Rn. 119 m. w. N.

heit erhalten, sich bei der Verfolgung seiner Rechte nach der Ablehnungsbegründung zu richten, insbesondere anderweitige Antrags- und Argumentationsmöglichkeiten wahrzunehmen.[1469] Die Beschlussgründe dürfen also nicht im Urteil „nachgebessert" werden.[1470] Denn die im Urteil erteilte oder nachgeschobene Begründung vermag die genannten wesentlichen Funktionen des Ablehnungsbeschlusses nicht zu erfüllen.[1471] Das Gericht kann zwar den Ablehnungsbeschluss in der Hauptverhandlung, vor allem in der Urteilsberatung, erneut prüfen und gegebenenfalls die Ablehnungsgründe ändern oder ergänzen. Hierüber müssen aber die Prozessbeteiligten vor dem Schluss der Beweisaufnahme – notfalls unter Wiedereröffnung einer bereits geschlossenen Verhandlung – durch einen mit Gründen versehenen Beschluss unterrichtet werden.[1472] Das Unterlassen dieser Unterrichtung steht der ungerechtfertigten Ablehnung eines Antrages gleich.[1473]

Eine Nichtbescheidung ist auch dann gegeben, wenn der Vorsitzende dem Antragsteller erklärt, die unter Beweis gestellte Tatsache werde bei der Strafzumessung berücksichtigt, ohne dass aber ein entsprechender Gerichtsbeschluss ergeht. **659**

Wird gerügt, ein Beweisantrag, der nicht zur Beweiserhebung führte, sei unter **Verstoß gegen § 244 Abs. 6 StPO** nicht beschieden worden, so muss der Beschwerdeführer angeben, in welcher Form und mit welchem Inhalt der Antrag dem Gericht unterbreitet worden ist, damit geprüft werden kann, ob es sich um einen Antrag handelte, dessen Ablehnung einen Gerichtsbeschluss erfordert hätte.[1474] Diese Angaben sind auch notwendig, wenn beanstandet wird, über einen unbedingten Beweisantrag sei erst im Zusammenhang mit der Urteilsverkündung entschieden worden oder wenn der Beschwerdeführer rügt, das Gericht habe sich über die Ablehnung und ihre Gründe erst im Urteil geäußert.[1475] **660**

In den Fällen **mangelhafter Beweisanträge** hat das Gericht die Pflicht, Widersprüche und Unklarheiten zu erörtern. Es muss den Sinn eines unklaren Beweisantrages durch Befragung des Antragstellers klären und es hat auf die Vervollständigung eines lückenhaften oder auf Präzisierung (Substantiierung) eines dem Bestimmtheitserfor- **661**

1469 Vgl. BGHSt 19, 24 (26) = NJW 1963, 1788; BGHSt 29, 149 (152) = NJW 1980, 1533; BGH StV 1990, 246 = BGHR § 244 Abs. 3 Satz 2 – Bedeutungslosigkeit 9 m. w. N.; BGHR StPO § 244 Abs. 3 Satz 2 – Ungeeignetheit 10 (Urt. v. 19. 3. 1991 – 1 StR 99/91).

1470 SK-*Frister* § 244, Rn. 71 m. w. N.; BGHSt 19, 24 (26) = NJW 1963, 1788; BGHSt 29, 149 (152) = NJW 1980, 1533 (1534); BGH NStZ 1981, 96 (*Pfeiffer*); BGH NStZ 1984, 565; BGH StV 1990, 246 = NStZ 1991, 28 (*Miebach/Kusch*) = BGHR § 244 Abs. 3 Satz 2 – Bedeutungslosigkeit 9 m. w. N.; BGHR StPO § 244 Abs. 3 Satz 2 – Bedeutungslosigkeit 11.

1471 So auch KK-*Fischer* § 244, Rn. 121 m. w. N.

1472 Dazu jetzt grundlegend *Niemöller* FS Hamm, 537 ff.; vgl. auch *Alsberg/Nüse/Meyer* Beweisantrag, 688/772 f.; KK-*Fischer* § 244, Rn. 122; *Schlothauer* StV 1986, 227; BGHSt 32, 44 (47) = NJW 1984, 2228 = JR 1984, 171 (mit abl. Anm. *Meyer*).

1473 *Meyer-Goßner* § 244, Rn. 45 m. w. N.; KK-*Fischer* § 244, Rn. 122.

1474 KK-*Fischer* § 244, Rn. 226; *Meyer-Goßner* § 244, Rn. 85; *Alsberg/Nüse/Meyer* Beweisantrag, 876 jeweils m. w. N.; *Krause* StV 84, 487; OLG Stuttgart NJW 1968, 1732; a. A. HansOLG Hamburg JR 1963, 473 und noch *Sarstedt* in der 5. Auflage, Rn. 289, im Anschluss an eine unveröffentlichte Entscheidung aus dem Jahre 1954, die als überholt gelten kann.

1475 KK-*Fischer* § 244, Rn. 226.

dernis nicht genügenden Beweisantrages hinzuwirken.[1476] Die Unterlassung solcher Fürsorge kann ein beachtlicher Verfahrensfehler sein.[1477]

662 So ist der Tatrichter verpflichtet, auf die Notwendigkeit einer bestimmten Fassung des Antrags aufmerksam zu machen, wenn er beabsichtigt, einen Hilfsbeweisantrag im Urteil mangels Bestimmtheit des Beweisthemas abzulehnen.[1478] Geht der Antragsteller entgegen der Einschätzung des Gerichts, das den Antrag als Beweisermittlungsantrag einstufen will, aber für dieses erkennbar davon aus, er habe einen zulässigen Beweisantrag gestellt, so muss das Gericht einen entsprechenden Hinweis erteilen, damit dem Antragsteller Gelegenheit gegeben wird, seine Verteidigung entsprechend einzurichten.

dd) Notwendiges Revisionsvorbringen[1479]

663 Zum notwendigen Revisionsvorbringen gehört bei der Rüge der fehlerhaften Ablehnung des Antrags neben dem Inhalt des Antrags (Beweistatsache und Beweismittel) auch der Inhalt des gerichtlichen Zurückweisungsbeschlusses und die Tatsachen, aus denen sich die Fehlerhaftigkeit des Beschlusses ergibt.[1480]

664 Die Rügebegründung soll dem Revisionsgericht eine erste Schlüssigkeitsprüfung ermöglichen, das Revisionsgericht soll allein anhand der Revisionsbegründung beurteilen können, ob ein Verfahrensfehler vorliegt, wenn die behaupteten Rügetatsachen sich als zutreffend erweisen.[1481] Soll mit der Revision geltend gemacht werden, das Beweisantragsrecht sei verletzt worden, so muss regelmäßig der Beweisantrag in vollem Wortlaut mitgeteilt werden. Es mag dabei im Einzelnen dahinstehen, ob sich dies wirklich als Verpflichtung unmittelbar aus § 344 Abs. 2 Satz 2 StPO ergibt, oder ob nicht auch eine Wiedergabe des wesentlichen Inhalts des Antrages ausreichen würde.[1482] Der Verteidiger sollte hier aber in der Praxis nicht die Grenzen ausreizen, son-

---

1476 KK-*Fischer* § 244, Rn. 78; LR-*Gollwitzer* § 244, Rn. 113 ff.; *Alsberg/Nüse/Meyer* Beweisantrag, 393 ff. jeweils m. w. N.; RGSt 13, 316 (318); BGHSt 1, 137 (138) = NJW 1951, 573; BGH DAR 1980, 205; einschränkend, BGH NStZ 1985, 205 (*Pfeiffer/Miebach*) und BGH StV 1989, 465 (mit abl. Anm. *Schlothauer*).

1477 BGH NStE § 244 StPO Nr. 84 (Urt. v. 1. 8. 1989 – 1 StR 346/89).

1478 Vgl. hierzu *Schlothauer* StV 1986, 227.

1479 Mustertexte bei *Hamm* in: Hamm/Leipold Beck'sches Formularbuch VIII.C.4.

1480 Dazu eingehend *Hamm/Hassemer/Pauly* Beweisantragsrecht, Rn. 498 ff.; *Meyer-Goßner* § 244, Rn. 85; KK-*Fischer* § 244, Rn. 224; KK-*Kuckein* § 344, Rn. 43, 54; LR-*Gollwitzer* § 244, Rn. 360; *Alsberg/Nüse/Meyer* Beweisantrag, 877 jeweils m. w. N.; *Krause* StV 1984, 488; *Gribbohm* NStZ 1983, 97 (101); RG JW 1929, 1474 Nr. 25 (mit Anm. *Alsberg*); RG JW 1930, 939 Nr. 55 (mit Anm. *Alsberg*); BGHSt 3, 213 (214) = NJW 1952, 1386; BGH DAR 1985, 198; BGH MDR 1970, 900 (*Dallinger*); BGH NStZ 1983, 359 (*Pfeiffer/Miebach*); BGH NStZ 1984, 330; BGH NStZ 86, 209 (*Pfeiffer/Miebach*); BGH NStZ 1986, 519 (520); BGH NStZ 1987, 36; BGH VRS 35, 428; vgl. auch BGH NStZ 1993, 50 = BGHR StPO § 244 Abs. 3 Satz 2 – Unerreichbarkeit 13.

1481 KK-*Fischer* § 244, Rn. 224 m. w. N.

1482 Nach wohl h. M. reicht es aus, wenn der Beweisantrag „seinem wesentlichen Inhalt" nach in der Revisionsbegründung wiedergegeben wird; vgl. BGH 4 StR 75/06; BGH 1 StR 14/02 = NStZ 2002, 532; BGH 3 StR 122/00; BGH 1 StR 120/98 = BGHR StPO § 344 Abs. 2 Satz 2 Beweisantragsrecht 4 = NStZ-RR 1999, 38 (bei *Kusch*); BGH NStZ 1986, 519, 520; differenzierend zwischen den einzelnen Ablehnungsgründen: KK-*Kuckein* § 344, Rn. 54/55. Sind in einem in die Revisionsbegründung einkopierten Schriftsatz mehrere Anträge enthalten, so muss die revisionsrechtliche Angriffsrichtung klargestellt werden (*BGH* 4 StR 178/01). In einem Fall, in dem

dern immer den **gestellten Beweisantrag stets wortgetreu** und vollständig in die Revisionsbegründung aufnehmen,[1483] soweit er die Beanstandung betrifft. Dasselbe gilt für einen etwaigen Beschluss, durch den der Beweisantrag zurückgewiesen wurde.[1484] Soll mit der Revision z.B. gerügt werden, dass der Beweisantrag durch einen Beschluss zurückgewiesen wurde, der den gesetzlichen Anforderungen nicht genügt, kann dies das Revisionsgericht nur prüfen, wenn der Beschluss im Wortlaut in der Revisionsbegründung wiedergegeben ist. Antrags- und Beschlusstext können in den Text einkopiert oder auch abgeschrieben und auf diese Weise in den Text der Revisionsbegründung einbezogen werden. Das empfiehlt sich vor allem bei Anträgen und Beschlüssen, die sich nur in handschriftlicher Form beim Hauptverhandlungsprotokoll befinden.[1485]

Die Darlegung der nach § 344 Abs. 2 S. 2 StPO in der Revisionsbegründung vorzubringenden Verfahrenstatsachen darf nicht durch Bezugnahmen, Verweisungen und Hinweise auf Aktenteile ersetzt werden. Deshalb stellt die Rüge, bestimmte u.U. sehr umfangreiche Urkunden seien nicht Gegenstand der Beweisaufnahme gewesen, besondere Anforderungen an die Darstellungsform. Da das Revisionsgericht die Schlüssigkeit des Verfahrensvorwurfs nicht prüfen kann, ohne die Urkunden zu kennen, reicht es in diesen Fällen nicht aus, z.B. den in der Hauptverhandlung gestellten Beweisantrag mit seiner (dort noch zulässigen) Bezugnahme (z.B. *„Es wird beantragt, die in Band III, Bl. 205 d.A. befindliche Aktennotiz zu verlesen ...“*) in der Revisionsbegründung wiederzugeben, ohne das jeweilige Aktenstück auch noch in die Revisionsbegründung einzukopieren.[1486] **665**

Ergibt sich aus dem Beweisantrag und dem zugehörigen Beschluss alleine noch nicht die Fehlerhaftigkeit des vom Tatgericht angewandten Verfahrens, dann müssen in der Revisionsbegründung auch die **weiteren Tatsachen** mitgeteilt werden, aus denen dies folgt.[1487] Ist etwa in der Hauptverhandlung ein Beweisantrag auf Vernehmung **666**

---

fristgerecht eine Verfahrensrüge erhoben worden war, infolge eines Versehens jedoch einzelne Seiten eines im Rahmen der Rüge mitzuteilenden Beweisantrages nicht übermittelt worden waren, hat der BGH Wiedereinsetzung gewährt (*BGH* 1 StR 565/03), nicht jedoch in einem Fall, in dem nach dem Vortrag des Verteidigers versehentlich nicht der den Beweisantrag ablehnende, sondern ein anderer Gerichtsbeschluss in die Revisionsbegründung aufgenommen worden war (*BGH* 3 StR 42/05).

1483 So auch *Krause* StV 1984, 483 (488).

1484 Vgl. zum Umfang der Mitteilungspflicht: BGH 3 StR 78/98 = NJW 1998, 3284 = StV 1998, 523 = NStZ 1999, 145 = BGHR StPO § 344 Abs. 2 Satz 2 Beweisantragsrecht 6 (insoweit in BGHSt 44, 138 nicht abgedruckt) sowie BGH 1 StR 186/99 = NStZ 1999. 632, 633; BGH 2 StR 288/89 = BGHR StPO § 344 Abs. 2 Satz 2 Beweisantragsrecht 1; BGH 2 StR 28/04; BGH 4 StR 315/03 sowie BGH 4 StR 287/97 = NStZ-RR 1998, 3 bei *Miebach* (für den Hilfsbeweisantrag) und BGH 3 StR 173/98 = NStZ-RR 1999, 2 bei *Miebach/Sander;* BGH 3 StR 471/00 und BGH 3 StR 282/00.

1485 Zu möglichen Problemen, die sich aus der Wiedergabe unleserlicher Dokumente ergeben können, vgl. BGHSt 33, 44 = NJW 1985, 443 = StV 1985, 135 m. Anm. *Hamm.*

1486 BGH 3 StR 446/93 = BGHSt 40, 3, 5 = NJW 1994, 1294 = StV 1994, 169 = NStZ 1994, 247 m. Anm. *Widmaier* = JR 1994, 288 m. Anm. *Wohlers* = BGHR StPO § 344 Abs. 2 Satz Beweisantragsrecht 3; vgl. ferner BGH 4 StR 157/02 = StV 2004, 302; BGH 1 StR 111/03 = NStZ-RR 2003, 371 (Bezugnahme auf Gutachten in einem Beweisantrag); BGH 5 StR 557/93 = BGHR StPO § 244 Abs. 6 Entscheidung 5 sowie BGH 2 StR 456/03 und BGH 5 StR 130/04; *Hamm/Hassemer/Pauly* Beweisantragsrecht, Rn. 499.

1487 Beispiele für Verfahrenstatsachen, die nach Ansicht des BGH gemäß § 344 Abs. 2 Satz 2 StPO mitzuteilen waren: BGH 3 StR 686/97 = NJW 1998, 2229 = StV 1998, 360 = BGHR StPO § 344

eines Zeugen gestellt worden und hat das Tatgericht den Antrag mit der Begründung abgewiesen, der Zeuge sei unerreichbar, dann muss die Revision, wenn sie geltend machen will, der Zeuge sei erreichbar gewesen, mit der Revisionsbegründung vortragen, welche Bemühungen das Gericht unternommen hat, um den Zeugen ausfindig zu machen.[1488] Soll geltend gemacht werden, dass sich aus einem bestimmten Aktenvermerk Anhaltspunkte für den Aufenthaltsort des Zeugen ergeben, die das Gericht nicht erkennbar bedacht hat, dann muss auch dieser Aktenvermerk in der Revisionsbegründung insoweit mitgeteilt werden, als er sich mit dieser Thematik befasst. Ist in der Hauptverhandlung ein Antrag auf neuerliche Vernehmung eines bereits vernommenen Zeugen gestellt worden, so muss nach Ansicht des BGH in der Revisionsbegründung mitgeteilt werden, zu welchen Themen der Zeuge bei seiner ersten Vernehmung in der Hauptverhandlung angehört wurde, weil sich erst auf dieser Grundlage beurteilen lässt, ob der Zeuge mit dem neuen Antrag zu neuen Tatsachen benannt wurde. Nur wenn dies der Fall war, lag ein Beweisantrag vor; andernfalls lediglich ein Antrag, über den nach § 244 Abs. 2 StPO entschieden werden kann.[1489]

667 Besonderheiten können sich schließlich bei den Rügen ergeben, mit denen geltend gemacht wird, es bestehe ein **Widerspruch zwischen dem Beschluss,** durch den der Beweisantrag zurückgewiesen wurde, **und dem Urteilsinhalt.** In diesen Fällen liegt der Verfahrensfehler darin, dass das Gericht eine bestimmte Sachbehandlung, die es bei der Bescheidung des Beweisantrages im Beschlusstext zugesagt hat, in den Urteilsgründen nicht eingehalten hat. Zum Nachweis des Verfahrensfehlers gehört damit streng genommen auch der Teil des Urteils, aus dem sich ergibt, dass die Zusage nicht eingehalten wurde. Dementsprechend wird bei den Ablehnungsgründen der Wahrunterstellung und der Bedeutungslosigkeit gefordert, dass die maßgeblichen Urteilsstellen in der Revisionsbegründung im Wortlaut wiedergegeben werden. Das ist jedoch entbehrlich, wenn – wie meist – die allgemeine Sachrüge erhoben ist. Durch die Sachrüge wird der Urteilsinhalt dem Revisionsgericht zugänglich, so dass er nicht nochmals bei der Begründung der Verfahrensrüge wiedergegeben werden muss. Aber auch in diesen Fällen sollte in der Revisionsbegründung die Stelle in den Urteilsgründen genau bezeichnet werden, aus der sich nach Auffassung des Revisionsführers ergibt, dass das Tatgericht von der zugesagten Sachbehandlung abgewichen ist.[1490]

668 Noch weiterreichende Darlegungsanforderungen hat der BGH in einem Fall aufgestellt, in dem das Tatgericht Beweisanträge auf Zeugenvernehmung zunächst zu-

---

Abs. 2 Satz 2 Beweisantragsrecht 5 (Äußerungen einer Zeugin gegenüber einem Vormundschaftsrichter, über die dieser als Zeuge vernommen werden sollte); BGH 1 StR 418/98 = NStZ-RR 1999, 3 bei *Miebach/Sander* (Bedingung eines Hilfsbeweisantrages); BGH 3 StR 652/97 = NStZ-RR 1999, 36 (bei *Kusch*) = StV 1999, 197 (Inhalt der Ladungsverfügung bei § 245 StPO); BGH 3 StR 235/84 = NStZ 1985, 208 bei *Pfeiffer/Miebach* (Begründung von Beweisanträgen); BGH NStZ 1986, 519, 520 (Begründung des ablehnenden Beschlusses); BGH 5 StR 401/04 (Vernehmungsprotokoll, auf das in einem Beschluss Bezug genommen wurde); BGH 5 StR 312/04; KK-*Fischer* § 244, Rn. 224ff. Zu den Darlegungsvoraussetzungen im Zusammenhang mit § 244 Abs. 4 StPO s. im Einzelnen unten Rn. 791ff. sowie aus der Rechtsprechung: BGH 1 StR 132/98 = NStZ-RR 1999, 3 bei *Miebach/Sander* und BGH 4 StR 411/00).

1488 BGH StV 1984, 455 = MDR 1984, 444 (bei *Holtz*).

1489 BGH 5 StR 566/01 = wistra 2002, 260; vgl. ferner BGH 5 StR 322/01; BGHR StPO § 244 Abs. 6 Beweisantrag 32.

1490 Vgl. KK-*Fischer* § 244, Rn. 232 m.w.N.

rückgewiesen hatte, dann aber gleichwohl Bemühungen entfaltet hatte, die Zeugen zu laden. Der BGH entnahm hieraus, dass das Landgericht von der ursprünglichen Wahrunterstellung abgerückt war oder die Anträge später mit anderer Begründung zurückgewiesen hat. Er verlangt deshalb die Darlegung des betreffenden Verfahrensverlaufs.[1491]

Nicht erforderlich sind auch hier Ausführungen zur **Beruhensfrage.**[1492] Das bedeutet **669** aber nicht, dass man darauf generell verzichten sollte. Dort, wo in der Hauptverhandlung keine oder nur eine kurze Begründung für den gestellten Beweisantrag abgegeben wurde, sollte die Revisionsbegründung darlegen, aus welchem Grund sich das Tatgericht bei Erhebung des beantragten Beweises daran gehindert gesehen hätte, so zu entscheiden, wie es entschieden hat. Die Revisionsbegründung gewinnt im Allgemeinen an Überzeugungskraft, wenn in ihr dargestellt ist, wie die Beweisbehauptung zum gedanklichen Aufbau der Urteilsgründe in Beziehung steht.[1493]

Auch wenn nur die Ablehnung eines Hilfsbeweisantrages gerügt wird, müssen sein **670** Inhalt und die **Begründung der Ablehnung** grundsätzlich in der Revisionsbegründung mitgeteilt werden,[1494] während hinsichtlich der im Urteil enthaltenen Zurückweisungsgründe darauf Bezug genommen werden kann, wenn die Sachrüge erhoben ist.

Lässt der Tatsachenvortrag mehrere Möglichkeiten der Fehlerhaftigkeit zu, muss der **671** Revisionsführer die „Angriffsrichtung" seiner Rüge hervorheben.[1495] Kann der Beschwerdeführer den Ablehnungsbeschluss nicht genau wiedergeben, weil er – entgegen § 273 Abs. 1 StPO – nicht in der Sitzungsniederschrift beurkundet worden ist, erwächst ihm daraus kein Nachteil.[1496] In diesen Fällen muss das Revisionsgericht den Verfahrensvorgang im Freibeweis aufklären.[1497]

Eine Ausnahme von dem Grundsatz, dass der Inhalt des Beweisantrages vollständig in **672** der Revisionsbegründungsschrift mitgeteilt werden muss, soll bestehen, wenn es für die Entscheidung, ob der Beweisantrag rechtsfehlerhaft abgelehnt worden ist, auf die Beweisbehauptung nicht ankomme.[1498] Das sei z.B. dann der Fall, wenn dem Antrag des Verteidigers wegen Verschleppungsabsicht des Angeklagten oder wegen Uner-

1491 BGH 2 StR 466/93 = NJW 1994, 1015 = NStZ 1994, 140 = StV 1994, 5 = BGHR StPO § 344 Abs. 2 Satz 2 Beweisantragsrecht 2; vgl. KK-*Fischer* § 244, Rn. 228.

1492 LR-*Hanack* 25. Aufl., § 344, Rn. 87. In der Praxis kommt es immer wieder vor, dass die Revision verworfen wird, weil das Urteil auf der fehlerhaften Zurückweisung eines Beweisantrages jedenfalls nicht beruhen könne (vgl. BGH 2 StR 109/03; BGH 1 StR 222/01 = NStZ 2003, 417 bei *Becker*).

1493 Zum Beispiel: „Wenn der Zeuge X vernommen worden wäre und die Beweisbehauptung bestätigt hätte, hätte das Gericht sich gehindert gesehen, von der uneingeschränkten Glaubwürdigkeit des Zeugen Y auszugehen, der das Gegenteil dessen bekundet hat, was X bestätigt hätte."

1494 *Krause* aaO.

1495 *Meyer-Goßner* § 244, Rn. 85. Zur Maßgeblichkeit der Angriffsrichtung einer Rüge allgemein vgl. auch KK-*Kuckein* § 344, Rn. 34; *Cirener/Sander* JR 2006, 300 jew. m.w.N.; BGH, Beschl. v. 29. 8. 2006 – 1 StR 371/06 = NStZ 2007, 161, 162; BGH, Beschl. v. 12. 9. 2007 – 1 StR 407/07 = NStZ 2008, 229.

1496 KK-*Fischer* § 244, Rn. 227; BGH NJW 1969, 281 (282) = VRS 36, 213.

1497 *Alsberg/Nüse/Meyer* Beweisantrag, 890; BGHSt 4, 364 (365).

1498 *Alsberg/Nüse/Meyer* Beweisantrag, 880 m.w.N.

reichbarkeit des Beweismittels nicht entsprochen worden ist. Auch hier ist jedoch äußerste Vorsicht geboten, weil die Rechtsprechung sowohl bei der Verschleppungsabsicht als auch bei der Unerreichbarkeit eine **Abwägung der Gesamtumstände** unter Einschluss des erwarteten Beweisertrags vornimmt, der die Kenntnis aller den Beweisantrag betreffenden Umstände voraussetzt. Nur in Extremfällen, in denen die rechtsfehlerhafte Annahme einer Verschleppungsabsicht oder einer Unerreichbarkeit ohne Weiteres auf der Hand liegt, kann die Mitteilung des Beweisthemas ausnahmsweise entbehrlich sein. Aber auch hier handele man nach der Methode: Lieber fünf Seiten zuviel schreiben als ein Wort zu wenig!

673 Die Rüge der Verletzung des Beweisantragsrechts steht ebenso wie die Aufklärungsrüge oft in einem **Sachzusammenhang mit der Sachrüge,** soweit dort die Lückenhaftigkeit der Feststellungen oder der Darlegungen zur Beweiswürdigung zu beanstanden sind. Trotzdem sollte man die Verfahrungsrüge klar trennen von der (ausgeführten) Sachrüge, auch wenn der BGH hier manchmal Großzügigkeit walten lässt und einem Revisionsführer sogar nachsieht, wenn er die Verletzung des Beweisantragsrechts als Teil der Sachrüge versteht.[1499]

ee) Gesetzlich nicht vorgesehene Zurückweisungsgründe

674 Aus der klaren Formulierung des § 244 Abs. 3 S. 2 und des Abs. 4 StPO folgt zwingend, dass ein Beweisantrag nicht aus einem anderen als den dort abschließend aufgezählten Gründen abgelehnt werden darf. Der häufigste Fall einer Zurückweisung von Beweisanträgen aus einem Grund, der im gesetzlichen Ausschlusskatalog nicht enthalten ist, dürfte der sein, dass das Gericht glaubt, auf die beantragte Beweiserhebung verzichten zu dürfen, weil das **Gegenteil** der unter Beweis gestellten Tatsache **bereits erwiesen** sei.[1500] Eine solche Begründung zur Ablehnung eines Beweisantrags ist aber allein beim Antrag auf Hinzuziehung eines weiteren Sachverständigen zulässig.[1501] Bei allen anderen Beweismitteln ist es gerade der Sinn des Beweisantrages, das Gericht an einer abschließenden Meinungsbildung zu hindern, es sei denn, es habe sich bereits von der Richtigkeit der unter Beweis gestellten Tatsache überzeugt („schon erwiesen“).

675 Das Gericht darf auch nicht von vornherein annehmen, dass das Beweismittel die Beweisbehauptung nicht bestätigen werde, etwa weil die Angaben des Zeugen nur auf Schätzungen beruhen,[1502] oder dass es – von dem Fall der völligen Ungeeignetheit abgesehen – wertlos sei;[1503] es darf auch nicht davon ausgehen, dass die Beweistatsache nicht beweisbar sei.[1504] Ein Urteil wird auch dann der Revision nicht standhalten,

---

1499 Siehe z.B. BGH 4 StR 66/07 – Beschl. v. 15. 3. 2007 = StraFo 2007, 293 = NStZ 2007, 476 = StV 2008, 337.

1500 *Meyer-Goßner* § 244, Rn. 46; *Hamm/Hassemer/Pauly* Beweisantragsrecht, Rn. 156; *Alsberg/Nüse/Meyer* Beweisantrag, 413; BGH VRS 39, 95; BGH MDR 1974, 16 *(Dallinger)*; BGH DAR 1981, 199; BGH StV 1986, 418; BGH NStE Nr. 116 zu § 244 StPO (Urt. v. 6. 3. 1991 – 2 StR 450/90); BGH StV 1993, 621.

1501 S. u., Rn. 783.

1502 BGH NStZ 1983, 468.

1503 BGHSt 23, 176 (188) (Fall „Bartsch“); BGH NStZ 1984, 42.

1504 BGH StV 1993, 621. Hierzu auch BGH NJW 1997, 2762.

wenn ein Beweisantrag mit der Begründung abgelehnt worden ist, die Beweiserhebung sei nicht erforderlich.[1505]

Nicht selten unterlaufen dem Instanzrichter deswegen Fehler, weil er versucht, die Ablehnung des nach seiner Überzeugung aussichtslosen Beweisantrags in die Form eines der zulässigen Ablehnungsgründe des § 244 Abs. 3 StPO zu kleiden. Ein Antrag auf Vernehmung von Zeugen kann deshalb nicht unter Hinweis auf die Vernehmung einer Verhörperson (z.B. eines Ermittlungsrichters) abgelehnt werden, weil die Zeugen außerhalb eines prozessförmigen und daher auch einer Mitwirkung von Verfahrensbeteiligten nicht zugänglichen Verfahrensgeschehens erklärt haben, bei einer früheren Vernehmung gegenüber der Verhörperson vollständige Angaben gemacht zu haben. Dies ist kein gemäß § 244 Abs. 3 Satz 2 StPO zulässiger Ablehnungsgrund.[1506] **676**

Auch darf ein Beweisantrag nicht deshalb als Beweisermittlungsantrag angesehen werden, weil zweifelhaft ist, ob sich die benannten Zeugen noch an die unter Beweis gestellte Tatsache erinnern können.[1507] **677**

ff) Fehlerhafte Anwendung der Zurückweisungsgründe des § 244 Abs. 3 StPO

Die gesetzlichen Zurückweisungsgründe des § 244 Abs. 3 StPO stehen in einem gewissen hierarchischen Verhältnis zueinander, dessen Beachtung ebenfalls Informationswert für den Antragsteller hat. Nach § 244 Abs. 3 Satz 1 StPO geht allen anderen Zurückweisungsgründen die **Unzulässigkeit der Beweiserhebung** vor. Daher bedeutet die Zurückweisung mit einer anderen Begründung, dass das Tatgericht die Beweiserhebung an sich für zulässig hält. Das kann eine wichtige Information in den Fällen sein, in denen ein Beweiserhebungsverbot in Frage steht, also z.B. wenn streitig ist, ob eine Vernehmung während des Ermittlungsverfahrens unter Verstoß gegen die Belehrungspflichten oder gar unter Verletzung des § 136a StPO zustande gekommen ist. Ob einer an sich zulässigen Beweiserhebung stattzugeben ist, hängt in erster Hinsicht von der Erheblichkeit der Beweistatsache ab. Erst danach kommt es auf die Beweisbedürftigkeit der Beweistatsache und die Tauglichkeit des Beweismittels an. Diese Reihenfolge der Prüfung ergibt sich aus logischen, nicht aus rechtlichen Gründen.[1508] **678**

(1) Beweiserhebung unzulässig

Der zwingende Ablehnungsgrund des § 244 Abs. 3 S. 1 StPO betrifft nur Anträge auf unzulässige Beweiserhebungen.[1509] Es kommt also darauf an, ob die Beweiserhebung rechtlich nicht zulässig wäre und das Gericht dem Antrag daher nicht stattgeben könnte, ohne gegen strafprozessuale Beweisverbote zu verstoßen.[1510] **679**

1505 BGHR StPO § 244 Abs. 4 Satz 1 – Sachkunde 1 (Urt. v. 11. 6. 1987 – 4 StR 207/87).
1506 BGH StV 1992, 548.
1507 BGHR StPO § 244 Abs. 6 – Beweisantrag 5 (Urt. v. 17. 2. 1988 – 2 StR 624/87); BGH NStZ 1988, 324.
1508 *Alsberg/Nüse/Meyer* Beweisantrag, 410.
1509 Vgl. allgemein KK-*Fischer* § 244, Rn. 106ff.; *Alsberg/Nüse/Meyer* Beweisantrag, 423–530; *Meyer-Goßner* § 244, Rn. 48f.; LR-*Gollwitzer* § 244, Rn. 186, 192ff.
1510 *Alsberg/Nüse/Meyer* Beweisantrag, 430ff.; *Meyer-Goßner* § 244, Rn. 49. Zu strafprozessualen Beweisverboten, vgl. *Meyer-Goßner* Einl., Rn. 50ff.

680 Das Beweisthema unterliegt z.B. einem Beweisverbot, wenn in dem anhängigen Verfahren insoweit schon eine Bindungswirkung eingetreten ist, oder wenn die Beweistatsache wegen Geheimhaltungsbedürftigkeit nicht aufgeklärt werden darf (vgl. z.B. § 43 DRiG). **Beweismittelverbote** bestehen in den Fällen der §§ 52, 53, 53a, 54, 81c, 96, 250 und 252 StPO. Ferner ist die Beweiserhebung unzulässig, wenn der Beweis durch verbotene Methoden (§§ 136a, 69 Abs. 3 StPO), durch Unterlassen gesetzlich vorgeschriebener Belehrung (§§ 52 Abs. 3 Satz 1, 81c Abs. 3 Satz 2 Hs. 2, StPO) oder durch andere Verstöße gegen gesetzliche Vorschriften erlangt worden ist.[1511]

681 Eine rechtmäßige **Sperrerklärung** führt nicht zu einem Beweisverbot, so dass ein entsprechender Beweisantrag nicht nach § 244 Abs. 3 Satz 1 StPO zurückgewiesen werden darf.[1512] Dies gilt insbesondere dann, wenn der Beweisantrag eine bestimmte namentlich genannte Person als Zeugen benennt, von der das Gericht glaubt, annehmen zu dürfen, dass sie mit jemandem identisch ist, dessen Identität die Exekutive unter Berufung auf § 96 StPO nicht preisgeben wird.[1513]

682 Das Verlangen, Verfahrensbeteiligte über **Vorgänge derselben Hauptverhandlung** – etwa den Inhalt einer Zeugenaussage – zu hören, ist auf eine unzulässige Beweiserhebung gerichtet, weil die Beweisaufnahme immer nur auf das anklagerelevante Außengeschehen und nicht auf sich selbst bezogen sein darf. Verfahrensvorgänge unterliegen, wo immer sie prozessuale Rechtswirkungen auslösen können, den Regeln des Freibeweises. Für die Schuld- und Rechtsfolgenfragen sind die Geschehnisse in der Hauptverhandlung nur auf dem direkten Wege der unmittelbaren Beweiserhebung verwertbar. Besteht z.B. Streit darüber, was an einem früheren Verhandlungstag ein Zeuge ausgesagt hat, muss dies notfalls durch Wiederholung der Vernehmung und offenen Austausch der divergierenden Vorhalte geklärt werden. Die Vernehmung eines der erkennenden Richter mit der Folge seines Ausscheidens gemäß § 22 Nr. 5 StPO[1514] würde dem System des Beweisrechts und darüber hinaus auch noch dem Verfassungsgrundsatz des gesetzlichen Richters (Art. 101 Abs. 1 Satz 2 GG) widersprechen.

683 Als unzulässig zurückzuweisen, ist auch ein Beweisantrag auf Vernehmung eines Richters zum Beweis dafür, dass andere – im Einzelnen bezeichnete – Gründe, als in dem von diesem Richter verkündeten Urteil angegeben sind, zum Freispruch eines Zeugen geführt haben.[1515] Und die Beweiserhebung auf Vernehmung des erkennenden Richters über Wahrnehmungen, die er in der laufenden Hauptverhandlung gemacht hat, ist erst Recht unzulässig.[1516] Eine Beweiserhebung ist auch dann unzulässig, wenn sie geeignet ist, die Feststellungen des im Schuldspruch rechtskräftigen ersten tatgerichtlichen Urteils in Zweifel zu ziehen.[1517]

1511 *Meyer-Goßner* § 244, Rn. 49.

1512 BGHSt 39, 141 = NJW 1993, 1214 = StV 1993, 170 = NStZ 1993, 293.

1513 BGH, aaO.

1514 BGH NStZ 1993, 229 (*Kusch*); BGH 39, 240 = NJW 1993, 2758 = StV 1993, 507 = NStZ 1994, 80 = BGHR StPO § 244 Abs. 3 Satz 1 – Unzulässigkeit 9.

1515 BGHR StPO § 244 Abs. 3 Satz 1 – Unzulässigkeit 10 (Beschl. v. 25. 6. 1993 – 3 StR 90/93).

1516 BGH 3 StR 180/96 = NJW 1997, 265; StV 1998, 78 = MDR 1996, 1169; BGH 2 StR 257/92 = BGHR StPO § 244 Abs. 3 Satz 1 Unzulässigkeit 7; s.a. *Rissing-van Saan* MDR 1993, 310; *Pauly* in Festschrift 25 Jahre Arge Strafrecht im DAV, 2008, 731 ff.

1517 BGHR StPO § 244 Abs. 3 Satz 1 – Unzulässigkeit 1 (Beschl. v. 11. 12. 1986 – 1 StR 574/86).

(2) Offenkundigkeit

Offenkundige Tatsachen sind nicht beweisbedürftig.[1518] Als offenkundig gilt, was entweder allgemein- oder gerichtsbekannt ist.[1519] Dabei werden als **„allgemeinkundig"** solche Tatsachen angesehen, von denen verständige und erfahrene Menschen regelmäßig ohne Weiteres Kenntnis haben, oder über die sie sich aus allgemein zugänglichen zuverlässigen Quellen ohne besondere Fachkunde sicher unterrichten können.[1520] „Sicher" heißt dabei, dass etwas nicht schon deshalb allgemeinkundig ist, weil es in einer allgemein zugänglichen Quelle so angegeben ist. Auch das Papier von verbreiteten Druckwerken ist geduldig, und es ist niemals vollständig zu vermeiden, dass sich auch in sonst zuverlässige Auskunftsbücher, wie Lexika, Atlanten, Reiseführer oder Fahrpläne, Fehler einschleichen.[1521] **684**

Die **Offenkundigkeit** entfällt auch nicht deshalb, weil es Leute gibt, die an der Richtigkeit einer Tatsache zweifeln. Als geschichtliche Tatsache offenkundig ist beispielsweise der in den Gaskammern von Konzentrationslagern während des Zweiten Weltkriegs an Juden begangene Massenmord.[1522] Dass es dazu überhaupt zu höchstrichterlichen Entscheidungen kommen musste, zeigt aber ebenso wie die Gesetzesänderung zur „Auschwitzlüge" im Tatbestand der Volksverhetzung[1523] (und macht seinerseits wiederum offenkundig!), dass es immer noch Leute gibt, die den Genozid der nationalsozialistischen Gewaltherrschaft leugnen. **685**

„Gerichtskundig" sind solche Tatsachen und Erfahrungssätze, die der Richter nicht im Wege der privaten Kenntniserlangung, sondern im Zusammenhang mit seiner amtlichen Tätigkeit zuverlässig in Erfahrung gebracht hat.[1524] Auf den Einzelfall bezogene richterliche Wahrnehmungen, die für die Überführung eines Angeklagten von wesentlicher Bedeutung sind, dürfen grundsätzlich nicht als gerichtskundig behandelt werden.[1525] **686**

Umstritten ist, ob bei Kollegialgerichten die Offenkundigkeit die Kenntnis aller Richter erfordert, oder das Wissen um die Tatsache bei einer Mehrheit des Kollegiums genügt. Dabei wird teilweise unterschieden zwischen der Allgemeinkundigkeit, bei der **687**

1518 Vgl. allgemein KK-*Fischer* § 244, Rn. 131; *Alsberg/Nüse/Meyer* Beweisantrag, 530–574.

1519 *Alsberg/Nüse/Meyer* Beweisantrag, 530 ff.; *Meyer-Goßner* § 244, Rn. 50; LR-*Gollwitzer* § 244, Rn. 227 ff.; *Hamm/Hassemer/Pauly* Beweisantragsrecht, Rn. 328 ff.

1520 *Meyer-Goßner* § 244, Rn. 51; LR-*Gollwitzer* § 244, Rn. 228; *Alsberg/Nüse/Meyer* Beweisantrag, 534 ff.; BGHSt 6, 292 (293); BVerfGE 10, 177 (183) = NJW 1960, 31; BGHSt 26, 56 (59).

1521 Die in früheren Auflagen von *Sarstedt* (4. Aufl., Rn. 373) anhand von Beispielen für falsche Angaben im Baedeker für Berlin und im Großen Brockhaus über die Gerichte in Hamburg und Bremen hergeleitete Auffassung, wonach es offenkundige aber unrichtige Tatsachen gäbe, halte ich nicht aufrecht. Mag der Umstand, dass in einer früheren Auflage des Baedeker gestanden hat, im Berliner Funkturm gäbe es keine Treppe, heute offenkundig sein, so war das tatsächliche Vorhandensein der Treppe schon zu der Zeit, als man dieses Buch mit der fehlerhaften Angabe noch kaufen konnte, ebenso offenkundig, weil sich aus anderen allgemein zugänglichen Quellen der Irrtum des Baedeker-Autors leicht aufklären ließ.

1522 BGH NStZ 1994, 140 = BGHR StPO § 244 Abs. 3 S. 2 – Offenkundigkeit 1, in einem Verfahren wegen Volksverhetzung; BVerfG NJW 1993, 916, 917.

1523 § 130 Abs. 3 StGB i. d. F. des Gesetzes v. 28. 10. 1994 (BGBl. I, 3186).

1524 *Meyer-Goßner* § 244, Rn. 52; BGHSt 6, 292, 293; 45, 354, 357 f.; OLG Frankfurt StV 1983, 192 (193); kritisch, *Kahlo* StV 1991, 52 ff. (54).

1525 BGHSt 45, 354, 359; 47, 270, 274 und BGH, Urt. v. 8. 12. 2005 – 4 StR 198/05 = StV 2006, 118.

die Mehrheit ausreichen soll, und der Gerichtskundigkeit, die nur dann angenommen werden dürfe, wenn alle Berufsrichter und Schöffen aus dienstlicher Befassung heraus die Kenntnis haben.[1526] Die Bedeutung der Streitfrage minimiert sich, wenn man die ohnehin gegebene Pflicht des Gerichts[1527] berücksichtigt, alle als offenkundig bewerteten Tatsachen zuvor in der Hauptverhandlung zur Sprache zu bringen, und wenn man aus revisionsgerichtlicher Sicht auf den Zeitpunkt am Ende der Beweisaufnahme abstellt. Dann kann so lange von Gerichtskundigkeit keine Rede sein, als nicht alle Mitglieder des Gerichts von der Richtigkeit der von den anderen Richtern berichteten Erkenntnisse überzeugt sind. Ist dies aber nach einer Erörterung unter allen Beteiligten der Fall, bestehen keine Bedenken dagegen, auch die auf diesem „amtlichen" Wege gewonnenen Kenntnisse der restlichen Gerichtsmitglieder zur Annahme der Gerichtskundigkeit ausreichen zu lassen. Wer nämlich dann noch dieselbe Tatsache für beweisbedürftig hält, kann keinen mit der Revision geltend zu machenden Nachteil davon haben, dass das Gericht die Tatsache ohne Beweisaufnahme als gerichtsbekannt seinem Urteil zugrunde legt.

688 Die Rechtsprechung lässt den Zurückweisungsgrund der Offenkundigkeit auch dann zu, wenn das Gericht das **Gegenteil** der unter Beweis gestellten Tatsache als offenkundig ansieht.[1528] Diese Auffassung findet auch im Gesetzeswortlaut eine Stütze: Hätte der Gesetzgeber nur die unter Beweis gestellte Tatsache selbst gemeint, so wäre sicherlich die Nähe zu dem Zurückweisungsgrund „schon erwiesen" und der Bezug auf die „Tatsache, die bewiesen werden soll" durch die einfache Formulierung zum Ausdruck gebracht worden, ein Beweisantrag dürfe zurückgewiesen werden, „wenn die Tatsache … schon erwiesen oder offenkundig ist". Statt dessen setzt der Gesetzestext den Fall der Offenkundigkeit von der Aufzählung der auf die Beweisbehauptung bezogenen Gründe ab und verknüpft sie nur damit, dass die „Beweiserhebung (wegen Offenkundigkeit) überflüssig ist". Das spricht dafür, dass jede die Beweiserhebung entbehrlich machende Evidenz, also auch die des Gegenteils der Beweisbehauptung, unter dieses Merkmal fällt.

689 Dennoch ist Vorsicht geboten. Schon daraus, dass jemand eine Tatsache „A" behauptet beweisen zu können, und ein anderer der Meinung ist, die Tatsache „non A" sei evident, können sich Zweifel an der Richtigkeit der Annahme des Letzteren aufdrängen. Wenn der Angeklagte behauptet, mit seinem Porsche sei es nicht möglich, die Strecke zwischen München und Frankfurt in zwei Stunden zurückzulegen, und das Gericht aus der allgemein bekannten Höchstgeschwindigkeit des Fahrzeugstyps und der ebenfalls nicht mehr beweisbedürftigen Wegstrecke von 388 km selbst berechnet, dass bei günstigsten Verkehrsverhältnissen unter ständiger Ausnutzung des maximal erreichbaren Tempos sogar eine kürzere Fahrzeit möglich sei, so kann doch keine der

---

1526 KK-*Herdegen* 5. Aufl., § 244, Rn. 72; a. A. (Mehrheit reiche auch bei der Gerichtskundigkeit aus) *Alsberg/Nüse/Meyer* Beweisantrag, 563 ff.; *Meyer-Goßner* § 244, Rn. 53; LR-*Gollwitzer* § 244, Rn. 233; SK-*Frister* § 244, Rn. 123; KK-*Fischer* § 244, Rn. 140; BGHSt 34, 209 (210) = BGH NJW 1987, 660 (661).

1527 *Meyer-Goßner* § 244, Rn. 3 m. w. N.; *Dahs/Dahs* Revision, Rn. 330; BGH StV 1981, 223 (mit Anm. *Schwenn/Strate*); BGH StV 1988, 514.

1528 *Alsberg/Nüse/Meyer* Beweisantrag, 531; *Meyer-Goßner* § 244, Rn. 50; LR-*Gollwitzer* § 244, Rn. 227; RG JW 1936, 1919 = HRR 1936, Nr. 1476; BGHSt 6, 292 (296); OLG Düsseldorf MDR 1980, 868 (869); a. A. *Grünwald* 50. DJT, Gutachten C, 1974, C 74; *Engels* GA 81, 29.

beiden Behauptungen für sich in Anspruch nehmen, offenkundig zu sein. Dann aber muss über die Prämissen (Verkehrsbedingungen im konkret fraglichen Zeitraum, Behinderungen durch Baustellen o.ä.) Beweis erhoben werden, und selbst wenn der Antrag sich auf diese Faktoren nicht bezieht, sondern nur die abstrakte Unmöglichkeit einer kürzestmöglichen Fahrzeit von mehr als zwei Stunden unter Beweis stellt, darf das Gericht den Antragsteller nicht in die „semantische Falle" laufen lassen, indem es jenseits der konkreten Entscheidungsrelevanz auf derselben Abstraktionsebene die (theoretische) Erreichbarkeit einer Fahrzeit von weniger als 2 Stunden als offensichtlich behandelt.

Im Übrigen gebietet es das „fair-trial"-Prinzip, dass das Gericht jede von der Beweis- **690**
behauptung abweichende von ihm angenommene Offensichtlichkeit als solche kenntlich macht.[1529] Aus dem Dialogcharakter des Beweisantragsrechts folgt, dass das Gericht in dem Beschluss, mit dem es den Antrag zurückweist, sowohl kenntlich machen muss, welche Tatsache es als offenkundig ansieht, als auch, ob es die Tatsache als allgemein- oder gerichtskundig behandeln möchte.[1530]

Mit der Rüge, das Tatgericht habe zu Unrecht etwas als offenkundig behandelt, sollte **691**
die **Angabe von Beweismitteln** verbunden werden, mit deren Hilfe sich das Revisionsgericht davon überzeugen kann, dass die betreffende Annahme unrichtig ist.

Muss die Revision einräumen, dass es sich um eine richtige Annahme gehandelt hat, **692**
die lediglich nicht hätte als offensichtlich behandelt werden dürfen, sondern hätte bewiesen werden müssen, so kann das Urteil dennoch auf dem Fehler beruhen, wenn dargelegt werden kann, welchen anderen Verlauf die Hauptverhandlung bei einer Fortsetzung des Dialogs über die Beweisbedeutung der Tatsache hätte nehmen können. Wird z.B. ein Beweisantrag mit der Begründung zurückgewiesen, es sei gerichtskundig, dass ein bestimmter in der Hauptverhandlung vernommener Zeuge wegen Meineides vorbestraft ist, so kann, wenn das Gericht dennoch die Verurteilung auf die Aussage dieses Zeugen stützt, in der Revision durchaus noch geltend gemacht werden, dass sich bei einer Beweiserhebung über den gegen die Glaubwürdigkeit des Zeugen sprechenden Umstand nähere Einzelheiten auch zur Vergleichbarkeit der damaligen mit der jetzigen Aussagesituation ergeben hätten, die es dem Gericht erschweren konnten, gleichwohl dem Zeugen seine jetzigen Angaben abzunehmen.

Problematisch ist die Verwendung des Topos von der Allmgemeinkundigkeit, wo es um **693**
außerstrafrechtlich **normative Strafbarkeitsvoraussetzungen** wie den Verstoß gegen die „Guten Sitten" i.S.d. § 228 StGB geht. Hier hat der BGH in dem begrüßenswerten Bemühen, dem unter Bestimmtheitsaspekten (Art. 103 Abs. 2 GG) an sich bedenklichen Merkmal eine Kontur zu verleihen, kurzerhand angenommen, die allgemein gültigen, vernünftigerweise nicht anzweifelbaren sittlichen Wertmaßstäbe seien allgemeinkundig und stünden daher *„der Kenntnisnahme durch das Revisionsgericht offen, ohne dass es ihrer Darlegung im tatrichterlichen Urteil bedarf"*.[1531] Das würde dann aber auch bedeuten, dass ein Beweisantrag, der auf das Fehlen eines allgemeinen Konsenses in

1529 *Hamm* in Hamm/Leipold, Beck'sches Formularbuch, VIII.C.4.
1530 Vgl. *Schlothauer* StV 1986, 228.
1531 BGH 3 StR 120/03 v. 11.12.2003 = BGHSt 49, 34 = NJW 2004, 1054 = NStZ 2004, 204 = JR 2004, 387.

der Bevölkerung über die Sittenwidrigkeit bestimmter Verhaltensweisen gerichtet wäre, mit dem Hinweis auf die Allgemeinkundigkeit (des Gegenteils?) zurückgewiesen werden könnte. Nun hat der Senat selbst in derselben Entscheidung an anderer Stelle ausgeführt: *„Der Senat vermag nicht zu erkennen, daß der Konsum illegaler Drogen nach heute allgemein anerkannten, nicht anzweifelbaren Wertvorstellungen generell noch als unvereinbar mit den guten Sitten angesehen wird. Gleiches gilt für eine Körperverletzung, die durch das einverständliche Verabreichen eines illegalen Betäubungsmittels verursacht wird.“*[1532] Wenn aber diese plebiszitätere Erkenntnis schon zwischen einer Strafkammer und einem Strafsenat des BGH streitig sein konnte, so wird so etwas doch wohl auch dem Beweis zugänglich sein.[1533]

(3) Prozessverschleppung

694 Das geltende Recht kennt weder eine Zurückweisung von Beweisanträgen wegen verspäteter Anbringung (§ 246 Abs. 1 StPO), noch eine Präklusion. Es darf nicht einmal als Indiz gegen den Wahrheitsgehalt der Beweisbehauptung nach deren Bestätigung durch das benannte Beweismittel gewertet werden, dass der Angeklagte den Antrag zu seiner Entlastung nicht früher gestellt hat.[1534] Es ist daher nicht statthaft, Beweisanträge, die aus der Sicht des Tatgerichts unverständlicherweise erst sehr spät gestellt worden sind, allein deshalb als nur dem Zwecke der Verfahrensverzögerung dienend abzulehnen oder gar die Entgegennahme der Anträge zu verweigern.[1535]

695 Im Schrifttum wird allerdings versucht, neben den Fall der Prozessverschleppung[1536] den eines Missbrauchs durch Stellung eines nicht ernstgemeinten Verlangens nach Sachaufklärung zu stellen.[1537] Ein Prozessbeteiligter, der das Recht auf Stellung eines Beweisantrages dazu benutze, um das Verfahren zu verzögern (oder zu anderen „unlauteren“ Zwecken), stelle in Wirklichkeit keinen Beweisantrag, sondern einen **Scheinbeweisantrag,**[1538] der unzulässig und damit auch unbeachtlich sei. Dies ist jedoch mit der Systematik des Gesetzes nicht vereinbar.[1539] Auf den dabei vernachlässigten Unterschied zwischen der Frage, ob überhaupt ein Beweisantrag vorliegt, der natürlich das „ernsthafte“ Begehren der Sachaufklärung voraussetzt,[1540] und der Frage, ob im Beweisantragsrecht ein allgemeiner Missbrauchsgedanke neben dem gesetzlich geregelten Missbrauchsfall der Prozessverschleppung noch Platz greifen kann, wurde bereits oben eingegangen.[1541] Jedes Aufklärungspetitum, das nach den strafprozessualen Merkmalen die Bezeichnung Beweisantrag verdient, darf nicht übergangen wer-

---

1532 BGHSt 49, 34 (42).
1533 Vgl. auch die unter verschiedenen rechtlichen Aspekten verfassten Anmerkungen zu der Entscheidung von *Duttge* NJW 2005, 260; *Trüg* JA 2004, 597; *Mosbacher* JR 2004, 390; *Sternberg-Lieben* JuS 2004, 954.
1534 Vgl. BGH StV 1988, 286 = BGHR StPO § 261 Überzeugungsbildung 8.
1535 *Alsberg/Nüse/Meyer* Beweisantrag, 635; a. A. in einem außergewöhnlichen Fall, BGHSt 38, 111 = NJW 1992, 1245 = NStZ 1992, 140 = JR 1993, 169 (m. Anm. *Scheffler*) und neuerdings wieder BGH 1 StR 162/09 v. 10. 11. 2009 = StV 2010, 116.
1536 Vgl. allgemein KK-*Fischer* § 244, Rn. 175 ff.; *Alsberg/Nüse/Meyer* Beweisantrag, 635–650.
1537 SK-*Frister* § 244, Rn. 180 ff.; vgl. hierzu auch *Hamm/Hassemer/Pauly* Beweisantragsrecht, Rn. 243 ff.
1538 *Alsberg/Nüse/Meyer* Beweisantrag, 636.
1539 SK-*Frister* § 244, Rn. 50, 180.
1540 Meyer-Großner, § 244, Rn. 18.
1541 Vgl. oben, Rn. 638.

den, sondern ist – beim Vorliegen entsprechender Anhaltspunkte – nach der die Verschleppungsabsicht betreffenden Spezialregelung des § 244 Abs. 3 Satz 2 StPO zu beurteilen.[1542] An der Notwendigkeit der Ablehnung durch einen mit Gründen versehenen Beschluss nach den §§ 34 bzw. 244 Abs. 6 StPO ändert die Annahme der „Nichternstlichkeit" des Antrages also nichts.[1543] Neben dem „Scheinbeweisantrag" ist daher für eine Kategorie des rechtsmissbräuchlichen Beweisantrags kein Raum.[1544]

Der „Verschleppungsantrag" i.S.d. § 244 Abs. 3 Satz 2 StPO ist auch nicht etwa ein Unterfall für allerlei „Scheinbeweisanträge", wie teilweise angenommen wird.[1545] All solche semantischen Versuche, den nun einmal vom Gesetzgeber als abschließend geregelten Katalog der Zurückweisungsgründe durch eine Generalklausel zu öffnen, können nicht überzeugen. Gewiss kann man sich einen Beweisantrag ausdenken, dem die **fehlende Ernstlichkeit** gleichsam auf der Stirn geschrieben steht. Das muss aber weder etwas mit dem Zweck der Verfahrensverzögerung zu tun haben noch mit der Absicht, den Prozess zu verschleppen. Die fehlende Ernstlichkeit kann sich aus der Beweisbehauptung ergeben oder auch aus der Absurdität des Beweismittels. Wer beantragt, einen Parapsychologen als Sachverständigen dafür zu benennen, dass der Angeklagte unfähig ist, „einer Fliege was zuleide zu tun", wird als Antwort einen Beschluss ernten, der sich an den gesetzlichen Zurückweisungsgründen orientieren kann: Beweismittel völlig ungeeignet und Beweisthema ohne Bedeutung. Eines Rückgriffs auf das ungeschriebene Merkmal der Ernstlichkeit des Beweisbegehrens bedarf es dabei nicht. Nun mag es Fälle geben, in denen die Verteidigung ihre Beweisanträge auf eine von vorne herein abstruse Einlassung aufbaut.[1546] Wenn aber das Gericht schon der Einlassung des Angeklagten die Ernsthaftigkeit abspricht, sollte es nicht auf Beweisanträge warten, sondern ihn das durch Vorhalte und Hinweise wissen lassen. Stellt er daraufhin einen Befangenheitsantrag, mag er zurückgewiesen werden. Im weiteren Verlauf dann noch in die gleiche Richtung wie eine solche Einlassung gestellte Beweisanträge können durchaus unter dem Aspekt der Verschleppungsabsicht geprüft werden. Lässt sie sich begründen, bedarf es keines unge- 696

1542 So *Alsberg/Nüse/Meyer* Beweisantrag, 636 und *Meyer Goßner* § 244, Rn. 67; Darstellung bei LR-*Gollwitzer* § 244, Rn. 206; vgl. a.A. LR-*Gollwitzer* § 244, Rn. 207; KK-*Fischer* § 244, Rn. 128; KMR-*Paulus* § 244, Rn. 425 ff.; *Dahs/Dahs* Revision, Rn. 324 und Rn. 336, die hier von einem unzulässigen Beweisantrag ausgehen.

1543 *Alsberg/Nüse/Meyer* Beweisantrag, 636; vgl. SK-*Frister* § 244, Rn. 167 ff.

1544 KK-*Herdegen* 5. Aufl., § 244, Rn. 68.

1545 *Alsberg/Nüse/Meyer* Beweisantrag 637; *Thole* Der Scheinbeweisantrag im Strafprozess, 1992.

1546 In diesem Zusammenhang wird gerne eine Unmutsäußerung des 3 Strafsenats über angeblich in letzter Zeit gehäuft zu beobachtende Strategien zitiert: BGH, Beschl. v. 25. 1. 2005 – 3 StR 445/04 = NStZ 2005, 341: *„Mit Recht hat das Landgericht die vom Verteidiger in der Hauptverhandlung als Einlassung des Angeklagten verlesene Erklärung – die Beute sei dem Angeklagten von dem wahren Täter zugeworfen worden als er zufällig mit einer durchgeladenen Pistole bewaffnet in einem Waldstück nahe einer Straße seine Notdurft verrichtet habe – als völlig lebensfremd und schlechterdings nicht nachvollziehbar bezeichnet. Erst die auf dieser Grundlage gestellten Beweisanträge … haben zu der auch mit Blick auf die Interessen des Angeklagten nicht veranlassten Aufblähung des Verfahrens geführt. Die Möglichkeiten der Strafjustiz müssen aber auf Dauer an ihre Grenzen stoßen, wenn die Verteidigung in Strafverfahren, wie der Senat zunehmend beobachtet, zwar formal korrekt und im Rahmen des Standesrechts geführt wird, sich aber dem traditionellen Ziel des Strafprozesses, der Wahrheitsfindung in einem prozessordnungsgemäßen Verfahren nicht mehr verpflichtet fühlt und die weiten und äußersten Möglichkeiten der Strafprozessordnung in einer Weise nutzt, die mit der Wahrnehmung ihrer Aufgabe, den Angeklagten vor einem materiellen Fehlurteil oder (auch nur) einem prozessordnungswidrigen Verfahren zu schützen, nicht mehr zu erklären ist."*

schriebenen Ablehnungsgrundes wie fehlende Ernstlichkeit oder „Behauptung ins Blaue“.[1547]

697 Die Ablehnung eines Beweisantrages mit der Begründung, dieser sei zum Zweck der Prozessverschleppung gestellt, setzt dreierlei voraus:

698 Der Beweisantrag muss sich erstens tatsächlich dazu eignen, das Verfahren **nicht unerheblich**[1548] zu verzögern. Dieses Erfordernis will der BGH neuerdings aufgeben.[1549] Dies verbietet sich aber schon wegen der gesetzlichen Begrifflichkeit. „Verschleppung“ ist mehr als eine unwesentliche Verzögerung. Eher noch wäre der Vorschlag *Niemöllers* zu erwägen, aus dem Gesetzeswortlaut herzuleiten, dass überhaupt keine objektive Verfahrensverzögerung erforderlich sei, weil das Gesetz nur an das subjektive Merkmal der Verschleppungs*absicht* anknüpft.[1550] Aber auch dabei müsste feststehen, dass diese Absicht auf mehr als nur eine Verfahrensverzögerung z.B. um einen einzigen Verhandlungstag gerichtet sei.[1551]

699 Zum zweiten wird die zweifelsfreie Überzeugung des Gerichts gefordert, dass der **Beweisantrag** zugunsten des Antragstellers **nichts erbringen** wird.[1552] Dies muss in dem auf Veschleppungsabsicht gestützten Beschluss im Einzelnen begründet werden.[1553]

700 Und drittens muss feststehen, dass der Beweisantragsteller ausschließlich die **Absicht** verfolgt, das Verfahren zu verzögern.[1554] Diese Absicht darf nicht allein aus dem späten Zeitpunkt der Antragstellung hergeleitet werden.[1555]

701 Maßgebend für diese Beurteilung ist die **Absicht des Antragstellers.**[1556] Ist der Antrag vom Verteidiger gestellt, so kommt es auf dessen Absicht an,[1557] sofern er nicht

---

1547 Vgl. dazu jetzt auch KK-*Fischer* § 244, Rn. 72.

1548 Vgl. *Meyer-Goßner* § 244, Rn. 67 m.w.N.

1549 BGH, Beschl. v. 9. 5. 2007 – 1 StR 32/07 = BGHSt 51, 333 = NJW 2007, 2501 = NStZ 2007, 659 = StV 2007, 454 mit Anm. *Niemöller* NStZ 2008, 181; *Beulke* NStZ 2008, 300; *Ruhmannseder* NStZ 2008, 300; *Michalke* StV 2008, 228. Ablehnend auch *Meyer-Goßner* 52. Aufl. § 244, Rn. 67. Der 4. Strafsenat ist dem obiter dictum des 1. Strafsenats nicht gefolgt: BGH, Beschl. v. 18. 9. 2008 – 4 StR 353/08 = StV 2009, 5.

1550 *Niemöller* aaO.

1551 Die Antwort des 1. Strafsenats auf die Kritik an seiner durch BGHSt 51, 333 verbreiteten Absichtserklärung folgte nun in der Entscheidung zur „Fristenlösung“ BGHSt 52, 355, 359, wo in Verfahren gegen einen nur beschränkt verhandlungsfähigen (4 Stunden pro Verhandlungstag) Angeklagten die (dadurch bedingte!) Verzögerung um einen einzigen Verhandlungstag bereits als „wesentliche“ gewertet wird.

1552 BGH StV 1994, 635 (mit Anm. *Eckart Müller*).

1553 BGH StV 2009, 5.

1554 *Meyer-Goßner* § 244, Rn. 67 m.w.N.; KK-*Fischer* § 244, Rn. 179; *Alsberg/Nüse/Meyer* Beweisantrag, 639ff.; *Schweckendieck* NStZ 1991, 109; BGHSt 21, 118; 29, 149 (151); BGH NJW 1982, 2201; BGH NStZ 1984, 230; BGH NStZ 1990, 350 (mit Anm. *Wendisch*); BGHR § 244 Abs. 3 Satz 2 – Prozessverschleppung 6; BGH StV 1992, 501 = NJW 1992, 2711 = BGHR StPO § 244 Abs. 3 Satz 2 Prozessverschleppung 7; BGHSt 38, 111.

1555 KK-*Fischer* § 244, Rn. 180 m.w.N.

1556 *Meyer-Goßner* § 244, Rn. 69.; KK-*Fischer* § 244, Rn. 179f. *Niemöller* aaO; *Hamm/Hassemer/Pauly* Beweisantragsrecht, Rn. 249ff.

1557 *Meyer-Goßner* § 244, Rn. 69 m.w.N.; *Alsberg/Nüse/Meyer* Beweisantrag, 647; *Dahs/Dahs* Revision, Rn. 337; BGHSt 21, 118 (121); BGH DAR 1976, 95; BGH StV 1992, 501 = NJW 1992, 2711 (Urt. v. 08. 7. 1992 – 3 StR 2/92).

die Verantwortung für die Antragstellung ablehnt[1558] oder sich von dem Angeklagten ersichtlich als Werkzeug missbrauchen lässt.[1559] Bedenken bestehen jedoch dagegen, wenn der BGH – wenn auch nur für „einen außergewöhnlichen Fall" – dem Tatrichter gestatten will, *„die Frage zu stellen, woher der Angeklagte Kenntnis von einem in einem Beweisantrag benannten Zeugen habe, um dann das Ausbleiben einer Antwort trotz wiederholter Stellung und Erläuterung der Frage ... als Indiz für Prozessverschleppung"* zu werten.[1560] Trotz des Hinweises auf den Ausnahmecharakter wird in der Entscheidung schon durch die Hervorhebung in einem Leitsatz einer Verallgemeinerung nicht ausreichend entgegengewirkt. Der nächste Schritt wäre die entsprechende Frage an den Verteidiger, wenn er den Antrag stellt. Die Verschleppungsabsicht des Verteidigers darf schon im Hinblick auf dessen berufsrechtliche Bindung und Aufgabe nur ausnahmsweise angenommen werden[1561] und schon gar nicht daraus hergeleitet werden, dass er entsprechend seiner Berufspflicht über seine Informationsquellen schweigt. Dieser Aspekt ist erst Recht ein schlagendes Argument gegen die jetzt vom 1. Strafsenat kreierte Fristenlösung, die auch davon lebt, dass nach dem Verstreichen des vom Tatgericht bestimmten Zeitpunkts Beweisanträge nur noch als solche zu behandeln seien, wenn *„der Antragsteller die Gründe für die verspätete Antragstellung nachvollziehbar und substantiiert darlegt"*.[1562] Auch deshalb ist zu hoffen, dass sich die Rechtsprechung zur Fristenlösung nicht durchsetzen wird.

Da das Gesetz dem Angeklagten ein eigenes Beweisantragsrecht einräumt, dürfen **702** auch aus der Tatsache, dass der Verteidiger sich den Beweisantrag nicht zu eigen gemacht hat, keine Schlüsse darauf gezogen werden, welche Absichten der Angeklagte damit verfolgt. Das bloße **Schweigen des Verteidigers** zu einem von seinem Mandanten gestellten Beweisantrag besagt über die Ernsthaftigkeit des Beweisantrages jedenfalls nichts.[1563]

Wie bereits ausgeführt, besteht die Möglichkeit, einen Beweisantrag wegen Verschlep- **703** pungsabsicht zurückzuweisen, nicht allein aufgrund der Tatsache, dass der Beweisantrag **verspätet** gestellt worden ist.[1564] Dies folgt zwingend aus § 246 Abs. 1 StPO. Nach bisher ständiger Rechtsprechung des Bundesgerichtshofs[1565] ist das Gericht gem. § 246 Abs. 1 StPO grundsätzlich verpflichtet, bis zum Beginn der Urteilsverkündung Beweisanträge entgegenzunehmen. Dementsprechend stellt es einen Verstoß gegen das Verfahrensrecht dar, wenn es der Vorsitzende ablehnt, dem Verteidiger vor der Ur-

---

1558 BGH GA 1968, 19; OLG Karlsruhe Justiz 1976, 440.
1559 KK-*Fischer* § 244, Rn. 179; *Meyer-Goßner* § 244, Rn. 69; BGH NJW 1953, 1314; 1969, 281 (282); BGH StV 1984, 494 = NStZ 1984, 466 = JR 1985, 35 (mit Anm. *Meyer*); BGH NStZ 1993, 229 (*Kusch*) = BGHR StPO § 244 Abs. 3 Satz 2 – Prozessverschleppung 8.
1560 BGH StV 1989, 234 (mit Anm. *Michalke*) = NStZ 1989, 36.
1561 *Dahs/Dahs* Revision, Rn. 337; *Sarstedt* DAR 1964, 307 ff. (313); OLG Köln JR 1954, 68 (69); OLG Köln VRS 24, 217 (218); a. A. *Alsberg/Nüse/Meyer* Beweisantrag, 648 m. w. N.; *Meyer* JR 1983, 37.
1562 BGHSt 52, 355; dazu o. Rn. 227.
1563 *Hamm* Formularbuch, VIII.C.4; *Michalke* StV 1989, 237.
1564 *Meyer-Goßner* § 244, Rn. 68, m. w. N.; KK-*Fischer* § 244, Rn. 180; BGHSt 21, 118 (123); BGH NStZ 1982, 41; BGH NStZ 1984, 230.
1565 BGH NJW 1967, 2019; NStZ 1981, 311; BGH StV 1992, 218 = NStZ 1992, 248 (Beschl. v. 5. 2. 1992 – 5 StR 673/91).

teilsverkündung das Wort zu erteilen, damit er einen angekündigten Beweisantrag stellen kann.

704 Mit der Revision kann ein solcher Verfahrensverstoß aber in der Regel nur dann geltend gemacht werden, wenn der Verteidiger gegen die Erklärung des Vorsitzenden, er nehme Anträge nicht mehr entgegen, eine Entscheidung des Gerichts nach § 238 Abs. 2 StPO herbeigeführt hat.[1566]

705 Nur ausnahmsweise kann die „verspätete" Stellung eines Beweisantrages unter besonderen Umständen bei einer dem Angeklagten seit langer Zeit bekannten erdrückenden Beweislage für eine Verschleppungsabsicht sprechen, ohne dass dies an seiner grundsätzlich gegebenen Freiheit, sich passiv zu verteidigen, etwas ändern darf.[1567]

706 Der Ablehnungsbeschluss muss die für eine Verschleppungsabsicht sprechenden Tatsachen so vollständig darlegen, dass der Antragsteller sein weiteres Prozessverhalten danach einrichten[1568] und das Revisionsgericht die rechtlichen Grundlagen nachprüfen kann; aus demselben Grund muss auch ein **Hilfsbeweisantrag** ausnahmsweise vor dem Urteil beschieden werden, wenn er wegen Prozessverschleppung abgelehnt werden soll. Die Aufgabe dieser bisher ständigen Rechtsprechung durch den 1. Strafsenat für den Fall, dass eine richterliche Fristsetzung stattfand, halte ich für verfassungswidrig. Dem Antragsteller muss nämlich nach Art. 103 Abs. 1 GG Gelegenheit gegeben werden, den Vorwurf, er habe den Antrag nur in Verschleppungsabsicht gestellt, zu entkräften oder die ihm sonst infolge der Ablehnung notwendig erscheinenenden Maßnahmen zu treffen.[1569]

707 Mit der umfassenden Darlegungslast des Gerichts bei der Zurückweisung eines Beweisantrages wegen Prozessverschleppung korrespondiert eine vom Bundesgerichtshof sehr streng gehandhabte Darlegungspflicht für die Revisionsrüge, die Verschleppungsabsicht sei zu Unrecht angenommen worden. Der Beschwerdeführer muss hier nämlich nicht nur den Inhalt des Beweisantrages und die Beweistatsachen darlegen,[1570] sondern auch **sein eigenes prozessuales Verhalten** wiedergeben, soweit es nach dem Inhalt des Ablehnungsbeschlusses für diese Entscheidung mitbestimmend war.[1571]

(4) Beweismittel ungeeignet

708 Nach der ständigen Rechtsprechung des BGH ist ein Beweismittel dann als völlig ungeeignet[1572] anzusehen, wenn das Gericht ohne jede Rücksicht auf das bisher gewon-

---

1566 BGHSt 1, 322 (325); BGHSt 3, 368 (369); BGHSt 4, 364 (366); BGH NStZ 1983, 432; BGH NStZ 1992, 346; BGH NJW 1967, 2019 (2020); BGH NStZ 1981, 311; BGH StV 1992, 218 = NStZ 1992, 248.

1567 *Meyer-Goßner* § 244, Rn. 68; BGHR StPO § 244 Abs. 3 Satz 2 – Prozessverschleppung 1 (Urt. v. 11. 6. 1986 – 3 StR 10/86); BGH NStZ 1990, 350 (mit zust. Anm. *Wendisch*) = StV 1990, 391 (mit Anm. *Strate*) = NJW 1990, 1307 = BGHR StPO § 244 Abs. 3 Satz 2 – Prozessverschleppung 3.

1568 BGHSt 1, 32; BGH StV 1994, 635 (mit Anm. *Eckart Müller*).

1569 Weitere Kritikpunkte zu BGHSt 52, 355 s. o. Rn. 647; a. A. leider BVerfG NJW 2010, 592 = NStZ 2010, 155, vgl. *Hamm* FS Hassemer, 1017 und *Jahn* StV 2009, 663.

1570 *Meyer-Goßner* § 244, Rn. 85; KK-*Fischer* § 244, Rn. 224; BGH NStZ 1986, 519 (520).

1571 BGHR StPO § 344 Abs. 2 Satz 2 – § 244 Abs. 3 Satz 2 StPO 1; *Dahs/Dahs* Revision, Rn. 338; KK-*Fischer* § 244, Rn. 230.

1572 Vgl. allgemein KK-*Fischer* § 244, Rn. 149 ff.; *Alsberg/Nüse/Meyer* Beweisantrag, 601–619.

nene Beweisergebnis[1573] sagen kann, dass sich mit diesem Beweismittel das im Beweisantrag in Aussicht gestellte Ergebnis nach sicherer Lebenserfahrung nicht erzielen lässt.[1574] Die absolute Untauglichkeit muss sich also aus dem Beweismittel im Zusammenhang mit der Beweisbehauptung **selbst** ergeben.[1575] Das sonstige Ergebnis der Beweisaufnahme darf hierzu nicht herangezogen werden.[1576] Es ist also nicht zulässig, allein aus dem Ergebnis der schon durchgeführten Beweisaufnahme einen Schluss auf die Wertlosigkeit des zu benutzenden Beweismittels zu ziehen. Wollte man einen solchen Schluss zulassen, so würde man den legitimen Versuch eines Prozessbeteiligten verhindern, die aus den bisher verwendeten Beweismitteln erwachsenen Vorstellungen von den zu untersuchenden Ereignissen oder Zuständen durch einen Gegenbeweis auszuräumen, und damit die dem Gericht obliegende vollständige Aufklärung des Sachverhalts beeinträchtigen.[1577] Der Ablehnungsgrund der „völligen Ungeeignetheit" beruht allein auf der Erwägung, dass es dem Gericht nicht zuzumuten ist, Beweise zu erheben, von deren **völliger Nutzlosigkeit** es überzeugt ist, weil sie schon bei abstrakter Betrachtungsweise schlechterdings nicht zur Sachaufklärung dienen können.

Da die Ablehnung eines Beweisantrages mit der Begründung, das Beweismittel sei völlig ungeeignet, zwangsläufig eine **vorweggenommene Beweiswürdigung** enthält, ist bei der Entscheidung ein strenger Maßstab anzulegen.[1578] Das gilt vor allem auch für die Annahme, ein Zeuge sei deswegen ein völlig ungeeignetes Beweismittel, weil er sich wegen des Zeitablaufs voraussichtlich an die Beweistatsache nicht mehr erinnern könne.[1579] Ein geminderter, geringer oder zweifelhafter Beweiswert darf nicht mit völliger Ungeeignetheit gleichgesetzt werden.[1580] Ebensowenig darf ein Beweisantrag als ungeeignet zurückgewiesen werden, wenn das Gericht davon überzeugt ist, die beantragte Beweiserhebung sei nicht geeignet, das bisherige Beweisergebnis zu widerlegen.[1581] **709**

Ist ein **Zeuge** benannt, so kommt es darauf an, ob Umstände vorliegen, die eindeutig dagegen sprechen, er könne im Falle einer Aussage vor Gericht etwas zur Sachaufklärung beitragen.[1582] In Fällen, in denen ein Zeuge für länger zurückliegende Vorgänge benannt wird, hat der Tatrichter die Eignung des Beweismittels zu beurteilen anhand allgemeiner Lebenserfahrung unter Berücksichtigung aller Umstände, die dafür oder dagegen sprechen, dass der Zeuge die in sein Wissen gestellten Wahrnehmungen ge- **710**

1573 LR-*Gollwitzer* § 244, Rn. 279; BGH DAR 1976, 95.
1574 BGHSt 14, 339 (342); BGH StV 1990, 98; BGH StV 1993, 340 (341) = NStZ 1993, 395; BGH StV 1993, 508 = BGHR StPO § 244 Abs. 3 Satz 2 – Ungeeignetheit 12.
1575 BGH StV 1993, 508 = BGHR StPO § 244 Abs. 3 Satz 2 – Ungeeignetheit 12.
1576 BGHR StPO § 244 Abs. 3 Satz 2 – Ungeeignetheit 4; BGH 4 StR 66/07 – Beschl. v. 15. 3. 2007 = StraFo 2007, 293 = NStZ 2007, 476 = StV 2008, 337; BGH, Beschl. v. 7. 1. 2004 – 5 StR 391/03 = NStZ 2004, 508 = StV 2004, 465.
1577 BGH StV 1993, 508 = BGHR StPO § 244 Abs. 3 Satz 2 – Ungeeignetheit 12.
1578 BGHR StPO § 244 Abs. 3 Satz 2 – Ungeeignetheit 4; BGH StV 1993, 508 = BGHR StPO § 244 Abs. 3 Satz 2 – Ungeeignetheit 12; BGH, Beschl. v. 7. 1. 2004 – 5 StR 391/03 – = NStZ 2004, 508 = StV 2004, 465.
1579 BGHR StPO § 244 Abs. 3 Satz 2 – Ungeeignetheit 4.
1580 BGH StV 1993, 508 = BGHR StPO § 244 Abs. 3 Satz 2 – Ungeeignetheit 12.
1581 *Dahs/Dahs* Revision, Rn. 333; BGH NStZ 1989, 219 (*Miebach*); BGH NStE Nr. 98 zu § 244 StPO.
1582 BGH StV 1993, 508 = BGHR StPO § 244 Abs. 3 Satz 2 – Ungeeignetheit 12 m.w.N.

macht und im Gedächtnis behalten hat.[1583] Ein Zeuge ist beispielsweise dann völlig ungeeignet, wenn er zum Beweis für innere Vorgänge benannt wird, aber keine äußerlich wahrnehmbaren Tatsachen behauptet werden, die es dem Zeugen ermöglicht haben können, auf jene inneren Tatsachen zu schließen.[1584]

711 Die besonderen persönlichen Verhältnisse des Zeugen machen ihn nur in besonderen Ausnahmefällen zu einem völlig ungeeigneten Beweismittel.[1585] Der Antrag auf Vernehmung eines Zeugen darf nicht wegen seines Aussageverhaltens als früherer Angeklagter abgelehnt werden.[1586] Der Tatsache, dass der Zeuge als Angeklagter Angaben zur Person verweigert hat, kann nicht ohne Weiteres entnommen werden, dass er als Zeuge von einem etwaigen Auskunftsverweigerungsrecht nach § 55 StPO Gebrauch machen wird.

712 **Sachverständige** sind ein völlig ungeeignetes Beweismittel, wenn es an einer tatsächlichen Grundlage für das Gutachten fehlt.[1587] Aber selbst wenn der Sachverständige nur solche Erfahrungssätze und Schlussfolgerungen darzulegen vermag, die die unter Beweis gestellte Behauptung mehr oder weniger wahrscheinlich machen, ist das Gericht nicht berechtigt, den gestellten Beweisantrag wegen „völliger" Ungeeignetheit des Beweismittels zurückzuweisen.[1588] Ein Sachverständiger ist schon dann kein völlig ungeeignetes Beweismittel, wenn er zwar ganz sichere und eindeutige Schlüsse nicht ziehen kann, wenn seine Folgerungen die unter Beweis gestellte Behauptung aber doch als mehr oder weniger wahrscheinlich erscheinen lassen und deshalb unter Berücksichtigung des sonstigen Beweisergebnisses Einfluss auf die Überzeugungsbildung des Gerichts erlangen können.[1589]

713 Lange Zeit hat die Rechtsprechung die Methode der Glaubwürdigkeitsbegutachtung von Zeugen (und Angeklagten) mittels polygraphischer Untersuchung **(„Lügendetektor")** nicht unter dem Aspekt der Eignung, sondern unter dem der Unzulässigkeit (§ 244 Abs. 3 Satz 1 StPO i.V.m. Art 1 GG) geprüft und verworfen.[1590] Seit dem Jahre 1998 hat sich der BGH dafür entschieden, in dem Verfahren des sog. Tatwissentests nicht mehr eine Verletzung der Menschenwürde zu sehen, sondern ein Problem der Eignung zur Wahrheitsermittlung. Nach gründlichen eigenen Sachverständigenanhörungen kam der Senat zu dem Ergebnis, dass es sich bei der Methode um ein völlig ungeeignetes Beweismittel iSd StPO § 244 Abs. 3 S. 2 Alt. 4 StPO han-

---

1583 BGH NStZ 1993, 295; dazu näher *Hamm/Hassemer/Pauly* Beweisantragsrecht, Rn. 257 ff.

1584 *Meyer-Goßner* § 244, Rn. 59; KG VRS 43, 199; BGH StV 1984, 61; BGH StV 1987, 236; vgl. auch BGH StV 1993, 454 (mit abl. Anm. *Hamm*) = NStZ 1993, 550 (mit zust. Anm. *Widmaier* NStZ 1993, 602).

1585 *Meyer-Goßner* § 244, Rn. 61; *Alsberg/Nüse/Meyer* Beweisantrag, 611 ff.; BGH NStZ 1984, 42 (43); BGH StV 1985, 356.

1586 BGH NStZ 1981, 487 = StV 1982, 2; BGH StV 1990, 394 = BGHR StPO § 244 Abs. 3 Satz 2 – Prozessverschleppung 4 bzw. Ungeeignetheit 8.

1587 BGHSt 14, 339 (342); BGH MDR 1977, 108 (*Holtz*); BGHR StPO § 244 Abs. 3 Satz 2 – Ungeeignet 3; BGHR StPO § 244 Abs. 3 Satz 2 – Ungeeignetheit 6.

1588 BGH NStZ 1985, 515 (516) m. w. N.; BGHR StPO § 244 Abs. 3 Satz 2 – Ungeeignetheit 6.

1589 BGH wistra 1993, 112 (Urt. v. 12. 1. 1993 – 5 StR 594/92).

1590 BGHSt 5, 332; noch zweifelnd ohne Bezug zum Beweisantragsrecht BGH, Beschl. v. 14. 10. 1998 – 3 StR 236/98 = NJW 1999, 662 = StV 1999, 4.

delt.[1591] Damit ist jedenfalls bis zu dem Zeitpunkt, in dem die Psychowissenschaften neue Erkenntnisse, bessere Testverfahren oder Geräte, deren Ergebnisse richterlich überprüfbar sind, erfunden haben, der Polygraph aus unseren Strafverfahren sowohl im Rahmen der Amtsaufklärungspflicht als auch für das Beweisantragsrecht verbannt.

(5) Beweismittel unerreichbar

Ein Beweismittel ist unerreichbar,[1592] wenn alle seiner Bedeutung und seinem Wert entsprechenden Bemühungen des Gerichts, es beizubringen, erfolglos geblieben sind und keine begründete Aussicht besteht, es in absehbarer Zeit herbeizuschaffen.[1593] **714**

Bei der Beurteilung der Frage, welche Bemühungen das Gericht zur Beseitigung auftretender Hindernisse unternehmen muss, sind die Bedeutung der Sache und die Wichtigkeit der Zeugenaussage einerseits sowie das Interesse an einer reibungslosen und beschleunigten Durchführung des Verfahrens andererseits gegeneinander abzuwägen.[1594] Hierüber entscheidet der Tatrichter nach **pflichtgemäßem Ermessen.**[1595] Hat der Tatrichter vergebliche Bemühungen unternommen, um einen Zeugen zu ermitteln, ist es seiner vom Revisionsgericht nur auf Rechtsfehler zu überprüfenden Würdigung vorbehalten, ob weitere Ermittlungen noch Erfolg versprechend gewesen wären.[1596] Ein Zeuge ist beispielsweise dann unerreichbar, wenn Ermittlungen nach dessen Aufenthalt mangels jeglicher Anhaltspunkte von vornherein aussichtslos oder Bemühungen des Gerichts, die unter Beobachtung der ihm obliegenden Aufklärungspflicht vorgenommen wurden, erfolglos geblieben sind.[1597] **715**

Das Vorliegen der Tatsachen, aus denen das Tatgericht die Unerreichbarkeit des Beweismittels herleitet, ist in der den Beweisantrag ablehnenden Entscheidung darzulegen.[1598] Dasselbe gilt für die Begründung, warum die audiovisuelle Vernehmung nach § 247a StPO zwar erwogen aber als nicht ausreichend angesehen wurde. **716**

Offen gelassen hat der Bundesgerichtshof,[1599] ob an die Ablehnung eines **Hilfsbeweisantrages** wegen Unerreichbarkeit in den Urteilsgründen geringere Anforderun- **717**

1591 BGHSt 44, 308 = NJW 1999, 657. Dazu *Hamm* NJW 1999, 922; *Amelung* JR 1999, 382; *Artkämper* NJ 1999, 153; *Meyer-Mews* NJW 2000, 916; *Kargl* JuS 2000, 537; *Schoreit* StV 2004, 284. *Hamm/Hassemer/Pauly* Beweisantragsrecht, Rn. 241.

1592 Vgl. allgemein KK-*Fischer* § 244, Rn. 156 ff.; *Alsberg/Nüse/Meyer* Beweisantrag, 619–635; *Hamm/Hassemer/Pauly* Beweisantragsrecht, Rn. 281 ff., 516.

1593 *Meyer-Goßner* § 244, Rn. 62 a; KK-*Fischer* § 244, Rn. 156; BGHSt 22, 118 (120); BGHSt 32, 68 (73); BGH NStZ 1985, 375; BGHR StPO § 244 Abs. 3 Satz 2 – Unerreichbarkeit 1; BGH NStZ 1993, 50 = BGHR StPO § 244 Abs. 3 Satz 2 – Unerreichbarkeit 13 (Urt. v. 4. 8. 1992 – 1 StR 246/92); OLG Düsseldorf StV 1993, 514.

1594 BGH NStZ 1993, 349 = BGHR StPO § 244 Abs. 3 Satz 2 – Unerreichbarkeit 16 (Urt. v. 3. 3. 1993 – 2 StR 328/92).

1595 *Dahs/Dahs* Revision, Rn. 334 m. w. N.

1596 *Alsberg/Nüse/Meyer* Beweisantrag, 901; BGH JR 1969, 266 (267); BGH StV 1983, 90; BGHR StPO § 244 Abs. 3 Satz 2 – Unerreichbarkeit 6 (Urt. v. 20. 1. 1989 – 2 StR 564/88); BGHR StPO § 244 Abs. 6 – Beweisantrag 23 (Urt. v. 10. 11. 1992 – 1 StR 685/92).

1597 BGH MDR 1954, 531 (*Holtz*); BGH NStZ 1993, 50 = BGHR StPO § 244 Abs. 3 Satz 2 – Unerreichbarkeit 13 (Urt. v. 4. 8. 1992 – 1 StR 246/92) m. w. N.

1598 LR-*Gollwitzer* § 244, Rn. 275; BGHR StPO § 244 Abs. 3 Satz 2 – Unerreichbarkeit 1, 5 und 13.

1599 BGHR StPO § 244 Abs. 3 Satz 2 – Unerreichbarkeit 1.

gen zu stellen sind, weil in diesen Fällen die Notwendigkeit entfalle, dem Angeklagten Gelegenheit zu zweckentsprechender Reaktion auf die Ablehnung zu geben. Die Frage ist zu verneinen, weil die Darlegung der Bemühungen des Gerichts, das Beweismittel herbeizuschaffen, und der Gründe, aus denen dies nicht möglich erschien, in erster Linie auch die Aufgabe hat, dem Revisionsgericht die Überprüfung zu ermöglichen, ob das Tatgericht den Rechtsbegriff der Unerreichbarkeit verkannt haben kann. Dies muss in den Urteilsgründen genauso erfolgen wie in einem in der Hauptverhandlung verkündeten Beschluss.

718 Wenn ein Zeuge, dessen Aufenthalt bekannt ist, für eine Vernehmung in der Hauptverhandlung nicht erreichbar ist, muss geprüft werden, ob eine **kommissarische Vernehmung** möglich und sinnvoll ist.[1600] Von einer an sich durchführbaren kommissarischen Vernehmung kann dann allerdings abgesehen werden, wenn nur eine Vernehmung des Zeugen vor dem erkennenden Gericht zur Wahrheitsfindung beizutragen vermag.[1601] Ob dies – z.B. bei einer Gegenüberstellung mit dem in Haft befindlichen Angeklagten – der Fall ist, hat der Tatrichter nach pflichtgemäßem Ermessen zu entscheiden.[1602] Die für die Ausübung des Ermessens maßgebenden Erwägungen müssen jedoch erkennen lassen, weshalb eine nur kommissarische Vernehmung zur Sachaufklärung ungeeignet und daher ohne jeden Beweiswert ist.[1603]

719 In diesem Fall kann gerügt werden, dass die Erwägungen des Tatrichters nicht schlüssig ergeben, weshalb die Vernehmung vor einem ersuchten Richter zur Sachaufklärung ungeeignet und daher ohne jeden Beweiswert sein soll.[1604] Dafür ist es aber erforderlich, dass man in der Revisionsbegründung auf das Beweisthema und seine Bedeutung für die Sachaufklärung eingeht.

720 Trägt der Beschwerdeführer vor, der von ihm benannte Zeuge sei **nicht unerreichbar** (gewesen), muss er nicht nur den Beweisantrag und den Ablehnungsbeschluss wiedergeben.[1605] Er muss auch vollständig vortragen, was das Gericht mit welchem Ergebnis getan hat, um den Zeugen zu erreichen, soweit die Vorgänge Gegenstand der Hauptverhandlung waren, nach dem Inhalt des Ablehnungsbeschlusses die Entscheidung mitbestimmten und in ihr nicht umfassend dargestellt sind.[1606] Außerdem muss er darlegen, weshalb das Gericht nicht genug getan hat. So müssen die Tatsachen angegeben werden, aus denen sich ergibt, dass der Zeuge in Wahrheit, für den Tatrichter erkennbar, doch erreichbar war.

1600 KK-*Fischer* § 244, Rn. 159 (170) m.w.N.; BGHSt 22, 118 (122); BGH NStZ 1983, 276 (277); BGHR StPO § 244 Abs. 3 Satz 2 – Unerreichbarkeit 10.

1601 Vgl. etwa BGH StV 1993, 232 = BGHR StPO § 244 Abs. 3 Satz 2 – Unerreichbarkeit 15 (Beschl. v. 1. 12. 1992 – 1 StR 759/92).

1602 BGH NStZ 1985, 375 (376); BGHR StPO § 244 Abs. 3 Satz 2 – Unerreichbarkeit 7.

1603 BGHSt 13, 300 (302) = MDR 1960, 154; BGHSt 22, 118 (122); BGH GA 1971, 85; BGH GA 1975, 237 = DAR 1976, 95; BGH MDR 1978, 459 (*Holtz*); BGH MDR 1979, 807 (*Holtz*); BGH GA 1980, 355; BGH NStZ 1985, 375 (376); BGH StV 1992, 548; BGHR § 244 Abs. 2 – Auslandszeuge 5 (Beschl. v. 5. 8. 1992 – 3 StR 237/92).

1604 BGH StV 1983, 185 = NStZ 1983, 325 = JR 1984, 129.

1605 BGH NStZ 1984, 329 (330).

1606 BGH StV 1984, 455; BGH, 1 StR 72/97 v. 13. 3. 1997 = NStZ-RR 1997, 304 = StV 1999, 195; KK-*Fischer* § 244, Rn. 228.

Für das **Ausmaß angemessener Bemühungen** ist auch die Bedeutung des Beweisthemas nicht gleichgültig. Deshalb muss auch der Beweisantrag vollständig wiedergegeben werden, wenn die fehlerhafte Anwendung des Ablehnungsgrundes der Unerreichbarkeit gerügt wird. Das gilt erst Recht dann, wenn die Rüge darauf gerichtet ist, dass nicht wenigstens von der Möglichkeit der audiovisuellen Vernehmung nach § 247a StPO Gebrauch gemacht wurde.[1607] **721**

Stellt das Revisionsgericht bei der Verfahrensrüge, der Tatrichter habe einen Beweisantrag auf Vernehmung eines Zeugen rechtsfehlerhaft wegen Unerreichbarkeit des Beweismittels abgelehnt, im Wege des Freibeweisverfahrens fest, dass der Zeuge nicht bereit ist, vor Gericht zu erscheinen, so kann offenbleiben, ob der Tatrichter seine Prüfungspflicht unvollständig erfüllt hat.[1608] **722**

Gibt das Gericht einem Beweisantrag statt und erkennt es somit einen Beweiserhebungsanspruch an, und stellt sich erst danach bei dem Versuch, den Zeugen zu laden, die Frage nach der Erreichbarkeit, so kann eine **Korrektur der ursprünglichen Entscheidung** des Gerichts oder des Vorsitzenden nur durch Gerichtsbeschluss erfolgen. Darin ist dann wiederum im Einzelnen darzulegen, dass das Gericht unter Beachtung seiner Aufklärungspflicht alle der Bedeutung der Aussage für die Entscheidung entsprechenden Bemühungen vergeblich entfaltet hat und keine begründete Aussicht bestand, den Zeugen in absehbarer Zeit zu erreichen.[1609] **723**

(6) Besonderheiten bei „Auslandszeugen" (§ 244 Abs. 5 S. 2 StPO)

Beweisanträgen auf die Vernehmung von Zeugen, deren Ladung im Ausland zu bewirken wäre, braucht das Gericht seit dem Rechtspflegeentlastungsgesetz von 1993[1610] nur noch unter den in § 244 Abs. 5 S. 2 i.V.m. § 244 Abs. 5 S. 1 StPO bezeichneten Voraussetzungen stattzugeben. Dies wird vielfach so verstanden, als ob in diesen Fällen ein Beweisantrag überhaupt nur noch nach Maßgabe der Aufklärungspflicht (§ 244 Abs. 2 StPO) beschieden werden müsse.[1611] Das wäre ein Missverständnis, denn es bedarf auch in diesen Fällen eines **Beschlusses nach § 244 Abs. 6 StPO,** und dessen Begründung darf sich auch nicht etwa auf den Satz beschränken, die Aufklärungspflicht nach § 244 Abs. 2 StPO gebiete die Ladung und Vernehmung nicht.[1612] Vielmehr muss das Tatgericht bei der Ablehnung hier seine wesentlichen Erwägungen mitteilen, weshalb es sich angesichts des konkret zu erwartenden Aufwandes zur Vernehmung des Zeugen keinen dazu verhältnismäßigen Beweisertrag verspricht. Wenn ein Beweisantrag mit rechtsfehlerhafter Begründung abgelehnt wurde, kann dies durch ergänzende Ausführungen in den Urteilsgründen nicht geheilt werden.[1613] **724**

1607 BGH, Beschl. v. 25. 7. 2002 – 3 StR 203/02 = BGHR StPO § 247 a Audiovisuelle Vernehmung 5.
1608 BGH NStZ 1993, 349 = BGHR StPO § 244 Abs. 3 Satz 2 – Unerreichbarkeit 16 (Urt. v. 3. 3. 1993 – 2 StR 328/92); *Hamm/Hassemer/Pauly* Beweisantragsrecht, Rn. 516.
1609 BGH 1 StR 215/83 Beschl. v. 19. 4. 1983 = StV 1983, 318.
1610 Art. 2 Nr. 4 des Gesetzes v. 11. 1. 1993 – BGBl. I, 50.
1611 *Meyer-Goßner* § 244, Rn. 63.
1612 KK-*Fischer* § 244, Rn. 214; BGH, Beschl. vom 23. 5. 2000 – 5 StR 427/99 = wistra 2000, 297.
1613 BGH, Beschl. vom 26. 10. 2006 – 3 StR 374/06 = NStZ 2007, 349, 351 = StV 2007, 174; *KK-Fischer* § 244, Rn. 214.

725 Gleichwohl bleibt die Vorschrift des § 244 Abs. 5 Satz 2 StPO ein Fremdkörper im System des Beweisantragsrechts.[1614] Sie passt auch nicht in eine Zeit, in der es angesichts der immer globaler funktionierenden Transport- und Kommunikationswege und auch der europäischen Einigung kaum noch einen Unterschied macht, ob ein Zeuge unter einer inländischen oder einer ausländischen Anschrift „zu laden" ist. Dass es immer noch schwieriger (oder unmöglich) ist, einen Zeugen zu zwingen, einer Ladung **grenzüberschreitend** zu folgen, betrifft die Frage seiner Erreichbarkeit, die in § 244 Abs. 3 StPO geregelt ist. Dass die Pflicht des Gerichts, es zu versuchen, wenn nicht ein anderer der Zurückweisungsgründe des Abs. 3 gegeben ist, bereits dann bis auf das Niveau der Amtsaufklärungspflicht herabgesetzt sein soll, wenn das Ladungsschreiben auf dem Hinweg postalisch eine Staatsgenze zu überqueren hätte, kommt einer sachfremden Erwägung (des Gesetzgebers) gleich. Dies gilt ganz besonders, seit durch § 247 a StPO auch noch die Möglichkeit eröffnet ist, einen Zeugen auch grenzüberschreitend unter Inanspruchnahme audiovisueller Verfahren im Wege der Rechtshilfe zu vernehmen.[1615]

726 Aber die Rechtsprechung legt die Vorschrift so aus, dass das maßgebende Kriterium dafür, ob die beantragte Vernehmung des Auslandszeugen „nach dem pflichtgemäßen Ermessen des Gerichts zur Erforschung der Wahrheit erforderlich ist", die Amtsaufklärungspflicht sein solle.[1616] Durch die Einführung des § 244 Abs. 5 Satz 2 StPO sei die Möglichkeit der Ablehnung eines Beweisantrags auf Vernehmung eines Auslandszeugen nur um den schmalen Bereich erweitert worden, in dem die Ablehnungsgründe des bis dahin allein anwendbaren § 244 Abs. 3 Satz 2 StPO es nicht zuließen, einen derartigen Beweisantrag zurückzuweisen, obwohl die Beweiserhebung von der Aufklärungspflicht nicht geboten war".[1617] Wenn das aber so ist, dann fragt es sich, warum der Gesetzgeber den ganzen Absatz 5 in § 244 StPO nicht so formuliert hat: „Absatz 3 gilt nicht für den Beweisantrag auf Einnahme des Augenscheins und auf Vernehmung eines Zeugen, dessen Ladung im Ausland zu bewirken wäre." Damit wäre hinreichend klargestellt, dass die Amtsaufklärungspflicht (die ja auch durch einen Beweisantrag „aktiviert" werden kann) natürlich auch in diesen Fällen gilt, dass aber das Verbot der Beweisantizipation mit seinen im abschließenden Katalog der Zurückweisungsgründe bestehenden Durchbrechungen insoweit nicht gelten solle. Da auch bei dieser Formulierung die Pflicht zur Bescheidung des Beweisantrages durch Beschluss nach § 244 Abs. 6 StPO unberührt bliebe, wäre das Gericht immerhin noch gehalten, seine Zwischenbewertung über den Sinn und möglichen Ertrag der begehrten Beweiserhebung durch einen Beschluss offenzulegen.

727 Die vom Gesetzgeber stattdessen in § 244 Abs. 5 S. 1 und 2 StPO gewählte Formulierung spricht eher dafür, dass er das Regelungssystem des Abs. 3 auch für Auslandszeugen prinzipiell aufrechterhalten und den dort geregelten Zurückweisungsgründen lediglich noch einen weiteren hinzufügen wollte: Wenn die Vernehmung des Auslandszeugen „nach dem pflichtgemäßen Ermessen des Gerichts zur Erforschung

1614 Vgl. KK-*Herdegen* 5. Aufl., § 244 Vorbemerkungen III. vor Rn. 1 („Wildwuchs").
1615 Vgl. *Meyer-Goßner* § 244, Rn. 63.
1616 BGHSt 40, 60, 62; BGH NJW 2001, 695, 696; NJW 2002, 2403, 2404; NStZ 2004, 99, 100; BGH, Urt. v. 9. 6. 2005 – 3 StR 269/04 = NJW 2005, 2322.
1617 BGH NJW 2002, 2403, 2404 und BGH NJW 2005, 2322.

der Wahrheit nicht erforderlich ist". Damit sollte dann aber auch das Fortbestehen des **Ausnahmecharakters** der um diesen Grund erweiterten Ablehnungsmöglichkeiten bei der weiterhin geltenden Regel der Beweiserhebung anerkannt werden. Die in einem förmlichen Beweisantrag begehrte Beweiserhebung durch Vernehmung eines „Auslandszeugen" muss stattfinden, es sei denn, es läge einer der Gründe des § 244 Abs. 3 Satz 2 oder des Abs. 5 Satz 2 i. V. m. Satz 1 StPO vor.

Wer sich diese Systematik vor Augen hält, wird auch die Notwendigkeit einer differenzierten Handhabung der **partiell erlaubten Beweisantizipation**[1618] zwischen den Fällen des Satzes 1 (Augenschein) und des Satzes 2 (Auslandszeuge) erkennen. Sie wurde am deutlichsten in einem kurzen Hinweis des 5. Strafsenats des BGH zum Ausdruck gebracht, der sich gegen eine Gleichstellung der zulässigen Beweisantizipation beim Auslandszeugen und beim Antrag auf Augenscheinseinnahme aussprach, weil letztere mit dem besonderen Beweiswert des Augenscheins zusammenhänge.[1619] Die Richtigkeit dieser Differenzierung wird deutlich, wenn man sich die Fälle vor Augen führt, in denen der Beweisantrag darauf gerichtet ist, die Aussage eines bereits in der Hauptverhandlung vernommenen Zeugen zu widerlegen. Wenn zu diesem Zweck eine Augenscheinseinnahme beantragt wird, so hat das Gericht bei seiner Ermessensausübung zu berücksichtigen, dass die unmittelbare Anschauung durch das Gericht der Schilderung durch einen Zeugen stets überlegen ist. Das bedeutet, dass auch dann, wenn das Gericht allein aufgrund der Aufklärungspflicht nicht gehindert gewesen wäre, dem Zeugen zu glauben, ohne sich die betreffende Örtlichkeit selbst anzusehen, nach einem darauf gerichteten Beweisantrag das pflichtgemäße Ermessen doch sehr eingeengt sein kann und die Augenscheinseinnahme stattfinden muss.[1620] Dies kann bei dem Versuch, eine Zeugenaussage durch eine andere Zeugenaussage zu widerlegen, anders sein, weil ein beantragter Zeugenbeweis einem bereits erhobenen Zeugenbeweis nicht in derselben Weise generell überlegen ist wie die Augenscheinseinnahme einer Zeugenaussage. Dies mag der Grund für die Auffassung des 5. Senats gewesen sein, bei Auslandszeugen dürfe eine weitergehende Beweisantizipation stattfinden als beim Augenscheinsbeweis.[1621] **728**

Bei der nächsten Gelegenheit meldete sich der 5. Strafsenat wieder zu Wort mit der Bemerkung, eine Divergenz, wie sie der 1. Strafsenat annehme, bestehe überhaupt nicht, denn auch der 1. Strafsenat[1622] halte doch den Tatrichter im Falle von Auslandszeugen für befreit vom Verbot der Beweisantizipation.[1623] **729**

1618 Dass eine völlige Befreiung von dem Verbot der Antizipation nicht gemeint sein konnte (so aber missverständlich BGHSt 40, 60 Leitsatz und S. 63, ähnlich auch *Becker* NStZ 2006, 516), wird inzwischen anerkannt, vgl. KK-*Fischer* § 244, Rn. 210 („missverständlich"), so auch schon *Herdegen* 5. Aufl. § 244, Rn. 85

1619 BGH StV 1994, 283 (5 StR 95/94 v. 22. 3. 1994); für unterschiedliche Anforderungen bei Augenschein und Auslandszeugen auch *Meyer-Goßner* § 244, Rn. 43 f.

1620 BGHSt 8, 177 (für den Fall einer einzigen Zeugenaussage); BGH NJW 1961, 280 (für den Fall mehrerer, aber nicht unabhängig voneinander gemachter Aussagen); StV 1994, 411 = NStZ 1995, 483.

1621 Anders BGH StV 1994, 633 = NStZ 1994, 552 (1 StR 180/94 v. 21. 6. 1994) unter Hinweis auf BGHSt 40, 60 = NJW 1994, 1484 = NStZ 1994, 351 (mit Anm. *Kintzi* 448).

1622 BGHSt 40, 60.

1623 BGH NStZ 1994, 593 = BGHR StPO § 244 Abs. 5 Satz 2 – Auslandszeuge 3.

730 Solange sich § 244 Abs. 5 StPO nur auf den Augenscheinsbeweis bezog, konnte der Sinn und Zweck der Vorschrift gerade darin gesehen werden, den Tatrichter vom Verbot der Beweisantizipation insoweit freizustellen, als nicht die Amtsaufklärungspflicht im Hinblick auf den hohen Beweiswert der Augenscheinseinnahme ohnehin die beantragte Beweiserhebung verlangt. Dabei konnte das Gesetz ohne Weiteres davon ausgehen, dass beim Vergleich zwischen einer einzigen Zeugenaussage und einer möglichen Augenscheinseinnahme zur Überprüfung derselben die Gerichte auf den im Beweiswert weit überlegenen Augenschein schon nach § 244 Abs. 2 StPO nicht verzichten würden. Ging es dagegen um den Vergleich zwischen zwei Zeugenaussagen, so waren die Kriterien des § 244 Abs. 3 StPO erforderlich, aber auch ausreichend, um den Tatrichter einerseits vor einem unnötigen Beweisaufwand, andererseits aber auch vor einer voreiligen Beweiswürdigung zu bewahren. Dem Anliegen, einen Zeugen im Ausland zu laden, musste der Tatrichter nachkommen, so lange der Zeuge nicht unter Beachtung des Erkenntniswertes der Beweisbehauptung als unerreichbar gelten konnte. Dies entsprach der zutreffenden gesetzlichen „Vorwertung“, dass die Beweiskraft einer Aussage nicht von der ladungsfähigen Anschrift des Zeugen abhängen kann. Eine Beweisantizipation des Inhaltes, dass eine Tatsache schon deshalb als bereits bewiesen anzusehen sei, weil der Zeuge, der das Gegenteil sagen werde, im Ausland wohnt, wäre an Sinnwidrigkeit kaum zu überbieten. Auch lässt die Neufassung des § 244 Abs. 5 Satz 2 StPO offen, in welchem Verhältnis die Zurückweisungsgründe des Abs. 3, z. B. die Unerreichbarkeit bei Auslandszeugen zu den Kriterien der „Erforderlichkeit zur Erforschung der Wahrheit“ stehen soll.[1624] Wohnt der Zeuge unter einer bekannten Adresse in Straßburg und findet die Hauptverhandlung beim Amtsgericht Kehl statt, so wird das Gericht schwerlich sagen dürfen, da die Amtsaufklärungspflicht die Ladung des Zeugen nicht gebiete, habe sie auch dann zu unterbleiben, wenn keiner der in § 244 Abs. 3 StPO genannten Gründe gegeben ist. Dassselbe sollte gelten, wenn die Hauptverhandlung beim Landgericht Frankfurt an der Oder stattfindet, das Gericht den Angeklagten schon aufgrund der durchgeführten Beweisaufnahme für überführt hält, dann aber ein Alibizeuge benannt wird – wohne er nun diesseits oder jenseits der Oder in Slubice (Polen). Soll das Alibi in der Aussage bestehen, der Angeklagte habe sich in der Tatnacht ununterbrochen auf einer vom Tatort mehrere Kilometer entfernten Party aufgehalten, darf bei einem (leicht erreichbaren) Auslandszeugen ebenso wenig wie bei einem (entfernt wohnenden und dort selten anzutreffenden) Inlandszeugen die Entbehrlichkeit seiner Ladung und Vernehmung damit begründet werden, ein anderer Zeuge habe schon glaubhaft bekundet, der Angeklagte habe die Party um eine Stunde vor dem feststehenden Tatzeitpunkt verlassen.

731 Einen schwachen Lösungsansatz für all diese Probleme kann man darin sehen, dass § 244 Abs. 6 StPO auch für die Zurückweisung von Beweisanträgen auf Vernehmung von Auslandszeugen einen **Beschluss** verlangt, dessen Gründe – wenn sie unzulänglich sind – auch nicht mehr im Urteil nachgebessert werden dürfen.[1625] Wenn die Revisionsgerichte darauf achten, dass die Tatgerichte diese Begründungspflicht nicht

---

1624 Dazu jetzt KK-*Fischer* § 244, Rn. 214: „Kann das Gericht ... ablehnen, weil die Aufklärungspflicht die Anhörung des Zeugen nicht erfordere, entfällt jedes Bemühen um ihn.“

1625 SK-*Frister* § 244, Rn. 241.

durch eine formelhafte Wiederholung des Gesetzeswortlauts umgehen („... nach dem pflichtgemäßen Ermessen des Gerichts zur Erforschung der Wahrheit nicht erforderlich ..."), kann die Rechtsprechung den gesetzgeberischen Fehlgriff zumindest teilweise korrigieren. Deshalb verlangt der Bundesgerichtshof im Anschluss an *Herdegen*,[1626] dass der Beschluss *„die für die Ablehnung wesentlichen Gesichtspunkte, wenn auch nicht in allen Einzelheiten, so doch in ihrem tatsächlichen Kern verdeutlicht"* und damit *„den Antragsteller davon unterrichtet, wie das Gericht den Antrag sieht, damit er in der Lage ist, sich in seiner Verteidigung auf die Verfahrenslage einzustellen, die durch die Antragsablehnung entstanden ist"*.[1627]

Hier kommt in erfreulicher Klarheit wieder der Dialogcharakter des Beweisantragsrechts zur Geltung, den der Gesetzgeber im Begriff war zu verschütten. § 244 Abs. 5 Satz 2 StPO befreit also den Tatrichter keineswegs von der Pflicht zur Offenlegung seiner tatsächlichen Wertungen, die es ihm entbehrlich erscheinen lassen, den beantragten Beweis zu erheben, sondern gerade die ihm hier partiell zugestandene Beweisantizipation verlangt nach Transparenz und bringt bei richtiger Handhabung für den Antragsteller sogar einen Vorteil: sie kann die **„Früherkennung der richterlichen Beweiswürdigung"**[1628] fördern. Dabei ist zu beachten, dass die im Beschluss gemachte Mitteilung über den „tatsächlichen Kern" stets sowohl eine Aussage über das Gewicht der bereits erhobenen Beweise als auch über die Einschätzung des möglichen Beweisertrages der beantragten Erhebung enthalten muss. **732**

Die verfahrenstatsächlichen Voraussetzungen des § 244 Abs. 5 Satz 2 StPO darf das Gericht **im Wege des Freibeweises** klären. Dazu gehört auch die Möglichkeit (soweit das zwischenstaatlich erlaubt ist), sich mit dem Zeugen telefonisch in Verbindung zu setzen, um zu klären, ob er Sachdienliches zur Klärung der Beweisfrage beitragen kann.[1629] In diesen Fällen gehören die Tatsache der Kontaktaufnahme und ihr Ergebnis in den Zurückweisungsbeschluss, um dem Antragsteller die Möglichkeit einzuräumen, durch eigene Ermittlungen dies nachzuprüfen und erforderlichenfalls den Antrag nachzubessern. **733**

Zu den Kriterien, nach denen gemäß § 244 Abs. 5 Satz 2 StPO der Beweisantrag auf Vernehmung eines im Ausland zu ladenden Zeugen abgelehnt werden darf, gehört nicht die Frage seiner *Erreichbarkeit*. Der Zurückweisungsgrund der Unerreichbarkeit ist unabhängig davon zu prüfen, wobei die Auslandszeugen nur die Besonderheit aufweisen, dass ihr Erscheinen vor dem deutschen Gericht nicht erzwungen werden kann.[1630] **734**

Auch ein im Ausland lebender Zeuge ist unerreichbar, wenn seine Vernehmung in absehbarer Zeit an nicht zu behebenden Hindernissen scheitert. Im Falle der beantrag- **735**

1626 *KK-Herdegen* 5. Aufl. § 244, Rn. 85; ähnlich jetzt auch KK-*Fischer* § 244, Rn. 212ff. und *Meyer-Goßner* 52. Aufl. § 244, Rn. 63.

1627 BGHSt 40, 60 = StV 1994, 229 (230): ähnlich in einem obiter dictum BGH, Beschl. v. 23. 5. 2000 – 5 StR 427/99 = wistra 2000, 297.

1628 Vgl. dazu allgemein *Hamm* FS Karl Peters, S. 169ff.

1629 BGH StV 1995, 173 = NStZ 1995, 244 = BGHR StPO § 244 Abs. 5 Satz 2 – Auslandszeuge 5 (4 StR 536/94 v. 8. 12. 1994); BGH, Beschl. v. 28. 1. 2003 – 4 StR 540/02 = StV 2003, 317.

1630 LR-*Gollwitzer* § 244, Rn. 343; *Hamm/Hassemer/Pauly* Beweisantragsrecht, Rn. 291ff.; a.A. KK-*Fischer* § 244, Rn. 214.

ten Vernehmung eines sich im Ausland aufhaltenden Zeugen muss sich das Gericht unter Umständen einer förmlichen Ladung durch den betreffenden Staat bedienen und einen Hinweis auf das **sichere Geleit** des Zeugen geben.[1630a] Auf die förmliche Ladung kann jedoch verzichtet werden, wenn sie zwecklos erscheint.[1631] Dies ist beispielsweise dann der Fall, wenn einem möglichen Zeugen von der zuständigen Behörde kein freies Geleit zugesichert wird.[1632]

736 Erklärt der Zeuge trotz eingehender telefonischer Unterrichtung über alle mit der Zeugenvernehmung zusammenhängenden Fragen, nicht erscheinen zu wollen, so kann sich auch hier die formelle Ladung erübrigen.[1633] Das Vorliegen dieser Voraussetzungen ist in der den Beweisantrag ablehnenden Entscheidung darzulegen.[1634]

Die Tatgerichte sind nicht verpflichtet, unter **Umgehung des diplomatischen Weges** einen Zeugen zum Erscheinen in der Hauptverhandlung zu veranlassen. Solche Versuche mögen zwar im Einzelfall tatsächlich aussichtsreich sein. Das Gericht kann jedoch nicht zu Maßnahmen verpflichtet werden, die von dem anderen Staat als Beeinträchtigung seiner Hoheitsrechte angesehen werden können.[1635]

737 Ein Auslandszeuge, dessen Vernehmung nach den Kriterien des § 244 Abs. 5 Satz 2 StPO an sich geboten ist, darf nur dann als unerreichbar behandelt werden, wenn er weder vor dem Prozessgericht noch im Wege der **Rechtshilfe,** z.B. **auch unter Anwendung des § 247a StPO** vernommen werden kann.[1636] Hierbei ist zu beachten, dass auch ohne ein Rechtshilfeabkommen mit einem fremden Staat ein Rechtshilfeverkehr möglich sein kann.[1637]

738 Soweit die Rechtsprechung es bisher zugelassen hat, dass auf die kommissarische Vernehmung eines Auslandszeugen verzichtet wird, wenn „nur die Vernehmung vor

---

1630a BGH NJW 1979, 1788 = MDR 1979, 579; vgl. zu den Besonderheiten eines Beweisantrages auf Vernehmung eines Auslandszeugen *Hamm/Hassemer/Pauly* Beweisantragsrecht, Rn. 524ff. und *Michalke* Formularbuch VII. D. 18 mit jeweils vielen weiteren Nachweisen aus der Rechtsprechung. Das Gericht muss prüfen, ob die Möglichkeit besteht, den Zeugen durch die Zusicherung des sicheren Geleits (§ 295 StPO) zum Erscheinen zu bewegen. Das sichere Geleit ist nicht automatisch mit der förmlichen Ladung eines im Ausland lebenden Zeugen zur Vernehmung in Deutschland verbunden (BGHSt 35, 216). Art. 12 des Europäischen Übereinkommens über die Rechtshilfe in Strafsachen (abgedr. u. a. in *Schomburg/Lagodny/Gleß/Hackner* Internationale Rechtshilfe in Strafsachen, 4. Aufl. 2006, S. 521ff.) enthält im Übrigen einen Strafverfolgungsschutz, auf den der zu ladende Zeuge hingewiesen werden muss (BGH NStZ 1998, 26; BGH NStZ 1984, 16; BGHSt 32, 68ff./74; *Hamm/Hassemer/Pauly* Beweisantragsrecht, Rn. 298 m.w.Hinw. zur Vernehmung und Ladung von Häftlingen und auf den Anspruch auf freies Geleit im Rahmen des Abkommens der Vereinten Nationen über Suchtstoffe; zu den Häftlingen s. auch KK-*Fischer* § 244 StPO Rn. 168).

1631 BGHR StPO § 244 Abs. 3 Satz 2 – Unerreichbarkeit 9 (Urt. v. 6. 12. 1989 – 1 StR 559/89), Unerreichbarkeit 11 (Urt. v. 19. 10. 1990 – 1 StR 435/90), Unerreichbarkeit 12 (Urt. v. 6. 11. 1991 – 2 StR 342/91); BGH NStZ 1993, 294.

1632 BGHR StPO § 244 Abs. 3 Satz 2 – Unerreichbarkeit 4.

1633 BGH NStZ 1993, 28 (*Kusch*).

1634 BGH NStZ 1993, 50.

1635 BGHR StPO § 244 Abs. 3 Satz 2 – Unerreichbarkeit 9.

1636 Vgl. BGH GA 1954, 222; BGHSt 22, 118 (122); BGH StV 1983, 7 (8); BGH StV 1992, 548 m.w.N.; BGH NJW 1988, 2187, zu § 247a StPO jetzt BGHSt 45, 188 = StV 1999, 580 = NJW 1999, 3788 und BGH NStZ 2000, 385 = StV 2000, 345.

1637 BGHR StPO § 244 Abs. 3 Satz 2 – Unerreichbarkeit 6.

dem erkennenden Gericht Beweiswert hätte und zur Aufklärung beitragen könnte",[1638] ist dies kein Merkmal der Unerreichbarkeit mehr, weil die Prüfung des Beweiswertes jetzt im Rahmen des § 244 Abs. 5 Satz 2 StPO stattfindet.

(7) Besonderheiten bei V-Leuten als Zeugen

Das Gericht darf einen Beweisantrag auf Vernehmung eines unbekannten Informanten[1639] nicht mit der Begründung ablehnen, der Informant könne nicht identifiziert werden, weil die Staatsanwaltschaft ihm Vertraulichkeit zugesichert habe. Lassen sich Name und Anschrift des Informanten nicht anders feststellen, so kann und muss das Gericht von allen öffentlichen Behörden – auch von der Staatsanwaltschaft und der Polizei – diejenigen Auskünfte verlangen, die es zur Ermittlung der Beweisperson für erforderlich hält. Die Auskunft darf in entsprechender Anwendung des § 96 StPO nur verweigert werden, wenn die oberste Dienstbehörde erklärt, dass das Bekanntwerden ihres Inhalts dem Wohl des Bundes oder eines deutschen Landes Nachteile bereiten würde. Solange eine solche Erklärung nicht vorliegt, darf der Gewährsmann nicht als ein unerreichbares Beweismittel im Sinne des § 244 Abs. 3 Satz 2 StPO angesehen werden.[1640] **739**

Der Tatrichter muss gegebenenfalls bei der obersten Dienstbehörde[1641] Gegenvorstellung erheben, wenn diese eine als Zeuge benannte Person nur mit allgemeinen, nicht auf den Einzelfall bezogenen Erwägungen sperrt. Er darf die Gegenvorstellung nicht dadurch ersetzen, dass er die Umstände nachschiebt, auf welche die oberste Dienstbehörde sich nicht berufen hatte.[1642] **740**

Auch eine rechtmäßige Sperrerklärung führt nicht zu einem Beweisverbot, so dass ein entsprechender Beweisantrag nicht nach § 244 Abs. 3 Satz 1 StPO zurückgewiesen werden darf. Sie bedeutet nur, dass das mit der Sache befasste Gericht die Weigerung der Behörde, die Identität eines Zeugen zu offenbaren, hinnehmen muss. Kennt das Gericht aber aus den Akten oder aus sonstigen Erkenntnisquellen die Identität des Zeugen, so steht seiner Ladung und Vernehmung die Sperrerklärung nicht entgegen.[1643] Der Tatrichter darf nämlich auch dann, wenn eine Sperrerklärung vorliegt, einen aktenkundigen oder ihm sonst bekannt gewordenen Anhaltspunkt dafür, wie eine nach den Regeln der Strafprozessordnung gebotene Beweiserhebung durchgeführt werden **741**

1638 KK-*Fischer* § 244, Rn. 170 m. w. N.; vgl. auch BGHR § 244 Abs. 3 Satz 2 – Unerreichbarkeit 15.

1639 Zur Problematik der Unerreichbarkeit eines V-Mannes wegen der Weigerung der Polizeibehörden, seine Identität preiszugeben, vgl. auch BVerfGE 57, 250 = NJW 81, 1719 = StV 81, 381; BGH StV 1982, 56; BGH StV 1982, 206; BGH StV 1983, 49; BGHSt 36, 159 (165) = NJW 1989, 3291; *Lüderssen* V-Leute, 1985; *ders.*, FS Klug, S. 527 ff.; *ders.*, StV 2002, 169 und *Herzog* StV 2003, 410 zur Einstellung des NPD-Verbotsverfahrens.

1640 BGHR StPO § 244 Abs. 3 Satz 2 – Unerreichbarkeit 3; vgl. auch BGHSt 29, 390 (393) = NJW 1981, 355 = StV 1981, 58 = JR 1981, 477; BGHSt 30, 34; BGHSt 32, 115 (123/124); BGH StV 1982, 206; BGHR StPO § 244 Abs. 3 Satz 2 – Unerreichbarkeit 2; vgl. ferner BGH 1 StR 197/01 = StV 2001, 549 = NStZ 2001, 656.

1641 Zuständig ist nach h. M. und durchgängiger Praxis der Innenminister des jeweiligen Bundeslandes, BGHSt 41, 36 = NJW 1995, 2569 = StV 1995, 225 (4 StR 733/94 v. 16. 2. 1995); a. A. *G. Schäfer* NStZ 1990, 46: Zuständigkeit des Justizministers; vgl. *Hamm/Hassemer/Pauly* Beweisantragsrecht, Rn. 313 ff.

1642 BGHR StPO § 244 Abs. 3 Satz 2 – Unerreichbarkeit 8.

1643 BGHSt 39, 141 = NJW 1993, 1214 = StV 1993, 170 = NStZ 1993, 293.

kann, nicht unberücksichtigt lassen.[1644] Von der Vernehmung eines solchen Zeugen kann aber abgesehen werden, soweit durch die Vernehmung Gefahr für Leib oder Leben des Zeugen droht.[1645] Dies prüft das Gericht in eigener Verantwortung.[1646]

(8) Beweisbehauptung ohne Bedeutung

742 Eine Tatsache ist für die Entscheidung ohne Bedeutung,[1647] wenn ein Zusammenhang zwischen ihr und der abzuurteilenden Tat nicht besteht oder wenn sie trotz eines solchen Zusammenhangs nicht geeignet ist, die Entscheidung irgendwie zu beeinflussen.[1648] Die Bedeutungslosigkeit kann sich aus **rechtlichen oder tatsächlichen Gründen** ergeben.[1649] Aus den Gründen für die Ablehnung eines Beweisantrages muss ersichtlich sein, ob das Gericht der Ansicht ist, es komme aus Rechtsgründen nicht auf die Beweiserhebung an, oder ob es glaubt, dass die Ergebnisse seiner Beweiswürdigung durch die Richtigkeit der Beweisbehauptung nicht beeinflusst werden können.[1650] Im letzteren Falle müssen auch die Tatsachen, die für diese Annahme sprechen, angegeben werden, damit das Revisionsgericht prüfen kann, ob das Verbot der Beweisantizpation, die gerade hier gefährlich naheliegt,[1651] beachtet worden ist. Die Angaben müssen auch in dem Zurückweisungsbeschluss selbst gemacht werden, dürfen also nicht erst in den Urteilsgründen nachgeholt oder vervollständigt werden.[1652]

743 Die **tatsächliche Bedeutungslosigkeit** einer Beweistatsache kann darin liegen, dass sie selbst im Fall ihres Erwiesenseins die Entscheidung nicht beeinflussen könnte, weil sie einen nur möglichen Schluss zulässt, den das Gericht aber erklärtermaßen nicht ziehen will.[1653] Hierbei kann das Gericht das bisherige Beweisergebnis berücksichtigen.[1654] Es darf aber die Beweiswürdigung nicht in der Weise vorwegnehmen, dass die Bedeutungslosigkeit allein aus dem bisherigen Beweisergebnis hergeleitet wird. Die Bedeutungslosigkeit muss stattdessen unter Berücksichtigung des bisheri-

---

1644 BGH StV 1993, 113 = NStZ 1993, 248 = BGHR StPO § 244 Abs. 3 Satz 2 – Unerreichbarkeit 14 (Beschl. v. 17. 11. 1992 – 1 StR 752/92).

1645 BGH StV 1993, 170 = NStZ 1993, 293 (294) = NJW 1993, 1214 = BGHR StPO § 244 Abs. 3 Satz 1 – Unzulässigkeit 8 m. w. N.

1646 Vgl. BGH NStZ 1984, 31 = MDR 1983, 987 (*Holtz*); BGHSt 33, 70 (74 f.).

1647 Vgl. allgemein KK-*Fischer* § 244, Rn. 141 ff.; *Alsberg/Nüse/Meyer* Beweisantrag, S. 574–595; *Hamm/Hassemer/Pauly* Beweisantragsrecht, Rn. 349 ff.; *Niemöller* FS Hamm 537 ff., 545 ff.; *Schröder* NJW 1972, 2105.

1648 *Meyer-Goßner* § 244, Rn. 54; *Dahs/Dahs* Revision, Rn. 331; BGH NJW 1997, 2762.

1649 *Meyer-Goßner* § 244, Rn. 54 f. m. w. N.; *Dahs/Dahs* Revision, Rn. 331.

1650 BGHSt 2, 284 (287) = NJW 1952, 714; BGH NJW 1953, 35; BGH DAR 1976, 95; BGH DAR 1981, 199; BGH NStZ 1981, 309; BGH StV 1982, 55; BGH NStZ 1982, 213; BGH NStZ 1984, 17 (*Pfeiffer/Miebach*); BGHR StPO § 244 Abs. 3 Satz 2 – Bedeutungslosigkeit 1 = NStE Nr. 16 zu § 244; BGH NStE Nr. 102 zu § 244; BGH StV 1990, 246 = BGHR StPO § 244 Abs. 3 Satz 2 – Bedeutungslosigkeit 9 m. w. N.; BGHR StPO § 244 Abs. 3 Satz 2 – Bedeutungslosigkeit 11; BGH StV 1993, 172.

1651 Vgl. *Meyer-Goßner* § 244, Rn. 56.

1652 BGH, Beschl. v. 20. 12. 2006 – 2 StR 444/06 = StV 2007, 176.

1653 Vgl. auch BGHR StPO § 244 Abs. 3 Satz 2 – Bedeutungslosigkeit – 7 (Beschl. v. 10. 6. 1988 – 2 StR 195/88).

1654 Vgl. *Meyer-Goßner* § 244, Rn. 56 m. w. N.; BGHR StPO § 244 Abs. 3 Satz 2 – Bedeutungslosigkeit 3; LR-*Gollwitzer* § 244, Rn. 222; missverständlich insoweit: BGH DAR 1976, 95.

gen Beweisergebnisses in voller Würdigung der Tragweite der unter Beweis gestellten Tatsache beurteilt werden. Dabei darf die Wahrheit der Beweistatsache ebensowenig in Frage gestellt werden wie der Wert des angebotenen Beweismittels.[1655] Ein Antrag darf vor allem auch hier nicht deshalb als bedeutungslos zurückgewiesen werden, weil das Gericht das Gegenteil der unter Beweis gestellten Tatsache bereits für erwiesen erachtet.[1656] Der Beschluss, mit dem ein Beweisantrag wegen Bedeutungslosigkeit der behaupteten Tatsachen abgelehnt wird, muss die Erwägungen anführen, aus denen der Tatrichter ihnen keine Bedeutung beimisst.[1657]

Beweistatsachen, die das **Vor- und Nachtatverhalten** betreffen, sind nicht schon dann bedeutungslos, wenn sie keine „zwingenden" Schlüsse zulassen. Derartige Beweistatsachen sind nur dann bedeutungslos, wenn das Gericht der Auffassung ist, sie könnten, wenn sie erwiesen wären, die Beweiswürdigung nicht beeinflussen.[1658] **744**

Auch **Indiztatsachen** darf der Tatrichter als bedeutungslos ansehen, wenn sie selbst für den Fall ihres Erwiesenseins die Entscheidung nicht beeinflussen können, weil sie nur mögliche, aber nicht zwingende Schlüsse zulassen, und das Gericht im Rahmen seiner freien Beweiswürdigung nachvollziehbar darlegt, warum es den möglichen Schluss nicht ziehen will.[1659] Hierbei ist jedoch zu beachten, dass das Gericht weder die Wahrheit der Beweistatsache noch den Wert des angebotenen Beweismittels in Frage stellen darf. Das Beweisthema ist vielmehr in seiner ganzen Tragweite – ohne Einengung, Umdeutung oder Verkürzung – zu würdigen.[1660] **745**

Wird die Bedeutungslosigkeit aus tatsächlichen Umständen gefolgert, so müssen die Tatsachen angegeben werden, aus denen sich ergibt, warum die unter Beweis gestellte Tatsache, selbst wenn sie erwiesen wäre, die Entscheidung des Gerichts nicht beeinflussen könnte. Dabei muss die Begründung den Begründungserfordernissen bei der Würdigung von durch eine Beweisaufnahme gewonnenen Indiztatsachen in den Urteilsgründen entsprechen. Die Ablehnung des Beweisantrags darf nicht dazu führen, dass aufklärbare, zugunsten eines Angeklagten sprechende Umstände **746**

1655 LR-*Gollwitzer* § 244, Rn. 222; Fragen der Zuverlässigkeit und Glaubwürdigkeit eines Zeugen sind Elemente des Beweismittels und stehen insoweit in keinem Zusammenhang mit dem Ablehnungsgrund der Bedeutungslosigkeit. Liegen nicht die Voraussetzungen für einen anderen Ablehnungsgrund vor, muss die Beurteilung der Zeugenqualität dem Gebrauch des Beweismittels in der Hauptverhandlung – also der Befragung des Zeugen – vorbehalten bleiben; sie darf nicht durch einen erweiterten Gebrauch des Ablehnungsgrundes der Bedeutungslosigkeit vorweggenommen werden, BGH NJW 1997, 2762.

1656 LR-*Gollwitzer* § 244, Rn. 222; BGHR StPO § 244 Abs. 3 Satz 2 – Bedeutungslosigkeit 6 (Beschl. v. 1. 3. 1988 – 5 StR 67/88); BGH StV 1993, 621; BGH, Urt. v. 19. 9. 2007 – 2 StR 248/07 = StraFo 2008, 29.

1657 BGH, Beschl. v. 3. 7. 2007 – 5 StR 272/07 = StraFo 2007, 378; BGH, Urt. v. 3. 12. 2004 – 2 StR 156/04 = NJW 2005, 1132 = NStZ 2005, 224 = StV 2005, 113 m. w. N.

1658 BGH NStZ 1993, 28 (*Kusch*).

1659 H.M. z.B. KK-*Fischer* § 244, Rn. 143 m. w. N.; BGHR StPO § 244 Abs. 3 Satz 2 – Bedeutungslosigkeit 2 und Bedeutungslosigkeit 5; BGHSt 37, 168 = BGHR StPO § 244 Abs. 3 Satz 2 – Bedeutungslosigkeit 13, 19 (BGH Beschl. v. 5. 11. 1991 – 5 StR 435/91); BGH wistra 1993, 29; BGH NStE Nr. 128 zu § 244 (Urt. v. 6. 10. 1993 – 2 StR 349/93); kritisch mit guten Gründen gegen diese Rechtsprechung SK-*Frister* § 244, Rn. 138 und 190; *Hamm/Hassemer/Pauly* Beweisantragsrecht, Rn. 356 ff.

1660 KK-*Fischer* § 244, Rn. 144; *Alsberg/Nüse/Meyer* Beweisantrag, S. 588 f.; BGH GA 1964, 77; BGH StV 1983, 90; BGH NStZ 1985, 516; BGHR StPO § 244 Abs. 3 Satz 2 – Bedeutungslosigkeit 2.

der gebotenen Gesamtabwägung im Rahmen der Beweiswürdigung entzogen werden.[1661]

747 Ein Beweisantrag darf nicht mit der bloßen Wiedergabe des Gesetzeswortlautes als bedeutungslos abgelehnt werden, wenn damit unter Beweis gestellt wird, ein Belastungszeuge habe den Angeklagten teilweise zu Unrecht belastet.[1662] Eine nähere Begründung ist insbesondere deshalb erforderlich, damit sich der Antragsteller auf die dadurch geschaffene Verfahrenslage einstellen kann[1663] und das Revisionsgericht nachprüfen kann, ob der Tatrichter bei der Ablehnung des Beweisantrags von richtigen Voraussetzungen ausgegangen ist.[1664]

748 Die der Ablehnung eines Beweisantrags zugrunde liegende Annahme, die unter Beweis gestellte Tatsache sei bedeutungslos, muss nicht nur zu diesem Zeitpunkt begründet sein, sondern darüber hinaus **bis zum Urteil Bestand** haben.[1665] Sie verfällt, wenn sich das Gericht im Urteil dazu in Widerspruch setzt. Dies geschieht immer dann, wenn es der *behaupteten Tatsache* im Urteil doch noch Bedeutung beimisst,[1666] meist allerdings in den Fällen, in denen es eine mit der Antragsbehauptung unvereinbare Urteilsfeststellung trifft, insbesondere das *Gegenteil* der behaupteten Tatsache feststellt und diese Feststellung zum Nachteil des Antragstellers verwertet; stets liegt darin das Eingeständnis, dass die mit dem Beweisantrag vorgebrachte Behauptung nicht bedeutungslos war.[1667] Missverständlich ist es allerdings, wenn in manchen BGH-Entscheidungen formuliert wird, das Tatgericht „dürfe" sich in den Urteilsgründen nicht in Widerspruch setzen zu den Gründen des aus tatsächlichen Gründen den Beweisantrag als bedeutungslos zurückweisenden Beschlusses.[1668] *Niemöller*[1669] hat darauf hingewiesen, dass nicht bereits dieser Widerspruch den Verfahrensfehler ausmacht, zu dem das Gericht sogar verpflichtet sei, wenn die Beweiswürdigung nach § 261 StPO etwas anderes ergebe als dessen vorläufige Wertung zum Zeitpunkt der Beschlussfassung. Der Rechtsfehler liegt dann nach Niemöllers Auffassung darin, dass durch die Selbstaufkündigung des Zurückweisungsgrundes durch das Tatgericht im Urteil ein Beschluss übrig bleibt, dessen Begründung gleichsam verfallen ist, so dass er einer begründungslosen Entscheidung gleichsteht. Man kann stattdessen aber auch

---

1661 BGH, Beschl. v. 3. 7. 2007 – 5 StR 272/07 = StraFo 2007, 378; BGH, Urt. v. 3. 12. 2004 – 2 StR 156/04 = NJW 2005, 1132 = NStZ 2005, 224 = StV 2005, 113 m. w. N.

1662 BGH StV 1993, 172.

1663 *Alsberg/Nüse/Meyer* Beweisantrag, S. 756, 760 f.; KK-*Fischer* § 244, Rn. 145; BGHSt 2, 284 (286); BGHR § 244 Abs. 3 Satz 2 – Bedeutungslosigkeit 9 (Urt. v. 16. 1. 1990 – 1 StR 676/89) m. w. N.

1664 BGH NStZ 1981, 401 m. w. N.; BGHR StPO § 244 Abs. 3 Satz 2 – Bedeutungslosigkeit 15 (Beschl. v. 9. 4. 1991 – 4 StR 132/91); BGH NStZ 1993, 143.

1665 Vgl. BGH, Beschl. v. 9. 4. 2002 – 5 StR 110/02.

1666 BGH NStZ 1984, 38; im zugrunde liegenden Fall hatte das Gericht eine von der Staatsanwaltschaft behauptete Tatsache für bedeutungslos erklärt, sie aber im Urteil als Indiz gegen den Angeklagten verwertet. Dieser konnte zwar nicht die Ablehnung des Beweisantrags rügen, wohl aber beanstanden, dass ihm kein Hinweis auf die Änderung der Bewertung erteilt worden war. *Niemöller* FS Hamm, 545.

1667 BGHR StPO § 244 Abs. 3 Satz 2 Bedeutungslosigkeit 18, 22; § 244 Abs. 5 Satz 2 Auslandszeuge 6; BGH StV 1993, 173; 1996, 648; 1997, 237; 2001, 95, 96; NStZ 1994, 195; 2000, 267; ferner BGH, Urt. v. 7. 7. 1997 – 5 StR 17/97 und 19. 4. 2000 – 5 StR 467/ 99 –; Beschl. v. 3. 4. 2001 – 4 StR 579/00 und 9. 4. 2002 – 5 StR 110/02 (Zitate nach *Niemöller* FS Hamm, 546 in Fn. 35).

1668 So auch *Hamm/Hassemer/Pauly* Beweisantragsrecht, Rn. 362.

1669 *Niemöller* FS Hamm, 546 f.

– wie es die 5. Auflage vertreten hat[1670] – den Rechtsfehler in der unterlassenen nach dem Fair-trial-Prinzip gebotenen Mitteilung des Tatgerichts an den Antragsteller über den Bewertungswandel sehen. Dieser Hinweis müsste vor der Urteilsverkündung in der gleichen Form erfolgen wie der Ursprungsbeschluss, den er somit also korrigiert. Und auch bezogen auf diese letzte Aussage des Gerichts zur Frage der Bedeutungslosigkeit gilt wiederum der Satz, dass sich dazu die Urteilsgründe nicht in Widerspruch setzen dürfen.

Die beiden dogmatischen Ansätze (Kontinuitätsprinzip vs. Faires Verfahren) können **749** Bedeutung erlangen, bei der Frage nach den **Rügeanforderungen** für die Beanstandung des Verfahrens in der Revisionsbegründung.

Soll gerügt werden, dass ein Beweisantrag als unerheblich abgelehnt worden ist, so **750** muss das Beweisthema in der Revisionsbegründung wiederholt werden;[1671] ferner muss ausdrücklich – zweckmäßigerweise durch Wiedergabe des vollständigen Beschlusswortlautes – mitgeteilt werden, dass der Beweisantrag als unerheblich abgelehnt worden ist. Wenn der Beweisantrag wegen Unerheblichkeit der Beweistatsachen abgelehnt worden ist, der Beschwerdeführer aber ihre Erheblichkeit behauptet, müssen weiterhin, sofern sie nicht auf der Hand liegen, auch die Gründe dargelegt werden, aus denen sie für das Urteil von Bedeutung waren.[1672] Hat der Tatrichter im Sinne *Niemöllers*[1673] gegen den Kontinuitätsgrundsatz verstoßen, indem er einen Beweisantrag mit der Begründung abgelehnt hat, die unter Beweis gestellte Tatsache sei bedeutungslos, hat er dann aber bei der Beweiswürdigung dieselbe Tatsache (u. U. sogar zum Nachteil des Angeklagten) als bedeutsam verwertete so ist vom Ausgangspunkt *Niemöllers* den Anforderungen des § 344 Abs. 2 S. 2 StPO genüge getan, indem der Revidend den Beweisantrag und den Beschluss mitteilt, um dann nur noch auf die Stelle im Urteil hinzuweisen, die der Annahme der Bedeutungslosigkeit widerspricht. Wer hingegen den Rechtsverstoß im Unterlassen eines Änderungsbeschlusses sieht, durch den der Antragsteller auf den Wechsel in der Beurteilung hingewiesen worden wäre,[1674] sollte in der Revisionsbegründung diese „Negativtatsache" ausdrücklich herausstellen, weil nicht sicher damit gerechnet werden kann, dass der Senat die schlichte Wiedergabe von Beweisantrag und Zurückweisungsbeschluss mit dem Hinweis auf die davon abweichende Stelle im Urteil schon als ausreichend i. S. d. § 344 Abs. 2 S. 2 StPO ansehen wird.[1675]

Das **Beruhen des Urteils** auf einer unzulänglichen Begründung für die Zurückwei- **751** sung des Beweisantrages kann selten ausgeschlossen werden, auch wenn in manchen Entscheidungen des BGH auch hier eine (zu) weitgehende hypothetische eigene Be-

1670 5. Aufl., Rn. 584; ähnlich *Meyer-Goßner* § 244, Rn. 56; BGH NStZ 88, 38; BGHR StPO § 244 Abs. 3 Satz 2 – Bedeutungslosigkeit 18 (Beschl. v. 12. 11. 1991 – 4 StR 374/91); BGH StV 1993, 173.

1671 Nicht notwendig wörtlich, aber doch in vollständiger Darstellung des Inhalts; man begnüge sich keineswegs z. B. mit dem Ausdruck „Alibibeweis".

1672 *Alsberg/Nüse/Meyer* Beweisantrag, 878; LR-*Gollwitzer* § 244, Rn. 360; BayObLGSt 49/51, 49 (57).

1673 *Niemöller* FS Hamm, 545 ff.

1674 BGH NStZ 1988, 38 = BGHR StPO § 244 Abs. 3 Satz 2 – Hinweispflicht 1; BGH StV 1992, 147 (mit Anm. *Deckers*).

1675 Allgemein zu dem problematischen Erfordernis des Vortrags von Negativtatsachen s. o. Rn. 629 ff.

weiswürdigung mit der Formel, der Ablehnungsgrund der Bedeutungslosigkeit der behaupteten Tatsache liege auf der Hand, praktiziert wird.[1676]

(9) Beweisbehauptung schon erwiesen

752 Der für den Antragsteller angenehmste und informativste Zurückweisungsgrund besteht in dem Bescheid, das Gericht sei bereits aufgrund des bisherigen Ergebnisses der Beweisaufnahme von der Richtigkeit der Beweistatsache überzeugt,[1677] so dass es diese dem Urteil ohne weitere Beweisaufnahme zugrunde legen kann. In dem Modell des formellen Dialogs bedeutet diese **gesetzlich erlaubte Beweisantizipation**, dass in der betreffenden Tatfrage der Antragsteller sein Ziel erreicht hat, was freilich noch nicht bedeutet, dass das Gericht auch dieselben Schlüsse aus der erwiesenen Tatsache ziehen werde.[1678] Gleichgültig ist auch, ob die Tatsache zugunsten oder zuungunsten des Angeklagten wirkt.[1679] Aber auf die Zusicherung, dass im Urteil von ihr nicht mehr abgewichen werde, darf der Antragsteller vertrauen. Wird aus diesem Grund ein Beweisantrag abgelehnt, dürfen sich die Urteilsfeststellungen hierzu nicht in Widerspruch setzen.[1680] Das Tatgericht hat der Beweistatsache bei der Beweiswürdigung auch die Bedeutung beizumessen, die ihr nach dem Sinn und Zweck der Beweisbehauptung unter Berücksichtigung des Verteidigungsvorbringens zukommen sollte.[1681]

753 Nur die unter Beweis gestellte Tatsache selbst, nicht auch ihr Gegenteil darf als schon erwiesen zur Begründung für die Ablehnung eines Beweisantrages herangezogen werden.[1682] Denn das wäre wiederum eine gesetzlich nicht zugelassene Beweisantizipation zu lasten des Antragstellers.[1683]

754 Es dürfen nur solche Tatsachen als erwiesen gelten, die in den gesetzlich dafür vorgeschriebenen Formen Gegenstand der Hauptverhandlung waren.[1684]

755 Wird ein Beweisantrag mit der Begründung abgelehnt, die behaupteten Beweistatsachen seien zum Teil bereits erwiesen, zum Teil könnten sie als wahr unterstellt werden, muss der Beschluss deutlich machen, welche Tatsachen als erwiesen und welche als wahr unterstellt angesehen werden, da bereits erwiesene Tatsachen zum Nachteil des Angeklagten verwertet werden dürfen, als wahr unterstellte dagegen nicht.[1685]

1676 KK-*Fischer* § 244, Rn. 234; BGH NStZ 1981, 401; BGHR StPO § 244 Abs. 3 Satz 2 – Bedeutungslosigkeit 12, 14, 15; BGH StV 1991, 408 (409).

1677 Vgl. allgemein KK-*Fischer* § 244, Rn. 148; *Alsberg/Nüse/Meyer* Beweisantrag, 595–601; *Hamm/Hassemer/Pauly* Beweisantragsrecht, Rn. 347 ff.

1678 BGH, Urt. v. 27. 6. 2000 – 1 StR 665/99: Es ging um die Rüge der Staatsanwaltschaft, ein von ihr gestellter Beweisantrag sei mit der Begründung zurückgewiesen worden, die Beweisbehauptung sei bereits erwiesen, das Gericht habe aber aus der Tatsache nicht die von der Antragstellerin angestrebten Schlüsse gezogen.

1679 *Meyer-Goßner* § 244, Rn. 57; LR-*Gollwitzer* § 244, Rn. 235.

1680 *Meyer-Goßner* § 244, Rn. 57; BGH NStZ 89, 1983 = NJW 1989, 845 = BGHR StPO § 244 Abs. 3 Satz 2 – erwiesene Tatsache 1.

1681 Vgl. BGHR StPO § 244 Absatz 3 Satz 2 – erwiesene Tatsache 2.

1682 LR-*Gollwitzer* § 244, Rn. 235 m. w. N.; *Alsberg/Nüse/Meyer* Beweisantrag, 411, 416, 417; BGH StV 1986, 418 (419); BGHR StPO § 244 Abs. 3 Satz 2 – Bedeutungslosigkeit 6; BGHR StPO § 244 Abs. 6 – Beweisantrag 9; BGHR StPO § 244 Abs. 3 Satz 2 – Prozessverschleppung 6.

1683 *Dahs/Dahs* Revision, Rn. 332; BGH MDR 1974, 16 *(Dallinger)*; BGH NStZ 1982, 189 *(Miebach)*.

1684 Beispiel für eine entsprechende Verfahrensrüge bei *Hamm* Formularbuch, VIII.C.4.

1685 BGH StV 1983, 319. Hierzu auch unten Rn. 766 f.

(10) Wahrunterstellung

Die durch § 244 Abs. 3 Satz 2 a.E. StPO geschaffene Möglichkeit, eine beantragte Beweiserhebung als überflüssig zu behandeln, wenn das Gericht die Beweistatsache „so behandeln kann, als wäre sie wahr",[1686] wird häufig mit dem Zurückweisungsgrund „für die Entscheidung ohne Bedeutung" verwechselt. Das liegt daran, dass in der Alltagssprache die Formulierung, etwas könne als richtig („wahr") unterstellt werden, gewöhnlich bedeutet, dass es darauf nicht ankomme, dass der betreffende Umstand also für das zu lösende Problem keine Bedeutung habe. § 244 Abs. 3 Satz 2 StPO stellt aber ausdrücklich klar, dass gerade dies nicht gemeint ist: Nicht die Unerheblichkeit ist Inhalt der Wahrunterstellung, sondern die **Erheblichkeit** ihre Voraussetzung. Andererseits darf „erheblich" aber auch nicht mit „ausschlaggebend" verwechselt werden, weil ein Urteil letztlich niemals auf eine bloße Unterstellung gegründet sein darf.[1687] Das wäre ein Verstoß gegen die Aufklärungspflicht. Da zudem noch die Wahrunterstellung nur *zugunsten* des Angeklagten (also nicht unbedingt: zugunsten des Antragstellers) zulässig ist, könnte man annehmen, dass ihre Handhabung der Quadratur des Kreises gleiche: Wie soll sich eine Tatsache zugunsten des Angeklagten auswirken, die doch nicht zum tragenden Grund für einen Freispruch werden darf und die dennoch erheblich ist? **756**

Die Lösung liegt darin, dass dieser Zurückweisungsgrund keine Aussage über das Ergebnis der tatrichterlichen Beweiswürdigung enthält, sondern lediglich eine vorläufige Prognose über die Rolle der Beweisbehauptung bei der Urteilsberatung. Der Beschluss, durch den ein Beweisantrag mit einer Wahrunterstellung abgelehnt wird, enthält die Zusage, die betreffende Tatsache dabei in Erwägung zu ziehen, und zwar nur in ihrer entlastenden Beweisbedeutung. Der Beschluss enthält daneben aber auch die Prognose, dass diese Berücksichtigung eine Verurteilung des Angeklagten letztlich nicht hindern wird. Der Verteidiger, der noch das Ziel eines Freispruchs verfolgt, tut also gut daran, eine Zurückweisung seines darauf gerichteten Beweisantrages mit dieser Begründung als **Alarmzeichen** zu verstehen. Sie bedeutet bei richtiger Anwendung, dass das Gericht die Beachtlichkeit des aus dem tatsächlichen Vorbringen folgenden Argumentes gegen einen Schuldspruch erkennt und zu bedenken verspricht, aber im Zeitpunkt der Beschlussfassung prognostiziert, trotzdem verurteilen zu können. **757**

Eine so weitgehende „Voraussage" seiner Entscheidung ist dem Tatrichter im Beweisantragsrecht sonst nicht erlaubt. Sie rechtfertigt sich hier auch nur deshalb, weil sie nicht zu einer Einschränkung des Beweiserhebungsanspruchs führt: Mehr als dass die Beweisbehauptung ohne jede Einschränkung zu seinen Gunsten dem Urteil zugrunde gelegt wird, kann der Angeklagte auch durch die beantragte Beweiserhebung nicht erreichen – eher weniger! Für diesen Vorteil muss er in Kauf nehmen, dass das Gericht **758**

1686 Vgl. allgemein KK-*Fischer* § 244, Rn. 183 ff.; *Alsberg/Nüse/Meyer* Beweisantrag, 650–689; *Born* Wahrunterstellung zwischen Aufklärungspflicht und Beweisablehnung wegen Unerheblichkeit; *Bringewat* MDR 1986, 353; *Müller* GS K.H. Meyer, 285; *v. Stackelberg* FS Sarstedt, 373; *Tenckhoff* Die Wahrunterstellung im Strafprozess; *Willms* FS K. Schäfer, 275.

1687 *Hamm/Hassemer/Pauly* Beweisantragsrecht, Rn. 364 („Hierarchie von Erheblichkeit zur Wahrunterstellung").

sich schon anlässlich der Bescheidung des Beweisantrages Gedanken darüber macht, ob nicht die Aufklärungspflicht umgekehrt gebietet, die Richtigkeit der Beweisbehauptung durch Beweiserhebungen zu überprüfen. Nur wenn es dabei zu einem negativen Ergebnis kommt, darf es die Zusage geben, im Urteil von der Richtigkeit des Vorbringens auszugehen und bei der Beweiswürdigung (Beratung) die als wahr unterstellte Tatsache nur als Entlastungsmoment in Betracht zu ziehen. Mit der Amtsaufklärungspflicht bleibt dieses Verfahren bis zur Urteilsverkündung aber nur dann vereinbar, wenn sich nicht herausstellt, dass jenes Entlastungsmoment doch so durchschlagend ist, dass es zum Freispruch führen müsste. Ein Freispruch aus tatsächlichen Günden darf aber nun einmal nur dann erfolgen, wenn diese auf bewiesenen Fakten oder jedenfalls auf nicht widerlegbaren Annahmen aufbauen. Was nur zugunsten des Angeklagten „unterstellt" wird, ist auf seine Unwiderlegbarkeit hin noch nicht geprüft, so dass die Aufklärungsrüge der Staatsanwaltschaft große Aussichten auf Erfolg hätte.

759 Benennt die Anklage für einen Vorgang nur einen einzigen Augenzeugen, dessen Sehschwäche der Angeklagte unter Beweis stellen möchte, so muss darüber Beweis erhoben werden, weil die nur unterstellte Richtigkeit der Wahrnehmungsprobleme des Zeugen einen Freispruch nicht stützen könnte. Haben denselben Vorgang dagegen mehrere Menschen gesehen, so ist die schwerwiegende Augenerkrankung eines der Zeugen ein zur Entlastung des Angeklagten wesentlicher Umstand, den das Gericht im Hinblick darauf als wahr unterstellen darf, dass es damit rechnet, auf die Aussagen der anderen Zeugen eine Verurteilung stützen zu können. Erweist sich die Prognose in der endgültigen Urteilungsberatung als zutreffend, so tut diese Verfahrensweise weder der Aufklärungspflicht noch dem Beweiserhebungsanspruch des Angeklagten einen Abbruch: Erstere leidet nicht not, weil die Verurteilung auf einer erschöpfenden Vernehmung aller verfügbaren Beweismittel (Zeugen) beruht und weil die Falsifizierung der Beweisbehauptung des Angeklagten das Ergebnis eher noch gestützt als gefährdet hätte. Der Beweiserhebungsanspruch des Angeklagten ist aber auch nicht tangiert, weil er das Äußerste erreicht hat, was er durch die beantragte zusätzliche Beweisaufnahme hätte bekommen können: Dass das Gericht die Sehschwäche des einen Zeugen dem Urteil zugrunde legt und als dessen Belastungsaussage abschwächenden Umstand wertet. Dies muss dazu führen, dass das Urteil auf die (angebliche) Wahrnehmung dieses einen Zeugen überhaupt nicht zu Lasten des Angeklagten gestützt werden darf. Dass das Gericht ihn aber wegen der Aussagen der anderen Zeugen für überführt halten kann, ist das „Pech" des Angeklagten, das ihm auch nicht beim Nachweis einer vollständigen Blindheit des einen Zeugen erspart geblieben wäre.

760 Dies alles wird in der Praxis nur selten so trennscharf gehandhabt wie es die Gesetzessystematik eigentlich gebieten würde.[1688] Das liegt nicht nur daran, dass die Gerichte die Unterscheidung zum Zurückweisungsgrund der Unerheblichkeit meist vernachlässigen, sondern auch daran, dass die Staatsanwaltschaften in ihrem Antragsverhalten während der Hauptverhandlung dieser Verwechslung häufig Vorschub leisten.

1688 Im Falle BGH, Beschl. v. 30. 11. 2005 – 2 StR 431/05 = StV 2007, 18 hatte das Landgericht sogar die Ablehnung eines Beweisantrags gleichzeitig auf Wahrunterstellung und auf Bedeutungslosigkeit gestützt. vgl auch BGH NStZ-RR 2003, 268, 269 und NStZ 2004, 51.

Meist geht nämlich den Beschlüssen, durch die ein Beweisantrag mit einer Wahrunterstellung abgelehnt wird, eine in diese Richtung weisende Stellungnahme der Staatsanwaltschaft voraus. Da auch die Anklagebehörde am formellen Dialog des mit Elementen eines Parteiprozesses versehenen Beweisantragsrechts Teil hat, muss sie sich gefallen lassen, dass ihr Antrag, von der Möglichkeit der Wahrunterstellung Gebrauch zu machen, als das Eingeständnis aufgefasst wird, die Beweisbehauptung nicht widerlegen zu können. Deshalb knüpft der BGH die Rüge der Staatsanwaltschaft, das Gericht habe durch eine Wahrunterstellung seine Aufklärungspflicht verletzt, in der Regel an die Voraussetzung, dass **die Staatsanwaltschaft der Wahrunterstellung bereits in der Hauptverhandlung entgegengetreten** ist.[1689] Auf diese Weise wird zwar die Gefahr der Aufhebung freisprechender Urteile bei rechtsfehlerhaftem Umgang mit der Wahrunterstellung erheblich gemindert. Das führt aber auch dazu, dass in der Praxis der Schluss von der Wahrunterstellung auf die Verurteilungstendenz des Gerichts nicht immer zwingend ist. Dennoch sollte sich die Verteidigung darauf einstellen und insbesondere nicht den verbreiteten Fehler begehen, in einer Wahrunterstellung schon ein positives Zeichen für das Urteil zu sehen.[1690]

Die Zusage, eine als wahr unterstellte Tatsache sowohl als erheblich als auch zugunsten des Angeklagten – wenn auch nicht als ausschlaggebend für das Urteil – zu bewerten, begründet einen Vertrauenstatbestand und hat sowohl Auswirkungen auf das weitere Verfahren bis zur Urteilsverkündung als auch auf die Urteilsgründe. **761**

Das Gericht bleibt zwar frei, im weiteren Verlauf der Beweisaufnahme entgegen seiner im Beschluss mitgeteilten Beurteilung zu anderen Erkenntnissen zu gelangen, sei es, dass sich die Unwahrheit der unterstellten Tatsache, sei es, dass sich ihre Unerheblichkeit oder auch ihre belastende Bedeutung herausstellt. Dann verlangt aber der von *Niemöller* so genannte **Kontinuitätsgrundsatz**, dass der Antragsteller nicht in der trügerischen Sicherheit gehalten wird, das Gericht werde seine Zusagen einhalten. Der Tatrichter muss ihm also seine neue Beurteilung durch einen förmlichen Hinweis bekanntgeben[1691] und ihm auch die Zeit einräumen, sich – etwa durch weitere Beweisanträge – auf die neue Situation einzustellen. **762**

Leider ist in der Anerkennung einer solchen **Hinweispflicht** die Rechtsprechung des BGH noch immer sehr zurückhaltend, wenn es um Fälle geht, in denen sich in der Urteilsberatung herausstellt, dass die Unerheblichkeit der unter Beweis gestellten Tat- **763**

1689 *Meyer-Goßner* § 244, Rn. 83; BGH NJW 1992, 2838 = StV 1992, 550 (Anm. *Herdegen*) = NStZ 1992, 599 (5 StR 74/92 v. 23. 6. 1992).

1690 Wahrunterstellungen müssen den Verteidiger vor dem Tatrichter also hellhörig machen. Wenn alles mit rechten Dingen zugeht, so bedeutet eine Wahrunterstellung zugunsten des Angeklagten (andere sind ohnehin nicht zulässig; vgl. BGH StV 1981, 270 (271)), dass er verurteilt werden soll. Denn ein Urteil kann immer nur trotz einer Unterstellung, niemals aufgrund einer Unterstellung ergehen. Spräche das Gericht den Angeklagten aufgrund einer unterstellten (erheblichen!) Tatsache frei, so wäre das ohne Weiteres ein Revisionsgrund für die Staatsanwaltschaft. Der Verteidiger hat also allen Anlass, über einen Ablehnungsbeschluss mit Wahrunterstellung sofort eingehend nachzudenken; er kann nur bedeuten, dass das Gericht an der Wahrunterstellung irgendwie „vorbeikommt"; vgl. *Sarstedt* DAR 1964, 307 ff.

1691 Das gilt auch für den Austausch der Wahrunterstellung gegen „schon erwiesen". BGH 5 StR 189/07 v. 21. 6. 2007 = BGHSt 51, 364 = NJW 2007, 2566 = StV 2007, 512 = StraFo 2007, 420 = wistra 2007, 436 = NStZ 2007, 717.

sache der eigentlich gegebene Ablehnungsgrund gewesen wäre. Hierzu hatten auch Teile des Schrifttums lange Zeit als Begründung angeboten, die Vorläufigkeit der mit einer Wahrunterstellung verbundenen Zusage schließe schon „begrifflich" den stillschweigenden Vorbehalt ein, in der Frage der Erheblichkeit zu einer anderen Beurteilung zu kommen,[1692] die Wahrunterstellung sage also nur etwas über die „potentielle" Erheblichkeit aus.[1693] Dieses Argument beruht jedoch wiederum auf der Verwechslung zwischen der Wahrunterstellung und der Unerheblichkeit. „Begrifflich" würde die Wahrunterstellung nur dann den Vorbehalt der späteren Beurteilung als bedeutungslos einschließen, wenn die Bewertung der unter Beweis gestellten Tatsache als erheblich gleichsam mit der stillschweigenden Prognose verbunden wäre, dass sie sich im weiteren Verlauf des Verfahrens als unerheblich herausstellen werde. Würde diese Prognose sich als zutreffend erweisen, so wäre damit die Wahrunterstellung in jenem oben beschriebenen Sinne der Alltagssprache in Erfüllung gegangen. Der Gesetzgeber hat aber deutlich gemacht, dass er die Voraussage des Tatrichters, eine Beweisbehauptung werde nicht den Ausschlag geben, nicht mit dem Zurückweisungsgrund der Wahrunterstellung gleichgesetzt wissen möchte – sonst hätte er in § 244 Abs. 3 StPO nur einen der beiden Gründe aufgenommen. Deshalb steht es auch nicht im Einklang mit dem Gesetz, wenn der Angeklagte zuerst in den Glauben versetzt wird, seine Richter hielten die unter Beweis gestellte Tatsache für bedeutsam, um ihm dann erst in den Urteilsgründen mitzuteilen, dass sie ihre Meinung geändert haben. Dies ist schon deshalb ein Verfahrensfehler, weil bei einer Zurückweisung des Beweisantrages wegen Unerheblichkeit der Antragsteller einen Anspruch darauf gehabt hätte, in dem Beschluss zu erfahren, ob diese Beurteilung auf rechtlichen oder auf tatsächlichen Gründen aufbaut und in letzterem Falle aus welchen.[1694] Diese Informationen dürfen ihm nicht deshalb vorenthalten werden, weil das Gericht sich in der Beurteilung der Erheblichkeitsfrage korrigieren muss.

764 Als der Bundesgerichtshof erstmals 1982[1695] unter einer etwas undurchsichtigen Bedingung doch eine Hinweispflicht bei einem solchen Beurteilungswandel begründete, erweckte das zunächst Hoffnungen, die uns damals[1696] zu verhalten optimistischer Reaktion veranlaßten. Immerhin hatte der 2. Strafsenat, der kurze Zeit später die Schutzwürdigkeit des Vertrauens auf die Einhaltung der Wahrunterstellung aus dem „fair-trial"-Pinzip herleitete,[1697] entschieden, dass auf einen Hinweis (auf die geänderte Einschätzung der Erheblichkeitsfrage) dann nicht verzichtet werden dürfe, wenn *„es* ***naheliegt****, dass der Angeklagte wegen der Wahrunterstellung davon absieht, Beweisanträge zu einem Thema zu stellen, das mit der als wahr unterstellten Tatsache im Zusammenhang steht und das – im Gegensatz zu dieser Tatsache – für die Entscheidung möglicherweise von Bedeutung ist."* Aber hier hatte sich ein Aspekt aus der Beruhensprüfung eingeschlichen, der für die Entscheidung, ob überhaupt ein Verfahrensfehler gegeben ist, seinerseits ohne Be-

---

1692 *Alsberg/Nüse/Meyer* Beweisantrag, 658; dazu ausführlich auch LR-*Gollwitzer* § 244, Rn. 254 ff.
1693 So noch KK-*Herdegen* 5. Aufl., § 244, Rn. 92; auch *Meyer-Goßner* 52. Aufl., § 244, Rn. 71; dagegen aber jetzt mit den dort zitierten Stimmen aus dem Schrifttum: KK-*Fischer* § 244, Rn. 187; SK-*Frister* § 244, Rn. 201; *Niemöller* FS Hamm, 547 ff.
1694 Vgl. dazu oben, Rn. 742.
1695 BGHSt 30, 383 (385) = NJW 1982, 1602 (Beschl. v. 18. 2. 1982 – 2 StR 798/81).
1696 5. Auflage dieses Buches, Rn. 286.
1697 BGHSt 32, 44 (Urt. v. 6. 7. 1983 – 2 StR 222/83); vgl. auch *Schlothauer* StV 1986, 227.

deutung sein muss. Diese Verschiebung im Prüfungsaufbau wäre im Ergebnis nur dann unschädlich, wenn damit nicht auch noch eine Umkehrung des Regel-Ausnahme-Verhältnisses und der Darlegungslast verbunden wäre: Ob eine Hinweispflicht bestand und verletzt wurde, darf nicht solange verneint werden, bis das hypothetische Prozessverhalten des Angeklagten und seines Verteidigers auf den unterbliebenen Hinweis hin bekannt oder als „naheliegend“ erkannt ist. Man könnte der damaligen Gedankenführung des Bundesgerichtshofs also nur dann folgen, wenn man die oben hervorgehobenen Worte: „Wenn es naheliegt“ durch die Worte ersetzte: „wenn es nicht mit Sicherheit ausgeschlossen werden kann“.[1698] Und das wird gerade einem Revisionsgericht nur in seltenen Ausnahmefällen einmal möglich sein; denn es kann regelmäßig gar nicht wissen, was die Verteidigung noch hätte beantragen können.[1699]

Da aber die Rechtsprechung bisher noch an der grundsätzlichen Erlaubnis für den stillschweigenden Begründungsaustausch festhält, sollte die Rüge, das Gericht habe im Urteil einen solchen heimlichen Begründungsaustausch vorgenommen, stets mit dem Vortrag verbunden werden, welche Beweisanträge oder welches Verteidigungsvorbringen noch möglich gewesen wäre, wenn ein entsprechender Hinweis gegeben worden wäre. **765**

Da die Wahrunterstellung nur zulässig ist, wenn die Beweisbehauptung ausschließlich **zugunsten des Angeklagten** als wahr unterstellt wird, dürfen weder Tatsachen, aus denen Schlüsse zu seinem Nachteil gezogen werden können, als wahr unterstellt werden,[1700] noch dürfen als wahr unterstellte Tatsachen, die in einer Hinsicht zugunsten des Angeklagten wirken, zum Ausgangspunkt für ihm nachteilige Überlegungen des Gerichts werden.[1701] Wendet sich z. B. der Angeklagte mit einem Beweisantrag gegen den Raubmordvorwurf mit der Behauptung, er habe die Tötung eines Menschen zur Bereicherung „nicht nötig“, denn (dies die Beweisbehauptung:) er verfüge selbst über ein stattliches Vermögen, so darf nicht für die Beweiswürdigung zur Frage der Täterschaft das Vorhandensein des Vermögens als wahr behandelt, ihm dann aber im Rahmen der Strafzumessung als erschwerend angelastet werden, dass er ohne jede finanzielle Not gehandelt habe.[1702] **766**

Auch nicht **zum Nachteil eines anderen Angeklagten** darf das Gericht eine zugunsten des einen Angeklagten als wahr unterstellte Tatsache ohne Beweiserhebung verwenden.[1703] Darüber hinaus wird – auch von uns an anderer Stelle[1704] – die Auffassung vertreten, dass eine Wahrunterstellung regelmäßig nicht zulässig sei, wenn der Angeklagte zur Prüfung der Glaubwürdigkeit eines Belastungszeugen Tatsachen unter **767**

1698 So zureffend LR-*Gollwitzer* § 244, Rn. 256.

1699 Vgl. dagegen *Meyer-Goßner* 52. Aufl. § 244, Rn. 70f. m. w. N.; OLG Hamm NStZ 83, 522; LR-*Gollwitzer* § 244, Rn. 247, 254; *Herdegen* NStZ 1984, 342, Fn. 142; *Müller* GS Meyer, 290.

1700 *Meyer-Goßner* § 244, Rn. 70; BGH StV 1981, 270 (271); BGH NStZ 1984, 564.

1701 LR-*Gollwitzer* § 244, Rn. 242; BGHSt 1, 137 (139); BGH NStZ 1984, 564; BGH StV 1994, 115 (Beschl. v. 10. 8. 1993 – 1 StR 389/93); BGH NStE Nr. 33 zu § 244 StPO (1 StR 710/94 v. 20. 12. 1994); a. A. und überholt BGH NJW 1976, 1950 (mit abl. Anm. *Tenckhoff*).

1702 BGH NStE Nr. 33 zu § 244 StPO (1 StR 710/94 v. 20. 12. 1994).

1703 *Dahs/Dahs* Revision, Rn. 341; BGH StV 1983, 140 (mit Anm. *Strate*).

1704 *Hamm/Hassemer/Pauly* Beweisantragsrecht, Rn. 371 ff.

Beweis stellt, die dieser bestreitet.[1705] Hier wird man differenzieren müssen. Weil die Zulässigkeit der Wahrunterstellung nach den obigen Grundsätzen von der Gesamtbeweislage und im Normalfall nicht nur von der Beurteilung einer einzigen Zeugenaussage abhängt, wird es durchaus Fälle geben, in denen das zu widerlegende Detail einer Zeugenaussage ebenso wie die dagegen gestellte Behauptung des Antrages im Rahmen der Gesamtbeweiswürdigung zwar eine erhebliche, aber eben doch nicht ausschlaggebende Rolle spielt. Dann spricht nichts dagegen, auch mit der Wahrunterstellung zu arbeiten. Handelt es sich freilich bei dem Zeugen um das einzige belastende Beweismittel (Aussage gegen Aussage),[1706] so gebietet es – wie oben bereits ausgeführt – die Aufklärungspflicht, alle Beweismöglichkeiten zur Verifizierung oder Falsifizierung der einen und der anderen Behauptung auszuschöpfen. Aber das ist dann streng genommen keine Besonderheit der Wahrunterstellung mehr, sondern ein allgemeiner Ausfluss der Amtsaufklärungspflicht.

768 Die Ablehnung eines Beweisantrages wegen Wahrunterstellung enthält die Zusicherung, die unter Beweis gestellte Tatsache im Urteil so zu behandeln, als wäre der Beweis **erhoben** worden und **gelungen**. Unzulässig wäre es deshalb, lediglich als wahr zu unterstellen, der benannte Zeuge werde eine der Beweisbehauptung entsprechende Aussage machen, der dann aber die Zuverlässigkeit abgesprochen wird.[1707] Auch darf ein Beweisantrag mit der Behauptung, ein Zeuge habe im Ermittlungsverfahren eine bestimmte Aussage gemacht, nicht durch Wahrunterstellung erledigt werden, wenn das Gericht die Beweisbehauptung dahin modifiziert, der Zeuge habe zwar so ausgesagt, sich aber nicht richtig ausdrücken können und etwas anderes gemeint.[1708] Dies alles liefe nämlich nicht nur auf eine unzulässige Vorwegnahme des Beweiswerts, sondern letztlich auf die Ersetzung einer Beweiserhebung durch ihre Würdigung hinaus.[1709] Die Wahrunterstellung ist also nur dann ein Grund für die Zurückweisung eines Beweisantrages, wenn sie sich auf die Beweistatsache selbst und nicht nur darauf bezieht, dass das persönliche Beweismittel sie bekunden werde.[1710] Anders ist dies nur in den Ausnahmefällen, in denen der Beweisantrag die Tatsachenbehauptung beinhaltet, dass ein Zeuge eine bestimmte inhaltliche Äußerung machen werde. Dann geht es um die Tatsache des Bekundens und nicht um die objektive Richtigkeit des Inhalts der Aussage.[1711]

769 Auch wenn lediglich der Umstand, dass zu einer unmittelbar beweiserheblichen Tatsache bestimmte Gespräche geführt worden seien, Gegenstand einer Beweisbehauptung und ihrer Wahrunterstellung geworden ist, hat der Antragsteller nur einen Anspruch darauf, dass der Gesprächsinhalt als solcher dem Urteil zugrunde gelegt wird.

1705 *Alsberg/Nüse/Meyer* Beweisantrag, 672; LR-*Gollwitzer* § 244, Rn. 253a; a.A. OLG Hamm NStZ 1983, 522.

1706 Vgl. das Beispiel BGH, Beschl. v. 4. 6. 1996 – 4 StR 242/96 = StV 1996, 647. Dazu *Hamm/Hassemer/Pauly* Beweisantragsrecht, Rn. 371.

1707 NStZ 1995, 143 = StV 1995, 172 (2 StR 593/94 v. 23. 11. 94).

1708 BGHR StPO § 244 Abs. 3 Satz 2 – Wahrunterstellung 10.

1709 BGH StV 1984, 61; BGH NStZ 1993, 447.

1710 *Alsberg/Nüse/Meyer* Beweisantrag, 676 m.w.N.; KK-*Fischer* § 244, Rn. 190; *Meyer-Goßner* § 244, Rn. 71.

1711 KK-*Fischer* § 244, Rn. 191; BGH NStZ 1983, 376; BGHR StPO § 244 Abs. 3 Satz 2 – Wahrunterstellung 20 (Urt. v. 14. 3. 1990 – 3 StR 109/89).

Ob dabei die Wahrheit oder die Unwahrheit gesagt worden ist, unterliegt wiederum der Gesamtwürdigung des Tatgerichts. Es ist insbesondere nicht verpflichtet, davon auszugehen, das tatsächliche Handeln des Angeklagten habe diesen Gesprächen entsprochen.[1712]

Der Tatrichter muss in seinem Urteil die unter Beweis gestellte Tatsache unter Ausle- **770**
gung des Beweisantrages und Ausschöpfung seines vollen Sinns einhalten und darf keine davon abweichenden Feststellungen treffen.[1713] Indes macht dies eine Auslegung der Beweisbehauptung nicht überflüssig, sondern gerade notwendig.[1714] Nicht selten wird beanstandet, dass eine Wahrunterstellung nicht die ganze Beweisbehauptung umfasst habe. Ist der Beschwerdeführer in diesem Fall der Meinung, der Tatrichter habe den Sinn der Beweisbehauptung verkannt, deshalb bleibe die Wahrunterstellung hinter ihr zurück und erfahre im Urteil nicht die ihr zukommende Bewertung, muss er die für seine Interpretation sprechenden Tatsachen anführen.[1715] In solchen Fällen muss die Revisionsbegründung sowohl die Beweisbehauptung als auch die Wahrunterstellung wörtlich wiedergeben.[1716] Oft läuft diese Rüge aber nur darauf hinaus, dass der Tatrichter aus der als wahr unterstellten Tatsache **nicht die Schlüsse gezogen** habe, die er nach Ansicht der Revision daraus hätte ziehen sollen.[1717] Dann ist die Rüge unbegründet, weil das ein Teil der Beweiswürdigung ist, die das Revisionsgericht grundsätzlich nicht nachzuprüfen hat. Das Gericht ist nicht gehalten, aus einer als wahr unterstellten Indiztatsache die Schlussfolgerungen zu ziehen, die der Antragsteller gezogen wissen will,[1718] es darf aber nicht diesen vom Antragsteller „erwünschten“ Schluss durch eine dem Sinn des Beweisantrages zuwiderlaufende bloße Vermutung ersetzen.[1719] Freilich liegt es in diesen Fällen nicht selten so, dass das als wahr unterstellte Beweisthema nur dann erheblich gewesen wäre, wenn das Gericht daraus dieselben Schlüsse gezogen hätte wie der Antragsteller.

Streitig ist, ob in jedem Falle eine als wahr unterstellte Tatsache **in den Urteilsgrün- 771**
den behandelt oder auch nur erwähnt werden muss. Die Rechtsprechung verneint dies.[1720] Dies ist nur möglich, weil zwischen Wahrunterstellung und Unerheblichkeit und zwischen der Frage nach dem Verfahrensfehler und der Beruhensfrage nicht immer klar unterschieden wird. Dass die Urteilsgründe die zunächst im Wege der

---

1712 BGH NStZ 1993, 447 (1 StR 886/92 v. 20. 4. 1993).

1713 *Meyer-Goßner* § 244, Rn. 71; *Hamm* Formularbuch, VIII.C.4; BGH StV 1982, 155; BGHSt 32, 44 (46) = NJW 1984, 2228 = JR 1984, 171 (mit abl. Anm. *Meyer*); BGH GA 1984, 21 = NStZ 1984, 211 *(Pfeiffer/Miebach);* BGH NStZ 1984, 564; BGHR StPO § 244 Abs. 3 Satz 2 – Wahrunterstellung 6; BGHR StPO § 244 Abs. 3 Satz 2 – Wahrunterstellung 8; BGH NJW 1989, 1045 = NStZ 1989, 129 (mit Anm. *Volk*); BGH StV 1990, 149; BGH wistra 1990, 196 = BGHR StPO § 244 Abs. 3 Satz 2 – Wahrunterstellung 18; BGH StV 1994, 357; BGH Beschl. v. 4. 5. 1993 – 5 StR 69/93.

1714 BGH StV 1991, 503 = NStZ 1991, 546 = BGHR StPO § 244 Abs. 3 Satz 2 – Wahrunterstellung 23 (Urt. v. 13. 8. 1991 – 5 StR 263/91).

1715 KK-*Herdegen* 5. Aufl. § 244, Rn. 108.

1716 *Krause* StV 1984, 488.

1717 *Dahs/Dahs* Revision, Rn. 341; BGH NStZ 1982, 213; BGH NStZ 1985, 206 *(Pfeiffer/Miebach);* BGH Urt. v. 26. 5. 1992 – 5 StR 164/92.

1718 BGHR StPO § 244 Abs. 3 Satz 2 – Wahrunterstellung 1 (Urt. v. 6. 8. 1986 – 3 StR 234/86).

1719 BGHR StPO § 244 Abs. 3 Satz 2 – Wahrunterstellung 9.

1720 BGHR StPO § 244 Abs. 3 Satz 2 – Wahrunterstellung 15; a. A. KK-*Herdegen* 5. Aufl., § 244, Rn. 96; KK-*Fischer* § 244, Rn. 193 folgt der Rsp.

Wahrunterstellung immerhin doch als erheblich behandelte Tatsache völlig unerwähnt lassen, ist jedenfalls bei einer Verurteilung des Angeklagten stets ein Verstoß gegen § 267 Abs. 1 StPO. Wenn angesichts der übrigen Feststellungen im Nachhinein eine Auseinandersetzung mit der als wahr unterstellten Tatsache sich nicht aufdrängte, dann liegt das entweder daran, dass sich die Beweisbehauptung als bedeutungslos herausstellte oder daran, dass das Urteil auf dem an sich gegebenen Verfahrensfehler nicht beruhen kann. Soweit darauf hingewiesen wird, eine Auseinandersetzung mit der als wahr unterstellten Tatsache in den Urteilsgründen sei ebensowenig in allen Fällen notwendig wie eine Behandlung aller erwiesenen Tatsachen,[1721] wird verkannt, dass die Ergebnisse der Beweisaufnahme mit einer Zusage in einem Gerichtsbeschluss nicht vergleichbar sind. Während diese sich auf die Beurteilung des Gerichts bezieht und darüber eine Mitteilung an den Antragsteller gerade auch über die Bedeutung der Tatsache enthält, dürfen jene im Regelfall erstmals während der Urteilsberatung Gegenstand einer Bewertung als bedeutsam oder nicht sein.

772 Die Anforderungen an den Vortrag einer Rüge der Verletzung der Regeln einer Wahrunterstellung unterscheiden sich von den übrigen Rügen einer Verletzung des Beweisantragsrechts kaum. Jedoch ist hier besonders zu beachten, dass der Vorwurf an das Tatgericht, es habe im Urteil erkennbar eine andere Begründung für die Nichterhebung des Beweises angenommen als im Beschluss, **belegt werden muss.** Zwar können (bei Erhebung der Sachrüge) insoweit die Urteilsgründe als bekannt vorausgesetzt werden, aber die Rechtsprechung verlangt hier auch den Vortrag aller für die Beurteilung der späteren Umstände erforderlichen Verfahrenstatsachen. So wurde eine Rüge als nicht den Formerfordernissen des § 344 Abs. 2 Satz 2 StPO entsprechend erachtet, in der der Beschwerdeführer die gestellten Beweisanträge und die sie zurückweisenden Gerichtsbeschlüsse im Wortlaut mitgeteilt und des Weiteren die Gründe des angefochtenen Urteils insoweit zitiert hat, als sie die unter Beweis gestellten Tatsachen behandelt haben.[1722] Den Beweisantrag auf Vernehmung von Zeugen hatte die Strafkammer zurückgewiesen. Gleichwohl hatte sie ausweislich der Urteilsgründe weitere Bemühungen entfaltet, um die benannten Zeugen vernehmen zu können. Diese Umstände ließen es nach Ansicht des BGH als möglich erscheinen, dass die Strafkammer im Hinblick auf die in das Wissen der genannten Zeugen gestellten Tatsachen von den zugesagten Wahrunterstellungen abgerückt ist oder die Beweisanträge später mit einer anderen als der ursprünglichen Ablehnungsbegründung zurückgewiesen hat. In einem solchen Fall müsse aber in der Rüge vorgetragen werden, ob und gegebenenfalls wie das Tatgericht sich nach der Zurückweisung der Beweisanträge weiterhin mit diesen befasst hat. Nur dann werde dem Revisionsgericht die Prüfung ermöglicht, ob nach der Zurückweisung der Beweisanträge im weiteren Verfahrensablauf die Zusagen der Wahrunterstellung Bestand hatten.

1721 BGH NJW 1961, 2069; vgl. dazu KK-*Herdegen* 5. Aufl. § 244, Rn. 96.
1722 BGH NJW 1994, 1015 = NStZ 1994, 140 = StV 1994, 5.

gg) Fehlerhafte Anwendung der Zurückweisungsgründe des § 244 Abs. 4 StPO (Beweisanträge auf Sachverständigengutachten)[1723]

Die Ablehnungsgründe des § 244 Abs. 3 StPO gelten auch für den Antrag auf Erhebung des Sachverständigenbeweises. § 244 Abs. 4 S. 1 StPO fügt dem nur noch einen zusätzlichen Ablehnungsgrund für Beweisanträge auf Vernehmung eines (ersten) Sachverständigen hinzu, während § 244 Abs. 4 S. 2 StPO die Frage beantwortet, unter welchen Voraussetzungen ein Beweiserhebungsanspruch auf Vernehmung mehrerer Sachverständiger geltend gemacht und durchgesetzt werden kann. Dabei ist ein auf den ersten Blick etwas verwirrend wirkendes System von Regeln, Ausnahmen und Rückausnahmen entstanden, das jedoch einem logischen Aufbau folgt und den Spezifika des Sachverständigenbeweises gerecht wird. 773

Da es die alleinige Aufgabe eines Gutachters ist, dem Gericht die Kenntnisse über nicht alltägliche Erfahrungen und Bewertungen zu veschaffen, die es in die Lage versetzen, eigenverantwortlich einen dem Laienverstand normalerweise verschlossenen Sachverhalt zu erkennen und zu beurteilen, ist die Vernehmung eines Sachverständigen dann entbehrlich, wenn und sobald die Richter über die erforderliche **eigene Sachkunde** verfügen. Aber auch hier gilt, dass die Möglichkeit, Beweisanträge zu stellen, dazu dient, die Gerichte zu einer Selbstprüfung zu zwingen und sie mitunter auch zu veranlassen, die eigene (vorläufige) Einschätzung sowohl der eigenen Sachkunde als auch der bisher erhobenen Beweise in Frage zu stellen, und zwar unabhängig davon, ob zu dem betreffenden Beweisthema bereits ein Sachverständiger gehört wurde oder nicht. Dieser letztgenannte Unterschied spielt nur insofern eine Rolle, als der Beweisantrag auf Vernehmung eines „weiteren" Sachverständigen in seiner Begründetheit davon abhängt, ob der Zweck der Zuhilfenahme von Sachverständigen bereits durch den „ersten" Gutachter erfüllt worden sein kann. Das ist nach § 244 Abs. 4 Satz 2, 2. Hs. StPO stets dann zu verneinen, wenn das frühere Gutachten unter den dort aufgezählten Mängeln (Sachkunde des ersten zweifelhaft, unzutreffende tatsächliche Voraussetzungen, Widersprüche, unzureichende Forschungsmittel) leidet. 774

Dass schon die Anhörung eines „ersten" Sachverständigen als entbehrlich angesehen werden darf, wenn das Gericht gleichsam von Hause aus über die erforderliche eigene Sachkunde verfügt,[1724] versteht sich so lange von selbst, als das betreffende Sachgebiet und die darin zu klärenden Fragen mit Hilfe der üblichen Allgemeinbildung erfasst werden können. Bekanntlich sind aber deren Grenzen fließend und sie verlaufen bei den Menschen und damit natürlich auch bei den Berufs- und Laienrichtern sehr unterschiedlich. Auch kann die Einschätzung der eigenen Fähigkeit, einen Sachverhalt ohne Hilfe eines Sachverständigen zutreffend beurteilen zu können, gerade dadurch beeinträchtigt sein, dass man schon die Komplexität einer Problemlage gar nicht erst erkennt. Wer z.B. nicht weiß, dass es bei Zeugen, die vor nicht langer Zeit ein schwerwiegendes Schädelhirntrauma erlitten haben, oder auch bei epileptischen Zeugen zu Ausfallerscheinungen der Gedächtnisleistung kommen kann, wird sich auch ohne Hinzuziehung eines forensisch psychologischen Sachverständigen die Beurteilung 775

1723 Dazu näher *Hamm/Hassemer/Pauly* Beweisantragsrecht, Rn. 382 ff., 518 ff.
1724 Vgl. allgemein KK-*Fischer* § 244, Rn. 195 ff.; *Alsberg/Nüse/Meyer* 694–714.

der Glaubwürdigkeit selbst zutrauen. Ein Tatgericht wird sogar mit der wohlfeilen Formel, die Beurteilung der Glaubwürdigkeit eines Zeugen gehöre zu den „ureigensten Aufgaben" eines Richters, in solchen Fällen einen entsprechenden Antrag ablehnen wollen. Dann und stets, wenn das Tatgericht sich die jeweils erforderliche Sachkunde zu Unrecht zugetraut hat, ist es Aufgabe des Revisionsgerichts, korrigierend einzugreifen.[1725]

776 Die eigene Sachkunde braucht der Richter in der Hauptverhandlung nicht zur Diskussion zu stellen, zu belegen oder gar zum Gegenstand einer Beweiserhebung darüber zu machen;[1726] aber spätestens die Urteilsgründe müssen, wenn die betreffenden Fachfragen das Allgemeinwissen eines Gerichts gewöhnlich übersteigen, ausweisen, dass das Gericht zu Recht eigene Sachkunde für sich in Anspruch genommen hat.[1727]

777 Zwar ist die Beurteilung der **Glaubwürdigkeit von Zeugen** grundsätzlich Aufgabe allein des Tatrichters.[1728] Der Hinzuziehung eines Sachverständigen bedarf es aber, wenn die Eigenart und besondere Gestaltung des Einzelfalls eine Sachkunde erfordern, die ein Richter normalerweise nicht hat, wozu u.a. die beschriebenen pathologischen Befunde gehören.[1729]

778 Auch die Frage nach der **Schuldfähigkeit eines Angeklagten** kann das Gericht im „Normalfall" alleine beantworten. Der Antrag auf Einholung eines Sachverständigengutachtens zu dieser Frage darf aber nicht mit der Begründung abgelehnt werden, eine Begutachtung sei „nicht erforderlich". Einen solchen Grund für die Ablehnung eines Antrags, einen Sachverständigen zu vernehmen, enthält das Gesetz nicht.[1730] Liegen konkrete Anhaltspunkte für eine Beeinträchtigung der Steuerungs- oder der Einsichtsfähigkeit vor, sind Berufs- und Laienrichter gewöhnlich überfordert. Solche Anhaltspunkte können durch einen Beweisantrag aufgezeigt werden. Hat der Angeklagte im Rahmen seiner Einlassung unerwähnt gelassen oder reagiert das Gericht ungläubig auf seine Behauptung, dass er in jugendlichen Jahren einen Unfall mit einer Gehirnverletzung erlitten hatte, dann kann dieses Ereignis durch Zeugen oder Urkunden unter Beweis gestellt werden und gleichzeitig ein Sachverständiger dafür benannt werden, dass die Nachwirkungen jener Verletzung bei der Tat i. S. der §§ 20, 21 StGB zu einer erheblichen Minderung der Steuerungsfähigkeit geführt haben. Denn für diese Frage reicht die Sachkunde des Tatrichters regelmäßig nicht aus.[1731]

1725 Vgl. etwa BGH StV 1994, 634 (5 StR 204/94 v. 6. 6. 1994).

1726 *Meyer-Goßner* § 244, Rn. 73 m. w. N.

1727 LR-*Gollwitzer* § 244, Rn. 303 f.; *Meyer-Goßner* § 244, Rn. 73 m. w. N.; BGH, Beschl. v. 11. 4. 2007 – 3 StR 114/07 = StraFo 2007, 331.

1728 BGHR StPO § 244 Abs. 4 Satz 1 – Glaubwürdigkeitsgutachten 1; BGH, Beschl. vom 28. 10. 2009 – 5 StR 419/09 = NStZ 2010, 100 = StraFo 2010, 68.

1729 BGHR StPO § 244 Abs. 4 Satz 1 – Glaubwürdigkeitsgutachten 2 m. w. N.; BGHR StPO § 244 Abs. 4 Satz 1 – Sachkunde 4; BGH StV 1993, 567; BGH Urt. v. 21. 9. 1993 – 1 StR 384/93; BGH, Beschl. vom 28. 10. 2009 – 5 StR 419/09 = NStZ 2010, 100 = StraFo 2010, 68; BGH, Beschl. vom 28. 10. 2008 – 3 StR 364/08 = StV 2009, 116 = NStZ 2009, 346; BGH, Beschl. vom 29. 10. 1996 – 4 StR 508/96 = StV 1997, 60 = NStZ-RR 1997, 106.

1730 So auch BGHR StPO § 244 Abs. 4 Satz 1 – Sachkunde 1.

1731 BGH NJW 1969, 1578; BGH StV 1988, 52; BGH StV 1988, 46 = BGHR StPO § 244 Abs. 4 – Schuldfähigkeitsgutachten 1; BGHR StPO § 244 Abs. 4 Satz 1 – Sachkunde 3; vgl. auch BGH,

Ausnahmslos gilt dies freilich nicht.[1732] So kann die Fähigkeit, das Verhalten normgerecht zu steuern, aufgrund von auch „laienhaft" zu deutenden Tatsachen eindeutig bestanden haben, so dass ein Einfluss einer früheren Hirnverletzung auszuschließen ist. Hat beispielsweise der Angeklagte nach glaubhaften Zeugenaussagen die Tat längere Zeit detailliert geplant und hat er sie dieser Planung entsprechend ausgeführt, ohne dass diese aus sich selbst heraus Merkmale eines „unvernünftigen" Vorgehens aufweisen würde, bedarf es keines Sachverständigen, um den nur theoretisch konstruierbaren Einfluss der cerebralen Schädigung auf die Tat auszuschließen.

Der Grundsatz, dass nur besondere Umstände sachverständige Hilfe erforderlich **779**
machen, gilt auch bei der Würdigung der **Zeugenaussagen von Kindern und Jugendlichen.**[1733] Auch bei solchen Aussagen treten die Persönlichkeitsmerkmale des betreffenden Zeugen allerdings in ihrer Bedeutung zurück, wenn zusätzliche nachgewiesene Tatsachen für oder gegen die Richtigkeit einer Aussage sprechen.[1734] Dazu zählen insbesondere auch Auffälligkeiten im Aussageverhalten.[1735]

Da der Sachverständige vom Gericht ausgewählt wird (§ 73 Abs. 1 Satz 1 StPO), haben **780**
die Verfahrensbeteiligten keinen Anspruch auf die Gutachtenerstattung durch **einen bestimmten Sachverständigen.** Ist in dem Beweisantrag ein bestimmter Gutachter namentlich benannt und sind seine Vorzüge (Bereitschaft zum sofortigen Tätigwerden, besondere in der Fachwelt ausgewiesene Sachkunde u.ä.) dargelegt, ist auch dies für das Gericht unverbindlich,[1736] aber die Chancen, dass das Gericht sich den Vorschlag zu Eigen macht, bestehen durchaus, und sie steigen in dem selben Maße, in dem der Antragsteller glaubhaft machen kann, dass der Benannte nicht etwa durch die Vorbefassung z.B. auf eine Voranfrage des Verteidigers, seine Objektivität und Unbefangenheit eingebüßt hat. Wählt das Gericht gleichwohl einen anderen Sachverständigen, liegt darin keine nach § 244 Abs. 3 und Abs. 4 StPO zu beurteilende (Teil-) Ablehnung des Beweisantrages, wenn der gewählte Sachverständige gleichermaßen geeignet erscheint wie der benannte.[1737] Das kann aber bereits anders zu beurteilen sein, wenn schon der Beweisantrag die belegte Behauptung enthält, gerade der benannte Sachverständige sei in einem so hohen Maße aufgrund seiner Spezialisierung für die Beantwortung der Beweisfrage prädestiniert, dass er nicht durch einen weniger sachkundigen Gutachter „vertreten" werden könne. In diesen Fällen muss das Gericht nämlich bedenken, dass in solchen Darlegungen des Beweisantrages bzw. der Antragsbegründung die Ankündigung der Beantragung eines weiteren Sachverständigen liegen kann, den abzulehnen dann später schwer fallen kann, wenn die mangelnde Sachkunde des vom Gericht bevorzugten Gutachters oder die dem benannten Sachverständigen zur Verfügung stehenden überlegenen Forschungsmittel bereits im Vorgriff substantiiert belegt waren.

Beschl. vom 7. 3. 2006 – 3 StR 52/06 = NStZ-RR 2007, 74; BGH, Beschl. vom 10. 12. 2008 – 5 StR 542/08 = NStZ-RR 2009, 115.

1732 BGH NStZ 1992, 225 (*Kusch*).

1733 Vgl. aber *Lüderssen* FS Schreiber, 289.

1734 BGHR StPO § 244 Abs. 4 Satz 1 – Sachkunde 4.

1735 *Meyer-Goßner* § 244, Rn. 74; BGH StV 1991, 547; OLG Düsseldorf JR 1994, 379 (m. Anm. *Blau*).

1736 *Alsberg/Nüse/Meyer* Beweisantrag, 208; BGHSt 34, 355 (357).

1737 BGH NStZ 1992, 225 (*Kusch*).

781 Entscheidend ist aber stets das genaue Beweisthema. Hat der Verteidiger einen Sachverständigen benannt, der im Wege einer **DNA-Analyse** den Angeklagten als Spurenleger ausschließen soll, so steht beim heutigen Stand dieser Methode durchaus schon eine größere Zahl von gleichermaßen kompetenten Sachverständigen zur Verfügung. Das war aber nicht immer so. Keinesfalls durfte das Gericht in der Zeit, als der „genetische Fingerabdruck" nach der Entdeckung in angelsächsischen Forschungslabors zunächst durch ein einziges Institut in Deutschland identifiziert werden konnte, einen damit noch nicht praktisch befassten Gutachter bestellen. Andererseits waren auch schon vor der Entdeckung der DNA-Analyse die sog. Blutgruppensachverständigen unter bestimmten Voraussetzungen durchaus in der Lage, eine Person als Verursacher von Blutspuren auszuschließen, so dass sich an ihrer Eignung zur Klärung dieser Beweisfrage durch das Hinzutreten der neuen Methode, die auch eine Individualisierung des Spurenlegers ermöglicht, nichts geändert hat. Liegen aber wiederum Besonderheiten vor, die es als nicht fernliegend erscheinen lassen, dass ein vom Blutgruppengutachter und durch die sonstige Beweisaufnahme zunächst gefundenes Ergebnis mit Hilfe der DNA-Analyse infrage gestellt werden könnte, so ist es ein Rechtsfehler, nicht den DNA-Sachverständigen, dessen Ladung und Vernehmung beantragt wird, als weiteren Gutachter heranzuziehen.[1738]

782 Es gibt auch ausdrückliche gesetzliche Verbote, bestimmte Fragen ohne Hinzuziehung eines Sachverständigen zu entscheiden. Das ist z.B. der Fall, wenn es um die Voraussetzungen einer Unterbringung geht (§§ 80a, 81, 246a StPO, 73 JGG).

783 Die Anhörung eines **weiteren Sachverständigen** kann nach § 244 Abs. 4 Satz 2 StPO abgelehnt werden, wenn bereits nach den Gutachten anderer Sachverständiger das Gegenteil der behaupteten Tatsache erwiesen ist.[1739] Da es gerade die Aufgabe eines (jeden) Sachverständigen ist, das Gericht in die Lage zu versetzen, in eigener Verantwortung die betreffenden Sachfragen selbst zu beantworten und diese Erkenntnisse auf den konkret zu entscheidenden Fall anzuwenden, und da bereits der Antrag auf einen ersten Sachverständigen mit dem Hinweis auf die eigene Sachkunde des Gerichts zurückgewiesen werden kann, ohne dass es darauf ankäme, woher die Richter ihre Beurteilungsfähigkeit bezogen haben (s.o.), ist es nur logisch, dass erst Recht der zweite Sachverständige zum selben Beweisthema unter diesen Voraussetzungen entbehrlich ist.

784 Auf Fachgebieten, in denen sich die Kompetenz von Sachverständigen verschiedener Forschungsmethoden zur Beurteilung eines Sachverhalts überschneidet, kann das Gericht berechtigt sein, als „weiteren" Sachverständigen im Sinne des § 244 Abs. 4 Satz 2 StPO auch den Experten aus einer der anderen Fachrichtungen anzusehen.[1740] Das setzt aber voraus, dass die Sachkunde der Vertreter beider Fachdisziplinen bezogen auf die Beweisfrage im Allgemeinen wirklich gegeben ist.

785 Ein typisches Beispiel hierfür ist das Gebiet der forensischen **Psychologie und Psychiatrie.** Bestehen Anhaltspunkte für eine Psychose und hat ein Diplompsychologe

---

1738 So BGHSt 39, 49 = StV 1993, 58 = BGHR StPO § 244 Abs. 4 Satz 2 – Zweitgutachter 2 (mit zust. Anm. *Herzog* StV 1993, 343) im Anschluss an BGHSt 34, 355 = StV 1987, 330.

1739 Dazu *Meyer-Goßner* § 244, Rn. 75.

1740 BGHSt 34, 355 = NJW 1987, 2593 = BGHR StPO § 244 Abs. 4 Satz 2 – Zweitgutachter 1.

ein Gutachten erstattet, in dem er zu (k)einem krankhaften Befund gelangt ist, so ist der Antrag auf Vernehmung eines (medizinisch geschulten) Psychiaters zum Beweis der Tatsache, dass eine bestimmte seelische Erkrankung vorliegt, die zu einer erheblichen Verminderung der Steuerungsfähigkeit geführt habe, kein Beweisantrag auf Vernehmung eines „weiteren" Gutachters, weil die Kompetenz der Psychologen sich von vornherein auf die Beurteilung nicht krankhafter Störungen und Auffälligkeiten beschränkt.[1741] Entscheidend für die Frage, ob es sich um einen Beweisantrag auf Vernehmung eines „ersten" oder eines „weiteren" Sachverständigen handelt, ist also die generelle Kompetenzabgrenzung bezogen auf die Beweisbehauptung. Nicht der Umstand, dass überhaupt schon ein Sachverständiger gehört wurde, reicht aus, um jeden weiteren Beweisantrag auf Einholung eines Gutachtens nur noch nach den Maßstäben des § 244 Abs. 4 Satz 2 StPO zu messen. Nur wenn ein Experte aus dem Sachgebiet, das als solches sich „außerjuristisch" mit den betreffenden Fachfragen befasst, bereits gehört ist, so dass das Gericht dadurch selbst die für seine Entscheidung notwendige Sachkunde erworben haben kann, darf es mit dieser Begründung den Beweisantrag auf Vernehmung eines weiteren Gutachters zurückweisen.

Dieser Gedanke ist auch tragend für die drei in § 244 Abs. 4 S. 2, 2. Hs. StPO geregel- 786
ten **Rückausnahmen**, die es dem Tatrichter gebieten, einen weiteren Sachverständigen auch dann hinzuzuziehen, wenn er glaubt, durch den oder die bis dahin vernommenen Gutachter die erforderliche Sachkunde bereits erworben zu haben:

Gelingt es dem Antragsteller, das Tatgericht (oder später das Revisionsgericht) davon 787
zu überzeugen, dass die **Sachkunde** des bisher vernommenen Sachverständigen **zweifelhaft** ist, so hat(te) er Anspruch auf die beantragte Beweiserhebung. Der Tatrichter muss sich daher mit Umständen, die Bedenken gegen die Sachkunde des gehörten Gutachters erwecken könnten, auseinandersetzen.[1742] Dasselbe gilt, wenn das bisherige Gutachten **unzutreffende tatsächliche Voraussetzungen** zugrunde gelegt hat oder wenn es **Widersprüche** enthält. Und schließlich ist auch innerhalb derselben Fachdisziplin auf einen entsprechenden Beweisantrag hin ein weiterer Gutachter hinzuzuziehen, wenn dargelegt ist, dass dieser **überlegene Forschungsmittel** anwendet. Hier zeigt sich eines der wichtigsten Verfahrensprinzipien unseres Strafprozessrechts: Die Suche nach Wahrheit soll unter Ausnutzung des jeweils neuesten Forschungsstandes und mit einem Höchstmaß an Rationalität und Wirklichkeitsnähe vonstatten gehen.

Dem Beweisantrag auf Hinzuziehung eines weiteren Sachverständigen muss bei- 788
spielsweise entsprochen werden, wenn die Auffassung des bisherigen Gutachters mit den Erkenntnissen der Wissenschaft nicht in Einklang steht.[1743] Wenn und solange die Richter wegen der Komplexität eines Sachverhalts die Antwort auf die „Tatfragen" nur unter Zuhilfenahme von Fachleuten geben können, soll diese Hilfe als unvollkommen gelten, bis sie den Forschungsstand der jeweiligen Fachdisziplin kennen. Da dieser sowohl in den sogenannten exakten wie in den nicht exakten Wissenschaften häufig fließend ist, kann das Gericht sogar verpflichtet sein, **„Außenseitermeinun-**

1741 Vgl. BGH StV 1989, 102.
1742 BGHR StPO § 244 Abs. 4 Satz 2 – Sachkunde 1 m. w. N.
1743 BGH StV 1989, 335 (336) (mit Anm. *Schlothauer*).

gen" zur Kenntnis zu nehmen.[1744] Im Ergebnis muss für das Revisionsgericht jedenfalls erkennbar sein, dass das Tatgericht sich von der Devise hat leiten lassen: Für die Wahrheitssuche ist nur das Beste gut genug.

789 Das heißt allerdings nicht, dass bei jeder Frage, zu deren Beantwortung es gewöhnlich der Hinzuziehung von Sachverständigen bedarf, gewartet werden muss, bis ein Nobelpreisträger zur Verfügung steht. Aber es darf auch nicht die Anhörung irgendeines Gutachters als bloße Pflichtübung absolviert werden, die nur dazu dient, weitergehende Anträge mit der formelhaften Wendung ablehnen zu können, nunmehr verfüge das Gericht über die erforderliche eigene Sachkunde. Die Rechtsprechung versteht die im Gesetz als gegeben vorausgesetzte Hierarchie der Forschungsmittel leider nur instrumentell. Das führt dazu, dass Experten, die sich technischer Gerätschaften zur Vorbereitung und Erstellung ihrer Gutachten bedienen, in ihrer Eignung für forensische Hilfestellung abgestuft werden, während etwa die Glaubwürdigkeitsgutachter und die mit der Frage der Schuldfähigkeit befassten „Psycho-Sachverständigen", die sich im Wesentlichen alle derselben Testverfahren bedienen, eher selten Gefahr laufen, von einem Fachkollegen als „weiterem Sachverständigen" korrigiert zu werden. Der BGH ist auch dem Versuch entgegengetreten, über die Bereitschaft des Angeklagten, sich durch einen **selbst gewählten Sachverständigen** psychiatrisch/psychologisch untersuchen zu lassen, diesem gegenüber dem gerichtlich bestellten Erstgutachter, dem der Angeklagte die Kooperation verweigert hatte, ein so begründetes „überlegenes Forschungsmittel" in die Hände zu spielen.[1745]

790 Immerhin wird man aber verlangen können, dass ein Sachverständiger, der sich den vom BGH aufgestellten Mindeststandards für die Durchführung aussagepsychologischer Begutachtungen (Glaubhaftigkeitsgutachten)[1746] verweigert oder verschließt, nicht das letzte Wort bei der Hilfestellung für das Gericht zur eigenen Beurteilung der Glaubwürdigkeit eines problematischen Zeugen haben kann.

791 Für das **Rügevorbringen** bei Fehlern des Gerichts in der Bescheidung von Beweisanträgen auf die erstmalige Beauftragung oder die eines weiteren Sachverständigen müssen die gesetzlichen Voraussetzungen für den Beweiserhebungsanspruch und die vom Gericht herangezogenen Zurückweisungsgründe jeweils behandelt und mit den betreffenden Verfahrenstatsachen unterlegt werden.

792 Wer beispielsweise eine Glaubwürdigkeitsbegutachtung zur belastenden Aussage der Nebenklägerin beantragt hatte, sollte nicht versäumen, auch darzulegen, dass bereits vor dem Tatgericht behauptet worden war, die Zeugin sei bereit, sich dieser Begutachtung zu unterziehen, weil eine psychologische Untersuchung nur mit Einwilligung des Probanden zulässig wäre.[1747]

1744 Wenn das Gericht sich dieser „Außenseitermeinung" freilich anschließen will, muss es die „Mehrheitsmeinung" im Einzelnen darlegen und nachprüfbar begründen, weshalb es dieser nicht folgt. Vgl. dazu BGH StV 1994, 227 = NStZ 1994, 250 („Stromtodbestimmung") und BGHSt 41, 206 = NJW 1995, 2930 („Holzschutzmittel").

1745 BGH, Urt. v. 12. 2. 1998 – 1 StR 588/97 = BGHSt 44, 26 = NJW 1998, 2458.

1746 BGH, Urt. v. 30. 7. 1999 – 1 StR 618/98 = BGHSt 45, 164 = NJW 1999, 2746 mit Anm. *Ziegert* NStZ 2000, 105; *Offe* NJW 2000, 929; *Müller* JZ 2000, 267; *Jansen* StV 2000, 224; *Meyer-Mews* NJW 2000, 916; *Conen* GA 2000, 372.

1747 BGHSt 36, 217, 219.

Beanstandet die Revision, dass ein Antrag auf Anhörung eines weiteren Sachverständigen abgelehnt worden ist, so muss sie die Tatsachen darlegen, die nach § 244 Abs. 4 Satz 2, 2. Hs. StPO die Beiziehung eines weiteren Sachverständigen geboten hätten, also entweder dass und inwiefern dem nicht herangezogenen Sachverständigen überlegene Forschungsmittel zur Verfügung standen[1748] oder in welcher Hinsicht die Sachkunde des bisherigen Gutachters zweifelhaft ist. Soweit beanstandet werden soll, dass der gerichtlich bestellte Gutachter von unzutreffenden oder tatsächlichen Annahmen ausgegangen ist oder sein Gutachten Widersprüche enthält, sollte dargelegt werden, dass diese im Verlaufe der Hauptverhandlung und insbesondere auch im Rahmen der Befragung nicht aufgeklärt bzw. beseitigt werden konnten.[1749] **793**

hh) Augenscheinseinnahme (§ 244 Abs. 5 Satz 1 StPO)

Für die Ablehnung von Anträgen auf Augenscheinsbeweis[1750] ist allein die Sachaufklärungspflicht der maßgebende Gesichtspunkt.[1751] Das pflichtgemäße Ermessen des Gerichts nach § 244 Abs. 5 StPO wird dabei von der Pflicht zur vollständigen und erschöpfenden Aufklärung des Sachverhalts (§ 244 Abs. 2 StPO) geleitet.[1752] **794**

Da die Gründe, aus denen Beweisanträge ohne Verstoß gegen die Aufklärungspflicht abgelehnt werden dürfen, in § 244 Abs. 3 StPO zusammengestellt sind, bedeutet die Pflicht, bei der Anwendung des § 244 Abs. 5 StPO die Aufklärungspflicht zu beachten, aber zugleich, dass das Gericht immer berechtigt ist, den Beweisantrag abzulehnen, wenn einer dieser Gründe vorliegt.[1753] **795**

Das Verbot der Beweisantizipation gilt für den Antrag auf Augenscheinseinnahme allerdings nur in dem oben[1754] bereits erörterten Umfang: Der Beweisantrag kann mit der Begründung abgelehnt werden, dass die Beschaffenheit des Augenscheinsgegenstandes schon aufgrund der in der Hauptverhandlung erhobenen Beweise feststehe.[1755] Steht aber als Beweismittel nur ein einziger Tatzeuge zur Verfügung, so darf das Gericht einen Antrag auf Einnahme des Augenscheins nicht unter Berufung auf die Glaubwürdigkeit dieses Zeugen ablehnen, wenn durch den **in seiner Beweiskraft generell dem Zeugenbeweis überlegenen Augenschein** erwiesen werden soll, dass der Vorfall sich wegen der örtlichen Verhältnisse nicht so abgespielt haben kann, wie es der Zeuge bekundet hat.[1756] „Soll mit Hilfe eines Augenscheins die Richtigkeit der Bekundungen eines Zeugen zu erheblichen räumlichen Gegebenheiten widerlegt werden, so darf das Gericht bei seiner nach Maßgabe der Aufklärungspflicht zu treffenden Ermessensentscheidung nicht in vorweggenommener **796**

1748 *Alsberg/Nüse/Meyer* Beweisantrag, 878.
1749 Zum Rügevorbringen im Einzelnen s. *Hamm/Hassemer/Pauly* Beweisantragsrecht, Rn. 525 ff.
1750 Vgl. allgemein KK-*Fischer* § 244, Rn. 208 ff.; *Alsberg/Nüse/Meyer* Beweisantrag, 739–749.
1751 *Meyer-Goßner* § 244, Rn. 78; BGH NStZ 1984, 565; BGH NStZ 1988, 88.
1752 *Alsberg/Nüse/Meyer* Beweisantrag, 740.
1753 *Alsberg/Nüse/Meyer* Beweisantrag, 740.
1754 Rn. 728.
1755 *Meyer-Goßner* § 244, Rn. 78; BGHSt 8, 177 (180); BGH NStZ 1985, 206 *(Pfeiffer/Miebach)*; BGH, Urt. v. 30. 11. 2005 – 2 StR 557/04 = StV 2007, 172 = NStZ 2006, 406 mit Anm. *Gössel*.
1756 *Alsberg/Nüse/Meyer* Beweisantrag, 745 m. w. N.; BGHSt 8, 177; BGH NStZ 1984, 565; KG NStZ 2007, 480.

Beweiswürdigung auf eben die Zeugenaussage zurückgreifen, die durch das Beweismittel des Augenscheins gerade erschüttert werden soll; denn der Augenschein ist aufgrund seiner Objektivität für eine solche Beweisfrage insoweit als überlegenes Beweismittel zu werten (...).“[1757]

ii) Präsente Beweismittel (§ 245 StPO)

797 Nach § 214 Abs. 1 StPO ist es die Aufgabe des Vorsitzenden, die von ihm für erforderlich gehaltenen Zeugen und Sachverständigen zu laden. Die Staatsanwaltschaft kann ohne Begründung von sich aus weitere Beweispersonen laden (§ 214 Abs. 3 StPO). Bei den „als Beweismittel dienenden Gegenständen“ (Urkunden und Augenscheinsobjekten) ist es in erster Linie Aufgabe der Staatsanwaltschaft, die von ihr im Rahmen der Ermittlungen sichergestellten Beweismittel „herbeizuschaffen“. Darunter versteht das Gesetz, dass die Gegenstände zum Zwecke der Verwertung in der Beweisaufnahme dem Tatgericht zur Verfügung gestellt werden. Bei **Urkunden** geschieht das in der Regel durch Vorlage mit den Akten. Asservate werden bei der Staatsanwaltschaft bereitgehalten und auf Anordnung des Gerichts (§ 221 StPO), das aber auch selbst Beweisgegenstände besorgen kann (§ 214 Abs. 4 Satz 2 StPO), bereitgestellt.

798 **Zeugen und Sachverständige** können nach § 220 StPO auch vom Angeklagten, für den auch sein Verteidiger handeln kann, geladen werden, und zwar unabhängig davon, ob zuvor durch einen Antrag versucht wurde, die Ladung durch den Vorsitzenden zu veranlassen (§ 220 Abs. 1 S. 2 StPO). Auch eine solche „Selbstladung“ führt zur Erscheinungspflicht, wenn § 38 StPO beachtet wurde, d.h. wenn die Zustellung der Ladung durch einen Gerichtsvollzieher erfolgte.[1758]

799 Präsente Beweispersonen i. S. von § 245 Abs. 2 Satz 1 StPO sind die von der Staatsanwaltschaft nach § 214 Abs. 3 StPO und von anderen Prozessbeteiligten nach § 220 StPO geladenen und erschienenen Zeugen und Sachverständigen. Die Staatsanwaltschaft kann formlos[1759] – auch mündlich oder fernmündlich – laden. Andere Beteiligte müssen die Form des § 38 StPO wahren. Das bloße Vorhandensein von Beweismitteln an der Gerichtsstelle oder ihre Bezeichnung in der Anklageschrift macht diese Beweisgegenstände allerdings noch nicht zu präsenten Beweismitteln im Sinne des § 245 StPO. Dazu werden sie erst, wenn das Gericht zu erkennen gegeben hat, dass davon auch Gebrauch gemacht werden soll.[1760] Bezogen auf Unterlagen und Dokumente spielt dies in großen Wirtschaftsstrafprozessen zunehmend eine Rolle, in denen die Staatsanwaltschaften oft ganze Möbelwagen voll Beweismittel bei Durchsuchungen sicherstellen, um dann einen Teil davon als irrelevant zurückzugeben, einen anderen Teil dem Gericht vorzulegen und den Rest bei sich in den Räumen der Staatsanwaltschaft oder auch einer Polizeibehörde „in Reserve zu halten“. Hier wird man – unabhängig von der unbeschränkt zu bejahenden Frage des Akteneinsichtsrechts der Verteidigung – nicht aus § 245 Abs. 1 StPO eine „Erstreckungspflicht“ des Gerichts begründen können, die von der Staatsanwaltschaft mit der Anklage und den Haupt-

1757 BGH StV 1994, 411 = NStZ 1994, 483.
1758 Muster für eine solche Selbstladung bei *Michalke* Formularbuch, VII.D.3, 4.
1759 BGH, Urt. v. 18. 7. 1995 – 1 StR 96/95 = StV 1995, 567.
1760 Vgl. BGHSt 37, 168; *Meyer-Goßner* 52. Aufl. § 245, Rn. 5.

akten dem Gericht übergebenen Unterlagen, ohne dass konkret bezeichnete Urkunden zum Gegenstand von Beweisanträgen gemacht werden, zum Gegenstand der Beweisaufnahme zu machen.[1761]

Um die Erstreckungspflicht über § 245 Abs. 1 StPO oder auch über das Beweisantragsrecht des Abs. 2 StPO zu aktivieren, muss es sich um Beweismittel handeln, die generell geeignet sind, die Anklage oder die Einlassung des Angeklagten zu bestätigen bzw. zu widerlegen. Diese Voraussetzung wird vom BGH in einer Reihe von auch neueren Entscheidungen für Schriftstücke verneint, deren Urkundenwert von vorne herein darauf gerichtet ist, die Einlassung des (in der Hauptverhandlung schweigenden) Angeklagten zu ersetzen.[1762] *Schlothauer*[1763] hat zutreffend darauf hingewiesen, dass es dem Angeklagten freistehen muss, ob er sich mündlich oder schriftlich einlässt und wer letzterenfalls seine schriftliche Erklärung vorliest, solange nur auch klargestellt wird, dass es sich um eine Einlassung handelt. Die Vorteile des Schweigens mit den Vorteilen einer Einlassung zu verknüpfen, indem man nur unter Beweis stellt, dass der Angeklagte eine schriftliche Erklärung „verfasst" hat, ist nicht möglich, weil dieser Beweis eben nichts wert ist, wenn es um die Überprüfung der Richtigkeit des Anklagevorwurfs geht. Ebenso wie unserem Strafprozessrecht die Vorstellung fremd ist, dass der Angeklagte als Zeuge in eigener Sache auftritt, kann er auch **nicht seine Einlassung durch Herstellen einer Urkunde ersetzen,** die dann verlesen wird, ohne dass er auch nur eine Erklärung zur Richtigkeit des Inhalts abgibt. Gibt er sie ab, hat er sich i.S.d. § 243 Abs. 5 S. 2 StPO eingelassen. Schweigt er im Übrigen, nimmt er damit das Risiko einer Verwertung des Teilschweigens gegen sich in Kauf. Gibt er die Erklärung nicht ab, ist nichts weiter als bewiesen, als dass es ein Stück Papier gibt, auf dem in der Handschrift des Angeklagten Schriftzeichen in einer bestimmten Reihenfolge angebracht sind. **800**

Protokolle über kommissarische Vernehmungen sind herbeigeschaffte Beweismittel im Sinne des § 245 StPO[1764] jedenfalls dann, wenn ein Prozessbeteiligter ihre Verlesung beantragt und die Verlesung nach § 251 StPO zulässig ist; dagegen nicht etwa alle Urkunden, die sich sonst in und bei den Akten befinden mögen.[1765] **801**

Bei einem in der Akte befindlichen Brief handelt es sich um ein präsentes Beweismittel i. S. von § 245 StPO, sofern die Verteidigung in der Hauptverhandlung dessen Inaugenscheinnahme oder Verlesung beantragt.[1766] **802**

§ 245 Abs 2 StPO setzt voraus, dass ein Beweisgegenstand in der Hauptverhandlung bezogen auf seinen möglichen Aussagewert gebrauchsfähig vorgelegt wird. **Fotoko- 803**

1761 So aber wohl SK-*Frister* § 245, Rn. 25f.; dagegen zutreffend *Meyer-Großner* 52. Aufl., § 245 Rn. 4. Der Aspekt der Chancengleichheit, den *Frister* aaO in den Vordergrund stellt, sollte durch den Zugang der Verteidigung zu den Beweismitteln und nicht durch eine undifferenzierte Verlesungspflicht bezogen auf alles, was die StA vorlegt, zur Geltung gebracht werden.

1762 So BGH, Urt. v. 20. 6. 2007 – 2 StR 84/07 = NStZ 2008, 349 (dazu *Schlösser* NStZ 2008, 310) = StV 2007, 622 mit Anm. *Schlothauer* 623 jeweils m.w.N. und BGH, Beschl. vom 27. 3. 2008 – 3 StR 6/08 = BGHSt 52, 175 = NJW 2008, 2356 = StV 2008, 394.

1763 AaO.

1764 OGH BrZ NJW 1950, 236; KK-*Fischer* § 245, Rn. 15.

1765 Vgl. hierzu *Meyer-Goßner* § 245, Rn. 5 m.w.N.

1766 BGH NStZ 1993, 28 (*Kusch*).

pien von Urkunden sind zum Nachweis der Existenz und des Inhaltes der Originalurkunde keine präsenten Beweismittel i.S.d. § 245 Abs. 2 StPO, da die Übereinstimmung mit dem Original Voraussetzung ihrer Verwertbarkeit ist; diese ist im Strengbeweisverfahren festzustellen.[1767]

804 Das Recht des Verteidigers, Zeugen und Sachverständige **selbst zu laden,** sie dadurch zu präsenten Beweismitteln zu machen und auf ihrer Vernehmung zu bestehen, ist durch den 1979 eingefügten § 245 Abs. 2 StPO[1768] empfindlich eingeschränkt worden.[1769] Zwar kann der Verteidiger Zeugen und Sachverständige immer noch selbst laden lassen; aber auch wenn sie auf diese Ladung erscheinen, bedarf es noch eines Beweisantrages, um das Gericht zur Vernehmung zu zwingen.

805 Es wäre aber ein Fehler, wenn die Verteidigung sich dadurch von der eigenen Ladung abhalten ließe. Denn der gemäß § 245 Abs. 2 StPO gestellte Beweisantrag kann nicht aus allen Gründen des § 244 Abs. 3 bis 5 StPO abgelehnt werden:[1770]

- **nicht wegen „Offenkundigkeit"**, sondern nur, „wenn die Tatsache, die bewiesen werden soll, offenkundig ist" (also dann nicht, wenn deren Gegenteil für offenkundig gehalten wird);[1771]
- **nicht,** wenn die Beweistatsache „für die **Entscheidung ohne Bedeutung** ist", sondern nur, wenn „zwischen ihr und dem Gegenstand der Urteilsfindung kein Zusammenhang besteht" (§ 245 Abs. 2 S. 3 StPO), was nicht verwechselt werden darf: der Begriff des fehlenden Sachzusammenhangs ist nämlich wesentlich enger als der der Bedeutungslosigkeit in § 244 Abs. 3 Satz 2 StPO.[1772] Er ist mit der Voraussetzung vergleichbar, unter der nach § 241 Abs. 2 StPO eine Frage zurückgewiesen werden kann.
- **nicht wegen Unerreichbarkeit**; der Hinweis auf diese Einschränkung ist weniger unsinnig, als er zunächst klingt. Zwar ist die Erreichbarkeit des Zeugen oder Sachverständigen während seiner Anwesenheit selbstverständlich. Aber wenn beispielsweise an dem Verhandlungstag, an dem er der Ladung des Angeklagten gefolgt ist, das Gericht die ursprünglich vorgesehenen Beweispersonen zuerst vernimmt und dann an diesem Tag keine Zeit mehr ist, um den auch im Beweisantrag nach § 245 Abs. 2 StPO benannten Zeugen oder Sachverständigen zu vernehmen, geht das Risiko seiner Unerreichbarkeit gleichsam auf das Gericht über: Ist die im Ausland wohnende Beweisperson zu einem späteren Termin nicht mehr bereit, erneut zu erscheinen, so kann der Beweisantrag nicht mit der Begründung der Unerreichbarkeit zurückgewiesen werden. Auch gegenüber § 244 Abs. 5 Satz 2 StPO geht § 245 StPO vor.

1767 So BGH StV 1994, 525 = NStZ 1994, 593 (Beschl. v. 22. 6. 1994 – 3 StR 646/93).

1768 Vgl. dazu *Rieß* NJW 1978, 2265 ff. (2270).

1769 Vgl. *Köhler* NJW 1979, 348; *Marx* NJW 1981, 1415.

1770 Vgl. hierzu *Meyer-Goßner* § 245, Rn. 22, m. w. N.; zu den Modalitäten der Selbstladung durch den Verteidiger vgl. *Michalke* Formularbuch, VII. D. 2–4.

1771 *Meyer-Goßner* § 245, Rn. 24; LR-*Gollwitzer* § 245, Rn. 69; durch die §§ 220, 245 Abs. 2 StPO soll den Prozessbeteiligten gerade Gelegenheit gegeben werden, das Gegenteil der vom Gericht für offenkundig gehaltenen Tatsachen oder Erfahrungssätze zu beweisen.

1772 *Meyer-Goßner* § 245, Rn. 25; BGH StV 1998, 360.

- **nicht mit Wahrunterstellung.** Dies eröffnet in der Praxis der Strafverteidigung ein besonders wichtiges und effektives Mittel. Eine Wahrunterstellung leidet nämlich oft darunter, dass ein trocken verbalisiertes Beweisthema den Richtern das Beweisanliegen nur sehr unzulänglich nahebringt. Will man beispielsweise durch das Zeugnis der Mutter oder Großmutter des Angeklagten dem Gericht verdeutlichen, welche schlimmen Kindheitserfahrungen der Angeklagte in einer bestimmten familiären Konstellation machen musste, so vermag ein noch so gut formulierter Beweisantrag, dessen Behauptungen als wahr unterstellt werden, längst nicht den Erlebniswert eines solchen Zeugenauftrittes zu ersetzen. Hat sich der Verteidiger zuvor in einem Gespräch mit der Zeugin von deren Ehrlichkeit und Überzeugungskraft ein Bild machen können, so kann die nüchterne Wahrunterstellung vermieden werden, indem man der Zeugin durch einen Gerichtsvollzieher ein Ladungsschreiben zustellen lässt und mit ihr vorher vereinbart, dass sie der Ladung Folge leistet.
- Schließlich erlaubt § 245 Abs. 2 StPO auch **nicht**, einen vom Angeklagten geladenen Sachverständigen mit der Begründung zurückzuweisen, für die im Beweisantrag formulierte Beweisbehauptung verfüge das Gericht über **eigene Sachkunde**. Deshalb kann auch nach der Zurückweisung eines Beweisantrages mit dieser Begründung durch die Selbstladung und Wiederholung des Beweisantrages die Anhörung eines Sachverständigen gerade in solchen Fällen erzwungen werden, in denen der Verteidiger der Auffassung ist, das Gericht traue sich die erforderliche eigene Sachkunde zu Unrecht zu.

Der Zurückweisungsgrund der **Verschleppungsabsicht** ist zwar auch im Rahmen des **806** § 245 StPO möglich, aber angesichts eines präsenten Beweismittels nur extrem selten zu begründen. Es mögen Fälle denkbar sein, in denen auch das Verlangen, präsente Zeugen zu vernehmen, den Schluss auf Verschleppungsabsicht rechtfertigt, z.B. bei einem Massenaufgebot von Zeugen.[1773] Im Allgemeinen aber wird dieser Ablehnungsgrund in der Praxis kaum jemals in Betracht kommen. Die Selbstladung von Zeugen und Sachverständigen und ihre Präsentation als bereits anwesende Beweismittel ist im Gegenteil eher ein Mittel, den zuvor anlässlich der Zurückweisung eines Beweisantrages nach § 244 Abs. 3 StPO erhobenen Vorwurf der Verschleppungsabsicht zu widerlegen.[1774]

Es kann der Verteidigung aber geschehen, dass sie eine Beweisperson lädt und mit ei- **807** nem Beweisantrag vorstellt, und dass das Gericht in Aussicht stellt, an einem der späteren Verhandlungstage über diesen Beweisantrag zu entscheiden. Dann ist der Verteidiger darauf angewiesen, die Beweisperson (etwa einen „teuren“ Sachverständigen) immer wieder laden zu lassen, bis das Gericht ihn durch Beschluss zu einem „präsenten Beweismittel“ macht. Das Gericht ist nach Auffassung des BGH nicht verpflichtet,

---

1773 *Meyer-Goßner* 52. Aufl., § 245, Rn. 27; soweit dort und in BGHSt 51, 333 ff., 342 f. darauf verwiesen wird, dass die Verschleppungsabsicht in § 244 Abs. 3 und § 245 Abs. 2 S. 3 StPO „wortgleich“ genannt ist, ändert das nichts an den faktisch unterschiedlichen Bedingungen für die Gefahr der Verfahrensverzögerung.

1774 Auch deshalb darf selbst im Falle eines Hilfsbeweisantrages die Verschleppungsabsicht nicht erst im Urteil als Zurückweisungsgrund genannt werden. Dies wurde in BGHSt 52, 533 verkannt.

Verzögerungen der Hauptverhandlung hinzunehmen, die durch die Beauftragung eines vom Angeklagten geladenen Sachverständigen entstehen. Wird ein schriftliches Gutachten des von der Verteidigung geladenen Sachverständigen so kurz vor Beginn der auf drei aufeinanderfolgende Tage terminierten Hauptverhandlung übergeben, dass die Prozessbeteiligten es nicht rechtzeitig bearbeiten konnten, so soll das Gericht seiner Pflicht aus § 245 StPO mit der mündlichen Gutachtenerstattung in der Hauptverhandlung genügen können.[1775] Das scheint mir eine dem Sinn des § 245 StPO nicht mehr gerecht werdende Einschränkung. Immerhin heißt es doch in derselben Entscheidung,[1776] dass dem von der Verteidigung präsentierten Sachverständigen nach dem Beschluss gemäß § 80 StPO Akteneinsicht, Fragerecht an Zeugen u.a. zustehen, *„allerdings mit den Einschränkungen, die sich aus seiner Stellung als ‚präsentiertem Beweismittel' ergeben"*. Diese Beschränkungen können sich nur darauf beziehen, dass er vor seiner Präsentation eben nicht an der Hauptverhandlung teilnehmen konnte. Aber sobald er durch einen stattgebenden Beschluss vom Gericht bestellt ist, muss er alle Rechte haben, die einem Sachverständigen zustehen.

808 Auch eine teilweise Stattgabe des Beweisantrages sollte nicht zulässig sein, wenn nicht die im Beweisantrag enthaltene Thematik partiell durch ein Beweisverbot blockiert ist. Letzteres wäre der Fall, wenn z.B. ein „Psycho-Sachverständiger" schon nach der Behauptung des Antragstellers unzulässige oder völlig ungeeignete Methoden (Lügentetektor) angewendet hätte. Bei sonstigen auf das Beweisthema bezogenern Teilablehnungen wären die Prozessbeteiligten nicht gehindert, auch zu dem abgelehnten Punkt Fragen an den Sachverständigen zu stellen. Insoweit geht § 240 Abs. 2 StPO sicherlich vor; nur „ungeeignete" und „nicht zur Sache gehörende" Fragen können nach § 241 Abs. 2 StPO zurückgewiesen werden.

809 Das unberechtigte Unterlassen der Benutzung eines präsenten Beweismittels kann im Fall des § 245 Abs. 1 StPO die Revision begründen. Beim **Rügevorbringen** ist zu beachten, dass möglichst präzise darzulegen ist, dass und warum es sich um ein herbeigeschafftes und nicht nur um ein bei Gericht körperlich vorhandenes Beweismittel gehandelt hat.[1777] Die Rüge des Verstoßes nach § 245 Abs. 2 StPO hat, um zulässig zu sein, zur Voraussetzung, dass Beweispersonen, deren Vernehmung vermisst wird, auf dem in § 38 StPO vorgeschriebenen Weg geladen waren und dass dies in der Revisionsbegründung dargelegt wird.[1778]

810 Von inhaltlichen Ausführungen zum Umfang der Aufklärungspflicht ist der Revisionsführer im Fall des § 245 Abs. 1 StPO frei, wenn das Gericht durch die Herbeischaffung den Nutzungswillen zu erkennen gegeben hat.[1779] Der Inhalt der unterbliebenen Beweiserhebung kann in diesem Fall nur für die Frage bedeutsam sein, ob das Urteil darauf beruht. Dazu muss zwar der Revisionsführer keine Ausführungen machen, aber er muss dem Revisionsgericht die **Prüfung der Beruhensfrage** ermöglichen. Deshalb

---

1775 BGH NStZ 1993, 395, 397; BGH, Urt. v. 12. 2. 1998 – 1 StR 588/97 = BGHSt 44, 26 = NJW 1998, 2458 = NStZ 1998, 422 = StV 1999, 463.

1776 BGHSt 44, 26, 32.

1777 *Meyer-Goßner* § 245, Rn. 30; BGHSt 37, 168 (171).

1778 BGH Beschl. v. 30. 7. 1999 – 3 StR 139/99 = BeckRS 1999 30068774 = NStZ-RR 2000, 295 (*Kusch*); vgl. KK-*Fischer* § 245, Rn. 35, jeweils m. w. N.

1779 BGH StV 1993, 235 (Beschl. v. 21. 12. 1992 – 5 StR 523/92).

gehören auch hier der vollständige Beweisantrag, der Beschluss, mit dem er ggf. zurückgewiesen wurde, und der Umstand, dass von dem Beweismittel auch sonst kein Gebrauch gemacht wurde, zum vollständigen Rügevorbringen. Auch die Tatsache der Vorladung des Zeugen oder Sachverständigen und die Dokumente zum Nachweis der ordnungsgemäßen Zustellung (durch Gerichtsvollzieher) sind als Bestandteile der Begründung der Verfahrensrüge gem. § 344 Abs. 2 Satz 2 StPO unerlässlich.[1780]

Hat das Gericht gegen § 245 Abs. 1 StPO verstoßen, indem es einen von Amts wegen **811** geladenen und erschienenen Zeugen nicht vernimmt, so soll, wenn der Vorsitzende im Rahmen eines ihm zustehenden Ermessens die Entlassung des Zeugen verfügt, etwa nachdem er ihm ein umfassendes Schweigerecht nach § 55 StPO zubilligt, die Rüge nach einer von *Fischer*[1781] übernommenen Bemerkung von *Widmaier*[1782] voraussetzen, dass auch ein Beschluss gemäß § 238 Abs. 2 StPO herbeigeführt wurde und in der Revision auch dieser Vorgang mitgeteilt wird. Das kann aber nicht gelten für die Fälle, in denen durch Unterlassen eines Beschlusses gegen § 245 Abs. 2 StPO verstoßen wurde, weil insoweit § 244 Abs. 6 StPO gilt.

c) Fehlerhaftes Gebrauchmachen von Beweismitteln

Literatur: *Amelung* Der Grundrechtsschutz der Gewissenserforschung und die strafprozessuale Behandlung von Tagebüchern, NJW 1988, 1002; *Bauer* Die „natürliche Stufung der Verfahrensvorschriften“ (BGHSt 11, 213, 214) und die zivilrechtliche Schutzzwecklehre, wistra 1991, 95; *Bohnert* Ordnungsvorschriften im Strafverfahren, NStZ 1982, 5; *Brause* Zum Zeugenbeweis in der Rechtsprechung des BGH, NStZ 2007, 505; *Dahs* Die gespaltene Hauptverhandlung, NJW 1996, 178; *Delventhal* Die strafprozessualen Vereidigungsverbote unter besonderer Berücksichtigung des offensichtlich falsch aussagenden Zeugen, München 1990; *Dölling* Verlesbarkeit schriftlicher Erklärungen und Auskunftsverweigerungsrecht nach § 55 StPO, NStZ 1988, 6; *Eisenberg* Beweisrecht der StPO, 6. Aufl., München 2008; *Fischer* Die Fortwirkung von Zeugnisverweigerungsrechten nach Verfahrenstrennung, JZ 1992, 570; *Gallandi* Gleichzeitige Verletzung der §§ 55 und § 136a StPO, NStZ 1991, 119; *Geppert* Der Zeugenbeweis, Jura 1991, 80; *Gössel* Verfassungsrechtliche Verwertungsverbote im Strafverfahren, JZ 1984, 361; *Gossrau* Unterlassen der Zeugenbelehrung als Revisionsgrund, MDR 1958, 468; *Hamm/Hassemer/Pauly* Beweisantragsrecht, 2. A. 2007; *Hauser* Der Zeugenbeweis im Strafprozess mit Berücksichtigung des Zivilprozesses, Zürich, 1974; *Joachim* Anonyme Zeugen im Strafverfahren – Neue Tendenzen in der Rechtsprechung, StV 1992, 245; *Küpper* Tagebücher, Tonbänder, Telefonate, JZ 1990, 416; *Lüderssen* Rollenkonflikte im Verfahren: Zeuge oder Beschuldigter, wistra 1983, 231; *Mildenberger* Schutz kindlicher Zeugen im Strafverfahren durch audiovisuelle Medien, Passau 1995; *Mitsch* Protokollverlesung nach berechtigter Auskunftsverweigerung (§ 55 StPO) in der Hauptverhandlung, JZ 1992, 174; *Otto* Die strafprozessuale Verwertbarkeit von Beweismitteln, die durch Eingriff in Rechte anderer von Privaten erlangt wurden, Festschrift Kleinknecht, 1985, S. 319; *Peglau/Wilk* Änderungen im strafprozessualen Vereidigungsrecht durch das Justizmodernisierungsgestz, NStZ 2005, 186; *Prittwitz* Der Mitbeschuldigte im Strafprozess, 1984, 139; *Prüfer* Der Zeugenbericht, DRiZ 1975, 334; *Rieß* Zur aktuellen Entwicklung des Strafverfahrensrechts, StraFo 2006, 4; *Scheffler* Kurzer Prozess mit rechtsstaatlichen Grundsätzen? NJW 1994, 2191; *Schuster* Das neue Vereidigungsrecht nach dem Justizmodernisierungsgesetz aus revisionsrechtlicher Sicht, StV 2005, 628; *ter Veen* Das unerreichbare Beweismittel und seine

---

1780 BGH NStZ 1991, 48 (49); BGH StV 1993, 235; BGH, Beschl. v. 30. 7. 1999 – 3 StR 139/99 = NStZ-RR 2000, 295.

1781 KK-*Fischer* § 245, Rn. 35.

1782 *Widmaier* NStZ 2007, 234 in der Anmerkung zu BGHSt 51, 144 (BGH, Urt. v. 16. 11. 2006 – 3 StR 139/06) mit zutreffendem Hinweis darauf, dass dies aber nicht für die Rüge der im gleichen Vorgang steckenden Verletzung der Aufklärungspflicht gelten kann.

prozessualen Folgen – eine Übersicht zur Rechtsprechung des BGH und anderer Obergerichte, StV 1985, 295; *Widmaier* Zum Zeugnisverweigerungsrecht der Berufsgeheimnisträger – Grenzen und Grenzüberschreitungen, Festschrift Dahs, 2005, S. 543; *Wömpner* Ergänzender Urkundenbeweis neben §§ 253, 254 StPO, NStZ 1983, 293; *Wolter* Repressive und präventive Verwertung tagebuchartiger Aufzeichnungen, StV 1990, 175; *Wolter* Menschenwürde und Freiheit im Strafprozess, GS für Karlheinz Meyer, 1990, S. 493.

812 Neben den bisher behandelten Verfahrensfehlern, die dem Gericht im Rahmen der Zulassung und Heranziehung von Beweismitteln (Beweismitteleinführung) unterlaufen können, ist auch der prozessuale Umgang mit Beweismitteln und der konkrete Vorgang ihrer Auswertung durch das Tatgericht (**Beweismittelverwendung**) von erheblicher revisionsrechtlicher Bedeutung. Dabei werden diese Bereiche von dem Gebot, die Wahrheit von Amts wegen vollständig zu erforschen, durchwirkt. Die Aufklärungspflicht[1783] gilt – wie *Herdegen* zutreffend ausgeführt hat[1784] – nicht nur für das „Ob" der Beweisaufnahme und ihren Umfang. Sie statuiert ein Gebot mit umfassender Geltung, einen die Handhabung aller Verfahrensvorschriften beherrschenden Grundsatz, so dass auch die Verletzung von Verfahrensvorschriften, die den Umgang mit den Beweismitteln (insbesondere ihre Auswertung) regeln, in bestimmten Fällen mit der Aufklärungsrüge angegriffen werden kann.[1785] Wer Revisionen bearbeitet, sollte deshalb wissen, welche Fehler in der Beweisaufnahme er mit der Aufklärungsrüge und welche er als Verstoß gegen einzelne Verfahrensnormen rügen muss. Um diese Aufgabe zu erleichtern, wird im Folgenden auf die Behandlung der verschiedenen Beweismittel[1786] im Strafverfahren eingegangen.

aa) Zeugenbeweis

(1) Allgemeines

813 Zeuge ist eine Beweisperson, die in einem nicht gegen sie selbst gerichteten Strafverfahren Auskunft über die Wahrnehmung von Tatsachen gibt.[1787] Das unterscheidet ihn vom Sachverständigen, dessen Aufgabe darin besteht, dem Gericht allgemeine, d.h. vom jeweiligen Einzelereignis unabhängige Erfahrungssätze zu vermitteln. Da der Sachverständige aber auch befugt und häufig auch dazu berufen ist, sein allgemeines Fachwissen zur Deutung von konkret durch ihn wahrgenommene Befundtatsachen anzuwenden, andererseits die StPO auch noch die Figur des sachverständigen Zeugen (§ 85 StPO) kennt, kommt es in der tatrichterlichen Hauptverhandlung immer wieder zu Unsicherheiten über die Abgrenzung. Sie ist wichtig, weil eine Reihe von Vorschriften zu völlig unterschiedlichen Verfahrensweisen führen, je danach, ob eine Beweisperson Zeuge oder Sachverständiger ist. Das gilt z.B. für die Belehrung,

---

1783 Zur Aufklärungspflicht s. o., Rn. 549 ff.

1784 KK-*Herdegen* 5. Aufl., § 244, Rn. 24; ihm folgend KK-*Fischer* § 244, Rn. 40.

1785 Vgl. SK-*Frister* § 244, Rn. 251.

1786 Obwohl die Aussage des Angeklagten zur Sache Beweisstoff erbringt – und damit Beweisaufnahme im materiellen Sinn ist –, schreibt § 244 Abs. 1 StPO die Trennung der Vernehmung des Angeklagten von der formellen Beweisaufnahme im engeren Sinn vor; vgl. KK-*Fischer* § 244, Rn. 1 ff. Dem richterlichen Augenschein (§ 86 StPO) als der von der StPO am wenigsten formalisierten Form der Beweisaufnahme ist im Folgenden kein eigener Unterabschnitt gewidmet. Insofern muss auf die Kommentierungen zu § 86 StPO verwiesen werden.

1787 So *Meyer-Goßner* vor § 48, Rn. 1, m. w. N.; RGSt 52, 289.

für die Frage der Ablehnbarkeit (§ 74 StPO) und überhaupt der Austauschbarkeit. Nach dem 1. JuMoG vom 24. 8. 04 gibt es kaum noch einen Unterschied hinsichtlich der **Vereidigung,** weil jetzt sowohl beim Zeugen[1788] als auch beim Sachverständigen[1789] die Nichtvereidigung die gesetzliche Regel ist. Der Sachverständige wird in die Hauptverhandlung ebenso wie der Zeuge geladen. „Beauftragt“ wird er nur gegebenenfalls mit der Erstattung eines schriftlichen Gutachtens. Aber das ist nicht der wesentliche Unterschied zum Zeugen.

Die **Unterscheidung von Zeugen und Sachverständigen** bereitet keine Probleme, **814**
wenn es um die Vermittlung von Sachkunde geht. Der Beweisgehalt der beiden Beweismittel überschneidet sich allerdings häufig bei der Aussage über Wahrnehmungen.[1790] Wegen der häufigen Überschneidungen der Funktionen in ein und derselben Person bestimmt § 74 Abs. 1 StPO folgerichtig und ausdrücklich, dass eine Ablehnung des Sachverständigen wegen Besorgnis der Befangenheit nicht zulässig ist, weil er im selben Verfahren als Zeuge vernommen wird, ein Grund, der ja beim Richter sogar zum Ausschluss nach § 22 Nr. 5 StPO führt.

Eine besondere Form der Personalunion stellt der **sachverständige Zeuge** (§ 85 StPO) **815**
dar. Er ist eigentlich Zeuge und unterscheidet sich von „Laienzeugen“ dadurch, dass er Wahrnehmungen aufgrund besonderer Sachkunde gemacht hat. Für ihn gelten die Vorschriften über den Zeugenbeweis. Vom Sachverständigen unterscheidet sich der sachverständige Zeuge darin, dass er seine Wahrnehmungen meist zufällig-situativ, d.h. nicht schon mit Blick auf ein bestimmtes Strafverfahren gemacht hat. Das muss zwar nicht so sein, weil auch der ermittelnde Polizeibeamte später über seine schon amtlichen Wahrnehmungen als Zeuge vernommen werden kann (außerdem gibt es auch Privatzeugen, die sich als u.U. selbsternannte – Detektive „auf die Lauer legen“), aber das ändert nichts daran, dass ihr Beweiswert auf der „Abspeicherung“ und Reproduktion von Sinneswahrnehmungen aufbaut, während der Sachverständige in erster Linie die Forschungsergebnisse, Erfahrungssätze und Schlussfolgerungen vermittelt, zu denen ein Laie (Berufsrichter und Schöffen) ohne diese Verständnishilfe nicht in der Lage sind. Bei der Wiedergabe seines durch Sehen, Hören, Riechen, Fühlen erworbenen „Zeugenwissens“ gegenüber den Ermittlungsbehörden und in der tatrichterlichen Hauptverhandlung kann der Zeuge nicht durch eine andere Person vertreten werden. Der Sachverständige dagegen macht seine Wahrnehmungen (z.B. vom Zustand der Tatwaffe, vom Verlauf des Schusskanals in der Leiche des Tatopfers oder von den Äußerungen des Angeklagten im Rahmen einer psychiatrischen Exploration) gezielt zur Vorbereitung seines Gutachtens, was im Prinzip allen seinen Fachkollegen möglich wäre. Der Sachverständige ist also im Gegensatz zum Zeugen auswechselbar.[1791] Außerdem kann nur jemand Sachverständiger werden, der bestimmte

---

1788 Nach der neuen Rechtslage steht die Vereidigung gemäß § 59 Abs. 1 Satz 1 StPO im Ermessen des Gerichts; Ausnahmen ergeben sich aus den §§ 60 und 61 StPO.

1789 Nach § 79 Abs. 1 Satz 1 StPO *kann* der Sachverständige vereidigt werden; durch das 1. JuMoG wurde auch § 79 Abs. 1 Satz 2 StPO gestrichen, nach dem auf Antrag der Staatsanwaltschaft, des Angeklagten oder des Verteidigers der Sachverständige zu vereidigen war.

1790 Zur Abgrenzung näher *Meyer-Goßner* § 85, Rn. 3 ff. m. w. N.; vgl. auch BGH, Urt. v. 9. 10. 2002 – 5 StR 42/02 = NJW 2003, 150 (151).

1791 So KK-*Senge* vor § 72, Rn. 7.

Qualifikationen und Merkmale der Unabhängigkeit aufweist, während Zeuge grundsätzlich jeder Mensch werden kann. Und von Neutralität und Unabhängkeit kann bei den meisten Zeugen keine Rede sein. Eine allgemeine Zeugnisunfähigkeit gibt es nämlich nicht.[1792]

816 Auch **Richter**[1793] und **Urkundsbeamte** können Zeugen sein, selbst wenn sie schon an der Verhandlung mitgewirkt haben. Sie sind aber dann nach § 22 Nr. 5 bzw. § 22 Nr. 5, 31 Abs. 1 StPO von der weiteren Mitwirkung in derselben Sache kraft Gesetzes ausgeschlossen.[1794] Die bloße Benennung des Richters als Zeuge genügt für den Ausschluss nicht, erst Recht nicht die bloße Möglichkeit, dass er als Zeuge in Betracht kommt.[1795] Wirkt der Richter also nur bei der Entscheidung über den Beweisantrag, in dem er selbst als Zeuge benannt ist, mit, hat eine auf §§ 338 Nr. 2 i.V.m. 22 Nr. 5 StPO gestützte Revision keinen Erfolg.[1796]

817 Umstritten sind dagegen die Folgen, die sich aus der **Vernehmung eines Staatsanwalts** als Zeuge ergeben.[1797] In einigen Fällen, so insbesondere bei der Würdigung der eigenen Aussage, ist die weitere Mitwirkung des als Zeuge vernommenen Vertreters der Staatsanwaltschaft unzulässig und führt auf entsprechende Rüge zur Aufhebung des Urteils, sofern es auf diesem Verfahrensmangel beruht.[1798] Während seiner Zeugenaussage darf der Staatsanwalt das Amt des Sitzungsvertreters jedenfalls nicht ausüben, denn die beiden Rollen vertragen sich schlechterdings nicht miteinander. Geschähe es doch, wäre die Staatsanwaltschaft in diesem Teil der Hauptverhandlung nicht vertreten gewesen, so dass der absolute Revisionsgrund des § 338 Nr. 5 StPO gegeben wäre.[1799] Dagegen lässt sich die Frage, ob er danach wieder die Robe anziehen und die Sitzungsvertretung wahrnehmen kann, nicht einheitlich beantworten. Es hängt letztlich davon ab, ob sich der weitere Verlauf der Beweisaufnahme (auch) mit seiner Zeugenaussage befassen wird und ob im konkreten Fall ein Plädoyer unter Aussparung der Würdigung dieser einen Zeugenaussage sinnvoll gehalten werden kann.[1800]

818 Der **Verteidiger**, der ebenfalls Zeuge sein kann, darf nach seiner Vernehmung nicht ausgeschlossen werden, da § 138a StPO insoweit eine abschließende Regelung darstellt.[1801] Allerdings sollte jeder Anwalt es als eine dem Berufsrecht und dem Rollenverständnis in der Struktur der StPO folgende Pflicht verstehen, ebenso wie der Staatsanwalt zu vermeiden, über die eigene Glaubwürdigkeit zu plädieren.[1802] Dasselbe gilt

1792 *Meyer-Goßner* vor § 48, Rn. 13 m.w.N.
1793 Zu Beweisanträgen auf die Vernehmung von Richtern s. jetzt *Pauly* in: Strafverteidigung im Rechtsstaat, Festschrift 25 Jahre AG Strafrecht des DAV, 2009, 731 ff.
1794 *Meyer-Goßner* vor § 48, Rn. 15; KK-*Senge* vor § 48, Rn. 10.
1795 BGH, Beschl. v. 11. 11. 2008 – 4 StR 480/08 = NStZ-RR 2009, 85 = wistra 2009, 69.
1796 BGH StV 1993, 507; BGH NStZ 2003, 558 = StV 2003, 315.
1797 Vgl. *Meyer-Goßner* vor § 48, Rn. 17; BGH NStZ 2008, 353 = StV 2008, 337 = StraFo 2008, 72 mit Bedenken bezüglich der bisherigen Rspr.
1798 BGHSt 14, 267 (268); BGH StV 1983, 497 (Anm. *Müllerhoff*); vgl. BGH NStZ 07, 419; OLG Düsseldorf StV 1991, 59; OLG Naumburg StraFo 2007, 64.
1799 *Schlothauer/Weider* Revision, Rn. 353, die freilich wohl zu Unrecht *Meyer-Großner* vor § 48, Rn. 17 so verstehen, als widerspreche er der (auch hier vertretenen) Auffassung des OLG Naumburg StraFo 2007, 64.
1800 KK-*Senge* vor § 48, Rn. 11; *Meyer-Großner* aaO.
1801 Näher dazu *Meyer-Goßner* vor § 48, Rn. 18; KK-*Senge* vor § 48, Rn. 12.
1802 KK-*Senge* vor § 48, Rn. 12.

für Wahrnehmung der Verteidigerrolle während der eigenen Aussage. In Fällen der notwendigen Verteidigung und deren Wahrnehmung durch nur einen Verteidiger, sollte er für Vertretung sorgen und, falls er vom Gericht bestellter Verteidiger ist, auf die zusätzliche Bestellung eines anderen Anwalts zumindest für die Dauer der Zeugenaussage hinwirken.[1803]

Nicht als Zeugen vernommen werden dürfen der **Privatkläger**[1804] sowie der **Beschuldigte** selbst.[1805] 819

Ebenso scheidet der **Mitangeklagte** als Zeuge in derselben Sache aus,[1806] solange es sich um ein gemeinsam geführtes Verfahren handelt. In der Praxis nicht mehr umstritten ist die Frage, ob der Mitbeschuldigte einer Tat zum Zeugen werden kann, wenn das Verfahren gegen ihn abgetrennt worden ist. Es gilt nämlich der formelle Beschuldigtenbegriff.[1807] Die Verbindung und Trennung von Strafsachen beim Vorliegen eines Zusammenhangs i.S. des § 3 StPO (§§ 2, 4 StPO) oder auch ohne einen solchen Zusammenhang allein zum Zwecke der Durchführung einer gemeinsamen Hauptverhandlung (§ 237 StPO) liegt im pflichtgemäßen Ermessen der Staatsanwaltschaft bzw. des Gerichts. Der **formelle Beschuldigtenbegriff** der Rechtsprechung bedarf allerdings der Korrektur. So wird auch in der BGH-Entscheidung,[1808] auf die zur Begründung des formellen Beschuldigtenbegriffs üblicherweise Bezug genommen wird,[1809] ausdrücklich gesagt, dass die Fälle des gewillkürten Rollentauschs anders zu beurteilen sind als die in der Entscheidung allein maßgeblichen Fälle der aus sachlichen Gründen (Verhandlungsfähigkeit eines Angeklagten) erfolgten Abtrennung. Unzulässig ist daher die Abtrennung eines gegen mehrere Beschuldigte gerichteten Verfahrens allein mit dem Ziel, auf diese Weise einen zusätzlichen Zeugen gegen den Angeklagten zu gewinnen. Dies gilt unabhängig davon, ob die Vernehmung einen mit dem Angeklagten gemeinsam begangenen oder einen davon unabhängigen Vorgang betrifft.[1810] Ein Teil der Literatur will dagegen über die Fälle des gewillkürten Rollentauschs hinaus die Vernehmung von (materiell) Mitverdächtigen generell[1811] oder zumindest weitgehend[1812] für unzulässig erklären. Es könne, so wird argumentiert, nicht im Belieben der Strafverfolgungsorgane stehen, welche Rechte dem Betroffenen zustehen.[1813]

1803 KK-*Senge* m.w.N.

1804 *Eisenberg* Beweisrecht, Rn. 1024.

1805 BGHSt 10, 8 (10) = NJW 1957, 230; BGH NStZ 1984, 464.

1806 *Roxin* Strafverfahrensrecht, § 26 A.III.1.b.

1807 BGH NJW 1985, 76; BGHSt 38, 302; einen materiellen Beschuldigtenbegriff befürwortet dagegen *Prittwitz* Der Mitbeschuldigte im Strafprozess, 139ff.; vgl. auch LR-*Ignor/Bertheau* vor § 48, Rn. 33ff.; *Beulke* Strafprozessrecht, Rn. 185 (formell-materielle Auffassung).

1808 BGH NJW 1985, 76 = StV 1984, 361 (mit abl. Anm. *Prittwitz*).

1809 Vgl. etwa *Meyer-Goßner* Vor § 48, Rn. 21.

1810 BGH NJW 1985, 76 (77).

1811 So z.B. *Lüderssen* Rollenkonflikte im Verfahren: Zeuge oder Beschuldigter, wistra 1983, 231 (232); *Prittwitz* Der Mitbeschuldigte im Strafprozess, 139ff., wonach für die Bestimmung des Beschuldigtenbegriffs eine materielle Betrachtungsweise ausschlaggebend sein soll.

1812 *Schlüchter* Das Strafverfahren, Rn. 478, die eine Beschuldigteneigenschaft annimmt, solange gegen eine Person in einer Sache ermittelt wird (vermittelnde formell-materielle Auffassung).

1813 So *Beulke* Strafprozessrecht, Rn. 185.

820 Nicht alle die Zeugenvernehmung regelnden Vorschriften sind rügefähig. Die Rechtsprechung stuft vielmehr eine Reihe von Verfahrensvorschriften zu sog. **Ordnungsvorschriften** herab, auf die eine Revision nicht gestützt werden kann.[1814] So sollen etwa Rechtsverstöße in dem Ordnungsmittelverfahren nach § 51 StPO nicht revisibel sein. Die Verteidigung kann aber unter Umständen erfolgreich rügen, dass das Gericht seine Aufklärungspflicht verletzt hat, indem es den Zeugen nicht zum Erscheinen gezwungen hat.[1815] Eine nur im Interesse des Zeugen erlassene Ordnungsvorschrift ist § 57 StPO (Zeugenbelehrung); auf ihre Verletzung kann die Revision nicht gestützt werden.[1816] Entgegen der von mir vertretenen Auffassung[1817] hält die Rechtsprechung auch § 58 Abs. 1 StPO (die Zeugen sind einzeln und in Abwesenheit der später zu hörenden Zeugen zu vernehmen) für eine bloße Ordnungsvorschrift, deren Verletzung die Revision nicht begründen könne.[1818] Zu Unrecht soll daher nur ein Verstoß gegen die Aufklärungspflicht gerügt werden können.[1819] Dagegen ist § 68 StPO (Vernehmung zur Person) – wie auch § 68a StPO (Bloßstellung von Zeugen) – grundsätzlich eine nicht revisible Ordnungsvorschrift. Von diesem Grundsatz muss aber in den seltenen Fällen abgewichen werden, in denen ausnahmsweise die Verletzung der Vorschriften gleichzeitig andere zwingende Normen betrifft. Das ist z. B. bei einer Verletzung der Aufklärungspflicht[1820] oder auch im Einzelfall bei der Behinderung der Verteidigung[1821] (§ 338 Nr. 8 StPO) durch einen im gleichen Zusammenhang gefassten Beschluss zu bejahen.[1822]

821 Dagegen ist § 69 Abs. 1 S. 1 StPO (Vernehmung zur Sache) eine zwingende Vorschrift, auf deren Beachtung nicht verzichtet werden kann. Ihre Verletzung kann daher auch dann gerügt werden, wenn der Angeklagte und sein Verteidiger weder bei einer kommissarischen Vernehmung des Zeugen noch in der Hauptverhandlung Einwendungen erhoben haben.[1823] Dass zugleich eine Verletzung der Aufklärungspflicht gerügt werden müsse, wenn die Rüge des § 69 Abs. 1 S. 1 StPO Erfolg haben soll,[1824] trifft nicht zu.[1825]

(2) Aussageverweigerungsrechte und Belehrungsfehler

822 Die StPO kennt Aussageverweigerungsrechte und damit Beweismittelverbote in den §§ 52, 53, 53a, 54 und 55 StPO.

1814 Zu meiner grundsätzlichen Kritik an der von der Rechtsprechung vorgenommenen Herabstufung von Verfahrensvorschriften zu bloßen Ordnungsvorschriften siehe oben, Rn. 249 ff.

1815 *Meyer-Goßner* § 51, Rn. 30; KK-*Senge* § 51, Rn. 25.

1816 BGH NStZ 1983, 354 (*Pfeiffer/Miebach*); BGH, Beschl. v. 19. 12. 2001 – 3 StR 427/01; *Meyer-Goßner* § 57, Rn. 7 m. w. N.

1817 Siehe oben, Rn. 252.

1818 BGH NJW 62, 260 (261); BGH NStZ 1981, 93 (*Pfeiffer/Miebach*); a. A. *Eisenberg* Beweisrecht, Rn. 1355.

1819 BGH NJW 1987, 3088 (3090); *Meyer-Goßner* § 58, Rn. 15.

1820 BGHSt 23, 244 (245) = NJW 1970, 1197; instruktiv auch BGH NStZ 1989, 237 (238) = NJW 1989, 1230 (1231).

1821 KK-*Senge* § 68, Rn. 12; weitergehend *Meyer-Goßner* § 68, Rn. 23.

1822 Vgl. dazu LR-*Ignor/Bertheau* § 68, Rn. 23, § 68a, Rn. 12, und BGH, Beschl. v. 15. 3. 2001 – 5 StR 591/00 = BGH StV 2001, 435.

1823 KK-*Senge* § 69, Rn. 8 m. w. N.

1824 So *Meyer-Goßner* § 69, Rn. 13.

1825 Mit Begründung KK-*Senge* § 69, Rn. 8; siehe dazu auch Rn. 844.

Ratio der Vorschrift des **§ 52 StPO** ist die Rücksicht auf die Zwangslage des Zeugen, der zur Wahrheit verpflichtet ist, aber befürchten muss, dadurch einem Angehörigen zu schaden.[1826] Den Schutz der Wahrheitsfindung und des Angeklagten vor der Verwertung konfliktbehafteter und daher in ihrem Wert bisweilen geminderter Beweismittel bezweckt § 52 StPO dagegen nach zutreffender Auffassung der Rechtsprechung nicht.[1827] **823**

Ein in letzter Zeit sehr in Fluss geratenes Sonderproblem betrifft das Zeugnisverweigerungsrecht eines Zeugen, der mit einem *früheren* Mitbeschuldigten verwandt oder verschwägert ist. Hier galt lange Zeit der Grundsatz, dass das Zeugnisverweigerungsrecht auch nach Abtrennung der ursprünglich verbundenen Verfahren fortbesteht.[1828] Dann hat der BGH dies für diejenigen Fälle nicht mehr gelten lassen, in denen „das zwischen dem **Angehörigen des früheren Mitbeschuldigten** und dem jetzigen Beschuldigten geknüpfte Band so schwach geworden ist, dass es den empfindlichen Eingriff, den die Zeugnisverweigerung für den noch vor Gericht stehenden Beschuldigten bedeutet, nicht mehr rechtfertigt".[1829] Dies soll nun auch für den Fall gelten, dass das Verfahren hinsichtlich der Vorwürfe, die Gegenstand der Zeugenaussage sein sollen, bezüglich des mit dem Zeugen verwandten Mitbeschuldigten nach § 154 Abs. 1 oder 2 StPO eingestellt und das Bezugsverfahren rechtskräftig abgeschlossen wurde.[1830] Es trifft zwar zu, dass in diesen Fällen die Zwangslage des Zeugen gemindert ist, weil praktisch keine erneute Verfolgung des Verwandten mehr zu befürchten ist. Es darf jedoch bezweifelt werden, ob der ursprüngliche Sinn des § 52 StPO, dem Zeugen auch unabhängig von der (bei § 55 StPO maßgeblichen) Verfolgungsgefahr allein schon im Hinblick auf die Familienbande (Art. 6 GG!) eine Aussage zu ersparen, mit dieser Rechtsprechung noch erfasst wird. **824**

Das Zeugnisverweigerungsrecht, das der Angehörige eines Beschuldigten **im Verfahren gegen den Mitbeschuldigten** hat, erlischt mit dem Tod des angehörigen Beschuldigten.[1831] Macht der Zeugnisverweigerungsberechtigte von seinem Recht nach § 52 StPO Gebrauch, darf das Gericht daraus ebensowenig Schlüsse gegen den Angeklagten ziehen, wie aus dem Schweigen des Angeklagten.[1832] Eine Ausnahme machte die Rechtsprechung allerdings in den Fällen, in denen der Zeugnisverweigerungsberechtigte zur Tatfrage teilweise Angaben gemacht und teilweise geschwiegen hat oder ohne Berufung auf sein Zeugnisverweigerungsrecht zwar zur Sache ausgesagt, aber **825**

1826 BGHSt 27, 231; BGHSt 40, 211 = NJW 1994, 2904; BVerfGE 109, 279 = NJW 2004, 999.

1827 BGHSt 11, 213 (215); BGHSt 45, 203 (207).

1828 So noch BGHSt 34, 138 (139).

1829 BGHSt 38, 96; BGHR StPO § 52 Abs. 1 Nr. 3 Mitbeschuldigter 9 und jetzt BGH 1 StR 745/08 v. 30. 4. 2009 = BGHSt 54, 1 = NStZ 2009, 515.

1830 BGH, Beschl. v. 30. 4. 2009 – 1 StR 745/08 = BGHSt 54, 1.

1831 BGH StV 1992, 145 = JZ 1992, 592; BGH NStZ 1998, 583; hierzu *Fischer* Die Fortwirkung von Zeugnisverweigerungsrechten nach Verfahrenstrennung, JZ 1992, 570.

1832 BGHSt 22, 113 = NJW 1968, 1246 = MDR 1968, 600 = JZ 1968, 395 = LM Nr. 54 zu § 261 StPO (mit Anm. *Pelchen*); kritisch *Ostermeyer* NJW 1968, 1789. Ihm ist einzuräumen, dass das Revisionsgericht schwer nachprüfen kann, ob die Zeugnisverweigerung nicht doch im Rahmen der freien Beweiswürdigung eine Rolle gespielt hat. Die typischen Fälle sind indessen diejenigen, in denen außer der Zeugnisverweigerung überhaupt keine Belastungsbeweise zur Verfügung stehen (Ehefrau zeigt den Mann wegen sexuellen Missbrauchs der Tochter an; in der Hauptverhandlung schweigen alle drei.); BGH NStZ-RR 1998, 277; BGH NStZ 2000, 546 = StV 2002, 3.

die Überprüfung der Richtigkeit seiner Aussage dadurch unmöglich gemacht hat, dass er die Entnahme einer Blutprobe unter Berufung auf § 81c Abs. 3 S. 1 StPO verweigert hat.[1833]

826 Verweigert ein Zeuge mit Recht die Aussage, so dürfen gem. **§ 252 StPO** auch vorangegangene Vernehmungen nicht verwertet werden.[1834] Auch der Vernehmungsbeamte darf dann grundsätzlich über die frühere Aussage nicht als Zeuge gehört werden.[1835] Wird der Vernehmungsbeamte zeitlich vor dem weigerungsberechtigten Zeugen vernommen, so darf er über den Inhalt der Aussage nur gehört werden, wenn der Weigerungsberechtigte selbst sich zur Aussage bereit erklärt.[1836] Ist der Zeuge jedoch durch einen Richter nach Belehrung über sein Weigerungsrecht vernommen worden, so darf nach der Rechtsprechung der Richter über diese Aussage gehört werden.[1837] Diese Ausnahme gilt jedoch nur dann, wenn auch schon die frühere richterliche Vernehmung eine Zeugenvernehmung war. Denn nur dann stand die Aussage mit der Strafdrohung der §§ 153ff. StGB unter Wahrheitszwang. Handelte es sich dagegen um eine Beschuldigtenvernehmung, so verbleibt es bei dem Beweiserhebungs- und Verwertungsverbot des § 252 StPO.[1838] Einer Belehrung darüber, dass die Aussage später ohne Rücksicht auf eine etwaige Zeugnisverweigerung verwertet werden kann, bedarf es nicht.[1839] Hat der Zeuge das Weigerungsrecht erst nach der früheren Vernehmung erworben, so darf auch ein Richter nicht über den Inhalt der Aussage vernommen werden.[1840]

827 Im Zuge der allgemeinen Tendenz zur immer weitergehenden Entformalisierung des Strafverfahrens[1841] hat der BGH vor jetzt schon 10 Jahren in Abkehr von einer zuvor lange gefestigten Rechtsprechung eine **weitere Ausnahme** von dem aus § 252 StPO folgenden Verwertungsverbot zugelassen:[1842] Erklärt ein Zeuge, der in der Hauptverhandlung von seinem Zeugnisverweigerungsrecht nach § 52 StPO Gebrauch macht, ausdrücklich sein Einverständnis in die Verwertung seiner früher protokollierten

1833 BGHSt 32, 140 (141) = NJW 1984, 1829.

1834 BGH in ständiger Rspr. seit BGHSt 2, 99 (104) = NJW 1952, 356.

1835 BGHSt 21, 218 = JR 67, 467 (mit Anm. *Peters*); BGHSt 29, 230 (232) = NJW 1980, 1533 (Anm. *Gundlach* 2142) = JR 1981, 125 (Anm. *Gollwitzer*); BGH StV 2000, 236; BGHSt 46, 190 = StV 2002, 1; BGH StV 2007, 68; *Meyer-Goßner* § 252, Rn. 13 m. w. N.

1836 BGHSt 2, 110 (111) = NJW 1952, 556.

1837 BGHSt 2, 99 (106); BGHSt 32, 25 (29); BGHSt 36, 384 (385) = JZ 1990, 874 (Anm. *Fezer*); BGH NStZ 85, 493 (*Pfeiffer/Miebach*); BGHSt 49, 72; BGH StV 2007, 401; BVerfG, Beschl. v. 23. 1. 2008 – 2 BvR 2491/07; KK-*Diemer* § 252, Rn. 22; a. A. *Fezer* JZ 1990, 876.

1838 BGHSt 20, 384 = MDR 1966, 161 (Anm. *Dallinger*); BayObLG NJW 1978, 387 = MDR 1978, 74 = BayObLGSt 1977, 127; BGH MDR 1979, 457 (*Holtz*); BGH NStZ-RR 2001, 262 (Gründe) = BGH StV 2002, 3 (red. Leitsatz); KMR-*Paulus* § 252, Rn. 24.

1839 BGH NStZ 1985, 36.

1840 BGHSt 27, 231 = NJW 1977, 2365 = JZ 1977, 726 = MDR 1977, 1029; KK-*Diemer* § 252, Rn. 28 offen gelassen in BGH NJW 2000, 1274, 1275.

1841 Dazu allgemein vgl. *Hamm* Ist die Entformalisierung des Strafrechts und des Strafprozessrechts unaufhaltsam? In: Institut für Kriminalwissenschaften und Rechtsphilosophie Frankfurt a. M. (Hrsg.), Jenseits des rechtsstaatlichen Strafrechts, Frankfurt am Main 2007, 521 ff.

1842 BGH, Urt. v. 23. 9. 1999 – 4 StR 189/99 = BGHSt 45, 203 m. Anm. *Firsching* StraFO 2000, 124; *Dallmeyer* JA 2000, 275; *Keiser* NStZ 2000, 458; *Fezer* JR 2000, 341; *Ranft* Jura 2000, 628; *ders.* NJW 2001, 1305; *Wollweber* NJW 2000, 1702 und 2001, 3760; *Vogel* StV 2003, 598. Ausführlich dazu m. w. N. *Meyer-Goßner* § 252, Rn. 16a; vgl. ferner BGH StV 2008, 57 sowie BGHSt 52, 148 = StV 2008, 170.

Aussage, soll diese jetzt erlaubt sein. Das ist aber schon deshalb bedenklich, weil auf diese Weise dem Zeugen ein bequemer Weg angeboten wird, der Überprüfung seiner Glaubwürdigkeit durch Ausübung des dem Angeklagten und seiner Verteidigung durch Art. 6 Abs. 3d MRK garantierten Fragerechts zu entgehen. Wenn der Zeuge seinen Beitrag zur Wahrheitsfindung in der Hauptverhandlung auf die Bezugnahme auf Aktenstücke beschränken kann, muss es schon wieder als beruhigend empfunden werden, dass der 3. Strafsenat immerhin klargestellt hat, dass auch auf der Grundlage von BGHSt 45, 203 das Tatgericht jedenfalls nicht auf ein solches Spiel mit der Wahrheitspflicht „hinwirken" muss.[1843]

Ein Verwertungsverbot kann nicht nur bei förmlichen Vernehmungen, sondern darüber hinaus auch in **vernehmungsähnlichen Situationen** eingreifen. So hat der Bundesgerichtshof in einem Fall die Angaben der Stieftochter des Angeklagten, die diese einem Polizeibeamten gegenüber machte, der sie gegen 1.20 Uhr in der Stadt aufgriff und fragte, was sie um diese Zeit dort noch zu suchen hätte und was geschehen sei, für unverwertbar erklärt, da die Befragung ihrem objektiven Inhalt nach der gesetzlichen Aufgabe der Polizei, Straftaten zu erforschen, entsprach.[1844] Auch die Mitteilungen, die ein Angehöriger einem Sachverständigen in einem vorausgehenden Sorgerechtsverfahren gemacht hat, dürfen im anschließenden Strafverfahren, in dem der Zeuge sich nunmehr auf sein Zeugnisverweigerungsrecht beruft, nicht verwertet werden.[1845] Erst Recht gilt das für die Befragung von Angehörigen durch einen Vertreter der Jugendgerichtshilfe.[1846] Die Annahme einer vernehmungsähnlichen Situation hängt nicht davon ab, dass die Information auf ausdrückliches Befragen erlangt worden ist.[1847] Entscheidend ist vielmehr, dass die Auskunftsperson von einem Staatsorgan in amtlicher Eigenschaft zu dem den Gegenstand des (nunmehrigen) Strafverfahrens bildenden Sachverhalt gehört worden ist.[1848] Daher kann bereits das plötzliche nächtliche Erscheinen von Polizeibeamten an der Wohnungstür eine informatorische Vernehmungssituation herbeiführen.[1849] **828**

„Private" Äußerungen, die der Weigerungsberechtigte früher außerhalb von Vernehmungen abgegeben hat, dürfen dagegen zum Gegenstand der Beweiserhebung gemacht werden.[1850] Verwertbar sind insbesondere auch Aussagen, die der Zeugnisverweigerungsberechtigte der Polizei gegenüber spontan abgibt, nachdem er aus eigener Initiative hilfesuchend an die Polizei herangetreten war.[1851] **829**

Angehörige des Angeklagten, die nach § 52 StPO zur Verweigerung des Zeugnisses berechtigt sind, müssen nach § 52 Abs. 3 S. 1 StPO darüber **belehrt** werden, dass sie das **830**

1843 BGH 3 StR 181/02, Urt. v. 24. 4. 2003 = NStZ 2003, 498 = NJW 2003, 2692 = wistra 2003, 349 = StV 2003, 603.
1844 BGHSt 29, 230 (232) = NJW 1980, 1533 (Anm. *Gundlach* 2142) = JR 1981, 125 (Anm. *Gollwitzer*).
1845 BGH StV 1990, 242; BGH StV 1998, 360.
1846 BGH 3 StR 185/04, Beschl. v. 21. 9. 2004 = StV 2005, 63 = StraFo 2005, 117 = NJW 2005, 765 = StZ 2005, 219.
1847 BayObLG StV 1983, 142 (143), das aber umgekehrt bei Fragestellung durch einen Polizeibeamten „ohne weiteres" eine Vernehmung i. S. d. § 252 StPO annimmt.
1848 LR-*Gollwitzer* § 252, Rn. 10.
1849 OLG Frankfurt StV 1994, 117.
1850 BGHSt 1, 373 (374). Vgl. hierzu auch BGHSt 42, 139 („Hörfalle").
1851 BGH NStZ 1986, 232; BGH NStZ 1989, 15 (*Miebach*); BGH NStZ 1992, 247; vgl. BGH StV 2007, 401.

Zeugnis verweigern können. Ist diese Belehrung unterblieben, so darf die Aussage nicht verwertet werden.[1852] Es besteht ein Verlesungs- und Verwertungsverbot im selben Umfang wie bei § 252 StPO.[1853] Minderjährige müssen über ein Zeugnisverweigerungsrecht selbst belehrt werden, wenn sie verständig genug sind, um die Konfliktlage zu verstehen, in die sie durch die Aussage geraten können; sind sie das nicht, so ist der gesetzliche Vertreter zu belehren, und die Vernehmung ist nach § 52 Abs. 2 StPO dann nur mit seiner Zustimmung zulässig. Ist der gesetzliche Vertreter der Angeklagte, so muss dem Minderjährigen für diese Entscheidung nach § 1909 Abs. 1 S. 1 BGB ein Ergänzungspfleger bestellt werden, der dann freilich in keiner beneidenswerten Lage ist. Zwingen kann man den Minderjährigen auch mit der Genehmigung des gesetzlichen Vertreters nicht zur Aussage.[1854]

831 Ein Verstoß gegen die **Belehrungspflicht** begründet die Revision, wenn der Zeuge ausgesagt hat und das Urteil hierauf beruhen kann,[1855] und zwar selbst dann, wenn das Gericht von dem Angehörigenverhältnis nichts wusste.[1856] Das Beruhen des Urteils auf dem Verfahrensfehler ist ausgeschlossen, wenn er rechtzeitig geheilt worden ist, wenn der Zeuge oder gesetzliche Vertreter seine Rechte gekannt hat oder wenn sicher ist, dass er auch nach der Belehrung ausgesagt hätte.[1857]

832 Für **unrichtige Belehrungen** gilt Folgendes:

Wenn der Vorsitzende einen Zeugen, der kein Zeugnisverweigerungsrecht hat, fälschlich dahin belehrt, er habe ein solches Recht, so ist zweierlei möglich. Entweder sagt der Zeuge trotzdem aus; dann liegt kein Revisionsgrund vor, weil die unrichtige Belehrung den weiteren Verlauf nicht beeinflusst hat, das Urteil also nicht auf ihr beruhen kann.[1858] Oder der Zeuge verweigert die Aussage. Darauf kann das Urteil immer beruhen, weil niemand wissen kann, was er gesagt haben würde.[1859] Der dafür ursächliche Verfahrensverstoß liegt aber, genau genommen, nicht in der unrichtigen Belehrung, sondern darin, dass das Gericht sich mit der unberechtigten Zeugnisverweigerung „abgefunden" hat. Der Zeuge war ein präsentes Beweismittel und musste, da er kein Zeugnisverweigerungsrecht hatte, gemäß § 245 StPO vernommen werden. Man rüge also nicht die unrichtige Belehrung, sondern man bezeichne als Verstoß die Tatsache, dass der Zeuge nicht zur Sache vernommen wurde.

1852 BGHSt 23, 221 (223); LR-*Ignor/Bertheau* § 52, Rn. 53; *Meyer-Goßner* § 52, Rn. 32; KK-*Senge* § 52, Rn. 39.

1853 BGH NStZ 1990, 25 (*Miebach*); BGH NStZ-RR 1996, 106.

1854 *Meyer-Goßner* § 52, Rn. 19, m. w. N.

1855 BGHSt 6, 279; *Meyer-Goßner* § 52, Rn. 34.

1856 BGH StV 1988, 89. *Meyer-Goßner* § 52, Rn. 34 ob dies auch für den Fall des Verlöbnisses gilt, hat BGH 48, 294 offen gelassen; jedenfalls müssen mit der Revision Tatsachen vorgetragen werden, die den Rechtsbegriff des Verlöbnisses ausfüllen OLG Frankfurt NJW 07, 3014 L = NStZ-RR 07, 241.

1857 *Schäfer* Praxis des Strafverfahrens, Rn. 964; BGH NStZ 1989, 484; 1990, 549; vgl. BGH StV 2004, 297; BGH StraFo 2006, 492.

1858 BGH MDR 1979, 806 (*Holtz*); BGH NStZ 1981, 93 (*Pfeiffer*).

1859 Vgl. *Meyer-Goßner* § 52, Rn. 35; KK-*Senge* § 52, Rn. 47. Das Beruhen kann auch nicht in solchen Fällen ausgeschlossen werden, in denen der Zeuge statt nach § 52 Abs. 3 nach § 55 Abs. 2 StPO hätte belehrt werden müssen, denn ob er auch die Auskunft nach dieser Vorschrift verweigert hätte, kann nicht überprüft werden; BGH StV 1982, 557 = MDR 1983, 92 (*Holtz*).

Anders beurteilt die Rechtsprechung die Situation bei solchen Zeugen, die sich oder Angehörige durch die Beantwortung von einzelnen Fragen in die Gefahr strafgerichtlicher oder ordnungswidrigkeitsrechtlicher Verfolgung bringen können (§ 55 StPO). § 55 StPO soll nach einer zweifelhaften – für die Revisibilität aber folgenschweren – Interpretation nicht falschen Aussagen des Zeugen vorbeugen, sondern ergänzt nur die Aussagefreiheit des Beschuldigten und das Aussageverweigerungsrecht des Zeugen nach § 52 StPO.[1860] Für Angaben vor der Hauptverhandlung besteht hier anders als bei § 52 StPO kein Verwertungsverbot; § 252 StPO gilt nicht.[1861] Im Falle des § 55 Abs. 1 StPO dürfen somit auch Verhörspersonen als Zeugen vernommen werden, wenn der Weigerungsberechtigte die Auskunft in der Hauptverhandlung ablehnt.[1862] **833**

Eine **frühere schriftliche Erklärung** des Zeugen ist unter den Voraussetzungen des § 251 StPO ebenso verlesbar wie eine Vernehmungsniederschrift. Die Voraussetzungen des § 251 Abs. 1 Nr. 2 StPO liegen jedoch nicht vor, wenn der Zeuge in der Hauptverhandlung anwesend ist und von seinem Auskunftsverweigerungsrecht Gebrauch macht oder wegen der vorherigen Ladung (über seinen anwaltlichen Beistand) vorher mitgeteilt hat, dass er nichts aussagen werde, und ihm das Gericht im Hinblick auf das ihm zustehende umfassende Schweigerecht das Erscheinen erspart hat.[1863] Die Verlesbarkeit schriftlicher Erklärungen kann sich aber aus § 251 Abs. 1 Nr. 1 StPO, die Verlesbarkeit richterlicher Vernehmungsprotokolle aus § 251 Abs. 2 Nr. 3 StPO ergeben, wenn alle Verfahrensbeteiligten sich mit der Verlesung einverstanden erklärt haben.[1864]Auch das Unterlassen der Belehrung begründet kein Verwertungsverbot.[1865] Zwar sind auch bei § 55 Abs. 1 StPO die Zeugen gem. § 55 Abs. 2 StPO über ihr Auskunfts- (nicht: „Zeugnis"-)verweigerungsrecht[1866] zu belehren. Doch dient diese Vorschrift nach Auffassung des Großen Senats für Strafsachen,[1867] dem sich die ständige Rechtsprechung angeschlossen hat, nur dem Schutz des Zeugen, nicht aber dem des Angeklagten, so dass die Revision nicht auf das Unterlassen der Belehrung gestützt werden könne. **834**

Die sog. **„Rechtskreistheorie"**,[1868] auf die der BGH seine Entscheidung stützt, wird in der Literatur zu Recht angegriffen.[1869] Die Hauptlinie der Kritik wurde bereits 1958 von **835**

1860 BGHSt 1, 39; OLG Düsseldorf, StV 1982, 344; *Eisenberg* Beweisrecht, Rn. 1113 geht davon aus, dass das Auskunftsverweigerungsrecht zumindest i. S. eines „Rechtsreflexes" auf die Wahrheitsfindung einwirke. Nach *Roxin* Strafverfahrensrecht, § 24, D IV 1 b), ee) soll § 55 StPO auch den Angeklagten vor Belastung durch Aussagen schützen, deren Wahrheitswert wegen der Selbstbegünstigungstendenzen des Zeugen von vornherein sehr zweifelhaft ist.

1861 BGH MDR 1951, 180; BGHSt 6, 209 (211) = NJW 1954, 1415; BGHSt 17, 245 = NJW 1962, 1259; BGH NStZ 1985, 493; BGHSt 38, 302; *Meyer-Goßner* § 55, Rn. 12; KK-*Senge* § 55, Rn. 15; a. A. *Hanack* JZ 1972, 236 (238); *ders.*, FS Schmidt-Leichner, 92.

1862 BGH MDR 1951, 180; BGHSt 17, 245 = NJW 1962, 1259; BGH NStZ 1996, 96 = StV 1996, 191.

1863 *Meyer-Goßner* § 251, Rn. 10; KK-*Senge* § 55, Rn. 15; BGH, Urt. v. 27. 4. 2007 – 2 StR 490/06 = BGHSt 51, 325 = NJW 2007, 2195 = NStZ 2007, 718 m. Anm.: *Hecker* JR 2008, 121; *Gubitz* NJW 2008, 958; *Cornelius* NStZ 2008, 244; *Murmann* StV 2008, 339.

1864 BGH, Beschl. v. 29. 8. 2001 – 2 StR 266/01 = NJW 2002, 309 = NStZ 2002, 217 = StV 2002, 120.

1865 BGHSt 1, 39; LR-*Ignor/Bertheau* § 55, Rn. 37 ff.

1866 Vgl. hierzu BGHSt 10, 104.

1867 BGHSt 11, 213 = NJW 1958, 557 = JZ 1958, 620.

1868 BGHSt 17, 245 (247).

1869 Vgl. dazu oben, Rn. 253 f. Instruktiv auch *Gossrau* Unterlassen der Zeugenbelehrung als Revisionsgrund, MDR 1958, 468; *Schmidt* Die Verletzung der Belehrungspflicht gem. § 55 II StPO als

Schmidt aufgezeigt:[1870] „*Wenn die StPO prozessrechtliche Verstöße der Möglichkeit der Revisionsrüge wirklich einmal entziehen will, so sagt sie das klar und deutlich, wie etwa … in § 339. Darüber hinaus an § 337 mit der Tendenz einer einschränkenden Auslegung heranzugehen, sehe ich keinen aus dem Prozessrecht zu begründenden Anlass. Es besteht übrigens keinerlei Gefahr, dass damit das Revisionsrügerecht des Angeklagten ins Uferlose ausgedehnt wird. Dagegen schützt sich die StPO selbst. Denn § 337 verlangt ja, dass – von den Fällen des § 338 abgesehen – bei jeder Gesetzesverletzung der Kausalzusammenhang zwischen ihr und dem Urteil dargetan wird: das Urteil muss auf der Gesetzesverletzung „beruhen", und das ist keinesfalls bei jeder Verletzung verfahrensrechtlicher Vorschriften der Fall. Außerdem hat ein Rechtsmittel nur dann Aussicht auf Erfolg, wenn der Angeklagte durch das Urteil „beschwert" ist.*" In der Praxis wird man sich aber mit der Meinung des Bundesgerichtshofs abfinden müssen, selbst wenn man der „Rechtskreistheorie" nicht zustimmt.

836 Verweigert der Zeuge auf Grund falscher Belehrung die Auskunft, kommt eine Verletzung der §§ 244, 245 StPO in Betracht, auf die die Revision gestützt werden kann.[1871] Allerdings setzt auch hier nach der neueren Rechtsprechung des BGH die Verfahrensrüge eine Beanstandung nach § 238 Abs. 2 StPO voraus.[1872] Dagegen kann die unrichtige Belehrung nicht gerügt werden, wenn der Zeuge die Auskunft nicht verweigert hat,[1873] es sei denn die falsche Belehrung könnte den Zeugen zu einer unwahren, dem Angeklagten nachteiligen Aussage veranlaßt haben.[1874] Eine derartige unrichtige Belehrung ist auch dann gegeben, wenn der Zeuge von seiner Verweigerungsabsicht durch die Drohung mit Beugehaft und die irreführende Belehrung abgebracht wurde, er dürfe nur dann die Auskunft verweigern, wenn er „eine Straftat zugeben müsste". Auch wer eine Strafverfolgung zu befürchten hätte, an deren Ende er einer Verfahrenseinstellung oder eines Freispruchs sicher wäre, hat das Auskunftsverweigerungsrecht.

837 Ist die gesamte Thematik, zu der ein Zeuge gehört werden soll von Fragen durchsetzt, bei deren Beantwortung er Verfolgung zu befürchten hätte, ohne dass sich die „harmlosen" von den gefahrgeneigten Fragen trennen lassen, kann das Auskunftsverweigerungsrecht zu einem **vollständigen Zeugnisverweigerungsrecht** erstarken.[1875] Dieser Grundsatz wird jedoch neuerdings vom BGH für die Fälle eingeschränkt, in denen eine Verfolgungsgefahr wegen eines teilrechtskräftigen Abschlusses des Verfahrens gegen den Zeugen, entfallen ist oder die zu beantwortenden Fragen bei horizontaler Rechtskraft doppeltrelevante und damit bindend festgestellte Tatsachen betreffen.[1876]

Revisionsgrund, JZ 1958, 596; *Jescheck* GA 1959, 84; *Rudolphi* Die Revisibilität von Verfahrensmängeln im Strafprozess, MDR 1970, 93 (98); *Fezer* Grundfälle zum Verlesungs- und Verwertungsverbot im Strafprozess, JuS 1978, 325 (327). Differenzierend *Philipps* Festschrift Bockelmann, 831. Vgl. hierzu auch *Gallandi* Gleichzeitige Verletzung der §§ 55 und 136a StPO, NStZ 1991, 119.

1870 *Schmidt* JZ 1958, 596 (598).

1871 *Eisenberg* Beweisrecht, Rn. 1132; LR-*Ignor/Bertheau* § 55, Rn. 40.

1872 BGH, Urt. v. 16. 11. 2006 – 3 StR 139/06 = BGHSt 51, 144 = NJW 2007, 384 m. insoweit zust. Anm. *Widmaier* NStZ 2007, 234, der aber mit Recht die Erstreckung der Präklusion auf die Aufklärungsrüge beanstandet.

1873 BGH NStZ 1981, 93 (*Pfeiffer*).

1874 KK-*Senge* § 55, Rn. 19.

1875 BGHSt 10, 104.

1876 BGH StB 8/05 v. 2. 6. 2005 = NJW 2005, 2166 = NStZ 2005, 524 = StV 2005, 649.

(3) Vereidigungsfehler

§ 59 StPO regelte bis zum 1. JuMoG ein grundsätzliches Vereidigungsgebot. In der seit dem 1. 9. 2004 geltenden Fassung hat das Gesetz einer seit langem bestehenden Praxis folgend, die schon zuvor von der Möglickeit des allseitigen Verzichts nach § 61 Nr. 5 a.F. StPO Gebrauch machte – das **Regel-Ausnahme-Verhältnis umgedreht**, indem es eine Vereidigung überhaupt nur noch für den Fall vorschreibt, dass sie „das Gericht wegen der ausschlaggebenden Bedeutung der Aussage oder zur Herbeiführung einer wahren Aussage nach seinem Ermessen für notwendig hält". Damit haben Verfahrensfehler bei der Vereidigung von Zeugen weitgehend ihre Bedeutung für die Revision eingebüßt. Sie beschränken sich auf folgende Fallgruppen: **838**

Zeugen können vereidigt worden sein, die aufgrund eines der **Vereidigungsverbote in § 60 StPO** nicht vereidigt werden durften. Wird ein solcher Verstoß noch vor dem Urteil bemerkt, so muss die Aussage bei der Beweiswürdigung als uneidliche gewertet werden.[1877] Hierauf müssen die Prozessbeteiligten – gegebenenfalls unter Wiedereintritt in die Verhandlung – hingewiesen werden, damit sie Anträge stellen können.[1878] Die Unterrichtung muss im Protokoll vermerkt werden.[1879] **839**

Das praktisch wichtigste Vereidigungsverbot enthält § 60 Nr. 2 StPO; wegen der hiermit verbundenen Fragen kann an dieser Stelle nur auf die in der Kommentarliteratur angeführte Rechtsprechung verwiesen werden.[1880] Das Verbot setzt keinen Verdachtsgrad voraus, der zur Aufnahme von Ermittlungen gegen den Zeugen zwingen würde. Auch ein **entfernter Beteiligungsverdacht** reicht aus.[1881] Bisweilen bescheinigt das angefochtene Urteil dem vereidigten Zeugen den Teilnahmeverdacht selbst, manchmal ausdrücklich, manchmal konkludent. Aufgabe des Revisionsverteidigers ist es, dies zu erkennen. Ein Verstoß gegen § 60 Nr. 1 Alt. 2 StPO kann auch dann gerügt werden, wenn dem Tatrichter die Umstände, die ihn möglicherweise dazu veranlaßt haben würden, einen Zeugen als eidesuntauglich zu behandeln, nicht bekannt geworden sind und er sie deshalb bei seiner Ermessensentscheidung nicht hat verwerten können.[1882] **840**

Die Rüge der Vereidigung unter Verstoß gegen § 60 StPO setzt nicht voraus, dass der Beschwerdeführer eine **Entscheidung des Gerichts** herbeigeführt hat.[1883] Hat allein der Vorsitzende die Vereidigung verfügt, so hat er schon damit gegen § 60 Nr. 2 StPO verstoßen, während der Rechtsfehler des gesamten Gerichts darin besteht, bei der Beweiswürdigung die Aussage als eidliche gewertet zu haben. **841**

Für die Frage, ob ein Urteil auf einer Verletzung der Vorschrift des § 60 StPO beruhen kann, ist entscheidend, ob ein unter Einhaltung dieser Vorschrift durchgeführtes Verfahren zu demselben Ergebnis geführt hätte. Generell wird sich kaum jemals aus- **842**

1877 BGHSt 4, 130; BGH StV 1986, 89; BGHSt 46, 73 = NJW 2000, 2517.

1878 BGH StV 1981, 329; einschränkend BGH StV 1986, 89 (90) (mit abl. Anm. *Schlothauer*); siehe auch BGH NStZ 1996, 99 = StV 1996, 298; BGH, Urt. v. 18. 5. 2000 – 4 StR 647/99 (insoweit nicht in BGHSt 46, 73) = NJW 2000, 2517, 2519 (Kein Beruhen, trotz fehlendem Hinweis!).

1879 *Eisenberg* Beweisrecht, Rn. 1160.

1880 Vgl. die umfangreichen Nachweise bei KMR-*Neubeck* § 60, Rn. 6 ff. und KK-*Senge* § 60, Rn. 8 ff.

1881 *Meyer-Goßner* § 60, Rn. 23; KK-*Senge* § 60, Rn. 30.

1882 BGHSt 22, 266 (267).

1883 BGHSt 20, 98 (99) = NJW 1965, 115; *Meyer-Goßner* § 60, Rn. 31; KK-*Senge* § 60, Rn. 38.

schließen lassen, dass einem vereidigten Zeugen gerade wegen der Vereidigung eine höhere Glaubwürdigkeit zugebilligt worden ist.[1884] Wurde eine eidliche Aussage als uneidlich gewertet und wurde dies den Prozessbeteiligten nicht mitgeteilt, so folgt das Beruhen daraus, dass die Verteidigung in dem Glauben gelassen wurde, das Gericht halte den Zeugen für unverdächtig. Das kann sie davon abgehalten haben, die Anträge zu stellen, die das Urteil noch zugunsten des Angeklagten hätten beeinflussen können.[1885] Hier empfiehlt es sich aber, in der Revisionsbegründung einigermaßen konkret zu sagen, welche Anträge noch nahegelegen hätten.

843 Das **Unterlassen einer Entscheidung** über die Vereidigung eines Zeugen ist (nur noch dann) ein Rechtsfehler, wenn ein ausdrücklicher Antrag auf Vereidigung gestellt war.[1886] Hat das Gericht seinen Beurteilungsspielraum überschritten, indem es sein Ermessen unrichtig ausgeübt hat, z. B. weil es bei einer objektiv gegebenen ausschlaggebenden Bedeutung der Zeugenaussage gleichwohl eine Vereidigung nicht einmal erwogen hat, kann auch nach der Neufassung darauf die Revision gestützt werden.[1887] Allerdings kann die Rüge, ein Zeuge sei unzulässigerweise nicht vereidigt worden, nicht erhoben werden, wenn es der Beschwerdeführer unterlassen hat, eine Entscheidung des Gerichts nach § 238 Abs. 2 StPO herbeizuführen.[1888]

(4) Nichtausschöpfung des Beweismittels

844 Die Vernehmung des Zeugen beginnt gem. § 69 Abs. 1 S. 2 StPO mit der Unterrichtung über den Untersuchungsgegenstand und die Person des Beschuldigten. Die Rechtsprechung sieht hierin von jeher eine nicht revisible Ordnungsvorschrift.[1889] Im Gegensatz dazu ist die in § 69 Abs. 1 S. 1 StPO vorgegebene Aufspaltung in Bericht und Verhör zwingend.[1890] Sie entspricht den Grundsätzen der Aussagepsychologie[1891] und ihre Nichtbeachtung kann mit der Revision geltend gemacht werden.[1892] Umstritten ist aber, ob eine Verletzung des § 69 Abs. 1 S. 1 StPO für sich allein bereits die Revision begründen kann[1893] oder ob daneben zusätzlich eine Verletzung der Aufklärungspflicht (§ 244 Abs. 2 StPO) gerügt werden muss.[1894] Da § 69 Abs. 1 S. 1 StPO zwingendes Recht ist, muss auch seine Verletzung isoliert mit der Revision beanstandet werden können. In der Praxis sei dem Revisionsanwalt aber empfohlen, zugleich

1884 So KK-*Senge* § 60, Rn. 42.
1885 RGSt 72, 219 (220); BGHSt 4, 130 (132) = NJW 1953, 915 = MDR 1953, 436; OLG Frankfurt StraFo 2003, 237; einschränkend BGH NJW 1986, 266 = StV 1986, 89 (m. abl. Anm. *Schlothauer*); *Meyer-Goßner* § 60, Rn. 34; KK-*Senge* § 60, Rn. 42.
1886 BGH 2 StR 457/05 – Beschl. v. 16. 11. 2005 = BGHSt 50, 282 = NJW 2006, 388 = NStZ 2006, 234 = wistra 2006, 147; a. A. *Meyer-Goßner* § 59, Rn. 13 m. w. N.
1887 BGH 3 StR 429/08 Beschl. v. 11. 12. 2008 = StV 2009, 225 = wistra 2009, 279; a. A. *Meyer-Goßner*, 52. Aufl. § 59, Rn. 13.
1888 HansOLG Hamburg MDR 1979, 74; *Meyer-Goßner* § 60, Rn. 31; KK-*Senge* § 60, Rn. 37 und § 61, Rn. 31; *Eisenberg* Beweisrecht, Rn. 1147.
1889 So schon RGSt 6, 267; *Meyer-Goßner* § 69, Rn. 14; a. A. *Roxin* Strafverfahrensrecht, § 26 C I 5 d; LR-*Ignor/Berthenau* § 69, Rn. 17.
1890 *Eisenberg* Beweisrecht, Rn. 1356.
1891 Hierzu eingehend *Prüfer* Der Zeugenbericht (§ 69 Abs. 1 S. 1 StPO), DRiZ 1975, 334.
1892 BGH StV 1981, 269.
1893 KK-*Senge* § 69, Rn. 8; HK-*Lemke* § 69, Rn. 9.
1894 BGH MDR 1951, 658 (*Dallinger*) unter Hinweis auf RGSt 62, 147 (148); 74, 35; wohl ebenso BayObLG DAR, 1989, 368 (*Bähr*).

eine Verletzung des § 244 Abs. 2 StPO geltend zu machen. Nicht erforderlich ist hingegen, dass die unzulässige Art der Vernehmung in der Hauptverhandlung beanstandet worden ist.[1895] Eine unzweckmäßige Gestaltung der Vernehmung, etwa unter dem Aspekt der mangelnden Berücksichtigung der Erkenntnisse der Aussage- und Vernehmungspsychologie kann nicht mit der Revision gerügt werden.[1896]

Problematisch ist insbesondere die Rüge, der Tatrichter habe ein benutztes Beweis- **845**
mittel nicht voll ausgeschöpft, indem er etwa einer Auskunftsperson nicht **noch weitere Fragen** gestellt und damit gegen seine Aufklärungspflicht verstoßen habe. In ständiger Rechtsprechung wird diese Beanstandung für unzulässig gehalten.[1897] Als Grund hierfür wird regelmäßig genannt, dass das Revisionsgericht nicht nachprüfen könne, inwieweit etwa ein Zeuge befragt worden sei.[1898] Wolle man anders entscheiden, so würde dies zu einer Rekonstruktion der Hauptverhandlung führen, die nach Ansicht der Rechtsprechung der Ordnung des Revisionsverfahrens widerspricht.[1899]

Ausnahmen gelten aber dann, wenn die besondere Verfahrenslage dem Revisionsge- **846**
richt den Prüfungszugriff ermöglicht. Das ist z. B. der Fall, wenn sich aus den Urteilsgründen selbst erkennen lässt, dass sich dem Gericht eine weitere Benutzung eines Beweismittels hätte aufdrängen müssen[1900] oder wenn ein Protokoll über eine kommissarische Zeugenvernehmung in der Hauptverhandlung verlesen worden ist.

Diese Rechtsprechung ist aber in Bewegung geraten.[1901] In der bereits oben angespro- **847**
chenen „Schusskanal"-Entscheidung[1902] entnahm der Bundesgerichtshof dem Schweigen der Urteilsgründe, dass sich ein bestimmtes Beweisgeschehen (Vorhalt an Sachverständigen) in der Hauptverhandlung auch tatsächlich nicht ereignet habe und sah darin eine Verletzung des § 244 Abs. 2 StPO. Da die Urteilslücke nur aus einem Vergleich von Urteilsinhalt und Akteninhalt ersichtlich war, wurde darin im Ergebnis eine Rüge der Aktenwidrigkeit der Feststellungen gesehen.[1903]

bb) Sachverständigenbeweis

(1) Allgemeines

Der Sachverständige ist neben dem Zeugen das zweite persönliche Beweismittel der **848**
StPO. Er wird vom Gericht bestellt oder auf Antrag eines Prozessbeteiligten vernommen, um Sachkunde zu vermitteln, anzuwenden oder beides zu tun. Dabei besteht die Sachkunde in der Beherrschung allgemeiner Erfahrungssätze.[1904]

1895 *Eisenberg* Beweisrecht, Rn. 1356.
1896 BGH MDR 1966, 25 (*Dallinger*); *Meyer-Goßner* § 69, Rn. 12.
1897 BGHSt 4, 125 (126); BGH NStZ 1981, 96 (*Pfeiffer*); vgl. BGH NStZ 2000, 156.
1898 *Maul* FG Peters, 52.
1899 BGHSt 17, 351 (352); vgl. auch BGH NStZ 1997, 450; BGH NStZ 2000, 156.
1900 BGHSt 17, 351 (352); BGH StV 1984, 231 = NStZ 1985, 14; vgl. BGHSt 43, 212; BGH NStZ 2006, 55.
1901 Vgl. hierzu auch, Rn. 264 ff.
1902 NStZ 1991, 448; siehe hierzu, Rn. 265 ff.
1903 *Schäfer* Die Rüge, dass das Tatgericht (wesentlichen) Beweisstoff nicht aus dem Inbegriff der Hauptverhandlung geschöpft, (wesentlichen) Beweisstoff übersehen oder übergangen hat, DAV, Bd. 9, 44 (56); vgl. hierzu Rn. 280 ff.
1904 BGH NJW 1951, 771.

849 Der wohl wichtigste Fall der Sachverständigentätigkeit ist die Gutachtenerstattung. Dabei werden die Tatsachen, die der Sachverständige dem Gutachten zugrundelegt, als Anknüpfungstatsachen bezeichnet; Tatsachen, die er aufgrund seiner Sachkunde ermittelt, als Befundtatsachen, und Tatsachen, die er feststellt, ohne dass dazu besondere Sachkunde erforderlich ist, als Zusatztatsachen. Sofern sich die Aufgabe des Sachverständigen auf die Bekundung von Tatsachen beschränkt, unterscheidet sich die Stellung des Sachverständigen von der des sachverständigen Zeugen (§ 85 StPO) nur durch den behördlichen Auftrag.[1905]

850 Das Verhältnis zwischen Sachverständigem und Richter ist von der Strafprozessordnung durch die Beweismittelfunktion des Sachverständigen vorgegeben. Im Rahmen der ihm überantworteten Sammlung und Auswertung des Beweisstoffs kann sich der Richter das Spezialwissen eines Fachgebietes durch Bestellung eines Sachverständigen erschließen. Irreführend, zumindest aber nicht weiterführend, sind Bezeichnungen wie z.B. „Gehilfe des Richters“[1906] oder „neutraler Berater des Gerichts“,[1907] mit denen die Rolle des Sachverständigen im Strafverfahren gelegentlich etikettiert wird.[1908] In der Praxis ist – den genannten Schlagworten gerade entgegenlaufend – das Phänomen einer schleichenden „Entmachtung“ des Richters durch den Sachverständigen – in erster Linie durch den medizinischen Sachverständigen, insbesondere durch den Psychiater – zu beobachten. Grund hierfür ist die zunehmende „Psychologisierung“ des Strafverfahrens und die im letzten Jahrhundert entstandene Kluft zwischen dem Allgemeinwissen und dem Erfahrungsgut der Spezialwissenschaften.[1909] Nicht zuletzt resultiert die derzeitige Entwicklung aus einer nicht selten anzutreffenden Überschätzung sachverständiger Hilfe.

(2) Hinzuziehung und Ablehnung

851 Grundsätzlich steht es im pflichtgemäßen Ermessen des Gerichts, ob es einen Sachverständigen zuzieht.[1910] Im Einzelfall kann aber die richterliche Aufklärungspflicht gem. § 244 Abs. 2 StPO die Hinzuziehung eines Sachverständigen gebieten, und zwar i.d.R. dann, wenn aus den Gegebenheiten des Falles **besondere Schwierigkeiten** der Beurteilung folgen.[1911] Der Bundesgerichtshof hat dies wiederholt für Fälle angenommen, in denen zu klären war, ob und wie sich „Unfälle mit Gehirnbeteiligung“ auf die Steuerungsfähigkeit des Angeklagten[1912] bzw. die Zeugentüchtigkeit einer Auskunftsperson[1913] ausgewirkt haben. Ebenso beanstandete der Bundesgerichtshof

1905 Ebenso *Meyer-Goßner* § 85, Rn. 3.
1906 BGHSt 7, 238 (239).
1907 *Cabanis* Glaubwürdigkeitsuntersuchungen, NJW 1978, 2329 (2330).
1908 Ebenso kritisch *Meyer-Goßner* vor § 72, Rn. 8.
1909 So LR-*Meyer* (23. Aufl.) vor § 72, Rn. 10. LR-*Krause* (25. Aufl.) vor § 72, Rn. 18 ist dagegen der Ansicht, dass das Vertrauen des Richters auf sein eigenes selbständiges Urteil wieder gewachsen sei.
1910 *Schäfer* Die Praxis des Strafverfahrens, Rn. 723.
1911 *Beulke* Strafprozessrecht, Rn. 199. Siehe hierzu auch die Ausführungen zur Aufklärungsrüge oben, Rn. 606ff.
1912 BGH, Beschl. v. 20. 9. 2002 – 2 StR 335/02 = StraFo 2003, 15; BGH NJW 1993, 1540; BGH wistra 1994, 29; ausnahmslos gilt dies freilich nicht, vgl. etwa BGH NStZ 1992, 225 (*Kusch*).
1913 BGH StV 1994, 634.

die unterlassene Einschaltung eines psychiatrischen Sachverständigen bei „einer völlig unvermittelten erheblichen Gewaltanwendung nach schwer nachvollziehbarem Stimmungsumschwung".[1914] Besondere Umstände können auch dann vorliegen, wenn die Aussage eines kindlichen Zeugen in der Hauptverhandlung erheblich von dem abweicht, was dieser bei seiner polizeilichen Vernehmung gesagt hat und es auf diese Aussage entscheidend ankommt.[1915] Lehnt das Gericht – soweit gesetzlich (vgl. nur §§ 80a, 81; 87 I; 231a III 1; § 246a StPO; § 73 JGG) nichts anderes bestimmt ist – einen Antrag auf Hinzuziehung eines Sachverständigen aufgrund eigener Sachkunde ab (§ 244 Abs. 4 S. 1 StPO), müssen die Urteilsgründe, sofern die betreffenden Fachfragen das Allgemeinwissen eines Gerichts eindeutig überschreiten, ausweisen, dass das Gericht zu Recht eigene Sachkunde für sich in Anspruch genommen hat.[1916]

Nach Eröffnung des Hauptverfahrens ist für die **Auswahl des Sachverständigen** gem. § 73 Abs. 1 S. 1 StPO das erkennende Gericht zuständig. Die Regelung des § 73 Abs. 1 S. 1 StPO bezieht sich demgemäß nur auf das gerichtliche Verfahren,[1917] sodass im Übrigen die StA[1918] und auch die Polizei zur Auswahl berufen sind. **852**

Kriterien der Auswahl sind das Fachgebiet und die Eignung des Sachverständigen. Mit Umständen, die Bedenken gegen die Sachkunde eines gehörten Gutachters erwecken könnten, hat sich der Tatrichter auseinanderzusetzen.[1919] Mit der Revision kann die Ungeeignetheit eines Sachverständigen aber nur dann gerügt werden, wenn das Urteil insoweit Anlass zu Zweifeln gibt.[1920] Richtiges Angriffsmittel ist auch insoweit die Aufklärungsrüge (§ 244 Abs. 2 StPO). Die Anknüpfung allein an den Urteilsinhalt erscheint somit im Licht der neueren Revisionsrechtsprechung nicht mehr von vornherein zwingend. Unter Umständen kann aber auch die Sachrüge begründet sein, wenn die fehlende Sachkunde des Sachverständigen zu Feststellungen geführt hat, die gegen Denkgesetze oder Erfahrungssätze verstoßen.[1921]

Auch die Bestimmung der **Zahl der benötigten Sachverständigen** steht im Ermessen des Gerichts. Es wird sich in der Regel mit einem Sachverständigen begnügen. Maßgebend ist im Übrigen auch hier die Aufklärungspflicht nach § 244 Abs. 2 StPO, die zur Anhörung eines weiteren Sachverständigen selbst dann zwingen kann, wenn ein darauf gerichteter Antrag nach § 244 Abs. 4 S. 2 StPO abgelehnt werden könn- **853**

1914 BGH StV 1994, 634, vgl. auch BGHSt 23, 176 ff. (Fall „Bartsch").

1915 BGH StV 1995, 115; kritisch zur derzeitigen Praxis der Glaubwürdigkeitsbegutachtung, *Fischer* Glaubwürdigkeitsbeurteilung und Beweiswürdigung – von der Last der „ureigenen Aufgabe" –, NStZ 1994, 1 ff. Vgl. auch *Deckers* FS Hamm, 53 ff., 57.

1916 LR-*Gollwitzer* § 244, Rn. 303; *Meyer-Goßner* § 244, Rn. 73; BGH StV 1984, 232 (233); BGH wistra 1994, 29 (Beschl. v. 22. 9. 1993 – 2 StR 503/93); vgl. BGH NStZ-RR 2006, 140 und 382; BGH StV 2009, 116.

1917 KK-*Senge* § 73, Rn. 1; LR-*Krause* § 73, Rn. 2; *Gössel* Behörden und Behördenangehörige als Sachverständige vor Gericht, DRiZ 1980, 363 (366); a. A. *Krauß* Richter und Sachverständige im Strafverfahren, ZStW 1973, 320 (322).

1918 Vgl. § 161 a I 2 StPO. Hierzu *Meyer-Goßner* § 161 a, Rn. 12.

1919 BGH BGHR StPO § 244 Abs. 4 S. 2 – Sachkunde 1.

1920 *Meyer-Goßner* § 73, Rn. 19; LR-*Krause* § 73, Rn. 37.

1921 *Eisenberg* Beweisrecht, Rn. 1548; BGH NStZ 1994, 228 (*Kusch*).

te.[1922] Auch wenn der Tatrichter von dem Gutachten des in der Hauptverhandlung gehörten Sachverständigen abweichen will, darf er dies, ohne einen weiteren Sachverständigen hinzuziehen, nur dann, wenn er die für die abweichende Beurteilung erforderliche Sachkunde besitzt. Dies soll ihm nach der Rechtsprechung des BGH u. U. auch dann gestattet sein, wenn er erst durch das erste Gutachten genügend sachkundig geworden ist, um die Beweisfrage beurteilen zu können.[1923] Außerdem muss er die Ausführungen des Sachverständigen in nachprüfbarer Weise im Urteil wiedergeben, sich mit ihnen auseinandersetzen und seine abweichende Meinung begründen.[1924]

854 Mit der Revision kann ferner gerügt werden, dass ein Antrag, mit dem ein **Sachverständiger** gem. §§ 74 i. V. m. 22 Nr. 1–4, 24 StPO **abgelehnt** wird, nicht beschieden oder dass er zu Unrecht zurückgewiesen worden ist.[1925] Mit der Revision müssen der Ablehnungsantrag und der ihn zurückweisende Gerichtsbeschluss mitgeteilt werden. Die Wiedergabe einzelner Wendungen des Sachverständigengutachtens genügt nicht, wenn sie nur aus dem Zusammenhang heraus beurteilt werden können.[1926] Anders als bei der Richterablehnung prüft das Revisionsgericht nicht nach Beschwerdegrundsätzen, ob das Ablehnungsgesuch zu Unrecht verworfen worden ist, ob also eine Befangenheit des Sachverständigen zu besorgen war, sondern nach revisionsrechtlichen Grundsätzen, ob das Ablehnungsgesuch ohne Verfahrensfehler, insbesondere mit zureichender Begründung abgelehnt worden ist.[1927] Die Frage, ob die Besorgnis der Befangenheit bestanden hat, wird als Rechtsfrage behandelt.[1928] Das Revisionsgericht ist dabei an die vom Tatrichter festgestellten Tatsachen gebunden und darf keine eigenen Feststellungen treffen.[1929] Neue Tatsachen und Beweismittel dürfen nicht nachgeschoben werden; die vom Tatrichter getroffenen Feststellungen darf das Revisionsgericht nicht durch eigene Ermittlungen ergänzen.[1930]

(3) Leitung und Vereidigung

855 Nach § 78 StPO obliegt dem Gericht die Aufgabe, soweit ihm dies als erforderlich erscheint, die **Tätigkeit des Sachverständigen zu leiten.** Eine revisionsrechtlich relevante Verletzung dieser Vorschrift ist kaum möglich. Selbst wenn das Gericht dem Sachverständigen in der Erhebung seiner Befund- oder Anknüpfungstatsachen, der Vorbereitung und Formulierung seines Gutachtens völlig freie Hand lässt, kann dies allein die Revision nicht begründen. Es gibt auch keine Rechtspflicht, dass zu jedem in der Hauptverhandlung erstatteten Gutachten vorher eine schriftliche Fassung zu

---

1922 BGHSt 10, 116 (119).
1923 *Meyer-Goßner* StPO 52. Aufl. § 244, Rn. 75 m. w. N.; BGH NStZ 2000, 437; BGH, Beschl. v. 28. 3. 2006 – 4 StR 575/05 = NStZ 2006, 511.
1924 BGH NStZ 2006, 5115.
1925 *Meyer-Goßner* § 74, Rn. 21.
1926 BGH NStZ 1988, 210 (*Miebach*).
1927 BGH, Urt. v. 16. 12. 2004 – 1 StR 420/03 (insoweit nicht in BGHSt 49, 381) = NJW 2005, 445.
1928 BGHSt 8, 226 (233); BGHSt 20, 245; BGH NStZ 1999, 632 = StV 1999, 576.
1929 BGH StV 1981, 55; BGH StV 1990, 389 (390); BGH NStZ 1994, 388; BGH, Beschl. v. 12. 9. 2007 – 1 StR 407/07 = NStZ 2008, 229.
1930 *Eisenberg* Beweisrecht, Rn. 1565.

den Akten gereicht werden muss.[1931] Möglich ist aber eine daraus resultierende mittelbare Verletzung der Aufklärungspflicht nach § 244 Abs. 2 StPO.[1932]

Die **Vereidigung des Sachverständigen** steht gem. § 79 Abs. 1 StPO n. F. im Ermessen des Gerichts. Fehler bei der Ermessensausübung können die Revision nicht begründen.[1933] Genauso unschädlich soll es nach der Rspr. des BGH sein, wenn eine Ermessensentscheidung (gänzlich) unterblieben ist, da es keinen Sinn ergäbe, den Richter in jedem Einzelfall für verpflichtet zu halten, die Nichtvereidigung besonders zu beschließen, zumal sie ohnehin die Regel darstelle und vom Sachverständigen persönliche und sachliche Unbefangenheit vorausgesetzt werden könne.[1934]

cc) Urkundenbeweis

(1) Allgemeines

Der Urkundenbeweis bedeutet die Ermittlung und Verwertung des gedanklichen Inhalts eines Schriftstücks.[1935] Er ist zulässig, sofern das Gesetz ihn nicht ausdrücklich untersagt.[1936] Urkundenverlesung und Inaugenscheinnahme (auch von Urkunden) sind zu unterscheiden. Die Urkunde[1937] wirkt durch ihren Gedankeninhalt auf die richterliche Überzeugungsbildung ein. Gegenstand des Augenscheins, nicht des Urkundenbeweises, ist eine Urkunde, wenn es nicht auf ihren Inhalt, sondern auf ihr Vorhandensein oder ihre Beschaffenheit ankommt. Der Inhalt von Tonbandaufnahmen wird zwar durch Augenschein festgestellt, jedoch kann auch eine Niederschrift darüber hergestellt und im Urkundenbeweis verwertet werden.[1938] **856**

Die gesetzliche Regelung des Urkundenbeweises ist nicht gut gelungen[1939] und durch spätere Änderungen noch verschlechtert worden. Sie geben Anlass zu mancherlei Missverständnissen und systematischen Fehleinordnungen. Das beginnt damit, dass vielfach die Regelung des § 250 StPO, die den Urkundenbeweis als Ersatz für den Zeugenbeweis verbietet, in Zusammenhang mit dem sogenannten **„Grundsatz der Unmittelbarkeit der Beweisaufnahme“**[1940] gebracht wird. Den „Unmittelbarkeitsgrundsatz“ aus den §§ 249 ff. StPO, insbesondere aus dem § 250 StPO „herzuleiten“, ist jedoch verfehlt. Sicherlich hat dem Gesetzgeber bei mehreren dieser Vorschriften der Wunsch vor Augen gestanden, etwas für die Unmittelbarkeit der Beweisaufnahme zu tun.[1941] Aber für den Praktiker ist diese Zusammenschau nicht selten eine Fehlerquelle. **857**

1931 BGH, Beschl. v. 12. 9. 2007 – 1 StR 407/07 = NStZ 2008, 229.
1932 LR-*Krause* § 78, Rn. 11; BGH, Beschl. v. 29. 9. 1994 – 4 StR 494/94 = StV 1995, 113 = NStZ 1995, 282.
1933 BGHSt 21, 227; *Meyer-Goßner* § 79, Rn. 13.
1934 BGHSt 21, 227 (228); a. A. *Eisenberg* Beweisrecht, Rn. 1601, der jedoch einräumt, dass regelmäßig das Urteil hierauf nicht beruhen wird.
1935 *Meyer-Goßner* § 249, Rn. 1.
1936 BGHSt 20, 160 (162); BGHSt 49, 68; BGH NStZ-RR 2008, 48 = StV 2008, 123.
1937 Zur Unterscheidung vom Urkundenbegriff i. S. d. § 267 StGB siehe KG StV 1995, 348; KK-*Diemer* § 249, Rn. 8 f.
1938 BGHSt 27, 135 (136).
1939 So bereits *Schneidewin* JR 1951, 481.
1940 Vgl. hierzu *Roxin* Strafverfahrensrecht, § 15 B und § 44 A II.
1941 Treffend aber auch kennzeichnend für die nur mittelbare Regelung des Unmittelbarkeitsprinzips die Formulierung bei *Weigend* FS Eisenberg, 657, wonach sich der Grundsatz in den §§ 250, 261 StPO „verankert oder zumindest angedeutet“ findet.

858 Aus Gründen besserer Übersicht und Einprägung sowie zur Vermeidung folgenschwerer Missgriffe sei dem Praktiker folgender Gedankengang nahegelegt: Oberster – wenn auch nicht ausnahmsloser – Grundsatz des Strafverfahrens ist die Pflicht des Richters, von Amts wegen die Wahrheit zu erforschen („**Aufklärungspflicht**").[1942] Das ist eine Pflicht zum Handeln. Nur durch Unterlassungen also kann der Richter sie verletzen. In ihrem Bereich kann der Beschwerdeführer deshalb auch nur Unterlassungen, aber keine Handlungen, insbesondere keine geschehenen Beweiserhebungen als Verfahrensverstöße rügen. Dass die Beweisaufnahme regelmäßig eine unmittelbare sein muss, ist nach deutschem Recht *(anders nach englischem)* kein Verfahrensgrundsatz, sondern nur ein Anwendungsfall der Aufklärungspflicht. Sedes materiae für den sogenannten „Grundsatz der Unmittelbarkeit" ist nicht § 250 StPO, sondern die §§ 244 Abs. 2, Abs. 3 und 245 StPO. Die Aufklärungspflicht gebietet, dass der Richter „alle Beweismittel" benutzen soll, „die für die Entscheidung von Bedeutung sind". „Alle" heißt: Gegebenenfalls auch mittelbare Zeugen, Zeugen vom Hörensagen,[1943] Inaugenscheinnahme von Gegenständen, die nur Indizien bedeuten (manchmal auch erst vermittelt und interpretiert durch Sachverständige), und schließlich eben auch Urkunden.

858a Ein weiterreichender Grundsatz des Inhalts, dass allgemein bei der Beweisaufnahme das sachnächste Beweismittel benutzt werden muss, lässt sich auch dem § 250 StPO nicht entnehmen.[1944] Die Aufklärungspflicht und die aus ihr abzuleitende Pflicht, stets das auf möglichst direktem Weg zum Beweisthema führende Beweismittel zu verwenden, verbietet als allgemeine Forderung nicht die Erstreckung der Beweisaufnahme auch auf andere Beweismittel, die (wenn es nicht anders geht) nur oder auch über einen Umweg zum Ziel führen kann. Sie kann nur – und wird oft – gebieten, dass ein unmittelbares Beweismittel benutzt wird.[1945] Das muss übrigens nicht immer so sein. Manchmal sind **mittelbare Beweismittel** weit zuverlässiger als unmittelbare, weit geeigneter zur Wahrheitserforschung. Ein Vernehmungsprotokoll kann ein besseres Beweismittel sein als die Zeugenaussage des Vernommenen oder des Vernehmungsbeamten, weil es unempfindlich ist gegen inzwischen aufgetretene Irrtümer oder Versuchungen zum Lügen und weil es nichts „vergißt". Der Zeuge vom Hörensagen kann wertvoller sein als der Tatzeuge. Häufig wird auch nur das mittelbare Beweismittel zur Verfügung stehen, das unmittelbare nicht. Der Tatrichter kann also auch Zeugen vom Hörensagen vernehmen. Das kann man nicht als „Verstoß gegen den Grundsatz der Unmittelbarkeit" rügen; wohl aber kann man unter Umständen als Verstoß gegen die Aufklärungspflicht rügen, dass nicht auch der unmittelbare Tatzeuge (zusätzlich) gehört worden ist.

859 Diese Unterscheidung mag für die Theorie des Unmittelbarkeitsgrundsatzes nicht wesentlich erscheinen, weil sie für die Verhandlung erster Instanz im Ergebnis auf eines hinausläuft. Aber für die Praxis der Revision ist die Unterscheidung insbesondere mit Blick auf die **Rügeanforderungen** nach § 344 Abs. 2 S. 2 StPO wichtig. Da „die

---

1942 Darüber ausführlich oben, Rn. 549 ff.
1943 KK-*Diemer* § 250, Rn. 10 m. w. N.
1944 *Meyer-Goßner* § 250, Rn. 3.
1945 Vgl. etwa BGH GA 1955, 178; BGH StraFo 2002, 353 = StV 2002, 635; BGH NStZ 2004, 50 = StV 2003, 485.

den Mangel enthaltenden Tatsachen angegeben werden" müssen, hängt der Erfolg davon ab, ob die richtigen Tatsachen angegeben werden, d.h. diejenigen, in denen der Verstoß liegt: Bei der Angriffsrichtung Aufklärungsrüge sind das nicht die geschehenen, sondern die unterbliebenen Beweiserhebungen. Man wende nicht ein, das sei Wortklauberei, und das Revisionsgericht möge gegebenenfalls mit verständnisvoller Auslegung der Rüge helfen. Gewöhnlich kann es das nicht, weil die richtige Rüge ein Mehr erfordert: nämlich die genaue Angabe, welche weiteren Beweismittel der Tatrichter hätte verwenden sollen, und für welche Beweistatsachen. Das lässt sich aus der Rüge, eine geschehene (und mitgeteilte) Beweisaufnahme (z.B. die Verlesung eines Vernehmungsprotokolls) habe den Unmittelbarkeitsgrundsatz verletzt, in aller Regel beim besten Willen nicht herauslesen.

Die Rüge, der Tatrichter habe unter Verletzung der Sachaufklärungspflicht einen sachferneren statt des sachnäheren Zeugen vernommen, muss also darlegen, inwiefern sich dem Tatrichter die Vernehmung des sachnäheren Zeugen hätte aufdrängen müssen und was dieser ausgesagt hätte.[1946] Wird die unzulässige Verwertung einer Urkunde gerügt, so muss der Revisionsführer angeben, von wem die Urkunde stammt und ob ihr Verfasser in der Hauptverhandlung vernommen worden ist oder hätte vernommen werden können. Ferner muss der Inhalt des Schriftstücks mitgeteilt werden, damit das Revisionsgericht prüfen kann, ob die Verlesung nach den §§ 249ff. StPO zulässig war.[1947]

(2) Wechselbeziehung zwischen Zeugenbeweis, Urkundenbeweis und Videodokumentation

Nach *Dahs* gehört der in § 250 StPO verankerte Grundsatz des Ersetzungsverbots zum Urbestand der StPO, der über 100 Jahre dahin verstanden wurde, dass er die persönliche Vernehmung von Beweismitteln „Auge in Auge" und „Wort gegen Wort" mit Verfahrensbeteiligten fordert.[1948] Die treffende Kennzeichnung stammt aus einer Zeit, in der noch sehr viel Unsicherheit über die Frage bestand, in welcher Weise die Segnungen der modernen Kommunikations-, Telekommunikations- und Speichertechniken für den Strafprozess nutzbar gemacht werden können, ohne die Prinzipien der Mündlichkeit, Unmittelbarkeit und Öffentlichkeit der Hauptverhandlung allzu sehr in Mitleidenschaft zu ziehen. Es war die Zeit der ersten Experimente mit audio-visueller Vernehmung mit dem Ziel des Opferschutzes in Verfahren um den sexuellen Missbrauch von Kindern. Nachdem zuerst das Landgericht Mainz in den sog. „Worms-Prozessen" praeter legem die Vernehmung kindlicher Zeugen außerhalb des Gerichtssaals mittels Videoaufnahmen für zulässig gehalten und praktiziert hatte,[1949] schuf das Gesetz zum Schutz von Zeugen bei Vernehmungen im Strafverfahren und 860

1946 BGH StV 1988, 91 (abl. Anm. *Strate*); BGH NStZ-RR 1997, 71 = StV 1996, 530; BGH StV 1999, 197. Vgl. auch die allgemeinen Ausführungen zu den Anforderungen der Aufklärungsrüge, Rn. 586ff.

1947 BGH MDR 1978, 989 (*Holtz*); OLG Düsseldorf StV 1995, 458.

1948 *Dahs* Die gespaltene Hauptverhandlung NJW 1996, 178.

1949 LG Mainz NJW 1996, 208f., „Mainzer Modell": der Vorsitzende, der über eine Tonübertragungsanlage vom Sitzungssaal aus erreichbar ist, sich aber mit dem Kind in dem anderen Raum aufhält. Dazu BR-Drucks 933/1/97, 4f.

zur Verbesserung des Opferschutzes (ZSchG) vom 30. 4. 1998[1950] mit den §§ 58 a, 247 a, 255 a StPO für den Einsatz der **Videotechnik** bei der Vernehmung von (nicht nur kindlichen Opfer-) Zeugen im Ermittlungs- und Strafverfahren eine gesetzliche Grundlage.[1951] § 247 a StPO regelt die sog. Videovernehmung eines Zeugen **in der Hauptverhandlung.** Mit dieser Regelung hat der Gesetzgeber versucht den sich aus den §§ 226, 238 Abs. 1, 242, 261 StPO ergebenden Bedenken[1952] Rechnung zu tragen und jedenfalls das Modell der „gespaltenen Hauptverhandlung" vermieden,[1953] während die Beweisaufnahme „aus Konserven" nach § 255 a StPO beschränkt wurde.

861 Für die **Bedeutung der Videoaufzeichnung im Revisionsverfahren** gelten die gleichen Grundsätze wie für den Rückgriff auf bei den Akten befindliche Urkunden und andere Beweisgegenstände.[1954] Danach ist die unter Berufung auf die Videoaufzeichnung als Aktenbestandteil gestützte Rüge, das Ergebnis der Beweiserhebung sei im Urteil unrichtig wiedergegeben, zulässig, wenn sich dies ohne Weiteres, also durch bloßes Anhören und Betrachten der Aufzeichnung ohne erneute Bewertung der Aussage, aus der Aufzeichnung selbst ergibt.[1955] *Diemer* führt hierfür das Beispiel an, dass ein Zeuge die Frage nach einer von ihm wahrgenommenen Farbe eindeutig mit „rot" beantwortete, das Gericht dies aber im Urteil als „grün" wiedergibt. In einem so klaren Fall, bei dem es praktisch keiner Beweiswürdigungsleistung bedarf, ist der Nachweis in zulässiger Weise durch Anhören und Betrachten der aufgezeichneten Aussage zu führen. Hier kann sich nämlich das Revisonsgericht gleich wie beim bloßen Nachlesen in einer in der Akte enthaltenen, verlesenen Urkunde ohne Rekonstruktion der Hauptverhandlung von der Richtigkeit des Urteils überzeugen. Unzulässig wird dagegen die auf die Videoaufzeichnung gestützte Behauptung sein, das Beweismittel sei nicht ausgeschöpft oder falsch bewertet worden, die der Aussage vorangegangenen Fragen seien in eine andere Richtung gegangen oder es seien sich aufdrängende Fragen nicht gestellt oder Vorhalte nicht gemacht worden.[1956]

862 Man kann also unter Berufung auf den allgemeinen „Grundsatz der Unmittelbarkeit" nicht rügen, dass ein bestimmtes Beweismittel benutzt worden ist, sondern allenfalls, dass ein bestimmtes genau anzugebendes **anderes** Beweismittel nicht benutzt wor-

---

1950 BGBl. I, 820.

1951 Zur Entwicklung und Regelungsinhalt des ZSchG s. *Seitz* JR 1998, 30 ff.; *Rieß* NJW 1998, 3240; *Meurer* JuS 1999, 937 ff.; zur Rechtsvergleichung *Köhnken* StV 1995, 376 ff. (Großbritannien) m. w. N.; *Bohlander* ZStW 1995, 82 ff. m. w. N. (England, USA, Australien); *Beulke* ZStW 2001, 709, 728 ff. (alle zitiert bei KK-*Diemer* § 247 a, Rn. 1).

1952 vgl. etwa *Dahs* aaO und NJW 1996, 208 ff.; *Laubenthal* JZ 1996, 335 ff.

1953 KK-*Diemer* aaO hält dies für gelungen.

1954 Vgl. dazu KK-*Diemer* § 247 a, Rn. 18 a; *Diemer* NStZ 2002, 16 ff.; *Schlothauer* StV 2003, 650 ff., 655 f. jeweils m. w. N.

1955 KK-*Diemer* aaO; *Meyer-Goßner* § 255 a, Rn. 13, § 337, Rn. 14 für eine nach § 255 a Abs. 1 StPO vorgeführte Videoaufzeichnung; a. A. *Hofmann* NStZ 2002, 569 ff. und *Meyer-Goßner* aaO für Videoaufzeichnungen nach § 247 a und § 255 a Abs. 2 StPO.

1956 BGH, Beschl. v.15. 4. 2003 – 1 StR 64/03 = BGHSt 48, 268 = NJW 2003, 2761, 2763 = StV 2003, 650 m. Anm. *Schlothauer* 352 ff.; *Eisenberg* NJW 2003, 3676; *Zötsch* NJW 2003, 3676; *Vogel* JR 2004, 215; *Fürstenau* StV 2004, 468; KK-*Diemer* aaO unter Aufgabe seiner noch in NStZ 2002, 19 vertretenen Gegenansicht, die nach wie vor von *Schlothauer* aaO unter zutreffendem Hinweis darauf vertreten wird, dass bei der revisionsgerichtlichen Überprüfung eine „Rekonstruktion der Hauptverhandlung, solange diese allein aufgrund der Aktenlage möglich ist" nicht nur zulässig, sondern auch geboten sei.

den ist. Gemäß § 256 StPO etwa kann die Verlesung behördlicher oder ärztlicher Zeugnisse und Gutachten, je nachdem, zulässig oder unzulässig sein. In beiden Fällen ist die richtige Rüge, dass die Beweisperson nicht vernommen worden ist. War das Zeugnis oder Gutachten unverlesbar, so ist sie ohne Weiteres begründet; sie kann aber auch angesichts eines verlesbaren Zeugnisses oder Gutachtens durchgreifen, wenn nämlich die Umstände es erforderlich erscheinen lassen, außer der Verlesung auch den Verfasser zu hören. Entsprechendes gilt als allgemeine Regel für alle Arten von Beweismitteln: für Zeugen wie für den Augenschein, für Urkunden wie für Sachverständige.

Wird der Inhalt einer Urkunde wörtlich in das Urteil aufgenommen, ohne dass sie im Urkundenbeweis in die Hauptverhandlung eingeführt worden ist, so ist nicht § 249 StPO, sondern **§ 261 StPO** verletzt. Beruht das Urteil auf einer nicht verlesenen Urkunde als Beweismittel, etwa auf einem polizeilichen Aussageprotokoll, muss es auf die Rüge der Verletzung der §§ 249, 261 StPO aufgehoben werden.[1957] **863**

(3) Verlesen der Urkunde

Der Urkundenbeweis besteht im Verlesen.[1958] Die Beweisfunktion einer Urkunde hängt, wie sich aus § 249 Abs. 1 StPO ergibt, von der Verlesbarkeit ab. Aber nicht jede Verlesung ist die Aufnahme eines Urkundenbeweises.[1959] Jedoch gab es bis zum Strafverfahrensänderungsgesetz 1979[1960] nach richtiger Meinung keinen Urkundenbeweis ohne Verlesung. Das StVÄG 1979 hat dem § 249 StPO einen zweiten Absatz angefügt, der es außer in den Fällen der §§ 251, 253, 254 und 256 StPO gestattete, die Verlesung durch das Selbstlesen zu ersetzen. Das StVÄG 1987[1961] hat die Möglichkeiten, von der Verlesung von Urkunden abzusehen, nochmals erweitert. Um die „Akzeptanz" des Selbstleseverfahrens durch die Praxis zu fördern, wurde es vereinfacht; seine Bindung an das Einverständnis der Verfahrensbeteiligten ist entfallen. Damit nicht genug: Art. 4 des „Verbrechensbekämpfungsgesetzes" von 1994[1962] brachte eine erneute Erweiterung des Selbstleseverfahrens, indem es auch in den Fällen der §§ 251 und 256 StPO für anwendbar erklärt wurde.[1963] **864**

Das durch § 249 Abs. 2 StPO geschaffene **„Selbstleseverfahren"**, das der Verfahrensvereinfachung dienen soll, gibt praktisch den Mündlichkeitsgrundsatz für den Urkundenbeweis auf. Bereits *Karl Peters*[1964] führte eine Fülle von Gründen dafür an, dass diese Vorschrift „eine gesetzliche Fehlleistung" ist und „möglichst bald wieder gestrichen werden sollte". Es wird etwas zur Urteilsgrundlage gemacht, wovon die Öffent- **865**

1957 BGHSt 5, 278; 6, 141 (143); 11, 29; OLG Köln NStZ-RR 1997, 367; BGH StV 2000, 655.

1958 Und der Beweis dafür, dass der Tatrichter einen Urkundenbeweis erhoben hat, kann nur durch das Protokoll erbracht werden, und zwar nur durch den Vermerk: „... wurde verlesen" und nicht etwa durch den Vermerk: „... wurde zum Gegenstand der Verhandlung gemacht", KK-*Diemer* § 249, Rn. 28 und Rn. 39; OLG Düsseldorf, NJW 1988, 217.

1959 So ist die Verlesung des Anklagesatzes (§ 243 Abs. 3 S. 1 StPO) ganz gewiss keine Beweisaufnahme.

1960 StVÄG 1979 v. 5. 10. 1978 (BGBl. I, 1645).

1961 StVÄG 1987 v. 27. 1. 1987 (BGBl. I, 475).

1962 „Verbrechensbekämpfungsgesetz" v. 28. 10. 1994 (BGBl. I, 3186 (3191)).

1963 Kritisch dazu *Scheffler* Kurzer Prozess mit rechtsstaatlichen Grundsätzen? NJW 1994, 2191 (2194).

1964 *Peters* Strafprozess, 301 f.

lichkeit keine Kenntnis erlangt. Darüber hinaus werden die Bedenken gegen diese Regelung durch die Auslegung, die der Bundesgerichtshof ihr zuteil werden lässt, verstärkt. Er teilt nicht die Auffassung des Schrifttums, dass dieses Verfahren vom Gesetzgeber bestimmt war, an die Stelle des bisherigen Verfahrens der Ersetzung des Verlesens durch eine Mitteilung[1965] zu treten. Vielmehr meint er, hier werde – neben der Verlesung und der Inhaltsmitteilung – eine „dritte Form" des Urkundenbeweises geschaffen.[1966] Dadurch aber wird der Weg frei, nicht nur einzelne Urkunden, sondern ganze Beweismittelordner in einer Weise formal zum Gegenstand der Beweisaufnahme zu machen, bei der allzu oft offen bleibt, ob die zu Protokoll gegebene Erklärung, dass alle Mitglieder des Gerichts (auch die Schöffen) vom Inhalt durch eigenes Lesen außerhalb des Gerichtssaals Kenntnis genommen haben, eben doch nur eine Fiktion ist. Da der Strafprozess aber als „mündliche Verhandlung" konzipiert ist, sind in lautloser Atmosphäre wichtige Interaktionsmechanismen zum Schweigen gebracht. So sehr sich die Praxis daran inzwischen gewöhnt hat und mancher Richter, Staatsanwalt und Verteidiger das Einsparen der tagelangen ermüdenden Verlesungen als Erleichterung empfinden mag, ist aus der Warte eines prinzipienorientierten Strafverfahrens die Vorschrift nach wie vor sehr bedenklich. In dem Maße, in dem der Vorsitzende nicht mehr gezwungen ist, der Beweisaufnahme mit seinen Sachleitungsbefugnissen eine eindeutige Richtung zu geben, wird die Zielansprache der Verteidigung vernebelt und der Anspruch auf rechtliches Gehör verletzt.[1967] Und wenn dann auch noch der BGH mit seiner Ersatzwürdigung in der Beruhensfrage gnädig darüber hinweggeht, dass vergessen worden ist, das Selbstleseverfahren durchzuführen, nachdem zuvor ausdrücklich beschlossen war, dass zwei eigens zu diesem Zweck zusammengestellte Leitz-Ordner nach § 249 Abs. 2 StPO zum Gegenstand der Beweisaufnahme gemacht werden sollen,[1968] dann ist die Grenze der Domäne des Tatrichters überschritten.

(4) Der Vorhalt

866 Der Vorhalt ist kein Urkundenbeweis,[1969] sondern Vernehmungsbehelf.[1970] Daher ist die Einführung von längeren, sprachlich schwierigen oder inhaltlich schwer verständlichen Urkunden durch Vorhalt unzulässig.[1971] Das gleiche gilt für Gutachten bezüg-

---

1965 Die Rspr. lässt es seit jeher zu, dass die Verlesung im allseitigen Einverständnis durch einen Bericht des Vorsitzenden über den Urkundeninhalt ersetzt wird, wenn es auf den exakten Wortlaut nicht ankommt und die Aufklärungspflicht nicht entgegensteht; BGHSt 1, 94 (97); OLG Düsseldorf, StV 1995, 120 (123) (m. abl. Anm. *Hellmann*); *Meyer-Goßner* § 249, Rn. 25 ff.

1966 BGHSt 30, 10 = NStZ 1981, 231 (m. abl. Anm. *Kurth*) = StV 1981, 217 (m. abl. Anm. *Wagner*) = JR 1982, 82 (m. abl. Anm. *Gollwitzer*) = LM Nr. 1 zu § 249 StPO 1975 (L) m. Anm. *Schmidt*.

1967 *Kempf* Opferschutzgesetz und Strafverfahrensänderungsgesetz 1987, Gegenreform durch Teilgesetze, StV 1987, 215 (221).

1968 BGH 2 StR 54/09, Beschl. v. 8. 7. 2009 = BGHSt 54, 37 = BeckRS 2009 20919.

1969 *Schneidewin* JR 1951, 488; *Hanack* FS Schmidt-Leichner, 83 (87). Dogmatisch „einwandfrei" wäre daher eine Abhandlung im Rahmen der personalen Beweismittel. Aus Gründen des Sachzusammenhangs erscheint die Darstellung im Rahmen des Urkundenbeweises aber vorzugswürdig.

1970 BGHSt 14, 310 (312); BGH NStZ 1985, 464; BGHSt 34, 231 (235) = NJW 1987, 1652; vgl. BGHSt 52, 148 = NJW 2008, 1010.

1971 So zuletzt BGH, Urt. v. 7. 2. 2006 – 3 StR 460/98 = NJW 2006, 1529; s. auch *Meyer-Goßner* § 249, Rn. 28 m. w. N.

lich der Blutalkoholkonzentration und ähnliche Gutachten, zu denen derjenige, dem sie vorgehalten werden, sinnvollerweise keine Erklärungen abgeben kann.[1972]

Beweisgrundlage ist in jedem Fall nämlich nur die **Erklärung desjenigen, dem der Vorhalt gemacht wird.** Das gilt unabhängig davon, ob der Fragende den Vorhalt aus dem Gedächtnis, sinngemäß oder wörtlich durch Vorlesen aus den Akten gemacht wird. Nicht das Vorgehaltene sondern das danach Ausgesagte wird zum verwertbaren Teil des „Inbegriffs" der Verhandlung i.S.d. § 261 StPO.[1973] Bestätigt der Angeklagte oder die Beweisperson die in dem Vorhalt bezeichneten Tatsachen, so können sie dem Urteil als Teil der Einlassung oder Zeugenaussage zugrunde gelegt werden.[1974] Der Vorhalt selbst ist ebensowenig Teil des Beweisstoffs wie die an einen Zeugen gestellte Frage. Man dürfte auch wohl getrost sagen, dass der Vorhalt verfahrensrechtlich gar nichts anderes ist als eine Frage. Sinngemäß enthält jeder Vorhalt eine der folgenden Fragen: „Trifft es zu, dass Sie seinerzeit das und das erklärt haben?" – „Was sagen Sie dazu, dass sich in den Akten ein Schriftstück dieses Inhalts befindet?" – „Bleiben Sie nun trotzdem noch bei Ihrer jetzigen Darstellung?" – „Wie erklären Sie sich den Widerspruch?" – „Erinnern Sie sich jetzt wieder?" Eine Frage des Gerichts selbst aber kann nichts zur Überzeugung des Gerichts beitragen, kann also nichts beweisen; nur die Antwort kann es, allenfalls auch wohl das Schweigen auf die Frage. Und ebenso verhält es sich mit dem Vorhalt. Das wird von den Tatrichtern bisweilen verkannt. Es kommt nicht selten vor, dass das Gericht einen Vorhalt (besonders wenn er in der Form einer Verlesung geschieht) mit einer Verlesung zu Beweiszwecken (z.B. zum Urkundenbeweis) verwechselt. **867**

Ein Vorhalt an einen Angeklagten, Zeugen, oder Sachverständigen ist grundsätzlich zulässig und in aller Regel kein Verfahrensverstoß. Ausnahmen von diesem Satz sind selten. Denkbar wäre freilich, dass ein Vorhalt gegen **§ 136a StPO**[1975] verstieße; wenn er etwa eine Täuschung enthielte (z.B. ein Scheinzitat angeblich aus den Akten) oder wenn er mit einer Drohung mit einer verbotenen Maßnahme oder dem Versprechen eines gesetzlich nicht vorgesehenen Vorteils verbunden wäre. Aber in der Hauptverhandlung unter der Kontrolle der Prozessbeteiligten und – meist – der Öffentlichkeit liegt so etwas im Allgemeinen fern. Weniger unwahrscheinlich ist dagegen, dass aus einem Protokoll vorgehalten werden soll, das seinerseits unter Verstoß gegen § 136a StPO zustande gekommen ist. Um so etwas in der Revision rügen zu können, ist es im Allgemeinen erforderlich, dass der Verteidiger den Vorhalt schon in der Hauptverhandlung zu verhindern sucht und einen Gerichtsbeschluss herbeiführt. Denn nur dadurch kommt der Vorgang in die Sitzungsniederschrift. **868**

Eine praktisch wichtige Ausnahme von dem Satz, dass Vorhalte grundsätzlich erlaubt sind, ergibt sich aus **§ 252 StPO**. Soweit nach dieser Bestimmung Aussagen nicht „ver- **869**

1972 OLG Celle StV 1994, 107; OLG Düsseldorf NJW 1988, 217 (218).

1973 BGHSt 11, 159 (160) = NJW 1958, 559; BGHSt 21, 149 (150) = NJW 1967, 213; BGH NJW 1986, 2063 (2064); BGH StV 1990, 485; BGH NStZ-RR 2001, 18. Daher genügt es nicht, dass der frühere Vernehmungsrichter lediglich erklärt, „er habe die Aussage richtig aufgenommen"; vgl. BGHSt 14, 310 (312).

1974 BGH StV 1991, 197; BGH StV 1994, 413.

1975 Für Zeugen erklärt § 69 Abs. 3 StPO, für Sachverständige § 72 StPO die Regelung des § 136a StPO für entsprechend anwendbar.

lesen" werden dürfen, bedeutet dies, dass sie überhaupt nicht verwertet werden dürfen. Und zwar in keiner Weise: nicht durch Vernehmung von Verhörpersonen – es sei denn, dass es eine richterliche Vernehmung nach Belehrung war – und deshalb auch nicht durch Vorhalte.[1976] Freilich lässt sich nicht verbieten, dass der Inhalt solcher Aussagen den Vorsitzenden zu irgendwelchen anderen Fragen oder Vorhalten anregt; dabei darf er aber nicht die Tatsache erwähnen, dass der Weigerungsberechtigte bei einer früheren Vernehmung „so und so" ausgesagt habe.

870 Vorhalte sind keine „Förmlichkeiten" im Sinne des § 274 StPO. Sie müssen also nicht in der Sitzungsniederschrift vermerkt werden.[1977] Stehen sie dennoch darin, so sind sie damit nicht unwiderleglich bewiesen; andererseits beweist das Schweigen des Protokolls auch nicht, dass bestimmte Vorhalte nicht gemacht worden wären. Abgesehen von der rechtlichen Aussichtslosigkeit der auf Vorhalte bezogenen Rügen ist der Revisionsführer also meist auch in einer ziemlich hoffnungslosen Beweislage. Ob ein Vorhalt erfolgt ist, muss das Revisionsgericht gegebenenfalls im Freibeweis feststellen.[1978]

(5) Grenzen des Urkundenbeweises

871 Das von der StPO für den Bereich der Beweismittelarten vorgegebene „duale System" von Personal- und Sachbeweis führt zwangsläufig zu der Frage nach einer möglichen Hierarchie ihrer Heranziehung und Ausschöpfung im Rahmen der Beweisaufnahme. Die Vorschrift des § 250 StPO zieht nach herrschender Auffassung[1979] für den Bereich des Urkundenbeweises die – im Einzelfall widerlegbare – Konsequenz aus der Erfahrung, dass das originäre (persönliche) Beweismittel i.d.R. seinem urkundlich-sachlichen Surrogat im Beweiswert überlegen und ihm daher vorzuziehen ist.[1980] Soweit der Beweis einer Tatsache durch Vernehmung der diese unmittelbar wahrnehmenden Person geführt werden kann, wird der Tatrichter angewiesen, dieses Beweismittel, für das die grundsätzliche Vermutung eines qualifizierten Beweiswertes streitet, im Rahmen seiner Überzeugungsbildung heranzuziehen (§ 250 S. 1 StPO). Zugleich wird ihm untersagt, zum Beweis des dadurch erfassten „Themas" ausschließlich bestimmte andere, der Person zwar entstammende, durch die (Ent-) Äußerung und schriftliche Fixierung aber von der Person losgelöste Surrogate heranzuziehen **(§ 250 S. 2 StPO).**

872 Entgegen der von *Meyer-Goßner*[1981] verwendeten Begrifflichkeit handelt es sich dabei nicht um ein Beweismittelverbot. *Meyer-Goßner* selbst spricht an anderer Stelle von Beweismittelverboten dann, wenn die Benutzung bestimmter Beweismittel als solche untersagt ist, z.B. von Zeugen, die von ihrem Zeugnisverweigerungsrecht nach §§ 52ff. StPO Gebrauch machen.[1982] Insofern stellen Beweismittelverbote eine Ausnahme von der gerichtlichen Aufklärungspflicht dar, indem sie beschränkend, ja

1976 Zu dieser Problematik siehe unten, Rn. 880; BGHSt 11, 338 (341).
1977 BGHSt 11, 159 (160).
1978 BGHSt 22, 26.
1979 Vgl. hierzu Rn. 858ff.
1980 *Meyer-Goßner* § 250, Rn. 2; *Wömpner* Ergänzender Urkundenbeweis neben §§ 253, 254 StPO? NStZ 1983, 293 (294).
1981 *Meyer-Goßner* § 250, Rn. 1.
1982 *Meyer-Goßner* Einl., Rn. 53.

gleichsam inaktivierend auf diese einwirken. Eine derartige gegenläufige Funktion kommt § 250 S. 2 StPO aber nicht zu. Vielmehr ist das Gegenteil der Fall. § 250 S. 2 StPO verbietet lediglich die „**Ersetzung**" des Personalbeweises durch den nur mittelbaren Urkundenbeweis. Der eine soll also nicht beliebig an die Stelle des anderen treten können. Der Grund dieser Vorgabe liegt in der aussagepsychologisch gestützten Erfahrung, dass die „leibhaftig anwesende Person" das Beweismittel ist, das sich am sichersten und ergiebigsten ausschöpfen lässt, zumal ihr nur so Rückfragen gestellt und Vorhalte oder Vorhaltungen (etwa wenn sie sich in Widersprüche verstrickt) gemacht werden können. Insofern beschränkt § 250 StPO die Aufklärungspflicht des Gerichts nicht, sondern steht gerade umgekehrt in deren Dienst, indem er eine aus einer allgemeinen Erfahrung resultierende antizipierte Prioritätsregelung aufstellt.[1983] Er verschließt aber nicht den Rückgriff auf den mittelbaren Urkundenbeweis. Wird der Zeuge oder Sachverständige in der Hauptverhandlung vernommen, so ist die Verlesung zulässig, wenn sie weder ganz noch teilweise an die Stelle der Vernehmung treten soll.[1984] Außerdem hat der BGH jüngst dem Fall der ergänzenden Verlesung die Situation gleichgestellt, dass ein Zeuge in der Hauptverhandlung wegen zwischenzeitlich eingetretener gesundheitlicher Hinderungsgründe nicht abschließend vernommen werden kann. Dann kann es die Amtsaufklärungspflicht gebieten, Niederschriften über frühere Vernehmungen zu verlesen.[1985]

Für die Anwendung des § 250 StPO ist entscheidend, dass es sich um den Beweis eines **873**
Vorgangs handelt, dessen wahrheitsgemäße Wiedergabe nur durch eine Person möglich ist, welche ihn mit einem oder mehreren ihrer fünf Sinne wahrgenommen hat. Daran fehlt es nach der Rechtsprechung des Bundesgerichtshofs z.B. bei der maschinellen Herstellung von kaufmännischen Buchungsstreifen,[1986] bei den Niederschriften über Tonbandaufzeichnungen[1987] und bei EDV-Ausdrucken.[1988] Dasselbe gilt für das von einem Testgerät ausgedruckte Protokoll über das Ergebnis einer Atemalkoholmessung.[1989] Hierbei kommt es allein auf das **Ergebnis des Tests** an, also nur auf diesen Teil des Urkundeninhalts, der nicht erst die spätere Dokumentation zuvor durch einen Zeugen gemachter Wahrnehmungen ist. Vielmehr hat der Bediener des Testgerätes auch erst nach dem Ausdruck dessen Inhalt „wahrgenommen". Darüber könnte er zwar als Zeuge berichten. Aber dies wäre (wenn die Steigerung sprachlich erlaubt ist) weniger unmittelbar, als wenn der Tatrichter es selbst liest. Man könnte also sogar sagen, dass der unmittelbare Urkundenbeweis in diesem Falle durch den mittelbaren Zeugenbeweis ersetzt würde.

1983 So auch *Mitsch* Protokollverlesung nach berechtigter Auskunftsverweigerung (§ 55 StPO) in der Hauptverhandlung, JZ 1992, 174 (176); SK-*Schlüchter* § 250, Rn. 1, 5, 17.

1984 BGHSt 1, 4 (5); BGHSt 20, 160 (162) = JZ 1965, 649 (Anm. *Peters*); BGH NStZ 1995, 609; BGH NJW 2006, 3579; BGH NStZ 2008, 87; BGH NStZ-RR 2008, 48 *Meyer-Goßner* § 250, Rn. 12; a.A. *Grünwald* JZ 1966, 493; *Gubitz/Bock* NJW 2008, 958 (960).

1985 BGH, Beschl. v. 4. 4. 2007 – 4 StR 345/06 = BGH 51, 280 = NJW 2007, 2341 m. Anm. *Gubitz/Bock* NJW 2008, 958; *Cornelius* NStZ 2008, 244; *Murmann* StV 2008, 339.

1986 BGHSt 15, 253, 255.

1987 BGHSt 27, 135, 137.

1988 BGH, Urt. v. 30. 1. 2001 – 1 StR 454/00.

1989 BGH, Beschl. v. 20. 7. 2004 – 1 StR 145/04 = NStZ 2005, 526.

874 Schriftliche Erklärungen i.S. des § 250 S. 2 StPO sind nur diejenigen, die von vorne herein zu Beweiszwecken verfasst worden sind.[1990] Schriftstücke, die nicht zu Beweiszwecken angefertigt worden sind, fallen nicht unter diese Vorschrift.[1991]

Nicht von § 250 S. 2 StPO erfasst sind Berichtsurkunden, die zum Beweis ihrer Existenz und inhaltlichen Beschaffenheit verlesen werden, weil ihr Beweisthema allein die wahrnehmungsunabhängige Tatsache der urkundlichen Fixierung ist, nicht aber die Wahrheit des in der Urkunde niedergelegten Wahrnehmungsberichts.[1992] Verlesbar ist eine Urkunde auch, wenn ihr strafbarer Inhalt festgestellt werden soll.[1993]

875 In der Praxis bedeutsamer als das Ersetzungsverbot des § 250 StPO sind die in den §§ 251 ff. StPO geregelten **Ausnahmen und Rückausnahmen.**

Ist die Beweisperson verstorben oder kann sie aus einem anderen (tatsächlichen) Grund in absehbarer Zeit gerichtlich nicht vernommen werden (§ 251 Abs. 1 Nr. 2 StPO), sind der durch ihre persönliche Vernehmung zu erfüllenden Aufklärungspflicht unüberwindbare faktische Grenzen gesetzt. Dann gibt es entgegen dem gesetzlichen Sprachgebrauch streng genommen auch nichts, was durch die Verlesung von früheren Protokollen oder schriftlichen Erklärungen „ersetzt" werden könnte. So gesehen, versteht sich in diesen Fällen die Regelung in § 251 Abs. 1 Nr. 2 StPO von selbst.

Wirkliche Ausnahmen vom Grundsatz des § 250 StPO bilden aber die in § 251 Abs. 1 Nr. 1 und Abs. 2 Nr. 3 StPO geregelten Fälle der Ersetzung aus Gründen der konsensualen Vereinfachung des Verfahrens und die allein der Beschleunigung (Prozessökonomie) dienenden Fälle des § 251 Abs. 2 Nr. 2 StPO. Dasselbe gilt für den Fall, dass in Verfahren um den Vorwurf eines Vermögens- oder sonstigen Delikts Feststellungen über einen Vermögensschaden zu treffen sind, § 251 Abs. 1 Nr. 3 StPO. Diese Vorschrift ist anlässlich der „Modernisierung" der Justiz mit dem gleichnamigen Gesetz vom 24. 8. 2004[1994] im Zuge der Umgestaltung des § 251 StPO eingeführt worden. Sie ergibt einen mit dem in § 250 StPO steckenden Grundsatz noch vereinbaren Sinn, soweit es auch hier (wie z.B. bei den technischen Aufzeichnungen) nur um die „Ersetzung" von solchen Zeugenvernehmungen ginge, bei denen die Zeugen nichts weiter berichten könnten, als das, was sie aus der eigenen Lektüre der Urkunde hergeleitet haben. Sind sie dagegen selbst die Aussteller der Urkunden, so ist nicht einzusehen, weshalb es zulässig sein soll, die Verlesung als Surrogat für die persönliche Vernehmung zuzulassen, bei der die Möglichkeit bestünde, durch Ausübung des Fragerechts die Grundlagen der in dem betreffenden Schriftstück verkörperten Berechnungen zu erfahren. Das Beispiel zeigt, wie zutreffend die Beurteilung des „Flickenteppichs" der §§ 250 ff. StPO durch *Weigend* ist, der de lege ferenda eine neue Rangordnung der Beweismittel anmahnt.[1995] § 251 Abs. 1 Nr. 3 StPO sollte jedenfalls eng ausgelegt und

---

1990 BGHSt 6, 141 (143); 20, 160 (161); NStZ 1982, 89; *Meyer-Goßner* § 250, Rn. 8; KK-*Diemer* § 250, Rn. 8.
1991 *Alsberg/Nüse/Meyer* Beweisantrag, 462; *Meyer-Goßner* § 250, Rn. 8.
1992 *Wömpner* Ergänzender Urkundenbeweis neben §§ 253, 254 StPO? NStZ 1983, 293 (294).
1993 RGSt 22, 51; *Meyer-Goßner* § 250, Rn. 13.
1994 BGBl. I, 2198.
1995 *Weigend* FS Eisenberg, 657 ff., 667.

nur zurückhaltend (in Verfahren um Verbrechen möglichst überhaupt nicht) angewendet werden.[1996]

Nach **§ 251 Abs. 2 Nr. 1 StPO** ist die Verlesung einer richterlichen Vernehmung zulässig, wenn dem Erscheinen eines Zeugen für eine längere oder ungewisse Zeit ein nicht zu beseitigendes Hindernis entgegensteht. Im Gegensatz zur Abs. 1 Nr. 2, der die „Unmöglichkeit" der gerichtlichen Vernehmung in absehbarer Zeit und die Verlesung jeglicher (also auch nichtrichterlicher) Protokolle betrifft, kommt Abs. 2 Nr. 2 erst zur Anwendung, wenn der Aufenthalt des Zeugen, von dem es bereits ein richterliches Vernehmungsprotokoll gibt, schon ermittelt ist. Bei der Frage, ob aus den in § 251 Abs. 2 Nr. 2 StPO genannten Gründen die Verlesung der Niederschrift über eine frühere richterliche Vernehmung erfolgen kann, hat das Tatgericht die Bedeutung der Sache sowie die Wichtigkeit der Zeugenaussage und des persönlichen Eindrucks für die Wahrheitsfindung gegen die Belange des Zeugen sowie das Interesse an der beschleunigten Durchführung des Verfahrens in jedem Einzelfall abzuwägen.[1997] Diese Ermessenskriterien fungieren sozusagen als „Obersatz der Normenauslegung"[1998] bei § 251 StPO. Das Revisionsgericht prüft lediglich, ob bei der tatrichterlichen Ermessensbetätigung ein Rechtsfehler unterlaufen ist.[1999] So hat der Bundesgerichtshof in einem Verfahren wegen versuchten Mordes, in dem nur zwei Tatzeugen als Beweismittel vorhanden waren und erst am vorletzten Verhandlungstag der Aufenthalt eines Zeugen in Indien bekannt wurde, den Verlesungsbeschluss über die Niederschrift einer richterlichen Vernehmung des Zeugen wegen fehlender Abwägung und bloßer Wiederholung des Gesetzeswortlauts beanstandet.[2000] **876**

Bei der Auslegung des § 251 Abs. 1 Nr. 2 n.F. StPO war schon unter dem früheren Recht[2001] umstritten, ob sich die vom Gesetz vorausgesetzte **„Unmöglichkeit"** der persönlichen Vernehmung auf die rein faktische Unmöglichkeit des Erscheinens beschränkt oder ob darunter auch die Fälle zu fassen sind, in denen der Zeuge zwar erscheinen und aussagen „könnte", aber nicht will und ihm ein solches Aussage- bzw. Auskunftsverweigerungsrecht auch zusteht, z.B. weil er sich auf § 52, 53 oder 55 StPO berufen darf. Der BGH hat sich jetzt der Auffassung angeschlossen, wonach die Vernehmung eines Zeugen, die nur daran scheitert, dass er sich vorab auf ein umfassendes Auskunftsverweigerungsrecht gemäß § 55 StPO berufen hat, nicht durch Verlesung von ihm stammender früherer schriftlicher Erklärungen gemäß § 251 Abs. 1 Nr. 2 StPO ersetzt werden darf.[2002] **877**

1996 So auch zutreffend *Neuhaus* StV 2005, 51 f.
1997 KK-*Diemer* § 251, Rn. 28.
1998 So treffend *ter Veen* Das unerreichbare Beweismittel und seine prozessualen Folgen – eine Übersicht zur Rechtsprechung des BGH und anderer Obergerichte, StV 1985, 295 (297).
1999 BGH MDR 1979, 989 (990) (*Holtz*); BGH StV 1981, 220.
2000 BGH StV 1989, 468; vgl. auch BGH NStZ 1984, 179; zur fehlerhaften Annahme der Voraussetzungen des § 251 Abs. 1 Nr. 3 a.F. StPO: BGH StV 1981, 164 (unzulässige Anordnung der Verlesung durch LG Frankenthal (Pfalz), da „Zeuge in Bayern in Urlaub" war); BGH StV 1981, 220 (in BtM-Sache unzulässige Verlesung auch bzgl. eines Zeugen, der eine von einem Militärgericht ausgesprochene Freiheitsstrafe von 18 Monaten in den USA verbüßte).
2001 Also zur Zeit der Geltung des § 251 Abs. 2 Satz 2 a.F. (§ 251 Abs. 1 Nr. 2 StPO heutiger Fassung).
2002 BGH, Urt. v. 27. 4. 2007 – 2 StR 490/06 = BGHSt 51, 325 = NJW 2007, 2195 m. Anm. *Hecker* JR 2008, 121; *Gubitz/Bock* NJW 2008, 958: *Cornelius* NStZ 2008, 244; *Murmann* StV 2008, 339.

Hinsichtlich der weiteren Einzelheiten der Auslegung der einzelnen Fallgruppen einer Verlesbarkeit nach § 251 StPO muss hier auf die Kommentare verwiesen werden.

878 Das **Fehlen eines Beschlusses** nach § 251 Abs. 4 S. 1 StPO begründet die Revision[2003] ebenso wie das Fehlen oder ein Mangel in der Begründung nach § 251 Abs. 4 S. 2 StPO.[2004] Dabei ist es ohne Bedeutung, wenn der Angeklagte oder sein Verteidiger der Verlesung nicht widersprochen haben.[2005]

879 Bei den **Rügeanforderungen** kommt es auf die Stoßrichtung des Revisionsangriffs an. Geht es dem Revisionsführer darum, dass eine Verlesung ohne die Zustimmung aller Verfahrensbeteiligten gemäß § 251 Abs. 1 Nr. 1 bzw. Abs. 2 Nr. 3 StPO stattgefunden habe, setzt dies die bestimmte Behauptung voraus, an wessen Einverständnis es gefehlt hat. Keinesfalls reicht auch hier der Vortrag, nach dem Protokoll könne „nicht festgestellt" werden, dass sowohl der (im Falle des Abs. 1 verteidigte) Angeklagte als auch sein Verteidiger und der Staatsanwalt zugestimmt haben; denn das wäre die unzulässige Protokollrüge.[2006] Auf einem Fehler des Protokolls kann das Urteil nicht beruhen.[2007] Geht es dagegen darum, dass die Voraussetzungen einer der Erlaubnisnormen aus Abs. 1 und 2, jeweils Nr. 2, nicht vorgelegen haben, so müssen die Bemühungen des Gerichts, die Vernehmbarkeit des Zeugen herauszufinden und nach Möglichkeit (außer bei Tod) zu erreichen, im Einzelnen dargelegt werden, um daraus entweder den Schluss zu ziehen, dass diese Anstrengungen nicht ausreichten oder dass sie den gesetzlichen Anforderungen nicht genügten. In jedem Falle sollte die vollständige verlesene Vernehmungsniederschrift bzw. die schriftliche Erklärung in der Revisionsbegründung abgebildet werden, um dem Revisionsgericht die Überprüfung zu ermöglichen, welcher Beweiswert der unmittelbaren Vernehmung des Zeugen (oder auch des Vernehmungsbeamten als Zeugem vom Hörensagen[2008]) zukommen konnte, und damit die Beruhensprüfung zu ermöglichen.[2009]

880 Im Hinblick auf Vernehmungsprotokolle und andere schriftliche Erklärungen ergänzt **§ 252 StPO** die §§ 52ff. StPO für den Fall **nachträglicher Zeugnisverweigerung.** Die Vorschrift beinhaltet ein Verlesungs- und Verwertungsverbot, auf das die Verfahrensbeteiligten nicht verzichten können. Die über den Wortlaut hinausweisende Reichweite ist im Einzelnen immer noch unklar.[2010] Allerdings lässt der BGH seit kurzem zu, dass der Zeuge selbst, wenn er „qualifiziert belehrt" wurde, sich entscheiden könne, ob er seinerseits darauf verweist, er mache zwar jetzt in der Hauptverhandlung von seinem Zeugnisverweigerungsrecht Gebrauch, gestatte aber die Verwertung des Protokolls seiner früheren Aussage.[2011] Diese neue Linie im Verständnis

---

2003 BGH NStZ 1988, 283; BGH NStZ 1993, 144.
2004 Vgl. BGH NStZ 1983, 569; *Meyer-Goßner* § 251, Rn. 42.
2005 BGH NStZ 1986, 325.
2006 BGH, Urt. v. 20. 4. 2006 – 4 StR 604/05 = NStZ-RR 2007, 52.
2007 Seit BGHSt 7, 162, 163 st. Rspr.; siehe zur Protokollrüge oben Rn. 239ff.
2008 Dazu mit w. Nachw. *Meyer-Großner* § 250, Rn. 4.
2009 Beispiel einer kurzen Verwerfung der Revision wegen der Unzulässigkeit der daran mangelnden Rüge: BGH, Beschl. v. 17. 12. 2003 – 5 StR 522/03; vgl. auch BGH NStZ 2007, 53.
2010 Dazu jetzt grundlegend und anhand der Entstehungsgeschichte kritisch gegen die h. M., die aus der Norm ein umfassendes Beweisverbot herausliest *Rogall* FS Otto, 973ff., 987ff.
2011 BGHSt 45, 203 (s. o. Fn. 827).

des Regelungszwecks des § 252 StPO stellt alles auf den Kopf, was das Gesetz wollte. Dass nach einer neueren Entscheidung die Ausnahme vom Beweisverbot dann nicht gilt, wenn die Gestattungserklärung des Zeugen mehrdeutig und unklar ist und wenn nicht eindeutig feststeht, dass dem Zeugen die Folgen seiner Entscheidung deutlich vor Augen gestanden haben,[2012] ist ein schwacher Trost. Allein schon der Umstand, dass es der Disposition des Zeugen überlassen bleiben soll, mit welchem Beweismittel sich das Tatgericht „abspeisen lassen" muss, widerspricht dem Grundgedanken der Zeugnisverweigerungsrechte und des § 252 StPO.

Für die Revisibilität der Verstöße gegen § 252 StPO wird man sich auf diese Recht- **881**
sprechung einstellen müssen und nur dann ihre Anwendung beanstanden können, wenn keine eindeutige „Gestattungserklärung" des Zeugen vorliegt[2013] oder wenn aus den Urteilsgründen nicht eindeutig hervorgeht, dass sich der Tatrichter des mindereren Beweiswertes der mittelbaren Beweiserhebung bewusst war.[2014]

Eine weitere Ausnahme von der Erstreckung des Verlesungsverbots § 252 StPO auf **882**
jede andere Beweiserhebung über die früheren Angaben des verweigerungsberechtigten Zeugen galt schon vor der neuen Rechtsprechung für den Fall, dass der Zeuge von einem Straf- oder Zivilrichter vernommen worden ist, der ihn nach § 52 Abs. 3 S. 1 StPO oder der sonst einschlägigen Verfahrensvorschrift ordnungsgemäß über sein Zeugnisverweigerungsrecht belehrt hatte. In diesem Fall ist die Vernehmung des mitwirkenden Richters zulässig.[2015] Ein Revisionsgrund liegt aber vor, wenn das Urteil nicht ausdrücklich feststellt, **ob und wie** sich das Gericht von der ordnungsgemäßen Belehrung des Zeugen überzeugt hat.[2016] Auch macht die Vernehmung des Vernehmungsrichters, mit der in gewisser Weise auch die Entscheidung des unmittelbaren Zeugen, von seinem Schweigerecht Gebrauch zu machen, unterlaufen wird, nur dann einen Sinn, wenn die frühere Aussage auch bereits eine (richterliche) Zeugenaussage war. War es dagegen eine Beschuldigtenvernehmung, so bestand weder eine strafbewehrte Wahrheitspflicht noch eine durch die ordnungsgemäße Belehrung erhöhte Wahrheitsvermutung. Deshalb blieben auch die Versuche zum Scheitern verurteilt, in diesen Fällen dadurch eine Verwertbarkeit zu „retten", dass der Richter bezeugte, er habe den mit dem jetzigen Angeklagten verwandten früheren Beschuldigten damals gleichsam „zweifach" belehrt: Als Beschuldigten über sein Schweigerecht gemäß § 136 StPO und als Angehörigen gemäß § 52 Abs. 3 StPO.[2017]

Ausnahmen von § 250 StPO enthalten auch die §§ 253 und 254 StPO. § 253 StPO re- **883**
gelt nicht nur, wie eine Mindermeinung annimmt, eine besondere Form des Vorhalts durch Verlesen,[2018] sondern erlaubt den Urkundenbeweis, der die Vernehmung des

2012 BGH, Beschl. v. 18. 7. 2007 – 1 StR 296/07 = NStZ 2007, 712 = StV 2008, 57.
2013 BGH, Beschl. v. 30. 3. 2007 – 1 StR 349/06 = NStZ 2007, 652 = StV 2007, 401.
2014 BGH NStZ 2007, 652 unter Hinw. auf BGHSt 45, 203, 208.
2015 BGHSt 32, 25 (29); BGHSt 36, 384 (385). Krit. *Eser* NJW 1963, 234; *Eisenberg* NStZ 1988, 488; a. A. *Fezer* JuS 1977, 670; JZ 1990, 876.
2016 BGH NJW 1979, 1722; a. A. KK-*Diemer* § 252, Rn. 32.
2017 Dazu OLG Koblenz NJW 1983, 2342; vgl. zur früheren Beschuldigtenvernehmung und der Unverlesbarkeit der bei dieser Gelegenheit entstandenen schriftlichen Erklärung auch BGH, Urt. v. 14. 6. 2005 – 1 StR 338/04 = StV 2005, 536 = wistra 2005, 351 = StraFo 2005, 380.
2018 *Grünwald* JZ 1966, 493; *Hanack* FS Schmidt-Leichner, 86.

Verhörsbeamten, nicht die der Beweisperson, ersetzt.[2019] Bevor das Gericht nach § 253 StPO verfährt, muss es alle vorhandenen Möglichkeiten zur Behebung von Erinnerungslücken bzw. von Widersprüchen ausschöpfen; insbesondere hat es das frühere Vernehmungsprotokoll im Wege des Vorhalts heranzuziehen.[2020]

Auch bei der Verlesung nach § 254 StPO handelt es sich um einen Urkundenbeweis.[2021] Ob das Gericht sich mit der Verlesung begnügt oder den Vernehmungsrichter als Zeugen vernimmt, ist eine Frage der Aufklärungspflicht nach § 244 Abs. 2 StPO. Die Revision kann die Verlesung angreifen, wenn die Voraussetzungen des § 254 Abs. 1 oder 2 StPO rechtsfehlerhaft bejaht worden sind.[2022] Auch die **fehlende Übereinstimmung** der Urteilsfeststellungen mit dem Inhalt des verlesenen Protokolls kann gerügt werden.[2023]

Die unterbliebene Verlesung nach § 254 StPO kann die Aufklärungsrüge begründen, ebenso das Unterlassen der Erhebung weiterer sich aus dem Inhalt der Niederschrift aufdrängender Beweise.[2024]

884 Auch die seit dem 1. JuMOG vom 24. 8. 2004[2025] noch erweiterte Möglichkeit der Verlesung von **Behörden- und Ärzteerklärungen** gem. § 256 StPO n.F. erlaubt in Durchbrechung der in § 250 StPO aufgestellten Priorität des Zeugenbeweises die Ersetzung durch Urkundenverlesung. Ratio der Vorschrift ist es, dass wegen der besonderen Autorität von Behörden in der Regel von einer mündlichen Vernehmung ihrer Bediensteten abgesehen werden kann.[2026] § 256 Abs. 1 Nr. 2 StPO erlaubt die Verlesung eines ärztlichen Attests nach überwiegender Auffassung aber nur dann, wenn eine Körperverletzung Gegenstand der Anklage ist und entweder diese Körperverletzung oder eine von dem Angeklagten in diesem Zusammenhang erlittene Körperverletzung bewiesen werden soll.[2027] Hat sich das Gericht mit der Verlesung begnügt, obwohl die Umstände zu einer persönlichen Vernehmung des Zeugen oder Gutachters drängten, so ist nicht § 256 StPO, sondern die Aufklärungspflicht verletzt.[2028] Das kann auch dann gerügt werden, wenn nicht nach § 250 i.V.m. § 238 Abs. 2 StPO das Gericht angerufen worden ist.[2029] Die Frage, ob ein Gutachten einer öffentlichen Behörde oder das eines Privatsachverständigen vorliegt, hat das Revisiongericht im Wege des Freibeweisverfahrens zu klären.[2030]

2019 *Wömpner* NStZ 1983, 296. Vgl. hierzu KK-*Diemer* § 253, Rn. 1f.
2020 *Eisenberg* Beweisrecht, Rn. 2162.
2021 BGHSt 1, 337; BGHSt 14, 310 (313); KK-*Diemer* § 254, Rn. 2.
2022 SK-*Schlüchter* § 254, Rn. 22.
2023 *Meyer-Goßner* § 254, Rn. 9; dabei muss aber dargelegt werden, dass die verlesene Niederschrift zum Zeitpunkt der Urteilsberatung noch beweiserheblich, also etwa der Widerspruch nicht aufgeklärt worden war (BGH NJW 2003, 150).
2024 LR-*Gollwitzer* § 254, Rn. 31; SK-*Schlüchter* § 254, Rn. 23.
2025 BGBl. I, 2198. Zur Geltung in der Übergangszeit vgl. BayObLG 2005, 1592.
2026 Vgl. OLG Koblenz NJW 1984, 2424.
2027 RGSt 35, 162 (163); BGH StV 1982, 59 (m. Anm. *Schwenn*) BGH StV 2007, 569; KG StV 1982, 273 (m. Anm. *Neixler*); *Meyer-Goßner* § 256, Rn. 16.
2028 *Meyer-Goßner* § 256 Rn. 30; BGH NStZ 1993, 397.
2029 KK-*Diemer* § 256, Rn. 13; *Meyer-Goßner* § 256, Rn. 30.
2030 KG StV 1983, 273.

d) Verletzung des § 261 StPO

Literatur: *Bender/Nack/Treuer* Tatsachenfeststellung vor Gericht, 3. Auflage 2007 (insbes. Seiten 135 ff.); *Brause* Zum Zeugenbeweis in der Rechtsprechung des BGH, NStZ 2007, 505; *Dahs* Die „Plausibilitätsrüge", Festschrift Hamm, 2008, S. 41; *Deckers* Aussage gegen Aussage – zur Entwicklung der revisionsrechtlichen Rechtsprechung und der Aussagepsychologie, Festschrift Hamm, 2008, S. 53; *Fezer* Grenzen der Beweisaufnahme durch das Revisionsgericht, in: Aktuelle Probleme der Strafrechtspflege, 1991, S. 89 ff.; *ders.* Die Rüge, dass das Tatgericht – (wesentlichen) Beweisstoff nicht aus dem Inbegriff der Verhandlung geschöpft, – (wesentlichen) Beweisstoff übersehen oder übergangen habe, in: DAV, Bd. 9, S. 58; *ders.* Tatrichterlicher Erkenntnisprozess – Freiheit der Beweiswürdigung –, StV 1995, 95; *Foth* Bemerkungen zum Zweifelssatz (in dubio pro reo), NStZ 1996, 423; *ders.* Überlegungen zur Behandlung des Sachbeweises im Strafverfahren, NStZ 1989, 166 ff.; *Graalmann-Scheerer* Molekulargenetische Untersuchung und Revision, Festschrift Riess, 2002, S. 153; *Geerds* Revision bei Verstoß gegen Denkgesetze oder Erfahrungssätze? in Festschrift Karl Peters, 1974, S. 267; *Hamm* Tendenzen der revisionsrechtlichen Rechtsprechung aus anwaltlicher Sicht, StV 1987, 262; *ders.* Die revisionsgerichtliche Kontrolle der Beweiswürdigung des Tatgerichts, in: DAV, Bd. 9, S. 20; *ders.* Beweis als Rechtsbegriff und seine revisionsrechtliche Kontrolle, Festschrift Fezer, 2008, 393 ff.; *Hanack* Maßstäbe und Grenzen richterlicher Überzeugungsbildung im Strafprozess, JuS 1977, 727; *Herdegen* Tatgericht und Revisionsgericht – insbesondere die Kontrolle verfahrensrechtlicher „Ermessensentscheidungen", in: Festschrift Kleinknecht, München 1985, S. 173; *ders.* Grundfragen der Beweiswürdigung, in: DAV, Bd. 3, S. 106; *ders.* Bemerkungen zur Beweiswürdigung, NStZ 1987, 193; *ders.* Die Überprüfung der tatsächlichen Feststellungen durch das Revisionsgericht auf Grund der Sachrüge, StV 1992, 527; *ders.* Die Überprüfung der tatsächlichen Feststellungen durch das Revisionsgericht auf Grund einer Verfahrensrüge, StV 1992, 590; *ders.* Verteidigung und Wahrheitspflicht, 24. Herbstkolloquium 2007 der Arbeitsgemeinschaft Strafrecht des DAV, StraFo 2008, 137; *ders.* Die Revisibilität der Beweiswürdigung, Strafverteidigung im Rechtsstaat – 25 Jahre Arbeitsgemeinschaft Strafrecht des Deutschen Anwaltvereins, S. 553; *Jerouschek* Wie frei ist die Beweiswürdigung? GA 1992, 493; *Knierim/Rettenmaier* Das Selbstleseverfahren gemäß § 249 Abs. 2 StPO in Wirtschaftsstrafsachen – Verfahrensbeschleunigung oder unzulässiger Verstoß gegen das Recht auf ein faires Verfahren? StV 2006, 155; *Klug* Die Verletzung von Denkgesetzen als Revisionsgrund, in Festschrift Philipp Möhring, 1965, S. 363; *ders.* Juristische Logik, 1982; *Küper* Historische Bemerkungen zur freien Beweiswürdigung im Strafprozess, in: FG für Peters, 1984, 23; *Lampe* Richterliche Überzeugung, in: Festschrift Pfeiffer, 1988, S. 353; *Luther* Freie Beweiswürdigung und ihre revisionsgerichtliche Überprüfung im Strafverfahren, NJ 1994, 294, 346; *Maeffert* Freie Beweiswürdigung, Festschrift Richter II, 2006, S. 379; *Maul* Die Überprüfung der tatsächlichen Feststellungen durch das Revisionsgericht in der neueren Rechtsprechung des Bundesgerichtshofs, in: Festschrift Pfeiffer, 1988, S. 409; *Meurer* Denkgesetze und Erfahrungsregeln, in Festschrift Wolf, 1985, S. 483; *Nack* Der Indizienbeweis, MDR 1986, 366; *ders.* Die Revisibilität der Beweiswürdigung, StV 2002, 510 ff., 558 ff.; *Niemöller* Die strafrichterliche Beweiswürdigung in der neueren Rechtsprechung des Bundesgerichtshofs, StV 1984, 431; *Pauly* Mündlichkeit der Hauptverhandlung und Revisionsrecht – Zu den Grenzen des Rekonstruktionsverbots, Festschrift Hamm, 2008, S. 557; *Peters* Strafprozess, Lehrbuch, 1985, § 37 XI; *ders.* Fehlerquellen im Strafprozess, Bd I–III (1970–1974); *Roxin* Anmerkung zu BGH StV 2009, 113, in: StV 2009, 113 ff.; *Sarstedt* Beweisregeln im Strafprozess, Berliner Festschrift Ernst E. Hirsch, 1968, S. 171; *G. Schäfer* Die Rüge, dass das Tatgericht (wesentlichen) Beweisstoff nicht aus dem Inbegriff der Hauptverhandlung geschöpft, (wesentlichen) Beweisstoff übersehen oder übergangen habe, in: DAV, Bd. 9, S. 44; *ders.* Freie Beweiswürdigung und revisionsrechtliche Kontrolle, StV 1995, 147; *Schlothauer* Unvollständige und unzutreffende tatrichterliche Urteilsfeststellungen, StV 1992, 134; *Schmitt* Die richterliche Beweiswürdigung im Strafprozess, 1992; *Sellke* Die Revisibilität der Denkgesetze, 1961; *Strate* Freie Beweiswürdigung und gebundene Beweiserhebung, Festschrift Rieß, 2002, S. 611; *Volk* Diverse Wahrheiten, Festschrift Salger, 1995, S. 411; *Widmaier* Die Rüge, dass das Tatgericht (wesentlichen) Beweisstoff übersehen oder übergangen habe, in: DAV, Bd. 9, S. 66.

aa) Allgemeines zur „Freiheit" und zum Umfang der Darlegungslast bei der Beweiswürdigung

885 Auf keinem Rechtsgebiet ragt ein einzelnes Problem so hervor, wie auf dem Gebiet des Strafprozesses das der **Beweisgründe**. Dass hier die wichtigste Aufgabe für eine „dem Leben dienende" Strafprozessdoktrin liegt, blieb lange unbemerkt. Dieser 1930 von *Max Alsberg* niedergeschriebene Befund[2031] ist auch heute noch insoweit richtig, als die Bedeutung der Rechtsbegriffe „Beweis" und „tatrichterliche Überzeugung" als Forschungsgegenstand der Rechtswissenschaft die gegenwärtige Strafrechts- und Strafprozessdoktrin – von Ausnahmen abgesehen[2032] – kaum zu interessieren scheint. Dies verwundert angesichts der geradezu aufregenden Ergebnisse der Fehlurteilsforschung, die *Karl Peters* bereits 1970 vorlegte, und angesichts der Fülle von Judikatur, die in den letzten Jahrzehnten zur Beweiswürdigung und zu dem für eine Verurteilung notwendigen Beweismaß sowie zur Revisibilität der Überzeugungsbildung entstanden ist.

886 Schon in der Zeit, als systematisch geordnete Entscheidungssammlungen nur in Karteikästen (NJW-Leitsatzkartei) oder in Stehordnern (Lindenmaier-Möhring) bestanden, fiel auf, dass unter § 261 StPO auffallend viele Judikate einzusortieren waren. Ein großer Anteil dieser Entscheidungen erwähnte den Paragraphen überhaupt nicht, andere betrafen ihn nur am Rande, der Rest befasste sich mit ganz unterschiedlichen Aspekten der Beweiswürdigung – stets aufgehängt an der Vorschrift, die ursprünglich einmal nur sagen wollte, dass den Tatrichter bindende Beweisregeln abgeschafft sind. Auch in den neuen „elektronischen" Entscheidungssammlungen fällt die Vorliebe der Bearbeiter auf, Rechtsprechung unter § 261 StPO „einzusortieren". So vergleiche man einmal beispielsweise in der Sammlung BGH-Nack die Zahl der dort in der Registerdatenbank unter § 261 StPO verzeichneten Entscheidungen mit der sehr viel kleineren Zahl von Entscheidungen zum gesamten § 338 StPO, also zu allen absoluten Revisionsgründen. Diese Art von Statistik mag man sinnvoll finden oder nicht. Aber sie zeigt, dass die Beweiswürdigung, ihre Freiheit von Beweisregeln und die Grenzen dieser Freiheit zu den schwierigsten Rechtsfragen unseres Strafprozesses gehören. Freilich dient der § 261 StPO sowohl bei den Rechtsprechungssammlungen als auch in den StPO-Kommentaren als Sammelbecken für alle irgendwie mit der Beweiswürdigung zusammenhängenden Be- und Verwertungsfragen, die bei anderen Vorschriften schwer unterzubringen sind. Das ist z. B. nicht selten der Fall, wenn das Revisionsgericht das angefochtene Urteil wegen Verfahrensmängeln, die es in seinen Gründen selbst zu erkennen gibt, aufheben möchte, es aber an einer ordnungsgemäß erhobenen Verfahrensrüge fehlt.

Gerade diese Verfahrensweise, die nach der hier vertretenen „Theorie" von mit der Sachrüge stillschweigend mitbeanstandeten Verfahrensfehlern[2033] gesetzeskonform

---

2031 *Max Alsberg* im Vorwort zur ersten Auflage des später von *Nüse* und *Meyer* fortgeführten Werkes „Der Beweisantrag im Strafprozess"; abgedruckt in der 5. Auflage, Seite VII.

2032 Bei den Ausnahmen überwiegen wiederum diejenigen Autoren, die sich aus einer praktischen Erfahrung heraus der Thematik annehmen. So finden sich in der vorstehenden Literaturauswahl zahlreiche Revisionsrichter (*Foth, Herdegen, Maul, Meurer, Nack, Niemöller, G. Schäfer*). Unter den Strafrechtslehrern findet die Thematik erst allmählich Interesse, nachdem insbesondere *Peters, Hanack* und *Fezer* durchaus Pionierarbeit geleistet haben.

2033 Siehe dazu Rn. 274, 1267 ff.

ist, wird freilich nach einem schwer durchschaubaren oder nicht vorhandenen System von den Revisionsgerichten offenbar nur dann angewendet, wenn es als grob ungerecht empfunden wird, den Revisionsführer unter dem Versäumnis des Bearbeiters der Revisionsbegründung leiden zu lassen.

Ein anschauliches Beispiel hierfür ist eine Entscheidung des Bundesgerichtshofs aus dem Jahre 1987.[2034] Das Tatgericht hatte festgestellt, dass der Angeklagte an einer „organischen Hirnschädigung bei einer geistigen Minderveranlagung" litt. Die Strafkammer war dennoch davon ausgegangen, dass seine Schuldfähigkeit zur Tatzeit weder ausgeschlossen noch erheblich eingeschränkt gewesen sei. Im Urteil hieß es hierzu: *„Die in frühkindlicher Zeit festgestellte geistige Minderveranlagung hat die Fähigkeit des Angeklagten, das Unrecht seiner Tat einzusehen und nach dieser Einsicht zu handeln, nicht in einer strafrechtlich relevanten Weise beeinträchtigt. Nach dem in der Hauptverhandlung hinterlassenen Eindruck hat der Angeklagte in der Vergangenheit ganz offenbar eine Nachreife erfahren, die die Schuldfähigkeit des Angeklagten heute außer Frage stellt, auch wenn er weiterhin noch leicht beeinflußbar sein mag."* Ein Sachverständiger war offenbar nicht herangezogen worden. An einer Aufklärungsrüge fehlte es. Der Bundesgerichtshof hielt es dennoch für unvertretbar, das auf der krassen Selbstüberschätzung der Tatrichter beruhende Urteil rechtskräftig werden zu lassen. Deshalb half er mit der Sachrüge, indem der Senat die Darlegungen zur Schuldfähigkeit als „lückenhaft" bezeichnete: *„Das Urteil enthält keine Ausführungen, aus denen sich die erforderliche Sachkenntnis des Gerichts für die Beurteilung ergibt, dass eine derartige »Nachreife« eingetreten sei. Ist ein Angeklagter hirngeschädigt, so muss nach der ständigen Rechtsprechung in aller Regel ein medizinischer Sachverständiger mit besonderen Kenntnissen und Erfahrungen auf dem Gebiet der Hirnverletzungen zugezogen werden.*[2035] *Dass die Strafkammer durch die Anhörung eines solchen Sachverständigen die erforderliche Sachkunde erlangt habe, läßt sich dem Urteil nicht entnehmen.... Vielmehr spricht die vorstehend wiedergegebene Urteilsstelle dafür, dass das Landgericht geglaubt hat, die notwendige Sachkunde ohne die Einholung eines solchen Sachverständigengutachtens zu besitzen.... Das Urteil gibt auch keinen Aufschluß darüber, auf welche sonstige Weise die Strafkammer das für jene Beurteilung vorauszusetzende Fachwissen erhalten hat."* 887

Dies alles hätte auch in einer Aufklärungsrüge geltend gemacht werden können, und es hätte in einer solchen auch geltend gemacht werden müssen, wenn im Urteil der Hinweis auf die Hirnschädigung und damit auf die Notwendigkeit der Hinzuziehung eines Sachverständigen gefehlt hätte. Was also den Erfolg der Revision wegen des unbestreitbar als Verfahrensfehler einzustufenden Versäumnisses des Tatrichters auf dem Wege über die Sachrüge erst ermöglicht hat, war nicht ein Zuwenig an Urteilsgründen (also eine „Lücke"), sondern der für den Revisionsführer glückliche Umstand, dass der Tatrichter etwas in sein Urteil geschrieben hatte (die Hinweise auf eine Hirnschädigung), das kein Revisionsgericht je vermisst haben würde, wenn es gefehlt hätte.

2034 BGH StV 1988, 52 = BGHR StGB § 21 – Sachverständiger 2 = BGHR StPO § 261 – Sachkunde 1.

2035 An dieser Stelle zitiert die Entscheidung BGH NJW 1969, 1578. In jenem Fall aber war eine Aufklärungsrüge wegen der unterlassenen Hinzuziehung eines „Hirnspezialisten" erhoben worden, die der 1. Strafsenat mit einer wenig überzeugenden Argumentation für unbegründet(!) erklärte. Als Beleg für eine „ständige Rechtsprechung" ist diese Entscheidung also eher ungeeignet.

888 § 261 StPO wird in der Entscheidung nicht erwähnt. Dass sie dennoch unter dieser Vorschrift in BGHR eingeordnet wurde,[2036] zeigt, wie sehr sie gleichsam als „Niemandsland“ zwischen der Sach- und der Verfahrensrüge genutzt wird. Sie markiert den „Grenzstreifen“ zwischen dem Gebiet des materiellen Rechts, auf dem die Orientierungspunkte für die zu beweisenden Strafbarkeitsvoraussetzungen festgelegt sein müssen, und dem Verfahrensrecht, das den Weg zur „Wahrheitserkenntnis“ im Einzelfall programmiert. Was das materielle Recht unter verminderter Schuldfähigkeit versteht, sagt § 21 i.V.m. § 20 StGB. Wie das Tatgericht feststellt, ob der Angeklagte uneingeschränkt, vermindert oder überhaupt nicht in der Lage war, sein Verhalten mit Hilfe der Einsicht in das Unerlaubte seines Tuns zu steuern, regelt die StPO in mehreren Stufen, die die „Herstellung“ und „Darstellung“ der richterlichen Erkenntnis betreffen: „Aufklärungspflicht“ – „Beweisantragsrecht“ – „Beweiswürdigung“ – „in dubio pro reo“ – „Rechenschaftablegen in den Urteilsgründen“. Dabei ist entscheidend, dass diese **Reihenfolge** eingehalten wird.

889 Nach § 261 StPO entscheidet das Gericht über das Ergebnis der Beweisaufnahme nach seiner freien, aus dem Inbegriff der Verhandlung geschöpften Überzeugung. Damit wird das anspruchsvolle und vieldeutige Wort **„Überzeugung“ zum Rechtsbegriff.**[2037] Ihn in seiner rechtspraktischen Bedeutung auszulegen, ist nicht nur wegen der Grenzfunktion der Vorschrift zwischen den Normen des materiellen Rechts und den Verfahrensnormen über die Beweiserhebung (§§ 244, 245 StPO) und über die Dokumentation der Beweiswürdigung (§ 267 StPO) so schwierig. Auch der Zusammenhang zwischen dem strafprozessualen Überzeugungsbegriff und der jahrtausendealten philosophischen und erkenntnistheoretischen Pilatusfrage „Was ist Wahrheit?“[2038] einerseits, und der Alltagssprache, die zu unterscheiden pflegt zwischen der rein subjektiv verstandenen persönlichen Überzeugung und der Beweisbarkeit ihres Gegenstandes andererseits, macht § 261 StPO zur Schlüsselnorm für die Qualität der Strafjustiz und zum Testgebiet für die Leistungsfähigkeit der Revision als Richtigkeitskontrolle im Hinblick auch auf die prozessuale Wahrheitssuche. Denn der zur Entscheidung berufene Tatrichter darf mit der Feststellung eines Beweisergebnisses nicht warten, bis die Dogmatiker und die Skeptiker unter den Philosophen, Erkenntnistheoretikern und Hermeneutikern sich darauf geeinigt haben, ob es „die Wahrheit“ überhaupt gibt – er darf aber auch nicht schon dann verurteilen, wenn er von der Täterschaft und Schuld des Angeklagten nur subjektiv überzeugt ist. In der Sprache des Strafverfahrensrechts darf Überzeugung nur das Ergebnis eines Beweisprozesses sein. Dies stellt § 261 StPO hinreichend klar, der den Tatrichter verpflichtet, alles, was

---

2036 Die NJW-Leitsatzkartei führt dieselbe Entscheidung unter § 267 StPO, was deshalb „richtiger“ ist, weil nach Auffassung des BGH der Fehler nun einmal nicht in erster Linie ein Beweiswürdigungsfehler, sondern ein Verstoß gegen die Pflicht zur vollständigen Begründung der tatsächlichen Strafbarkeitsvoraussetzungen war. Der Sache nach lag allerdings in erster Linie ein Verstoß gegen die Aufklärungspflicht vor.

2037 Vgl. *Hamm* in: *Herdegen* Beweisantragsrecht, Beweiswürdigung, strafprozessuale Revision, 9ff. und in FS Fezer, 393ff.

2038 Vgl. dazu *Lampe* Richterliche Überzeugung, in: FS Pfeiffer, 353; *Volk* Diverse Wahrheiten, FS Salger, 411 und anstelle aller Zitate aus dem umfangreichen (rechts-)philosophischen Schrifttum der Hinweis auf den lesenswerten Beitrag von *Gunter Arzt* Salomonische Wahrheit – heute, FS Volk, 19ff.

in der Hauptverhandlung zur Sprache kam, aber auch nur das in seine Beweiswürdigung einzubeziehen.

(1) Jeder Beweis ist ein Indizienbeweis

In Illustrierten und sonstiger Trivialliteratur wird manchmal die Frage gestellt, ob ein **890**
Indizienprozess nicht zu irrtumsanfällig sei, und ob man nicht deshalb auf den „bloßen Indizienbeweis" überhaupt verzichten sollte. Ersteres stimmt, letzteres aber geht nicht, weil es eine andere Beweisführung als die des Indizienbeweises überhaupt nicht gibt. Als Gegenstück zum Indizienbeweis wird meist der „direkte" oder der „unmittelbare" Beweis aufgefasst. Ein Richter, der dazu in der Lage wäre, müsste aber nach § 22 Nr. 5 StPO aus dem Verfahren ausscheiden, weil er als Tatzeuge vor sich selbst aussagen müsste und damit von der Mitwirkung als Richter ausgeschlossen wäre.

Was der Tatrichter am Ende der Urteilsberatung zu wissen glaubt und in die tatbe- **891**
stands- und rechtsfolgenerheblichen Feststellungen seines Urteils übernimmt, ist stets nur das **Ergebnis von Schlussfolgerungen.** Dabei kann es sich um zwingende Schlüsse aus unmittelbaren Wahrnehmungen des Tatrichters während der Beweisaufnahme handeln. Nach *Nack*[2039] liegt ein solcher sog. direkter Beweis vor, wenn der Richter die Gewissheit vom Vorhandensein eines gesetzlichen Tatbestandsmerkmals (der „Haupttatsache") ohne Vermittlung, also auf direktem Weg erlangt. Ein Beispiel hierfür ist die Inaugenscheinnahme eines Geldscheins, der sich von echten Geldscheinen in einem bestimmten Merkmal unterscheidet. Daraus darf und muss der Tatrichter den Schluss ziehen, dass der Geldschein, den er in Augenschein genommen hat, unecht ist. Wer ihn gefäscht oder ihn (in Kenntnis der Unechtheit?) in Verkehr gebracht hat, ist dem Gegenstand der Augenscheinseinnahme aber schon nicht mehr anzusehen.

Die einfachen und zwingenden Schlüsse aus den Wahrnehmungen des Tatrichters **892**
selbst sind jedoch höchst selten. Meist setzt sich die Überzeugung von einer Tatsache aus den Wahrnehmungen von je für sich noch nicht subsumierbaren Hilfstatsachen (Indizien) und mehreren Schlussfolgerungen zusammen. So kann die Überzeugung das Resultat einer Kette von *zwingenden* Schlüssen sein (**Indizienkette**), oder die Feststellung des den Tatbestand erfüllenden Merkmals (der Angeklagte hat den Geldschein auf seinem Farbkopierer selbst hergestellt) drängte sich am Ende der Beweisaufnahme bei der Gesamtwürdigung eines dichten Rings von Einzelindizien auf, die zwar je für sich keine zwingenden Schlüsse enthalten, aber in ihrer großen Zahl und Geschlossenheit einen Zweifel an der Richtigkeit der getroffenen Feststellung nicht mehr zulassen (**Indizienring**).[2040]

Der Regelfall ist freilich, dass einzelne entscheidungserhebliche Tatsachen im Wege **893**
einer Indizienkette, andere durch einen Indizienring und wieder andere durch einen Ring, dessen Elemente durch eine Schlussfolgerungskette gefunden wurden, festgestellt werden.

2039 *Nack* Der Indizienbeweis, MDR 1986, 366 (367).

2040 Zum Indizienbeweis allgemein und zum Unterschied zwischen „Beweisring" und „Beweiskette" instruktiv: *Bender/Nack/Treuer* Tatsachenfeststellung, Rn. 622 ff. und *Nack* MDR 1986, 367.

Als Muster hierfür kann das Geldscheinbeispiel wie folgt erweitert werden: Während sich der Richter von der Unechtheit des Geldscheins selbst durch Augenscheinseinnahme überzeugen kann, braucht er für den Beweis der Tatsache, dass der Angeklagte beim Fälschungsvorgang selbst „Hand angelegt" hat, z.B. die folgenden Kettenglieder: er kann die Druckplatte besichtigen (Augenschein), die im Keller der Wohnung des Angeklagten gefunden wurde (Zeugenbeweis) und auf der sich die Fingerabdrücke des Angeklagten befinden (Sachverständigenbeweis). Weist die Druckplatte die gleiche Abweichung vom Bild eines echten Geldscheins auf wie jener unechte Geldschein, dessen Fälschung dem Angeklagten vorgeworfen wird, so darf daraus der Tatrichter folgende Schlüsse ziehen: Der Fingerabdruck beweist, dass der Angeklagte die Druckplatte in der Hand gehabt hat. Die Übereinstimmung der grafischen Merkmale beweist, dass der Geldschein mit Hilfe dieser Druckplatte hergestellt worden ist. Wurde der Geldschein bei einer Durchsuchung in einem Raum gefunden, zu dem nur der Angeklagte Zugang hat, und hafteten an seinen Händen noch Reste der zur Herstellung des Geldscheins verwendeten Druckfarbe, so ist die Indizienkette, die von der Feststellung der Unechtheit des Geldscheins zur Feststellung der Täterschaft hinführt, lückenlos. Ihre Kettenglieder sind feststehende einzelne Tatsachen, die durch zwingende Einzelschlüsse miteinander verbunden sind. Nach § 267 Abs. 1 Satz 2 StPO müssen im Falle einer solchen Indizienkette die Indiztatsachen in den Urteilsgründen so dargelegt werden, dass das Revisionsgericht überprüfen kann, ob der Tatrichter zu Recht angenommen hat, die von ihm aus den Indiztatsachen gezogenen Schlüsse seien zwingend.[2041]

894 Nun ist aber das Bild von einer solchen Indizien-„Kette" insoweit doch nur ein unvollständiges Denkmodell, als dabei die Frage ausgeblendet wird, wie es denn zur **Feststellung der einzelnen Indiztatsachen** kommt. Sie werden nämlich selbst vom Tatrichter lediglich durch Schlussfolgerungen festgestellt.[2042] Während die Abweichung im Bild des inkriminierten Geldscheins zu dem Bild eines echten Geldscheins aus der unmittelbaren Wahrnehmung des Richters geschlossen werden kann, bedarf er für die Feststellung der Übereinstimmung des Farbstoffes auf dem Geldschein und auf den vor längerer Zeit gesicherten Spuren von den Händen des Angeklagten eines Sachverständigengutachtens, das sowohl die Methoden des chemischen Farbstoffvergleichs als auch der optisch technischen Farbanalyse darlegt. Hierbei können naturwissenschaftlich zwingende Schlüsse oder auch nur statistische Wahrscheinlichkeitsurteile eine Rolle spielen. Dies wird der Tatrichter nicht in alle Verästelungen hinein im Urteil darstellen.[2043] Aber er muss für das Revisionsgericht nachvollziehbar mitteilen, weshalb er

---

2041 Angepasst an die heute bestehenden bequemeren Fälschungsmethoden könnte man sich den Fall vereinfacht auch so vorstellen, dass der kopierte Originalgeldschein mit der individuellen Seriennummer noch im Besitz des Angeklagten oder sogar noch auf der Glasplatte des Kopiergerätes befand.

2042 Strukturell setzt sich das allgemein als „Indiz" bezeichnete „Beweisanzeichen" aus einem tatsächlichen Element, der sog. „Indiztatsache" und einem normativ bewertbaren Element, der daraus aufgrund von Erfahrungsregeln zu ziehenden Schlussfolgerung, dem sog. „Indizschluss" zusammen, vgl. *Schmitt* Die richterliche Beweiswürdigung im Strafprozess, 473, 474, der diese logische Unterscheidbarkeit aber für nicht durchführbar hält, da jede Indiztatsache ihrerseits aus einer Fülle von Anknüpfungstatsachen gefolgert werde; siehe auch LR-*Gollwitzer* § 261, Rn. 61, 62.

2043 Nur deshalb ist § 267 Abs. 1 S. 2 StPO als „Sollvorschrift" gefasst; dazu oben, Rn. 246ff.

dem Sachverständigen im Ergebnis gefolgt ist, wonach die beiden Farbstoffe identisch sind. Damit ist aber erst die „Herkunft" einer Hilfs-(Indiz)tatsache[2044] belegt. Sie führt zu dem Schluss auf eine weitere Hilfstatsache, nämlich, dass der Angeklagte mit derselben Farbmasse hantiert haben muss, die auch vom Täter für die Fälschung benutzt wurde. Zusammen mit den weiteren Hilfstatsachen, dass an der Druckplatte daktyloskopische Spuren vom Angeklagten gesichert werden konnten,[2045] lässt das Farbspurindiz den Schluss auf die Haupttatsache (Tatbestandsmerkmal) zu, dass der Angeklagte den falschen Geldschein hergestellt hat. Dagegen ist das Vorhandensein eines Fingerabdrucks am Geldschein, angesichts der nur sehr schwach indiziell wirkenden Tatsache, dass er im Besitz des Angeklagten gefunden wurde (er könnte ihn auch gutgläubig im Rahmen eines Zahlungsvorgangs erworben haben) ohne jeden zusätzlichen Indizwert. Ein Tatgericht, das etwa darin einen die übrige Beweislage *verstärkenden* Indizwert sähe, müsste sich vom Revisionsgericht korrigieren lassen.

(2) Indizien müssen feststehen

In seinem Urteil muss der Tatrichter die Hilfstatsachen, die den Indizienring bilden, in ihren wesentlichen Bestandteilen mitteilen und gleichzeitig diejenigen Ergebnisse der Beweisaufnahme bezeichnen, aus denen er Schlüsse gezogen hat. Es muss außerdem aus dem Urteil hervorgehen, dass das Gericht die zum Nachteil des Angeklagten gezogenen Schlüsse nur aus solchen Hilfstatsachen gezogen hat, die **eindeutig feststehen**, also ihrerseits wiederum bewiesen sind.[2046] Nur möglicherweise wahre Tatsachen dürfen nicht als Indizien für die Täterschaft und Schuld des Angeklagten verwertet werden. Sie scheiden aus der Beweismasse aus und nehmen auch nicht an einer „Gesamtwürdigung" teil.[2047] **895**

Um diesen unbestreitbar richtigen Grundsatz gibt es im Schrifttum viel Verwirrung, weil sich manche Äußerungen so lesen, als wollten die Autoren dem Tatrichter erlauben, Indizien auch dann zu Lasten des Angeklagten zu berücksichtigen, wenn diese nicht zur Überzeugung des Gerichts feststehen.[2048] Der Satz ist richtig und falsch zugleich. Das scheinbare Paradoxon löst sich aber auf, wenn man die Frage einbezieht, an welcher Stelle im gedanklichen Aufbau der tatrichterlichen Beweiswürdigung der Grundsatz **„in dubio pro reo"** zur Anwendung kommt. Das ist nämlich nicht schon bei der Bewertung einzelner Beweisanzeichen der Fall, sondern erst bei der Feststellbarkeit unmittelbar tatbestands- und rechtsfolgenerheblicher Tatsachen.[2049] **896**

2044 Der Begriff „Hilfstatsache" wird nicht einheitlich gebraucht. Nach *Alsberg/Nüse/Meyer* Beweisantrag, 579, beschreibt er eine Tatsache, die sich nicht auf die Haupttatsache, sondern nur auf ihren Beweis bezieht, die also Wert und Unwert eines Beweismittels betrifft wie z.B. die frühere Verurteilung des Zeugen wegen falscher Aussage; vgl. auch *Meyer-Goßner* § 261, Rn. 25.

2045 Was wiederum aus den von einem kriminalistischen Sachverständigen gezeigten Übereinstimmungen von mindestens 12 anatomischen Merkmalen geschlossen wird. Instruktiv dazu *Ochott* in: *Kube/Störzer/Timm* Kriminalistik Bd. I, 788 ff.

2046 BGHSt 36, 286 (290); BGH, LM Nr. 19 zu § 261 StPO = BGH JR 1954, 468; BGH MDR 1974, 415; *Schäfer* Freie Beweiswürdigung und revisionsrechtliche Kontrolle, StV 1995, 147 (150); KK-*Schoreit* § 261, Rn. 64; *Meyer-Goßner* § 261, Rn. 25; KMR-*Stuckenberg* § 261, Rn. 71, m.w.N.

2047 BGHSt 36, 286 (290).

2048 *Schmitt* Die richterliche Beweiswürdigung im Strafprozess, 474; *Nack* MDR 1986, 370.

2049 BGH, Urt. v. 9. 6. 2005 – 3 StR 269/04 = NJW 2005, 2322.

897 Dies lässt sich am besten anhand derjenigen Indizien verdeutlichen, die aus Zeugenaussagen folgen. Dazu muss man sich erneut klarmachen, dass **auch der Zeugenbeweis ein Indizienbeweis** ist: Dass der Zeuge A aussagt, er habe gesehen, wie der Angeklagte die Tat beging, spricht für die Richtigkeit der Anklage, beweist sie aber noch nicht. Es müssen zumindest ausreichende Merkmale der persönlichen Glaubwürdigkeit des Zeugen und objektive Anzeichen für die Glaubhaftigkeit der Aussage hinzukommen. Dies kann z.B. der Umstand sein, dass auch noch der Zeuge B und der Zeuge C aussagen, sie hätten dasselbe gesehen.[2050] Die Aussage eines jeden dieser drei Zeugen ist aber für sich genommen nichts weiter als ein Indiz für die Täterschaft des Angeklagten. Müßte nun das Gericht die Aussage A, dann die Aussage B und schließlich die Aussage C jeweils losgelöst von den beiden anderen Zeugenaussagen daraufhin überprüfen, ob sie glaubhaft sind, und wäre es dann sogar verpflichtet, bezüglich jeder einzelnen Aussage nach dem Zweifelssatz von der Unwahrheit der Aussage auszugehen, so entfiele das u.U. entscheidende Kriterium für die Richtigkeit der Aussagen, nämlich der Umstand, dass sie sich alle auf Beobachtungen beziehen, welche die Zeugen unabhängig voneinander gemacht haben, und dass sie bis in Details hinein ihre Wahrnehmungen übereinstimmend berichtet haben.

898 So wie Zeugenaussagen sich gegenseitig stützen können, vermögen das auch **Sachindizien**, die ebensowenig wie einzelne Zeugenaussagen je für sich allein schon geeignet zu sein brauchen, die unmittelbar tatbestandsrelevanten Tatsachen zu beweisen. Aus dem Indiz, dass am Tatort Fingerabdrücke des Angeklagten vorhanden sind, kann zunächst nur der Schluss gezogen werden, dass der Angeklagte am Tatort anwesend war. Die Tatsache übrigens, dass die Fingerabdrücke des Angeklagten mit denen am Tatort identisch sind, ist ihrerseits eine Schlussfolgerung aus Befundtatsachen. Nach dem insoweit einschlägigen standardisierten Verfahren kommt es schon einer Beweisregel gleich, dass bei mehr als 12 Übereinstimmungen die Urheberschaft feststeht. Aber eben nur diese. Der Schluss auf die Täterschaft ist erst mit Hilfe weiterer Glieder einer Indizienkette oder in der Gesamtschau eines dichten Indizienringes zulässig.

899 Beim Indizienring dürfen also **Hilfstatsachen** im Rahmen der Gesamtwürdigung mit herangezogen werden, die für sich alleine noch keinen zwingenden Schluss auf die zu beweisende Tatsache zulassen. Dies macht gerade den Unterschied zwischen einem Indizienring und einer Indizienkette aus: Während bei der Kette sich an jedes einzelne Indiz ein zwingender „Also-Schluss" anknüpfen lässt, verstärken sich die Beweisanzeichen eines Indizienringes allein durch ihre große Zahl, ohne dass sie untereinander in einem logischen „Wenn-dann-Verhältnis" stünden. Insofern ist „das Ganze mehr als die Summe seiner Teile".[2051] Nichts hindert das Gericht also daran, im Rahmen einer Indizienringwürdigung auch ganz schwache Beweisanzeichen mitzuberücksichtigen, die für sich alleine weit davon entfernt wären, die Täterschaft des An-

---

2050 Auch dem in der uralten Beweisregel „Durch zweier oder dreier Zeugen Mund wird Wahrheit kund!" liegenden Verbot, aufgrund einer einzelnen Zeugenaussage jemanden zu verurteilen, lag nichts weiter als die Vorstellung zugrunde, dass die Bedenken, die sich gegen die Zuverlässigkeit einer einzigen Zeugenaussage vorbringen lassen, durch weitere gleichartige Zeugnisse beseitigt werden können (damals meinte man sogar: müssen).

2051 *Meixner* Der Indizienbeweis, 50; vgl. auch BGH StV 1995, 453.

geklagten zu beweisen, wenn sie nur überhaupt eine gewisse Aussagekraft gegen den Angeklagten haben.

Ist der Angeklagte **geständig** (auch dies ist zunächst einmal nichts weiter als ein Indiz für seine Täterschaft), schildert er selbst noch ein nachvollziehbares Motiv für die Tat und hat ihn ein Zeuge in der Nähe des Tatortes gesehen, so darf das Gericht ein Fingerabdruckfragment auf der Tatwaffe als zusätzliche Bestätigung seiner Täterschaft also auch dann gegen den Angeklagten verwerten, wenn der kriminaltechnische Sachverständige nur 5 mit dem Zeigefingerabdruck des Angeklagten übereinstimmende Papillarlinien gefunden hat.[2052] **900**

Das alles hat freilich nichts mit der Tatsache zu tun, dass Beweisanzeichen nur dann als belastende Indizien berücksichtigt werden dürfen, wenn sie zur Überzeugung des Gerichts feststehen. Im letzten Beispiel muss das Gericht von der Tatsache der Übereinstimmung der 5 Minutien überzeugt sein, bevor es dieses schwache Indiz bei seiner Überzeugungsbildung zu der ebenfalls noch nicht unmittelbar tatbestandsrelevanten Frage verwertet, ob ein Kontakt zwischen der Tatwaffe und der Hand des Angeklagten bewiesen ist. Ohne wiederum hiervon überzeugt zu sein, darf es auch einen solchen Kontakt nicht als Indiz für die Täterschaft heranziehen. Aber das Gericht braucht sich durch den Zweifelssatz nicht daran hindern zu lassen, die Übereinstimmung von 5 Minutien als bewiesen anzusehen, solange sich seine Zweifel darauf nicht beziehen, und die Zweifel, die sich wegen der fehlenden weiteren 7 Übereinstimmungen daran aufdrängen, dass der Angeklagte die Tatwaffe jemals in der Hand gehabt habe, kann das Gericht unter Berücksichtigung einer Zeugenaussage, die eben eine solche Wahrnehmung berichtet, überwinden. **901**

Anders ist dies bei einer **Indizienkette.** Voraussetzung für eine solche Beweiswürdigung ist, dass sämtliche Kettenglieder in einem zwingenden „Wenn-dann-Verhältnis" stehen. Hierzu wieder ein Beispiel: **902**

Wenn sich am Fahrzeug des Angeklagten eine Delle mit Lackspuren vom Fahrzeug des Nebenklägers befindet, das eine „passende" Beschädigung aufweist, dann sind die beiden Fahrzeuge zusammengestoßen. Steht aus anderen Beweisquellen fest, dass niemals jemand anderes als der Angeklagte sein Fahrzeug benutzt und er in der fraglichen Zeit sich auf dem am Unfallort vorbeiführenden Nachhauseweg von einer Betriebsfeier befand, dann hat der Angeklagte zum Unfallzeitpunkt sein Fahrzeug geführt. Wenn sich aus der Bremsspur und aus der Karosserieverformung eine Ausgangsgeschwindigkeit des vom Angeklagten gesteuerten Fahrzeugs von 150 km/h errechnen lässt, dann hat der Angeklagte die an der betreffenden Stelle durch Verkehrszeichen angeordnete Höchstgeschwindigkeit von 50 km/h um den zweifachen Wert überschritten; wenn das Trägheitsmoment des Fahrzeugs bei dieser Geschwindigkeit in der engen Rechtskurve die Einhaltung der rechten Fahrspur auch bei einem geübten Fahrer nicht zugelassen hätte und wenn der Nebenkläger mit einer Geschwindigkeit von maximal 50 km/h auf seiner rechten Fahrspur dem Angeklagten **903**

2052 Hat er freilich neben diesen 5 Übereinstimmungen eine einzige Abweichung gefunden, die ausreicht, um den Angeklagten als Spurenleger auszuschließen, wäre es ein Rechtsfehler, den daktyloskopischen Befund zu Lasten des Angeklagten zu verwerten.

entgegengekommen war, dann war die vom Angeklagten gefahrene Geschwindigkeit ursächlich für den Zusammenstoß auf der von ihm aus gesehen linken Fahrspur. Daraus darf (und muss) der Tatrichter den Schluss ziehen: Also hat der Angeklagte durch sein vorschriftswidriges Fahren den Nebenkläger, der infolge des Unfalls querschnittsgelähmt ist, verletzt.

904 Wäre auch nur bei einem dieser Denkschritte der „Wenn-dann-Schluss“ nicht „zwingend“, sondern nur „möglich“, wäre also beispielsweise der Satz, wonach das Fahrzeug *ausschließlich* von dem (die Tat bestreitenden) Angeklagten benutzt wird, nach dem Ergebnis der Beweisaufnahme zu ersetzen durch den Satz, dass das Fahrzeug nur *häufig* von ihm benutzt wird, wäre die ganze Indizienkette gerissen. Auch **eine Indizienkette ist nämlich nur so stark wie ihr schwächstes Glied**. Anders als bei einem Indizienring muss also bei einer Indizienkette der In-dubio-Satz bereits bei den einzelnen Beweisanzeichen angewendet werden, weil der Zweifel am Indiz hier gleichbedeutend ist mit dem misslungenen Beweis der Täterschaft.

905 In der Praxis der Revisionsgerichte tritt die Frage nach der richtigen Stelle für die Anwendung des Zweifelssatzes typischerweise dann auf, wenn es um die Auswirkungen eines nicht exakt zu bestimmenden Trunkenheitsgrades geht: Bei der Prüfung der Fahrtüchtigkeit kann der Zweifelssatz dazu zwingen, einen geringen Blutalkoholwert anzunehmen, während dem Angeklagten die höchstmögliche Alkoholkonzentration zugute gehalten werden muss, soweit es um seine Schuldfähigkeit geht. Aber auch hierbei ist zu beachten, dass der BAK-Wert, soweit ein solcher überhaupt ermittelt werden konnte, nur eines von mehreren Indizien für die uneingeschränkte, eingeschränkte, erheblich verminderte oder ausgeschlossene Schuldfähigkeit darstellt. Die Trinkgewohnheit, die körperliche und seelische Verfassung, das äußere, mehr oder weniger planmäßige, zielgerichtete und erkennbar kontrollierte Verhalten (das sog. Leistungsverhalten[2053]) sind Kriterien, die jeweils im Einzelfall neben dem BAK-Wert zu berücksichtigen sind.[2054] Weil diese Beweisanzeichen stets nur nebeneinander und mit Bewertungsspielräumen ermittelbar und zwingende Schlussfolgerungen so gut wie niemals möglich sind, müssen hier die Regeln des Indizienringes zum Tragen kommen.

906 Deshalb sagt der 1. Strafsenat des BGH zur Anwendbarkeit des Zweifelssatzes zutreffend: *„(Der) Grundsatz (im Zweifel für den Angeklagten) bezieht sich in erster Linie nicht auf einzelne Indizien, sondern auf die aus ihnen abgeleitete unmittelbar relevante Tatsache, hier also die Schuldfähigkeit. Innerhalb des Indizes BAK-Wert gebietet er nur, die für den Angeklagten günstigsten Abbauwerte, nicht aber die durchschnittlichen Abbauwerte zu verwenden (…). Im Übrigen gilt der Grundsatz, dass einzelne Indiztatsachen nicht isoliert nach dem Zweifelssatz beurteilt werden dürfen. Indizien stehen in wechselseitiger Abhängigkeit und sind deshalb stets einer Gesamtwürdigung zu unterziehen (…). Das bedeutet, dass nicht der BAK-Höchstwert als eines unter mehreren Indizien mit Rücksicht auf den Zweifelssatz ausschlaggebend sein muss. Kommt der Tatrichter zu der Überzeugung, dass die übrigen Beweisanzeichen stärker sind als der BAK-Höchstwert, sind die-*

2053 Zum Stand der insoweit nicht einheitlichen Rspr. und des Schrifttums umfassend *Fischer* § 20, Rn. 22 ff.

2054 Vgl. LK-*König* § 316, Rn. 97 ff.

se maßgebend. Erst wenn im Rahmen einer Gesamtabwägung Zweifel an der vollen Schuldfähigkeit bleiben, ist für den Zweifelssatz Raum."[2055]

Es sei aber noch einmal betont, dass dies nur für die **Indizienringmethode** zutrifft, die im Falle der Feststellung der Schuldfähigkeit infolge Alkoholkonsums anzuwenden ist.[2056] Wo immer aber eine Kette von Schlussfolgerungen aus Tatsachen, von denen jeweils die eine aus der anderen logisch hergeleitet wird, einen Beweis erbringen soll, muss der jeweils nächste Schluss unterbleiben, wenn das Indiz, an das er anknüpft, nicht sicher feststeht.

(3) Das Beweismaß

Bei alledem zuvor Gesagten ist noch nicht entschieden, bis zu welchem Grad die Revi- **907**
sionsgerichte von den Tatgerichten verlangen (können), den inneren Vorgang, der sich im Kopf des einzelnen Richters und im Beratungszimmer des Kollegiums abspielt, so transparent zu machen, dass ihm das Revisionsgericht das Ergebnis „abnimmt“. Damit soll hier das gemeint sein, was insbesondere *Herdegen* das intersubjektiv rational vermittelbare **Beweismaß** nennt. *Herdegen* hat durchaus erkannt, dass ein 100-prozentiger sprachlicher Transfer aller inneren Vorgänge, die wir „Überzeugungsbildung“ nennen, nicht möglich ist. Um daraus aber nicht den falschen Schluss zu ziehen, dass der Tatrichter dann eben alles, was er erwogen und in sein Beweisergebnis hat einfließen lassen, für sich behalten dürfe, hat Herdegen das Beweismaß der **hohen Wahrscheinlichkeit** zur Diskussion gestellt,[2057] die nach und nach von den BGH-Strafsenaten übernommen wurde.[2058] Damit ist ein wichtiges Etappenziel auf dem Weg zu einer rationalen und weitestgehend überprüfbaren Beweiswürdigung erreicht.

Die rein subjektive Überzeugungstheorie, wonach es lediglich auf die dem Gewissen **908**
verpflichtete persönliche Gewissheit des Richters ankommen sollte, kann damit als überwunden gelten. Nach *Herdegens* Ansatz kann nur die intersubjektiv akzeptable, d. h. für jedermann, sofern er nur den erforderlichen Sachverstand besitzt, einsehbare (vertretbare) Argumentation als eine die Urteilshypothese bestätigende Begründung angesehen werden.[2059] Der 5. Strafsenat drückt das so aus:[2060] „*(Die Ausführungen zur Beweiswürdigung) müssen aus rationalen Gründen den Schluß erlauben, dass das festgestellte Ge-*

2055 BGHSt 35, 308 (316) = NJW 1989, 779 = StV 1988, 482; ebenso BGH, Urt. v. 26. 5. 1999 – 3 StR 110/99 = NStZ-RR 2000, 45; BGH, Urt. v. 9. 4. 2003 – 2 StR 482/02 = NStR-RR 2003, 271.

2056 Insoweit ist auch die Kritik *Foths* NStZ 1996, 423 an der Rechtsprechung des 4. Strafsenats in BGHSt 37, 232 (237) und BGH NStZ 1995, 539 berechtigt.

2057 *Herdegen* Bemerkungen zur Beweiswürdigung, NStZ 1987, 193 (199); *ders.*, Die Überprüfung der tatsächlichen Feststellungen durch das Revisionsgericht auf Grund der Sachrüge, StV 1992, 527 (533); *ders.*, Verteidigung und Wahrheitspflicht, 24. Herbstkolloquium 2007 der Arbeitsgemeinschaft Strafrecht des DAV, StraFo 2008, 137 (140); *ders.*, Die Revisibilität der Beweiswürdigung, Strafverteidigung im Rechtsstaat – 25 Jahre Arbeitsgemeinschaft Strafrecht des Deutschen Anwaltvereins, 553 (566).

2058 BGH NStZ 1988, 236; BGHR StGB § 242 Abs. 1 – Beweiswürdigung 1; BGHR StPO § 261 – Vermutung 11; vgl. BGH NStZ-RR 1996, 202; BGH NStZ-RR 1997, 42; bei *Kusch*, NStZ 1997, 376; BGH NStZ-RR 1999, 139 = StV 1999, 136; BVerfG NJW 2003, 2444 (2445).

2059 *Herdegen* DAV Bd. 9, 30 (39).

2060 BGH StV 1993, 510 (511); BGH StV 1995, 453.

schehen mit hoher Wahrscheinlichkeit mit der Wirklichkeit übereinstimmt. Das ist der Nachprüfung durch das Revisionsgericht zugänglich. Deshalb müssen die Urteilsgründe erkennen lassen, dass die Beweiswürdigung auf einer tragfähigen, verstandesmäßig einsehbaren Tatsachengrundlage beruht und dass die vom Gericht gezogene Schlußfolgerung nicht etwa nur eine Annahme ist oder sich als bloße Vermutung erweist, die letztlich nicht mehr als einen Verdacht zu begründen vermag."

909 Die Rechtsprechung hat sich insoweit von früheren Aussagen,[2061] wonach der Tatrichter nicht gehindert werden könne, nur *mögliche* Schlüsse zu ziehen, distanziert.[2062] Allgemein lässt sich daher die Tendenz beobachten, die Anforderungen an die Beweiswürdigung im Urteil zu erhöhen,[2063] zugleich aber auch zu konkretisieren. Während die Revisionsgerichte schon früh begannen, tatrichterliche Urteile aufzuheben, wenn die Feststellungen gegen gesicherte Erfahrungssätze oder gegen offenkundige Tatsachen verstießen,[2064] wird nunmehr gefordert, dass eine „tragfähige, verstandesmäßig einsichtige Tatsachengrundlage"[2065] vorhanden sein muss. Dieser „objektiv-rationale Unterbau" ist mithin die nachvollziehbare Beschreibung der objektivierbaren rationalen Erkenntnisgewinnung durch den Tatrichter.[2066] Der objektivierbar rationale Erkenntnisakt und das subjektiv individuelle Gewissheitserlebnis stehen dabei als jeweils notwendige Komponenten ein und desselben Vorgangs in einem Gegenseitigkeitsverhältnis.[2067] Dabei ist die rationale Argumentation des Tatrichters bestimmten, von der höchstrichterlichen Rechtsprechung entwickelten Regeln unterworfen. Das gilt namentlich auch gerade für die dem direkten Zugriff unzugänglichen **inneren Tatsachen** unter den Strafbarkeitsvoraussetzungen.[2068] Dies hat der BGH hinsichtlich der subjektiven Tatvoraussetzungen für eine Beihilfe in einem Fall zum Anlass für eine Urteilsaufhebung genommen, in dem festgestellt war, dass der Mitangeklagte einen Brand nicht selbst gelegt hatte, sondern hierzu zwei unbekannte Personen veranlasst hatte, während für den möglichen Tatbeitrag des Beschwerdeführers lediglich eine nächtliche Fahrt in die Nähe des Tatorts und einige wenig aussagekräftige Indizien herangezogen waren. Daraus hatte der Tatrichter geschlossen, dass der Beschwerdeführer ein dunkles Geschäft des Mitangeklagten am Zielort billigend in Kauf nahm. Das reichte als Grundlage für den erforderlichen Gehilfenvorsatz nicht aus.[2069]

910 Das Beweismaß der hohen Wahrscheinlichkeit als eine Konzession an die Erkenntnis, dass eine absolute („mathematisch 100%-ige") objektive Wahrheitsfindung niemals möglich ist und an die Unmöglichkeit der vollständigen sprachlichen Vermittlung der Überzeugungsbildung enthält jedoch zwei Gefahren: Zum einen verleitet die For-

---

2061 BGHSt 10, 208 (210); 29, 18 (20).
2062 BGH StV 1995, 453.
2063 *Schäfer* Freie Beweiswürdigung und revisionsrechtliche Kontrolle, StV 1995, 147 (153).
2064 *Hamm* Tendenzen der revisionsgerichtlichen Rechtsprechung aus anwaltlicher Sicht, StV 1987, 262 (263); *ders.* FS Fezer aaO.
2065 BGH StV 1982, 407; vgl. BGH NStZ-RR 1996, 202; BGH NStZ-RR 1997, 42; bei *Kusch*, NStZ 1997, 376; BGH NStZ-RR 1999, 139 = StV 1999, 136; BVerfG NJW 2003, 2444 (2445).
2066 So die Formulierung bei *Fezer* Tatrichterlicher Erkenntnisprozess – „Freiheit" der Beweiswürdigung, StV 1995, 95 (99); siehe auch *Herdegen* Beweisantragsrecht, Beweiswürdigung, strafprozessuale Revision, 107.
2067 *Fezer* aaO, 99; *Herdegen* StV 1992, 527 (531 und 533); BGH StV 1988, 190.
2068 Siehe dazu jetzt *Hamm* in Haffke-Symposium, 137 ff.
2069 BGH, Beschl. v. 11. 6. 2002 – 5 StR 170/02; vgl. BGHR StPO § 261 Überzeugungsbildung 26 und 34; Vermutung 11; jeweils m. w. N.

mel von der hohen Wahrscheinlichkeit zu dem von *Herdegen* nicht gewollten Missverständnis, es reiche bereits zur Annahme des vollen Beweises aus, dass der Tatrichter selbst die Übereinstimmung des von ihm „gefundenen" Ergebnisses mit dem wirklichen Geschehensablauf für „hoch wahrscheinlich" hält. Solange sein Gewissheitsgrad nicht über dieses Maß hinausgeht, muss er freisprechen bzw. darf er die betreffende Tatsache nicht als feststehend seinem Urteil zugrunde legen. Deshalb muss es zwar bei der Arbeitsteilung sein Bewenden haben, dass das Tatgericht die *Ergebnisse* der Beweiswürdigung alleine zu verantworten hat, wenn es ihm gelungen ist, bis zur Grenze der höchstmöglichen, rational-sprachlich vermittelbaren Wahrscheinlichkeit den Plausibilitätstransfer zum Revisionsgericht durchzuführen.[2070] Zum anderen darf das Beweismaß der hohen Wahrscheinlichkeit auch nicht so verstanden werden, dass mit seiner Bejahung durch das Revisionsgericht auch schon die „Wahrheit" des Festgestellten besiegelt wäre, sodass etwa auch das Beruhen des Urteils auf einem von der Revision aufgezeigten Verfahrensfehler mit dem Hinweis darauf verneint werden könnte, die Feststellungen seien „rechtsfehlerfrei" getroffen worden.

bb) Einzelne Typen von Verstößen gegen § 261 StPO

Wie bereits ausgeführt, kann der Tatrichter gegen § 261 StPO entweder dadurch verstoßen, dass er den „Inbegriff der Hauptverhandlung" in wesentlichen Teilen der Beweisaufnahme nicht ausgeschöpft hat, oder indem er nicht offenkundige Erkenntnisse, die er außerhalb der Verhandlung gewonnen hat, in seine Beweiswürdigung hat einfließen lassen.[2071] Allen im Folgenden behandelten Fehlertypen ist gemeinsam, dass sie nur dann für das Revisionsgericht offenbar werden, wenn die geschriebenen Urteilsgründe zu erkennen geben, dass einer der beiden Fehlertypen vorliegt. Auch hier gilt wieder, dass der Sprachgebrauch des BGH, wonach solche Urteilsmängel „auf die Sachrüge hin" zur Aufhebung führen, nur bedeutet, dass meist die Erhebung der Sachrüge erforderlich und ausreichend ist, um der Revision zum Erfolg zu verhelfen, dass aber der Mangel selbst eigentlich ein verfahrensrechtlicher ist. Ist der Fehler aus den schriftlichen Urteilsgründen nicht ersichtlich, fehlen für die Entscheidung des Revisionsgerichts erforderliche Verfahrenstatsachen, ohne die ihm eine Überprüfung des Beweiswürdigungs- bzw. Beratungsvorgangs nun einmal nicht möglich ist.[2072] Da auch eine Verfahrensrüge aber keinen Vortrag über die interne Beratungstätigkeit des Kollegialgerichts oder gar über die Denkarbeit des einzelnen Richters enthalten kann, versagt die Revision als Überprüfungsinstanz in all den Fällen, in denen es dem Tatrichter gelingt, einen Verstoß gegen § 261 StPO hinter einer vordergründig „rechtsfehlerfreien" Urteilsbegründung zu verbergen. **911**

Es gibt aber auch Fälle, in denen eine aus sich selbst heraus unangreifbar erscheinende Erwägung in den Urteilsgründen erst im Zusammenhang mit einem Verfahrensvorgang, der ebenfalls bei isolierter Betrachtung wertneutral erscheint, einen Verstoß gegen § 261 StPO verrät. In einem solchen Fall kann eine Verfahrensrüge durchaus wei- **912**

2070 Zu dieser Thematik und der Bedeutung des Plausibilitätskriteriums jetzt *Dahs* FS Hamm, 41 ff.

2071 *Meyer-Goßner* § 261, Rn. 38 a.

2072 *Herdegen* Die Überprüfung der tatsächlichen Feststellungen durch das Revisionsgericht aufgrund einer Verfahrensrüge, in DAV, Bd. 10, 15 (35).

terhelfen. Das ist stets dann der Fall, wenn die Rüge der Verletzung des § 261 StPO alternativ zur Aufklärungsrüge erhoben wird. Es kann z.B. geltend gemacht werden, eine im Urteil wörtlich mitgeteilte Urkunde sei inhaltlich nicht identisch mit einer in der Hauptverhandlung verlesenen, so dass die im Urteil verwertete entweder entgegen der Aufklärungspflicht nicht verlesen wurde, oder das Gericht dem verlesenen Schriftstück einen ihr widersprechenden Inhalt beigemessen habe. Dann kann dieser Teil der Beweiswürdigung sich nicht auf den Inbegriff der Beweisaufnahme stützen.[2073]

913 Das „Rekonstruktionsverbot" soll nach der Rechtsprechung der Überprüfbarkeit eines tatrichterlichen Urteils dann entgegenstehen, wenn gerügt wird, erhobene Beweise seien nicht erschöpfend oder unzutreffend gewürdigt worden.[2074] Zwar gestehen die Revisionsgerichte zu, dass in der Würdigung eines Beweismittels entgegen seinem tatsächlichen Beweiswert eine Verletzung des § 261 StPO liegen kann. Die Rüge soll aber nur dann Erfolg haben können, wenn sie ein Beweismittel zum Gegenstand hat, das auch **vom Revisionsgericht ohne Weiteres zur Kenntnis genommen werden kann.**[2075] Dementsprechend kann zwar gerügt werden, dass eine verlesene Urkunde einen anderen Inhalt hat als im Urteil angenommen.[2076] Dasselbe kann gelten, wenn die Revision darauf gestützt ist, dass der Wortlaut einer Urkunde (z.B. eines Vernehmungsprotokolls) oder einer gemäß § 273 Abs. 3 StPO während der Hauptverhandlung protokollierten Aussage trotz ihrer für den Schuld- oder Strafausspruch vielleicht sogar entscheidenden Bedeutung überhaupt unerwähnt bleibt.[2077]

914 Eine eigenständige Würdigung eines **Augenscheinsobjekts** soll dem Revisionsgericht jedoch schon nicht mehr möglich sein.[2078] Insbesondere aber ist es nicht möglich, kombinierte Wahrnehmungs- und Wertungsvorgänge des Tatrichters aus der Hauptverhandlung zu überprüfen. Damit unterliegt die Frage, ob die Aussage eines Zeugen oder das Gutachten eines Sachverständigen im Urteil zutreffend wiedergegeben ist, nicht mehr der Kontrolle des Revisionsgerichts.[2079]

2073 Zur Zulässigkeit der in der Rechtsprechung meist am Rekonstruktionsverbot scheiternden Alternativrüge *Hebenstreit* FS Widmaier, 267 ff.; *Pauly* FS Hamm, 557 ff., 563 f.

2074 Vgl. hierzu *G. Schäfer* StV 1995, 147, 154.

2075 Nachw. bei *Pauly* aaO, 559.

2076 BGH 3 StR 314/02 = StV 2003, 319 = NStZ-RR 2003, 52 (verlesener Haftbefehl); BGH 1 StR 378/02, Urt. v. 3. 12. 2002; BGH 4 StR 60/92 = StV 1993, 115 (verlesene Einlassung); BGH 4 StR 31/93 = StV 1993, 459 (verlesenes Geständnis); vgl. ferner: BGH 5 StR 237/97 = BGHSt 43, 212, 214; BGH 3 StR 250/87 = BGHR StPO § 261 Inbegriff der Verhandlung 6 sowie LR-*Hanack* § 337, Rn. 80.

2077 BGH 1 StR 180/06, Urt. v. 16. 10. 2006 = NStZ 2007, 115, 116 (nach § 249 Abs. 2 StPO in die Hauptverhandlung eingeführter Brief); BGH 3 StR 285/01, Beschl. v. 6. 9. 2001 = StV 2002, 12 (Vernehmungsprotokolle); BGH 1 StR 211/01, Urt. v. 9. 8. 2001 = NJW 2002, 73 = NStZ 2002, 204 = StV 2002, 204 (verlesenes Urteil, Revision der StA); vgl. auch BGH 4 StR 107/05, Urt. v. 15. 9. 2005; BGH 1 StR 355/00, Beschl. v. 5. 9. 2000 (Rüge unbegründet); BGH 1 StR 58/01, Beschl. v. 3. 4. 2001 = StV 2002, 354 (für eine nach § 273 Abs. 3 StPO protokollierte Aussage). Siehe ferner BGH 1 StR 283/00, Beschl. v. 3. 8. 2000 = StV 2001, 441 (Beweiswürdigung im Widerspruch zu verlesenem früheren Urteil); BGH 5 StR 20/03 = StV 2003, 318.

2078 Vgl. für die Identifikation an Hand von Radarfotos: BGHSt 29, 18 = JR 1980, 168 m. Anm. *Peters* sowie BGHSt 43, 376, 381.

2079 BGH 5 StR 237/97 = BGHSt 43, 212, 214; BGH 1 StR 291/89 = NStZ 1990, 35; BGHSt 21, 149, 151 (dienstl. Äußerungen des Gerichts); BGHSt 29, 18, 20; BGHSt 15, 347 (Aufzeichnungen des Verteidigers).

Aber schon gegen die Ausnahmefälle, in denen der BGH wegen eines auch dem Revisionsgericht klar erkennbaren Widerspruchs zwischen dem wörtlich dokumentierten Teil der Beweisaufnahme und dem Urteil einen Verstoß gegen § 261 StPO anerkannte, wurde eingewandt, ob das Gericht dazu verpflichtet war, ein verlesenes Schriftstück ausdrücklich im Urteil zu erörtern, lasse sich ohne vollständige Kenntnis des Inhalts der übrigen Beweisaufnahme nicht beurteilen.[2080] 915

Dem ist der BGH jedoch mit Recht nicht gefolgt. Er hat aber dem Einwand insofern Rechnung getragen, als er zur Zulässigkeit für die Rüge der fehlenden Erörterung einer Urkunde im Urteil (Verletzung des § 261 StPO) verlangte, in der Revisionsbegründung müsse auch dargelegt werden, aus welchem Grund eine in der Hauptverhandlung verlesene Vernehmungsniederschrift zum Zeitpunkt der Urteilsberatung **noch beweiserheblich** war.[2081]

In der „Schusskanal"-Entscheidung hat der BGH[2082] zwar den von der Revision geltend gemachten Verfahrensfehler als Aufklärungsmangel behandelt, jedoch ging es in der Sache um einen wegen des schriftlichen Obduktionsergebnisses naheliegenden Widerspruch zwischen dem in der Hauptverhandlung erstatteten mündlichen Gutachten und einer Feststellung des Urteils, mithin um einen Verstoß gegen § 261 StPO. Dasselbe gilt für die Fälle, in denen die Rechtsprechung eine wörtliche Protokollierung einer Zeugenaussage gem. § 273 Abs. 3 StPO[2083] oder einer Aussage eines Angeklagten gem. § 273 Abs. 1 StPO[2084] zum Anlass nahm, Rückschlüsse auf eine „lückenhafte" Beweiswürdigung zu ziehen.[2085] Die Lücke besteht in diesen Fällen eigentlich nur darin, dass versäumt wurde, im tatrichterlichen Urteil auch noch niederzuschreiben, das Gegenteil des darin festgestellten Inhalts der Beweisaufnahme sei tatsächlich in der Beweisaufnahme ausgesagt bzw. verlesen worden. Da einen solchen Unsinn zu schreiben, das Verfahrensrecht nicht (und erst recht nicht das sachliche Recht) vom Tatrichter verlangen kann, sollten die Revisionsgerichte auch den Fehler beim Namen nennen: Unwahre Wiedergabe des Inbegriffs der Verhandlung in den Urteilsgründen, mithin ein Zeichen dafür, dass die wirkliche Beweiswürdigung auch nicht auf dem Inbegriff der Hauptverhandlung beruht haben kann. 916

(1) Verstoß gegen die Beweiswürdigungspflicht

Die Revision kann geltend machen, dass das Tatgericht in einer wesentlichen Beweisfrage seine Würdigung überhaupt unterlassen oder zu früh abgebrochen habe. So hat der BGH in einem Fall, in dem das Schwurgericht **„offengelassen"** hatte, ob der Angeklagte zwei oder drei Schüsse absichtlich abgegeben hatte und welcher davon tödlich war, wobei aber feststand, dass „jedenfalls" bis zum zweiten Schuss eine Notwehrlage bestanden hatte, auf die Revision der Nebenklage ausgeführt: *„Die Frage, ob* 917

2080 Vgl. zur Kritik u. a. *Meyer-Goßner* § 261, Rn. 38a; *Foth* NStZ 1992, 444, 446.
2081 BGH 5 StR 42/02, Urt. v. 9. 10. 2002; BGH 1 StR 58/01, Beschl. v. 3. 4. 2001 = StV 2002, 354 (für eine nach § 273 Abs. 3 StPO protokollierte Aussage).
2082 NStZ 1991, 448; siehe oben, Rn. 265 ff.; vgl. dazu auch *G. Schäfer* StV 1995, 147.
2083 BGHSt 38, 14 = StV 1991, 548 = NStZ 1991, 500; BGH StV 1994, 358.
2084 BGH StV 1991, 549.
2085 Vgl. dazu *G. Schäfer* StV 1995, 147, 155.

der dritte Schuß absichtlich oder aus Versehen abgegeben wurde, durfte das Landgericht entgegen seiner Ansicht jedoch nicht offenlassen. Denn selbst dann, wenn die Annahme der Strafkammer zutreffend wäre, der Tod des M. sei bereits infolge des zweiten Schusses sofort, jedenfalls noch vor dem dritten Schuß eingetreten, kann ein vom Angeklagten bewusst abgegebener und damit möglicherweise vorsätzlicher dritter Schuß den Tatbestand eines untauglichen Versuchs des Totschlags erfüllen. Ein solcher (dritter) Schuß wäre nach den bisherigen Feststellungen durch Notwehr objektiv nicht gedeckt und durch Putativnotwehr nicht ohne Weiteres entschuldigt.“[2086] Dasselbe würde erst Recht umgekehrt gelten, wenn das Landgericht nicht hätte klären können, welches der tödliche gewesen wäre, um dann dem Angeklagten die Zubilligung der Notwehr zu verweigern.

918 Ein „beliebter“ Fehler besteht auch darin, dass in Fällen, in denen sich die Anklage gegen mehrere Angeklagte richtet, das Tatgericht sich in einer unaufklärbaren Tatfrage nicht entscheiden kann, obwohl es hinsichtlich eines jeden Angeklagten entscheiden muss, welche der verschiedenen in Betracht kommenden Versionen für den jeweiligen Angeklagten günstiger ist. Die Abneigung gegen eine klare Feststellung über das bewiesene Tatgeschehen oder über die rechtliche Konsequenz aus der Unbeweisbarkeit ist regelmäßig dann besonders groß, wenn der Satz **„in dubio pro reo“** zu widersprüchlichen Feststellungen zwingt. Das ist aber eine notwendige Konsequenz aus der Möglichkeit, gegen mehrere Angeklagte eine gemeinsame Hauptverhandlung durchzuführen,[2087] und aus dem Grundsatz, dass jeder für sich die Anwendung des Zweifelssatzes beanspruchen kann.[2088]

(2) Gleichsetzung des Begriffs der Überzeugung mit rein subjektiver Gewissheit

919 Die Alltagssprache kennt die Formulierung: „Ich bin davon überzeugt, kann es aber nicht beweisen“. § 261 StPO spricht zwar von der „freien Überzeugung“, stellt aber gleichzeitig klar, dass diese auf das Ergebnis der Beweisaufnahme, also auf objektive Tatsachen bezogen sein muss. Die subjektive Überzeugung von der Täterschaft und Schuld des Angeklagten ist für sich allein also nichts wert. Fehlt sie freilich, so bedeutet der Hinweis des Gesetzes auf die Freiheit des Tatrichters, dass das Revisionsgericht dessen Zweifel grundsätzlich hinzunehmen hat.[2089] Eine Verurteilung aber, die nur auf den subjektiven Glauben an die Richtigkeit einer Verdachtsbeschreibung der An-

2086 BGH, Urt. v. 29. 6. 1994 – 3 StR 628/93 = NJW 1995, 269 = NStZ 1994, 539.

2087 Unabhängig davon, ob es sich um eine Verfahrensverbindung im Sinne einer „Verschmelzung“ wegen eines Zusammenhangs nach § 4 StPO handelt oder „nur“ um eine gemeinsame Hauptverhandlung nach § 237 StPO; zum Unterschied vgl. BGHSt 38, 300 = NJW 1992, 2644 = NStZ 1992, 501 = StV 1992, 500; BGHSt 38, 376 = NJW 1993, 672 = StV 1993, 61 = NStZ 1993, 248; *Rieß* NStZ 1993, 249; *Kindhäuser* JZ 1993, 478; vgl. dazu auch oben, Rn. 88 f.

2088 Vgl. BGH StV 1992, 260 = BGHR StPO § 261 – in dubio pro reo 8; Hier stellt der BGH noch einmal ausdrücklich klar, „dass dann, wenn eine Tatbeteiligung mehrerer Angeklagter zu prüfen ist, sichere Feststellungen aber nicht zu treffen sind, bei jedem Angeklagten jeweils die für ihn günstigste Möglichkeit zugrundezulegen ist. Dies kann auch dazu führen, dass im selben Urteil von mehreren Fallgestaltungen auszugehen ist, die einander sogar ausschließen können“; BGH StV 1996, 81; BGH StV 2005, 597.

2089 *G. Schäfer* StV 1995, 147 (149).

klage gegründet wird, ohne dass die tatrichterliche Überzeugung mit genügend Tatsachen belegt wurde, ist rechtsfehlerhaft.[2090]

(3) Fehlende Gesamtwürdigung

Das Tatgericht kann den Rechtsbegriff der *Überzeugung* auch in der Weise verkannt haben, dass es eine (Gesamt-)Würdigung der feststehenden be- und entlastenden Indiztatsachen nicht für erforderlich hielt. Auch auf diesem Fehler können Verurteilungen und Freisprüche beruhen. Im letzteren Falle nennt das die Rechtsprechung mitunter eine **„Überspannung der Beweisanforderungen"** oder „Zweifel, die realer Anknüpfungspunkte entbehren und sich lediglich auf die Annahme einer bloß gedanklichen, abstrakt-theoretischen Möglichkeit gründen".[2091] Im ersteren Falle fehlt es nicht selten an einer Erörterung von im Urteil nur an anderer Stelle erwähnten entlastenden Indizien oder an einer Gesamtwürdigung der für die *Richtigkeit der Einlassung des Angeklagten* sprechenden Umstände in den Urteilsgründen.[2092] **920**

Eine **„Beweiszusammenstellung ist noch keine Beweiswürdigung"**.[2093] Die Urteilsgründe dürfen sich also nicht darauf beschränken, Aussagen von Zeugen, Sachverständigen und Urkunden aufzulisten und beziehungslos nebeneinanderzustellen, sondern sie müssen auch erkennen lassen, dass das Gericht sich argumentativ mit dem Beweiswert der einzelnen Inhalte der Beweisaufnahme auseinandergesetzt, sie in Beziehung zueinander gesetzt und auch zu der Einlassung des Angeklagten abgewogen und schließlich in ihrer Gesamtheit gewichtet hat. Dabei müssen die Gründe auch deutlich machen, welche Indizien mit welchem Wahrscheinlichkeitsgrad (was selbstverständlich nicht „numerisch" angegegeben werden muss) für und welche gegen die Richtigkeit der Anklage sprechen. **921**

Dies gilt nicht nur für die „Hauptfragen" nach der Täterschaft und Schuld des Angeklagten, sondern auch für Vorfragen in einer Indizienkette. Insbesondere im Zusammenhang mit dem Zeugenbeweis kommt es immer wieder vor, dass auf eine den Angeklagten belastende Aussage eine Verurteilung gestützt wird, ohne dass die **Glaubwürdigkeit des Zeugen** nach einzelnen Merkmalen geprüft und im Wege einer Gesamtwürdigung positiv oder negativ bewertet worden wäre. **922**

So beanstandete der BGH[2094] die Beweiswürdigung im Hinblick auf die Frage der Glaubwürdigkeit des Tatopfers, die sich darauf beschränkte, die Umstände, die gegen die Zuverlässigkeit der Angaben der Geschädigten sprechen, gesondert und einzeln zu erörtern, getrennt voneinander zu prüfen und festzustellen, dass sie jeweils nicht geeignet seien, die Glaubwürdigkeit der Geschädigten in Zweifel zu ziehen. In einem

---

2090 BGH 1 StR 217/94 v. 17. 5. 1994; BGH StV 1994, 173; BGH StV 1994, 114; BGHR StGB § 265 – Beweiswürdigung 1; BGH 3 StR 458/95 v. 13. 3. 1996; weitere Beispiele bei G. *Schäfer* StV 1995, 147 (149) und bei *Niemöller* StV 1984, 431 (433).

2091 Beispiel: BGHR StPO § 261 – Überzeugungsbildung 22; BGH NStZ 1999, 206; BGH, Urt. v. 8. 2. 2006 – 5 StR 431/05.

2092 Beispiel: BGH StV 87, 238 = BGHR StPO § 261 – Indizien 1.

2093 *Maul* FS Pfeiffer, 415.

2094 BGH StV 1996, 367 = BGHR StPO 261 – Indizien 7; vgl. auch BGHR StPO § 261 – Indizien 1 und 2; Zeuge 3; vgl. BGH, Urt. v. 21. 8. 2001 – 5 StR 89/01 = BeckRS 2001 30200237.

solchen Fall fehlt die erforderliche **Gesamtwürdigung aller Beweisanzeichen**, die gegen die Richtigkeit der Bekundungen sprechen könnten. Selbst wenn nämlich jedes einzelne die Glaubwürdigkeit der Geschädigten möglicherweise in Frage stellende Indiz noch keine Bedenken gegen die den Angeklagten belastende Aussage aufkommen ließe, so kann doch die Häufung der – jeweils für sich noch erklärbaren – Fragwürdigkeiten bei einer Gesamtschau zu durchgreifenden Zweifeln an der Richtigkeit der erhobenen Vorwürfe Anlass geben.

(4) Nichterörterung naheliegender Sachverhaltsvarianten

923 Die aus § 261 StPO und aus der Sollvorschrift des § 267 Abs. 1 Satz 2 StPO[2095] herzuleitende Verpflichtung des Tatgerichts, in den Urteilsgründen auch eine Gesamtwürdigung vorzunehmen, darf sich – wie ausgeführt – nicht darin erschöpfen, dass den Tatgerichten eine mehr oder weniger formelhafte „Sammelerwähnung" der Ergebnisse der Beweisaufnahme abverlangt wird. Vielmehr müssen die argumentativen Bewertungen und Verknüpfungen der Beweisanzeichen und ihrer Schlussfolgerungspotenz so dargestellt werden, dass sie den Leser zur kritischen Überprüfung befähigen. Im Idealfall müssen die mitgeteilten Erwägungen auch die kriminologische und kriminalistische Phantasie des Revisionsrichters antizipieren, der sich auf die Suche nach **fehlenden** Urteilsausführungen macht.

924 Wer in einer aufgrund seines Wortreichtums scheinbar gründlichen und „revisionssicher" ausgeführten Beweiswürdigung nach argumentativen Schwachstellen forscht, der wird nach jedem Satz die Lektüre der beiden Urteilsabschnitte „Feststellungen" und „Beweiswürdigung" unterbrechen und sich jeweils zwei Fragen stellen: 1. Woher weiß das der Tatrichter? und 2. Wäre er zu demselben Ergebnis gelangt, wenn er auch bedacht hätte, ob es nicht auch „so oder so" gewesen wäre.

Dieses So-oder-so sollte jeweils eine mit der (im Urteil mitgeteilten) Einlassung des Angeklagten vereinbare Sachverhaltsvariante sein, die nicht allzu fern liegt, aber auch nicht wahrscheinlich sein muss, um für den Denktest zu taugen. Wenn auf jeweils beide Fragen der Verfasser der Urteilsgründe in denselben eine Antwort gibt, ist der Revisionsangriff über diesen Weg der Rüge nach § 261 StPO aussichtslos. Wo immer die Anwort ausbleibt, setzt sich das Tatgericht der Besorgnis aus, den Inbegriff der Hauptverhandlung eben doch nicht erschöpfend gewürdigt zu haben. Seine Antwort braucht er nur dann nicht in das Urteil zu schreiben, wenn es „so oder so" eigentlich doch nicht gewesen sein kann, oder weil dies eine fernliegende bloß theoretische Spekulation wäre.[2096] Wenn sich aber aus den im Urteil mitgeteilten Tatsachen der dem Angeklagten günstigere „Ablauf" einem objektiven Leser aufdrängt, vielleicht sogar, weil die gegen ihn gezogenen Schlüsse genauso lebensnah oder lebensfremd sind wie die zu seinen Gunsten als Arbeitshypothese dagegengehaltene Sachverhaltsversion, dann müssen die Gründe nicht nur Ausführungen darüber enthalten, dass das Tatgericht dies bedacht hat, sondern es müssen auch Argumente und Tatsachen genannt

2095 Siehe dazu oben, Rn. 474.
2096 BGH 4 StR 540/04 v. 3. 2. 2005 = NStZ-RR 2005, 149.

werden, die plausibel machen, weshalb die sich aufdrängenden Zweifel überwunden werden konnten.[2097]

(5) Unterlassene Verwertung erhobener Beweise

Dass die Beanstandung, der **Beweisgehalt** eines in der Hauptverhandlung erhobenen Beweismittels sei im Rahmen der Beweiswürdigung des Urteils schlicht verschwiegen worden, einen Verstoß gegen die in § 261 StPO begründete Pflicht zur vollständigen Ausschöpfung des wesentlichen „Inbegriffs" der Hauptverhandlung betrifft und damit auf einen Rechtsfehler i.S. des § 337 StPO zielt, kann nicht angezweifelt werden.[2098] Es ist deshalb erfreulich, dass seit etwa zwei Jahrzehnten der BGH solchen Rügen auch zum Erfolg verholfen hat.[2099] **925**

Zwar gilt nach wie vor, dass die Würdigung der Beweise primär die **Domäne des Tatrichters** ist, doch sind ihm bei der nach § 261 StPO eingeräumten Freiheit in der Überzeugungsbildung Grenzen gesetzt. Insbesondere sind die Beweise erschöpfend zu würdigen.[2100] Das Urteil muss erkennen lassen, dass der Tatrichter solche Umstände, die geeignet sind, die Entscheidung zugunsten oder zuungunsten des Angeklagten zu beeinflussen, erkannt und in seine Überlegungen einbezogen hat.[2101]

In dem entschiedenen Fall hatte die Revision mit Erfolg gerügt, § 261 StPO sei dadurch verletzt, dass das Urteil einen Schuldspruch auf die Aussage eines Zeugen und auf die Erwägung gestützt hatte, dessen Aussage stimme in allen Punkten „exakt mit dem Schriftverkehr überein"; aus einer vom Zeugen vorgelegten „in Augenschein genommenen und mit ihm besprochenen" Urkunde, die als Anlage zum Protokoll genommen worden sei, ergäbe sich aber das Gegenteil. Wegen der oben bereits behandelten Problematik des vielfach missverstandenen „Rekonstruktionsverbotes"[2102] ist jedoch zu befürchten, dass solche Entscheidungen vereinzelt bleiben. **926**

Das Hauptverhandlungsprotokoll ist das einzig zulässige Beweismittel soweit sich die Verfahrensverstöße auf wesentliche Förmlichkeiten i.S.v. § 273 Abs. 1 StPO beziehen.[2103] Unproblematisch sind daher die Fälle, in denen gerügt wird, dass im angegriffenen Urteil eine **Beweiserhebung** verwertet wurde, die tatsächlich **nicht in der** **926a**

2097 Eine Fülle von Beispielen finden sich bei *Hamm* Formularbuch, in der „Ausgeführten Sachrüge", VIII.C.10, die insoweit noch der Terminologie der Rechtsprechung folgt; Beispiele auch bei *Niemöller* StV 1984, 440 und bei *Nack* StV 2002, 514; *Herdegen* Die Revisibilität der Beweiswürdigung, Strafverteidigung im Rechtsstaat – 25 Jahre Arbeitsgemeinschaft Strafrecht des Deutschen Anwaltvereins, 553 (561 f.).

2098 So auch *G. Schäfer* StV 1995, 156.

2099 Beispiele bei *G. Schäfer* StV 1995, 156; BGH StV 1991, 549 (Der BGH sieht einen Verstoß gegen § 261 StPO darin, dass die Frage der Schadenswiedergutmachung nicht im Urteil erörtert wurde, obgleich sich aus dem Verhandlungsprotokoll ergibt, dass der Angekl. sich mit der Verwendung des bei ihm sichergestellten Geldes u.a. für die Schadenswiedergutmachung einverstanden erklärt hatte); BGHSt 38, 14 = StV 1991, 548 (Nichterörterung einer laut Protokoll wörtlich protokollierten Aussage).

2100 Vgl. BGHSt 29, 18 (20); BGHR StPO § 261 – Inbegriff der Verhandlung 7.

2101 BGH StV 1989, 423 = BGHR StPO § 261 – Inbegriff der Verhandlung 15; so auch KK-*Schoreit* § 261, Rn. 50.

2102 Vgl. oben, Rn. 255 ff.

2103 *Fezer* Strafprozessrecht, 276.

Hauptverhandlung stattgefunden hatte. Insoweit hilft die absolute Beweiswirkung der Sitzungsniederschrift gem. § 274 StPO weiter. Stützt der Tatrichter das Urteil z.B. auf die Aussage eines Zeugen und ist durch das Verhandlungsprotokoll bewiesen, dass der Zeuge nicht vernommen worden ist, liegt darin ein Verstoß gegen § 261 StPO. Häufig spricht man in diesen Fällen von einer Überschreitung der „äußeren Grenzen" des § 261 StPO.[2104]

926b Problematisch wird es aber dann, wenn (im umgekehrten Fall) die Rüge erhoben wird, ein Beweismittel sei zwar in die Hauptverhandlung eingeführt, dann aber im Urteil nicht berücksichtigt worden (**„Beweisgehalt übersehen"**). Damit thematisch eng verbunden ist die Rüge, ein in der Hauptverhandlung verwendetes Beweismittel habe inhaltlich etwas anderes ergeben, als im Urteil festgestellt worden ist (**„Beweisgehalt falsch beurteilt"**). Die revisiongerichtliche Rechtsprechung verneint in diesen Fällen grundsätzlich eine Überprüfungsmöglichkeit und verweist zur Begründung ihrer Ansicht auf das sog. „Rekonstruktionsverbot".[2105] Zur Begründung wird darauf verwiesen, dass es allein Sache des Tatrichters sei, das Ergebnis der Hauptverhandlung festzustellen und zu würdigen; der dafür bestimmte Ort sei das Urteil. Was in ihm über das Ergebnis der Verhandlung zur Schuld- und Straffrage festgehalten werde, binde das Revisionsgericht. Das Revisionsgericht sei weder befugt, noch in der Lage, die Beweisaufnahme inhaltlich zu rekonstruieren.[2106]

927 Etwas anderes gilt aber dann, wenn ohne Rekonstruktion der Hauptverhandlung geklärt werden kann, dass der Beweisgehalt eines Beweismittels ein anderer war, als der vom Richter im Urteil festgestellte. Zulässig ist daher ein Vergleich zwischen dem Urteilsinhalt und solchen Teilen der Beweisaufnahme, deren Inhalt schriftlich fixiert ist.[2107] Die Rüge der Verletzung des § 261 StPO hat demnach Erfolg, wenn das Urteil die Aussage eines kommissarisch vernommenen Zeugen, die in der Hauptverhandlung verlesen wurde, oder den Wortlaut einer verlesenen **Urkunde falsch wiedergibt** oder die Urkunde entgegen den Urteilsfeststellungen einen eindeutig anderen Inhalt hat. Keinen Erfolg kann die Rüge dagegen mit der Behauptung haben, ein Zeuge habe anders ausgesagt oder eine Vertragsurkunde sei nicht richtig ausgelegt worden.[2108]

928 Die Rechtsprechung zum Rekonstruktionsverbot entbehrt jedoch wie bereits ausgeführt einer dogmatischen Grundlage und weist zahlreiche Widersprüche und Brüche auf.[2109] Dies wird im vorliegenden Zusammenhang besonders deutlich an der Rechtsprechung des Bundesgerichtshofs zur **Identifizierung anhand eines Radarfotos.** Während noch BGHSt 29, 18 dem Rechtsbeschwerdegericht eine eigene Auswertung eines Radarfotos durch Inaugenscheinnahme versagte, da dies eine eigene Wertung

2104 *Schäfer* DAV, Bd. 9, 44. *Schlüchter* spricht in diesem Zusammenhang von einer „Verletzung der Rahmenfunktion", SK-*Schlüchter* § 261, Rn. 105.

2105 Vgl. etwa BGH StV 1990, 35. Siehe zum „Rekonstruktionsverbot" ausführlich oben, Rn. 255ff. und *Pauly* FS Hamm, 557ff.

2106 Vgl. BGHR StPO § 261 – Inbegriff der Verhandlung 14.

2107 Hierzu *Schlothauer* Unvollständige und unzutreffende tatrichterliche Urteilsfeststellungen, StV 1992, 134 (137).

2108 BGH 5 StR 165/02 v. 12. 2. 2003 = NJW 2003, 1821.

2109 So auch *Fezer* Grenzen der Beweisaufnahme durch das Revisionsgericht, in: Aktuelle Probleme der Strafrechtspflege, 1991, 89ff.; *Schlothauer* aaO, 137. Vgl. oben, Rn. 264ff.

und Würdigung darstelle, die bedeuten würde, dass ein Teil der Hauptverhandlung nachvollzogen wird, warf der Senat im Jahre 1995 diese Bedenken mit dem lapidaren Hinweis über Bord, es handele sich zwar um eine Wertung und Würdigung, die aber – *„wenn auch beschränkt auf den Maßstab, den die wissenschaftlichen Erkenntnisse, die Gesetze der Logik und die Erfahrungssätze des täglichen Lebens vorgeben“* – keine Rekonstruktion der Hauptverhandlung darstelle.[2110]

Dass sich die Rechtsprechung in diesem Bereich argumentativ in ein „Nebelfeld“ manövriert hat,[2111] zeigt auch der Widerspruch, dass sie trotz eisernen „Festhaltens“ am sog. Rekonstruktionsverbot den Abgleich von Urteilsinhalt und Protokoll- bzw. Akteninhalt immer weiter ausdehnt. Dies wird nicht nur in der bereits oben besprochenen „Schusskanal“-Entscheidung[2112] sondern auch in anderen Judikaten sichtbar, in denen die Rechtsprechung eine wörtliche Protokollierung einer Zeugenaussage gem. § 273 Abs. 3 StPO[2113] oder eine Aussage eines Angeklagten gem. § 273 Abs. 1 StPO[2114] zum Anlass nahm, Rückschlüsse auf eine lückenhafte Beweiswürdigung zu ziehen. Nach dem ursprünglich im Rahmen der „Darstellungsrüge“[2115] entwickelten Strukturprinzip wird auch in diesen Fällen – zumindest formal – an einen Erörterungsmangel im Urteil *angeknüpft*. Dieser – aus dem Urteil selbst nicht *erkennbare* – Erörterungsmangel kann allerdings erst nach einem Protokoll- bzw. Aktenabgleich aufgespürt werden. **929**

Aus dem argumentativen Zusammenhang von Urteilsgründen und dokumentiertem Beweisinhalt kann also unter der Prämisse der Vollständigkeit der Urteilsgründe auf eine Diskrepanz zwischen den Urteilsgründen und dem dokumentierten Beweisinhalt oder auf eine Beweiswürdigungslücke geschlossen werden. Dieser Mangel ist mit der Verfahrensrüge zu beanstanden. **930**

Statthaft ist dieses Vorgehen nach Auffassung des Bundesgerichtshofs, wenn und weil das umstrittene Beweisergebnis, wie der Inhalt einer Äußerung oder einer Urkunde, und dessen Erörterungsbedürftigkeit mit den Mitteln des Revisionsrechts „ohne Weiteres“ feststellbar ist.[2116] Das soll aber nichts daran ändern, dass es „allein Sache des Tatrichters ist, die Ergebnisse der Beweisaufnahme festzustellen und zu würdigen“.[2117] Diese von der Rechtsprechung bemühte Konstruktion einer „umgeleiteten Darstellungsrüge mit indizierter Verfahrensfehlervermutung“ kann nicht überzeugen. Die Rechtsprechung des Bundesgerichtshofs wird dadurch noch unwägbarer als dies bereits ohnehin der Fall ist. Zutreffend weist *Jerouschek* darauf hin, dass der durch die teilweise „Entsubjektivierung“ der tatrichterlichen Entscheidung erzielte Gewinn

---

2110 BGHSt 41, 376 = NJW 1996, 1420 = StV 1996, 413 = NStZ 1996, 413.

2111 *Fezer* DAV, Bd. 9, 61 (64) spricht von einem „Dilemma“ und einer „Flucht, die möglicherweise in eine Sackgasse führt“.

2112 BGH StV 1991, 500 = NStZ 1991, 448 = MDR 1992, 69 (Urt. v. 29. 5. 1991 – 2 StR 68/91); zu dieser Entscheidung *Fezer* in: DAV-Schriftenreihe, Band 9 (*Herdegen*-Symposium), 62; *Schäfer* aaO, 48; *Widmaier* aaO, 68. Siehe dazu oben, Rn. 265 ff.

2113 BGH StV 1991, 548.

2114 BGH StV 1991, 549.

2115 Siehe dazu oben, Rn. 267.

2116 BGH StV 1991, 549.

2117 BGH StV 1991, 549.

an Rationalität nicht dadurch wieder aufs Spiel gesetzt werden sollte, dass die revisionsrichterliche Kontrolle unter der Hand in eine verkappte, weil lediglich rational verbrämte, freie Beweiswürdigung des Revisionsgerichts ausartet.[2118] Einen Lösungsansatz bietet insofern die von mir entwickelte „neue" Grenzziehung zwischen Verfahrens- und Sachrüge.[2119]

(6) Mitberücksichtigung von außerhalb der Hauptverhandlung gewonnenen Erkenntnissen

931 Ein Verstoß gegen § 261 StPO ergibt sich bei diesem Fehlertyp aus der Divergenz zwischen dem in der Hauptverhandlung verfahrensrechtlich zulässig ausgebreiteten und dem im Rahmen der Urteilsfindung berücksichtigten Beweisstoff. „Aus dem Inbegriff der Verhandlung" stammt nämlich nur das, was innerhalb der Hauptverhandlung, d.h. vom Aufruf der Sache an bis zum endgültigen letzten Wort des Angeklagten vor dem erkennenden Gericht mündlich so erörtert wurde, dass alle Beteiligten Gelegenheit zur Stellungnahme hatten.[2120]

932 Bei der Prüfung, ob das Gericht bei seiner Überzeugungsbildung Tatsachen und Informationen verwertet hat, die nicht dem **Inbegriff der Verhandlung** entstammen, ist stets zu bedenken, dass etwas nicht schon deshalb zum „Inbegriff der Verhandlung" gehört, weil es während der Hauptverhandlung im Gerichtssaal zur Sprache gekommen ist. Es muss vielmehr in den prozessrechtlich vorgeschriebenen Formen zum Gegenstand der Verhandlung gemacht worden sein. Das ist dann nicht der Fall, wenn eine Feststellung nur auf einer „informatorischen Erörterung" während der Beweisaufnahme beruht.[2121] Nach einer Entscheidung des 4. Senats ist es allerdings zulässig und verstößt nicht gegen die Grundsätze der Mündlichkeit und Unmittelbarkeit, wenn den Schöffen in der Hauptverhandlung zum besseren Verständnis der Beweisaufnahme aus den Akten stammende Tonbandprotokolle als Begleittext zur Verfügung gestellt werden.[2122]

933 Ein nicht selten zu beobachtender Fehler in diesem Zusammenhang liegt auch darin, dass das Gericht Erkenntnisse, die es in anderen Strafverfahren gewonnen hat, gegen den Angeklagten verwertet, ohne dass im gegenwärtigen Verfahren darüber ordnungsgemäß Beweis erhoben worden wäre. Die Zulässigkeit eines solchen Verfahrens lässt sich auch nicht mit dem Begriff der **Gerichtskundigkeit** begründen. Gerichtskundig sind nur solche Tatsachen, die – wie die allgemeinkundigen Tatsachen – „offenkundig" i.S. des § 244 Abs. 3 StPO sind und deshalb keines Beweises bedürfen, die aber auch nur dann in das Urteil einfließen dürfen, wenn sie in der Hauptverhandlung unter Hinweis auf die beabsichtigte Verwertung als gerichtskundig erörtert worden sind.[2123]

2118 *Jerouschek* Wie frei ist die freie Beweiswürdigung? GA 1992, 493 (514).
2119 Siehe oben, Rn. 271 ff.
2120 KK-*Schoreit* § 261, Rn. 6.
2121 BGH StV 1994, 526.
2122 BGH NJW 1997, 1792 (3 StR 421/96 v. 26. 3. 1997). Zum Recht der Schöffen auf Akteneinsicht vgl. auch *Meyer-Goßner* § 30 GVG, Rn. 2, m.w.N.
2123 KK-*Schoreit* § 261, Rn. 11.

Will also beispielsweise das Gericht Erkenntnisse verwerten, die es über einen Zeugen und seine Eigenschaft als V-Mann im Rahmen der förmlichen Beweisaufnahme in einem anderen Strafverfahren gewonnen hat, so würde es den Verfahrensbeteiligten ihre Mitwirkungsrechte an der Entstehung des „Inbegriffs der Verhandlung" nehmen, sofern es auf eine unmittelbare Beweiserhebung wegen der „Gerichtskundigkeit" verzichtet.[2124]

(7) Fehlerhafte Gewichtung eines Beweisanzeichens

Eine Überbewertung von Beweisanzeichen führt häufig zu dem Fehler, dass das Gericht ein bloßes Indiz bereits für den Beweis ausreichen lässt. Dies liegt – worauf *G. Schäfer* mit Recht hinweist[2125] – besonders beim sog. **Sachbeweis** nahe, weil die Gerichte gern wegen der bekannten Unzuverlässigkeit des Zeugenbeweises in den Methoden der instrumentellen Kriminalistik Zuflucht suchen. Dabei wird oft zweierlei verkannt: dass auch der Sachbeweis meist nur ein Wahrscheinlichkeitsurteil ermöglicht[2126] und dass auch der Sachbeweis sich gewöhnlich nur mit Hilfe eines Sachverständigen, also wiederum über einen Personalbeweis, erschließt, der ebenso wie der Zeugenbeweis durch „Subjektivismen" verfälscht sein kann. **934**

Bei der Bewertung von **Faserspuren**[2127] kann z.B. eine Rolle spielen, dass diese Methode praktisch nur von den Kriminalämtern angewendet wird. Auch wenn die wissenschaftliche Kompetenz und die Unabhängigkeit der dort tätigen Fachleute im Allgemeinen außer Zweifel stehen mag,[2128] so kann im Einzelfall doch der polizeiliche Ehrgeiz, den entscheidenden Beitrag zur Überführung eines Verdächtigen mit einer letztlich nicht überprüfbaren Methode geleistet zu haben, in das Gutachten einfließen. Soweit aber die statistische Bewertung der Aussagekraft von Merkmalsübereinstimmungen zwischen den Tatortfaserspuren mit dem Vergleichsmaterial aus dem Lebensbereich des Angeklagten überprüfbar ist, müssen die Urteilsgründe ausweisen, dass das Tatgericht den Indizwert weder zu hoch noch zu gering eingeordnet hat.[2129] Der Tatrichter muss darüberhinaus Rechenschaft darüber ablegen, *„ob das vorgefundene Spurenbild unter Berücksichtigung des Verbreitungsgrades der beteiligten Spurengeber von einer solchen Besonderheit ist, dass der Schluss gerechtfertigt ist, ein Kontakt zwischen den verschiedenen* **935**

2124 In BGH NStZ 1995, 246 = BGHR StPO § 261 – Gerichtskundigkeit 2 hatte eine Revision der Staatsanwaltschaft Erfolg, weil das Tatgericht zugunsten des Angeklagten Einzelheiten aus einem anderen Verfahren berücksichtigte, aus denen sich die Identität des V-Mannes in beiden Verfahren und die Kenntnis der Polizei von dessen Methoden zur Anwerbung unverdächtiger Personen bereits vor den verfahrensgegenständlichen Taten ergäbe, weshalb das Landgericht dem Angeklagten seine Einlassung zur Einleitung des Betäubungsmittelhandels und zu der Einwirkung des V-Mannes geglaubt hatte.

2125 *G. Schäfer* StV 1995, 153.

2126 Vgl. dazu *Foth* NStZ 1989, 166ff.

2127 Vgl. dazu *Nack* StV 2002, 558ff., 565 und oben, Rn. 526.

2128 Vgl. den instruktiven Beitrag des beim BKA tätigen Sachverständigen *Adolf* NStZ 1990, 65.

2129 Dazu *Foth* NStZ 1989, 170f.; BGH StV 1994, 114 = BGHR StPO § 261 – Beweiskraft 1; BGH 5 StR 231/91 v. 13. 8. 1991; andererseits aber auch BGH StV 1996, 251 = NStZ-RR 1996, 335 (Aufhebung eines Freispruchs wegen fehlender Gesamtwürdigung des Faserspurenbildes) und BGH StV 1993, 340 = NStZ 1993, 395 = BGHR StPO § 261 – Beweiskraft 2 (eigene Beweiswürdigung des Revisionsgerichts bezüglich eines Faserspurenbildes nach Wegfall eines vom Tatgericht noch mitberücksichtigten Beweisanzeichens; siehe dazu oben, Rn. 526f.).

Textilien habe stattgefunden.“[2130] In dieser Entscheidung führt der BGH dann weiter aus: *„Ein weitergehender Beweiswert darf nach den übereinstimmenden Bekundungen der vom Senat gehörten Sachverständigen textilen Spurenbildern nicht zukommen, insbesonders können sie den Ergebnissen serologischer und genomanalytischer Gutachten oder daktyloskopischer Beurteilungen nicht gleichgestellt werden, weil zur Zeit bei der Bewertung von Faserspurenbildern Wahrscheinlichkeitsrechnungen wegen der fehlenden Statistiken über die Merkmalshäufigkeiten nicht möglich sind“.*[2131]

936 Auch bei dem Versuch eines Täterschaftsnachweises über die Methode der **DNA-Analyse** muss das Tatgericht in den Urteilsgründen zu erkennen geben, dass es deren bloß statistischen Aussagewert erkannt hat.[2132] Weiß das Tatgericht also nichts weiter über die mögliche Täterschaft des Angeklagten, als dass seine Genstruktur mit der des Spurenlegers „übereinstimmt“, und ermittelt der Sachverständige daraus eine Wahrscheinlichkeit von 99,986%, dass der Angeklagte der Spurenleger sei, so ist dieser hohe Wahrscheinlichkeitsgrad eben gerade nicht schon der Beweis für die Täterschaft des Angeklagten, weil andere Personen einer in Millionen zählenden Bevölkerung mit dem gleichen Wahrscheinlichkeitsgrad als Täter in Betracht kommen. Im Regelfall ist man jedoch auf den Angeklagten als Verdächtigen wegen anderer Hinweise gekommen, so dass noch weitere Indizien für seine Täterschaft sprechen, die aber im Urteil dargelegt und nachvollziehbar mit dem DNA-Analyseergebnis einer Würdigung unterzogen werden müssen.[2133]

(8) Fehlerhafte „Polung“ eines Beweisanzeichens

937 Manchmal wird auch ein entlastendes Indiz für ein belastendes gehalten – oder umgekehrt. Hält das Gericht die Einlassung des Angeklagten schon deshalb für wenig glaubhaft, weil der Mitangeklagte dasselbe sagt, und weil „durchaus Zeit und Gelegenheit bestanden“ habe, die Aussagen aufeinander abzustimmen,[2134] so ist dies für sich betrachtet kaum überzeugend und nur vom intendierten Würdigungsergebnis her verständlich. Dass zwei Leute dieselbe Geschichte übereinstimmend berichten, ist unter „normalen“ Umständen erst einmal ein Hinweis darauf, dass sie richtig erzählt wird. Allein die Möglichkeit einer abgesprochenen Lüge beseitigt diesen Indizwert nicht.

937a Im Urteil kann auch rechtsirrig das Fehlen oder das Misslingen eines Entlastungsbeweises als Beweisanzeichen für die Richtigkeit der Anklage gewertet worden sein. Das gilt z. B. für den **gescheiterten Versuch eines Alibibeweises.** Hierbei ist nämlich der Grundsatz zu beachten, dass ein Scheitern des Alibibeweises für sich allein noch kein

---

2130 BGH StV 1993, 340 = NStZ 1993, 395.

2131 So insoweit zutreffend BGH StV 1993, 340 = NStZ 1993, 395 unter Hinweis auf *Adolf/Brüschweiler* Kriminalistik 1987, 393 (396/397); *Brüschweiler* Kriminalistik 1981, 468 (472/473); *Adolf* NStZ 1990, 65 (70).

2132 BGHSt 38, 320 = NJW 1992, 2976 = NStZ 1992, 554 = StV 1992, 455 (Anm. *Vogt* StV 1993, 175; *Herzog* StV 1993, 343; *Keller* JZ 1993, 103; *Lührs* MDR 1992, 929; *v. Hippel* JR 1993, 124).

2133 Zum Beweiswert der FDNA-Analyse s. a. *Nack* StV 2002, 558 ff.; 565; und jetzt zum Beweiswert einer mitochondrialen DNA-Analyse, ggf. in Kombination mit dem Ergebnis der Analyse von Kern-DNA BGH, Urt. v. 26. 5. 2009 – 1 StR 597/08 = BGHSt 54, 15; vgl. auch Rn. 1000.

2134 BGH 5 StR 146/81 v. 5. 5. 1981, zit. bei *Niemöller* StV 1984, 435.

Indiz für die Täterschaft liefert. Der Angeklagte ist nicht gehalten, ein Alibi nachzuweisen; gleichwohl hat er aber das Recht, einen Alibibeweis anzutreten. Misslingt dieser Beweis, so fällt damit eine dem Angeklagten zustehende „Verteidigungsmöglichkeit" weg. Dies bedeutet gegebenenfalls, dass eine schon anderweitig gewonnene Überzeugung des Tatrichters nicht erschüttert wird. Der Fehlschlag kann jedoch für sich allein, das heißt ohne Rücksicht auf seine Gründe und Begleitumstände, noch kein Beweisanzeichen dafür sein, dass der Angeklagte der Täter ist.[2135]

Dabei handelt es sich – worauf der BGH ausdrücklich hinweist – um die Anwendung eines allgemeinen, über die Fälle des Alibivorbringens hinausreichenden Grundsatzes, der besagt, dass eine für widerlegt erachtete Behauptung des Angeklagten nicht ohne Weiteres ein Täterschaftsindiz abgibt.[2136] Dieser Grundsatz beruht letztlich darauf, dass eine Strafrechtsordnung, die für jede Verurteilung den vollen Beweis der Tat fordert und Zweifel daran stets zugunsten des Angeklagten ausschlagen lässt, es nicht hinnehmen kann, wenn schon das bloße Fehlen entlastender Umstände als Belastungsindiz gewertet wird. **938**

Was aber für den Fall des gescheiterten Alibibeweises gilt, muss auch und erst recht gelten, wenn der Angeklagte einen Alibibeweis gar nicht erst zu erbringen versucht, sondern sich auf die Erklärung beschränkt, er wisse nicht, wo er zur Tatzeit gewesen sei. Der Angeklagte darf nicht nur schweigen, sondern ebenso auf den „Antritt" eines Entlastungsbeweises verzichten, ohne deshalb in Kauf nehmen zu müssen, dass dieses Verhalten als belastender Umstand bewertet wird und ihm damit zum Nachteil gereicht.[2137] Die Beweiswürdigung des Tatgerichts ist also stets zu beanstanden, wenn es die Tatsache, dass der Angeklagte **kein Alibi** hat, nicht etwa nur als Fehlen eines Umstands bewertet hat, der seiner schon aus dem sonstigen Beweisergebnis gewonnenen Überzeugung von der Täterschaft des Angeklagten den Boden entziehen würde, sondern diesen Umstand als Belastungsindiz zur Bildung dieser Überzeugung verwendet. **939**

Nicht einmal die Widerlegung eines bewusst wahrheitswidrigen Entlastungsvorbringens – also einer Lüge – darf ohne Weiteres als Indiz für die Täterschaft des Angeklagten gewertet werden. Mit Recht begründet dies der BGH[2138] wie folgt: *„Lügen lassen sich nur mit Vorsicht als Beweisanzeichen für seine Schuld werten, weil auch ein Unschuldiger vor Gericht Zuflucht zur Lüge nehmen kann und ein solches Verhalten nicht ohne Weiteres tragfähige Rückschlüsse darauf gestattet, was sich in Wirklichkeit ereignet hat (st. Rspr., BGH StV 1985, 356; 1986, 286; 1986, 369; BGHR StPO § 261 Aussageverhalten 5 und Beweiskraft 3). Das schließt zwar nicht aus, im Rahmen einer Gesamtwürdigung aller Beweistatsachen eine erlogene Entlastungsbehauptung überhaupt als – zusätzliches – Belastungsindiz zu werten. Doch muss sich das Tatgericht dabei bewusst sein, dass eine wissentlich falsche Einlassung des Angeklagten ihren Grund nicht darin zu haben braucht, dass er die ihm zur Last gelegte Tat begangen hat und verbergen will,* **940**

2135 BGHSt 41, 153 = NJW 1995, 2997 = NStZ 1995, 559 = StV 1995, 510 = BGHR StPO § 261 – Aussageverhalten 13; BGH StV 1982, 158 (mit Anm. *Strate*); st. Rspr., vgl. BGHSt 25, 285 (287); BGH StV 1983, 267; BGHR StPO § 261 Überzeugungsbildung – 11; BGH StV 1995, 366 = NStZ 1995, 231; BGH NStZ-RR 1996, 363; BGH NStZ-RR 1998, 303; BGH NStZ 2004, 392.

2136 St. Rspr., BGHSt 41, 153 ff., m. w. N.

2137 BGHR StPO § 261 – Überzeugungsbildung 8.

2138 BGHSt 41, 153 = NJW 1995, 2997; vgl. auch BGH StV 1984, 495; 1992, 259.

vielmehr gegebenenfalls auch eine andere Erklärung finden kann. Soll die Lüge als Belastungsindiz dienen, dann setzt dies voraus, dass mit rechtsfehlerfreier Begründung dargetan wird, warum im zu entscheidenden Fall eine andere Erklärung nicht in Betracht kommt oder – wiewohl denkbar – nach den Umständen so fernliegt, dass sie ausscheidet.“[2139]

(9) Beweislagen mit erhöhten Anforderungen an die Beweiswürdigung

941 Zu einzelnen Sachverhaltskonstellationen hat der BGH **erhöhte Anforderungen an die Beweiswürdigung** vorgegeben:[2140]

942 So ist es grundsätzlich erforderlich, dass die Urteilsgründe die **Einlassung des Angeklagten** wiedergeben.[2141] Der BGH[2142] sieht einen sachlich-rechtlichen Fehler darin, wenn die Gründe weder die Einlassung des Angeklagten wiedergeben noch diese unter Berücksichtigung der erhobenen Beweise würdigen. Lediglich bei sachlich und rechtlich einfach gelagerten Fällen von geringer Bedeutung könne das Gericht auf die Wiedergabe der Einlassung des Angeklagten und eine Auseinandersetzung mit ihr ohne Verstoß gegen die materiellrechtliche Begründungspflicht verzichten.[2143] Andererseits reicht die bloße schematische Aneinanderreihung des Inhalts der Aussagen des Angeklagten für eine erschöpfende Beweiswürdigung nicht aus. Denn auch die überaus breite Darstellung der erhobenen Beweise kann eine eigenverantwortliche Gesamtwürdigung durch den Tatrichter nicht ersetzen.[2144] Allgemein gehaltene Ausführungen, die als „Textbaustein“ in jedem Fall verwendet werden können, genügen den Mindestanforderungen nicht.[2145] Unzureichend ist i.d.R. auch die bloß formelhafte Bewertung: „Diese Feststellungen beruhen auf der Einlassung des Angeklagten, soweit das Gericht ihr zu folgen vermochte, und den Aussagen der Zeugen“.[2146]

943 Legt der Angeklagte ein **Geständnis** ab und wird er deswegen verurteilt, ist der Inhalt des Geständnisses in den Urteilsgründen wiederzugeben.[2147] Lässt sich der Angeklagte dahingehend ein, er habe in Notwehr gehandelt, ist der tatsächliche konkrete Geschehensablauf und nicht nur die rechtliche Wertung „Notwehr“ mitzuteilen.[2148] Auch ein widerrufenes Geständnis des Angeklagten kann als Indiz für die nunmehr bestrittene Täterschaft berücksichtigt werden. Der Tatrichter muss dabei im Rahmen einer umfassenden Bewertung insbesondere die Entstehung des Aussageinhalts, die Indizien für die Richtigkeit enthalten kann, berücksichtigen.[2149]

2139 Vgl. auch BGH NStZ-RR 1996, 363; BGH NStZ-RR 1998, 303; BGH NStZ 2004, 392.
2140 *Schäfer* StV 1995, 150 hält die Anforderungen für so detailliert, dass man fast schon von „Beweiswürdigungsregeln“ sprechen könne.
2141 *Meyer-Goßner* § 267, Rn. 12 m.w.N.
2142 BGH StV 1984, 64; BGH NStZ 1997, 172; BGH StV 2008, 401.
2143 OLG Düsseldorf NStZ 1985, 323; StV 1995, 458 (459); HansOLG Bremen StV 1987, 429 (430); OLG Hamm StraFo 2003, 133.
2144 BGH NStZ 1985, 184; BGH JZ 1990, 297; BGH 4 StR 661/95 v. 30. 11. 1995.
2145 BGH StV 1994, 7 = NStZ 1993, 501.
2146 OLG Düsseldorf NStZ 1995, 458.
2147 BGHR StPO § 261 – Einlassung 2.
2148 BGH StV 1994, 7; *Meyer-Goßner* Hinweise zur Abfassung des Strafurteils aus revisionsrechtlicher Sicht, NStZ 1988, 529 (533).
2149 BGH StV 1995, 341.

944 Bei einem **Freispruch aus tatsächlichen Gründen** geht die Rechtsprechung in ihren Anforderungen an die Beweiswürdigungsgründe des tatrichterlichen Urteils bedenklich weit über den gesetzlich vorgeschriebenen Argumentationsaufwand hinaus. Während nämlich für den Schuldspruch § 267 Abs. 1 StPO immerhin noch die Angabe der Indiztatsachen als Sollvorschrift vorsieht, fehlt es in § 267 Abs. 5 StPO Satz 1 StPO für die erste Alternative („nicht überführt“) an einer gesetzlich begründeten Pflicht, dies zu begründen. Dass nach dieser Vorschrift, anders als bei § 267 Abs. 1 StPO eigentlich überhaupt keine Angabe der Indizienlage im Einzelnen gefordert wird, ist auch folgerichtig, weil die sedes materiae des Freispruchs die nach Durchführung einer dem Unmittelbarkeits- und Mündlichkeitsprinzip folgenden Beweisaufnahme beim Tatrichter verbliebenen Zweifel sind, die sich gerade nicht mit Tatsachen und Indizien belegen lassen und aus denen sich der dem Hauptverhandlungsgeschehen ferne Revisionsrichter tunlichst heraushalten sollte. Gleichwohl verlangt der BGH, dass der Tatrichter in einem aus tatsächlichen Gründen freisprechenden Urteil zu belegen hat, dass er *„die Anforderungen an die Überzeugungsbildung nicht überspannt hat“*. Danach muss der Tatrichter zunächst darlegen, welchen Sachverhalt er als festgestellt erachtet.[2150] Der pauschale Hinweis darauf, dass der Angeklagte die Tat bestreitet, eröffnet dem Revisionsgericht keine Nachprüfungsmöglichkeit und ist deshalb rechtsfehlerhaft.[2151] Gibt es für die Richtigkeit der Angaben des Angeklagten keine Beweise, hat der Tatrichter auf der Grundlage des gesamten Beweisergebnisses zu würdigen und zu prüfen, inwieweit sie geeignet sind, seine Überzeugungsbildung zu beeinflussen.[2152]

945 Andererseits müssen auch beim Freispruch nach der bisherigen Rechtsprechung nicht alle Umstände, die bei der Beweiswürdigung eine Rolle spielten, lückenlos dargelegt werden,[2153] solange die wesentlichen Belastungsmomente erörtert werden.[2154] Es ist freilich auch zu beobachten, dass manche BGH-Senate in der Überprüfung der Indizienlage bei Freisprüchen sehr viel weiter gehen als bei Schuldsprüchen. So liest sich z.B. die Entscheidung des 1. Strafsenats bei der Aufhebung des ersten Freispruchs in der Sache Wörz[2155] wie ein tatrichterliches „Gegenurteil“. Das ist angesichts der gesetzgeberischen Entscheidung für den gegenüber Schuldsprüchen geringeren Begründungsaufwand für Freisprüche aus tatsächlichen Gründen in § 267 Abs. 5 StPO bedenklich.

946 Besondere Regeln gelten auch in den Fällen, in denen **Aussage gegen Aussage**[2156] steht und in denen die Entscheidung allein davon abhängt, welchen der sich widersprechenden Angaben das Gericht Glauben schenkt. Hier muss der Tatrichter alle

---

2150 BGH StV 1996, 410 (411); BGHR StPO § 267 Abs. 5 – Freispruch 2; BGH 5 StR 125/98 v. 11. 6. 1998.
2151 BGHR StPO § 267 Abs. 5 – Freispruch 7.
2152 BGH StV 1987, 378; BGH NStZ-RR 2002, 338; BGH NStZ 2002, 48; BGH NStZ 2002, 446; vgl. BGH StraFo 2003, 382.
2153 *Meyer-Goßner*, 52. Aufl. § 267, Rn. 33;
2154 BGH, Urt. vom 22. 8. 2002 – 5 StR 240/02 = wistra 2002, 340.
2155 BGH, Urt. vom 16. 10. 2006 – 1 StR 180/06 = NJW 2007, 92. Das neu mit der Sache befasste Schwurgericht beim LG Mannheim hat durch Urteil vom 22. 10. 2009 den Angeklagten erneut freigesprochen, Süddeutsche Zeitung v. 22. 10. 2009.
2156 Vgl. dazu *Deckers* FS Hamm, 53 ff.; BGHSt 44, 153 und 256.

für die Beurteilung der Glaubwürdigkeit wesentlichen Umstände erkannt und gewürdigt haben.[2157] Dabei reicht es nicht aus, jeden gegen die Glaubwürdigkeit eines Belastungszeugen sprechenden Umstand einzeln unter Zugrundelegung der jeweils für den Zeugen günstigsten Deutungsmöglichkeit zu entkräften. Vielmehr ist im Rahmen einer Gesamtwürdigung zu prüfen, ob die Häufung der Indizien, die gegen die Glaubwürdigkeit des Belastungszeugen sprechen, zu berechtigten Zweifeln an der Schuld des Angeklagten führt.[2158] Eine erfreuliche Weiterentwicklung hat die Rechtsprechung zu den Aussage-gegen-Aussage-Fällen durch zwei Entscheidungen des 1. Strafsenats des BGH erfahren, die ähnlich wie bei der Rechtsprechung zum Zeugen vom Hörensagen nicht nur die Begründungsanforderungen betreffen, sondern sich nach Art von Beweisregeln auf den Beweiswürdigungsvorgang selbst beziehen. So sagt BGHSt 44, 153: *„Wird bei Aussage gegen Aussage diejenige des einzigen Belastungszeugen hinsichtlich einzelner Taten oder Tatmodalitäten widerlegt, kann seinen übrigen Angaben nur gefolgt werden, wenn außerhalb der Aussage liegende Gründe von Gewicht für ihre Glaubhaftigkeit vorliegen; dies ist in den Urteilsgründen darzulegen“.*[2159]

947 Hat der Belastungszeuge Straftaten Dritter geschildert, spielt es für die Beurteilung seiner Glaubwürdigkeit eine Rolle, ob diese Äußerungen dem tatsächlichen Geschehen entsprechen.[2160] Von Bedeutung für die Glaubwürdigkeit eines Zeugen ist auch die Entstehungsgeschichte der Beschuldigung.[2161]

948 Auch bei den Fällen des **Wiedererkennens** sind besondere Anforderungen an die Beweiswürdigung zu stellen. Bei einer Lichtbildauswahlvorlage oder Wahlgegenüberstellung sind neben dem Beschuldigten zugleich eine Reihe anderer Personen gleichen Geschlechts, ähnlichen Alters und ähnlichen Erscheinungsbildes heranzuziehen.[2162] Ob dies ordnungsgemäß geschehen ist, müssen die Urteilsgründe erkennen lassen. In Fällen des wiederholten Wiedererkennens muss der Tatrichter in den Urteilsgründen zum Ausdruck bringen, dass er sich des beschränkten Beweiswertes dieser Tatsache bewusst war.[2163] Denn hierbei muss das Gericht die Gefahr berücksichtigen, dass der Zeuge den Angeklagten in der Hauptverhandlung nicht mit dem Täter vergleicht, sondern mit der von ihm bei einer vorhergegangenen Lichtbildvorlage oder Gegenüberstellung als Täter identifizierten Person.[2164]

2157 BGH StV 1995, 115; 1995, 340; 1996, 249; BGH NStZ-RR 1999, 139; BGH StV 2002, 470; vgl. S. *Maier* NStZ 2005, 246 ff.

2158 BGH StV 1995, 5 (6); BGH StV 1996, 582; BGH NJW 2003, 2250.

2159 Weisen die Urteilsgründe freilich aus, dass die partielle Falschaussage des Belastungszeugen auf einem nachvollziehbaren Irrtum beruht, so ist das Tatgericht von Rechts wegen nicht gehindert, dem Zeugen im übrigen zu glauben und auch allein darauf die Verurteilung zu stützen, BGHSt 44, 256 ff.; vgl. dazu auch *Maul* StraFO 2000, 257 und *Hamm* StraFo 2000, 253; *Deckers* aaO.

2160 BGH StV 1995, 340; BGH NStZ-RR 2002, 146; NStZ-RR 2003, 333; NStZ-RR 2004, 87.

2161 BGH StV 1995, 6 (7); BGHSt 44, 256; BGH StraFo 2003, 131; BGH NStZ-RR 2008, 83.

2162 BGH StV 1993, 627; 1994, 282.

2163 BGHSt 16, 204 (206); BGH StV 1988, 514; BGH StV 1995, 452; BGH StV 1996, 413; OLG Rostock StV 1996, 419 (420); BVerfG NJW 2003, 2444.

2164 BGH StV 1994, 638 (639); BGH StV 1997, 454.

Bei der Beurteilung der Aussage eines „**Zeugen vom Hörensagen**“ ist nach der Rechtsprechung des BGH besondere Vorsicht geboten.[2165] Dass der Tatrichter sie hat walten lassen, müssen die Urteilsgründe ausweisen.[2166] 949

Auf die Angaben **einer gesperrten Vertrauensperson** dürfen Feststellungen nur dann gestützt werden, wenn diese Angaben durch andere wichtige Beweisanzeichen bestätigt worden sind.[2167] Polizeiliche Vertrauenspersonen, deren Angaben durch Zeugen vom Hörensagen in die Hauptverhandlung eingeführt werden, sind Zeugen im Sinne von Art. 6 Abs. 3 d EMRK,[2168] so dass nach dieser elementar rechtsstaatlichen Vorschrift ein Rechtsanspruch des Angeklagten bestünde, unter den Bedingungen einer unmittelbaren Vernehmung Fragen an den Zeugen zu stellen. Da dies infolge der Sperrung durch die Innenverwaltung unmöglich gemacht wird, andererseits die Strafjustiz nicht ganz auf solche bedenklichen „Dunkelmänner“ als Auskunftspersonen glaubt verzichten zu können, hilft die revisionsrechtliche Rechtsprechung, indem sie den Tatgerichten verbietet, allein auf ein solches mittelbar in die Hauptverhandlung eingeführtes „Zeugenwissen“ eine Tatfeststellung zu stützen: „Durch eines V-Manns Zeugenmund wird niemals schon die Wahrheit kund!“ Die Tatsache, dass ein „V-Mann-Führer“ in der Hauptverhandlung als Zeuge darüber aussagt, was der V-Mann ihm als angeblich selbst erlebt erzählt hat, oder auch dass ein Vernehmungsbeamter als Zeuge aussagt, was ein nicht genannt werden sollender, von ihm als glaubwürdig angesehener (als ob es darauf ankäme!) „Anonymus“ ihm gegenüber zu Protokoll gegeben hat, ist nichts weiter als ein schwaches Indiz für die Richtigkeit. 950

Handelt es sich dagegen ausnahmsweise einmal um eine entlastende Tatsache, so mag der Umstand, dass sie unter solchen Verhältnissen unüberprüfbar bekundet worden ist, zur Begründung für Zweifel an der Richtigkeit entgegenstehender Annahmen der Anklage dennoch ausreichen. Ein Freispruch, der ausschließlich darauf beruht, dass ein V-Mann nach der Aussage eines Zeugen vom Hörensagen bekundet hat, der Angeklagte sei an einer Tat nicht beteiligt gewesen, wäre also nicht zu beanstanden. Denn schon ein schwaches Entlastungsindiz kann eine kleine aber ausreichende Lücke in einen Indizienring reißen. Aber ein schwaches Belastungsindiz kann niemals einen Indizienring oder gar eine Indizienkette ersetzen. Es kann den aus zahlreichen anderen starken Beweisanzeichen bestehenden dichten Ring allenfalls schließen helfen. 951

(10) Beweiswürdigung in Fällen von Urteilsabsprachen

Wie sich die viel diskutierte Thematik der Überprüfung von Zweckgeständnissen, die im Rahmen von abgesprochenen Urteilen abgelegt werden, nach der Einführung des § 257c StPO durch das Gesetz vom 29. 7. 2009[2169] weiterentwickeln wird, ist noch 952

2165 BGH StV 1985, 45 (47); BGH StV 1985, 268 (269); BVerfGE 57, 250 (293); BVerfG StV 1995, 561; BGHSt 49, 112; *Meyer-Goßner* § 250, Rn. 4 f. m. w. N.

2166 BGH StV 1996, 583; BGH NStZ 1994, 502 = StV 1994, 637 = BGHR StPO § 261 – Zeuge 16.

2167 BVerfG NJW 1996, 448 (449); BGH StV 1994, 638 = BGHR StPO § 261 – Zeuge 17; BGH StV 1994, 413 = BGHR StPO § 261 – Zeuge 15; BGH StV 1989, 281 (284); BGHR StPO § 250 Abs. 1 – Unmittelbarkeit 3; BGHR StPO § 261 Zeuge 13 und 16 = StV 1994, 637 = NStZ 1994, 502; BGHSt 17, 383 (385); BGHSt 39, 141 (145); BGHSt 49, 112 (120).

2168 EGMR StV 1992, 499; BGH StV 1993, 171 = NStZ 1993, 292; BGH NStZ 2000, 265.

2169 BGBl. I 2353.

nicht abzuschätzen. Dass einerseits *„Gegenstand einer Verständigung ... nur die Rechtsfolgen sein"* dürfen (§ 257c Abs. 2 Satz 1 StPO), während aber *„Bestandteil einer jeden Verständigung ein Geständnis"* sein soll (§ 257c Abs. 2 S. 2 StPO), lässt befürchten, dass die tatrichterliche Praxis ihre durch den Gesetzgeber gestellte Aufgabe, beides miteinander in Einklang zu bringen, nicht anders handhaben wird als vor dem Inkrafttreten des Gesetzes. Es wird also wohl weiterhin Zweckgeständnisse geben, die sich umso leichter ablegen lassen, als man sich hinterher nicht daran festhalten lassen muss, weil es ja Bestandteil eines „Geschäfts" war. Dabei hieß „hinterher" in der bisherigen praeter legem entwickelten Absprachepraxis für den Angeklagte regelmäßig: nach Rechtskraft. Nach dem neuen § 302 S. 2 StPO kann der z.B. in einer Wirtschaftsstrafsache angeklagte clevere Geschäftsmann schon gleich nach der Urteilsverkündung rufen: „April, April", um den einmal als zunächst kleineres Übel eingefahrenen Deal noch in der Revision überprüfen zu lassen. Man wird sehen, wie er dann beim BGH empfangen wird mit seinen Rügen, mit Blick auf die „Verständigung" habe das Gericht gegen § 257c Abs. 1 Satz 2 i.V.m. § 244 Abs. 2 StPO verstoßen und die Beweiswürdigung verletze auch § 261 StPO, weil für alle Beteiligten erkennbar war, dass das Geständnis des bis dahin die Tat energisch bestreitenden Angeklagten nur dazu gedient habe, die Widrigkeiten und Risiken einer umfangreichen Beweisaufnahme zu ersparen und sich (als gesetzliche Bedingung) die vom Gericht nach § 257c Abs. 3 S. 2 StPO zugesagte Strafobergrenze zu sichern.

953 Auch das Problem der Überprüfung von Zeugenaussagen, die in deren eigenen Verfahren im Rahmen eines „Deals zu Lasten Dritter" als Formaleinlassung gemacht wurden, wird durch das neue Gesetz nicht als gelöst gelten können. *„Basiert die Verurteilung eines Angeklagten auf Angaben eines Belastungszeugen, die seinem Geständnis in der gegen ihn geführten Hauptverhandlung entsprechen, und war dieses Geständnis Gegenstand einer verfahrensbeendenden Absprache, dann muss die Glaubhaftigkeit der Bekundungen des Zeugen unter Einbeziehung des Zustandekommens und des Inhalts der Absprache in einer für das Revisionsgericht nachprüfbaren Weise gewürdigt werden."*[2170]

Bei der Fertigstellung dieses Manuskripts war das **Strafprozessverständigungsgesetz** erst wenige Tage alt. Vielleicht werden wir ja auch damit überrascht, dass die StPO in allen Strafverfahren jetzt wieder gleichmäßig gilt und dass künftig auch in „Verständigungsfällen" nur das im Urteil verwertet wird, was i.S.d. § 261 StPO zum Inbegriff der Verhandlung geworden ist.

(11) Verstoß gegen „in dubio pro reo"

954 Auch die Verpflichtung des Tatrichters, bei verbleibenden Zweifeln an der Täterschaft des Angeklagten oder am Vorliegen unmittelbar entscheidungserheblicher Tatsachen die jeweils für den Angeklagten günstigste Alternative bei der rechtlichen Bewertung zugrunde zu legen („in dubio pro reo"), steht in so engem Zusammenhang mit der Regel des § 261 StPO, dass es sinnvoll ist, diesen Rechtssatz hier noch einmal anzusprechen, nachdem er bereits oben in seinem Verhältnis zur Aufklärungspflicht, dem

---

2170 Vgl. den Fall BGH 1 StR 370/07 v. 6.11. 2007 = BGHSt 52, 78 = StV 2008, 60 = NStZ 2008, 173 = NJW 2008, 1749 = JZ 2008, 796 m. Anm. *Schmitz* NJW 2008, 1751 und Stübinger JZ 2008, 798.

Beweisantragsrecht und insbesondere bei der Darstellung des Indizienbeweises erläutert wurde.[2171] Die Bedeutung des Zweifelssatzes bei der Auslegung des § 261 StPO wird auch allgemein in den Kommentaren anerkannt.[2172]

Der **Zweifelssatz** ist keine Beweislastregel, weil es im Strafprozess keine Klägerpartei gibt, die ihre Behauptungen selbst beweisen müsste; er ist aber auch deshalb keine Beweisregel, weil er das Tatgericht nicht verpflichtet, bei einer bestimmten Beweislage sich eine bestimmte Überzeugung zu bilden. Vielmehr tritt der Grundsatz mit Verfassungsrang[2173] erst auf den Plan, wenn die Würdigung der Beweise (zu tatbestandserheblichen Teilfragen, aber auch im Falle von Indizienketten zu einzelnen Indizien[2174]) abgeschlossen ist und ein dem Angeklagten ungünstiges eindeutiges Ergebnis nicht erbracht hat.[2175] Dann muss das Gericht eine den Schuldspruch oder eine dem Angeklagten negative Rechtsfolge tragende Feststellung unterlassen und stattdessen seine Zweifel benennen, um daraus (wenn es sich um eine nicht feststellbare Voraussetzung für einen Schuldspruch handelt) die Konsequenz eines Freispruchs zu ziehen. Gegen den Zweifelssatz hat das Tatgericht aber nur dann verstoßen, wenn es Zweifel gehabt und dennoch eine den Angeklagten belastende Tatsache festgestellt hat. **955**

Vielfach wird gesagt, dass es nicht möglich ist, dem Tatrichter vorzuwerfen, dass er hätte zweifeln müssen.[2176] Das ist in dieser Form richtig. Aber vielfach hilft in solchen Fällen die Aufklärungsrüge oder die Beanstandung eines der vorstehend behandelten Fehlertypen innerhalb des § 261 StPO i.V.m. § 267 Abs. 1 Satz 2 StPO. Insbesondere der Vorwurf, das Tatgericht habe naheliegende, den Angeklagten entlastende Sachverhaltsvarianten nicht erörtert,[2177] ist meist gleichbedeutend mit dem Vorwurf, das Tatgericht hätte die damit verbundenen Bedenken gegen seine Feststellungen haben, mithin also Zweifel hegen müssen. **956**

(12) Denkgesetze

Was mit den Denkgesetzen gemeint ist, führt der BGH in einer bisher nicht in Druckwerken veröffentlichten Entscheidung an einem **Beispielsfall** vor: **957**

„Zwar erweist sich die Erwägung des Tatrichters zur Glaubhaftigkeit der Aussage der Geschädigten, es sei ‚nicht nachvollziehbar', wieso es der Zeugin bei den zahlreichen nach der Tat an den Angeklagten gesendeten SMS in einem solchen Maß auf eine Entschuldigung … seitens des Angeklagten ankam, wenn nichts geschehen gewesen wäre, auf Grund eines Zirkelschlusses als fehlerhaft.

2171 Rn. 544; Rn. 626 und Rn. 895 ff.

2172 Vgl. KK-*Schoreit* § 261, Rn. 56 ff.; LR-*Gollwitzer* § 261, Rn. 103 ff. – und zwar auch soweit sie teilweise unter Hinweis auf unsere 5. Auflage (Rn. 383) die Entscheidungsregel „in dubio pro reo" in das materielle Recht einordnen – vgl. *Meyer-Goßner* § 261, Rn. 26 ff.; *Pfeiffer* § 261, Rn. 16.

2173 BVerfG, Beschl. v. 8. 11. 2006 – 2 BvR 1378/06 = BVerfGk 9, 420; BayVerfGH NJW 1983, 1600.

2174 Siehe dazu oben, Rn. 902 ff.

2175 KK-*Schoreit* § 261, Rn. 56. Entscheidet er sich für die dem Angeklagten ungünstigere Möglichkeit, muss er erkennbar erwägen, dass diese Möglichkeit auch nicht wesentlich näher liegend erscheint als die verworfene dem Angeklagten günstigere BGH 1 StR 227/05 v. 30. 6. 2005 = StV 2008, 233.

2176 BVerfG NJW 1988, 477; *Meyer-Goßner* § 261, Rn. 26 m. w. N.

2177 Siehe dazu vorstehend, Rn. 923 f.

Denn dass die Zeugin mit ihren SMS eine Entschuldigung des Angeklagten anstrebte, ergibt sich aus dem Wortlaut dieser Nachrichten nicht, sondern beruht seinerseits auf einer Würdigung der entsprechenden Behauptung der Zeugin selbst; die Annahme, diese hätte eine Entschuldigung angestrebt, setzt daher gerade die Begehung der Tat voraus, zu deren Beweis sie vom Landgericht herangezogen wird.

Im Ergebnis hält die Beweiswürdigung des Landgerichts gleichwohl rechtlicher Prüfung stand. Dass die Nebenklägerin dem Angeklagten in einer ihrer SMS mitteilte: ‚Anzeige wegen Vergewaltigung läuft. Das war ja eine', hat der Tatrichter nicht gesondert gewürdigt. Aus dem Text dieser Nachricht ergibt sich aber, dass die Nebenklägerin hier auf ein Geschehnis Bezug nahm (‚das war ja eine'), dessen Kenntnis sie auch beim Angeklagten voraussetzte. Der Schluss, dass die teilweise widersprüchlichen Inhalte der Mitteilungen der Nebenklägerin an den Angeklagten ihrer Schilderung der Tat jedenfalls nicht entgegen stehen, wird davon ohne Weiteres getragen."[2178]

958 Mit dieser (hier nahezu vollständig wiedergegeben) Begründung hat der Senat die Revision des die Tat bestreitenden Angeklagten *„mit der Maßgabe als unbegründet verworfen, dass der Angeklagte der besonders schweren Vergewaltigung (§ 177 Abs. 4 Nr. 1 StGB) schuldig ist"*.

959 Ein Zirkelschluss also ist dem Tatrichter unterlaufen. Trotzdem hat sein Urteil Bestand, weil der BGH feststellt, dass der Tatrichter noch einen weiteren Darstellungsmangel begangen hat (*„... hat der Tatrichter nicht gesondert gewürdigt"*) und zudem noch dem BGH selbst ein Denkfehler unterlaufen ist, indem er irrig annahm, es sei schon ein Qualitätsmerkmal der Argumentation des Tatgerichts, wenn es erkannt habe, *„dass die teilweise widersprüchlichen Inhalte der Mitteilungen der Nebenklägerin an den Angeklagten ihrer Schilderung der Tat jedenfalls nicht entgegen stehen"*.

960 Das Beispiel zeigt, dass die Suche nach Verstößen gegen Denkgesetze im tatrichterlichen Urteil manchmal einer Denksportaufgabe gleicht, deren Lösung auch den Revisionsgerichten schwer fallen kann.[2179]

961 Da der richterliche Entscheidungsprozess – und damit zunächst die „Herstellung" (§ 261 StPO) der Entscheidungsgrundlage in tatsächlicher Hinsicht – auf vernünftigem Schlussfolgern aufbaut, müssen die Urteilsgründe – die „Darstellung" (§ 267 StPO) der Entscheidungsgrundlage in tatsächlicher Hinsicht – den **Gesetzen der Logik** entsprechen. Was denkwidrig ist, verdient nicht die Bezeichnung „Gründe". Der Richter ist vielmehr an die Denkgesetze gebunden und das Revisionsgericht prüft die angegriffene Entscheidung auch hierauf nach. Ob dadurch der Grundsatz der freien richterlichen Beweiswürdigung tatsächlich eine Beschränkung erfährt,[2180] erscheint zumindest fraglich, da § 261 StPO dem Richter keine willkürliche, von den Regeln der Logik losgelöste Freiheit der Entscheidung zubilligt, sondern vielmehr die Einhaltung der Denkgesetze unausgesprochen voraussetzt.[2181]

2178 BGH, Beschl. v. 15. 8. 2007 – 2 StR 257/07 = BeckRS 2007 15663.

2179 Siehe auch den Fall BVerfG, Beschl. v. 30. 4. 2003 – 2 BvR 2045/02 = NJW 2003, 2444; dazu *Herdegen* NJW 2003, 3513 und *Hamm* FS Fezer, 393 ff.

2180 So BGH StV 1996, 413 (414); KK-*Schoreit* § 261, Rn. 45, 47 („Grenzen"); LR-*Gollwitzer* § 261, Rn. 44 (Beachtung der Denkgesetze); *Schmitt* Die richterliche Beweiswürdigung im Strafprozess, 217; *Beulke* Strafprozessrecht, Rn. 491.

2181 Vgl. zur historischen Entwicklung der „Freiheit der Beweiswürdigung" *Fezer* Tatrichterlicher Erkenntnisprozess – „Freiheit der Beweiswürdigung" –, StV 1995, 95.

Denkgesetze sind auch keine „Rechtsnormen“.[2182] Die Logik umfasst einen sehr viel weiteren Bereich als das Recht. Sie geht dem Recht zeitlich und begrifflich voran. Als Rechtsnormen lassen sich nur Sätze bezeichnen, die menschliches Verhalten ordnen. Der Satz vom Widerspruch (dass A nicht gleich non A sein kann) wird dagegen von den Rechtsnormen vorausgesetzt, ist aber selbst keine Rechtsnorm. Seine richtige Anwendung ist jedoch der Nachprüfung durch das Revisionsgericht ebenso zugänglich wie eine Rechtsnorm: „Das Gesetz ist verletzt, wenn eine Rechtsnorm nicht oder nicht richtig angewendet worden ist“ (§ 337 Abs. 2 StPO). Eine Rechtsnorm – auch des materiellen Rechts – wird aber dann „nicht richtig angewendet“, wenn sie nicht entsprechend den Denkgesetzen angewendet wird.[2183] **962**

Das bedarf keiner näheren Erörterung, soweit sich Denkfehler innerhalb der Auslegung des Gesetzes, das die Rechtsfolgen einer Tat bestimmt, finden. Solche Denkverstöße sind gewöhnliche „Subsumtionsirrtümer“. Ihre Aufdeckung gehört zu den Aufgaben des Revisionsgerichts im Rahmen der Sachrüge. **963**

Die Rechtsnormen des materiellen Rechts sind aber auch dann „nicht richtig angewendet“, wenn sie auf einen Sachverhalt angewendet werden, den der Tatrichter *erkennbar* aufgrund denkwidriger Überlegungen als erwiesen angesehen hat. Um diesen Satz zu begründen, braucht man die Denkgesetze nicht als Rechtsnormen auszugeben, die sie nun einmal nicht sind. Er ergibt sich vielmehr schon daraus, dass „Gründe“ für das Urteil verlangt werden (§ 267 StPO). Unter „Gründen“ aber kann man im Ernst nur Darlegungen verstehen, die den Denkgesetzen entsprechen.

Nach § 267 Abs. 1 Satz 2 StPO sollen auch die Tatsachen angegeben werden, aus denen der Beweis „gefolgert“ wird. Dieser Ausdruck verweist ebenfalls auf die Denkgesetze; denn die Logik ist vor allem die Lehre vom richtigen Folgern. Die Vorschrift kann nur dem Zweck dienen, eine Folgerung nachprüfbar zu machen. Allerdings ist es eine Sollvorschrift. Das bedeutet aber nicht, dass ihre Verletzung niemals zur Aufhebung des Urteils führen könnte.[2184] Es bedeutet nur, dass nicht jedes Fehlen von Beweistatsachen ein Verfahrensverstoß ist. Wohl aber kann das Fehlen der Beweistatsachen wie überhaupt das Fehlen der Beweiswürdigung zur Aufhebung führen, wenn das Revisionsgericht die Beweiswürdigung logisch nicht nachvollziehen kann.[2185] **964**

Denkfehler sind übrigens nicht annähernd so häufig, wie sie in Revisionsbegründungen behauptet werden. Zahlreiche Revisionen gehen vielfach von dem Irrtum aus, ein Urteil dürfe auf gar nichts anderem beruhen als auf reiner Anwendung der Denkgesetze. Dies trifft aber so nicht zu. **965**

2182 Ebenso LR-*Hanack* § 337, Rn. 11; *Klug* Die Verletzung von Denkgesetzen als Revisionsgrund, FS Möhring, 363 (364); anders RGSt 6, 70 (72), wonach Gesetze des Denkens Normen des ungeschriebenen Rechts seien.

2183 St. Rspr.; vgl. BGH NStZ 1999, 205; 2002, 48 und 161; NStZ-RR 2007, 43 (44); LR-*Hanack* § 337, Rn. 148 ff.; KK-*Kuckein* § 337, Rn. 29.

2184 LR-*Gollwitzer* § 267, Rn. 48; *Niemöller* StV 1984, 432; als revisionsrechtlich irrelevante Ordnungsvorschrift wurde § 267 Abs. 1 S. 2 StPO von RGSt 47, 100 und BGHSt 12, 311 verstanden. Der Streit spielt in der Praxis eine eher unbedeutende Rolle, denn nach der Rspr. gebieten sachlichrechtliche Erwägungen auch eine nähere Darlegung der Beweiswürdigung, wenn nur so die Nachprüfbarkeit der Entscheidung ermöglicht wird.

2185 Nach der hier vertretenen Auffassung auf die Verfahrensrüge hin; siehe oben, Rn. 271 ff.

Es gilt nicht einmal im Bereich der Mathematik, dem „eigentlichsten" Anwendungsgebiet der Logik. **Die Denklehre ist die Wissenschaft vom Schlussfolgern;** aber sie liefert niemals die Voraussetzungen, aus denen geschlossen wird. In der Mathematik sind diese Voraussetzungen Axiome: einige wenige Sätze, für die auf eine logische Beweisführung verzichtet wird. Die euklidische Mathematik arbeitet mit Axiomen, die als offensichtlich richtig angesehen werden. Die „offensichtliche Richtigkeit" ist kein logischer, sondern ein psychologischer Tatbestand, ein Erlebnis. Die moderne Mathematik arbeitet zum Teil aber auch mit Voraussetzungen, die unstreitig „offensichtlich" falsch sind. Beim Rechnen mit imaginären und komplexen Zahlen wird von der als falsch zugestandenen Annahme ausgegangen, es gebe eine Zahl, deren Quadrat gleich minus eins sei.[2186] Die Infinitesimalrechnung arbeitet mit der mindestens unbeweisbaren und zweifellos der Evidenz nicht zugänglichen Annahme unendlicher Größen. Aber auch diese Mathematik genügt in ihren Methoden den Anforderungen strenger Logik.

966 Im Bereich tatsächlicher Feststellungen lässt sich jedoch überhaupt nicht mit einer axiomatischen Logik arbeiten.[2187] Hier kann nicht die Forderung aufgestellt werden, dass sich jeder Schluss auf andere, offensichtlich richtige Sätze zurückführen lassen müsse. Die Überzeugung von der Wahrheit vergangener Ereignisse ist ihrem Wesen nach verschieden von der Überzeugung, dass die Summe der Kathetenquadrate gleich dem Hypothenusenquadrat oder dass $(a+b)^2 = a^2 + 2ab + b^2$ ist.[2188] Vielmehr müssen im Bereich tatsächlicher Feststellungen jeweils unzählige Ausgangspunkte für das logische Schließen zunächst auf ungemein verwickelten Wegen gefunden werden, die nicht im Bereich der Logik, sondern in dem der Psychologie liegen.[2189]

967 Der Richter lässt ein Beweismittel auf sich wirken; er hört etwa einen Zeugen. Schon dass er den Zeugen richtig versteht, ist keine Angelegenheit der Logik, sondern das Ergebnis äußerst verwickelter psychophysischer Vorgänge, bei denen es eine ganze Reihe von Fehlerquellen gibt. Ob der Richter einem Angeklagten oder einem Zeugen glauben oder nicht glauben soll, ob er sich in der Beratung von der Beweiswürdigung eines anderen Richters überzeugen oder nicht überzeugen lassen soll, das sagt ihm nicht die Logik allein. Es handelt sich um einen zusammengesetzten, nicht in allen Teilen bewussten psychologischen Vorgang, bei dem nur unter anderen Dingen (z.B. der Erfahrung des Richters) auch die Logik eine gewisse, oft bescheidene Rolle zu spielen hat.

968 Im Bereich der reinen Logik wäre ein Schluss, der nicht zwingend ist, schlechthin ein Trugschluss. Tatsächliche Schlüsse in Urteilsbegründungen treten aber gewöhnlich gar nicht mit dem Anspruch auf, rein logische Schlüsse zu sein. Der „Schluss" vom Geständnis auf die Täterschaft ist denkgesetzlich niemals zwingend; es gibt auch unwahre Geständnisse. Trotzdem ist dieser Schluss dem Richter erlaubt. Denn darin

---

2186 Dass sich die imaginären Zahlen trotzdem am Koordinatenkreuz graphisch darstellen lassen, ändert nichts daran, dass es keine Zahl gibt, die mit sich selbst multipliziert, minus eins ergäbe.

2187 Für eine „quasi-axiomatische" Argumentation spricht sich *Klug* Die Verletzung von Denkgesetzen als Revisionsgrund, FS Möhring, 363 (369) aus.

2188 Ein mathematischer Beweis kann nicht verlangt werden, vgl. BGH NJW 1967, 359; BGH GA 1969, 181; BGH bei *Miebach* NStZ 1990, 28; BGHR § 261 StPO – Einlassung 5; BGH, Urt. v. 14. 12. 1995 – 4 StR 676/95.

2189 Ebenso *Schmitt* Die richterliche Beweiswürdigung im Strafprozess, 221.

steckt anderes und mehr als bloße Logik. Es steckt darin die Erfahrung, dass Selbsterhaltungstrieb, Freiheitsdrang, Ehrgefühl, Eigennutz oder Geltungsstreben den Menschen gewöhnlich hindern, sich selbst fälschlich zu bezichtigen. Der Richter muss aber auch wissen, dass Ausnahmen vorkommen. Er denkt über die Beweggründe solcher Ausnahmen nach und bildet sich eine Meinung darüber, ob im Einzelfall dergleichen in Betracht kommt. Er macht sich aufgrund des unmittelbaren Eindrucks ein Bild von der Persönlichkeit des Angeklagten. Ebenso verfährt er mit den Zeugen und den sonstigen Beweismitteln. Bei der Beurteilung wird er auch vielfach den „Schluss" von sich selbst auf andere zu Hilfe nehmen; ebenfalls durchaus kein logischer Schluss, aber ein wertvolles psychologisches Erkenntnismittel. Hinzu kommen der Eindruck der Schlussvorträge und die Aussprache mit den anderen Richtern in der Beratung.

Auch wenn also das Gesamtergebnis im Urteil dargestellt wird „wie" ein logischer **969**
Schluss, so wäre es dennoch vergeblich, mit Waffen bloßer Logik dagegen ankämpfen zu wollen, indem man beanstandet, dass der Schluss „nicht zwingend" sei.

Erfolgversprechend hingegen ist unter Umständen eine Rüge, die sich auf einen deut- **970**
lichen **Widerspruch in den Urteilsgründen** stützt.

Einen nicht auflösbaren Widerspruch enthielten die Feststellungen eines Landge- **971**
richtsurteils, das auf die Revision des Angeklagten teilweise aufgehoben wurde.[2190] Der Angeklagte war wegen versuchten Mordes an zwei Kaufhausdetektiven verurteilt worden, die ihn verfolgt hatten. Aufgrund der Einlassung des Angeklagten hat das Landgericht festgestellt, dass sich zu Beginn des Tatgeschehens höchstens drei Patronen in der Trommel seines Revolvers befanden. Nach den weiteren Feststellungen hat der Angeklagte im Verlauf des Tatgeschehens dreimal geschossen, wobei in zwei Fällen die Schüsse durch Verletzungen belegt sind. Bei Sicherstellung der Waffe nach der Tat befand sich noch eine Patrone in der Trommel. Da das Revisionsgericht diesen Widerspruch nicht aufzulösen vermochte, hob es den Schuldspruch wegen versuchten Mordes im zweiten Fall auf, bei dem der festgestellte Schuss eine Verletzung nicht herbeigeführt hatte.

Die Beispiele[2191] von widersprüchlichen Urteilsgründen zeigen, dass sich der echte **972**
Denkfehler, sobald er bemerkt wird, von selbst widerlegt. Was dagegen erst umständlicher Widerlegung bedarf, ist meistens kein Denkfehler.

Ebenso zählen bloße **Rechenfehler** zu den gewöhnlichsten revisiblen Denkverstößen. **973**
Denn der Rechnende erhebt zweifellos den Anspruch, sich an die reine Logik zu halten und, solange er rechnet, auf andere Erkenntnismittel zu verzichten. Als denkfehlerhaft werden auch folgende Urteilsausführungen angesehen werden müssen: Dafür, dass der Angeklagte einer der beiden Täter ist, sprechen *auch* die Aussagen der Tatzeuginnen A und B. Die A hat zwar keine sachdienlichen Angaben machen können. Die B hat jedoch glaubwürdig bekundet, dass der eine Täter einen dunklen, der ande-

---

2190 BGH, Beschl. v. 19. 1. 1994 – 5 StR 716/93.
2191 Weitere Beispiele: BGHR StPO § 207 Abs. 2 Nr. 1 – Tat 1 (BGH 1 StR 645/92 v. 1. 12. 1992); BGHSt 41, 222 = NJW 1996, 471 = NStZ-RR 1996, 98; BGH 2 StR 574/93 v. 10. 11. 1993; BGH 3 StR 222/92 v. 1. 7. 1992; BGH NStZ-RR 2003, 49; BGH St 50, 80 = NJW 2005, 1876.

re einen hellen Anzug getragen hat. Der Angeklagte besitzt aber sowohl einen hellen als auch einen dunklen Anzug.

974 Ferner hat der Bundesgerichtshof bereits in den Anfangsjahren seines Bestehens mit folgenden Ausführungen ein tatrichterliches Urteil als denkfehlerhaft bezeichnet: *„Ihre Überzeugung, dass der Angeklagte die Tat, die er bestreitet, begangen hat, stützt die Strafkammer u.a. darauf, dass sich am Tatort in der Türfüllung Fußspuren einer Gummisohle fanden, die nach dem Gutachten des Sachverständigen höchstwahrscheinlich von den Schuhen des Angeklagten stammten. Das Karomuster der Schuhsohlen und das Muster der Tatortspuren weisen etwa die gleiche Größe und Form auf. Der Größenunterschied von 0,1 mm – auf der Sohle ist das Karo etwa 0,1 mm länger als auf der Spur – erklärt sich daraus, dass Gummisohlen sich bei einem Druck etwas weiten. Diese Folgerung ist denkgesetzlich unmöglich. Die Spur ist bereits unter Druck entstanden und trotzdem um 0,1 mm kürzer als das Muster der Sohle. Ohne Druck muss demnach das Karomuster der Sohle, von dem der Abdruck stammt, noch kürzer, der Unterschied zwischen ihm und dem Muster der Schuhe des Angeklagten noch größer als 0,1 mm sein."*[2192]

975 Die Revisionen rügen aber vielfach „Widersprüche", die keine sind. Nicht selten lösen sich **scheinbare Widersprüche** dadurch, dass zwei Sätze im Verhältnis von Regel und Ausnahme oder von Haupt- und Hilfsbegründung stehen, oder dass sie sich auf verschiedene Zeiten beziehen. Es ist nicht „unlogisch", einem Zeugen oder einem Angeklagten teilweise zu glauben, teilweise nicht zu glauben. Es ist nicht „unlogisch", einen Angeklagten in drei Fällen zu verurteilen und in sieben anderen Fällen freizusprechen. Es ist kein Denkfehler, wenn der Tatrichter zugunsten jedes einzelnen von mehreren Angeklagten Verschiedenes unterstellen. Wenn solche Unterstellungen zugunsten des einen Angeklagten im Widerspruch zu Unterstellungen stehen, die einen anderen Angeklagten betreffen, so ist dieser Widerspruch eine Folge der gesetzlichen Pflicht, den Zweifelssatz jedem Angeklagten zugute kommen zu lassen, und kein Denkfehler, aus dem einer der Angeklagten für die Revision Kapital schlagen könnte.[2193] Haben A und B gemeinschaftlich den C getötet, lässt sich aber nicht aufklären, wer von beiden den tödlichen Schlag geführt hat, so kann der Tatrichter in einem und demselben Urteil zugunsten des A unterstellen, dass es B, und zugunsten des B, dass es A gewesen sei. Er kann dann auch beide als Gehilfen verurteilen, obwohl zur Beihilfe begrifflich ein Täter gehört und ein Dritter nicht als Täter in Betracht kommt. Das ist kein Widerspruch, der einen von beiden beschweren könnte, vielmehr ist es eine denkrichtige Folge aus dem Satz „in dubio pro reo".[2194] Weiterhin ist es kein Widerspruch, wenn die schriftlichen Urteilsgründe von den mündlichen abweichen.[2195]

976 Einige der öfter vorkommenden **Denkfehler tragen Namen.** Aber auch sie gehören in aller Regel nicht zu den Dämonen, die man allein dadurch bezwingt, dass man sie bei ihrem Namen nennt und darauf vertraut, sie zerissen sich wie Rumpelstilzchen selbst. Solche Denkfehler sind z.B. der Kreis- oder Zirkelschluss (petitio principii) und die Begriffsvertauschung (quaternio terminorum).

2192 BGH 2 StR 91/54 v. 12. 3. 1954.
2193 BGH GA 1992, 470; *Meyer-Goßner* § 261, Rn. 32.
2194 Hierzu auch oben, Rn. 954ff.
2195 BGHSt 2, 66; LR-*Gollwitzer* § 268, Rn. 51, 67; KK-*Engelhardt* § 267, Rn. 47.

Beim Kreisschluss wird die Schlussfolgerung (quod est demonstrandum) schon im Rahmen des Beweisvorgangs selbst als bewiesen vorausgesetzt. Hierzu nach dem eingangs geschilderten und beim BGH etwas verunglückten ein weiteres Beispiel: **977**

Das Landgericht hatte einen Angeklagten wegen sexuellen Missbrauchs eines Kindes verurteilt.[2196] Im Rahmen der Beweiswürdigung führte es in den Urteilsgründen aus: *„Die Verurteilung des Angeklagten beruht im wesentlichen auf der Aussage der zehnjährigen Zeugin S. Die Strafkammer folgt den Angaben dieser Zeugin, die lediglich in zwei Nebenpunkten hinsichtlich der Ausstattung des Raumes, in dem die Taten begangen worden sein sollen, nicht den Tatsachen entsprechen. Die hier bedeutsame Frage, ob das Kind die Geschehnisse in Wahrheit nicht mit einem anderen als dem Angeklagten erlebt hat, verneint das Gericht mit der Begründung, die Zeugin habe dies selbst ausdrücklich ausgeschlossen, sie habe diese Geschehnisse auch von Anfang an immer im Zusammenhang mit einem Besuch bei ihrer Großmutter geschildert. Andererseits kann sich die Kammer auch nicht erklären, wie es mit einem für das Kind fremden Täter zu mehreren Vorfällen hätte kommen können.“* **978**

Das ist ein Kreisschluss. Er setzt voraus, was er beweisen soll: die Glaubwürdigkeit eines Zeugen wird damit begründet, der Zeuge selbst habe ausdrücklich ausgeschlossen, ein anderer sei der Täter gewesen.[2197]

Die **Begriffsvertauschung** ist ein Denkfehler, der darauf beruht, dass ein Wort mehrere Bedeutungen hat. Geht man innerhalb eines und desselben Syllogismus von der einen zu der anderen Bedeutung über, vertauscht man also die Begriffe, so kann man die verkehrtesten Sachen „beweisen“. Schulbeispiele einer quaternio terminorum sind: **979**

I. Alle Vögel legen Eier.
Der Hahn ist ein Vogel.
Also legt der Hahn Eier.

II. Alle Füchse haben vier Beine.
Herodes war ein Fuchs.
Also hatte Herodes vier Beine.[2198]

Der erste Obersatz versteht unter „Vogel“ nicht das einzelne Tier, sondern die Art. „Alle Vögel“ soll heißen: alle Arten dieser Wirbeltierklasse. Der Untersatz macht es sich zunutze, dass das Wort „Vogel“ eine zweite Bedeutung hat, dass es nämlich auch

---

2196 BGH StV 1986, 467.

2197 Zu ähnlich gelagerten Fällen siehe BGH StV 1996, 366 (367); KG StV 1986, 469; BGH StV 1984, 190; vgl. auch *Niemöller* StV 1984, 436; BGH NStZ-RR 2003, 49; BGH StV 2003, 542; BGH StV 2005, 487.

2198 Dem ernsten Leser werden diese Beispiele vielleicht etwas läppisch vorkommen. Indessen muss der Revisionsrichter jeden Tag auf Dinge gefasst sein, die dem eierlegenden Hahn und dem vierbeinigen Herodes durchaus ebenbürtig zur Seite stehen: Obersatz: „Widersprüche in den Urteilsgründen führen zur Aufhebung“ (dieser Obersatz ist zunächst einmal im Wege der Verallgemeinerung – auch ein beliebter Denkfehler – gewonnen worden). Untersatz: „Das Alter der Angeklagten wird auf Seite 2 der Urteilsgründe mit 36 Jahren, auf Seite 18 der Urteilsgründe mit 34 Jahren angegeben; das ist ein Widerspruch“ (Unbestreitbar). Schlusssatz: „Also muss das Urteil aufgehoben werden.“ Wohl kaum!.

das einzelne Tier bezeichnen kann. Die beiden Bedeutungen des Wortes „Fuchs" wird der Leser selbst herausfinden.

980 Sind Begriffsvertauschungen weniger primitiv angelegt, so sind sie bisweilen äußerst schwer aufzudecken. Die Zahl ihrer Möglichkeiten ist Legion. Denn erstens gibt es kaum ein Wort, das nur eine einzige Bedeutung hätte; und zweitens lässt sich, auch ohne dass ein und dasselbe Wort beibehalten wird, der Anschein erwecken, als bleibe man bei demselben Begriff, während man ihn in Wahrheit gewechselt hat. Die strafrechtliche Bewältigung der seit 2007 bestehenden **Finanzkrise** steht noch in den Anfängen. Aber die Diskussionen zwischen den auf diesem Gebiet tätigen Staatsanwälten und Verteidigern kreisen um Fachbegriffe aus der Welt des internationalen Wirtschaftsverkehrs, aus (meist irrationalen) Bewertungen im Börsengeschehen, aus schwer nachvollziehbaren Klassifizierungen durch Ratingagenturen, die erst durch die hochkomplexen Blankettstraftatbestände des Wertpapierhandelsgesetzes, des HGB, des Aktiengesetzes, der US-amerikanischen Bilanzstandards und nicht zuletzt des § 266 StGB in unsere Strafverfolgungspraxis implantiert werden sollen. Dies wird für die Schatzsucher der auch revisionsrechtlich relevanten Begriffsvertauschungen und -verwirrungen geradezu ein Eldorado, so dass vermutlich in der nächsten Auflage dieses Buches die eierlegenden Hähne und die scheinbar vierbeinigen judäischen Könige endgültig anderen Beispielen weichen können.

981 Die Rechtswissenschaft wird einen Paradigmenwechsel vollziehen müssen, wenn sie sich vor die Aufgabe gestellt sieht, unter den neuen komplexen Gegebenheiten des globalen Wirtschaftslebens zu entscheiden, ob eine **Unterlassung ursächlich** für einen Erfolg sein kann. Bisher galt es als Trugschluss, wenn man sagte: „Aus nichts wird nichts; also kann eine Unterlassung, die ein Nichts ist, nicht für ein Etwas ursächlich sein. Es handelt sich auch hier um eine Begriffsvertauschung. Der Satz „Aus nichts wird nichts; ein Nichts kann nicht die Ursache eines Etwas sein" ist nur dann richtig, wenn man unter „Ursache" die Summe aller Bedingungen versteht, die den Erfolg bewirken. Die Rechtswissenschaft, für die nur menschliches Verhalten von Bedeutung ist, arbeitet jedoch nicht mit diesem Ursachenbegriff, sondern mit einem anderen: Insbesondere das Strafrecht versteht unter „Ursache" dasjenige menschliche Verhalten, das *eine* Bedingung für den Erfolg setzt. *Alle* Bedingungen für einen Erfolg kann ein Mensch niemals setzen; denn sie beginnen mit der Erschaffung der Welt. Versteht man jedoch unter „Ursache" nur eine unter zahlreichen Bedingungen, so ist nicht einzusehen, warum sie nicht auch „negativ" sein könnte.

Diese Frage ist hier nur deshalb etwas ausführlicher erörtert worden, weil gerade die Ursachenlehre ein fruchtbarer Boden für wirkliche Denkfehler ist. Besonders bei der Bearbeitung von Revisionen, bei denen das tatrichterliche Urteil Schuldsprüche wegen fahrlässiger Tötung oder fahrlässiger Körperverletzung enthält, wird eine klare Besinnung auf die Grundsätze der Logik und auf die Ursachenlehre bisweilen Früchte tragen. Darüber hinaus wird uns in den nächsten Jahren noch ein Straftatbestand verstärkt beschäftigen, dessen Ursachenbegriff noch auf eine revisionsgerichtliche Konturierung wartet: Nach § 38 WpHG macht sich strafbar, wer durch eine z.B. nach § 20a WpHG verbotene Handlung den Börsenkurs einer Aktie beeinflusst hat. Wer um die multikausalen und im Nachhinein unentwirrbaren Wirkungsmechanismen, die einen Börsenkurs beeinflussen, weiß,[2199] kann nur davor warnen, aus der generellen Eignung einer Handlung zur Kursbeeinflussung (die zu einer Ordnungswidrigkeit nach § 37 WpHG führen kann) und einem „Kurssprung" in zeitlicher Nähe zum betreffenden Verhalten auf den Nachweis einer Kausalität zu schließen. Auch die in einem obiter dictum vom 1. Strafsenat angestellte Erwägung, für die Beurteilung der Frage, ob durch die marktmanipulative Handlung tatsächlich eine Einwirkung auf den Kurs eingetreten ist, dürften angesichts der Vielzahl der – neben der Tathandlung – regelmäßig an der Preisbildung mitwirkenden Faktoren „keine überspannten Anforderungen gestellt werden, weil der Tatbestand des § 38 Abs. 1 Nr. 4 WpHG ansonsten weitgehend leerliefe",[2200] erscheint mir eher utilitaristisch als logisch.

Bei der Abfassung einer Revisionsbegründung, die den Verstoß von „Denkfehlern" **982**
rügen will, sollte peinlichst genau darauf Bedacht genommen werden, dass sie selbst frei davon ist. Es macht keinen sehr gewissenhaften Eindruck, wenn aufs Geratewohl und bisweilen ganz formelhaft „Verstöße gegen die Denkgesetze" gerügt werden. Das gilt für Revisionen der Staatsanwaltschaft ebenso wie für Revisionen von Verteidigern. Bemerkenswert ist übrigens, dass wirkliche Denkfehler im Urteil von den Beschwerdeführern selbst vielfach gar nicht bemerkt werden.

Gelegentlich wird übersehen, dass der Satz, wonach die Verletzung von Denkgesetzen schon auf die allgemeine Sachrüge hin zur Aufhebung des Urteils führt, nur dann gilt, wenn die Gründe des Urteils selbst den Fehler enthalten. Verstöße gegen die Regeln der Logik kommen aber auch bei der **Anwendung von Verfahrensrecht** vor. Hat beispielsweise in einem Strafverfahren der Tatrichter aufgrund eines Denkfehlers einem Zeugen ein Auskunftsverweigerungsrecht zugebilligt, obwohl nach Lage der Sache eine Verfolgungsgefahr zweifelsfrei ausgeschlossen war,[2201] oder enthält die Begründung der Ablehnung eines Beweisantrags einen Denkfehler, so ist das Revisionsgericht auf eine entsprechend ausgeführte Verfahrensrüge angewiesen, es sei denn, das mit der Sachrüge angefochtene Urteil enthielte auch insoweit alle Verfahrenstatsachen.

(13) Erfahrungssätze

Tatsächliche Feststellungen beruhen niemals nur auf dem, was sich in der Hauptver- **983**
handlung sichtbar und hörbar abspielt. In jedem Falle fügt der Richter dem etwas Wesentliches aus seiner persönlichen und beruflichen Lebenserfahrung hinzu. Diese Erfahrung erst gibt ihm das „Organ", mit dem er die Beweise würdigen kann. Damit einher geht aber, dass dieser Bereich des Würdigungsvorgangs sich durch seine sehr persönliche Beschaffenheit in weiten Teilen der späteren Nachprüfung entzieht. Das gilt selbst dann, wenn man dem Revisionsrichter zubilligt, dass er – meist aus dem Kreise der Tatrichter ausgewählt und mit der tatrichterlichen Denkweise mehrerer Untergerichte in ständiger Berührung – seine eigene Erfahrung ebenso wie seine

---

2199 Dazu und zur Notwendigkeit der Hinzuziehung von Sachverständigen *Assmann/Schneider*, WpHG § 38 Rn. 55.

2200 BGH, Urt. vom 6. 11. 2003 – 1 StR 24/03 = BGHSt 48, 373 ff. (384) = NJW 2004, 302 ff.

2201 Vgl. BGH bei *Holtz* MDR 1981, 632; BGHSt 9, 34; BGH StV 2002, 604; BGH StV 2006, 283; BGHSt 51, 144 = NJW 2007, 384.

Rechtsauffassung höher stellen mag als die des Tatrichters. Denn davon kann er nur in seltenen Ausnahmefällen Gebrauch machen, will er nicht in einer für die wirkliche Wahrheitsfindung unerträglichen Weise die ihm gesetzten Grenzen überschreiten.

984 Die **Erfahrungssätze** sind ebensowenig wie die Denkgesetze Rechtsnormen.[2202] Die Menschheit besaß zweifellos schon sehr viele Erfahrungen auf zahlreichen Gebieten des Lebens, ehe sie begann, Rechtsordnungen zu schaffen. Auch die Erfahrung geht dem Recht zeitlich und logisch voraus. So kann es auch nicht gelingen, die Berücksichtigung der Erfahrungssätze vor Gericht damit begründen zu wollen, dass das Recht sie stillschweigend zu Rechtsnormen erhebe. Dass das Wasser nach unten fließt, ist vom Gericht nicht erst deshalb zu berücksichtigen, weil ein Gesetz es so will, sondern umgekehrt: das Recht – etwa das Binnenschiffahrtsgesetz – muss selbst erst einmal von dieser Erfahrung ausgehen.

985 Aber die Rechtsnorm des **§ 261 StPO** wird in einer auch für den Revisionsrichter erkennbaren Weise „nicht richtig angewendet“, wenn das Tatgericht aus dem Inbegriff der Hauptverhandlung einen Sachverhalt ermittelt, der sich erfahrungsgemäß so nicht zugetragen haben kann[2203] oder erfahrungsgemäß so nicht festgestellt werden kann,[2204] wie der Tatrichter geglaubt hat, ihn unter Berufung auf die angebliche Lebensferne des dem Angeklagten günstigeren Alternativgeschehens feststellen zu können.

986 Das Revisionsgericht muss dann eingreifen, wenn eine tatsächliche Annahme des angefochtenen Urteils nach der Lebenserfahrung schlechthin unmöglich ist, der Tatrichter sich also über einen allgemeingültigen Erfahrungssatz hinwegsetzt, den er nicht benennt. Unwahrscheinlichkeit allein macht noch nicht den Fehler aus, denn auf dem Gebiet des Strafrechts geschehen oft sehr unwahrscheinliche Dinge. Das Revisionsgericht kann dem Tatrichter also nicht verbieten, sie festzustellen. Auf ein solches Verbot liefe es aber wegen der Bindung des Untergerichts (§ 358 Abs. 1 StPO) hinaus,[2205] wenn ein Urteil, das die Unwahrscheinlichkeit erkannt und diese Feststellung gleichwohl begründet hat, daran allein mit dem Hinweis, sie widersprächen der Lebenserfahrung, gehindert werden sollte. Entscheidend ist in diesen Fällen, dass der Tatrichter sich der Erfahrungswerte bewusst war.

987 Ein echter **Verstoß gegen die allgemeine Lebenserfahrung** würde etwa in der Annahme liegen, ein Kind der Blutgruppe A, dessen Mutter der Blutgruppe 0 angehört, stamme von einem Manne mit der Blutgruppe 0 oder B ab (vorausgesetzt, dass dies alles im Urteil festgestellt ist);[2206] oder die Empfängniszeit habe ein ganzes Jahr betragen; oder jemand sei mit öffentlichen Landverkehrsmitteln in einer Stunde von München nach Hamburg gereist. Solche schlechthin unmöglichen Feststellungen kann und muss sinnvollerweise auch der Revisionsrichter, obwohl er an der Beweisauf-

---

2202 KK-*Schoreit* § 261, Rn. 48; KK-*Kuckein* § 337, Rn. 29; anders noch BGHSt 6, 70 (72).
2203 LR-*Hanack* § 337, Rn. 171; *Peters* Strafprozessrecht, 613 f.
2204 BGHSt 19, 83 = NJW 1963, 1083; RGSt 64, 251; 73, 248; OLG Saarbrücken NJW 1971, 1905.
2205 Nach BGH VRS 12, 208 muss der Tatrichter einen vom Revisionsgericht festgestellten Erfahrungssatz beachten, auch wenn er ihn für falsch hält; *Meyer-Goßner* § 358, Rn. 6.
2206 Zu erbkundlichen Gutachten vgl. BGHSt 5, 34; 6, 70; *Kimmich/Spyra/Steinke* Das DNA-Profiling in der Kriminaltechnik und der juristischen Diskussion, NStZ 1990, 318.

nahme nicht teilgenommen hat, beanstanden und damit für die neue Verhandlung verbieten. Niemand wird einwenden können, dazu bedürfe es des persönlichen und unmittelbaren Eindrucks von der Beweisaufnahme.

Ein Hauptgebiet solcher unverbrüchlichen Erfahrungssätze ist die **Physik**, insbesondere die Mechanik.[2207] Deshalb kommt es z.B. auf dem Gebiet der Verkehrsunfälle verhältnismäßig oft zu derartigen Eingriffen der Revisionsgerichte. Auch chemische Erfahrungssätze spielen häufig eine Rolle. So hat der BGH das Urteil eines Landgerichts aufgehoben, das in seinen Feststellungen davon ausging, der Angeklagte habe ausgeschüttetes Heizöl mit Streichhölzern in Brand gesetzt.[2208] Dem steht der wissenschaftlich gesicherte Erfahrungssatz entgegen, dass Heizöl – wie Dieselöl – einen Flammpunkt von über 55° Celsius hat[2209] und deshalb bei Raumtemperatur nicht ohne Weiteres mittels einer Flamme entzündet werden kann. **988**

Ferner kommen gesicherte Erfahrungssätze auf physiologischem Gebiet vor, z.B. bezüglich der **Auswirkungen des Alkohols** auf die Fahrsicherheit.[2210] Dagegen dürfte es kaum ein ausnahmslos geltender Erfahrungssatz sein, dass jeder Kraftfahrer diese Sätze kennt.[2211] Stellt daher der Tatrichter fest, ein Kraftfahrer habe sie im Einzelfall nicht gekannt, so bindet das m.E. den Revisionsrichter. Dagegen wird es eingreifen müssen, wenn der Tatrichter die Kenntnis des Angeklagten von den für ihn zur Erreichung der Grenzwerte erforderlichen Trinkmengen allein aus dem Erfahrungssatz geschlossen hätte, dies sei „allen Teilnehmern des Kraftverkehrs bekannt". **989**

Ebenfalls an forensischer Bedeutung gewonnen hat die Aussage- und **Vernehmungspsychologie**; in diesem Bereich gibt es jedoch kaum Sätze der hier erörterten allgemeingültigen Art.[2212] Es ist daher zwecklos, zur Begründung der Revision vorzutragen, ein unbescholtener Angeklagter, bewährter Beamter, guter Familienvater usw. „könne" dies oder jenes nicht getan haben, wenn der Tatrichter feststellt, dass er es getan hat. Erst recht hat es keinen Sinn, das Revisionsgericht zu einer psychologischen Würdigung der Zeugenaussagen aufzufordern. Es gibt keine psychologischen Erfahrungssätze, nach denen jemand in bestimmter Lage nicht lügen oder nicht die Wahrheit sagen kann. Andererseits wird das Revisionsgericht vom Tatrichter nach den Fortschritten bei der Prüfung der Mindeststandards einer Glaubwürdigkeitsbegutachtung durch die Grundsatzentscheidung BGHSt 45, 164 auch für dessen eigene **990**

2207 Siehe die umfangreiche Zusammenstellung von Erfahrungssätzen verschiedener kriminalistischer Disziplinen bei *Schmitt* Die richterliche Beweiswürdigung im Strafprozess, 229ff.

2208 BGHR StPO § 261 – Erfahrungssatz 4.

2209 Hier verweist der BGH auf *Eulenburg* in Grundlagen der Kriminalistik, 77, 88 (89); *Klingemann* in Kriminalistische Studien, Bd. 2, Brandkriminalistik (2), 104 (114).

2210 Zur 1,1‰-Grenze BGHSt 37, 89 in Fortbildung von BGHSt 21, 157; vgl. die Gutachten des BGA aus dem Jahre 1966 „Alkohol bei Verkehrsstraftaten" sowie aus dem Jahre 1989 zum „Sicherheitszuschlag auf die Blutalkoholbestimmung"; *Schöch* Kriminologische und sanktionsrechtliche Aspekte der Alkoholdelinquenz im Verkehr, NStZ 1991, 11ff.

2211 Wie OLG Hamm JMBlNRW 1953, 20 meint. Vgl. OLG Hamm, DAR 1970, 192 zum Kennenmüssen der Gefahren des Restalkohols; BGHSt 23, 156 zu der Frage, ob jeder Kraftfahrer seine Übermüdung rechtzeitig bemerken müsse; vgl. OLG Koblenz StraFo 2008, 220 zum Indizwert einer Blutalkoholkonzentration für vorsätzliches Handeln.

2212 So auch *Schmitt* Die richterliche Beweiswürdigung im Strafprozess, 315.

Beurteilung, zumal, wenn er glaubte, keinen Gutachter zu brauchen, erhöhte Prüfungsmaßstäbe anlegen müssen.[2213]

991 Unabhängig von allem Vorstehenden greift das Revisionsgericht ein, wenn das Urteil ergibt, dass der Tatrichter einen allgemeinen **Erfahrungssatz** angenommen und für zwingend gehalten hat, der in Wahrheit **nicht besteht.**[2214] Auch Rechtsverstöße, die darin liegen, dass der Tatrichter ein Indiz wegen der Überbewertung von naturwissenschaftlichen Wahrscheinlichkeitsaussagen mit einem Beweis verwechselt hat, kann man daher als Verletzungen von Erfahrungssätzen auffassen.

992 Dass bei bestimmten Ergebnissen einer Blutuntersuchung der Tatrichter die leibliche Abstammung eines Kindes von einem bestimmten Mann feststellen muss und dass er bei einer bestimmten Zahl von Übereinstimmungen bei einer daktyloskopischen Spur die Herkunft einer bestimmten Vergleichsperson zuordnet, ist keine Frage der Logik, sondern der naturwissenschaftlich statistischen Konvention. Wir haben es hier praktisch mit modernen Beweisregeln zu tun.[2215] Missachtet sie das Tatgericht, hebt das Revisionsgericht auf, weil die Grenzen der Freiheit der Beweiswürdigung überschritten sind. Aber auch hier darf sich niemand durch den Umstand und die Hervorhebung in den BGH- und OLG-Entscheidungen, dass die Aufhebung „auf die Sachrüge hin“ erfolge, zu dem Missverständnis verleiten lassen, es handele sich um sachlichrechtliche Fehler.

993 So hob das OLG Karlsruhe das Urteil eines Landgerichts auf, das im Zusammenhang mit einem Verkehrsunfall die Einlassung des Angeklagten, er habe den Unfall nicht bemerkt, als Schutzbehauptung qualifizierte. Nach Auffassung des Landgerichts entspreche es der allgemeinen Erfahrung, dass ein Kraftfahrer Bremsgeräusche oder Geräusche quietschender Reifen im Straßenverkehr nicht nur als Fußgänger, sondern auch in geschlossenen Fahrzeugen wahrnehme und als Geräusche eines Unfalls sofort identifiziere, selbst wenn diese Geräusche noch hinter dem Fahrzeug des betreffenden Kraftfahrers in einer größeren Entfernung aufträten. Diese Beweiswürdigung ist fehlerhaft, da das Landgericht von einem (so) nicht existierenden allgemeingültigen Erfahrungssatz ausging.[2216]

994 Mehrfach beanstandet hat der BGH Urteile in **Betäubungsmittelsachen**, in denen unter Berufung auf Erfahrungssätze aufgrund äußerer Anhaltspunkte zwingend auf den inneren Tatbestand geschlossen wurde.

So hat ein Landgericht die Einlassung des Angeklagten, sein Auftraggeber habe ihm gesagt, nur eine der beiden von ihm zu transportierenden Taschen enthalte (3 kg) Kokain – weshalb er geglaubt habe, die zweite Tasche sei das persönliche Gepäck seiner Begleiterin – mit folgender Begründung widerlegt: Schon an der Höhe der insgesamt ausgesetzten Belohnung von 8.000 US-Dollar habe der Angeklagte erkannt, dass es sich um eine erheblich größere Menge als 3 kg Kokain handeln müsse. Für den Transport einer Menge von 3 kg werde nach der reichlichen Erfahrung des Gerichts üblicherweise eine Be-

---

2213 Dazu *Nack* StV 2002, 558 (562).
2214 *Meyer-Goßner* § 337, Rn. 31 m. w. N.
2215 *Sarstedt* FS Hirsch, 177.
2216 OLG Karlsruhe StV 1995, 13.

lohnung von 2.500 bis 3.000 US-Dollar gezahlt. Dies sei in den in Betracht kommenden südamerikanischen Ländern kein Geheimnis und auch dem schon einschlägig tätig gewesenen Angeklagten nach Überzeugung des Gerichts bekannt, so dass er schon aus der Höhe der Gesamtbelohnung den Schluss gezogen habe, es müsse sich um erheblich mehr als 3 kg Kokain handeln. Der BGH[2217] hob das Urteil mit der Begründung auf, die Beweiswürdigung, mit der das Landgericht die Einlassung des Angeklagten zu widerlegen suchte, halte rechtlicher Überprüfung nicht stand. Da ein allgemeiner Erfahrungssatz des Inhalts, dass Kuriere für den Transport von 3 kg Kokain nicht mehr als 3.000 US-Dollar erhalten und dass diese Übung in den in Betracht kommenden südamerikanischen Ländern allgemein bekannt ist, nicht besteht, entbehre die Annahme des Landgerichts einer tragfähigen Grundlage.

Die Entscheidung verdeutlicht zugleich, dass es gerade nicht die Aufgabe des Tatrichters ist, allgemeine Erfahrungssätze aufzustellen oder sich mit der Frage zu befassen, ob ein von ihm für den vorliegenden Einzelfall für richtig gehaltener Satz allgemeine Gültigkeit hat. Im Zweifel kann ihm deshalb nicht unterstellt werden, er sei von falschen allgemeinen Sätzen ausgegangen, weil er sie irrig für zwingend gehalten habe. Der BGH übte im geschilderten Fall bei seiner Überprüfung in dieser Frage auch Zurückhaltung; er griff vielmehr sozusagen auf eine „zweite Ebene" durch und hob das Urteil wegen fehlender Tragfähigkeit der Gründe auf. Dies wird für den Leser erst durch die Lektüre des Urteils verständlich! **995**

In einem anderen Fall[2218] stellte der BGH klar, dass es entgegen der Annahme eines Landgerichts einen wissenschaftlichen Erfahrungssatz, dass Benzindämpfe stets durch eine glimmende Zigarette entzündet werden, nicht gebe. Zugleich regte er an, in der neuen Hauptverhandlung zu der konkreten Situation einen Sachverständigen zu hören. **996**

Entgegengetreten ist der BGH auch der verallgemeinernden Annahme, nahezu jedermann wisse, dass nach dem Ausgießen großer Mengen Benzin bereits ein Funke zu einer Explosion führen könne.[2219] **997**

Die Berufung auf einen **nicht bestehenden Erfahrungssatz** spielte auch in einem Verfahren wegen Versicherungsbetrugs eine Rolle.[2220] Dem Angeklagten wurde vorgeworfen, im Pelzwarenlager seines Geschäfts Feuer gelegt zu haben, in der Absicht, Warenvorräte zu vernichten und Zahlung von der Brandversicherung zu verlangen. Der Angeklagte leugnete ein vorsätzliches Inbrandsetzen und gab an, das Feuer könne höchstens durch seinen nachlässigen Umgang mit einem Zigarrenrest oder einem **998**

2217 BGH 2 StR 370/92 v. 21. 10. 1992 = StV 1993, 116 = NStZ 1993, 95; vgl. auf derselben Seite BGH 2 StR 627/91 v. 20. 3. 1992 = BGHR BtMG § 29 – Beweiswürdigung 8, wo der Erfahrungssatz, dass Eltern ihr 6jähriges Kind zu Weihnachten nicht bei Angehörigen in Kolumbien zurücklassen, um in Deutschland die ehemalige Frau des Lebensgefährten und dessen Sohn ohne Adressenkenntnis aufzuspüren, beanstandet wird; vgl. zu einem Erfahrungssatz bzgl. Kurierlohn in Betäubungsmittelsachen auch BGH StV 1995, 524 und BGH StV 2000, 69 (Ein Erfahrungssatz, dass mit 1 kg Heroin in einschlägigen Kreisen nicht unbewaffnet Handel getrieben wird, besteht nicht.).

2218 BGH 5 StR 65/88 v. 29. 3. 1988.

2219 BGHR StPO § 261 – in dubio pro reo 9 (2 StR 659/94 v. 1. 2. 1995).

2220 BGH 1 StR 282/95 v. 9. 8. 1995.

Streichholz verursacht worden sein. Diese Einlassung „widerlegte" die Strafkammer mit dem „Erfahrungssatz", dass Prüftätigkeit, pädagogisches Geschick, Organisationstalent und kaufmännischer Erfolg (des Angeklagten) einen nachlässigen Umgang mit einem Zigarrenrest oder einem Streichholz ausschließen würden.

999 Es ist ein beliebter, durchweg jedoch erfolgloser Kunstgriff mancher Beschwerdeführer, eine tatrichterliche Feststellung erst selbst zu verallgemeinern, um dann siegreich darzutun, dass sie in dieser Verallgemeinerung nicht richtig ist, etwa nach folgendem Muster: *„Das Landgericht schließt aus dem Umstand, dass der Angeklagte sich verspätet hatte und deshalb in Eile war, auf seine übertrieben hohe Geschwindigkeit. Es geht also davon aus, dass jeder Eilige zu schnell fahre. Ein solcher Erfahrungssatz besteht jedoch nicht."*

Freilich besteht er nicht; aber das Landgericht hat ihn auch gar nicht aufgestellt oder angewendet. Im Einzelfall ist der Schluss von der Zeitknappheit auf die Geschwindigkeit durchaus möglich und deshalb für die Revision dann nicht angreifbar, wenn er zusammen mit noch anderen Beweisanzeichen die richterliche Überzeugung trägt. Anders wäre es nur, wenn sich aus dem Urteil ergäbe, dass das Wissen des Tatgerichts um die „Eile" allein schon als Beweis herhalten sollte.

1000 Wie behutsam das Revisionsgericht hier vorzugehen hat, zeigt besonders deutlich eine Entscheidung des Bundesgerichtshofs über den Beweiswert von DNA-Spuren-Analysen.[2221]

Hierzu hat *Nack* Folgendes vorgerechnet:

Die Umrechnung der *Häufigkeit der Merkmalskombination* von 1‰ in eine (abstrakte) *Belastungswahrscheinlichkeit* ist dem Sachverständigen zwar gestattet. Das bedeutet aber nicht, dass der Angeklagte auch mit 100%–1‰ = 99,9% Wahrscheinlichkeit auch der Spurenverursacher ist. Das wäre ein Verstoß gegen Denkgesetze, weil die falsche Rechenformel verwendet wurde (die richtige Formel wäre das Theorem von *Bayes*):

Die Umrechnung der Merkmalswahrscheinlichkeit von 0,014% in eine Belastungswahrscheinlichkeit bzw. Täterwahrscheinlichkeit von 99,986% setzt, wie der Sachverständige Professor Dr. H. dem *Senat* dargelegt hat, die Festsetzung einer Anfangswahrscheinlichkeit voraus. Zu einem Wert von 99,986% kommt man nur dann, wenn die Anfangswahrscheinlichkeit mit 50% angesetzt wird. Damit ist gemeint: Bei einer „a priori" – vor Berücksichtigung der DNA-Analyse – vorgenommenen Einschätzung liegt die Annahme, dass die Spermien von dem Angeklagten herrühren, ebenso nahe wie das Gegenteil. Von dieser (neutralen) Anfangswahrscheinlichkeit durfte der Sachverständige ausgehen. Das Gericht mußte sich darüber im klaren sein, dass das Ergebnis des Sachverständigengutachtens nur eine abstrakte Aussage über die statistische Belastungswahrscheinlichkeit ergibt. Dass dieser Wert mit der konkreten Belastung des Angeklagten nicht gleichgesetzt werden darf, macht folgende Überlegung deutlich: Dem vom Sachverständigen genannten Wert von 99,986% entspricht in der Bevölkerung ein Anteil von 0,014%, bei dem die DNA-Analyse dieselben Merkmale ergeben würde wie beim Angeklagten. Bei ungefähr 250.000 männlichen Ein-

---

2221 Dazu im Einzelnen *Nack* StV 2002, 558 (564).

wohnern der Stadt Hannover würde dies immerhin einer Zahl von 35 männlichen Personen aus Hannover entsprechen.

Da statistische Werte Erfahrungswerte sind, würde dieses Ergebnis, solange keine anderen Beweise für die Täterschaft des Angeklagten vorliegen, besagen, dass an Stelle des Angeklagten auch weitere 34 Hannoveraner hätten verurteilt werden können. Das wäre ein zwingender Aufhebungsgrund.

Soweit, so gut. Aber *Nack* hat in dieser Anwendung von Erfahrungswerten für den ge- **1000a**
wöhnlich vorkommenden praktischen Fall, dass das eine oder andere (wenn auch: schwache) Indiz neben dem Analyseergebnis auch noch auf den Angeklagten als Spurenleger hindeutet, einen Rechenfehler, also wiederum einen Denkfehler ausgemacht, den er wie folgt erläutert:

„Angenommen, in München gibt es 100.000 BMW-Fahrer, die als Täter in Betracht kommen. Weiter sei angenommen, bei allen diesen BMW-Fahrern würde eine DNA-Analyse gemacht. Dann erbrächte dasselbe DNA-Verfahren eine wesentlich höhere Belastungswahrscheinlichkeit als wenn man über den Angeklagten nichts weiter weiß, als dass er (Münzwurftest!) mit 50%iger Wahrscheinlichkeit die Spur gelegt hat. Erhöht man freilich wie beim BMW-Fahrer-Beispiel die Anfangswahrscheinlichkeit, kann es für ihn statistisch schon sehr viel „enger werden“.

Nack schließt daraus, dass die durch den DNA-Vergleich errechenbare Belastungswahrscheinlichkeit keine Konstante ist, sondern stark von der Zahl der Tatverdächtigen abhängt. Dies ist mathematisch sicherlich zutreffend. Gleichwohl wird man auch hier vor voreiligen Schlüssen warnen müssen. Der Angeklagte, der mit dieser Art von „Hochrechnung“ überführt werden soll, könnte mit gutem Recht entgegenhalten: Was kann ich dafür, wie viele Leute Ihr sonst noch zum Kreis der Verdächtigen zählt?! Nun hat der 1. Strafsenat des BGH jüngst in einer sehr kurzen Entscheidung die Aussage von BGHSt 38, 322 an die Fortschritte der DNA-Analysetechnik angepasst und verfeinert, indem er dem Landgericht Rechtsfehlerfreiheit bescheinigte, nachdem dieses sich nun offenbar doch allein *„aufgrund des Ergebnisses der DNA-Analyse, wonach mit einem statistisch errechenbaren Häufigkeitswert von 1:256 Billiarden davon auszugehen ist, dass die Spur vom Angeklagten herrührt“*, davon überzeugt hatte, dass die am Tatort gesicherte Hautabriebspur vom Angeklagten stammt. Dazu meint der BGH: *„Jedenfalls bei einem Seltenheitswert im Millionenbereich kann wegen der inzwischen erreichten Standardisierung der molekulargenetischen Untersuchung das Ergebnis der DNA-Analyse für die Überzeugungsbildung des Tatrichters dahin, dass die am Tatort gesicherte DNA-Spur vom Angeklagten herrührt, ausreichen, wenn die Berechnungsgrundlage den von der Rechtsprechung des Bundesgerichtshofs aufgestellten Anforderungen entspricht.“*[2222]

Erfreulicherweise folgt dann aber noch ein wichtiger Satz, der einem naheliegenden Verstoß gegen Erfahrungs- und Denkgesetze vorbeugen soll und kann: *„Davon unabhängig hat das Tatgericht die Frage zu beurteilen, ob zwischen der DNA-Spur und der Tat ein Zusammenhang besteht.“* Die unvorstellbar hohe zahlenmäßig auszudrückende Wahrscheinlichkeit von Eins zu 256.000.000.000.000, die dafür spricht, dass etwa die bei

2222 BGH, Beschl. v. 21. 1. 2009 – 1 StR 722/08 = NJW 2009, 1159.

einer Leiche gefundene Zigarettenkippe nur vom Angeklagten stammen kann, hat nicht die geringste Aussagekraft für die Beantwortung der Frage, mit welcher Zufallswahrscheinlichkeit die Spur vielleicht schon Tage vor dem Tötungsdelikt an der betreffenden Stelle gelegen haben kann, weil sie vom Angeklagten achtlos weggeworfen wurde, als an der Stelle noch keine Leiche lag und als auch noch keine Tat verübt wurde.

1001 Ähnliches gilt für **daktyloskopische Spuren**, an deren Signifikanz und Fehlerquellen die kriminalistisch geschulten Strafjuristen ja schon sehr viel länger als bei der DNA-Analyse gewohnt sind. Auf diesem Gebiet gibt es wissenschaftlich gesicherte Erfahrungssätze, die dem Revisionsgericht mindestens genauso gut zugänglich sind wie dem Tatrichter.[2223] Der Revisionsrichter mag also aufgrund intensiver wissenschaftlicher Studien zu dem Ergebnis kommen, bei weniger als 12 übereinstimmenden Merkmalen („Minutien") sei der Identitätsbeweis nicht erbracht. Von diesem Ergebnis mag er noch so fest überzeugt, und es mag sogar richtig sein; bei der Nachprüfung eines tatrichterlichen Urteils hat er es im Regelfalle beiseite zu lassen. Denn er hat das Urteil gar nicht darauf nachzuprüfen, ob es einen zwingenden Beweis erbringt. Wenn 12 Minutien schon einen schlechthin zwingenden Beweis erbringen, so deuten auch 9 oder 11 Minutien mindestens auf die sehr naheliegende Möglichkeit der Täterschaft hin. Wenn das den Tatrichter in Verbindung mit anderen Umständen[2224] von der Täterschaft des Angeklagten überzeugt, kann ihm dies das Revisionsgericht nicht verbieten, solange nicht die nach wissenschaftlicher Erfahrung unzureichende Zahl von Übereinstimmungen im Urteil als alleiniger Beweis ausgegeben wird. Anders verhielte es sich nur dann, wenn der Tatrichter selbst – etwa angesichts starker Zweifelsgründe – die Überzeugung von der Täterschaft des Angeklagten nur deshalb gewonnen hatte, weil er neun oder elf Minutien für einen schlechthin zwingenden Beweis gehalten und das im Urteil zum Ausdruck gebracht hätte. Dann hätte das Urteil wegen Verstoßes gegen einen Erfahrungssatz aufgehoben werden müssen. Ebenso wäre es auch ein Verstoß gegen die Erfahrung, wenn der Tatrichter umgekehrt die Überzeugung von der Täterschaft nicht gewonnen hätte, obwohl er die Übereinstimmung von 17 oder 21 Minutien feststellt.[2225]

1002 Ein nicht seltenes Beispiel für die fehlerhafte Anwendung eines angeblichen Erfahrungssatzes ist die Annahme des Tatgerichts, eine vom Angeklagten behauptete **„Erinnerungslücke" (Amnesie)** läge schon deshalb nicht vor, weil nach dem Erkenntnisstand der Psychologie und der Psychiatrie ein solcher „Filmriss" in der Wahrnehmungs- oder der Erinnerungsfähigkeit niemals vorkomme. Aus dieser Auffassung eines in der Hauptverhandlung gehörten Sachverständigen schloß eine Strafkammer, die vom Angeklagten geschilderte Erinnerungslücke sei, da sie abrupt bei

---

2223 Vgl. allgemein zur Daktyloskopie, *Prante* Die Personenerkennung. Daktyloskopie, 1982; *Velders* Daktyloskopische Spurensuche und -sicherung (fast) laborunabhängig, Kriminalistik, 1991, 163.

2224 Handelt es sich bei jenen „anderen Umständen" freilich auch nur um naturwissenschaftlich-statistische Wahrscheinlichkeitsaussagen, so sollte das Urteil erkennen lassen, dass nicht der Fehler gemacht wurde, die „Wahrscheinlichkeiten" zu „kumulieren": Eine 80%ige Wahrscheinlichkeit plus eine 20%ige Wahrscheinlichkeit ergeben ebenso wenig eine 100%ige Sicherheit, wie eine 80%ige Salzsäurelösung und eine 20%ige eine reine Salzsäure ergeben.

2225 *Schmid* Der Revisionsrichter als Tatrichter, ZStW Bd. 85, 360ff.

den ersten, nicht mehr von Abwehr geprägten Schlägen einsetze und nach dem letzten Schlag wieder ende, weder durch einen psychopathologischen Vorgang, also durch eine schwere Bewusstseinsstörung oder -einengung erklärbar, noch durch einen nachfolgenden unbewussten Verdrängungsprozess, sondern ausschließlich durch ein „Nicht-wahrhaben-wollen der Tat". Der vom Landgericht gebilligten Auffassung des Sachverständigen, dass es zeitlich eng auf das eigentliche Tatgeschehen begrenzte totale Erinnerungslücken nicht gebe, hielt die Revision mit Erfolg entgegen, dass diese mit den Erkenntnissen der medizinischen Wissenschaft nicht in Einklang steht. Solche Erinnerungslücken gelten im Gegenteil gerade als Anzeichen für eine auf einem Affekt beruhende Bewusstseinsstörung.[2226]

cc) Rügevorbringen

Bei den weitaus meisten Verstößen gegen § 261 StPO bedarf es keines besonderen Vor- **1003**
trags nach § 344 Abs. 2 S. 2 StPO, weil diese in der Regel ohnehin nur dann revisibel sind, wenn das Urteil selbst sie dokumentiert, so dass schon die Sachrüge dem Revisionsgericht den Blick auf die den Mangel enthaltenden Tatsachen eröffnet. Das gilt freilich nicht bei der Rüge, das Gericht habe ein in der Hauptverhandlung ausführlich zur Sprache gekommenes Beweisergebnis (z.B. ein wörtlich verlesenes Protokoll[2227]) nicht erwähnt oder im umgekehrten Fall, indem das Gericht einen nicht stattgefundenen Teil der Hauptverhandlung „verwertet" hat. Weist das Sitzungsprotokoll aus, dass der Angeklagte in der Hauptverhandlung durchgehend von seinem Schweigerecht Gebrauch gemacht hat und beruft sich das Urteil dennoch auf eine Äußerung von ihm, soll es nach Auffassung des BayObLG[2228] nicht genügen, dass in der Revisionsbegründung dargelegt wird, der Angeklagte habe keine Angaben zur Sache gemacht, vielmehr müsse auch gesagt werden, dass der Verteidiger keine Erklärungen abgegeben hat, die nach der Rechtsprechung des BGH als Einlassungen des Mandanten hätten gewertet werden können.[2229] Dem kann allenfalls dann gefolgt werden, wenn konkrete Anhaltspunkte dafür vorhanden sind, dass es solche Erklärungen des Verteidigers gegeben hat. Im entschiedenen Fall hat das Revisionsgericht dies aus einem Beweisantrag des Verteidigers hergeleitet. Da aber dem Verteidiger ein eigenes Beweisantragsrecht zusteht,[2230] geht es zu weit, seine Beweisbehauptungen einer Einlassung des Mandanten gleichzustellen.

e) Beweisverbote

Literatur: *Amelung* Grundfragen der Verwertungsverbote bei beweissichernden Haussuchungen im Strafverfahren, NJW 1991, 2533; *Baumann/Brenner* Die strafprozessualen Beweisverwertungsverbote, 1991; *Beling* Die Beweisverbote als Grenzen der Wahrheitserforschung im Strafprozess, 1903; *Beulke*

2226 BGH StV 1989, 335 = BGHR StPO § 261 – Erfahrungssatz 5, unter Hinweis auf BGH StV 1987, 434; 1988, 57 (58); *Langelüddeke/Bresser* Gerichtliche Psychiatrie, 259; *Mende* in *Venzlaff* Psychiatrische Begutachtung, 317 (323 f.); vgl. ferner *Rasch* Forensische Psychiatrie 210 f.

2227 Siehe dazu oben Rn. 270.

2228 BayObLGSt 2002, 120 = StV 2003, 320.

2229 BGH StV 1998, 59 mit krit. Anm. *Park*. Zur Frage des Beweiswertes solcher durch den Verteidiger abgegebenen „Einlassungen" des Angeklagten insbesondere im Falle von Urteilsabsprachen s. jetzt BGH, Beschl. v. 6. 11. 2007 – 1 StR 370/07 = BGHSt 52, 78 = NJW 2008, 1749.

2230 *Hamm/Hassemer/Pauly* Beweisantragsrecht, Rn. 127.

Hypothetische Kausalverläufe im Strafverfahren bei rechtswidrigem Vorgehen von Ermittlungsorganen, ZStW 103 (1991), 657 ff.; *Beulke* Muss die Polizei dem Beschuldigten vor der Vernehmung „Erste Hilfe" bei der Verteidigerkonsultation leisten? NStZ 1996, 257; *Fezer* Grundfragen der Beweisverwertungsverbote, 1995; *Freund* Verurteilung und Freispruch bei Verletzung der Schweigepflicht eines Zeugen, GA 1993, 49; *Gauthier* Die Beweisverwertungsverbote, ZStW 103 (1991), S. 796; *Gössel* Beweisverbote im Strafverfahrensrecht der Bundesrepublik Deutschland, GA 1991, 483; *Hamm* Staatliche Hilfe bei der Suche nach Verteidigern – Verteidigerhilfe zur Begründung von Verwertungsverboten, NJW 1996, 2185; *Hauf* Ist die „Rechtskreistheorie" noch zu halten? NStZ 1993, 457; *Herdegen* Bemerkungen zur Lehre von den Beweisverboten, DAV, Schriftenreihe der AG Strafrecht, Bd. 6, S. 103; *Herrmann* Das Recht des Beschuldigten, vor der polizeilichen Vernehmung einen Verteidiger zu befragen, NStZ 1997, 209; *Koriath* Über Beweisverbote im Strafprozess, 1994; *Küpper* Tagebücher, Tonbänder, Telefonate, JZ 1990, 416; *Lagodny* Verdeckte Ermittler und V-Leute im Spiegel von § 136 a StPO als „angewandtem Verfassungsrecht", StV 1996, 167; *Pitsch* Strafprozessuale Beweisverbote, 2009; *Lesch* Funktionale Rekonstruktion der Lehre von den Beweisverboten, Festschrift Volk, 2009, S. 311 ff.; *Ranft* Bemerkungen zu den Beweisverboten im Strafprozess, Festschrift Spendel, 1992, S. 719; *Rogall* Gegenwärtiger Stand und Entwicklungstendenzen der Lehre von den strafprozessualen Beweisverboten, ZStW 91, 1979, S. 1; *ders.* Das Beweisverbot des § 252 StPO, Festschrift Otto 2007, S. 973 ff.; *Roxin* Nemo tenetur: die Rechtsprechung am Scheideweg, NStZ 1995, 465; *Roxin* Zum Hörfallen-Beschluss des Großen Senats für Strafsachen, NStZ 1997, 18; *Salditt* 25 Jahre Miranda – Rückblick auf ein höchstrichterliches Experiment, GA 1992, 51; *Schröder* Beweisverwertungsverbote und die Hypothese rechtmäßiger Beweiserlangung im Strafprozess, 1992; *Schwaben* Die Rechtsprechung des BGH zwischen Aufklärungsrüge und Verwertungsverbot, NStZ 2002, 288; *Sternberg-Lieben* JZ 1995, 844 Anm. zu BGH 1 StR 83/94; *Störmer* Dogmatische Grundlagen der Verwertungsverbote, 1992; *Strate* Rechtshistorische Fragen der Beweisverbote, JZ 1989, 176; *Weßlau* Vorfeldermittlungen, 1989; *Wohlers* Die Hypothese rechtmäßiger Beweiserlangung – ein Instrument zur Relativierung unselbständiger Verwertungsverbote? Festschrift Fezer, 2008, S. 311.

1004 Zu den Kennzeichen eines Rechtsstaates gehört es, dass den Strafverfolgungsbehörden bei ihrer Pflicht zur Erforschung der Wahrheit (§§ 244, 160 StPO) rechtliche Grenzen gesetzt sind. Der Bundesgerichtshof und das Bundesverfassungsgericht haben in einer Vielzahl von Entscheidungen ausgesprochen, dass das deutsche Strafprozessrecht keinen Grundsatz kennt, wonach die sog. **„materielle Wahrheit" um jeden Preis** erforscht werden müsse.[2231] Die Aufklärungspflicht und das Recht zur Beweiserhebung werden durch Beweiserhebungs- und Beweisverwertungsverbote eingeschränkt.[2232] Wo ein Verwertungsverbot greift, hören die Erkenntnismöglichkeiten des Tatrichters auch dann auf, wenn seine Missachtung geeignet gewesen wäre, den wahren Sachverhalt aufzuklären. Überschreitet das Gericht die von der Rechtsordnung gesetzten Grenzen der Wahrheitsermittlung, dann stützt es seine Überzeugung auf Tatsachen, die ihm nach den Wertungen der Rechtsordnung als Grundlage seiner Überzeugungsbildung entzogen sind. Sieht sich das Gericht „umgekehrt" durch vermeintliche, aber nicht wirklich bestehende Beweisverbote an einer Beweiserhebung gehindert, so kann dies mit der Aufklärungsrüge geltend gemacht werden, weil dann nicht alle zur Verfügung stehenden Erkenntnisquellen ausgeschöpft wurden.

2231 Vgl. nur BGHSt 14, 358, 365 = NJW 1960, 1580 (1582); BGHSt 31, 304, 309 = NJW 1983, 1570 = StV 1983, 230 = NStZ 1983, 466 (m. Anm. *Meyer*) = MDR 1983, 590; BVerfG NJW 1984, 428; vgl. auch *Rogall* ZStW 1979, 8.

2232 Siehe hierzu *Blau* Beweisverbote als rechtsstaatliche Begrenzung der Aufklärungspflicht im Strafprozess, Jura 1993, 513.

Der Begriff der Beweisverbote geht auf *Beling* zurück.[2233] Seine Verwendung ist aber bis heute nicht einheitlich.[2234] Er wird meist als Oberbegriff für die rechtlichen Grenzen verwendet, die der Gewinnung und Verwertung von Beweisen im Strafprozess gesetzt sind. Zweck des Strafverfahrens ist die größtmögliche Annäherung an die materielle Wahrheit auf dem Wege der gesetzlich geregelten Beweismittel, deren Verwendung und Verwertung dem Grundsatz der strengen Justizförmigkeit zu folgen hat.[2235] Die Wahrheit darf nicht um jeden Preis erforscht werden.[2236] Das Interesse der Allgemeinheit an der Aufklärung und Ahndung von Straftaten hat grundsätzlich keinen höheren Rang als die rechtlich geschützten Individualinteressen. Geht es bei dieser Gegenüberstellung um Grundrechte, namentlich um den Schutz der Menschenwürde und freien Entfaltung der Persönlichkeit, so ist das Anliegen der Strafverfolgung sogar nachrangig. Darin liegt einer der wichtigsten Gründe für die Anerkennung der Beweisverbote. Wo sie gesetzlich ausdrücklich geregelt sind, gilt dies unmittelbar, wo sie aus anderen Verfahrensprinzipien und aus der Verfassung herzuleiten sind, gilt der Vorrang der Individualrechte generell dort, wo schlechterdings unverfügbare Grundrechtspositionen (Art 1 GG) gegen die Anliegen einer Strafverfolgung abzuwägen wären. Eine solche Abwägung findet in diesen Fällen von Verfassungs wegen nicht statt (Folterverbot!). Wo die Grundrechte unter Gesetzesvorbehalt oder auch unter Abwägungsvorbehalt stehen, ist der Satz „Wahrheit nicht um jeden Preis" zu konkretisieren: Es ist gleichsam die Höhe des Preises aus dem Budget der Rechtsstaatlichkeit festzustellen, um nur bei seiner Vertretbarkeit die Beweiserhebung zuzulassen. Sobald in diesem weiten Abwägungsbereich der Vorrang der Individualrechte feststeht, darf schon eine Beweiserhebung (sei es im Ermittlungsverfahren, sei es in der Hauptverhandlung) gar nicht erst stattfinden. In diesen Fällen spricht man ebenso wie bei den Ermittlungsmethoden, die sich gegen unverfügbare Rechte richten, von **Beweiserhebungsverboten.** Wurden diese nicht erkannt oder missachtet, verlangt die Rechtsordnung eine Vorsorge dagegen, dass der Verfahrensfehler zu einer Verurteilung führt. Dies geschieht im Wege der Geltung und Respektierung von **Beweisverwertungsverboten.** **1005**

Soweit bereits der Gesetzgeber bestimmte **Tatsachen** der richterlichen Aufklärung und Beurteilung entzieht, steckt er damit den thematischen Rahmen ab, innerhalb dessen der Richter mit verfahrensrechtlich zulässigen Mitteln den Sachverhalt zu erforschen, zu würdigen und seinem Spruch zugrunde zu legen hat.[2237] Die Überschreitung der Grenze ist in diesen Fällen eine Verletzung von **Beweisthemenverboten.**[2238] **1006**

Soweit eine Beweistatsache durchaus aufgeklärt werden darf, die zu diesem Ziel führenden Wege aber rechtlich versperrt sind, bestehen diese Schranken aus **Beweismit-** **1007**

2233 *Beling* Die Beweisverbote als Grenzen der Wahrheitsforschung im Strafprozess, 1903.

2234 *Eisenberg* Beweisrecht, Rn. 332; KK-*Pfeiffer/Hannich* Einleitung, Rn. 117.

2235 Deshalb missverständlich KK-*Pfeiffer/Hannich* aaO, die von der Freiheit des Gerichts in der Wahl der Mittel zu Erforschung der materiellen Wahrheit ausgehen und aus der Freiheit der Beweiswürdigung (§ 261 StPO) herleiten, das Gericht sei auch nicht an bestimmte Beweismittel gebunden. Das ist nur in dem Sinne richtig, als das Gericht die gesetzlich vorgesehenen Beweismittel alle verwenden darf, solange kein Verbot entgegensteht.

2236 BGHSt 14, 358, 365; 31, 309.

2237 KK-*Pfeiffer/Hannich* aaO.

2238 *Meyer-Goßner* Einl., Rn. 52.

telverboten oder aus **Beweismethodenverboten.** Erstere untersagen die Verwendung eines an sich vorhandenen Beweismittels, letztere schließen eine bestimmte Art und Weise der sonst zulässigen Beweisgewinnung aus.

Das gilt insbesondere für das **absolute Beweisverbot** aus § 136a StPO, der aber auch gleichzeitig mittelbar ein Beweisthemenverbot und ein Beweismittelverbot nach sich zieht: Hat etwa außerhalb der Hauptverhandlung unter Anwendung der in § 136a StPO verbotenen Vernehmungsmethoden eine Befragung stattgefunden, so dürfen die dabei beteiligten Personen über die unter diesem Eindruck gemachten Aussagen weder vernommen werden, noch darf ein dabei entstandenes Protokoll verlesen, noch eine Audio- oder audiovisuelle Aufnahme in Augenschein genommen werden.[2239]

Relative Beweisverbote bestimmen, dass die Beweisgewinnung in besonderen Fällen nur von bestimmten Personen, z.B. Arzt (§ 81a StPO) oder Richter (§ 100b StPO) durchgeführt oder angeordnet werden darf. Gesetzliche Verwertungsverbote außerhalb der StPO enthalten zB § 393 Abs. 2 AO; § 51 Abs. 1 BZRG; §§ 4 Abs. 6 und 7 Abs. 6 G 10.

aa) Beweisverwertungsverbote

1008 Für die Revision am interessantesten sind die **Beweisverwertungsverbote.** Sie können sich aus der vorausgegangenen Verletzung eines Beweiserhebungsverbotes ergeben. Zwingend ist dies jedoch nicht.[2240] Stellt man aber auf diesen möglichen Zusammenhang ab, kann man die Beweisverwertungsverbote in **selbständige** und **unselbständige** Verwertungsverbote aufteilen. Greift das Verwertungsverbot auch dann ein, wenn der Vorgang der Beweiserhebung als solcher rechtmäßig war, ist es „selbständig"; ist das Verwertungsverbot von einem vorhergehenden Verbotsverstoß abhängig, ist es dagegen „unselbständig".[2241] Die Beweisverwertungsverbote schließen die Berücksichtigung bestimmter Beweisergebnisse und Sachverhalte aus. Diese dürfen nicht zum Gegenstand der Beweiswürdigung und Urteilsfindung gemacht werden.[2242] Sie sind Ausnahmen von dem Grundsatz der umfassenden Beweiswürdigung.[2243]

Wie bereits erwähnt, ist bei der Frage, ob ein Verwertungsverbot besteht, häufig eine Abwägung der im Rechtsstaatsprinzip angelegten gegenläufigen Gebote und Ziele erforderlich.[2244] Die Beweisverwertungsverbote folgen also nicht notwendig aus Beweiserhebungsverboten. Aus der rechtswidrigen Erlangung eines Beweismittels durch einen Dritten folgt z.B. nicht automatisch die Unverwertbarkeit dieses Mittels im

---

2239 Geht es freilich erst einmal nur um die Feststellung, *ob* die verbotenen Methoden angewendet wurden, so ist darüber im Freibeweisverfahren durchaus eine Befragung zulässig und notwendig.

2240 KK-*Pfeiffer/Hannich* Einl., Rn. 120; *Meyer-Goßner* Einl., Rn. 55 m.w.N.

2241 *Rogall* ZStW 1979, 3.

2242 Vgl. BGHSt 31, 296; 31, 304.

2243 KK-*Pfeiffer/Hannich* Einl., Rn. 120.

2244 So zuletzt für die Frage, ob die Verletzung der Belehrungspflicht nach Art. 36 I lit. b WÜK zu einem Verwertungsverbot hinsichtlich der auf diese Weise zustande gekommenen Beweisergebnisse führt: BVerfG NJW 2007, 499, 503.

Strafverfahren.[2245] Das BVerfG hat z.B. die Verwertung einer privaten rechtswidrigen Tonbandaufnahme im Einzelfall – insbesondere bei Fällen schwerer Kriminalität – für zulässig angesehen.[2246] Andererseits ist es außerhalb der gesetzlich geregelten Fernmeldeüberwachung auch in Fällen schwerer Kriminalität grundsätzlich unzulässig, das nichtöffentlich gesprochene Wort des Angeklagten mittels einer ihm gegenüber verborgen gehaltenen Abhöranlage auf Tonband aufzunehmen, um Art und Weise seiner Gesprächsführung als Beweismittel gegen seinen Willen verwerten zu können.[2247] Verstößt eine Beschlagnahmeanordnung gegen den Verhältnismäßigkeitsgrundsatz, so folgt daraus unmittelbar, dass die beschlagnahmten Gegenstände einem Beweisverwertungsverbot unterliegen. Handelt es sich dabei um ein Schriftstück, so umfasst das Verwertungsverbot auch den in ihm verkörperten gedanklichen Inhalt.[2248]

Da der Gesetzgeber selbst keine grundsätzliche Regelung über die strafprozessualen **1009**
Folgen rechtswidrigen Vorgehens der Ermittlungsbehörden getroffen hat, sondern lediglich für einige Sonderfälle Verwertungsverbote normiert hat – ohne dass überall (wie z.B. in § 136a StPO), eine Rechtsverletzung vorausgegangen sein muss (z.B. bei den §§ 252 StPO und 393 Abs. 2 AO ist das regelmäßig nicht der Fall) – kommt der Frage zentrale Bedeutung zu, unter welchen Voraussetzungen der Verstoß gegen ein Beweiserhebungsverbot ein Beweisverwertungsverbot nach sich zieht. Die Antwort hierauf ist in Rechtsprechung und Lehre ebenso umstritten wie die Antwort auf die Frage nach der Funktion der Verwertungsverbote.[2249] Beides sind nicht allein revisionsrechtliche Probleme; sie betreffen die Erkenntnismöglichkeiten der Ermittlungsbehörden insgesamt und haben deshalb auch Bedeutung für das Vorverfahren und nicht zuletzt für die Haftentscheidungen. Wo die Ergebnisse rechtswidriger Beweiserhebungen aber in die Hauptverhandlung hineinwirken, können sie Gegenstand der Revision werden.

Verwertungsverbote haben unbestreitbar **präventive Effekte** mit Blick auf die Ein- **1010**
haltung strafprozessualer Vorschriften durch die Ermittlungsbehörden. Dieser Aspekt sollte auch stets bei der Abwägung und Auslegung mit in Rechnung gestellt werden. Ihre rechtliche Funktion bleibt aber in erster Linie die Durchsetzung der Rechte des Beschuldigten; ihre Anwendung muss von einem rechtsstaatlichen Verfahrensverständnis geprägt sein, wonach es dem Staat nicht gestattet sein kann, mögliche Verletzungen des materiellen Strafrechts seinerseits mit Hilfe von Verletzungen des Prozessrechts oder gar der Grundrechte „aufzuklären". Das Verwertungsverbot ist eine Reparaturmaßnahme, wo durch die Verletzung des Prozessrechts schon ein solcher Schaden entstanden ist.

2245 BGHSt 27, 355, 357; 36, 167.

2246 BVerfGE 34, 238, 248.

2247 BGHSt 34, 39.

2248 KK-*Pfeiffer/Hannich* Einl., Rn. 120; BVerfGE 44, 353, 384.

2249 Zur Vielzahl der vertretenen Funktionstheorien vgl. u.a. *Otto* Grenzen und Tragweite der Beweisverbote im Strafverfahren, GA 1970, 289; *Haffke* Schweigepflicht, Verfahrensrevision und Beweisverbot, GA 1973, 65ff.; *Dencker* Verwertungsverbote im Strafprozess, 1977, 16ff.; *Fezer* Grundfragen der Beweisverwertungsverbote; *Beulke* Hypothetische Kausalverläufe im Strafverfahren bei rechtswidrigem Vorgehen von Ermittlungsorganen, ZStW 1991, 657 m.w.N.

1011 Wo das Gesetz über die Folgen von Verfahrensverstößen schweigt, werden bislang gänzlich unterschiedliche Kriterien zur Begründung der Entscheidungen über Verwertungsverbote herangezogen. Ein Verwertungsverbot kann gegeben sein, wenn der **„Schutzzweck"** der verletzten Vorschrift durch die Verwertung in der Hauptverhandlung endgültig vereitelt würde.[2250] Auch der Bundesgerichtshof hat in einer Entscheidung zum Unterlassen des Hinweises nach § 243 Abs. 4 S. 1 StPO a. F. Schutzzweckerwägungen angestellt.[2251]

1012 Ein Verwertungsverbot wird in der Regel auch dann anzunehmen sein, wenn die verletzte Vorschrift dazu dient, die Grundlagen der Rechtsstellung des Beschuldigten zu sichern. In der Rechtsprechung wird daneben aber auch stets geprüft, welches Gewicht im Einzelfall dem Interesse der staatlichen Gemeinschaft an der Aufklärung und Verfolgung der Tat und dem Individualinteresse des Bürgers an der Bewahrung seiner (häufig grundrechtlich geschützten) Rechtsgüter zukommt.[2252] Die danach anzustellende Güterabwägung findet sich auch bei der Frage nach der Ableitung von Verwertungsverboten unmittelbar aus dem Grundgesetz.[2253] Auch mit Erwägungen über den Rechtskreis der einzelnen Personen wird in einzelnen Entscheidungen argumentiert.[2254] Eine präzise inhaltliche Linie lässt sich in der Rechtsprechung allerdings nicht erkennen. Im Folgenden sollen jedoch einige Fallgruppen dargestellt werden, die von hoher praktischer Bedeutung sind.

(1) Folge unzulässiger Vernehmungsmethoden

1013 Die wichtigste prozessrechtliche Grundentscheidung zu den Grenzen der Pflicht zur Wahrheitsermittlung enthält **§ 136 a StPO.** Die Vorschrift, die den Menschenwürde-Grundsatz und das Rechtsstaatsprinzip in prozessrechtliche Kategorien überträgt, enthält zugleich (§ 136 a Abs. 3 StPO) eine ausdrückliche Anordnung der Rechtsfolgen, die sich aus einem Verstoß gegen diese Kategorien ergeben soll: ein Verwertungsverbot.

§ 136 a Abs. 1 StPO verbietet Vernehmungen, bei denen der Beschuldigte nicht mehr in der Lage ist, frei über seine Aussage, ihren Umfang und ihren Inhalt zu entscheiden.[2255] Nur wenn die Willensfreiheit beeinträchtigt ist, liegt ein Verstoß gegen

---

2250 *Grünwald* Beweisverbote und Verwertungsverbote im Strafverfahren, JZ 1966, 489 ff. stellt darauf ab, „ob der Schutzzweck der Vorschrift bereits endgültig vereitelt ist, sobald gegen sie erstoßen worden ist – oder ob die Verwertung des Beweismittels erst die Vollendung oder eine Vertiefung der Verletzung des geschützten Interesses darstellen würde. Ist letzteres zu bejahen, so folgt das Verbot der Verwertung unmittelbar aus der ratio der betreffenden Vorschrift." Vgl. auch *Rudolphi* Die Revisibilität von Verfahrensmängeln im Strafprozess, MDR 1970, 93 ff.

2251 BGHSt 25, 325 (329).

2252 Vgl. etwa zu § 136 StPO: BGHSt 38, 214, 220 = NJW 1992, 1463 = StV 1992, 212 = NStZ 1992, 294 m. Anm. *Bohlander* in NStZ 1992, 504 = JZ 1992, 918 m. Anm. *Roxin* = MDR 1992, 695 = JR 1992, 381 m. Anm. *Fezer* = GA 1992, 381 = wistra 1992, 187; ergänzend dazu jetzt BGH 1 StR 3/07, Urt. v. 3. 7. 2007 = BGHSt 51, 367 = NJW 2007, 2706 = StV 2007, 450 = NStZ 2007, 653 = NStZ 2008, 49 = JR 2008, 39; siehe für andere Verwertungsverbote ferner: BGHSt 19, 325; 24, 125; 26, 298; 27, 355; 35, 32.

2253 *Rogall* ZStW 1979, 29. Siehe hierzu nachfolgend, Rn. 1027 ff.

2254 Vgl. etwa den Hinweis in BGHSt 38, 214, 220; zur Rechtskreistheorie insgesamt s. o., Rn. 253 f.

2255 *Meyer-Goßner* § 136 a, Rn. 5. Die Aufzählung der unzulässigen Vernehmungsmethoden ist nicht abschließend: SK-*Rogall* § 136 a, Rn. 24, 25.

§ 136a StPO vor.[2256] Die Beeinträchtigung kann aus physischen Erschöpfungszuständen resultieren, sie kann aber auch das Ergebnis von Täuschung oder Zwang sein. Die bisherige Rechtsprechung zum Geltungsbereich des § 136a StPO ist allerdings vor allem durch Bemühungen gekennzeichnet, den nach dem Wortlaut weiten Anwendungsbereich dieser Vorschrift einzuschränken.[2257]

So ist zwar anerkannt, dass die **Übermüdung** des Beschuldigten Ursache dafür sein **1014**
kann, dass er nicht mehr in der Lage ist, frei über seine Aussage und ihren Inhalt zu entscheiden. Nach Meinung des Bundesgerichtshofs sind aber weder die Vernehmung, noch die Hauptverhandlung während der Nacht grundsätzlich verboten.[2258] Die Rechtsprechung nimmt eine im Rahmen von § 136a StPO bedeutsame Ermüdung nur in Extremfällen an. „*Er*müdung" wird dabei praktisch als „*Über*müdung" verstanden. Unbeachtlich soll es danach sein, wenn der Angeklagte zur Zeit der Vernehmung 24 Stunden ohne Schlaf gewesen ist, er wegen seiner Nachtschichten aber gewohnt war, wenig zu schlafen.[2259] Auch wenn der Angeklagte nachträglich geltend macht, vor Ablegung seines Geständnisses 30 Stunden nicht geschlafen zu haben, so steht dies nach Auffassung des Bundesgerichtshofs der Verwertung seiner Aussage nicht entgegen, wenn er Gelegenheit zur Ruhe und zum Schlaf gehabt hatte. Selbst wenn er keinen Schlaf finden konnte, werde die Leistungsfähigkeit durch Ruhe und Entspannung wiederhergestellt.[2260]

So eng der Bundesgerichtshof die Voraussetzungen des § 136a StPO in diesen eher sel- **1015**
tenen Fällen auslegt, so klein hat er auch den Anwendungsbereich des in § 136a StPO (951)
enthaltenen Verbots der **Täuschung** des Beschuldigten gehalten. Der Große Senat für Strafsachen hat in seinem Beschluss zur sog. „Hörfalle" nochmals ausgesprochen, dass das Merkmal der Täuschung in § 136a StPO einschränkend auszulegen sei.[2261] Diese Grundtendenz entspricht der h.M. im Schrifttum. Sie stammt aber überwiegend aus einer Zeit, als die vielfältigen Methoden verdeckter Ermittlungen, die inzwischen zum Alltag kriminalpolizeilicher Arbeit gehören, noch nicht den heutigen Stellenwert hatten.[2262] Wenn nunmehr darauf verwiesen wird, dass aus der Zulässigkeit der Ermittlungsmethoden, bei denen der Staat nicht offenbart, dass hinter dem Verhalten einzelner Personen ein Ermittlungsinteresse steht, sowie aus der Einführung

---

2256 Vgl. hierzu LR-*Gleß* § 136a, Rn. 18.

2257 Mit der Einführung von § 136a StPO sollte nicht nur den Erfahrungen aus der Zeit des Nationalsozialismus Rechnung getragen werden. Durch § 136a StPO sollte zugleich verhindert werden, dass zur Wahrheitsfindung technische Methoden der Aussageüberprüfung eingesetzt werden („Narko-Analyse", „Wahrheitsspritzen"); so der Abg. *Greve* in Vhdlg. des Dt. Bundestages, 1. Wahlperiode, Band IV, 2882.

2258 BGHSt 1, 367; 38, 291; 12, 332.

2259 BGH NStZ 1984, 15 (*Pfeiffer/Miebach*).

2260 BGHSt 38, 291 (293) = NJW 1992, 2903 = StV 1992, 451 = NStZ 1992, 502 = MDR 1992, 888 = wistra 1992, 303 = BGHR StPO § 136a Abs. 1 Ermüdung 1, ablehnend hierzu: LR-*Gleß* § 136a, Rn. 24; vgl. ferner BGH 3 StR 403/92 v. 13. 1. 1993 = BGHR StPO § 136a Abs. 1 Ermüdung 2.

2261 BGHSt 42, 139, 149 = NJW 1996, 2940, 2942 = NStZ 1996, 502 m. Anm. *Roxin* NStZ 1997, 18 = StV 1996, 465 m. Anm. *Bernsmann* StV 1997, 116 = JR 1997, 163 m. Anm. *Derksen* = JZ 1997, 737 m. Anm. *Renzikowski* ebenso schon BGH StV 1994, 521, 523 = BGHR StPO § 136a Abs. 1 Täuschung 8 (insoweit in BGHSt 40, 211 und NStZ 1994, 593 nicht abgedruckt) und die frühere Rspr.; vgl. ferner LR-*Gleß* § 136a, Rn. 44; KK-*Diemer* Rn. 19 zu § 136a sowie *Eb. Schmidt* Lehrkomm., Nachtragsband I § 136a Rn. 57; *Roxin* Strafverfahrensrecht, 182.

2262 So mit Recht: *Bernsmann* StV 1997, 116 (118).

der §§ 110a ff. StPO zu schließen sei, dass es einen Grundsatz der Offenheit staatlicher Ermittlungen nicht geben könne,[2263] so wird damit die bisherige Praxis unzutreffenderweise zur Richtschnur der Gesetzesauslegung. Selbst wenn nach inzwischen h.M. jedenfalls zur Aufklärung schwerer Straftaten generell auch Methoden angewandt werden dürfen, die durch die Heimlichkeit des Vorgehens gekennzeichnet sind, so ändert dies doch nichts daran, dass der Beschuldigte im Einzelfall **nicht durch gezielte Irreführung über die Privatheit eines Gesprächs** zu Angaben veranlaßt werden darf, die er sonst nicht gemacht hätte.[2264] Der Umstand, dass die Rechtsordnung in den §§ 136 und 136a StPO Regelungen für den Ablauf von Vernehmungen enthält, darf nicht dazu führen, dass diese Regelungen unter Berufung darauf, bei Befragungen durch Privatpersonen handele es sich nicht um „Vernehmungen", gezielt umgangen werden. Die Umgehung formaler Vorschriften zur gezielten Vermeidung gesetzlicher Rechtsfolgen wird auch sonst von der Rechtsordnung nicht anerkannt. Soll eine solche Umgehung durch eine „Privatisierung" der Ermittlungstätigkeit bewirkt werden, dann kann die Antwort der Rechtsordnung nur darin liegen, die umgangenen Vorschriften auf die Handlungen der Privatpersonen anzuwenden.[2265]

1016 Inwiefern sich das **Täuschungsverbot** auf Täuschungen über Rechtsfragen und Täuschungen über Tatsachen (einschließlich der Absichten des Vernehmenden) erstreckt, ist im Einzelnen umstritten.[2266] Die Rechtsprechung hat jedoch anerkannt, dass eine gesetzwidrige Täuschung vorliegt, wenn der Beschuldigte zu einem Geständnis veranlaßt wird, indem ihm der Vernehmungsbeamte wahrheitswidrig mitteilt, „gegen ihn lägen so viele Beweise vor, dass er auf keinen Fall entlassen werde, wenn er bei seiner bisherigen Einlassung bleibe; er habe überhaupt keine Chance; alles laufe auf Mord mit „lebenslänglich" hinaus".[2267] Eine Täuschung i.S.v. § 136a StPO hat der BGH auch bejaht, wenn dem Beschuldigten eröffnet wird, er werde in einer „Vermisstensache" vernommen, obwohl in Wahrheit die Leiche bereits aufgefunden worden ist und wegen eines Tötungsdelikts ermittelt wird.[2268] Keine Täuschung soll es demgegenüber sein, wenn dem Beschuldigten nicht bewusst ist, dass ein Gespräch mit einem Kriminalbeamten zugleich der Wiedererkennung seiner Stimme durch eine im Nachbarraum mithörende Zeugin dient; hingegen soll eine Täuschung vorliegen, wenn der Beschuldigte zuvor seine Mitwirkung abgelehnt hat, der Zeugin dann aber doch Gelegenheit zum Mithören gegeben wird, ohne dass dies dem Beschuldigten offenbart würde.[2269]

2263 BGHSt 42, 139, 150; vgl. ferner BGHSt 39, 335 = NJW 1994, 596 = StV 1994, 58 = NStZ 1994, 292 m. Anm. *Welp* = MDR 1994, 294 = wistra 1994, 68 = BGHR StPO § 136a Abs. 1 Täuschung 6; a.A.: *Weßlau* Vorfeldermittlungen, 204 ff.; *Fezer* NStZ 1996, 289; *Dencker* StV 1995, 667, 674.

2264 Vgl. LR-*Gleß* § 136a, Rn. 44.

2265 Vgl. *Bernsmann* StV 1997, 116, 118, *Derksen* JR 1997, 167, 169 und *Roxin* NStZ 1997, 18.

2266 Vgl. hierzu LR-*Gleß* § 136a, Rn. 40.

2267 BGHSt 35, 328 (329) = NJW 1989, 542 = BGHR StPO § 136a Abs. 1 Täuschung 1 = NStZ 1989, 35 = StV 1988, 468 = MDR 1989, 85 = JZ 1989, 347 m. Anm. *Fezer* = JR 1990, 164 m. Anm. *Bloy*. Zur Täuschung über das Auffinden einer Leiche: BGH NStZ 1996, 290 = StV 1996, 360 = BGHR StPO § 136a Abs. 1 Täuschung 9.

2268 BGHSt 37, 48 = BGHR StPO § 136a Abs. 1 Täuschung 4 = NJW 1990, 2633 = NStZ 1990, 446 = StV 1990, 337 = MDR 1990, 839 = wistra 1990, 317.

2269 BGHSt 40, 66, 70 ff. = BGHR StPO § 136a Abs. 1 Täuschung 7 = NJW 1994, 1807 = NStZ 1994, 295 = MDR 1994, 497 = StV 1994, 282 m. Anm. *Achenbach* StV 1994, 577.

§ 136a StPO begründet nach der Rechtsprechung des BGH keine Verpflichtung für die Strafverfolgungsbehörden, Irrtümer des Vernommenen aufzuklären. Zwar darf der Vernehmende einen solchen Irrtum nicht verstärken, ausweiten oder vertiefen, er darf ihn aber – so der BGH – ausnutzen. Als zulässig hat es der Bundesgerichtshof angesehen, wenn die vom späteren Angeklagten geäußerte Vermutung, im Rahmen der Tatausführung per Kamera beobachtet worden zu sein, von den Ermittlungsbeamten aufgegriffen und ihm vorgehalten wird.[2270] Zwar mag es in der Tat zulässig sein, dass der Vernehmungsbeamte einen bei dem Beschuldigten bestehenden Irrtum (z.B., die Polizei habe ein bestimmtes Beweismittel gefunden), nicht korrigiert. Wenn der Vernehmende sich diese Fehlvorstellung aber bei seinen weiteren Fragen zu Eigen macht und bewusst ausweitet, dann unterscheidet sich dies im Ergebnis nicht mehr von einer gezielten Täuschung. Das aber kann nicht zulässig sein.[2271] 1017

Der BGH grenzt den Anwendungsbereich der Täuschung – ebenso wie den der übrigen Merkmale des § 136a StPO – ferner durch Heranziehung subjektiver Kriterien ein. So liegt nach der Rechtsprechung eine Täuschung i.S.v. § 136a StPO auch dann nicht vor, wenn der Vernehmende nicht vorsätzlich handelt.[2272] Ohne Relevanz soll es demnach sein, wenn sich der Vernehmende nur versprochen hat, der Vernommene dies aber nicht merkt und auf die Äußerung in der Fehlvorstellung, sie sei zutreffend reagiert. So etwas auszunutzen, sollte sich aber unter Fairnessgesichtspunkten verbieten. Der Bundesgerichtshof stellt zur Abgrenzung einer „bewussten Irreführung" von einer „lediglich leichtfertigen Fehlbewertung belastender Indizien" (auch) darauf ab, wie sie der Beschuldigte im Hinblick auf die konkreten Umstände der Vernehmungssituation verstehen konnte und verstanden hat. Mag dies generell im Zusammenhang mit der Frage, inwieweit ein bestimmtes Verhalten der Ermittlungsbehörden die Aussagefreiheit beeinträchtigt hat, von Bedeutung sein, so kann dabei jedoch jedenfalls nicht generell die Vermutung gelten, dass sich der Angeklagte umso weniger von unzureichend substantiierten Bewertungen beeinflussen lasse, je erfahrener er im Umgang mit den Strafverfolgungsbehörden sei.[2273] 1018

Einem Verwertungsverbot nach § 136a StPO unterliegen ferner die Aussagen eines Beschuldigten, bei denen die Willensfreiheit durch äußerlichen **Zwang** beeinträchtigt war. Auch hier hat die Rechtsprechung den Anwendungsbereich der gesetzlichen Vor- 1019

2270 StV 1988, 419, 421 m. abl. Anm. *Günther;* vgl. dazu LR-*Gleß* § 136a, Rn. 46.

2271 Vgl. hierzu schon die Kommentierung von *Tillmann* in Löwe-Rosenberg, 20. Aufl., Anm. 9e zu § 136a und die Bemerkung von *Sarstedt* in Löwe-Rosenberg, 21. Aufl., Anm. 4 zu § 136a StPO: „Lügen darf der Vernehmende keinesfalls. Daran ändern auch angebliche kriminalpolitische Notwendigkeiten nichts. Denn erstens ist das Lügen in aller Regel höchst unzweckmäßig; gerade in dieser Situation hat es oft besonders „kurze Beine". Wenn der Vernommene erkennt, dass der Vernehmende lügt, wird er – auch wenn er schuldig ist – in einer dem Untersuchungszweck abträglichen Weise gestärkt; er wird die Position des Vernehmenden, der zu solchen Mitteln greift, mit Recht für schwach halten. Der Vernehmende müsste also seiner Sache schon sehr sicher sein; dann aber – und das ist der zweite Grund gegen die angebliche kriminalpolitische Notwendigkeit – wäre das Geständnis des Vernommenen zu entbehren.".

2272 BGHSt 31, 395 (400); BGHR StPO § 136a Abs. 1 – Täuschung 3 = StV 1989, 515 m. Anm. *Achenbach;* a.A. LR-*Gleß* § 136a, Rn. 49f.

2273 So aber BGHSt 35, 328 (330) = NJW 1989, 542 = BGHR StPO § 136a Abs. 1 Täuschung 1 = NStZ 1989, 35 = StV 1988, 468 = MDR 1989, 85 = JZ 1989, 347 m. Anm. *Fezer* = JR 1990, 164 m. Anm. *Bloy.*

schrift stets stark zu beschränken versucht. Umstritten ist dabei, inwieweit Untersuchungshaft, deren Anordnung nicht durch die §§ 112ff. StPO gedeckt ist, als unzulässiger Zwang i.S.v. § 136a StPO angesehen werden kann.

Der BGH hat die Anwendung unzulässigen Zwangs darin gesehen, dass einem Untersuchungsgefangenen ein anderer Gefangener mit dem Auftrag auf die Zelle gelegt wird, ihn auszuhorchen; das an sich zulässige Zwangsmittel Untersuchungshaft werde damit zu einem prozessordnungswidrigen Zweck ausgenutzt.[2274] Der Schwerpunkt des Vorwurfs gegen derartige Ermittlungsmethoden dürfte richtigerweise aber wohl eher im Bereich der Täuschung zu sehen sein.[2275] Eine vergleichbare Täuschungs- oder Zwangssituation besteht nach Auffassung der Rechtsprechung aber dann nicht, wenn der Inhaftierte von sich aus einem Mitgefangenen Vertrauen schenkt und dieser sich sodann an die Strafverfolgungsbehörden wendet. Auch wenn dieser mit Wissen der Ermittlungsbehörden seine Gespräche fortsetzt, liege ein Verstoß gegen § 136a StPO nicht vor.[2276]

1020 Anknüpfend an diese Rechtsprechung hat es der BGH auch abgelehnt, alleine eine rechtswidrige Untersuchungshaft als unzulässigen Zwang i.S.v. § 136a StPO anzusehen. Unzulässiger Zwang liege nur dann vor, wenn die **Untersuchungshaft gezielt als Mittel zur Herbeiführung einer Aussage** eingesetzt werde.[2277] Aus der Sicht des Beschuldigten, der durch § 136a StPO vor einer Beeinträchtigung seiner Willensfreiheit geschützt werden soll, ist es jedoch gänzlich unerheblich, ob ein objektiv rechtswidriger Zwang (Freiheitsbeschränkung durch Untersuchungshaft) aufgrund eines Tatsachen- oder Rechtsirrtums der Strafverfolgungsorgane oder aber bewusst mit der Absicht, ein prozessordnungswidriges Ziel zu erreichen, ausgeübt wird.[2278] Auch objektiv rechtswidriger Zwang sollte deshalb ausreichen, um das Verwertungsverbot gem. § 136a Abs. 3 S. 2 StPO eingreifen zu lassen.[2279]

1021 Ist eine Aussage durch Zwang oder Täuschung herbeigeführt worden, dann folgt das Verwertungsverbot bereits aus dem Gesetz (§ 136a Abs. 3 StPO). Es gilt absolut, d.h. auch dann, wenn der Beschuldigte der Verwertung zustimmt. Das Verwertungsverbot kann auch von einem anderen Beteiligten (insb. einem Mitangeklagten) geltend gemacht werden.[2280] Da sich unmittelbar aus dem Gesetz ergibt, dass das Verwertungsverbot auch dann eingreift, wenn der Beschuldigte der Verwertung zustimmt,

---

2274 BGHSt 34, 362 = NJW 1987, 2525 = MDR 1987, 689 = BGHR StPO § 136a Abs. 1 Zwang 1 = wistra 1987, 221= JR 1988, 426 m. Anm. *Seebode* = JZ 1987, 936 m. Anm. *Fezer* = StV 1987, 283 m. Anm. *Grünwald* StV 1987, 470.

2275 So auch *Grünwald* in der Anmerkung zu BGH StV 1987, 470, 471 und *Fezer* JZ 1987, 937, 938.

2276 BGH StV 1989, 2 = NStZ 1989, 32 = BGHR StPO § 136a Abs. 1 Zwang 2 = NJW 1989, 843 = MDR 1989, 86 = wistra 1989, 68.

2277 BGH 2 StR 758/94 v. 19.7. 1995 (das Entscheidungsdatum ist in verschiedenen Veröffentlichungen falsch angegeben) = NJW 1995, 2933 = BGHR StPO § 136a Abs. 1 Zwang 3 = NStZ 1995, 605 = wistra 1996, 21 = StV 1996, 73 mit Anmerkung *Fezer;* dem BGH zustimmend: LR-Gleß § 136 a, Rn. 55; Vgl. auch BGH StV 1992, 356.

2278 LG Bad Kreuznach StV 1993, 629 (630).

2279 So BGH NStZ 1988, 233 m. zust. Anm. *Hamm* = BGHR StPO § 136a Abs. 3 – Aussage 1; a.A. BGH StV 1992, 356 und BGH NJW 1995, 2933 = BGHR StPO § 136a Abs. 1 – Zwang 3 = NStZ 1995, 605 = wistra 1996, 21 = StV 1996, 73 mit Anmerkung *Fezer.*

2280 BGH MDR 1971, 18 *(Dallinger);* vgl. auch LR-*Gleß* § 136a, Rn. 82.

hängt die Zulässigkeit der Revisionsrüge, ein Beweismittel sei entgegen § 136a StPO bei der Urteilsfindung verwertet worden, auch nicht davon ab, dass der Revisionsführer der Verwertung in der Hauptverhandlung vor dem Tatgericht widersprochen hat.

Für die Rüge, ein Verwertungsverbot nach § 136a StPO sei nicht beachtet worden, 1022
muss der Revisionsführer in der **Revisionsbegründung** aber die den Verstoß gegen § 136a StPO enthaltenden Tatsachen sowie diejenigen Tatsachen mitteilen, aus denen sich die Möglichkeit eines Ursachenzusammenhangs mit der Aussage ergibt.[2281] Geht es z.B. um eine im Rahmen einer Beschuldigtenvernehmung bei der Polizei von einem Vernehmungsbeamten verübte Täuschung, müssen die Vernehmungssituation und ihre Bedeutung für die Entschließungsfreiheit des Beschuldigten geschildert werden. Ist der Verstoß gegen § 136a StPO bereits gegenüber dem Tatgericht gerügt worden und hat dieses den Einwand durch einen Beschluss zurückgewiesen, so sind alle diesbezüglichen Vorgänge in der Revisionsbegründung im Wortlaut mitzuteilen: Wird geltend gemacht, dass ein vorausgegangener Verstoß gegen § 136a StPO auf spätere Vernehmungen des Angeklagten fortgewirkt hat, sind auch hier die Tatsachen mitzuteilen, die dem Revisionsgericht eine Nachprüfung ermöglichen.[2282] Der BGH verlangt sogar die Mitteilung, welche Belehrungen dem Beschuldigten bei den späteren Vernehmungen erteilt wurden, wann er Kenntnis von der Täuschung erlangt hat und welche Vorstellungen über die Verwertbarkeit der früheren Aussagen er bei der späteren Vernehmung hatte.[2283] Nach der ständigen Rechtsprechung des Bundesgerichtshofs macht ein Verstoß gegen § 136a StPO erst einmal nur die davon betroffene Aussage unverwertbar, hat jedoch auf die Verwertbarkeit der folgenden Aussagen keine Auswirkungen, falls diese prozessordnungsgemäß zustande gekommen sind. Das sind sie aber nur, wenn bei der Belehrung vor der erneuten Vernehmung sichergestellt wurde, dass dem Vernommenen die Unverwertbarkeit der früheren Aussage ebenso bewusst ist wie seine jetzige Aussagefreiheit. Dies wird von der bisherigen Rechtsprechung noch nicht genügend erkannt.[2284]

Soll mit der Revision geltend gemacht werden, dass der Tatrichter **zu Unrecht von** 1023
einem Verwertungsverbot ausgegangen ist, dann ist neben der Verkennung der Reichweite des § 136a Abs. 3 StPO in erster Linie die Verletzung der Aufklärungspflicht (§ 244 Abs. 2 StPO) zu rügen. Der Inhalt des nicht verwerteten Beweismittels (also z.B. das Protokoll der nicht verwerteten Aussage) ist dann aber auch in der Revisionsbegründung mitzuteilen (§ 344 Abs. 2 S. 2 StPO).[2285]

2281 LR-*Gleß* § 136a, Rn. 80; SK-*Rogall* § 136a, Rn. 107.

2282 BGH StV 1994, 62 (63) = NStZ 1994, 139; BGH, Beschl. v. 10. 5. 2001 – 3 StR 80/01 = NStZ 2001, 551 = StV 2003, 324.

2283 BGH NStZ 1996, 290 = StV 1996, 360 = BGHR StPO § 136a Abs. 1 – Täuschung 9; vgl. ferner BGH NJW 1995, 2047 = StV 1995, 450 = MDR 1995, 839 = wistra 1995, 235.

2284 Vgl. die Nachw. bei *Meyer-Goßner* § 130, Rn. 30, aber die Andeutung einer Rechtsprechungsänderung zwecks Harmonisierung mit dem Verlangen einer qualifizierten Belehrung nach Verstößen gegen § 136 StPO in BGH, Urt. v. 18. 12. 2008 – 4 StR 455/08 = NJW 2009, 1427 (1428).

2285 BGH NJW 1995, 2047 = StV 1995, 450 = MDR 1995, 839 = wistra 1995, 235.

1024 Das Revisionsgericht überprüft im **Freibeweisverfahren**, ob die zur Begründung des Verwertungsverbotes vorgetragenen Verfahrenstatsachen zutreffen.[2286] Auch wenn das Tatgericht über die Vernehmungssituation im Strengbeweisverfahren Beweis erhoben hat (indem es z.B. die Vernehmungsbeamten in der Hauptverhandlung als Zeugen gehört hat), können deshalb Einwände auf tatsächlichem Gebiet gegen den Inhalt des Urteils mit der Revisionsbegründung vorgetragen werden. Das Revisionsgericht ist aber nicht gehindert, der Beweiserhebung im Strengbeweisverfahren einen hohen Beweiswert beizumessen.

1025 Umstritten ist dabei, ob bei Zweifeln am Vorliegen des Verfahrensverstoßes der Grundsatz **„in dubio pro reo"** gilt. Die herrschende Auffassung lässt verbleibende Zweifel in diesem Zusammenhang nicht zugunsten des Angeklagten sprechen. Die Verfahrensrüge ist deshalb nur dann begründet, wenn die die Unverwertbarkeit begründenden Tatsachen nachgewiesen sind.[2287] Im Hinblick auf die hohe Bedeutung von § 136a StPO im Rahmen eines rechtsstaatlichen Verfahrens spricht jedoch einiges dafür, dass es für die Begründetheit der Verfahrensrüge bereits genügt, wenn die Vermutung justizförmigen Prozedierens aus Gründen, die von den Ermittlungsbehörden zu vertreten sind, ernsthaft erschüttert ist.[2288]

1026 Freilich ist Vorsicht geboten bei den **Rügevoraussetzungen**. Insbesondere dann, wenn beanstandet werden soll, dass z.B. eine Täuschung während der Vernehmung im Ermittlungsverfahren sich noch ausgewirkt hat auf die Aussagefreiheit in der Hauptverhandlung, müssen diese beiden (u.U. zeitlich weit auseinanderliegenden) Vorgänge im Einzelnen mitgeteilt und die sie verbindenden Vorgänge präsise dargelegt werden.[2289] Wurde der Angeklagte zu Beginn der Hauptverhandlung nach § 243 Abs. 4 StPO a.F. mit dem Zusatz, dass die frühere Aussage nicht verwertet werden darf, (also „qualifiziert") belehrt und legt er daraufhin erneut ein Geständnis ab, steht ihm die Rüge überhaupt nicht mehr zur Verfügung.[2290]

(2) Verwertungsverbote aus den Grundrechten

1027 Weitere selbständige Verwertungsverbote können sich ferner **unmittelbar aus den Grundrechten** ergeben.[2291] Das Bundesverfassungsgericht hat dies insbesondere in seiner Rechtsprechung zur Verwertbarkeit von privaten Äußerungen im Hinblick auf das Persönlichkeitsrecht und den Schutz der Intimsphäre (Art. 2 Abs. 1 GG und Art. 1 Abs. 1 GG) deutlich gemacht. Hier werden drei Schutzzonen unterschieden. Während

---

2286 Für Anwendbarkeit des Freibeweisverfahrens: BGHSt 40, 211 = BGHR StPO § 136a Abs. 1 – Täuschung 8 = NJW 1994, 2904 = StV 1994, 521, 523 = NStZ 1994, 593 = JZ 1994, 841; vgl. ferner KK-*Boujong*, Rn. 43 zu § 136a; BGHSt 16, 164 (166); BGH wistra 1988, 70; teilweise abweichend: LR-*Gleß* § 136a, Rn. 80.

2287 BGHSt 16, 164 (167); 31, 395 (400); *Meyer-Goßner* § 136a, Rn. 33 m.w.N.; a.A. *Hauf* MDR 1993, 195 (197); vgl. auch *Roxin* 40 Jahre BGH, 1991, 66 (77); *Bohlander* NStZ 1992, 505.

2288 Vgl. LR-*Gleß* § 136a, Rn. 78; *Lehmann* Die Behandlung des Grundsatzes in dubio pro reo im Strafverfahrensrecht, 154.

2289 BGH 3 StR 80/01, Beschl. v. 10. 5. 2001= StraFo 2001, 413 = NStZ 2001, 551 = StV 2003, 324.

2290 So und weitergehend mit der Ablehnung auch eines Verfahrenshindernisses im Falle der Folterandrohung durch den stellv. Polizeipräsidenten D. gegen den Kindesmörder G., BVerfG NJW 2005, 656.

2291 Zum Verhältnis von Verfassungsrecht und Strafprozessrecht vgl. *Wolter* NStZ 1993, 1 ff.

ein unantastbarer Bereich privater Lebensgestaltung (absolut geschützter **„Kernbereich“**, Intimsphäre des Einzelnen) jeglichem Eingriff entzogen ist, muss im Bereich der „schlichten Privatsphäre“ eine Güterabwägung im Einzelfall vorgenommen werden. Sodann gibt es den sog. „Sozialbereich“, in dem der objektive Gehalt des Gesagten so sehr im Vordergrund steht, dass die Persönlichkeit des Sprechenden nahezu vollends dahinter zurücktritt, und der vom Schutzbereich des Art. 2 Abs. 1, Art. 1 Abs. 1 GG bereits nicht mehr erfasst wird.[2292] Praktische Bedeutung für den Strafprozess hat diese Rechtsprechung bislang vor allem im Zusammenhang mit der heimlichen Aufzeichnung von Tonbandgesprächen und der Verwertung von Tagebüchern und tagebuchähnlichen Aufzeichnungen erlangt.[2293] So hat das Bundesverfassungsgericht das von einem Privaten über die Abwicklung eines Grundstückskaufs auf Tonband aufgezeichnete Telefongespräch, das in einem Ermittlungsverfahren wegen des Verdachts der Steuerhinterziehung, des Betruges und der Urkundenfälschung verwertet worden war, der schlichten Privatsphäre zugeordnet und im Rahmen der vorgenommenen Abwägung die Privatinteressen den Allgemeininteressen übergeordnet.[2294] Generell sind durch Verletzung der Vertraulichkeit des Wortes in (nach § 201 StGB) strafbarer Weises gewonnene Beweise unverwertbar, solange der Betroffene nicht zustimmt oder besondere Umstände (insb. Notwehr) die Verwertung rechtfertigen.[2295]

Mit Spannung kann der weiteren Entwicklung im Recht der Beweisverwertungs- **1028**
verbote nach der Definition des (neuen) **Grundrechts auf Gewährleistung der Vertraulichkeit und Integrität informationstechnischer Systeme**[2296] entgegengesehen werden. Darin ist nicht nur wie bereits in der Entscheidung zur akustischen Wohnraumüberwachung[2297] der Kernbereich privater Lebensgestaltung aus jeglichen (zumal: heimlichen) Ermittlungen herausgenommen; es ist auch klargestellt, dass jeder Eingriff in das „neue“ Grundrecht einer bereichsspezifischen ausdrücklichen gesetzlichen Ermächtigung bedarf. Damit hat § 102 StPO aber auch für offene Durchsuchungen seine legitimierende Funktion verloren, soweit über den Regelungsbereich des § 110 Abs. 3 StPO hinaus anlässlich einer Hausdurchsuchung Festplatten von informationstechnischen Anlagen sichergestellt und auf Inhalte hin ausgewertet werden, die – ohne dass dies der Nutzer bewusst steuern oder auch nur in Erfahrung bringen kann – vom System selbst protokolliert werden.[2298] Hier wird die Rechtspre-

---

2292 BVerfGE 54, 143, 146 = NJW 1980, 2572; BVerfGE 80, 367 = NJW 1990, 563 = StV 1990, 1.

2293 Das BVerfG hat die Bedeutung des grundrechtlichen Schutzes der Privatsphäre auch in den Entscheidungen zur Überwachung von Gefangenenpost unterstrichen: vgl. dazu BVerfGE 90, 255 sowie BVerfG StV 1997, 256.

2294 BVerfGE 34, 238 = NJW 1973, 891 = JZ 1973, 504 m. Anm. *Arzt*.

2295 Vgl. hierzu BGHSt 14, 358 = NJW 1960, 1580; BGHSt 34, 39 = NJW 1986, 2261; BGHSt 34, 379 = NJW 1988, 1397; BGHSt 36, 167 = NJW 1989, 1760; *Meyer-Goßner* Einleitung, Rn. 56b m. w. N.

2296 BVerfG Urteil des Ersten Senats v. 27. Februar 2008 – 1 BvR 370/07 und 1 BvR 595/07 – NJW 2008, 822ff.

2297 BVerfG NJW 2004, 999ff.

2298 So werden beispielsweise bei dem Betriebssystem VISTA von Microsoft bei jedem „Andocken“ eines externen Datenträgers automatisch und ohne dass der Nutzer davon etwas mitbekommen muss, von allen auf dem Datenträger vorhandenen Bilddateien, kleine Vorschaubilder („Thumbnails“) in ein verstecktes Verzeichnis abgelegt, zu dem zwar Ermittlungsbehörden mit Spezialwerkzeugen einen Zugang haben, von dessen Existenz der „Normalnutzer“ aber gar nichts weiß. Und wenn er es weiß, kann es weder öffnen noch den Inhalt löschen. So die Ergeb-

chung nicht umhin können, ein aus der Verfassung abzuleitendes Verwertungsverbot anzuerkennen.

1029 Dem unantastbaren Bereich privater Lebensgestaltung zuzuordnen – und damit einer Abwägung im Hinblick auf die Verwertbarkeit im Strafverfahren entzogen – ist die Unterhaltung zwischen Eheleuten in der ehelichen Wohnung. Der Bundesgerichtshof hat deshalb mit Recht die im Rahmen einer rechtmäßigen Telefonüberwachung erlangten Erkenntnisse über ein solches Gespräch, die gewonnen wurden, weil nach einem Telefongespräch der Hörer nicht richtig aufgelegt worden war, für unverwertbar gehalten.[2299] In dem mitgehörten Gespräch mit seiner Ehefrau zog der Beschuldigte Bilanz aus seinen bisherigen Heroingeschäften.[2300] Als unzulässig angesehen wurde auch die Aufzeichnung des Aufnahmegesprächs eines mutmaßlichen Terroristen mit dem Leiter der Justizvollzugsanstalt zum Zweck einer auditiv-phonetisch-sprachwissenschaftlichen Auswertung.[2301]

1030 Umstritten ist nach wie vor die Heranziehung von **Tagebüchern** oder tagebuchähnlichen Aufzeichnungen im Strafverfahren. Die Verfassung gebietet es aber nicht, tagebuchähnliche private Aufzeichnungen schlechthin von der Verwertung im Strafverfahren auszunehmen. Vielmehr hängt die Verwertbarkeit von Charakter und Bedeutung des Inhalts ab. Dabei bedarf ihre Verwertung im Strafverfahren der Rechtfertigung durch ein überwiegendes Interesse der Allgemeinheit.[2302] Das BVerfG hat wiederholt die unabweisbaren Bedürfnisse einer wirksamen Strafverfolgung und Verbrechensbekämpfung hervorgehoben, das öffentliche Interesse an einer möglichst vollständigen Wahrheitsermittlung im Strafverfahren betont und die Aufklärung gerade schwerer Straftaten als einen wesentlichen Auftrag eines rechtsstaatlichen Gemeinwesens bezeichnet. Andererseits kommt dem Grundrecht auf freie Entfaltung der Persönlichkeit keine geringere Bedeutung zu.[2303] Natürlich ist ein Buchhaltungsjournal kein Tagebuch in diesem Sinne, aber eine Kladde, die jemand ständig mit sich führt, um teils berufliche, teils private persönliche Aufzeichnungen über alles „Erlebte" zu machen, enthält leicht auch Eintragungen die zum Kernbereich zu rechnen sind.

1031 Der BGH hat sich in seinen bisherigen Entscheidungen im Wesentlichen an einer Abwägung zwischen dem Interesse des Staates an einer wirksamen Strafverfolgung und dem Interesse des Einzelnen an einer Geheimhaltung seiner persönlichen Angaben orientiert, ohne dabei im Einzelfall immer eine Abgrenzung zu dem jeglicher Abwägung entzogenen Kernbereich des Persönlichkeitsrechts vorzunehmen. So sind nach der Rechtsprechung des BGH die Aufzeichnungen einer jungen Lehrerin über die in-

---

nisse eines Gutachtens des LKA Rheinland-Pfalz in einem Strafverfahren gegen einen Richter, der zu Unrecht in den Verdacht geriet, sich Dateien mit strafbarem Inhalt über das Internet besorgt zu haben.

2299 BGHSt 31, 296 = NJW 1983, 1569 = StV 1983, 229 = MDR 1983, 683.

2300 Vgl. zur Entscheidung des BGH auch *Herdegen* Bemerkungen zur Lehre von den Beweisverboten, DAV Bd. 6, 103 (113).

2301 BGHSt 34, 39 m. Anm. *Wolfslast* NStZ 1987, 103; *Meyer* JR 1987, 215. Vgl. dazu ferner *Küpper* JZ 1990, 416, 421. Nach BGHSt 40, 66 (70) kann eine unzulässige Täuschung i. S. d. § 136 a StPO vorliegen, wenn ein Gespräch zwischen einem Beamten und dem Angeklagten nur „arrangiert" wird, um einem Zeugen die Möglichkeit eines Stimmenvergleichs zu eröffnen.

2302 BVerfGE 80, 367; KK-*Pfeiffer/Hannich* Einl., Rn. 121.

2303 KK-*Pfeiffer/Hannich* aaO.

time Beziehung zu ihrem Vorgesetzten in einem Verfahren wegen Meineides gegen die Lehrerin unverwertbar.[2304] Dasselbe gilt im Ergebnis für die Verwertung von Tagebüchern in einem Verfahren wegen geheimdienstlicher Agententätigkeit: auch hier rechtfertigt die Schwere des Vorwurfs den Eingriff in den durch Art. 2 Abs. 1 und Art. 1 Abs. 1 GG geschützten Bereich privater Lebensgestaltung nicht.[2305]

Als verwertbar angesehen hat der BGH hingegen persönliche Aufzeichnungen eines Angeklagten, in denen unter anderem sein Verhältnis zu Frauen erwähnt wurde, in einem Verfahren, in dem ihm Mord an einer Frau vorgeworfen wurde.[2306] Die Verfassungsbeschwerde hiergegen wurde mit Stimmengleichheit zurückgewiesen.[2307] Handelte es sich in diesem Falle aber – wie der BGH mitteilt – um Ausführungen, die „einen Einblick in die innere Verfassung des Angeklagten vor der Tat gestatteten und geeignet waren, einerseits Tatmotive aufzuzeigen und andererseits auf entlastende Umstände hinzuweisen“,[2308] dann sprach dies dafür, die Aufzeichnungen dem unantastbaren Kernbereich der Persönlichkeitsentfaltung zuzuordnen. Mit Recht hat das BayObLG die Verwertung eines vom Angeklagten verfassten Briefes an seinen Arzt, in dem der Angeklagte seinen Lebenslauf, die Entwicklung seiner Drogenabhängigkeit und seine immer wieder gescheiterten Entziehungsversuche schilderte, für unzulässig erklärt.[2309] Zum unantastbaren Bereich privater Lebensgestaltung gehört auch das, *„was ein Patient seinem Arzt über sein Leiden anvertraut“*.[2310]

Schließlich gehört auch der Fall einer akustischen Raumüberwachung zur Aufzeichnung von **Selbstgesprächen** zu den unmittelbar aus der Verfassung abzuleitenden Beweisverboten.[2311]

Selbständige Verwertungsverbote können sich ferner ergeben, wenn der Beschuldigte **1032**
auf Grund von Vorschriften aus anderen Teilen der Rechtsordnung zu **Angaben verpflichtet** ist, so dass sein Recht, Angaben zur Sache zu verweigern, durch die Heranziehung der in den anderen Rechtsgebieten gemachten Angaben unterlaufen würde.[2312] Dies gilt nach Auffassung der Rechtsprechung jedoch nicht für Angaben, die

2304 BGHSt 19, 325 = NJW 1964, 1139.

2305 BGH NJW 1994, 1970 = NStZ 1994, 350 = StV 1994, 281 = wistra 1994, 196 = JR 1994, 430 m. krit. Anm. *Lorenz*; vgl. aber auch BGH, Beschl. v. 13. 10. 1999 – 2 BJs 112/97-2 – StB 10 u. 11/99 = NStZ 2000, 383 mit Anm. *Jahn*.

2306 BGHSt 34, 397 = NJW 1988, 1037 = StV 1987, 421 = MDR 1987, 952 = JZ 1988, 316 = JR 1988, 469 m. Anm. *Geppert*.

2307 BVerfGE 80, 367 = NJW 1990, 563 = StV 1990, 1.

2308 BGHSt 34, 397, 401; kritisch auch *Küpper* JZ 1990, 416, 420; *Herdegen* Bemerkungen zur Lehre von den Beweisverboten, DAV Bd. 6, 103 (114); *Widmaier* Wahrheitsfindung zwischen Aufklärungspflicht und Beweisverboten, DAV Bd. 6, 29 (37); *Lorenz* GA 1992, 254 (274), der eine Lösung nach Art. 4 GG vorschlägt.

2309 BayObLG NJW 1992, 2370. Der noch nicht abgesandte Brief war bei einer rechtmäßigen Durchsuchung in der Wohnung des Angeklagten gefunden worden.

2310 BayObLG NJW 1992, 2370.

2311 BGHSt 50, 206 = NJW 2005, 3295; dazu *Ellbogen* NStZ 2006, 179; *Kolz* NJW 2005, 3248; *Lindemann* StV 2005, 650; *Lindemann* JR 2006, 191; *Reichling* SV 2005, 650; *Jahn* JuS 2006, 91.

2312 BVerfGE 56, 37 = NJW 1981, 1431 (Gemeinschuldner-Beschluss), siehe dazu auch *Dingeldey* NStZ 1984, 529 und *Stürner* NJW 1981, 1757; vgl. ferner BGHSt 37, 340, 342 zu § 807 ZPO sowie zur Unverwertbarkeit von Erkenntnissen aus der sog. „Eigenüberwachung“ im Bereich des Umweltstrafrechts, *Michalke* NJW 1990, 417, hiergegen: *Franzheim* NJW 1990, 2049.

ein Beschuldigter gegenüber einer Versicherung macht.[2313] Vieles ist auch in diesem Zusammenhang noch ungeklärt, weil der verfassungsrechtlich gesicherte Satz, dass niemand verpflichtet sein darf, an seiner eigenen Überführung durch Aussagen oder sonstige Handlungen mitzuwirken (**Nemo tenetur se ipsum accussare**), nun einmal schwer in Einklang zu bringen ist mit den zivilrechtlichen, versicherungsrechtlichen, konkursrechtlichen, steuerrechtlichen oder verwaltungsrechtlichen Mitwirkungspflichten, die ihrerseits nicht verzichtbar sind. Die sauberste Lösung wäre freilich ein generelles Verwertungsverbot für alle in den „anderen" Rechtsgebieten infolge einer Äußerungs- oder Mitwirkungspflicht gewonnenen Erkenntnisse. Eine solche Radikallösung stieße aber auf die Schwierigkeit, dass eine Reihe von Straftatbeständen gerade an die Erfüllung der Offenbarungspflichten anknüpft.

Die falsche Angabe über das Einkommen in einer Steuererklärung ist als solche strafbar (§ 370 AO). Um sie beweisen zu können, muss verwertet werden, was der Beschuldigte unter dem Erklärungszwang des Steuerrechts geschrieben hat. Ein Verwertungsverbot insoweit wäre widersinnig. Anders ist dies aber im Verhältnis der Strafverfolgung zu der Regelung des § 393 Abs. 1 AO, wonach der Einsatz von Zwangsmitteln unzulässig ist, soweit der Steuerpflichtige eigene Steuerstraftaten offenbaren müsste, was in bestimmten Fällen sogar dazu führt, dass die Pflicht zur Abgabe von Steuererklärungen suspendiert ist.[2314] Soweit der Steuerpflichtige mit einer wahrheitsgemäßen Erklärung allgemeine Straftaten offenbart, ist er durch das **Steuergeheimnis** (§ 30 AO) sowie das in § 393 Abs. 2 AO normierte begrenzte strafrechtliche Verwertungsverbot geschützt.[2315] Indes will der BGH diesen Schutz nicht uneingeschränkt gelten lassen. Weil nämlich das Gesetz in § 393 Abs. 2 Satz 2, § 30 Abs. 4 Nr. 5 AO ausdrücklich eine Durchbrechung des Steuergeheimnisses vorsehe, wenn die Offenbarung im zwingenden öffentlichen Interesse liegt, soll dem Steuerpflichtigen die Erklärung auch solcher Einkünfte zuzumuten sein, durch deren Offenbarung er in den Verdacht einer Straftat geraten und durch die er sich der Gefahr der Strafverfolgung aussetzen kann.[2316]

1033 Ähnliches gilt auch für manche Tatbestände des **Insolvenzstrafrechts.** Verwertungsverbote sollten aber überall dort anerkannt werden, wo staatliche und staatlich kontrollierte Informationssammlungen neben dem strafrechtlichen Ermittlungsverfahren „nach der Tat" stattfinden. Der nemo-tenetur-Grundsatz kann hier nur gewahrt werden, wenn auf die im Wege von Offenbarungspflichten gewonnenen Erkenntnisse im gesamten Strafprozess verzichtet wird. Daraus folgt ein Verwertungsverbot für die Äußerungen des Gemeinschuldners gegenüber dem Konkursverwalter.[2317] Dies sollte auch im Umweltstrafrecht, das vom Grundsatz der Verwaltungsakzessorietät geprägt ist, jedenfalls insoweit gelten, als die Aufsichtsbehörden unter Ausnutzung der Of-

---

2313 Hierzu KG NStZ 1995, 146.

2314 BGHSt 47, 8, 12; BGHR AO § 393 Abs. 1 Erklärungspflicht 2 und 3.

2315 Vgl. BVerfGE 56, 37, 47.

2316 BGH, Urt. v. 10. August 2001 – RiSt (R) 1/00, teilweise abgedruckt in NJW 2002, 834; BGH, Urt. v. 5. 5. 2004 – 5 StR 139/03 = NStZ-RR 2004, 242 = StV 2004, 578 m. Anm. *Odenthal* und *Zetsche* wistra 2004, 427 ff.; *Hugger* IBR 2004, 732.

2317 BVerfGE 56, 37; vgl. jetzt § 97 Abs. 1 InsO.

fenbarungspflichten von Anlagenbetreibern das auch im Ordnungswidrigkeitenrecht geltende nemo-tenetur-Prinzip unterlaufen können.[2318]

Die **Revisionsbegründung** muss in den Fällen, in denen ein aus der Verfassung abgeleitetes Verwertungsverbot geltend gemacht wird, soweit sich die Verletzung nicht bereits aus den Urteilsgründen ergibt, die Umstände der Entstehung des umstrittenen Beweismittels wiedergeben. Der Bundesgerichtshof fordert, dass der Sachverhalt in der Revisionsbegründung so detailliert wiedergegeben wird, dass es dem Revisionsgericht möglich ist zu beurteilen, ob die verwerteten Aufzeichnungen dem absolut geschützten Kernbereich privater Lebensgestaltung oder dem Abwägungsbereich zuzuordnen sind.[2319] Geht es um die Unverwertbarkeit eines Abhörprotokolls oder um die Unverwertbarkeit von Tagebuchaufzeichnungen, so sind diese jeweils im Wortlaut mitzuteilen. Das ist nicht etwa widersprüchlich, weil der Blick des Revisionsrichters über die betreffenden Inhalte keiner Verwertung im Sinne des § 261 StPO gleichkommt und im Freibeweisverfahren erfolgt. **1034**

Beruht das Urteil bereits aus seinen Gründen heraus auf einem Beweismittel, das unter Vertoß gegen eine zwingende Verbotsnorm (z.B. § 51 Abs.1 BZRG) verwehrt wurde, so liegt darin ein sachlich-rechtlicher Fehler, der auf die allgemeine Sachrüge hin zu berücksichtigen ist.[2320]

(3) Weitere Verwertungsverbote

Die Rechtsprechung hat bei einer Reihe weiterer Vorschriften anerkannt, dass ihre Verletzung zu einem Verwertungsverbot führt. Dies hier vollständig aufzuführen, würde aber den Rahmen des Buches sprengen. Hingewiesen sei lediglich auf folgende Konstellationen: **1035**

Zu einem Verwertungsverbot führt die **Verletzung der Anwesenheitsrechte** nach § 168c StPO. Wird bei einer richterlichen Zeugenvernehmung die Benachrichtigung des Beschuldigten und seines Verteidigers versäumt, so resultiert hieraus ein in seiner Reichweite im Einzelnen umstrittenes Verwertungsverbot.[2321] Nach der Rechtsprechung des Bundesgerichtshofs tritt ein Verwertungsverbot auch hier nur dann ein, wenn der Verwertung in der Hauptverhandlung widersprochen wird.[2322] Das Verwertungsverbot schließt die Vernehmung des Ermittlungsrichters, die Verlesung nach § 251 Abs. 2 StPO und den Vorhalt aus dem Vernehmungsprotokoll **1036**

2318 Vgl. dazu im Hinblick die Verwertbarkeit von behördlich auferlegten Eigenmeßkontrollen bei der Strafverfolgung wegen Grenzwertüberschreitungen *Michalke* NJW 1990, 417 und *Franzheim* NJW 1990, 2049.

2319 Hierzu BGH StV 1991, 147 = MDR 1991, 486 (*Holtz*).

2320 Vgl. BGHSt 25, 100; BGH StraFo 2006, 296; BGH: Beschl. v. 18. 3. 2009 – 1 StR 50/09 = BeckRS 2009 10281.

2321 Hierzu BGH StV 1997, 512. Der 5. Senat neigt in dieser Entscheidung – ohne dass dies entscheidungserheblich war – zu der Ansicht, dass eine unter Verstoß gegen die Benachrichtigungspflicht zustande gekommene richterliche Vernehmung als nichtrichterliche gem. § 251 Abs. 2 Satz 2 StPO a. F. verlesen und verwertet werden dürfe.

2322 Vgl. im Einzelnen: BGHSt 34, 231 = NJW 1987, 1652; BGHSt 31, 140, 144 = NJW 1983, 1006; BGHSt 26, 332 = NJW 1976, 1546; BGH NStZ 1990, 136; BGH NStZ 1989, 282; BGH NJW 1997, 2335 (2336); BGH NStZ-RR 2002, 110.

aus.[2323] Das Verwertungsverbot gilt auch für eine ohne Benachrichtigung des Verteidigers durchgeführte richterliche Beschuldigtenvernehmung.[2324] Das soll nach Auffassung des BGH in bedenklicher Ausweitung der Rechtskreistheorie dann nicht für den Mitbeschuldigten gelten, wenn gegenüber seinem Verteidiger gegen die Benachrichtigungspflicht aus § 168c Abs. 5 Satz 1 i.V.m. Abs. 1 StPO verstoßen wurde.[2325]

1037 Der BGH hat es auch abgelehnt, eine unter Nichteinhaltung von § 81a StPO entnommene Blutprobe als unverwertbar anzusehen.[2326] Ein Verwertungsverbot kann sich hier jedoch im Einzelfall ergeben, wenn ein Polizeibeamter die Entnahme durch einen Arzt vorgetäuscht oder wenn er unerlaubten Zwang angewendet hat.[2327] Die Sicherstellung und Benutzung einer zu anderen Zwecken als zur Strafverfolgung (z.B. zur Operationsvorbereitung) entnommenen Blutprobe gilt nach der Rechtsprechung hingegen als erlaubt.[2328]

1038 Der Verstoß gegen ein in § 97 StPO geregeltes **Beschlagnahmeverbot** hat ein Verwertungsverbot zur Folge.[2329] Dies gilt auch für unzulässigerweise beschlagnahmte Verteidigungsunterlagen.[2330]

1039 Werden die Vorschriften zur **Telefonüberwachung** (insb. § 100a StPO) umgangen,[2331] wird etwa eine Anordnung unter Überschreitung der gesetzlichen Befugnisse getroffen (etwa weil der Verdacht einer Katalogtat nicht bestand)[2332] oder wird der Fernmeldeverkehr mit dem Verteidiger überwacht,[2333] so führt dies zur Unverwertbarkeit der gewonnenen Erkenntnisse.

1040 Der BGH hat die Annahme eines Beweisverwertungsverbotes für alle Fälle rechtswidriger Erlangung eines Beweismittels seit jeher abgelehnt.[2334] In Einzelfällen hat er ferner ein Verwertungsverbot deshalb ausgeschlossen, weil das Beweismittel auf rechtmäßigem Wege hätte erlangt werden können. So hat der BGH etwa bei Beweis-

---

2323 Zur unzulässigen Vernehmung des Ermittlungsrichters: BGHSt 26, 332, 335; BGH NStZ 1986, 207; KG StV 1984, 68; zur Unzulässigkeit des Vorhalts: BGHSt 31, 140 = JZ 1983, 354 m. Anm. *Fezer*; a.A.: BGHSt 34, 231 = StV 1987, 233 m. abl. Anm. *Fezer* = JR 1988, 80 m. abl. Anm. *Hanack*; vgl. zur Verlesung gem. § 251 Abs. 1 StPO BGH, Beschl. vom 27. 1. 2005 – 1 StR 495/04 = StV 2005, 255.

2324 BGH NStZ 1989, 282 m. Anm. *Hilger*.

2325 BGH, Beschl. vom 17. 2. 2009 – 1 StR 691/08 = BGHSt 53, 191 = NJW 2009, 1619 mit zutreffend kritischen Anmerkungen von *Fezer* JR 2009, 524 und *Kudlich* JR 2009, 303; vgl. auch BVerfG NJW 2007, 204.

2326 BGHSt 24, 125 = NJW 1971, 1097; vgl. *Rogall* ZStW 91, 37; BVerfG NJW 2008, 3053; OLG Stuttgart NStZ 2008, 238; OLG Köln VD 2010, 86.

2327 Vgl. zu dieser Thematik OLG Hamm NJW 1965, 1089 und *Kohlhaas* JR 1966, 187; OLG Bamberg NJW 2009, 2146; OLG Celle NJW 2009, 3524 = StV 2009, 685.

2328 Vgl. zu dieser Thematik: OLG Zweibrücken NJW 1994, 810, OLG Celle NStZ 1989, 385 und aus der Literatur *Hauf* NStZ 1993, 64; *Mayer* JZ 1989, 908; *Weiler* MDR 1994, 1163; *Wohlers* NStZ 1990, 245 und *Beulke* ZStW 103, 675 ff.

2329 BGHSt 18, 227; *Dahs* in Meyer-Gedenkschrift, 55 ff.; *Meyer-Goßner* § 97, Rn. 46 ff. m.w.N.

2330 Vgl. zur Beschlagnahmefreiheit von Verteidigungsunterlagen: KK-*Nack* § 97, Rn. 14 m.w.N.; OLG Koblenz StV 1995, 570.

2331 Vgl. BGHSt 31, 304 = NStZ 1983, 466 m. Anm. *J. Meyer*.

2332 Vgl. BGHSt 31, 304, 309; BGHSt 32, 68 = JR 1984, 514 m. Anm. *Schlüchter*.

2333 BGHSt 33, 347, 352 = NJW 1986, 1183; vgl. aber auch BGH StV 1990, 435 m. Anm. *Taschke*.

2334 Vgl. zum Meinungsstand: *Meyer-Goßner* Einl., Rn. 55 ff. und KK-*Pfeiffer/Hannich* Einl., Rn. 120 jeweils m.w.N.

mitteln, die im Rahmen einer Durchsuchung beschlagnahmt wurden, für die es aber keinen Durchsuchungsbefehl gab, ein Verwertungsverbot jedenfalls für den Fall abgelehnt, dass dem Erlass der Durchsuchungsanordnung rechtliche Hindernisse nicht entgegengestanden hätten und die tatsächlich sichergestellten Gegenstände als solche der Verwertung als Beweismittel zugänglich waren.[2335] Die Verwertbarkeit des während der Durchsuchung beschlagnahmten Gegenstandes wird letztlich damit begründet, dass eine gesetzeskonforme Möglichkeit zur Erhebung des betreffenden Beweises zumindest gegeben war. Hieraus kann aber keineswegs abgeleitet werden, dass generell in den Fällen, in denen das Beweismittel hypothetisch auch auf rechtmäßigem Wege hätte erlangt werden können, die Annahme eines Verwertungsverbotes ausgeschlossen wäre. So hat etwa der 4. Senat des BGH ausgeführt, die **Nichteinholung eines richterlichen Eingriffsbeschlusses** (nach § 100b Abs. 1 S. 1 StPO) stehe auch dann der Verwertung entgegen, wenn ein solcher Beschluss vom Richter auf Antrag erlassen worden wäre.[2336]

Welche Folgerungen die Rechtsprechung aus den Entscheidungen des Bundesverfassungsgerichts zu den Voraussetzungen und der Anfechtbarkeit von **Durchsuchungsbeschlüssen**[2337] für das Recht der Verwertungsverbote ziehen wird, ist noch nicht abschließend zu erkennen. Allerdings hat der Bundesverfassungsgericht in jüngster Zeit selbst sogar für Zufallsfunde im Rahmen von rechtswidrigen Durchsuchungen das Verwertungsverbot wieder empfindlich relativiert mit folgenden Ausführungen: *„Auch bei der Frage eines Beweisverwertungsverbots wegen Mängeln der Durchsuchungsanordnung ist eine Abwägung des Strafverfolgungsinteresses mit dem betroffenen Individualinteresse erforderlich … Die Strafprozessordnung stellt kein grundsätzliches Beschlagnahmeverbot für Fälle fehlerhafter Durchsuchungen auf, die zur Sicherstellung von Beweisgegenständen führen … Ein Beweisverwertungsverbot ist grundsätzlich nur dann Folge einer fehlerhaften Durchsuchung, wenn die zur Fehlerhaftigkeit der Ermittlungsmaßnahme führenden Verfahrensverstöße schwerwiegend waren oder bewusst oder willkürlich begangen wurden.“*[2338] 1041

Kein Verwertungsverbot besteht nach Auffassung des Bundesgerichtshofs bezüglich solcher Beweismittel, die erst aufgrund unzulässig erhobenen und/oder unzulässig verwerteten Beweismaterials aufgespürt worden sind. Der BGH lehnt eine **Fernwirkung** der Verwertungsverbote ab; er steht damit u.a. im Gegensatz zur anglo-amerikanischen Tradition.[2339] Nur „mittelbar“ erlangte Beweismittel hat die Rechtspre- 1042

2335 BGH 2 StR 402/88 v. 15. 2. 1989 (Fall *Weimar*) = NJW 1989, 1741 = NStZ 1989, 375 (376) m. Anm. *Roxin* = StV 1989, 289 m. Anm. *Fezer* (insoweit in BGHSt 36, 119 und JZ 1989, 551 nicht abgedruckt).

2336 BGHSt 31, 304 (306) = NJW 1983, 1570 = NStZ 1983, 466 m. Anm. *J. Meyer* = StV 1983, 230 = MDR 1983, 590. Auf das problematische Verhältnis zwischen BGH 4 StR 640/82 und BGH 2 StR 402/88 weist insbes. *Roxin* in seiner Urteilsanmerkung NStZ 1989, 379 hin. Zur Berücksichtigung hypothetischer Kausalverläufe bei rechtswidrigem Vorgehen von Ermittlungsorganen, vgl. ferner *Beulke* ZStW 1991, 657 (674).

2337 BVerfG NJW 1997, 2163 = StV 1997, 393; BVerfG NJW 1997, 2165 = StV 1997, 394.

2338 BVerfG 2 BvR 2225/08 v. 2. 7. 2009 = Beck RS 2009 36142 = NJW 2009, 3225 – wistra 2009, 425.

2339 „Fruit of the poisonous tree-Doctrine“; vgl. hierzu *Harris* Verwertungsverbot für mittelbar erlangte Beweismittel: Die Fernwirkungsdoktrin in der Rechtsprechung im deutschen und amerikanischen Recht, StV 1991, 313 (320); *Salditt* GA 1992, 59; *Fahl* JuS 1996, 1013.

chung im Gegensatz zu einer Vielzahl von Stimmen aus der Literatur[2340] daher in nahezu allen Fällen für verwertbar gehalten.[2341] In der bereits erwähnten „Mitgefangenen-Entscheidung"[2342] hatte die Revision der Staatsanwaltschaft Erfolg, da die Kammer die Aussage eines Zeugen, der erst durch die unverwertbare Aussage des Angeklagten in der Haftanstalt namhaft gemacht werden konnte, ausdrücklich unberücksichtigt gelassen hatte. Der Senat begründete die Verwertbarkeit der so gewonnenen Aussage damit, dass ein Verfahrensfehler nicht dazu führen dürfe, dass das gesamte Strafverfahren lahmgelegt werde.[2343] Eine Begrenzung der Auswirkungen eines Verfahrensfehlers sei zur wirksamen Verbrechensbekämpfung und auch deshalb erforderlich, weil sich kaum jemals feststellen lasse, ob die Polizei den Zeugen ohne Verstoß nicht auch gefunden hätte.[2344] Hypothetischen Kausalverläufen misst der Bundesgerichtshof somit auch bei der Frage der Fernwirkung Bedeutung bei. Der Hinweis auf die „inevitable discovery" wird jedoch auch hier im Sinne einer bloß abstrakten, nicht fernliegenden bzw. nicht auszuschließenden Möglichkeit formuliert.[2345] Aber allenfalls wenn eine konkrete anderweitige Auffindungsmöglichkeit besteht, die losgelöst vom unverwertbaren Informationsgehalt den Ermittlungsbehörden auch tatsächlich den Zugriff auf das betreffende Beweismittel ermöglicht hätte, ist die Ablehnung des Verwertungsverbotes akzeptabel.

1043 Zu unterscheiden von der Fernwirkung ist die **Fortwirkung** von Verfahrensfehlern, wobei insbesondere unterbliebene oder unzulängliche Belehrungen im Zentrum des Interesses stehen. Hier hat die Rechtsprechung mittlerweile erkannt, dass ein daraus folgender Irrtum des Vernommenen über sein Schweige- und Verteidigerkonsultationsrecht sich durchaus auch auf spätere Vernehmungen auswirken kann. Deshalb gilt jetzt, dass der Beschuldigte bei Beginn der Folgevernehmung zusammen mit der Belehrung nach § 136 Abs. 1 Satz 2 StPO ggfs. auch darauf hingewiesen werden muss, dass wegen der bisher unterbliebenen Belehrung als Beschuldigter die vorangehende Zeugenaussage unverwertbar ist.[2346] Die Pflicht zu einer solchen **„qualifizierten" Be-**

2340 *Roxin* Strafverfahrensrecht, § 24 D.V.; *Otto* Grenzen und Tragweite der Beweisverbote im Strafverfahren, GA 1970, 289 (294); *Rogall* Gegenwärtiger Stand und Entwicklungstendenzen der Lehre von den strafprozessualen Beweisverboten, ZStW 1979, 1 (39); *Fezer* Strafprozessrecht, 274.

2341 BGHSt 27, 355 (358); 32, 68 (71); 34, 362 (364). Eine Ausnahme machte der Bundesgerichtshof in BGHSt 29, 244 (249) lediglich für das gesetzlich ausdrücklich geregelte Beweisverwertungsverbot gem. § 7 Abs. 3 G 10.

2342 BGHSt 34, 362 = NJW 1987, 2525 = MDR 1987, 689 = BGHR StPO § 136a Abs. 1 – Zwang 1 = wistra 1987, 221= JR 1988, 426 m. Anm. *Seebode* = JZ 1987, 936 m. Anm. *Fezer* = StV 1987, 283 m. Anm. *Grünwald* StV 1987, 470. Siehe oben, Rn. 1019.

2343 Gegen diese Begründung wendet sich *Mehle* Einige Anmerkungen zum gegenwärtigen Stand der Diskussion über die Fernwirkung des Verwertungsverbots nach § 136a Abs. 3 S. 2 StPO, DAV, Bd. 6, 172 (176).

2344 BGHSt 34, 362, 364; In BGHSt 32, 68 (71) findet sich eine ähnliche Begründung: „Es liegt die Möglichkeit nicht fern, dass weitere Ermittlungen der deutschen Polizei auch ohne die Telefonüberwachung auf die Spur der Angeklagten und zur Aufklärung des Sachverhalts geführt hätten.".

2345 Vgl. hierzu *Harris* Verwertungsverbot für mittelbar erlangte Beweismittel: Die Fernwirkungsdoktrin in der Rechtsprechung im deutschen und amerikanischen Recht, StV 1991, 313 (320).

2346 BGH, Urt. v. 18. 12. 2008 – 4 StR 455/08 = NJW 2009, 1427 = NStZ 2009, 281; vgl. auch BGH, Urt. v. 3. Juli 2007 – 1 StR 3/07, StV 2007, 450, 452, insoweit in BGHSt 51, 367 nicht abgedruckt; ferner BGH, Urt. v. 19. September 2000 – 1 StR 205/00 [der 1. Strafsenat ersichtlich un-

lehrung folgt daraus, dass das Recht zu schweigen und das Recht, sich nicht selbst belasten zu müssen („nemo tenetur-Grundsatz"), zum „Kernstück des von Art. 6 Abs. 1 EMRK garantierten fairen Verfahrens" gehören.[2347] Deshalb muss die rechtsstaatliche Ordnung Vorkehrungen treffen, um zu verhindern, dass ein Beschuldigter auf sein Aussageverweigerungsrecht nur deshalb verzichtet, weil er möglicherweise glaubt, eine frühere, unter Verstoß gegen die Belehrungspflicht zustande gekommene Selbstbelastung nicht mehr aus der Welt schaffen zu können.[2348] Der Widerspruch zwischen dieser erfreulichen Erkenntnis und der bisherigen BGH-Auffassung, wonach bei den – schwerer wiegenden – Verstößen nach § 136a StPO eine solche „qualifizierte" Belehrung bisher nicht verlangt wird,[2349] muss durch Änderung eben dieser unhaltbaren Rechtsprechung aufgelöst werden.

Der Verstoß gegen die Pflicht zur qualifizierten Belehrung soll allerdings nicht dasselbe Gewicht wie der Verstoß gegen die Belehrung nach § 136 Abs. 1 Satz 2 StPO haben. Deshalb ist in einem solchen Fall die Verwertbarkeit der weiteren Aussagen nach erfolgter Beschuldigtenbelehrung nach neuerer Rechtsprechung des Bundesgerichtshofs durch Abwägung im Einzelfall zu ermitteln.[2350] **1044**

Bei einer solchen Abwägung ist zum einen auf das Gewicht des Verfahrensverstoßes abzustellen und dabei insbesondere zu berücksichtigen, ob die Vernehmung als Zeuge in bewusster Umgehung der Belehrungspflichten erfolgt ist; weiter müsse das Interesse an der Sachaufklärung Beachtung finden.[2351] Darüber hinaus ist maßgeblich darauf abzustellen, ob sich aus den Umständen des Falles ergibt, dass der Vernommene davon ausgegangen ist, von seinen vor der Beschuldigtenbelehrung gemachten Angaben als Zeuge bei seiner weiteren Vernehmung als Beschuldigter nicht mehr abrücken zu können. **1045**

Nicht zuletzt gehört zu den Beweisverwertungsverboten auch die Folge des Beweiserhebungsverbotes nach § 252 StPO, zu dem oben das Erforderliche bereits ausgeführt wurde.[2352] **1046**

(4) Asymmetrische Verwertungsverbote?

Wir haben eingangs zum Kapitel Beweisverbote als deren eigentlichen Sinn den Verfassungsgrundsatz genannt, dass nach unserem Rechtsstaatsverständnis niemand **1047**

---

ter Abweichung von seiner Entscheidung BGHSt 22, 129]; KK-*Diemer* § 136, Rn. 27 m. w. N.; LR-*Gleß* § 136, Rn. 106; *Roxin* JR 2008, 16ff., 17; wohl auch *Meyer-Goßner* 52. Aufl., § 136, Rn. 9 m. w. N.

2347 So auch der EGMR NJW 2002, 499, 501; JR 2005, 423 m. Anm. *Gaede* dazu weiter BGHSt 42, 139, 151 ff. und BGH NJW 2009, 1428.

2348 *Roxin* JR 2008, 16ff.

2349 Nachw. auch zur zutreffenden Gegenmeinung bei *Meyer-Großner* 52. Aufl. § 136a, Rn. 30; s. a. dazu oben Rn. 1022.

2350 BGH, Urt. v. 3. Juli 2007 – 1 StR 3/07 = BGHSt 51, 367 = NJW 2007, 2706 = StV 2007, 450, 452; krit. dazu *Roxin* JR 2008, 16ff., 17; *Meyer-Goßner* § 136, Rn. 9 a. E.; BGH, Urt. vom 18. 12. 2008 – 4 StR 455/08 = BGHSt 53, 112 = NJW 2009, 1427 mit Anm. *Gless* JR 2009, 383 und *Wennekers* JR 2009, 383.

2351 Vgl. BGH StV 2007, 2007 ; BGHSt 42, 139, 157 [Hörfalle]; 47, 172, 179f.; BGH NJW 2007, 3138, 3142.

2352 Rn. 826ff.

deshalb schuldig gesprochen oder mit einer erhöhten Strafe belegt werden darf, weil sich der Staat seinerseits bei der Beweisführung illegaler Mittel bedient hat. Von diesem Ausgangspunkt läge es nahe, die Verwertungsverbote von vorne herein nur auf solche Beweise zu beziehen, die der Überführung des Angeklagten dienen. **Beweisverwertungsverbote** wären dann beim Vorliegen ihrer Voraussetzung gleichbedeutend mit **Belastungsverboten**, während der Richter frei bliebe, die entlastenden Erträge von verfahrensfehlerhaft gewonnenen Erkenntnissen zugunsten des Angeklagten zu verwerten. Dies ist auch erst einmal zweifellos der richtige Ansatz zum Verständnis von Beweisverboten, und die Rechtsfolge, dass man bei den belastenden Ermittlungsergebnissen generell „genauer hinzuschauer hat" als bei den entlastenden, dürfte sogar der ständigen Praxis entsprechen, ohne dass darüber jemals ein großer Theorienstreit notwendig gewesen wäre – solange es um das „Ob" der Verwertbarkeit, bezogen auf ein in sich geschlossenes vollständiges Beweisdokument geht. Kein Staatsanwalt käme vermutlich auf den Gedanken, eine Anklage zu erheben, wenn dem hinreichenden Tatverdacht die Alibiaussage eines Zeugen entgegensteht, mag sie ohne vorherige Belehrung über das Zeugnisverweigerungsrecht nach § 52 oder § 53 StPO zustande gekommen sein. Und selbst wenn ein Zeuge oder auch Beschuldigter den Täuschungen, Drohungen oder sonstigen nach § 136a StPO widerstanden und nur (!) Entlastendes ausgesagt hat, wird es vermutlich gar nicht erst zu einer Hauptverhandlung kommen. Und wenn doch, weil aus anderen Gründen die Staatsanwaltschaft glaubt, den Angeklagten überführen zu können, wird niemand den Verteidiger daran hindern, den betreffenden Vernehmungsbeamten nach allen Regeln der Vernehmungskunst so zu befragen, dass am Ende herauskommt, der Angeklagte habe damals das von der Polizei erstrebte Geständnis partout *nicht* abgelegt oder der Zeuge sei nun einmal mit noch so unsauberen Tricks nicht davon abzubringen gewesen, die Alibiaussage zu machen. Der Rest ist dann gewöhnliche Beweiswürdigung, in die doch bitte die genannten entlastenden Indizien einbezogen werden müssen!

1048 Bis hierhin sehe ich kein Problem mit der Asymmetrie der Beweisverbote, durch das Verständnis, sie seien nur dann vom Rechtsstaatsprinzip geboten, wenn man sie als Belastungsverbote definiert.

1049 Schwierig wird es aber, wenn es nicht darum geht, *ob* eine (ganze) frühere und durch Verfahrensverstöße bemakelte, aber insgesamt entlastende Aussage verwertet wird, sondern darum, dass die betreffende Aussage entlastende und belastende Teile gleichermaßen enthält.

Hierzu wird neuerdings mit zunehmender Heftigkeit diskutiert, ob die unter der Bezeichnung **„Mühlenteichtheorie"**[2353] von *Roxin, Schäfer und Widmaier* verbreitete These richtig ist, dass alle Verwertungsverbote auch in dem Sinne nichts weiter als Belas-

---

2353 *Roxin/Schäfer/Widmaier* in *Beulke/Eckart/Müller* (Hrsg.), Festschrift Strafrechtsausschuss BRAK, 2006, 435 ff. = StV 2006, 655 ff. Die Bezeichnung „Mühlenteichtheorie" ist keine Metapher für eine angestaute und vielleicht etwas abgestandene Energiequelle zum Betreiben eines dem Zerkleinern verbotener Früchte dienenden Mühlrades, sondern lediglich eine Assoziation an den schon legendären (aber leider inzwischen in die Insolvenz verfallenen) Tagungsort des jährlichen Nordseetreffens der Deutsche Strafverteidiger e. V.

tungsverbote seien, dass solche gemischt entlastend-belastenden Aussageprotokolle gleichsam gefiltert in die Beweisaufnahme und –würdigung einfließen müssen. Es geht also darum, ob jede durch Verfahrensfehler kontaminierte Beweiseinheit nach einem Meistbegünstigungsprinzip[2354] selektiv zu bewerten ist. Diese aus Verteidigersicht prima vista sympathische Lehre würde dazu führen, dass alle entlastenden Bestandteile eines an sich durch Verwertungsverbote gesetzlich blockierten (oder durch Widerspruch zu blockierenden) Beweisstoffe zu Gunsten des Angeklagten verwertet werden dürfen, weil der Rechtsstaat es schlechterdings nicht zulassen dürfe, dass jemand nur deshalb schuldig gesprochen (oder härter bestraft) wird, weil die ihn entlastenden Umstände z.B. infolge des § 136a StPO Abs. 3 StPO vom Gericht nicht zur Kenntnis genommen werden durften.

So erfreulich das Ergebnis in manchen (praktisch aber eher seltenen) Fällen für die **1049 a** Angeklagten wäre – der Theorie stehen ein **rechtsdogmatischer und ein rechtspraktischer Einwand** entgegen. Da ist zunächst der Wortlaut des § 136a Abs. 3 Satz 2 StPO. Es ist nicht erkennbar, wie eine – auch im Wege der verfassungskonformen Auslegung vielleicht wünschenswerte – Nichtanwendung des klar bezeichneten Verbots zu begründen wäre. Wer dem – wie die Autoren – entgegenhält, es gehe schließlich um die Durchsetzung des höchsten im Strafprozess überhaupt geltenden Verfassungsgrundsatzes, der Vermeidung von Fehlverurteilungen, der hat den zweiten Einwand nicht mitbedacht: Das Postulat, aus einer mit verbotenen Methoden entstandenen Vernehmungsniederschrift alles Belastende gedanklich auszublenden und das Entlastende zugunsten des Angeklagten zu verwerten, könnte allenfalls dann zu erfüllen sein, wenn sich die Inhalte wirklich sauber und restlos so voneinander trennen ließen, als ob der Text des Protokolls abwechselnd mit rotem und grünem Toner gedruckt wäre. In den wirklichen Protokollen stehen aber auch sehr viele weder be- noch entlastende, also neutrale und ambivalente Aussageinhalte, die man sich gelb gedruckt vorzustellen hätte. Häufig entscheidet aber auch der jeweilige Kontext erst darüber, ob ein bestimmter Satz be- oder entlastend ist. Hat beispielsweise der Angeklagte bei der ersten polizeilichen Vernehmung unter dem Eindruck der täuschenden Behauptung des Vernehmungsbeamten, er sei bereits eindeutig durch einen DNA-Spurenvergleich überführt, ein später widerrufenes Geständnis abgelegt und dabei spontan auch etwas Entlastendes ausgesagt, wird meist das eine vom anderen schwer zu trennen sein. Begründet er z.B. seine zunächst eingestandene Tat mit der Behauptung, das Opfer habe ihn vorher ständig gedemütigt und beleidigt, so würde wegen des engen Zusammenhangs („ich habe die Tat begangen, weil ...") die Trennung des Unverwertbaren vom Verwertbaren Teil der Aussage doch voraussetzen, dass das Gericht zuvor (im Freibeweisverfahren oder durch förmliche Verlesung?) vom *gesamten* Inhalt des Protokolls Kenntnis genommen hätte. Genau dies will aber § 136a StPO verhindern, indem es in Absatz 3 Satz 2 ausdrücklich heißt, dass die Verwertung „auch dann" verboten ist, „wenn der Beschuldigte der Verwertung zustimmt". Diese im Gesetz ungewöhnliche Formulierung dient gerade dazu, eine Unterscheidung zwischen den mit rechtsstaatswidrigen Mitteln erlangten entlastenden und belasten-

2354 Dieser Begriff wurde – soweit ersichtlich – erstmals von *Rosenthal, Bockemühl* und *Amelung* auf dem Strafverteidigertag 1999 im Bremen geprägt (Schriftenreihe der Strafverteidigervereinigungen, 23. Strafverteidigertag, 149, 161 und 175).

den Beweisinhalten zu vermeiden.[2355] Die Gegenansicht verkennt nämlich, dass bereits diese Selektion zwischen Belastendem und Entlastendem ein Akt der Beweiswürdigung ist, der zwangsläufig auch das Unverwertbare mit einschließt.

1050 *Roxin* hat dem jüngst entgegengehalten, dass zwar im Kontext der gesamten Aussage geprüft werden müsse, ob ein Umstand entlastend ist oder nicht, wenn aber mit den Mitteln des § 136a StPO ein Geständnis erzielt wurde, das auch entlastende Umstände enthält, seien diese ja irrelevant, wenn eine Überführung des Angeklagten nur durch das – gesperrte – Geständnis möglich wäre. Denn dann müsse ja ohnehin freigesprochen werden. Könne der Angeklagte dagegen durch andere Beweismittel der Tat überführt werden (so dass das Geständnis für eine Verurteilung nicht benötigt wird), müssten die verbotswidrig erlangten entlastenden Umstände zugunsten des Angeklagten verwertet werden, wobei eine Trennung von Belastungs- und Entlastungsmomenten in solchen Fällen ohne Weiteres möglich sei.[2356]

Was aber macht z.B. der Tatrichter mit dem durch den Vernehmungsbeamten als Zeugen eingeführten Satz: „Ich gestehe die Tat, weil sie schwer auf meinem Gewissen lastet, weil ich reinen Tisch machen will und bereit bin, für meine Schuld zu büßen.“? Bei welchem Komma dieser Aussage hört das belastende Geständnis auf und wo fängt die verwertbare, weil für das Strafmaß entlastende Schuldverarbeitung an? Anders gefragt: Hat der Angeklagte nicht doch im Ergebnis am meisten davon, dass die gesamte frühere Aussage unter Verschluss bleibt und gar nicht erst zum Thema von Erörterungen über Teilbarkeiten und Bewertungen in der Hauptverhandlung wird?

1051 Nun wird eingewandt, damit werde der Angeklagte schutzlos der Gefahr eines Fehlurteils ausgeliefert, und auch der BGH hat wiederholt bezogen auf die Ergebnisse aus der Anwendung verbotener Vernehmungsmethoden angedeutet, es seien Fälle *„denkbar, in denen entgegen dem klaren Wortlaut des Gesetzes aus übergeordneten verfassungs- oder menschenrechtlichen Prinzipien die Verwertung derartiger Erkenntnisse dennoch in Betracht kommen könnte“*. Und er hat zuletzt hinzugefügt: *„Derartiges mag vielmehr allenfalls dann in Erwägung zu ziehen sein, wenn der Angeklagte zum einen – etwa durch entsprechenden Beweisantrag – unmissverständlich zu verstehen gibt, dass er auf den ihm durch § 136a Abs. 3 Satz 2 StPO gewährten individuellen Schutz verzichtet, und zum anderen aufzeigt, dass ihm eine effektive Verteidigung ohne die Verwertung des an sich gesperrten Beweisstoffes verwehrt ist und daher die durch § 136a Abs. 3 Satz 2 StPO auch objektiv im Allgemeininteresse garantierten Grundsätze eines rechtsstaatlichen Strafverfahrens im Wege einer Güterabwägung hinter seinen ebenfalls vom Rechtsstaatsprinzip umfassten Anspruch auf wirksame Verteidigung gegen den Tatvorwurf zurücktreten müssen …“* Der Senat könne daher *„offen lassen, ob eine verfassungskonforme Auslegung des § 136a Abs. 3 Satz 2 StPO im oben umrissenen Sinne im Hinblick auf dessen eindeutigen gegenteiligen Wortlaut überhaupt möglich wäre.“*[2357]

1052 Eine ähnliche Andeutung findet sich auch – worauf die Autoren der Mühlenteichtheorie abstellen – in der Entscheidung zur akustischen Überwachung von Selbstgesprä-

---

2355 So auch zutreffend *Meyer-Großner* 52. Aufl. § 136a, Rn. 27; a.A. *Roxin* StV 2009, 113.
2356 *Roxin* aaO.
2357 BGH, Beschl. vom 5. 8. 2008 – 3 StR 45/08 = NStZ 2008, 706 (707) = StV 2009, 113 m. Anm. *Roxin*.

chen im Wohnraum.[2358] Es ist aber kein Zufall, dass derartige Überlegungen in der Judikatur bisher nur im theroretisch-hypothetischen Raum angestellt werden konnten. Praktische Fälle, in denen es darauf ankam, ob der Tatrichter den Gerechtigkeitsgehalt einer asymetrischen Beweiswürdigung zur Anwendung bringen durfte, sind offenbar bisher noch nicht in der Revisionsinstanz angekommen. Der Grund dafür dürfte die Realitätsferne der Vorstellung sein, ein Angeklagter könne wirklich einmal deshalb Opfer eines Fehlurteils werden, weil seine Richter sich streng an die gesetzlichen Verwertungsverbote gehalten und der Mühlenteichtheorie nicht zum Durchbruch verholfen haben:

Um ein Verwertungsverbot bezogen auf die eigene frühere Aussage geltend zu ma- **1052a**
chen, muss im Falle der Verstöße gegen § 136a StPO bei Beschuldigtenvernehmungen der Angeklagte erst einmal **selbst behaupten**, dass seine damals protokollierten Angaben im Wesentlichen falsch und nur damit zu erklären seien, dass er entweder unter Druck oder Drogen gesetzt, im Zustand der Übermüdung oder unter dem Eindruck einer Täuschung oder eines Versprechens mit einem gesetzlich nicht vorgesehenen Vorteils vernommen wurde. Und selbst in dem extremen Ausnahmefall,[2359] in dem die Androhung von Schmerzen zur Erzwingung einer Aussage zuerst von dem Polizeibeamten in der Akte durch einen Vermerk dokumentiert wurde, hat dann der Beschuldigte zusammen mit seinem Verteidiger sich ausdrücklich darauf berufen, wobei die zusätzlichen Details, mit denen er die Foltersituation ausschmückte, in ihrem Wahrheitsgehalt teilweise ungeklärt blieben. Der Regelfall dürfte aber sein, dass es der Angeklagte selbst ist, der die Tatsachen, die eine frühere Aussage unverwertbar machen können, als Erster behauptet oder über seinen Verteidiger vortragen lässt. Ein Angeklagter, der es schafft, dass man ihm dieses abnimmt, dem glaubt man auch, wenn er in der Hauptverhandlung die entlastenden Teile seiner früheren Aussage wiederholt. Diese entlastenden Details brauchen also nicht erst aus dem Mühlenteich gefischt zu werden.

bb) Ersatz für Widerspruchslösung?

Dasselbe gilt für die Verwertungsverbote, die ein Angeklagter geltend macht, nach- **1053**
dem er in der früheren Aussage **nicht ordnunsgemäß belehrt** war. Nachdem sich die Rechtsprechung seit BGHSt 38, 214[2360] endlich – wenn auch mit einigen Rückziehern in der Zwischenzeit[2361] – dazu durchgerungen hat, überhaupt ein Verwertungsverbot nach Belehrungsfehlern anzuerkennen, wurde weitgehend kritisiert, dass der BGH es gleichzeitig in die Hand des (verteidigten) Angeklagten gelegt hat, ob er den Mangel überhaupt geltend machen oder ob er unter Berufung auf ihn der Verwertung widersprechen will („**Widerspruchslösung**"). Ich habe die im Schrifttum vorherrschende

---

2358 BGH, Urt. vom 10. 8. 2005 – 1 StR 140/05 = BGHSt 50, 206 = NJW 2005, 3295 = NStZ 2005, 700, vgl. dazu die Anmerkungen *Kolz* NJW 2005, 3248; *Lindemann* StV 2005, 650 und JR 2006, 191; *Reichling* SV 2005, 650; *Jahn* JuS 2006, 91; *Ellbogen* NStZ 2006, 180.

2359 So im Falle Daschner, zum Sachverhalt LG Frankfurt a. M. NJW 2005, 692.

2360 BGHSt 38, 214 = NJW 1992, 1463 = StV 1992, 212 = NStZ 1992, 294 m. Anm. *Bohlander* NStZ 1992, 504 = JZ 1992, 918 m. Anm. *Roxin* = MDR 1992, 695 = JR 1992, 381 m. Anm. *Fezer*.

2361 BGHSt 52, 48 = NJW 2008, 307 = NStZ 2008, 168 = StV 2008, 5 (kein Verwertungsverbot bei unterbliebener Belehrung über konsularische Konsultationsrechte).

Kritik[2362] daran nie geteilt,[2363] weil den Interessen des Angeklagten sehr viel mehr damit gedient ist, wenn er – gut beraten durch seinen Verteidiger – die Entscheidung selbst treffen kann, ob die Vorteile einer Verwertung die Vorteile einer Sperrung aus seiner Sicht und in seinem Verteidigungskonzept überwiegen.

1054 Natürlich wird das auch hier von seinem **Aussageverhalten in der Hauptverhandlung** abhängen: Will er die Aussage von damals, sei es eine bestreitende oder eine geständige, wiederholen, so kann er ein vitales Interesse daran haben, darauf verweisen zu können, in welch frühem Verfahrensstadium er sich schon genauso eingelassen hat. Ja er kann sogar gerade aus dem Umstand, dass dies trotz eines unkorrekten Verhaltens des Beamten geschah, ein Argument für seine Ehrlichkeit herleiten. Will er in der Hauptverhandlung alles, was er damals ausgesagt hat (insbesondere ein Geständnis), bestreiten (widerrufen), so wird er das mit dem Widerspruch zur Aktivierung des Verwertungsverbots verbinden. Will er dagegen seine damalige Aussage „splitten", dann wird er mit dem Widerruf und dem Vertrauen auf die Mühlenteichtheorie, ohne (glaubhaft oder unwiderlegbar) die entlastenden Umstände in der Hauptverhandlung zu wiederholen, ohnehin nicht weit kommen. Also wird er beispielsweise aussagen: „Ich habe die Tat nicht begangen, aber ich war zur Tatzeit durchaus in der Nähe des Tatortes, hatte auch – wie der Täter – einen roten Pullover an, und werde wohl deshalb mit ihm von dem Zeugen X., der auch gesehen hat, wie der Täter Richtung Bahnhof flüchtete, verwechselt worden sein. Dass ich gemächlichen Schrittes in die Gegenrichtung gelaufen bin, habe ich bereits im Zusammenhang mit meinem falschen Geständnis ausgesagt, dessen Verwertung ich aus den Gründen, die mein Verteidiger dargelegt hat, widerspreche."

Auch hier gilt: Sobald das Gericht erst einmal die Gründe für die Berechtigung des Widerspruchs akzeptiert hat, ist es durch das damit für die gesamte frühere Aussage ausgelöste Verwertungsverbot nicht gehindert, dem Angeklagten die *in der Hauptverhandlung* gemachte entlastende Aussage (roter Pullover, Verwechslungsgefahr) einschließlich des Hinweises, dass er sich gleich zu Beginn des Ermittlungsverfahrens trotz fehlender Belehrung und ohne Verteidigerbeistand, insoweit bereits ebenso geäußert hat, zu glauben und zu seinen Gunsten zu verwerten. Durch den unmittelbaren Eindruck dieser Bekundung in der Hauptverhandlung ist der Beweiswert auch sehr viel stärker, als wenn das Gericht nur durch eine selektive Befragung des Vernehmungsbeamten den Versuch unternehmen müsste, aus dem damals Ausgesagten die entlastenden Bestandteile herauszufiltern, um sie dann erst noch auf ihren Wahrheitsgehalt zu überprüfen.

2362 *Dahs* StraFo 1998, 253; *Brüssow* StraFo 1998, 258; Fezer StV 1997, 58; *Feigen* Rudolphi-Symp 163; *Fezer* StV 97, 58; *Grüner* Über den Missbrauch von Mitwirkungsrechten und die Mitwirkungspflichten des Verteidigers im Strafprozess, 2000, S 167 ff; *Grünwald* Das Beweisrecht der StPO, 1993, 150; *Herdegen* NStZ 2000, 4; *Kiehl* NJW 1994, 1267; *Kindhäuser* NStZ 1987, 530; *Tolksdorf* Graßhof-FG 255; *Velten* Grünwald-FS 753; *Ventzke* StV 1997, 543; *Maul/Eschelbach* StraFo 1996, 66; *Roxin* JZ 1997, 346 und Hanack-FS 21; *Tepperwien* FS Widmaier, 583 ff., 591, die in der Widerspruchslösung ein Beispiel für „schöpferische Rechtsfindung" sieht.

2363 Vgl. schon *Hamm* NJW 1996, 2187; ähnlich jetzt *Mosbacher* FS Widmaier, 339 ff., 350.

Wollte man nun auch noch – wie es den Autoren der Mühlenteichteorie vorzuschweben scheint[2364] – die Widerspruchslösung partiell durch den Zwang zur Herausnahme alles Entlastenden aus dem Verwertungsverbot ersetzen, gäbe es noch eine kaum zu lösende praktische Schwierigkeit: Man stelle sich in dem vorstehenden Beispiel vor, der Angeklagte widerrufe zu Beginn der Hauptverhandlung sein Geständnis, der Vernehmungsbeamte sei erschienen und wolle gerade mit seiner Aussage beginnen. Das Gericht würde, weil es ja nicht mehr auf den Widerspruch warten darf, pflicht- und routinegemäß die Vorfrage stellen, ob er damals den Beschuldigten belehrt hat. Dann würde der Zeuge etwas verschämt sagen: „Nein, das habe ich vergessen. Herr A. stand für uns zwar schon als Hauptverdächtiger fest, aber wir wollten ihm so schnell wie möglich Gelegenheit geben, seine Schuld zu bekennen." Das Gericht würde nun von Amts wegen erkennen, dass damit die frühere Aussage in ihrem belastenden Teil unverwertbar ist. Der Vorsitzende müsste dann an alle Beteiligten die Frage stellen, ob der Zeuge entlassen werden kann oder ob jemand in dem Protokoll etwas Entlastendes entdeckt habe. Die Berufsrichter, der Staatsanwalt und der Verteidiger würden in dem Protokoll blättern und der Verteidiger würde sich dafür aussprechen, die Sache mit dem roten Pullover mit Blick auf die Verwechslungsgefahr als entlastenden Umstand zum Gegenstand der Beweisaufnahme zu machen. Nun ist aber die Verwechslungsgefahr ihrerseits nur dann entlastend, wenn auch richtig war, dass der Angeklagte sich damals in der Nähe des Tatortes aufgehalten hat. Dies wiederum ist für sich genommen ein belastender, verdachtsbegründender Umstand. Darf also dann überhaupt noch im Urteil stehen: „Zwar" spreche für die Täterschaft des Angeklagten, dass er sich zur Tatzeit in der Nähe des Fundortes der Leiche aufgehalten hat, was er selbst im Rahmen eines später widerrufenen und unverwertbaren Geständnisses zugegeben hatte, aber …? **1054a**

Und wie wird ein Streit zwischen den Beteiligten, was aus der früheren Aussage be- und was entlastend ist, in der Hauptverhandlung ausgetragen, ohne ständig einzelne Halbsätze oder ganze Passagen aus jenem Dokument zu zitieren und ohne den jeweiligen Kontext mit anderen (neutralen? belastenden?) Passagen hervorzuheben, bevor am Ende den Richtern und Schöffen zugemutet wird, davon den größten – nicht notwendigerweise zusammenhängenden – Teil wieder zu vergessen?

Solche Fragen stellen, heißt die Vorzüge der klaren und einfach zu handhabenden Lösung, wie sie im Falle des § 136a Abs. 3 S. 2 StPO vorgezeichnet ist, zu erkennen und als ausschlaggebend auch für alle Beweisverwertungsverbote, die der **Disposition des Angeklagten** unterliegen, gelten zu lassen, indem man dort auch auf die Dispostion durch den Angeklagten, dem die Freiheit seiner Entscheidung vor Augen stehen muss, abstellt. **1055**

Nun wird man mir entgegenhalten, dass ich bei meinen Beispielen stets von der Möglichkeit ausgegangen bin, dass der Angeklagte sich in der Hauptverhandlung einlässt, er aber doch auch in Fällen, in denen ein Verwertungsverbot im Raum steht, die Freiheit behalten müsse, von seinem **Schweigerecht** Gebrauch zu machen. Beides ist richtig. Aber hier sollte unterschieden werden zwischen dem abstrakten Schweigerecht **1056**

2364 StV 2006, 661.

und der konkreten Frage, in welchen Fällen es sinnvoll ist, davon Gebrauch zu machen.

1057 Die Beratung des Angeklagten durch seinen Verteidiger in der letzteren Frage gehört mit zum Wichtigsten und Schwierigsten, was in der Vorbereitung der Hauptverhandlung stattfinden muss.[2365] Das gilt unabhängig davon, ob unter den vielen in Betracht zu ziehenden Faktoren, die bei der Findung des richtigen (Erfolg versprechenden und realistischen) Verteidigungsziels im konkreten Fall bedacht werden müssen, *auch* die Möglichkeit der Geltendmachung eines Verwertungsverbotes existiert. Wenn das der Fall ist, muss der prognostizierte Erfolg des Widerspruchs, der in der Anerkennung des Verwertungsverbots durch das Tatgericht oder in der Vorbereitung einer entsprechenden Revisionsrüge bestehen kann, einen starken Einfluss auf die Entscheidung „Reden oder Schweigen" haben. Kann über die frühere Aussage Beweis erhoben werden, spricht dies meist dafür, in der Hauptverhandlung auszusagen, was daran richtig und was falsch war und letzterenfalls warum.[2366] Ist der Angeklagte daran interessiert, dass das frühere Protokoll wegen eines damals vorgekommenen, Belehrungsfehlers aus der Hauptverhandlung herausgehalten wird, weil er den Inhalt nicht mehr wahrhaben will, wird ihn ein Schweigen nur dann seinem Ziel näherbringen, wenn nach der Prognose des Verteidigers die übrigen Beweismittel eine Überführung (oder den Nachweis eines straferhöhenden Umstandes) nicht werden erbringen können. In jedem Falle aber hat der Angeklagte die größte Freiheit in der Gestaltung seiner Verteidigungsstrategie, wenn er es selbst in der Hand hat, ob er seine Aussagebereitschaft und den Zeitpunkt seiner Aussage von der nur ihm selbst obliegenden Entscheidung abhängig machen kann, wie mit seinen früheren Aussagen zu verfahren ist.

1058 Es kann sogar im Einzelfall klug sein, eine frühere Aussage, die eine durchweg entlastende Tatversion enthält, trotz eines an ihr haftenden Belehrungsmangels in die Hauptverhandlung einführen zu lassen, um gleichzeitig durch Gebrauchmachen vom Schweigerecht unbequemen Nach- und Rückfragen zu entgehen. Umgekehrt kann derselbe Vorteil des Schweigens nutzbar gemacht werden, wenn die frühere Aussage ein leicht (z.B. durch ein Alibi) zu widerlegendes Geständnis enthält. Und schließlich kann die Sachlage sogar nahelegen, die Thematik der ordnungsgemäßen Belehrung im Ermittlungsverfahren überhaupt nicht anzusprechen, etwa wenn von dem Vernehmungsbeamten in einem der Verteidigung wichtigen Detail (z.B. emotionale Trauerreaktionen auf die Nachricht vom Tod des Opfers) eine entlastende Aussage zu erwarten ist, die man nicht durch die Erörterung von Pflichtverletzungen abwerten möchte.

1059 Mit Blick auf solche durchaus nicht nur theoretisch denkbaren Fallkonstellationen halte ich auch die Widerspruchslösung für vorteilhafter als eine **Zustimmungslösung,**[2367] zu deren Vorzügen durchaus gute Gründe geltend gemacht werden können.

2365 Widmaier/*Krause* MAH Strafverteidigung § 7, Rn. 116ff.

2366 Vgl. *Krause* aaO.

2367 *Kiehl* Neues Verwertungsverbot bei unverstandener Beschuldigtenbelehrung und neue Tücken für die Verteidigung, NJW 1994, 1267; vgl. zum Ganzen ferner *Widmaier* NStZ 1992, 519 und *Fezer* JR 1992, 385 sowie *Maul/Eschelbach* StraFo 1996, 70; *Hamm* NJW 1996, 2185, 2188 und *Ventzke* StV 1997, 543. Hierzu auch *Basdorf* StV 1997, 488.

Würde man dem Angeklagten zur Wahrung seiner Entscheidungsfreiheit keine Erklärungslast auferlegen, so läge die Primärverantwortung[2368] für die Konsequenzen einer rechtswidrigen Verfahrensweise von Strafverfolgungsbehörden dort, wo sie eigentlich auch hingehört: bei der Strafjustiz selbst.[2369] Andererseits hat gerade dann, wenn es um Verfahrensfehler geht, die an der Person des Angeklagten (meist sogar unter vier Augen) begangen wurden, dieser gegenüber dem Gericht in der Hauptverhandlung das weit überlegene „Herrschaftswissen". Wer sonst, wenn nicht er, soll zur Sprache bringen, dass er nicht belehrt wurde, wenn das Protokoll mit seinem Belehrungsvordruck auf das Gegenteil hinzuweisen scheint? Dem Gericht wird man nicht abverlangen können, bei jedem Vorhalt, jeder Verlesung oder durch Zeugenvernehmung eingeführten Vernehmungsprotokoll aus dem Ermittlungsverfahren von Amts wegen und auf Verdacht in die Runde zu fragen, ob der Verwertung zugestimmt wird. Aber selbst wenn dies sich als Routine einspielen sollte, so wie es vor der Änderung der Vereidigungsvorschriften mit Blick auf den damaligen § 61 Nr. 5 StPO ziemlich hirnlos immer geschah, so müsste die Verweigerung der Zustimmung hier (anders als bei dem Nichtverzicht zur Vereidigung) begründet werden. Das wäre aber nichts anderes als der nach der BGH-Rechtsprechung verlangte Widerspruch.

Es bliebe als Vorzug der Zustimmungslösung, dass die mit der Widerspruchslösung **1060**
faktisch verbundene Präklusion der Revisionsrüge eines Verstoßes gegen das Verwertungsverbot entfiele. Aber eben doch nur scheinbar. Denn da jeder Verfahrensfehler nur dann zum Erfolg der Revision führen kann, wenn dem Tatgericht ein Vorwurf gemacht werden kann, wenn auch nicht schuldhaft, so doch bei bestehender Handlungsalternative und deren Erkennbarkeit sich für den verfahrensrechtlich falschen Weg entschieden zu haben,[2370] würde mit Sicherheit die Rechtsprechung der Rüge den Erfolg versagen, wenn nicht wenigstens dargelegt werden könnte, woraus das Gericht hätte erkennen können, dass der Belehrungsfehler stattgefunden hat. Auch dies würde letztlich doch wieder darauf hinauslaufen, dass die Rüge eine Thematisierung in der Hauptverhandlung oder sogar einen Gerichtsbeschluss nach § 238 Abs. 2 StPO voraussetzte, was der Widerspruchslösung sehr nahe käme.

Bei der Beratung über die **Sinnhaftigkeit eines Widerspruchs** muss der Verteidiger **1061**
den Stand der revisionsrechtlichen Rechtsprechung kennen. Bereits in der Grundsatzentscheidung hatte der 5. Strafsenat betont, dass die Vorschrift des § 136 StPO dazu dient, die Grundlagen der verfahrensrechtlichen Stellung des Beschuldigten zu sichern.[2371] Aus der Entscheidung haben sich eine Reihe von Folgeproblemen ergeben,

---

2368 Gegen die Einbindung des Verteidigers auch *Bohlander* Anm. zu BGH NStZ 1992, 292 in NStZ 1992, 504.

2369 *Kiehl* NJW 1994, 1267 ff.

2370 Vgl. z. B. zum absoluten Revisionsgrund des faktischen, aber dem Gericht nicht bekannten Ausschlusses der Öffentlichkeit die Nachw. bei KK-*Kuckein* § 338, Rn. 89, 91 und oben Rn. 471 f.

2371 In dieser unmittelbaren Wirkung auf die Beweisergebnisse unterscheidet sich diese Belehrungspflicht (und ihre Verletzung) etwa von der Pflicht der Ermittlungsbeamten, im Anschluss an eine Festnahme den Beschuldigten mit fremder Staatsangehörigkeit nach Art. 36 Abs. 1 lit. b Satz 3 WÜK auf sein Recht auf Benachrichtigung der konsularischen Vertretung seines Heimatlandes zu unterrichten. Deshalb verneint der BGH hier ein Verwertungsverbot und bevorzugt eine Kompensation nach dem Muster der „Vollstreckungslösung", BGH 5 StR 116/01 und 5 StR

die insbesondere die Reichweite der Belehrungspflicht, aber auch die des Verwertungsverbotes betreffen.

cc) Beginn der Beschuldigteneigenschaft

1062 Von großer Bedeutung für die Ursprünge des Verwertungsverbots nach Belehrungsmängeln ist die Frage, wer zu welchem Zeitpunkt und von welchem Verdachtsgrad an aufhört, Zeuge zu sein und somit als **Beschuldigter** zu belehren ist. Die Rechtsprechung geht davon aus, dass die Beschuldigteneigenschaft durch einen „Willensakt der Strafverfolgungsbehörden" begründet wird (subjektive Beschuldigtentheorie).[2372] Dies kann etwa eine Durchsuchung nach § 102 StPO[2373] oder eine Festnahme sein, oder in einer mündlichen Erklärung über die Beschuldigtenstellung liegen. Mit dieser Maßnahme entsteht für die ermittelnden Polizeibeamten die Pflicht zur Belehrung nach §§ 163a Abs. 4, 136 Abs. 1 StPO. Im Rahmen von Vernehmungen ist ein Übergang von der Zeugenvernehmung zur Beschuldigtenvernehmung nach Auffassung der Rechtsprechung geboten, wenn sich nach pflichtgemäßer Prüfung der ermittelnden Beamten der Verdacht so verdichtet hat, dass die vernommene Person „ernstlich als Täter der untersuchten Straftat in Betracht kommt". Wenn trotz erkannten Tatverdachts nicht von der Zeugenvernehmung zur Beschuldigtenvernehmung übergegangen wird, überschreiten die Ermittlungsbehörden ihr Ermessen.[2374] Macht der Beschuldigte von sich aus (ohne dass eine Frage an ihn gerichtet ist) schon vor der Belehrung spontan Angaben zur Sache, so sollen diese verwertbar sein.[2375] Ich halte das für eine kleinlich-rabulistische Aufspaltung der Vernehmungssituation in ein informelles „Vorspiel" und den offiziellen Teil der amtlichen Tätigkeit, die nur dazu verleitet, dass sich Polizeibeamte möglichst lange mit der gemeinsamen Fahrt zum Vernehmungsort und der Vorbereitung des „Vernehmungssettings" aufhalten.

1063 In neueren Entscheidungen[2376] betont der BGH, der § 136 StPO zugrunde liegende Beschuldigtenbegriff vereinige subjektive und objektive Elemente. Die Beschuldigteneigenschaft setze – subjektiv – den Verfolgungswillen der Strafverfolgungsbehörde voraus, der sich – objektiv – in einem Willensakt manifestiere.[2377] Wird gegen eine

---

475/02, Beschl. v. 25. 9. 2007 = BGHSt 52, 48 = StV 2008, 5 = NJW 2008, 307 = NStZ 2008, 168 = JR 2008, 295.

2372 BGH NJW 1997, 1591 = NStZ 1997, 398 (m. Anm. *Rogall*) = StV 1997, 281; vgl. auch BGHR StPO § 136 Belehrung 6; BGH NStZ-RR 2004, 368; BGH NJW 2007, 2706; BGH NStZ 2008, 48.

2373 BGH, Urt. vom 3. 7. 2007 – 1 StR 3/07, Tz 18 = BGHSt 51, 367 = NJW 2007, 2706 = NStZ 2007, 653 = StV 2007, 450 mit Anm. *Mitsch* NStZ 2008, 49; *Roxin* JR 2008, 16; *Mikolajczyk* ZIS 2007, 565.

2374 BGH NJW 1997, 1591; vgl. ferner BGH 1 StR 83/94 vom 21. 7. 1994 = NJW 1994, 2904 = NStZ 1994, 593 = StV 1994, 521 = JZ 1994, 841 = BGHR StPO § 136 – Belehrung 6 (insoweit in BGHSt 40, 211 nicht abgedruckt) mit Anmerkungen von *Gusy* StV 1995, 449; *Widmaier* StV 1995, 621; *Sternberg-Lieben* JZ 1995, 841 und *Schlüchter/Radbruch* NStZ 1995, 354 sowie BGH StV 1997, 234.

2375 KK-*Diemer* § 136, Rn. 4; BGH NJW 1990, 461 = NStZ 1990, 43 = StV 1990, 194 m. abl. Anm. *Fezer;* BayObLG NStZ-RR 2001, 49 ff.; vgl. auch jetzt zur Verwertbarkeit von Spontanäußerungen vor der Festnahme und der erst dann erfolgten (nicht qualifizierten) Belehrung BGH Beschl. v. 9. 6. 2009 – 4 StR 170/09 = NJW 2009, 3589 m. krit. Anm. *Meyer-Mews* 3590 f.

2376 BGH, Urt. vom 3. 7. 2007 – 1 StR 3/07 = BGHSt 51, 367 = NJW 2007, 2706 m. Anm. *Mitsch* NStZ 2008, 49; *Roxin* JR 2008, 16; *Mikolajczyk* ZIS 2007, 565; BGH, Urt. vom 18. 12. 2008 – 4 StR 455/08 = BGHSt 53, 112 = NJW 2009, 1427 = NStZ 2009, 281.

2377 BGHSt 51, 367.

Person ein förmliches Ermittlungsverfahren eingeleitet, liege darin ein solcher Willensakt. Andernfalls beurteilt sich dessen Vorliegen danach, wie sich das Verhalten des ermittelnden Beamten nach außen, insbesondere in der Wahrnehmung des davon Betroffenen darstellt. Dabei müsse zwischen verschiedenen Ermittlungshandlungen unterschieden werden: Strafprozessuale Eingriffsmaßnahmen, die nur gegenüber dem Beschuldigten zulässig sind, sind Handlungen, die ohne Weiteres auf den Verfolgungswillen der Strafverfolgungsbehörde schließen lassen.[2378] Aber auch Eingriffsmaßnahmen, die an einen Tatverdacht anknüpfen, begründen grundsätzlich die Beschuldigteneigenschaft des von der Maßnahme betroffenen Verdächtigen, weil sie regelmäßig darauf abzielen, gegen diesen wegen einer Straftat strafrechtlich vorzugehen; so liegt die Beschuldigtenstellung des Verdächtigen auf der Hand, wenn eine Durchsuchung nach § 102 StPO dazu dient, für seine Überführung geeignete Beweismittel zu gewinnen.[2379] Anders liegt es bei Vernehmungen. Bereits aus den §§ 55, 60 Nr. 2 StPO ergibt sich, dass im Strafverfahren auch ein Verdächtiger im Einzelfall als Zeuge vernommen werden darf, ohne dass er über die Beschuldigtenrechte belehrt werden muss.[2380] Der Vernehmende darf dabei auch die Verdachtslage weiter abklären; da er mithin nicht gehindert ist, den Vernommenen mit dem Tatverdacht zu konfrontieren, sind hierauf zielende Vorhalte und Fragen nicht zwingend ein hinreichender Beleg dafür, dass der Vernehmende dem Vernommenen als Beschuldigtem gegenübertritt. Der Verfolgungswille kann sich jedoch aus dem Ziel, der Gestaltung und den Begleitumständen der Befragung ergeben.

Ergibt sich die Beschuldigteneigenschaft nicht aus einem Willensakt der Strafverfolgungsbehörden, kann – abhängig von der objektiven Stärke des Tatverdachts – unter dem Gesichtspunkt der Umgehung der Beschuldigtenrechte gleichwohl ein Verstoß gegen die Belehrungspflicht nach § 136 Abs. 1 Satz 2 StPO vorliegen. Im Rahmen der gebotenen sorgfältigen Abwägung aller Umstände des Einzelfalls kommt es dabei darauf an, inwieweit der **Tatverdacht auf hinreichend gesicherten Erkenntnissen** hinsichtlich Tat und Täter oder lediglich auf kriminalistischer Erfahrung beruht. Falls jedoch der Tatverdacht so stark ist, dass die Strafverfolgungsbehörde andernfalls willkürlich die Grenzen ihres Beurteilungsspielraums überschreiten würde, ist es verfahrensfehlerhaft, wenn dennoch nicht zur Beschuldigtenvernehmung übergegangen wird.[2381]

Die Pflicht zur Belehrung nach § 136 Abs. 1 S. 2 StPO darf auch nicht dadurch umgangen werden, dass mit der Befragung des Beschuldigten eine Privatperson beauftragt wird. Für die Fälle, in denen die Polizei ohne Aufdeckung der Ermittlungsabsicht ein Telefongespräch zwischen einer Privatperson und dem Tatverdächtigen veranlasst, das an einem Zweithörer von einem Dolmetscher mitgehört wird, der in der Hauptverhandlung dann als Zeuge aussagt (**„Hörfalle“**),[2382] hat der Große Senat für **1064**

2378 SK-*Rogall* vor § 133, Rn. 33.
2379 *Rogall* aaO; LR-*Hanack* § 136, Rn. 4; BGHSt 51, 371.
2380 LR-*Hanack* § 136, Rn. 11.
2381 So wörtlich BGH 51, 371 unter Hinw. auf BGHSt 37, 48, 51 f.; 38, 214, 228; BGH NJW 1994, 2904, 2907; 1996, 2663; 1997, 1591; NStZ-RR 2002, 67 [bei Becker]; 2004, 368; Beschl. vom 25. Februar 2004 – 4 StR 475/03.
2382 BGHSt 42, 139, 149 = NJW 1996, 2940, 2942 = NStZ 1996, 502 m. Anm. *Rieß* und Anm. *Roxin* NStZ 1997, 18 = StV 1996, 465 m. Anm. *Bernsmann* in StV 1997, 116 = JR 1997, 163 m. Anm.

Strafsachen die Befugnisse der Ermittlungsbehörden zu großzügig bestimmt. Der 5. Strafsenat hatte in seinem Vorlagebeschluss die Problematik der Umgehung des § 136 StPO ausführlich dargelegt;[2383] der Große Senat für Strafsachen ist ihm mit Gründen, die allenfalls Polizeistrategen überzeugen können, nicht gefolgt. Tritt dem Tatverdächtigen eine Privatperson gegenüber, kann er sich zwar nicht durch die Autorität des Befragenden zu einer Äußerung veranlaßt sehen. Dies ändert aber nichts daran, dass eine derart gezielte Befragung – *Rieß* spricht mit Recht von einer „gesteuerten Gesprächsführung"[2384] – in ihrem Gewicht für die Beweisgewinnung einer förmlichen Beschuldigtenvernehmung gleichkommt. Die vermeintliche Privatheit des Gesprächs kann nicht die Anwendbarkeit von § 136 StPO ausschließen. Wie *Fezer* treffend bemerkt, gehört es nicht zum allgemeinen „Lebensrisiko", dass man an einen „Nachbarn oder Freund" gerät, der durch die Polizei mit Nachforschungen beauftragt wurde.[2385] Wo dies gezielt eingesetzt wird,[2386] leisten sich die Ermittlungsbehörden eine Gesetzesumgehung, die einem Beschuldigten, der dies in seinem Beruf, bezogen auf die von ihm einzuhaltenden Gesetze für erlaubt hielte, von derselben Strafjustiz hart angekreidet würde. Und wieso das nicht unter den Begriff der Täuschung fallen soll, ist mir nicht erklärlich.

1065 Der formelle Beschuldigtenbegriff als Kriterium für die Begründung von Belehrungspflichten ist auch schon deshalb verfehlt, weil dies partiell darauf hinausliefe, die Frage, ob eine Rechtspflicht besteht oder nicht, davon abhängig zu machen, ob und wann die Pflicht erfüllt wird. Nach dem Willen des Gesetzes ist nämlich der typische und „sauberste" formelle Akt, durch den eine Person zum Beschuldigten wird, gerade die Belehrung über seine Rechte. Zwangs- oder sonstige „Maßnahmen" gegen einen Verdächtigen außerhalb der Belehrung über seine Rechte, brauchen als Ausnahmen von der Regel der offenen Beschuldigung stets einen besonderen Rechtfertigungsgrund wie etwa „Gefahr im Verzuge". Auch mag Kriminaltaktik in Grenzen Ermittlungen hinter dem Rücken des Beschuldigten bis zu einem gewissen Grade legitimieren. Sie sollten aber nicht zum Dauerzustand werden. Im Regelfall muss die Beschuldigtenvernehmung etwas anderes voraussetzen als „gegen die betreffende Person gerichtete Maßnahmen". Dies kann nur das **objektive** Bestehen eines bestimmten **Verdachtsgrades** sein.

dd) Notwendiger Inhalt der Belehrung

1066 Die Belehrung muss nach § 136 Abs. 1 StPO den Hinweis auf das Schweigerecht und die Möglichkeit zur Kontaktaufnahme mit einem Verteidiger umfassen. Daneben

---

Derksen = JZ 1997, 737 (m. Anm. *Renzikowski*). Dazu auch EGMR StV 2003, 257 m. Anm *Gaede* 260.

2383 „Anfragebeschluss" des 5. Strafsenats vom 22. 3. 1995, NStZ 1995, 410 mit Anmerkung *Seitz* NStZ 1995, 519 und Vorlagebeschluss vom 20. 12. 1995 = StV 1996, 242 = NStZ 1996, 200 mit Anmerkung *Fezer* NStZ 1996, 289; vgl. ferner *Roxin* NStZ 1995, 465 und NStZ 1997, 18 und LR-*Gleß* § 136, Rn. 91 ff.

2384 NStZ 1996, 505.

2385 *Fezer* NStZ 1996, 290.

2386 Auf den Umgehungsaspekt stellt auch LR-*Gleß* § 136, Rn. 93 ab; vgl. dazu ferner *Renzikowski* JZ 1997, 710.

sieht § 136 Abs. 1 StPO eine Belehrung über das Beweisantragsrecht[2387] und (in geeigneten Fällen) über die Möglichkeit zur schriftlichen Äußerung vor.[2388] Aus dem Grundsatz des fairen Verfahrens bzw. unmittelbar aus der Auslegung des § 136 StPO können sich im Einzelfall Pflichten zur Ergänzung der Belehrung ergeben, etwa zu einem evtl. vorhandenen Recht auf Pflichtverteidigerbestellung oder zu den tatsächlich gegebenen Möglichkeiten zur Verständigung eines Rechtsanwaltes.

Versteht der Beschuldigte die Belehrung infolge Geistesschwäche oder aus anderen **1067** Gründen nicht, so ist die Aussage – so der BGH – verwertbar, wenn der in der Hauptverhandlung verteidigte (es wird in der Regel ein Fall notwendiger Verteidigung vorliegen; vgl. § 140 Abs. 2 StPO) Beschuldigte der Verwertung zustimmt oder ihr bis zu dem in § 257 StPO genannten Zeitpunkt nicht widerspricht.[2389] Es muss im Übrigen sichergestellt sein, dass ein **nicht der deutschen Sprache mächtiger Beschuldigter** zunächst eine Übersetzung der Belehrung erhält.[2390] Entgegen der Rechtsprechung kann die Frage, ob die Belehrung nach § 136 StPO verstanden wurde, auch nicht nur von der Verhandlungsfähigkeit abhängen,[2391] weil es durchaus Fälle gibt, in denen der Beschuldigte zwar verhandlungsfähig ist, aber dennoch mit einer für ihn unverständlichen Belehrung „überrumpelt" wird. Umgekehrt ist durchaus denkbar, dass jemand so schwer krank ist, dass gegen ihn eine Hauptverhandlung nicht durchgeführt werden dürfte, er aber gleichwohl eine Belehrung verstehen und eine einzelne kurze Vernehmung durchaus verantwortlich über sich „ergehen" lassen kann, namentlich wenn er dabei von seinem Schweigerecht Gebrauch macht.

Die Belehrung darf **nicht als inhaltsleerer formaler Akt** abgetan werden. Der Be- **1068** schuldigte muss vielmehr in den Stand versetzt werden, die ihm zustehenden Rechte auch durchzusetzen. Der 4. Strafsenat des BGH hat ein Verwertungsverbot in einem Fall bejaht, in dem die vom Beschuldigten gewünschte Kontaktaufnahme zum Verteidiger verhindert wurde.[2392] Der 5. Strafsenat des Bundesgerichtshofs ging noch einen Schritt weiter und legte den Polizeibeamten unter bestimmten Umständen die Pflicht auf, den Beschuldigten bei der Suche nach einem Rechtsanwalt aktiv zu unterstützen.[2393] Äußert der Beschuldigte den Wunsch, mit einem Rechtsanwalt zu sprechen, so ist die Vernehmung zu unterbrechen. Sie darf erst fortgesetzt werden, wenn die Polizei sich zuvor ernsthaft bemüht hat, bei der Herstellung des Kontaktes zu einem Verteidiger zu helfen und den Beschuldigten danach nochmals ausdrücklich auf

2387 Vgl. dazu LR-*Gleß*, § 136, Rn. 49 f.

2388 Vgl. dazu LR-*Gleß*, § 136, Rn. 52.

2389 BGHSt 39, 349 = NJW 1994, 333 = StV 1994, 4 = NStZ 1994, 95 = MDR 1994, 192 = JZ 1994, 686 m. Anm. *Fezer* = wistra 1994, 65 = BGHR StPO § 136 – Belehrung 3; kritisch: LR-*Gleß* § 136, Rn. 86.

2390 Dies folgt aus Art. 6 EMRK, aus dem zu Recht ein Anspruch auf unentgeltliche Beiordnung eines Dolmetschers hergeleitet wird. *Meyer-Goßner* Art. 6 EMRK, Rn. 23 a. BGH, Beschl. v. 26. 10. 2000 – 3 StR 6/00 = NJW 2001, 309.

2391 So aber BGH StV 1993, 563 = NStZ 1993, 395 = BGHR StPO § 136 – Belehrung 2.

2392 BGHSt 38, 372 = NJW 1993, 338 = StV 1993, 1 = NStZ 1993, 142 = MDR 1993, 257 = JZ 1993, 425 m. Anm. *Roxin* = JR 1993, 332 m. Anm. *Rieß* = wistra 1993, 69 = BGHR StPO § 136 Abs. 1 – Verteidigerbefragung 1. Vgl. auch BGH StV 1997, 511 (Ls.).

2393 BGHSt 42, 15 = NJW 1996, 1547 = StV 1996, 187 m. Anm. *E. Müller* StV 1996, 358 = MDR 1996, 623 = wistra 1996, 274 = BGHR StPO § 136 Abs. 1 – Verteidigerbefragung 2; vgl. ferner BGHSt 38, 372, 373; *Ransiek* StV 1994, 343; *Roxin* JZ 1993, 426; *Hamm* NJW 1996, 2185.

sein Recht, einen Verteidiger hinzuziehen, hingewiesen hat. Der 1. Strafsenat gestattet hingegen die Fortsetzung der Vernehmung, wenn sich der Beschuldigte dreimal auf sein Schweigerecht berufen hat, wegen der Nachtzeit keinen Verteidiger erreichen konnte und sich dann gleichwohl bereitgefunden hat, die Vernehmung fortzusetzen.[2394] Angesichts dieser Divergenz innerhalb des BGH wäre es wünschenswert, wenn der Große Senat für Strafsachen bald Gelegenheit erhielte, die rechtsstaatlich allein erträgliche Auffassung des 5. Strafsenates verbindlich für alle Strafgerichte als geltendes Recht festzustellen.

1069 Nicht selten ist auch nach einem Widerspruch streitig und bleibt auch offen, ob und ggf. wann eine Belehrung stattgefunden hat. Dies muss im Freibeweisverfahren geklärt werden, was im Allgemeinen durch Befragung durch die Polizeizeugen erfolgt. Wird dabei die Behauptung des Angeklagten, er sei vor der fraglichen Aussage nicht auf sein Schweigerecht und/oder sein Recht auf Verteidigerkonsultation hingewiesen worden, nicht widerlegt, so gilt das Verwertungsverbot.[2395] Das bedeutet noch nicht, dass insoweit der Satz in dubio pro reo gilt, nachdem der BGH in seiner grundlegenden Entscheidung BGHSt 38, 214 versucht hat, ein ausballanciertes Beweisregelwerk aufzustellen, wonach jedenfalls beim Vorliegen konkreter Anhaltspunkte für eine ordnungsgemäße Belehrung (namentlich eine entsprechende Protokollierung), eher von deren Richtigkeit auszugehen sei.[2396] Die „Freibeweiswürdigung“ auf diesem Gebiet ist aber auch revisibel.

ee) Folgen der Widerspruchslösung für die Revisibilität

1070 Die Rechtsprechung zur Widerspruchslösung bedeutet auch, dass der in der Hauptverhandlung erklärte Widerspruch eine notwendige, aber noch keine hinreichende Bedingung für die Begründung des Verwertungsverbotes setzt. So soll trotz fehlender Belehrung im Ermittlungsverfahren und trotz der Geltendmachung dieses Mangels die Verwertung zulässig sein, wenn feststeht, dass der damalige Beschuldigte auch **ohne die Belehrung** seine Rechte gekannt hat und sich seiner Entscheidungsfreiheit auch aktuell bewusst war.[2397] Diese Einschränkung ist bei vorsichtigem Gebrauch erträglich, weil gerade die Belehrung dazu dient, die Aussagefreiheit und die Entscheidungsfreiheit bezüglich der Verteidigerkonsultation zu sichern. Zum vorsichtigen Gebrauch gehört aber, dass nicht etwa ein Erfahrungssatz zur Anwendung kommt, wonach z.B. Vorbestraften das Recht zu schweigen generell bekannt wäre. Es bedarf vielmehr genauer Überprüfung des Einzelfalls.[2398]

2394 BGHSt 42, 170 = NJW 1996, 2242 = StV 1996, 409 m. Anm. *Ventzke* in StV 1996, 524 = NStZ 1996, 452 = MDR 1996, 840 = wistra 1996, 350 = BGHR StPO § 136 Abs. 1 – Verteidigerbefragung 4; kritisch hierzu: *Herrmann* NStZ 1997, 209.

2395 Instruktives Beispiel: BGH, Beschl. vom 8. 11. 2006 – 1 StR 454/06 = StV 2007, 65.

2396 BGHSt 38, 214, 224, vgl. auch BGH NStZ 1997, 609.

2397 BGHSt 38, 214, (224 f.).

2398 BGH NJW 1994, 3364 = StV 1995, 231 m. Anm. *Dencker* = NStZ 1994, 595 m. Anm. *Wohlers* in NStZ 1995, 46 = JR 1995, 251 m. Anm. *Hauser* = wistra 1995, 70 = BGHR StPO § 136 – Belehrung 4; vgl. ferner *Britz* NStZ 1995, 607 und LR-Gleß § 136, Rn. 79.

Der BGH lehnt mit Billigung des BVerfG[2399] leider einen Anspruch auf den Bescheid über den Widerspruch in der Hauptverhandlung ab.[2400] Gleichwohl sollte die Empfehlung von *Krause* befolgt werden, dass der Widersprechende sich jeweils nicht mit der Verfügung des Vorsitzenden zufrieden gibt, sondern einen **Gerichtsbeschluss** gemäß § 238 Abs. 2 StPO beantragt, und zwar bei jedem neuen Versuch des Gerichts, durch eine Beweiserhebung die zu sperrende frühere Aussage zum Gegenstand der Hauptverhandlung zu machen.[2401] Mag man mit dem BGH und der Kammer des BVerfG annehmen, dass ein „Zwischenbescheid" auf den schlichten Widerspruch im Gesetz nicht vorgesehen ist (was bekanntlich für den Widerspruch selbst auch gilt!), so ist in § 238 Abs. 2 StPO eben doch ein Gerichtsbeschluss auf jede Beanstandung einer „auf die Sachleitung bezüglichen Anordnung des Vorsitzenden" zwingend vorgeschrieben. Wer (was ohnehin zweckmäßig ist) den Widerspruch nicht erst zu dem letztmöglichen Zeitpunkt als Erklärung nach § 257 StPO erhebt,[2402] sondern bereits vor der Beweiserhebung über die Inhalte, zu denen man ein Verwertungsverbot anerkannt haben möchte, kann durch den Gerichtsbeschluss noch eine Verfügung des Vorsitzenden korrigieren lassen. Das ist schon deshalb notwendig, weil die Rechtsprechung annimmt, dass ein einmal erklärter Widerspruch bis zum Ende der Beweisaufnahme zurückgenommen und dadurch die Verwertung der früheren Aussage freigegeben werden kann.[2403] 1071

Die **Befristung des Widerspruchs** „bis zu dem in § 257 StPO genannten Zeitpunkt", 1072
also in der Regel sofort nach der Zeugenvernehmung des Vernehmungsbeamten oder der Verlesung des Vernehmungsprotokolls[2404] erscheint ausreichend. Zwar ergibt sie sich nicht aus dem Gesetz.[2405] Dies allein spricht aber nicht gegen die vom BGH gewählte Befristung, weil sich diese Begründung „umkehren" ließe in einen Einwand gegen die Anerkennung des Verwertungsverbotes selbst, das auch nicht unmittelbar aus der StPO folgt. Gewiss hätte man auch den Widerspruch bis zum letztenWort des Angeklagten zulassen können.[2406] Aber seine Funktion als Absicherung der Aussage- und Verteidigungsfreiheit erfüllt es bereits dann ausreichend, wenn der unverteidigte Angeklagte vom Vorsitzenden auf sein Widerspruchsrecht hingewiesen wird und wenn der verteidigte Angeklagte sich bis zum Zeitpunkt des § 257 StPO entscheiden

---

2399 BVerfG 2 BvR 2025/07 – Beschl. v. 18. 3. 2009.

2400 BGH NStZ 2007, 719; Anm. (zu einer anderen Thematik) *Meyer-Goßner* StraFo 2008, 415 und *Meyer-Mews* StraFo 2008, 416.

2401 *Widmaier/Krause* MAH Strafverteidigung § 7, Rn. 135.

2402 In diesen Fällen hilft nur noch das Warten auf eine Frage oder einen Vorhalt aus der stattgefundenen Beweiserhebung. Dann sollte mit der Begründung, dass das Vorgehaltene wegen des erklärten Widerspruchs unverwertbar ist, die Zulässigkeit der Frage beanstandet werden, sodass sich die Notwendigkeit einer Beschlussfassung aus § 242 StPO ergibt.

2403 BGH, Urt. v. 12. 1. 1996 – 5 StR 756/94 = BGHSt 42, 15 (23) = NJW 1996, 1547. Dazu *Egon Müller* StV 1996, 358; *Hamm* NJW 1996, 2185; *Roxin* JZ 1997, 343.

2404 So insb. BGHSt 39, 349 = NJW 1994, 333 = StV 1994, 4 = NStZ 1994, 95 = MDR 1994, 192 = JZ 1994, 686 m. Anm. *Fezer* = wistra 1994, 65 = BGHR StPO § 136 – Belehrung 3; vgl. dazu ferner OLG Celle NJW 1993, 545.

2405 *Tepperwien* FS Widmaier, 591 rechnet deshalb die ganze Widerspruchslösung zur „schöpferischen Rechtsfindung", mithin zu bedenklich weit gehenden richterrechtlichen Ergänzungen oder gar Korrekturen des Gesetzes.

2406 So der Vorschlag von *Leipold* StraFo 2001, 303.

muss, ob er wegen des Belehrungsmangels seine frühere Aussage aus der Beweisaufnahme herausgehalten haben will.

1073 Die Fixierung eines verfahrensrechtlich exakt zu bestimmenden Zeitpunkts dient der Rechtsklarheit. Nicht zuletzt mit Blick auf die Fragwürdigkeit von Präklusionsvorschriften (Art. 103 Abs. 1 GG) erscheint die Festlegung eines Zeitpunktes, bis zu dem der Widerspruch gegen die Verwertung spätestens erklärt werden muss, aber nur dann als unbedenklich, wenn die Frage in der Hauptverhandlung ausdrücklich erörtert worden ist, ob der Beschuldigte von seinem Recht Gebrauch machen will. Dies setzt zumindest voraus, dass der Vorsitzende z.B. im Anschluss an die Aussage des Vernehmungsbeamten – wie es § 257 Abs. 1 StPO vorschreibt[2407] – die Frage gestellt hat, ob hierzu Erklärungen abzugeben sind; bei einem **unverteidigten Angeklagten** muss darüber hinaus auch ein Hinweis auf die Widerspruchsmöglichkeit und das hieraus resultierende Verwertungsverbot gegeben werden. Eine ganz andere Frage ist die, ob es im konkreten Fall sinnvoll ist, mit dem Widerspruch zu warten, bis die Beweiserhebung über das dann Unverwertbare stattgefunden hat. Hier wird im Regelfall der Rat von *Krause* zu beherzigen sein, den Widerspruch möglichst noch rechtzeitig gegen die Beweiserhebung anzubringen, damit sich das später zu „Vergessende" gar nicht erst in den Köpfen der Richter festsetzt.[2408]

1074 Dass ein fehlender Widerspruch des Angeklagten gegen die Verwertung Bindungswirkung für das gesamte weitere Verfahren und damit auch für eine eventuelle zweite tatrichterliche Verhandlung (Berufung oder neue Hauptverhandlung nach Revision) besitzen soll,[2409] kann dagegen nicht überzeugen. Sowohl über den Inhalt der (gegebenenfalls unverwertbaren) Aussage wie auch über den sonstigen Tatvorwurf wird in der neuen Hauptverhandlung gänzlich neu Beweis erhoben. Dabei kann ein Angeklagter keinen weitergehenden Beschränkungen unterliegen als bei der erstmaligen Hauptverhandlung.

Soll die Verwertbarkeit einer Aussage maßgeblich vom Widerspruch des Angeklagten abhängen, dann muss dem ferner ein Anspruch des Beschuldigten auf eine **alsbaldige Beschlussfassung des Gerichts** über den erklärten Widerspruch entsprechen. Solange sein Widerspruch „in der Luft hängt", solange der Angeklagte also nicht weiß, ob seine frühere Aussage verwertet wird oder nicht, kann er sein weiteres Verteidigungsverhalten darauf nicht einrichten. Deshalb muss es ihm seinerseits erlaubt sein, aus dem Schweigen des Gerichts den Schluss zu ziehen, dass das Verwertungsverbot gilt.

2407 Vgl. dazu o. Rn. 247ff. Selbst wenn man mit der Rechtsprechung annehmen wollte, dass das Unterlassen der Frage des Vorsitzenden für sich genommen die Revision nicht begründen kann, spricht alles dafür, die Einhaltung der „Sollvorschrift" wenigstens als Voraussetzung für die Verneinung des Verwertungsverbotes infolge des Schweigens anzuerkennen.

2408 *Widmaier/Krause* MAH Strafverteidigung § 7, Rn. 135.

2409 So für den Fall der Zurückverweisung aus der Revision BGH, Beschl. v. 9. 11. 2005 – 1 StR 447/05 = BGHSt 50, 272 = NJW 2006, 707 = NStZ 2006, 348 = StV 2006, 396 mit krit. Anm. *Schlothauer* 397; abl. auch *Fezer* JZ 2006, 474; so auch schon für die Berufungsverhandlung BayObLG in NJW 1997, 404, 405; OLG Oldenburg NStZ-RR 1996, 144 = StV 1996, 416 und OLG Celle NStZ-RR 1997, 177. Vgl. ferner OLG Stuttgart StV 1997, 341; *Meyer-Goßner* § 136, Rn. 25.

Mit **Blick auf die Revision** ist aber wichtig, dass der Widerspruch eindeutig ist, und zwar sowohl hinsichtlich der Beweisthematik als auch bezogen auf das zu sperrende Beweismittel. Letzteres kann dann zu Problemen der Zulässigkeit späterer Verfahrensrügen führen, wenn mehrere Polizeibeamte über dieselbe Befragung des zunächst noch als Zeugen behandelten späteren Angeklagten, aber auch über sonstige Ermittlungshandlungen berichten. So war es in einem Falle, in dem der BGH die Zulässigkeit deshalb verneinte, weil ein wohl mehrdeutiger Widerspruch gegen die Vernehmung des ersten Polizeibeamten nicht klarstellend vor oder spätestens gleich nach der Aussage eines zweiten Polizeibeamten wiederholt wurde.[2410] Die Entscheidung ist ihrerseits nicht ganz eindeutig. Sollte es so gewesen sein, dass sich der erklärte Widerspruch auf die Unverwertbarkeit der damals von beiden Beamten gehörten Äußerungen des Zeugen/Beschuldigten bezog, so wäre das Verlangen des BGH, auch noch der Vernehmung des zweiten Beamten zu widersprechen, zu weitgehend.

In der **Revisionsbegründung** müssen die Umstände dargelegt werden, aus denen sich **1075** der Verstoß gegen die Belehrungspflicht ergibt. Ferner ist in der Revisionsbegründung mitzuteilen, dass der Verwertung widersprochen worden ist und welchen Beschluss das Gericht daraufhin (jeweils) gefasst hat.[2411]

ff) Drittwirkung

Das aus der Verletzung der nach §§ 163 a Abs. 4, 136 Abs. 1 S. 2 StPO bestehenden Be- **1076** lehrungspflicht resultierende Beweisverwertungsverbot gilt nach zutreffender Ansicht **auch gegenüber Dritten**, sofern diese der Verwertung widersprechen.[2412] Die verschiedentlich in der Rechtsprechung vertretene Auffassung, die Beschuldigtenbelehrung bezwecke ausschließlich den Schutz des jeweils betroffenen Beschuldigten und diene nicht den Interessen von Mitbeschuldigten und Mitangeklagten, verkürzt die Bedeutung der Beschuldigtenbelehrung. Insbesondere kommt eine entsprechende Anwendung der zu § 55 StPO entwickelten Rechtskreistheorie[2413] nicht in Betracht.

Ebenso wie bei der Frage der Revisibilität von Verstößen gegen § 55 StPO lässt auch **1077** bei der Frage nach den Grenzen des aus einem Verstoß gegen § 136 StPO abgeleiteten Verwertungsverbots die gedankliche Unterscheidung zwischen selbständigen „Rechtskreisen" der am Verfahren beteiligten Personen wesentliche Aspekte außer acht. Die vor der Kriminalpolizei ohne Belehrung nach § 136 StPO abgegebene Aussage des X, nicht er, sondern Y sei der Täter, kann maßgeblich auf dem Belehrungsmangel beruhen, wenn X sich zur Aussage verpflichtet glaubte, die eigene Tatbeteiligung aber nicht einräumen wollte. Der Belehrungsmangel wirkt auf diese Weise auch unmittelbar in den „Rechtskreis" des Y hinein. Auch ihm muss es deshalb – in Bezug auf

---

2410 BGH, Beschl. v. 3. 12. 2003 – 5 StR 307/03 = StV 2004, 57 = NStZ 2004, 389.
2411 *Meyer-Goßner* § 136, Rn. 27; BGH NJW 1994, 2904 (2906).
2412 LR-Gleß, § 136, Rn. 90; vgl. dazu im Einzelnen *Hamm* NJW 1996, 2185, (2189).
2413 So aber BGH NJW 1994, 3364 = StV 1995, 231 m. Anm. *Dencker* = NStZ 1994, 595 m. Anm. *Wohlers* in NStZ 1995, 46 = JR 1995, 251 m. Anm. *Hauser* = wistra 1995, 70 = BGHR StPO § 136 – Belehrung 5. Vgl. zur Anwendbarkeit gegenüber Zeugen: BayObLG NJW 1994, 1296.

den ihm gemachten Vorwurf – möglich sein, sich gegen die Verwertung der Aussage des X zu wehren. Entscheidend muss sein, dass eine Verurteilung nur auf Grund solcher Beweismittel ausgesprochen werden darf, die auf rechtsstaatlich einwandfreie Weise zustandegekommen sind.[2414] Daher muss jeder Beschuldigte ein vom Verhalten der anderen Beschuldigten unabhängiges Widerspruchsrecht besitzen. Dies wird auch durch das von *Dencker* gebildete Beispiel belegt.[2415] Schildern zwei Mittäter bei ihrer polizeilichen Vernehmung ohne vorherige Belehrung die Straftat und damit zugleich die Tatbeteiligung des anderen, dann könnte bei Anwendung der Rechtskreistheorie die Verurteilung nicht auf das eigene Geständnis gestützt werden, wohl aber auf die Angaben des jeweils anderen Beschuldigten. Dies kann nicht der Sinn des Verwertungsverbotes sein.[2416]

f) Mitwirkungsrechte

Literatur: *Gollwitzer* Das Fragerecht des Angeklagten, Gedächtnisschrift für Karlheinz Meyer, S. 147; *ter Veen* Die Beschneidung des Fragerechts und die Beschränkung der Verteidigung als absoluter Revisionsgrund, StV 1983, 167; *Renzikowski* Fair trial und anonymer Zeuge, JZ 1999, 605 sowie *Gaede* Schranken des fairen Verfahrens gemäß Art. 6 EMRK bei der Sperrung verteidigungsrelevanter Informationen und Zeugen, StV 2006, 599, zum Frage- und Konfrontationsrecht; *Beulke* FS Rieß S. 3 sowie *Walther* GA 2003, 204 zur Ausgestaltung des Konfrontationsrechts als eigenständiges Prozessgrundrecht; zu Differenzen zwischen der Rspr des BGH und derjenigen des EGMR eingehend *Safferling* NStZ 06, 75 und *Widmaier* FS Nehm S. 357.

1078 Anlass für Verfahrensrügen können auch die gesetzlich geregelten und verfassungsrechtlich (Art. 103 Abs. 1 GG) gebotenen Teilhaberechte des Beschuldigten und der Verteidigung sein. In der Hauptverhandlung sind dies neben den bereits behandelten Antragsrechten einschließlich dem Beweisantragsrecht und dem Recht der Richter- und Sachverständigenablehnung die folgenden Mitwirkungsrechte: Einlassung, Fragerecht, Erklärungsrecht, Plädoyer und letztes Wort.

aa) Einlassung des Angeklagten und opening statement durch die Verteidigung

1079 Nach § 243 Abs. 5 S. 2 StPO wird der Angeklagte in der Hauptverhandlung nach der Belehrung, dass es ihm freistehe sich zu der (zuvor verlesenen) Anklage zu äußern oder nicht, zur Sache auszusagen, wenn er sich für Letzteres entscheidet, „nach Maßgabe des § 136 Abs. 2 zur Sache vernommen". Im Zusammenhang mit dieser Vorschrift kommen kaum jemals Verfahrensrügen vor. Fehler, die in diesem Zusammenhang gemacht werden, sind auch nur in Ausnahmefällen revisibel. Mit dem Vortrag, die vom Angeklagten gemachte Aussage sei im Urteil verfälschend wiedergegeben, kann ohnehin wegen des Rekonstruktionsverbotes[2417] keine Verfahrensrüge begründet werden. Das gilt sogar dann, wenn der Angeklagte seine gesamte Einlassung schriftlich abgefasst hat und sie nach dem mündlichen Vortrag durch den Verteidiger dem Gericht hat übergeben lassen, das den Text als Anlage zum Protokoll genommen

---

2414 Vgl. dazu im Einzelnen *Hamm* NJW 1996, 2185, (2189).
2415 *Dencker* StV 1995, 235, der das Beispiel mit § 243 Abs. 4 S. 1 StPO a. F. konstruiert.
2416 So zutreffend auch LR-*Gleß* § 136, Rn. 90.
2417 S. o. Rn. 255 ff.

hat.[2418] Um sich diesen Ärger zu ersparen, haben sich ein Angeklagter und sein Verteidiger den listigen Weg einfallen lassen, außerhalb der Hauptverhandlung einen vom Angeklagten stammenden Brief an das Gericht zu schreiben, in dem die gesamte Einlassung mitgeteilt war, um dann in der Hauptverhandlung vom Schweigerecht Gebrauch zu machen, aber den Beweisantrag auf Verlesung des Briefes zum Nachweis des Inhalts zu stellen. Auch dies hat der BGH als unzulässigen Trick verworfen, indem er feinsinnige Ausführungen über das Wesen der Sacheinlassung des Angeklagten („Teil der Beweisaufnahme"!) und den Unterschied zum Urkundenbeweis macht, um abschließend zu bemerken:

„Das vom Angeklagten mit seinem Vorgehen ersichtlich verfolgte Interesse, nach einer Verlesung seiner schriftlichen Einlassung durch das Gericht im formellen Strengbeweis (§ 249 Abs. 1 StPO) im Revisionsverfahren mit der Rüge einer Verletzung des § 261 StPO beanstanden zu können, das Urteil habe sich mit wesentlichem Entlastungsvorbringen nicht ausreichend auseinandergesetzt, rechtfertigt keine andere Beurteilung ... Zwar handelt es sich bei einer schriftlichen Einlassung um eine grundsätzlich verlesbare Urkunde, weil das Gesetz die Verlesung nicht ausschließt (vgl. BGHSt 39, 305, 306). Jedoch kann ein schweigender Angeklagter das Gericht nicht zur Verlesung einer schriftlichen Einlassung zwingen und damit im Ergebnis wählen, ob er sich mündlich oder schriftlich zur Sache einlassen will. Ein solches Wahlrecht zwischen einer durch das Gericht verlesenen, ihre Sachbehandlung im Urteil inhaltlich revisionsrechtlich voll überprüfbaren schriftlichen Einlassung einerseits und einer in der Hauptverhandlung selbst vorgetragenen, revisionsrechtlich nur mittelbar über deren Wiedergabe im Urteil überprüfbaren Aussage andererseits ist mit der auf die Prinzipien der Mündlichkeit und Unmittelbarkeit angelegten Konzeption des Strafverfahrens und dem hieran anknüpfenden inhaltlich eingeschränkten System der revisionsrechtlichen Überprüfung nicht vereinbar (vgl. Geppert in Festschrift Rudolphi S. 643, 654)."[2419]

Damit bliebe im Zusammenhang mit der Einlassung des Angeklagten für die Revision **1080**
nur noch die in der Praxis nicht vorkommende Verweigerung der Worterteilung übrig. Der in der Hauptverhandlung anwesende Angeklagte soll sich bei seiner Einlassung nicht durch den Verteidiger vertreten lassen dürfen.[2420] Ich halte das mit *Salditt*[2421] für nicht vereinbar mit dem Recht eines Beschuldigten, sich in jeder Lage des Verfahrens des Beistands eines Verteidigers „zu bedienen" (§ 137 StPO).

Auch was die **Form der Einlassung** des Beschuldigten angeht, ist die Rechtsprechung **1081**
zu kleinlich auf das Muster fixiert, das früher sogar vielfach in der Sitzordnung symbolisiert war, indem während der Einlassung der Angeklagte auf dem Zeugenstuhl weit entfernt von seinem Verteidiger Platz zu nehmen hatte. Diese Zeiten sind zwar

2418 BGH, Beschl. v. 9. 12. 2008 – 3 StR 516/08 = NStZ 2009, 282.

2419 BGH, Beschl. v. 27. 3. 2008 – 3 StR 6/08 = BGHSt 52, 175 (180) = NStZ 2008, 527 = StV 2008, 39, vgl. dazu *Mosbacher* JuS 2009, 128.

2420 BGH 39, 305 = NStZ 1994, 184 mit Anm. *Seitz* NStZ 1994, 185; *Stree* JR 1994, 370; *Rönnau* GA 1995, 549; *Wagner* JuS 1995, 29; a.M. OLG Hamm JR 1980, 82 mit Anm *Fezer*; vgl. auch *Salditt* StV 1993, 442 ff. (443); *Eisenberg/Pincus* JZ 2003, 402 und *Olk* JZ 2006, 207; *Meyer-Goßner* § 243, Rn. 27.

2421 *Salditt* aaO; vgl. aber auch *Park* StV 1998, 59, der einen kurzen Beschluss des BGH kritisiert, in dem dieser eine für den schweigenden Angeklagten abgegebene Erklärung zur Sache sehr wohl als Einlassung gewertet hatte: BGH, Beschl. v. 14. 8. 1997 – 1 StR 441/97 = StV 1997, 50 = NStZ-RR 1998, 51.

überwunden, aber noch immer hält die Rechtsprechung daran fest, dass der Angeklagte sich selbst und mündlich äußern muss.[2422]

1082 Um so mehr sollten sich die Verteidiger darauf besinnen, dass sie auch ein eigenes Erklärungsrecht haben, das nicht nur auf die Zeitpunkte der §§ 257, 258 StPO beschränkt ist. In der Phase der Hauptverhandlung zwischen der Belehrung des Angeklagten nach § 243 Abs. 5 S. 1 StPO und seiner Anwort auf die Frage, „wie er es mit seinem Schweigerecht halten will", steht es ihm frei, zu antworten: „Bevor ich dies beantworte, möchte ich, dass mein Verteidiger Gelegenheit erhält, eine Erklärung abzugeben." In der Praxis sollte dieses Szenario dadurch abgekürzt werden, dass der Verteidiger die Abgabe einer Einklärung mit der Angabe des dazu notwendigen Zeitbedarfs vorher dem Vorsitzenden angekündigt hat. Verweigert dieser die Worterteilung, so muss, um hinterher eine Revisionsrüge nach § 338 Nr. 8 StPO anbringen zu können, ein Beschluss nach § 238 Abs. 2 StPO herbeigeführt werden. Auf diese Weise kann das Recht zu einem **„opening statement"** durchaus erzwungen werden. Der Hinweis darauf, dass die StPO eine solche Eingangserklärung nicht ausdrücklich regelt, verfängt spätestens seit der Einführung des neuen § 257c StPO nicht mehr, der nur dann einen Sinn macht, wenn alle Verfahrensbeteiligten zu jedem Zeitpunkt das Initiativrecht für Erörterungen haben, *ob* eine Verständigung – und sei es auch nur über das weitere Prozessverhalten (§ 257c Abs. 2 und 3 StPO) – stattfinden soll. Somit dürfte jetzt auch die bisherige Unsicherheit über die Zulässigkeit einer Eingangserklärung der Verteidigung[2423] beseitigt sein.

1083 Freilich braucht die Erklärung inhaltlich nicht auf das Thema beschränkt zu sein, ob und unter welchen Bedingungen man bereit wäre, sich i.S.d. § 257c StPO zu verständigen. Es kann auch dem Anklagesatz so etwas wie der „Verteidigungssatz" entgegengesetzt werden.[2424] Für die Abgabe einer solchen Gegenerklärung spricht, dass auf diesem Wege unmittelbar nach Verlesung der Anklage dieser ein **Gegengewicht entgegengesetzt** und darauf hingewiesen werden kann, dass die Hauptverhandlung gerade dazu dient, die Hypothesen der Anklage zu überprüfen, zu verifizieren oder zu verwerfen, diese also keineswegs feststehend, sondern aus Sicht der Verteidigung und des Angeklagten ggf. in einer Vielzahl von Punkten angreifbar sind und sich durch die Beweisaufnahme nicht bewahrheiten werden.[2425] Die Gefahr, dass ein Verteidiger diese Erklärung dazu missbraucht, vorab ein Plädoyer zu halten, besteht schon deshalb nicht, weil ja noch gar nichts stattgefunden hat, was gewürdigt werden könnte. Aber das Ziel der Verteidigung kann durchaus schon bekannt gegeben und erläutert werden, aus welchen Gründen man die Behauptungen der Anklage für angreifbar hält und welchen Beweisbedarf die Verteidigung sieht, den man im Ladungsplan des Vorsizenden noch nicht voll abgebildet sieht. Dabei wird man die Vor- und Nachteile ei-

---

2422 BGH NStZ 2000, 439; 2004, 163; 2004, 392; 2007, 349; 2008, 349; NJW 2008, 2356; dazu eingehend und kritisch *Jösser* NStZ 2008, 310 und *Schlothauer* StV 2007, 623; *Dencker* FS Fezer 115; *Park* StV 2001, 592; *Schäfer* FS Dahs 448; *Beulke* Strauda-FS, 87 ff. (93).

2423 Vgl. dazu *Widmaier/Krause* MAH Strafverteidigung § 7, Rn. 107 ff.; *Dahs* Handbuch, Rn. 507; DriB und DAV DriZ 1997, 491 f.; *Schäfer* Praxis des Strafverfahrens, Rn. 901; *Egon Müller* FS Hanack 67.

2424 *Schäfer* aaO.

2425 So zutreffend *Krause* aaO Rn. 109.

ner Offenlegung der Verteidigungsstrategie bedacht haben und auch auf eine Honorierung des Bekenntnisses zu einem durch gegenseitige Transparenz geprägten Verhandlungsklima hoffen können.

Die revisionsrechtliche Relevanz einer solchen Erklärung hält sich, wenn die Gelegenheit dazu gegeben wird, in Grenzen. Aber in dem Maße, in dem sie Beweisbedarf anmeldet, mit Beweisanregungen oder sogar Beweisanträgen verbunden ist, kann sie auch die Grundlage für Aufklärungsrügen oder Rügen der Verletzung des Beweisantragsrecht bilden. **1084**

bb) Fragerechte

Das Fragerecht zählt zu den Rechten der Prozessbeteiligten mit grundsätzlicher rechtsstaatlicher Bedeutung; es ist – wie auch seine Erwähnung in Artikel 6 Abs. 3d EMRK und Artikel 14 Abs. 3c IPBürgR deutlich macht – eine wesentliche Bedingung für ein faires Verfahren.[2426] Dort wo – wie in der Mehrzahl der Strafverfahren – der Zeugenbeweis im Vordergrund steht, dient das Fragerecht dazu, das Wissen eines Zeugen in die Hauptverhandlung einzubringen, es aber auch zu kontrollieren, zu testen, auf Konsistenz und Widerspruchsfreiheit zu überprüfen. Einschränkungen des Fragerechts können deshalb die Sachaufklärung wesentlich beeinträchtigen und die Revision begründen. Das gilt um so mehr in den Fällen, in denen – wie z.B. bei abgeschirmten Vernehmungen von V-Leuten oder von kindlichen Zeugen – nur eine durch Dritte „vermittelte" Kommunikation mit dem Zeugen möglich ist. **1085**

Die Bedeutung des Fragerechts für den Beschuldigten als Abwehr- und Verteidigungsmittel gegen eine Fehlverurteilung aufgrund belastender Zeugenaussagen findet seinen Niederschlag in der Vorschrift des Art 6 Abs. 3d EMRK, der als eines der Mindestsrechte eines jeden Angeklagten das Recht aufführt, *„Fragen an Belastungszeugen zu stellen oder stellen zu lassen und die Ladung und Vernehmung von Entlastungszeugen unter denselben Bedingungen zu erwirken, wie sie für Belastungszeugen gelten"*. Dabei gilt nicht der enge formelle Zeugenbegriff, der dem deutschen Strafprozessrecht eigen ist. Die Vorschrift bezieht sich vielmehr auf jede Auskunftsperson, deren Aussage vor Gericht als Beweismittel zur Entscheidungsfindung verwendet wird, unabhängig davon, ob sie vor Gericht oder außerhalb des Gerichts oder von einem Mitbeschuldigten gemacht wurde.[2427] Andererseits soll sie aber nach der Rechtsprechung keinen unbedingten Anspruch darauf begründen, dass die Konfrontation mit den Belastungszeugen unmittelbar in der Hauptverhandlung erfolgt, an deren Ende das Urteil ergeht. Daher sollen die Vorschriften der nationalen Verfahrensordnungen, wonach die Verlesung von Vernehmungsprotokollen nach § 251 StPO,[2428] die Vorführung von Bild-Ton-Aufzeichnungen nach § 255a StPO[2429] und die Vernehmung von Zeugen vom Hörensagen,[2430] **1086**

2426 Hierzu *Gollwitzer* Gedächtnisschrift für Karlheinz Meyer, 151 m.w.N.

2427 *Meyer-Großner* Art. 6 MRK, Rn. 22 unter Hinweis auf EGMR NStZ 2007, 103 mit Anm *Esser* = JR 2006, 289 mit Anm. *Gaede; Kinzig* StV 1997, 5 m.w.N. in Fn. 30.

2428 BGH NStZ 85, 376.

2429 Vgl. dazu *Weigend* Gutachten zum 62. DJT, C 63 ff.

2430 *Gollwitzer* aaO, 156.

insbesondere von Verhörsbeamten anonymer V-Leute,[2431] oder die Vernehmung eines V-Mannes unter Wahrung seiner Anonymität[2432] zulässig sein. Der Angeklagte muss aber zu irgendeinem Zeitpunkt des Verfahrens Gelegenheit gehabt haben, einen gegen ihn aussagenden Zeugen zu befragen.[2433] Notfalls ist dem Zeugen durch das Gericht ein vorbereiteter Fragenkatalog des Angeklagten vorzulegen,[2434] auch wenn dies für den Angeklagten neben der fehlenden persönlichen Konfrontation den erheblichen Nachteil mit sich bringt, dass die jeweils nächste Frage schon zu formulieren und auf den Weg zu bringen ist, bevor der Fragende die Antwort auf die vorausgehenden Fragen kennt. Da Art. 6 Abs. 3d EMRK ausdrücklich auch die Alternative „befragen lassen" erwähnt, ist der Vorschrift Genüge getan, wenn eine **Befragungsmöglichkeit durch den Verteidiger** bestand.[2435] Das gilt auch für eine Videosimultanvernehmung des Zeugen.[2436]

1087 Ist die unterbliebene konfrontative Befragung eines Zeugen der Justiz zuzurechnen, kann eine Verurteilung auf dessen Angaben nur gestützt werden, wenn diese durch andere gewichtige Gesichtspunkte außerhalb der Aussage bestätigt werden.[2437] Da sich das Fragerecht aber aus dem Grundsatz des *fair trial* ableitet, kommt es für die Prüfung seiner Verletzung auf die **Gesamtheit des Verfahrens** an; ein Konventionsverstoß liegt nicht vor, wenn – trotz fehlender Konfrontation des Angeklagten mit dem Zeugen – die Verteidigungsrechte insgesamt angemessen gewahrt wurden.[2438]

1088 Das elementare Recht des Angeklagten, sich durch Fragen zu verteidigen, besteht unabhängig von der Ausübung seiner sonstigen Verteidigungsrechte in der Hauptverhandlung und bleibt daher auch erhalten, wenn der Angeklagte von seinem Schweigerecht Gebrauch macht.[2439] Kann der Angeklagte von seinem Fragerecht nicht „unmittelbar" Gebrauch machen, weil die Hauptverhandlung ohne ihn durchgeführt wird, dann ist sicherzustellen, dass sein Recht gleichwohl gewahrt bleibt. In den Fällen, in denen der Angeklagte befugt der Verhandlung fernbleibt (z.B. im Falle des § 233 StPO) kann er sich deshalb zur Ausübung seines Fragerechts an den Vorsitzen-

---

2431 BGH 17, 382, 388; NStZ 2000, 265 mit krit. Anm. *Wattenberg* StV 2000, 688; Int Komm EMRK-*Vogler* 562ff.; *Peukert* EuGRZ 80, 258 m.w.N.; *Vogler* ZStW 89, 788; *Meyer-Goßner* Art. 6 MRK Rn. 22; a.A. *Grünwald* Dünnebier-FS 359; krit auch SK-*Paeffgen* 157; erg 5 zu § 250 StPO.

2432 EGMR NJW 1992, 3088.

2433 EGMR StV 1990, 481; 1991, 193; 1997, 239 mit zust Anm *Sommer* = StV 97, 617 mit zust. Anm. *Wattenberg/Violet*; NJW 2003, 2297; 2003, 2893 = StV 2002, 289 mit Anm. *Pauly*; *Ambos* NStZ 2003, 14ff. (16); *Cornelius* NStZ 2008, 244ff. (247); einschränkend BGH NJW 1991, 646, bestätigt durch BVerfG NJW 1992, 168, soweit es sich um die Verwertung von Angaben verdeckt operierender Polizeibeamter handelt; vgl. dazu *Joachim* StV 1992, 245.

2434 BGH NStZ 1993, 292; NStZ-RR 2001,268; *Meyer-Großner* aaO.

2435 BVerfG NJW 1996, 3408; BGH StV 1996, 471.

2436 BVerfG, Beschl. v. 29. 3. 2007 – 2 BvR 1880/06 = NStZ 2007, 534.

2437 *Meyer-Großner* aaO; BGHSt 51, 150 = JR 07, 300 mit zust. Anm *Eisele*; BGHSt 51, 280; *Schädler* StraFo 2008, 229.

2438 EGMR NStZ 2007, 103 mit Anm *Esser* = JR 2006, 289 mit Anm *Gaede*; EGMR StraFo 07, 107 mit krit. Anm. *Sommer*; BGH NStZ 2004, 505 m.w.N.; NStZ-RR 2005, 321, bestätigt durch BVerfG NJW 2007, 204; BGH NJW 2005,1132 = JR 2005, 247 mit Anm. *Esser*; aM *Sommer* NJW 2005, 1240; vgl. auch BGH StV 2005, 533 mit abl. Anm. *Wohlers*.

2439 BGH StV 1985, 2; *Gollwitzer* Gedächtnisschrift Karlheinz Meyer, 154.

den wenden.[2440] War der Angeklagte während einer Zeugenvernehmung gem. § 247 StPO von der Hauptverhandlung ausgeschlossen, so hat er das Recht, ergänzend Fragen zu stellen, sobald er an der Hauptverhandlung wieder teilnimmt,[2441] er kann aber vor der Beantwortung der Fragen wiederum von der Verhandlung ausgeschlossen werden.[2442] Ist dem Angeklagten die Teilnahme an einer Vernehmung nicht möglich (z.B. bei kommissarischen Vernehmungen oder weil er sich in Haft befindet und ihm die Teilnahme gem. § 168c Abs. 4 StPO verwehrt wird), so kann er Fragen schriftlich einreichen und vom Vorsitzenden in der jeweiligen Verhandlung stellen lassen.[2443] Die schriftliche Form der Befragung wird dem Angeklagten auch dann zugestanden, wenn der zu befragende Zeuge ein V-Mann ist, dessen Aussage verwertet werden soll, der aber, da seine Anonymität gewahrt bleiben soll, für eine unmittelbare Befragung in der Hauptverhandlung nicht zur Verfügung steht.

In diesen Fällen wird es die Revision regelmäßig begründen, wenn dem Angeklagten **1089**
die Möglichkeit abgeschnitten wurde, Fragen zu stellen. So kann etwa in den Fällen des „abgeschirmten" V-Mannes die Zurückweisung eines schriftlichen Fragenkataloges durch das Tatgericht zur Urteilsaufhebung führen.[2444] In der **Revisionsbegründung** wird dabei regelmäßig nicht nur der Verfahrensablauf detailliert zu schildern sein. Es empfiehlt sich vielmehr in diesen Fällen auch, in der Revisionsbegründung darzulegen, welche Fragen bei einer prozessrechtlich korrekten Handhabung des Fragerechts gestellt worden wären. Ferner sollte die Beweisbedeutung der Fragen kurz begründet werden, um deutlich zu machen, dass das Urteil auf dem Verfahrensverstoß beruht.

Eine unzulässige Beschränkung der im Fragerecht liegenden **Mitwirkungsbefugnis,** **1090**
die die Revision begründet, kann ferner in einem in der Hauptverhandlung angeordneten Entzug des Fragerechts oder in der Nichtzulassung einzelner Fragen liegen. Die Handhabung des Fragerechts durch das Gericht und der Umgang des Vorsitzenden mit den Fragen der Beteiligten sind häufig von entscheidender Bedeutung auch für das „Klima" im Gerichtssaal.[2445] Das Gesetz gibt hierzu nicht mehr als eine grobe Leitlinie. Es legt fest, dass der Vorsitzende das Fragerecht nie vollständig entziehen darf (§ 241 Abs. 2 StPO;[2446] anders lediglich im „Kreuzverhör": §§ 239, 241 Abs. 1 StPO).

Die Rechtsprechung gestattet es dem Vorsitzenden jedoch, für bestimmte Abschnitte der Beweisaufnahme als letztes Mittel das Stellen weiterer unsachlicher Fragen gänz-

---

2440 Für andere Fälle der Durchführung der Hauptverhandlung in Abwesenheit des Angeklagten wird allerdings kein Fragerecht anzunehmen sein; siehe hierzu *Gollwitzer* GS Karlheinz Meyer, 160 ff.

2441 *Meyer-Goßner* § 247, Rn. 18.

2442 BGHSt 22, 289 (296); vgl. ferner BGH NJW 1985, 1478.

2443 LR-*Gollwitzer* § 240, Rn. 3.

2444 BGHR StPO § 240 Abs. 2 – V-Mann 1 = StV 1993, 171 = NStZ 1993, 292 = wistra 1993, 191.

2445 Schon *Vargha* Die Verteidigung in Strafsachen, Wien 1879, §§ 401, 471, forderte: „Der die Verhandlung leitende Richter darf sich nicht auf den „brüllenden Löwen" hinausspielen ...", sondern soll die Verhandlung mit der „Weisheit des Verstandes, Scharfsinn, Kaltblütigkeit ... Herzensgüte" und „Sanftmut, welche den Richter gleichsam über sich selbst erheben", leiten.

2446 Vgl. *Dahs* Handbuch, Rn. 526 mit Hinweis auf BGHSt 2, 284; *Meyer-Goßner* § 241, Rn. 6; LR-*Gollwitzer* § 241, Rn. 22; vgl. ferner *Niemöller* StraFo 1996, 104, 106.

lich zu unterbinden.[2447] Auch in Fällen fortgesetzten Missbrauchs soll eine Entziehung des Fragerechts möglich sein.[2448]

Beim 60. Deutschen Juristentag 1994 fand sich ebenfalls eine Mehrheit für den Vorschlag, dem Richter eine Möglichkeit zu geben, einem Verteidiger das Fragerecht unter bestimmten Voraussetzungen vollständig zu entziehen.[2449]

1091 Um die Diskussion darüber, ob der Vorsitzende kraft seiner gegenständlich nicht begrenzten Prozessleitungsbefugnis (§ 238 Abs. 1 StPO) **Missbräuchen** auch dort begegnen darf, wo das Gesetz dies nicht ausdrücklich vorsieht,[2450] oder ob der Vorsitzende darauf beschränkt ist, etwa trotz permanenter Wiederholung einer unzulässigen Frage diese jedesmal einzeln als unzulässig zurückzuweisen,[2451] ist es in letzter Zeit ziemlich ruhig geworden. Sie hat sich vom Fragerecht auf das Beweisantragsrecht verlagert.[2452] Eine generelle Missbrauchsklausel als Grenze für die Ausübung prozessrechtlicher Mitwirkungsrechte enthält die StPO nicht. Wo alleine unter Berufung hierauf die Rechte der Beteiligten beschränkt werden, sollte die Revision begründet sein.

1092 Eine bestimmte **Reihenfolge muss bei der Gewährung des Fragerechts** an die Prozessbeteiligten nicht eingehalten werden, dies unterfällt der Prozessleitungsbefugnis des Vorsitzenden (§ 238 Abs. 1 StPO).[2453] Schon kraft dieser Befugnis steht dem Vorsitzenden auch das Recht zu, ungeeignete oder nicht zur Sache gehörende Fragen als unzulässig zurückzuweisen, wobei er jedoch die Fragen nicht im Hinblick auf eine mögliche Entscheidungserheblichkeit vorbewerten darf.[2454] Als unzulässig werden Fang- und Suggestivfragen angesehen,[2455] sowie hypothetische Fragen an Zeugen,[2456] desgleichen die ständige Wiederholung schon beantworteter Fragen.[2457] Auch Fragen,

---

2447 BGH MDR 1973, 371; OLG Karlsruhe NJW 1978, 436; zustimmend KK-*Schneider* § 241, Rn. 1; LR-*Gollwitzer* § 241, Rn. 22 und GS Karlheinz Meyer, 169; anderer Meinung: RGSt 38, 57; *Roxin* Strafverfahrensrecht, § 42 D III 1 a und *ter Veen* StV 1983, 167; vgl. auch SK-*Schlüchter* § 241 Rn. 3; *Miebach* DRiZ 1977, 140 und *Strate* StV 1981, 261.

2448 BGH NStZ 1982, 158; BGH StV 1983, 139; KG JR 1971, 338; OLG Karlsruhe NJW 1978, 436.

2449 Verhandlungen des 60. DJT, Münster 1994, Band II/1, M 93. Die Abstimmung erfolgte in Anlehnung an die Forderung *Gössels* Gutachten C zum 60. Deutschen Juristentag, Münster 1994, 1089.

2450 So *Gollwitzer* GS Karlheinz Meyer, 168; vgl. dazu ferner *Niemöller* StraFo 1996, 104, 109.

2451 *Gollwitzer* bezeichnet dies als ein „dem Ansehen der Rechtspflege ... abträgliches Possenspiel", GS Karlheinz Meyer, 168.

2452 Siehe dazu oben Rn. 695.

2453 BGH NJW 1969, 437 = MDR 1969, 234.

2454 BGH NStZ 1983, 421; BGH StV 1984, 60 = NStZ 1984, 133 ff.; BGH StV 1985, 4 ff. = NStZ 1985, 183; 1987, 239; BGHR StPO § 241 Abs. 2 – Zurückweisung 1, wo das Tatgericht eine Frage zu Unrecht zurückgewiesen hatte, weil diese angeblich für die Entscheidung ohne Bedeutung gewesen sei.

2455 *Eb. Schmidt* StPO, Teil II, § 241, Rn. 8; KK-*Schneider* § 241, Rn. 11 (Suggestivfragen); LR-*Gollwitzer* § 241, Rn. 11.

2456 Weil diese nie auf Tatsachen gerichtet sein können; hierzu *Dahs/Dahs* Revision, Rn. 312; LR-*Gollwitzer* § 241, Rn. 12.

2457 RGSt 18, 367; 44, 41; BGHSt 2, 284, 289 = NJW 1952, 714 (715); BGH NStZ 1981, 71; *Eb. Schmidt* StPO, Teil II, § 241, Rn. 9; KK-*Tolksdorf* § 241, Rn. 4. Hierzu zählen aber nicht Fragen, die eine frühere Aussage überprüfen sollen oder bestimmte neue Einzelpunkte aufgreifen, die noch nicht beantwortet sind – siehe BGHSt 2, 289; BGH MDR 1979, 989 (*Holtz*); BGH NStZ 1981, 71; BayObLG JR 1964, 389 (m. Anm. *Peters*) bzw. Fragen, die die Glaubhaftigkeit der Aussage überprüfen sollen, BGH MDR 1979, 989 (*Holtz*); BGH NStZ 1981, 71.

denen ein Beweiserhebungsverbot entgegensteht, sind unzulässig, so etwa Fragen nach dem Inhalt einer polizeilichen Vernehmung bei einem in der Hauptverhandlung ausdrücklich in Anspruch genommenen Zeugnisverweigerungsrecht.[2458] Das Verbot gilt solange, bis feststeht, dass der Zeuge von seinem Recht keinen Gebrauch machen wird.[2459] Unzulässig sind ferner Fragen, die der prozessrechtlichen Funktion der Beweisperson entgegenstehen, wie zum Beispiel das Erfragen von Werturteilen und Gutachten bei Zeugen[2460] oder Rechtsfragen an den Sachverständigen bzw. Fragen, die über den Gutachtenauftrag hinausgehen.[2461]

Unzulässig sind auch Fragen nach dem Wohnort des Zeugen, wenn ihm zu seinem Schutz gestattet worden ist, diesen nicht anzugeben (§ 68 Abs. 2 StPO).[2462] Zeugen dürfen ferner bei der Befragung nicht bloßgestellt werden (§ 68a StPO). Im Konflikt zwischen dem Interesse der Prozessbeteiligten an einer möglichst umfassenden Klärung des Sachverhalts und dem Schutz der Privatsphäre des Zeugen sieht das Gesetz nunmehr eine **Beschränkung auf unerläßliche Fragen** vor. Als unerläßlich wurde zum Beispiel im Falle einer Verurteilung wegen Vergewaltigung – es waren keine objektiven Tatspuren vorhanden und der angeklagte Hotelportier hatte sich dahingehend eingelassen, die Zeugin habe freiwillig mit ihm verkehrt – die Frage des Verteidigers an die Zeugin angesehen, ob sie gelegentlich mit anderen Bediensteten im Hotel geschlechtlich verkehre, da dies ein Indiz dafür hätte sein können, dass sie auch zu dem Angeklagten eine ähnliche Beziehung unterhielt.[2463] **1093**

Die Entscheidung des Vorsitzenden über die Zulässigkeit einer Frage kann gem. § 238 Abs. 2 StPO mit dem **Antrag auf gerichtliche Entscheidung** angegriffen werden.[2464] Der Gerichtsbeschluss dient zugleich der Bekanntgabe der Gründe für die Zurückweisung und soll dem betroffenen Prozessbeteiligten ermöglichen, sein weiteres Vorgehen hierauf einzurichten.[2465] Die fehlende Bescheidung einer Beanstandung oder eine unzureichende Begründung des entsprechenden Gerichtsbeschlusses können ihrerseits gerügt werden.[2466] Fragen, die erkennbar dazu dienen sollen (und können), die Glaubwürdigkeit eines Zeugen zu überprüfen, dürfen nicht mit der Begründung, es sei aus der Antwort kein zusätzlicher Erkenntnisgewinn zu erwarten, zurückgewiesen werden.[2467] **1094**

2458 BGHSt 2, 99; LR-*Gollwitzer* § 241, Rn. 14.

2459 BGHSt 2, 110; OGHSt 1, 301; RGSt 15, 100; LR-*Gollwitzer* § 241, Rn. 14; vgl. ferner BGH 5 StR 531/95 v. 29. 11. 95 = StV 1996, 196.

2460 BGH GA 1983, 361 = NStZ 1984, 16 (*Pfeiffer/Miebach*), KK-*Schneider* § 241, Rn. 10.

2461 BGH GA 1983, 361 = NStZ 1984, 16 (*Pfeiffer/Miebach*); *Meyer-Goßner* § 241, Rn. 15, anderer Ansicht: KMR-*Paulus* § 241, Rn. 13; *Eb. Schmidt* StPO, Teil II, § 241, Rn. 11.

2462 BGH NJW 1989, 1230; *Hilger* NStZ 1992, 459; *Gollwitzer* GS Karlheinz Meyer, 167.

2463 BGHR StPO § 241 Abs. 2 – Zurückweisung 4 = StV 1990, 337 = NStZ 1990, 400. Beim Tatvorwurf der Vergewaltigung wurde auch die Frage, ob die Zeugin der Prostitution nachgegangen sei, vom BGH für zulässig gehalten: BGHR StPO § 241 Abs. 2 – Zurückweisung 2 = StV 1990, 99.

2464 § 242 StPO besitzt demgegenüber nur für die Beanstandung von Fragen der beisitzenden Richter oder des Vorsitzenden einen eigenen Regelungsbereich; vgl. *Meyer-Goßner* § 242, Rn. 1.

2465 Vgl. BGH MDR 1975, 726 (*Dallinger*); BGHSt 2, 284 (286); BGHR StPO § 241 Abs. 2 – Zurückweisung 3 = StV 1990, 199; *Meyer-Goßner* § 241, Rn. 21 und § 238, Rn. 19; LR-*Gollwitzer* § 241, Rn. 16.

2466 LR-*Gollwitzer* § 241, Rn. 30.

2467 BGH 1 StR 370/07 – Besch. v. 6. 11. 2007 = BGHSt 52, 78 = NJW 2008, 1749 m. Anm. *Alexandra Schmitz* 1751; *Stübinger* JZ 2008, 798.

1095 Zum **Rügevorbringen** im Sinne von § 344 Abs. 2 StPO wird es danach regelmäßig zählen, dass der Beschwerdeführer die gestellte Frage und den Zurückweisungsbeschluss in der Revisionsbegründung im Wortlaut mitteilt. Hierbei ist zu beachten, dass die Zurückweisung einer Frage, die Entziehung des Fragerechts und hierauf ergehende Gerichtsbeschlüsse zu protokollieren sind.[2468] Es wird sich im Übrigen auch hier empfehlen, in der Revisionsbegründung näher darzulegen, inwieweit die Beantwortung der Frage durch den Zeugen die Beweiswürdigung hätte beeinflussen können.

Der Fall, dass auch die unrechtmäßige Zulassung einer Frage, wenn sie nicht gerade gegen ein Beweisverbot verstieß,[2469] Einfluss auf das Urteil haben kann,[2470] wird in der Praxis eher selten sein. Doch kann mit einer Revision der Verteidigung zweifelsohne auch geltend gemacht werden, ein Zeuge habe (nach einem entsprechenden Gerichtsbeschluss) eine unzulässige Frage des Staatsanwaltes beantworten müssen.

cc) Erklärungsrechte

Literatur: *Hammerstein* Die Grenzen des Erklärungsrechtes nach § 257 StPO in: Festschrift Rebmann, 1992, S. 233 ff.; *Dahs* Das rechtliche Gehör im Strafprozess, 1965, S. 90 ff.; *Leipold* Form und Umfang des Erklärungsrechts nach § 257 StPO und seine Auswirkungen auf die Widerspruchslösung des Bundesgerichtshofes, StraFo 2001, S. 300 ff.; *Neuhaus* Zur Revisibilität strafprozessualer Soll-Vorschriften, Festschrift Herzberg, 2008, S. 871 ff.; *W. Schmid* Zur Anrufung des Gerichts gegen den Vorsitzenden (§ 238 StPO) in: Festschrift Hellmuth Mayer, 1966, S. 543 ff.

1096 Das Beweisantragsrecht sowie das Recht der Verfahrensbeteiligten, durch die Befragung von Zeugen und Sachverständigen Einfluss auf den Inhalt der Beweisaufnahme zu nehmen, wird ergänzt und vervollständigt durch das in § 257 StPO geregelte **Erklärungsrecht**. Es sichert den Anspruch des Angeklagten auf rechtliches Gehör für die Phase der Beweisaufnahme. So groß die hieraus resultierende Bedeutung des § 257 StPO für die tatrichterliche Hauptverhandlung ist, so gering ist im Gegensatz dazu seine Bedeutung als Gegenstand von Verfahrensrügen. Das liegt im Wesentlichen an dem Fehlverständnis der h.M. wonach Soll-Vorschriften nicht revisibel seien[2471] und die Verletzung der Vorschrift, die dem rechtlichen Gerhör dient, schon dann unschädlich sei, wenn nur „irgendwie" dem Art. 103 Abs. 1 GG Genüge getan werde.[2472]

1097 Die Erklärungsrechte der Verfahrensbeteiligten gewinnen prozessual in dem Maße an Gewicht, in dem die Alltagsbeobachtung im Gerichtssaal, dass sich die richterliche Überzeugung nicht erst in der Beratung nach den Schlussvorträgen, sondern (spätestens) während der Beweisaufnahme bildet, wissenschaftlich untermauert

---

2468 LR-*Gollwitzer* § 241, Rn. 23; zu beachten ist freilich, dass nicht schon die Zurückweisung der Frage durch den Vorsitzenden, sondern erst die Beanstandung und der daraufhin ergehende Gerichtsbeschluss in die Sitzungsniederschrift aufzunehmen sind, KK-*Schneider* § 241, Rn. 14; ohne den nach § 238 Abs. 2 StPO herbeigeführten Gerichtsbeschluss ist die Revisionsrüge ohnehin aussichtslos, *Dahs/Dahs* Revision, Rn. 312.

2469 Dazu oben Rn. 1004 ff.

2470 Vgl. hierzu SK-*Schlüchter* § 241, Rn. 19.

2471 Dazu kritisch *Neuhaus* aaO.

2472 KK-*Diemer* seit der 6. Auflage § 257, Rn. 5.

wird.[2473] Nach der geltenden gesetzlichen Regelung[2474] steht den Verfahrensbeteiligten nach jeder Beweiserhebung das Recht zu, sich zu dieser Beweiserhebung zu äußern. Die Erklärung muss aber nicht zwingend in einem unmittelbaren thematischen Zusammenhang mit der Beweiserhebung stehen, sie kann z.B. dem Angeklagten auch dazu dienen, eine etwaige Einlassung nachzuholen, frühere Einlassungen zu korrigieren, zu ergänzen oder auch zu widerrufen.[2475] Die im Gesetz enthaltene Beschränkung, der Schlussvortrag dürfe dabei nicht vorweggenommen werden (§ 257 Abs. 3 StPO), kann danach nur so verstanden werden, dass durch sie lediglich die dem Schlussvortrag vorbehaltene Gesamtwürdigung aller Beweise unterbunden werden soll.[2476] Die Aufgabe, den Inhalt von Schlussvorträgen zu prognostizieren und ihn als Grenze für die Ausübung eines wichtigen prozessualen Rechts heranzuziehen, weist das Gesetz dem Vorsitzenden zu. Seine diesbezüglichen Entscheidungen unterliegen der Kontrolle des Spruchkörpers im Rahmen von § 238 Abs. 2 StPO.

Dabei wird trotz des Gesetzeswortlautes in § 257 Abs. 1 StPO („Der Angeklagte soll ... **1098**
befragt werden") allgemein angenommen, dass der Vorsitzende nicht ohne besonderen Grund darauf verzichten darf, den Angeklagten auf sein Recht aus § 257 StPO hinzuweisen.[2477] Obwohl das Erklärungsrecht nach § 257 StPO eine Ausgestaltung des durch Art. 103 Abs. 1 GG verfassungsrechtlich verankerten **Anspruchs auf rechtliches Gehör** bildet, wird aber bislang weder im Ausbleiben einer Belehrung über das Recht nach § 257 StPO ein revisibler Rechtsfehler gesehen, noch in der Belehrung als solcher eine wesentliche Förmlichkeit i.S.v. § 274 StPO erblickt. Die vom Gesetz gewollte Regel, wonach der Vorsitzende den Angeklagten nach jeder Beweiserhebung *zu fragen* hat, ob er etwas zu erklären habe,[2478] gilt bereits als eingehalten, wenn das Protokoll den allgemeinen Vermerk enthält, dass die Vorschrift beachtet worden ist.[2479] Dieser Vermerk ist meist falsch, weil eine Befragung in der Regel ausbleibt. Sie bleibt aus, weil die Vorsitzenden wissen, dass ihr Versäumnis folgenlos bleibt. Wenn aber eine höchstrichterliche Rechtsprechung dazu führt, dass eine vom Gesetz gewollte Verfahrensweise notorisch missachtet wird, sollte der BGH seine Rechtsprechung überdenken.

2473 Vgl. *Hammerstein* FS Rebmann, 233; zu den erkenntnistheoretischen Grundlagen der Mitwirkungsrechte allgemein *Hamm/Hassemer/Pauly* Beweisantragsrecht, Rn. 18ff.; und die Literatur zum sog. „Inertia-Effekt" *Barton* StraFo 1993, 11; *Widmaier/Nobis* MAH Strafverteidigung § 10, Rn. 10; *Neuhaus* FS Herzberg, 893f.

2474 § 257 StPO wurde zuletzt geändert durch das StVÄG von 1987 (BGBl. I, 475); vgl. dazu KK-*Diemer* § 257, Rn. 1.

2475 In diesem Sinne RGSt 44, 284, 285 für § 256 StPO a.F.; vgl. auch *Eb. Schmidt* StPO, Teil II, § 257, Rn. 2; *Hammerstein* FS Rebmann, 235; die h.M. will Erklärungen nach § 257 StPO auf den Inhalt der vorangegangenen Beweiserhebung beschränken: KK-*Diemer* § 257, Rn. 3; *Meyer-Goßner* § 257, Rn. 8.

2476 KK-*Diemer* § 257, Rn. 4; vgl. dazu *Schmidt-Leichner* NJW 1975, 417, 420; *Hammerstein* FS Rebmann, 239.

2477 Vgl. LR-*Gollwitzer* § 257, Rn. 13f.; *Meyer-Goßner* § 257, Rn. 2.

2478 Staatsanwalt und Verteidiger müssen über diese Möglichkeit nicht belehrt werden, LR-*Gollwitzer* § 257, Rn. 15.

2479 KK-*Diemer* § 257, Rn. 6; BGH MDR 1967, 175 bei *Dallinger*; LR-*Gollwitzer* § 257, Rn. 23.

1099 Lässt sich der Angeklagte anlässlich der Ausübung des Erklärungsrechts nach § 257 Abs. 1 StPO erstmals zur Sache ein, ist dieser Vorgang als **wesentliche Förmlichkeit** nach §§ 273 Abs. 1, 274 StPO zu protokollieren.[2480] Auch die Tatsache als solche, dass der Angeklagte (gefragt oder ungefragt) von seinem Erklärungsrecht Gebrauch gemacht hat, ist ein zu protokollierender Verfahrensvorgang.

Anders als beim Angeklagten, der nach jeder Zeugenvernehmung, jeder Gutachtenerstattung durch einen Sachverständigen und jeder Urkundenverlesung ausdrücklich befragt werden soll, ob er eine Erklärung abgeben will, darf beim Verteidiger, beim Staatsanwalt und beim Nebenklägervertreter die Kenntnis dieser Befugnis vorausgesetzt werden. Deshalb ist ihnen nur *auf Verlangen* die Möglichkeit eingeräumt (§ 257 Abs. 2 StPO). Aber dem Verlangen *muss* entsprochen werden.[2481]

1100 Damit ist aber auch das Verlangen eine wesentliche Förmlichkeit, die mit der Wirkung der absoluten Beweiskraft im Protokoll zu vermerken ist (freilich auch mit der Folge der negativen Beweiskraft beim Fehlen eines Eintrags). Wird dem Verteidiger vom Vorsitzenden trotz Verlangens nicht die Möglichkeit zur Abgabe der Erklärung eingeräumt, verstößt dies gegen zwingendes Recht, sodass die Auffassung, wonach die gesamte Vorschrift des § 257 StPO nur eine „Ordnungsvorschrift" sei, deren Einhaltung nicht der Überprüfung durch die Revision unterliege, zumindest insoweit unhaltbar ist.

Freilich muss derjenige, der eine Verletzung dieses Rechts rügen will, vortragen, dass er sich zu Wort gemeldet habe, um eine solche Erklärung abzugeben, ihm dies aber verwehrt worden sei,[2482] dass der als Voraussetzung für eine derartige Verfahrensrüge in der Regel erforderliche Gerichtsbeschluss (§ 238 Abs. 2 StPO) eingeholt wurde, und warum dieser rechtsfehlerhaft sein soll.

1101 Dass die Vorschrift des § 257 Abs. 1 StPO lediglich eine „Soll-Vorschrift" sein sollte, bot der Rechtsprechung früher Anlass, Verstöße gegen § 257 Abs. 1 StPO nicht als revisibel zu behandeln, weil sich die Revision nicht auf die Verletzung von Ordnungsvorschriften stützen könne.[2483] Zwar ist die Unterscheidung in nicht-revisible Ordnungsvorschriften und revisible „sonstige" Verfahrensvorschriften überholt,[2484] so dass von der grundsätzlichen Revisibilität eines Verstoßes gegen § 257 StPO auszugehen ist. Dies ändert aber nichts daran, dass auf Verstöße gegen § 257 Abs. 1 oder Abs. 2 StPO nur in seltenen Ausnahmefällen eine erfolgreiche Verfahrensrüge gestützt werden kann. Ein Verstoß gegen § 257 Abs. 1 StPO liegt vor, wenn das Gericht den ihm durch die Soll-Vorschrift eröffneten **Ermessensspielraum fehlerhaft gebraucht** und hierbei insbesondere dem hohen Stellenwert des Anspruchs auf rechtliches Gehör nicht ausreichend Rechnung getragen hat.[2485] Der Nachweis des Verfahrensfehlers

---

2480 KK-*Diemer* § 257, Rn. 6.
2481 LR-*Gollwitzer* § 257, Rn. 24.
2482 Vgl. LR-*Gollwitzer* § 257, Rn. 26.
2483 So nach wie vor *Meyer-Goßner* § 257, Rn. 9 unter Hinweis auf BGH MDR 1967, 175 bei *Dallinger;* VRS 34, 344, 346; OLG Koblenz VRS 46, 449, 453; *Fahl* S. 407.
2484 Vgl. dazu oben, Rn. 252.
2485 KMR-*Stuckenberg* § 257, Rn. 22 ff.; LR-*Gollwitzer* § 257, Rn. 25; vgl. auch *Hammerstein* FS Rebmann, 236 und BGH StV 1984, 454; a. A. *Meyer-Goßner* § 257, Rn. 9.

wird aber schwerfallen, solange die Rechtsprechung daran festhält, dass § 257 StPO nicht verletzt ist, sobald der pauschale Satz im Hauptverhandlungsprotokoll enthalten ist, die Vorschrift sei während der Beweisaufnahme beachtet worden.

In vielen Fällen wird darüber hinaus die **Beruhensfrage** unlösbare Probleme aufwerfen.[2486] Das Urteil beruht nicht auf der Verletzung von § 257 StPO, wenn die Erklärung noch im Verlaufe der Beweisaufnahme bei späterer Gelegenheit oder im Rahmen des Schlussvortrages nachgeholt werden konnte.[2487] Betrifft die Beschränkung des Erklärungsrechts den Angeklagten oder den Verteidiger, so kann aber hierin eine Beschränkung der Verteidigung i.S.v. § 338 Nr. 8 StPO liegen.[2488] Dies wird jedoch regelmäßig voraussetzen, dass bei einem Streit über die Abgabe einer Erklärung ein Gerichtsbeschluss nach § 238 Abs. 2 StPO herbeigeführt wurde. Auch in diesen Fällen wird in der Regel dem Einwand beträchtliches Gewicht zukommen, das Urteil wäre nicht anders ausgefallen, wenn die Erklärung statt erst im Schlussvortrag schon im Laufe der Beweisaufnahme abgegeben worden wäre. **1102**

dd) Plädoyer

Literatur: *Alsberg* Das Pladoyer, AnwBl 1978, 1; *Bandisch* Das Niederschreiben der Urteilsformel vor den Schlußvorträgen, NJW 1960, 135; *Dahs* Das Plädoyer des Strafverteidigers, AnwBl 1959, 1; *ders.* Das Plädoyer des Staatsanwalts, DRiZ 1960, 106; *Dästner* Schlußvortrag und letztes Wort im Strafverfahren, Recht und Politik 1982, 180; *Häger* Zu den Folgen staatsanwaltschaftlicher in der Hauptverhandlung begangener Verfahrensfehler, GS für K.H. Meyer, S. 171; *Hamm* Das Plädoyer des Strafverteidigers. In: Rouven Soudry (Hrsg.), Rhetorik – Eine interdisziplinäre Einführung in die rhetorische Praxis, 2. Auflage, Heidelberg 2006, S. 65ff.; *Hammerstein* Verteidigung ohne Verteidiger, JR 1985, 140; *Reuß* Das Plädoyer des Anwalts, JR 1965, 162; *Solbach* Anklageschrift, Einstellungsverfügung, Dezernat und Plädoyer, 1993; *Weinberg* Einführung in die Probleme der Sitzungsvertretung, JuS 1980, 355.

Nach der Systematik der StPO haben die Prozessbeteiligten nur an einer Stelle der Hauptverhandlung die Möglichkeit zu einer umfassenden Würdigung des Ergebnisses der Beweisaufnahme und zu umfassenden Rechtsausführungen: im **Schlussvortrag.** Wo dieses Recht, das über Artikel 103 Abs. 1 GG verfassungsrechtlichen Schutz genießt,[2489] beschränkt oder durch den Geschehensablauf in der Verhandlung zur lästigen Förmlichkeit herabgewürdigt wird, ist die Revision begründet. **1103**

Nach dem Gesetz (§ 258 Abs. 1 StPO) folgen dem Ende der Beweisaufnahme die Schlussvorträge. Der Abschluss der Beweiserhebungsphase der Hauptverhandlung muss dabei nicht förmlich (etwa durch Gerichtsbeschluss) festgestellt werden.[2490] Die einfache Erklärung, dass keine weitere Beweiserhebung beabsichtigt sei, reicht aus. Ohnedies ist der Schluss der Beweisaufnahme nur eine vorläufige Entscheidung, da bis zum Beginn der Urteilsverkündung noch Anträge gestellt werden können und erneut in die Beweisaufnahme eingetreten werden kann. **1104**

2486 So mit Recht *Dahs/Dahs* Revision, Rn. 313. *Leipold* StraFo 2001, 301; BGH NStZ 2007, 234 zu den Anforderungen an die Revisionsbegründung.
2487 OLG Schleswig SchlHA 1975, 190; KMR-*Stuckenberg* § 257, Rn. 23; LR-*Gollwitzer* § 257, Rn. 27.
2488 KMR-*Paulus* § 257, Rn. 25; vgl. auch LR-*Gollwitzer* § 257, Rn. 26, 28.
2489 BVerfGE 54, 140; BGHSt 9, 77, 79; OLG Köln VRS 69, 444.
2490 LR-*Gollwitzer* § 258, Rn. 3; KK-*Schoreit* § 258, Rn. 2.

1105 Nach dem Gesetzeswortlaut sind zum Schlusswort der **Staatsanwalt und der Angeklagte** berechtigt. Absatz 3 macht jedoch deutlich, dass der **Verteidiger** für den Angeklagten sprechen kann und insofern – wie der Angeklagte selbst – das Recht auf einen Schlussvortrag hat.[2491] Der Vorsitzende hat den zum Schlusswort Berechtigten von Amts wegen das Wort zu erteilen, wobei dies in einer eindeutigen Art und Weise geschehen muss.[2492] Die in Absatz 1 der Vorschrift angegebene Reihenfolge wird vom Gesetz für die Berufungs- (§ 326 Satz 1 StPO) und die Revisionshauptverhandlung (§ 351 Abs. 2 Satz 1 StPO) durchbrochen; sie muss auch in den sonstigen Fällen nicht zwingend eingehalten werden.

1106 Wird dem Verteidiger, obwohl dieser es ausdrücklich verlangt, keine Gelegenheit zum Plädoyer gegeben, kann dies als Verletzung von § 258 StPO mit der Revision angefochten werden.[2493] Dasselbe gilt, wenn das Gericht die Beteiligten mit der Urteilsverkündung überrascht, ohne zuvor für die Plädoyers Gelegenheit gegeben zu haben.[2494] Erhält der Verteidiger das Wort, so darf er bei der Gestaltung seines Plädoyers **keinen Beschränkungen** unterworfen werden, weder was die Benutzung schriftlicher Unterlagen[2495] noch was die zeitliche Ausdehnung des Vortrages betrifft.[2496]

1107 Dass nach längeren Hauptverhandlungen gerade in größeren Wirtschaftsstrafsachen oder in Fällen, in denen es um schwerwiegende strafrechtliche Vorwürfe geht (wie in der Regel vor dem Schwurgericht) eine **ausreichende Vorbereitungszeit** notwendig ist, bedarf keiner Erläuterung. Ist diese nach dem Verhandlungsablauf nicht gewährleistet, so begründet auch dies die Revision.[2497] Wie viel Vorbereitungszeit für ein Plädoyer benötigt wird, hängt von den Umständen des Einzelfalles ab. Eine Unterbrechung der Hauptverhandlung für 2½ Stunden in einem Verfahren mit 9 Hauptverhandlungstagen, in dem 33 Zeugen und 3 Sachverständige gehört worden sind, ist, wenn sich der Verteidiger nicht bereits im Vorfeld auf sein Plädoyer vorbereitet hat, objektiv zu kurz bemessen. Wenn ein Verteidiger sich nicht in der Lage sieht, nach einer solch kurzen Vorbereitungszeit ein der Sache angemessenes Plädoyer zu halten, entspricht es allerdings seiner Aufgabe und liegt in seiner Verantwortung, dies dem Gericht gegenüber zu erkennen zu geben und um eine weitere Unterbrechung der Hauptverhandlung, ggf. bis zum nächsten Verhandlungstag, nachzusuchen. Hält der Verteidiger hingegen nach der vom Vorsitzenden vorgenommenen 2½-stündigen Unterbrechung der Hauptverhandlung sein Plädoyer, ohne zu erkennen zu geben, dass die Vorbereitungszeit nicht gereicht hat, ist davon auszugehen, dass er tatsächlich in

---

2491 Allgemeine Meinung, statt aller siehe *Meyer-Goßner* § 258, Rn. 4 unter Bezugnahme auf KG NStZ 1984, 523.

2492 BayObLG VRS 62, 374. Eine Handbewegung reicht nur dann aus, wenn feststeht, dass sie von dem Betroffenen richtig verstanden wird und dieser daraufhin das Wort ergreift, RGSt 61, 317, 318. Der Verteidiger muss auf sein Recht zum Schlussvortrag nicht förmlich hingewiesen werden, BGHSt 20, 273, 274; BGHSt 22, 278, 279; BGH NStZ 1993, 94, 95; vgl. ferner RGSt 42, 51.

2493 Siehe hierzu OLG Koblenz NJW 1978, 2257; OLG Köln VRS 69, 444 = DAR 1986, 61, Nr. 24; vgl. auch OLG Hamm VRS 48, 433.

2494 BGHR StPO § 258 Abs. 1 – Schlussvortrag 1 (insoweit nicht in NStZ 1989, 283).

2495 BGHSt 3, 368, 369; OLG Hamm VRS 35, 370.

2496 KK-*Schoreit* § 258, Rn. 9; RGSt 64, 57, 58; BGH MDR 1953, 598 bei *Dallinger*.

2497 KG NStZ 1984, 523.

der Lage war, sich genügend auf sein Plädoyer vorzubereiten. Für das Gericht besteht auch aus Gründen der Fürsorgepflicht unter diesen Umständen kein Anlass, von sich aus die Hauptverhandlung erneut zu unterbrechen.[2498]

Die Frage, ob § 258 StPO für die Verfahrensbeteiligten auch eine **Verpflichtung zum Schlussvortrag** schafft, wird für Staatsanwaltschaft und Verteidigung unterschiedlich beantwortet. Die Staatsanwaltschaft trifft nach herrschender Meinung eine Verpflichtung, einen Schlussvortrag zu halten und darin auch für die Angeklagten Entlastendes zu berücksichtigen (§ 160 Abs. 2 StPO; Nr. 138 und 139 RiStBV). Fehlt ein Plädoyer der Staatsanwaltschaft, liegt ein Verstoß gegen § 258 Abs. 1 StPO vor, der die Revision des Angeklagten begründen kann.[2499] Allerdings kann nicht beanstandet werden, dass der Staatsanwalt in seinem Schlussvortrag eine bestimmte Rechtsfolge beantragt hat.[2500] Weigert sich der Sitzungsvertreter der StA einen Schlussvortrag zu halten, so hat das Gericht zunächst auf dem Dienstwege dafür zu sorgen, dass die Staatsanwaltschaft ihrer Pflicht nachkommt.[2501] Ob dies in der Hauptverhandlung so stattgefunden hat, muss das Protokoll ergeben, das freilich der Auslegung zugänglich ist. Wenn das Protokoll über die Hauptverhandlung ausweist (§ 273 Abs. 1, § 274 Satz 1 StPO), dass sowohl Staatsanwaltschaft als auch Angeklagter und Verteidiger zu ihren Ausführungen und Anträgen das Wort erteilt erhielten, bedeutet der weitere Vermerk, der Staatsanwalt habe eine bestimmte Verurteilung des Angeklagten beantragt, nicht, dass er sich, ohne einen entsprechenden Schlussvortrag zu halten, auf die bloße Antragstellung beschränkt hätte.[2502] 1108

Demgegenüber wird aus dem Recht des Verteidigers, die Verteidigung selbständig zu gestalten, abgeleitet, dass ihn keine **Pflicht** trifft, einen **Schlussvortrag zu halten.**[2503] Das Fehlen eines Plädoyers der Verteidigung begründet dementsprechend auch nicht die Revision.[2504] Dass dies in Fällen, in denen dem Angeklagten ein Pflichtverteidiger beigeordnet wurde, weil mit Verständnisschwierigkeiten zu rechnen war, zu einer bedenklichen Verkürzung der Verteidigungsmöglichkeiten des Angeklagten führen kann, ist offenkundig.[2505] Doch dürfte dem nicht durch die Annahme zu begegnen sein, der Verteidiger sei „ausgeblieben",[2506] sondern eher durch eine Entpflichtung des bestellten Verteidigers. Die Rechtsprechung des Bundesgerichtshofs, wonach der Verteidiger als ausgeblieben zu behandeln ist, wenn er zu erkennen gibt, dass er sich weigert, die Verteidigung weiterzuführen, indem er die „Robe ablegt und im Zu- 1109

2498 Vgl. BGH, Beschl. v. 11. 5. 2005 – 2 StR 150/05 = NStZ 2005, 650; vgl. auch BGH, Beschl. v. 29. 6. 2006 – 3 StR 175/06 (BGH-Nack).

2499 BGH NStZ 1984, 468; OLG Zweibrücken StV 1986, 51; OLG Stuttgart NStZ 1992, 98; *Dahs/Dahs* Revision, Rn. 361.

2500 BGHR StPO § 274 – Beweiskraft 12 = BGH NStZ 1992, 333 = NJW 1992, 2581.

2501 OLG Stuttgart NStZ 1992, 98 unter Berufung auf OLG Düsseldorf NJW 1963, 1167; vgl. ferner *Häger* GS Karlheinz Meyer, 171 ff.

2502 BGH, Beschl. v. 23. 2. 1999 – 1 StR 15/99.

2503 BGH NStZ 1981, 295; BGH NStZ 1987, 217 bei *Pfeiffer/Miebach;* OLG Köln StV 1991, 9, 10.

2504 BGH NStZ 1981, 295; BGH NStZ 1987, 217 bei *Pfeiffer/Miebach* in einem Fall, in dem der beigeordnete Pflichtverteidiger, den der Angeklagte nicht wünschte, auf das Plädoyer verzichtete.

2505 Bedenken auch bei *Dahs/Dahs* Revision, Rn. 361.

2506 So aber *Schlüchter* Das Strafverfahren, 609, Rn. 561, 3.

schauerraum Platz nimmt",[2507] lässt sich auf die bloße Verweigerung einer einzelnen Verfahrenshandlung nicht übertragen.

1110 Staatsanwaltschaft, Nebenklage und Privatkläger steht nach dem Schlussvortrag der Verteidigung ein **Recht auf Erwiderung** zu (§ 258 Abs. 2 StPO). Da der Angeklagte aber das letzte Wort haben soll, muss bei der Kette der gegenseitigen Erwiderungen stets gewährleistet sein, dass die Verteidigung zuletzt zu Wort kommt.[2508]

1111 Wird nach Schluss der Beweisaufnahme und den Schlussvorträgen nochmals in die Verhandlung eingetreten, so ist erneut Gelegenheit zum Schlussvortrag zu geben.[2509] Ein **Wiedereintritt in die Verhandlung** liegt dabei stets dann vor, wenn sich die neu vorgenommene Verfahrenshandlung auf den Tatverdacht bezieht, so etwa bei Erörterungen über die Haftfrage,[2510] bei der Bescheidung von Beweisanträgen,[2511] allgemeinen Erörterungen der Sach- und Rechtslage,[2512] Verfahrensabtrennungen, die Rückschlüsse auf die Glaubwürdigkeit von Mitangeklagten eröffnen,[2513] bei Einstellungen nach §§ 154, 154a StPO[2514] und insbesondere bei Hinweisen nach § 265 StPO.[2515] Ein Wiedereintritt soll hingegen nicht vorliegen bei der Verwerfung eines Ablehnungsgesuches als unzulässig,[2516] bei Erörterungen über die Verhandlungsfähigkeit des Angeklagten,[2517] bei Verkündung eines Beschlusses, durch den angeordnet wird, dass die Hauptverhandlung ohne den Angeklagten fortzusetzen ist und allgemein bei der Erörterung von Vorgängen, die das Urteil nicht betreffen.[2518]

1112 Die Schlussvorträge gehören zu den wesentlichen Förmlichkeiten des Strafverfahrens, mit der Folge, dass im Revisionsverfahren die formelle Beweiskraft des § 274 StPO gilt. Den gesetzlichen Anforderungen ist dabei nur dann genügt, wenn aus dem Protokoll ersichtlich ist, dass Gelegenheit zum Schlussvortrag und zum letzten Wort be-

---

2507 BGHR StPO, § 145 Abs. 1 – Weigerung 2 = StV 1993, 566; ähnlich BGHR StPO, § 145 Abs. 1 – Weigerung 1 = StV 1992, 358 = NStZ 1992, 503 = NJW 1993, 340.

2508 Vgl. BGH NJW 1976, 1951; *Meyer-Goßner* § 258, Rn. 18; ein Recht auf mehrmalige Erwiderung soll grundsätzlich nicht bestehen, dergleichen kann aber vom Vorsitzenden gestattet werden: RGSt 11, 135, 136; vgl. ferner BGH MDR 1978, 281 bei *Holtz*.

2509 Hierzu muss nicht ausdrücklich aufgefordert werden (s. o. Rn. 1105): BGHSt 20, 273, 274; BGHSt 22, 278; BGH NStZ 1993, 94; vgl. ferner BGHSt 13, 53, 59.

2510 Wiederinvollzugsetzung von Haftbefehlen: BGH 4 StR 193/96 v. 25. 7. 1996 = BGHR StPO § 258 Abs. 3 – Wiedereintritt 8; vgl. ferner: BGH NStZ 1984, 376; BGH StV 1992, 551; BGH NStZ 1986, 470; BGHR StPO, § 258 Abs. 3 – Wiedereintritt 3 = StV 1988, 93.

2511 BGH NStZ-RR 1997, 268.

2512 BGHSt 1992, 551; vgl. ferner BGH NStE, StPO § 258 Nr. 9.

2513 BGH NStZ 1985, 15; vgl. ferner BGH NStZ 1985, 14 (bei *Pfeiffer/Miebach*); BGH StV 1982, 4; BGH NStZ 1988, 512.

2514 BGH NJW 1985, 1479; BGH MDR 1966, 893 bei *Dallinger*.

2515 BGHSt 22, 278, 279; BGH NStZ 1981, 295 bei *Pfeiffer;* BGH NStZ 1985, 495 bei *Pfeiffer/Miebach*; BGH StV 1993, 344; BGHR StPO, § 200 Abs. 1 Satz 1 – Tat 3 = NStZ 1993, 551.

2516 KK-*Schoreit* § 258, Rn. 25; *Meyer-Goßner* § 258, Rn. 30.

2517 BGH NStZ 1990, 228 bei *Miebach;* BGH 5 StR 363/89 v. 10. 10. 1989 (veröffentlicht nur bei BGH-DAT).

2518 BGH NStZ 1987, 423; BGH NStZ 1989, 220 bei *Miebach*; ähnlich auch BGH NStZ 1993, 94; siehe auch BGHR StPO, § 258 Abs. 3 – Wiedereintritt 2 = StV 1987, 284 = NStZ 1987, 423, der die Frage des Vorsitzenden, ob die Verteidigung ihm Urkunden vorlegen könne, als Wiedereintritt wertete.

stand.[2519] Dienstliche Äußerungen der Richter oder des Protokollführers reichen insoweit zum Nachweis eines ordnungsgemäßen Verfahrens nicht aus.[2520]

In der Verletzung von § 258 StPO liegt ein relativer Revisionsgrund, d.h. der Verfahrensfehler führt nur zur Urteilsaufhebung, wenn das Urteil auf ihm beruht (§ 337 StPO). Das **Beruhen** wird in diesen Fällen allerdings so gut wie nie auszuschließen sein, da das Revisionsgericht nicht weiß, was der Betroffene ohne den Verfahrensfehler noch vorgebracht hätte.[2521] Von diesem Grundsatz sollen nach der Rechtsprechung die Fälle ausgenommen sein, in denen der Angeklagte geständig ist und auch im Übrigen der Schuldspruch nicht mehr beeinflusst werden konnte;[2522] in diesen Fällen muss es jedoch jedenfalls zur Aufhebung des Strafausspruchs kommen.[2523] Als ausgeschlossen behandelt der BGH das Beruhen dann, wenn nach einem Wiedereintritt in die Beweisaufnahme nur noch eine im Freibeweisverfahren zu klärende Frage (Verhandlungsfähigkeit des Angeklagten) erörtert wurde, ohne dass dann noch Anträge oder Erklärungen zur Sache vorgebracht worden wären.[2524] In diesen Fällen wird das Gericht dann auch nach erneutem Schließen der Beweisaufnahme eine Verständigung am Richtertisch vornehmen, dass es bei dem bisher geheim gefundenen Beratungsergebnis bleibt.[2525] **1113**

Zur **Begründung der Verfahrensrüge** einer Verletzung des § 258 Abs. 1, 2 StPO sollte die Schlussphase der Hauptverhandlung vollständig in der Revisionsbegründung geschildert werden. Auf die Frage, welchen Inhalt ein neuerlicher Schlussvortrag gehabt hätte, braucht bei der Revisionsbegründung von Gesetzes wegen nicht eingegangen zu werden;[2526] dies kann aber gleichwohl empfehlenswert sein.[2527] Soll mit der Revisi- **1114**

2519 Vgl. BGH NStZ 1993, 94; BGHR StPO, § 258 Abs. 3 – letztes Wort 1; BGHR StPO, § 274 Satz 1 – Protokollauslegung 1; BGHSt 22, 278, 280; OLG Zweibrücken StV 1986, 51; *Dahs/Dahs* Revision, Rn. 363.

2520 BGHR StPO, § 258 Abs. 3 – Wiedereintritt 1; BGHR StPO, § 274 – Beweiskraft 8; BGH NStZ 1993, 94.

2521 *Dahs/Dahs* Revision, Rn. 367; *Meyer-Goßner* § 258, Rn. 34.

2522 BGH NStZ 1993, 29; *Dahs/Dahs* Revision, Rn. 367 unter Berufung auf BGH StV 1992, 410 und 551; BGHSt 22, 278, 281; anders wohl BGH StV 2000, 296.

2523 BGH StV 1992, 410; BGHR StPO, § 258 Abs. 3 – Wiedereintritt 2 und BGH 4 StR 136/55 v. 26. 5. 1955; *Dahs/Dahs* Revision, Rn. 367.

2524 BGH 2 StR 443/91 v. 9. 2. 1992 (bei BGH-Nack): „Der Beschwerdeführer Z. rügt Verletzung des § 258 Abs. 2 StPO, weil die Strafkammer an dem auf die Plädoyers und sein letztes Wort folgenden Verhandlungstag beschlossen hat, die Hauptverhandlung gemäß § 231 Abs. 2 StPO in Abwesenheit des Mitangeklagten M. fortzusetzen, und danach ohne erneute Gewährung des letzten Wortes das Urteil gegen ihn verkündet hat. Es braucht nicht entschieden zu werden, ob darin ein Verfahrensfehler liegt. Jedenfalls beruht das Urteil nicht auf diesem Vorgehen der Strafkammer. Es ist nicht ersichtlich und auch von der Revision ist nichts dafür vorgetragen, dass dieser Beschluss Grundlage für zusätzliches Verteidigungsvorbringen hätte sein können. Das gilt umso mehr, als bereits am vorausgegangenen Tag gemäß § 231 Abs. 2 StPO ohne den Mitangeklagten M. verhandelt worden war und die Verfahrensbeteiligten Gelegenheit zur Äußerung erhalten hatten."

2525 Zu dieser Verfahrensweise s. *Hamm* NJW 1992, 3147.

2526 BGHSt 21, 368, 369; BGH DAR 1978, 153.

2527 So insbesondere dann, wenn der Angeklagte geständig war oder sonst der Schuldspruch rechtlich nicht mehr hätte beeinflusst werden können. In diesen Fällen kann es zur Beurteilung der Beruhensfrage hilfreich sein, wenn in der Revisionsbegründung vorgetragen wird, was im Falle einer neuerlichen Worterteilung noch vorgebracht worden wäre; so auch *Dahs/Dahs* Revision, Rn. 367; vgl. ferner BGHSt 22, 278, 280 und OLG Hamm VRS 41, 159.

on beanstandet werden, dass der Schlussvortrag in unzulässiger Weise unterbrochen wurde oder dem Vortragenden zu Unrecht das Wort entzogen wurde, so ist nach der Rechtsprechung Voraussetzung für die Zulässigkeit der Revisionsrüge das Erwirken eines Gerichtsbeschlusses nach § 238 Abs. 2 StPO, da es sich insoweit um verfahrensleitende Maßnahmen des Vorsitzenden handelt.[2528] Eine Ausnahme von diesem Grundsatz ist nur gegeben, wenn der Fehler des Vorsitzenden darin besteht, zu den Schlussvorträgen gar nicht erst das Wort zu erteilen.[2529]

1115 Kein Verstoß gegen § 258 StPO, sondern ein Verstoß gegen § 261 StPO liegt vor, wenn das Gericht schon **während des Plädoyers das Urteil niederschreibt.** Entgegen der älteren Rechtsprechung[2530] dürfte der Verfahrensverstoß in diesen Fällen nicht deshalb ausgeschlossen sein, weil der Richter seine Aufmerksamkeit teilen und sich auch vor der Verkündung noch anders entschließen kann. Schreibt der Richter das Urteil während des Plädoyers nieder, so muss dies nach außen so verstanden werden, als sei die Entscheidungsfindung abgeschlossen, nach dem Motto: „Rede nur, mich überzeugst Du nicht mehr, mein Urteil steht fest".[2531] Die Bereitschaft des Richters, das Urteil jederzeit zu ändern, kann leicht zu einer Fiktion werden.[2532] Dementsprechend muss ein vor dem Schlussvorträgen „beschlossenes Urteil" hiernach nochmals beraten werden.[2533] Kommt es nach dem Wiedereintritt in die Verhandlung zu erneuten Schlussvorträgen, dann ist nochmals zu beraten.[2534] Für die Beratung muss der Sitzungssaal nicht verlassen werden, eine leise Verständigung unter allen Richtern (einschließlich der Schöffen) ist nach Ansicht des BGH ausreichend.[2535]

ee) Letztes Wort des Angeklagten

Literatur: *Hammerstein* Verteidigung mit dem letzten Wort, Festschrift Tröndle, 1989, S. 485 f.; *Milhan* Das letzte Wort des Angeklagten, Diss. München 1971; *Schlothauer* Wiedereröffnung der Hauptverhandlung und letztes Wort, StV 1984, 134; *Seibert* Das letzte Wort, MDR 1964, 471.

1116 Vor Beginn der Urteilsberatung soll der Angeklagte als letzter die Möglichkeit haben, sich noch einmal abschließend zur Sache zu äußern; das Gericht soll mit einem frischen Eindruck von seiner Person und seiner Sicht des Geschehens die Beratung beginnen.[2536] Dies gilt in allen Instanzen (für die Berufungshauptverhandlung: § 326 Satz 2 StPO, für die Revisionshauptverhandlung: § 351 Abs. 2 Satz 2 StPO). Die Rechtsprechung hat die Bedeutung dieses Grundsatzes in der Vergangenheit stets hervor-

---

2528 So bei Ablehnung einer Pause im Plädoyer des Verteidigers: BGH NStZ 1983, 94; vgl. ferner *Dahs/Dahs* Revision, Rn. 361.
2529 BGHSt 3, 368, 370.
2530 BGHSt 11, 74; OLG Celle 1958, 30; OLG Frankfurt JR 1965, 431.
2531 *Sarstedt* in seiner Anmerkung zu OLG Hamburg JR 1956, 273, 274; kritisch auch *Hanack* JZ 1972, 314; *Eb. Schmidt* Die Sache der Justiz, 19; OLG Köln NJW 1955, 1291; OLG Hamm DAR 1956, 254; *Dahs/Dahs* Revision, Rn. 242.
2532 So zu Recht *Dahs/Dahs* Revision, Rn. 242.
2533 RGSt 58, 253; BGHSt 17, 337, 339; *Dahs/Dahs* Revision, Rn. 361.
2534 BGH StV 1993, 344; BGH StV 1992, 591; BGHSt 22, 278, 279.
2535 BGH NJW 1992, 3182 und BGH NJW 1992, 3181; vgl. dazu *Hamm* NJW 1992, 3147; BGHSt 19, 156, 157; BGHSt 24, 170, 171 und BGH MDR 1971, 938 sowie OLG Saarbrücken OLGSt Band V, § 261, 8.
2536 In diesem Sinne *Roxin* § 42 B III.

gehoben und Verletzungen von § 258 StPO faktisch in die Nähe eines absoluten Revisionsgrundes gerückt.

Mit dem letzten Wort soll der Angeklagte nochmals Gelegenheit haben, zusammengefasst auf die ihm zur Last gelegten Vorwürfe einzugehen und die Beweise aus seiner Sicht zu würdigen, ohne dass dabei die Gefahr besteht, unterbrochen zu werden oder noch eine abschließende Erwiderung hinnehmen zu müssen.[2537] Eine bestimmte Formvorschrift, die der Angeklagte einzuhalten hätte, besteht nicht.[2538] Die Länge seiner Ausführungen soll in der Regel nicht reglementiert werden, es sei denn, der Angeklagte nutze sein letztes Wort in missbräuchlicher Weise zu verfahrensfremden Zwecken.[2539] Der Vorsitzende darf auch nicht durch ständige Unterbrechungen Ungeduld demonstrieren und dadurch den Angeklagten aus dem Konzept bringen.[2540] **1117**

Auch wenn der Angeklagte während der Verhandlung **abwesend** war, aber vor der Urteilsberatung wieder erscheint, muss ihm das letzte Wort gewährt werden.[2541] War der Angeklagte von der Verhandlung wegen ungebührlichen Benehmens **ausgeschlossen**, muss zumindest der Versuch gemacht werden, ihn vor der Urteilsberatung zur Gewährung des letzten Wortes nochmals zu hören.[2542] Erst wenn sich dieses Unterfangen als aussichtslos darstellt, kann darauf verzichtet werden, dem Angeklagten das letzte Wort zu erteilen.[2543] **1118**

Der Vorsitzende hat dem Angeklagten zu seinem letzten Wort ausdrücklich das Rederecht zu erteilen und ihn auf sein Recht hinzuweisen, wenn der Angeklagte dieses Recht nicht schon von sich aus in Anspruch nimmt.[2544] Dieser Hinweis, der nicht mit den Worten des Gesetzestextes erfolgen muss, ist ebenso in das Hauptverhandlungsprotokoll aufzunehmen, wie ein Vermerk über die Tatsache, ob dem Angeklagten das letzte Wort gewährt oder entzogen wurde.[2545] Für beides gilt dementsprechend im Revisionsverfahren die **formelle Beweiskraft des § 274 StPO.**[2546] Auch insoweit haben die Revisionsgerichte strenge Anforderungen an den Protokollinhalt gestellt. So reicht etwa die protokollierte Formulierung: „Nach dem Schluss der Beweisaufnahme erhielten der Vertreter der Staatsanwaltschaft und sodann der Angeklagte und der Verteidiger ... das Wort" nicht als Beweis für die Erteilung des letzten Wortes aus, weil die zitierte Reihenfolge den Schluss nahelegt, dass der Verteidiger (und nicht der Angeklagte) zuletzt gesprochen hat.[2547] Auch der im Protokoll enthaltene Vermerk **1119**

2537 So *Hammerstein* FS Tröndle, 488; in diesem Sinne auch BGH NStZ 1987, 423.

2538 BGHSt 3, 368; BGH MDR 1964, 72.

2539 *Seibert* MDR 1964, 472; siehe ferner BGHSt 3, 368; BGHSt 9, 78, 79; BGH MDR 1964, 72.

2540 RGSt 64, 57, 58; BGH MDR 1953, 598 bei *Dallinger; Seibert* MDR 1964, 471; KK-*Schoreit* § 258, Rn. 21.

2541 BGH NStE Nr. 1 zu § 258 StPO – letztes Wort = NStZ 1986, 372; BGHR StPO § 258 Abs. 3 – letztes Wort 2 = StV 1990, 247 = NStZ 1990, 291 = MDR 1990, 561 = NJW 1990, 1613.

2542 *Meyer-Goßner* § 231 b, Rn. 7 und § 258, Rn. 20.

2543 BGHSt 9, 77; OLG Koblenz MDR 1975, 424; KG StV 1987, 519.

2544 BGH NStZ 1993, 94; BGHSt 22, 278, 279; BGHSt 18, 84, 86; BGHSt 17, 28, 33; RGSt 42, 51, 52.

2545 Vgl. im Einzelnen BGH NStZ 1985, 494 bei *Pfeiffer/Miebach*; BGH StV 1982, 103; BGHSt 22, 278; OLG Hamm VRS 41, 159 und LR-*Gollwitzer* § 258, Rn. 52.

2546 BGHSt 13, 59; BGHSt 22, 278, 280; BGH StV 1982, 103; BGH NStZ 1983, 212; BGHR StPO § 258 Abs. 3 – Wiedereintritt 1; BGHR StPO § 258 Abs. 3 – letztes Wort 1; BGH NStZ 1993, 94; OLG Köln GA 1971, 217; OLG Zweibrücken StV 1986, 51; *Hanack* JZ 1972, 275.

2547 BGH 3 StR 464/91 v. 4. 12. 1991.

„Der Angeklagte gab weitere Erklärungen nicht ab", wurde vom Revisionsgericht insofern als unzureichend angesehen, als daraus nicht zu entnehmen war, ob der Angeklagte über sein Recht unterrichtet war bzw. ob ihm das letzte Wort tatsächlich erteilt worden ist.[2548] Fehlt der Eintrag im Protokoll, so wurde das letzte Wort nicht erteilt, solange keine Protokollberichtigung stattfindet. Entgegenstehende dienstliche Äußerungen können den Fehler nicht korrigieren.[2549]

1120 Wird dem Angeklagten (oder den anderen Berechtigten, vgl. § 67 JGG, § 104 Nr. 9 JGG) das letzte Wort durch den Vorsitzenden nicht **durch Hinweis** erteilt, liegt ein Verfahrensfehler vor. Auf diesem Verstoß gegen § 258 StPO wird das Urteil in der Regel auch beruhen, weil Äußerungen des Angeklagten immer geeignet sind, das Urteil zu beeinflussen.[2550] Ausgenommen sind jedoch die Fälle, in denen der Angeklagte schon selbst von seinem Recht auf das letzte Wort Gebrauch macht, weil hier der Hinweis offensichtlich überflüssig wäre.[2551] Auch in Fällen der geständigen Einlassung wird bei einem Verstoß gegen § 258 Abs. 2 2. Hs. StPO regelmäßig jedenfalls der Strafausspruch aufzuheben sein.[2552]

1121 Schalten sich nach dem letzten Wort andere Verfahrensbeteiligte ein, muss dem Angeklagten wiederum das Wort erteilt werden.[2553] Tritt das Gericht zur Klärung einer bestimmten Frage nach dem letzten Wort des Angeklagten nochmals in die Beweisaufnahme ein, muss es den Angeklagten anschließend ausdrücklich darauf hinweisen, dass er erneut Ausführungen im Rahmen seines Rechtes aus § 258 Abs. 2 StPO machen kann.[2554] Was als Wiedereintritt zu werten ist, bestimmt sich nach denselben Gesichtspunkten wie beim Schlussvortrag.[2555]

g) Informationsrechte

Literatur: *Bender/Nack* Unzulässige Beschränkung der Verteidigung durch Vorenthaltung der Spurenakten? ZRP 1983, 1 ff.; *Fezer* Einsichtsrecht des Strafverteidigers in gerichtliche Dateien, StV 1991, 142; *Hamm/Leipold* Formularbuch für den Strafverteidiger/*Deckers* Kap. V.13a1; *Gröger* Das Akteneinsichtsrecht im Strafverfahren unter besonderer Berücksichtigung der Europäischen Menschenrechtskonvention, 2009; *Hilger* Zur Akteneinsicht Dritter in von Strafverfolgungsbehörden sichergestellte Unterlagen, NStZ 1984, 541; *Klussmann* Das Akteneinsichtsrecht des Verteidigers in eigener Sache, NJW 1973, 1965; *Koch* Zum Akteneinsichtsrecht Privater nach § 475 StPO Festschrift Rainer Hamm, 2008, 289 ff.; *Lüttger* Das Recht des Verteidigers auf Akteneinsicht, NJW 1951, 744 ff.; *Schulz* Die geschichtliche Entwicklung des Akteneinsichtsrecht im Strafprozess, Diss., Marburg 1971; *Schmitz* Das Recht auf Akteneinsicht bei Anordnung von Untersuchungshaft, wistra 1993, 319; *Taschke* Die behördliche Zurückhal-

---

2548 BGHR StPO § 258 Abs. 3 – Wiedereintritt 1 = NStZ 1987, 36.
2549 BGH, Urt. v. 12. 1. 2005 – 2 StR 138/04 = NStZ 2005, 281.
2550 BGHSt 3, 368, 370; BGHSt 21, 288, 290; BGHSt 22, 278; BGH NJW 1969, 473; BGH MDR 1977, 639 bei *Holtz*; BGH StV 1985, 155.
2551 BGHSt 18, 84; BGHSt 22, 278; *Meyer-Goßner* § 258, Rn. 24.
2552 Vgl. *Meyer-Goßner* § 258, Rn. 34.
2553 BGH NStZ 1993, 94; BGH StV 1992, 410, BGHR StPO, § 258 Abs. 3 – Wiedereintritt 6 = StV 1989, 239; BGHSt 22, 278, 279; BGHSt 18, 84, 86; BGHSt 13, 53, 59; BayObLG DAR 1988, 363; KK-*Schoreit* § 258, Rn. 14 ff.; *Meyer-Goßner* § 258, Rn. 21; *Dahs/Dahs* Revision, Rn. 363; *Hammerstein* FS Tröndle, 488.
2554 Das Gericht darf nicht davon ausgehen, dass der Angeklagte sein Recht auch ohne Belehrung kennt, siehe BGHSt 20, 273; BGH MDR 1966, 893 bei *Dallinger*; OLG Düsseldorf GA 1976, 371 (Ls).
2555 Siehe dazu oben, Rn. 1111.

tung von Beweismitteln, 1989; *ders.* Akteneinsicht und Geheimnisschutz im Strafverfahren, Computer und Recht 1989, 299 u. 410; *ders.* Zum Beschlagnahmeschutz der Handakten des Unternehmensanwalts Festschrift Rainer Hamm, 2008, S. 751 ff.; *Tondorf* „Begeht der Strafverteidiger eine Strafvereitelung und verletzt er seine Standespflichten, wenn er den Mandanten benachrichtigt, nachdem er von einem geplanten Haft- oder Durchsuchungsbefehl erfahren hat?“, StV 1983, 257; *Volk/Knierim* MAH Wirtschafts- und Steuerstrafsachen, 2006, § 7 Rn. 226 ff.; *Wasserburg* Einsichtsrecht des Verteidigers in kriminalpolizeiliche Spurenakten, NStZ 1981, 211; *Welp* Probleme des Akteneinsichtsrechts, in Festgabe für Karl Peters, S. 309 ff.; *ders.* Rechtsschutz gegen verweigerte Akteneinsicht, StV 1986, 446; *Widmaier/Schlothauer* MAH Strafverteidigung, 2006, § 3 Rn. 3 ff.; *Wieczorek* Kriminalpolizeiliche Spurenakten, Einsichtsrecht des Verteidigers? Kriminalistik 1984, 598; *Zieger* Akteneinsichtsrecht des Verteidigers bei Untersuchungshaft, StV 1993, 320.

aa) Akteneinsichtsrecht

Die Revision dient der Rechtskontrolle des Erkenntnisverfahrens. Sie kann deshalb **1122** nicht dazu herangezogen werden, sämtliche Verfahrensfehler zu korrigieren, die auf dem Weg von der Einleitung eines Ermittlungsverfahrens bis zu einem tatrichterlichen Urteil begangen wurden. In ihren Kontrollbereich fällt vielmehr nur das, was unmittelbar zum tatrichterlichen Urteil geführt oder die Verteidigungsmöglichkeiten im tatrichterlichen Verfahren eingeschränkt hat. Zu den Voraussetzungen einer wirksamen Verteidigung in der Hauptverhandlung vor dem Tatgericht zählt aber auch die uneingeschränkte **Akteneinsicht des Verteidigers.**[2556] Wird dieses Recht in unzulässiger Weise beschränkt, so kann dies die Revision begründen, wenn das Informationsdefizit sich in der Hauptverhandlung und damit im Urteil ausgewirkt haben kann.

Das Recht zur Akteneinsicht besteht nicht für den Beschuldigten selbst, sondern nach **1123** § 147 StPO nur für seinen Verteidiger.[2557] Das Akteneinsichtsrecht erstreckt sich auf alle dem Gericht nach § 199 Abs. 2 Satz 2 StPO vorzulegenden Akten, sowie auf die Beweismittel, die der Verteidiger an ihrem Verwahrungsort besichtigen kann.[2558] Es erstreckt sich ferner auf vom Gericht beigezogene oder sonst dem Gericht vorgelegte Akten und auf die Akten von abgetrennten Verfahren gegen frühere Mitbeschuldigte; die Verfahrensabtrennung darf insoweit nicht zu einer Beschneidung des Einsichtsrechts führen.[2559] Dass der Verteidiger befugt ist, sich Kopien zu erstellen und entge-

---

2556 Das Akteneinsichtsrecht ist Ausprägung des Rechts auf ein faires Verfahren: BGHSt 36, 305 (309); OLG Brandenburg, StV 1996, 7 (8) jeweils m. w. N.

2557 Der neue § 147 Abs. 7 StPO hat nur einen Rechtszustand klargestellt, der auch schon vorher galt. Über den Wortlaut dieser Vorschrift hinaus ist dem Beschuldigten, der sich ohne Aktenkenntnis nicht angemessen verteidigen kann, umfassende Akteneinsicht zu gewähren, wenn von der Bestellung eines Verteidigers zur Sicherung der Verteidigung abgesehen wird (EGMR NStZ 1998, 429 m. Anm. *Deumeland*; KK-*Laufhütte* § 147, Rn. 2. Der Beschuldigte hat das Recht zur Akteneinsicht selbst dann nicht, wenn er Richter oder Rechtsanwalt ist, BGH 3 StR 150/89 v. 24. 11. 1989; vgl. dazu *Bode* MDR 1981, 287 und *Klusmann* NJW 1973, 1965; vgl. allgemein RGSt 72, 268 (275); OLG Düsseldorf JZ 1986, 508; OLG Stuttgart NStZ 1986, 45, 46; LG Ravensburg NStZ 1996, 100; *Welp* FG Peters, 313; zu den Akteneinsichtsrechten von Privaten und nicht am Verfahren beteiligten Personen und sonstigen Stellen vgl. § 475 StPO und die entsprechenden Kommentierungen.

2558 KG StV 1989, 9; näher hierzu LR-*Lüderssen/Jahn* § 147, Rn. 111 f.; vgl. ferner *Meyer-Goßner* § 147, Rn. 19 mit Hinweis auf *Rieß* FG Peters, 120 und *Schäfer* NStZ 1984, 203; *Volk/Knierim* MAH Wirtschafts- und Steuerstrafsachen § 7 Rn. 237 ff.; *Tondorf/Tondorf* Formularbuch Kap. VII, A. 15/8; BGH 3 StR 89/09 = StraFo, 2009, 338.

2559 OLG Karlsruhe AnwBl. 1981, 18.

gen einer immer wieder in der Praxis anzutreffenden Ansicht nicht nur befugt, sondern sogar verpflichtet ist, die aus den Akten erlangten Kenntnisse an den Mandanten weiterzugeben,[2560] entspricht heute allgemeiner Ansicht. Grenzen hierfür kann es allenfalls dort geben, wo die Informationsweitergabe der Vereitelung von bevorstehenden Ermittlungsmaßnahmen dienen würde.[2561]

1124 Über die Gewährung der Akteneinsicht entscheidet im Ermittlungsverfahren die Staatsanwaltschaft, vom Eingang der Anklage bei Gericht an das Tatgericht. Nach Einlegung der Berufung oder Revision ist zunächst der Vorsitzende des Tatgerichts, nach Übersendung sodann der Vorsitzende des Rechtsmittelgerichts für die Gewährung der Akteneinsicht zuständig.[2562] Die Frage, inwieweit die Staatsanwaltschaft bei ihren Entscheidungen über die Gewährung von Akteneinsicht im Rahmen des Ermittlungsverfahrens einer richterlichen Kontrolle unterworfen ist,[2563] wird sich auf den Verlauf der Hauptverhandlung in der Regel nicht auswirken und dementsprechend nicht zu einer revisionsrechtlichen Überprüfung führen. Mit dem Abschluss der Ermittlungen ist vielmehr das uneingeschränkte Akteneinsichtsrecht der Verteidigung gegeben (arg. §§ 147 Abs. 2, 169a StPO). Daran hat auch die an die vorausgegangene Rechtsprechung des Bundesverfassungsgerichts angeknüpfte neue Fassung des § 147 StPO durch das StVÄG 1999 nichts geändert.[2564]

1125 Der Verteidiger hat Anspruch auf Einsicht in die kompletten und vollständigen Akten, wie sie dem Gericht vorliegen.[2565] Darunter fallen nicht die Handakten der Staatsanwaltschaft, innerdienstliche Vorgänge,[2566] Senatshefte,[2567] Entwürfe, die noch nicht Bestandteil der Akten sein sollten,[2568] lediglich als Gedächtnisstütze dienende Tonbandprotokolle des Gerichts[2569] oder Mitschriften von Mitgliedern des Gerichts während der Hauptverhandlung.[2570] Für die Schuld- und Straffrage Wesentliches darf der Verteidigung nicht vorenthalten werden, was jedoch nicht bedeutet, dass der Vorsit-

---

2560 BGHSt 29, 99, 102 = JR 1981, 73, 76 (m. Anm. *Müller-Dietz*); OLG Frankfurt NStZ 1981, 144; *Bode* MDR 1981, 287; *Krekeler* wistra 1983, 43, 47; *Hassemer* Formularbuch Kap. I.B.1; *Fischer* § 147 Rn. 20 u. a. unter Hinweis auf § 19 Abs. 2 BORA.

2561 Vgl. dazu *Tondorf* StV 1983, 257; siehe hierzu grundsätzlich *Hassemer* Formularbuch Kap. I.B.1.

2562 Vgl. LR-*Lüderssen/Jahn* § 147, Rn. 150.

2563 Zur Frage der Anfechtbarkeit der Entscheidung der Staatsanwaltschaft im Ermittlungsverfahren nach § 147 Abs. 5 StPO *Meyer-Goßner* § 147, Rn. 38ff. m. w. N.; *Bottke* StV 1986, 123; *Groh* DRiZ 1985, 54; *Wasserburg* NJW 1980, 2440; *Welp* StV 1986, 446 und *Welp* FG Peters, 323 ff. sowie *Lüderssen/Jahn* in: Löwe/Rosenberg § 147, Rn. 160; vgl. ferner OLG Karlsruhe StV 1996, 303; OLG Frankfurt StV 1996, 310.

2564 Dazu LR-*Lüderssen/Jahn* § 147, Rn. 157ff.

2565 Vgl. BVerfGE 18, 405 = NJW 1965, 1171; siehe auch OLG Koblenz NJW 1981, 1570; zum besonderen Informationsanspruch bei Haftsachen: *Bohnert* GA 1995, 468; BGH StV 1991, 1 (m. Anm. *Foth* StV 1991, 337) = NJW 1991, 435 = MDR 1991, 170 = JZ 1991, 100 und BVerfG NStZ 1994, 551 = StV 1994, 465 sowie EGMR StV 1993, 283 = wistra 1993, 333; KG NStE Nr. 6 zu § 147 StPO; KG StV 1993, 370 (m. Anm. *Schlothauer*).

2566 OLG Karlsruhe NStZ 1982, 299.

2567 Diese sind nach BGH 2 StR 426/90 (3) v. 27. 3. 1991 nur Arbeitsunterlagen des Senats, die nicht mehr enthalten, als das, was sich in den Strafakten befindet; vgl. jetzt auch BGH 3 StR 24/04 v. 17. 8. 2004 = StraFo 2005, 28; BGH, Beschl. v. 27. 4. 2001 – 3 StR 112/01 = NStZ 2001, 551.

2568 BGHSt 29, 394.

2569 *Meyer-Goßner* § 147, Rn. 13.

2570 BGH 3 StR 89/09 = StraFo 2009, 338; BGH 2 StR 54/09 = BGHSt 54, 37; siehe auch BVerfG 2 BvR 403/01 v. 21. 3. 2001.

zende die Akteneinsicht auf Teile beschränken darf, von denen er glaubt, dass nur sie für die Beurteilung der Schuld- oder Straffrage relevant sind.[2571] Der Verteidigung ist deshalb auch Einblick in dem Gericht zur Verfügung stehende Bild-, Ton- und Videoaufnahmen zu gewähren.[2572] Auch Tonbänder, die eine Telefonüberwachung wiedergeben, müssen dem Verteidiger – selbst wenn kein verfahrensrelevantes Ergebnis erzielt wurde – zur Verfügung gestellt werden, da nie ausgeschlossen werden kann, dass sich daraus nicht doch schuld- oder rechtsfolgenrelevante Umstände ergeben könnten.[2573] Auch für das Verfahren bedeutsame Akten anderer Behörden, Beweismittelordner mit beschlagnahmten Urkunden und polizeiliche Spurenakten kann der Verteidiger einsehen, sofern sie für die Schuld- oder Straffrage wichtig sind.[2574]

Gegen die Verweigerung der Akteneinsicht durch den Vorsitzenden kann mit der einfa- **1126**
chen Beschwerde vorgegangen werden (§ 304 Abs. 1 und Abs. 4 Satz 2 Nr. 4 StPO).[2575] Dies betrifft in der Praxis insbesondere Entscheidungen im Rahmen des Zwischenverfahrens, sowie im Einzelfall auch Entscheidungen während eines laufenden Hauptverfahrens.[2576] Die nach Eröffnung des Hauptverfahrens getroffenen Entscheidungen können zugleich Gegenstand einer Revisionsrüge sein (vgl. § 336 Satz 1 StPO). Mit der Revision kann insbesondere geltend gemacht werden, dass die Akteneinsicht in der Hauptverhandlung zu Unrecht abgelehnt worden ist[2577] oder dass eine im Vor- oder Zwischenverfahren verfügte Beschränkung des Akteneinsichtsrechts sich noch in der Hauptverhandlung ausgewirkt hat.[2578]

Wurde die Akteneinsicht zu spät oder so knapp ermöglicht, dass die Verteidigung **1127**
nicht mehr ausreichend vorbereitet und sachgemäß geführt werden konnte, kann hierin ein Verstoß gegen den Anspruch auf ein faires Verfahren liegen.[2579] Dies ist zum Beispiel der Fall, wenn der Verteidiger zunächst Akteneinsicht erhalten hat, dann aber

---

2571 BGHR StPO § 147 Abs. 1 – Verfahrensakten 1 und BGHSt 37, 204 = BGHR StPO § 147 Abs. 1 – Verfahrensakten 3 = StV 1991, 1 = NStZ 1991, 94 = MDR 1991, 170 = NJW 1991, 435 = wistra 1991, 109.

2572 OLG Koblenz NJW 1981, 1570; BayObLG NJW 1991, 1070 in Bezug auf Videoaufzeichnung in einem Bußgeldverfahren; LG Itzehoe StV 1991, 555; *Meyer-Goßner* § 147, Rn. 14 ff. m.w.N.

2573 So LG Itzehoe StV 1991, 555.

2574 Sonderakten von Fahndungs-, Durchsuchungs-, und sonstigen Zwangsmaßnahmen gegen den Beschuldigten dürfen folglich nicht angelegt werden, siehe OLG Hamburg NStZ 1992, 50 = StV 1991, 551 (Fahndungsnachweise); OLG Karlsruhe Anwaltsblatt 1991, 18 (Bildaufnahmen); *Schäfer* NStZ 1984, 205 (Tonaufnahmen); LG Köln StV 1987, 381. Dies gilt auch für die Telefonüberwachung, selbst nach Anklageerhebung, BGH NStZ 1990, 193. Zum Streit um den sog. formellen Aktenbegriff vgl. BGHSt 30, 131, 138, bestätigt durch BVerfGE 63, 45 = NStZ 1983, 273 (m. Anm. *Peters*) = StV 1983, 177 (m. Anm. *Amelung*), sowie ergänzend *Wasserburg* NJW 1980, 2441; *Beulke* FS Dünnebier, 285, 293 sowie StV 1981, 500; *Peters* NStZ 1983, 276 und LR-*Lüderssen/Jahn* § 147, Rn. 33 ff.; *Fischer* § 147, Rn. 114 ff.; *Deckers* Formularbuch Kap. V.13a 1.

2575 OLG Hamburg NJW 1963, 1024; OLG Hamm NJW 1968, 169; *Meyer-Goßner* § 147, Rn. 41; LR-*Lüderssen/Jahn* § 147, Rn. 167.

2576 Vgl. etwa OLG Brandenburg StV 1996, 7 (8).

2577 BGHSt 30, 131; BGH StV 1985, 4 = NStZ 1985, 87 = wistra 1985, 105; BGH StV 1988, 193 = BGHR StPO § 147 Abs. 1 – Verfahrensakten 1.

2578 LR-*Lüderssen/Jahn* § 147, Rn. 173; vgl auch *Dahs/Dahs* Revision, Rn. 223.

2579 Vgl. hierzu die Sachverhalte in OLG Frankfurt NJW 1960, 1731; KG StV 1982, 10; BGH StV 1988, 193; OLG Karlsruhe AnwBl. 1981, 18; OLG Düsseldorf StV 1992, 100 (Einsicht in die Akten eines umfangreichen Verfahrens wurde eine Stunde vor der Hauptverhandlung gewährt) und OLG Brandenburg StV 1996, 7 (8).

Unterlagen über weitere Ermittlungsergebnisse zu den Akten gereicht werden, ohne dass der Verteidiger später ausreichend Einsicht in diese Dokumente nehmen konnte.[2580] Ein Verstoß gegen den Grundsatz des fairen Verfahrens liegt vor, wenn das Gericht dem Verteidiger und dem Angeklagten nicht Kenntnis vom Ergebnis verfahrensbezogener Ermittlungen gibt, die es außerhalb der Hauptverhandlung angestellt hat.[2581] Dies kann der Fall sein bei einer während der Hauptverhandlung durchgeführten Telefonüberwachung,[2582] aber auch bei einem fehlenden Hinweis des Gerichts auf ein während einer einjährigen Hauptverhandlung zu den Akten gelangtes schriftliches Sachverständigengutachten.[2583]

1128 Ist die erforderliche Zeit zur Durchsicht beigezogener oder nachträglich vorgelegter Akten bei einer bereits laufenden oder jedenfalls terminierten Hauptverhandlung nicht gegeben, so kann dies deren Unterbrechung oder auch die Aussetzung rechtfertigen.[2584] Wird ein hierauf gerichteter Antrag durch Gerichtsbeschluss zurückgewiesen, so kann hierin eine unzulässige Beschränkung der Verteidigung i. S. v. § 338 Nr. 8 StPO liegen.[2585] In der Zurückhaltung verfahrensrelevanter Akten oder Beiakten durch die Staatsanwaltschaft entgegen § 199 Abs. 2 Satz 2 StPO oder in der Verweigerung der Akteneinsicht durch das erkennende Gericht kann zudem ein Verstoß gegen die Aufklärungspflicht liegen.[2586]

1129 Bei den **Rügeanforderungen** ist Folgendes zu beachten: Bei der Rüge der nicht rechtzeitig gewährten Akteneinsicht hat der Revisionsführer darzulegen, wie lange die Akten zur Verfügung gestanden haben und warum dieser Zeitraum unzureichend war.[2587]

Die Rüge einer unzulässigen Beschränkung der Verteidigung gem. § 338 Nr. 8 StPO ist nur dann zulässig erhoben, wenn eine konkret-kausale Beziehung zwischen dem Verfahrensfehler (unvollständige Akteneinsicht §§ 147, 228 StPO, Verstoß gegen ein faires Verfahren Art. 20 Abs. 3 i.V. mit Art. 2 Abs. 1 GG, Verletzung rechtlichen Gehörs Art. 103 Abs. 1 GG) und einem für die Entscheidung wesentlichen Punkt dargelegt wird.[2588]

bb) Akkusationsprinzip (Verlesung und Umgestaltung der Anklage, Nachtragsanklage)

Literatur: *Bittmann/Dreier* Bekämpfung der Wirtschaftskriminalität nach dem Ende der fortgesetzten Handlung, NStZ 1995, 104; *Bohnert* Die Abschlussentscheidung der Staatsanwaltschaft, 1992; *Geppert* Zur straf- und strafverfahrensrechtlichen Bewältigung von Serienstraftaten nach Wegfall der Rechtsfigur der „fortgesetzten Handlung", NStZ 1996, 57 u. 118; *Hamm* Das Ende der fortgesetzten Handlung, NJW 1994, 1636; *Häger* Zu den Folgen staatsanwaltlicher in der Hauptverhandlung begangener Verfah-

2580 OLG Hamm 1972, 1096; LR-*Lüderssen/Jahn* § 147, Rn. 173 f.
2581 BGHSt 36, 305 = NJW 1990, 584 = StV 1990, 49 = NStZ 1990, 193 = MDR 1990, 267 = wistra 1990, 102; vgl. ferner BGH 5 StR 681/94 v. 5. 4. 1995 = StV 1995, 396, 397.
2582 BGHSt 36, 305.
2583 Vgl. *Hamm* FS Salger, 282.
2584 Siehe hierzu *Meyer-Goßner* § 147, Rn. 42 und KK-*Laufhütte* § 147, Rn. 1.
2585 BGH NStZ 1985, 87; BGH StV 1988, 193; KG StV 1982, 10; KG VRS 83, 428 = NSV 1993, 44 (Ls).
2586 Vgl. LR-*Lüderssen/Jahn* § 147, Rn. 174 unter Hinweis auf BGHSt 30, 131 und BVerfGE 63, 45.
2587 BGH StV 1990, 532.
2588 BGH, Beschl. v. 23. 9. 2003 – 1 StR 341/03 = NStZ-RR 2004, 50; BGH 5 StR 299/03 = BGHSt 49, 317; BGHSt 30, 131, 135; BGHSt 44, 82, 90; BGH NStZ 2000, 212.

rensfehler, GS für Kh. Meyer, 1990, S. 171; *Hammerstein* Kann die Reihenfolge der Beweiserhebung das Urteil beeinflussen? Festschrift Schmitt, 1992, S. 323; *Krause/Thon* Mängel der Tatschilderung im Anklagesatz, StV 1985, 252; *Meyer-Goßner* Der Aufbau der Anklageschrift, Jura 1989, 482; *Puppe* Die Individualisierung der Tat in Anklageschrift und Bußgeldbescheid und ihre nachträgliche Korrigierbarkeit, NStZ 1982, 230; *Ruppert* Der Tag danach: Praktische Auswirkungen des Beschlusses zur fortgesetzten Handlung, MDR 1994, 373; *Schlüchter* Zu Anklageschrift und Eröffnungsbeschluss bei fortgesetzter Handlung, JR 1990, 10; *Tenter* Der Beschluss des Großen Senats für Strafsachen des BGH zur fortgesetzten Handlung und seine praktischen Auswirkungen auf laufende Verfahren, DRiZ 1995, 306; *Weiland* Von Recht und Pflicht der Anklageerhebnung, NStZ 1991, 574; *Zschockelt* Die praktische Handhabung nach dem Beschluss des Großen Senats für Strafsachen zur fortgesetzten Handlung, NStZ 1994, 361 ff.; *ders.* „Bemerkungen zu Bittmann/Dreier", NStZ 1995, 109.

Das in den §§ 151, 152 StPO geregelte **Anklageprinzip** ist der strafprozessuale Ausdruck der institutionellen Trennung zwischen Staatsanwaltschaft und Gericht. Durch die §§ 264, 155 StPO ist das Gericht bei seiner Tatsachenaufklärung auf den Inhalt des Anklagesatzes der Staatsanwaltschaft beschränkt.[2589] Die Eröffnung des Hauptverfahrens ist nur aufgrund der Erhebung einer Anklage durch die Staatsanwaltschaft möglich.[2590] Die hieraus resultierende zentrale verfahrensrechtliche Bedeutung der Anklageschrift hat dazu geführt, dass eine hinreichend genaue Beschreibung der den Gegenstand der gerichtlichen Untersuchung bildenden Tat durch den Anklagesatz und den ihn gegebenenfalls ergänzenden Eröffnungsbeschluss als Verfahrensvoraussetzung angesehen wird.[2591] Ob die hierfür gegebenen gesetzlichen Regelungen (insb. § 200 StPO) eingehalten wurden, ist im Revisionsverfahren von Amts wegen zu prüfen.[2592] Wegen des sachlichen Zusammenhangs mit den §§ 265, 266 StPO wird dies jedoch hier im Rahmen der relativen Revisionsgründe erörtert. **1130**

Die Anklageschrift hat eine **Umgrenzungs- und eine Informationsfunktion.** Sie soll zusammen mit dem Eröffnungsbeschluss den Verfahrensgegenstand im Sinne der §§ 155, 264 StPO umgrenzen, damit deutlich machen, welchen Sachverhalt die Staatsanwaltschaft dem Angeschuldigten vorwirft, und auf diese Weise zugleich den Umfang der Rechtskraft mitbestimmen. Sie erfüllt zugleich eine Informationsfunktion, indem sie den Angeklagten über den Tatvorwurf in Kenntnis setzt und ihm damit die Möglichkeit einer sachgerechten Verteidigung eröffnet.[2593] **1131**

2589 Hierin liegt der rechtliche Gegensatz zum früheren Inquisitionsrichter, vgl. *Roxin* § 13 und § 70 B.

2590 Ausnahmen hiervon enthalten das Privatklageverfahren (§§ 374 ff. StPO), das Klageerzwingungsverfahren (§ 172 StPO) und das Abgabenrecht (§ 400 AO).

2591 Allg. Meinung; vgl. dazu BGHSt 10, 137 (140); BGH NStZ 1991, 448; BGH StV 1996, 410 = NStZ 1996, 401; BGHR StPO § 200 Abs. 1 Satz 1 – Tat 1 = NJW 1991, 2716 = wistra 1991, 310; *Krause/Thon* StV 1985, 252; *Puppe* NStZ 1982, 230; kein Verfahrenshindernis hingegen bei Mängeln des wesentlichen Ergebnisses der Ermittlungen: BGHSt 40, 390 = NJW 1996, 1221 = BGHR StPO § 200 Abs. 1 Satz 1 – Tat 11 = StV 1995, 337 = NStZ 1995, 297 (m. Anm. *Fezer*) = MDR 1995, 513 = wistra 1995, 150. Neuerdings sieht der BGH freilich in einer Anklageschrift, die nur unter einem lückenhaften Anklagesatz leidet, einen Verstoß gegen § 243 Abs. 3 S. 1 StPO, BGH 2 StR 174/05 – Urt. v. 28.4. 2006 = StV 2006, 457 = wistra 2006, 313 = StraFo 2006, 330 = NStZ 2006, 649 = wistra 2007, 72.

2592 BGHSt 5, 225 (227); BGH NStZ 1986, 275; BGH StV 1996, 362 (auszugsweise) = NStZ 1996, 383 (auszugsweise); KK-*Pfeiffer/Hannich* Einl., Rn. 42. Auch eine etwa eingetretene Teilrechtskraft steht dem nicht entgegen; BGH 4 StR 344/96 v. 8. 8. 1996 = BGHR StPO § 200 Abs. 1 Satz 1 – Tat 20, m. w. N.

2593 Zur Informationsfunktion der Anklageschrift vgl. LR-*Stuckenberg* § 200, Rn. 3 ff.; *Krause/Thon* StV 1985, 252 (253); *Schlüchter* JR 1990, 10 (12).

1132 Beide Funktionen kann die Anklageschrift nicht erfüllen, wenn sie keine genaue Beschreibung des **Prozessgegenstandes** enthält. Bei einem Erfolgsdelikt wie zum Beispiel der Tötung eines Menschen ist der Anklagesatz in der Regel schon durch die Angabe des Tatopfers hinreichend konkretisiert.[2594] Bei anderen Delikten wird hingegen die bloße Nennung des Tatopfers nicht zur hinreichenden Individualisierung der Tat genügen. Die Rechtsprechung des Bundesgerichtshofs ist hier allerdings in der Vergangenheit häufig sehr großzügig gewesen. So kann etwa selbst bei Widersprüchen in der Anklageschrift (der Anklagesatz bezeichnet die Tatzeit mit „7. Juni 1981 gegen 21.00 Uhr", während die konkrete Tatbeschreibung vom „17. Juni 1981 gegen 21.00 Uhr" spricht) eine ausreichende Individualisierung vorliegen, wenn z.B. die dem Angeklagten vorgeworfene Haupttat durch Angaben über den Begehungsort und die Begehungsweise sowie das Tatopfer und die Tatbeute zuzüglich einer zeitlichen Zuordnung jedenfalls im Tatmonat konkretisiert ist.[2595]

1133 Je mehr sich bei mehreren Anklagevorwürfen die einzelnen Tatvorwürfe gleichen, desto **detaillierter** hat die Schilderung der Tatvorwürfe zu sein, weil nur dann noch eine Unterscheidung der einzelnen Anklagepunkte möglich ist.[2596] Dieser allgemein anerkannte Grundsatz hat nach der Entscheidung des Großen Senats für Strafsachen zur fortgesetzten Handlung[2597] neue Aktualität erlangt. Einer der wesentlichen Gründe für die Entscheidung des Großen Senats dürfte die durch die Rechtsfigur der fortgesetzten Handlung begünstigte Ungenauigkeit zahlreicher Anklageschriften und Strafurteile bei der Benennung der einzelnen Vorwürfe gewesen sein. Zwar hatte der Bundesgerichtshof auch schon vor der Entscheidung des Großen Senats für Strafsachen immer wieder die Bedeutung einer hinreichenden Konkretisierung der Anklageschrift bei Serientaten hervorgehoben.[2598] Dies wurde in der Praxis aber nicht immer hinreichend beachtet.

1134 Nachdem nunmehr die einzelnen Akte einer vormals als fortgesetzte Handlung verstandenen Tatserie zumeist als selbständige Handlungen angesehen werden, hat die Rechtsprechung sich intensiv mit der Frage befasst, welchen Konkretisierungsgrad ein Anklagesatz bei einer Serienstraftat haben muss.[2599]

1135 Wenn die Rechtsprechung keine präzise Benennung der einzelnen Vorfälle fordert, sondern sich damit begnügt, dass der Anklagesatz den Tatzeitraum und die Zahl der Tatbegehungen benennt, so ist sie damit allerdings letztlich zu den Kriterien zurückgekehrt, die vor der Entscheidung des Großen Senats zur fortgesetzten Handlung angewandt wurden. Bisweilen hat es sogar den Anschein, als würden nunmehr geringe-

---

2594 *Puppe* NStZ 1982, 230 (231); in diesem Sinne auch *Krause/Thon* StV 1985, 253.
2595 So BGH StV 1988, 9 = BGHR StPO § 200 Abs. 1 Satz 1 – Anklagesatz 2.
2596 BGH 4 StR 344/96 v. 8. 8. 1996 = BGHR StPO § 200 Abs. 1 Satz 1 – Tat 20.
2597 BGHSt 40, 138 = NJW 1994, 1663 = StV 1994, 306 = NStZ 1994, 383 = wistra 1994, 185 = MDR 1994, 700.
2598 BGHSt 40, 44; BGHR StPO § 200 Abs. 1 Satz 1 – Tat 4; BGH NJW 1991, 2716.
2599 Vgl. hierzu BGH StV 1996, 410; StV 1996, 362; StV 1996, 361; StV 1996, 197; StV 1996, 190; BGH NStZ 1995, 200; BGH StV 1995, 132 = NStZ 1995, 227; 1 StR 621/94 v. 10. 1. 1995; NStE Nr. 50 zu § 52 StGB (1 StR 569/94 v. 25. 10. 1994); 2 StR 698/94 v. 11. 1. 1995 und 5 StR 596/94 v. 15. 11. 1994 sowie ferner OLG Koblenz NJW 1995, 3066 = StV 1995, 119; OLG Zweibrücken StV 1995, 124; OLG Bamberg NJW 1995, 1167; OLG Düsseldorf StV 1996, 199 = NStZ 1996, 298; LG Dresden StV 1996, 203; BGH NStZ 2005, 282; BGH NStZ 2006, 649 = StV 2007, 171.

re Anforderungen an die **Konkretisierung der Anklageschrift** gestellt als vor der Entscheidung des Großen Senats für Strafsachen zur fortgesetzten Handlung. Dabei setzt der BGH die Anforderungen bei Serientaten je nach Deliktstypus unterschiedlich hoch an, indem er ein eigentlich sachfremdes Kriterium für die Differenzierung wirksam werden lässt: Die Vermeidung von Lücken in der Strafverfolgung.

Die Forderungen nach einer Präzisierung des Anklagesatzes sollen nicht zu „Strafverfolgungsdefiziten" im Bereich des **sexuellen Missbrauchs** von Kindern führen, die entstehen könnten, wenn die Tatopfer zu einer den gesetzlichen Anforderungen entsprechenden Konkretisierung der Vorwürfe nicht in der Lage sind. Vor diesem Hintergrund wird es daher als ausreichend angesehen, wenn die Anklageschrift das Tatopfer, die Art und Weise der Tatbegehung in ihren Grundzügen, einen bestimmten Tatzeitraum und die Zahl der den Gegenstand des Vorwurfs bildenden Straftaten mitteilt.[2600] Es genügt danach aber nicht, wenn der Anklagesatz lediglich lautet, der Angeschuldigte habe die Geschädigte „in den ersten Monaten mehrfach wöchentlich, danach in größeren zeitlichen Abständen von mehreren Wochen ... und ab dem 1. 12. 1989 bis Anfang 1990 ... zur Durchführung des Geschlechtsverkehrs gezwungen" oder von ihr verlangt, dass sie ihn „mit der Hand oder mit dem Mund befriedigte".[2601] **1136**

Bezogen auf **Vermögensdelikte** (Serienbetrug) hat der 2. Strafsenat des BGH mit einer erfreulichen Klarheit die genügende Informationsfunktion des Anklagesatzes davon abhängig gemacht, dass die dem Angeklagten zur Last gelegte Tat sowie Zeit und Ort ihrer Begehung so genau bezeichnet wird, *„dass die Identität des geschichtlichen Vorgangs dargestellt und erkennbar wird, welche bestimmte Tat gemeint ist; sie muss sich von anderen gleichartigen strafbaren Handlungen des Täters unterscheiden lassen. Dabei muss die Schilderung umso konkreter sein, je größer die allgemeine Möglichkeit ist, dass der Angeklagte verwechselbare weitere Straftaten gleicher Art verübt hat ... Danach ist, um der Informationsfunktion der Anklage gerecht zu werden, bei einer Serie von Straftaten erforderlich, dass die dem Angeklagten im einzelnen vorgeworfenen Tathandlungen nach Tatzeit, Tatort, Tatausführung und anderen individualisierenden Merkmalen ausreichend beschrieben und dargelegt werden .... So genügt es grundsätzlich nicht, den Tatzeitraum nach Beginn und Ende einzugrenzen, die in allen Fällen gleichartige Begehungsweise allgemein zu schildern und dabei den betrügerisch herbeigeführten Gesamtschaden zu beziffern."*[2602] **1137**

Demgegenüber werden bei Serienfällen sexuellen Kindesmissbrauchs nach der Rechtsprechung wesentlich geringere Anforderungen an die Individualisierbarkeit der Einzeltaten dann gestellt, wenn die Benennung der genauen jeweiligen Tatzeit und des

2600 Vgl. dazu: BGH NStZ 1997 145 und BGH NStZ 1997, 280 = StV 1998, 474; BGHR StPO § 200 Abs. 1 Satz 1 – Tat 13; vgl. weiterhin BGHSt 40, 44; die fehlende Mitteilung der Mindestzahl der vorgeworfenen Delikte oder sonstiger individualisierender Umstände macht die Anklage fehlerhaft: BGH 2 StR 171/94 v. 11. 5. 1994 = BGHR StPO § 200 Abs. 1 Satz 1 – Tat 7; BGH, Beschl. v. 7. 4. 2005 – 4 StR 82/05.

2601 BGH 2 StR 171/94 v. 11. 5. 1994 = BGHR StPO § 200 Abs. 1 Satz 1 – Tat 7; vgl. zur Rechtslage vor BGHSt 40, 138: BGH NStZ 1991, 448; BGHR StPO § 200 Abs. 1 Satz 1 – Anklagesatz 4 und BGHR StPO § 200 Abs. 1 Satz 1 – Tat 3.

2602 BGH, Urt. v. 28. 4. 2006 – 2 StR 174/05 = NStZ 2006, 649 = StV 2006, 457 (erneut abgedr. in StV 2007, 171); vgl. dazu jetzt aber den Vorlagebeschluss vom 2. 9. 2009 – 1 StR 260/09 = NStZ 2009, 703.

genauen Geschehensablaufs einer Vielzahl gleichartiger Taten an den natürlichen Gedächtnisgrenzen des Opfers scheitert, so dass die sonst bestehenden Anforderungen „zu gewichtigen Lücken in der Strafverfolgung führen würden“. Aber auch in diesen Fällen muss es im Rahmen der Anklageerhebung wenigstens gelingen, das Tatopfer, die Grundzüge der Art und Weise der Tatbegehung, einen bestimmten Tatzeitraum und die (Höchst-)Zahl der vorgeworfenen Straftaten, die Gegenstand der Anklage sein sollen, mitzuteilen.[2603]

1138 Ähnliche Probleme können sich im Übrigen auch im Bereich des **Betäubungsmittelrechts** bei der Schilderung lange andauernder Handelsbeziehungen ergeben.[2604] Allerdings ist hier auf Grund der von der Rechtsprechung weiterhin für anwendbar gehaltenen Figur der „Bewertungseinheit“ die materiell-rechtliche Ausgangslage teilweise anders.[2605]

1139 Vergleichbare Probleme, für die obergerichtliche Entscheidungen bislang fehlen, stellen sich im Übrigen im Bereich des **Umweltstrafrechts**, zum Beispiel dann, wenn es um den Vorwurf einer unzulässigen Abwassereinleitung in ein Gewässer geht, der lediglich durch die vorgefundenen technischen Gegebenheiten (ein in den Fluss führendes Rohr, das erkennbar benutzt wurde) belegt ist, nach Tag, Zeit und Menge des eingeleiteten Abwassers im nachhinein aber nicht präzisiert werden kann. Auch hier kann die Lösung nicht darin liegen, die Unbestimmtheit des Vorwurfs, die Anlass für die Kritik an der fortgesetzten Handlung war, über eine Ausdehnung des Begriffs der natürlichen Handlungseinheit oder ähnliche Konstruktionen wieder anzuerkennen.

1140 Die Frage der Bestimmtheit des Anklagesatzes hat auch im **Nebenstrafrecht** wiederholt die Gerichte beschäftigt.[2606]

1141 Generell gilt aber in all diesen Fällen, dass das wesentliche Ergebnis der Ermittlungen zur **Auslegung des Anklagesatzes** herangezogen werden kann und dass die unzureichende Konkretisierung des Vorwurfs in der Anklageschrift durch einen entsprechenden Eröffnungsbeschluss oder einen gesonderten Gerichtsbeschluss im Zusammenhang mit der Eröffnung geheilt werden kann.[2607]

Der Bundesgerichtshof hat wiederholt anerkannt, dass es eine *„nach der Natur der angeklagten Taten im Tatsächlichen notwendigerweise ungenaue Fassung der Anklageschriften“* ge-

---

2603 BGHSt 40, 44, 46; LR-*Stuckenberg* § 200, Rn. 21 ff., jeweils m. w. N.

2604 BGH 2 StR 702/93 v. 14. 1. 1994 = BGHR StPO § 200 Abs. 1 Satz 1 – Tat 5; BGH 3 StR 48/95 v. 26. 4. 1995 = BGHR StPO § 200 Abs. 1 Satz 1 – Tat 15.

2605 Zur Figur der „Bewertungseinheit“: BGH 5 StR 505/96 v. 23. 10. 1996 = NStZ-RR 1997, 144; BGH StV 1996, 95 = NStZ 1996, 93 = BGHR BtmG § 29 – Bewertungseinheit 6; BGHR BtmG § 29 – Bewertungseinheit 3; BGH StV 1995, 256 = NStZ 1995, 193 = BGHR BtmG § 29 – Bewertungseinheit 1; BGH = BGHR BtMG § 29 Abs. 1 Nr. 1 – Handeltreiben 45.

2606 Das OLG Karlsruhe (StV 1993, 403) hat zu Recht einen Anklagesatz, in dem ein Verstoß gegen § 1 Heilpraktikergesetz dahin geschildert wurde, der Beschuldigte habe geschäfts- und gewerbsmäßig die Hypnose praktiziert, ohne zur Ausübung des ärztlichen Berufs berechtigt zu sein oder eine Erlaubnis gem. § 1 Heilpraktikergesetz zu besitzen, als zu unbestimmt angesehen, da jegliche Angaben zur Tatzeit und zum Tatort fehlten.

2607 BGH 4 StR 700/94 v. 13. 12. 1994 = BGHR StPO § 200 Abs. 1 Satz 1 – Tat 14; BGHSt 5, 225 (227); BGH GA 1973, 111; BGH JR 1954, 149 (m. Anm. *Görcke*), OLG Köln NJW 1966, 1935; BGH, Urt. vom 28. 10. 2009 – 1 StR 205/09.

ben kann.[2608] Freilich hat der 3. Strafsenat die Hoffnungen enttäuscht, dass das Gericht in diesen Fällen verpflichtet werden könnte, den Angeklagten zu unterrichten, welchen genauen Tatablauf es mit zunehmender Konkretierung im Laufe der Hauptverhandlung dem weiteren Verfahren zugrunde legen wolle.[2609]

Die Frage der hinreichenden Bestimmtheit des Anklagesatzes wird – als **Verfahrens-** 1142
voraussetzung – im Revisionsverfahren von Amts wegen geprüft. Der Revisionsführer muss deshalb hierzu keine Ausführungen machen. Insbesondere muss er nicht den Inhalt des Anklagesatzes und die im Zusammenhang mit der Anklageerhebung ergangenen Verfügungen und Stellungnahmen in der Revisionsbegründung im Wortlaut mitteilen. Gleichwohl kann es der Übersichtlichkeit der Darstellung dienen, wenn die bei den Akten befindlichen Äußerungen der Staatsanwaltschaft und des Gerichts bis zur Eröffnungsentscheidung in der Revisionsbegründung mitgeteilt werden.

Wenn Anklagesatz und Eröffnungsbeschluss keine so schwerwiegenden Mängel auf- 1143
weisen, dass sie unwirksam wären, dann besteht zwar kein Verfahrenshindernis, im Einzelfall kann in der fehlenden Bestimmtheit des Anklagesatzes aber zugleich ein Umstand liegen, der eine sachgerechte Verteidigung unmöglich macht. Der Bundesgerichtshof hat anerkannt, dass dies mit der **Verfahrensrüge** geltend gemacht werden kann.[2610] Eine solche Verfahrensrüge wird hier regelmäßig erfordern, dass der Revisionsführer darlegt, inwieweit er durch die fehlende Bestimmtheit des Anklagesatzes irregeführt oder an der Wahrnehmung seiner Rechte in der Hauptverhandlung gehindert wurde.

Ebenfalls nicht von Amts wegen zu prüfen, sondern nur mit der Verfahrensrüge gel- 1144
tend zu machen sind andere inhaltliche Mängel des Anklagesatzes oder Verfahrensfehler im Zusammenhang mit der **Verlesung des Anklagesatzes.**

Nach § 243 Abs. 3 Satz 1 StPO steht die Verlesung des Anklagesatzes am Beginn der Hauptverhandlung.[2611] Wird der Anklagesatz nicht verlesen, so liegt darin ein revisibler Verfahrensfehler. Den Schöffen (und den Berufsrichtern ohne Aktenkenntnis) steht in diesem Fall nicht die nötige Informationsgrundlage zur Verfügung, um dem Verfahren folgen zu können.[2612] Es begründet deshalb die Revision, wenn die Anklageschrift nicht verlesen wurde (Verletzung von § 243 Abs. 3 Satz 1 StPO).[2613] Die Rechtsprechung lässt Ausnahmen hiervon jedoch in einfach gelagerten Fällen zu, in denen der Zweck der Verlesung durch deren Unterbleiben nicht beeinträchtigt

2608 BGHSt 40, 44, 46; BGHSt 44, 153 = NJW 1998, 3788 = NStZ 1999, 42.

2609 BGHSt 48, 221 = NJW 2003, 2107 = NStZ 2003, 559 Anm. *Maier* NStZ 2003, 674.

2610 BGH 1 StR 707/95 v. 7. 3. 1996 = BGH StV 1996, 362 und BGH NStZ 1984, 133.

2611 Nur der Anklagesatz, nicht etwa die komplette Anklageschrift oder das wesentliche Ergebnis der Ermittlungen darf verlesen werden. Dass alles andere zu einer unzulässigen „Präokkupation der Geschworenen" führen könnte, wurde bereits in den Beratungen bei Formulierung der StPO gesehen, vgl. den Antrag des Abgeordneten *Schwarze*; siehe *Hahn* Materialien Band 3, Abt. I, Seite 804. Vgl. auch BGHSt 13, 73 (75); KK-*Schneider* § 243, Rn. 21.

2612 Vgl. BGHSt 8, 283 (284); BGH NStZ 1986, 39 und 374; *Roxin* § 42 B II; anders beim Einzelrichter des Amtsgerichts, der ohnehin Aktenkenntnis haben muss: BGH NStZ 1982, 518.

2613 BGH StV 1982, 100 = MDR 1982, 338; BGH StV 1984, 493 = NStZ 1984, 521; *Häger* GS Meyer, 175.

wird.[2614] Wird dies auch auf Fälle schwerer strafrechtlicher Vorwürfe erstreckt,[2615] weil „nach Sachlage“ davon auszugehen war, dass bei dem Angeklagten wie auch bei den anderen Verfahrensbeteiligten vorausgesetzt werden konnte, dass der Anklagevorwurf in vollem Umfang bekannt war, dann wird damit die Schutzfunktion des § 243 Abs. 3 StPO in unzulässiger Weise abgewertet.[2616]

1145 Revisibel ist auch ein Verstoß des Gerichts gegen die in § 243 StPO vorgesehene **Reihenfolge der Verfahrensschritte.**[2617] Den gesetzlichen Anforderungen ist zum Beispiel dann nicht genügt, wenn der Anklagesatz erst nach Vernehmung des Angeklagten zur Sache verlesen wird.[2618] Zu verlesen ist im Übrigen der gesamte Anklagesatz; bei „Punktesachen“ darf sich der Staatsanwalt nicht auf eine „bröckchenweise“ Bekanntgabe der einzelnen Tatvorwürfe beschränken.[2619] Nur durch das einmalige Vortragen des gesamten Prozessgegenstandes kann ein umfassender Überblick bzw. eine vollständige Information und Orientierung für die Richter und die anderen Verfahrensbeteiligten gewährleistet werden.[2620] Wurden mehrere Anklagen zu gemeinsamer Verhandlung miteinander verbunden, so müssen sämtliche Anklagesätze verlesen werden.[2621] Wurde dem Antrag der Staatsanwaltschaft auf Eröffnung des Hauptverfahrens nur mit Änderungen stattgegeben, sind nach Maßgabe des § 207 StPO der **Eröffnungsbeschluss oder die neu eingereichte Anklageschrift zu verlesen.**

1146 Wird Einspruch gegen einen **Strafbefehl** eingelegt, so hat der Staatsanwalt den Strafbefehlsantrag mit der sich aus dem Strafbefehl ergebenden Beschuldigung vorzutragen.[2622] Wurde das Urteil nach Berufung oder Revision aufgehoben, ist in der neuen Hauptverhandlung erneut der Anklagesatz zu verlesen, wobei sich die Verlesung an der Entscheidung der höheren Instanz zu orientieren hat, d.h. dass eine gegebenenfalls eingetretene Teilrechtskraft oder Erweiterungen durch das Berufungs- oder Revisionsgericht zu berücksichtigen sind.[2623] Wurde das Urteil nur im Strafausspruch aufgehoben, ist nicht der Anklagesatz, sondern das zurückverweisende Urteil zu verlesen.[2624]

2614 So BGHR StPO § 243 Abs. 3 – Anklagesatz 2 = NStZ 1995, 200 (m. abl. Anm. *Krekeler* NStZ 1995, 299); BGH NStZ 1982, 431 (432) und BGH NStZ 1984, 521; vgl. ferner BGH NStZ 1986, 39; BGH NStZ 1986, 374.

2615 Wie in BGH NJW 1982, 1057 = StV 1982, 100 = NStZ 1982, 170 = MDR 1982, 338 für den Vorwurf des versuchten Totschlags.

2616 Die „überschlägige revisionsrichterliche Einschätzung“ des Beurteilungsvermögens der Prozessbeteiligten kann in diesen Fällen nicht zur Verneinung der Beruhensfrage führen, so zu Recht LR-*Hanack* § 337, Rn. 258.

2617 BGH NStZ 1981, 111; BGH StV 1982, 457; BGH NJW 1982, 1057 = StV 1982, 100 = NStZ 1982, 170 = MDR 1982, 338; BGH NStZ 1982, 431; BGH NStZ 1984, 521 = StV 1984, 493; *Roxin* § 42 B II.

2618 RGSt 23, 310; BGH MDR 1975, 368 bei *Dallinger*; *Meyer-Goßner* § 243, Rn. 13; *Häger* GS Karlheinz Meyer, 175.

2619 BGHSt 19, 93 (97).

2620 So auch KK-*Schneider* § 243, Rn. 3; *Meyer-Goßner* § 243, Rn. 13; siehe aber RGSt 44, 312; *Häger* GS Karlheinz Meyer, 171 (175), der eine stationsweise Behandlung der Einzelfälle für rechtmäßig hält.

2621 *Meyer-Goßner* § 243, Rn. 13 es sei denn, sie sind (teilweise) wörtlich identisch, was aber für die Verfahrensbeteiligten und die Öffentlichkeit klar ersichtlich sein muss. BGH 1 StR 596/07 v. 19. 2. 2008 = NJW 2008, 2131 = NStZ 2008, 351 m. Anm. *Krehl* NStZ 2008, 525.

2622 *Meyer-Goßner* § 243, Rn. 14; KK-*Schneider* § 243, Rn. 21; vgl. ferner OLG Koblenz VRS 38, 56.

2623 *Meyer-Goßner* § 243, Rn. 14.

2624 *Meyer-Goßner* § 243, Rn. 14.

Während die Rechtsprechung mithin für die Umgrenzungs- und Informationsfunktion der Anklageschrift deren gesamten Inhalt (§ 200 Abs. 1 und 2 StPO) heranziehen will, ist für die in der Hauptverhandlung durch § 243 Abs. 3 StPO vorgeschriebene mündliche Information über den erhobenen Vorwurf lediglich der Anklagesatz (§ 200 Abs. 1 Satz 1 StPO) heranzuziehen. Soll die Verlesung des Anklagesatzes aber nicht nur der Information des Angeklagten (der durch die nach § 201 StPO veranlaßte Übersendung vom Inhalt der Anklageschrift ohnehin Kenntnis hat), sondern u.a. auch der Information gerade der Richter (einschließlich der Schöffen) dienen, die an der Hauptverhandlung teilnehmen,[2625] dann kann diesem Zweck regelmäßig in den Fällen nicht genügt werden, in denen der Anklagesatz erst unter Heranziehung des wesentlichen Ergebnisses der Ermittlungen (§ 200 Abs. 2 StPO) seiner Informationsfunktion genügt. Die Rechtsprechung hat allerdings bisher nicht anerkannt, dass in diesen Fällen ein Verfahrensfehler vorliegt, auf dem das Urteil durchaus beruhen kann. **1147**

Der vor Beginn der Beweisaufnahme zu verlesende Anklagesatz darf ferner – wie sich aus der Trennung zwischen § 200 Abs. 1 und Abs. 2 StPO ergibt – keine Beweiswürdigung enthalten; eine Anklageschrift mit gesetzwidrigem Anklagesatz darf nicht zur Hauptverhandlung zugelassen werden.[2626] Wird die Anklageschrift gleichwohl zugelassen und der fehlerhafte Anklagesatz verlesen, liegt ein Verfahrensfehler vor. Der BGH will jedoch das Beruhen des Urteils auf dem Verfahrensfehler ausschließen, wenn eine Beeinflussung der Laienrichter schon aufgrund des komplexen Sachverhaltes nicht angenommen werden könne.[2627] Dass durch Verlesung eines eine Beweiswürdigung enthaltenden Anklagesatzes die durch die §§ 243 Abs. 2 und 3 und 257 Abs. 3, 258 StPO gesetzlich festgelegte Reihenfolge der einzelnen Verfahrensschritte nicht mehr eingehalten wird, dürfte unbestreitbar sein.[2628] Wird das Beruhen auf dem Verfahrensfehler insoweit mit der Begründung abgelehnt, der Sachverhalt sei ohnehin so schwer zu erfassen, dass das schlichte Verlesen die Schöffen nicht habe beeinflussen können, so liegt hierin nicht nur ein Widerspruch zu einer früheren Entscheidung des Bundesgerichtshofs,[2629] es wird auch die **Informationsfunktion der Verlesung** zur Bedeutungslosigkeit herabgewürdigt. Zwar mag dies etwa in großen Wirtschaftsstrafsachen durchaus der Rechtswirklichkeit entsprechen. Dem gesetzlichen Rang der Anklageverlesung als formelle Information über den Inhalt des Vorwurfs, die Grundlage nicht nur für das Verständnis der möglichen Einlassung des Angeklagten, sondern auch für die Ausübung des Fragerechts sein muss, wird sie aber nicht gerecht. Wenn überdies bei einer gänzlich versäumten Verlesung des Anklagesatzes das Urteil darauf beruhen kann, dass den Schöffen der Inhalt der Anklage- **1148**

2625 KK-*Schneider* § 243, Rn. 20.

2626 BGH StV 1988, 282 (mit Anm. *Danckert*) = JR 1987, 389 (mit Anm. *Rieß*) = NJW 1987, 1209 = MDR 1987, 336 = BGHR StPO § 200 Abs. 1 Satz 1 – Anklagesatz 1 = wistra 1987, 389 = NStE Nr. 1 zu § 243.

2627 BGH StV 1988, 282.

2628 Vgl. *Danckert* StV 1988, 285; in diesem Sinne auch *Dahs/Dahs* Revision, Rn. 230 unter Berufung auf BGHR StPO § 261 – Inbegriff der Verhandlung 2.

2629 Wie *Danckert* in StV 1988, 285 unter IV. im Einzelnen dargelegt hat, bot in BGHSt 13, 73 (75) in einem Fall der Kenntnisnahme außerhalb der Hauptverhandlung gerade die Komplexität des Sachverhalts den Anlass, das Beruhen auf dem Verfahrensfehler zu bejahen.

schrift unbekannt war und sie deshalb ihr Augenmerk während der Hauptverhandlung von Anfang an nicht auf die in tatsächlicher Hinsicht wesentlichen Punkte richten konnten,[2630] dann besteht bei einem beweiswürdigende Ausführungen enthaltenden Anklagesatz jedenfalls die Gefahr der Irreleitung. Unzulässig ist gleichfalls das Verlesen von Angaben über die Untersuchungshaft des Angeklagten oder die Sicherstellung des Führerscheins.[2631]

1149 Die **Verlesung des Eröffnungsbeschlusses** ist – wenn er keine Modifikationen zur Anklage enthält – überflüssig aber unschädlich.[2632]

1150 Die Verlesung des Anklagesatzes gehört zu den wesentlichen Förmlichkeiten im Sinne von § 273 Abs. 1 StPO, sie kann mithin nur durch das **Protokoll** bewiesen werden.[2633] Auch Hinweise zur Klarstellung oder Beseitigung von Fehlern der Anklageschrift sind in das Protokoll aufzunehmen.[2634] Solche Hinweise hält die Rechtsprechung zur Klarstellung des Anklagesatzes für zulässig,[2635] sie dürfen aber nicht den Umfang einer neuen Anklageschrift annehmen.[2636] Die Erläuterung eines fehlerhaften Anklagesatzes darf dem Angeklagten nicht mit dem Argument versagt werden, er wisse ja am besten selbst über seine Tat Bescheid.[2637] Der Angeklagte muss Mängel in der Anklageschrift auch geltend machen können, ohne sich zur Sache einzulassen.

1151 Hat das Gericht im Eröffnungsbeschluss eine komplexe Anklage mit erheblichen Modifikationen zum Hauptverfahren zugelassen, kann die Verlesung des ursprünglichen Anklagesatzes nicht mehr zur Grundlage für die Hauptverhandlung gemacht werden und darf dann auch nicht unverändert verlesen werden. Deshalb schreibt § 207 Abs. 3 StPO vor, dass die Staatsanwaltschaft einen dem Beschluss angepassten neuen Anklagesatz zu formulieren hat, der dann in der Hauptverhandlung verlesen wird. Unterbleibt diese Anpassung, so kann dies als Verletzung des § 243 Abs. 3 Satz 3 StPO gerügt werden. Ob dann das Urteil darauf beruhen kann, ist eine Frage des Einzelfalls.

1152 Ebenfalls als Verstoß gegen § 243 Abs. 3 StPO hat es die Rechtsprechung angesehen, wenn die Anklageschrift sowohl bei der Zustellung des schriftlichen Exemplars (§ 201 Abs. 1 StPO) als auch bei der Verlesung des Anklagesatzes in der Hauptverhandlung nicht oder zumindest nicht ordnungsgemäß **übersetzt** wurde.[2638]

1153 Kein erheblicher Mangel ist nach herrschender Meinung das Fehlen einer Unterschrift des Staatsanwaltes unter der Anklageschrift, wenn eindeutig feststeht, dass

---

2630 BGH StV 1984, 493 = NStZ 1984, 521.
2631 LR-*Gollwitzer* § 243, Rn. 51.
2632 LR-*Gollwitzer* § 243, Rn. 51.
2633 BGHR StPO § 243 Abs. 3 – Anklagesatz 2; BGH NStZ 1986, 374.
2634 BGH GA 1973, 111; BGH NStZ 1984, 133.
2635 BGH GA 1973, 111, 112; BGH MDR 1980, 107 bei *Holtz;* ebenso LR-*Gollwitzer* § 243, Rn. 58; vgl. ferner *Puppe* NStZ 1982, 230.
2636 OLG Saarbrücken OLGSt § 200 StPO, 3 (9); vgl. ferner *Krause/Thon* StV 1985, 252 (254).
2637 Beispiel von *Puppe* NStZ 1982, 230 (231); *Schlüchter* JR 1990, 10 (12) – wobei in diesen Fällen auch die Besorgnis der Befangenheit begründet sein dürfte.
2638 BGH StV 1993, 2 = BGHR StPO § 243 Abs. 3 – Anklagesatz 1; vgl. auch OLG Hamburg NStZ 1993, 53 und BVerfG NJW 1983, 2762 (2764). Es dürfte in diesen Fällen ferner ein Verstoß gegen Artikel 6 Abs. 3 a EMRK in Betracht kommen, vgl. *Meyer-Goßner* Rn. 18 zu Artikel 6 EMRK.

dieser den Inhalt verantworten will und die Anklageschrift nicht nur ein Entwurf sein sollte.[2639]

Will die Staatsanwaltschaft in der Hauptverhandlung die Anklage auf weitere Straftaten erstrecken, stehen ihr zwei Wege offen: Sie kann mündlich **Nachtragsanklage** erheben (§ 266 StPO), oder sie kann außerhalb der Hauptverhandlung eine **neue Anklage** erheben und den Antrag stellen, das neue Verfahren zu dem bereits laufenden hinzu zu verbinden. Der BGH hat klargestellt, dass für beide Wege dieselben Voraussetzungen gelten:[2640] Nur wenn der Angeklagte ausdrücklich der Einbeziehung der neuen Vorwüfe zustimmt[2641] und sie sodann das Gericht beschließt,[2642] darf danach über den gesamten Stoff die Hauptverhandlung fortgesetzt werden. Inhaltlich muss auch die Nachtragsanklage den Anforderungen des § 200 Abs. 1 Satz 1 StPO genügen, sie ist gem. § 266 Abs. 2 Satz 3 StPO in die Sitzungsniederschrift aufzunehmen. Auch insoweit führen Mängel bei der Konkretisierung des Tatvorwurfs zur Unwirksamkeit der Anklageerhebung.[2643] Auch die **Zustimmung des Angeklagten** gehört zu den wesentlichen Förmlichkeiten des Verfahrens und muss protokolliert werden.[2644] Wird durch eine fehlende Eintragung im Protokoll mit der Beweiswirkung des § 274 StPO nachgewiesen, dass der Angeklagte die Zustimmung nicht erteilt hat, so kann dies mit der Revision als Verstoß gegen § 266 Abs. 3 Satz 2 StPO gerügt werden. **1154**

Fehlt der **Einbeziehungsbeschluss**, ist dies ein Prozesshindernis, das von Amts wegen zu beachten ist und zur Einstellung des Verfahrens bezüglich des in der Nachtragsanklage erhobenen Vorwurfs führen muss.[2645] Grundsätzlich ist der Angeklagte ferner gem. § 243 Abs. 5 Satz 2 StPO zur Nachtragsanklage zu vernehmen.[2646] Der Angeklagte kann gem. § 266 Abs. 3 StPO die Unterbrechung der Hauptverhandlung beantragen; auf dieses Recht ist er hinzuweisen. Verstöße hiergegen können im Einzelfall die Revision begründen. **1155**

2639 Die fehlende Unterzeichnung des Eröffnungsbeschlusses macht diesen hingegen unwirksam: BGH 2 StR 184/94 v. 8. 6. 1994 = BGHR StPO § 203 – Unterschrift 1; anders BayObLG StV 1990, 395 (396) (mit kritischer Anm. *Naucke*); Zur Frage der Besetzung des Gerichts bei Nachholung eines fehlenden Eröffnungsbeschlusses siehe BGH 4 StR 418/05 v. 2. 11. 2005 = BGHSt 50, 267 = NJW 2006, 240 = NStZ 2006, 298 = StV 2006, 398. Zur Nachholung allgemein auch *Dahs/Dahs* Revision, Rn. 231.

2640 BGH, Beschl. v. 11. 12. 2008 – 4 StR 318/08 = NJW 2009, 1429 = NStZ 2009, 222 (neue Anklage mit Verbindungsantrag) im Anschluss an BGH, Beschl. v. 3. 8. 1998 – 5 StR 311/98 = NStZ-RR 1999, 303 (Nachtragsanklage).

2641 BGH StV 1984, 496 = NJW 1984, 2172 = MDR 1984, 865 = JR 1985, 125 (mit Anm. *Gollwitzer*).

2642 BGH NJW 1970, 904 = JZ 1971, 105 (mit kritischer Anm. *Kleinknecht*); OLG Koblenz VRS 46, 204; OLG Saarbrücken NJW 1974, 375; *Achenbach* MDR 1975, 19; für eine Ausnahme siehe auch BGH NJW 1990, 1055 = wistra 1990, 68.

2643 BGH StV 1986, 329 = NStZ 1986, 276; BGH NStE Nr. 4 zu § 266 StPO – Mündliche Erhebung.

2644 BGH NJW 1984, 2172 = JR 1985, 125 (mit Anm. *Gollwitzer*); KG DAR 1956, 334.

2645 BGH StV 1996, 5 = NStZ-RR 1996, 140; BGH StV 1995, 432; BGH NJW 1970, 904; BayObLG NJW 1953, 674; OLG Oldenburg JR 1963, 109. Kein Verfahrenshindernis besteht aber, wenn nach Einstellung des Verfahrens nur noch über den Gegenstand der Nachtragsanklage verhandelt wurde: BGH NJW 1990, 1055 = wistra 1990, 68 = BGH NStE Nr. 3 zu § 266.

2646 BGHSt 9, 243 (245); KK-*Engelhardt* § 266, Rn. 9. Eine Gelegenheit zur Stellungnahme vor Erlass des Einbeziehungsbeschlusses reicht nicht aus, LR-*Gollwitzer* § 266, Rn. 25.

Im Falle der neuen außerhalb der Hauptverhandlung schriftlich hinzu verbundenen Anklage muss, wenn die Zustimmung nicht erteilt wird, mit der gesamten Hauptverhandlung von Neuem begonnen werden.[2647]

1156 Die Frage, ob der Gegenstand der Urteilsfindung mit der in der Anklage bezeichneten Tat übereinstimmt (§ 264 Abs. 1 StPO), muss als Prozessvoraussetzung bereits auf die Sachrüge beachtet werden. Die Grenze der Urteilsfindung ist danach das nach den Kriterien des **prozessualen Tatbegriffs** beschriebene Geschehen, d.h. der einheitliche geschichtliche Vorgang.[2648] Es ist insoweit danach zu fragen, ob sich das Tatbild nach der forensischen Bewertung wesentlich geändert hat. Hierfür kommt es, wie bei der Frage, ob die Anklage mangelhaft ist, auf verschiedene Faktoren, wie Tatort, Tatzeit, Begehungsweise, Tatopfer, Tatbeute, Taterfolg etc. an.[2649] Die Grenzziehung erweist sich jedoch nicht selten als außerordentlich schwierig. Stellt das Gericht eine von der Anklage abweichende Tatzeit fest, kann dies bei einer Tötung zum Beispiel unerheblich sein, da der Geschehensablauf bereits durch Tatopfer und Taterfolg charakterisiert ist.[2650]

1157 Bei materiell-rechtlicher Tateinheit ist in der Regel auch eine einheitliche Tat im Sinne des Prozessrechts gegeben, so dass sich die Kognitionspflicht des Gerichts auf sämtliche Vorwürfe zu erstrecken hat.[2651] Nach dem Wegfall der fortgesetzten Handlung[2652] hat der Bundesgerichtshof in den Fällen, in denen wegen fortgesetzter Handlung Anklage erhoben wurde, ein dahingehendes Urteil ergangen ist und die Revisionsentscheidung nunmehr zur Annahme selbständiger Handlungen kam, keinen Verstoß gegen § 264 StPO angenommen.[2653]

1158 Bei Dauerstraftaten, wie zum Beispiel dem **verbotenen Waffenbesitz**, wird zur Abgrenzung der Tat auch der Tatentschluss herangezogen.[2654] Da Erwerb und Führen einer Waffe trotz ununterbrochenen Waffenbesitzes zwei selbständige Taten sein können, sei auch bei Waffenbesitz gegenüber Akten des Führens der Waffe, die auf einem neuen Tatentschluss beruhen, von selbständigen Taten auszugehen.[2655]

1159 Die Identität der Tat soll auch noch gewahrt sein zwischen Unfallflucht und Gestatten des Fahrens ohne Fahrerlaubnis,[2656] hingegen selbst bei engem zeitlichen und örtli-

2647 BGH NJW 2009, 1429.

2648 BGHSt 32, 215 (216); 35, 80 (81); KK-*Engelhardt* § 264, Rn. 1, 3 und 14.

2649 Vgl. BGHSt 32, 215 (218); siehe hierzu auch BGHSt 35, 60 (64); 35, 80 (82) und 35, 172 (174); BGHR StPO § 264, Abs. 1 – Tatidentität 17; OLG Karlsruhe VRS 62, 278.

2650 BGHSt 19, 88.

2651 *Meyer-Goßner* § 264, Rn. 6 m.w.N.; BGH NStZ 1985, 70; BGHSt 35, 14 (19); BGH NStZ 1991, 539; anders aber BGHSt 29, 288 (293) für den Tatbestand des § 129 StGB, hiergegen: *Schäfer* Die Praxis des Strafverfahrens, 390, Rn. 910; siehe auch BGHR StPO § 264 Abs. 1 – Ausschöpfung 3.

2652 Zur früheren Rechtslage vgl. BGH StV 1982, 256 = NStZ 1982, 519; ähnlich BGH StV 1982, 159 = NStZ 1982, 128.

2653 *Fischer* vor § 52, Rn. 47 ff.

2654 Vgl. BGHSt 36, 151 (154); *Schäfer* Die Praxis des Strafverfahrens, 390, Rn. 911.

2655 So BGHSt 36, 151 (154); in einem anders gelagerten Fall für eine einheitliche Tat: BGHSt 35, 60 (64); in ähnlichem Zusammenhang ein Verfahrenshindernis bejaht: BGHR StPO § 264 Abs. 1 – Tatidentität 24.

2656 OLG Zweibrücken NJW 1982, 2566 = VRS 63, 53.

chen Zusammenhang nicht mehr zwischen Unfallflucht und Strafvereitelung.[2657] Wegen der Einzelheiten muss insoweit auf die Kommentare verwiesen werden.

Für die Revision ist auch hier anzuraten, dass dort, wo ein Verfahrenshindernis im **1160** Wege steht, das sich nicht ohne Weiteres aus der Urteilsurkunde erschließt, der Revisionsführer nicht auf die Prüfung vom Amts wegen aufgrund der Sachrüge vertrauen sollte. Mag es rechtlich geboten sein oder nicht: Wer das Urteil zu Fall oder das Verfahren zur Einstellung bringen will, sollte in der Revisionsbegründungsschrift „den Finger auf die Wunde legen".

cc) Hinweispflicht bei Veränderung des rechtlichen Gesichtspunktes (§ 265 StPO)

Literatur: *Hänlein/Moos* Zu Reichweite und revisionsrechtlicher Problematik der Hinweispflicht nach § 265 I StPO, NStZ 1990, 481; *Küpper* Die Hinweispflicht nach § 265 StPO bei verschiedenen Begehungsformen desselben Strafgesetzes, NStZ 1986, 249; *Lachnit* Voraussetzungen und Umfang der Pflicht zum Hinweis auf die Veränderung des rechtlichen Gesichtspunkts nach § 265, 1965; *Meyer* Entsprechende Anwendung des § 265 Abs. 1 StPO bei veränderter Sachlage, GA 1965, 257; *Michel* Aus der Praxis: Die richterliche Hinweispflicht, JuS 1991, 850; *Niemöller* Die Hinweispflicht des Strafrichters bei Abweichung vom Tatbild der Anklage, 1988; *Scheffler* Rückkehr zur bisherigen Rechtsauffassung nach einem rechtlichen Hinweis gem. § 265 Abs. 1 StPO ohne erneuten Hinweis? JR 1989, 232; *Schlothauer* Gerichtliche Hinweispflichten in der Hauptverhandlung, StV 1986, 213.

So wie das Gesetz durch die Pflicht zur Zustellung der Anklage (§ 201 StPO) und zur **1161** Verlesung des Anklagesatzes (§ 243 Abs. 3 StPO) sicherstellen will, dass der Angeklagte über die durch die Anklageerhebung erfolgte Begrenzung des Verfahrensstoffs informiert wird, so will es durch § 265 Abs. 1 StPO sicherstellen, dass dem Angeklagten auch während der Hauptverhandlung die Gewissheit über den Inhalt des Vorwurfs und die hieran geknüpfte Strafdrohung erhalten bleibt. Als Ausdruck der gerichtlichen Fürsorgepflicht[2658] und des Anspruchs auf rechtliches Gehör[2659] enthält § 265 Abs. 1 StPO die Verpflichtung des Gerichts, auf eine von der Anklageschrift abweichende rechtliche Würdigung des in der Hauptverhandlung ermittelten Sachverhalts hinzuweisen.[2660] Der **rechtliche Hinweis** ist auch nicht dann entbehrlich, wenn Staatsanwaltschaft und Verteidigung sich in ihrem Schlussvortrag mit der gegenüber dem Anklagevorwurf geänderten Auffasung ausdrücklich befasst haben.[2661]

Es wäre sicherlich verfehlt, aus der Vielzahl der auf eine Verletzung von § 265 Abs. 1 **1162** StPO gestützten Revisionen auf den Umgang der Gerichte mit der Fürsorgepflicht gegenüber dem Angeklagten zu schließen. Sie deuten aber nicht zuletzt auf immer komplizierter werdende Anklagen hin, die in einzelnen Wirtschafts- und Umwelt-

---

2657 BayObLG StV 1985, 185 = NStZ 1984, 569 = MDR 1984, 961 (in einem Fall falscher Selbstbezichtigung).

2658 *Meyer-Goßner* § 265, Rn. 3; KK-*Engelhardt* § 265, Rn. 1; LR-*Gollwitzer* § 265, Rn. 2; *Roxin* Strafverfahrensrecht § 42 D V.

2659 BGHSt 11, 88 (91); BGH NJW 1988, 501; *Schlothauer* StV 1986, 214; teilweise anders: BGHSt 22, 336 (339); KK-*Engelhardt* § 265, Rn. 1; LR-*Gollwitzer* § 265, Rn. 4.

2660 Verfahrensrechtlich liegt hierin eine Ergänzung der vom Gericht zugelassenen Anklage: BGHSt 13, 320 (324); LR-*Gollwitzer* § 265, Rn. 3.

2661 BGH 2 StR 206/05 v. 10. 8. 2005 = NStZ-RR 2005, 376 = StV 2006, 5 = StraFo 2005, 468.

strafverfahren schon dazu geführt haben, dass die Kammern im Laufe längerer Hauptverhandlungen rechtliche Hinweise erteilen, die den gesetzlichen Tatbestand in sämtlichen Tatbestandsalternativen und allen auch nur entfernt in Betracht kommenden Begehungsformen erfassen. Mit diesem stellenweise zu beobachtenden Streben nach Absicherung gegenüber dem Revisionsgericht wird dem durch die §§ 200 und 265 Abs. 1 StPO[2662] festgeschriebenen Informationsanspruch nicht mehr Rechnung getragen.

1163 Die Einhaltung des Informationsanspruchs des Beschuldigten ist revisionsrechtlich in vollem Umfang überprüfbar; die Verletzung von § 265 StPO kann mit der **Verfahrensrüge** geltend gemacht werden. Sie setzt voraus, dass das Gericht den Schuldspruch auf ein anderes (oder ein zusätzliches) Strafgesetz gestützt hat als die Staatsanwaltschaft die Anklageschrift (bzw. das Gericht den Eröffnungsbeschluss). Die Vielzahl der Fälle, in denen die Rechtsprechung eine die Hinweispflicht des § 265 Abs. 1 StPO auslösende Änderung des rechtlichen Gesichtspunktes angenommen hat, kann hier auch nicht annähernd vollständig behandelt werden Nur beispielhaft sei lediglich auf folgende Konstellationen hingewiesen:

1164 Ein **rechtlicher Hinweis** ist zu erteilen, wenn eine Verurteilung wegen Mordes erfolgen soll, die Anklage aber lediglich auf Totschlag lautete.[2663] Dasselbe gilt bei einer Verurteilung wegen Vollendung statt wegen Versuchs,[2664] beim Wechsel von Mittäterschaft zur Alleintäterschaft[2665] und umgekehrt von Alleintäterschaft zu Mittäterschaft.[2666] Die Hinweispflicht löst auch ein Übergang von unmittelbarer zu mittelbarer Täterschaft aus.[2667] Auch auf einen Wechsel in der Konkurrenzform muss hingewiesen werden.[2668] Dasselbe gilt, wenn ein Unterlassensdelikt angeklagt war, bevor das Gericht den materiellrechtlich ansonsten gleichen Vorwurf auf die Begehensweise aktives Tun umstellt.[2669]

Die Hinweispflicht hängt nicht davon ab, ob die vom Gericht beabsichtigte Gesetzesanwendung für den Angeklagten nachteilig ist. Ein Hinweis muss vielmehr auch

---

2662 Vgl. auch Art. 6 Abs. 3 EMRK.

2663 BGH StV 1982, 408; StV 1984, 367; BGHR § 265 Abs. 1 – Hinweis 3 = StV 1993, 179 = NStZ 1993, 200; BGHR StPO § 265 Abs. 4 – Verteidigung angemessene 3; BGH, Beschl. v. 17. 10. 2006 – 4 StR 335/06 = NStZ 2007, 116 = StV 2008, 431. Vgl. aber BGH, Beschl. v. 19. 12. 2007 – 1 StR 581/07 = NStZ 2008, 302 = StV 2008, 342 nachdem ein unterbliebener Hinweis bei Anklage gem. § 211 StGB und Verurteilung nach § 212 StGB den Schuldspruch regelmäßig nicht gefährdet.

2664 BGH StV 1991, 8; BGH MDR 1954, 531 (*Herlan*); OLG Schleswig-Holstein, Beschl. v. 20. 9. 2004 – 2 Ss 117/04.

2665 BGH NStZ-RR 1996, 108; BGH NStZ 1983, 569; BGH NStZ 1990, 449; BGHR StPO § 265 Abs. 1 – Hinweispflicht 5 = NStE StPO § 265 Nr. 11; BGHR StPO § 265 Abs. 1 – Hinweispflicht 6 = NStE StPO § 265 Nr. 14; siehe auch BGHR StPO § 265 Abs. 4 – Hinweis 1. Wird einer von zwei Angeklagten darauf hingewiesen, dass er möglicherweise als Gehilfe und nicht als Mittäter bestraft werden könne, ist ein weiterer Hinweis an den anderen Angeklagten, er könne als Alleintäter verurteilt werden, nicht nötig: BGHR StPO § 265 Abs. 1 – Hinweispflicht 2 mit Hinweis auf BGH NStZ 1983, 569; BGH, Beschl. v. 17. 1. 2001 – 2 StR 438/00 = StV 2002, 236.

2666 BGH StV 1996, 82; BGH, Urteil v. 15. 9. 2004 – 2 StR 242/04 = StraFo 2005, 75, = NStZ 2005, 261.

2667 LR-*Gollwitzer* § 265, Rn. 28.

2668 BGHR StPO § 265 Abs. 1 – Hinweis 2; BGH StV 1991, 102; BGH StV 1984, 26; BGH NStZ 1984, 213; RGSt 16, 437, 439; BGH StV 1996, 584.

2669 BGH, Beschl. v. 5. 9. 2001 – 3 StR 175/01 = StV 2002, 183 = StraFo 2002, 15.

dann erteilt werden, wenn das vom Gericht angenommene Gesetz das mildere ist, so zum Beispiel wenn statt Vollendung lediglich Versuch angenommen wird,[2670] wenn die Verurteilung lediglich wegen Totschlages nach Anklageerhebung wegen Mordes erfolgen soll[2671] oder bei der Annahme einer fahrlässigen Tötung (§ 222 StGB) statt einer Aussetzung (§ 221 Abs. 3 StGB).[2672] Kommt das Gericht hingegen nur zur Annahme des milderen Gesetzes, weil ein Tatbestandsmerkmal des in der Anklage bezeichneten Gesetzes weggefallen ist, soll keine Hinweispflicht bestehen.[2673] Dies gilt etwa für die Annahme eines einfachen Diebstahls (§ 242 Abs. 1 StGB) statt eines qualifizierten Diebstahls (§ 244 Abs. 1 StGB),[2674] oder einer einfachen Erpressung (§ 253 StGB) statt einer räuberischen Erpressung (§ 255 StGB).[2675]

Bei **Wahlfeststellung** muss auf den von der Anklage abweichenden Gesichtspunkt **1165** hingewiesen werden.[2676] Hinsichtlich der Möglichkeit, dass eine Wahlfeststellung in Betracht kommt, soll kein Hinweis notwendig sein;[2677] dies erscheint jedoch zweifelhaft. Eine Hinweispflicht wird in den Fällen bejaht, in denen eine andere Begehungsform desselben Strafgesetzes angenommen wird.[2678]

Eine Hinweispflicht besteht auch bei einer **Änderung der Schuldform**,[2679] sowie bei einer **1166** Änderung des **Schuldumfangs**.[2680] Eine allgemeine Hinweispflicht auf die Annahme der verminderten Schuldfähigkeit (§ 21 StGB) wird hingegen abgelehnt, weil der Angeklagte immer mit der Überprüfung seiner Schuldfähigkeit rechnen müsse.[2681]

2670 BGH StV 1991, 8; BGH, Urteil v. 15. 9. 2004 – 2 StR 242/04 = StraFo 2005, 75 = NStZ 2005, 261.

2671 BGHR StPO § 265 Abs. 1 – Hinweispflicht 1.

2672 BGH NStZ 1983, 424.

2673 So LR-*Gollwitzer* § 265, Rn. 24 mit Hinweisen auf die Rechtsprechung des RG.

2674 BGH NJW 1970, 904.

2675 *Meyer-Goßner* § 265, Rn. 9; vgl. BGH, Beschl. v. 23. 4. 2002 – 2 StR 505/01 = StraFo 2003, 261 = StV 2002, 588 zu abweichenden Tatumständen innerhalb des § 250 StGB.

2676 BGHR StPO § 265 Abs. 1 – Hinweispflicht 6 = NStZ 1990, 449 (bei wahlweiser Feststellung von Mittäterschaft oder Alleintäterschaft im Urteil, obwohl nur Mittäterschaft angeklagt war); ähnlicher Fall in BGH NJW 1985, 2488; BGH MDR 1977, 108 (*Holtz*); vgl. ferner *Schlothauer* StV 1986, 213 (217).

2677 BGH MDR 1974, 369 (*Dallinger*).

2678 So etwa beim Wechsel vom Mordmerkmal „zur Verdeckung einer Straftat" zum Mordmerkmal „zur Ermöglichung einer Straftat" jedenfalls dann, wenn hierdurch der Vorwurf eine andere Zielrichtung erhält und neue Lebenssachverhalte eingeführt werden: BGH StV 1984, 367; vgl. auch BGH, Beschl. v. 17. 10. 2006 – 4 StR 335/06 = NStZ 2007, 116 = StV 2008, 341; BGH, Beschl. v. 21. 4. 2004 – 2 StR 363/03 = NStZ 2005, 111 = StV 2004, 522, im Rahmen von § 224 StGB muss auf die konkrete Begehungsweise hingewiesen werden: BGH 5 StR 592/96 v. 21. 1. 1997 = StV 1997, 237 = NStZ-RR 1997, 173; vgl. ferner KG SJZ 1947, 447; BGH MDR 1970, 382; BGHSt 23, 95 = NJW 1969, 2246; BGHSt 25, 287 = NJW 1974, 1005; weitere Beispiele bei KK-*Engelhardt* § 265, Rn. 8. Nach der Rechtsprechung gilt dies nicht, wenn die andere Begehungsform keine andere Verteidigung des Angekl. erfordert: BGHSt 23, 95 (96); BGHSt 25, 287 (289); LR-*Gollwitzer* § 265, Rn. 30 (Nur bei einem Wechsel zwischen wesensgleichen Begehungsformen derselben Straftat bedarf es keines Hinweises.) ; vgl. ferner *Küpper* NStZ 1986, 249 (250).

2679 Beim Übergang von Fahrlässigkeit zu Vorsatz: BGH VRS 49, 184; BGH DRiZ 1975, 283; OLG Neustadt JR 1958, 352 (m. Anm. *Sarstedt*); OLG Hamm MDR 1973, 783; OLG Koblenz VRS 63, 50; OLG Hamm VRS 63, 56; vgl. ferner BayObLG DAR 1971, 207. OLG Stuttgart, Beschl. v. 28. 4. 2008 – 2 Ss 106/08 = StV 2008, 626; OLG Oldenburg, Beschl. v. 20. 10. 2009 – 1 Ss 143/09 = NJW 2009, 3669.

2680 BGHR StPO § 265 Abs. 1 – Hinweispflicht 5 = StV 1990, 54.

1167 **§ 265 Abs. 2 StPO** dehnt die Hinweispflicht auf den **Rechtsfolgenausspruch** aus. Ein Hinweis ist erforderlich, wenn in der Hauptverhandlung Umstände hervortreten, die die Strafbarkeit erhöhen, eine zusätzliche Strafsanktion bewirken oder die Anordnung einer Maßregel der Besserung und Sicherung rechtfertigen könnten. Auch insoweit liegt in der Verletzung der Hinweispflicht ein Revisionsgrund, der jedenfalls zur Aufhebung des Strafausspruchs führen muss. Unter die Hinweispflicht nach § 265 Abs. 2 StPO fallen insbesondere die Qualifikationen,[2682] so zum Beispiel die Anwendung der §§ 224 und 226 StGB, wenn die Anklage lediglich den Vorwurf der einfachen Körperverletzung (§ 223 StGB) erhebt, sowie alle Tatbestände, bei denen durch Hinzutritt eines weiteren Tatbestandsmerkmals ein neuer gesetzlicher Tatbestand entsteht.[2683] Ein Hinweis ist erforderlich, wo das Gesetz die besonders schweren Fälle an Hand von Regelbeispielen erläutert und sich erst in der Hauptverhandlung ergibt, dass ein Regelbeispiel erfüllt sein könnte.[2684] Dies gilt auch für das Merkmal der Gewerbsmäßigkeit beim Handel mit Betäubungsmitteln.[2685]

Zwar mag der Gesetzeswortlaut in der Tat dafür sprechen, nur die „tatbestandsähnlich" ausgestalteten Strafschärfungsbestimmungen in den unmittelbaren Anwendungsbereich von § 265 Abs. 2 StPO einzubeziehen. Doch muss angesichts der oftmals erheblichen Bedeutung der Strafschärfungsgründe nach den Regelbeispielen in §§ 263 Abs. 3 und 266 Abs. 3 Abs. 2 StGB der Anspruch des Angeklagten auf ein faires Verfahren insoweit als Anspruch auf ein „transparentes" Verfahren auch eine Hinweispflicht bei einer drohenden Verurteilung auf Grund des erhöhten Strafrahmens umfassen.[2686]

1168 Ein Sonderproblem, das der BGH wechselhaft und nach dem bisherigen Stand seiner Rechtsprechung wenig überzeugend behandelt, betrifft die Frage, ob es bei einer Mordanklage eines gesonderten Hinweises bedarf, bevor das Schwurgericht zur lebenslangen Freiheitsstrafe auch die **besondere Schwere der Schuld** (§ 57a Abs. 1 Satz 1 Nr. 2 StGB) ausspricht. Zunächst hatte der 1. Strafsenat die Frage ohne nähere Begründung verneint,[2687] später in einem obiter dictum aber ausgesprochen, der Senat neige zu der Auffassung, dass der Angeklagte wenigstens im Laufe der Verhandlung erkennen müsse, dass das Gericht diesen Ausspruch erwägt.[2688] Dann kehrte der 2. Strafsenat, allerdings in einem Fall, in dem der Sitzungsvertreter der Staatsanwaltschaft einen auf die besondere Schuldfeststellung gerichteten Antrag gestellt hatte, wieder auf die apodiktische Aussage zurück es bestehe keine Verpflichtung des Gerichts, gemäß § 265 StPO darauf hinzuweisen, dass neben der Verhängung lebenslan-

---

2681 BGHR StGB § 21 – Hinweispflicht 1 = NStE Nr. 3 zu § 265 StPO = BGH StV 1987, 427 = NStZ 1988, 191 (m. Anm. *Hilgendorf-Schmidt*) = NJW 1988, 501 = MDR 1987, 953; vgl. *Roxin* Strafverfahrensrecht § 42 D.V.2.b).

2682 LR-*Gollwitzer* § 265, Rn. 42.

2683 *Meyer-Goßner* § 265, Rn. 18; BGHSt 29, 274 (279/280).

2684 BGH NJW 1988, 501.

2685 So BGH NJW 1980, 714 = MDR 1980, 274 im Gegensatz zu BGH NJW 1977, 1830; für eine Hinweispflicht bei Regelbeispielen auch: *Arzt* JuS 1972, 517; *Fabry* NJW 1986, 15; *Furthner* JR 1969, 11; *Schlothauer* StV 1986, 221; vgl. ferner BGH VRS 56, 189; *Meyer-Goßner* § 265, Rn. 19.

2686 Vgl. *Schlothauer* StV 1986, 221.

2687 BGH, Beschl. v. 26. 6. 1996 – 1 StR 328/96 = NJW 1996, 3285 = StV 1996, 650.

2688 BGH, Beschl. v. 10. 7. 2002 – 1 StR 140/02 = BeckRS 2002 30271416.

ger Freiheitsstrafe die Feststellung der besonderen Schwere der Schuld (§ 57a Abs. 1 Satz 1 Nr. 2 StGB) in Betracht kommen könnte. Bereits durch die Anklage wegen Mordes müsse dem verteidigten Angeklagten bewusst sein, dass das Gericht eine Entscheidung über die besondere Schwere der Schuld zu treffen habe.[2689] Zwar hat der Senat hervorgehoben, dies gelte „jedenfalls vorliegend", wobei der Antrag der Staatsanwaltschaft offenbar eine Rolle spielte. Gleichwohl ist zu hoffen, dass ein geeigneter Fall diesem oder einem anderen Senat Gelegenheit gibt, diese Rechtsprechung noch einmal zu überdenken. Der rechtliche Hinweis nach § 265 StPO darf auch sonst nicht dem Staatsanwalt überlassen werden. Und dass der besonders harte Ausspruch nach § 57a Abs. 1 Nr. 2 StGB sich schwer in den Wortlaut des § 265 StPO einpassen lässt, liegt in der Natur dieser auf die spätere Vollstreckung bezogenen Zusatzsanktion. Dass jeder des Mordes Angeklagte sie „fürchtet", macht nicht die nach dem Fairnessgrundsatz gebotene Transparenz dessen entbehrlich, was das Gericht „im Schilde führt".

Die Hinweispflicht nach § 265 Abs. 2 StPO erstreckt sich auch auf die Anordnung von **1169** **Maßregeln.**[2690] Ordnet das Gericht jedoch vor Anberaumung des Hauptverhandlungstermins ein Gutachten über die Schuldfähigkeit des Angeklagten und dessen eventuelle Unterbringung in einer psychiatrischen Anstalt an, ist bereits darin ein entsprechender richterlicher Hinweis zu sehen, weil der Angeklagte dadurch Kenntnis davon erhält, dass es dem Gericht auf diese Frage ankommt, und seine Verteidigung entsprechend einrichten kann.[2691] Dasselbe gilt für die Sicherungsverwahrung[2692] und die Führungsaufsicht.[2693] Die Vorschrift des § 265 Abs. 2 StPO schreibt einen Hinweis auch auf eine unvorhergesehene Entziehung der Fahrerlaubnis nach § 69 StGB[2694] bzw. auf die Anordnung einer Sperre für die Erteilung einer neuen Fahrerlaubnis vor.[2695] Ein Antrag der Staatsanwaltschaft im Schlussvortrag reicht als Hinweis im Sinne von § 265 Abs. 2 StPO insofern nicht aus.[2696] Auch die Anregung des Staatsanwalts, das Gericht möge einen entsprechenden Hinweis geben, genügt nicht.[2697] Hinweise sind ferner erforderlich bei der Anordnung eines Berufsverbotes,[2698] bei der beabsichtigten Einziehung eines Fahrzeuges,[2699] für die Anordnung ei-

---

2689 BGH, Urt. v. 2. 2. 2005 – 2 StR 468/04 – = StV 2006, 60 m. insoweit krit. Anm. *Lüderssen*.

2690 Vgl. dazu BGHR StPO § 265 Abs. 2 – Hinweispflicht 2 und BGHR StPO § 265 Abs. 1 – Hinweispflicht 3 = NStE Nr. 9 zu § 265, zur Unterbringung in einer Entziehungsanstalt gem. § 64 StGB, ohne dass die Anklageschrift oder der Eröffnungsbeschluss diese Möglichkeit erwähnten; BGHR StPO § 265 Abs. 2 – Hinweispflicht 6, zur Sicherungsverwahrung; BGH, Beschl. v. 2. 4. 2008 – 2 StR 529/07 = StV 2008, 344; BGH, Beschl. v. 4. 6. 2002 – 3 StR 144/02 = NStZ-RR 2002, 271 = StV 2002, 589.

2691 BGHR StPO § 265 Abs. 2 – Hinweispflicht 4.

2692 BGH GA 1966, 180. Vgl. zum notwendigen Hinweis auf eine Unterbringung in der Sicherungsverwahrung BGH, Beschl. v. 23. 10. 2008 – 3 StR 350/08 = StV 2009, 118 = StraFo 2009, 72.

2693 *Schlothauer* StV 1986, 219.

2694 BGHSt 18, 288 (289); BGH NStZ 1992, 28 (*Kusch*); BayOLGSt 2004, 43 = NStZ-RR 2004, 248.

2695 BGHR StPO § 265 Abs. 2 – Hinweispflicht 5; BGH NStZ 1994, 25 (*Kusch*).

2696 BGHSt 19, 141; 22, 29 (31); BGH NStZ 1994, 25 (*Kusch*).

2697 BGH NStZ 1994, 25 (*Kusch*) mit Hinweis auf die Übersicht in NStZ 1983, 158 Nr. 32.

2698 BGHSt 2, 85 (86 ff.) = NJW 1952, 434 = MDR 1952, 244; BGHSt 18, 66 (67); *Schlothauer* StV 1986, 219; vgl. aber BGH, Beschl. v. 26. 5. 1998 – 5 StR 196/98.

2699 BGH StV 1984, 453 (m. Anm. *Schlothauer*); siehe aber BGHSt 16, 47 (48), wo eine Hinweispflicht verneint wird, wenn der Staatsanwalt im Schlussvortrag die Einziehung beantragt hat.

nes Fahrverbotes nach § 25 StVG[2700] sowie für die Anordnung eines Fahrverbotes nach § 44 StGB.[2701]

1170 Die Rechtsprechung hat im Übrigen durchaus in begrüßenswerter Weiterentwicklung des den § 265 Abs. 1 und 2 StPO zugrundeliegenden Rechtsgedankens eine Hinweispflicht dann angenommen, wenn sich die **Tatsachengrundlage** gegenüber dem Inhalt des Anklagevorwurfs wesentlich ändert.[2702] Sowohl aus den §§ 243 Abs. 5, 136 Abs. 2 StPO,[2703] aus den §§ 244 Abs. 2 und 265 Abs. 4 StPO,[2704] als auch auch aus Artikel 6 Abs. 3 a EMRK[2705] ergibt sich der leitende Gedanke, dass der Angeklagte über den ihm zur Last gelegten Vorwurf im Detail zu informieren ist, und dass das Gericht alles zu unternehmen hat, um diesen Vorwurf aufzuklären. Auch der Hinweis auf eine veränderte Tatsachengrundlage dient der Wahrung des rechtlichen Gehörs. Dass er zu erteilen ist, folgt letztlich aus der gerichtlichen Fürsorgepflicht.[2706] Er dient zugleich der Sachaufklärung, indem dem Angeklagten die Möglichkeit eröffnet wird, zu den neu hinzugetretenen Tatsachen Äußerungen abzugeben oder Beweiserhebungen zu beantragen. Die konsequente Beachtung der Hinweispflicht wirkt damit dem strukturellen Kommunikationsdefizit einer jeden strafrechtlichen Hauptverhandlung entgegen. Auch der für die Prozesssituation des Angeklagten häufig charakteristischen Ungewissheit über die vorläufige Würdigung der Beweisaufnahme durch das Gericht kann durch eine großzügige Handhabung der Hinweismöglichkeit in analoger Anwendung von § 265 Abs. 1 StPO entgegengewirkt werden.

1171 Geboten ist ein Hinweis auf die veränderte Tatsachengrundlage in analoger Anwendung von § 265 Abs. 1 StPO etwa dann, wenn das Gericht dem Urteil eine von der Anklageschrift **abweichende Tatzeit** zugrundelegen will,[2707] oder wenn es – anders als die Anklage – von nach Tatzeit, Tatort und Tatbegehung konkret bestimmten Einzeltaten ausgehen will.[2708]

1172 Von welch elementarer Bedeutung für die Position des Angeklagten ein solcher Hinweis sein kann, zeigt sich vor allem in den Fällen, in denen sich der Angeklagte mit

---

2700 *Schlothauer* StV 1986, 213 (221); OLG Köln VRS 48, 52; OLG Düsseldorf NStE Nr. 13 zu § 265 StPO; OLG Oldenburg NStE Nr. 18 zu § 265 StPO; *Meyer* Anmerkung zu OLG Hamm, JR 1971, 517; OLG Thüringen, Beschl. v. 26. 2. 2010 – 1 Ss 270/09.

2701 OLG Hamm GA 1981, 174 (jedenfalls in Ausnahmefällen); BayObLG JZ 1978, 576 (zum Schutz des Angeklagten vor Überraschungsentscheidungen); OLG Hamm VRS 34, 418 ff.; ähnlich: OLG Hamm VRS 41, 100 = JR 1971, 517 (m. Anm. *Meyer*); OLG Oldenburg NStE Nr. 18 zu § 265; *Schlothauer* StV 1986, 221; anderer Ansicht: OLG Koblenz NJW 1971, 1472 ff. (m. Anm. *Händel*); *Meyer-Goßner* § 265, Rn. 24.

2702 Vgl BGH NStZ 2000, 48 und insbes. BGH, Beschl. vom 8. 11. 2005 – 2 StR 296/05 = StV 2006, 121; *Michel* JuS 1991, 850, 851; eingehend *Niemöller* Die Hinweispflicht des Strafrichters bei Abweichung vom Tatbild der Anklage, 1988.

2703 *Meyer* GA 1965, 257.

2704 LR-*Gollwitzer* § 265, Rn. 80 m. w. N.

2705 *Niemöller* Die Hinweispflicht, 51 ff.

2706 BGH MDR 1980, 107; BGH StV 1988, 95; BGH StV 1988, 329; *Roxin* § 42 D.V.2.a).

2707 BGH 1 StR 629/96 v. 6. 2. 1997 = StV 1997, 237; BGH NStZ 1984, 422; BGHR StPO § 265 Abs. 1 – Hinweispflicht 3 = NStE Nr. 6 zu § 265 StPO; BGHR StPO § 265 Abs. 4 – Hinweispflicht 3; BGHR StPO § 265 Abs. 4 – Hinweispflicht 12 = StV 1991, 149; BGHR StPO § 265 Abs. 1 – Hinweispflicht 8; OLG Bremen StV 1996, 301.

2708 BGH 4 StR 691/95 v. 19. 12. 1995 = StV 1996, 197 = NStZ 1996, 295.

einem **Alibi** verteidigt. Die Änderung der Tatzeit kann hier dazu führen, dass ein angebotener Alibibeweis leerläuft; hier muss dem Angeklagten durch einen Hinweis Gelegenheit gegeben werden, seine Verteidigung auf den anderen Tatzeitraum zu erstrecken.[2709] Die Hinweispflicht besteht ferner bei „überraschender" Feststellung von Tatsachen, die weder durch die Anklageschrift noch den Gang den Verhandlung für den Angeklagten erkennbar waren.[2710]

Gibt der Angeklagte aber durch sein Geständnis in der Hauptverhandlung zu erkennen, dass er auf eine Änderung der tatsächlichen Urteilsgrundlage vorbereitet war, kann er sich später nicht mit der Revision auf die Verletzung der Hinweispflicht berufen.[2711]

Bei Verstößen gegen das BtMG ist darauf zu achten, dass die in der Anklage aufge- **1173**
führte Menge des Betäubungsmittels mit der im Urteil aufgeführten übereinstimmt.[2712] Auch bei einer Änderung der Tatbeteiligten,[2713] des Tatopfers[2714] und der Tathandlung[2715] und bei einer Ausdehnung des Tatzeitraums[2716] sind Hinweise erforderlich. Die Einbeziehung von Vorbereitungshandlungen bei der Tatplanung in die Urteilsfeststellungen setzt jedoch grundsätzlich keinen richterlichen Hinweis voraus, wenn im Übrigen nur nach den in der Anklage bezeichneten Straftatbeständen verurteilt wurde.[2717]

Bei veränderter Sach- und Rechtslage hat der Angeklagte gem. § 265 Abs. 3 StPO einen **1174**
Rechtsanspruch auf **Aussetzung der Verhandlung**, sofern er einen entsprechenden Antrag stellt. Die vom Gericht angenommene Änderung muss der Angeklagte allerdings bestreiten[2718] und behaupten, dass die Verteidigung infolgedessen nicht in ausreichendem Maße vorbereitet werden konnte.[2719] Dabei steht beim Vorliegen der Voraussetzungen für den Anspruch auf Aussetzung dem Gericht kein Ermessen zu, die

---

2709 BGH StV 1995, 116 = NStZ 1994, 502; BGHR StPO § 265 Abs. 4 – Hinweispflicht 2. Wird aber in der Hauptverhandlung von vornherein auf alle infrage kommenden Tatzeiten abgestellt, so soll ein Hinweis entbehrlich sein: BGHR StPO § 265 Abs. 4 – Hinweispflicht 2 = NStE Nr. 5 zu § 265.

2710 BGHSt 11, 88 (91) = NJW 1958, 350 = JZ 1958, 284 = LM Nr. 15 zu § 265 (m. Anm. *Fraenkel*). In der früheren Rechtsprechung wurde auch beim Hinzutreten neuer Einzelakte einer fortgesetzten Tat eine Hinweispflicht angenommen: BGH StV 1992, 452 = wistra 1992, 296; BGH NStZ 1991, 550; BGH NStZ 1985, 325.

2711 BGHR StPO § 265 Abs. 4 – Hinweispflicht 10 = NStE Nr. 15 zu § 265 (angeklagt war der Bezug einer bestimmten Menge Betäubungsmittel von einer Mitangeklagten anstelle des vom Gericht aufgrund eines Geständnisses festgestellten Bezuges unterschiedlicher Lieferungen von unterschiedlichen Verkäufern).

2712 Vgl. BGHR StPO § 265 Abs. 4 – Hinweispflicht 11.

2713 BGH MDR 1980, 107; *Michel* JuS 1991, 850 (851); *Schlothauer* StV 1986, 213 (224).

2714 BGHSt 19, 141; BGH MDR 1980, 107; BGH StV 1984, 368; *Michel* JuS 1991, 851; *Schlothauer* StV 1986, 224.

2715 BGHSt 28, 196 (Austausch der vorgeworfenen Handlung); ähnlich BGHSt 2, 371 (374); BGHSt 11, 88 (Änderung der die Verurteilung tragenden Indizien); BGHSt 8, 92 und BGH StV 1985, 134 (Schuldumfang bei Fortsetzungs- und Dauerstraftaten); vgl. ferner BGHR StPO § 265 Abs. 4 – Hinweispflicht 5.

2716 BGH 4 StR 680/95 v. 20. 6. 1996 = StV 1996, 584.

2717 BGHR StPO § 265 Abs. 4 – Hinweispflicht 5 = NStE Nr. 10 zu § 265.

2718 LR-*Gollwitzer* § 265, Rn. 91; KK-*Engelhardt* § 265, Rn. 27.

2719 Das Gericht prüft insofern nicht die Richtigkeit der Behauptung; siehe LR-*Gollwitzer* § 265, Rn. 92 und KK-*Engelhardt* § 265, Rn. 27.

Hauptverhandlung lediglich zu unterbrechen.[2720] Gegebenenfalls kommt auch eine Aussetzung von Amts wegen in Betracht.[2721]

Bei veränderter Sachlage im Sinne von § 265 Abs. 4 StPO hat der Angeklagte dagegen keinen Anspruch auf Aussetzung. Das Gericht prüft hier im Rahmen seines Ermessens, ob die Voraussetzungen für eine Aussetzung oder für eine Unterbrechung vorliegen. Die Entscheidung des Gerichts ist vom Revisionsgericht überprüfbar und kann bei Ermessensfehlgebrauch oder bei zu restriktiver Auslegung von § 265 Abs. 4 StPO (zum Beispiel wegen Nichtbeachtung der Fürsorgepflicht) zur Aufhebung des Urteils führen.[2722]

1175 Der Hinweis nach § 265 Abs. 1 und 2 StPO ist eine **wesentliche Förmlichkeit**, die in die Niederschrift aufgenommen werden muss.[2723] Sowohl die Tatsache, dass ein Hinweis erteilt wurde, als auch der wesentliche Inhalt des Hinweises sind zu protokollieren.[2724] Ob dies auch für den von der Rechtsprechung in entsprechender Anwendung der §§ 265 Abs. 1 und 2 StPO entwickelten Hinweis auf eine Veränderung der Tatsachengrundlage gilt, ist umstritten. Nach zutreffender Ansicht muss aber auch hierfür der Formalbeweis der §§ 273 Abs. 1, 274 StPO gelten, weil auch eine solche Veränderung verfahrensbestimmend sein kann.[2725] Würde es, wie die Gegenansicht meint,[2726] ausreichen, dass der Angeklagte durch den Gang der Verhandlung oder auf andere Weise von dem Wandel der Tatsachengrundlage Kenntnis erhält, dann eröffnet dies nicht nur für das Revisionsverfahren erhebliche Beweisprobleme,[2727] es schafft auch in der tatrichterlichen Hauptverhandlung zusätzliche Unsicherheit darüber, was nun als Hinweis und was lediglich als formlose Äußerung eines Gerichtsmitgliedes nach einer Beweiserhebung zu verstehen ist. Der BGH hat darauf hingewiesen, dass es jedenfalls zweckmäßig sein kann, Änderungen der Sachlage schriftlich festzuhalten und das Festgehaltene sodann bekanntzugeben.[2728]

2720 BGH, Urt. v. 24. 1. 2003 – 2 StR 215/02 = BGHSt 48, 183 = NJW 2003, 1748 = NStZ 2003, 444 = StV 2003, 269 mit Bespr.-Aufsatz. *Kästner* JuS 2003, 849 und Anm. *Mitsch* NStZ 2004, 395; *Kudlich* JA 2004, 108.

2721 BGHSt 8, 92 (95) = NJW 1955, 1600; *Eb. Schmidt* StPO, Teil II, § 265, Rn. 22; KK-*Engelhardt* § 265, Rn. 28; für eine Pflicht des Gerichts zum Hinweis auf die Aussetzungsmöglichkeit: RGSt 57, 147.

2722 BGHSt 8, 92 (95) = NJW 1955, 1600; BGH NJW 1958, 1736; BayObLG VRS 63, 279; BayObLG DAR 1989, 152 (153) m. w. N.; siehe auch OLG Schleswig SchlHA 1973, 187 Nr. 90.

2723 *Meyer-Goßner* § 265, Rn. 33 m. w. N.; BGH, Urt. v. 18. 11. 1997 – 1 StR 520/97 = StV 1998, 583.

2724 BGHSt 2, 371 (372); BGH MDR 1972, 198 (*Dallinger*); vgl. BGHR StPO § 265 Abs. 2 – Hinweispflicht 2.

2725 BGHSt 19, 88; BGH MDR 1970, 198 ff. (*Dallinger*); OLG Schleswig MDR 1980, 516; OLG Hamm VRS 16, 461; *Niemöller* Die Hinweispflicht des Strafrichters, 75 f.; *Michel* JuS 1991, 851.

2726 BGHSt 19, 141 f.; BGHSt 28, 196 (197); BGH NStZ 1981, 190; BGH StV 1988, 329; BGHR StPO § 265 Abs. 1 – Hinweispflicht 8; BGHR StPO § 265 Abs. 1 – Hinweispflicht 9; BGHR StPO § 265 Abs. 4 – Hinweispflicht 3, 4, 12; BGH 1 StR 770/95 v. 15. 2. 1996 = StV 1996, 297; BGH 1 StR 629/96 v. 6. 2. 1997 = StV 1997, 237.

2727 Im Freibeweisverfahren wäre zu rekonstruieren, worauf der Angeklagte in welcher Situation in der Hauptverhandlung hingewiesen wurde – beispielhaft zu erkennen in BGH StV 1996, 297 (298) und in BGH 4 StR 680/95 v. 20. 6. 1995 = StV 1996, 584; vgl. ferner *Hähnlein/Moos* NStZ 1990, 482.

2728 BGH 1 StR 770/95 v. 15. 2. 1996 = StV 1996, 297 (298) und BGH 4 StR 680/95 v. 20. 6. 1996 = StV 1996, 584; BGH 1 StR 629/96 v. 6. 2. 1997 = StV 1997, 237.

Der Hinweis nach § 265 StPO muss **rechtzeitig** gegeben werden, d.h. zu einem Zeitpunkt, in dem sich dem Gericht die abweichende Beurteilung aufdrängt.[2729] Der Inhalt des Hinweises muss so eindeutig sein, dass der Angeklagte seine Verteidigung auf den geänderten Gesichtspunkt einrichten kann.[2730] Das Gericht muss die Strafvorschrift benennen, die es abweichend von der Anklageschrift für anwendbar hält und so eindeutig wie möglich die Tatsachen anführen, die die jeweiligen Tatbestandsmerkmale verwirklichen. Kommen mehrere Begehungsformen in Betracht, sind diejenigen zu benennen, die nach Ansicht des Gerichts erfüllt sein könnten.[2731] **1176**

Soll die Verletzung der Hinweispflicht gerügt werden, dann ist in der **Revisionsbegründung darzulegen**, wie der Anklagesatz oder der Eröffnungsbeschluss lautete, und dass das Tatgericht aufgrund eines anderen Strafgesetzes oder eines anderen Sachverhaltes verurteilt hat, ohne zuvor einen Hinweis erteilt zu haben.[2732] Soll gerügt werden, dass die Aussetzung zu Unrecht abgelehnt worden ist, muss die Revisionsbegründung sowohl den Antrag als auch den Ablehnungsbeschluss vollständig mitteilen.[2733] **1177**

Von besonderer Bedeutung ist bei Verfahrensrügen, die die Verletzung von § 265 StPO zum Gegenstand haben, die **Beruhensfrage**. Gerade bei Rügen, mit denen eine Verletzung von § 265 StPO geltend gemacht wurde, hat der Bundesgerichtshof in der Vergangenheit das Vorliegen eines Verfahrensfehlers häufig bejaht, die Frage, ob das angefochtene Urteil hierauf beruhen könne, jedoch verneint.[2734] Die Revisionsgerichte stellen dabei bisweilen umfangreiche eigene Erwägungen zu der Frage an, ob sich der Angeklagte bei rechtzeitiger Erteilung des Hinweises anders hätte verteidigen können. **1178**

Richtigerweise braucht die Möglichkeit einer anderen Verteidigung nicht nahezuliegen; es reicht auch hier, wenn sie nicht mit Sicherheit auszuschließen ist.[2735] Aber gerade deshalb kann nur dazu geraten werden, hierzu in der Revisionsbegründung nähere Ausführungen zu machen. Mit Recht weist im Übrigen *Mehle* darauf hin, dass nicht durch die Beruhensprüfung später etwas wieder zurückgenommen werden soll, was man zuvor in abstracto als absoluten Anspruch des Beschwerdeführers postuliert hat: Wo § 265 StPO einen ausdrücklichen Hinweis des Gerichts fordert, lässt sich das Beruhen des Urteils auf dem Verfahrensfehler nicht damit verneinen, der Angeklagte

---

2729 Der Hinweis kann schon im Eröffnungsbeschluss erfolgen: BGHSt 23, 304; *Meyer-Goßner* § 265, Rn. 32.

2730 BGHSt 13, 320 (324); BGHSt 18, 56; BGH MDR 1975, 545 (*Dallinger*); BGH NStZ 1985, 563; BGH StV 1985, 489; *Hähnlein/Moos* NStZ 1990, 481.

2731 BGH NStZ 1983, 34; NStZ 1984, 328; BGH StV 1984, 367; BGH NJW 1985, 2488; BGH StV 1991, 501 siehe auch BGHSt 21, 1.

2732 LR-*Gollwitzer* § 265, Rn. 113. Zum Umfang des nach § 344 Abs. 2 StPO erforderlichen Tatsachenvortrags bei der Rüge, der Tatrichter habe auf eine Veränderung der Tatsachengrundlagen nicht hingewiesen, vgl. BGHR StPO § 344 Abs. 2 Satz 2 – Hinweispflicht 2; BayObLG MDR 1993, 567.

2733 BGH MDR 1977, 461 (*Holtz*); OLG Koblenz VRS 51, 289; OLG Düsseldorf StV 1985, 361.

2734 Vgl. BGH 1 StR 552/90 v. 21. 11. 90 = NStZ 1992, 292 = BGHR StPO § 265 Abs. 1 – Hinweispflicht 7; BGH 2 StR 336/94 v. 19. 10. 94 = NStZ 1995, 247 = BGHR StPO § 265 Abs. 1 – Hinweispflicht 12; BGH 1 StR 725/94 v. 14. 2. 95 = NStZ-RR 1996, 10.

2735 So etwa BGH StV 1996, 82.

habe durch seinen Verteidiger oder aufgrund der Verhandlung von der Veränderung des rechtlichen Gesichtspunktes auch ohne einen solchen Hinweis erfahren.[2736]

1179 Die Hinweispflicht nach § 265 StPO gilt im Übrigen (über § 332 StPO) für die Rechtsmittelgerichte entsprechend.

Im **Berufungsrechtszug** ist ein Hinweis insbesondere dann geboten, wenn das Berufungsgericht wieder zur rechtlichen Würdigung der Anklage zurückkehren will, obwohl das erstinstanzliche Urteil sich auf eine andere rechtliche Bewertung des Sachverhalts gestützt hatte.[2737] Ein Hinweis in der Berufungsinstanz soll dagegen entbehrlich sein, wenn bereits das erstinstanzliche Gericht sich in seinem Urteil auf die von der Anklageschrift abweichende Rechtsansicht gestützt hat.[2738]

Nach herrschender und zutreffender Meinung muss auch das **Revisionsgericht** in Fällen, in denen es das erstinstanzliche Urteil durch eine eigene Sachentscheidung berichtigen will (§ 354 Abs. 1 StPO), einen Hinweis nach § 265 StPO erteilen.[2739] Für die eigene Sachentscheidung durch eigene Strafzumessung nach den neuen § 354 Abs. 1a und 1b StPO hat das BVerfG ohnehin die Senate verpflichtet, weitestgehende vorherige Aufklärung über die gehegten Absichten nach dem entsprechenden Antrag der Revisionsstaatsanwaltschaft zu geben.[2740]

dd) Rechtzeitige Bekanntgabe von beabsichtigten Verfahrensschritten

Literatur: *Gillmeister* Die Hinweispflicht des Tatrichters, StraFo 1997, 8; *Hänlein/Moos* Zu Reichweite und revisionsrechtlicher Problematik der Hinweispflicht nach § 265 I StPO, NStZ 1990, 481; *Schimansky* Die Rüge unzulässiger Verwertung ausgeschiedenen Verfahrensstoffs, MDR 1986, 283; *Schlothauer* Gerichtliche Hinweispflichten in der Hauptverhandlung, StV 1986, 213.

1180 Angesichts der spärlichen Ausgestaltung der gesetzlichen Informationsrechte des Angeklagten durch die StPO ist dieser in besonderer Weise darauf angewiesen, durch das Gericht auch über die gesetzlichen Hinweispflichten (wie z.B. § 265 StPO) hinaus über die beabsichtigten Verfahrensschritte unterrichtet zu werden. Die Rechtsprechung hat verschiedene Fallgruppen entwickelt, in denen ein drohendes Informationsdefizit des Angeklagten von Amts wegen durch einen gerichtlichen Hinweis zu verhindern ist. Je nach Sachzusammenhang und Datum der jeweiligen Entscheidungen werden diese **Informationsrechte des Angeklagten** aus der Fürsorgepflicht, aus entstandenen Vertrauenstatbeständen oder aus dem Fairneßgebot hergeleitet.[2741] Dass dabei in den Begründungen der neueren Entscheidungen der Hinweis auf die Verfahrensfairneß in den Vordergrund gerückt ist, dürfte mehr als nur eine sprachliche Akzentver-

---

2736 *Mehle* in: „Grundprobleme des Revisionsverfahrens", Schriftenreihe der Arbeitsgemeinschaften des DAV, AG Strafrecht, III. Strafverteidiger-Frühjahrssymposium 1990, 61.

2737 OLG Koblenz VRS 52, 428; siehe auch BGH MDR 1972, 925 (*Dallinger*); LR-*Gollwitzer* § 265, Rn. 13; KK-*Engelhardt* § 265, Rn. 20 (einschränkend, „wenn der Angeklagte mit dieser Wendung nicht zu rechnen braucht"); *Michel* JuS 1991, 851.

2738 OLG Köln NJW 1957, 473.

2739 *Dahs/Dahs* Revision, Rn. 588 mit Hinweis auf OGHSt 1, 134 (138); OGHSt 1, 152 (154); BGHSt 12, 28 (39).

2740 Dazu unten Rn. 1418 ff.

2741 Für eine „entsprechende" Anwendung des § 265 Abs. 1 StPO BGH StV 1997, 512 (513).

schiebung sein. Der Anspruch auf ein faires Strafverfahren, das dem Beschuldigten auch durch die Übermittlung von Informationen zeigt, dass er als prozessuales Rechtssubjekt ernst genommen wird, muss gerade dort an Bedeutung gewinnen, wo es an einer ausdrücklichen gesetzlichen Regelung fehlt.[2742] Ein Strafverfahren verdient nur dann das Prädikat „fair", wenn der Beschuldigte jedenfalls über die beabsichtigten Schritte des Gerichts informiert wird und hierdurch die Möglichkeit erhält, auf die jeweilige Prozesssituation zu reagieren. Dieser Grundgedanke kommt auch in den §§ 200, 265 StPO zum Ausdruck. Seine Verletzung ist als Verletzung des Anspruchs auf ein faires Strafverfahren revisibel. Die Revisionsgerichte sind hier in besonderem Maße dazu aufgerufen, durch Richterrecht für Prozesskultur zu sorgen.

Das Fairneßgebot erfordert insbesondere, dass der Angeklagte in der Hauptverhandlung auf den Inhalt förmlicher Äußerungen des Gerichts zum Verfahrensgegenstand **vertrauen** kann, solange er nicht darauf hingewiesen wurde, dass das Gericht an seiner darin geäußerten Bewertung des Sachverhalts nicht mehr festhalten will. Das Gericht hat ferner generell bei einem nicht anwaltlich beratenen Angeklagten sicherzustellen, dass Anträge in prozessual wirksamer Form gestellt werden. In der Hauptverhandlung erkennbar gewordene Missverständnisse dürfen nicht übergangen und erst im Urteil erörtert werden; auf sie muss in der Hauptverhandlung in einer Weise eingegangen werden, die dem Angeklagten die Sicht des Gerichts deutlich macht und es ihm ermöglicht, einen fehlerhaft gestellten Antrag so zu korrigieren, dass er den vom Gericht geäußerten Bedenken Rechnung trägt.

Diesen Grundsätzen kommt u.a. bei der Behandlung von im Zwischenverfahren gestellten Beweisanträgen besondere Bedeutung zu. Mit Zustellung der Anklageschrift wird der Beschuldigte über sein Recht belehrt, sich zu den erhobenen Vorwürfen zu äußern und weitere Beweiserhebungen zu beantragen (§ 201 Abs. 1 StPO). Die hierfür gesetzte Frist ist keine Ausschlussfrist, so dass auch nach Ablauf derselben bis zur Eröffnungsentscheidung eingegangene Erklärungen und Anträge noch bei der Entscheidung über die Eröffnung zu berücksichtigen sind. Nach zutreffender Ansicht sind also auch Anträge, die nach Ablauf der Frist eingegangen sind, im Rahmen der Eröffnungsentscheidung zu bescheiden.[2743] **1181**

Über die im Rahmen des **Zwischenverfahrens gestellten Beweisanträge** hat das Gericht durch unanfechtbaren Beschluss zu entscheiden (§ 201 Abs. 2 StPO). Das Gericht ist dabei an die Kriterien der §§ 244 Abs. 3 und 4 StPO nicht gebunden.[2744] Greift das über die Eröffnung entscheidende Gericht gleichwohl zum Ablehnungsgrund der Wahrunterstellung, muss es den Angeschuldigten darauf hinweisen, wenn es in der Hauptverhandlung von dieser Wahrunterstellung abweichen will. Unterbleibt ein solcher Hinweis, so liegt ein Verfahrensverstoß vor.[2745] Wird über einen nach § 201 StPO gestellten Antrag entgegen § 201 Abs. 2 StPO nicht durch Gerichtsbeschluss ent- **1182**

2742 Vgl. dazu *Hamm* FS Salger, 273 f.

2743 LR-*Stuckenberg* § 201, Rn. 18; *Krekeler* wistra 1985, 56; KK-*Schneider* § 201, Rn. 7; KMR-*Seidl* § 201, Rn. 12; a. A. *Meyer-Goßner* § 201, Rn. 4.

2744 *Meyer-Goßner* § 201, Rn. 8; KK-*Schneider* § 201, Rn. 18; LR-*Stuckenberg* § 201, Rn. 35; anderer Ansicht KMR-*Seidl* § 201, Rn. 26; vgl. dazu auch *Hamm/Hassemer/Pauly* Beweisantragsrecht, Rn. 485.

2745 So schon RGSt 73, 193; vgl. ferner KK-*Schneider* § 201, Rn. 19, unter Hinweis auf BGHSt 1, 51 (53).

schieden, sondern im Eröffnungsbeschluss lediglich mitgeteilt, die Entschließung über die Beweisanträge „bleibe dem Vorsitzenden … vorbehalten", so ist der Vorsitzende jedenfalls bei einem nicht von einem Verteidiger beratenen Angeklagten verpflichtet, diesen in der Hauptverhandlung darauf hinzuweisen, dass eine Wiederholung des Antrages möglich und zu dessen prozessualer Wirksamkeit notwendig ist.[2746] Wird ein solcher Hinweis unterlassen, so liegt ein Verstoß gegen den Anspruch auf ein faires Verfahren vor.

1183 Dasselbe gilt, wenn auf einen nach § 219 StPO gestellten Beweisantrag der Hinweis ergeht, über den Antrag werde in der Hauptverhandlung Beschluss gefasst.[2747] Auch hier ist der Angeklagte in der Hauptverhandlung zu befragen, ob er an dem Beweisantrag festhalten will und insoweit auf die Möglichkeit der Wiederholung des Antrages hinzuweisen.[2748] Neben der Verletzung des Anspruchs auf ein faires Verfahren kann in diesen Fällen zugleich eine Verletzung von § 244 Abs. 2 StPO vorliegen, wenn das Gericht die vor der Hauptverhandlung beantragte Beweiserhebung im Rahmen seiner Aufklärungspflicht hätte durchführen müssen.

1184 In der Hauptverhandlung selbst ist das Gericht im Rahmen seiner Pflicht zu einer fairen Verfahrensgestaltung auch verpflichtet, erkannte Missverständnisse der Verteidigung – zum Beispiel über die inhaltliche Divergenz zweier Zeugenaussagen – durch entsprechende Hinweise auszuräumen.[2749]

1185 Hinweispflichten können sich ferner bei der **Abweichung von Zusagen** ergeben. Macht das Gericht Zusicherungen gegenüber der Verteidigung im Hinblick auf ein bestimmtes Strafmaß (zum Beispiel: nicht über den Antrag des Staatsanwaltes hinauszugehen) und will es – entgegen dieser Zusage – dann doch eine höhere Strafe verhängen, entsprach es bereits der Rechtslage vor der Einführung des § 257c StPO, dass ein Hinweis zu erfolgen hat.[2750] Jetzt ist dies ausdrücklich formalisiert mit der Folge der Unverwertbarkeit des zuvor abgelegten Geständnisses (§ 257c Abs. 4 S. 3 und 4 StPO).[2751] Unabhängig davon kann es die Revision begründen, wenn das Gericht dem Angeklagten unter der Bedingung, dass dieser ein Geständnis ablegt, eine bestimmte milde Strafe in Aussicht stellt, ohne alle Beteiligten dazu zu hören.[2752]

1186 Eine Hinweispflicht besteht auch, wenn das Verfahren hinsichtlich einzelner Tatvorwürfe nach den **§§ 154, 154a StPO eingestellt** wurde, das Gericht die eingestellten Taten oder Tatteile aber strafschärfend oder im Rahmen der Beweiswürdigung berücksichtigen will. Der Angeklagte wird in diesen Fällen regelmäßig auf die Verfah-

---

2746 So schon RGSt 72, 231; vgl. ferner OLG Köln NJW 1954, 46; OLG Saarbrücken VRS 29, 292.

2747 RGSt 61, 376 = JW 1932, 1660.

2748 BayObLGSt 1964, 25 = GA 1964, 334; KG JR 1950, 567; OLG Bremen VRS 36, 180, 181; *Meyer-Goßner* § 219, Rn. 5.

2749 BGH NStZ 1994, 483.

2750 BGHSt 36, 210 = BGHR StPO § 265 Abs. 4 – Hinweispflicht 7 = NStE Nr. 12 zu § 265 StPO; in diesem Sinne auch OLG Oldenburg NStE Nr. 18 zu § 265 StPO; hierzu auch BGH 4 StR 240/97 v. 28. 8. 1997 = BGHSt 43, 195 = StV 1997, 583 = StraFo 1997, 312 = NJW 1998, 86 = wistra 1997, 341 = NStZ 1998, 31.

2751 Dazu *Meyer-Goßner* Ergänzungsheft zur 52. Auflage § 257c, Rn. 29.

2752 BGHSt 38, 102 (104) = BGHR StPO § 33 – Vereinbarung 1 = StV 1992, 50 = NStZ 1992, 139 = MDR 1992, 393 = wistra 1992, 68 für die unterbliebene Anhörung der Staatsanwaltschaft.

rensbeschränkung vertrauen und davon ausgehen, dass die ausgeschiedenen Teile im weiteren Verfahrensverlauf nicht mehr berücksichtigt werden. Schon der Beschluss des Gerichts (bzw. die Verfügung der StA) nach §§ 154, 154a StPO schafft eine dahingehende Vertrauensgrundlage für den Angeklagten. Sofern das Gericht vom Inhalt des Beschlusses abweichen will, muss es hierauf hinweisen.[2753]

Nach der Rechtsprechung des Bundesgerichtshofs soll dies allerdings nicht ausnahms- **1187**
los gelten, d.h. die bloße Einstellung nach den §§ 154, 154a StPO soll nicht stets als Grundlage des Vertrauenstatbestandes ausreichen.[2754] Ein Hinweis auf die beabsichtigte Verwertung ausgeschiedener Tatteile soll etwa dann entbehrlich sein, wenn sich aufdrängt, dass die Tatsachen, die dem eingestellten Anklagevorwurf zugrundeliegen, bei der Beweiswürdigung für den verbliebenen Vorwurf zu berücksichtigen sein werden.[2755] Soweit nach dieser Rechtsprechung des BGH eine Hinweispflicht nur dann bestehen soll, wenn der Angeklagte durch die Einstellung nach den §§ 154, 154a StPO tatsächlich in seinem Verteidigungsverhalten beeinflusst wurde oder werden konnte,[2756] ist eine solche Einschränkung abzulehnen. Regelmäßig enthält schon die Einstellung nach den §§ 154, 154a StPO die konkludente Zusage des Gerichts, dass der ausgeschiedene Verfahrensstoff in der Beweiswürdigung nicht zum Nachteil des Angeklagten verwertet wird (erst recht nicht in der Strafzumessung). Nichts anderes gilt im Übrigen, wenn bereits die Staatsanwaltschaft das Verfahren eingestellt hat.

Wird auf die beabsichtigte Verwertung nicht hingewiesen, so ist damit der Anspruch **1188**
auf ein **faires Verfahren** verletzt. Im Einzelfall mag das Urteil auf dem Fehlen eines Hinweises nicht beruhen, wenn zweifelsfrei feststeht, dass sich der Angeklagte tatsächlich trotz des fehlenden Hinweises nachhaltig gegen die nach den §§ 154, 154a StPO eingestellten Vorwürfe verteidigt hat. Doch ist hier Vorsicht geboten, da sich die Verteidigungsmöglichkeiten des Angeklagten gegen einen bestimmten Vorwurf aus der Sicht des Revisionsgerichts regelmäßig schwer abschätzen lassen.

Das Fehlen eines Hinweises auf die beabsichtigte Verwertung ausgeschiedener Tatteile muss mit den **Rügeanforderungen** des § 344 Abs. 2 Satz 2 StPO geltend gemacht werden. Der Beschwerdeführer muss in der Revisionsbegründung nicht nur den Inhalt des Einstellungsbeschlusses, sondern auch den Zeitpunkt seines Erlasses und den damaligen Verfahrensstand mitteilen.[2757] Auch der Inhalt des Anklagevorwurfs sollte insoweit in die Darstellung einbezogen werden, da erst hierdurch verständlich wird, inwieweit das Verfahren eingestellt wurde.

2753 BGHSt 30, 147 (148); BGHSt 31, 302 (303); BGH StV 1981, 226; vgl. ferner BGH 3 StR 199/96 v. 14. 6. 1996 = StV 1996, 585 = NStZ 1996, 611.

2754 BGH 2 StR 590/95 v. 3. 4. 1996 = NJW 1996, 274 = NStZ 1996, 507 = BGHR StPO § 154 Abs. 2 – Hinweispflicht 2 = wistra 1996, 273 = MDR 1996, 729; vgl. ferner BGH NJW 1985, 1479; BGHR StPO § 154 Abs. 1 – Hinweispflicht 1; ähnlich auch BGH StV 1988, 191 = BGHR StPO § 154 Abs. 2 – Hinweispflicht 1 = NStE Nr. 38 zu § 261 StPO; offengelassen von BGH NStZ 1994, 195.

2755 BGH NJW 1996, 273 = NStZ 1996, 507: Stellt das Gericht das Verfahren wegen Betrugsversuches vorläufig ein, so braucht es den Angeklagten nicht darauf hinzuweisen, dass es den zugrunde liegenden Sachverhalt bei der Beweiswürdigung zum Vorwurf des Versicherungsbetruges (§ 265 StGB) verwerten wird.

2756 Vgl. dazu ferner BGH NJW 1985, 1479; BGHR StPO § 154 Abs. 1 – Hinweispflicht 1; ähnlich auch BGH StV 1988, 191; offengelassen von BGH NStZ 1994, 195.

2757 *Schimansky* MDR 1986, 283.

1189 Hinweispflichten können sich ferner aus der Behandlung von **in der Hauptverhandlung gestellten Anträgen** ergeben.[2758] So muss das Gericht den Antragsteller darauf hinweisen, wenn es glaubt, einen als Beweisantrag gestellten Antrag nicht nach § 244 Abs. 6 StPO bescheiden zu müssen, weil es ihn lediglich als Beweisermittlungsantrag ansieht. Durch einen solchen Hinweis erhält der Antragsteller Gelegenheit, seinen Antrag so zu formulieren, dass er den formellen Anforderungen eines Beweisantrages genügt.[2759] Aus demselben Grund muss auch auf die beabsichtigte Ablehnung eines Hilfsbeweisantrages wegen Unzulässigkeit hingewiesen werden.[2760] Eine Hinweispflicht kann auch ausgelöst werden, wenn das Gericht Tatsachen als gerichtskundig verwerten will, ohne dass die Verfahrensbeteiligten damit rechnen mussten.[2761] Will man der Verteidigung nicht die Möglichkeit nehmen, einen Gegenbeweis zu den gerichtskundigen Tatsachen anzutreten, muss man sie über die beabsichtigte Wertung als gerichtskundig informieren.[2762] Wird dies versäumt, so liegt darin ein Verstoß gegen den Anspruch auf ein faires Verfahren.[2763]

1190 Eine Hinweispflicht kann sich auch ergeben, wenn ein Zeuge trotz eines Vereidigungsverbotes zunächst vereidigt wurde, das **Vereidigungsverbot** später erkannt wird und die Aussage dann als uneidlich verwertet werden soll.[2764] Ebenso ist der Angeklagte darauf hinzuweisen, wenn das Gericht beabsichtigt, eine wegen eines Verstoßes gegen § 168 c Abs. 5 StPO nicht verlesbare Niederschrift einer richterlichen Vernehmung als „nichtrichterliche" gemäß § 251 Abs. 2 Nr. 2 StPO zu verwerten.[2765]

h) Antrags- und Widerspruchsrechte

aa) Streit über Zulässigkeit von Sachleitungsmaßnahmen

Literatur: *Alsberg* Leitung und Sachleitung im Zivil- und Strafprozess, LZ 1914, 1169; *Bohnert* Beschränkungen der strafprozessualen Revision durch Zwischenverfahren, 1983, S. 166ff.; *Fuhrmann* Das Beanstandungsrecht des § 238 Abs. 2 StPO, GA 1963, 66; *ders.*, Verwirkung des Rügerechts bei nicht beanstandeten Verfahrensverletzungen des Vorsitzenden (§ 238 Abs. 2 StPO), NJW 1963, 1230; *Jescheck* Die Verwirkung von Verfahrensrügen im Strafprozess, JZ 1952, 400; *Sarstedt* Der Vorsitzende des Kollegialgerichts, Juristen-Jahrbuch, Band 8, S. 104; *W. Schmid* Zur Anrufung des Gerichts gegen den Vorsitzenden (§ 238 StPO), Festschrift Mayer, 1966, S. 543; *ders.*, Die Verwirkung von Verfahrensrügen im Strafprozess, 1967; *Seibert* Beanstandung von Fragen durch den Verteidiger, JR 1952, 471; *Scheuerle* Vierzehn Tugenden für Vorsitzende Richter, 1983; *Tröndle* Über den Umgang des Richters mit anderen Verfahrensbeteiligten, DRiZ 1970, 213; *Weißmann* Die Stellung des Vorsitzenden in der Hauptverhand-

---

2758 Zu den Hinweispflichten, die sich im Zusammenhang mit der Ablehnung von Beweisanträgen ergeben können, siehe auch, Rn. 624.

2759 Vgl. *Schlothauer* StV 1986, 227 m.w.N.

2760 BGH StV 1981, 330; *Schlothauer* StV 1986, 213 (227) m.w.N.

2761 BGHSt 6, 292 (296); BGH 1 StR 436/94 v. 3. 11. 1994 = NStZ 1995, 246; BGH 1 StR 12/94 v. 29. 3. 1994 = StV 1994, 527; OLG Hamburg StV 1996, 85; LR-*Gollwitzer* § 261, Rn. 25; *Schlothauer* StV 1986, 228; vgl. ergänzend BVerwG NJW 1961, 1374 (1375); OLG Hamm VRS 41, 49 (59); BayObLG StV 1984, 68; BVerfGE 12, 110 (112); *Alsberg/Nüse/Meyer* Beweisantrag, 572.

2762 BVerfGE 10, 177 (182).

2763 Nach BGH NStZ 1995, 246, BGH StV 1994, 527 und OLG Hamburg StV 1996, 85 liegt ein Verstoß gegen den Anspruch auf rechtliches Gehör, sowie ggf. gegen § 261 StPO vor.

2764 BGH StV 1981, 329; BGH NStZ 1986, 230 (231); BGHR StPO § 60 Nr. 2 – Vereidigung 2; OLG Bremen StV 1984, 369; vgl. auch *Schlothauer* StV 1986, 226f. Hierzu auch oben, Rn. 842.

2765 BGH StV 1997, 512; BGH, Beschl. vom 27. 1. 2005 – 1 StR 495/04 = StV 2005, 255; *Meyer-Goßner* § 251, Rn. 15.

lung, 1982; *Widmaier* Mitwirkungspflicht des Verteidigers in der Hauptverhandlung und Rügeverlust(?), NStZ 1992, 519; *Ebert* Zum Beanstandungsrecht nach Anordnungen des Strafrichters gem. § 238 Abs. 2 StPO, StV 1997, 269; *Mosbacher* Rügepräklusion mangels Rechtsschutzbedürfnis, Festschrift Widmaier, 2008, S. 339ff.

Dem Vorsitzenden kommt nach der Konzeption des deutschen Strafverfahrens eine in jeder Hinsicht zentrale Funktion zu. Er bestimmt den Termin zur Verhandlung (§ 213 StPO), er veranlaßt die erforderlichen Ladungen (§ 214 Abs. 1 StPO), er leitet die Verhandlung (§ 238 Abs. 1 StPO) und schließlich auch die Beratung (§ 194 Abs. 1 GVG). Da die Sachleitung in der Hauptverhandlung wesentlich den Gang der Beweisaufnahme bestimmt, in der die Grundlagen für die spätere Überzeugungsbildung des Gerichts gelegt werden sollen, sind Rechtsfehler bei der Anwendung des einschlägigen Verfahrensrechts grundsätzlich auch geeignet, die Revision zu begründen. Während in früheren Jahrzehnten bei der Auslegung von § 238 StPO die Frage im Vordergrund stand, in welchem Umfang reine „Verfahrenshandlungen", die sich nicht als Sachleitungsmaßnahmen darstellen, der Beanstandung nach § 238 Abs. 2 StPO entzogen sein könnten, kreist die aktuelle Diskussion vorrangig um die Frage, ob den Angeklagten (bzw. seinen Verteidiger) eine generelle Verpflichtung trifft, rechtsfehlerhafte Sachleitungsmaßnahmen zunächst gemäß § 238 Abs. 2 StPO zu beanstanden, bevor er auf einen diesbezüglichen Rechtsfehler die Revision stützen kann. **1191**

Als Sachleitungsmaßnahmen sind mit der heute wohl h.M. alle Maßnahmen zu verstehen, die bei einem Prozessbeteiligten die Motivation zu einem für den Fortgang der Verhandlung erheblichen Verhalten hervorrufen können,[2766] sowie alle Maßnahmen, die sich im Einzelfall nachteilig auf die Rechtsstellung des die Entscheidung des Gerichts begehrenden Verfahrensbeteiligten auswirken können.[2767] Auch Maßnahmen der „formellen" Verhandlungsleitung können die Verfahrensbeteiligten beschweren und müssen folglich **gem. § 238 Abs. 2 StPO zu beanstanden** sein.[2768] Nach § 238 Abs. 2 StPO anfechtbare Maßnahmen sind deshalb neben Fragen, Vorhalten, Ermahnungen und Belehrungen z.B. auch sitzungspolizeiliche Anordnungen.[2769] Auch bei der Zurückweisung von Fragen kann nach Maßgabe der Regelungen in den §§ 240, 241 Abs. 2, 241a und 242 StPO eine Entscheidung des Gerichts herbeigeführt werden.[2770] Lehnt es der Vorsitzende nach Urteilsberatung, aber vor Beginn der Urteilsverkündung, ab, weitere Beweisanträge entgegenzunehmen, so kann auch **1192**

2766 Sog. funktionelle Betrachtungsweise, siehe *Eb. Schmidt* StPO, Teil II, § 238, Rn. 7; *Meyer-Goßner* § 238, Rn. 12; LR-*Gollwitzer* § 238, Rn. 19ff.

2767 KK-*Schneider* § 238, Rn. 9.

2768 *Meyer-Goßner* § 238, Rn. 12; KMR-*Paulus* § 238, Rn. 4ff.; LR-*Gollwitzer* § 238, Rn. 19ff.; KK-*Schneider* § 238, Rn. 8ff.; *Fuhrmann* GA 1963, 65, 69ff.; *Gössel* Strafverfahrensrecht, 170; *Bohnert* Beschränkungen der strafprozessualen Revision durch Zwischenverfahren, 171f.

2769 *Meyer-Goßner* § 238, Rn. 11; BGH NStZ 2008, 582 (Entfernung von Zuhörern aus dem Sitzungssaal); anderer Ansicht KK-*Diemer* § 176 GVG, Rn. 7; vgl. hierzu auch BGHSt 44, 23 = NJW 1998, 1420 sowie KK-*Schneider* § 238, Rn. 14.

2770 Vgl. hierzu BGH 1 StR 368/03 = BGHSt 48, 372, 373 (Fragen zu einem sachfremden Beweisthema); vgl. zur Bedeutung der Beanstandung nach § 238 Abs. 2 StPO bei Rügen, die sich auf die Verletzung des Fragerechts beziehen auch BVerfG, Beschl. v. 21. 3. 2001, 2 BvR 403/01 sowie BVerfG, Beschl.v. 2. 5. 2007, 2 BvR 2113/06.

dies nach § 238 Abs. 2 StPO beanstandet werden.[2771] Zwar steht dem Vorsitzenden kraft seiner Befugnis zur Sachleitung auch das Recht zu, die Reihenfolge der Beweiserhebungen in der Hauptverhandlung zu bestimmen,[2772] eine Befugnis zur Fristsetzung für die Anbringung von Beweisanträgen lässt sich hieraus – entgegen der Ansicht des BGH[2773] – aber nicht ableiten.

1193 Ist der Rechtsbehelf nach § 238 Abs. 2 StPO erfolglos geblieben, so können die fehlerhaften Anordnungen des Vorsitzenden mit der Revision angefochten werden, sofern es sich um Maßnahmen handelt, die den sachlichen Verfahrensgang betreffen, also **auf die Urteilsfindung Auswirkungen** gehabt haben.[2774] Maßnahmen des äußeren Verfahrensgangs, wie zum Beispiel sitzungspolizeiliche Anordnungen, können dagegen, auch wenn sie fehlerhaft waren, die Revision zumeist nicht begründen, da diese das Urteil in der Regel nicht beeinflusst haben können.[2775] Ausschlaggebend ist dabei nur die Wirkung – nicht die Zielrichtung – der fehlerhaften Maßnahme.[2776]

1194 **Anfechtbare Sachleitungsfehler** sind deshalb zum Beispiel das Verbot gegenüber dem Angeklagten oder dessen Verteidiger während der Verhandlung Notizen zu machen,[2777] das Aufzeichnen der Verhandlung auf Tonband ohne Einwilligung des Angeklagten,[2778] die Fesselung des Angeklagten in der Hauptverhandlung, die eine sachgerechte Verteidigung verhindert,[2779] eine unrichtige Belehrung eines Prozessbeteiligten bzw. eine unvollständige oder falsche Unterrichtung des Angeklagten[2780] oder etwa die Gestattung von Fernsehaufnahmen während der Verhandlung.[2781] Sachleitungsanordnungen liegen auch vor, wenn der Vorsitzende auf den Einwand des Angeklagten, übermüdet zu sein, die Fortsetzung der Hauptverhandlung anordnet,[2782] oder wenn der Vorsitzende es ablehnt, auf den Einwand des Angeklagten einzugehen, er könne wegen Schwerhörigkeit der Verhandlung nicht folgen.[2783] Sachleitungsmaßnahmen sind ferner Beschränkungen der Gesprächsmöglichkeiten zwischen Verteidiger und Angeklagtem,[2784] die Entscheidung über das Bestehen der Gefahr einer strafrechtlichen Verfolgung nach § 55 StPO,[2785] die Anordnung der Un-

---

2771 So BGH NStZ 1992, 346, jedoch nicht mehr nach Beginn der Urteilsverkündung: BGH MDR 1975, 24 (bei *Dallinger*); vgl. hierzu *Scheffler* MDR 1993, 3 (5).
2772 Vgl. BGH 3 StR 460/05 = NStZ 2006, 463 (Zeitpunkt der Entgegennahme eines Haftprüfungsantrages).
2773 BGHSt 52, 355 (362) = NJW 2009, 605; vgl. hierzu auch *König* StV 2009, 171.
2774 LR-*Gollwitzer* § 238, Rn. 40; siehe hierzu auch die bedenklichen Forderungen *Gössels* zur Einschränkung von Anfechtungsrechten, Gutachten C zum 60. Deutschen Juristentag, Münster 1994, 1089.
2775 LR-*Gollwitzer* § 238, Rn. 39.
2776 So auch *Schmid* FS Mayer, 546.
2777 BGHSt 1, 322.
2778 BGHSt 19, 193.
2779 BGH NJW 1957, 271; vgl. hierzu auch BVerfG, Beschl. v. 26. 8. 2008 – 2 BvR 1198/08.
2780 LR-*Gollwitzer* § 238, Rn. 25.
2781 BGHSt 16, 111; vgl. auch BGHSt 36, 119.
2782 BGH 1 StR 195/55, zit. nach KK-*Schneider* § 238, Rn. 13.
2783 BGH 4 StR 31/51, zit. nach KK-*Schneider* § 238, Rn. 13.
2784 KK-*Schneider* § 238, Rn. 13; vgl. dazu auch BVerfG StV 1996, 620.
2785 Vgl. BGH 3 StR 139/06 = BGHSt 51, 144 = NJW 2007, 384 = NStZ 2007, 230 m. Anm. *Widmaier* = JR 2007, 382 m. Anm. *Mosbacher*; s. ferner BVerfG JR 2007, 390; BGH NStZ 2006, 178 = StV 2006, 283; BGHSt 10, 104 (105) = NJW 1957, 551.

terbrechung der Hauptverhandlung und die Bestimmung des Termins zu ihrer Fortsetzung[2786] sowie die Anordnung der Fortsetzung der Hauptverhandlung nach § 29 Abs. 2 StPO.[2787]

In all diesen Fällen ist die Verfahrensrüge nur dann in zulässiger Form erhoben, wenn **1195**
in der Revisionsbegründung das zu der Maßnahme führende Geschehen in der Hauptverhandlung, die Anordnung des Vorsitzenden, die Beanstandung und der hierauf ergangene Beschluss mitgeteilt werden. Der Beschluss ist dabei wörtlich wiederzugeben.

Entgegen einer in Rechtsprechung und Lehre weit verbreiteten Auffassung kann je- **1196**
doch die Revisibilität eines vom Vorsitzenden begangenen Verfahrensfehlers nicht generell davon abhängen, dass zuvor der Zwischenrechtsbehelf des § 238 Abs. 2 StPO in Anspruch genommen wurde. Die Rechtsprechung hat verschiedentlich an die Motive des Gesetzgebers angeknüpft, der im Entwurf zu § 300 RStPO zu erkennen gegeben hat, dass sich der Revisionsführer nicht gegen einen Fehler wenden könne, den er in der Verhandlung für so wenig nachteilig erachtet habe, dass er ihn unbeanstandet ließ.[2788] In der fehlenden Beanstandung in der Hauptverhandlung wird verschiedentlich auch ein „stillschweigender Verzicht" auf die Geltendmachung des Verfahrensfehlers, in der Erhebung einer Revisionsrüge ohne vorangegangene Beanstandung in der Hauptverhandlung „prozessuale Arglist" gesehen.[2789] Auch wird angeführt, es könne das Rechtsschutzbedürfnis fehlen, wenn eine Verfahrensrüge erhoben wird, obwohl der Vorgang zuvor nicht beanstandet wurde.[2790] Das RG hat dasselbe Ergebnis (fehlende Revisibilität) darauf gestützt, dass das Urteil in derartigen Fällen auf der fehlenden Beanstandung und damit nicht auf einer Gesetzesverletzung beruhe.[2791] Der Bundesgerichtshof hat sich in einer Reihe von Fällen ähnlich geäußert.[2792] Ausnahmen hiervon wurden jedoch seit jeher zugelassen, wenn **eindeutige Gesetzesverletzungen** bei unverzichtbaren prozessualen Maßnahmen zu korrigieren waren, so etwa bei der Nichterteilung des letzten Wortes,[2793] nach früherer Gesetzeslage bei der fehlenden Entscheidung über die Vereidigung,[2794] bei der Ablehnung der Entgegen-

---

2786 BGH 4 StR 272/01 = BGHR StPO § 238 Abs. 1 Verhandlungsleitung 1.

2787 BGH 2 StR 210/82, zit. nach KK-*Schneider* § 238, Rn. 13.

2788 Siehe *Hahn* Materialien, Bd. III, 251.

2789 Vgl. *Jescheck* JZ 1952, 400 und *Fuhrmann* NJW 1963, 1232, der auf den Grundsatz von Treu und Glauben hinweist, der auch im Prozessrecht gelte.

2790 *Mosbacher* JR 2007, 387 ff.; *ders.*, FS Widmaier, 348 ff.; zustimmend: KK-*Schneider* § 238, Rn. 2.

2791 Vgl. etwa RGSt 71, 21 (23), m. w. N.

2792 BGHSt 1, 322 (325); BGHSt 3, 199 (202); BGHSt 3, 368 (369); BGHSt 4, 364 (366); BGH NStZ 1982, 432; BGH GA 1988, 426 und BGH NStZ 1981, 71 (bei Nichtvereidigung des Zeugen); BGH NStZ 1992, 346 (bei Weigerung des Vorsitzenden nach Schluss der Beweisaufnahme noch Beweisanträge entgegenzunehmen); in diesem Sinne auch die 5. Auflage, 186, Rn. 229; vgl. ferner BGH 1 StR 368/03 = BGHSt 48, 372 und BGH 3 StR 139/06 = BGHSt 51, 144 = NJW 2007, 384; BGHR StPO § 238 Abs. 2 – Beweisantrag 1; BGHSt 21, 288 (290); BGH JR 1965, 348; siehe ferner OLG Hamburg MDR 1979 (mit kritischer Anm. *Strate*); BayObLG MDR 1983, 511; für eine Rügepräklusion *Bohnert* Beschränkungen der strafprozessualen Revision durch Zwischenverfahren, 176 ff.; *Schlüchter* Das Strafverfahren, 462.

2793 LR-*Gollwitzer* § 258, Rn. 54 f. m. w. N.; vgl. ferner BGH StV 1990, 247 = NStZ 1990, 291 = NJW 1990, 1613 = BGHR StPO § 258 Abs. 3 – letztes Wort 2.

2794 BGHSt 1, 273; BGH NStZ 1981, 71; BGHR StPO § 59 Satz 1 – Entscheidung, fehlende 2; BGH StV 1987, 282 = NStZ 1987, 374 = BGHR StPO § 59 Satz 1 – Entscheidung, fehlende 3; BGH StV

nahme eines Beweisantrages jedenfalls dann, wenn der Vorsitzende „mit stillschweigender Billigung des Gerichts" handelt.[2795] Der BGH hat ferner in Einzelfällen auf die Herbeiführung eines Gerichtsbeschlusses als Voraussetzung für die Zulässigkeit der Revisionsrüge verzichtet, wenn sich aus dem Urteil ergibt, dass sich der Spruchkörper die Entscheidung des Vorsitzenden zu eigen gemacht hat.[2796] Der Rechtsbehelf nach § 238 Abs. 2 StPO soll aber jedenfalls dann geboten sein, wenn sich die sachleitende Anordnung des Vorsitzenden auf eine Bestimmung stützt, die ihm einen Beurteilungsspielraum oder ein Ermessen eröffnet.[2797]

1197 Schon die zitierten Ausnahmen zeigen aber, dass es eine vollständige Subsidiarität der Revision gegenüber dem Zwischenrechtsbehelf aus § 238 Abs. 2 StPO nicht geben kann.[2798] Aus gutem Grund hat der Gesetzgeber davon abgesehen, eine ausdrückliche prozessuale Beanstandungs*pflicht* in das Gesetz aufzunehmen.[2799] Schon weil die StPO in erster Linie Schutzrechte des Angeklagten normiert, findet sich in ihr auch sonst keine derartige Präklusion bei Nichtausschöpfung von anderen Rechtsbehelfen.[2800] Da die Verfahrensvorschriften nicht generell zur Disposition der Beteiligten stehen und das Gericht stets zur Erforschung der materiellen Wahrheit verpflichtet bleibt, kann eine generelle „Verwirkung" von Rügerechten im Strafprozess keine Berechtigung besitzen.[2801]

1198 Insgesamt sollte die Bedeutung der Frage jedoch nicht überbewertet werden. Dass das Urteil tatsächlich auf einer fehlerhaften Anordnung des Vorsitzenden **beruht**, wird ohnedies zumeist nur in den Fällen anzunehmen sein, in denen es um unverzichtbare prozessuale Maßnahmen geht, für die auch die Rechtsprechung eine Ausnahme von

---

1992, 146; vgl. zur Rechtslage nach der Gesetzesänderung nunmehr BGH Beschl. v. 11. 12. 2008, 3 StR 429/08 sowie BGHSt 50, 282 (s. dazu oben Rn. 838 ff.).

2795 BGH NStZ 1981, 311; Revisionsrüge ohne Anrufung des Gerichts zulässig nach BGH NStZ 1992, 248; anders aber BGH 4 StR 50/92 v. 19. 3. 1992 = NStZ 1992, 346 = StV 1992, 311 = wistra 1992, 224 = NJW 1992, 3182 = MDR 1992, 636.

2796 BGH 1 StR 23/95 v. 30. 5. 95 = StV 1996, 2 = NStZ 1996, 22 (*Kusch*).

2797 BGH 3 StR 139/06 = BGHSt 51, 144 = NJW 2007, 384 = NStZ 2007, 230 m. Anm. *Widmaier* = JR 2007, 382 m. Anm. *Mosbacher*.

2798 Ein derartiges „Regel-Ausnahme"-Verhältnis, wie es etwa § 90 Abs. 2 BVerfGG für die Verfassungsbeschwerde vorsieht, bedürfte im Übrigen wohl einer gesetzlichen Grundlage. Selbst der Zivilprozess, der anders als der Strafprozess die Dispositionsbefugnis sowohl über den Anspruch als auch über die Förmlichkeiten des Verfahrens einräumt, sieht Grenzen einer Verwirkung des Rechtes zur Geltendmachung von Verfahrensfehlern vor (§ 295 Abs. 1 und 2 ZPO), vgl. dazu *Jescheck* JZ 1952, 400; dagegen zu Unrecht *Fuhrmann* NJW 1963, 1232, der es lediglich für ein Versehen des Gesetzgebers hält, dass in die StPO keine vergleichbare Vorschrift aufgenommen wurde.

2799 Vgl. dazu KMR-*Paulus* § 238, Rn. 64 m. w. N.

2800 So weist *Fuhrmann* NJW 1963, 1230, zu Recht darauf hin, dass der Begriff der „Verwirkung" dem Zivilrecht entstammt. Siehe ferner hierzu LR-*Gollwitzer* § 238, Rn. 45 ff.; *Schmid* Die Verwirkung von Verfahrensrügen im Strafprozess, 29 ff.; *Gössel* Strafverfahrensrecht, 173; *Roxin* § 42 D. II. 2.; *Eb. Schmidt* StPO, Teil II, § 238, Rn. 29 ff.; Vgl. ferner *Bohnert* Beschränkungen der strafprozessualen Revision durch Zwischenverfahren, 174, der der Rechtsprechung zugute hält, dass eine Alternativität der Rechtsbehelfe nicht gegeben sein soll und – der Rechtsklarheit wegen – annimmt, dass § 238 Abs. 2 StPO als Voraussetzung für die Revision angesehen werden müsse. In diesem Sinne auch *Schlüchter* Das Strafverfahren, 462, die in der Schaffung des Zwischenrechtsbehelfs in § 238 Abs. 2 StPO den Willen des Gesetzgebers formuliert sieht, den an sich bestehenden Zusammenhang zwischen Rechtsverstoß und Urteil normativ wieder zu zerschlagen.

2801 *Jescheck* JZ 1952, 401; vgl. auch *Widmaier* NStZ 2007, 234 sowie OLG Köln NStZ-RR 1997, 366.

der Rügepräklusion annehmen will. In den anderen Fällen muss die Rügepräklusion auf Konstellationen beschränkt bleiben, in denen ein arglistiges Verhalten klar zu Tage tritt, d.h. in denen die Geltendmachung des Verfahrensfehlers in der Revisionsinstanz im Widerspruch zum eindeutigen sonstigen Prozessverhalten des Angeklagten und der Verteidigung vor dem Tatgericht stünde.[2802] Eine generelle Erstreckung auf sämtliche Fälle, in denen Beurteilungsspielräume eröffnet sind, wie sie der BGH in seiner neueren Rechtsprechung (jedenfalls beim verteidigten Angeklagten) befürwortet,[2803] würde den Zwang zur Beanstandung zu weit ausdehnen. Grundsätzlich kommt aber dem Verteidiger bei der Beanstandung von sachleitenden Anordnungen nach § 238 Abs. 2 StPO eine gesteigerte Verantwortung zu. Gerade dies macht die Erforderlichkeit eines Verteidigers im Strafverfahren deutlich.[2804] Beim unverteidigten Angeklagten wird man die Zulässigkeit einer Verfahrensrüge deshalb auch nur dann von der vorherigen Anrufung des Gerichts abhängig machen können, wenn fest steht, dass der Angeklagte die Befugnis zu einer Beanstandung nach § 238 Abs. 2 kannte (etwa weil er in der Verhandlung hierauf ausdrücklich hingewiesen wurde).[2805]

Hinzuweisen ist ergänzend darauf, dass der Zwischenrechtsbehelf des § 238 Abs. 2 **1199**
StPO auch gegenüber dem **Einzelrichter** zur Anwendung kommen kann, der in diesem Fall selbst über den Rechtsbehelf entscheidet. Dies ist insofern sinnvoll, als er auf diese Weise nochmals zu einer Überprüfung der rechtlichen Zulässigkeit seiner Maßnahme angehalten wird und diese in seinem Beschluss auch begründen muss.[2806]

bb) Unterbrechungsanträge, Aussetzungsanträge

Literatur: *Bertram* Empfehlen sich Änderungen des Strafverfahrensrechts mit dem Ziel, ohne Preisgabe rechtsstaatlicher Grundsätze den Strafprozess, insbesondere die Hauptverhandlung zu beschleunigen? NJW 1994, 2186; *Heubel* Die Verschiebung der Hauptverhandlung wegen Verspätung des Verteidigers, NJW 1981, 2678; *Schlüchter* Beschleunigung des Strafprozesses und inbesondere der Hauptverhandlung ohne Rechtsstaatsverlust, GA 1994, 397.

Das deutsche Strafprozessrecht ist in den letzten Jahren u.a. durch die Änderung des **1200**
§ 229 StPO[2807] der „Realität" angepasst worden, dass eine Vielzahl von Strafverfahren nicht mehr wie vom ursprünglichen Gesetzgeber der StPO einmal als Regelfall angesehen, an einem Verhandlungstag beendet werden können. Gleichwohl geht es nach wie vor – richtigerweise – davon aus, dass der Prozessstoff möglichst konzentriert und

---

2802 Vgl. LR-*Gollwitzer* § 238, Rn. 47f., der einen Rügeverlust nur annehmen will, wenn der Betroffene arglistig nichts unternimmt, um Revisionsrügen zu „sammeln", oder wenn er sich damit treuwidrig zu seinem sonstigen Prozessverhalten in Gegensatz setzt.

2803 BGH 3 StR 139/06 = BGHSt 51, 144 = NJW 2007, 384 = JR 2007, 382 m. Anm. *Mosbacher.*

2804 Vgl. dazu *Widmaier* NStZ 1992, 519 (522).

2805 Auch die Entscheidung BGH 3 StR 139/06 = BGHSt 51, 144 = NJW 2007, 384 sieht eine Rügeobliegenheit für die Fälle des Streits um die Reichweite von § 55 StPO zunächst nur vor, wenn der Angeklagte einen Verteidiger hat (BGHSt 51, 148, Rn. 26); vgl. hierzu auch *Mosbacher* JR 2007, 388 sowie *Mosbacher* FS Widmaier, 352.

2806 LR-*Gollwitzer* § 238, Rn. 36; KK-*Schneider* § 238, Rn. 15; KMR-*Paulus* § 238, Rn. 39; *Meyer-Goßner* § 238, Rn. 18; *Bohnert* Beschränkungen der strafprozessualen Revision durch Zwischenverfahren, 182; *Ebert* StV 1997, 269; OLG Düsseldorf StV 1996, 252; anderer Ansicht: BayObLG VRS 24, 300; OLG Köln NJW 1957, 1373; MDR 1955, 311 und noch die 5. Aufl., 186, Fn. 391.

2807 Durch das 1. StVRG v. 27. 1. 1987 (BGBl. I, 475) und mit erneuten erheblichen Fristverlängerungen im 1. JuMoG v. 24. 8. 2004 (BGBl. I, 2198).

in nahem zeitlichem Zusammenhang erörtert werden muss. Das dient nicht nur der möglichst konzentrierten und geistig noch fassbaren Stoffsammlung für das „Schöpfen der Überzeugung aus dem Inbegriff der Verhandlung" durch die Richter (§ 261 StPO), sondern dient auch der Ermöglichung eines schon vor dem Verhandlungsbeginn zu entwickelnden Verteidigungskonzepts. Wo immer während der Verhandlung Ereignisse auftreten, die entweder dem einmal auf der bisherigen Informationslage gefundenen Verteidigungskonzept „in die Quere kommen", muss der Angeklagte die Chance erhalten, sein bisheriges Prozessverhalten zu überdenken und sein weiteres Vorgehen neu zu planen. Diesen Grundsatz nimmt das Gesetz so wichtig, dass es dort, wo die Durchführung einer terminierten Hauptverhandlung den wohlverstandenen Interessen eines der Verfahrensbeteiligten im Wege stehen könnte, den betreffenden Verfahrensbeteiligten entweder einen Anspruch darauf gibt, dass die Hauptverhandlung **unterbrochen** wird, um weitere Informationen einzuholen und etwaige Anträge zu überdenken, oder dass die gesamte Hauptverhandlung von Neuem begonnen werden muss. Letzteres nennt man die **Verfahrensaussetzung** (in der Tagespresse auch gerne als das „Platzen" einer Hauptverhandlung bezeichnet).

1201 Gesetzlich nicht ausdrücklich geregelt, weil als selbstverständlich vorausgesetzt, ist der Anspruch auf kurze Unterbrechungen der Hauptverhandlung, wenn ein Beteiligter geltend macht, dies aus sachlichen Gründen zu benötigen. Dabei hat sich eingebürgert, dass der Antrag „zur Prüfung oder Formulierung eines unauschiebbaren Antrages" so zu verstehen ist , dass damit einer Präklusion vorgebeugt werden soll (z.B. nach § 25 Abs. 2 Nr. 2 StPO). Teilweise regelt auch die StPO den Anspruch auf Unterbrechung der Hauptverhandlung, z.B. zur Prüfung der ordnungsgemäßen Besetzung nach § 222a Abs. 2 StPO.

1202 In anderen Fällen verwendet die StPO den Begriff der Aussetzung, ohne dass die Rechtsprechung dies stets wörtlich nimmt. Dabei ist es nachvollziehbar, dass der Gesetzgeber in den §§ 145 Abs. 3, 217 Abs. 2, 246 Abs. 2 und 265 Abs. 3 StPO jeweils durchaus vorschreiben wollte, dass die Hauptverhandlung nicht nur für ein paar Stunden oder Tage unterbrochen und danach fortgesetzt werden dürfe, sondern wirklich von Neuem begonnen werden muss. Das wird für die harte **Kostensanktion** nach § 145 Abs. 4 StPO noch allgemein anerkannt,[2808] während in den Fällen des § 246 Abs. 2 StPO wohl unter dem Schutz des Abs. 4 (*„Über die Anträge entscheidet das Gericht nach freiem Ermessen."*) in der Praxis jedenfalls in längeren Hauptverhandlungen kaum jemand Erfolg mit seinem den Gesetzeswortlaut ernst nehmenden Antrag auf Aussetzung hätte, nachdem ihm ein Zeuge erst unmittelbar vor seiner Vernehmung „namhaft gemacht" wurde. In der Regel wird das Gericht sein „freies Ermessen" dahin ausüben, allenfalls eine kurze Unterbrechung zu beschließen oder den Antrag sogar vollständig zu übergehen.

1203 Die Versagung der Aussetzung kann die Revision begründen, wenn das Gericht den Zweck des § 246 Abs. 2 oder Abs. 3 StPO völlig verkannt oder sich darüber trotz der für eine Aussetzung sprechenden Anhaltspunkte hinweggesetzt hat. Dies kann aber durchaus als Revisionsgrund nach § 338 Nr. 8 StPO geltend gemacht werden, weil da-

---

2808 *Meyer-Goßner* § 145, Rn. 17.

durch die Verteidigung in einem für die Entscheidung wesentlichen Punkt unzulässig beschränkt wurde.[2809] Dasselbe gilt für den Aussetzungsantrag nach einer **Nichteinhaltung der Ladungsfrist** (§ 217 Abs. 2 StPO). Auch darin kann eine Beschränkung der Verteidigung im Sinne von § 338 Nr. 8 StPO liegen.[2810]

Die Revision kann aber (insbesondere bei Angeklagten ohne Verteidiger) auch darauf **1204**
gestützt werden, dass eine unter dem Aspekt der richterlichen Fürsorgepflicht gebotene Aussetzung nicht angeordnet wurde, so etwa wenn der Angeklagte die Nachricht zum Termin erst am Tag der Verhandlung erhält, daraufhin Aussetzung beantragt und dieser Antrag vom Gericht ohne Begründung abgelehnt wird.[2811] Die Aussetzung kann aber auch schon dann geboten sein, wenn die vom Gericht geladenen Zeugen den Verfahrensbeteiligten nicht **namhaft** gemacht, d.h. mit Wohn- und Aufenthaltsort (§ 222 Abs. 1 Satz 1 StPO)[2812] genannt werden. In diesen Fällen kann dann die vollständige Aussetzung des Verfahrens gem. § 246 Abs. 2 StPO geboten sein, wenn die Mitteilung der Anschriften erkennbar bereits zur Vorbereitung der Verteidigung vor Beginn der Hauptverhandlung und der Entscheidung über die Aussagebereitschaft des Angeklagten erforderlich war.

Kein allgemeiner Aussetzungsanspruch soll nach h.M. gegeben sein, wenn der Ange- **1205**
klagte in einem vom Strafprozess unabhängigen Verfahren (Antrag nach § 23 EGGVG; Verwaltungsstreitverfahren) die Berechtigung der „Sperrerklärung“ einer bestimmten Auskunftsperson überprüfen lassen will; der BGH hat dies in erster Linie als eine Frage der Aufklärungspflicht angesehen.[2813]

Zum Anspruch auf Aussetzung der Hauptverhandlung nach **§ 265 Abs. 4 StPO** wur- **1206**
de oben schon das Erforderliche ausgesagt.[2814] Sie gilt nicht nur bei nachträglichen Veränderungen des Sachverhalts gegenüber dem Sachverhalt der Anklage sondern insbesondere auch bei **Veränderungen der Verfahrenslage**. Ein wichtiger Anwendungsfall ist zum Beispiel das Nachschieben bisher von der Verfolgungsbehörde zurückgehaltener Beweismittel in der Hauptverhandlung.[2815]

Die Aussetzung nach § 265 Abs. 4 StPO ist auch dann anzuordnen, wenn der Ange- **1207**
klagte in seinem Recht, sich des Beistandes eines Verteidigers zu bedienen, in unvorhergesehener Weise beeinträchtigt wird.[2816] Wird während des Hauptverfahrens ein

2809 BGHSt 37, 1, 3 = NJW 1990, 1860; auch BGH JZ 1990, 200. *Meyer-Goßner* § 247, Rn. 7; KK-*Fischer* § 246, Rn. 12.

2810 KG StV 1996, 10; BayObLG NStZ 1982, 172; BayObLGSt 1987, 55 (56); *Meyer-Goßner* § 217, Rn. 12.

2811 OLG Celle NJW 1961, 1319; *Dahs/Dahs* Revision, Rn. 239.

2812 Hierzu BGH NStZ 1989, 237, 238; BGH 3 StR 428/89 v. 26. 1. 1990 = NJW 1990, 1125 = NStZ 1990, 244 = StV 1990, 197 = JuS 1990, 671, zit. nach BGHSt 37, 2.

2813 BGH NStZ 1985, 466; *Meyer-Goßner* § 54, Rn. 29.

2814 S.o. Rn. 1174.

2815 BayObLG 1981, 14 = VRS 61, 129; BGH StV 1981, 225; BGH VRS 60, 378; LG Duisburg StV 1984, 19 (Akten- und Beweisstücke), LG Nürnberg-Fürth JZ 1982, 260 (Vernehmungsprotokolle), LG Bochum NJW 1988, 1533; vgl. zum Ganzen *Odenthal* StV 1991, 441 (446). Hinzuweisen ist in diesem Zusammenhang auch auf Art. 6 Abs. 3b EMRK, wonach jeder Angeklagte das Recht hat, über ausreichende Zeit und Gelegenheit zur Vorbereitung seiner Verteidigung zu verfügen.

2816 *Meyer-Goßner* § 265, Rn. 42f.; LR-*Gollwitzer* § 265, Rn. 102.

neuer Pflichtverteidiger bestellt und beantragt dieser, das Verfahren zur Vorbereitung der weiterzuführenden Verteidigung auszusetzen, liegt kein revisibler Verfahrensfehler vor, wenn das Tatgericht stattdessen das Verfahren unterbrochen hat und die Unterbrechung zur Einarbeitung ausreichte.[2817]

1208 Grundsätzlich soll die Hauptverhandlung nicht ohne den Verteidiger des Vertrauens durchgeführt werden. Allerdings gibt das Ausbleiben des Wahlverteidigers dem Angeklagten kein Recht, die Aussetzung der Hauptverhandlung zu verlangen (§ 228 Abs. 2 StPO).

1209 Das Gericht hat sich jedoch jedenfalls um eine Abstimmung des Verhandlungstermins mit dem betreffenden Verteidiger zu bemühen.[2818] Auch wenn das Gericht den Termin kurzfristig verschiebt (etwa am selben Tag um einige Stunden), ist dem Aussetzungsantrag des verhinderten Verteidigers stattzugeben.[2819] Aus Gründen der Fürsorgepflicht kann die Aussetzung auch bei plötzlicher Erkrankung des bisherigen Verteidigers, wenn die Verteidigung Zeit für die Beschaffung von Beweismitteln oder zur Prüfung von Akten benötigt[2820] oder sich aufgrund eines mangelhaften Anklagesatzes nicht sachgerecht auf die Verhandlung vorbereiten konnte,[2821] erforderlich sein.

1210 Bei **Verspätung des Verteidigers** hat das Gericht in Anlehnung an § 329 und § 412 StPO und in Anbetracht des § 228 Abs. 2 StPO eine gewisse Wartepflicht,[2822] wobei eine Wartezeit von 15 Minuten stets zugemutet werden kann.[2823] Reist der Verteidiger aus einer größeren Entfernung an,[2824] oder hat er von unterwegs mitgeteilt, dass er auf dem Weg sei,[2825] muss unter Umständen auch eine längere Zeit gewartet werden.

1211 Ist der **Wahlverteidiger** in der Hauptverhandlung nicht anwesend und stellt der Angeklagte deswegen einen Antrag auf Aussetzung, darf der Antrag nicht mit der formelhaften Begründung abgelehnt werden, der Angeklagte sei mit seinem im ersten Rechtszug bestellten Pflichtverteidiger ausreichend verteidigt gewesen.[2826] Eine Aussetzung kommt auch bei Verteidigerwechsel in Betracht, zum Beispiel wenn dem neuen Verteidiger nicht ausreichend Vorbereitungszeit zur Verfügung steht.[2827]

2817 Nach BGHSt 13, 337 (339) steht es gem. § 145 Abs. 2 StPO in diesen Fällen im pflichtgemäßen Ermessen des Gerichts, ob die Verhandlung zu unterbrechen oder auszusetzen ist; vgl. ferner BGH 1 StR 600/96 v. 25. 2. 1997 = NStZ 1997, 401.

2818 BGH NJW 1992, 849.

2819 BayObLG GA 1984, 126 = StV 1984, 13; OLG Zweibrücken MDR 1984, 425.

2820 OLG Düsseldorf GA 1958, 54; OLG Hamburg AnwBl. 1964, 265.

2821 *Dahs/Dahs* Revision, Rn. 263.

2822 Instruktiv hierzu *Kaiser* NJW 1977, 1955; KK-*Gmel* § 228, Rn. 10.

2823 BayObLG AnwBl. 1978, 154; BayObLG VRS 60, 304; OLG Düsseldorf VRS 64, 276; OLG Köln StV 1984, 147 (im Falle einer geplanten Gegenüberstellung).

2824 OLG Frankfurt AnwBl. 1984, 108.

2825 BayObLG VRS 67, 438.

2826 BGHR StPO § 265 Abs. 4 – Verteidigung angemessene 1 = NStZ 1987, 34; vgl. zum Ganzen auch *Weider* StV 1983, 270.

2827 BGH NJW 1965, 2164 (m. Anm. *Schmidt-Leichner*); BGH MDR 1977, 767 (m. Anm. *Sieg*); BGH NStZ 1983, 281; OLG Hamm GA 1977, 310; vgl. auch BGH NJW 1973, 1985 = JR 1974, 247 (m. Anm. *Peters*); für Großverfahren vgl. ferner BGH NJW 1958, 1736.

Ein in der Hauptverhandlung gestellter Aussetzungsantrag muss noch in der Hauptverhandlung beschieden werden; bis zur Urteilsverkündung darf die Bekanntgabe der Entscheidung nicht hinausgeschoben werden.[2828] **1212**

Soll mit der Revision die unzulässige Ablehnung eines Aussetzungsantrages beanstandet werden, so sind im Rahmen der Revisionsbegründung – den allgemeinen Grundsätzen entsprechend – der Aussetzungsantrag und der ablehnende Beschluss im Wortlaut mitzuteilen.[2829] Bei einem Unterbrechungsantrag, der auf die fehlende Gelegenheit zur Einsichtnahme in beigezogene Akten gestützt wird, muss vorgetragen werden, welche Verteidigungsmöglichkeiten sich aus der Akteneinsicht ergeben hätten.[2830] **1213**

Nach der Rechtsprechung des Bundesgerichtshofs prüft das Revisionsgericht im Rahmen seiner Entscheidung über die Rüge der Verletzung von § 265 Abs. 4 StPO, ob das Tatgericht die Rechtsbegriffe verkannt oder das ihm durch § 265 Abs. 4 StPO eingeräumte Ermessen fehlerhaft ausgeübt hat.[2831] Dabei hat es die **prozessuale Fürsorgepflicht** des Gerichts gegenüber dem Angeklagten zu beachten.[2832] Sind in einer Hauptverhandlung noch keine Erträge erzielt worden, die bei einer Unterbrechung fortwirkten, bei einer Aussetzung aber erneut gewonnen werden müssten, ist das Gericht in der Entscheidung, ob es die Hauptverhandlung unterbricht oder sie aussetzt, grundsätzlich frei. Eine solche Unterbrechungs- oder Aussetzungsentscheidung verstößt nicht gegen Art. 101 Abs. 1 GG, es sei denn, sie wäre willkürlich getroffen.[2833] **1214**

cc) Antrag auf Bestellung eines Verteidigers

Literatur: *Barton* Mindeststandards der Strafverteidigung, Baden Baden 1994; *Gatzweiler* Die Auswahl des Pflichtverteidigers durch den Gerichtsvorsitzenden, AnwBl 1981, 147; *Haffke* Zwangsverteidigung – notwendige Verteidigung – Pflichtverteidigung – Ersatzverteidigung, StV 1981, 471; *Hagmann* Auswahl und Bestellung des Pflichtverteidigers, Schriftenreihe des DAV, Band 2, 1986, S. 17; *Hahn* Die notwendige Verteidigung im Strafprozess, Diss., 1975; *Jungfer* Auswahl und Bestellung des Pflichtverteidigers – Idee und Wirklichkeit, Schriftenreihe des DAV, Band 2, 1986, S. 24; *Künzel* Erfahrungen eines Zwangsverteidigers, StV 1981, 464; *Lüderssen* Die Pflichtverteidigung, NJW 1986, 2742; *Mehle* Zeitpunkt und Umfang der Pflichtverteidigerbestellung, NJW 2007, 969ff.; *Molketin* Die Auswahl des Pflichtverteidigers durch den Gerichtsvorsitzenden, AnwBl 1981, 8; *Oellerich* Voraussetzungen einer notwendigen Verteidigung und Zeitpunkt der Pflichtverteidigerbestellung, StV 1981, 434; *Rieß* Pflichtverteidigung-Zwangsverteidigung-Ersatzverteidigung, Reform der notwendigen Verteidigung, StV 1981, 460; *Römer* Pflichtverteidigung neben Wahlverteidigung, ZRP 1977, 92; *Rudolph* Wahlverteidiger – Pflichtverteidiger, DRiZ 1975, 210; *Schlothauer* Die Auswahl des Pflichtverteidigers, StV 1981, 443; *ders.* Der Pflichtverteidiger: Vertrauensanwalt des Gerichts oder des Angeklagten? DuR 1979, 322; *Schmidt H.* Die Pflichtverteidigung, Diss., München 1967; *Schneider* Notwendige Verteidigung und Stellung des Pflichtverteidigers im Strafverfahren, Diss., Bonn 1979; *Vogtherr* Rechtswirklichkeit und Effi-

---

2828 *Meyer-Goßner* § 265, Rn. 45 und § 228, Rn. 6; RGSt 23, 136; KK-*Gmel* § 228, Rn. 7.
2829 Vgl. OLG Koblenz VRS 51, 288, sowie BayObLGSt 1992, 161 = MDR 1993, 567.
2830 BGH 1 StR 404/95 v. 29. 8. 95 = StV 1996, 298 = NStZ 1996, 99.
2831 BGHSt 8, 92 (96); OLG Koblenz VRS 51, 288; zustimmend LR-*Gollwitzer* § 265, Rn. 106; vgl. auch BGH NJW 1958, 1736; BGHSt 11, 88 (91) = NJW 1958, 350.
2832 BGH MDR 1976, 988 (bei *Dallinger*); BayObLGSt 1962, 226; BayObLG DAR 1987, 312; OLG Hamm VRS 74, 36 (38); vgl. ferner BVerfG NJW 1984, 862; OLG Zweibrücken StV 1984, 148; OLG Stuttgart StV 1988, 145.
2833 BGH, Urt. v. 9. 8. 2007 – 3 StR 96/07 = BGHSt 52, 24 = NJW 2007, 3364.

zienz der Strafverteidigung, Frankfurt am Main 1991; *Wächtler* Ersatzverteidigung – eine Alternative zur Zwangsverteidigung? StV 1981, 466; *Welp* Der Verteidiger als Anwalt des Vertrauens, ZStW Band 90 (1978), S. 101.

1215 Die **fehlende Mitwirkung eines Verteidigers** in der Hauptverhandlung kann unter verschiedenen Gesichtspunkten die Revision begründen. Zum einen liegt in den Fällen der notwendigen Verteidigung nach § 140 StPO der Revisionsgrund des § 338 Nr. 5 StPO vor, wenn während eines Teils der Beweisaufnahme oder gar wähernd der gesamten Hauptverhandlung kein Verteidiger anwesend ist.[2834] Zum anderen können mit der Revision aber auch Fehler des Vorsitzenden bei der Bestellung des Verteidigers und die fehlerhafte Ablehnung eines Antrages auf Pflichtverteidigerbestellung geltend gemacht werden.

1216 Liegt ein Fall der **notwendigen Verteidigung** nach § 140 StPO vor, dann richtet sich das Verfahren zur Bestellung des Pflichtverteidigers nach den §§ 141, 142 StPO. Benennt der Beschuldigte selbst einen Verteidiger, der zum Pflichtverteidiger bestellt werden kann, so soll der Richter diesem Wunsch entsprechen (§ 142 Abs. 1 Satz 2 StPO). Das Bundesverfassungsgericht hat zwar festgestellt, dass der Angeklagte keinen verfassungsrechtlich verbürgten Anspruch auf den von ihm vorgeschlagenen Rechtsanwalt hat.[2835] Da das Vertrauensverhältnis zwischen dem Beschuldigten und seinem Verteidiger jedoch eine unerläßliche Bedingung für eine sachgerechte Verteidigung ist, soll dem Beschuldigtenwunsch zumindest dann nachgekommen werden, wenn nicht besondere Gründe entgegenstehen.[2836] Die Rechtsprechung des Bundesgerichtshofs, wonach der bisherige Wahlverteidiger auch dann als Pflichtverteidiger beigeordnet werden kann, wenn ihm der Angeklagte zuvor das Mandat wegen fehlenden Vertrauens entzogen hat,[2837] trägt dem nicht hinreichend Rechnung.[2838]

1217 Ist der Verteidiger, um dessen Beiordnung der Angeklagte bittet, **nicht im Gerichtsbezirk des Gerichts zugelassen**, das die Hauptverhandlung durchführt, muss dies noch nicht bedeuten, dass der Vorsitzende den Antrag des Angeklagten abzulehnen hat. Auch dies würde der Forderung des Bundesverfassungsgerichts widersprechen, dem Angeklagten stets einen Anwalt seines Vertrauens beizuordnen, wenn nicht besondere Gründe entgegenstehen. Will der Richter in dieser Situation sein Ermessen

---

2834 BGHSt 9, 243; vgl. dazu ausführlich oben, Rn. 435 f.

2835 BVerfGE 9, 36 (38) = NJW 1959, 571; BVerfGE 39, 238 (242) = NJW 1975, 1015; BVerfG StV 2006, 451 mit Anm. *Hilger* der auch die neuere Rechtsprechung verschiedener OLGe analysiert, die angesichts des in Haftsachen vom BVerfG immer wieder betonten besonderen Beschleunigungsbedarfs für vertretbar halten, dass der gewünschte Vertrauensanwalt dann nicht bestellt wird, wenn er durch andere Hauptverhandlungen auf absehbare Zeit verhindert ist. s.a. BVerfG, Beschl. v. 24. 7. 2008 – 2 BvR 1146/08.

2836 BVerfGE 39, 238 (243) = NJW 1975, 1015; BVerfGE 68, 237 (256) = NJW 1985, 727 (729); BGH NJW 1988, 3273; hierzu auch *Schlothauer* StV 1981, 443; zu den Auswirkungen des Grundsatzes, wonach der Vertrauensanwalt, namentlich dann, wenn er zuvor der ortsnahe (Hamburg) Wahlverteidiger war, auf die Erstattung der Reisekosten für die Wahrnehmung der Hauptverhandlung (in Frankfurt am Main) einen Anspruch hat BVerfG, Beschl. v. 24. 11. 2000 – 2 BvR 813/99 = NJW 2001, 1269 = NStZ 2001, 211.

2837 BGHSt 39, 310 = NJW 1993, 3275 = StV 1993, 564 = NStZ 1993, 600; BGH NStZ 1992, 292; vgl. ferner für den Fall der Mandatsniederlegung durch den Verteidiger: BGH 1 StR 600/96 v. 25. 2. 1997 = NStZ 1997, 401.

2838 Erfreulich deshalb BGH, Beschl. v. 16. 2. 2000 – 1 StR 5/00 = NStZ 2000, 326 = StV 2000, 235.

pflichtgemäß und nachvollziehbar ausüben, muss er also begründen, warum ein Verteidiger von außerhalb nicht in Betracht kommt.[2839] Allerdings können zur Begründung sowohl Kostenaspekte als auch erhebliche Verfahrensverzögerungen ins Feld geführt werden,[2840] die aber stets im Verhältnis zur Schwere der dem Angeklagten angelasteten Tat und zum besonderen Vertrauensverhältnis zwischen Angeklagtem und dem betroffenen Verteidiger betrachtet werden müssen.[2841]

Die **Pflichtverteidigerbestellung** darf im Übrigen nicht ohne Gewährung rechtlichen **1218** Gehörs bzw. ohne triftige Gründe **rückgängig** gemacht werden. Für die Entpflichtung reicht es beispielsweise nicht aus, wenn der Vorsitzende unbewiesene Behauptungen über ein etwaiges Fehlverhalten des Verteidigers in früheren Verhandlungen aufstellt.[2842] Erstattet der Pflichtverteidiger aber Strafanzeige gegen seinen Mandanten, ist das Vertrauensverhältnis so nachhaltig gestört, dass der Pflichtverteidiger abzuberufen ist.[2843] Andere Gründe, wie die Sicherung der Durchführung des weiteren Verfahrens, können in derart gravierenden Fällen der Entpflichtung des bestellten Verteidigers nicht entgegenstehen.[2844] Aus Gründen der Fürsorgepflicht muss der Vorsitzende auch darauf achten, dass kein Verteidiger bestellt wird, der die Verteidigung wegen eines Interessenkonflikts nicht ordnungsgemäß führen kann.[2845]

Fehler des Vorsitzenden bei der Bestellung des Verteidigers können die Revision **1219** begründen, da es sich dabei um dem Urteil vorausgegangene Entscheidungen im Sinne von § 336 StPO handelt, auf denen das Urteil möglicherweise beruht.[2846] Allein ein Verstoß gegen § 142 Abs. 1 Satz 2 StPO führt jedoch in der Regel nicht zur Urteilsaufhebung. Es kann aber geltend gemacht werden, dass der Vorsitzende einen Verteidiger beigeordnet hat, zu dem der Angeklagte kein Vertrauen hatte oder der aus objektiven Gründen als Verteidiger ungeeignet war.[2847]

Streit besteht nach wie vor darüber, welche Rechtsmittel gegen die vom Vorsitzenden **1220** abgelehnte Pflichtverteidigerbestellung gegeben sind. Dabei ist zwischen einer

---

2839 Vgl. *Schlothauer* StV 1981, 444.

2840 BGH, Beschl. v. 9. 1. 2007 – 3 StR 465/06 = NStZ-RR 2007, 149: *„Dem Gebot die Hauptverhandlung in Haftsachen beschleunigt durchzuführen kann auch dadurch entsprochen werden dass als Verteidiger nur der Rechtsanwalt beigeordnet wird, der zusichern kann, an sämtlichen Hauptverhandlungsterminen teilzunehmen."* (red. Leitsatz); vgl. BVerfG [Kammer] StV 2006, 451; HansOLG Hamburg StV 2006, 533.

2841 So BGH StV 1997, 564; vgl. ferner OLG München StV 1993, 180 = MDR 1993, 372; OLG Düsseldorf MDR 1989, 183; ähnlich auch Hanseatisches Oberlandesgericht Hamburg StV 1983, 234; OLG Frankfurt StV 1983, 234.

2842 BGH StV 1990, 241 = NStZ 1990, 289 = NJW 1990, 1373 = MDR 1990, 455 = BGHR StPO § 143 – Rücknahme 3, sah dies als Befangenheitsgrund an.

2843 Vgl. BGHSt 39, 310 = StV 1993, 564 = NStZ 1993, 600 = NJW 1993, 3275 = MDR 1993, 1224; BGH 1 StR 600/96 v. 25. 2. 1997 = NStZ 1997, 401. Zur Entpflichtung bei gestörtem Vertrauensverhältnis vgl. BGH 4 StR 180/97 v. 26. 6. 1997 = StV 1997, 565.

2844 BGHSt 39, 310.

2845 BGH StV 1992, 406 = NStZ 1992, 292 = NJW 1992, 1841 = MDR 1992, 635 = wistra 1992, 223 = GA 1992, 569.

2846 BGH MDR 1969, 904 (bei *Dallinger*); BGH NJW 1973, 1985; BGH NStZ 1992, 201 = StV 1992, 406 = NJW 1992, 850 = MDR 1992, 497 = BGHR StPO § 142 Abs. 1 – Auswahl 3; BGH StV 1992, 406 = NStZ 1992, 292 = NJW 1992, 1841 = MDR 1992, 635 = wistra 1992, 223 = GA 1992, 569; LR-*Lüderssen/Jahn* § 141, Rn. 56.

2847 BGH NStZ 1992, 202 = StV 1992, 406 = NJW 1992, 850 = MDR 1992, 497 = BGHR StPO § 142 Abs. 1 – Auswahl 3.

Pflichtverteidigerbestellung vor und einer Pflichtverteidigerbestellung während der Hauptverhandlung zu unterschieden. Unabhängig davon, ob gegen die Ablehnung der Bestellung *in* der Hauptverhandlung lediglich der Zwischenrechtsbehelf des § 238 Abs. 2 StPO zulässig ist, weil sie als Sachleitungsanordnung anzusehen und überdies nach § 305 StPO von der Beschwerde ausgenommen ist,[2848] oder ob die ablehnende Anordnung des Vorsitzenden mit der Beschwerde anfechtbar ist – wie die wohl h.M. zu Recht annimmt[2849] –, kann die Ablehnung der Pflichtverteidigerbestellung aber zugleich als Verstoß gegen die §§ 140, 141, 142 StPO die Revision begründen.[2850] Freilich kann allein die Verletzung des § 142 Abs. 1 Satz 2 StPO die Revision nicht begründen.[2851] Auch das Revisionsgericht ist an die ermessensfehlerfreie Entscheidung des Vorsitzenden gebunden und kann sein eigenes Ermessen nicht an die Stelle des Ermessens des Vorsitzenden setzen.

1221 Der Angeklagte kann aber, wenn er in der Hauptverhandlung allein durch einen Pflichtverteidiger verteidigt wurde, dessen Bestellung ein wichtiger Grund im Sinne des § 142 Abs. 1 Satz 3 StPO entgegenstand (Interessenkollision mit einem zuvor ausgeübten Mandat im selben Tatkomplex),[2852] mit der Revision geltend machen, er sei **praktisch nicht verteidigt** gewesen.[2853]

i) Mängel bei Beratung und Urteilsverkündung

Literatur: *Binding* Die Beschlussfassung im Kollegialgericht, Abh. II, 1915; *Hamm* Öffentliche Urteilsberatung, NJW 1992, 3147; *Mellinghoff* Fragestellung, Abstimmungsverfahren und Abstimmungsgeheimnis im Strafverfahren, 1988; *Michel* Beratung, Abstimmung und Beratungsgeheimnis, DRiZ 1992, 263; *Niebler* Beratungsgeheimnis und abweichende Meinung, Festschrift Tröndle, 1989, S. 585.

1222 Am Ende der Hauptverhandlung stehen die Beratung und die Urteilsverkündung. Die geheime Beratung (§ 260 Abs. 1 StPO) und die in ihrem Rahmen nach den strengen gesetzlichen Regeln stattfindende Abstimmung über die Schuld- und die Straffrage (§§ 263 StPO; 196, 197 GVG) führen zur Feststellung des Prozessergebnisses. Weil den Verfahrensbeteiligten der innere Verlauf von Beratung und Abstimmung verschlossen bleibt, ist es umso wichtiger, dass durch das hierbei gewählte äußere Verfahren nicht der Eindruck entsteht, es handele sich bei der Beratung um eine lästige Pflichtübung. Der Richter genügt in der Regel seiner Pflicht nicht schon dann, wenn er ein richtiges Urteil erlässt, er hat auch richtig zu verfahren „und das muss man se-

---

2848 OLG Hamburg JR 1986, 257 (mit kritischer Anm. *Wagner*); OLG Stuttgart MDR 1990, 174; OLG Zweibrücken NStZ 1987, 477 = StV 1988, 519 (m. Anm. *Gatzweiler*); OLG Karlsruhe NStZ 1988, 287 (m. Anm. *Dieblich*).

2849 OLG Braunschweig StV 1996, 6; OLG Koblenz wistra 1983, 122; KG StV 1986, 239; OLG Köln StV 1989, 241; OLG Hamm NStZ 1990, 143; OLG Köln NStZ 1991, 248 (m. Anm. *Wasserburg*); *Meyer-Goßner* § 141, Rn. 10 und § 305, Rn. 5; KK-*Laufhütte* § 142, Rn. 11.

2850 KK-*Laufhütte* § 141, Rn. 14 und § 142, Rn. 12.

2851 BGH, Beschl. v. 18. 12. 1997 – 1 StR 483/97 = BGH NStZ 1998, 311 = StV 1998, 414.

2852 BGH, Beschl. v. 15. 1. 2003 – 5 StR 251/02 = BGHSt 48, 170 = NJW 2003, 1331 = NStZ 2003, 378 = StV 2003, 210 m. zust. Anm. *Berz/Saal* NStZ 2003, 379.

2853 BGH, Beschl. v. 15. 11. 2005 – 3 StR 327/05 = NStZ 2006, 404 = StV 2006, 113. Aus der Entscheidung, die der Revision stattgab, ergibt sich freilich nicht, ob der Senat einen Fall des § 338 Nr. 5 StPO oder einen Verstoß gegen § 142 Abs. 1 Satz 3 StPO i.S. eines relativen Revisionsgrundes (§ 337 StPO) annahm.

hen".[2854] Unterlaufen dem Gericht bei diesem letzten Teil der Entscheidungsfindung formelle Fehler, so begründet dies die Revision.

Die Beratung muss nach dem Gesetz auf dem Inbegriff der Hauptverhandlung fußen **1223** (§ 261 StPO). Das ist nur dann der Fall, wenn zum Zeitpunkt der Beratung die Teile der Hauptverhandlung **abgeschlossen** sind, die Beiträge zur Entscheidungsfindung erbringen sollen. Hierzu gehören die Beweisaufnahme und insbesondere die Schlussvorträge und das letzte Wort des Angeklagten.[2855] Fehlt zum Zeitpunkt der Beratung einer dieser Prozessteile, so muss die Verhandlung wieder eröffnet und ordnungsgemäß zum Abschluss gebracht werden, bevor die Beratung beginnen darf.[2856] Eine Beratung am Tatort oder das nochmalige Aufsuchen des Tatorts während der Beratung ist deshalb unzulässig.[2857] Schon aus § 261 StPO geht hervor, dass die Schlussvorträge zum Inbegriff der Verhandlung zählen und bei der Urteilsfindung berücksichtigt werden müssen.[2858] Hierfür ist es unerläßlich, dass der Richter dem Schlussvortrag zuhört und Ablenkungen vermeidet. Schreibt der Richter schon während der Plädoyers das Urteil nieder, soll dies jedoch die Revision nicht begründen. Weder sei § 261 StPO, noch der Anspruch auf rechtliches Gehör verletzt, da der Richter *„seine Aufmerksamkeit teilen"* und sich auch vor der Verkündung noch anders entschließen könne.[2859] Eine Ausnahme hiervon soll aber jedenfalls dann gelten, wenn das Urteil einen längeren Tenor in Verbindung mit Nebenentscheidungen aufweist, oder wenn der Richter bei einer umfangreichen Wirtschaftsstrafsache schon vor den Schlussvorträgen ein umfangreiches Manuskript für die mündliche Urteilsbegründung erstellt.[2860]

Die unterstellte Bereitschaft des Richters, das Urteil jederzeit zu ändern, wird aller- **1224** dings nicht nur in solchen Fällen allzu leicht zur bloßen Fiktion.[2861] Schreibt der Richter das Urteil während des Plädoyers nieder, gibt er zu erkennen: „Rede nur, mich überzeugst Du nicht mehr, mein Urteil steht fest",[2862] was die unwiderlegliche Vermutung eines Verstosses gegen § 261 StPO begründen sollte.[2863] Beruhen kann das Urteil auf diesem Verfahrensfehler schon deshalb, weil die Haltung des Richters den Plädierenden unter dem Eindruck, es habe alles keinen Zweck mehr, behindert haben kann, einen Grund vorzutragen, der den Richter doch noch überzeugt hätte.[2864]

2854 *Sarstedt* Anm. zu OLG Hamburg JR 1956, 273, 274; ebenso *Hanack* JZ 1972, 313 (315).

2855 BVerfG 2 BvR 1683/91 v. 30. 11. 1991, mitgeteilt bei *Nehm* in DAR 1992, 253; BGH StV 1983, 402; BGHSt 11, 74.

2856 BGHSt 24, 170 (171) = NJW 1971, 2082; BGHSt 17, 337 (340) = NJW 1962, 1873; *Kissel/Mayer* § 193 GVG, Rn. 1.

2857 RGSt 66, 28; OLG Hamm NJW 1959, 1192; KK-*Schoreit* § 260, Rn. 5; *Meyer-Goßner* § 260, Rn. 3.

2858 BGHSt 11, 74; BGH StV 1983, 402; *Dahs/Dahs* Revision, Rn. 363; *Meyer-Goßner* § 258, Rn. 1.

2859 BGHSt 11, 74; OLG Celle JZ 1958, 30; OLG Frankfurt JR 1965, 431; anderer Ansicht *Hanack* JZ 1972, 314; *Eb. Schmidt* Die Sache der Justiz, 19; *Sarstedt* JR 1956, 274; OLG Köln NJW 1955, 1291; OLG Hamm DAR 1956, 254.

2860 *Dahs/Dahs* Revision, Rn. 242.

2861 So zu Recht *Dahs/Dahs* Revision, Rn. 242.

2862 *Sarstedt* in seiner Anmerkung zu OLG Hamburg JR 1956, 273 (274).

2863 *Hanack* JZ 1972, 313 (315); in diesem Sinne auch OLG Hamburg JR 1956, 273 (274), das aber die Revision gleichwohl an der Beruhensfrage scheitern ließ; OLG Köln NJW 1955, 1291; OLG Hamm DAR 1956, 254.

2864 *Sarstedt* JR 1956, 273, 274; in diesem Sinne auch *Hanack* JZ 1972, 313 (315); *Eb. Schmidt* JZ 1970, 337 (340) gegen BGHSt 11, 74.

1225 In den Fällen des **Wiedereintritts in die Hauptverhandlung** lässt die Rechtsprechung seit jeher eine Beratung durch bloße Verständigung der Richter untereinander am Richtertisch (sog. Nachberatung) genügen.[2865] Voraussetzung hierfür ist nach der Rechtsprechung, dass der Vorsitzende allen beisitzenden Richtern (auch den Schöffen) Gelegenheit zur nochmaligen Meinungsäußerung gibt,[2866] bzw. dass eine für alle Verfahrensbeteiligten erkennbare Verständigung stattgefunden hat.[2867] Die Nachberatung am Richtertisch soll jedenfalls bei einfachen Fragen zulässig sein.[2868] Die Pflicht zu neuerlicher Beratung kann auch nicht dadurch umgangen werden, dass dem Verteidiger nach der Urteilsberatung und vor der Verkündung nicht mehr das Wort erteilt wird, um ihn so daran zu hindern, einen Beweisantrag zu stellen.[2869] Auch alle Handlungen, die darauf abzielen, das Regel-Ausnahme-Verhältnis zwischen Beratung und Nachberatung umzukehren, sind unzulässig.[2870] Aus der Dauer der Beratung lässt sich nach Ansicht des BGH nicht schließen, dass eine wirkliche Beratung nicht stattgefunden hat, da zum Beispiel umfangreiche Vorberatungen eine lange Schlussberatung überflüssig gemacht haben können.[2871] Vorberatungen dürfen allerdings nicht dazu führen, dass sich die Richter frühzeitig inhaltlich festlegen.[2872]

1226 Besondere Schwierigkeiten bereitet in diesen Fällen regelmäßig der **Nachweis des Verfahrensfehlers.** Da weder die Beratung noch die Nachberatung zu den wesentlichen Förmlichkeiten des Verfahrens zählen,[2873] ist vom Revisionsgericht freibeweislich zu ermitteln, ob eine Beratung stattgefunden hat. Stehen sich hierbei Behauptungen des Revisionsführers und die dienstlichen Erklärungen der am angefochtenen Urteil beteiligten Richter gegenüber, stellt sich die Frage, wie das Revisionsgericht zu entscheiden hat. Der vierte Strafsenat des BGH hat in einem solchen Fall die Revision mangels eines Protokollvermerks und aufgrund der Annahme, die Beratung sei jeden-

---

2865 BGH NStZ 1987, 472 = NJW 1987, 3210; BGH NStZ 1988, 470; BGH StV 1989, 379; BGH NStZ 1989, 237 = NJW 1989, 1230; BGH StV 1991, 547; BGH StV 1992, 553 = NStZ 1992, 552 = NJW 1992, 3182.

2866 Vgl. BGHSt 19, 156 = NJW 1964, 308; BGH NStZ 1987, 472 = BGH NJW 1987, 3210; *Meyer-Goßner* § 260, Rn. 4.

2867 BGH NStZ 1987, 472 = BGH NJW 1987, 3210; BGH StV 1991, 547; BGH StV 1992, 553 = NStZ 1992, 552 = NJW 1992, 3182; so auch *Kissel/Mayer* § 193 GVG, Rn. 2; vgl. hierzu ferner *Hamm* NJW 1992, 3148.

2868 BGHSt 24, 170 (171) = NJW 1971, 2082; BGH NJW 1992, 1381 (1382); so zum Beispiel bei einem rechtlichen Hinweis BGH NStZ 1987, 472 = BGH NJW 1987, 3210; BGH NJW 1992, 3182. Für die Notwendigkeit zu ausführlicher Beratung bei der Entscheidung über einen Beweisantrag BGH StV 1989, 379.

2869 BGH 5 StR 673/91 v. 5. 2. 1992 = NStZ 1992, 248 = StV 1992, 218 = wistra 1992, 195; in diesem Sinne auch RGSt 49, 420; RGSt 68, 88; BGH NJW 1967, 2019.

2870 So etwa der Beschluss in der Vorberatung, nur dann noch einmal zu beraten, wenn von einem Verfahrensbeteiligten etwas zur Sache gesagt wird (BGH NStZ 1988, 470) oder der Hinweis des Vorsitzenden an die beisitzenden Richter und Schöffen, man möge sich melden, sofern eine nochmalige Beratung gewünscht sei (BGH NStZ 1988, 470).

2871 So BGHSt 17, 337 (339) und in Bezug auf eine fünfminütige Beratungszeit BGHSt 37, 141 = NStZ 1990, 550 (mit kritischer Anm. *Rüping* NStZ 1991, 193) = NJW 1991, 50 = MDR 1990, 1030 = JZ 1990, 1036 = BGHR StPO § 260 Abs. 1 – Beratung 3; siehe aber auch BGH NStZ 1987, 472; BGH NStZ 1988, 470; BGH NStZ 1991, 595; BGH NJW 1992, 3182.

2872 So mit Recht *Dahs/Dahs* Revision, Rn. 368.

2873 Vgl. OLG Karlsruhe Justiz 1985, 173; *Meyer-Goßner* § 260, Rn. 4; der BGH empfiehlt eine Protokollierung zur Vermeidung späterer Unstimmigkeiten, BGH NJW 1987, 3210 (3211); BGH StV 1982, 553 = NStZ 1992, 552 = NJW 1992, 3182.

falls so unzureichend gewesen, dass sie dem Revisionsführer nicht deutlich geworden sei, für begründet erachtet.[2874] Der dritte Strafsenat hat demgegenüber die Revision in einem vergleichbaren Fall als offensichtlich unbegründet zurückgewiesen.[2875] Dass sich das Tatgericht überhaupt mit einer Nachberatung begnügen durfte, schließt der dritte Strafsenat dabei daraus, dass das letzte Wort des Angeklagten ohnehin nichts inhaltlich Neues erbracht habe; andernfalls hätte der Revisionsführer dargelegt, inwiefern seine Ausführungen Neues zum Gegenstand enthielten.[2876] Die Beweiserhebung über den Inhalt des letzten Wortes kann jedoch nur unter Verstoß gegen das Rekonstruktionsverbot erfolgen.[2877]

An der Beratung teilnehmen dürfen nach § 192 GVG nur die beteiligten Richter und Schöffen, sowie die den Berufsrichtern zugewiesenen Referendare, nicht aber studentische Praktikanten[2878] und auch nicht die Ergänzungsrichter oder Ergänzungsschöffen (§ 192 Abs. 2, 3 GVG) vor ihrem Eintritt in den Spruchkörper.[2879] Über den Fall des Eintritts (Verhinderung eines Richters im Quorum) entscheidet der Vorsitzende allein, nicht aber der gesamte Spruchkörper.[2880] Geht es um die Verhinderung des Vorsitzenden selbst, so trifft sein Vertreter die Entscheidung. Die Verhinderung des Vorsitzenden an einzelnen Tagen während einer laufenden längeren Hauptverhandlung ist für sich genommen noch kein Verhinderungsgrund i.S.d. § 192 GVG.[2881] Beim Begriff der Verhinderung während einer laufenden Hauptverhandlung ist allerdings nach der Verlängerung der Fristen des § 229 StPO zweifelhaft, ob z.B. bei einer vorübergehenden Erkrankung des Richters der Eintritt des Ergänzungsrichters oder die Möglichkeit des § 229 Abs. 3 StPO den Vorrang genießt.[2882] Hier wird die Rechtsprechung noch eine Klärung herbeizuführen haben, die möglichst nahe an das aus Art. 101 Abs. 1 S. 2 GG folgende Gebot heranreicht, dass kein Wahlrecht zwischen „zwei gesetzlichen Richtern" bestehen darf. Dass das Problem überhaupt entstehen konnte, ist eine Folge der Kette von Fehlentscheidungen des Gesetzgebers, der immer wieder geglaubt hat, Verfahrens*beschleunigungen* dadurch erreichen zu können, dass er die für die Gerichte geltenden *Fristen verlängerte*. **1227**

Am Ende der Urteilsberatung muss über alle wesentlichen Punkte in einer sachlogischen Reihenfolge und unter Beachtung der gesetzlich vorgeschriebenen Stimmenverhältnisse abgestimmt werden (§ 263 StPO), für die das Gesetz strenge Vorschriften enthält (§ 196 GVG). Wiewohl der Verstoß gegen diese Verfahrensvorschriften grundsätzlich die Revision begründen kann, wird es in der Praxis hierzu nicht kommen, **1228**

2874 BGH StV 1992, 553 = NStZ 1992, 552 = NJW 1992, 3182.
2875 BGH NJW 1992, 3181.
2876 BGH NJW 1992, 3181.
2877 Vgl. *Hamm* NJW 1992, 3147, 3148; ausführlich zum Rekonstruktionsverbot siehe oben, Rn. 255 ff.
2878 BGH StV 1995, 399 = NStZ 1995, 462 = MDR 1995, 943 = wistra 1995, 275.
2879 BGH 3 StR 109/89 v. 14. 3. 1990 lässt diese Frage allerdings offen.
2880 Vgl. BGH, Urt. v. 23. 1. 2002 – 5 StR 130/01 = BGHSt 47, 220 = NJW 2002, 1508.
2881 BGH, Beschl. v. 10. 12. 2008 – 1 StR 322/08 = NJW 2009, 381, wo allerdings diese Verhinderungen sich aus einer Beförderung und Rückabordnung der Strafkammervorsitzenden zum und vom OLG-Strafsenat ergab, was unter anderen Aspekten bedenklich war.
2882 Dazu grundlegend *Schlothauer* FS Egon Müller, 641 ff. im Sinne eine Vorrangs des Ergänzungsrichtereintritts vor den mit „Zuwarten" verbundenen Verfahrensverzögerungen. Dagegen *Meyer-Goßner* § 192 GVG, Rn. 7.

weil das Beratungs- und das Abstimmungsergebnis nicht offengelegt werden dürfen (§ 43 DRiG).[2883] Werden hingegen die **Abstimmungsvorgänge in den Urteilsgründen** geschildert oder durch sonstige Indiskretionen bekannt, dann können hierauf Verfahrensrügen gestützt werden.[2884] Über eine Durchbrechung des Beratungsgeheimnisses aus höherwertigen Interessen können nur die an der Beratung beteiligten Richter entscheiden.[2885] Das wäre z.B. denkbar und auch legitim, wenn zwei Schöffen gegen einen Schuldspruch gestimmt haben, aber in dem Glauben gelassen wurden, dass sie durch die drei Berufsrichter überstimmt werden könnten. Das Revisionsgericht kann aber, wenn die Revision Anhaltspunkte für den Verstoß gegen § 263 Abs. 1 StPO darlegt und glaubhaft macht („Tränen in den Augen von zwei Richtern während der Verkündung") kein Mitglied des Quorums zu dienstlichen Erklärungen zwingen, sondern ihnen allenfalls eine Äußerung nahe legen.[2886] Bei vom Tatrichter selbst erkannten Abstimmungsfehlern oder dann, wenn gerade die Art der Abstimmung Gegenstand von Meinungsverschiedenheit war,[2887] ist es jedoch im Interesse der Gerechtigkeit geboten, Anlass und Art der Abstimmungen, deren Reihenfolge und die Stimmenverhältnisse in den Urteilsgründen darzulegen, um dem Revisionsgericht die Möglichkeit zu geben, das Abstimmungsverfahren nachzuprüfen und erforderlichenfalls eine auf einer fehlerhaften Abstimmung beruhende Entscheidung aufzuheben.[2888]

1229 Ob die Urteilsgründe die Erwägungen wiedergeben, aus denen der Tatrichter bei der Beratung zum Urteilsspruch gekommen ist, ist nicht nachprüfbar,[2889] wäre aber vielfach interessant, um zu erkennen, was es mit der Entstehungsgeschichte der für das Revisionsgericht bindenen „Feststellungen" auf sich hat.[2890] Wenn eine **Beratung** oder Abstimmung überhaupt **nicht stattgefunden** hat, liegt ein Verstoß gegen die §§ 260 Abs. 1, 263 StPO vor, der ebenfalls mit der Revision gerügt werden kann.[2891]

1230 Das in Beratung und Abstimmung ermittelte Urteil ist sodann vom Vorsitzenden durch Verlesung des schriftlich niedergelegten Urteilstenors und Bekanntgabe der Urteilsgründe den Verfahrensbeteiligten zu eröffnen (§ 268 StPO). Gegen **Abweichungen der schriftlichen von der mündlichen Urteilsformel** kann mit der Revision vorgegangen werden, wobei jedoch die Tatsachen detailliert darzulegen sind, aus denen sich die Unterschiede zwischen mündlicher und schriftlicher Urteilsformel erschließen lassen.[2892] Als Beweis für den Inhalt der mündlichen Urteilsformel kann die Sitzungsniederschrift herangezogen werden.[2893]

2883 KK-*Engelhardt* § 263, Rn. 9.
2884 KK-*Engelhardt* § 263, Rn. 9; *Meyer-Goßner* § 263, Rn. 10; vgl. RGSt 61, 217; OLG Celle MDR 1958, 182.
2885 Vgl. dazu LR-*Gollwitzer* § 263, Rn. 19.
2886 KK-*Engelhardt* aaO.
2887 BGH 15. 7. 1976, MDR 1976, 989 (Holz); KK-*Engelhardt* aaO.
2888 RGSt 60, 295, 296; OLG Celle MDR 1958, 182; LR-*Gollwitzer* § 263, Rn. 19.
2889 BGH 5. 4. 1973, 2 StR 427/70 Bl. 57; vgl. auch BGH VRS 48, 362 ff.; KK-*Engelhardt* § 237, Rn. 47.
2890 Zu dieser allgemeinen Problematik *Eschelbach* FS Widmaier, 127 ff.
2891 BGHSt 19, 156; BGH NJW 1987, 3210; *Meyer-Goßner* § 263, Rn. 10.
2892 *Dahs/Dahs* Revision, Rn. 373; KK-*Engelhardt* § 268, Rn. 16; vgl. ferner RGSt 3, 131; RGSt 16, 347 (349).
2893 KK-*Engelhardt* § 268, Rn. 16; RGSt 4, 398 (399).

Ohne die Verlesung des Urteilstenors ist kein Urteil im Rechtssinne gegeben.[2894] Bei der Verkündung des Urteilstenors ist auch die Anwesenheit des Angeklagten und seines Verteidigers unerläßlich. Der Begriff der **Verkündung des Urteils** ist in der Vorschrift des § 268 Abs. 2 StPO definiert. Danach zählt zur Verkündung neben dem Verlesen der Urteilsformel die Eröffnung der Urteilsgründe. Entsprechend dieser Systematik ist in der Rechtsprechung anerkannt, dass die Verkündung eine Einheit bildet; sie vermittelt den Verfahrensbeteiligten und der Öffentlichkeit die Kenntnis, wie das Gericht entschieden und aus welchen Gründen es so erkannt hat; erst mit der abschließenden Mitteilung der Urteilsgründe ist die Verkündung beendet.[2895] 1231

Die Urteilsverkündung darf nur vom Vorsitzenden selbst vorgenommen werden, er darf diese Tätigkeit nicht einem Stationsreferendar übertragen.[2896] Kann der Vorsitzende die Verkündung nach Bekanntgabe des Tenors nicht mehr fortsetzen, ist das Urteil dennoch rechtswirksam ergangen, weil nur die **Verkündung der Urteilsformel** unverzichtbarer Teil des Verfahrens ist.[2897] Die Verkündung ist erst mit der vollständigen Eröffnung der Urteilsgründe abgeschlossen, das Urteil kann also bis dahin noch berichtigt und ergänzt werden. Nach Abschluss der Verkündung können Fehler im Urteil nicht mehr korrigiert werden, es sei denn, es handelte sich um offensichtliche Schreibfehler oder ähnliches.[2898] Auch ein Wiedereintritt in die Verhandlung ist bis zum Abschluss der Verkündung des Urteils möglich. 1232

j) Verletzung zwingender Unterbrechungsfristen für die Hauptverhandlung

Seit der Änderung des § 229 StPO durch das 1. JuMoG v. 24. 8. 2004[2899] sind die Fälle seltener geworden, in denen die **Unterbrechungsfrist überschritten** wird. Dennoch kommt dies vor, z.B., indem an die zur Fristwahrung ausreichende Förderung des Verfahrens zu geringe Anforderungen gestellt werden.[2900] Dass auch bereits am ersten Verhandlungstag der Unterschied zwischen einer bereits begonnenen und dann unterbrochenen Hauptverhandlung und einer Hauptverhandlung, die an einem anderen Verhandlungstag (mit anderer Besetzung) neu zu beginnen ist, zweifelhaft sein kann, zeigt eine neue BGH-Entscheidung, in der denkbar geringe Anforderungen an den Begriff des „Verhandelns“ gestellt werden: Die Feststellung, dass an diesem Tag nicht verhandelt werden kann, reicht.[2901] 1233

2894 RGSt 71, 377 (379); BGHSt 8, 41; BGHSt 15, 254; BGHSt 25, 335.

2895 BGHSt 5, 5, 9; 15, 263, 265; siehe auch BGH, Beschl. v. 10. 5. 2000 – 1 StR 617/99 = NStZ 2000, 498, wo es darum ging, ob nach § 341 StPO die Revisionsbegründungsfrist beginnt, wenn ein Angeklagter nach der Bekanntgabe des Urteilstenors wegen ungebührlichem Verhalten aus dem Sitzungssaal entfernt wurde. Der Senat folgte der Rechtsansicht, dass ein solcher Angeklagter als bei der Verkündung nicht als anwesend zu gelten hat.

2896 OLG Oldenburg NJW 1952, 1310.

2897 BGHSt 8, 41 = NJW 1955, 1367; KK-*Schoreit* § 260, Rn. 9.

2898 Vgl. hierzu BGHSt 17, 94 (97); BGHSt 25, 333 (336); BGHR StPO § 268 Abs. 2 – Ergänzung 1; sowie BVerfGE 9, 235; BGH NStZ 1984, 279; BGHSt 12, 347.

2899 BGBl. I, 2198.

2900 Instruktives Beispiel: BGH 3 StR 254/07 v. 16. 10. 07 = StraFo 2008, 28 = wistra 2008, 65 = StV 2008, 58 = NStZ 2008, 115.

2901 BGH, Beschl. v. 5. 11. 2008 – 1 StR 583/08 = NJW 2009, 384 = NStZ 2009, 168.

1234 Nach § 268 Abs. 3 StPO gilt für die Zeitspanne zwischen dem Ende der Verhandlung und der **Urteilsverkündung** nach wie vor die frühere **11-Tagefrist**, was in der allgemeinen Begeisterung für die Verlängerung der Fristen für die Hauptverhandlung zuvor relativ häufig übersehen wird. Die Fristüberschreitung kann mit der Revision gerügt werden, wenn nicht mit der Hauptverhandlung von neuem begonnen wird.[2902] Auf diesem Mangel beruht das Urteil in der Regel auch, da nie ausgeschlossen werden kann, dass die neue Hauptverhandlung ein anderes Ergebnis erbracht hätte.[2903] Soweit der 5. Strafsenat des BGH erwogen hat, *„dass die besondere Unterbrechungsfrist von elf Tagen in § 268 Abs. 3 Satz 2 StPO, anders als die neue Dreiwochenfrist in § 229 Abs. 1 StPO, nunmehr nur noch als nicht revisible Ordnungsvorschrift anzusehen ist"*,[2904] hat sich diese Ansicht erfreulicherweise nicht durchgesetzt.[2905]

1235 Wird die Frist überschritten, so kann nach der Rechtsprechung des Bundesgerichtshofs nur in Ausnahmefällen ein **Beruhen** des Urteils auf dem Verstoß ausgeschlossen werden. Auch daran hat sich durch das 1. Justizmodernisierungsgesetz nichts geändert. Dies begründet der BGH mit einem bemerkenswerten Zugeständnis an den vom Gesetzgeber zu verantwortenden Verlust an Konzentration der Hauptverhandlung: *„Zwar mag die Verlängerung der Unterbrechungsfristen in § 229 Abs. 1 StPO in Einzelfällen dazu führen, dass den Verfahrensbeteiligten infolge Zeitablaufs die Beweisaufnahme nicht mehr in allen Einzelheiten vor Augen steht. Dennoch behält die besondere Urteilsverkündungsfrist ihren Sinn, denn sie stellt jedenfalls sicher, dass die Schlussvorträge und das letzte Wort bei der Beratung allen Richtern noch lebendig in Erinnerung sind. Allein anhand der Urteilsgründe lässt sich regelmäßig nicht ausschließen, dass das Urteil auf dem Verfahrensfehler beruht."*[2906]

III. Prozessvoraussetzungen und Verfahrenshindernisse

Literatur: *Arloth* Verfahrenshindernis und Revisionsrecht, NJW 1985, 417; *Bruns* „Widerspruchsvolles" Verhalten des Staates als neuartiges Strafverfolgungsverbot und Verfahrenshindernis, insbesondere beim tatprovozierenden Einsatz polizeilicher Lockspitzel, NStZ 1983, 49; *Bülow* Die Lehre von den Prozesseinreden und den Prozeßvoraussetzungen, 1868; *Dietrich/Mann* Die Anwendbarkeit des Grundsatzes „in dubio pro reo" auf Prozeßvoraussetzungen, ZStW 1964, 264; *Foth* Kann die Anstiftung durch eine V-Person ein Verfahrenshindernis begründen? NJW 1984, 221; *Hanack* Prozeßhindernis des überlangen Strafverfahrens? JZ 1971, 705; *Hillenkamp* Verfahrenshindernisse von Verfassungs wegen, NJW 1989, 2841; *Karnowsky* Revisionszulässigkeit und Verfahrenshindernisse im Strafverfahren, Diss. Münster 1974; *Kloepfer* Verfahrensdauer und Verfassungsrecht, JZ 1979, 207; *Krack* Verfahrenshindernisse im Strafprozess Versuch einer Begriffsbestimmung, GA 2003, 536; *Meyer-Goßner* Prozesshindernis und Einstellung des Verfahrens, Festschrift Eser, 2005, S. 373; *ders.* Zweifelssatz und Verschlechterungsverbot bei Verfahrenshindernissen, Festschrift Heike Jung, 2007, S. 543; *Rieß* Verfahrenshindernisse von Verfassungs wegen? JR 1985, 45; *ders.* Der Bundesgerichtshof und die Prozeßvoraussetzungen, Festschrift 50 Jahre Bundesgerichtshof, 2000, S. 809; *Schöneborn* Die Behandlung der Verfahrenshindernisse im strafprozessualen Verfahrensgang, MDR 1975, 6; *Schünemann* Der polizeiliche Lockspitzel –

2902 BGHStV 1982, 4 (m. Anm. *Peters*); BGH StV 1990, 100 = BGHR StPO § 268 Abs. 3 – Verkündung 1.
2903 BGHR StPO § 268 Abs. 3 – Verkündung 1.
2904 BGH 5 StR 349/06 v. 9. 11. 2006 = NStZ 2007, 163 = NJW 2007, 96 = StV 2007, 340.
2905 BGH 4 StR 452/06 v. 30. 11. 2006 = NJW 2007, 448 (Anm. v. *Freier* HRRS 2007, 139) = NStZ 2007, 235 = wistra 2007, 119 = StV 2007, 229 und BGH 1 StR 58/07 v. 20. 6. 2007 = wistra 2007, 352 = StV 2007, 457; vgl. dazu *Mosbacher* JuS 2007, 724 ff., 725 f.
2906 BGH, Urt. v. 30. 5. 2007 – 2 StR 22/07 = NJW 2007, 3013 = StV 2007, 458.

Kontroverse ohne Ende? StV 1985, 424; *Többens* Der Freibeweis und die Prozeßvoraussetzungen im Strafprozess, NStZ 1982, 184; *Volk* Verfahrensfehler und Verfahrenshindernisse, StV 1986, 34.

1. Allgemeines

Prozessvoraussetzungen und Prozesshindernisse spielen in der Revisionsinstanz unter zwei verschiedenen Aspekten eine Rolle: Erstens ist die Revisionsinstanz selbst Teil des Strafverfahrens, das nicht stattfinden darf, wenn es an einer Prozessvoraussetzung fehlt oder wenn ein Verfahrenshindernis vorliegt. Zweitens überprüft das Revisionsgericht, ob die Vorinstanz nicht gegen das verfahrensrechtliche Verbot verstoßen hat, trotz Vorliegens eines Verfahrenshindernisses oder Fehlens einer Prozessvoraussetzung ein Sachurteil zu fällen. **1236**

Das Fehlen einer **Verfahrensvoraussetzung** und das Vorliegen eines **Prozesshindernisses** können getrost als gleichwertig und gleichbedeutend behandelt werden. Sie zu unterscheiden, macht für die Praxis keinen Sinn.[2907] Der Begriff „Prozessvoraussetzungen" kommt in der StPO nicht vor, weil diese nur das Verfahren regelt, das erst und nur so lange stattfinden darf, als seine „Voraussetzungen" gegeben sind. Erst den Fall, dass eine dieser Voraussetzungen wegfällt, muss das Verfahrensrecht regeln. Folgerichtig verwendet das Gesetz nur den Begriff des „Verfahrenshindernisses" (§§ 206a, 260 Abs. 3 StPO). Gewiss gäbe es die Möglichkeit, solche Umstände, bei deren („positivem") Vorliegen die („negative") Folge einer Verfahrenseinstellung vorgeschrieben ist, Verfahrenshindernisse zu nennen, dagegen solche Umstände, deren („positives") Vorliegen erst das Fortführen des Prozesses erlaubt, als Verfahrensvoraussetzungen zu bezeichnen. Wegen der Austauschbarkeit von plus/minus einerseits und **minus/plus** andererseits führt diese Unterscheidung jedoch nicht weiter, weil z.B. die Verjährung zur selben Rechtsfolge führen muss wie das Fehlen eines wirksamen Eröffnungsbeschlusses mangels hinreichend konkretisierter Anklage, der Strafklageverbrauch oder die anderweitige Rechtshängigkeit. **1237**

Wichtig für die Revisionsinstanz ist, dass in all diesen Fällen die Entscheidung auch des Revisionsgerichts nur die **Einstellung des Verfahrens** sein darf, und zwar unabhängig davon, ob dem Gericht, das die angefochtene Entscheidung getroffen hat, ein verfahrensrechtlicher Vorwurf daraus gemacht werden kann, dass es nicht bereits selbst zu dieser Entscheidung gelangt ist. **1238**

Es gibt aber auch Fälle, in denen das Tatgericht trotz Vorliegens eines Verfahrenshindernisses zu Recht eine Sachentscheidung getroffen hat. Das ist bei freisprechenden Urteilen der Fall, in denen sich der Grundsatz ausgewirkt hat, dass bei „Freispruchsreife" der Angeklagte einen Anspruch darauf hat, durch diese Entscheidung voll „rehabilitiert" zu werden, anstatt weiterhin mit einem in der Sache unbeantworteten Schuldvorwurf leben zu müssen.[2908]

Kann bei tateinheitlichem oder sonst rechtlichem Zusammentreffen eines schwereren und eines leichteren Tatvorwurfs der schwerere nicht nachgewiesen werden und ist

---

2907 So zutreffend auch *Dahs/Dahs* Revision, Rn. 94 und 96.
2908 Zu dem Grundsatz Freispruch vor Einstellung vgl. *Meyer-Goßner* § 260, Rn. 44 ff. m. w. N.

der leichtere wegen Vorliegens eines unbehebbaren Verfahrenshindernisses nicht mehr verfolgbar, so hat die **Sachentscheidung Vorrang vor der Verfahrensentscheidung**, weil der schwerer wiegende Vorwurf den Urteilsausspruch bestimmt. Dies nahm der BGH in einem sog. DDR-Mauerschützen-Fall zum Anlass, die Einstellung aus der Tatsacheninstanz auf die zu Ungunsten des Angeklagten geführte Revision der Staatsanwaltschaft gemäß § 301 StPO durch einen Freispruch zu ersetzen.[2909] Die durch die Anklage vorgeworfene vorsätzliche Tötung als Mord nach § 112 StGB-DDR bzw. Totschlag nach § 212 StGB, die nicht verjährt gewesen wäre, hatte nicht bewiesen werden können. Die allein festgestellte erfolglose Aufforderung zur Begehung einer Tat nach § 227 Abs. 1 i.V. mit § 112 StGB-DDR war aber verjährt.

Erkennt in diesen Fällen freilich das Revisionsgericht auf die Revision der Staatsanwaltschaft oder der Nebenklage, dass der Freispruch auf irgendeinem anderen Rechtsfehler beruht, so stellt das Revisionsgericht das Verfahren ein und braucht dies nicht durch Aufhebung und Zurückverweisung der Tatsacheninstanz zu überlassen.[2910]

Ein Schuldspruch darf dagegen niemals trotz Vorliegens eines Verfahrenshindernisses ergehen. Leidet das mit der Revision angefochtene Urteil unter einem Verstoß gegen diesen Grundsatz, so muss das Revisionsgericht das Verfahren einstellen.

2. Überlange Verfahrensdauer

1239 Der im Schrifttum vielfach erhobenen Forderung nach Anerkennung des Verfahrenshindernisses der überlangen Verfahrensdauer widersetzt sich die Rechtsprechung nachhaltig. Die gegen Art. 6 EMRK verstoßenden Fälle eines allein in der Sphäre der Justiz liegenden unvertretbar langen „Stillstands der Rechtspflege" begründeten nach der lange Zeit praktizierten Ansicht des BGH lediglich einen im Rahmen der Strafzumessung zu berücksichtigenden Milderungsgrund.[2911] Das galt auch noch, nachdem das Bundesverfassungsgericht im Jahre 1983 den Weg geebnet hatte, in extrem gelagerten Fällen aus einer Verletzung des Beschleunigungsgebots ein Verfahrenshindernis abzuleiten.[2912] Kamen solche Extremfälle über die Revision zu einem Strafsenat, z.B. nachdem allein die Aktenübersendung durch die Staatsanwaltschaft beim Landgericht an den Generalbundesanwalt nach § 347 StPO ohne vernünftige Gründe und ohne dass an dem Verfahren in der Zwischenzeit überhaupt gearbeitet worden wäre, fast 5 Jahre gedauert hatte, scheute man sich, ein Verfahrenshindernis anzuerkennen und stellte lieber das Verfahren nach § 153 StPO ein;[2913] vielleicht weil der Senat vermeiden wollte, dass man sich in anderen Fällen auf das so geschaffene Präjudiz beruft. Erst im Jahre 2000 rang sich der 2. Strafsenat zur **grundsätzlichen Anerkennung eines Verfahrenshindernisses** durch, indem er einer Entscheidung, die freilich das Einstellungsurteil des Landgerichts auf die Revision der Staatsanwaltschaft auf-

2909 BGH, Urt. v. 16. 2. 2005 – 5 StR 14/04 = BGHSt 50, 19 (30) = NJW 2005, 1287.
2910 KK-*Kuckein* § 353, Rn. 6.
2911 BGHSt 21, 81; 24, 239; 27, 274; BGH NStZ 1982, 291; BGH NStZ 1987, 217; BGH StV 1988, 295; LR-*Stuckenberg* § 206a, Rn. 82f.; *Rieß* JR 1985, 45; *Hanack* JZ 1971, 705; *Kloepfer* JZ 1979, 207 (215).
2912 BVerfG NStZ 1984, 128.
2913 BGHSt 35, 137 = NJW 1988, 2188 (2189).

hob, den Leitsatz voranstellte: *„Ein durch rechtsstaatswidrige Verfahrensverzögerung bewirkter Verstoß gegen Art. 6 Abs. 1 Satz 1 MRK kann in außergewöhnlichen Einzelfällen, wenn eine angemessene Berücksichtigung des Verstoßes im Rahmen einer Sachentscheidung bei umfassender Gesamtwürdigung nicht mehr in Betracht kommt, zu einem Verfahrenshindernis führen, das vom Tatrichter zu beachten und vom Revisionsgericht von Amts wegen zu berücksichtigen ist."* Genau dies hatte das Landgericht auch angenommen und das Verfahren durch Urteil nach § 260 Abs. 3 StPO eingestellt. Die Begründung hierfür war dem BGH aber nicht ausreichend, so dass der weitere Leitsatz für die Aufhebung zum Tragen kam: *„Im Prozeßurteil, durch welches das Verfahren wegen eines Verstoßes gegen Art. 6 Abs. 1 Satz 1 MRK in Verbindung mit dem Rechtsstaatsgrundsatz eingestellt wird, hat der Tatrichter sowohl die Verfahrenstatsachen als auch Feststellungen zum Schuldumfang des Angeklagten und die der Prognose über die weitere Verfahrensdauer zugrundeliegenden Tatsachen sowie die die Entscheidung tragende Gesamtwürdigung im einzelnen und in nachprüfbarer Weise darzulegen."*[2914]

Dass inzwischen die unterhalb der Schwelle solcher Extremfälle gebotene Kompen- **1240**
sation überlanger Verfahrensdauer infolge der Entscheidung des Großen Senats für Strafsachen[2915] nicht mehr mit einem Strafabschlag, sondern durch den Ausspruch einer Teilvollstreckungsfiktion stattzufinden hat, darf nicht dahin missverstanden werden, als sei damit BGHSt 46, 160 überholt.

Denn erstens gibt es immer noch Fälle, für die eine Strafvollstreckungsfiktion nicht **1241**
ausreicht. Es sind diejenigen, zu denen 1989 *Hillenkamp*[2916] das treffende Bild verwendete: „Sachverhalte, in denen die Überlänge eines Strafverfahrens nicht daran liegt, *„daß sich die Justizgewährung ... im Netze ihrer eigenen Gediegenheit verfängt, sondern daran, daß sie in den ganz ungediegenen Hängematten der Justizverweigerung ruht"*. Und zweitens hat der Große Senat für Strafsachen in seiner Entscheidung ausdrücklich auch für Fälle, in denen der Kompensationseffekt der Vollstreckungslösung nicht ausreicht, den Gerichten aufgegeben, die Möglichkeit der Anwendung der §§ 59, 60 StGB oder die (teilweise) Einstellung des Verfahrens nach Opportunitätsgrundsätzen zu erwägen (§§ 153, 153a, 154, 154a StPO), gegebenenfalls auch *„zu prüfen, ob ein aus der Verfassung abzuleitendes Verfahrenshindernis der Fortsetzung des Verfahrens entgegensteht"*.[2917]

Bleibt also für die Extremfälle der MRK-widrigen Verfahrensverzögerung das aus der **1242**
Verfassung abzuleitende Verfahrenshindernis auch für die Revision ein Thema, so behält auch die in der Rechtsprechung und im Schrifttum bisher unterschiedlich beantwortete Frage ihre Bedeutung, ob es zur Beanstandung einer unvertretbaren Verfahrensverzögerung durch das Revisionsgericht einer entsprechenden Verfahrensrüge bedarf oder ob die Sachrüge genügt. Letzteres ist sicherlich der Fall, wenn die auf die Sachbeschwerde ohnehin zu überprüfenden Urteilsgründe die Voraussetzungen des

---

2914 BGHSt 46, 160 = NJW 2001, 1146 mit Anm *Imme Roxin* StraFo 2001, 51; *Ostendorf/Radke* JZ 2001, 1094; vgl. zum weiteren Verfahrensverlauf BVerfG NJW 2003, 1175 und EGMR, Urt. v. 13. 11. 2008 = StV 2009, 519.

2915 BGH, Beschl. v. 17. 1. 2008 – GSSt 1/07 = BGHSt 52, 124 = NJW 2008, 860 mit Anm *Bußmann* NStZ 2008, 236; *Gaede* JZ 2008, 422; *Volkmer* NStZ 2008, 608; *Streng* JZ 2008, 979; *Keiser* GA 2008, 686; *Reichenbach* NStZ 2009, 120; *Kraatz* JR 2008, 189; *Ignor* NJW 2008, 2209; *Ziegert* StraFo 2008, 321; *Scheffler* ZIS 2008, 269.

2916 *Hillenkamp* Verfahrenshindernisse von Verfassungs wegen, NJW 1989, 2841.

2917 BGHSt 52, 124, 145 Tz. 52.

Verstoßes ausweisen.[2918] Ist dies nicht der Fall, wird man wohl doch, weil eine Prüfung von Amts wegen in der Praxis zu sehr von Zufälligkeiten abhinge (z.B. der auffälligen Diskrepanz zwischen dem Jahr des Js-Aktenzeichens und dem Tag der Vorlage beim Revisionsgericht), eine Verfahrensrüge verlangen müssen.[2919]

3. Tatprovokation durch polizeilichen Lockspitzel

1243 Ein ebenfalls seit langer Zeit umstrittenes Verfahrenshindernis betrifft die Tatprovokation durch polizeiliche Lockspitzel. In diesen Fällen hatte die Rechtsprechung allerdings in früheren Entscheidungen unter bestimmten Voraussetzungen ein Verfahrenshindernis bejaht. So hatte der 1. Strafsenat in einer Entscheidung vom 15. 4. 1980[2920] entschieden, dass die Nichtbeachtung der Grenzen tatprovozierenden Verhaltens durch einen polizeilichen Lockspitzel als *„ein dem Staat zuzurechnender Rechtsverstoß“* in das Strafverfahren „hineinwirke“, weil das dem Grundgesetz und der StPO immanente Rechtsstaatsprinzip es den Strafverfolgungsbehörden untersage, auf die Verfolgung von Straftaten hinzuwirken, *„wenn die Gründe dafür vor diesem Prinzip nicht bestehen können“*. Dieser Auffassung hatten sich – mit Ausnahme des 5. Senats[2921] – die übrigen Strafsenate des BGH angeschlossen.[2922] Der 1. Strafsenat des BGH ist aber in der Entscheidung vom 23. 5. 1984[2923] von der Annahme eines Verfahrenshindernisses abgerückt und hat sich auch hier für die **Strafzumessungslösung** entschieden, die dem Tatgericht letztlich die Verantwortung überlässt, ohne ihm die Möglichkeit zu geben, in besonders krassen Fällen die gebotene Konsequenz einer Verfahrensbeendigung ohne Sachentscheidung zu ziehen. Dem hat sich der 2. Strafsenat in einem Vorlagebeschluss, der zur Entscheidung des Großen Senats in BGHSt 33, 356 führte, angeschlossen. Seitdem gehen alle Senate davon aus, dass eine Überschreitung der Grenzen zulässigen Lockspitzeleinsatzes nicht zu einem Verfahrenshindernis führen kann.[2924]

1244 Die Gründe, die den BGH zur Änderung seiner Rechtsprechung bewogen haben, vermögen nicht zu überzeugen. Unbegründet ist die Befürchtung, dass die Konturen der Rechtsfigur des Verfahrenshindernisses verlorengingen, weil man bei der Beurteilung des Lockspitzeleinsatzes eine umfassende Wertung vorzunehmen habe. Denn auch wenn die Frage, ob ein Lockspitzeleinsatz den Tatentschluss des Angeklagten unter

---

2918 BGH 5 StR 376/03 v. 11. 11. 2004 = BGHSt 49, 342 = NJW 2005, 518 = StV 2005, 73 = wistra 2005, 107 = NStZ 2005, 223.

2919 *Meyer-Goßner* Art. 6 MRK Rn. 9 m. w. N. auch zur Gegenansicht *Wohlers* JR 2005, 187.

2920 BGH 1 StR 107/80 v. 15. 4. 1980 = NJW 1980, 1761.

2921 Der 5. Strafsenat tendierte dahin, einen aus dem Rechtsstaatsprinzip hergeleiteten Strafausschließungsgrund anzunehmen (5 StR 9/80 v. 26. 2. 1980).

2922 BGH 2 StR 370/80 v. 6. 2. 1981= NJW 1981, 1626; BGH 3 StR 61/81 v. 25. 3. 1981 = StV 1981, 276; BGH 4 StR 16/80 v. 11. 9. 1980 = NStZ 1981, 70.

2923 BGHSt 32, 345 = NJW 1984, 2300 = StV 1984, 321.

2924 BGHSt 33, 356 (362) = NJW 1985, 1764; BGH 5 StR 529/94 v. 13. 10. 1994 bei *Detter* = NStZ 1995, 171; vgl. *Foth* NJW 1984, 221 (222); *Schünemann* StV 1985, 424, 431; a. A. *Arloth* NJW 1985, 417; *Bruns* NStZ 1983, 49; *Lüderssen* Jura 1985, 113. Die Ablehnung eines Verfahrenshindernisses wurde noch einmal verstärkt durch BGH, Urt. v. 18. 11. 1999 – 1 StR 221/99 = BGHSt 45, 321 = NJW 2000, 1123; Anmerkungen *Sinner* StV 2000, 114; *Kreuzer* StV 2000, 114; *Roxin* JZ 2000, 369; *Endriß* NStZ 2000, 271; *Kinzig* NStZ 2000, 271; *Lesch* JA 2000, 450; *Kudlich* JuS 2000, 951.

Überschreitung rechtsstaatlicher Grenzen hervorgerufen hat, das Ergebnis eines Wertungsvorgangs ist, bei dem der gegen den Beschuldigten anfänglich vorhandene Verdachtsgrad, seine Tatbereitschaft, seine nicht fremdgesteuerten Aktivitäten sowie Art, Intensität und Zweck der Einflussnahme durch den Lockspitzel zu berücksichtigen sind, wird ein daran anknüpfendes Verfahrenshindernis nicht zwangsläufig konturlos oder unkontrollierbar. Auch bei anderen allgemein anerkannten Verfahrenshindernissen ist z.T. eine umfassende Würdigung und Wertung des konkreten Einzelfalles erforderlich. So sind z.B. auch im Rahmen der Beurteilung der Verhandlungsunfähigkeit die Schwere des Tatvorwurfs und das sich daraus ergebende Gewicht der verfassungsrechtlich gebotenen Pflicht zur Strafverfolgung ebenso wie die Beurteilung des Krankheitsgrades und seiner Folgen als bedeutende Kriterien in die Wertung einzustellen.[2925] Letztlich handelt es sich hierbei um rechtliche Bewertungen, die in vielen Bereichen der Strafrechtsdogmatik zu finden sind und Richtern und Staatsanwälten ansonsten bedenkenlos zugemutet und zugetraut werden.

4. Weitere Verfahrenshindernisse

Zu den Verfahrensvoraussetzungen, über deren Vorliegen oder Nichtvorliegen ebenfalls nur über „graduelle" Wertungen entschieden werden kann, gehört die Existenz eines wirksamen **Eröffnungsbeschlusses**, wenn zweifelhaft ist, ob die ihm zugrunde liegende Anklageschrift den Erfordernissen des § 200 StPO gerecht wird.[2926] Weitere Verfahrenshindernisse sind das Fehlen der **deutschen Gerichtsbarkeit** (§§ 18ff. GVG),[2927] die fehlende **sachliche Zuständigkeit** (§ 6 StPO),[2928] die **Verhandlungsunfähigkeit** des Angeklagten,[2929] bei Antragsdelikten der **fehlende Strafantrag**, die **Verjährung** (§ 78 StGB),[2930] die **Immunität**,[2931] die **anderweitige Rechtshängigkeit**,[2932] die **Anhängigkeit eines Verfahrens in den Fällen des § 154e Abs. 1 StPO**,[2933] die rechtskräftige Erledigung (**Verbrauch der Strafklage**, Art. 103 Abs. 3 GG)[2934] und 1245

2925 Vgl. BGH NStZ 1988, 213 (*Miebach*); BerlVerfGH NJW 1993, 515 (Fall „Honecker"); *Meyer-Goßner* Einl., Rn. 97.

2926 Siehe dazu im Zusammenhang, Rn. 1130ff.

2927 *Meyer-Goßner* § 18 GVG, Rn. 4; *Rüping* FS Kleinknecht, 397 (409).

2928 BGHSt 40, 120 (122); OLG Köln StV 1996, 298. Zu beachten ist hierbei allerdings die Sonderregelung des § 328 Abs. 2 StPO; hierzu BGH StV 1996, 585. Zur Frage, ob in diesen Fällen eine ausgeführte Verfahrensrüge erforderlich ist vgl. BGH NJW 1997, 2689 m. w. N. und oben, Rn. 399ff.

2929 OLG Hamm NJW 1973, 1894; BGH bei Dallinger MDR 1958, 141 (142); MDR 1968, 552; BGH NJW 1970, 1981 Nr. 13; vgl. auch BGHSt 23, 311; offengelassen in BGHSt 26, 84 (92).

2930 BGHSt 2, 301 (306); 8, 269 (270); BGHSt 40, 48 = NJW 1994, 2237 = NStZ 1994, 494; NStZ 1994, 330; für „SED-Unrechtstaten" ist das Ruhen der Verjährung durch das (1.) Verjährungsgesetz v. 26. 3. 1993 (BGBl. I, 392), das (2.) Verjährungsgesetz v. 27. 9. 1993 (BGBl. I, 1657) und das (3.) Verjährungsgesetz v. 22. 12. 1997 (BGBl. I, 3223) festgestellt; siehe dazu *Letzgus* Unterbrechung, Ruhen und Verlängerung strafrechtlicher Verjährungsfristen für im Beitrittsgebiet begangene Straftaten, NStZ 1994, 57 und *Fischer* Vor § 78, Rn. 5ff., m. w. N.

2931 Dazu *Bockelmann* Die Unverfolgbarkeit der Abgeordneten nach deutschem Immunitätsrecht, 1951; BGHSt 15, 274; siehe Art. 46 Abs. 2 GG, § 152a StPO i. V. m. entspr. Landesrecht sowie Nr. 192b RiStBV bei Europa-Abgeordneten.

2932 RGSt 67, 55; BayObLGSt 1949/51, 295; BGHSt 5, 381; 22, 185 (186); 22, 232 (235); vgl. auch BGH NStZ 1995, 351 zur Möglichkeit der Zurückverweisung bei doppelter Rechtshängigkeit.

2933 BGH GA 1979, 223 (224); LR-*Beulke* § 154e, Rn. 2.

2934 BGHSt 13, 21 (22); 28, 119 (121); 33, 122 (124); BGH StV 1986, 292; BGH 3 StR 401/92 v. 23. 9. 1992; BGH NStZ 1996, 41; BVerfGE 9, 89 (96); 23, 191 (202); *Meyer-Goßner* Einl., Rn. 171.

schließlich der **Tod des Beschuldigten.**[2935] In all diesen Fällen ist die Revisionsinstanz die letzte Gelegenheit, die zwingende Rechtsfolge herzustellen, wenn das Verfahrenshindernis bis dahin übersehen wurde.

1246 Strafklageverbrauch tritt – zumindest beschränkt – auch ein durch unanfechtbar gewordene gerichtliche Einstellungsbeschlüsse nach §§ 153 Abs. 2,[2936] 153a Abs. 2, 153b Abs. 2 StPO,[2937] sowie auch durch staatsanwaltschaftliche Einstellungsverfügungen nach § 153a Abs. 1 StPO,[2938] nicht hingegen durch Entscheidungen nach § 170 Abs. 2 und nach § 153 Abs. 1 StPO.[2939]

1247 Wo immer ein Revisionsführer ein Verfahrenshindernis auf dem Weg zwischen der Tatsachen- und der Revisionsinstanz entdeckt, sollte er sich nicht lange mit der Frage aufhalten, ob die Einstellung allein aufgrund der Sachrüge von Amts wegen erfolgen müsste oder ob es einer Verfahrensrüge bedarf. Denn wenn er das Revisionsgericht nicht durch den Vortrag aller erforderlichen Verfahrenstatsachen auf das Prozesshindernis hinweist und die Revision verworfen wird, ist es zu spät sich zu beklagen.

5. Bindung an die tatrichterlichen Feststellungen des Tatgerichts bei der revisionsgerichtlichen Überprüfung von Verfahrenshindernissen?

1248 Dass das Revisionsgericht die Verfahrensvoraussetzungen im Wege des Freibeweises grundsätzlich selbst prüft, ist anerkannt.[2940] Dies verursacht jedoch Probleme bei den sog. **„doppelrelevanten Tatsachen"**. Das sind im vorliegenden Zusammenhang Umstände, die sowohl für die Entscheidung über das Vorliegen eines Prozesshindernisses als auch für die den Schuld- und Rechtsfolgenausspruch tragenden Feststellungen von Bedeutung sind. Man denke hier in erster Linie an die Feststellung der Tatzeitbeendigung als Grundlage des Schuldspruchs und in ihrer Bedeutung bei der Berechnung der Verjährungszeit. Insoweit muss ein Vorrang der im Strengbeweis getroffenen Feststellungen vor den Ergebnissen des Freibeweises und deshalb eine Bindung des Revisionsgerichts anerkannt werden, und zwar nicht wegen der größeren Zuverlässigkeit der Ergebnisse des Strengbeweises (sie könnte ja gerade im Einzelfall widerlegt werden), sondern wegen der alleinigen Zuständigkeit des Tatgerichts zur Feststellung eines widerspruchsfreien einheitlichen Sachverhalts, auf den die Vorschriften

---

2935 Nach OLG Frankfurt a.M. NJW 1982, 1891 (1892) muss nach dem Tod des Angeklagten das Strafverfahren durch Erlass eines förmlichen Einstellungsbeschlusses (§ 206a StPO mit Kostenentscheidung § 464 Abs. 1 StPO) abgeschlossen werden; so auch *Lampe* Auslagenerstattung beim Tod des Angeklagten, NJW 1974, 1856f.; ebenso LG Frankfurt a.M. MDR 1994, 400; anders BGH NJW 1983, 463, m.w.N., wonach das Verfahren ohne förmliche Entscheidung von selbst endet; siehe aber die Einstellung durch den BGH in BGH, Beschl. v. 16. 5. 2002 – 1 StR 553/01 und BGH, Beschl. v. 11. 11. 2008 – 4 StR 512/08.

2936 Die Rechtskraft infolge der Einstellung nach § 153 Abs. 2 StPO wird von der h.M. in einem allerdings umstrittenen Umfang nur als eingeschränkte verstanden; vgl. KK-*Schoreit* § 153, Rn. 62ff.

2937 LR-*Beulke* § 153, Rn. 88ff., § 153a, Rn. 61, § 153b, Rn. 17.

2938 OLG Frankfurt NJW 1985, 1850; KK-*Schoreit* § 153a, Rn. 41.

2939 BGH bei *Dallinger* MDR 1954, 151 (zu § 153 Abs. 2 StPO a.F.).

2940 RGSt 51, 71 (72); 59, 313 (314); BGHSt 16, 164 (166); 21, 81; BGH NStZ 1985, 420; LR-*Kühne* Einl. Abschn. K, Rn. 44 m.w.N.; *Rieß* JR 1985, 48.

des materiellen Strafrechts angewendet und zur Überprüfung des Revisionsgerichts gestellt werden.[2941]

Diese Argumentation spricht aber nur für eine Bindung des Revisionsgerichts, soweit es um die Feststellung von Tatumständen geht, die tragend für den Schuld- und Rechtsfolgenausspruch sind. Das muss bei bei der präzisen Datierung der Tatzeit nicht unbedingt der Fall sein. Ob die Tat am 1. oder am 2. Mai begangen wurde, ist im Regelfall weder für die Subsumtion unter einen Straftatbestand, noch für die Strafzumessung von Bedeutung. Aber es kann u.U. ausschlaggebend für die Ergebnisse der Beweiswürdigung sein, z.B. bei der Bewertung eines behaupteten Alibis des Angeklagten. Weisen die Urteilsgründe aus, dass unter diesem Aspekt Schuld- oder Freispruch davon abhingen, ob die Beweisaufnahme den 2. und nicht den 1. Mai als Tatzeitpunkt ergeben haben, und beginnt die Verjährungs- oder die Strafantragsfrist um Mitternacht zwischen den beiden Tagen, so ist wegen der ausschlaggebenden Bedeutung des Tatdatums für die Täterfeststellung das Revisionsgericht daran auch im Hinblick auf die Verjährungsberechnung **gebunden.** Erwähnt dagegen das angefochtene Urteil einen bestimmten Tatzeitpunkt, ohne dass seine präzise kalendermäßige Fixierung als solche für den Schuld- oder Rechtsfolgenausspruch ausschlaggebend gewesen sein könnte, verbleibt es bei der Regel, dass das Revisionsgericht ohne Bindung an die Feststellungen des Tatgerichts selbst im Wege des Freibeweises feststellen muss, zu welchem Zeitpunkt die Frist begann.[2942] Die Bindung besteht also nur bei wirklich „doppelt *ausschlaggebenden*" Tatsachen. **1249**

In allen übrigen Fällen ist das Revisionsgericht nicht an die tatrichterlichen Feststellungen gebunden.[2943] Leiden unabhängig davon die Urteilsgründe unter Darlegungsmängeln, die nach den oben behandelten Grundsätzen der durch die Sachrüge mitbeanstandeten Verfahrensmängel[2944] zur Aufhebung führen müssen, so bleibt es auch danach Aufgabe des Tatgerichts, die neuen Feststellungen zu treffen, die auch für die Frage nach dem Verfahrenshindernis maßgeblich sind. Das Revisionsgericht hebt in diesen Fällen also in der Regel das Urteil auf und verweist die Sache zurück. **1250**

6. „In dubio pro reo" für die tatsächlichen Voraussetzungen von Verfahrenshindernissen?

Eine ganz andere und höchst umstrittene Frage ist die, ob und inwieweit bei Zweifeln bzgl. des Vorliegens eines Verfahrenshindernisses der Grundsatz „in dubio pro reo" anzuwenden ist. **1251**

Soweit es hier um **„doppelrelevante Tatsachen"** geht, ist die Antwort einfach: Da schon für die Feststellungen zum Schuld- und Strafausspruch der Zweifelssatz gilt, muss ihn das Tatgericht auch bezogen auf die verfahrensrechtlichen Auswirkungen solcher Tatumstände anwenden. Ist also beispielsweise für die Beurteilung der Recht-

---

2941 LR-*Hanack* § 337, Rn. 35 m.w.N.

2942 So unter Abkehr von einer älteren entgegenstehenden Rechtsprechung BGHSt 22, 90 (91) = NJW 1968, 1148 = JR 1968, 466 (mit Anm. *Kleinknecht*); kritisch und vor Verallgemeinerung warnend LR-*Hanack* § 337, Rn. 36.

2943 *Meyer-Goßner* § 337, Rn. 6.

2944 Vgl. oben, Rn. 274.

zeitigkeit eines Strafantrages oder für die Verjährungsfrage zweifelhaft, ob der Beendigungszeitpunkt der Tat vor oder nach dem feststehenden Zeitpunkt des Verjährungsbeginns liegt, muss das Tatgericht das dem Angeklagten günstigste, also für die Verjährungsfrage wie auch für die Rechtzeitigkeit des Strafantrages das früheste Datum der Tatbeendigung zugrunde legen.[2945] Hat es das nicht getan, dabei aber seine Zweifel zu erkennen gegeben (etwa durch ausdrückliches Offenlassen einer entsprechenden Feststellung), so ist das Revisionsgericht allein an die Zweifel des Tatrichters gebunden, weil es nicht selbst zu Lasten des Angeklagten im Wege des Freibeweises eine Feststellung treffen darf, die dem Tatrichter nicht einmal im Wege des Strengbeweises möglich war. Das Revisionsgericht muss also in diesen Fällen das Verfahren wegen des Verfahrenshindernisses einstellen.

1252 Bei Ungewissheit darüber, wann die Tat begangen ist, und bei Zweifeln, ob sie verjährt ist, stehen – so die unnachahmlich schöne Begründung des BGH – *„Gerechtigkeit und Rechtssicherheit miteinander besser im Einklang, wenn sich das Verlangen nach Bestrafung des Schuldigen dem Anliegen unterordnet, ihn nicht in möglicherweise – durch Verjährung – wiedererlangter Rechtssicherheit anzutasten, als wenn es dieses Anliegen zurückdrängt und dabei die etwaige Ungesetzlichkeit der Strafe in Kauf nimmt. Ein Verdacht ungesetzlichen Strafens schadet dem Vertrauen in die Rechtsstaatlichkeit der Strafrechtspflege mehr als es die Gerechtigkeit befriedigt, wenn der Täter – nach langer Zeit – doch noch zur Rechenschaft gezogen wird. ... Die Gerechtigkeit verlangt nicht, Schuldige um solchen Preis der Strafe zu überliefern. Im Gegenteil: es widerspricht ihr zu strafen, wenn möglicherweise – wegen Verjährung der Strafverfolgung – gar nicht gestraft werden darf. In solchem Falle die Tat unverfolgt zu lassen, beschwert dagegen nicht das Rechtsgewissen"*.[2946]

1253 Auch wenn also die Verjährung nicht von Merkmalen der Tat abhängt (also z.B. einer Unterbrechungshandlung, deren Zeitpunkt zweifelhaft ist), muss der Zweifelssatz zur Anwendung kommen. Zwar gilt dieser im Allgemeinen nicht bezogen auf Verfahrensfehler[2947] – aber das **non-liquet-Risiko** für den Zeitpunkt einer Verjährungsunterbrechung kann nur die Strafjustiz selbst tragen, weil auch nur sie es in der Hand hat, ihre eigenen Verfahrenshandlungen ordnungsgemäß zu dokumentieren.

1254 Diese wegen ihrer materiellrechtlichen Verankerung bei der Verjährungsfrage geltenden Grundsätze sind freilich nicht auf alle verfahrenstatsächlichen non-liquet-Situationen übertragbar. So lehnt bei Zweifeln an der **Verhandlungsfähigkeit** des Angeklagten der BGH bisher die Anwendung des Grundsatzes in dubio pro reo ab.[2948] Das ist aber unbefriedigend, weil damit letztlich in Kauf genommen wird, dass Menschen schuldig gesprochen und mit einer Strafe belegt werden, die aus medizinischen Gründen nicht in der Lage waren, ihrer Verhandlung mit der für eine autonome Verteidigung notwendigen Aufmerksamkeit zu folgen. Dies aber ist eines rechtsstaatlichen Verfahrens unwürdig. Deshalb sollte auch hier gelten, dass die Verhandlungsfähigkeit sicher feststehen muss, um bei konkreten Anhaltspunkten für das Gegenteil die Verhandlung fortsetzen zu dürfen.[2949]

2945 So für den Strafantrag BGHSt 22, 90 (93); für die Verjährung BGHSt 18, 274; BGH NJW 1995, 1297.
2946 BGHSt 18, 274 (279); vgl. LR-*Stuckenberg* § 206 a, Rn. 37 ff.
2947 Verfahrensfehler müssen nachgewiesen sein; vgl. *Meyer-Goßner* § 337, Rn. 12.
2948 BGH MDR 1973, 902 (*Dallinger*); BGH NStZ 1983, 280; BGH StV 1996, 250 (251); BGH StraFo 2002, 234; LR-*Rieß* § 203, Rn. 16; § 206 a, Rn. 28 ff.; HK-*Julius* § 206 a, Rn. 5; SK-*Paeffgen* § 206 a, Rn. 15 ff.
2949 *Meyer-Goßner* § 206 a, Rn. 7.

In der Praxis mag das so formulierte Bedenken eher selten bedeutsam werden, weil in den meisten Fällen auch der laienhafte Eindruck des Gerichts davon, ob ein Angeklagter noch wach und aufmerksam „dabei" ist, letztlich doch dazu führt, dass im Zweifel die Verhandlung abgebrochen oder unterbrochen wird. Hat aber der Angeklagte an der Hauptverhandlung aktiv teilgenommen, Angaben zu seinen persönlichen Verhältnissen und zur Sache gemacht, und hat das Tatgericht keine Zweifel an seiner Verhandlungsfähigkeit, so wird im Allgemeinen auch das Revisionsgericht ohne Bedenken die Verhandlungsfähigkeit bejahen.[2950] 1255

Dass für die Frage der Verhandlungsfähigkeit das **Freibeweisverfahren** gilt, hat zur Folge, dass auch das Revisionsgericht keinen Anstoß daran nehmen muss, wenn das Tatgericht entsprechende Beweisanträge nicht nach den strengen Regeln des § 244 Abs. 3–5 StPO behandelt hat.[2951] Außerdem ist zu beachten, dass nicht nur in den Formen der Beweiserhebung, sondern auch in ihrem Ziel (Beweismaß des anzustrebenden Gewissheitsgrades bei der Überzeugungsbildung des Gerichts) geringere Anforderungen zu stellen sind als im Strengbeweisverfahren. Damit gewinnt auch der Begriff des „Zweifels" eine unterschiedliche Bedeutung. Für die Feststellung der für die Zulässigkeit des Verfahrens erforderlichen gesundheitlichen „Verteidigungsfähigkeit" des Angeklagten können nun einmal nicht dieselben Anforderungen gestellt werden wie für einen Schuldspruch. Hier muss ein hohe Plausibilität ausreichen, die so lange sogar mit laienhaften Eindruck gewonnen werden darf, als der Angeklagte selbst kein Krankheitsleiden geltend macht. Auch kann das Gericht ein privatärztliches Attest, das die Verhandlungsunfähigkeit mit einer ungenauen Diagnose bescheinigt, seiner Entscheidung zugrunde legen, wenn der äußere Anschein das Krankheitsbild bestätigt. Behauptet der Angeklagte, er leide unter so rasenden chronischen Kopfschmerzen, dass er der Verhandlung nicht folgen kann, darf (nicht: muss) ihm das Gericht dies auch ohne die aufwendige Herbeiführung eines hirnorganischen Befundes glauben und das Verfahren einstellen. 1256

Aber unter einem anderen Aspekt ist die Auffassung des BGH, wonach im Zweifel von der Verhandlungsfähigkeit ausgegangen werden darf, im wahren Wortsinn gefährlich: Die Regel, wonach gegen einen verhandlungsunfähigen Angeklagten keine Verhandlung stattfinden darf und statt dessen sein Verfahren vorläufig oder endgültig einzustellen ist, dient nicht nur der Sicherstellung seiner ununterbrochenen Verteidigungsfähigkeit. Verhandlungsunfähigkeit kann sich vielmehr auch daraus ergeben, dass ein gesundheitlich „angeschlagener" Mensch, der z.B. nach einem Herzinfarkt oder Schlaganfall in streßfreier Umgebung leidlich beschwerdefrei lebt, unter den psychischen Belastungen eines Strafverfahrens in die Gefahr eines Rückschlags und damit sogar in Lebensgefahr geraten kann.[2952] Dass aber bereits Art. 2 Abs. 2 Satz 1 GG den staatlichen Organen verbietet, den Beschuldigten im Strafverfahren in eine naheliegende, konkrete Lebensgefahr zu bringen, sollte sich für den Rechtsstaat des Grundgesetzes von selbst verstehen.[2953] Damit sollte aber auch gelten, dass bei Zwei- 1257

2950 Vgl. BGH NStZ 1984, 181; BGH 1 StR 804/94 v. 17. 1. 1995.
2951 BGHR StPO § 244 Abs. 3 – Verhandlungsfähigkeit 1.
2952 BVerfGE 51, 324 = NJW 1979, 2349.
2953 BVerfGE 51, 324 = NJW 1979, 2349 (2350).

feln über die Fähigkeit eines Angeklagten, trotz seiner schweren Grunderkrankung eine umfangreiche und für ihn aufregende Hauptverhandlung durchzustehen, lieber die Gefahr vermieden, als der staatliche Strafanspruch um jeden Preis durchgesetzt werden sollte. Es ist deshalb erfreulich, dass die 3. Kammer des 2. Senats des BVerfG aus verfassungsrechtlicher Sicht eine **Grenze der Zumutbarkeit** postuliert hat, oberhalb derer dem Grundrecht des Beschuldigten auf Leben und Gesundheit gegenüber dem Interesse einer wirksamen Rechtspflege der Vorrang gebührt.[2954]

1258 Ein erst in neuerer Zeit praktisch bedeutsam gewordenes Problem betrifft die **Verhandlungsfähigkeit im Revisionsverfahren.** Damit hatte sich die Rechtsprechung bis dahin nur insoweit zu befassen, als es um die Prozesshandlungen der Revisionseinlegung oder des Rechtsmittelverzichts ging. So wurde stets betont, dass der Verzicht auf Rechtsmittel die Verhandlungsfähigkeit des Erklärenden voraussetze.[2955] Dass dazu nicht der gleiche „Gesundheitszustand" gehört, der für die Mitwirkung an einer längeren Hauptverhandlung mit umfangreicher Beweisaufnahme erforderlich ist, wurde stets als selbstverständlich unterstellt.[2956]

Welche Anforderungen aber an die Verhandlungsfähigkeit während des gesamten Revisionsverfahrens zu stellen sind, insbesondere dann, wenn dort eine Hauptverhandlung stattfindet, ist noch nicht abschließend geklärt. Der BGH hatte im Falle des betagten und schwer kranken Angeklagten *Mielke* Anlass, sich dazu über den Einzelfall hinaus zu erklären.[2957] Für die strafrechtliche Verhandlungsfähigkeit soll danach genügen, dass der Angeklagte die Fähigkeit hat, inner- und außerhalb der Verhandlung seine Interessen vernünftig wahrzunehmen, die Verteidigung in verständiger und verständlicher Weise zu führen und Prozesserklärungen abzugeben oder entgegenzunehmen.[2958] Dabei liege auf der Hand, dass für das Revisionsverfahren andere Anforderungen gelten müssten als für das Verfahren vor dem Tatgericht. Dadurch dass dort die Einlassung des Angeklagten wesentliches Beweismittel sei, er selbst Anträge stellen und Zeugen befragen könne und er auch vor Entscheidungen des Gerichts neben seinem Verteidiger angehört werde, bestünde für den Angeklagten die Möglichkeit, das Verfahren unabhängig von seinen Verteidigern mitzugestalten und sich so zu verteidigen. Das Revisionsverfahren diene dagegen ausschließlich der rechtlichen Überprüfung des tatrichterlichen Urteils auf die richtige Anwendung des sachlichen Rechts und des Verfahrensrechts. Erörterungen tatsächlicher Art fänden nicht statt, so dass die Möglichkeiten des Angeklagten, dieses Verfahren mitzugestalten, äußerst gering seien.

2954 BVerfG NJW 2002, 51 (53): Das Landgericht hatte im Anschluss an ein Sachverständigengutachten angenommen, es liege nur eine potenzielle, keine konkrete Gefährdung des Angeklagten und somit „keine hohe Wahrscheinlichkeit einer lebensbedrohlichen Komplikation" vor. Das BVerfG hat hervorgehoben, dass der Strafrichter seiner Entscheidung über die Verhandlungsfähigkeit des Beschuldigten nicht nur einen unbedenklichen, den Normen und Prinzipien des Grundgesetzes entsprechenden Maßstab zu Grunde legen muss, sondern darüber hinaus in Anwendung dieses Maßstabs die für seine Entscheidung maßgebenden Gesichtspunkte umfassend gegeneinander abzuwägen und dabei die einzelnen Abwägungselemente zu gewichten hat.

2955 Vgl. BGH NStZ 1984, 18 m.w.N.

2956 Vgl. BGH NStZ 1996, 297 = BGHR StPO § 302 Abs. 1 Satz 1 StPO – Rechtsmittelverzicht 16; *Meyer-Goßner* § 302, Rn. 23.

2957 BGHSt 41, 16 = NJW 1995, 1973 = NStZ 1995, 390 = StV 1995, 421 (mit Anm. *Rieß* JR 1995, 473).

2958 Vgl. BGH MDR 1958, 144; BGH 2 StR 595/89 v. 18. 4. 1990, insoweit in NStZ 1990, 400 nicht abgedruckt; *Meyer-Goßner* Einl., Rn. 97.

In der Tat kann der Angeklagte selbst die Revision lediglich einlegen und zurücknehmen. Schon die Bestimmung des Umfangs der Anfechtung kann der Angeklagte nur durch seinen Verteidiger (oder zu Protokoll der Geschäftsstelle) vornehmen (§ 344 Abs. 1 StPO). Dasselbe gilt für die nach § 344 Abs. 2 StPO erforderliche Begründung der Revision.

In der **Revisionshauptverhandlung** hat der auf freiem Fuß befindliche Angeklagte **1259** das Recht auf Anwesenheit und auf Gewährung des letzten Worts. Dass der nicht auf freiem Fuß befindliche Angeklagte keinen Anspruch auf Anwesenheit in der Hauptverhandlung vor dem Revisionsgericht hat, ist wegen der skizzierten Ausgestaltung des Revisionsverfahrens unbedenklich, wenn er einen Verteidiger hat und dieser in der Hauptverhandlung anwesend ist.[2959] Deshalb genüge möglicherweise die Fähigkeit zu einer „Grundübereinkunft" mit dem Verteidiger über Fortführung oder Rücknahme des Rechtsmittels, und dass der Angeklagte wenigstens bis zum Ablauf der Rechtsmittelfrist des § 341 StPO verhandlungsfähig war.

Dem kann nicht gefolgt werden. Zwar ist unbestreitbar, dass zur Verhandlungsfähigkeit während der Revisionsinstanz nicht dasselbe Maß an gesundheitlicher „Fitness" gehört wie bei einer tatrichterlichen Hauptverhandlung, weil die weitgehende Sachverantwortung des Verteidigers für das revisionsrechtliche Vorbringen und Handeln dem Angeklagten wenig Raum für eigene Aktivitäten lässt. Aber seinen **Anspruch auf rechtliches Gehör** verliert der Angeklagte nicht dadurch, dass er ihn teilweise durch den Verteidiger wahren muss. Auch der Umstand, dass der nicht auf freiem Fuß befindliche Angeklagte keinen Anspruch auf Teilnahme an der Hauptverhandlung vor dem Revisionsgericht hat (§ 350 Abs. 2 Satz 2 StPO), und dass sich auch der in Freiheit befindliche durch den Verteidiger „vertreten lassen" kann (§ 350 Abs. 2 Satz 1 StPO), spricht nicht dafür, den Verteidiger in die Rolle eines Vormundes und den Angeklagten nach Ablauf der Revisionseinlegungsfrist in die eines Mündels zu drängen. Gerade der Sprachgebrauch des Gesetzes, wonach er sich „vertreten lassen" darf, spricht dafür, wenigstens seine Verhandlungsfähigkeit bis zum Ende der Revisionsinstanz im Sinne einer Geschäftsfähigkeit als Voraussetzung für die Fortführung des Verfahrens zu verlangen.

Auch für die tatsächlichen Voraussetzungen des **Strafklageverbrauchs** gilt der Satz in **1260** dubio pro reo. Bleibt z. B. offen, ob die tatsächlichen Voraussetzungen der Tateinheit oder der Tatmehrheit vorliegen, so ist nach dem Grundsatz „im Zweifel für den Angeklagten" von dem ihm günstigeren Sachverhalt auszugehen; dies ist im Fall der ungeklärten Konkurrenzverhältnisse die Tateinheit.[2960] Ist – etwa wegen des Verlusts der Strafakte, die auch nicht mehr rekonstruiert werden kann – unklar, ob es einen wirksamen **Eröffnungsbeschluss** gegeben hat, so führen nach der zutreffenden Auffassung des OLG Oldenburg trotz hoher Wahrscheinlichkeit die Zweifel daran zur Einstellung des Verfahrens.[2961]

2959 BVerfGE 54, 100 (116); 65, 171.

2960 BGHR BtMG § 29 – Strafklageverbrauch 6; BGH bei Holtz MDR 1980, 628 und MDR 1982, 101; vgl. auch BGHR StGB § 52 Abs. 1 – in dubio pro reo 1–5.

2961 OLG Oldenburg NStZ 2006, 119.

Teil 7: Sachrüge

Literatur: *Barton* Kennzeichen und Effekte der modernen Revisionsrechtsprechung, StV 2004, 332; *ders.* Die Abgrenzung der Sach- von der Verfahrensrüge bei der klassischen und der erweiterten Revision in Strafsachen, JuS 2007, 977; *Engisch* Logische Studien zur Gesetzesanwendung, 3. Aufl. 1963, 92 ff.; *Eschelbach* Sachlich-rechtliche Fehler nach aktueller BGH-Rechtsprechung, JA 1998, 498; *Gössel* Verhandlungen des 60. DJT, 1994 in Münster, Band I, Gutachten, C 77 ff.; *Hamm* Der prozessuale Beweis der Kausalität und seine revisionsrechtliche Überprüfung, StV 1997, 159; *Herdegen* Beweisantragsrecht, Beweiswürdigung, strafprozessuale Revision, S. 153 ff.; *Jähnke* Zur Abgrenzung von Verfahrens- und Sachrüge, Festschrift Meyer-Goßner, 2001, S. 559; *Mannheim* Beiträge zur Lehre von der Revision wegen materiellrechtlicher Verstöße in Strafsachen, 1925, S. 33 ff.; Peters Verhandlungen des 52. DJT, 1978 in Wiesbaden, Band I, Gutachten, C 25 ff.; *Momsen* Zur Zulässigkeit der strafprozessualen Sachrüge bei Angriffen gegen die Beweiswürdigung, GA 1998, 488; *Nack* Revisibilität der Beweiswürdigung - Teil 1, StV 2002, 510; *ders.* Revisibilität der Beweiswürdigung - Teil 2, StV 2002, 558; *Rieß* Verhandlungen des 52. DJT, 1978 in Wiesbaden, Sitzungsberichte, Band II L 8 ff.; *ders,* Was bleibt von der Reform der Rechtsmittel in Strafsachen, ZRP 1979, 193; *Sarstedt* Verhandlungen des 52. DJT, 1978 in Wiesbaden, Sitzungsberichte, Band II L 8 ff.; *G. Schäfer* Freie Beweiswürdigung und revisionsrechtliche Kontrolle, StV 1995, 147 (149 f.); *Schlothauer* Das Revisionsrecht in der Krise, StraFo 2000, 289; *Eb. Schmidt* Lehrkommentar, § 337, Rn. 4; *Schmitt* Die richterliche Beweiswürdigung im Strafprozess, 1992; *Schneidewin* Fehlerhafte Revisionsbegründungen in Strafsachen, JW 1923, 345 ff.; *Schünemann* Grundfragen der Revision im Strafprozeß (1. Teil), JA 1982, 74; *ders.* Grundfragen der Revision im Strafprozeß (2. Teil), JA 1982, 123; *Volk* Kausalität im Strafrecht, NStZ 1996, 105 (107).

A. Allgemeines zur Sachbeschwerde

Die Sachbeschwerde wird üblicherweise verstanden als die Rüge, dass der Tatrichter **1261**
entweder auf den von ihm rechtsfehlerfrei festgestellten Sachverhalt das sachliche Recht nicht richtig angewendet habe oder dass die mitgeteilten Tatsachen, die unter das materielle Strafrecht subsumiert werden sollten, aus sich selbst heraus erkennbar rechtsfehlerhaft „festgestellt“ worden sind. Dabei ist der vom Tatgericht als erwiesen angenommene Sachverhalt nicht schon deshalb fehlerhaft festgestellt, weil der Beschwerdeführer aufgrund der Beweisaufnahme ihn nicht für erwiesen hält. Andererseits sind die Feststellungen aber auch nicht schon deshalb rechtsfehlerfrei, weil sie der subjektiven Überzeugung des Tatrichters entsprechen. Vielmehr muss dieses Ergebnis der tatrichterlichen Beweiswürdigung in den Urteilsgründen auch in einer Weise dargelegt sein, die den verfahrensrechtlichen Anforderungen des § 267 StPO und des § 261 StPO entspricht. Das bedeutet, dass nur ein solcher Sachverhalt als rechtsfehlerfrei festgestellt gelten kann, dessen weitestgehend rationale Herleitung aus einer vollständig durchgeführten Beweisaufnahme unter Ausschöpfung des „Inbegriffs der Verhandlung“ auch für einen Leser, der bei der Verhandlung nicht dabei war, plausibel und nachvollziehbar erscheint. Dabei ist ein Leser wie der Revisionsrichter gemeint, der nur das Urteil kennt, dem der Blick in die Akten und auch in das Sitzungsprotokoll, bei die-

ser Nachprüfung verschlossen ist und der gänzlich von dem abzusehen hat, was etwa in der Revisionsrechtfertigung an abweichendem Sachverhalt steht.

1262 Der Beschwerdeführer wird sehr häufig die Sachdarstellung des angefochtenen Urteils für unrichtig oder doch für ergänzungsbedürftig halten. Das muss er jedoch völlig für sich behalten, wenn er den Ehrgeiz hat, dass seine Ausführungen vom Revisionsgericht beachtet werden. Er stelle sich vor, dass der Berichterstatter beim ersten Studium der Revisionsbegründung einen Bleistift in der Hand hat, und dass seine erste Arbeit darin besteht, alle die Ausführungen zu kennzeichnen, die im Sachverhalt von den Urteilsfeststellungen abweichen, einschließlich der Rechtsausführungen, die an diese abweichende Sachdarstellung anknüpfen. Er stelle sich weiter vor, wie betrüblich es wäre, wenn dann vielleicht viele Seiten der von ihm so mühevoll angefertigten Revisionsrechtfertigung am Rande eine Schlangenlinie trügen, wie sie früher, als es noch Kursbücher gab, dort zu dem Hinweis verwendet wurden: „Zug fährt über eine andere Strecke!", und dass dann alle diese Ausführungen sicherlich kein zweites Mal gelesen werden.

1263 Gewiss ist es eine sehr ernste und gerade für den Verteidiger, der dem Recht mit Leidenschaft und Hingebung dient, erschütternde Tatsache, wenn er sich Feststellungen gegenübersieht, die nach seiner Überzeugung falsch sind oder wenn er im Urteil Zeugenaussagen wiedergegeben sieht, die nach seiner eigenen sicheren Erinnerung bei der Beweisaufnahme in einem anderen oder gar entgegengesetzten Sinne gemacht worden sind. Aber es gilt hier aus guten Gründen, sich zu bescheiden. Der Verteidiger halte sich vor Augen, dass auch ihm die „wirkliche" Wahrheit verschlossen sein kann, dass auch er dem Irrtum unterworfen ist. Er dient dem Mandanten und dem Recht in diesem Abschnitt des Verfahrens besser, wenn er sich hier einmal gar nicht mit der Frage quält, ob das Gericht oder ob er selbst über den tatsächlichen Hergang, über die Glaubwürdigkeit des Angeklagten und der Zeugen oder über den Inhalt ihrer Aussagen in der Hauptverhandlung irrt. Diese Sorge muss der Verteidiger entschlossen hinter sich werfen, wenn er jetzt dem Angeklagten helfen will. Denn sie verstellt ihm nur allzu leicht den Blick auf die wirklichen **Rechtsmängel** des Urteils. Es geht ihm dann ein wenig wie dem Arzt, den die Liebe zu einem kranken Angehörigen unfähig macht, die Krankheit nüchtern zu beurteilen und mit sicherer Hand zu behandeln.

1264 Das gilt gerade auch bezogen auf die Rechtsfehler, die im Zuge der durch die Rechtsprechung des Bundesgerichtshofs **erweiterten Revision**[2962] die Darlegung der tatrichterlichen Überzeugungsarbeit, also letztlich einen verfahrensrechtlichen Vorgang betreffen. Dieser Appell steht nicht im Widerspruch zu dem oben Ausgeführten,[2963] weil die Fortschritte der Rechtsprechung in Richtung auf eine zunehmende Revisibilität der Beweiswürdigung nichts an dem Grundsatz geändert haben, dass der Revisionsführer und das Revisionsgericht gehindert sind, die *Ergebnisse* der Beweiswürdigung des Tatrichters durch eigene Würdigungen zu *ersetzen*. Sehr wohl haben sie die Aufgabe, etwa die Urteilsgründe daraufhin zu überprüfen, ob gerade vom Ausgangspunkt des im Urteil geschilderten Sachverhalts weitere Ausführungen nahegelegen

---

2962 Vgl. LR-*Hanack* § 337, Rn. 120 ff.; *Dahs* FS Hamm, 41 ff.; *Rosenau* FS Widmaier, 521 ff.; *Weider* FS Widmaier, 599 ff.; grundlegend *Fezer* Die erweiterte Revision, 1974.

2963 Siehe oben, Rn. 257 ff.

hätten, deren Fehlen die Besorgnis begründet, der Tatrichter habe schon die *Möglichkeit* alternativer Geschehensabläufe, die zu für den Beschwerdeführer günstigeren Rechtsfolgen hätten führen können, nicht hinreichend bedacht. Das aber ist etwas anderes als die Behauptung in der Revisionsrechtfertigungsschrift, etwas habe sich tatsächlich anders zugetragen, als vom Tatrichter behauptet. Letzteres wäre die Zumutung an das Revisionsgericht, Beweise, die es nicht selbst erhoben hat, zu würdigen. Ersteres ist der revisionsrechtlich beachtliche Vorwurf an das Tatgericht, es sei seiner Pflicht nicht nachgekommen, die erhobenen Beweise vollständig zu würdigen und die dabei angestellten Überlegungen in den Urteilsgründen jedenfalls so ausführlich niederzulegen, dass das Revisionsgericht das durch § 267 StPO dem Tatrichter aufgegebene Höchstmaß an rationaler Darlegung erkennen kann. Die Rüge, dem Tatrichter hätte sich gerade angesichts der von ihm im Urteil mitgeteilten Tatsachen aufdrängen müssen, weitergehende Überlegungen anzustellen, deren Darlegung das Urteil vermissen lässt, setzt also gerade voraus, dass der Beschwerdeführer sich auf den Standpunkt stellt, die getroffenen Feststellungen seien richtig. Man sollte dies auch nicht etwa dadurch zum Ausdruck bringen, dass man nach überflüssigen Ausführungen über die eigenen Zweifel an der Richtigkeit des festgestellten Sachverhalts formuliert: „Aber selbst wenn man einmal den festgestellten Sachverhalt als richtig unterstellt, so wäre das Urteil dennoch rechtsirrig." Dieses „selbst wenn" muss bereits gedanklich „abgehakt" sein, bevor man die Ausführungen zur Sachrüge formuliert.

Revisionsrechtlich unbeachtliche Ausführungen, die sich lediglich gegen die Ergeb- **1265**
nisse der tatrichterlichen Beweiswürdigung wenden, können sogar die **Zulässigkeit der Sachbeschwerde**, und wenn nur diese erhoben wird, der gesamten Revision, gefährden. Dies ist dann der Fall, wenn die gesamte Revisionsbegründung sich in solchen Ausführungen erschöpft. Das gilt selbst dann, wenn sie mit dem Satz eingeleitet werden: „Gerügt wird die Verletzung materiellen Rechts." Dieser Satz genügt zwar als vollständige Sachrüge und bedeutet, wenn er ohne jeden Zusatz geschrieben wird, dass der Beschwerdeführer das Urteil umfassend auf sachlichrechtliche Fehler hin überprüft sehen möchte. Zusätze können aber durchaus der Klarstellung dienen, in welcher sachlichrechtlichen Hinsicht das Urteil überprüft werden soll. Wenn die Konkretisierung der Revisionsangriffe aber allein nicht revisible Fehler betrifft, kann dies zur Unzulässigkeit der Rüge führen. So hat bereits das Reichsgericht[2964] eine Revision mit folgender Begründung als unzulässig verworfen: *„Hier sagen zwar die Angeklagten im Eingang ihrer Revisionsbegründung, sie rügten die Verletzung sachlichen Rechts; aus ihren weiteren Ausführungen ergibt sich aber mit aller Bestimmtheit, dass sie keine unrichtige Anwendung des Gesetzes auf den Sachverhalt, so wie er vom Tatrichter festgestellt worden ist, rügen wollen, sondern dass sie nur behaupten, der Tatrichter habe den Sachverhalt unrichtig festgestellt, und zwar deswegen, weil er unwahre Zeugenaussagen als wahr angenommen habe. Eine solche Behauptung aber vermag die Revision nicht zu rechtfertigen."*

Die heutigen Revisionsgerichte sind zwar durchweg nachsichtiger und sollten dies **1266**
auch vor dem Hintergrund der erweiterten Revision sein. Aber in Fällen, in denen sich beim besten Willen die Einzelausführungen zur Sachrüge nicht anders deuten lassen,

---

2964 RGSt 67, 198 = JW 1933, 1417 Nr. 40; vgl. auch RGSt 40, 99; *Schneidewin* JW 1923, 345 ff.

denn als Angriffe gegen die Ergebnisse der Beweiswürdigung, entspricht es auch der heutigen Rechtslage, eine solche Revision als unzulässig zu verwerfen. Dies ist auch keine unbillige Härte gegenüber dem Revisionsführer. Das angeführte Reichsgerichtsurteil, das die Revision als unzulässig verwarf, wies am Schluss selbst darauf hin, dass nunmehr noch der Weg zu einem **Wiedereinsetzungsgesuch** und zu einer richtigen Revisionsbegründung offenstehe. Der Fristversäumnis in § 44 StPO steht nämlich die Versäumung der vorgeschriebenen Form gleich.[2965] Den Weg des Wiedereinsetzungsgesuchs schneidet das Revisionsgericht aber ab, indem es eine solche Revision als zulässig behandelt und sie – sei es durch Beschluss, sei es durch Urteil – als unbegründet verwirft. Dies mag zwar für den Verteidiger die weniger blamable Lösung sein. Aber den Interessen des Mandanten, auf die es ankommt, ist mehr gedient, wenn er die Wiedereinsetzungsmöglichkeit erhält und damit auch die Chance, unter Umständen durch einen anderen Verteidiger eine Sachrüge so begründen zu lassen, dass das Revisionsgericht auf Fehler hingewiesen wird, die dem Revisionsgericht aufgrund der zunächst unzulässigen Revision „verschlossen" waren.

1267 Im Folgenden wird unterschieden zwischen der „eigentlichen" Rüge der Verletzung des materiellen Strafrechts, also der Geltendmachung eines **Subsumtionsfehlers**, und den sonstigen „Untragbarkeiten und fehlenden Tragfähigkeiten der Urteilsgründe". Hinter letzteren verbergen sich – wie oben bereits gezeigt wurde[2966] – auch Fehler beim Zustandekommen der tatrichterlichen Feststellungen, die bei näherem Hinsehen **verfahrensrechtliche Regeln** und nicht das materielle Strafrecht betreffen. Dass solche mit der Sachrüge konkludent „mitbeanstandete Verfahrensfehler" keiner näheren Darlegung von Verfahrenstatsachen im Sinne des § 344 Abs. 2 Satz 2 StPO bedürfen, folgt gerade daraus, dass der mit der Erhebung der allgemeinen Sachrüge dem Revisionsgericht zur Kenntnis gebrachte vollständige Urteilsinhalt in diesen Fällen den Fehler selbst offenbart.

1268 Daran schließt sich allerdings die Frage an, ob dies nur für solche **Verfahrensverstöße** gilt, die sich als Verletzung des § 267 StPO bzw. des § 261 StPO begreifen lassen, oder ob man allgemein die Regel anerkennen sollte, dass alle Verfahrensfehler, deren verfahrenstatsächliche Voraussetzungen im Urteil offengelegt sind, als mit der Sachrüge „mitbeanstandet" gelten.

1269 Diese Frage ist im bisherigen Schrifttum und in der Rechtsprechung noch nicht explizit behandelt worden. Dies mag damit zusammenhängen, dass ihre Verneinung als selbstverständlich angesehen wird. Ausgehend von der traditionellen Vorstellung, zwischen Tatfragen und Rechtsfragen sei ebenso wie zwischen sachlichrechtlichen und verfahrensrechtlichen Fragen eine klare Trennung möglich und die Darlegungsfehler bei den Ausführungen zur Beweiswürdigung und bei der Schilderung des festgestellten und zu subsumierenden Sachverhaltes ließen sich als „Verletzung sachlichen Rechts" begreifen, wird wohl allgemein davon die Auffassung vertreten, dass im Gegensatz hierzu Verfahrensfehler einer ausdrücklichen Rüge (außerhalb der Sachrüge) bedürften, wobei – nach erhobener Sachrüge – die Urteilsgründe lediglich zur

---

2965 BGHSt 26, 335; vgl. auch OLG Hamm MDR 1978, 507; OLG Zweibrücken StV 1991, 550; *Meyer-Goßner* § 44, Rn. 6.

2966 Vgl. oben, Rn. 271 ff.

Ausfüllung und Ergänzung des Vortrags nach § 344 Abs. 2 Satz 2 StPO herangezogen werden dürften.

Ich möchte demgegenüber zu bedenken geben, ob es nicht konsequenter wäre, bei ei- **1270**
ner ordnungsgemäß erhobenen Sachrüge die damit gebotene Überprüfung des gesamten Urteils von Amts wegen auch auf solche Rechtsfehler zu erstrecken, die zwar **Verfahrensfehler** betreffen, aber **vollständig aus den Urteilsgründen** heraus erkennbar sind.[2967] Die Regelung des § 344 Abs. 2 Satz 2 StPO selbst bildet keinen Maßstab dafür, welche Rechtsfehler das materielle Recht und welche das Verfahrensrecht betreffen. Auch der Rückschluss aus § 344 Abs. 2 Satz 2 StPO, dass alle die Fehler, die sich aus der Lektüre des Urteils selbst ergeben, solche des sachlichen Rechts sind, ist nicht gerechtfertigt. Die Regelung hat nur den Sinn, dem Revisionsgericht zu ersparen, die Akten daraufhin durchzusehen, ob diese Tatsachen enthalten, die sich als Verfahrensfehler darstellen. Die Vorschrift verliert diesen Sinn aber dort, wo sich die den Mangel enthaltenden Tatsachen aus dem auf die Sachrüge hin dem Revisionsgericht ohnehin zur Kenntnis gelangenden Urteil vollständig ergeben. Wenn beispielsweise in einem Urteil gesagt wird, das Gericht habe dem 15-jährigen Zeugen X gerade deshalb geglaubt, weil er trotz seines jugendlichen Alters bereit war, in der Hauptverhandlung seine Aussage zu beeiden, so beruht die – für sich genommen möglicherweise nicht zu beanstandende – Anwendung des materiellen Rechts zweifellos auf Feststellungen, die ihrerseits unter Verstoß gegen § 60 Ziffer 1 StPO zustande gekommen sind. Es ist nicht einzusehen, weshalb es in einem solchen Falle erforderlich sein soll, dass der Angeklagte in seiner Revisionsbegründung diesen Verfahrensfehler noch einmal als solchen herausstellt, wenn er die Sachrüge erhoben hat. Hat ein unerfahrener Verteidiger den Verfahrensverstoß als solchen übersehen, so enthält seine **Sachbeschwerde** dennoch den (berechtigten) Vorwurf, die Subsumtion unter den betreffenden Straftatbestand knüpfe an rechtsfehlerhaft zustande gekommene tatrichterliche Feststellungen an. Hätte der Verteidiger eine unzulängliche Verfahrensrüge erhoben und wenigstens geschrieben, das Gericht habe den Zeugen X nicht vereidigen dürfen, so wäre das Fehlen des Vortrags innerhalb der Verfahrensrüge, dass der Zeuge X erst 15 Jahre alt war und in der Hauptverhandlung tatsächlich vereidigt worden ist, ohne Weiteres vom Revisionsgericht als unschädlich anzusehen, weil die Verfahrenstatsachen durch das Urteil ebenfalls mitgeteilt werden. Wenn aber das Urteil sogar ausdrücklich sagt, dass auf der Tatsache der (unzulässigen) Vereidigung auch die Überzeugungsbildung des Gerichts beruht, so wird damit eben auch die Beweiswürdigung rechtsfehlerhaft mit der Folge, dass das Revisionsgericht auf die Sachrüge hin aufheben kann, ohne dass eine entsprechende Verfahrensrüge erhoben ist.[2968]

Anders muss freilich entschieden werden bei allen solchen Verfahrensfehlern, bei de- **1271**
nen dem Beschwerdeführer die **Dispositionsfreiheit** verbleiben muss, ob er sie gel-

2967 Im Falle BGH 2 StR 28/04 v. 24. 3. 2004 = StraFo 2004, 245 war offenbar nur die Verfahrensrüge erhoben, mit der die Ablehnung eines Hilfsbeweisantrages beanstandet wird, ohne dass der Inhalt des Beweisantrages und die hierzu ergangene Entscheidung der Kammer mitgeteilt wurden. Beides ergab sich aber aus den Urteilsgründen, die dem Senat durch die zulässig erhobene Sachrüge ohnehin bekannt waren. Der BGH ließ das zur Zulässigkeit der Verfahrensrüge unter Hinweis auf KK-*Kuckein* 5. Aufl., § 344 Rn. 39 m. w. N. genügen.

2968 Vgl. auch OLG Celle NdsRpfl. 1996, 309.

tend machen will oder nicht. Das dürfte insbesondere bei Verstößen gegen Verwertungsverbote der Fall sein, die allein zum Schutz des Beschuldigten bestehen und bei denen es Gründe geben kann, auf ihre Beachtung zu verzichten. Das sind dann aber in der Regel auch die Fälle, in denen das Urteil die nach § 344 Abs. 2 Satz 2 StPO erforderlichen Angaben gar nicht vollständig enthalten kann. Steht beispielsweise nur im Urteil, der Angeklagte sei zwar bei seiner polizeilichen Vernehmung im Ermittlungsverfahren nicht belehrt worden, das Gericht habe aber dennoch jene Aussage in die Hauptverhandlung eingeführt und dem Urteil zugrunde gelegt, so würde ein solcher Vortrag auch im Rahmen einer Verfahrensrüge nicht ausreichend sein, weil eine Angabe darüber fehlt, ob und wie der Angeklagte sich zur Frage der Verwertbarkeit in der Hauptverhandlung geäußert hat. Aber auch wenn im angefochtenen Urteil niedergelegt ist, das Gericht habe die früheren Angaben trotz des Widerspruchs des Angeklagten in der Hauptverhandlung verwertet, so darf sich das Revisionsgericht nicht darüber hinwegsetzen, dass der Angeklagte trotz seines Widerspruchs in der Hauptverhandlung von einer entsprechenden (ausdrücklichen) Verfahrensrüge abgesehen hat. Denn dies kann auf einem autonomen Entschluss des Angeklagten beruhen, im weiteren Verlauf des Verfahrens gegen die Verwertung seiner früheren Aussage nichts mehr einwenden zu wollen. Damit macht er gleichzeitig von seiner Freiheit Gebrauch, den möglichen Einfluss des Verfahrensfehlers auf die Beweiswürdigung des Gerichts unbeanstandet zu lassen, was das Revisionsgericht zu respektieren hat.

B. Von der (Un-)Möglichkeit der Trennung von Tat- und Rechtsfragen

I. Die Schlüsselfrage für die Revision

1272 Wie anhand zahlreicher Fallkonstellationen auch im Zusammenhang mit der Verfahrensrüge oben schon wiederholt erwähnt, ist die Beschränkung des Prüfprogramms in der Revisionsinstanz auf „Rechtsfragen" darauf angewiesen, dass Klarheit besteht, welche Leistungen des Vorderrichters allein von ihm zu verantworten und damit der Kontrolle durch die Rechtsinstanz entzogen sind. Nach dem üblichen Sprachgebrauch der Revisionsgerichte und auch der h.M. im Schrifttum wird dieser Teil der Urteilsfindung als die Beantwortung von „Tatfragen" bezeichnet. Das Spiel mit diesem Begriffspaar durchzieht von Anfang an die Diskussion, deren Heftigkeit unvermindert anhält, was aber leicht erklärbar ist angesichts der Schwierigkeiten der definitorischen Grenzziehung. So ist es nicht zuviel gesagt, wenn man die Suche nach einem allgemein gültigen und für die praktische Anwendung brauchbaren Unterscheidungsmerkmal als die **Schlüsselfrage des Revisionsrechts** überhaupt bezeichnet.

II. Normativer und sprachlicher Ausgangspunkt

1273 *„Die Revision kann nur darauf gestützt werden, dass das Urteil auf einer Verletzung des Gesetzes beruhe. Das Gesetz ist verletzt, wenn eine Rechtsnorm nicht oder nicht richtig angewendet worden ist."* Dieser Wortlaut der Regelung des § 337 StPO bringt das Gemeinte allerdings nur unvollkommen zum Ausdruck. Geht man davon aus, dass der Gesetzgeber keine tautologische Regelung treffen wollte, muss das Rätsel gelöst werden, worin der Unterschied zwischen „Gesetz“ und „Rechtsnorm“ (vgl. § 7 EGStPO) liegen soll. Natürlich ist eine Rechtsnorm in einem weiteren Sinne vor allem dann „nicht richtig angewendet“, wenn sie auf einen Sachverhalt angewendet worden ist, der sich entweder überhaupt nicht oder doch ganz anders zugetragen hat, wenn also zum Beispiel der Verurteilte nicht der Täter ist. Aber gerade das kann nicht gemeint sein. Gemeint ist vielmehr, dass der Revisionsführer und das Revisionsgericht von den Tatsachen auszugehen haben, die das angefochtene Urteil festgestellt hat, und dass das Revisionsgericht nur nachprüft, ob das Tatgericht auf dem prozessualen Wege, der zu den „Feststellungen“[2969] – seien sie nun wahr oder nicht – geführt hat, einen Verfahrensfehler begangen hat, und ob er dann bei der Bewertung des Sachverhalts das Recht richtig angewendet hat. Diese für das Wesen der Revision schlechthin entscheidende Einschränkung setzt § 337 StPO stillschweigend voraus. Sie ergibt sich zwingend aus dem Verfahren vor dem Revisionsgericht, wie das Gesetz es in den dem § 337 StPO nachfolgenden Vorschriften regelt – vor allem daraus, dass vor dem Revisionsgericht keine Beweisaufnahme stattfindet. Daraus wird eine Trennung zwischen der „Tatfrage“, für die nur der „Tatrichter“ zuständig sei, und der „Rechtsfrage“ abgeleitet, auf die sich die revisionsgerichtliche Nachprüfung beschränke.

Diese auf den ersten Blick recht plausible Unterscheidung hat der Wissenschaft vom **1274** Strafprozess allerdings viel Kopfzerbrechen bereitet. Seit den grundlegenden Ausführungen von *Mannheim*[2970] will man erkannt haben, dass eine „logische“ Trennung von Tatsachenfestellungen und rechtlicher Wertung nicht durchführbar ist.[2971] Dagegen hält etwa *Roxin* eine „rechtslogische Abgrenzung“ zwischen Tat- und Rechtsfrage – ebenso wie *Schünemann*[2972] – für „exakt durchführbar“.[2973] Eine rechtliche Würdigung läge nach seiner Auffassung immer dann vor, wenn der Tatrichter unter Rechtsbegriffe (d.h. unter im Rahmen der Rechtssprache verwendete Ausdrücke) subsumiert hat, dagegen seien Tatfragen betroffen, wenn unter Alltagsbegriffe (d.h. unter im Rahmen der Umgangssprache verwendete Ausdrücke) subsumiert werde.

Ich halte das für wenig überzeugend. Zunächst erscheint die Gleichsetzung von „Be- **1275** griffen“ und „Ausdrücken“ bedenklich. Es ist zwar eine häufig anzutreffende Vorgehensweise, „Begriff“ zu sagen, wenn „Wort“ gemeint ist; aber richtig ist es nicht, *„denn eben wo Begriffe fehlen, da stellt ein Wort zur rechten Zeit sich ein“* (*Goethe*). Erst recht kann eine **Unterscheidung zwischen „Rechtssprache“ und „Alltagssprache“** nicht weiterführen. Es ist gerade eine Unsitte von Juristen, hier eine Unterscheidung künstlich herbeiführen zu wollen. Die Gerichtssprache ist deutsch (§ 184 GVG). Die Geset-

---

2969 Zum Begriff der Feststellungen im Lichte der Entscheidungsprozeduren im Kollegialgericht und der Herstellung des schriftlichen Urteils nachdenklich machend *Eschelbach* FS Widmaier, 127ff.

2970 *Mannheim* Beiträge zur Lehre von der Revision wegen materiellrechtlicher Verstöße in Strafsachen, 33ff.

2971 Vgl. *Eb.Schmidt* Lehrkommentar, § 337, Rn. 4; *Engisch* Logische Studien zur Gesetzesanwendung, 92ff.; *Schmitt* Die richterliche Beweiswürdigung im Strafprozess, 481; LR-*Hanack* § 337, Rn. 2, m.w.N.

2972 *Schünemann* JA 1982, 74.

2973 *Roxin* § 53, D, III.

zessprache auch. Das Strafgesetzbuch verwendet den Begriff „töten" ebenso wie der juristisch ungeschulte Nachbar des Verdächtigen oder des Tatopfers. Das Wort steht so in Strafrechtslehrbüchern, in Monographien, in der NJW und in der Tageszeitung. Die Frage, ob der Angeklagte seinen Nebenbuhler getötet hat, ist also sowohl eine Frage der Subsumtion unter einen Alltagsbegriff als auch unter einen Rechtsbegriff. Der Praktiker auf der Richterbank, am Tisch des Staatsanwalts oder des Verteidigers sollte in seinem Berufsalltag die Verunstaltung, welche die deutsche Sprache gelegentlich durch das „Juristendeutsch" erfährt, möglichst vermeiden und Fachausdrücke in „dir und mir verständliche Sprache" übertragen. Das ist in weitaus größerem Umfang möglich, als manche Leute zu glauben scheinen. Der Unterschied zwischen „Rechtssprache" und „Alltagssprache" lässt sich so gut wie immer auflösen, und zwar gerade auch überall dort, wo umgangssprachlich dieselben Vokabeln verwendet werden wie in der Normenwelt der Juristen. Dass die Leute auf der Straße gerne jede als vorsätzlich vermutete Tötung eines Menschen „Mord" nennen, ohne dabei die Unterscheidungsmerkmale des § 211 StGB zu beachten, macht die Prüfung, ob ein konkreter Sachverhalt unter diese Alltagsbedeutung passt, nicht zur forensisch relevanten Tatfrage.

1276 Ähnliches gilt für die umgangssprachliche Verwendung des Rechtsbegriffs der (richterlichen) Überzeugung. Gewiss verstehen Laien unter dem Begriff „Überzeugung" (§ 261 StPO) vielfach gerade das Unbeweisbare. „Ich bin davon überzeugt, aber das wird man nie beweisen können" ist eine Redensart, derer sich ein Tatrichter nicht bedienen sollte. Tut er es doch, darf er jedenfalls auf seine „Überzeugung" keinen Schuldspruch stützen. Spricht er schuldig, indem er geflissentlich die zweite Hälfte des Satzes („man kann es nicht beweisen") unausgesprochen lässt, glaubt er also seine rein subjektive „Überzeugung" reiche zur Verurteilung aus, muss ihn das Revisionsgericht darüber „belehren", dass von Rechts wegen das „Beweisen" an rechtliche Voraussetzungen geknüpft ist, zu denen zwar *auch* die subjektive Gewissheit des Tatrichters gehört, aber eben im Sinne einer notwendigen und keineswegs schon ausreichenden Bedingung. Somit muss die Suche nach dem Grenzverlauf zwischen Tatfragen und Rechtsfragen davon ausgehen, dass der prozessuale **Vorgang des Beweisens** ein rechtlich relevantes Geschehen ist, bei dem die Gerichte auch gegen Regeln verstoßen können, die einer Rechtskontrolle nicht entzogen sein dürfen.

1277 Als Unterscheidungskriterium zwischen (der revisionsgerichtlichen Kontrolle entzogenen) Tatfragen und (revisiblen) Rechtsfragen taugt also die Kategorisierung in Rechtssprache und Alltagssprache nichts.[2974] Vielmehr ist die „rechtssprachliche" Begrifflichkeit bei der Unterscheidung zwischen „Tatfrage" und „Rechtsfrage" gerade ein Beispiel dafür, wie verfehlt es wäre, methodisch so vorzugehen, dass zuerst gesagt wird, was eine Tatfrage ist, um dann gleichsam „den Rest" für revisibel zu erklären. Bei dieser Vorgehensweise wäre man allzu leicht geneigt, alles, was sich im Kopf des Tatrichters abspielt, bevor er einen bestimmten Sachverhalt anfängt unter die Strafrechtsnormen zu subsumieren, als der revisionsgerichtlichen Kontrolle entzogene Beantwortung von Tatfragen abzustempeln, um alles, was übrig bleibt, als Rechtsfragen zu behandeln. Ich schlage demgegenüber vor, umgekehrt zu verfahren, indem man

---

2974 *Neumann* FS Hamm, 525 ff., 532 f.

zuerst den Begriff der „Rechtsnormen" i.S. des § 337 Abs. 2 StPO umgrenzt und dabei erkennt, dass damit eben doch nicht nur geschriebene Gesetze gemeint sein können (sonst wäre § 337 StPO tautologisch und damit unsinnig), sondern eben auch andere den Einzelfall übergreifende Regeln, um dann die verbleibenden, an die Teilnahme an der Beweisaufnahme gebundenen Wahrnehmungen als ureigenste Aufgabe des Tatrichters aus der revisionsgerichtlichen Kontrolle auszunehmen.

Die Notwendigkeit einer präzisen Unterscheidung[2975] ergibt sich auch daraus, dass **1278**
das Gesetz von ihr u.a. eine so wichtige Weichenstellung abhängig macht wie die Kompetenzverteilung zwischen den Gerichten verschiedener Instanzen. Und wenn sie nicht beachtet oder an die falschen Kriterien geknüpft wird, ist sowohl bei einem Übergriff des Revisionsgerichts in die „Domäne" des Tatrichters, als auch bei einer unterlassenen Rechtskontrolle aus einem rechtlich nicht gebotenen Respekt vor der nur vermeintlichen Alleinkompetenz des Tatrichters das **Verfassungsprinzip des gesetzlichen Richters** berührt. Und das ist nun einmal mehr, als dass die Revisionsgerichte ihm mit pragmatischen eingespielten Übungen und „Von-Fall-zu-Fall-Judikaten" gerecht werden könnten. Ich gebe deshalb auch meine noch in der Vorauflage angedeutete Sympathie für das von *Roxin* verwendete Kriterium des „realistischen Rechtsschutzes" [2976] ebenso auf wie ich an meiner schon immer gehegten Skepsis gegen die insbesondere von *Hanack* (zutreffend) in der BGH-Rechtsprechung erkannte „Leistungstheorie"[2977] fest halte. Dabei übernehme ich im Folgenden die von *Ulf Neumann*[2978] in verschiedenen Arbeiten entwickelte Theorie einer Aufspaltung des tatrichterlichen Entscheidungsprozesses in singuläre Feststellung einerseits (Tatfrage) und Orientierung an fallübergreifenden Regeln.

Es kann nämlich in der Tat ausgerechnet bei einer *Rechts*instanz wie der Revision nicht **1279**
befriedigen, wenn die tatsächlich inzwischen üblichen „Eingriffe" in die Domäne(n) des Tatrichters, die Beweiswürdigung (und Strafzumessung) allein damit gerechtfertigt werden, es sei schlicht unerträglich, wenn das angefochtene Urteil z.B. wegen der Lücken in der Argumentation zur Überzeugungsbildung seine rechtliche Subsumtion auf den Sand eines möglicherweise unwahren Sachverhalts aufgebaut hat.[2979] Wenn es nur das wäre, so ließe sich, was gelegentlich von den Gegnern der erweiterten Revision geschieht,[2980] mit Recht einwenden, dass die Antwort auf die Frage, wer als *gesetzlicher* Richter für die abschließende Beantwortung einer Strafbarkeitsvoraussetzung zuständig ist, doch wohl nicht davon abhängen kann, ob ein anderes (und zumindest primär dazu berufenes) Gericht die Erfüllung seiner Aufgabe vorbildlich oder nur

---

2975 Dazu auch SK-*Frisch* § 337, Rn. 10ff.; a.A. *Meyer-Goßner* § 337, Rn. 1.

2976 *Roxin* § 53, B. II.

2977 Dazu jetzt auch *Riess* FS Fezer, 455ff., 461.

2978 *Neumann* aaO. und *ders.* FS Meyer-Goßner, 683ff., und *ders.*, FS Androulakis. Athen 2003, 1091ff.; vgl. auch *Freund* FS Meyer-Goßner, 409ff., der den dringend notwendigen wissenschaftlichen Diskurs über die Frage einfordert, wie die derzeit in der Strafjustizpraxis vorherrschende Methode der Anwendung jeweils „persönlicher Beweisregeln" überwunden werden kann.

2979 So aber sinngemäß die gängige Begründung für die Kontrolle der tatrichterlichen Überzeugungsbildung durch die Revisionsgerichte; vgl. z.B. *Schäfer* Die Praxis des Strafverfahrens, Rn. 1752.

2980 *Foth* in NStZ 1992, 444.

schlecht und recht bewältigt hat. Mit anderen Worten: Die Unterscheidung zwischen Tat- und Rechtsfragen kann nicht danach getroffen werden, wie die richtigen Antworten auf die Tatfragen gelautet hätten.

III. Zweistufigkeit der Beweiswürdigung

1. Rechtlicher Anteil der Tatfrage

1280 Und doch ist man mit dieser Hilfsüberlegung auf der richtigen Spur: Ob nämlich der Tatrichter die ihm obliegende Aufgabe, durch Beweiserhebung und Beweiswürdigung einen Sachverhalt festzustellen, der dem Idealbild der materiellen Wahrheit so nahe wie möglich kommt, „richtig" gelöst hat, hängt von zwei durchaus rational zu unterscheidenden[2981] Vorgängen ab: Erstens die Wahrnehmung der Beweisvorgänge in der Hauptverhandlung und zweitens deren Einordnung in fallübergreifende Regelhaftigkeiten, Gesetzmäßigkeiten und Schlussfolgerungen.

1281 Nur der erstere Vorgang ist dem Revisionsgericht völlig verschlossen, weil es nicht dabei war und auch nicht Teile der Beweiserhebungen aus der ersten Instanz wiederholen kann. Das gilt sogar dann noch, wenn die Urteilsgründe (was zwangsläufig und auch im Einklang mit § 267 Abs. 1 StPO nur rudimentär erfolgt) mehr oder weniger zuverlässig und authentisch „die Tatsachen angeben, in denen die gesetzlichen Merkmale der Straftat gefunden(!) werden", und wenn auch die Sollvorschrift weitgehend erfüllt wurde, dass die (Indiz-)Tatsachen (§ 267 Abs. 1 S. 2 StPO) „angegeben werden", aus denen der Beweis der den Schuldspruch tragenden Tatsachen „gefolgert" wurde. Schon die Frage, aus welchen Beweisvorgängen im Einzelnen der Tatrichter sein Wissen um die Indiztatsachen geschöpft hat, also welche Zeugen was bekundet haben und welche sonstigen Beweismittel was besagt haben, muss auch nach den vom BGH weitergehend als vom Gesetz geforderten Rechenschaftspflichten des Tatrichters im Urteil nicht erschöpfend dargelegt werden. Daraus folgt zunächst einmal als fester Markierungspunkt auf der Suche nach einem Merkmal für der revisionsgerichtlichen Kontrolle schlechterdings entzogene Tatfragen: Alles was nur derjenige entscheiden kann, der die tatrichterliche Hauptverhandlung unmittelbar erlebt hat, verantwortet allein der Tatrichter und geht das Revisionsgericht nichts an.

1282 Das bedeutet aber nun gerade nicht, dass damit ein Rückfall in die Zeiten geboten oder auch nur erlaubt wäre, in denen die Jury des Schwurgerichts vor der Emmingerschen Reform (1923) einen nicht mit Gründen versehenen „Wahrspruch" verkündete und sich schon deshalb das Revisionsgericht auch aus dem zweiten Element der tatrichterlichen Beweiswürdigung heraushalten musste. Inzwischen wurde nämlich nicht nur die von den Berufsrichtern zu leistende Aufgabe der Urteilsbegründung eingeführt, sondern auch erkannt, dass die Beweiswürdigung mit der Wahrnehmung der Inhalte von Zeugenaussagen, Sachverständigengutachten, Urkundenverlesungen und Augenscheinseinnahmen erst anfängt, dann aber über sehr viel wichtigere Erkenntnisstufen abläuft, deren „Richtigkeit" keineswegs nur von denjenigen beurteilt

---

2981 Vgl. dazu die vielfältigen Arbeiten zum Thema Revisibilität der Beweiswürdigung von *Herdegen* zuletzt in: Strafverteidigung im Rechtsstaat, 2009, 553 ff.

werden kann, die in der Hauptverhandlung dabei waren. Wenn der Tatrichter einem Zeugen glaubt z.B. weil er bei Aussage gegen Aussage dem Kurzschluss verfallen ist, dass derjenige, der unter der strafbewehrten Wahrheitspflicht – also als Zeuge – aussagt, generell eher sich an die Wahrheit hält als jemand, der – wie der Angklagte – „ungestraft lügen darf", ist die damit angewendete **fallübergreifende (vermeintliche) Regelhaftigkeit** durchaus auch der Überprüfung durch ein Revisionsgericht zugänglich. Dass dies zu den Zeiten des alten Jurysystems nicht erkannt wurde,[2982] lag schlicht daran, dass die Beweiswürdigung sich in dem geschlossenen Beratungzimmer abspielte, so dass es keine Chance für die „Außenrevision" gab, zwischen den beiden Elementen der Beweiswürdigung zu unterscheiden. Die sicherlich auch damals vorgekommenen Regelverletzungen bei der Verarbeitung des im Gerichtssaal wahrgenommenen Geschehens blieben gleichsam unter Verschluss. Seit aber die Tatrichter in den Urteilsgründen über ihre „argumentativen Brücken"[2983] im Urteil Rechenschaft ablegen müssen, gibt es keinen Grund mehr, die Revisionsgerichte aus der Kontrolle der Anwendung dieser Regeln nur deshalb herauszuhalten, weil sie nicht von Parlamenten beschlossen wurden, sondern von den Gesetzen im formellen Sinne als allgemeingültig vorausgesetzt werden.

Damit kann als **Zwischenergebnis** festgehalten werden: Da beim Revisionsgericht **1283** eine Beweisaufnahme in der Sache selbst nicht stattfindet und jede Trennung zwischen der Beweis*erhebungs*kompetenz und der Beweis*würdigungs*kompetenz, soweit es nur die Kenntnisnahme der allein den Fall betreffenden Tatsachen betrifft, kaum vorstellbar wäre, muss das Revisionsgericht sich auf die Kontrolle des tatrichterlichen Urteils beschränken, die ohne inhaltliche Überprüfung der Beweisaufnahme zu leisten ist. Gerade dies aber muss das Revisionsgericht gewährleisten, und zwar gleichviel, ob die vom Tatrichter angewendeten fallübergreifenden Regeln aus geschriebenem Gesetzesrecht abgeleitet werden oder auf tatsächlichem Gebiet liegen. Das Revisionsgericht darf es den einzelnen Tatrichtern nicht überlassen, was sie als allgemeine, nicht nur den Einzelfall betreffende Regeln anwenden, um zu „ihren Feststellungen" zu kommen. Die allgemein anerkannten **Denk- und Erfahrungssätze**[2984] sind zwar die wichtigsten, aber keineswegs die einzigen fallübergreifenden Regeln, an die der Tatrichter genauso wie an die im Bundesgesetzblatt verkündeten Gesetze gebunden ist. Stellt sich erst im Revisionsrechtszug heraus, dass das Urteil auf der „Anwendung" eigenwilliger Vorstellungen über regelmäßig (i.S.v. „gewöhnlich") bestehende tatsächliche Zusammenhänge beruht, dann braucht sich das Revisionsgericht nicht, nur weil diese Fehler der „Tatsachenwelt" und nicht der „Rechtswelt" angehören,mit stumpfen Sinnen davor zu verschließen. Deshalb ist auch *Frisch*[2985] und *Freund*[2986] uneingeschränkt darin beizupflichten, dass auch die Beantwortung dessen, was man bisher oft undifferenziert die „Tatfrage" genannt hat, in ihrem regelgeleiteten Anteil eben auch eine Rechtsfrage ist, die der revisionsgerichtlichen Kontrolle unterliegt.

2982 Dies ist in den Ländern, in denen es das heute noch gibt, auch nicht anders.
2983 Zu diesem anschaulichen auf Erfahrungssätze bezogenen Bild *Herdegen* aaO, 562.
2984 S. dazu auch oben Rn. 957 ff. und 983 ff.
2985 SK-*Frisch* § 337, Rn. 10, 128.
2986 *Freund* FS Meyer-Goßner, 409 ff., der auf 425 ff. sogar die inhaltliche Präzisierung „intersubjektiv begründeter Beweisregeln" einfordert.

2. Feststellung normativer Tatbestandsmerkmale

1284 Noch eine Stufe komplizierter wird die Unterscheidung zwischen Tat- und Rechtsfragen, wenn es darum geht, dass die tatrichterlichen Feststellungen **„Tatsachen“** enthalten, die ihrerseits **normative Elemente erfüllen** müssen, um unter ein gesetzliches Tatbestandsmerkmal subsumiert werden zu können. Moderne Beispiele hierfür bilden in Hülle und Fülle die derzeit so gerne angewandten und zum Gegenstand revisionsgerichtlicher Entscheidungen gemachten Korruptionstatbestände, die Vermögensdelikte (namentlich die Untreue gem. § 266 StGB) und – zumal in Zeiten der seit 2007 grassierenden Finanzkrise – die Tatbestände des Wertpapierhandelsgesetzes und des Gesellschaftsrechts.

a) Fallbeispiel 1 (alt: Die Katze im Sack)

1285 Um aber auch zu zeigen, dass diese Problematik keineswegs neu ist, soll im Folgenden entgegen meiner ursprünglichen Absicht das bereits seit der 4. Auflage (1983) von *Sarstedt* ausführlich geschilderte Beispiel für den Umgang des im Jahre 1893 noch jungen Reichsgerichts mit dem Problem der Abgrenzung zwischen Tat- und Rechtsfrage etwas verkürzt beibehalten werden, um anschließend anhand der aktuellen BGH-Rechtsprechung gleichsam die Gegenprobe zu machen, ob die Judikatur in den dazwischen liegenden 116 Jahren wirklich Fortschritte gemacht hat.

1286 Das frühe Beispiel für richtiges Eingreifen eines Revisionsgerichts in tatsächliche Feststellungen in RGSt 23, 409 ff. über den Verkauf von Bier, in dem eine Katze mitgesotten war, aus diesem Buch zu streichen, hätte sich nur deshalb aufgedrängt, weil gerade sein „Unterhaltungswert“[2987] zwar zu einem hohen Aufmerksamkeitsgrad führte, aber vielen Lesern offenbar die ästhetische Grenzwertigkeit[2988] des der Entscheidung zugrunde liegenden Sachverhalts den Blick auf die darin zu demonstrierenden Rechtsprobleme verstellte. Nachdem aber jetzt *Ulf Neumann* gerade an diesem Fall seinen überzeugenden Vorschlag zur neuen dogmatischen Markierung der **Grenze zwischen revisiblen und nicht revisiblen tatrichterlichen Wertungen** anhand des „Regelkriteriums“ entwickelt hat, würde ich der überfälligen Diskussion um eine Korrektur auch der BGH-Praxis den Bezugsgegenstand entziehen, wenn die folgenden Ausführungen in dieser ersten nach *Neumanns* Abhandlung erscheinenden Auflage fehlten:

1287 Das Reichsgericht hatte sich mit einer Revision gegen den Freispruch durch das Landgericht Nürnberg zu befassen. Angeklagt war ein Braumeister, der Vorwurf ein Verstoß gegen einen (heute würde man sagen:) lebensmittelrechtlichen Tatbestand, nach dem es strafbar war, „verdorbene“ Nahrungsmittel in Verkehr zu bringen. Das Landgericht hatte den Freispruch darauf gestützt, das fragliche Bier sei dadurch, dass eine in die Maische gefallene und dadurch zu Tode gekommene Katze mitgesotten war, nicht „verdorben“ gewesen und darauf, dass nach allgemeiner Anschauung der Genuß derartigen Bieres Ekel erregt, komme es aus Rechtsgründen nicht an. Nun hätte es zur Aufhebung des Urteils wohl genügt zu sagen, dass es eben doch auf die Verbrauchererwartung ankomme. Aber das Reichsgericht wollte den Nürnbergern wohl

2987 So *Neumann* FS Hamm, 252.
2988 Man könnte es auch die Entscheidung selbst zitierend (RGSt 23, 410) „Ekelhaftigkeit“ nennen.

die Möglichkeit verstellen, es sich bei ihrem erneuten Urteil zu leicht zu machen – nach dieser erstaunlichen Fehlleistung. Zu diesem Zweck stellte der Revisionsrichter sich völlig unwissend: der Tatrichter hätte feststellen müssen, *„ob der Gehalt an minimalen fleischlichen Überbleibseln einer Katze und an verkochter Auflösung ihrer übrigen Bestandteile der normalen Beschaffenheit des Bieres entspricht"*, ob also vielleicht das Bier ohne Katze gar kein richtiges, „normales" Bier (im Rechtssinne!?) sei, *„und wenn nicht, ob er nach allgemeiner Auffassung der Konsumenten eine Veränderung zum schlechteren mit der Folge verminderter Tauglichkeit und Verwertbarkeit begründet. Erst wenn auch dies verneint … wird, lässt sich die Annahme …, das Bier sei verdorben gewesen, verneinen."*

Nach längeren Ausführungen über den Ekel und dessen Ursachen heißt es dann: *„Würde somit, wie die Strafkammer meint, die vom Urteile angenommene Verbindung des Bieres mit irgendwelchen Teilen des verendeten Tieres an sich das Bier noch nicht zu einem verdorbenen machen, so könnte diese Eigenschaft in der darin begründeten Ekelhaftigkeit desselben gefunden werden."* Und nicht genug damit, wird das Reichsgericht, indem es seine Ironie eisern durchhält, auch noch ganz deutlich: *„Welche Bedeutung die in dem Urteil erwähnte Erklärung eines Sachverständigen, das Mitsieden gewisser Tiere, insbesondere von Ratten und Mäusen, komme häufig vor und sei unvermeidlich, da diese in Brauereien massenhaft vorhandenen Tiere durch irgendeinen Zufall in den Sud gerieten, für die Würdigung der Sache haben soll, ist nicht klar ersichtlich, es sei denn, dass hiernach die Tiere zu den unvermeidlichen Bestandteilen des Bieres gehören, der Gehalt kein dem normalen Biere fremder sei. Dass dies wirklich die Meinung des Gerichts sei, ist jedoch weder ausgesprochen noch anzunehmen. Geradeso verhält es sich mit den geflissentlichen Bierverunreinigungen, deren sich nach Versicherung des Verteidigers des Angeklagten vor dem Revisionsgericht die Brauknechte während der Bierbereitung schuldig machen sollen."*

Das Reichsgericht verbittet sich diese „Verteidigungs-"Ausführungen nicht etwa mit der Begründung, dass das gar nicht festgestellt sei, sondern fährt unerschütterlich fort: *„Werden alle diese ungehörigen Beimischungen nicht durch den Klärungs- und Gärungsprozeß entweder in Elemente des normalen Bieres umgewandelt oder vollständig ausgeschieden – was im Urteile nicht festgestellt ist –, und genügt das Zurückgebliebene, die Tauglichkeit des Bieres zum Genusse nach allgemeiner (nicht auf chemische und medizinische Gesichtspunkte beschränkter) Anschauung zu vermindern (wenn auch nur durch Ekelerregung), so liegt, wenn solches Bier unter Verschweigung seiner Verunreinigung verkauft wird, der objektive Tatbestand des § 10 des Nahrungsmittelgesetzes unzweifelhaft vor, ohne weitere Rücksicht auf die Art und den Grund und das Maß der Verunreinigung."*

Schließlich heißt es noch (damit der Brauerei auch kein Unrecht geschieht): *„Der Verkauf selbst ist nicht verboten, das Publikum soll nur davor geschützt werden, verdorbene oder verfälschte Nahrungs- und Genußmittel für normale zu kaufen und zu bezahlen."* Und das alles in Bayern, wo seit 1516 ein gesetzliches Reinheitsgebot gilt, das nur Gerste, Hopfen und Wasser im Bier gestattet, und wo Bier, das etwas Zucker enthält, nicht einmal „Bier" genannt werden darf! **1287a**

Heute würde ein Revisionsgericht sich mit einer solchen Urteilsaufhebung wesentlich leichter tun. Es würde wahrscheinlich einfach sagen, dass Bier, in dem eine Katze verkocht ist (von Ratten, Mäusen und geflissentlichen Verunreinigungen durch Brauknechte gar nicht zu reden), nach der allein maßgeblichen Erwartung der Verbraucher als verdorben zu gelten habe. Auch Rechtsbegriffe wie „verdorben" und „Verbrauchererwartung" finden ihre Entsprechung in der Alltagssprache, haben einen tatsächlichen und vom Geschehen in der Hauptverhandlung mitgestalteten Kern, sie hören damit aber nicht auf, Rechtsbegriffe zu sein.

1288 Nun hat *Neumann*[2989] überzeugend herausgearbeitet, dass das Landgericht Nürnberg die Frage, ob im Sinne der anzuwendenden Strafnorm das Merkmal „verdorben" vorlag, nicht hätte durch schlichte Übernahme der Bewertung des Sachverständigen beantworten dürfen, sondern durch eigene Entscheidung über die Richtigkeit und Anwendbarkeit zweier alternativer Regeln: Regel 1: Ein Produkt ist nur dann (im Rechtssinne!) „verdorben", wenn infolge der fremden Substanz eine gesundheitsschädliche Wirkung beim Genuss (hier: dieses Bieres) zu befürchten ist, oder Regel 2: Für die Kennzeichnung als „verdorben" reichen die beim Verbraucher hervorgerufenen Ekelgefühle aus. In beiden Fällen geht es um die Anwendung einer dem Tatbestandsmerkmal anhaftenden Regel. Somit war es auch aus heutiger Sicht richtig und kein Eingriff in die Feststellungshoheit des Tatrichters, dass das Reichsgericht korrigierend eingriff.

b) Fallbeispiel 2 (neu: WM-Tickets als Bestechung)

1289 Wer glaubt, im Zuge der in den letzten Jahrzehnten zu beobachtenden Vermehrung der Zahl von Urteilsaufhebungen wegen Mängeln der Beweiswürdigung[2990] sei auch Klarheit in der Abgrenzung zwischen Tat- und Rechtsfragen entstanden, sieht sich enttäuscht. Was wir als Fortschritt empfinden, ist zunächst allein durch die von Fall zu Fall arbeitende Rechtsprechung geschehen,[2991] während die Reformbestrebungen der 60er und 70er Jahre in die gleiche Richtung zielten.[2992] Die heutigen Reformbestrebungen verlaufen unter der Flagge „Justizentlastung" eher wieder in die Gegenrichtung, indem manche Autoren in rechtspolitischen Stellungnahmen fordern, die Revision sollte „wieder" auf die Überprüfung „reiner" Rechtsfragen zurückgeführt werden.[2993] Zwar ist bisher nicht zu beobachten, dass die Rechtsprechung diesem Bedürfnis insofern entgegenkäme, als sie die Revisibilität der tatrichterlichen Gründe zur Beweiswürdigung wieder einengen würde. Aber der Blick in den Kopf des Tatrichters hat auch dazu geführt, dass die Beruhensfrage heute sogar bei klaren Rechtsverstößen öfter als früher im Wege der eigenen hypothetischen Beweiswürdigung durch das Revisionsgericht verneint wird.[2994] Außerdem ist nicht zu erkennen, dass die damit auch zusammenhängende Verschiebung des Interesses der Revisionsgerichte von den Ver-

---

2989 *Neumann* FS Hamm, 534 ff.
2990 S. o. Rn. 885 ff.
2991 Vgl. dazu *G. Schäfer* StV 1995, 147.
2992 Vgl. *Peters* Verhandlungen des 52. DJT, 1978 in Wiesbaden, Band I, Gutachten, C 25 ff.; *Rieß* und *Sarstedt* Verhandlungen des 52. DJT, 1978 in Wiesbaden, Sitzungsberichte, Band II, L 8 ff. sowie *Rieß* ZRP 1979, 193.
2993 Vgl. *Gössel* Verhandlungen des 60. DJT, 1994 in Münster, Band I, Gutachten, C 77 ff.
2994 Jüngstes Beispiel: BGH 2 StR 54/09 – Beschl. v. 8. 7. 2009 = BGHSt 54, 37 (Nicht ordnungsgemäße Verlesung eines ganzen „Selbstlese-Ordners" mit eigens zu diesem Zweck zusammengestellten – also vom Gericht offenbar für beweiserheblich angesehen – Urkunden; Unbegründetheit der zulässig erhobenen Rüge, weil das Tatgericht nach Auffassung des Senats „auch ohne Berücksichtigung" der im Urteil ausdrücklich erwähnten Unterlagen zum selben Ergebnis gelangt wäre.

fahrensrügen weg zur Sachrüge und dort in den Bereich der Beweiswürdigung eine Erhöhung der Berechenbarkeit solcher Entscheidungen nach sich zöge.[2995]

Dass die dogmatisch **saubere Grenzziehung zwischen Tat- und Rechtsfrage** nach **1290** wie vor aussteht, zeigt die Entscheidung des 1. Strafsenats im Verfahren gegen den früheren Vorstandsvorsitzenden des Energieversorgungsunternehmens EnBW.[2996] Das Unternehmen gehörte zu den Hauptsponsoren der in Deutschland ausgetragenen Fußballweltmeisterschaft 2006. Das brachte es mit sich, dass dem Unternehmen auch ein Kontingent von Frei-Tickets zur Verfügung gestellt wurde, die nach einem im Einzelnen in der BGH-Entscheidung geschilderten Verfahren an Geschäftsfreunde weitergegeben wurden, darunter auch zwei hohe Amtsträger, die gelegentlich auch dienstlich mit EnBW befasst waren. Die Einzelheiten sollen hier außer Betracht bleiben.

Nachdem die Staatsanwaltschaft Anklage erhoben, das Landgericht den Angeklagten **1291** freigesprochen, aber die Staatsanwaltschaft Revision engelegt hatte, erhofften sich die nicht selten in ähnlichen Situationen befindlichen Wirtschaftskreise von der BGH-Entscheidung ein klärendes Wort zur Grenzziehung zwischen strafbarem und straflosem Verhalten in der allseits als „unscharf“ beklagten[2997] Randzone zwischen sozial erwünschtem Sponsoring und „Klimapflege“ einerseits und krimineller Korruption i.S. der Bestechungsdelikte der §§ 331ff. StGB. Stattdessen hielt sich der 1. Strafsenat aber mit einer anderen Grenzzone auf, nämlich der zwischen Tatfrage und Rechtsfrage. Aber auch dies geschah in einer Weise, die dem rechtsunterworfenen Publikum ebenso wie dem Rechtsanwender Steine statt Brot gibt. Das lassen schon die drei Leitsätze erkennen:

„1. Die für eine Vorteilsgewährung nach § 333 Abs. 1 StGB erforderliche (angestrebte) Unrechtsvereinbarung setzt voraus, dass der Vorteilsgeber mit dem Ziel handelt, auf die künftige Dienstausübung des Amtsträgers Einfluss zu nehmen und/oder seine vergangene Dienstausübung zu honorieren, wobei eine solche dienstliche Tätigkeit nach seinen Vorstellungen nicht – noch nicht einmal in groben Umrissen – konkretisiert sein muss.

2. Ob in diesem Sinne eine Unrechtsvereinbarung vorliegt, ist ***Tatfrage*** *und unterliegt der* ***wertenden Beurteilung des Tatgerichts****, die regelmäßig im Wege einer* ***Gesamtschau*** *aller in Betracht kommenden Indizien zu erfolgen hat.*

3. In die Würdigung fließen als mögliche Indizien neben der Plausibilität einer anderen Zielsetzung namentlich ein: die Stellung des Amtsträgers und die Beziehung des Vorteilsgebers zu dessen dienstlichen Aufgaben (dienstliche Berührungspunkte), die Vorgehensweise bei dem Angebot, dem Versprechen oder dem Gewähren von Vorteilen (Heimlichkeit oder Transparenz) sowie die Art, der Wert und die Zahl solcher Vorteile.“

Das heißt auf eine kürzere Formel gebracht: Nach der gesetzlichen Ausweitung der **1292** Bestechungstatbestände auf vermögenswerte Zuwendungen auch an Dritte gehört

---

2995 Dazu instruktiv: *Dahs* FS Hamm, 41ff., 48f.
2996 BGH, Urt. v. 14. 10. 2008 – 1 StR 260/08 = NJW 2008, 3580 mit Anm. *Trüg* NJW 2009, 196; *Schlösser* wistra 2009, 155; *Hettinger* JZ 2009, 370; *Hamacher* DB 2008, 2747.
2997 Vgl. nur *Fischer* Rn. 24 und die dortigen Nachw.

überhaupt nicht mehr viel dazu, die Restelemente dessen, was immer noch „Unrechtsvereinbarung“ genannt wird, zu bejahen. Ob sie aber vorliegt oder nicht, kann erst und nur anhand der „Gesamtschau aller in Betracht kommenden Indizien“ auf der Grundlage der tatrichterlichen Beweisaufnahme entschieden werden, wobei das Revisionsgericht offenbar nur noch darüber wacht, ob das Tatgericht keine überzogenen einengenden Anforderungen an die erhoffte Dienstausübung vorausgesetzt hat, die „noch nicht einmal in groben Umrissen erkennbar“ gewesen sein muss. Noch kürzer: Was zu den Voraussetzungen einer Un*rechts*vereinbarung gehört, ist Tatfrage. Wie sie zu beantworten ist, hat allein der Tatrichter zu entscheiden, solange er dazu nicht zu viel verlangt. Der potentielle Täter, der wissen will, was er darf und wo er Strafe riskiert, erfährt es vom Gesetz ebenso wenig wie vom obersten deutschen Strafgericht, das sich aus Respekt vor dem Tatrichter „raushält“. Dies ist das Gegenteil von Rechtssicherheit und der verfassungsrechtlich gebotenen Bestimmtheit und Gesetzlichkeit von Strafdrohungen.

1293 Nun könnte es ja noch sein, dass die ausführlichen Gründe der BGH-Entscheidung mehr Klarheit verschaffen als der Leitsatz. Aber auch diese vage Hoffnung trügt: Die Gründe dafür, dass der Senat den Freispruch des Landgerichts im Ergebnis bestehen ließ, gipfeln am Ende der 48 Randziffern in einem geradezu entlarvenden Bekenntnis zur Unzufriedenheit über die Aufgabenteilung zwischen Tatrichter und Revisionsrichter:

„Die den Angeklagten erheblich belastenden Indizien mögen berechtigten Anlass dazu gegeben haben, gegen ihn Anklage zu erheben und sodann wegen der noch ungesicherten Rechtslage eine höchstrichterliche Entscheidung herbeizuführen. Dass sich das Landgericht trotz dieser belastenden Indizien nicht davon hat überzeugen können, dass der Angeklagte die Versendung der Gutscheine veranlasste, um etwaige dienstliche Tätigkeiten der bedachten Amtsträger zu honorieren oder zu beeinflussen, ist jedoch … nach revisionsrechtlichen Maßstäben hinzunehmen. Dass eine gegenteilige Überzeugung möglicherweise ebenso revisionsrechtlich unbeanstandet geblieben wäre, ändert hieran nichts.“[2998]

1294 Seit wann ist es Aufgabe der Revisionsgerichte, sich in ihren zur Veröffentlichung vorgesehenen Entscheidungen tröstend an die Staatsanwaltschaft zu wenden, um Verständnis zu äußern, dass der Angeklagte angeklagt wurde und dass man sich mit dem Freispruch angesichts einer „ungesicherten Rechtslage“ nicht abfinden wollte?

1295 Und was hat diese „höchstrichterliche Entscheidung“ von der „ungesicherten Rechtslage“ weggenommen? Sie hat immerhin im *Neumann*’schen Sinne versucht mit Regeln zu arbeiten, was bei den tatsächlichen Voraussetzungen für eine *Unrechtsvereinbarung* wohl als unvermeidbar erkannt wurde. Diese Regeln hat sie aber in dem einer Beweisführung weitgehend unzugänglichem Dunkelfeld der subjektiven Kriterien verortet, um dann letztlich auch den Tatrichter beim Jonglieren mit jeweils wieder denkbar konturenlos definierten „Indizien“ alleine zu lassen. So entsteht ein Zustand, bei dem

---

2998 Solche schlechterdings überflüssigen und unangebrachten Hinweise, dass das Revisionsgericht eine gegenteilige Beweiswürdigung ebenso hätte hinnehmen müssen oder sogar einleuchtender gefunden hätte, werden in letzter Zeit immer häufiger, vgl. z.B. auch BGH 3 StR 301/03 – Urt. v. 28. Oktober 2004 = BGHSt 49, 275 und in derselben Sache 3 StR 212/07 – Urt. v. 28. August 2007 = NJW 2007, 3446 Rn. 22.

das Risiko, sich im Wirtschaftsleben strafbar zu machen, mit der Vorhersehbarkeit einer Lotterie auf den Bürger verlagert wird. Solche Revisionsentscheidungen sind nicht geeignet, auch nur einem der Zwecke dieses Rechtsmittels (Rechtseinheit, Einzelfallgerechtigkeit, Rechtssicherheit) zu dienen. Ein Beitrag zu der dringend notwendigen Überwindung der „Von-Fall-zu-Fall-Judikatur“[2999] und der rein pragmatisch ausgerichteten „Leistungsmethode“[3000] ist dies jedenfalls nicht.

3. Weitere Voraussetzung für einen Lösungsansatz

Da – wie hier vielfach gezeigt – die Arbeitsteilung zwischen Revisionsgericht und Tatgericht auch davon abhängt, wo die richtige Grenze zwischen dem Prüfungsprogramm aufgrund der Sachrüge und dem aufgrund verfahrensrechtlicher Fragestellungen verläuft, muss auch in diesem Zusammenhang noch einmal mein Vorschlag für eine neue Grenzziehung zwischen Verfahrensrüge, Sachbeschwerde und dem mit der Sachbeschwerde „mitbeanstandeten“ Verfahrensfehler[3001] in Erinnerung gerufen werden.[3002] Erst wenn man sich Klarheit darüber verschafft hat, dass die verfahrensrechtlich bestehenden Begründungsanforderungen für ein tatrichterliches Urteil im Beweiswürdigungsteil letztlich von der gegenseitigen Bedingtheit der Tatsachen und der Rechtsbegriffe bestimmt werden, kann die Grenze der Revisibilität allgemeingültig festgelegt werden. Da es von Tatsachen losgelöst anzuwendende Rechtsregeln ebensowenig geben kann wie „rechtsfrei“ festzustellende tatsächliche Sachverhalte, muss sich die Überprüfungskompetenz des Revisionsrichters sowohl auf die Anwendung solcher Rechtsnormen erstrecken, die dem materiellen Strafrecht i.e.S. zugehören, als auch solcher Regeln, an die der Tatrichter bei der „Herstellung“ des unter das Strafrecht (i.e.S.) subsumierten Sachverhalts gebunden ist und die ihn zwingen, über den inneren Vorgang der Wahrheitsfindung in der Urteilsurkunde Rechenschaft abzulegen. 1296

Was danach noch allein in der nicht überprüfbaren Kompetenz des Tatrichters verbleibt, wäre mit „Tatfrage“ nur unzutreffend und irreführend gekennzeichnet. Es ist vielmehr die nicht mehr normierbare und auch sprachlich nicht vermittelbare[3003] „Letztverantwortung“ des Tatrichters für die Richtigkeit des festgestellten Sachverhalts, die für das Revisionsgericht unantastbar bleiben muss. Aber erst wo das intersubjektiv vermitteilbare Beweismaß der „hohen Wahrscheinlichkeit“[3004] erreicht ist, wird die als persönliches „Erlebnis“ zu bezeichnende höchstpersönliche Überzeugungsarbeit des Tatrichters legitim und muss vom Revisionsgericht respektiert werden.[3005] 1297

2999 Vgl. dazu allgemein *Hamm* FS Fezer, 393.
3000 Vgl. dazu oben, Rn. 277ff.
3001 Vgl. oben, Rn. 274ff.
3002 S.o. Rn. 1270.
3003 Vgl. SK-*Frisch* § 337, Rn. 17 zur Bedeutung der „Grenzen der Darstellbarkeit“.
3004 *Herdegen* Beweisantragsrecht, Beweiswürdigung, strafprozessuale Revision, 153ff.
3005 Zur Unterscheidung zwischen „Überzeugung“ und „objektiver Tatsachengrundlage“ vgl. auch *G. Schäfer* StV 1995, 147 (149f.).

IV. Subsumtion unter abstrakt definierbare Tatbestandsmerkmale

1298 Am einfachsten ist die Revisibilität im Sinne des § 337 StPO zu erkennen, wenn das (1178) Tatgericht auf einen – insoweit rechtsfehlerfrei – festgestellten Sachverhalt einen Straftatbestand angewendet hat, der den Fall überhaupt nicht erfasst – sei es, weil das festgestellte Geschehen nicht strafbar ist, sei es, weil allenfalls ein anderer Straftatbestand erfüllt sein kann, der jedoch vom Tatgericht nicht erkannt wurde.

1299 Stellt beispielsweise das Urteil fest, dass der Angeklagte in einem Selbstbedienungsladen Ware in seinem Einkaufswagen verborgen und die Kasse ohne Bezahlung derselben passiert hat, und subsumiert das Tatgericht diesen Sachverhalt unter den Tatbestand des Betrugs (§ 263 StGB), so entscheidet das Revisionsgericht im Anschluss an die Rechtsprechung des Bundesgerichtshofs,[3006] dass darin ein materiellrechtlicher Fehler liegt, weil ein solcher Geschehensablauf zwar einen Schuldspruch wegen versuchten oder vollendeten Diebstahls, nicht jedoch den wegen Betruges trägt. Der Fehler liegt hier nicht in einer rechtsfehlerhaften Feststellung des zu subsumierenden Sachverhalts, sondern in einer **fehlerhaften Subsumtion** selbst. Der Tatrichter hat in einem solchen Fall verkannt, dass zu den Voraussetzungen eines Betrugs ein Verfügungswille des Kassierers gehört hätte.[3007] Wenn der Kassierer aber nicht erkennt, dass sich im Einkaufswagen noch weitere Waren befinden, scheidet schon gedanklich die Annahme einer bewussten Vermögensverfügung bezüglich dieser Waren aus. Das Verstecken (und durch den Kassenbereich Schieben) der Ware ist vielmehr ein Akt der Wegnahme im Sinne des § 242 StGB.

1300 Derartige Fehler erkennt das Revisionsgericht unabhängig davon, ob der Beschwerdeführer im Rahmen der Sachrüge ausdrücklich darauf eingeht oder nicht. Es macht aber einen denkbar schlechten Eindruck, wenn die Revisionsbegründung sich mit komplizierten Verfahrensfehlern oder gar mit unzulässigen Angriffen gegen die getroffenen Feststellungen befasst, ohne die sehr viel näher liegenden Fehler bei der Anwendung des materiellen Strafrechts auch nur zu erwähnen. Ob in solchen Fällen sogar mitunter ein Ablenkungseffekt eintritt, können nur Revisionsrichter aus ihrer Erfahrung beurteilen.

1301 Ein weiteres neueres Beispiel für die Anwendung eines unzutreffenden rechtlichen Maßstabes bei der Auslegung eines vom Tatgericht als gegeben angenommenen Straftatbestandes betraf die Frage, ob ein Verkehrsteilnehmer sich auch durch ordnungswidriges Verhalten eines gefährlichen Eingriffs in den Straßenverkehr nach § 315b StGB schuldig machen kann. Im Falle des „Münchener Fahrbahngehers“ bejahte der BGH das Merkmal des „Hindernisbereitens“ i.S. des § 315b Abs. 1 Nr. 2 StGB, lehnte aber dennoch die Strafbarkeit ab, weil diese nach st. Rspr. eine „grobe Einwirkung von einigem Gewicht“ voraussetze. Das sei bei dem demonstrativen Gehen auf einer vielbefahrenen Stadtstraße mit dem Ziel, für eine autofreie Innenstadt einzutreten, nicht der Fall.[3008]

3006 BGHSt 17, 205 = NJW 1962, 1211; BGHSt 41, 198 = NJW 1995, 3129 = StV 1995, 638 = NStZ 1995, 593 (m. Anm. *Zopfs* NStZ 1996, 190).

3007 BGH NJW 1995, 3129 (3130).

3008 BGHSt 41, 231 = NJW 1996, 203.

V. Besonderheit bei der Subsumtion unter „beweiswürdigungsreflexive" Rechtsbegriffe

Die Unterscheidung zwischen Fehlern, die sich in der rechtsirrigen Auslegung von Tatbestandsmerkmalen erschöpfen (Subsumtionsfehler), und revisiblen Fehlern bei der „Herstellung" des festgestellten Sachverhalts, ist nur selten so klar wie in den oben genannten Beispielen durchzuführen. Es gibt nämlich auch rechtliche Voraussetzungen einer Bestrafung, deren abstrakte Definition wiederum auf die konkrete Gestaltung des Einzelfalls zurückverweist. Solche hier „beweiswürdigungsreflexiv" genannten Rechtsbegriffe zeichnen sich dadurch aus, dass sie sich einer abstrakten, von den Gegebenheiten des Einzelfalles losgelösten Definition letztlich entziehen, weil sie nicht sinnlich wahrnehmbare Gegenstände, Eigenschaften oder Abläufe der Lebenswirklichkeit betreffen, sondern deren gedankliche und erst im Wege der Wertung herzustellende Verknüpfung. Das gilt insbesondere für den bei allen Erfolgsdelikten maßgeblichen **Rechtsbegriff der Ursächlichkeit** und deren Vorstufen bei den Gefährdungsdelikten. Es gilt aber auch für die meisten subjektiven Schuldmerkmale wie den (bedingten) Vorsatz und die Fahrlässigkeit. 1302

Alle Versuche der Rechtswissensschaft, das Wesen der „Kausalität", der (abstrakten und erst recht der konkreten) „Gefährlichkeit", der bewussten Fahrlässigkeit in Abgrenzung zum bedingten Vorsatz ohne Verweisung des Rechtsanwenders auf die Umstände des Einzelfalles zu umschreiben, müssen als gescheitert angesehen werden. Stets haftet den gängigen Definitionen noch mindestens ein Merkmal an, das erst durch die Beweiswürdigung seine Kontur gewinnt. 1303

1. Kausalität

Kausalität ist im Gegensatz zu „Sache", „wegnehmen" (§ 242 StGB), „Gebäude" (§ 306 StGB), „Gewässer" (§ 324 StGB) oder „unmittelbar zur Verwirklichung des Tatbestandes ansetzen" (§ 22 StGB) nichts, was ein Zeuge sehen, aufgrund seiner Aussage ein Tatrichter feststellen und unter die Merkmale subsumieren könnte, die ein Revisionsrichter oder ein Rechtswissenschaftler zur Begriffsbestimmung aufgelistet hat. Kausalität ist vielmehr eine gedankliche Verknüpfung von sinnlich wahrnehmbaren und der Beweiserhebung zugänglichen Fakten. Diese gedankliche Verknüpfung ist auch nur zu ihrem kleinsten Teil ein Erkenntnisakt. Sie ist letztlich die Anwendung einer „normativen Konvention": Dass der Schlag mit dem Beil auf den Kopf des Tatopfers ursächlich für dessen Tod war, „darf" auch dann vom Tatrichter festgestellt werden, wenn es nicht gänzlich ausgeschlossen ist, dass das Opfer schon beim Anblick des mit dem Beil ausholenden Täters am Herzschlag gestorben ist. Auch in diesem Falle ließe sich nämlich der Tod „ursächlich" auf das Handeln des Täters zurückführen. Deshalb genügt hier für die Feststellung der Kausalität, dass der „irgendwie" gegebene Zusammenhang evident ist.[3009] 1304

Die Formel, wonach ursächlich jede Bedingung ist, bei deren „Hinwegdenken" der Erfolg entfiele, weist diese Aufgabe des hypothetischen „Hinwegdenkens" dem Tat- 1305

3009 *Volk* Kausalität im Strafrecht, NStZ 1996, 105 (107).

richter zu. Begründet er diesen Denkvorgang nicht für den juristisch geschulten Leser nachvollziehbar, so kann man den Vorwurf, das Tatgericht habe seiner rechtlichen Subsumtion den falschen Kausalitätsbegriff zugrunde gelegt, beliebig austauschen gegen den Vorwurf, das Urteil beruhe auf einer fehlerhaften Beweiswürdigung.

1306 Das wird besonders deutlich in den Fällen, in denen die hypothetischen Überlegungen des Tatrichters weniger im „Hinwegdenken" der zu prüfenden Bedingung (Verhalten des Angeklagten) als vielmehr im „Hinzudenken" von möglichen Alternativursachen bestehen. Das ist die typische Situation in Verfahren, die unter dem Schlagwort **„strafrechtliche Produkthaftung"** das rege Interesse nicht nur des Fachpublikums gefunden haben.

1307 Zuerst hat der Bundesgerichtshof in der **„Lederosprayentscheidung"**[3010] die Feststellung der Kausalität zwischen dem Vertrieb von Gegenständen des täglichen Gebrauchs (Imprägnierspray) und Gesundheitsschäden bei Verbrauchern nach deren Anwendung auch dann als „rechtsfehlerfrei" bezeichnet, wenn zwar nicht geklärt werden könne, welcher Inhaltsstoff mit welchem Wirkungszusammenhang die Gesundheitsschäden hervorgerufen hat, aber jedenfalls alle in Betracht kommenden Alternativursachen eindeutig ausgeschlossen werden können. Dies war unter den konkreten Voraussetzungen der vom LG Mainz zuvor getroffenen Feststellungen eine vertretbare und *deshalb* vom Revisionsgericht nicht zu korrigierende Beweiswürdigung. Aber indem der Bundesgerichtshof diesen Respekt vor der Alleinzuständigkeit des Tatrichters für die Beweis*ergebnisse* wie eine neue Rechtsregel als Leitsatz verbreitete, leistete er dem Missverständnis Vorschub, als dürften sich künftig die Tatgerichte in Fällen der Produktverantwortung auf das sog. **„Ausschlussverfahren"** beschränken. Da der Ausschluss von (vom Angeklagten nicht zu vertretenden) Alternativursachen nur insoweit möglich ist, als solche bereits erkennbar geworden sind, und weil die Zahl der durchaus konkret in Betracht kommenden, aber noch nicht erkannten Alternativursachen mit der Zahl und der Mehrdeutigkeit der Krankheitssymptome wächst, liefe eine allgemeine Anerkennung des Ausschlussverfahrens als Rechtsregel auf eine Änderung des Kausalitätsbegriffs (und nicht nur auf eine Beweiserleichterung) hinaus. Kausalität wäre ersetzt durch Plausibilität.[3011] Das Fehlen anderer Ursachen wäre ersetzt durch das Nichterkennen solcher Alternativen. Das Nichterkennen durch den Tatrichter wäre das „Pech" des Angeklagten, der seine Verurteilung riskieren würde, so lange er nicht die u. U. im Lebensbereich des jeweiligen Verbrauchers verborgene eigentliche Ursache der Erkrankung benennen könnte. Das liefe letztlich auf eine Beweislastumkehr hinaus.

1308 Weil dieser Missdeutung der „Lederosprayentscheidung" auch das LG Frankfurt erlegen war, kam es zur BGH-Entscheidung im sog. **„Holzschutzmittelfall"**.[3012] Das Landgericht hatte die beiden Geschäftsführer eines von über vierzig Herstellerunternehmen von Holzschutzmitteln wegen Körperverletzung zu Bewährungsstrafen verurteilt, weil es im Falle von einigen Familien, die in entsprechend behandelten Häusern lebten, die teils erheblichen Erkrankungen auf den Einfluss der Wirkstoffe Pentachlor-

---

3010 BGHSt 37, 106 = NJW 1990, 2560.
3011 *Volk* Kausalität im Strafrecht, NStZ 1996, 105 (108).
3012 BGHSt 41, 206 = NJW 1995, 2930 = NStZ 1995, 590 (m. Anm. *Puppe* JZ 1996, 318); vgl. hierzu auch *Hamm* StV 1997, 159.

phenol (PCP) und Lindan zurückführte. Die Krankheitssymptome in diesen Fällen waren allerdings äußerst vielfältig und unspezifisch. Der Bundesgerichtshof hob das Urteil aber allein auf, weil die tatrichterliche Überzeugungsbildung angesichts der Umstrittenheit der naturwissenschaftlichen Frage nach der generellen Eignung der betreffenden Stoffe in den hier fraglichen Dosierungen zur Kausalität im Urteil nicht hinreichend dargelegt war.[3013]

Hier zeigt sich ein weiteres Problem der Kausalitätsfeststellung und ihrer Überprüf- **1309** barkeit durch das Revisionsgericht: Die Frage der generellen Eignung eines Industrieprodukts und seiner Bestandteile zur Herbeiführung gesundheitlicher Schäden beim Verbraucher, ist eher fall*un*abhängig zu beantworten als die nach dem Wirkungszusammenhang bei der konkreten Anwendung. Letztere darf aber nur mit „ja" beantwortet werden, wenn entweder die generelle Eignung zuvor feststeht oder wenn sie durch den zur Entscheidung anstehenden Fall gleich mitbewiesen wird. Ob aber in einer bestimmten Dosierung eine Exposition zu einem bestimmten (oder gar zu einem unbestimmten) Krankheitsbild führen kann, sollte ein Tatrichter nicht ohne Sachverständige entscheiden. Wenn aber die Sachverständigen des betreffenden Fachgebietes gerade darüber streiten, sollte über die generelle Eignung nicht durch ein Strafgericht entschieden werden dürfen. Dass der Tatrichter sich über solche allgemeinen Regeln wie den Stand der Wissenschaft nicht hinwegsetzen darf, müsste ihm durch die Revisionsgerichte eingeschärft werden.

Statt dessen hat aber der BGH in der Holzschutzmittelentscheidung eine Erwägung **1310** aufgenommen, die wiederum in die Gegenrichtung deutet: Das Tatgericht müsse zwar den naturwissenschaftlichen Meinungsstand ausführlich darstellen, es sei jedoch danach nicht gehindert, „nach den Regeln des Prozessrechts und mit den hierfür vorgesehenen Beweismitteln, zu denen z.B. auch der Zeugenbeweis gehört" den Nachweis eines Kausalzusammenhangs als geführt anzusehen; dafür genüge „ein mit den Mitteln des Strafverfahrens gewonnenes, nach der Lebenserfahrung ausreichendes Maß an Sicherheit, das keinen vernünftigen Zweifel bestehen lässt".[3014]

Hier zeigt sich nicht nur die Überschneidung der Subsumtionsarbeit mit der Beweis- **1311** würdigung, sondern auch die Gefahr einer Ermunterung der Tatrichter durch ein Revisionsgericht zu einer letztlich laienhaften Betrachtungsweise in Bezug auf einen naturwissenschaftlich umstrittenen Gegenstand. An *wessen* „Lebenserfahrung" soll eigentlich der Tatrichter die von ihm mit den Mitteln des Strafverfahrens gewonnene Sicherheit messen, bevor er jenes Maß erreicht hat, das angeblich „keinen vernünftigen Zweifel mehr zulässt"? Sollte seine eigene Lebenserfahrung derjenigen der weltweit anerkannten Experten aus der Medizin und der Toxikologie überlegen sein, die (freilich wiederum gegen den Widerspruch einer Mindermeinung jener naturwissenschaftlichen Disziplinen) durchaus noch Zweifel haben? Soll der Richter das Recht haben, deren Zweifel als „unvernünftig" und für die Zwecke einer strafrechtlichen Verurteilung als nicht mehr zulässig abzuqualifizieren?

3013 BGHSt 41, 206; außerdem hatte das Landgericht seine Kausalitätsfeststellung auf die Ausführungen eines Sachverständigen gestützt, der zu Recht wegen Besorgnis der Befangenheit abgelehnt war.

3014 BGHSt 41, 206.

1312 Diese Fragen kann nur bejahen, wer – wie offenbar der BGH-Senat – davon ausgeht, dass die tatsächlichen Voraussetzungen der Kausalität nur das Ergebnis einer Beweiswürdigung im Einzelfall sei – mithin eine „Tatfrage". Dass es hier aber auch um die Auslegung des Rechtsbegriffs der „Ursächlichkeit" geht, der nicht zur Disposition eines mit einem Einzelfall befassten Strafgerichts gestellt werden darf, hat vor *Volk*[3015] auch schon *Hassemer*[3016] gezeigt, der bildhaft davor warnt, eine Beweiswürdigung ohne die Sonde einer materiellrechtlich klaren Begrifflichkeit vorzunehmen.

2. Vorsatz

1313 Ähnlich ineinander verzahnt sind die tatsächlichen mit den rechtlichen Voraussetzungen typischerweise bei allen subjektiven Tatbestandsmerkmalen. Die umfangreiche revisionsrichterliche Rechtsprechung zum bedingten Tötungsvorsatz[3017] lässt sich ebensogut dem Thema „Anforderungen an die Darlegung der Beweiswürdigung" wie dem Thema „Auslegung des Rechtsbegriffs des bedingten Vorsatzes" zuordnen.

1314 In den Fällen der Brandanschläge auf Asylbewerberheime hat der 4. Strafsenat die Tatgerichte geradezu dazu ermuntert, die Anforderungen an den bedingten Tötungsvorsatz nicht zu überspannen.[3018] Andererseits legt gerade auch der 4. Strafsenat in „unpolitischen" Fällen nach wie vor großen Wert darauf, dass angesichts der hohen Hemmschwelle gegenüber einer Tötung nicht ohne Weiteres aus der objektiven Gefährlichkeit eines Angriffs gegen die körperliche Unversehrtheit des Tatopfers auf den bedingten Vorsatz des Täters geschlossen werden darf.[3019]

1315 Auch hier kommt den Revisionsgerichten die Aufgabe zu, den Tatrichtern möglichst viele allgemeine Kriterien als Prüfungsraster für die Anwendung des Vorsatzbegriffs an die Hand zu geben, ohne dass die Beweiswürdigung letztlich dem Tatrichter damit abgenommen wäre.

VI. Strafzumessung

Literatur: Bruns Strafzumessungsrecht, 2. Aufl. 1974; *ders.* Leitfaden des Strafzumessungsrechts, 1980; *ders.* Zum gegenwärtigen Stand der Strafzumessungslehre, NJW 56, 241; *ders.* Zum Verbot der Doppelverwertung von Tatbestandsmerkmalen oder strafrahmenbildenden Umständen (Strafbemessungsgründen), Festschrift Mayer, 1966, S. 353; *ders.* Zum Revisionsgrund der ohne sonstige Rechtsfehler – „ungerecht" bemessenen Strafe, Festschrift Engisch, 1969, S. 708; *ders.* Alte Grundfragen und neue Entwicklungstendenzen im modernen Strafzumessungsrecht, Festschrift Welzel, 1974, S. 739; *ders* „Stellenwerttheorie" oder „Doppelspurige Strafhöhenbemessung", Festschrift Dreher, 1977, S. 251; *ders.* Der „Bestimmtheitsgrad" der Punktstrafe im Strafzumessungsrecht, NJW 1979, 289; *Detter* Zum Strafzumessungs- und Maßregelrecht, NStZ 2005, 143 und 498, NStZ 2006, 146 und 560, NStZ 2007, 206; *Dreher* über die gerechte Strafe, 1947; *ders.* Zur Spielraumtheorie als der Grundlage der Strafzumessungslehre des Bundesgerichtshofes, JZ 1967, 41; *ders.* Gedanken zur Strafzumessung, JZ 1968, 209; *ders.* „Über

---

3015 *Volk* NStZ 1996, 105.
3016 *Hassemer* Produktverantwortung, 1996, passim.
3017 Vgl. zum Beispiel BGH NStZ 1994, 584; BGH NStZ 1994, 585; BGH NStZ-RR 1996, 35; vgl. hierzu auch *Schroth* NStZ 1990, 324; *Puppe* NStZ 1992, 576.
3018 BGH NStZ 1994, 483; StV 1994, 654; NStZ-RR 1996, 35.
3019 Vgl. die zahlreichen Entscheidungen bei BGHR StGB § 212 – Vorsatz, bedingter.

Strafrahmen" Festschrift Bruns, 1978, S. 141; *ders.* Das schlechte Gewissen des Strafrichters, Festschrift Bockelmann, 1979, S. 45; *Frisch* Revisionsrechtliche Probleme der Strafzumessung, 1971; *Gillmeister* Strafzumessung aus verjährten u. eingestellten Straftaten, NStZ 2000, 344; *Goydke* Strafmaßrevision, Strafberufung und Strafrüge, Festschrift Meyer-Goßner, 2001, S. 541; *Haag* Rationale Strafzumessung, 1970; *Hamm* Eingriffe in die Domäne(n) des Tatrichters, StV 2008, 205; *Hassemer* Die rechtstheoretische Bedeutung des gesetzlichen Strafrahmens. Bemerkungen zu Radbruchs Lehre von den Ordnungsbegriffen, Gedächtnisschrift Radbruch, 1968, S. 281; *ders.* Strafrecht, Prävention, Vergeltung. Eine Beipflichtung, Festschrift Schroeder, 2006, S. 51; *Henkel* Die „richtige" Strafe, 1969; *Hertz* Das Verhalten des Täters nach der Tat, 1973; *Horn* Wider die „doppelspurige" Strafhöhenbemessung, Festschrift Schaffstein, 1975, S. 241; *ders.* Zum Stellenwert der „Stellenwerttheorie", Festschrift Bruns, 1978, S. 165; *Hettinger* Die Strafrahmen des StGB nach dem Sechsten Strafrechtsreformgesetz, Festschrift Küper, 2007, S. 95; *Ignor/Bertheau* Die so genannte Vollstreckungslösung des Großen Senats für Strafsachen – wirklich eine „Lösung"? NJW 2008, 2209; *Köberer* Iudex non calculat. Über die Unmöglichkeit, Strafzumessung sozialwissenschaftlich-mathematisch zu rationalisieren, 1996; *ders.* Zur Rechtsfolgenfestsetzungskompetenz des Revisionsgerichts, Festschrift Hamm, 2008, S. 303; *Koffka* Welche Strafzumessungsregeln ergeben sich aus dem geltenden StGB? JR 1955, 322; *von Linstow* Berechenbares Strafmaß, 1974; *Maiwald* Moderne Entwicklung der Auffassung vom Zweck der Strafe, in: Rechtswissenschaft und Rechtsentwicklung 1980, 291; *Müller-Dietz* Strafzwecke und Vollzugsziele, 1973; *ders.* Strafzumessung und Behandlungsziel, MDR 1974, 1; *ders.* Strafe und Staat, 1973; *Nack* Aufhebungsstatistik der Strafsenate des BGH, NStZ 1997, 153; *Peters* Strafzumessung in: HdK, 2. Aufl., Erg. Bd. (1977), 132; *Roxin* Sinn und Grenzen staatlicher Strafe, JuS 1966, 377; *ders.* Strafzumessung im Lichte der Strafzwecke, Festgabe Schultz, 1977, S. 463; *ders.* Prävention und Strafzumessung, Festschrift Bruns, 1978, S. 183; *ders.* Zur jüngsten Diskussion über Schuld, Prävention und Verantwortlichkeit im Strafrecht, Festschrift Bockemann, 1979, S. 279; *Schäfer/Sander/van Gemmeren* Praxis der Strafzumessung, 4. Aufl. 2008; *Schott* Wahl der Strafart und Gesamtstrafenbildung – ungenutztes Potential der Strafmaßrevision? StV 2003, 587; *Schöch* Grundlage und Wirkungen der Strafe, Festschrift Schaffstein, 1975, S. 255; *Schöneborn* Die regulative Funktion des Schuldprinzips bei der Strafzumessung, GA 1975, 272; *Schreiber* Strafzumessungsrecht, NStZ 1981, 338; *Stratenwerth* Tatschuld und Strafzumessung, 1972; *Stree* Deliktsfolgen und Grundgesetz, 1960; *Stuckenberg* Strafschärfende Verwertung früherer Einstellungen und Freisprüche - doch ein Verstoß gegen die Unschuldsvermutung? StV 07, 655; *Warda* Dogmatische Grundlagen des richterlichen Ermessens im Strafrecht, 1962; *Wohlers* Rechtsfolgen prozessordnungswidriger Untätigkeit von Strafverfolgungsorganen, JR 1994, 138; *Würtenberger* Zur Phänomenologie der richterlichen Erfahrung bei der Strafzumessung, Festschrift Husserl, 1968, S. 177; *Zieger* Die überlange Verfahrensdauer. Strafzumessungs- vs. Strafvollstreckungslösung, StraFo 2008, 321; *Zipf* Die Strafmaßrevision, 1969; Die Strafzumessung, 1977; *ders.* Die „Verteidigung der Rechtsordnung" Festschrift Bruns, 1978, S. 205.

Bei 10–15% aller erfolgreichen Revisionen beschränkt sich der Erfolg auf den Rechts- **1316**
folgenausspruch.[3020] Von den Revisionen, die wegen sachlichrechtlicher Fehler zur (Teil-)Aufhebung führen, werden in etwa der Hälfte[3021] allein die Strafzumessung und/oder der Ausspruch über Nebenfolgen beanstandet.[3022] Innerhalb der Sachrüge

---

3020 Aktuelle Statistiken dazu fehlen. Nach der Einführung der Absätze 1a und 1b in § 354 StPO und ihrer Einschränkung durch das BVerfG (NJW 2007, 2977) wird man auch die Zählung der neuen Entwicklung anzupassen haben. *Rieß* FS Eisenberg, 569 ff., 571 weist zutreffend darauf hin, dass bei der statistischen Erfassung der „Erfolgsquote" von Revisionen berücksichtigt werden muss, in wie vielen Fällen die Revision von vorne herein auf den Rechtsfolgenausspruch beschränkt war, so dass eine Aufhebung insoweit dann eben als voller Erfolg gewertet werden muss. Nach der von *Nack* NStZ 1997, 153 ff. erarbeiteten Statistik (ergänzt durch *Nack* FS Rieß, 361 mit Zahlen bis 2000) betrug die auf den Rechtsfolgenausspruch beschränkte Zahl von Aufhebungen 14% aller (Teil-)Erfolge. Zur früheren Statistik vgl. auch *Rieß* FS Sarstedt, 288.

3021 Die Zahlen von *Nack* aaO (51%) dürften sich inzwischen auch verändert haben angesichts der zahlreichen Entscheidungen, die sich mit den neuen und gesetzgeberisch missglückten §§ 66, 66a StPO befassen.

3022 *Nack* NStZ 1997, 153.

sind Strafzumessungsfehler der am häufigsten vorkommende (Teil-)Aufhebungsgrund. Dies scheint auf den ersten Blick in einem auffälligen Missverhältnis zu dem breiten **Ermessensspielraum**[3023] zu stehen, den das Gesetz dem Tatrichter gerade bei der Strafzumessung einräumt. Es fällt auch auf, dass bei den zahlreichen veröffentlichten Entscheidungen der Revisionsgerichte zum Strafzumessungsrecht kaum jemals versäumt wird, auf die grundsätzliche Unantastbarkeit der Strafzumessung in der Revision hinzuweisen, bevor dann freilich die Aufhebung des Rechtsfolgenausspruchs wegen eines revisiblen Rechtsfehlers begründet wird.

Bei näherem Hinsehen drängt sich für den scheinbaren Widerspruch folgende Erklärung auf: Die Strafzumessungsgründe pflegen durchweg – trotz gelegentlicher Breite – der am nachlässigsten gearbeitete Teil der Urteilsgründe zu sein. Dies dürfte an der Unmöglichkeit liegen, mittels noch so ausführlicher Strafzumessungserwägungen eine rationale Beziehung zwischen der Beschaffenheit der Tat und des Täters auf der einen und dem Maß der Strafe auf der anderen Seite herzustellen.[3024] In der Praxis der Tatgerichte führt dies oft genug zu frühzeitigem Verzicht.[3025] Es drängt sich hier gern die Berufsroutine in den Vordergrund („in solchen Fällen geben wir immer zwei Jahre"). Dabei sind die Strafzumessungsgründe zu einem größeren Teil gedanklicher Aufhellung fähig, als viele Urteilsverfasser – und viele Revisionsführer – anzunehmen scheinen. So haben denn die Revisionsgerichte in stets zunehmendem Maße Möglichkeiten gesehen, auch hier einzugreifen. Dabei hat sich eine „Arbeitsteilung" herausgebildet, die mit den unterschiedlichen Blickwinkeln des Tatrichters und des Revisionsrichters zusammenhängt. Der Revisionsrichter sieht vieles nicht, was der Tatrichter sieht. Vor allem fehlt ihm der schlechthin unersetzbare unmittelbare Eindruck von dem Angeklagten. Er wird sich also stets bescheiden müssen, soweit es darum geht, dem Tatrichter den erwähnten Ermessensspielraum zu belassen. Auf der anderen Seite aber sieht der Revisionsrichter manches, was der Tatrichter nicht sieht. Vor allem sieht er ständig die Praxis anderer Tatrichter.[3026] Seine Verantwortung für die Rechtseinheit muss sich auf eine gewisse Einheitlichkeit der Strafzumessung erstrecken. Wenn eine Strafkammer das Mindestmaß einer Geld-

---

3023 LR-*Hanack* § 337, Rn. 190 („dogmatisch missverständlich" ... „genauer: ein revisionsrechtlich zu akzeptierender Spielraum"); LK-*Theune* § 46, Rn. 341.

3024 So auch *Köberer* Iudex non calculat. Über die Unmöglichkeit, Strafzumessung sozialwissenschaftlich-mathematisch zu rationalisieren, 1997.

3025 Zust. *Eb. Schmidt* § 267, Rn. 23. Vgl. dagegen die hohen Anforderungen des BGH NStZ-RR 2003, 52 „Je mehr sich die im Einzelfall verhängte Strafe aber dem unteren oder oberen Rand des zur Verfügung stehenden Strafrahmens nähert, um so höher sind die Anforderungen, die an eine umfassende Abwägung und eine erschöpfende Würdigung der für die Bemessung der Strafe maßgeblichen straferschwerenden und strafmildernden Umstände zu stellen sind." Speziell zu den Anforderungen, welche bei Verhängung einer nahe an der Höchstgrenze des Strafrahmens liegenden Strafe an die Zumessungserwägungen zu stellen sind (vgl. auch BGH NStZ-RR 2003, 138 und BGH Beschl. v. 17. 11. 05 – 3 StR 379/05).

3026 Auf diese Praxis stellt der BGH ausdrücklich ab, wenn er ausführt: „die Einzelstrafen überschreiten das für vergleichbare Fälle übliche Maß erheblich und werden den Anforderungen an einen gerechten Schuldausgleich nicht mehr gerecht." (BGH wistra 2001, 177); BGH NStZ-RR 2003, 214: „Der Strafausspruch hat keinen Bestand, weil die Einzelfreiheitsstrafen und das sich aus den beiden Gesamtfreiheitsstrafen ergebende Gesamtstrafübel den Unrechts- und Schuldgehalt der festgestellten Taten überschreiten. Sie sind unvertretbar hoch und lösen sich nach oben von ihrer Bestimmung eines gerechten Schuldausgleichs."

strafe[3027] für das gleiche Delikt verhängt, das andere Strafkammern mit ziemlich hohen Freiheitsstrafen zu ahnden pflegen, so wird aus dem „Ermessen" schließlich Unrecht.[3028] Die Möglichkeiten für den Gesetzgeber, durch eine generelle Präzisierung zulässiger Strafzumessungserwägungen Abhilfe zu schaffen, wie sie in § 46 StGB versucht wurde, sind begrenzt. Seit der Geltung dieser Vorschrift ist jedoch eine unübersehbare Zahl von Entscheidungen des Bundesgerichtshofs und der Oberlandesgerichte veröffentlicht worden, deren Bedeutung über die einer unverbindlichen Kasuistik inzwischen doch weit hinausreicht.

Es sei jedem Anwalt, der sich mit Strafsachen befasst, dringend empfohlen, sich laufend über die zur Strafzumessung veröffentlichten Entscheidungen zu informieren, und zwar nicht nur deshalb, weil hier das Bedürfnis einer Nachprüfung bei Angeklagten, die ihre Schuld einsehen, besonders groß ist. Aus der Vielzahl der veröffentlichten Entscheidungen zu **§ 46 StGB** lassen sich nämlich inzwischen durchaus verallgemeinerungsfähige Rechtssätze herleiten, die man kennen muss, um in einem tatrichterlichen Urteil Rechtsfehler zu entdecken. Das gilt insbesondere dann, wenn der Fehler gerade darin liegt, dass die Urteilsgründe bestimmte Erwägungen nicht enthalten, die vom Bundesgerichtshof für die betreffende Fallgruppe verlangt werden. Aber auch soweit ausdrücklich angestellte Strafzumessungserwägungen rechtsfehlerhaft sind, ist dies häufig nur dann zu erkennen, wenn man weiß, was zulässigerweise als Strafzumessungsgrund anerkannt wird und was nicht. **1317**

Auch **Strafzumessung ist Rechtsanwendung.**[3029] Strafzumessung unterscheidet sich daher grundsätzlich nicht von der juristischen Vorgehensweise in anderen Bereichen. Die dabei auftretenden Fehler sind somit weitgehend strukturgleich. **1318**

1. Fehler bei der Tatsachengrundlage

Sie können zunächst darin bestehen, dass die Tatsachen, die der Strafzumessung zugrunde gelegt worden sind oder hätten zugrunde gelegt werden sollen, unvollständig oder fehlerhaft festgestellt worden sind. Insoweit gelten auch für diese Tatsachen alle bisher erörterten verfahrensrechtlichen und sachlichrechtlichen Grundsätze. Die Revision kann also weder mit der Behauptung, die Feststellungen seien unvollständig, Tatsachen einführen, die nicht im Urteil stehen, noch kann sie mit der Behauptung arbeiten, die festgestellten Tatsachen träfen nicht zu. Wohl aber kann sie mit der Aufklärungsrüge geltend machen, bestimmte Umstände hätten den Tatrichter drängen müssen, Dinge zu ermitteln, die Einfluss auf das Strafmaß gehabt hätten.[3030] Sie kann überhaupt den Strafzumessungstatsachen gegenüber jede auch sonst denkbare Verfahrensrüge erheben. So gelten auch die allgemeinen Grundsätze über die revisiblen Rechtsfehler, die sich aus dem **Begründungszwang** für tatrichterliche Urteile (§ 267 StPO) ergeben. Auch hier gilt, dass inhaltslose formelhafte Wendungen noch keine Begründung sind, und dass die allgemeinen Denk- und Erfahrungssätze **1319**

3027 LG Hamburg NJW 1951, 853 (m. Anm. *Cüppers*).
3028 Vgl. BGH NStZ 1994, 494.
3029 LK-*Theune* Vor §§ 46–50, Rn. 5; LR-*Hanack* § 337, Rn. 189; BVerfG StV 2007, 393 ff.
3030 *Eb. Schmidt* § 337, Rn. 44; BGH GA 1955, 269; BGH StV 1983, 140.

eingehalten werden müssen.[3031] Die Substantiierungspflicht des Tatrichters ist auch hier aktuell.

2. Fehler bei der Bestimmung des Strafrahmens

1320 Auch im Rahmen der Strafzumessung gibt es eine Reihe von geschriebenen Rechtsnormen, die öfter verletzt werden, als man annehmen möchte. Die wichtigsten darunter betreffen den **gesetzlichen Strafrahmen,** dem im Einzelfall die Strafe zu entnehmen ist. Zweifellos ist es ein Verstoß, diesen gesetzlichen Strafrahmen zu über- oder zu unterschreiten. Dass aber bei einer Überschreitung der Höchststrafe das Revisionsgericht selbst auf die Höchststrafe erkennen kann,[3032] habe ich bereits nach altem Recht für unrichtig gehalten. Nach der Neufassung des § 354 Abs. 1a und 1b StPO ist dies ohnehin nicht mehr zulässig.

1321 Wenn der Tatrichter von einem falschen Strafrahmen ausgegangen ist, muss ihm Gelegenheit gegeben werden, innerhalb des richtigen Strafrahmens von seinem Ermessen Gebrauch zu machen. Das gilt grundsätzlich auch in solchen Fällen, in denen die Strafe zwar innerhalb des richtigen Rahmens geblieben ist, in denen der Tatrichter aber einen anderen Rahmen vor Augen gehabt hat. Daher führen **Abänderungen des Schuldspruchs gewöhnlich zur Aufhebung des Strafausspruchs.** Ist der Angeklagte wegen Diebstahls mit Waffen (§ 244 StGB) zu einem Jahr Freiheitsstrafe verurteilt worden und berichtigt das Revisionsgericht den Schuldspruch dahin, dass nur einfacher Diebstahl vorliegt, so muss die Strafe aufgehoben werden, obwohl sie sich im Rahmen des § 242 StGB hält.

Der Tatrichter geht auch dann von einem unrichtigen Strafrahmen aus, wenn er übersieht, dass er die Strafe ermäßigen kann, etwa wegen Versuchs[3033] oder verminderter Schuldfähigkeit,[3034] oder dass er sie, wenn die Voraussetzungen dieser beiden Milderungsmöglichkeiten gegeben sind, zweimal ermäßigen kann. Weiter muss das Urteil auch aufgehoben werden, wenn der konkrete Strafrahmen nicht bestimmt wird.[3035]

1322 Bei der Bestimmung des Strafrahmens ist für die Entscheidung, ob ein **minder schwerer Fall** angenommen werden kann, nach ständiger Rechtsprechung des Bundesgerichtshofs maßgebend, ob das gesamte Tatbild einschließlich aller subjektiven Momente und der Täterpersönlichkeit vom Durchschnitt der gewöhnlich vorkommenden Fälle so sehr abweicht, dass die Anwendung des Ausnahmestrafrahmens geboten erscheint. Hierzu ist eine Gesamtbetrachtung erforderlich, bei der alle Umstände heranzuziehen und zu würdigen sind, die für die Wertung der Tat und des Täters in Betracht kommen, gleichgültig, ob sie der Tat selbst innewohnen, sie begleiten, ihr vorausgehen oder nachfolgen.[3036]

3031 BGH StV 1981, 277 (L.).

3032 LR-*Hanack* § 354, Rn. 36, m. w. N.; wie hier *Eb. Schmidt* § 337, Rn. 45.

3033 BGH StV 1982, 114; vgl. auch BGH JZ 1988, 367; BGH, Beschl. vom 8. 6. 1993 – 1 StR 276/93 = StV 1994, 16; BGH, Beschl. vom 6. 11. 2002 – 5 StR 361/02 = NStZ-RR 2003, 72 = StraFo 2003, 60.

3034 BGH StV 1982, 417 = NStZ 1982, 200.

3035 BGH wistra 2003, 97.

3036 BGH NStZ 2000, 254; speziell zum Versuch vgl. BGH NStZ-RR 2003, 72.

Schließlich können auch bei der **Festlegung der Strafart** Fehler gemacht werden; so bezieht sich das Kriterium der „Unerlässlichkeit" einer kurzen Freiheitsstrafe i.S.d. § 47 Abs. 1 StGB nicht auf die Abgrenzung zu längeren Freiheitsstrafen, sondern zu Geldstrafen. Es ist auch unzulässig, statt einer (schuldangemessenen) Geldstrafe allein deshalb eine Freiheitsstrafe zu verhängen, um dem Täter eine „Therapie" zuteil werden zu lassen.[3037] **1323**

3. Fehler bei der Strafzumessung i.e.S.

Zahlreich sind weiterhin die Entscheidungen der Revisionsgerichte darüber, welche Erwägungen strafschärfend oder strafmildernd berücksichtigt werden dürfen. Dabei können Verstöße gegen verfassungsrechtlich vorgegebene Verwertungsverbote, aber auch einfachgesetzliche Absicherungen von z.B. Schweigerechten eine Rolle spielen. **1324**

Strafschärfende Umstände sind dann rechtsfehlerhaft in die Strafzumessung eingeflossen, wenn dem Angeklagten das ihm vom Gesetz freigestellte Verhalten angelastet wurde. Mit Recht hat der Bundesgerichtshof ausgesprochen, das Verteidigungsverhalten in dem Verfahren selbst dürfe nur dann straferhöhend wirken, wenn es im Einzelfall Rückschlüsse auf eine allgemeine Rechtsfeindlichkeit, Gefährlichkeit und die Gefahr künftiger Rechtsbrüche des Angeklagten oder andere mit der Tat zusammenhängende ungünstige Schlüsse auf seine Persönlichkeit zulässt.[3038] So kann z.B. ein Angriff des Angeklagten auf die **Glaubwürdigkeit des Belastungszeugen** strafschärfendes Gewicht erlangen, wenn er die Grenze angemessener Verteidigung eindeutig überschreitet und sein Vorbringen eine selbständige Rechtsgutsverletzung enthält.[3039] Die Tatsache, dass der Angeklagte auf der Richtigkeit seiner eigenen Aussage besteht, darf ihm nicht ohne Weiteres als „Hartnäckigkeit" angelastet werden.[3040] Das gilt z.B. auch dann, wenn der Angeklagte eine vom Tatgericht als widerlegt angesehene Notwehrlage behauptet hat, indem er dem Verletzten seinerseits anlastet, dieser habe ihn angegriffen und seine Verletzungen müssten im Zusammenhang mit den Abwehrbemühungen entstanden sein. Solche „Schutzbehauptungen" dürfen auch dann nicht strafschärfend berücksichtigt werden, wenn die zuständigen Stellen zunächst das unrichtige Vorbringen glaubten und Ermittlungsverfahren gegen die Verletzten einleiteten.[3041] Wenn es zur Verteidigungsstrategie gehört, dass der Angeklagte sich gegen belastende Zeugenaussagen wendet und sie als falsch bezeichnet, so ist dies ebenfalls kein Strafschärfungsgrund.[3042] Behauptet der Angeklagte jedoch wider **1325**

3037 BGH StV 2007, 129.

3038 *Fischer* § 46, Rn. 54; BGH StV 1981, 122; BGH bei *Detter* NStZ 1989, 468; OLG Koblenz StV 1996, 14.

3039 BGH, Urt. v. 8. 4. 2004 – 4 StR 576/03 = StV 2004, 370.

3040 BGH StV 1982, 523; vgl. auch BGH StV 1981, 122; BGH StV 1981, 508; BGH StV 1982, 223.

3041 BGH StV 1999, 536.

3042 BGH StV 1982, 418; BGH StV 1981, 620; BGH bei *Detter* NStZ 1989, 468; BGH StV 2001, 456 „Der darin liegende Vorwurf der uneidlichen falschen Aussage ist, da er inhaltlich zugleich das Leugnen belastender Tatsachen bedeutet, durch den Verteidigungszweck gerechtfertigt.". Dies gilt aber nicht absolut, denn „gerät das Opfer einer Sexualstraftat durch das Bestreiten des Täters – eines Familienangehörigen – in eine familiäre und soziale Isolierung, so dürfen daraus

besseres Wissen unwahre ehrenrührige Tatsachen über einen anderen, werden die Grenzen der rechtlich geschützten Verteidigungsinteressen überschritten. Da eine Rechtfertigung über § 193 StGB in diesem Fall sogar gegen den strafrechtlichen Verleumdungsvorwurf ausscheiden würde, darf ein derartiges Verteidigungsvorbringen sich auch bei der Strafzumessung zum Nachteil des Angeklagten auswirken.[3043]

1326 Auch das mittelbar durch die Verteidigungsstrategie bewirkte **folgerichtige Verhalten** des Angeklagten darf nicht zu seinen Lasten berücksichtigt werden. Wer sich dafür entschieden hat, seine Tat zu bestreiten, dem darf in den Strafzumessungserwägungen nicht angelastet werden, er habe „keinerlei Mitgefühl für das Opfer" aufgebracht[3044] oder zum Verbleib der Beute geschwiegen.[3045] Ebensowenig darf dem leugnenden Angeklagten strafschärfend in Rechnung gestellt werden, er habe keinerlei Wiedergutmachung geleistet, wenn nach Lage der Dinge die Wiedergutmachung ein Schuldeingeständnis gewesen wäre.[3046] Die Schadenswiedergutmachung stellt nach § 46a StGB eine Möglichkeit dar, den Strafrahmen zu mildern oder von Strafe abzusehen. Auch das Verhalten in anderen Verfahren, soweit es allein mit dem Bestreiten der Tat erklärbar ist, darf dem Angeklagten nicht angelastet werden, z.B. das Bestreiten von Tatsachen im vorausgegangenen Schadensersatzprozess.[3047] Schließlich darf die Weigerung eines Angeklagten im Betäubungsmittelverfahren, seinen Betäubungsmittellieferanten zu benennen, nicht zu seinen Ungunsten berücksichtigt werden.[3048] Vielmehr sieht § 31 BtMG eine fakultative Strafmilderungsmöglichkeit dann vor, wenn der Angeklagte durch konkrete Angaben die Voraussetzungen dafür geschaffen hat, dass gegen den Belasteten im Fall seiner Ergreifung ein Strafverfahren voraussichtlich mit Erfolg durchgeführt werden kann.[3049]

1327 Weiter darf auch ein Prozessverhalten, mit dem ein Angeklagter, ohne die Grenzen zulässiger Verteidigung zu überschreiten, den ihm drohenden Schuldspruch abzuwenden oder die Tat sonst in einem milderen Licht erscheinen zu lassen versucht, grundsätzlich nicht straferschwerend berücksichtigt werden, weil hierin eine Beeinträchtigung seines Rechts auf Verteidigung läge.[3050]

---

entstandene psychische Folgen strafschärfend berücksichtigt werden. Damit wird dem Angeklagten weder sein Verteidigungsverhalten angelastet noch liegt eine verbotene Doppelverwertung vor." (BGH NJW 2001, 2983).

3043 BGH StV 1996, 259 = NStZ 1995, 78; vgl. zu noch zulässigem Verteidigungsverhalten bei herabwürdigenden Äußerungen wegen Erklärungsnotstands aufgrund vorheriger Angaben BGH StV 1994, 305; vgl. dazu auch *Fischer* § 46, Rn. 54 m. w. N.

3044 BGH StV 1982, 418.

3045 BGH NStZ 2003, 199.

3046 BGH StV 1981, 516 = NStZ 1981, 343; BGH bei *Theune* NStZ 1987, 495; BGH Beschl. v. 9. 5. 07 – 1 StR 199/07; BGH NStZ 2006, 96 „Fehlende Reue durfte dem Angeklagten nicht angelastet werden, da er ein strafbares Verhalten bestritten und sich auf Notwehr gegenüber einem vorausgegangenen Angriff des Nebenklägers berufen hat".

3047 BGH StV 1982, 418.

3048 BGH StV 1981, 276 = NStZ 1981, 257 = GA 1981, 572.

3049 BGH MDR 1989, 280.

3050 BGH StV 2002, 360; ähnlich auch die Bedenken in BGH, Urt. v. 30. 8. 2007 – 5 StR 197/07 gegen die Erwägung des Landgerichts, der Angeklagte sei „trotz seines Geständnisses und seiner ‚tränenreichen' Entschuldigung und des Bereuens der Tat nicht vollends gewillt, die Verantwortung für den Tod des F. auf sich zu nehmen, sondern versuche, die Tat zu beschönigen und für sich als unglückselige Verkettung der Umstände darzustellen".

Natürlich darf auch der Sinn des Strafrechts nicht in den Strafzumessungserwägungen auf den Kopf gestellt werden: So hatte sich etwa der Bundesgerichtshof mit einem Fall zu befassen, in dem einem Bankräuber strafschärfend (statt allenfalls mildernd) angelastet wurde, dass er von vornherein das Scheitern seiner Tat einkalkuliert hatte.[3051] Geringe kriminelle Professionalität aber sollte der Strafrichter dem Täter nicht erschwerend anrechnen. 1328

Der Satz, dass das **Fehlen von Strafmilderungsgründen** für sich allein noch kein Strafschärfungsgrund sein darf,[3052] hat in seinem Grundgehalt auch nach der Entscheidung des Großen Senats vom 10. 4. 1987[3053] noch Geltung. Zwar hat der Große Senat in der genannten Entscheidung den Zumessungsgrundsatz dahingehend relativiert, dass damit lediglich zum Ausdruck komme, dass das Gericht sich bei der Zumessung der Strafe auf die von ihm festgestellten Tatsachen zu beschränken habe und die Strafe nicht an einem hypothetischen Sachverhalt messen dürfe, der zu dem zu beurteilenden keinen Bezug habe. Die revisionsrichterliche Überprüfung der Strafzumessung habe sich dabei am sachlichen Gehalt der Ausführungen des Tatgerichts, nicht an dessen – möglicherweise missverständlichen oder sonst unzureichenden – Formulierungen zu orientieren. Die Bewertung der Umstände eines Tatgeschehens könne nur nach Lage des Einzelfalles erfolgen.[3054] Trotz der erheblichen Dekonturierung durch die Rechtsprechung bietet der eingangs erwähnte Strafzumessungsgrundsatz – angewendet in dem Bewusstsein der Plastizität der Formulierung und bestimmt von dem Bemühen um Durchdringung der Besonderheiten des jeweiligen Falles – zumindest eine gedankliche „Einstiegshilfe". Fehlerhaft waren somit Entscheidungen, in denen die fehlende Drogenabhängigkeit,[3055] die fehlende finanzielle Notlage,[3056] die vom Tatrichter vermisste Schadenswiedergutmachung,[3057] die Tatsache, dass der Angeklagte „nicht unverschuldet in die Tatsituation geraten war"[3058] oder die Feststellung, dass „kein nachvollziehbarer Anlass für die Tat" erkennbar sei,[3059] strafschärfend berücksichtigt wurde. 1329

Auch hat der Bundesgerichtshof ein Urteil, das die Voraussetzungen des § 213 Alt. 2 StGB deshalb verneinte, weil der Angeklagte zielgerichtet und sorgsam die Spuren seiner Tat zu verwischen versucht habe, aufgehoben.[3060] Der Versuch, sich selbst der Strafverfolgung zu entziehen, ist kein zulässiger „Strafschärfungsgrund".[3061] 1330

3051 BGH StV 1981, 620 = MDR 1981, 981 (H).

3052 *Schäfer/Sander/van Gemmeren* Strafzumessung, Rn. 620, 632; *Fischer* § 46, Rn. 74; BGH StV 1982, 419; vgl. auch BGH, Beschl. v. 13. 9. 2007 – 5 StR 305/07 = StraFo 2007, 512.

3053 BGHSt (GS) 34, 345.

3054 BGHSt (GS) 34, 350.

3055 BGH StV 1981, 69; BGH StV 1991, 64; BGHSt (GS) 34, 345; LK-*Theune* § 46 Rn. 69 ff. und 263 ff.

3056 BGH StV 1981, 624; BGH StV 1981, 69; BGH StV 1987, 100.

3057 BGH StV 1981, 122; nach BGH StV 1992, 145 = NStZ 1992, 291 = NJW 1992, 1118 kann fehlende Schadenswiedergutmachung im Einzelfall unter besonderen wirtschaftlichen Voraussetzungen des Angeklagten eine strafschärfende Bewertung zulassen.

3058 BGH StV 1981, 516; BGH StV 1993, 302; BGHR § 46 Abs. 3 Schuldfähigkeit 1.

3059 BGH StV 1982, 419; zur fehlenden Tatveranlassung vgl. auch BGH StV 1993, 25; BGH 4 StR 424/03: Täter hat „es nicht nötig gehabt".

3060 BGH StV 1995, 634; BGH NStZ-RR 2004, 105 (Wegwerfen des Tatmessers).

3061 Vgl. BGH, Beschl. v. 3. 8. 06 – 3 StR 247/06.

1331 In engem thematischen Zusammenhang damit stehen die Entscheidungen, in denen ein Verstoß gegen das **Doppelverwertungsverbot** nach § 46 Abs. 3 StGB beanstandet wurde. Dass bei einem Tötungsdelikt das *„höchste Rechtsgut, nämlich das menschliche Leben"* verletzt wurde,[3062] oder *„der Angeklagte sich eigensüchtig über die bestehende und von ihm erkannte hochgradige Lebensgefährdung des Tatopfers hinweggesetzt habe"*,[3063] darf danach ebensowenig straferhöhend berücksichtigt werden wie bei der Beihilfe die Tatsache, dass der Gehilfe *„gemeinschaftlich mit anderen handelte"*[3064] oder beim Handeltreiben mit Betäubungsmitteln die Tatsache, dass dabei Gewinnstreben im Spiel war[3065] oder dass es dem Betäubungsmittelhändler darauf ankam, Geschäfte zu machen.[3066] Bei der Verurteilung wegen eines vollendeten Tötungsdelikts wird dem Täter der Eintritt des Taterfolgs vorgeworfen und die Strafe dem für die Vollendung der Tat vorgesehenen Strafrahmen entnommen. Es ist daher nicht zulässig, bei der Verurteilung wegen eines Tötungsdelikts strafschärfend zu berücksichtigen, dass der Täter den Eintritt des Todes des Opfers nicht zu verhindern versucht hat.[3067] Es verstößt gegen § 46 Abs. 3 StGB, wenn die Merkmale des Tatbestandes, die der Gesetzgeber bereits bei der Bestimmung des Strafrahmens als maßgeblich verwertet hat, **nochmals** bei der Strafzumessung berücksichtigt werden.[3068] So ist es rechtsfehlerhaft, dem Angeklagten strafschärfend zur Last zu legen, dass er die Straftat überhaupt begangen oder vollendet hat, anstatt von ihr Abstand zu nehmen.[3069]

1332 Die Frage, welche Bedeutung § 46 Abs. 3 StGB innerhalb des Strafzumessungsvorgangs zukommt und wie die **Grenze des Doppelverwertungsverbots** im Verhältnis zur Strafzumessung im konkreten Einzelfall zu ziehen ist, wird nicht einheitlich beantwortet. Umstritten ist dabei insbesondere, ob das Doppelverwertungsverbot nach § 46 Abs. 3 StGB neben Tatbestandsmerkmalen im engeren Sinn auch Merkmale des regelmäßigen Erscheinungsbildes eines Delikts erfasst.[3070] Nach Auffassung des 1. Strafsenats[3071] könne bei einer Vergewaltigung strafschärfend berücksichtigt werden, dass der Geschlechtsverkehr ungeschützt und mit Samenerguß in die Scheide stattgefunden habe. Bei diesen Erwägungen handle es sich um Umstände, die jenseits der durch den gesetzlichen Tatbestand gezogenen Grenze liegen und die Art und Weise der Ausführung der Tat näher kennzeichnen. § 46 Abs. 3 StGB hindere somit

---

3062 BGH StV 1982, 417; vgl. auch BGH StV 2008, 349.

3063 BGH bei *Detter* NStZ 1996, 184.

3064 BGH StV 1982, 70.

3065 BGH StV 1981, 72; BGH StV 1981, 123; anders wenn es sich um ein den Rahmen des Tatbestandsmäßigen erheblich übersteigendes Gewinnstreben handelt, BGH bei *Detter* NStZ 1993, 178.

3066 BGH StV 1981, 123; BGH bei *Detter* NStZ 1994, 475.

3067 BGH NStZ-RR 2003, 41.

3068 BGH NStZ-RR 2003, 105; BGH NStZ-RR 2009, 73: „bereit gegen die Rechtsordnung zu verstoßen".

3069 BGH NStZ-RR 2002, 106 und BGH NStZ-RR 2001, 296 „Auch wenn er lange Zeit Gelegenheit gehabt hat, sich mit der Bedeutung seiner Tat vertraut zu machen" und BGH, Beschl. v. 14. 12. 2005 – 5 StR 481/05 „auch wenn er andere Lösungsmöglichkeiten für den Konflikt hätte finden können".

3070 Siehe hierzu *Hettinger* Zum Geltungsbereich des Doppelverwertungsverbots und zum Begriff des „normalen Erscheinungsbildes", GA 1993, 1, m. w. N.; LK-*Theune* § 46, Rn. 267.

3071 BGHSt 37, 153 (m. Anm. *Neumann/Weßlau* StV 1991, 256); vgl. hierzu auch *Grasnick* JZ 1991, 933; *Schäfer/Sander/van Gemmeren* Strafzumessung, Rn. 405 ff.

nicht daran, mehr oder weniger häufig oder auch regelmäßig vorkommende, die Straftat in ihrer Ausgestaltung mit prägende Umstände in die Strafzumessung einzubeziehen.[3072]

Ähnlich wie § 46 Abs. 3 StGB stellt auch § 50 StGB eine „Kollisionsnorm" dar. Während aber § 46 Abs. 3 StGB das Verhältnis von gesetzlichem Tatbestand und Strafzumessung regelt, bestimmt § 50 StGB das Verhältnis der sog. vertypten Milderungsgründe zum **minder schweren Fall** eines Delikts. Danach darf ein Umstand, der allein oder zusammen mit anderen Umständen die Annahme eines minder schweren Falles begründet und der zugleich ein besonderer gesetzlicher Milderungsgrund nach § 49 StGB ist, nur einmal berücksichtigt werden. § 50 StGB verbietet aber nicht, beim Zusammentreffen mehrerer vertypter Milderungsgründe, diejenigen, die nicht zur Bejahung eines minder schweren Falles herangezogen worden sind, bei der Strafzumessung zu berücksichtigen.[3073] Liegt mit § 21 StGB ein so genannter vertypter Milderungsgrund vor und trifft ein derartiger Milderungsgrund mit allgemeinen (nicht vertypten) Milderungsgründen zusammen, so ist im Rahmen der gebotenen Gesamtbetrachtung aller maßgeblichen Strafzumessungstatsachen zunächst (unter Ausklammerung des besonderen Grundes) allein auf die allgemeinen Milderungsgründe abzustellen. Führt diese Prüfung nach Auffassung des Tatrichters bereits zur Annahme eines minder schweren Falls, dann kann (§§ 21, 23 Abs. 2 StGB) oder muss (§ 27 Abs. 2 Satz 2 StGB) der so gefundene Strafrahmen nochmals nach § 49 Abs. 1 StGB gemildert werden. Das Verbot der Doppelverwertung nach § 50 StGB steht dem nicht entgegen, weil der besondere Milderungstatbestand durch die Annahme eines minder schweren Falls noch nicht verbraucht ist. Die Versagung einer Strafrahmenverschiebung nach §§ 21, 49 Abs. 1 StGB im Rahmen der Strafzumessung bei einem minder schweren Fall des Totschlags (§ 213 StGB) ist demnach rechtsfehlerhaft, wenn es im Hinblick auf die im Urteil erörterten gewichtigen allgemeinen Strafmilderungsgründe nicht fern liegt, dass diese allein schon hinreichender Anlass für die Annahme eines sonstigen minder schweren Falls i.S.d. § 213 StGB gewesen wären.[3074] Ein Außerachtlassen dieser Milderungsmöglichkeit wäre ein Strafzumessungsfehler.[3075] Schließlich ist ist auch zu beachten, dass eine zweifache Milderung des Regelstrafrahmens (z.B. wegen §§ 21, 22, 23, 49 Abs. 1 StGB) manchmal (z.B. bei §§ 212, 250 Abs. 2 StGB) einen günstigeren Strafrahmen eröffnet als den des minder schweren Falles (z.B. §§ 213, 250 Abs. 3 StGB). Dies muss das Tatgericht bei der Strafzumessung in seine Erwägungen einbeziehen und im Urteil deutlich machen.[3076] 1333

Wer die Aussichten einer Revision unter dem Aspekt der Strafzumessung zu prüfen hat, sollte stets aufmerken, wenn die Ausführungen, die sich mit dem Strafzweck der **„Generalprävention"** befassen, zu deutlich hervortreten. Häufig werden nämlich bereits „verbrauchte" strafbegründende Merkmale unter dem Gesichtspunkt der Generalprä- 1334

3072 BGHSt 37, 155; zugleich lehnt der BGH unter Bezugnahme auf BGHSt (GS) 34, 445 die Anerkennung eines „normativen Normalfalles" – so die Terminologie bei *Theune* StV 1985, 168 – ab.

3073 BGH StV 1982, 71; *Fischer* § 50, Rn. 4ff.

3074 BGH StraFo 2008, 173.

3075 Siehe auch *Kalf* Der Umfang revisionsrechtlicher Prüfung bei minder schweren und besonders schweren Fällen, NJW 1996, 1447ff.

3076 BGH Urt. v. 4. 8. 2004 – 2 StR 183/04.

vention erneut aufgegriffen. Zu Recht verlangt der Bundesgerichtshof in diesem Zusammenhang, dass ein **konkretes Bedürfnis zur Abschreckung** anderer dargetan wird. Dazu kann es erforderlich sein, dass „eine gemeingefährliche Zunahme solcher und ähnlicher Straftaten, die zur Aburteilung stehen, festgestellt worden ist".[3077] Keineswegs darf eine Strafe zur Abschreckung Dritter nur mit dem Hinweis auf den Gesetzeszweck erhöht werden.[3078] Im Übrigen handelt es sich bei der Generalprävention um den „Strafzumessungsgrund", bei dem der Bundesgerichtshof in Anwendung seiner Spielraumtheorie[3079] am intensivsten korrigierend in das tatrichterliche Strafzumessungsermessen eingreift. Hat eine Strafkammer für den Verkauf von 53 Gramm Heroin eine Freiheitsstrafe von 8 Jahren verhängt, so genügt dem Bundesgerichtshof schon die bloße Hervorhebung des Gesichtspunktes der Generalprävention, um das Urteil wieder aufzuheben, weil *„nicht ausgeschlossen werden"* kann, dass das Landgericht dem Strafzweck der Abschreckung Dritter *„ein zu hohes Gewicht beigemessen und dabei nicht genügend beachtet hat, dass (er) nur innerhalb des Spielraums für die schuldangemessene Strafe berücksichtigt werden darf"*.[3080] Genausowenig war es zulässig, dass der Tatrichter im Rahmen der Strafzumessung strafschärfend darauf abstellte, dass wegen des besonderen Interesses der Öffentlichkeit Tat, Strafmaß und Begründung in hohem Maße bekannt würden und daher geeignet seien, potentielle Täter abzuschrecken. Diese Erwägungen beschreiben keinen zur Begründung der Generalprävention zulässigerweise verwertbaren Umstand, der außerhalb der bei Aufstellung eines bestimmten Straftatbestandes vom Gesetzgeber bereits berücksichtigten allgemeinen Abschreckung liegt.[3081]

1335 Auch die Hervorhebung der **Spezialprävention** kann zu einem revisiblen Strafzumessungsfehler führen, wenn nämlich die übrigen Urteilsgründe erkennen lassen, dass im konkreten Fall dazu kein Anlass bestand, z.B. bei einem sozial eingeordneten Täter, der sich zu einer einmaligen plötzlichen Reaktion hat hinreißen lassen[3082] oder bei dem die Tat nur im Zusammenhang mit einer langjährigen Partnerschaft mit dem Opfer erklärbar ist.[3083] Aber auch das Fehlen solcher Erwägungen kann ein Fehler sein.[3084] Das Interesse der Allgemeinheit, vor einem gefährlichen Straftäter durch dessen Unterbringung in der Sicherungsverwahrung geschützt zu werden, ist kein Umstand, der nach § 46 StGB bei der Strafzumessung zu seinen Lasten berücksichtigt werden darf.[3085]

1336 Strafzumessungsfehler kommen nicht selten auch im Zusammenhang mit dem Versuch vor, Taten, die gar nicht Gegenstand des Verfahrens sind, in die Strafzumessung

---

3077 BGH StV 1982, 522 = NStZ 1982, 463; BGH NStZ 1992, 275 = NJW 1992, 2903; BayObLG StV 1988, 530.

3078 BGH StV 1982, 221.

3079 Zur „Spielraumtheorie" des BGH vgl. SK-*Horn* § 46, Rn. 8, 10, 34; *Fischer* § 46, Rn. 20f.; gegen die Spielraumtheorie *Bruns* Strafzumessungsrecht, 273; *Schäfer/Sander/van Gemmeren* Strafzumessung, Rn. 461ff.

3080 BGH StV 1981, 235 unter Hinweis auf BGHSt 28, 318 (326); vgl. auch BGHSt 28, 318 (326f.); ähnlich auch BGH NStZ 1995, 77.

3081 BGH wistra 2002, 260.

3082 BGH StV 1981, 398.

3083 BGH StV 1981, 342 = NStZ 1981, 257.

3084 Siehe oben und BGH StV 2003, 222.

3085 BGH NStZ 2001, 595.

einzubeziehen. Weitgehend zulässig ist dies bei der **Berücksichtigung von Vorstrafen**, wenn sie die Schuld des Täters oder die Notwendigkeit, im Rahmen des Schuldangemessenen auf ihn einzuwirken, erhöhen. Im Bundeszentralregister getilgte oder zu tilgende Vorstrafen bleiben aber außer Betracht. Werden sie dennoch strafschärfend berücksichtigt, so ist die Strafzumessung rechtsfehlerhaft und das Urteil aufzuheben.[3086] Bei einer Bestrafung durch Gerichte der früheren DDR ist zu prüfen, ob es sich um ein Verhalten handelt, das jetzt nicht mehr mit Strafe bedroht ist oder ob eine unangemessen hohe Strafe verhängt worden ist. Zu berücksichtigen ist auch, dass der bisherige Vollzug insbesondere langer Freiheitsstrafen den Verurteilten belastet hat und seine Resozialisierung u. U. sogar erschwert haben kann, was eher strafmildernd zu wirken hätte.[3087] Ist der Angeklagte nicht vorbestraft, so muss dies strafmildernd berücksichtigt werden, ohne dass sich dagegen einwenden ließe, ein gesetzmäßiges Verhalten sei schließlich der von der Rechtsordnung von jedem Bürger verlangte Normalzustand.[3088]

Taten oder Tatteile, die vom Gericht nach **§ 154 Abs. 2 oder § 154a Abs. 2 StPO ausgeschieden** worden sind, dürfen (nur) dann zur Bemessung der Strafe mit herangezogen werden, wenn der Tatrichter zuvor den Angeklagten ausdrücklich auf diese Möglichkeit hingewiesen hat und die Tat prozessordnungsgemäß festgestellt worden ist.[3089] Nach Auffassung der Rechtsprechung werde auf diese Weise dem Grundsatz des „fair-trial" Rechnung getragen und einem ansonsten dahingehend aufkommenden Vertrauen des Angeklagten, der ausgeschiedene Verfahrensstoff sei gänzlich „vom Tisch", von vornherein der Boden entzogen.[3090] Gleiches gilt für Vorgänge, die bereits die Staatsanwaltschaft nach § 154a Abs. 1 StPO von der Verfolgung ausgeschieden und bezüglich derer das Gericht durch die unveränderte Zulassung der Anklage zur Hauptverhandlung diese Beschränkung der Verfolgung übernommen hat.[3091] Der BGH weist in diesem Zusammenhang aber ausdrücklich darauf hin, dass in jedem Einzelfall die jeweilige Gestaltung des Verfahrens maßgeblich ist. 1337

Ist der Hinweis unterblieben, kann dies die Revision begründen. Dies kann im Rahmen einer Verfahrensrüge geltend gemacht werden, in der man auch darlegen sollte, ob bei ordnungsgemäßer Verfahrensweise bestritten worden wäre, dass der Angeklagte die ausgeschiedenen Taten begangen hat, so dass die unterbliebene Beweiserhebung ein zusätzlicher Aufklärungsmangel wäre.

Kann eine Beschränkung des Verfahrensstoffes bei verständiger Einschätzung der Verfahrenslage keinen Vertrauenstatbestand beim Angeklagten hervorrufen, so ist ein ausdrücklicher Hinweis entbehrlich.[3092] Der BGH hat dies angenommen in einem Fall, in dem die Beweisaufnahme bereits geschlossen war, als der Einstellungs- und Be- 1338

3086 BGH StV 1982, 567; BGH StV 1981, 67.
3087 BGH bei *Detter* NStZ 1992, 171.
3088 BGH StV 1981, 236; BGH NStZ 1988, 70.
3089 BGH NStZ 1981, 100; BGHSt 31, 302; BGH StV 1995, 132 = NStZ 1995, 227; BGH StV 1995, 520 = NStZ 1996, 38; BGH StV 2000, 656 („Dies gilt auch dann, wenn der Angeklagte die eingestellten Taten gestanden hat."); *Fischer* § 46, Rn. 41, m. w. N.
3090 BGHR StPO § 154a Abs. 2 – Hinweispflicht 1.
3091 BGH StV 1981, 398. Siehe dazu oben, Rn. 1186ff.
3092 BGH NStZ 2004, 277.

schränkungsbeschluss (§§ 154 Abs. 2, 154a Abs. 2 StPO) erging.[3093] Auf der gleichen Linie liegt eine Entscheidung des BGH,[3094] die sich thematisch allerdings auf die Beweiswürdigung bezog: In einem Verfahren wegen Brandstiftung und Versicherungsbetrugs stellte das Gericht „das Verfahren betreffend die Anmeldung von Versicherungsschäden" gem. § 154 Abs. 2 StPO vorläufig ein. Im Rahmen der Beweiswürdigung zum Versicherungsbetrug wurde dieses dem Brand nachfolgende Verhalten des Angeklagten aber ohne vorherigen Hinweis erneut aufgegriffen. Der BGH hielt dies für rechtmäßig, da *„angesichts des Zusammenhangs zwischen der in betrügerischer Absicht vorgenommenen Inbrandsetzung einer feuerversicherten Sache (§ 265 StGB) und der eben diese Absicht weiterverfolgenden Anmeldung von Versicherungsansprüchen (§§ 263, 22 StGB) durch die vorläufige Teileinstellung ein Vertrauenstatbestand von vornherein nicht entstehen kann"*. Uneinigkeit besteht in der Rechtsprechung hingegen darüber, ob eine Verfahrenseinstellung durch die Staatsanwaltschaft gem. § 154 Abs. 1 StPO schützenswertes Vertrauen hervorrufen kann und einen ausdrücklichen Hinweis in der Hauptverhandlung erforderlich macht.[3095]

1339 Die **Berücksichtigung bereits ausgeschiedener Vorgänge** wirft aber in jedem Fall die Frage auf, welchen Sinn die Einstellung haben soll, wenn das Verfahren letztendlich doch auf den eingestellten Teil „prozessordnungsgemäß" ausgedehnt wird. In der Praxis bewirkt die Einstellung trotzdem häufig, dass der Angeklagte in den Glauben versetzt wird, er brauche sich gegen die davon betroffenen Vorwürfe nicht mehr zu verteidigen. Beabsichtigt man dennoch, ihn dafür „mit zu bestrafen", so sollte man lieber das Verfahren nicht einstellen und bei der Gesamtstrafenbildung „mildern".

1340 Auch im Zusammenhang mit den Vorschriften zum **Rücktritt** werden Fehler gemacht. Ein Delikt von dem strafbefreiend zurückgetreten wurde, darf bei der Strafzumessung nicht berücksichtigt werden. So darf nach einem strafbefreienden Rücktritt von einem Tötungsversuch nicht bei der gleichzeitig verursachten Körperverletzung strafschärfend der bedingte Tötungsvorsatz herangezogen werden.[3096] Dieser Grundsatz gilt auch, wenn von der Verwirklichung eines Regelbeispiels freiwillig Abstand genommen wurde. Demzufolge darf der zunächst auf eine Vergewaltigung abzielende Vorsatz des Angeklagten nicht strafschärfend berücksichtigt werden, wenn dieser von der Erzwingung des Geschlechtsverkehrs freiwillig Abstand genommen hat.[3097]

1341 Einen „verfahrensrechtlichen Ursprung" können nicht nur fehlerhafte, sondern auch **fehlende Strafzumessungserwägungen** haben. So war eine rechtsstaatswidrige Verfahrensverzögerung, die gegen Art. 6 Abs. 1 MRK verstößt, nach früherer ständiger Rspr. des BGH und des BVerfG als selbständiger Strafmilderungsgrund zu behandeln. Durch den Beschluss des Großen Senats für Strafsachen vom 17. 1. 2008[3098] ist diese Rspr. aufgegeben worden. Der BGH folgt zur Kompensation konventionswidriger

---

3093 BGH wistra 1985, 153 (154).
3094 BGH wistra 1996, 273 (274).
3095 Bejahend BGH StV 1982, 523 (524); ablehnend BGHSt 30, 165 = StV 1982, 17 (m. Anm. *Bruns*).
3096 BGH StV 2003, 218; BGH, Urt. v. 13. 3. 2007 – 1 StR 601/06.
3097 BGH StV 2000, 554.
3098 BGH GS NJW 2008, 860 = BGHSt 52, 124.

Verfahrensverzögerungen nun einer sog. „Vollstreckungslösung“.[3099] Danach ist in der Urteilsformel zunächst die nach allgemeinen Strafzumessungsgesichtspunkten zu bestimmende Strafe zu verhängen. An die Stelle des nach bisheriger Rechtsprechung erforderlichen Strafabschlags tritt ein Vollstreckungsabschlag. In der Urteilsformel wird ausgesprochen, dass ein bezifferter Teil der verhängten Strafe als vollstreckt gilt.[3100] Zur Kompensation einer vorliegenden rechtsstaatswidrigen Verfahrensverzögerung soll nach neuestem Erkenntnis des BGH auch deren ausdrückliche Feststellung genügen.[3101] Ein Übergehen der Tatsache, dass das Verfahren einige Zeit in konventionswidriger Weise zum Stillstand gekommen war, also eine Verweigerung der Kompensation nach dem Vollstreckungsmodell, ist aber ein revisibler Fehler, der jedoch nur im Wege einer Verfahrensrüge geltend gemacht werden kann.[3102] Darin müssen die einzelnen Stationen der Verfahrensverzögerung dargelegt werden,[3103] es sei denn, sie ergäben sich aus der in den Urteilsgründen enthaltenen Schilderung der Verfahrensgeschichte.[3104]

Neben den nach dem Vollstreckungsmodell kompensationsbedürftigen MRK-widrigen Verfahrensverzögeungen, die ja der Justiz anzulasten sein müssen, behalten die Strafmilderungsgründe des langen **zeitlichen Abstands zwischen Tat und Urteil** und der Belastungen durch ein ungewöhnlich langes (wenn auch ohne Unterbrechungen geführtes) Strafverfahren weiterhin ihre Bedeutung.[3105] Das heißt, dass ein Schweigen der Urteilsgründe über diese Strafzumessungstatsachen, wenn sie dem JS-Aktenzeichen der Staatsanwaltschaft, dem Urteilsdatum und dem in den Feststellungen enthaltenen Tatzeitpunkt ablesbar sind, schon auf die Sachrüge hin zur Aufhebung des Rechtsfolgenausspruchs führen können.

Nicht selten werden Urteile im Strafausspruch auch deshalb aufgehoben, weil außer- **1342**
strafrechtliche, z.B. die **berufsrechtlichen Folgen** der Verurteilung nicht gewürdigt wurden.[3106] Oft wird eine solche auf die Strafe folgende „Nebenfolge“ die Sanktion empfindlicher machen. Dabei unterscheidet die Rechtsprechung zwischen solchen Disziplinarmaßnahmen, die nur als möglich drohen,[3107] und solchen, die zwingend der rechtskräftigen strafrechtlichen Verurteilung folgen. Der Strafausspruch, der gegen einen Beamten eine Freiheitsstrafe von einem Jahr oder mehr verhängt, wird also auf die Sachrüge hin dann aufgehoben, wenn die Urteilsgründe nicht erkennen lassen, dass dem Tatrichter dabei die einschlägigen beamtenrechtlichen Vorschriften bewusst waren, nach denen der Angeklagte sämtliche Rechte aus seinem Beamtenverhältnis verliert.[3108] Der Wegfall von Ruhestandsbezügen erlangt aber dann keine be-

---

3099 *Fischer* § 46, Rn.62.
3100 *Schäfer/Sander/van Gemmeren* Strafzumessung, Rn. 443 ff.
3101 BGH GS NJW 2008, 860 (864).
3102 *Meyer-Goßner* Art. 6 MRK, Rn. 9 e.
3103 BGH, Beschl. v. 13. 2. 2008 – 2 StR 356/07 = StV 2008, 345; *Meyer-Goßner* aaO.
3104 So zutreffend *Meyer-Goßner* aaO m. w. N.
3105 BGH GS NJW 2008, 860 (866) = BGHSt 52, 124 (146).
3106 BGH StV 1982, 419; BGH StV 1981, 235; BGH StV 1981, 509 = NStZ 1981, 342; LK-*Theune* § 46, Rn. 15 m. w. N.
3107 So z. B. wenn die Untersagung der Berufsausübung durch die Berufsgerichtsbarkeit droht, vgl. BGH bei *Detter* NStZ 1992, 173.
3108 Vgl. BGH bei *Theune* NStZ 1988, 305.

stimmende Bedeutung für das Strafmaß, die zur Erörterung in den Urteilsgründen zwingt, wenn der Verlust dieser Bezüge nicht mit dem Verlust der wirtschaftlichen Existenzgrundlage gleichzusetzen ist.[3109]

Mit gewisser Spannung wird man dem ersten Fall entgegensehen müssen, bei dem der BGH sich entscheidet, ob er dem Vorschlag *Thomas Fischers*[3110] folgen wird, auch die Vorabkompensation der außerstrafrechtlichen Folgen nach dem Vollstreckungsmodell zu regeln. Zwingend erscheint mir diese Konsequenz nicht, weil es sich dabei ja nicht um eine Art „Schadensersatz" für durch die Justiz selbst vermeidbar zugefügtes Leid handelt, sondern um die antizipierte Abschätzung der angemessenen Gesamtreaktion des Staates auf schuldhaftes Verhalten. Das kann auch weiterhin durch eine Strafmilderung geschehen.

1343 Es gibt auch Umstände die nur in bestimmten Konstellationen in der Strafzumessung zu erwähnen und zu berücksichtigen sind. So hängt es im Einzelfall von der Höhe der verhängten Freiheitsstrafe sowie dem Alter des Verurteilten und den übrigen Strafzumessungserwägungen ab, ob sich die Urteilsgründe mit den **Wirkungen einer Strafe** auf einen zum Urteilszeitpunkt noch sehr jungen Angeklagten ausdrücklich befassen müssen und in welchem Umfang dies zu geschehen hat. Dabei gilt der Grundsatz, dass die sachlich-rechtliche Begründungspflicht umso eher eine ausdrückliche Erörterung gebietet, je jünger der Verurteilte und je höher die verhängte Freiheitsstrafe ist.[3111]

1344 Auch fehlende Ausführungen zum **Täter-Opfer-Ausgleich gemäß § 46a StGB** können zu einer Aufhebung führen. Wenn bis zur Verkündung des tatrichterlichen Urteils eine Entschädigungszahlung zwar an den Verteidiger des Angeklagten übergeben worden ist, aber noch nicht an das Tatopfer (hier eines schweren Raubes) gelangt ist, ist das Vorliegen der Voraussetzungen des § 46a Nr. 1 StGB zu prüfen und in den Urteilsgründen zu erörtern. Es ergeben sich dann nämlich Umstände, welche es nahe legen zu prüfen, ob der Angeklagte eine den Voraussetzungen des § 46a Nr. 1 StGB genügende Wiedergutmachung zumindest ernsthaft erstrebt hat. Auch die Bereitschaft des Geschädigten, diese Bemühungen in einem kommunikativen Prozess als Ausgleich zu akzeptieren, liegt nicht fern, wenn der Geschädigte auf die briefliche Entschuldigung des Angeklagten Verständnis für die Umstände zeigte, die den Angeklagten zu seiner Tat veranlasst haben.[3112] Auch wenn sich aus den Urteilsfeststellungen ergibt, dass der geständige Täter (hier: einer schweren räuberischen Erpressung) nicht nur die Tatbeute zurückgegeben hat, sondern sich auch bei dem Tatopfer entschuldigt und diesem ein Schmerzensgeld hat zukommen lassen, stellt es einen durchgreifenden Rechtsfehler dar, wenn das Tatgericht nicht auf die Vorschrift des § 46a StGB im Urteil eingeht.[3113]

3109 BGH NStZ 2006, 393.
3110 *Fischer* § 46, Rn. 140.
3111 BGH StV 2003, 222.
3112 BGH StV 2007, 410.
3113 BGH StV 2001, 346 und zur Zahlung von Schmerzensgeld nach einem versuchten Mord vgl. BGH StV 2001, 230.

Tatrichterliche Urteile beginnen gewöhnlich mit der Schilderung des Lebenslaufs des Angeklagten. Aber nicht immer lassen die übrigen Urteilsgründe erkennen, welchen Sinn dieses „erste Kapitel" eigentlich hat. Es liest sich häufig wie eine Pflichtübung des Berichterstatters, die ohne Bezug zu der eigentlichen Tat, der Beweiswürdigung, den rechtlichen Bewertungen und der Strafzumessung absolviert wird. Der Bundesgerichtshof verlangt die Darstellung und Erörterung der **persönlichen Verhältnisse des Täters**, *„denn ohne die Kenntnis der Täterpersönlichkeit lässt sich weder das Maß der persönlichen Schuld dieses Täters noch Maß und Art seiner Resozialisierungsbedürftigkeit, insbesondere seine Strafempfindlichkeit beurteilen"*.[3114] Dass deshalb das völlige Fehlen von Feststellungen zum Lebenslauf des Angeklagten auf die Sachrüge hin zur Aufhebung führt, liegt auf der Hand. Aber sind jene persönlichen Verhältnisse auch dann schon ausreichend gewürdigt, wenn sie lediglich am Anfang der Urteilsgründe festgestellt werden, ohne dass die Strafzumessungsgründe noch einmal darauf eingehen? Berücksichtigt man, dass auch die Würdigung der persönlichen Lebensführung durchaus rechtsfehlerhaft sein kann,[3115] so setzt die Überprüfung durch das Revisionsgericht eine Darlegung der Bedeutung voraus, die der Tatrichter den persönlichen Lebensumständen für das Maß an Schuld beigemessen hat. **1345**

Um die Strafzumessung in **Betäubungsmittelsachen** für das Revisionsgericht nachvollziehbar zu machen, ist es grundsätzlich erforderlich, konkrete (Mindest-)Feststellungen zur Menge und zum Wirkstoffgehalt der jeweiligen Substanz zu treffen.[3116] Die Strafbestimmungen des Betäubungsmittelgesetzes weisen im Übrigen zu den Strafzumessungsfragen so viele Besonderheiten auf, dass hier von einer detaillierten Darstellung abgesehen werden muss. Dies fällt jedoch umso leichter, als insoweit auf die außerordentlich gründliche Darstellung in den BtMG-Kommentaren verwiesen werden kann.[3117] **1346**

Im weiteren Sinne einen „verfahrensrechtlichen" Ursprung haben auch jene notwendigen Strafmilderungsgründe, die auf einer objektiven Mitwirkung der Strafverfolgungsbehörden bzw. sogar der Strafjustiz an dem Zustandekommen der Tat selbst beruhen. So kommt dem Strafmilderungsgrund der **Tatprovokation** besonders bei der Bekämpfung von Betäubungsmitteldelikten und sonstigen Formen organisierten Verbrechens Bedeutung zu.[3118] Grundsätzlich ist jede Einwirkung eines polizeilichen Lockspitzels auf den Täter bei der Strafzumessung zu berücksichtigen.[3119] Neben dem Umstand, dass der Angeklagte polizeilich so überwacht wurde, dass eine Gefährdung der Allgemeinheit weitgehend ausgeschlossen war,[3120] fällt besonders ins Gewicht, dass eine nicht ohnehin tatbereite Person durch den polizeilichen Lockspitzel den entscheidenden Anstoß zur Tat erhielt.[3121] **1347**

3114 BGH StV 1981, 169 unter Hinweis auf BGHSt 7, 28 (31); vgl. auch StV 1981, 336.
3115 Vgl. z. B. BGH StV 1981, 178; BGH StV 1982, 567.
3116 BGH bei *Detter* NStZ 1990, 174; BGH bei *Detter* NStZ 1990, 223.
3117 Z.B. *Körner* BtMG, 6. Auflage 2007; vgl auch *Schäfer* Praxis der Strafzumessung, Rn. 961 ff.
3118 BGH StV 1982, 121; BGH StV 1982, 221; BGH NStZ 1986, 162; BGH NStZ 1992, 275; BGH StV 2000, 555; LK-*Theune* § 46 Rn. 253 ff.
3119 BGHSt 45, 321 „kein Verfahrenshindernis" sondern „schuldunabhängiger Strafmilderungsgrund von besonderem Gewicht."; BGH NStZ 2008, 39.
3120 BGH StV 1988, 60; BGH StV 1992, 462 = NStZ 1992, 488.
3121 BGH StV 1988, 296; BGH StV 1994, 169 = NStZ 1994, 289.

1348 Durchaus vergleichbar damit ist der Strafmilderungsgrund, den die Revisionsgerichte in Verfahren um den Vorwurf des Meineids den Tatrichtern vorgeben. Ist es zu der Beeidung einer falschen Aussage nur aufgrund einer Verkennung des **Vereidigungsverbotes** bei Beteiligungsverdacht nach § 60 Nr. 2 StPO gekommen, so müssen die Strafzumessungsgründe zu erkennen geben, dass der Tatrichter die damit verbundene Strafmilderungsmöglichkeit gesehen und berücksichtigt hat,[3122] ohne dass es dabei darauf ankäme, dass der Tatrichter den Verfahrensfehler hätte vermeiden können. Gleiches gilt, wenn trotz Vorliegens der Voraussetzungen des § 55 StPO nicht über ein Auskunftsverweigerungsrecht belehrt worden ist.[3123] Im Rahmen einer Verurteilung nach § 154 StGB unterbleibt eine Aufhebung des Strafausspruchs aber trotz Verstoßes gegen das Hinweisgebot, wenn der Täter auch bei Belehrung bereit gewesen wäre, falsch auszusagen oder dennoch zu schwören.[3124]

4. Fehler bei der Gesamtstrafenbildung

1349 Die Gesamtstrafenbildung ist im Urteil stets gesondert zu begründen. Wird die zusammenfassende Würdigung der Person des Täters und der einzelnen Straftaten (§ 54 Abs. 1 Satz 3 StGB) durch formelhafte Wendungen oder gar durch mathematische Faustregeln[3125] ersetzt, so führt dies zur Aufhebung des Urteils.[3126] Andererseits hat der Bundesgerichtshof seine früher vertretene Auffassung[3127] nicht vollständig verlassen, wonach in einfacher gelagerten Fällen zur Vermeidung von Wiederholungen aus den Erwägungen zur Einzelstrafenbildung wenige Hinweise zur Gesamtwürdigung ausreichen können, während die Höhe der Gesamtstrafe umso eingehender begründet werden muss, je mehr sie sich der Einsatzstrafe oder der Summe der Einzelstrafen nähert.[3128] Er wendet jetzt die Regel an, dass an die Begründung der Gesamtstrafenbemessung um so höhere Anforderungen zu stellen sind, je mehr sich die Strafe der unteren oder oberen Grenze des zulässigen Maßes annähert.[3129]

1350 Obwohl sämtliche Fehler in den Strafzumessungserwägungen in den Urteilsgründen schon auf die allgemeine Sachrüge hin von Amts wegen zu prüfen sind,[3130] gibt es doch zahlreiche Revisionsgründe auf diesem Gebiet, bei denen das Revisionsgericht auf einen entsprechenden Hinweis durch den Revisionsführer in Form einer Verfahrensrüge angewiesen ist. Das gilt beispielsweise für Fälle, in denen die Bildung einer **Gesamtstrafe** daran hätte scheitern müssen, dass die Einzelstrafe aus einem früheren Urteil nur deshalb nicht einbezogen werden kann, weil sie zum Zeitpunkt des späte-

---

3122 BGH StV 1981, 269 = NStZ 1981, 268; vgl. auch BGHSt 23, 30 (32).
3123 BGH StV 1986, 141; BGH StV 1987, 195; BGH StV 1988, 427; BGH bei *Detter* NStZ 1993, 476.
3124 BGH JR 1981, 248 (m. Anm. *Bruns*).
3125 Vgl. dazu *Fischer* § 54, Rn. 6, 7 und LK-*Rissing-van-Saan* § 54, Rn. 12.
3126 BGH StV 1994, 370; BGH StV 1994, 425.
3127 BGHSt 8, 210 = NJW 1956, 149 = MDR 1956, 307 = LM Nr. 31 zu § 49 StGB (mit Anm. *Arndt*).
3128 Vgl. BGHSt 24, 268 (271); BGH StV 1994, 424.
3129 *Fischer* § 54, Rn. 7 a m. w. N., z. B. BGH, Beschl. v. 31. 1. 2007 – 2 StR 605/06 = NStZ 2007, 339 = StV 2007, 298 (Einsatzstrafe 6 Monate, Gesamtstrafe 4 Jahre).
3130 Vgl. aber den Hinweis in BGH 5 StR 168/97 v. 29. 4. 1997 = StV 1997, 408. Hierzu oben Rn. 1341 zur Vollstreckungslösung.

ren Urteils bereits verbüßt ist (§ 55 Abs. 1 StGB). Will der Angeklagte dies rügen und stehen die den Rechtsfehler tragenden Tatsachen über die einbezogene rechtskräftige frühere Verurteilung einschließlich der bereits erledigten Verbüßung nicht im Urteil, muss er eine Aufklärungsrüge erheben und den exakten Weg aufzeigen, wie (z.B. durch Verlesung der betreffenden Urkunden aus der erforderlichenfalls noch beizuziehenden anderen Akte) die Umstände, die der Gesamtstrafenbildung entgegengestanden hätten, zu beweisen gewesen wären. Dasselbe gilt für den umgekehrten Fall, dass beanstandet wird, das Gericht habe eine noch nicht erledigte rechtskräftige andere Verurteilung nicht einbezogen, weil es die Zäsurwirkung als Voraussetzung der Gesamtstrafe verkannt habe.[3131]

Die nachträgliche Bildung einer Gesamtstrafe ist nach ständiger Rechtsprechung des Bundesgerichtshofs grundsätzlich Sache des Tatrichters.[3132] Er darf dies in der Regel nicht dem Beschlussverfahren nach §§ 460, 462 StPO überlassen. Der BGH lässt jedoch Ausnahmen zu, z.B. wenn der Tatrichter auf Grund der bislang gewonnenen Erkenntnisse keine sichere Entscheidung fällen kann, etwa weil die Unterlagen für eine möglicherweise gebotene Gesamtstrafenbildung nicht vollständig vorliegen – ohne dass dies auf unzureichender Terminsvorbereitung beruht – und die Hauptverhandlung allein wegen deshalb noch notwendiger Erhebungen mit weiterem erheblichem Zeitaufwand belastet werden würde.[3133] **1351**

Enthalten die Urteilsgründe keine erschöpfenden Ausführungen zu den Vorverurteilungen, deren Einbeziehung in die Gesamtstrafe im Grundsatz gemäß § 55 StGB zu prüfen gewesen wäre, ohne ausdrücklich mitzuteilen, weshalb die entsprechenden Feststellungen nicht getroffen werden konnten, so liegt darin kein Erörterungsmangel. Es sei nämlich bei fehlenden oder nicht vollständigen Darlegungen zu den Voraussetzungen einer in Betracht kommenden nachträglichen Gesamtstrafenbildung grundsätzlich davon auszugehen, dass dem erkennenden Gericht die notwendigen Unterlagen zu den Vorverurteilungen und zu deren Vollstreckung nicht zugänglich waren und dass das Gericht deshalb die nachträgliche Gesamtstrafenbildung zu Recht dem Beschlussverfahren gemäß §§ 460, 462 StPO überlassen hat.[3134] Soll anderes geltend gemacht werden, so soll dies einer gemäß § 344 Abs. 2 Satz 2 StPO zu begründenden Verfahrensrüge bedürfen.[3135] **1352**

Wird vom Revisionsgericht eine Gesamtstrafe aufgehoben und die Sache an das Tatgericht zurückverwiesen, so ist in der neuen Verhandlung die Gesamtstrafenbildung nach Maßgabe der Vollstreckungssituation zum Zeitpunkt der ersten tatrichterlichen Verhandlung vorzunehmen, weil dem Angeklagten ein erlangter Rechtsvorteil nicht **1353**

3131 So auch die Empfehlung bei *Schlothauer/Weider* Revision, Rn. 1849f.

3132 Seit BGHSt 12, 1; vgl. LK-*Rissing-van-Saan* § 55, Rn. 47; Schönke/Schröder-*Stree* § 55, Rn. 72, 73; *Fischer* § 55, Rn. 34, 35; jeweils m.w.N.; kritisch hierzu: *Fitzner* Gesamtstrafenbildung trotz §§ 460, 462 nur noch nach mündlicher Verhandlung? NJW 1966, 1206.

3133 BGHSt 12, 10; BGHSt 23, 98 (99), mit Anm. *Küper* MDR 1970, 885; BGHR StGB § 55 Abs. 1 Satz 1 – Anwendungspflicht 2; BGH NJW 1997, 2892 (2893); LK-*Rissing-van Saan* § 55, Rn. 48; Schönke/Schröder-*Stree* § 55, Rn. 72; *Fischer* aaO Rn. 34.

3134 BGH, Urt. v. 17. 2. 2004 – 1 StR 369/03 = NStZ 2005, 32.

3135 BGH NStZ 2005, 32 unter Hinw. auf OLG Hamm NJW 1970, 1200, mit Anmerkung *Küper* NJW 1970, 1559.

genommen werden darf.[3136] Daher sind vom neuen Tatrichter ggf auch zwischenzeitlich erledigte Strafen einzubeziehen.[3137]

5. Fehler bei der Strafaussetzung zur Bewährung

1354 Revisible Fehler können auch bei der Entscheidung nach § 56 StGB aufgetreten sein. Der gravierendste und sicherste ist der Verfahrensfehler des Verstoßes gegen § 267 Abs. 3 Satz 4, 2. Alt StPO, wonach die Urteilsgründe angeben müssen, weshalb trotz eines darauf gerichteten Antrags die **Freiheitsstrafe nicht zur Bewährung** ausgesetzt wurde.[3138] Aber dazu bedarf es einer Verfahrensrüge, weil sich die Tatsache der Antragstellung dem Revisionssenat nicht von selbst erschließt.

Im Übrigen gilt für die Sachrüge, dass Strafzumessungserwägungen um so eingehender zu sein haben, je weniger die verhängte Strafe die noch bewährungsfähige Grenze von 2 Jahren Freiheitsstrafe übersteigt.[3139] Andererseits beginnt der BGH neuerdings damit, dem Tatrichter anzukreiden, wenn er Formulierungen gewählt hat, die eine Vermengung der Frage nach der schuldangemessenen Strafe mit dem Ziel der Strafaussetzung zur Bewährung befürchten lassen.[3140]

1355 Elemente der Lebensführung, wie das Fehlen eines festen Wohnsitzes und einer Berufsausbildung, die in keinem erkennbaren Zusammenhang zur Tat stehen, können nicht ohne Weiteres in die **Prognoseentscheidung** nach § 56 Abs. 1 StGB einbezogen werden. Jedenfalls ist ihre Heranziehung für eine negative Prognose regelmäßig nicht ausreichend. Sie bilden lediglich keine Grundlage für eine positive Prognose, wie dies bei einem festen Wohnsitz oder einer sicheren Arbeitsstelle der Fall wäre.[3141] Und auch ein strafrechtlich irrelevantes Verhalten ist nicht geeignet, eine ungünstige Prognoseentscheidung zu begründen.[3142]

Doch auch hier darf nicht der Fehler gemacht werden zu versuchen, die festgestellten Umstände anders zu gewichten und eigene Beurteilungen an die Stelle der Wertung des Tatrichters zu setzen. Denn wie die Strafzumessung ist auch die Entscheidung, ob die Vollstreckung einer Freiheitsstrafe zur Bewährung ausgesetzt wird, grundsätzlich Sache des Tatrichters. Gelangt dieser auf Grund der Besonderheiten des Falles bei der

---

3136 *Fischer* § 55, Rn. 37; BGH NStZ-RR 2003, 139; 2006, 232; 2008, 72; BGH, Beschl. v. 9. 7. 2004 – 2 StR 170/04 = StraFo 2004, 396.

3137 *Fischer* aaO vgl. BGH, Beschl. v. 21. 8. 2001 – 5 StR 291/01 = NStZ 2001, 645.

3138 BGH, Beschl. v. 13. 3. 2008 – 4 StR 534/07 = StV 2008, 345 (Leits.)

3139 Diese bei BGH-Nack unter § 46 StGB als „Schäfer-Doktrin" bezeichnete Grundsatz geht auf die Lehre von *G. Schäfer* zurück und spiegelt sich in zahlreichen BGH-Entscheidungen bis zum Jahre 2003 wieder. Die letzte bei BGH-Nack dazu angeführte Entscheidung datiert vom 19. 11. 2002 – 1 StR 374/02 und enthält noch folgenden Hinweis: „Die Sache muss insgesamt neu verhandelt werden. Die neu zur Entscheidung berufene Strafkammer wird für den Fall, dass der Angeklagte schuldig gesprochen wird, bei der Strafzumessung zu berücksichtigen haben, dass nach der Rechtsprechung des Bundesgerichtshofs die Verhängung einer Freiheitsstrafe um so eingehender begründet werden muss, je knapper die verhängte Strafe eine an sich noch bewährungsfähige Strafe übersteigt (BGH, Beschl. v. 5. 12. 2000 – 1 StR 533/00; BGH StV 1992, 462, 463; *G. Schäfer,* Praxis der Strafzumessung 3. Aufl. Rn. 615 m. w. Nachw.)."

3140 Vgl. z. B. BGH, Beschl. v. 19. 8. 2008 – 5 StR 244/08 = NStZ-RR 2008, 369.

3141 BGH StV 2007, 298.

3142 BGH NStZ-RR 2003, 264.

nach § 56 Abs. 2 StGB gebotenen Gesamtschau von Tat und Täterpersönlichkeit zu der Überzeugung, dass eine Strafaussetzung nicht in Betracht kommt, so ist dies vom Revisionsgericht regelmäßig hinzunehmen, auch wenn eine gegenteilige Würdigung möglich gewesen wäre.[3143]

3143 BGH NStZ-RR 2007, 232.

Teil 8: Ablauf des Revisionsverfahrens und Entscheidungen

Literatur: *Fezer* Revisionsurteil oder Revisionsbeschluß – Strafverfahrensnorm und Strafverfahrenspraxis im dauerndem Widerstreit, StV 2007, 40; *Hanack* Die Verteidigung vor dem Revisionsgericht, Festschrift Dünnebier, 1982, S. 306f.; *Hanack* Die Rechtsprechung des Bundesgerichtshofs zum Strafverfahrensrecht, JZ 1972, 313; *Meyer-Goßner* Nachholung fehlender Erstentscheidungen durch das Rechtsmittelgericht?, JR 1985, 454; *Naucke* Die Einstellung gem. § 153 Abs. 2 StPO in der Revision, Festschrift zum 125jährigen Bestehen der Staatsanwaltschaft Schleswig Holstein, S. 466; *Schmitt* Können die Beschlüsse aus §§ 346, 349 StPO zurückgenommen werden?, JZ 1961, 15; *Seibert* Urteilsaufhebungen durch Beschluß (§ 349 Abs. 4 StPO), NJW 1966, 1064.

A. Entscheidung über die Revision

I. Verwerfung als unzulässig durch das Tatgericht

Das Tatgericht prüft im Hinblick auf die Zulässigkeit des Rechtsmittels zunächst die **1356** Revisionseinlegung und -begründung.[3144] Ist beides form- und fristgerecht erfolgt, leitet der judex a quo die Revisionsschrift einschließlich der Akten an den Beschwerdegegner weiter (§ 347 Abs. 1 StPO). Die Zustellung durch das Tatgericht indiziert die Zulässigkeit der Revision; eine gesonderte Entscheidung muss in diesem Fall nicht ergehen.[3145]

Hat der Revisionsführer Frist oder Form nicht gewahrt, verwirft das Tatgericht die **1357** Revision durch Beschluss als unzulässig (§ 346 Abs. 1 StPO).[3146] Dabei ist unter der **„Form“** nur das zu verstehen, was § 341 Abs. 1 StPO für die Revisionseinlegung („zu Protokoll der Geschäftsstelle oder schriftlich“) und § 345 Abs. 2 StPO für die Revisionsanträge und ihre Begründung (für den Angeklagten „nur in einer von dem Verteidiger oder einem Rechtsanwalt unterzeichneten Schrift oder zu Protokoll der Geschäftsstelle“) vorschreiben. Eine weitergehende Zulässigkeitsprüfung steht dem Tatgericht nicht zu.[3147] So ist beispielsweise der Verwerfungsgrund der fehlenden

3144 Vgl. OLG Köln NStE § 346 StPO Nr. 3.

3145 Sollte das Tatgericht die Zulässigkeit in einem Beschluss dennoch positiv feststellen, ist diese Entscheidung rechtlich unwirksam; hierzu LR-*Hanack* § 346, Rn. 15.

3146 Siehe hierzu aber auch BayObLG NStZ 1995, 142 in einem Fall eines unwirksamen Rechtsmittelverzichts vor dem AG durch den Verteidiger. Der Betroffene hatte gegen die Entscheidung des AG dennoch Rechtsbeschwerde eingelegt, die wegen des Rechtsmittelverzichts vom Tatgericht verworfen wurde, obwohl es für die Beurteilung dieser Frage nicht zuständig war. Das BayObLG entschied in diesem Fall selbst über die Zulässigkeit der Rechtsbeschwerde.

3147 *Meyer-Goßner* § 346, Rn. 2.

Vollmacht des für den Revisionsführer tätigen Rechtsanwalts der Prüfungskompetenz des Tatgerichts entzogen.[3148]

1358 Gegen diesen Beschluss kann der Revisionsführer innerhalb einer Woche die **Entscheidung durch das Revisionsgericht** beantragen (§ 346 Abs. 2 S. 1 StPO).[3149] Der Antrag muss keiner bestimmten Form genügen. Unschädlich ist es auch, wenn er versehentlich als „Beschwerde" oder „Antrag auf Wiedereinsetzung in den vorigen Stand"[3150] bezeichnet wird. Der Antrag wird entsprechend den Vorschriften über die sofortige Beschwerde (§ 311 StPO) behandelt.[3151] Er kann von dem Revisionsführer nur im Falle der **Zurückweisung *seines* Revisionsantrages** gestellt werden; folglich ist der Antrag des Angeklagten nach § 346 Abs. 2 StPO nicht zulässig gegen die Verwerfung der von der Staatsanwaltschaft eingelegten Revision, auch wenn diese zugunsten des Angeklagten erfolgte.[3152] Nur der Revisionsführer selbst kann diesen Rechtsbehelf anstrengen. Lediglich der Verteidiger kann aufgrund seiner Vollmacht einen Antrag auch für den Angeklagten stellen.[3153] Zugunsten des Angeklagten kann der Antrag also weder von der Staatsanwaltschaft noch von dem gesetzlichen Vertreter oder Erziehungsberechtigten gestellt werden.[3154] Wird jedoch die Revision des Erziehungsberechtigten oder des gesetzlichen Vertreters wegen Unzulässigkeit verworfen, kann der Angeklagte hiergegen das Revisionsgericht um Entscheidung ersuchen.[3155]

1359 Auf den Antrag nach § 346 Abs. 2 StPO prüft das Revisionsgericht die Revision auf ihre Zulässigkeit und Begründetheit hin. Bei Unzulässigkeit wird der Antrag verworfen, und zwar auch dann, wenn die Unzulässigkeit auf einem anderen Grund als auf dem vom Tatgericht angenommenen beruht.[3156] Hat das Tatgericht Zulässigkeitsvoraussetzungen geprüft, für deren Prüfung es nicht zuständig war, hebt das Revisionsgericht den Beschluss auf und ersetzt diesen durch einen eigenen nach § 349 Abs. 1 StPO.[3157] Verfahrenshindernisse werden vom Revisionsgericht nur geprüft, wenn die Revision rechtzeitig eingelegt wurde und insofern aufgrund der Hemmung des § 343 Abs. 1 StPO keine Rechtskraft eingetreten ist.[3158]

1360 Der Antrag wird als unbegründet verworfen, wenn das Tatgericht zu Recht die Zulässigkeit des Rechtsmittels verneint hatte, etwa weil die Revisionsbegründungsfrist (§ 345 Abs. 1 StPO) nicht eingehalten worden ist.[3159]

3148 *Meyer-Goßner* aaO; BGH 3 StR 267/99 v. 27. 10. 1999 = BGHR StPO § 346 I Form 1.

3149 BGH NStE StPO § 346 Nr. 1.

3150 BGH NStE StPO § 346 Nr. 2; *Dahs/Dahs* Revision, Rn. 510 (mit Hinweis auf § 300 StPO).

3151 *Meyer-Goßner* § 346, Rn. 8.

3152 LR-*Hanack* § 346, Rn. 28; *Meyer-Goßner* § 346, Rn. 9.

3153 LR-*Hanack* § 346, Rn. 28; *Meyer-Goßner* § 346, Rn. 9.

3154 LR-*Hanack* § 346, Rn. 28; *Dahs/Dahs* Revision, Rn. 509.

3155 OLG Celle NJW 1964, 417; OLG Hamm NJW 1973, 1850; LR-*Hanack* § 346, Rn. 28.

3156 LR-*Hanack* § 346, Rn. 30.

3157 BGHSt 16, 115 (118); 22, 213 (214); BayObLG NStZ 1995, 142; BayObLG wistra 1994, 159 = VRS 86, 337; *Meyer-Goßner* § 346, Rn. 10; LR-*Hanack* § 346, Rn. 30; *Dahs/Dahs* Revision, Rn. 511.

3158 Stellvertretend für die h. M. siehe LR-*Hanack* § 346, Rn. 32f. m. w. N.; siehe auch die Vorlageentscheidung BGHSt 15, 203, in einem Fall, in dem der Tatrichter die Verjährung übersehen hatte, worauf eine zulässige Revision gestützt wurde; die Revision war aber nicht ordnungsgemäß begründet worden. Der BGH stellte dennoch das Verfahren wegen eines Verfahrenshindernisses ein.

3159 Vgl. auch BGH 2 StR 180/94 v. 22. 6. 1994 = NStZ 1994, 500.

Das Tatgericht selbst kann den einmal ergangenen Beschluss nicht wieder aufheben, auch nicht bei einem Irrtum über Tatsachen.[3160] Der judex a quo prüft nur die Einhaltung von Fristen und Form, nicht andere Zulässigkeitserfordernisse, wie z.B. die Eindeutigkeit der Revisionserklärung[3161] oder die eindeutige Übernahme der Verantwortung des Verteidigers für die Revision seines Mandanten.[3162]

Die Entscheidung des Revisionsgerichts über den Antrag nach § 346 Abs. 2 StPO kann **1361** nicht mehr angefochten werden.[3163] Das Revisionsgericht kann zwar einen Beschluss, der auf einer unrichtigen Tatsachengrundlage basiert, wieder zurücknehmen,[3164] ein Beschluss, der einen Rechtsirrtum beinhaltet, soll hingegen nicht rücknehmbar sein.[3165]

II. Der Weg der Akten zum Revisionsgericht

Erachtet das Tatgericht die Revision für zulässig, so hat der Gegner des Beschwerdefüh- **1362** rers die Möglichkeit, binnen einer Woche mittels einer Gegenerklärung Stellung zur Revision zu nehmen (§ 347 Abs. 1 StPO). Nach Ablauf dieser Frist leitet die zuständige Staatsanwaltschaft die Akten dem Revisionsgericht zu (§ 347 Abs. 2 StPO). Ist die Staatsanwaltschaft selbst „Beschwerdegegnerin", wartet sie damit bis zur Fertigstellung „ihrer" Gegenerklärung, die in der Praxis selten fristgerecht erfolgt. Der sanktionslosen Fristüberschreitung mag man kritisch gegenüberstehen. Zu bedenken ist jedoch, dass in umfangreichen Sachen und zur Einholung dienstlicher Äußerungen die Wochenfrist zu kurz bemessen ist. Daher wird man der Staatsanwaltschaft – solange es dabei zu keiner unvertretbaren Verfahrensverzögerung kommt – diese „Unkorrektheit" zugestehen können.[3166] Dabei mag auch berücksichtigt werden, dass die Revisionsgerichte immer mehr dazu übergehen, die Vollständigkeit der Gegenerklärung in dem Sinne zu unterstellen, dass ihr Schweigen zu einzelnen in der Revisionsbegründung enthaltenen Verfahrenstatsachen als Zeichen für deren Richtigkeit gewertet wird.[3167]

3160 RGSt 37, 292 f.; 38, 157; 55, 235 f.; OLG Celle NdsRpfl 1960, 120; OLG Düsseldorf MDR 1984, 963; *Meyer-Goßner* § 346, Rn. 6. Etwaige Aufhebungsbeschlüsse des Tatgerichts sind also unwirksam; siehe hierzu BayObLG VRS 1959, 214; OLG Celle NdsRpfl 1960, 120; OLG Schleswig SchlHA 1987, 59; *Meyer-Goßner* § 346, Rn. 6; *Dahs/Dahs* Revision, Rn. 506.

3161 OLG Hamburg NJW 1965, 1147; *Meyer-Goßner* § 346, Rn. 2.

3162 BayObLG MDR 1976, 248; weitere Beispiele bei *Meyer-Goßner* § 346, Rn. 2.

3163 KK-*Kuckein* § 346, Rn. 22; LR-*Hanack* § 346, Rn. 35; *Dahs/Dahs* Revision, Rn. 512.

3164 LR-*Hanack* § 346, Rn. 35; *Eb. Schmidt* StPO, Teil II, § 346, Rn. 9; *Dahs/Dahs* Revision, Rn. 512, Fn. 18 und19, unter Berufung auf RGSt 59, 519 und BGH NJW 1951, 771.

3165 *Eb. Schmidt* StPO, Teil II, § 346, Rn. 9; *Meyer-Goßner* § 346, Rn. 13; *Schmitt* JZ 1961, 15; *Dahs/Dahs* Revision, Rn. 512.

3166 Vgl. aber BGH StV 1997, 409; BGH NStZ 1997, 29; OLG Koblenz StV 1997, 409; BGH StV 1995, 130 zur strafmildernden Berücksichtigung von Verfahrensverzögerungen zwischen tatrichterlichem Urteil und Vorlage beim Revisionsgericht.

3167 BGH 1 StR 471/01 v. 22. 11. 2001 = NStZ 2002, 275 = StV 2002, 296: „Die Staatsanwaltschaft hat eine Gegenerklärung abgegeben (§ 347 Abs. 1 Satz 2 StPO), die lediglich den von der Revision vorgetragenen Verlauf durch Wiedergabe eines Protokollauszuges bestätigt. Den weiteren Behauptungen der Revision ist sie indessen nicht entgegengetreten. Der Gegenerklärung ist auch keine dienstliche Äußerung des Vorsitzenden der Strafkammer, des beisitzenden Richters oder des Sitzungsvertreters der Staatsanwaltschaft zu entnehmen, aus der sich insoweit Gegenteili-

1363 Erfolgte die **Versendung der Akten** an ein unzuständiges Revisionsgericht – also etwa an das Oberlandesgericht an Stelle des in Wirklichkeit zuständigen Bundesgerichtshofs[3168] –, beschließt das OLG selbst seine Unzuständigkeit und leitet die Sache über die Staatsanwaltschaft bindend an den BGH weiter (§ 348 StPO).

1364 Ist das angegriffene Urteil von einer Strafkammer eines Landgerichts gefällt worden und ist damit der Bundesgerichtshof zur Entscheidung über die Revision zuständig, geschieht die „Versendung" der Akten i.S. von § 347 Abs. 2 StPO in der Weise, dass die zuständige Landesstaatsanwaltschaft gegebenfalls über die Generalstaatsanwaltschaft die Akten dem **Generalbundesanwalt** zuleitet, wo ein dem zuständigen Strafsenat des BGH zugeordneter Sachbearbeiter in eine sachliche Prüfung der Revision eintritt. Dieser Sachbearbeiter der Bundesanwaltschaft ist hierbei (auch wenn es sich um eine Revision der Staatsanwaltschaft handelt), völlig unabhängig von der Landesstaatsanwaltschaft. Das bedeutet, dass der GBA abweichend vom Antrag der örtlichen StA im Ausgangsverfahren auf die Revision des Angeklagten hin Freispruch oder Aufhebung beantragen und sogar auf eine Verwerfung der Revision der Staatsanwaltschaft hinwirken kann, was durchaus vorkommt. Die Revisionsstaatsanwaltschaft (Generalstaatsanwalt beim OLG und GBA beim BGH) leitet sodann die Akten dem zuständigen Senat zu. Gleichzeitig stellt sie ihren Antrag, der folgende Ziele verfolgen kann:

- Verwerfung der Revision als unzulässig durch Beschluss (§ 349 Abs. 1 StPO);
- Verwerfung der Revision als offensichtlich unbegründet durch einstimmigen Beschluss (§ 349 Abs. 2 StPO);
- Aufhebung des angefochtenen Urteils durch Beschluss (§ 349 Abs. 4 StPO);
- Anberaumung eines Termins zur Hauptverhandlung vor dem Revisionsgericht (§ 349 Abs. 5 StPO).

1365 An den Antrag auf Terminsanberaumung ist das Revisionsgericht gebunden.

Der am häufigsten gestellte Antrag lautet, die Revision einstimmig wegen offensichtlicher Unbegründetheit zu verwerfen. Ohne einen derartigen Antrag darf das Gericht keine Entscheidung gem. § 349 Abs. 2 StPO treffen.

III. Entscheidung durch das Revisionsgericht

1. Beschlussverwerfung durch das Revisionsgericht bei Unzulässigkeit (§ 349 Abs. 1 StPO)

1366 Auch das Revisionsgericht prüft nochmals die Zulässigkeit der Revisionseinlegung und -begründung und kann die Revision durch Beschluss außerhalb der Hauptverhandlung[3169] als unzulässig verwerfen, wenn etwa das Tatgericht der Zulässigkeit

ges ergäbe (vgl. Nr. 162 Abs. 2 bis 4 RiStBV; siehe auch BGH StV 2000, 652, 653). Der Senat hat deshalb keinen Grund an dem Revisionsvorbringen zu zweifeln ....".

3168 Dies ist z.B. denkbar, wenn das Berufungsgericht (LG) die Strafgewalt des Amtsgerichts überschritten hat und daher sein Urteil als erstinstanzliches behandelt werden muss, was dazu führt, dass nur noch eine Revision zum BGH möglich ist; Beispiel von *Roxin* § 53 F. IV.

3169 Nach einer durchgeführten Hauptverhandlung kann hingegen nur durch Urteil (§ 349 Abs. 5 StPO) entschieden werden.

entgegenstehende Gründe nicht bemerkt haben sollte.[3170] Das Revisionsgericht beschränkt sich bei der Zulässigkeitsprüfung aber nicht nur auf die in § 346 Abs. 1 StPO aufgeführten Gründe, sondern prüft sämtliche Zulässigkeitsvoraussetzungen.[3171] So wird z. B. auch geprüft, ob die Revision statthaft war und ob der Revisionsführer hierzu berechtigt bzw. ob er beschwert war, ferner ob das Rechtsmittel beschränkt worden ist und ob die Voraussetzungen des § 344 StPO beachtet worden sind.[3172] Eine Rückgabe der Sache an das Tatgericht ist nicht möglich.[3173] Verwerfungsbeschlüsse des BGH oder des OLG sind gemäß § 304 Abs. 4 StPO unanfechtbar.

Eine unzulässige Revision kann ein Verfahrenshindernis, das bereits vor Erlass des Urteils erster Instanz vorhanden war, vom Tatgericht aber nicht berücksichtigt worden ist, nicht fruchtbar machen.[3174] Die Prüfungskompetenz des Revisionsgerichts wird erst durch mindestens eine ordnungsgemäß erhobene Revisionsrüge eröffnet. **1367**

2. Beschlussverwerfung bei offensichtlicher Unbegründetheit (§ 349 Abs. 2 StPO)

Literatur: *Dahs* Disziplinierung des Tatrichters durch Beschlüsse nach § 349 Abs. 2? NStZ 1981, 205; *Fürstenau* Offensichtlich unbegründet? Der Missbrauch des § 349 Abs. 2 StPO, StraFo, 2004, 38; *Gribbohm* Das Scheitern der Revision nach § 344 StPO, NStZ 1983, 97; *Hamm* Aus der Beschlussverwerfungspraxis (§ 349 Abs. 2 StPO) der Revisionsgerichte, StV 1981, 315; *Hilger* Wiedereinsetzung in den vorigen Stand bei „mangelhafter" Verfahrensrüge durch den Verteidiger, NStZ 1983, 152; *Krehl* Die Begründung des Revisionsverwerfungsbeschlusses nach § 349 Abs. 2 StPO, GA 1987, 162; *Kruse* Die „offensichtlich" unbegründete Revision im Strafverfahren, 1980; *F. Meyer* Stellungnahme zur Kritik an der Revisionsverwerfung nach § 349 Abs. 2 StPO, StV 1984, 222; *Römer* Die Verwerfung wegen offensichtlicher Unbegründetheit der Revision (§ 349 Abs. 2 StPO), MDR 1984, 353; *Schoreit* Die Beschlussverwerfung der Revision gemäß § 349 Abs. 2 StPO und die Staatsanwaltschaft, Festschrift Pfeiffer, 1988, S. 397; *von Stackelberg* Zur Beschlussverwerfung der Revision in Strafsachen als „offensichtlich unbegründet", Festschrift Dünnebier, 1982, S. 365.

Durch die „lex Lobe"[3175] wurde dem § 349 Abs. 1 StPO ein zweiter Satz angefügt, **1368** durch den das Reichsgericht (nur dieses, nicht die Oberlandesgerichte) ermächtigt wurde, die Revision einstimmig durch Beschluss als offensichtlich unbegründet zu verwerfen. Der Anlass dafür waren Arbeitsrückstände, die es mit sich gebracht hatten, dass durchweg erst etwa neun Monate nach Revisionseingang verhandelt werden konnte. Seitdem verwarf das Reichsgericht etwa die Hälfte der Revisionen durch Beschluss. Durch die Dritte Verordnung des Reichspräsidenten zur Sicherung von Wirtschaft und Finanzen und zur Bekämpfung politischer Ausschreitungen vom 6. 10. 1931 wurde die Vorschrift auch auf die Revisionssenate der Oberlandesgerichte erstreckt. Und durch Verordnung vom 13. 12. 1944 wurde schließlich die Beschlussentscheidung auch für die Fälle gestattet, in denen das Revisionsgericht das Rechtsmittel einstimmig als begründet ansah. In dieser Form blieb die Vorschrift (mit Ausnahme der ehemaligen französischen Besatzungszone) bis zum Inkrafttreten des Gesetzes

3170 Dies wird jedoch, wie *Roxin* § 53 G. I, zu Recht bemerkt, nur selten der Fall sein.
3171 BGHSt 11, 152 (155); 16, 115 (118); *Meyer-Goßner* § 346, Rn. 10.
3172 Beispiele bei *Dahs/Dahs* Revision, Rn. 514.
3173 Vgl. BayObLG MDR 1975, 71 f.; OLG Düsseldorf VRS 64, 269 (270); *Meyer-Goßner* § 349, Rn. 1.
3174 *Meyer-Goßner* § 346, Rn. 11.
3175 Gesetz v. 8. 7. 1922 (RGBl. I, 509).

zur Wiederherstellung der Rechtseinheit vom 12. 9. 1950 in Kraft. In dieser Zeit entschieden einige Oberlandesgerichte (z.B. Bamberg) ganz regelmäßig durch Beschluss, auch wenn sie die Entscheidungen ausführlich begründeten, mit Leitsätzen versahen und zur Veröffentlichung bestimmten. Mit der Errichtung des Bundesgerichtshofs im Jahr 1950 wurde die Fassung wiederhergestellt, wie sie von 1931 bis 1944 gegolten hatte. Durch das StPÄG vom 19. 12. 1964 erhielt § 349 StPO die jetzt noch geltende Fassung. Dabei fällt auf, dass die Möglichkeit der Beschlussentscheidung durch die Oberlandesgerichte bestehen geblieben ist, obwohl die Gründe, die seinerzeit zu ihrer Einführung (durch Notverordnung!) geführt haben, nicht mehr vorliegen. Ein Zusammenhang zwischen der „Sicherung von Wirtschaft und Finanzen", der „Bekämpfung politischer Ausschreitungen" und der Verwerfung durch Beschluss gem. § 349 Abs. 2 StPO lässt sich nicht mehr konstruieren. Zudem wurde in der Zwischenzeit die Zahl der Strafsenate bei den Oberlandesgerichten bedeutend vermehrt.

1369 Voraussetzung der Verwerfung durch Beschluss ist seit dem StPÄG vom 19. 12. 1964, dass die Staatsanwaltschaft beim Revisionsgericht – beim Bundesgerichtshof der Generalbundesanwalt – sie beantragt hat (§ 349 Abs. 2 StPO).[3176] Der Antrag muss schriftlich begründet und dem Revisionsführer zugestellt werden. Dieser hat sodann die Möglichkeit, binnen einer Frist von 2 Wochen, die nicht verlängert werden kann, beim Revisionsgericht eine **Gegenerklärung** abzugeben.[3177]

1370 Problematisch im Rahmen der Entscheidung gem. § 349 Abs. 2 StPO erscheint insbesondere das Tatbestandsmerkmal der **„Einstimmigkeit"**. Dabei ist zu differenzieren, ob die Entscheidung von einem Dreier- oder von einem Fünferkollegium getroffen wird. Vorbereitend tätig sind bei der Beratung (von Beschlusssachen) im Allgemeinen nur der Vorsitzende und der Berichterstatter. Beraumt der Vorsitzende keinen Verhandlungstermin an, kann der Berichterstatter davon ausgehen, dass dieser mit der beantragten Beschlussentscheidung einverstanden ist. Wenn der Berichterstatter nunmehr die Entscheidung durch Beschluss vorschlägt, ist ein drittes Senatsmitglied mit seiner eventuell abweichenden Meinung in der Minderheit. Zwar könnte es auf Terminbestimmung bestehen, Einsicht in die Urteilsgründe, die Revisionsbegründung und die Beschwerdeerwiderung verlangen. Es bedarf aber wohl größerer Überzeugungsarbeit zwei Mitglieder von ihrer Meinung abzubringen, als umgekehrt. In einem Fünfersenat ist das anders: Vorsitzender und Berichterstatter bilden zusammen eine Minderheit und eines der übrigen Senatsmitglieder hat es bedeutend leichter, eine Erörterung in Gang zu bringen, bei der es weitaus bessere Chancen hat als der einsame Abweichler im Dreiersenat.

1371 Das Rechtsinstitut der Beschlussverwerfung ist seit seiner Einführung stark umstritten.[3178] Auf dem 52. Deutschen Juristentag 1978[3179] wurde über eine Reform des

---

3176 Beim Fehlen eines Antrags nimmt BVerfGE 59, 98 = NJW 1982, 324 mit Recht einen Verstoß gegen das Willkürverbot an.

3177 Siehe hierzu BGH DRiZ 1990, 455; BGH NStE § 349 Nr. 6; *Meyer-Goßner* § 349, Rn. 17.

3178 Vgl. z.B. *v. Stackelberg* NJW 1960, 505; *ders.* FS Dünnebier, 365 ff.; *Jagusch* NJW 1960, 73; *Sarstedt* JR 1960, 1; *Klaus-Dieter Kruse* Die „offensichtlich unbegründete" Revision in Strafsachen; *Peters* Strafprozess, 655 ff.; *ders.*, JR 1977, 477; *ders.* FS Dünnebier, 67 ff.; *Dahs* Handbuch, Rn. 974; *Krehl* GA 1987, 162; *Fezer* StV 2007, 40 ff.

3179 52. Deutscher Juristentag 1978, Sitzungsbericht L.

Rechtsmittelrechts diskutiert, aber erstaunlicherweise hat keiner der etwa hundert Teilnehmer – Richter, Staatsanwälte, Ministerialbeamte oder Rechtsanwälte – vorgeschlagen, den § 349 Abs. 2 StPO zu streichen.[3180] Seitdem hat sich die rechtspolitische Diskussion zunehmend darauf konzentriert, Rechtsmittel dem Ziel der Justizentlastung zu opfern,[3181] so dass die „institutionalisierte Unhöflichkeit"[3182] der Verwerfung einer ausführlich begründeten Revision durch ein nicht mit Gründen versehenes „Machtwort" wohl mehr den gegenwärtigen Zeitgeist als eine Erscheinung vergangener Tage widerspiegelt.

Über 87% aller Revisionen entscheidet der BGH durch Beschluss.[3183] Von den durch Beschluss verworfenen Revisionen werden über 85% als **„offensichtlich unbegründet"** zurückgewiesen.[3184] Das ist wesentlich mehr als vor Einführung des formalisierten rechtlichen Gehörs (§ 349 Abs. 3 StPO) und dürfte damit zusammenhängen, dass es den Senaten leichter fällt, ohne eigene Begründung eine Revision zu verwerfen, wenn der Beschwerdeführer die Begründung des darauf gerichteten Antrages der Revisionsstaatsanwaltschaft schon kennt. **1372**

Eine begriffliche Auseinandersetzung herrscht seit jeher auch darüber, was eigentlich „offensichtlich" sei. Das sind unfruchtbare Erörterungen. Die Offensichtlichkeit ist ein Erlebnis. Wem etwas wirklich offensichtlich ist, für den grenzt die Forderung, er solle das begründen, ans Alberne. Demjenigen, für den etwas nicht offensichtlich ist, durch ausführliches Räsonieren „die Augen zu öffnen", wäre ein Widerspruch in sich. **1373**

Das Erfordernis der „Offensichtlichkeit" entzieht sich also der objektiven Begriffsbestimmung. Man kann sich dennoch aber nur schwer darüber unterhalten, ohne zu fragen: *wem* offensichtlich? Das Antragserfordernis bedeutet, dass die Zahl derer, denen die Unbegründetheit offensichtlich sein muss, um einen vermehrt worden ist; dagegen ist vom Standpunkt des Beschwerdeführers nichts zu sagen. Das seit 1965 eingeführte Erfordernis der **Antragsbegründung** ist zwar unter dem Gesichtspunkt des rechtlichen Gehörs sehr zu begrüßen; andererseits lässt sich aber argumentieren, was einer besonderen Begründung bedürfe, sei eben schon aus diesem Grunde nicht „offensichtlich". Dieses Argument wird um so überzeugender, je länger die Begründungen werden. Man sagt, „Staatsanwälte beim Revisionsgericht gehören zu dem Kreis sachkundiger Personen, von deren Beurteilung es abhängt, ob eine Revision als offensichtlich unbegründet bezeichnet werden kann".[3185] Es kommt jedoch vor, dass das Revisionsgericht einem Rechtsmittel, das von der Bundesanwaltschaft(!) als offensichtlich unbegründet bezeichnet worden war, durch Beschluss gemäß § 349 Abs. 4 StPO – also einstimmig – stattgibt.

3180 Vgl. *Rieß* ZRP 1979, 193.
3181 Vgl. dazu die treffliche Analyse von *Scheffler* Strafprozessrecht, quo vadis? GA 1995, 449 ff.
3182 *G. Jungfer* in: Die revisionsgerichtliche Rechtsprechung der Strafsenate des Bundesgerichtshofs, Bd. 3 der DAV-Schriftenreihe, 160.
3183 Vgl. *Nack* NStZ 1997, 153; vgl. dazu jetzt auch *Rieß* FS Eisenberg, 569 ff.
3184 *Hamm* Formularbuch, VIII.C.11 (Anmerkungen); *Rieß* StV 1987, 269 ff.; *Nack*, NStZ 1997, 153 und *Barton*, StraFo 1998, 325.
3185 LR-*Hanack* § 349, Rn. 13.

1374 Der Ansicht *Hanacks,*[3186] dass ein Revisionsgericht die Staatsanwaltschaft, die den Antrag nach § 349 Abs. 2 StPO nicht von sich aus gestellt hat, nicht zu einem solchen Antrag anregen sollte, kann ich nur zustimmen. Ein solches Verhalten der Richter würde sogar die Frage der Befangenheit aufwerfen. So wenig es in der Tatsacheninstanz Aufgabe der Richter ist, Anträge oder sogar Anklageschriften bei der Staatsanwaltschaft gleichsam zu bestellen, sollte es sich auch in der Revisionsinstanz von selbst verstehen, dass die Staatsanwaltschaft unabhängig (insbesondere) von Anregungen des Gerichts ihre Anträge anbringt.

1375 Nicht zu teilen vermag ich dagegen die Ansicht *Kuckeins,*[3187] dass Revisionen in erster Linie dann nach § 349 Abs. 2 StPO verworfen werden könnten, „wenn sie ohne Anführung neuer Gesichtspunkte Rechtsfragen aufwerfen, die bereits durch höchstrichterliche Rechtsprechung hinreichend geklärt sind“. Man betrachte dazu die Entscheidung des **Großen Senats für Strafsachen zur fortgesetzten Handlung.**[3188] Das LG hatte den Angeklagten wegen des innerhalb von fünf Jahren verübten fortgesetzten Betruges zu einer Freiheitsstrafe von vier Jahren verurteilt. Der 2. Strafsenat beantragte daraufhin die Entscheidung des Großen Senats zu den Voraussetzungen des Rechtsinstituts der fortgesetzten Handlung.[3189] Die Revision rügte mit der Sachbeschwerde, dass der zu Beginn des Tatzeitraums gefasste Vorsatz auf eine unbegrenzte Tatdauer und damit nicht auf einen „Gesamterfolg“ gerichtet gewesen sei, wie es aber für den im Rahmen eines Fortsetzungszusammenhangs erforderlichen Gesamtvorsatz vorausgesetzt werde.[3190] Der Generalbundesanwalt hatte beantragt, die Revision als unbegründet zu verwerfen.[3191] Der Dritte Senat[3192] hatte über einen Fall von u. a. sexuellem Missbrauch eines Kindes zu entscheiden. Das Landgericht hatte das Geschehen, das sich über einen Zeitraum von 15 Jahren erstreckte, als eine fortgesetzte Tat angesehen und den Angeklagten zu 8 Jahren Freiheitsstrafe verurteilt. Die Revision erhob Sachbeschwerde.[3193] Der Generalbundesanwalt beantragte Verwerfung nach § 349 Abs. 2 StPO.[3194] Der Große Senat kam zu dem überraschenden und die Vorlegungsfrage insoweit erübrigenden Ergebnis, dass zumindest in den Fällen der §§ 173, 174, 176 und des § 263 StGB „zur sachgerechten Erfassung des verwirklichten Unrechts und der Schuld“[3195] ein Fortsetzungszusammenhang nicht mehr angenommen werden könne.

1376 Es kommt auch vor, dass Staatsanwaltschaft (Bundesanwaltschaft) und Revisionsgericht eine Revision übereinstimmend für „offensichtlich“ unbegründet halten, jedoch aus **völlig unterschiedlichen Gründen**[3196] – etwa dergestalt, dass der Senat die ge-

---

3186 LR-*Hanack* § 349, Rn. 13.
3187 KK-*Kuckein* § 349, Rn. 23.
3188 BGHSt 40, 138 ff. = NJW 1994, 1663; siehe hierzu auch *Hamm* NJW 1994, 1636.
3189 Siehe hierzu die Vorlageentscheidung in NStZ 1993, 434.
3190 BGHSt 40, 140.
3191 BGHSt 40, 140.
3192 Siehe seine Vorlageentscheidung in NStZ 1993, 585.
3193 BGHSt 40, 142.
3194 BGHSt 40, 142.
3195 So der Leitsatz in der amtlichen Sammlung (BGHSt 40, 138).
3196 Zur Problematik alternativer Antragsbegründungen der Bundesanwaltschaft, vgl. *Hamm* StV 1981, 249 (250); siehe ferner BGH, Beschl. v. 10. 4. 81 – 2 StR 573/80 – (mit ausführlicher Besprechung *Hamm* StV 1981, 315 (317)); BGHR StPO § 349 Abs. 2 – Antrag 1 (Der Angeklagte hatte hier Revision gegen die Verurteilung wegen schweren Raubes in Tateinheit mit erpresseri-

mäß § 349 Abs. 2 StPO gegebene Antragsbegründung seinerseits als „offensichtlich" unbegründet ansieht. So z.B., wenn der an sich durchaus vertretbaren Ansicht der Bundesanwaltschaft vom Senat deshalb nicht gefolgt wird, weil sie von einer bindenden Vorentscheidung eines anderen Senats abweicht, und weil der Beschwerdeführer das in seiner Gegenerklärung (§ 349 Abs. 3 Satz 2 StPO) dargelegt hat. Ob im Falle einer solchen Meinungsverschiedenheit noch von „Offensichtlichkeit" gesprochen werden kann, ist fraglich. Auch wurde mit Recht eingewand, dass der **Anspruch auf rechtliches Gehör** verletzt sei, wenn in einer reinen Rechtsinstanz das Gericht im Hinblick auf die vorab mitgeteilten Gründe der Antragsschrift durch Beschluss entscheiden darf, diesen aber auf neue Gründe stützt, zu denen keine Gelegenheit zur Stellungnahme bestand. Die Frage blieb mehr oder weniger in der Schwebe, bis der BGH im Rahmen der zahlreichen Anträge nach§ 356a StPO[3197] nunmehr Farbe bekannt hat, indem er den Begründungsaustausch kurzerhand für zulässig erklärte.[3198]

Auch bei der Entscheidung ohne Hauptverhandlung kommt dem rechtlichen Gehör **1377**
besondere Bedeutung zu. Erforderlich ist dabei, dass der Beschwerdeführer sich in seiner Gegenerklärung zu den Erwägungen äußern kann, deretwegen die Bundesanwaltschaft seine Revision für „offensichtlich" unbegründet hält. Darüber hinaus muss er aber auch in die Lage gebracht werden, sich mit weiteren Argumenten auseinanderzusetzen, aus denen der Senat die Revision verwerfen könnte, und zwar ehe dies geschieht. Dem gem. § 349 Abs. 3 StPO ausdrücklich festgeschriebenen rechtlichen Gehör ist nicht damit Genüge getan, dass dem Verwerfungsbeschluss eine Begründung beigegeben wird, aus der sich die Abweichung ergibt. In den Fällen, in denen das Revisionsgericht zwar im Entscheidungstenor mit dem Antrag der Staatsanwaltschaft konform geht, seine Entscheidung aber auf eine **andere Begründung** stützt, sollte entgegen der gängigen Praxis das rechtliche Gehör dadurch gewahrt werden, dass der Senat dem Beschwerdeführer mitteilt, er halte die Revision zwar nicht aus den von der Staatsanwaltschaft (Bundesanwaltschaft) vorgetragenen Gründen für offensichtlich unbegründet, sondern vielmehr aufgrund abweichender eigener Erwägungen. Diese hätte er dann kurz darzulegen und dem Beschwerdeführer wäre eine neue Erklärungsfrist zu setzen. Zwar schreibt das Gesetz ein solches Vorgehen nicht ausdrücklich vor. Zur effektiven Verwirklichung rechtlichen Gehörs erscheint eine

---

schem Menschenraub eingelegt. Der BGH verwarf die Revision uneingeschränkt, ohne Änderung des Schuldspruchs, obschon der Generalbundesanwalt Verwerfung unter Hinweis auf § 349 Abs. 4 StPO mit der Maßgabe beantragt hatte, dass die Verurteilung wegen erpresserischen Menschenraubes entfallen solle). Siehe ferner BVerfG, Beschl. v. 28. 10. 76, 2 BvR 765/76, zitiert nach KK-*Kuckein* § 349, Rn. 16; KK-*Kuckein* § 349, Rn. 25. Jetzt auch BGH 5 StR 359/03 v. 3. 2. 2004 = StraFo 2004, 212 = StV 2005, 3 (bei *Becker* NStZ-RR 2005, 68).

3197 Dazu unten Rn. 1393 ff.

3198 BGH, Beschl. vom 8. 4. 2009 – 5 StR 40/09 = NStZ-RR 2009, 252 („Das Revisionsgericht muss sich dem Verwerfungsantrag nur im Ergebnis, nicht aber in allen Teilen der Begründung anschließen (BVerfG – Kammer – NJW 2002, 814, 815 m. w. N.). Der Revisionsführer muss deshalb gewärtigen, dass das Revisionsgericht Zusätze zur Begründung der eigenen Rechtsauffassung beifügt (BVerfG aaO). Für diese dem Beschlussverfahren immanente Entscheidungsvariante wird dem Revisionsführer nur ein allgemeines, indes kein spezielles auf das einzelne rechtliche Argument bezogenes Gehör gewährt .... Dies begegnet vor dem Hintergrund der Kumulation des Antrags- und Einstimmigkeitserfordernisses keinen Bedenken .... Nur eine solche Praxis gewährleistet die rechtsstaatlich ebenfalls gebotene Effektivität des Beschlussverfahrens.")

derartige Transparenz aber erforderlich.[3199] Liegen Bedenken vor, sollte ohnehin ein Termin zur mündlichen Verhandlung anberaumt werden, zumal dies dem Gesetz nach den Regelfall darstellt.[3200]

1378 Umgekehrt erweckt ein Verteidiger, der die **Gelegenheit zur Gegenerklärung** nicht nutzt, sehr leicht den Eindruck, es sei ihm mit seiner Revision von vornherein nicht recht ernst gewesen. Es ist auch kaum vorstellbar, dass ein Anwalt, der die Aufgabe der Revisionsbegründung mit der notwendigen Sachkenntnis wahrgenommen hat, auf einen Verwerfungsantrag nichts mehr zu sagen hätte. Von der Möglichkeit der Gegenerklärung sollte daher reger Gebrauch gemacht werden.[3201]

1379 Die Sachbearbeiter der Revisionsstaatsanwaltschaften berufen sich in ihren Antragsbegründungen gerne auf Entscheidungen des Bundesgerichtshofs und anderer Gerichte, die weder in der amtlichen Sammlung noch in einer Fachzeitschrift abgedruckt sind. Das hat in den Jahren der Vorauflagen dieses Buches dem Revisionsführer noch Probleme bereitet. Heute ist das nicht mehr so, weil es in den Zeiten des Internet und der **elektronischen Entscheidungssammlungen** praktisch einen grenzenlosen Zugang zu allen mit Gründen versehenen Entscheidungen gibt.[3202]

1380 Erforderlich ist es zudem, jedes Argument, das einem entgegengehalten wird, daraufhin zu überprüfen, ob es sich um eine „ratio decidendi“ oder um ein „obiter dictum“ handelt. Handelt es sich um eine die frühere Entscheidung nicht tragende Bemerkung, so kann es sich empfehlen, den jetzt entscheidenden Senat darauf aufmerksam zu machen, dass er daran nicht im Sinne des § 132 GVG (oder wenn ein Oberlandesgericht zu entscheiden hat, des § 121 Abs. 2 GVG) gebunden ist. Aber selbst wenn einem eine ratio decidendi entgegengehalten wird, bleibt bisweilen noch die Hoffnung, eine neuere Entscheidung desselben Senats zu finden, in der er seine bisherige Rechtsprechung aufgegeben hat oder von ihr abgewichen ist.

1381 Wir haben schon seit langer Zeit darauf hingewiesen, dass von der Möglichkeit der Verwerfung durch Beschluss eine gewisse Versuchung zum **Missbrauch** ausgeht. Betroffen sind dabei sowohl der Beschwerdeführer als auch das Revisionsgericht. Während letzteres nämlich versucht sein kann, die Entscheidungsform zur Vermeidung einer gründli-

---

3199 Siehe auch die Empfehlung von Begründungen bei KK-*Kuckein* § 349, Rn. 28; wie hier auch *Fezer* StV 2007, 46 und SK-*Wohlers* § 349, Rn. 53 f.

3200 Zur Frage, ob bereits dann im Beschlusswege entschieden werden darf, wenn der Senat eine Hauptverhandlung für „entbehrlich“ hält vgl. LR-*Franke* § 349, Rn. 9 gegen *Hanack* in der Vorauflage. Auch wenn der GBA eine Teilaufhebung beantragt hat, sieht sich der BGH dann nicht gehindert, in vollem Umfang durch Beschluss zu verwerfen, wenn sich im konkreten Fall die Teilaufhebung nur zu Lasten des Angeklagten auswirken konnte. BGH 4 StR 11/98 – Beschl. v. 3. 3. 1998 – bei *Kusch* NStZ-RR 1999, 39; Siehe auch *Fezer* StV 2007, 40 ff.

3201 So auch *Park* StV 1997, 550.

3202 BGH-Nack enthält alle mit Gründen versehenen Entscheidungen des BGH seit 1990, und seit wenigen Jahren gibt es auch die Internet-Dokumentation des BGH in www.bundesgerichtshof.de. Inzwischen stellen auch die Oberlandesgerichte ihre Entscheidungen, freilich in unterschiedlicher Dichte und praktischer Handhabbarkeit, ins Netz. Wichtige Links sind zu finden bei http://www.deutsche-strafverteidiger.de. Wer die hohen Zugangshürden und nicht ganz billigen, wohl urheberrechtlich zu begründenden Abschottungsstrategien von beck-online.de und juris.de überwindet, findet auch dort vieles, was über die gedruckten Verlagsprodukte hinausgeht.

chen Auseinandersetzung mit diskussionswürdigen Argumenten zu missbrauchen, liegt der Missbrauch durch den Beschwerdeführer bisweilen schon in der Einlegung des Rechtsmittels. Vorliegend soll nur der letztgenannte Aspekt interessieren.

Grundsätzlich lassen sich folgende **Gruppen von offensichtlich unbegründeten Revisionen** unterscheiden: 1382

Bei der ersten Gruppe zeugt die Revisionsbegründung von keinerlei geistiger Arbeit. 1383
Sie beschränkt sich auf den Satz, dass die Verletzung des sachlichen Rechts gerügt werde, bisweilen vermehrt um einige nichtssagende Floskeln. Es ist ein unbilliges Verlangen, dass ein letztinstanzlich entscheidendes Gericht darauf mit langen Ausführungen einzugehen soll, wenn die sachliche Nachprüfung[3203] keinen Fehler des angefochtenen Urteils ergeben hat. Man wird es auch dem Revisionsgericht nicht verdenken können, wenn es sich bei einer so dürftigen Begründungsschrift nichts Neues von einer Verhandlung mit ihrem Verfasser verspricht.

Bei der zweiten Gruppe hat der Verfasser der Revisionsbegründung sich nicht die 1384
Mühe gemacht, das angefochtene Urteil genau zu lesen. Er vermisst infolgedessen Dinge, die darinstehen, und bekämpft Dinge, die nicht darinstehen. Oder er rügt Verfahrensverstöße, die gar nicht geschehen sind. Soweit es um die Förmlichkeiten der Hauptverhandlung geht, sind Verstöße „gar nicht geschehen", die sich nicht aus dem Protokoll ergeben. Die Begründungsschrift zeigt dann, dass ihr Verfasser das Protokoll nicht gelesen hat. Auch sonst ist das bisweilen leicht nachzuweisen. Nicht selten heißt es in Revisionsbegründungen, der Zeuge A habe, „wie das Protokoll ergibt", dieses gesagt und jenes nicht gesagt. Darüber ergibt das Strafkammerprotokoll aber in aller Regel nichts (vgl. § 273 Abs. 2 StPO), abgesehen davon, dass ein solcher Vortrag ohnehin unbeachtlich ist. Es kann nicht die Aufgabe des Revisionsgerichts sein, grober Unaufmerksamkeit oder Unkenntnis des Beschwerdeführers dadurch abzuhelfen, dass es einen Termin anberaumt und Urteilsgründe verfasst.

Die dritte Gruppe beruht auf gewöhnlicher Unkenntnis des Rechts in Dingen, über 1385
die jedes Elementarbuch, jeder Kurzkommentar ohne Weiteres Auskunft gibt. In der überwiegenden Mehrzahl dieser Fälle sind es die einfachsten Grundsätze des Revisionsrechts, die verkannt werden. Es ist aber zuviel verlangt, dass die Revisionsgerichte Juristen klar machen sollen, was eigentlich eine Revision ist.

Man hat auch die Frage erörtert, welche praktischen Folgen es hat, dass § 349 Abs. 2 1386
StPO eine Kannvorschrift ist.[3204] Es sind zahlreiche Gründe denkbar, aus denen man sie nicht anwendet, obwohl ihre Voraussetzungen gegeben sind. Ein solcher Grund kann z.B. in einem besonderen **Interesse der Öffentlichkeit** an dem Verfahren liegen; ein Urteil wird öffentlich verkündet und begründet, ein Beschluss gemäß § 349

3203 Dass diese Nachprüfung wegen der kurzen Revisionsbegründung weniger gründlich vorgenommen werde, meinte schon *Loewenstein* Die Revision in Strafsachen, 88. Die Vorauflagen haben das noch als „Irrtum" bezeichnet, weil bisweilen auch solche Revisionen Erfolg haben und weil auch gründlich begründete Revisionen als offensichtlich unbegründet verworfen werden. Der Verteidiger sollte dennoch damit rechnen, dass er gerade durch eine fundierte Begründung den Senat zu einer gründlichen Überprüfung veranlassen kann.

3204 *Wimmer* NJW 1950, 203; *Penner* Reichweite und Grenzen des § 349 Abs. 2 StPO (Lex Lobe), 23; LR-*Hanack* § 349, Rn. 7.

Abs. 2 StPO nicht. Auch kann zwar die Revision offensichtlich unbegründet sein, der Fall aber dennoch Anlass zur Erörterung bestimmter Rechtsfragen geben, etwa auch zur Kennzeichnung von Fehlern, die zwar im vorliegenden Fall den Revisionsführer (offensichtlich) nicht beschweren, deren Wiederholung in anderen Fällen aber entgegengetreten werden soll.

1387 Bisweilen legt auch die **Staatsanwaltschaft** offensichtlich unbegründete Revisionen ein. Soweit in solchen Fällen das Oberlandesgericht für die Entscheidung zuständig ist, kommt eine Beschlussverwerfung kaum in Betracht; denn hier wird die Staatsanwaltschaft beim Revisionsgericht, statt einen Antrag nach § 349 Abs. 2 StPO zu stellen, das Rechtsmittel entweder selbst zurücknehmen oder seine Rücknahme durch die örtliche Staatsanwaltschaft veranlassen. Dieser Weg ist für die Bundesanwaltschaft nicht gangbar; denn die örtliche Staatsanwaltschaft untersteht ihr nicht, und ihre Rechtsmittel zurückzunehmen steht ihr nicht zu. Freilich kann der Generalbundesanwalt bei der Landesstaatsanwaltschaft die Rücknahme „anregen",[3205] was häufig Erfolg haben mag. In diesen Fällen sollte aber nicht bezweifelt werden, dass die Bundesanwaltschaft auch hier Beschlussverwerfung beantragen kann[3206] und sollte. Es wäre unerträglich, die Staatsanwaltschaft insoweit anders zu stellen als die Verteidigung. Die einzige andere Möglichkeit in solchen Fällen wäre, dass der Senat die Revision durch Urteil verwürfe und zur Begründung nur den einen Satz schriebe: „Die Revision ist offensichtlich unbegründet."

1388 Eine Entscheidung des BGH aus dem Jahre 2002[3207] führt in Abkehr von anderslautenden Ausführungen in früheren Auflagen zu der **dringenden Empfehlung**, möglichst vor der Befassung der Revisionsstaatsanwaltschaft alle Aspekte, unter denen das angefochtene Urteil angreifbar erscheint, ausführlich darzulegen. Die gelegentlich auch vom Verfasser dieser Zeilen praktizierte Übung, innerhalb der Revisionsbegründungsfrist die Verfahrensrügen auszuführen und die allgemeine Sachrüge zu erheben, um die darin steckenden konkreten Anfechtungsgründe dann später, und zwar u. U. auch erst nach Eingang des o. u.-Antrages näher zu erläutern, wertet der Senat als Unterlaufen der gesetzlichen Regelung des § 349 Abs. 2 StPO. Damit werde der Staatsanwaltschaft die Möglichkeit genommen, zu den sachlichrechtlichen Einzelangriffen Stellung zu nehmen. Der Beschwerdeführer dürfe sich in diesem Falle nicht darüber beklagen, dass ihm das rechtliche Gehör zu den Gründen für die Beschlussverwerfung insoweit abgeschnitten werde. Die vom Gesetzgeber bei Einführung der Beschlussverwerfung verfolgte Absicht sei es gerade gewesen, die Revisionsgerichte zu entlasten. Dieses Argument überzeugt deshalb nicht, weil die erklärte Absicht des Gesetzgebers bei der Einführung des Antrags- und Begründungserfordernisses und des rechtlichen Gehörs dazu in § 349 Abs. 3 StPO war, die Zahl der Beschlussverwerfungen zurückzudrängen.[3208] Dennoch sollte man als Revisionsführer die Chance wahren, bereits die Staatsanwaltschaft von der Begründetheit der Sachrüge mit guten Argumenten zu überzeugen.

3205 LR-*Hanack* § 349, Rn. 14.

3206 BGH MDR 1975, 726 (*Dallinger*); BGHR StPO § 349 Abs. 2 – Verwerfung 1; KK-*Kuckein* § 349, Rn. 31; LR-*Hanack* § 349, Rn. 14.

3207 BGH 3 StR 146/02 – Beschl. v. 4. 6. 2002 = NJW 2002, 3266 = StraFo 2002, 324 = NStZ 2003, 103 = StV 2004, 120.

3208 Dazu näher oben Rn. 4 und 1368 ff.

Immer wieder wird versucht, gegen den Beschluss, durch den die Revision verworfen wurde, Wiedereinsetzung in den vorigen Stand zu beantragen oder Gegenvorstellung zu erheben. Beides lehnt der BGH mit der Begründung ab, dass es sich bei der Entscheidung nach § 349 Abs. 2 StPO um eine Rechtskraft schaffende abschließende Sachentscheidung handelt und ein im Gesetz nicht ausdrücklich vorgesehenes Mittel zur Durchbrechung der Rechtskraft nicht durch die Rechtsprechung begründet werden kann.[3209] Dem wird man nicht widersprechen können. Die Gegenargumente von *Hanack*[3210] dürften mit der Einführung des § 356a StPO, der den Fall der Nichtgewährung des rechtlichen Gehörs speziell regelt,[3211] überholt sein. Die Verteidiger seien dringend davor gewarnt, in dieser Vorschrift eine Möglichkeit zu sehen, die 2-Wochenfrist eigenmächtig zu verlängern. Überhaupt muss unter dem Druck der verfassungsrechtlich gebotenen Beschleunigung stets damit gerechnet werden, dass der Senat alsbald nach Ablauf über die Revision entscheidet. Mit der Behauptung, die zu behandelnden Rechtsfragen erforderten einen längeren Bearbeitungszeitraum, zumal der GBA für seine Antragsschrift auch mehrere Monate benötigt habe, lässt sich nicht auf § 356a StPO rekurrieren.[3212] 1389

3. Beschlussaufhebung bei einstimmig erkannter Begründetheit (§ 349 Abs. 4 StPO)

Die Aufhebung des Urteils kann – wie auch die Beschlussverwerfung nach § 349 Abs. 2 StPO – ohne mündliche Verhandlung erfolgen. Beide Wege dienen der zügigen Erledigung der Revision.[3213] Da es sich hierbei aber um eine zugunsten des Angeklagten[3214] wirkende Verfahrensweise handelt, muss – anders als im Falle des Abs. 2 – weder ein begründeter Antrag der Staatsanwaltschaft vorliegen noch eine Anhörung des Beschwerdeführers stattfinden. Das Revisionsgericht beschließt die Aufhebung[3215] und verweist die Sache an das Gericht erster Instanz zurück (§ 354 Abs. 2 StPO) oder spricht selbst frei (§ 354 Abs. 1 StPO).[3216] 1390

3209 BGH, Beschl. v. 2. 12. 2003 – 4 StR 536/01 (Wiedereinsetzung) unter Hinweis auf BGH, Beschl. v. 10. 2. 1988 – 3 StR 579/87 = BGHR StPO § 349 Abs. 2 – Beschluss 2; so auch *Meyer-Goßner* 52. Aufl. § 349, Rn. 25.

3210 LR-*Hanack* § 349, Rn. 29.

3211 Dazu näher unten Rn. 1393 ff.

3212 Anschauliches Beispiel in BGH 1 StR 8/07 v. 27. 2. 2007 = wistra 2007, 231.

3213 Vgl. KK-*Kuckein* § 349, Rn. 36.

3214 Der Angeklagte muss demnach selbst bzw. die StA zugunsten des Angeklagten Revision eingelegt haben. Eine andere Möglichkeit ist, dass die zuungunsten des Angeklagten eingelegte Revision nur zugunsten des Angeklagten durchgreift. Hierzu KK-*Kuckein* § 349, Rn. 37; für die zwar zuungunsten eingelegte, aber nur zugunsten des Angeklagten durchgreifende Revision der StA siehe auch BGH MDR 1969, 904 (*Dallinger*).

3215 Dabei richten sich Inhalt und Umfang des Beschlusses nach § 353 StPO.

3216 OLG Hamburg JZ 1966, 366; KK-*Kuckein* § 349, Rn. 39. Freispruch durch Beschluss ist sogar auf die zuungunsten des Angeklagten eingelegte Revision der StA möglich, BGH wistra 1997, 99 („Soßen-Fall"). Auch alle anderen Formen des Durchentscheidens, wie sie in § 354 StPO vorgesehen sind, dürfen durch Beschluss ergehen, solange freilich das v. BVerfG (BVerfG, Beschl. v. 14. 6. 2007 – 2 BvR 136/05 = BVerfGE 118, 212 = NJW 2007, 2977; dazu *Hamm* StV 2008, 205; *Maier* NStZ 2008, 227) für die Anwendung der § 354 Abs. 1 a und Abs. 1 b StPO vorgesehene Verfahren eingehalten wird. Dazu näher unten 1414 ff.

1391 Nicht selten setzen sich die Beschlüsse der Revisionsgerichte auch aus einer **Teilaufhebung und Teilverwerfung** zusammen, was immer dann der Fall ist, wenn über einzelne, voneinander trennbare Teile des angefochtenen Urteils separat entschieden werden kann.[3217] So kommt es vor, dass das Revisionsgericht die Revision unter einem Teilaspekt einstimmig für begründet, im Übrigen aber auch ebenso einstimmig gemäß einem entsprechenden Antrag der Revisionsstaatsanwaltschaft für unbegründet hält. In diesen Fällen werden die beiden Möglichkeiten der Entscheidung in einem Beschluss kombiniert. Dies wurde kurz nach Inkrafttreten der Neuregelung des § 349 StPO durch das Strafprozessänderungsgesetz von 1964 im Schrifttum teilweise für unzulässig gehalten.[3218] Darüber ist die Praxis aber hinweggegangen, ohne dass sich in der Literatur noch Kritik zu Wort gemeldet hätte. Der BGH hat auf eine Gegenvorstellung gegen einen solchen kombinierten Beschluss hin die Zulässigkeit einer solchen Vorgehensweise ausdrücklich klargestellt.[3219]

1392 Das Revisionsgericht kann mit seinem Beschluss das Verfahren auch ganz oder teilweise **einstellen,**[3220] z.B. bei Vorliegen eines Verfahrenshindernisses nach § 206a StPO oder gemäß § 154a StPO durch Beschränkung auf einzelne Teile der Revision, des Weiteren gemäß § 153 Abs. 2 StPO, wenn dem tatrichterlichen Urteil die tatsächlichen Voraussetzungen hierfür zu entnehmen sind[3221] und gemäß § 154 Abs. 2 StPO, sofern sich der Tatrichter in seinem Urteil mit der Tat befasst hat.[3222] In diesen Fällen muss durch das Revisionsgericht auch eine Kostenentscheidung getroffen werden.[3223] Die Beschlussbegründungen fallen in der Regel knapp aus. Eine Ausnahme bilden nur die Fälle, in denen das Revisionsgericht selbst entscheidet.[3224] Auch die Urteilsaufhebung durch Beschluss erlangt formelle Rechtskraft und ist aus diesem Grund nachträglich nicht mehr modifizierbar.[3225]

IV. Anhörungsrüge nach § 356a StPO

1393 Durch Anhörungsrügengesetz vom 9. 12. 2004[3226] wurde § 356a StPO eingeführt. Es handelt sich um eine spezielle Wiedereinsetzungsvorschrift für die Fälle, in denen die

---

3217 Vgl. hierzu auch LR-*Hanack* § 349, Rn. 38; *Meyer-Goßner* § 349, Rn. 32; *Seibert* NJW 1966, 1064; *Dahs/Dahs* Revision, Rn. 559.

3218 *Eb. Schmidt* Lehrkommentar StPO Nachtrag I 1967, § 349, Rn. 10.

3219 BGH 1 StR 579/96 v. 25. 3. 1997 = BGHSt 43, 31= NJW 1997, 2061.

3220 BGHSt 36, 175 (179) = NJW 1989, 2403; KK-*Kuckein* § 349, Rn. 39, 43; vgl. *Meyer-Goßner* § 349, Rn. 29 und NStZ 2004, 353 (354) der § 206a StPO als Erstentscheidung für anwendbar hält, wenn das Verfahrenshindernis beim Revisionsgericht eintritt und § 349 Abs. 4 StPO als Rechtsmittelentscheidung, wenn das Verfahrenshindernis schon beim Tatgericht vorlag.

3221 Eine Beweiserhebung durch das Revisionsgericht findet nicht mehr statt, vgl. *Meyer-Goßner* § 353, Rn. 2, unter Hinweis auf RGSt 77, 72 (75); BayObLG MDR 52, 247; OLG Bremen NJW 1951, 326; *Naucke* FS Staatsanwaltschaft Schleswig Holstein, 466.

3222 Hierzu *Meyer-Goßner* JR 1985, 454.

3223 Bei Zurückverweisung obliegt diese Aufgabe dem erstinstanzlichen Gericht. Ist die Sache noch beim Revisionsgericht anhängig, hat es auch über Kostenbeschwerden zu entscheiden (§ 464 Abs. 3 StPO). Zu Entscheidungen über Entschädigungen siehe KK-*Kuckein* § 349, Rn. 45 f.

3224 *Dahs/Dahs* Revision, Rn. 557.

3225 Siehe hierzu KK-*Kuckein* § 349, Rn. 41.

3226 BGBl. I 3220.

an sich Rechtskraft schaffende Sachentscheidung des Revisionsgerichts unter Verletzung des rechtlichen Gehörs erging. § 356a StPO ist gegenüber § 33a StPO die spezielle Regelung für Revisionsentscheidungen, so dass eine Wiedereinsetzung nur noch unter den besonderen Bedingungen möglich ist und die allgemeinere Regel daneben nicht mehr anwendbar ist.[3227]

Da revisionsrechtliche Urteile stets am Ende einer Hauptverhandlung ergehen, in der umfassendes rechtliches Gehör gegeben ist, kann die **Anwendung der Vorschrift nur nach Beschlussentscheidungen** in Betracht kommen. Aber auch dort wird ihre Reichweite und Bedeutung weitgehend überschätzt. Ausweislich der Entscheidungsdatei BGH-Nack haben die Senate des BGH allein im Jahr 2008 30 mit Gründen versehene Entscheidungen über solche „Anhörungsrügen" getroffen, von denen eine einzige erfolgreich war. Das liegt – wie die meist kurzen – Begründungen der übrigen 29 Entscheidungen zeigen, daran, dass vielfach die neue Vorschrift missverstanden wird, als eine Einladung zur Gegenvorstellung gegen die rechtliche Sicht, die der Beschlussverwerfung zugrunde liegt. Teilweise wird aber auch dem Antragsteller zugestanden, dass er hätte rechtliches Gehör (z.B. zu einem Antrag auf Teileinstellung nach § 154 StPO) haben müssen, ohne dass aber die Anhörungsrüge Erfolg hat, weil der BGH das Beruhen des Fehlers auf seiner Entscheidung („nicht ausgewirkt") verneint.[3228] In einem Falle hat der Senat die Voraussetzungen wegen eines Büroversehens beim Verteidiger bejaht und Wiedereinsetzung gegen die Versäumung der Wochenfrist des § 356a StPO gewährt, um dann freilich fortzufahren: *„Die Gehörsrüge ist jedoch unbegründet. ... Soweit die Beschwerdeführerin rügt, der Senat habe – trotz eines Hinweises in der Revisionsbegründung – die Nichtanwendung des § 31 BtMG seitens des Landgerichts zu Unrecht nicht beanstandet, behauptet sie der Sache nach, der Senat habe falsch entschieden. Dies beinhaltet jedoch keine Verletzung des Anspruchs auf rechtliches Gehör. Die Beschwerdeführerin wurde gehört, aber nicht erhört."*[3229] 1394

Eine Fehldeutung des Wortlautes wäre es, die Formulierung, wonach eine „Verletzung" des rechtlichen Gehörs durch das Revisionsgericht vorliegen muss, nur dann als gegeben anzusehen, wenn den beteiligten Richtern ein persönlicher Vorwurf zu machen wäre. Eine Verletzung rechtlichen Gehörs durch das Revisionsgericht liegt stets vor, wenn es bei seiner Entscheidung zum Nachteil des Beschwerdeführers Tatsachen oder Beweisergebnisse verwertet hat, zu denen der Antragsteller zuvor nicht gehört wurde, wenn es zu berücksichtigendes Vorbringen übergangen oder sonst den Anspruch auf rechtliches Gehör verletzt hat.[3230] 1395

Ein Antrag nach § 356a StPO kommt z.B. in Betracht, wenn über die Revision durch Beschluss (§ 349 Abs. 2 StPO) entschieden wurde, obwohl die Frist zur Gegenerklärung auf den Antrag der Staatsanwaltschaft (§ 349 Abs. 3 StPO) noch nicht abgelaufen oder dem Angeklagten bzw. seinem Verteidiger diese Erklärung noch nicht zugestellt 1396

3227 LR-*Franke* § 356a, Rn. 1; KK-*Kuckein* § 356a, Rn. 2; BGH NStZ 2007, 236; *Meyer-Goßner* FS Hamm, 441 ff., 454 f.

3228 Beispiel: BGH 4 StR 454/07 v. 11. 3. 2008 = NStZ-RR 2008, 183.

3229 BGH 1 StR 185/08 v. 18. 6. 2008.

3230 *Meyer-Goßner* 52. Aufl. § 356a, Rn. 1; SK-*Wohlers* § 356a, Rn. 5; KK-*Kuckein* § 356a, Rn. 3 f.; BGH NStZ 2005,462,463; NStZ-RR 2005, 173, 174; BGH 22. 11. 2006, 1 StR 180/06; 21. 12. 2006, 2 StR 307/06; 9. 5. 2007, 2 StR 530/06; 13. 2. 2008, 3, StR 507/07.

war,[3231] der Revisionssenat ohne Kenntnis der Gegenerklärung entschieden hat oder wenn der Angeklagte keine Gelegenheit hatte, zu bestimmten Ergebnissen des vom Revisionsgericht zur Klärung von Verfahrensfragen durchgeführten Freibeweisverfahrens, etwa zu eingeholten dienstlichen Äußerungen, Stellung zu nehmen.[3232]

1397 Der BGH wendet § 356a StPO auch für den Fall an, dass **Mitglieder des Revisionssenats abgelehnt** waren und der Beschwerdeführer nach der Sachentscheidung den Beschluss anfechten will, durch den das Ablehnungsgesuch zurückgewiesen wurde.[3233] Der Anspruch auf rechtliches Gehör des Verurteilten ist nicht einmal dadurch verletzt, dass diesem keine Gelegenheit gegeben worden ist, zu der von der mitgeteilten Begründung des Verwerfungsantrages der Revisionsstaatsanwaltschaft abweichenden Begründung des Senats, die erstmals durch den Beschluss nach § 349 Abs. 2 StPO mitgeteilt wurde, vorab Stellung zu nehmen.[3234] Die Bedenken gegen einen solchen „klammheimlichen Begründungsaustausch" hatte ich bereits unter dem alten Recht zur Diskussion gestellt, allerdings nicht unter dem Aspekt der Wiedereinsetzung oder der nachträglichen Gewährung des rechtlichen Gehörs, sondern bereits zur Frage der Zulässigkeit der Entscheidung ohne Hauptverhandlung, wenn § 349 Abs. 3 StPO seinen Zweck, dem Revisionsführer die maßgeblichen Gründe für die Verwerfung der Revision vorab mitzuteilen, in concreto nicht erfüllen kann.[3235] Der BGH hat sich diesen Bedenken auch jetzt bei der Auslegung des § 356a StPO nicht angeschlossen und dabei darauf abgestellt, der Revisionsführer habe besonderen Anlass, zu den im Beschlussverfahren angelegten, den Schuld- oder Strafausspruch betreffenden Entscheidungsvarianten umfassend Stellung zu nehmen und seine Rechtsstandpunkte auch gegen Erwägungen über die Begründung der Staatsanwaltschaft hinaus abzusichern. Das Revisionsgericht müsse sich dem Verwerfungsantrag nur im Ergebnis, nicht aber in allen Teilen der Begründung anschließen. Der Revisionsführer müsse stets gewärtigen, dass das Revisionsgericht Zusätze zur Begründung der eigenen Rechtsauffassung beifügt.[3236] Dies begegne vor dem Hintergrund der Kumulation des Antrags- und Einstimmigkeitserfordernisses keinen Bedenken. Allerdings fügt der BGH hier den etwas rätselhaften Satz hinzu: *„Für grundlegend neue und damit notwendig jeden Beschwerdeführer überraschende Rechtsauffassungen ist im Beschlussverfahren nach § 349 Abs. 2 StPO ohnehin kein Raum."*[3237] Dies lässt hoffen, dass völlige Überraschungen in der Praxis dann doch vermieden werden.

3231 BT-Drucks 15/3706, 17.
3232 KK-*Kuckein* aaO.
3233 BGH 1 StR 541/08 Beschl. v. 6. 2. 2009; BGH, Beschl. v. 8. 4. 2009 – 5 StR 40/09 = NStZ-RR 2009, 252.
3234 BGH, Beschl. v. 8. 4. 2009 – 5 StR 40/09 = NStZ-RR 2009, 252.
3235 Siehe z. B. schon *Hamm* StV 1981, 315.
3236 Hierbei kann sich der BGH auch auf BVerfG NJW 2002, 814, 815 und 487ff. m. w. N. stützen.
3237 BGH, Beschl. v. 8. 4. 2009 – 5 StR 40/09 Tz. 5 = NStZ-RR 2009, 252.

B. Entscheidung durch Urteil

I. Anlässe für eine Revisionshauptverhandlung

Das Revisionsgericht entscheidet nur dann durch Urteil, **wenn eine Revisionshauptverhandlung stattgefunden** hat (§§ 349 Abs. 5, 350, 351, 353 StPO). Sie ist zwingend vorgeschrieben, wenn die Revisionsstaatsanwaltschaft sie beantragt oder wenn auf ihren Antrag, durch Beschluss zu entscheiden, keine Einstimmigkeit (§ 349 Abs. 2, 4 StPO) im Senat zu erzielen ist. Es soll jedoch auch vorkommen, dass ein Senat sich bei der Beratung über einen beantragten Beschluss darüber einig ist, dass wegen der Bedeutung der zu klärenden Rechtsfragen, über deren Beantwortung man auch Einstimmigkeit erzielen könnte, eine offene Diskussion über die einzelnen rechtlichen Aspekte stattfinden sollte, um dann erst durch Urteil zu entscheiden. Das ist in den Fällen zu begrüßen, in denen komplexe Fragen zu beantworten sind und z.B. auch die Abgrenzung zwischen Tat- und Rechtsfragen (s.o.) oder die Vereinbarkeit des anzuwendenden Rechtssatzes mit Entscheidungen anderer Senate (Vorlagepflicht nach § 132 Abs. 2 GVG) oder anderer Oberlandesgerichte (§ 121 Abs. 2 GVG) klärungsbedürftig ist. 1398

II. Vorbereitung und Ablauf der Hauptverhandlung vor dem Revisionsgericht

Die Verhandlung bietet dem Verteidiger große Möglichkeiten, wenn er sie zu nutzen versteht. Zwar läßt das Gesetz es auch zu, dass der Verteidiger der Hauptverhandlung fernbleibt. Dies sollte er sich aber selbst verbieten. Die unter dem Aspekt des rechtlichen Gehörs nicht unbedenkliche Bestimmung des § 350 Abs. 2 S. 2 StPO, wonach der inhaftierte Revisionsführer keinen eigenen Anspruch auf Anwesenheit hat, ist nur dann erträglich, wenn über die Fälle des § 350 Abs. 3 StPO hinaus ein Anspruch auf Verteidigerbestellung auch unter den (regelmäßig vorliegenden) Voraussetzungen des § 140 Abs. 2 StPO beteht.[3237a] Ebenso wie für diesen gerichtlich bestellten Verteidiger sollte es sich auch für den Wahlverteidiger von selbst verstehen, dass er die in der Hauptverhandlung liegenden Chancen wahrt. Das setzt eine gründliche **Vorbereitung** voraus, zu der die genaue Kenntnis des angefochtenen Urteils und der bisher gewechselten Schriftsätze eine notwendige, aber noch keine hinreichende Bedingung ist. Bei einem guten Revisionsgericht steht das Urteil nicht vor der Verhandlung fest. Die entgegengesetzte Übung ist schlechthin gesetzwidrig;[3238] nach der insoweit auch vom Revisionsgericht anzuwendenden Vorschrift des § 260 Abs. 1 Satz 1 StPO hat die Beratung am Ende der Hauptverhandlung und nicht vor ihr stattzufinden. Der noch unerfahrene Verteidiger tut gut daran, sich rechtzeitig über die Besonderheiten der Hauptverhandlung vor dem Revisionsgericht klar zu werden. Sie sollten auch schon 1399

3237a Zum Ganzen LR-*Franke* § 350, Rn. 2 und 9ff.

3238 So auch *Hanack* JZ 1972, 313ff. (315); *Peters* Lehrbuch, 4. Aufl., § 53 I 1a (S. 483); OLG Hamburg VRS 10, 374; a.A. BGHSt 11, 74; im Grundsatz auch LR-*Franke*. 26. Aufl., § 351, Rn. 10 mit dem Zusatz: „Das schließt jedoch eine Vorberatung über die Rechtsfragen des Falles nicht aus".

bei der Vorbereitung auf den Termin bedacht werden. Dazu gehört eine möglichst genaue Information über den **Anlass der Terminierung und die vom Senat favorisierte Verhandlungsthematik.** Manchmal wird das schon mit der Terminsnachricht mitgeteilt („Anlass zur Terminsbestimmung ist die Rüge …"). Es kann sich auch aus der Zuschrift der Revisionsstaatsanwaltschaft ergeben, z.B. wenn sie selbst eine Hauptverhandlung beantragt hat und dabei mitteilt, inwieweit sie die Revision des Angeklagten für unbegründet i.S. des § 349 Abs. 2 StPO hält und über welche Rüge(n) sie eine mündliche Erörterung als notwendig ansieht. Im letzteren Falle ergeben sich auch aus den Ausführungen der Antragsschrift wichtige Anhaltspunkte dafür, inwieweit noch Diskussionsbedarf besteht und eine Nachbesserung der rechtlichen Argumentation aus der Revisionsbegründung erforderlich ist. In anderen Fällen sollte man sich nicht scheuen, den Vorsitzenden oder den Berichterstatter anzurufen, um Interesse an einer sinnvollen Vorbereitung zu bekunden. Dabei können durchaus auch erste Vororientierungen über die den Senat interessierenden Rechtsfragen gewonnen werden.

1400 Da zwischen der Abfassung der Revisionsbegründungsschrift und dem Termin der Hauptverhandlung einige Monate verstrichen sind und die Rechtsprechung des BGH in den letzten Jahren einem immer schnelleren Wandel unterworfen ist, ist es unbedingt notwendig, sich über den **aktuellen Stand der Rechtsprechung zu informieren,** damit es nicht passiert, dass man in der Hauptverhandlung mit neuen Entscheidungen konfrontiert wird, die der eigenen Rechtsmeinung entgegenstehen oder auch sie stützen, ohne dass man sie selbst bis dahin kennt. Auch lese man seinen eigenen bisherigen Vortrag noch einmal kritisch („mit den Augen eines Revisionsrichters") daraufhin durch, zu welchen Fragen und Einwänden der Revisionsrichter er Anlass geben könnte. Das gilt insbesondere für etwaige Widersprüche zu Ausführungen des angefochtenen Urteils oder sogar auch zur Frage nach der Angriffsrichtung einer Beanstandung.[3239]

1401 In der Hauptverhandlung tritt an die Stelle der Vernehmung des Angeklagten (selbst wenn dieser erscheint) und der Beweisaufnahme ein **Vortrag des Berichterstatters,** der in der Gestaltung dieser mündlichen Einführung frei ist. Insbesondere kann er sich dann auf eher skizzenhafte Angaben beschränken, wenn gleichzeitig mitgeteilt werden kann, dass (wie bei allen BGH-Senaten üblich) alle Senatsmitglieder das angefochtene Urteil, die Revisionsbegründungsschrift und alle gewechselten Schriftsätze vorliegen haben.[3240] Der Verteidiger hat weder Einfluss auf den Inhalt des Vortrages, noch wird dieser gerade ihm etwas Neues sagen. Trotzdem sollte er ihn aufmerksam verfol-

---

3239 Ein eher kurioses Beispiel enthält die Entscheidung BGH, Urt. vom 16. 10. 2006 – 1 StR 180/06 = NJW 2007, 92 Tz. 49: Die Nebenklage hatte überhaupt keine Verfahrensrüge erhoben, im Rahmen der Sachrüge gegen die Beweiswürdigung des freisprechenden Urteils aber Einwände vorgebracht, die der Senat, dem offenbar der Freispruch auch sonst nicht einleuchtete, äußerst wohlwollend in eine Verfahrensrüge umdeutete mit dem bemerkenswerten Hinweis: *„In der Revisionshauptverhandlung hat der Nebenklägervertreter auf Nachfrage bestätigt, dass er mit seiner Revisionsbegründung die fehlende Verwertung des verlesenen Tagebuchabschnitts beanstanden wollte – Rüge der Verletzung des § 261 StPO."* Der Senat hob den Freispruch auf und verwies die Sache an eine andere Kammer des Landgerichts Mannheim zurück, die durch Urteil vom 19. 10. 2009 erneut freisprach.

3240 KK-*Kuckein* § 351, Rn. 2.

gen, und zwar unter dem Gesichtspunkt, ob die übrigen Richter durch den Vortrag zutreffend und vollständig über die wesentlichen Teile des bisherigen „Streitstandes“ unterrichtet werden. Es steht dem Verteidiger durchaus zu, den Berichterstatter um eine Ergänzung des Vortrags zu bitten, etwa eine übergangene Verfahrensrüge, die man selbst für wichtig hält, in ihrer wesentlichen Stoßrichtung noch nachzutragen.[3241] Auch kann er anregen, bestimmte Stellen des Urteils, an die er im Plädoyer anknüpfen will, wörtlich zu verlesen. Natürlich kann er sie auch selbst verlesen. Aber die Bitte um Ergänzung des Vortrages wird wohl meist einen nachhaltigeren Eindruck machen. Es wäre ganz falsch, in dem Vortrag nur eine Formsache zu sehen, die überstanden werden muss. Der Verteidiger kann nicht davon ausgehen, dass in der Beratung noch Wesentliches nachgetragen wird. Auch wenn alle Mitglieder vor der Verhandlung das angefochtene Urteil, die Revisionsbegründung und die danach gewechselten Schriftsätze kennen, sollte doch der Vortrag des Berichterstatters darüber informieren, in welchen rechtlichen Aspekten und in welchen Rügen er und meist auch der Vorsitzende den Schwerpunkt der Beratung sehen. Um so berechtigter ist die Mitarbeit des Verteidigers gerade an diesem Teil der Hauptverhandlung.

Ein guter und wohl bei den meisten Revisionsgerichten verbreiteter Brauch ist es, dass **1402** der Berichterstatter auch über die Verfahrensrügen sowie darüber vorträgt, was die Sitzungsniederschrift, gegebenenfalls die Akten (Gegenerklärung) über die Tatsachen ergeben, an die sich die Verfahrensrügen anknüpfen. Ohne das ist es nämlich schier unmöglich, den Plädoyers zu folgen. Der Verteidiger hat darauf zu achten, ob dort, wo der Vortrag des Berichterstatters sich überhaupt auf die Verfahrensrügen erstreckt, seine Rügen auch vollständig und richtig mitgeteilt werden. Im Falle von **Verfahrensrügen** kann Gegenstand der Erörterungen in einer Revisionshauptverhandlung auch die Frage sein, ob, inwieweit und durch welche Beweismittel der Vortrag nach § 344 Abs. 2 S. 2 StPO bestätigt, widerlegt oder auch als unvollständig angesehen werden muss. Dabei ist zwischen den Verfahrenstatsachen, auf die sich die absolute Beweiskraft des (u.U. berichtigten[3242]) Protokolls bezieht, und den Gegenständen des Freibeweisverfahrens zu unterscheiden. Hätte der 1. Strafsenat des BGH seine Entscheidung zur „Fristenlösung“ im Beweisantragsrecht[3243] nicht durch Beschluss getroffen, sondern durch Urteil nach einer Hauptverhandlung, so hätte die Frage erörtert werden können, ob es mit der StPO vereinbar ist, vom Revisionsführer einen Sachvortrag zu verlangen, den der Strafkammervorsitzende erstmals in seiner Entgegnung auf die Revisionsbegründung behauptet hatte, und zu dem die BGH-Entscheidung selbst sagt, er sei protokollierungsbedürftig gewesen. Dass die 2. Kammer des 2. Senats des BVerfG in ihrer Entscheidung vom 6. 10. 2009 – 2 BvR 2580/08 in der „Fristenlösung“ noch keine Grundrechtsverletzung sieht, ohne auf den Aspekt der Verletzung des rechtlichen Gehörs einzugehen, verstärkt das Bedauern, dass der BGH einen so weitgehenden Rechtsprechungswandel vollzogen hat, ohne eine Hauptverhandlung durchzuführen.

3241 Dass das Fehlen eines vom Verteidiger für wichtig gehaltenen Aspekts seiner Revisionsbegründung noch kein Grund ist, an der Unbefangenheit des Berichterstatters zu zweifeln, musste der BGH auch schon entscheiden: BGH, Beschl. vom 15. 7. 2008 – 1 StR 231/08.

3242 Zur „Rügeverkümmerung“ siehe oben Rn. 295 ff.

3243 BGHSt 52, 355, s. dazu oben Rn. 227.

1403 Nach dem Vortrag des Berichterstatters erhält zunächst der Beschwerdeführer für sein **Plädoyer** das Wort, also bei Revisionen des Angeklagten der Verteidiger, bei Revisionen der Staatsanwaltschaft der Vertreter des Generalbundesanwalts (Generalstaatsanwalts). Unerfahrene Verteidiger, die daran nicht denken, geraten bisweilen dadurch in Verlegenheit, dass sie als erste sprechen sollen. Der Bundesanwalt wird aber, wenn der Verteidiger ihn darum bittet, wohl meist bereit sein, als Erster das Wort zu ergreifen. Der Verteidiger könnte das sogar erzwingen, indem er sich zunächst damit begnügt, einen bloßen Antrag zu stellen (etwa auf Aufhebung und Zurückverweisung), um sich alle weiteren Ausführungen für die Erwiderung vorzubehalten. Die Senate sehen das aber nicht gern, es sei denn, es biete sich im Einzelfall als zweckmäßig an und werde von beiden „Parteien" übereinstimmend angeregt. Das ist z.B. dann sinnvoll, wenn der Vertreter der Revisionsstaatsanwaltschaft einen mit Gründen versehenen Terminsantrag oder auch einen Beschlussantrag nach § 349 Abs. 2 oder 4 StPO gestellt hatte, inzwischen aber seine Meinung geändert hat. Dann sollte er diese auch zuerst präsentieren.

1404 Bei umfangreichen Sachen kann der **Vorsitzende die Verhandlung gliedern** oder durch einen (möglichst vorher übersandten) Fragenkatalog strukturieren. So empfiehlt es sich bisweilen, die einzelnen Verfahrensrügen oder auch die einzelnen Taten punktweise zu behandeln. Dann kann es auch sinnvoll sein, dass der Berichterstatter abschnittweise vorträgt und dazwischen jeweils zu dem betreffenden Thema die Plädoyers dazu gehalten werden. Dieses Verfahren hat den Vorzug, alle Beteiligten weniger zu ermüden, als es stundenlange ununterbrochene Vorträge zu den unterschiedlichsten Verfahrens- und Sachfragen tun würden. Üblich ist es auch, dass der oder die Vorsitzende zu Beginn der Verhandlung eine Empfehlung ausspricht, auf welche Aspekte sich die Plädoyers konzentrieren sollten. Da das Revisionsgericht keineswegs verpflichtet ist, den ganzen übrigen Prozessstoff in seinem Urteil zu behandeln, wäre es Zeitvergeudung, die Verhandlung auf Revisionsangriffe zu erstrecken, bei denen der Senat bereits im Rahmen der Vorberatung Einstimmigkeit erzielt hatte. Das sind dann später diejenigen Passagen des Urteils, in denen es heißt, die Revision sei „im Übrigen unbegründet (§ 349 Abs. 2 StPO)". Niemand ist verpflichtet, sich an solche Empfehlungen sklavisch zu halten. Wer mit der Revision ein Herzensanliegen verfolgt, darf dies auch dann vortragen, wenn es außerhalb des zunächst bekannt gegebenen Interessenfeldes der Senatsmitglieder liegt, solange es nur rechtliche und revisible Aspekte betrifft oder man gerade dazu reden möchte, dass dies so sei. Aber es erfordert dann doch hohe rhetorische Fähigkeiten, gegen die manchmal spürbare Langeweile und Ungeduld des Gerichts anzukämpfen. Im Allgemeinen empfiehlt es sich, dort Land gewinnen zu wollen, wo durch die Vorbereitung das Streitfeld abgesteckt wurde.

1405 Die Revisionsrichter sind Fachleute, bei denen der Verteidiger zahlreiche Dinge voraussetzen kann, die er den Laienrichtern erst erklären müsste. Dass der Verteidiger das weiß, sollte auch in der Rhetorik des Plädoyers erkennbar werden. Es ist vorgekommen, dass Verteidiger dem Revisionsgericht erklärt haben, sie bäten, etwaige Unvollkommenheiten ihres Vortrages zu entschuldigen, sie hätten den Auftrag erst gestern erhalten. Eine solche Situation sollte man als Verteidiger vermeiden. Ein pflichtbewusster Verteidiger lehnt einen solches Mandat ab, statt unvorbereitet vor einem Revisionsgericht aufzutreten.

Eine Zumutung für die Zuhörer ist ein Plädoyer, das nur oder in weiten Teilen aus Wiederholungen des bereits schriftlich Vorgetragenen besteht. Der Verteidiger sollte vielmehr zeigen, dass er sich **mit den Entscheidungen vertraut gemacht hat und die Argumente kennt, die ihm entgegengehalten werden** können. Er sollte damit rechnen, dass das geschieht, und am Besten ist es, wenn er darauf nicht wartet, sondern die daraus herzuleitenden Einwände selbst formuliert, um dann gleich die Gegenargumente vorzubringen. Kann er dann darlegen, dass und inwieweit der früher entschiedene Fall sich von dem jetzt vorliegenden unterscheidet, so ist er in einer günstigeren Lage, als wenn er nur die Richtigkeit des früheren Urteils bekämpft. Aber auf beides muss man vorbereitet sein; improvisieren lassen sich solche Ausführungen nur schlecht. **1406**

Auch vor dem Revisionsgericht ist „eine Rede keine Schreibe". Der Stil des mündlichen Ausdrucks muss ganz anders sein als der des schriftlichen. Das gilt gerade auch, wenn man sich vorher ein **Manuskript** erstellt hat, was nur unter zwei Voraussetzungen sinnvoll ist: 1. Es muss aus dem gesprochenen Text deutlich werden, dass die Orientierung an einem geschriebenen nur dazu dient, den Redner selbst daran zu hindern, abzuschweifen und die zuvor überlegte Gedankenführung in einer angemessenen Zeit zu entwickeln und möglichst überzeugend zu präsentieren. 2. Es muss ein rhetorischer Text sein und darf sich nicht anhören wie die Verlesung eines Aufsatzes. Das heißt z. B. auch, dass man Formulierungen vermeiden muss, die sich auf die räumliche Anordnung von Schriftzeichen auf dem Papier beziehen. Wenn ich einen Redner höre, der immer wieder sagt, er habe „oben" etwas schon einmal erwähnt oder gar er werde „unten" darauf noch einmal zurückkommen, schaue ich als Zuhörer immer im einen Falle an die Decke des Gerichssaals, im anderen auf den Boden. Und 3. muss das Manuskript so beschaffen und zumindest in seiner Gedankenführung auch im Kopf des Redners abgespeichert sein, dass er bei Unterbrechungen durch Zwischenfragen und Diskussionsbeiträge der Richter nicht aus dem Konzept kommt. **1407** 1277

Gegenüber solchen Unterbrechungen, Hinweisen und Einwänden vom Richtertisch sollte der Verteidiger sich nicht empfindlich, sondern dankbar zeigen. Sie können, auch wenn sie unbequem sind, ausgesprochenem Wohlwollen für ihn und für die von ihm geführte Sache entspringen. Sie bedeuten meist, dass die Richter den Verteidiger für einen Gesprächspartner halten, mit dem eine Aussprache lohnt. Sie können bedeuten, dass eine Minderheit des Gerichts ihm Gelegenheit geben will, sie in ihren Diskussionen gegen die Mehrheit zu unterstützen. Im Revisionsverfahren ist die Hauptverhandlung ein vor der Öffentlichkeit stattfindendes Stück der Beratung. Es kommt der Lebendigkeit dieses Verfahrensteils zugute, wenn die Richter dabei aus ihrer Zurückhaltung herausgehen und es zu einem Kolloquium kommen lassen, von dem die Prozessordnung freilich nichts weiß. Zwar hat sich die Rechtsprechung immer geweigert, für die strafprozessuale Hauptverhandlung allgemein einen Anspruch auf **Rechtsgespräche** anzuerkennen,[3244] aber die Hauptverhandlung in Revisionssachen ist der geeignete Ort für wirkliche Rechtsgespräche.[3245] Plädoyers vor einem **1408** 1280

3244 BVerfG NJW 1965, 147; BGHSt 22, 336; vgl. zur Rechtslage nach Einführung der §§ 257b und 257c StPO Beck'scher Online-Kommentar-*Eschelbach* § 257b, Rn. 3.

3245 *Dahs/Dahs* Revision, Rn. 568.

stumm dasitzenden Senat mögen für den Verteidiger leichter sein; aber sie sind als Einrichtung stark den Einwänden ausgesetzt, die schon zu der Forderung geführt haben, die Hauptverhandlung im Revisionsverfahren abzuschaffen.[3246] Manche Revisionsgerichte halten es deshalb für eine Anstandspflicht, dem Verteidiger die Widerstände zu zeigen, gegen die er kämpft und ihn diesen Kampf nicht im Dunkeln ausfechten zu lassen. Freilich gehören gewisse Voraussetzungen dazu, solche Hinweise auch verwerten zu können. Weist der Senat etwa darauf hin, dass er an eine im Urteil festgestellte Tatsache gebunden sei und dass er eine Verfahrensrüge nicht für formgerecht erhoben hält, dass aber die Entscheidung von einer näher gekennzeichneten Rechtsfrage abhänge, so muss der Verteidiger mit dem Revisionsrecht wenigstens soweit vertraut sein, um zu erkennen, dass das eine Aufforderung ist, über diese Frage zu sprechen – nicht etwa, von ihr zu schweigen. Was soll der Senat von einem Verteidiger halten, der auf einen solchen Hinweis erwidert, dann wolle er von etwas anderem sprechen?!

1409 Weitergehende Empfehlungen und Hinweise zur Beherrschung der Rede- und Debattenkunst, auch soweit sie in früheren Auflagen dieses Buchen an dieser Stelle angebracht erschienen, erspare ich meinen Lesern, weil sie eigentlich keine Besonderheiten der revisionsgerichtlichen Hauptverhandlung sind, und ohnehin von den individuellen Fähigkeiten und Veranlagungen abhängen, die weiterzuentwickeln nicht (allein) die Aufgabe der Befassung mit dem strafprozessualen Revisionsrecht ist.

1410 Das **letzte Wort** hat auch beim Revisionsgericht – wenn er anwesend ist – der Angeklagte. Sein Verteidiger sollte mit ihm zuvor eingehend besprochen haben, ob und gegebenenfalls wie er davon Gebrauch macht. Meist empfiehlt sich, dass er sich den Rechtsausführungen des Verteidigers anschließt. Auch der Angeklagte sollte zu erkennen geben, dass er die beschränkte Prüfungskompetenz des Revisionsgerichts verstanden hat und akzeptieren muss. Hierbei kann es in Einzelfällen geschickt sein, das Bedauern darüber, dass „es hier nicht mehr darum geht, wie es gewesen ist“, so zum Ausdruck zu bringen, dass es dem Revisionsgericht lohnend erscheint, eine neue Tatsachenverhandlung anzuordnen.

1411 Die Revisionshauptverhandlung schließt mit der Mitteilung des Vorsitzenden, zu welchem Zeitpunkt sie zur **Verkündung einer Entscheidung** fortgesetzt wird. Das ist häufig noch am selben Tag, und die Entscheidung ist meist auch bereits das Revisionsurteil. In Einzelfällen kann sie aber auch in einem Beschluss bestehen, wonach über bestimmte Verfahrensfragen noch (Frei-)Beweis erhoben werden soll, dessen Notwendigkeit sich dem Senat erst während der Verhandlung erschlossen hat. So war es beispielsweise in der Sache, die zu grundsätzlichen Aussagen des 2. Strafsenats des Bundesgerichtshofs zum Beweiswert von Textilfaserspuren geführt hat.[3247] Hier vernahm der Senat an einem zweiten Verhandlungstag zwei Sachverständige, um hinsichtlich eines eindeutigen Verfahrensfehlers (fehlerhafte Zurückweisung eines Beweisantrages zu einem vom Landgericht zu Lasten des Angeklagten verwerteten Indiz) zu entscheiden, dass das Urteil wegen der zwingenden Beweiskraft der übrigen

---

3246 *Leß* SJZ 1950, 68; zur kritischen Auseinandersetzung mit *Leß* vgl. die bei *Hanack* FS Dünnebier, 306 f. angegebenen Fundstellen.

3247 BGH StV 1993, 340 = NStZ 1993, 395; vgl. dazu oben, Rn. 526 und 935.

Indizien darauf nicht beruhe. Dass das Revisionsgericht in die Hauptverhandlung Sachverständige lädt, kommt bei grundsätzlichen Fragen, in denen wissenschaftliche Standards und Erfahrungswerte eine Rolle spielen, durchaus vor[3248] und darf nicht verwechselt werden mit einer Beweisaufnahme, wie sie in der Tatsacheninstanz zur Klärung eines den Schuld- oder Strafausspruch tragenden Sachverhalts stattfindet.[3249]

Zur Verkündung des Revisionsurteils muss der Wahlverteidiger, dem ja auch schon die Teilnahme an der Verhandlung freistand, nicht erscheinen. Es hat sich bei den Senaten auch weitgehend eingespielt, die Verkündung, wenn weder der Angeklagte und sein Verteidiger, noch ein Nebenklägervertreter oder ein Zuhörer erschienen ist, im Dienstzimmer des Vorsitzenden durchzuführen, um sofort danach dem Verteidiger auf telefonische Anfrage durch die Geschäftsstelle den Tenor der Entscheidung bekanntgeben zu lassen. **1412**

C. Wirkungen und Reichweite der Revisionsentscheidung

Ob das Revisionsgericht durch Beschluss oder Urteil entscheidet, macht keinen Unterschied hinsichtlich des Inhalts von Tenor und der Aussagekraft der Gründe. In beiden Fällen müssen die Entscheidungen so abgefasst sein, dass sie ihren Zwecken gerecht werden: Soweit die Revision verworfen wird, muss die dadurch bewirkte Rechtskraft klar umgrenzt werden. Das kann es auch bei einer vollständigen Verwerfung notwendig machen, dass der Tenor des damit bestätigten tatrichterlichen Urteils klarstellend neu gefasst wird. Soweit Urteilsaufhebung und Zurückverweisung erfolgt, müssen die entscheidungsrelevanten rechtlichen Erwägungen in den Gründen so deutlich zum Ausdruck gebracht werden, dass das neu mit der Sache befasste Gericht § 358 Abs. 1 StPO befolgen kann. Dazu gehört auch, dass etwaige obiter dicta als solche kenntlich gemacht und von den tragenden Gründen sprachlich getrennt werden. **1413**

Nach § 354 Abs. 1 StPO kann das Revisionsgericht **in der Sache selbst entscheiden,** **1414**
wenn die Aufhebung wegen sachlichrechtlicher Mängel des angefochtenen Urteils erfolgt und eine neue tatrichterliche Hauptverhandlung aus zwingenden Rechtsgründen nur zu einem schon für das Revisionsgericht feststehenden Ergebnis führen kann. Der Gesetzeswortlaut spricht dabei nur die Fälle an, in denen „ohne weitere tatsächliche Erörterungen nur auf Freisprechung oder auf Einstellung des Verfahrens oder auf eine absolut bestimmte Strafe zu erkennen ist oder das Revisionsgericht in Übereinstimmung mit dem Antrag der Staatsanwaltschaft die gesetzlich niedrigste Strafe oder das Absehen von Strafe für angemessen erachtet“. Der Bundesgerichtshof geht darüber hinaus und wendet die Vorschrift aus pragmatischen Gründen stets dann entsprechend an, wenn aus seiner Sicht im Schuld- oder im Rechtsfolgenausspruch im Falle einer Zurückverweisung ein bestimmtes Ergebnis rechtlich zwingend wäre. Ist ohne neue Tat-

3248 So hat z.B. der 1. Strafsenat, als die Mindeststandards an ein Glaubwürdigkeitsgutachten zu definieren waren, darüber durch eigene Anhörung von Sachverständigen „Beweis erhoben“. BGHSt 45, 164 = NJW 1999, 2746.

3249 *Dahs/Dahs* Revision, Rn. 569.

sachenerhebung die Subsumtion unter eine andere strafrechtliche Norm geboten, ändert das Revisionsgericht den Schuldspruch, indem es gleichzeitig die Revision im Übrigen verwirft oder auch indem es den Rechtsfolgenausspruch aufhebt und die Sache zur neuen Strafzumessung zurückverweist. Die in § 354 Abs. 1 StPO nicht ausdrücklich angesprochene Möglichkeit der **Schuldspruchberichtigung** durch das Revisionsgericht selbst dient in diesen Fällen der Verfahrensvereinfachung, zumal nach einer Aufhebung und Zurückverweisung das neue Tatgericht ohnehin gemäß § 358 Abs. 1 StPO an die rechtliche Subsumtion des Revisionsgerichts gebunden wäre.[3250] Dagegen lässt sich dann nichts einwenden, wenn durch diese Verfahrensweise dem Angeklagten nicht die Chance auf eine weitergehende Verbesserung genommen wird.

1415 Aber bei dem Befund, wonach die „rechtsfehlerfrei getroffenen" Feststellungen keiner erneuten „tatsächlichen Erörterung" bedürfen, ist Vorsicht geboten. Gewiss kann ein in sich geschlossener Sachverhalt so weit aufgeklärt und sogar „unstreitig" sein, dass eine erneute Beweisaufnahme dem schlechterdings nichts mehr hinzuzufügen vermag. Aber eine tatrichterliche Beweiserhebung ist ein Vorgang, der sich an den rechtlichen Vorgaben des Anklagevorwurfs orientiert. Deshalb stellt sich stets auch die Frage, ob in der **Schuldspruchänderung durch das Revisionsgericht eine Verletzung des § 265 StPO** liegt.[3251] Zwar geht der BGH darauf regelmäßig ein, gelegentlich entsteht dabei aber der Eindruck, als werde die Wendung, es sei nach der Sachlage auszuschließen, dass der Angeklagte sich gegen den Vorwurf gemäß dem neuen Schuldspruch anders hätte verteidigen können, etwas formelhaft und phantasielos verwendet.[3252] Auch wird nicht immer die Grenze zwischen den tatsächlichen Voraussetzungen für die Schuldspruchänderung (bei gleichzeitiger Verwerfung der Revision im Übrigen) und der Beruhensfrage[3253] deutlich. Das liegt daran, dass diese beiden Prüfungsschritte in der Entscheidungsfindung des Revisionsgerichts in gewisser Weise die Arbeitsteilung gegenüber dem Tatgericht durchlöchern. Wie die Beruhensfrage ist auch die Frage nach der Erschöpfung des tatsächlichen Erörterungsbedarfs nur mit einer hypothetischen Aussage über die Handlungsalternativen des Tatgerichts beim Hinwegdenken des vom Revisionsgericht erkannten Rechtsfehlers zu beantworten. Dabei sind stets auch die Prozesshandlungsalternativen der Verfahrensbeteiligten mit zu bedenken – eine Aufgabe, die nur dann ohne Systembruch erfüllt werden kann, wenn sich die Revisionsgerichte auf die Prüfung der objektiven *Ausschließbarkeit* eines dem Angeklagten günstigeren Verfahrensausgangs beschränken. Bejaht ein Revisionsgericht dagegen die Möglichkeit des „Durchentscheidens" im Wege der Schuldspruchänderung in Fällen, in denen es an einer ausreichenden Tatsachenbasis fehlt, entzieht es damit dem Angeklagten auch den gesetzlichen Richter.[3254]

1416 Dasselbe gilt für das Durchentscheiden der Revisionsgerichte zum Rechtsfolgenausspruch. Soweit die entsprechende Anwendung des § 354 Abs. 1 StPO noch den Sinn

3250 LR-*Hanack* § 354, Rn. 15.
3251 Siehe hierzu oben, Rn. 1161 ff.
3252 Bedenklich z. B. BGH NStE Nr. 5 zu § 354 StPO.
3253 Hierzu oben, Rn. 517 ff.
3254 BVerfG NJW 1991, 2893 mit zust. aber in seiner Kritik an der von der Entscheidung des BVerfG nicht betroffenen Rspr. des BGH zur Revisibilität der Beweiswürdigung über das Ziel hinausschießenden Anm. von *Foth* NStZ 92, 444; vgl. auch BVerfG NJW 1996, 116.

und Zweck der Vorschrift trifft, ist sie unbedenklich. Bei der absolut bestimmten (also der lebenslangen[3255] Freiheits-)Strafe ist die gesetzliche Regelung nur deshalb systemkonform, weil dem neu mit der Sache befassten Tatrichter keinerlei Ermessensspielraum und damit auch keine Entscheidungsalternativen zur Verfügung stünden. Dies sollte auch die Voraussetzung für eine entsprechende Anwendung sein. Bei einer auf den Rechtsfolgenausspruch beschränkten Revision, die nur die Aussetzung der erkannten Freiheitsstrafe zur Bewährung erstrebt, ist dem Angeklagten mehr geholfen, wenn dies vom Revisionsgericht selbst entschieden wird, sobald feststeht, dass auch das Tatgericht aus Rechtsgründen keine andere Wahl hätte.[3256]

Mit der Neufassung des § 354 Abs. 1 StPO und seiner Ergänzung durch die Unterab- **1417** sätze 1a und 1b hat der Gesetzgeber geglaubt, den Revisionsgerichten eine bessere Legitimation für das **„Durchentscheiden"** auch dort zu geben, wo eigentlich die Strafzumessungsdomäne des Tatrichters ein Eingreifen von außen verbieten sollte. Damit hat sich das Spektrum der revisionsgerichtlichen Entscheidungen erheblich ausgeweitet. Die Revisionsentscheidung kann – unabhängig davon, ob sie durch Urteil oder Beschluss ergeht – im Tenor folgende Aussagen enthalten:

- Verwerfung der Revision (führt zur Rechtskraft des angefochtenen Urteils);
- Aufhebung des angefochtenen Urteils mit den ihm zugrunde liegenden Feststellungen[3257] und Zurückverweisung an eine andere Strafkammer desselben oder eines anderen Gerichts (§§ 353, 354 Abs. 2 StPO);[3258]
- Aufhebung des angefochtenen Urteils unter Aufrechterhaltung der Feststellungen, wenn sie von der zur Aufhebung führenden Gesetzesverletzung nicht betroffen werden (§ 353 Abs. 2 StPO);
- Aufhebung des Urteils und Verfahrenseinstellung bei Vorliegen eines Prozesshindernisses (§§ 353, 354 Abs. 1 StPO);
- Abänderung[3259] des Urteils im Rechtsfolgenausspruch auf Antrag der Revisionsstaatsanwaltschaft mit Neufestsetzung auf die gesetzliche Mindeststrafe oder auf Absehen von Strafe nach § 60 StGB (§ 354 Abs. 1 StPO);

3255 Dabei handelt es sich nach der „Schwurgerichtslösung" des BVerfG (BVerfGE 86, 288) im Ergebnis auch in diesen Fällen nicht mehr um „absolut bestimmte" Strafen, da es bei Verurteilung zu lebenslanger Freiheitsstrafe wegen Mordes Sache des Schwurgerichts ist, nicht nur die zur Begründung der absoluten Strafe erforderlichen Feststellungen zu treffen und darzulegen, sondern darüber hinaus nunmehr auch unter Abwägung der der jeweiligen Tat anhaftenden individuellen schulderschwerenden und schuldmindernden objektiven und subjektiven Merkmale festzustellen, ob eine besondere Schwere der Schuld i. S. des § 57a Abs. 1 Nr. 2 StGB vorliegt. Vgl. hierzu auch Rn. 79ff.

3256 BGH wistra 1992, 22 (23); BGH 4 StR 126/97 v. 14. 4. 1997.

3257 Hat das Revisionsgericht nach einer Verurteilung wegen zweier materiellrechtlich und verfahrensrechtlich getrennter Taten einen Schuldspruch und den Gesamtstrafenausspruch „mit den Feststellungen aufgehoben", dann bezieht sich die Aufhebung der Feststellungen auch auf den aufgehobenen Schuldspruch BGH 2 StR 62/07 v. 28. 3. 2007 = NJW 2007, 1540.

3258 Letzteres ist nicht zulässig, wenn das Tatgericht ein OLG-Senat war (§ 354 Abs. 2 Satz 2 StPO).

3259 Dass auch in diesem Falle der Gesetzeswortlaut davon spricht, dass die Verhängung der Mindeststrafe zusammen mit der „Aufhebung des Urteils" erfolgt, beruht wohl auf einem Redaktionsversehen des Gesetzgebers. Man könnte darin aber auch den einzigen Hinweis der StPO auf die Möglichkeit der horizontalen Teilrechtskraft sehen, die im Übrigen immer nur als eine richterrechtliche Erfindung der Rechtsprechung gesehen wird. *Peters* Lehrbuch S. 500, hat noch

- Durchentscheid auf lebenslange (als die einzige im materiellen Strafrecht vorgesehene absolut bestimmte) Freiheitsstrafe (§ 354 Abs. 1 StPO);
- Feststellung der Rechtswidrigkeit bei der Zumessung der Rechtsfolgen unter deren Aufrechterhaltung wegen „Angemessenheit" (§ 354 Abs. 1 a Satz 1 StPO);[3260]
- Aufhebung des Urteils nur hinsichtlich der Gesamtstrafe mit der Maßgabe, dass die nachträgliche Entscheidung durch das nach § 460 StPO zuständige Gericht durch Beschluss zu treffen ist (§ 354 Abs. 1 b StPO);
- Feststellung der Rechtswidrigkeit der Rechtsfolgenentscheidung und deren angemessene Herabsetzung auf Antrag der Staatsanwaltschaft (§ 354 Abs. 1 a Satz 2 StPO)
- Durchentscheid auf Freispruch (§ 354 Abs. 1 StPO);
- Teilweise Verwerfung der Revision mit Aufhebung oder Durchentscheid im Übrigen, wobei vertikale und horizontale Trennungen zulässig sind.[3261]

1418 Während die anderen Entscheidungsvarianten teils wegen klarer gesetzlicher Vorgaben, teils wegen langjährig eingespielter Rechtsprechungspraxis unproblematisch sind, hat der in den Absätzen 1 a und 1 b des § 354 StPO offenkundige Systembruch zu zahlreichen Zweifelsfragen und zur Befassung des BVerG geführt.[3262] Dieses war notwendig geworden, weil der BGH die ihm vom Gesetzgeber erstmals ausdrücklich eingeräumte Möglichkeit einer eigenen Strafzumessung ohne die zugehörigen Tatsachen selbst erhoben zu haben, so bereitwillig aufgriff, dass er die sich unter dem Aspekt des gesetzlichen Richters aufdrängende Notwendigkeit der einengenden und zurückhaltenden Auslegung völlig vernachlässigte und im Gegenteil nichts Eiligeres zu tun hatte, als die neuen Vorschriften auch noch entsprechend anzuwenden auf Sachverhalte, die der Gesetzgeber gerade nicht dem Revisionsgericht anvertrauen wollte. So hat z. B. der 1. Strafsenat bedenkenlos und unter ausdrücklicher Hervorhebung, dass dies der Wortlaut der Vorschrift gerade nicht hergab, § 354 1 b StPO auch angewendet auf Fälle, in denen der Rechtsfehler nicht in der Anwendung des Strafzumessungsrechts (Gesamtstrafe), sondern in den rechtlichen Voraussetzungen des Schuldspruchs lag.[3263] Die weitere Anwendungspraxis vor der Entscheidung des BVerfG vom 14. 6. 2007[3264] braucht hier nicht mehr vorgestellt[3265] und erörtert zu werden, weil nunmehr die Voraussetzungen, Regeln und Verfahrensweisen zu beachten sind, die das BVerfG in seiner ausführlichen Begründung zu diesen **Leitsätzen** den Revisionsgerichten aufgegeben hat:

---

angenommen, eine horizontale Teilrechtskraft sei überhaupt nur in dem Sinne anzuerkennen, dass sie unter dem Vorbehalt einer Überprüfungsbedürftigkeit des Schuldspruchs stehe!

3260 Dazu bedarf es keines Antrags der Staatsanwaltschaft. *Meyer-Goßner* § 354, Rn. 28 m. w. N.

3261 Zum Teilfreispruch durch das Revisionsgericht und Zurückverweisung im Übrigen vgl. *Meyer-Goßner* § 354, Rn. 4; BGH NJW 1974, 373 f.; dort auch die Nachweise wegen der Bedenken gegen diesen Übergriff des Revisionsgerichts in die Zuständigkeit des Tatrichters.

3262 Zur Gesamtproblematik vgl. *Hamm* StV 2008, 205 ff.; *Köberer* FS Hamm, 303 ff.; *Altvater* und *Franke* in FS Widmaier, 35 ff.; 239 ff.

3263 BGH, Beschl. v. 8. 12. 2004 – 1 StR 483/04 = NJW 2005, 912; dazu *Ventzke* NStZ 2005, 461.

3264 BVerfG, Beschl. v. 14. 6. 2007 – 2 BvR 136/05 = NJW 2007, 2977; dazu *Hamm* StV 2008, 205; *Maier* NStZ 2008, 227.

3265 Sie ist auch mit dieser zeitlichen Zäsur über das Register bei BGH-Nack unter § 354 StPO vollständig dokumentiert.

„1. Dem Revisionsgericht muss für seine Entscheidung nach § 354 Abs. 1a Satz 1 StPO ein zutreffend ermittelter, vollständiger und aktueller Strafzumessungssachverhalt zur Verfügung stehen.

2. Verfährt das Revisionsgericht nach § 354 Abs. 1a Satz 1 StPO, so muss es seine Entscheidung jedenfalls dann begründen, wenn die für die Strafzumessung relevanten Umstände und deren konkretes Gewicht dem Angeklagten sonst nicht nachvollziehbar wären.

3. Eine Strafzumessungsentscheidung des Revisionsgerichts ist ausgeschlossen, wenn zugleich eine neue Entscheidung über einen – fehlerhaften – Schuldspruch erfolgen muss."

Wenn die Praxis diese Regeln beachtet und nutzbar macht, wird vor allem die Nr. 1 **1419** den Strafverteidigern, die in Revisionsverfahren tätig sind, neue Chancen für ihre Mandanten eröffnen: Da das Revisionsgericht nämlich dem Antrag der Staatsanwaltschaft auf eigene Festsetzung der Strafe nur dann entsprechen darf, wenn es gewiss sein kann, dass die im tatrichterlichen Urteil mitgeteilten **Strafzumessungstatsachen vollständig** und auch noch **aktuell** sind, wird es nunmehr zu den Pflichten des Verteidigers gehören, sobald ihm dazu das rechtliche Gehör gewährt wird, durch Gespräche mit dem Mandanten und u.U. auch durch eigene Ermittlungen in seinem Umfeld herauszufinden, welche dem Angeklagten günstige Umstände inzwischen aufgetaucht sind, die der Tatrichter noch gar nicht berücksichtigen konnte. So könnte z.B. inzwischen eine vollständige Schadenswiedergutmachung stattgefunden haben, nachdem das Tatgericht bisher nur die (unwiderlegbare) Bereitschaft dazu in seine Strafzumessung eingestellt hatte. Ähnliches kann gelten, wenn zum Zeitpunkt der Revisionsentscheidung der Erfolg einer Therapie vorgewiesen werden kann, die zur Zeit des tatrichterlichen Urteils erst mit unsicherem Ausgang begonnen war.[3266]

Aus den Gründen der BVerfG-Entscheidung folgt, dass solche Anreicherungen des **1420** Strafzumessungssachverhalts um Tatsachen, die in der ersten Instanz noch gar nicht berücksichtigt werden konnten, nicht etwa das Ziel verfolgen sollen, die eigene Strafzumessung durch das Revisionsgericht zu „verbessern" – sie sind vielmehr darauf gerichtet, sie zu verhindern. Sobald nämlich das Revisionsgericht erkennt, dass die im Urteil mitgeteilten Tatsachen die Bedingungen des Leitsatzes 1 nicht erfüllen, muss es die gesetzlich vorgegebene Arbeitsteilung zwischen Tatsachen und Rechtsüberprüfungsinstanz wieder herstellen, indem es das Urteil (zumindest im Rechtsfolgenausspruch) aufhebt und (insoweit) die Sache an das Tatgericht **zurückverweist**.

Es wird zu beobachten sein, ob diese Kautelen nicht doch dazu führen, dass die Strafzumessung wieder zur „Domäne des Tatrichters" wird. Die Folgerungen, die von den Praktikerkommentaren aus der Entscheidung gezogen wurden,[3267] sprechen dafür, dass diese Hoffnung begründet ist.

3266 *Hamm* StV 2008, 208; Mustertexte für diese neue Form der Intervention in der Revisionsinstanz bei *Hamm* Formularbuch, VIII.C.12.

3267 KK-*Kuckein* § 354, Rn. 26eff.; *Meyer-Goßner* 52. Aufl., § 354, Rn. 28aff., jeweils m.w.N. LR-*Franke* § 351, Rn. 11 weist im Übrigen zutreffend darauf hin, dass jedenfalls bei der Strafzumessung durch das Revisionsgericht § 263 StPO anwendbar ist, so dass alle Entscheidungen zum Nachteil des Angeklagtem einer 2/3-Mehrheit bedürfen.

I. Kombination von Beschluss- und Urteilsverfahren in derselben Sache

1421 Nimmt das Revisionsgericht keine der in den Absätzen 1, 2 und 4 des § 349 StPO genannten Entscheidungsmöglichkeiten wahr, hat es gemäß § 349 Abs. 5 StPO das Verfahren durch Urteil nach einer mündlichen und öffentlichen Haupverhandlung (§§ 350, 351 StPO) abzuschließen. Bei mehreren Revisionen verschiedener Angeklagter im selben Verfahren können die Voraussetzungen einer Beschlussentscheidung bei der einen Revision gegeben sein, während z. B. über eine Verfahrensrüge einer anderen Revision keine Einstimmigkeit zu erzielen ist. Dann dürfen getrennte Verfahrenswege beschritten werden und auch **getrennte Entscheidungen** ergehen: Es ergeht meist zuerst ein Beschluss über die eine Revision, um über die andere in einer Hauptverhandlung durch Urteil zu entscheiden.[3268] Eine solche Verfahrensweise wird von manchen Senaten auch bei gegenläufigen Revisionen des Angeklagten und der Staatsanwaltschaft praktiziert, wenn weder „der Grundsatz der sog. Waffengleichheit noch Gründe der Widerspruchsfreiheit der Sachentscheidung“ eine mündliche Hauptverhandlung gebieten“.[3269]

1422 Ich halte dies im Hinblick auf § 301 StPO für unzulässig. Da nach dieser Vorschrift eine zuungunsten des Angeklagten geführte Revision der Staatsanwaltschaft stets auch zu einer Entscheidung zu seinen Gunsten führen kann, lassen sich die gegenläufigen Rechtsmittel nicht voneinander trennen. Da sie regelmäßig beide die Sachrüge enthalten, kann der Verteidiger ohnehin nicht daran gehindert werden, in der Hauptverhandlung über die Revision der Staatsanwaltschaft alles geltend zu machen, was insoweit für die Aufhebung des Urteils oder sogar für einen Freispruch im Wege des Durchentscheids nach § 354 Abs. 1 StPO spricht. Allein zu dem Zweck, ihm das Wort zu seinen nach Auffassung des Senats offensichtlich unbegründeten Verfahrensrügen abzuschneiden, bedarf es keiner Beschlussverwerfung in einer Sache, in der ohnehin eine Hauptverhandlung stattfinden muss. Man sollte stattdessen diese Verhandlung dazu nutzen, ihm in einem kurzen Rechtsgespräch die Aussichtslosigkeit dieser Angriffe zu erklären. Da man ihm aus den genannten Gründen ohnehin nicht verwehren kann darzulegen, was für eine Entscheidung zugunsten seines Mandanten spricht und die sinnvolle Nutzung der nur theoretisch unbegrenzten Hauptverhandlungsdauer auch sonst Sache der Verhandlungsleitung und der Verständigung der Verfahrensbeteiligten ist, sollten auch Praktikabilitätserwägungen nicht gegen die einheitliche Hauptverhandlung zu den gegeneinander gerichteten Revisionen sprechen. Mit der Unvereinbarkeit der getrennten Behandlung gegenläufiger Revisionen ist noch nicht gesagt dass sie auch verfassungswidrig wäre. Dies – und nur dies – hat das BVerfG verneint.[3270]

3268 KK-*Kuckein* § 349, Rn. 42 und 34.

3269 BGH NStZ 1992, 30 im Falle einer Kombination eines „o.u. Beschlusses“ mit einem Urteil; BGH, Beschl. v. 7. 5. 1999 – 3 StR 460/98 = NJW 1999, 2199 = NStZ 1999, 425 = StV 2000, 605 m. Anm. *Hamm* StV 2000, 637 und *Bauer* wistra 2000, 252.

3270 BVerfG 2 BvR 656/99 v. 25. 1. 2005 = BVerfGE 112, 185 (199 ff.) = NJW 2005, 1999; dazu *Meyer-Mews* NJW 2005, 2820; *Güntge* JR 2005, 496; *Kuckein* NStZ 2005, 697; ähnlich auch KK-*Kuckein* § 349, Rn. 34 und 22.

II. Sonderfall: Erstreckung der Revisionsentscheidung auf den Nichtrevidenden (§ 357 StPO)

Wer sich vergegenwärtigt, dass Urteile, die mehrere Angeklagte betreffen, eigentlich auch als einzelne Urteile in jeweils getrennten Hauptverhandlungen hätten ergehen können, weil sowohl die Verfahrenverschmelzung nach § 4 StPO (beim Bestehen eines Zusammenhangs nach § 3 StPO) als auch die „Verbindung" nach § 237 StPO Zweckmäßigkeitsentscheidungen sind, wird eigentlich auch jedem Verurteilten das Recht zubilligen wollen, frei darüber zu entscheiden, ob er sein Urteil akzeptieren oder anfechten will. Das sieht im Prinzip auch das Gesetz so, indem es jedem Angeklagten unabhängig vom Verhalten des anderen ein eigenständiges Rechtsmittelrecht einräumt, mit der Folge, dass Rechtskraft bezüglich des Nichtrevidenden eintritt, während der Revidend „seinen" Teil der Verurteilung noch in der Schwebe hält. Dass dann aber das Revisionsgericht unter bestimmten in § 357 StPO geregelten Voraussetzungen die Möglichkeit hat, den **Erfolg der Revision des Revidenden auf jenen Mitangeklagten zu „erstrecken"**, der sich bereits mit der Rechtskraft seines Urteils abgefunden hat, überrascht und ist nur aus der historischen Sorge vor „das Rechtsgefühl verletzenden Ungleichbehandlungen" erklärbar.[3271] Die Regelung dient nach weit verbreiteter Meinung nicht der Privilegierung des Nichtrevidenden, sondern der Verwirklichung der materiellen Gerechtigkeit und soll dem „peinlichen Eindruck" der Vollstreckung einer nun als ungerecht empfundenen Bestrafung des nichtrevidierenden Mitangeklagten entgegenwirken.[3272] **1423**

Die Anwendungsstatistik weist für § 357 StPO nur eine kleine Zahl aus.[3273] **Voraussetzung der Erstreckung** ist nach dem Wortlaut des § 357 StPO, dass das Urteil zugunsten des Revidenden wegen einer „Rechtsverletzung bei der Anwendung des Strafgesetzes" aufzuheben ist und *dasselbe* Urteil sowie *derselbe* Revisionsgrund auch zur Aufhebung zugunsten des Nichtrevidenden erfolgt wäre, wenn er es denn angefochten und die Sachrüge erhoben hätte. Damit spielt die Vorschrift von vorne herein keine Rolle in all den Fällen, in denen das angefochtene Urteil nach einer (u.U. sogar erst kurz zuvor stattgefundenen) **Abtrennung** nur gegen den Revidenden erging, während ein nahezu gleichlautender Schuld- und Strafausspruch ein eigenständiges Urteil gegen den ursprünglich mit angeklagten Tatbeteiligten trägt. Auch eine Teilaufhebung kann Anknüpfungspunkt für § 357 StPO sein.[3274] **1424**

Zu den Angeklagten, die nicht Revision eingelegt haben, gehören auch Mitangeklagte, die ihre Revision zurückgenommen,[3275] auf sie wirksam verzichtet oder sie nur beschränkt oder nicht form – und fristgerecht mit der Folge der Verwerfung der Rechtsmittel begründet haben.[3276] Ob § 357 StPO für Mitangeklagte gilt, denen das Rechtsmittel nach § 55 Abs. 2 JGG versagt war, ist umstritten. Ein Teil der Litera- **1425**

3271 SK-*Wohlers* § 357, Rn. 1.
3272 SK-*Wohlers* § 357, Rn. 1; *Meyer-Goßner* § 357, Rn. 1.
3273 *Meyer-Goßner* Abschaffung des § 357 StPO, FS Roxin, 1345ff.; Siehe auch *Rieß* Bemerkungen zum „Erfolg" der Revision im Strafverfahren, FS Eisenberg, 569ff., 579.
3274 *Meyer-Goßner* § 357, Rn. 4.
3275 BGH NJW 1958, 560.
3276 HK-*Temming* § 357, Rn. 17.

tur[3277] bejahte die Frage, bis der BGH sie mit einer am Wortlaut der Vorschrift orientierten Argumentation verneinte.[3278] Gewiss lässt sich sagen, dass ein Nichtrevidend, der gar nicht das Recht hatte, eine Revision einzulegen, auch nicht so behandelt werden kann, „als ob er gleichfalls Revision eingelegt hätte". Andererseits setzt die StPO hier etwas voraus, was innerhalb ihrer eigenen Regeln eigentlich nicht vorkommen sollte.

1426 Umstritten ist auch, ob die Vorschrift anwendbar ist, wenn die Revision eines Mitangeklagten vorweg durch Beschluss gemäß § 349 Abs. 2 StPO entschieden worden ist. Überwiegend nimmt man an, dass in diesen Fällen die durch das (selbe) Revisionsgericht hergestellte Rechtskraft Vorrang vor einer, nach Erkennen neuer rechtlicher Gesichtspunkte in Betracht kommenden nachträglichen Erstreckung der Entscheidung habe.[3279] Der Fall dürfte jedoch in der Praxis kaum vorkommen.

1427 Daraus, dass § 357 StPO schon von Anbeginn in der StPO enthalten war,[3280] folgt, dass ursprünglich auch nur an den Erfolg der Sachrüge gedacht war, der aus der **fehlerhaften Subsumtion** der damals noch vom Revisionsgericht kritiklos hinzunehmenden tatsächlichen Feststellungen unter die materiellrechtlichen Normen folgte. Das bedeutet, dass die nach der heutigen Praxis so häufigen Fälle, in denen Begründungsmängel hinsichtlich der Beweiswürdigung des Tatgerichts „auf die Sachrüge" zur Aufhebung führen, von vorneherein aus dem Anwendungsbereich der Erstreckungspflicht herausfielen. Damit war aber auch die Gefahr einer dem Nichtrevidenden oktroyierten und u.U. höchst unwillkommenen Prozedur einer Neuverhandlung, obwohl er sich eigentlich schon ganz gerecht behandelt fühlte, minimal. Die Gefahr des unerwünschten Pyrrhussieges hielt man damals deshalb für vernachlässigenswert, weil mit der Beschränkung auf materiellrechtliche Fehler die Ersteckung auf den Nichtrevidenden von diesem im Regelfall nur als Segen und kaum jemals als Fluch empfunden werden konnte. Somit ist die Folgerung *Hanacks*, die Vorschrift gehe auf das Verständnis zurück, „der Mitangeklagte, der nicht Revision eingelegt hat, werde die Erstreckung der Urteilsaufhebung stets als wirkliche Gerechtigkeit empfinden",[3281] durchaus zutreffend. Aber man sollte aus den genannten Gründen vorsichtig damit sein, dieses Verständnis gleich ein Missverständnis zu nennen. Dazu ist es nämlich erst durch die im Laufe der Rechtsprechung entwickelte „erweiterten Revision" geworden, die – wie oben schon gezeigt[3282] – manche Vorteile, aber eben auch Nachteile hat. Einer davon ist das verbreitete und durch den Sprachgebrauch des BGH auch geförderte Missverständnis, eine unzulängliche Urteilsbegründung sei darum kein Verfahrensfehler mehr, sondern ein sachlichrechtlicher Fehler, weil (*wie* bei den Subsumtionsfehlern) das Revisionsgericht auf die einmal allgemein erhobene Sachrüge hin diesen Mangel selbst dem Urteil ansehen kann.

3277 KK-*Pikart* § 357, Rn. 12; LR-*Hanack* § 357, Rn. 11; HK-*Temming* § 357, Rn. 17; a.M. *Diemer/Schoreit/Sonnen* § 55 JGG, Rn. 49.

3278 BGH, Beschl. v. 9. 5. 2006 – 1 StR 57/06 = BGH NJW 2006, 2275 m.w.N., Anm. *Altenhain* NStZ 2007, 283; abl. *Mohr* JR 06, 500; *Prittwitz* StV 07, 52; *Swoboda* HRRS 06, 376.

3279 HK-*Temming* § 357, Rn. 18.

3280 Zur Entstehungsgeschichte: *Hamm* FS Hanack, 369, (377 ff.).

3281 LR-*Hanack* § 357, Rn. 1; ihm folgend LR-*Franke* aaO.

3282 A. A. LR-*Franke* § 357, Rn. 14.

§ 357 StPO ist also geradezu der „Test-Fall" für die Richtigkeit der hier vertretenen Dogmatik, wonach sich die Unterscheidung zwischen materiell-rechtlichen und verfahrensrechtlichen Fehlern gerade nicht an der „Leistungsmethode" orientieren darf, sondern danach, welchen Charakter (prozessual vs. materiell-rechtlich) die jeweils verletzte Norm hat. „Aufhebung wegen einer Gesetzesverletzung bei Anwendung des Strafgesetzes" darf also auch heute noch, wenn es um die Erstreckung auf den Nichtrevidenden geht, nur heißen: **Verletzung der Vorschriften des StGB und des Nebenstrafrechts.** Dagegen hat der Nichtrevidend einen Anspruch auf den von ihm freiwillig gewählten Rechtsfrieden, wenn er durch sein Prozessverhalten gezeigt hat, dass ihm sogar eine nach § 267 Abs. 4 StPO auf ein Minimum verkürzte Urteilsbegründung reicht. Ihm geschieht durch die verweigerte Erstreckung genauso wenig ein unerträgliches Unrecht wie demjenigen, der es versäumt, eine Verfahrensrüge zu erheben, die dem Mitrevidenden dazu verhilft, dass (nur) sein Urteil aufgehoben wird. Somit sind unzulängliche Begründungen der Strafzumessung i. e. S.[3283] ebenso wenig erstreckungsfähige Rechtsfehler wie die zu dürftige, lückenhafte, widersprüchliche und sonst unzulängliche Beweiswürdigung. Nach der hier vertretenen und oben[3284] näher begründeten Auffassung ist es zwar richtig, den Rechtsbegriff des Beweises in seiner Anwendung durch die Tatgerichte der revisionsgerichtlichen Kontrolle zu unterziehen, ebenso darf dies aber nicht darüber hinwegtäuschen, dass das „Beweisen" nun einmal ein prozessualer Vorgang ist. Deshalb sollte bei Akzeptanz des Ergebnisses dem Nichtrevidenden hier auch nicht aufgezwungen werden, sich erneut in eine u. U. kostspielige neue Hauptverhandlung zu begeben.[3285] 1428

Während die ältere Literatur die Norm noch als einen der „Vorzüge des deutschen Revisionsrechts" gewürdigt hat,[3286] wird sie heute überwiegend kritisch bewertet.[3287] Denn nach § 357 StPO kann es einem Angeklagten, der ebenso wie die Staatsanwaltschaft mit seinem Urteil rundherum zufrieden ist und sich deshalb hütet, es anzufechten, passieren, dass es dennoch vom Revisionsgericht aufgehoben und er dadurch gezwungen wird, sich erneut in einer Tatsacheninstanz wegen desselben Anklagevorwurfs zu verantworten. Auch in dieser Hauptverhandlung gilt seine Anwesenheitspflicht, die notfalls unter Anwendung von Zwang durchgesetzt wird. Bei Hauptverhandlungen die sich über mehrere Monate mit mehreren Sitzungen pro Woche hinziehen, kann der Zwangsaufenthalt im Gerichtssaal einer (zusätzlichen) „Freiheitsstrafe" gleichkommen. Die Notwendigkeit, sich während dieser Zeit erneut mit den unangenehmen Vorwürfen und Geschehnissen konfrontiert zu sehen, kommt als weitere Belastung hinzu – und schließlich gibt es auch noch die materiellen Folgen einer solchen Hauptverhandlung: Verdienstausfall, Verteidigerhonorare und bei einer erneuten Verurteilung die Gerichtskosten. Dies alles kann sich ein Angeklagter, dessen Anklage sich nur gegen ihn richtet oder dessen Verfahren vor dem erstinstanzlichen Urteil vom Verfahren Mitangeklagter abgetrennt worden war, durch den freiwil- 1429

3283 Anders freilich bei der Anwendung eines nach der anzuwendenden Strafnorm festgelegten Strafrahmens.

3284 S. o. Rn. 271 ff.

3285 *Hamm* FS Hanack aaO; a. A. die h. M., für alle: *Meyer-Goßner* § 357, Rn. 9.

3286 *Eb. Schmidt* II, § 357, Rn. 1.

3287 SK-*Wohlers* § 357, Rn. 3 m. w. N.; s. auch *Rieß* FS Eisenberg aaO.

ligen Verzicht auf die Revision ersparen. Wer dagegen mit ansehen muss, wie ein Mitverurteilter die Revision führt und dabei auch noch mit der Sachrüge einen Erfolg hat, der auf einem Fehler des gesamten Urteils beruht, hat nichts von der selbst herbeigeführten Rechtskraft.[3288]

1430 Aus dieser Rechtsprechung wurde der Schluss gezogen, die Erstreckung der Urteilsaufhebung solle nur dann erfolgen, wenn sich der festgestellte Rechtsfehler überwiegend zum Vorteil des Nichtrevidenden auswirke.[3289] Bei einer Auswertung der BGH-Entscheidungen von 1994 bis 1997 kam *Meyer-Goßner*[3290] zu dem Schluss, dass die Anwendung des § 357 StPO in etwa 44% der Fälle (24 von 55) überflüssig, wenn nicht falsch gewesen sei, weil unbeachtet geblieben sei, dass es bei rechtem Verständnis am Erfordernis einer Urteilsaufhebung „zugunsten" des Revidenden gefehlt habe.[3291] Praktisch wurden damit die erkannten nachteiligen Folgen nicht wie gehofft vermieden.

1431 Zusätzlich sind das **Verfassungsprinzip des rechtlichen Gehörs** und der Grundsatz, dass der Angeklagte als Rechtssubjekt und nicht als Objekt des Verfahrens zu behandeln ist, zu berücksichtigen. Damit ist in all den Fällen, in denen nicht unmittelbar auf Freispruch nach § 354 Abs. 1 StPO durchentschieden wird, Art.103 Abs. 1 GG zu beachten, weil die Zurückverweisung massiv in die Rechtsstellung des Nichtrevidenden eingreift.[3292]

1432 Möglicherweise hat der 5. Strafsenat des BGH in einer neuen Entscheidung[3293] einen die **Subjektstellung und das rechtliche Gehör** beachtenden Weg gefunden, mit dem die negativen Folgen des § 357 StPO vermieden werden können. Im konkreten Fall hat der BGH zwei Nichtrevidenden über ihre bisherigen Verteidiger zur Frage der Anwendung des § 357 StPO angehört. Erst nachdem diese der Erstreckung ausdrücklich zugestimmt hatten, entschied der Senat in diesem Sinne und bemerkte dazu: „In Fällen, in denen eine den Nichtrevidenden nicht unmittelbar begünstigende, ihn nach Zurückversetzung der Sache möglicherweise belastende Entscheidung nach § 357 StPO in Betracht kommt, ist der Nichtrevidend in Anwendung des § 33 StPO, nach Art. 103 Abs. 1, 20 Abs. 3 i.V.m. Art. 2 I GG, Art. 6 I 1 EMRK zuvor anzuhören, damit er eine Erstreckungsentscheidung gegebenenfalls durch Widerspruch verhindern kann." *Basdorf* hält es für eine schlichte Selbstverständlichkeit, dass dem Nichtrevidenden rechtliches Gehör gewährt werden müsse.[3294] Der Nichtrevidend, zu dessen (zweifelhaften) Gunsten eine Anwendung des § 357 StPO in Betracht komme, könne (nur) insoweit als Beteiligter des Revisionsverfahrens angesehen werden, so dass sich die Notwendigkeit seiner Anhörung bereits aus § 33 Abs. 1 StPO ableiten ließe, zudem – selbstverständlich ausreichend – aus unmittelbarer Anwendung des Art. 103 Abs. 1 GG.[3295] *Wohlers/Gaede* sind der Ansicht, dass der berechtigten Kritik an § 357 StPO

3288 *Hamm* FS Hanack, 369, (376).
3289 SK-*Wohlers* § 357, Rn. 43 m.w.N.
3290 *Meyer-Goßner* FS Roxin, 1352ff.
3291 *Basdorf* FS *Meyer-Goßner* 665, (675).
3292 *Hamm* FS Hanack, 369, (386).
3293 BGH NJW 2005, 374, (376).
3294 *Basdorf* FS Meyer-Goßner, 665, (677).
3295 *Basdorf* FS Meyer-Goßner, 665, (678).

durch eine die Vorgaben der EMRK berücksichtigende konventionskonforme Neuinterpretation der Norm begegnet werden könne.[3296] Der Anspruch auf Gewährung rechtlichen Gehörs durch Art. 6 Abs. 1 1 EMRK sei als Teilausprägung des Rechts auf ein faires Verfahren verbürgt. Da sich der Nichtrevidend zu den der Anwendung des § 357 StPO betreffenden Umständen im erstinstanzlichen Verfahren ersichtlich nicht hat äußern können, müsse ihm dieses vor der Entscheidung über § 357 StPO gewährt werden.[3297]

Sollten sich die anderen Senate dieser Rechtsprechung anschließen, wäre ein praktikabler Weg gefunden, um die negativen Wirkungen des § 357 StPO zu vermeiden. **1433**

Doch auch nach dieser Entscheidung ist die Kritik an § 357 StPO nicht gänzlich verstummt. So schlägt *Meyer-Goßner* vor, den § 357 StPO zu streichen und durch eine neue Regelung zu ersetzen, die in allen Fällen, in denen die geltende Vorschrift zu einem unbefriedigenden Ergebnis führe, eine Korrektur zugunsten dessen, der es versäumt hat, eine Revision einzulegen, ermögliche. Denn § 357 StPO könne nur einen schmalen Streifen der Widersprüchlichkeit von Entscheidungen beseitigen. So versage § 357 StPO, wenn das Urteil in sich selbst widersprüchlich sei, aber nur ein und denselben Angeklagten betreffe.[3298] Die Vorschrift komme auch dann nicht zum Zuge, wenn zwar bei Revidenden und Nichtrevidenden derselbe Rechtsfehler vorläge, sich dieser Rechtsfehler aber auf verschiedene Taten beziehe, wobei die eine Tat nur dem Revidenden, die andere Tat dem Nichtrevidenden zugerechnet werde, z.B. bei Verurteilung wegen verschiedener Raubüberfälle, bei denen die Angeklagten teilweise gemeinsam, teilweise getrennt voneinander handelten. Werde hier die Verurteilung in einem Falle aufgehoben, in dem der Revidend allein gehandelt habe, so könne § 357 StPO keine Anwendung finden.[3299] Schließlich sei eine Korrektur stets dann ausgeschlossen, wenn die beiden Mitbeteiligten einer Tat (Mittäter oder Täter und Teilnehmer) nicht gemeinsam angeklagt und verurteilt würden, sondern wenn – aus welchen Gründen[3300] auch immer – zwei getrennte Verfahren durchgeführt würden.[3301] Dabei erscheine es aus Gerechtigkeitsgesichtspunkten doch genauso unerträglich, dass ein Mittäter wegen einer Tat, die bei richtiger rechtlicher Bewertung keinen Straftatbestand erfülle, verurteilt bleibe, während ein anderer freigesprochen würde. Hier würde es von der **Zufälligkeit der Verfahrensgestaltung**, d.h. von der Sachbearbeitung des Staatsanwalts, abhängig gemacht, ob ein materiell-rechtlicher Fehler bei beiden an der Tat Beteiligten berücksichtigt würde oder nicht.[3302] *Meyer-Goßner* schlägt deshalb de lege ferenda vor, in allen Fällen, in denen das materielle Strafrecht gegenüber verschiedenen Angeklagten rechtsfehlerhaft angewendet worden sei, ihm auf der Grundlage des Verfahrensergebnisses beim Revidenden ein Antragsrecht nach den Regeln der Wiederaufnahme zuzubilligen.[3303] Dies könne durch eine Erweiterung **1434**

3296 *Wohlers/Gaede* NStZ 2004, 9.
3297 *Wohlers/Gaede* NStZ 2004, 9, (13).
3298 *Meyer-Goßner* FS Roxin, 1345, (1351).
3299 *Meyer-Goßner* FS Roxin, 1345, (1351). Weitere Beispiele in *Basdorf* FS Meyer-Goßner, 665, (668).
3300 Z.B. wenn der Mittäter zu früh geständig oder erkrankt sei.
3301 *Basdorf* FS Meyer-Goßner, 665, (669).
3302 *Meyer-Goßner* FS Roxin, 1345, (1351).
3303 *Meyer-Goßner* FS Roxin, 1345, (1351).

des § 359 Nr. 4 StPO etwa mit dem Wortlaut erfolgen: „Die Wiederaufnahme eines durch rechtskräftiges Urteil abgeschlossenen Verfahrens zugunsten des Verurteilten ist zulässig, wenn in einem anderen Verfahren, das dieselbe Rechtsfrage betrifft, der Angeklagte freigesprochen oder das Verfahren wegen Fehlens einer Prozessvoraussetzung eingestellt worden ist“.[3304]

1435 In der Tat würde eine solche Vorschrift dem Anliegen gerecht werden, dass der Angeklagte nicht gegen seinen Willen mit einem neuen Verfahren überzogen wird. Sie trägt zudem den dargelegten Bedenken Rechnung, dass nicht gegen den Willen des Verurteilten jeder – unter Umständen auch unbedeutende – materiell-rechtliche Fehler zur erneuten Verhandlung gegen den Nichtrevidenden führen kann. Sie nimmt damit den Gedanken auf, § 357 StPO auf den Fall des § 354 Abs. 1 StPO bei Subsumtionsirrtum zu beschränken. Sie käme der berechtigten Forderung, rechtliches Gehör zu gewähren, entgegen und würde sich in sonstige Vorschriften der Strafprozessordnung einpassen.[3305]

Dem ist zuzustimmen.

D. Verfahren nach Aufhebung und Zurückverweisung

1436 Nach Aufhebung des angefochtenen Urteils werden die **Akten** auf demselben Wege, auf dem sie zum Revisionsgericht gelangt sind, wieder an das nunmehr zuständige Gericht zurückgeleitet. Handelt es sich um eine Entscheidung des Bundesgerichtshofs und hat dieser an eine andere Strafkammer des früher bereits tätig gewesenen Landgerichts oder an ein anderes Landgericht zurückverwiesen, so gehen die Akten vom Senat über die Bundesanwaltschaft zur Generalstaatsanwaltschaft und von dort über die örtliche Staatsanwaltschaft zu der Strafkammer, vor der die erneute Hauptverhandlung stattzufinden hat.

1437 Für diese Hauptverhandlung gelten, wenn das frühere Urteil in vollem Umfang aufgehoben ist, nur wenige Besonderheiten. Nach der Verlesung der Anklage sollte der Vorsitzende oder der Berichterstatter den bisherigen Gang des Verfahrens darstellen. Inwieweit es dabei notwendig ist, die **Revisionsentscheidung zu verlesen**, hängt davon ab, ob sich darin Ausführungen befinden, an die das Gericht gemäß § 358 Abs. 1 StPO gebunden ist. Unter demselben Aspekt kann es auch erforderlich sein, einen Teil des aufgehobenen Urteils zu verlesen, wenn nämlich nur dadurch die tragenden materiellrechtlichen Ausführungen der Revisionsentscheidung in ihrem Bezug auf bestimmte Feststellungen erkennbar sind.

1438 Erfolgte die Aufhebung nur hinsichtlich eines Teils des Urteils, muss der **rechtskräftig gewordene Teil** dann verlesen werden, wenn die neu zu treffende Entscheidung auf ihm aufbaut. Das ist stets dann der Fall, wenn nur noch über die Rechtsfolgen der Tat zu entscheiden ist und die Feststellungen zum Schuldspruch sowie dieser selbst in (Teil-)Rechtskraft erwachsen sind. Der Grundsatz, dass die zum Strafausspruch zu

---

3304 *Meyer-Goßner* FS Roxin, 1345, (1357); zustimmend *Basdorf* FS Meyer-Goßner, 665, (671 und 672).
3305 *Meyer-Goßner* FS Roxin, 1345, (1357).

treffenden Feststellungen den Tatsachen, die den Schuldspruch tragen, nicht widersprechen dürfen, erfordert hier, dass der Teil des Urteils, der den Tathergang und seine Vorgeschichte beschreibt, verlesen wird.

Fraglich ist, **welche Staatsanwaltschaft** an der neuen Hauptverhandlung teilnehmen **1439**
muss, wenn die Zurückverweisung an ein anderes Landgericht erfolgte. Häufig macht in diesen Fällen der Generalstaatsanwalt von seinem Recht gemäß § 145 Abs. 1 GVG Gebrauch, indem er den ursprünglich mit der Sache befassten Staatsanwalt zusätzlich mit der Wahrnehmung der Amtsverrichtungen der Staatsanwaltschaft für das betreffende Strafverfahren beauftragt.[3306] Das führt häufig dazu, dass während der Hauptverhandlung ein Sitzungsvertreter tätig ist, der dem Gericht bis dahin unbekannt war und der sehr bald merkt, dass die Verhandlung für ihn kein „Heimspiel" ist. Die bei vielen Gerichten insbesondere für einen auswärtigen Verteidiger spürbare institutionelle und personelle Verbundenheit der örtlichen Staatsanwälte mit „ihren" Richtern entfällt und kann sogar atmosphärisch in das Gegenteil umschlagen. Das kann der objektiven Sachbehandlung durchaus zugute kommen.

I. Bedeutung für die neue Tatsacheninstanz

Nach einer Zurückverweisung durch das Revisionsgericht ist das dann mit der Sache **1440**
befasste Instanzgericht in bestimmter Weise an die bisherigen Verfahrensergebnisse gebunden. Das betrifft in erster Linie die in **Teilrechtskraft** erwachsenen Bestandteile des zuerst angefochtenen tatrichterlichen Urteils. Ist also beispielsweise nur der Rechtsfolgenausspruch aufgehoben und die Revision im Übrigen verworfen, so darf der neue Tatrichter den Schuldspruch und die ihn tragenden Feststellungen nicht mehr antasten.[3307]

Umgekehrt bedeutet eine vollständige Aufhebung des mit der Revision angefochte- **1441**
nen Urteils, dass das infolge der Zurückverweisung zuständig gewordene Tatgericht das Verfahren prinzipiell so zu betreiben hat, als hätte es den ersten Durchlauf nicht gegeben. Das Verfahren ist gleichsam auf das Stadium nach der Eröffnung des Hauptverfahrens zurückversetzt. Lediglich im Rahmen der Berichterstattung über den bisherigen Verfahrensablauf im Anschluss an die Verlesung des Anklagesatzes wird das aufgehobene Urteil insoweit vorgetragen als es zum Verständnis der aufhebenden Revisionsentscheidung notwendig ist. Soweit eine Bindungswirkung besteht, muss die Entscheidung des Revisionsgerichts verlesen werden.

II. Bindung an die Revisionsentscheidung

Sodann gilt das **Verbot der reformatio in peius** (§ 358 Abs. 2 StPO), das den Zweck hat, **1442**
dem Angeklagten die Freiheit seiner Entscheidung nicht durch das Risiko eines Pyr-

3306 BGHR StPO § 296 – Zuständigkeit 1 = NStZ 1995, 204; vgl. auch schon RGSt 58, 105, 106; LR-*Boll* § 145 GVG, Rn. 7; KK-*Schmidt/Schoreit* § 145 GVG, Rn. 3.
3307 *Dahs/Dahs* Revision, Rn. 596 m. Nachw.

rhussieges einzuengen. Er soll nicht befürchten müssen, dass er als Folge seiner Revision oder einer zu seinen Gunsten erfolgten Revision der Staatsanwaltschaft Nachteile im Strafmaß erleidet.[3308] Das gilt selbst dann, wenn der zuerst erfolgte Strafausspruch unter der gesetzlichen Mindeststrafe lag[3309] oder von einem unzuständigen Gericht stammt.[3310]

1443 Das Verschlechterungsverbot des § 358 Abs. 2 Satz 1 StPO betrifft aber nicht den Schuldspruch und soll auch nach der ständigen Rechtsprechung des BGH weder einer (im ersten Urteil unterbliebenen) Verhängung einer Maßregel nach §§ 63, 64 StGB entgegenstehen noch im Falle der Gesamtstrafe einer Erhöhung der Einzelstrafen, solange nur die ursprüngliche Gesamtstrafe nicht überschritten wird.[3311] Auch soll das Verbot der reformatio in peius den neuen Tatrichter nicht daran hindern, bei der synoptischen Gegenüberstellung der (fiktiv) ohne und (im Ergebnis) mit der Verfahrensverzögerung festgesetzten Strafen **höhere fiktive Strafen** zu bestimmen als der frühere Tatrichter, wenn die letztlich verhängte Strafe nicht höher ist als die frühere Strafe.[3312] In den diesen Entscheidungen zugrunde liegenden Fällen war es zuletzt nicht um die rechnerische Kompensation für MRK-widrige Verfahrensverzögerungen, sondern um die auch nach Einführung des Vollstreckungsmodells[3313] noch gültige Strafmilderung für die (der Strafjustiz nicht vorwerfbare) lange Verfahrensdauer gegangen, sodass sie nach wie vor von Bedeutung sind. Sie basieren alle auf dem Verständnis des Schlechterstellungsverbots, das den Tatrichter für die Prüfungsschritte vor der Festlegung der endgültigen Strafhöhe weiterhin freistellt, ihn aber nur daran hindern soll, den Angeklagten *im Ergebnis* für die Durchführung seines Rechtsmittels zu „bestrafen".

1444 Schließlich begründet § 358 Abs. 1 StPO die **Bindung** des neuen Tatrichters an die der Aufhebung zugrunde liegende **Rechtsansicht des Revisionsgerichts**. Das betrifft sowohl die Beurteilung des sachlichen wie des prozessualen Rechts. Vorausgesetzt ist, dass die betreffende Rechtsansicht für die Aufhebung wirklich tragend und nicht nur als obiter dictum erwähnt wurde.[3314] Hat das Revisionsgericht aus einem verfahrensrechtlichen Grunde aufgehoben, bei dieser Gelegenheit aber überflüssigerweise geglaubt, auch einige Bemerkungen zur Sachrüge machen zu müssen („die ansonsten rechtsfehlerfrei getroffenen Festellungen ..." o.ä.) sollte das neu mit der Sache befasste Tatgericht dies tunlichst nicht als eine Aufforderung (miss-)verstehen, nach Möglichkeit wieder die gleichen Feststellungen zu treffen und sie auch ebenso zu würdigen wie das Erstgericht. Hat in einem solchen Falle das Revisionsgericht durch einen „Hinweis" zusätzlich zum Ausdruck gebracht, dass die Sachrüge unbegründet er-

---

3308 Das Schlechterstellungsverbot gilt auch in den seltenen Fällen, in denen die Staatsanwaltschaft zwar zuungunsten des Angeklagten das Rechtsmittel geführt hatte, das Revisionsgericht aber gemäß § 301 zu seinen Gunsten das Urteil aufhob. BGH, Urt. v. 10. 10. 1991 – 2 StR 288/91 = BGHSt 38, 66 f. = NJW 1992, 516.

3309 BGHSt 27, 176.

3310 *Dahs/Dahs* Revision, aaO.

3311 Vgl. *Meyer-Goßner* § 358, Rn. 12 und KK-*Kuchein* § 358, Rn. 18 ff.

3312 BGHSt 45, 308; BGH, Urt. v. 11. 9. 2003 – 3 StR 316/02; 3 StR 115/07 v. 11. 4. 2007; BGH 1 StR 167/07 v. 20. 6. 2007.

3313 BGH – GS – NJW 2008, 860. Näheres dazu oben Rn. 1341.

3314 *Dahs/Dahs* Revision, Rn. 596; BGH NStZ 1999, 154.

scheine, wird der Tatrichter nicht gebunden.[3315] Solche rechtlichen Zusatzhinweise („die Sachrüge ist unbegründet") sind in keiner Weise verpflichtend und sollten auch möglichst unterbleiben, damit das neu mit der Sache befasste Tatgericht wirklich unbefangen und objektiv die Beweise neu erhebt und würdigt.

E. Erneute Revision

Hatte das Revisionsgericht eine Sache mit der Aufhebung des früheren Urteils an dieselbe Instanz zurückverwiesen, die jenes Urteil gefällt hatte, findet gegen das neue tatrichterliche Urteil wiederum die Revision statt, ohne dass für dieses Verfahren irgendwelche Besonderheiten gelten würden.[3316] Gewöhnlich ist derselbe Senat desselben Revisionsgerichts zuständig, der bereits mit der Sache befasst war. Bedenken im Hinblick auf die Unbefangenheit der Revisionsrichter wegen ihrer Vorbefassung erkennt unser Verfahrensrecht nicht an. Hatte der BGH als Revisionsgericht beim ersten Durchlauf das Urteil aufgehoben und die Sache wegen der von ihm als fehlerhaft angenommenen Landgerichtszuständigkeit an das Schöffengericht zurückverwiesen, ist dessen Urteil mit der Berufung anfechtbar. Beim BGH besteht die Übung, dass jeder der fünf Strafsenate, die alle nach § 21g GVG ihre interne Geschäftsverteilung beschlossen haben, sich daran auch um den Preis halten, dass auch im Falle von **„Rückläufern"** der mit dem Fall schon vertraute Berichterstatter dem Quorum nicht angehören muss. Da es kein „Prinzip des gesetzlichen Berichterstatters" gibt,[3317] wäre es in manchen Fällen hilfreicher, wenn der interne Geschäftsverteilungsbeschluss vorsähe, dass der frühere Berichterstatter in diesen Fällen nur im Falle seiner Verhinderung dem Quorum nicht angehören soll. **1445**

Im Rahmen der erneuten Revision prüft das Revisionsgericht auf die Sachrüge auch, ob das nach der ersten Revision tätig gewordene Tatgericht die Bindungswirkung des § 358 Abs. 1 StPO beachtet hat.[3318] Und auch das Revisionsgericht selbst soll an die Rechtsauffassung, die der früheren Aufhebung zugrunde lag, selbst dann noch gebunden sein, wenn es inzwischen anlässlich anderer Fälle diese Auffassung längst aufgegeben hat.[3319] Dies ist dann einzusehen, wenn es sich um die Bindung zugunsten des Angeklagten handelt. Hätte die zwischenzeitlich erfolgte Rechtsprechungsänderung dagegen (was freilich nur noch selten vorkommt) eine strafbarkeitseinschränkende Auslegung bestehender Tatbestände zur Folge, müsste die Bindungswirkung in Analogie zu § 2 Abs. 3 StGB insoweit aufgehoben sein, als dem Revidenden die **Vorteile der milderen Rechtsanwendung** nicht verweigert werden darf. Dies alles gilt freilich nur für die früheren sachlichrechtlichen Aufhebungsgründe.[3320] Verfah- **1446**

3315 BGHSt 33, 172, 178.

3316 Zu beachten ist allerdings, dass sich aus dem „Verschlechterungsverbot" (§ 358 Abs. 2 StPO) eine zusätzliche „Fehlerquelle" ergeben kann. Vgl. hierzu etwa BGH StV 1997, 465 = NJW 1997, 2335, nach welcher die Erhöhung einer Freiheitsstrafe unter gleichzeitigem Wegfall einer Vermögensstrafe gegen das Verschlechterungsverbot verstößt.

3317 KK-*Diemer* § 21g GVG, Rn. 1.

3318 KG JR 1958, 269 m. Anm. *Sarstedt;* BGH, Beschl. v. 30. 5. 2000 – 1 StR 610/99 = NStZ 2000, 551; *Meyer-Goßner* § 358, Rn. 10.

3319 *Meyer-Goßner* aaO.; BGHSt 33, 356, 360 f.; a. A. *Dahs/Dahs* Revision, Rn. 597.

3320 HK-*Lemke* § 358, Rn. 9.

rensrechtlicher „Ungehorsam“ des Tatgerichts wird nur nach einer entsprechenden Verfahrensrüge geprüft, die den Anforderungen des § 344 Abs. 2 S. 2 StPO genügen muss.[3321]

3321 KK-*Pikart* § 358, Rn. 15; HK-*Lemke* § 358, Rn. 9.

Stichwortverzeichnis

(Die Zahlen verweisen auf die Randziffern)